Marianne und Germania 1789–1889

Frankreich und Deutschland
Zwei Welten – Eine Revue

Lorenz Clasen (zugeschrieben): Germania und Marianne, 1848 (L/40)

Marianne und Germania 1789–1889

Frankreich und Deutschland
Zwei Welten – Eine Revue

Eine Ausstellung der Berliner Festspiele GmbH
im Rahmen der
»46. Berliner Festwochen 1996«
als Beitrag zur
Städtepartnerschaft Paris-Berlin
im Martin-Gropius-Bau, Stresemannstraße 110
Vom 15. September 1996 bis 5. Januar 1997

Herausgegeben von
Marie-Louise von Plessen
Berliner Festspiele GmbH

ARGON

Inhalt

	6	GRUSSWORTE
	8	ZUR AUSSTELLUNG
	10	PLANUNG UND REALISIERUNG VON AUSSTELLUNG UND KATALOG
	12	VERZEICHNIS DER LEIHGEBER
	14	DANKSAGUNG
Maurice Agulhon	17	VON DER REPUBLIK ZUM VATERLAND DIE GESICHTER DER MARIANNE
Marie-Claude Chaudonneret	23	DAS BILD DER FRANZÖSISCHEN REPUBLIK 1792-1889
Marie-Louise von Plessen	31	GERMANIA AUS DEM FUNDUS
Lichthof	37	WAHLVERWANDTSCHAFTEN DIESSEITS UND JENSEITS DES RHEINS
Ursula E. Koch	69	MARIANNE UND GERMANIA: 101 PRESSEKARIKATUREN AUS FÜNF JAHRHUNDERTEN IM DEUTSCH-FRANZÖSISCHEN VERGLEICH
Umgang *Ursula E. Koch*	83	MARIANNE UND GERMANIA IN DER KARIKATUR EINE AUSSTELLUNG IN DER AUSSTELLUNG
Michel Espagne	117	WOHLTUENDES CHAOS: FRANKREICHS ENTDECKUNG DES STURM UND DRANG UND DER IDEALISTISCHEN PHILOSOPHIE
Raum 1	125	FRANZÖSISCHE REVOLUTION UND DEUTSCHE KULTURNATION
Wolfgang Leiner	169	ZUM FRANZÖSISCHEN DEUTSCHLANDBILD
Raum 2	175	DE L'ALLEMAGNE I: DAS VATERLAND DER SEELE
Bernhard Fischer	185	JOHANN FRIEDRICH COTTA UND FRANKREICH
Raum 3	193	NAPOLEONVEREHRUNG UND FREIHEITSKRIEGE
Pierre Vaisse	235	FRANKREICHS KENNTNIS DER DEUTSCHEN ROMANTIKER

Raum 4a	243	ROMANTISCHE NATUR
Raum 4b	259	VERGÄNGLICHKEIT
Raum 5	275	VERMÄCHTNIS DES MITTELALTERS
Michael Werner	297	JUNGES DEUTSCHLAND IM JUNGEN EUROPA DIE DEUTSCHEN EMIGRANTEN IN PARIS
Raum 6	305	DE L'ALLEMAGNE II: »DIE FREIHEIT FÜHRT DAS VOLK«
Raum 7	327	RHEINLIED UND DICHTERSTREIT
Raum 8	341	1848: REPUBLIKANER IN PARIS
Florence Fabre	353	ASPEKTE DER MUSIK ZWISCHEN GALLIA UND GERMANIA: FAUST, DAS PHANTASTISCHE UND DER WAGNER-MYTHOS
Raum 9	363	DIE SALONKULTUR DES SECOND EMPIRE
Werner Hofmann	373	MENZEL UND FRANKREICH
Raum 10	383	RENDEZVOUS DER KONTINENTE I: DIE WELTAUSSTELLUNG VON 1867
Raum 11	397	LANDSCHAFT UND MYTHOS
Michael Jeismann	405	STAATENKRIEG UND VOLKSINSTINKT DEUTSCHLAND IN DER FRANZÖSISCHEN WAHRNEHMUNG 1870/71
Raum 12a	413	1870/71: »L'ANNÉE TERRIBLE«
Raum 12b	431	WACHT AM RHEIN: MARIANNE IN DER ZITADELLE
Raum 13	449	DIE FEIERN DER NATION
Raum 14	465	RENDEZVOUS DER KONTINENTE II: DIE WELTAUSSTELLUNG VON 1889
Raum 15	475	EPILOG EINER REVUE AUS ZWEI WELTEN
Vestibül	483	»WAS GLÄNZT DORT VOM WALDE IM SONNENSCHEIN?« MUSIKPROGRAMM
		ANHANG
	489	ABBILDUNGSNACHWEIS
	491	ZITATNACHWEIS
	494	LITERATURVERZEICHNIS
	507	REGISTER

GRUSSWORTE

Die Ausstellung »Marianne und Germania« lenkt den Blick auf das letzte Jahrhundert, auf eine Zeit der französisch-deutschen Geistesverwandtschaft, als Konvergenzen und Divergenzen beide Nationen auf dem Weg nach Europa geprägt, entzweit und verbunden haben. Die Tatsache, daß das so eminent wichtige Thema der Verflechtungen und Verwebungen unserer beiden Kulturen und ihrer Leitfiguren im Rahmen der Städtefreundschaft von Paris und Berlin auch im Pariser Musée du Petit Palais gezeigt werden wird, ist ein Ereignis von hoher kulturpolitischer Bedeutung.

Die Ausstellung setzt nicht nur als Herzstück der Berliner Festwochen des Jahres 1996, die ja insgesamt mit einem reichhaltigen Programm aus allen Sparten dem Thema Frankreich/Deutschland gewidmet sind, hohe Ansprüche – sie wird die Erwartungen mit herausragenden Leihgaben von Kunstgegenständen und Schriftwerken aus ganz Europa sinnfällig machen können. Sie vereint Schaustücke aus den ersten Häusern Europas, aus der Eremitage in Sankt Petersburg, dem Louvre und den Schloßmuseen von Versailles, erstrangige Werke der Kunstmuseen in Deutschland und in Frankreich, die die großen Künstlernamen von Caspar David Friedrich bis zu Géricault und Delacroix zusammenführen, und sie verweist mit kostbaren Autographen von einmaligem Wert für die Nationalgeschichte auf den Dialog der Dichter und Denker, die ihre Zeit bewegt und erschüttert haben.

Ich darf allen Beteiligten unter Federführung Ulrich Eckhardts und der Gräfin von Plessen sehr herzlich für das Zustandekommen dieser Ausstellung danken und wünsche der Schau großen Erfolg.

Eberhard Diepgen
Regierender Bürgermeister von Berlin

Le XIXe siècle forme le contexte historique de l'exposition »Marianne et Germania«. Durant cette période, on observe des convergences et des divergences dans les rapports intellectuels entre la France et l'Allemagne. Ces relations ont tour à tour influencé, divisé puis réuni les deux nations sur la voie de l'Europe. La reprise de cette exposition sur les interférences et les influences mutuelles entre nos deux cultures, ainsi qu'entre leurs deux figures symboliques, par la Ville de Paris dans le cadre du jumelage Paris-Berlin et sa présentation au musée du Petit Palais, constituent un événement d'une grande importance politique et culturelle.

Cette manifestation est au centre des Berliner Festwochen 1996, qui proposeront un programme vaste et exhaustif sur les rapports entre la France et l'Allemagne. Bien qu'étant extrêmement complexe, cette thématique sera exposée d'une manière claire et concrète grâce aux oeuvres d'art et aux précieux manuscrits, issus de l'Europe entière. L'exposition rassemble non seulement des objets prêtés par les plus grands musées européens, comme le Musée de l'Ermitage de Saint-Pétersbourg, le Musée du Louvre et les Musées du Château de Versailles, mais elle réunit également des oeuvres superbes provenant de différents musées des Beaux-Arts français et allemands, exécutées par les plus grands artistes, de Caspar David Friedrich à Géricault en passant par Delacroix. Des textes originaux d'une grande valeur historique témoignent du dialogue entre les poètes et les philosophes qui ont profondément marqué leur époque.

Je souhaite que cette exposition connaisse un grand succès et j'adresse tous mes remerciement à Ulrich Eckhardt et à Marie-Louise von Plessen, ainsi qu'à tous leurs collaborateurs qui ont contribué à sa réalisation.

Eberhard Diepgen
Maire de la Ville de Berlin

Je me réjouis que Paris, après Berlin, puisse accueillir l'exposition »Marianne et Germania« qui sera présentée au musée du Petit Palais à l'automne 1997.
Qu'il me soit permis, ici, d'exprimer ma reconnaissance à tous ceux qui ont permis la réalisation de ce beau projet, si européen dans son ambition. La venue de cette manifestation à Paris est aussi, pour moi, l'occasion de dire tout le prix que j'attache aux accords de coopération signés, il y a dix ans, entre nos deux villes.
L'exposition ne peut que séduire nos compatriotes, français et allemands, soucieux, on le sait, de comprendre les sources de leur culture. Elle met en valeur l'intensité des relations intellectuelles entre nos pays au siècle dernier et souligne leur fécondité. Bien des voyages et des rencontres et bien des amitiés ont alors exercé sur leur destin une influence qui ignorait les frontières.

Notre avenir commun s'est forgé au fil de ces échanges que le contexte tourmenté de la fin du XIXème et du début du XXème a malheureusement contrarié. Nous n'en mesurons que mieux l'importance du chemin parcouru sur la voie de la réconciliation. Réjouissons-nous d'avoir refermé nos blessures pour que renaissent, au terme de ce siècle, les rêves fraternels du grand poète allemand Heine.
J'ajouterai enfin, pour m'en féliciter, que cette exposition prendra place, en 1997, au coeur d'une importante saison franco-allemande entièrement consacrée au rayonnement de la culture d'outre-Rhin pour le plus grand bénéfice du public français.

Jean Tiberi
Le Maire de Paris

Ich freue mich darüber, daß Paris nach Berlin die Ausstellung »Marianne und Germania« übernehmen kann, die im Herbst 1997 im Musée du Petit Palais gezeigt wird.
Es sei mir erlaubt, meine Dankbarkeit all denen gegenüber zu bezeugen, die die Verwirklichung dieses schönen und in seiner Ausrichtung europäischen Projektes befördert haben. Die Übernahme dieser Ausstellung nach Paris ist für mich zugleich Gelegenheit, die Wertschätzung zu bezeugen, die ich all den seit zehn Jahren vereinbarten Abkommen zwischen unseren zwei Städten beimesse.
Die Ausstellung wird gewiß unsere französischen und deutschen Landsleute verführen, die, wie wir wissen, die Ursprünge ihrer Kultur kennenlernen möchten. Sie hebt die Intensität der geistigen Beziehungen zwischen unseren zwei Ländern im letzten Jahrhundert hervor und betont ihre Fruchtbarkeit: Wie viele Reisen und Begegnungen, wie viele Freundschaften haben doch ungeachtet der Grenzen ihr Schicksal beeinflußt.

Unsere gemeinsame Zukunft, die unglücklicherweise durch die belasteten Verhältnisse am Ende des 19. und zu Beginn des 20. Jahrhunderts verstimmt war, hat sich im Zuge dieses Austauschs gefestigt. Deshalb bewerten wir die Bedeutung des zurückgelegten Abschnitts auf dem Wege der Versöhnung umso mehr. Freuen wir uns über die Schließung der Wunden, auf daß am Ende dieses Jahrhunderts die Bruderschaftsträume des großen deutschen Dichters Heine wiedererstehen.
Schließlich möchte ich mit Genugtuung hinzufügen, daß diese Ausstellung 1997 im Herzen einer wichtigen deutsch-französischen Saison stattfinden wird, die zum großen Gewinn der französischen Besucher ganz der Blüte der Kultur jenseits des Rheins gewidmet sein wird.

Jean Tiberi
Der Bürgermeister von Paris

Zur Ausstellung

Die Figurinen »Marianne« und »Germania« als plastische Symbole wachsender Identität von nationaler Eigenart im Verhältnis von Frankreich mit Deutschland zu verfolgen, setzt die vergleichende Perspektive voraus. Daß der Blick wechselseitig den Rhein überwindet und überbrückt, liegt in der Natur der Sache und weist uns den Weg nach Europa auf der Grundlage gemeinsamer Wurzeln der Geistesverwandtschaft, der freundlichen und feindlichen Verwicklungen, der gegenseitigen Entdeckungen und des Erstaunens über das Fremdsein des anderen. Die Konzeption der Ausstellung überschreitet die Periode der Hundert Jahre von 1789 bis 1889 lediglich in der Einleitung durch den Verweis auf die Schrift »De Germania« des Tacitus und in der »Galerie der Karikaturen« sowie im »Epilog«. Der Zeitraum von der Revolution bis zu ihrer Hundertjahrfeier bietet reiches Material für die durchdringende Betrachtung der mentalen Befindlichkeiten, der Begegnungen und Paarungen deutscher und französischer Geistesmenschen, Intellektueller und Künstler im Verhältnis mit- und zueinander. Der Krieg von 1870/71 untergrub das System des Gleichgewichts der Kräfte in Europa, wie es der Wiener Kongreß und seine Neuordnung nach restaurativen Prinzipien begründet hatten. Nach der Gründung des Deutschen Reiches in Versailles und der Gründung der Dritten französischen Republik zwei Tage nach der Schlacht von Sedan waren die Beziehungen beider Nationalstaaten notwendigerweise multilateral geprägt und zunehmend von bündnispolitischen Verflechtungen beeinträchtigt.

Der Reichtum des Kulturaustauschs, der wechselseitigen Anregungen vom Beginn des 19. Jahrhunderts der Frühromantiker bis zur Enttäuschung über die Realpolitik nach siebzig Jahren war für das Paar Deutschland-Frankreich auf den Gebieten der Bildenden Kunst, der Musik, der Literatur, der Wissenschaft und der Philosophie so fruchtbar, daß eine Ausweitung der Ausstellungsperspektive auf das 20. Jahrhundert Unschärfen der Betrachtung zur Folge gehabt hätte.

Aus diesem Grund ist die Ausstellung Herzstück und Impuls für die übergreifende Thematik der 46. Berliner Festwochen, eingebettet in ein vielfältiges Angebot von Veranstaltungen, die die ganze Stadt mit ihren Bühnen und Podien, Interpreten und Darstellern unter dem großen Thema »Von Frankreich und Deutschland« vereint. Ihre sinnvolle Fortsetzung findet die erzählte Geschichte von »Marianne und Germania« im Fallbeispiel der Ausstellung der Nationalgalerie zu Hugo von Tschudi und dessen »Kampf um die Moderne« vor 100 Jahren.

Die Ausstellungskonzeption der geistigen Durchdringung deutsch-französischer Wahlverwandtschaft in »Zwei Welten – eine Revue« (der Titel ist dem 1829 in Paris gegründeten publizistischen Forum »Revue des Deux Mondes« für den Austausch zwischen Frankreich und Deutschland entlehnt) hätte allerdings niemals verwirklicht werden können ohne die vertrauensvolle, engagierte und verständige Bereitschaft vieler Leihgeber in Frankreich und Deutschland wie im übrigen Europa. Sie haben zum anschaulichen Gelingen dieser Beziehungsgeschichte zahlreiche identitätsstiftende Schätze von hohem Wert zur Verfügung gestellt. Richard Peduzzi, Frankreichs bedeutender Bühnenbildner und Ausstellungsgestalter, hat für die Exposition die charakterisierende Visualisierung entworfen und damit eine wesentliche Voraussetzung für das Verstehen und die Rezeption geschaffen. Ihnen allen sowie den zahlreichen Ratgebern, die mit Fachkenntnis, Spürsinn und freudiger Beharrlichkeit die Verwirklichung von »Marianne und Germania« diesseits und jenseits des Rheins befördert haben, sei aufrichtiger Dank. Besonders verpflichtet sind wir der Striftung Deutsche Klassenlotterie Berlin, die in großzügiger Weise die Gesamtkosten der groß dimensionierten Ausstellung gedeckt hat.

Die vertraglich vereinbarte Städtefreundschaft Paris-Berlin setzt den Rahmen für einen kulturellen, geistigen und gesellschaftlichen Austausch, der seine Weiterführung in der Präsentation unserer Ausstellung unter dem Titel »France-Allemagne, affinités électives (1789-1889)« im Pariser Musée du Petit Palais von November 1987 bis zum Frühjahr 1998 finden wird.

Ulrich Eckhardt
Marie-Louise von Plessen

De l'exposition

Afin d'étudier, parallèlement en France et en Allemagne, les représentations de »Marianne« et de »Germania«, il est nécessaire de mettre en valeur une perspective de comparaison. Ces figures symbolisent concrètement l'affirmation de l'identité nationale et des caractères propres à ces deux cultures. Le fait de se porter un intérêt réciproque, et donc de franchir le Rhin, est un phénomène tout à fait naturel. Ceci nous montre la voie à suivre pour construire l'Europe en se fondant non seulement sur les affinités intellectuelles, les sentiments mélés tour à tour d'attirance et d'hostilité, mais également sur la découverte mutuelle et la surprise éprouvée face aux différences de l'autre; c'est tout cela qui forme nos racines communes. La conception de l'exposition se limite à la période allant de 1789 à 1889, et ne sort de ce cadre que dans l'introduction, par une allusion au texte »De Germania« de Tacite, dans la »Galerie des caricatures« ainsi que dans »l'Epilogue«. Par sa grande richesse, ce siècle allant de la Révolution Française à la célébration de son centenaire se prête particulièrement bien à un examen approfondi des mentalités de l'époque, des rencontres et des analogies entre les intellectuels et les artistes des deux pays. La guerre de 1870/71 rompit les nouvelles structures et l'équilibre entre les puissances européennes, élaborés selon les principes de la Restauration par le Congrès de Vienne. Deux jours après la bataille de Sedan, la IIIe République fut instituée en France; dans le même temps, le Reich allemand fut proclamé à Versailles. Ces deux événements entraînèrent une évolution multilatérale au niveau des relations des deux Etats, qui furent de plus en plus entravées par des alliances politiques complexes.

Depuis les premiers romantiques du début du XIXe siècle, jusqu'à la déception provoquée par la politique réaliste, soixante-dix ans plus tard, cette période fut le théâtre d'échanges culturels riches entre la France et l'Allemagne. Dans les domaines artistique, musical, littéraire, scientifique ou philosophique, les influences réciproques furent tellement fructueuses qu'un élargissement de l'exposition au XXe siècle aurait eu pour conséquence d'affaiblir notre propos.

C'est pour cette raison que l'expositon constituera le centre et le point de départ des 46e Berliner Festwochen, qui proposeront un programme varié sur le vaste thème »De la France et de l'Allemagne«, sortant ainsi du cadre que nous nous sommes imposé. La ville entière sera associée à ces manifestations qui se dérouleront dans les théâtres et autres forums culturels avec la participation de comédiens et d'interprètes berlinois et internationaux. L'histoire de »Marianne et Germania« trouvera son prolongement logique dans l'exposition de la Nationalgalerie sur Hugo von Tschudi et la »lutte pour l'art moderne« qu'il mena à la fin du XIXe siècle.

Cette exposition sur les influences intellectuelles réciproques et sur les »affinités électives« entre la France et l'Allemagne porte le titre »Deux Mondes – Une Revue«, inspiré de la »Revue des Deux Mondes« fondée à Paris en 1829 et représentant un forum d'échanges culturels entre les deux pays. Il aurait été impossible de réaliser l'exposition sans le concours, la confiance et la compréhension des nombreux prêteurs français, allemands ou issus d'autres pays européens. Afin d'illustrer cette histoire des relations franco-allemandes, ils ont mis à notre disposition des oeuvres uniques d'un grand intérêt historique, qui éveillèrent l'identité nationale au siècle dernier. Richard Peduzzi, célèbre décorateur et scénographe français, a réussi à traduire notre concept sur le plan de la mise en scène, dont dépendent, pour une grande part, la clareté de la thématique et sa réception par le public. Nous leurs adressons nos remerciements ainsi qu'à toutes celles et tous ceux qui nous ont soutenus par leurs conseils, leur érudition, leur sagacité et leur persévérance enthousiaste, et qui, des deux côtés du Rhin, ont ainsi aidé à la réalisation de »Marianne et Germania«. Nous sommes en outre particulièrement reconnaissants envers la Stiftung Deutsche Klassenlotterie Berlin, qui a entièrement financé cette grande exposition.

Dans le cadre de l'accord signé entre les villes de Paris et de Berlin, auront lieu des rencontres ainsi que des échanges culturels et intellectuels, qui se poursuivront à Paris où l'exposition sera également présentée. Elle se tiendra au musée du Petit Palais du mois de novembre 1997 jusqu'au printemps 1998, sous le titre »France-Allemagne, affinités électives (1789-1889)«.

Ulrich Eckhardt
Marie-Louise von Plessen

Planung und Realisierung von Ausstellung und Katalog

**Marianne und Germania 1789–1889
Frankreich und Deutschland
Zwei Welten – Eine Revue**

15. September 1996 – 5. Januar 1997
Martin-Gropius-Bau Berlin

Eine Ausstellung der 46. Berliner Festwochen als Beitrag zur Städtepartnerschaft Paris-Berlin

Veranstalter
Berliner Festspiele GmbH
Intendant
Ulrich Eckhardt
Geschäftsführung
Hinrich Gieseler

Ermöglicht durch:
Stiftung Deutsche Klassenlotterie Berlin

Unterstützt von:
Air France
Daimler-Benz InterServices (debis)

Die Ausstellung wird vom November 1997 bis Februar 1998 unter dem Titel »France-Allemagne, affinités électives (1789-1889)« von Paris Musées im Musée du Petit Palais, Paris gezeigt.

Idee, Konzept und Leitung
Marie-Louise von Plessen

**Wissenschaftliche und
organisatorische Mitarbeit**
Catherine Amé
Anna Czarnocka
Elke Kupschinsky
Frauke Mankartz
Ulrich Moritz

Ausstellungsgestaltung
Richard Peduzzi
Bernard Giraud, Aurore Davezac, Hugues Planté (Atelier Peduzzi Paris)

Produktion
Christian Axt
EMA Exhibition Museum Architecture Support GmbH, Berlin

Licht
Jeanluc Chanonat, Paris
Usine à rêve, Paris

Produktion
Michael Flegel, Berlin

Graphik
Rudi Meyer, Paris

Produktion
EMA Exhibition Museum Architecture Support GmbH, Berlin

Doppelfigur »Marianne-Germania« im Lichthof
Giovanni Gianese, Rom

Konservatorische Betreuung
Ernst Bartelt
Waltraud Berner-Laschinski
Klaus Büchel
Uta Gerlach
Rüdiger Tertel

Transporte
Hasenkamp Internationale Transporte

Versicherung
Kuhn & Bülow

Übersetzungen
Liliane Bordier
Isabelle Caffier
Marcella Ferraresi
Holly-Jane Rahlens

Presse- und Öffentlichkeitsarbeit
Reinhard Alings

Plakat
Nicolaus Ott + Bernard Stein, Berlin

Führungen
Museumspädagogischer Dienst Berlin
Koordination: Christiane Schrübbers

KATALOG
MARIANNE UND GERMANIA 1789-1889
FRANKREICH UND DEUTSCHLAND
ZWEI WELTEN – EINE REVUE

Herausgegeben von
Marie-Louise von Plessen
im Auftrag der Berliner Festspiele GmbH

Redaktion
Ulrich Moritz mit
Anna Czarnocka
Elke Kupschinsky (Bild)

Lektorat im Verlag
Antonia Meiners

Einführungstexte
Marie-Louise von Plessen

Katalogautoren
HA Heidemarie Anderlik, Berlin
JB Jürgen Behrens, Frankfurt a. M.
OB Otto Biba, Wien
YC Yves Carlier, Fontainebleau
AC Anna Czarnocka, Berlin
RF Romain Feist, Paris
BF Bernhard Fischer, Marbach a. N.
PMG Pia Maria Grüber, Nürnberg
MH Manfred Horlitz, Potsdam
RH Régis Hueber, Colmar
DI Daniel Imbert, Paris
CK Claude Keisch, Berlin
MK Mario Kramp, Köln
JK Joachim Kundler, Berlin
BL Bernhard Lauer, Kassel
FM Frauke Mankartz, Berlin
HM Hermann Mildenberger, Weimar
UM Ulrich Moritz, Berlin
MP Matthias Pfaffenbichler, Wien
MLP Marie-Louise von Plessen, Berlin
GR Gottfried Riemann, Berlin
MRR Marie Ursula Riemann-Reyher, Berlin
PV Pierre Vidal, Paris
JV Jakob Vogel, Berlin
AW Angelika Wesenberg, Berlin
NW Nicole Wild, Paris

Marianne und Germania in der Karikatur
Konzept und Texte
Ursula E. Koch, München
mit Pierre-Paul Sagave, Paris

Übersetzungen
Sylvie Lapp
Marie-Louise von Plessen
Brigitta Restorff

Kataloggestaltung
Dorén + Köster, Berlin

Umschlag
Nicolaus Ott + Bernard Stein, Berlin

Bildnachweis
s. Anhang

Verlag
Argon Verlag GmbH, Berlin

© Texte: Berliner Festspiele GmbH

© Bildrechte: Museen, Bibliotheken, Archive und Privatsammlungen wie im Katalogteil und Bildnachweis vermerkt.

Nachdruck aller Texte und Abbildungen ist ohne vorherige und schriftliche Genehmigung der Rechteinhaber untersagt.

Druck: Passavia Druckerei, Passau

Lithographie: Bildpunkt, Berlin

ISBN (Broschur): 3-87024-349-X
ISBN (gebunden): 3-87024-345-7

Printed in Germany

Veranstaltungsschwerpunkt der 46. Berliner Festwochen
»Von Frankreich und Deutschland
De l'Allemagne et de la France«

Künstlerisches Büro
Leitung Torsten Maß
Francesca Spinazzi
Dirk Nabering

Pressebüro
Leitung Jagoda Engelbrecht

Redaktion Festwochenpublikationen, Werbung
Leitung Bernd Krüger

Kartenbüro/Protokoll
Leitung Peter Böhme
Organisation
Heinz Bernd Kleinpaß

Verzeichnis der Leihgeber

Deutschland

Berlin
Berlin-Porzellansammlung Belvedere,
    Schloß Charlottenburg, Land Berlin
Berlinische Galerie, Landesmuseum für
    Moderne Kunst, Photographie und
    Architektur – Studiensammlung
    Waldemar Grzimek
Michael S. Cullen
Jürgen Dereck
Deutsches Historisches Museum
Geheimes Staatsarchiv Preußischer
    Kulturbesitz
Ibero-Amerikanisches Institut zu Berlin -
    Preußischer Kulturbesitz
KPM-Archiv, Land Berlin
Detlef Lorenz
Museumsstiftung Post und Telekommunikation,
    Museum für Post und Kommunikation Berlin
Sammlung Archiv für Kunst und Geschichte
Sammlung Weishaupt
Staatliche Museen zu Berlin
    - Kunstbibliothek
    - Kunstgewerbemuseum
    - Kupferstichkabinett
    - Museum für Volkskunde
    - Nationalgalerie
Staatsbibliothek zu Berlin –
    Preußischer Kulturbesitz
    - Abteilung Historische Drucke
    - Handschriftenabteilung
    - Musikabteilung mit Mendelssohn-Archiv
Stadtmuseum Berlin
Stiftung Archiv der Akademie der Künste,
    Kunstsammlung
Universitätsbibliothek der Freien Universität
    Berlin
Bielefeld
Hauptarchiv der von Bodelschwinghschen
    Anstalten Bethel
Bonn
Christian Brebeck
Stadtmuseum Bonn
Bremen
Generalverwaltung des vormals regierenden
    Preußischen Königshauses
Darmstadt
Stadtarchiv Darmstadt

Detmold
Landesbibliothek Detmold
Nordrhein-Westfälisches Staatsarchiv Detmold
Dresden
Sächsische Landesbibliothek - Staats-und
    Universitätsbibliothek
Sächsisches Hauptstaatsarchiv, Bibliothek
Staatliche Kunstsammlungen Dresden
    - Kupferstichkabinett
    - Skulpturensammlung
Stadtarchiv Dresden
Stadtmuseum Dresden
Duisburg
»Museum Stadt Königsberg« der Stadt
    Duisburg
Düsseldorf
Goethe-Museum, Anton-und-Katharina-
    Kippenberg-Stiftung
Heinrich-Heine-Institut
Stadtmuseum Düsseldorf
Frankfurt am Main
Freies Deutsches Hochstift Frankfurter
    Goethe-Museum
Historisches Museum Frankfurt
Stadt- und Universitätsbibliothek
Friedrichsruh
Bismarck-Museum
Goslar
Goslarer Museum
Hamburg
Hamburger Kunsthalle
Heinsberg
Kreismuseum Heinsberg/Geilenkirchen
Kassel
Brüder Grimm-Museum Kassel
Staatliche Museen Kassel, Hessisches
    Landesmuseum (Abteilung Kunst-
    handwerk und Plastik)
Köln
Dombauarchiv
Kölnisches Stadtmuseum
Wallraf-Richartz-Museum, Graphische
    Sammlung
Krefeld
Kaiser Wilhelm Museum Krefeld
Leipzig
Museum der bildenden Künste Leipzig
Stadtgeschichtliches Museum Leipzig
Völkerschlachtdenkmal zu Leipzig

Mainz
Landesamt für Denkmalpflege – Verwaltung
    der staatlichen Schlösser Rheinland-Pfalz
Marbach am Neckar
Schiller Nationalmuseum / Deutsches
    Literaturarchiv
    - Bildabteilung
    - Cotta-Archiv (Stiftung der
      Stuttgarter Zeitung)
    - Handschriftenabteilung
München
Bayerische Staatsgemäldesammlungen,
    Neue Pinakothek
Das Kartoffelmuseum, Stiftung Otto Eckart
Galerie Pfefferle
Institut für Kommunikationswissenschaft
    (Zeitungswissenschaft) der Universität
    München
Sammlung Ursula E. Koch
Nürnberg
Germanisches Nationalmuseum
Oldenburg
Landesmuseum Oldenburg
Potsdam
Stiftung Preußische Schlösser und Gärten
    Berlin-Brandenburg
Theodor-Fontane-Archiv
Speyer
Historisches Museum der Pfalz
Weimar
Kunstsammlungen zu Weimar
Stiftung Weimarer Klassik
    - Herzogin Anna Amalia Bibliothek
    - Museen
Wernigerode
Institut für Kunst- und Kulturgut
    Wernigerode, Schloß Wernigerode
Wolfsburg
Hoffmann-von-Fallersleben-Gesellschaft e.V.
Hoffmann-von-Fallersleben-Museum der
    Stadt Wolfsburg
Wuppertal
Von der Heydt-Museum Wuppertal
Zwickau
Archiv des Robert-Schumann-Hauses Zwickau

Dänemark

Kopenhagen
Thorvaldsens Museum

Frankreich

Angers
Musées d'Angers, Galerie David d'Angers
Arles
Musée Réattu
Bordeaux
Musée des Beaux-Arts
Clermont-Ferrand
Musée des Beaux-Arts, Ville de Clermont Ferrand
Colmar
Musée Bartholdi
Compiègne
Musée national du château
Fontainebleau
Musée national du château de Fontainebleau
Lyon
Musée des Beaux-Arts
Montauban
Musée Ingres
Orléans
Musée Historique
Paris
Professeur Pierre Albert
Archives du Ministère français des Affaires etrangères
Archives nationales
Bibliothèque de la Sorbonne
Bibliothèque littéraire Jacques Doucet
Bibliothèque Nationale de France
    - Département de la Musique
    - Département de la Réserve
    - Département des Estampes
    - Département des Imprimés
    - Département des Manuscrits
    - Musée de l'Opéra
Pierre Bonte
Rhodia Dufet Bourdelle
Centre de recherche sur les monuments historiques
Bernard Chenez
Collection Raymond Bachollet
Christian Delporte
Dépôt des oeuvres d'art
Eglise Saint Vincent de Paul
Hôtel de Ville
Institut de France
Maison de Victor Hugo. Musées de la Ville de Paris
Musée Carnavalet
Musée d'Orsay
Musée de l'Armée
Musée de la Mode et du Costume
Musée de la Poste
Musée de la Vie romantique
Musée des Arts Décoratifs
Musée des Monuments Français
Musée du Louvre
    - Département des Arts Graphiques
    - Département des Peintures
    - Département des Sculptures
Musée national de la Légion d'honneur et des Ordres de Chevalerie
Musée Rodin
Ville de Paris – Musée du Petit Palais
Rouen
Musée des Beaux-Arts
Rueil-Malmaison
Jacques Faizant
Musée national des Châteaux de Malmaison et Bois-Préau
Saint-Malo
Musée de Saint-Malo
Strasbourg
Archives municipales de Strasbourg
Musées de Strasbourg
    - Cabinet des Estampes et des Dessins
    - Musée d'Art Moderne et Contemporain
    - Musée des Beaux-Arts
    - Musée Historique
Versailles
Musée National du Château de Versailles
Villequier
Musée Victor Hugo
Vincennes
Service Historique de l'Armée de Terre – Collection du Ministre – France
Vizille
Musée de la Révolution française

Grossbritannien

London
The Board of Trustees of the Victoria & Albert Museum

Italien

Turin
Ordine Mauriziano

Niederlande

Amsterdam
Fritz Behrendt
Doorn
Kasteel Huis Doorn
Dordrecht
Dordrechts Museum

Österreich

Wien
Archiv der Gesellschaft der Musikfreunde in Wien
Haus-, Hof- und Staatsarchiv
Kunsthistorisches Museum, Hofjagd- und Rüstkammer
MAK – Österreichisches Museum für angewandte Kunst
Universitätsbibliothek Wien

Polen

Poznan
Muzeum Narodowe
Warszawa
Muzeum Narodowe

Russland

Sankt Petersburg
Staatliche Eremitage

Schweden

Stockholm
The collections of H.M. the King of Sweden

Schweiz

Basel
Öffentliche Kunstsammlung Basel, Kunstmuseum
Bern
Kunstmuseum Bern
Coppet
Collection Château de Coppet
Genf
Collection du Musée d'art et d'histoire de la Ville de Genève
Musée du Petit Palais
Zürich
Schweizerisches Landesmuseum
Werner-Coninx-Stiftung

Tschechische Republik

Liberec
Oblastní Galerie Liberec

Ungarn

Budapest
Franz Liszt Gedenkmuseum und Forschungszentrum

sowie zahlreiche private Leihgeber, die nicht genannt werden möchten.

Für Rat und Hilfe danken wir

Sigrid-U. Achenbach, Berlin; Françoise Afoumado, Nanterre; Jean-Jacques Aillagon, Paris; Christine Albanel, Paris; Pierre Albert, Paris; Daniel Alcouffe, Paris; Renate Altner, Berlin; Heidemarie Anderlik, Berlin; Violette Andres, Paris; Ingrid Andruck, Berlin; Pierre Arizzoli-Clémentel, Paris; Jacqueline Artier, Paris; Stefan Aschwanden, Zürich; Boris Aswarischtsch, Sankt-Petersburg; Sophie Aurand, Paris; • Jean-Pierre Babelon, Versailles; Raymond Bachollet, Paris; Ilse Baer, Berlin; Winfried Baer, Berlin; Uschi Baetz, Köln; Simone Balayé, Paris; Günter Baron, Berlin; Dominik Bartmann, Berlin; Gerd Bartoschek, Potsdam; Annette Baumeister, Düsseldorf; Christian Beaufort-Spontin, Wien; Laure Beaumont-Maillet, Paris; Reinhold Becker, Bad Salzuflen; Leonie Becks, Köln; Fritz Behrendt, Amsterdam; Jürgen Behrens, Frankfurt a. M.; Ingrid Belke, Marbach a. N.; Beate Berger, Leipzig; Mauricette Berne, Paris; Otto Biba, Wien; Ulfried Biermann, Krefeld; Bruno Blasèlle, Paris; Regine Bleiß, Berlin; Eva Bliembach, Berlin; Liliane Blondel, Paris; Ingrid Bodsch, Bonn; Christine Bögli, Bern; Ursula Bongaerts-Schomer, Bonn; Pierre Bonte, Paris; Philippe Bordes, Vizille; Birgitt Borkopp, München; Helmut Börsch-Supan, Berlin; Rolf Bothe, Weimar; Hilary Bracegirdle, London; Tilo Brandis, Berlin; Lothar Brauner, Berlin; Danièle Braunstein, Genf; Christian Brebeck, Alfter; Konrad Breitenborn, Wernigerode; Anne-Marie de Brem, Paris; Dietrich Briesemeister, Berlin; Isabelle Bruller, Vincennes; Rainer Budde, Köln; Tilmann Buddensieg, Berlin; Thérèse Burollet, Paris; Jenny Buzas, Coppet; • Françoise Cachin, Paris; Denis Cailleaux, Paris; Florence Callu, Paris; Yves Carlier, Fontainebleau; Henri Cazamayou, Paris; Commandant Chaduc, Paris; Anne de Chefdebien, Paris; Bernard Chenez, Paris; Alain Chevalier, Vizille; Bernard Chevallier, Rueil-Malmaison; Christine Chrapal, Berlin; Wolfgang Cillessen, Berlin; Guy Cogeval, Paris; Christian Connan, Berlin; Jochen Conradi, München; Claire Constans, Versailles; Dominique Conte, Bordeaux; Ursula Cosmann, Berlin; Judith Crouch, London; Michael S. Cullen, Berlin; Jean Pierre Cuzin, Paris; • Iwona Danielewicz, Warszawa; Frédéric Dassas, Paris; Michael Davidis, Marbach a. N.; Renée Davray-Piekolek, Paris; Christian Delporte, Paris; Christine Demeulenaere-Douyère, Paris; Jürgen Dereck, Berlin; Volker Döhne, Krefeld; Ilse Dosoudil, Wien; Hanspeter Draeyer, Zürich; Alexander Dückers, Berlin; Rhodia Dufet Bourdelle, Paris; Philippe Durey, Lyon; • Maria Eckhardt, Budapest; Norbert Engel, Strasbourg; Peter Engels, Darmstadt; Winfried Engler, Berlin; Alain Erlande-Brandenburg, Paris; Thomas Eser, Nürnberg; Elisabeth Esteve-Coll, London; Maïté Etchechoury, Paris; Bernd Evers, Berlin; • Jacques Faizant, Rueil-Malmaison; Fabienne Falluel, Paris; Jean Familier, Paris; Jean-Louis Faure, Strasbourg; Jean Favier, Paris; Laure-Charlotte Feffer-Périn, Rouen; Sabine Fehlemann, Wuppertal; Barbara Fischer, Berlin; Bernd Fischer, Marbach a. N.; Sabine Fischer, Marbach a. N.; Jutta Fliege, Berlin; Elisabeth Fouillade, Clermont-Ferrand; Doris Fouquet-Plümacher, Berlin; Etienne François, Berlin; Roswitha Franke, Leipzig; Edelgard Freisem, Duisburg; Andres Furger, Zürich; • Jean-René Gaborit, Paris; Lothar Gall, Frankfurt a. M.; Jean-Claude Garreta, Paris; Günther Gattermann, Dresden; Michèle Gendreau-Massaloux, Paris; Francesco Geninat Cosatin, Turin; Oscar Ghez, Genf; Hans-Joachim Giersberg, Potsdam; Georg Girardet, Leipzig; Jochen Golz, Weimar; Liliane Gondel, Paris; Kathrin Göpel, Berlin; Burkhardt Göres, Berlin; Jörn Grabowski, Berlin; Ute Grallert, Berlin; Bettina Greffrath, Wolfsburg; Meinrad M. Grewenig, Speyer; Matthias Griebel, Dresden; J.M. de Groot, Dordrecht; Sophie Grossiord, Paris; Ulrich Großmann, Nürnberg; Reiner Güntzer, Berlin; Iselin Gundermann, Berlin; Herwig Guratzsch, Leipzig; Charlotte Gutzwiller, Basel; Marie-Andrée Guyot, Paris; • Volkmar Hansen, Düsseldorf; Gisela Harendt-Schottstedt, Berlin; Renate Hartleb, Leipzig; Anny-Claire Haus, Strasbourg; Comte d'Haussonville, Coppet; Helmut Hell, Berlin; Detlev Hellfaier, Detmold; Gisela Herdt, Berlin; Inge Hermstrüver, Düsseldorf; Nele Hertling, Berlin; Annegret Heyen, Oldenburg; Julian Heynen, Krefeld; Theodor Hoegg, Beuron; Johann Georg Prinz von Hohenzollern, München; Hanna Hohl, Hamburg; Sabine Hollburg, Berlin; Wolfgang Holler, Dresden; Dieter Honisch, Berlin; Manfred Horlitz, Potsdam; Ingrid Huber, München; Viviane Huchard, Angers; Joseph Hué, Nanterre; Régis Hueber, Colmar; Jean-Marcel Humbert, Paris; Roselyne Hurel, Paris; • Daniel Imbert, Paris; Claude Jacir, Paris; Burkhart Jähnig, Berlin; Antonius Jammers, Berlin; Jean-Marie Jenn, Paris; Françoise Jestaz, Paris; Catherine Join-Diéterle, Paris; Rudolf Josche, Niederkassel; Marie-Bernadette Jullien, Paris; Angelika Jung, München; • Volker Kähne, Berlin; Wolf Kätzner, Bielefeld; Konstanty Kalinowski, Poznan; Joachim Kallinich, Berlin; Erika Karasek, Berlin; Heinrich Karger, Frankfurt a. M.; Thomas Karlauf, Berlin; Bernd Kauffmann, Weimar; Claude Keisch, Berlin; Joanna Kilian, Warszawa; Jürgen Klebs, Berlin; Heidrun Klein, Berlin; Jean-Pierre Klein, Strasbourg; Karen Klein, Berlin; Jürgen Kloosterhuis, Berlin; Claudia Klugmann, Leipzig; Michael Knoche, Weimar; Werner Knopp, Berlin; Rainer Koch, Frankfurt a. M.; Wieland Koenig, Düsseldorf; Ingeborg Köpke, Friedrichsruh; Mylène Kolle, Zürich; Barbara Korbel, Berlin; Leonore Koschnick, Berlin; Barbara Kosler, München; Peter Kostka, Paris; Sigrid Krause, Berlin; Ulrike Krenzlin, Berlin; Erich Kristof, Paris; Peter Krumme, Berlin; Joseph A. Kruse, Düsseldorf; Thomas Kübler, Dresden; Hildegard Kuhlemann, Bielefeld; Petra Kuhlmann-Hodick, Dresden; Inge Kukk, Tartu; Joachim Kundler, Berlin • Inge Lämmer, Berlin; Jacqueline Lafargue, Paris; Susan Lambert, London; Chantal Lamesch, Clermont-Ferrand; Richard Landwehrmeyer, Berlin; Matthias Lang, Berlin; François Laquièze, Paris; Annie Laskowski, Paris; Vera Lastovkova, Liberec; Bernhard Lauer, Kassel; Rolf Lauer, Köln; Fabienne Le Bars, Paris; Marc Lévy Le Bars, Paris; Amaury Lefébure, Fontainebleau; Nadine Lehni, Strasbourg; Patrick Le Nouëne, Angers; Helmut Leppien, Hamburg; Jean-Louis Leprêtre, Berlin; Jean-Marc Léri, Paris; Yves Le Rhun, Berlin; Helmut Linn, Duisburg; Lars Ljungstrøm, Stockholm; Dominique Lobstein, Paris; John Lochner-Griffith, Berlin; Detlef Lorenz, Berlin; Henri Loyrette, Paris; Guy Luby, Bordeaux; • Regina Mahlke, Berlin; Petra Maisak, Frankfurt a. M.; Françoise Maison, Compiègne; Sylvia Manhart, Wien; Jean-Yves Mariotte, Strasbourg; Guntram Martin, Dresden; Catherine Massip, Paris; Caroline Mathieu, Paris; Hermann Maué, Nürnberg; Jacqueline Mayer, Paris; Jannie Mayer, Paris; Jan Meißner, Mainz; Torben Melander, Kopenhagen; Sylvie Méliand, Paris; Ulrich Menge, Berlin; Cäsar Menz, Genf; Jörn Merkert, Berlin; Olivier Meslay, Paris; Jochen Meyer, Marbach a. N.; Maciej Piotr Michalowski, Poznan; Hermann Mildenberger, Weimar; Ghislaine Millioud, Paris; Stig Miss, Kopenhagen; Eric Moinet, Orléans; Danielle Molinari, Paris; Wendy Monkhouse, London; Sylvain Morand, Strasbourg; Jean-Marie Moulin, Compiègne; Jean-Louis Mourrut, Vincennes; Marie-José Mourer, Paris; Gottfried Mraz, Wien; Rita Müllejans-Dickmann, Heinsberg; Renate Müller-Krumbach, Weimar; Barbara Mundt, Berlin; • Gerd Nauhaus, Zwickau; Ulrich Naumann, Berlin; Waltraud Neuwirth, Wien; Sieglinde Nickel, Dresden; Peter Noever, Wien; Christine Nougaret, Paris; Odile Nouvel, Paris; • Peter Ohr, Paris; Danie Oster, Paris; Ulrich Ott, Marbach a. N.; • Jean-Daniel Pariset, Paris; Judith Pera, Bayreuth; Christoph Perels, Frankfurt a. M.; Patrick Périn, Rouen; Jacques Perot, Paris; Philippe Petout, Saint-Malo; Claude Petry, Rouen; Eric Peuchot, Paris; Yves Peyré, Paris; Friedrich Pfäfflin, Marbach a. N.; Karl Pfefferle, München; Anette Philippen-Fimpeler, Düsseldorf; Harald Pilzer, Detmold; Thierry Pin, Paris; Nadège Pinaud, Paris; Michail Piotrowski, Sankt-Petersburg; Evelyne Poirel, Villequier; Franz-X. Portenlänger, Speyer; Steffen Poser, Leipzig; Andrée Pouderoux, Paris; Ursula Prinz, Berlin; Heiner Protzmann, Dresden; • Pascal Rabier, Paris; Rodolphe Rapetti, Strasbourg; Adelheid Rasche, Berlin; Petra Rau, Frankfurt a. M.; Agnès Reboud, Paris; Chantal Reina, Paris; Peter Reindl, Oldenburg; Vera Reise, Berlin; François Renouard, Paris; Charles Revet, Rouen; Chantal Reynaud, Paris; Francis Ribemont, Bordeaux; Brigitte Richter, Leipzig; Gottfried Riemann, Berlin; Claude Ritschard, Genf; Amanda T. Robertson, London; Heidi Roch-Stübler, Goslar; Peter-Paul Rohrlach, Berlin; Antoinette Romain, Paris; Pascal Roman, Paris; Pierre Rosenberg, Paris; Ute Roth, München; Jean-Maurice Rouquette, Arles; Ferdynand Ruszczyc, Warszawa; • Maryvonne de Saint Pulgent, Paris; Nicolas Sainte Fare Garnot, Paris; Xavier Salmon, Versailles; Isabelle Sauvé-Astruc, Paris; Friedrich Wilhelm Schabbon, Bielefeld; Peter Schäfer, Potsdam; Werner Schäfke, Köln; Barbara Scheuch-Vötterle, Kassel; Bernhard Schley, Berlin; Ekkehard Schmidberger, Kassel; Gudrun Schmidt, Berlin; Katharina Schmidt, Basel; Werner Schmidt, Dresden; Birgit Schnabel, Berlin; Uwe M. Schneede, Hamburg; Karin Schneider, Berlin; Klaus Scholz, Detmold; Rainer Schoch, Nürnberg; Peter J. Schoon, Dordrecht; Anne-Cathrin Schreck, Nürnberg; Gerhard Schuster, Weimar; Peter-Klaus Schuster, Berlin; Maria Magdalena Schwaegermann, Berlin; Christoph Schwarz, Berlin; Jürgen Seifert, Weimar; Arlette Serullaz, Paris; Klaus-Jörg Siegfried, Wolfsburg; Anna Maria Sigrist-Ronzani, Zürich; Janet Skidmore, London; Klaus Sohl, Leipzig; Heike Spies, Düsseldorf; Kazimierz Stachurski, Warszawa; Emmanuel Starcky, Dijon; Lisa Steinhauser-Gleinser, Berlin; Bärbel Stephan, Dresden; Christoph Stölzl, Berlin; Jochen Stollberg, Frankfurt a. M.; Job Ferdinand von Strantz, Bremen; • Isabelle Tarquis, Paris; Katerine Tauscher, Dresden; Hans Christoph von Tavel, Bern; Volker Thiel, Bonn; Christiane Thomas, Wien; Gérard Tisserand, Clermont-Ferrand; Gabriele Toepser-Ziegert, Dortmund; Corinne Touchelay, Paris; Margitta Tretter, Berlin; • Bo Vahlne, Stockholm; Konrad Vanja, Berlin; Th.L.J. Verroen, Doorn; Françoise Viatte, Paris; Pierre Vidal, Paris; Georges Vigne, Montauban; Florence Viguier, Montauban Jacques Vilain, Paris; Ineke Voorsteegh, Dordrecht; • Rita Wagner, Köln; Christine Waidenschlager, Berlin; Jutta Waschke, Mainz; Klaus-Peter Wehlt, Detmold; Ute Weickhardt, Potsdam; Georg Weishaupt, Berlin; Michael Werner, Paris; Uwe Westfehling, Köln; Kurt Wettengl, Frankfurt a. M.; Jürgen Wetzel, Berlin; Véronique Wiesinger, Paris; Nicole Wild, Paris; Johannes Willers, Nürnberg; Hanna von Wolzogen, Potsdam; Hanna Wroblewska-Strauss, Warszawa; Christel Wünsch, Dresden; • Gian Paolo Zanetta, Turin; Regine Zeller, Düsseldorf; Frank Ziegler, Berlin; Antoni Ziemba, Warszawa

Doppelfigur »Marianne-Germania« im Lichthof des Martin-Gropius-Baus

Maurice Agulhon

Von der Republik zum Vaterland. Die Gesichter der Marianne

Das Paar Deutschland-Frankreich erfuhr in seiner wechselvollen Geschichte Perioden der Verständigung wie die, die wir heute erleben, und Perioden schmerzhafter Konflikte. Auch der Vergleich zwischen Frankreich und Deutschland, eine weniger dramatische intellektuelle Übung, verdeutlicht Ähnlichkeiten und Unterschiede. Schon der Ausstellungstitel veranschaulicht dies: Die weibliche Versinnbildlichung unserer beiden Nationen deutet auf eine Entsprechung. Doch sofort wird der Unterschied sichtbar: Wenn Deutschland Germania getauft wurde, warum wurde Frankreich dann nicht Francia oder Gallia genannt? Warum ein gängiger weiblicher Vornamen für letztere und nicht auch für ihre Nachbarin?

Wie immer in solchen Fällen verweist dieser offensichtliche Mangel an Logik auf geschichtliche Ursprünge, die Erhellung bringen. Da unsere Nationen unterschiedliche reale Schicksale erlebten, wurden ihre (geistigen, allegorischen und künstlerischen) Darstellungen zwangsläufig davon berührt.

Indes verbindet beide Nationen die Tatsache ihrer Darstellung. Seit der griechisch-römischen Antike bemüht sich die westliche Kultur, den Zugang zu Abstraktionen zu erleichtern, indem sie ihnen menschliche Gestalt verleiht in Malerei und Bildhauerei, die sie im strengen Wortsinne »darstellen«. Gleiches gilt für die Literatur oder den Sprachgebrauch; beide bestimmen die Abstraktionen, um sie in Szene zu setzen oder zu befragen. Doch eine menschliche Gestalt hat notwendigerweise ein männliches oder weibliches Geschlecht. Da die Begriffe im Lateinischen jedoch über ein Geschlecht verfügen, folgt dem grammatischen Geschlecht logischerweise das Geschlecht der allegorischen Figur. Wir stellen unsere Nationen als Frauen dar, weil das Lateinische ihre Namen ins Weibliche setzt. Die Frage, warum die Wörter in unserer kulturellen mediterranen, dann europäischen Ära ein Geschlecht und abstrakte Ideen ein weibliches Geschlecht haben, übersteigt die Kompetenz der Historiker. Historiker können jedoch die Schicksale beschreiben[1].

Die Visualisierung der Nationen ist in Europa seit dem Mittelalter verbürgt, doch ihre Bedeutung wurde von der Institution der Monarchie verringert, die die wesentliche Aufgabe der Staatsdarstellung den Herrscherportraits oder dem dynastischen Wappen überließ.

Benizy: Germania und Gallia am Rhein, Paris, 1795/96. Köln, Wallraf-Richartz-Museum, Graphische Sammlung (L/2)

Antoine-Jean Gros (zugeschrieben): La République, 1794/95. Versailles, Musée National du Château de Versailles (L/9)

Louis-Charles Ruotte nach Louis-Simon Boizot: La Liberté / Patronne des Français, 1795. Paris, Musée Carnavalet (L/13)

Maler und Bildhauer in Frankreich zeigten bisweilen, je nach Zeitpunkt und Vorliebe, eine Francia oder Gallia genannte Frau Frankreich – dies zu erörtern sprengte jedoch unseren Zusammenhang. Sie war schön, feierlich drapiert, barhäuptig oder mit einer Haube bedeckt oder trug einen antikisierenden Helm wie den der Minerva[2]; das Thema des Werks, sein Titel, sein Rahmen und Kontext und manchmal die auf die Kleidung gestickten Lilien erlaubten ihre Identifizierung mit Frankreich.

Die phrygische Mütze auf dem Kopf der Allegorie oder an der Lanzenspitze stand dann ohne bestimmte geographische Zugehörigkeit für den universellen Wert der Freiheit, die gewissermaßen 1776 mit der Revolution in Amerika und nach der Französischen Revolution 1789 in die aktive Politik Eingang fand. Die Popularität der »Göttin« und ihrer Mütze wurde in Frankreich so groß, daß der französische Konvent, als am 25. September 1792 eine neue Revolution das Königtum stürzte, eine »Freiheitsfigur« zum Staatssiegel bestimmte. Jener entscheidende Moment war der Ausgangspunkt einer langen Entwicklung, in der die Frau mit der phrygischen Mütze die Bilderwelt Frankreichs betrat, um die Republik darzustellen und unmerklich aus der Universalikonologie herauszutreten, die sich andere Zeichen für die Freiheit suchen mußte. Diese weltweit bekannte Tatsache wird nicht ausreichend gewürdigt: Die berühmteste »Freiheit« der Welt, Frédéric Auguste Bartholdis Freiheitsstatue im New Yorker Hafen, die »die Welt erleuchtet« (14/1), trägt seit 1886 weder eine Mütze auf dem Kopf noch anderswo. Zu diesem Zeitpunkt wurde eine Frau mit phrygischer Mütze offensichtlich mit der französischen Republik, für die Eingeweihten mit Marianne, gleichgesetzt.

Die Rezeptionsgeschichte der Frau mit der phrygischen Mütze – oder, wenn man so will, der Aneignung, der Naturalisierung der Mütze – durch die französische Republik ist lang und vielschichtig (auf weiterführende Literatur wird in den Anmerkungen verwiesen). Sie füllt das 19. Jahrhundert nahezu

Jean Gautherin: La République, 1880. Paris, Hôtel de Ville (L/24)

Dominique Papety: La République, 1848. Paris, Ville de Paris – Musée du Petit Palais (8/9)

aus. Ihre Vielschichtigkeit hat sogar zwei Gründe. Der eine ist, daß während zweier langer Zeitabschnitte der französische Staat wieder zur Monarchie wurde (von 1800 bis 1848 und von 1852 bis 1870) und andere Symbole ergriff oder wieder aufgriff (Lilienblüte, Gesetzbuch, Adler), der andere, daß in der Mitte des 19. Jahrhunderts, vor allem in der Zweiten Republik (1848 bis 1852) und in den Anfängen der Dritten (1870 bis gegen 1890) die Republikaner unter sich gespalten waren; die radikalsten wollten ein Bild der Republik mit der phrygischen Mütze, die gemäßigteren eine Republik ohne die subversive Kopfbedeckung, die man durch einen Kranz aus beliebigen Pflanzen ersetzte. Erst im letzten Jahrzehnt des Jahrhunderts setzte sich endgültig die Übereinkunft durch, die republikanische Regierungsform Frankreichs mit der Göttin zu assoziieren, die die Mütze der Freiheit trägt. Doch was ist die französische Republik? Ist es vorrangig die Republik? Oder vor allem Frankreich? Tatsächlich gab es keine Gründe dagegen, daß im 19. Jahrhundert eine allegorische Darstellung Frankreichs als Nation wie unter dem Ancien régime fortbestand, ein Bild der Nation Frankreichs, das sich als Pendant und in Rivalität zu den Darstellungen Englands, Rußlands, Deutschlands vom Bild der Republik – dem zu Monarchie und Despotismus konträren politischen Symbol – unterschied. Dies wäre umso verständlicher gewesen, als viele Franzosen im Laufe des 19. Jahrhunderts die beiden Kultformen getrennt auffaßten: besonders auf der konservativen und katholischen Seite bekannte man sich zur Verehrung für Frankreich und das Vaterland bei gleichzeitigem Abscheu gegenüber der Republik, die als Tochter der Revolution galt. In den bildenden Künsten oder in der Presse findet man in der Tat weibliche Darstellungen der französi-

*Henri-Joseph-Armand Cambon: La République, 1848/49.
Montauban, musée Ingres (L/18)*

maßen. Hierin liegt das Wesentliche. Selbstverständlich gibt es links und rechts dieser Zentral- und Hauptachse der Entwicklung Gegenströmungen, virtuelle konkurrierende Darstellungen, symbolische Konservatismen. Seitens der Arbeiterbewegung wurde der Gebrauch der phrygischen Mütze (der roten Mütze!) und auch der Frau mit der phrygischen Mütze, ja sogar des Namens Marianne nicht sofort aufgegeben, um das revolutionäre Streben und dessen nunmehr soziale Zielsetzungen zu bezeichnen. Auf traditionell patriotischer Seite versuchte man, visuelle Symbole rings um den Hahn oder den gallischen Krieger zu erhalten oder beizubringen. Doch hatten sie nur beschränkt Erfolg: Dem Hahn wurde nie die Ehre der Wappenverwendung zuteil, zudem konnte er als Tier vom Geflügelhof nicht die Majestät von Löwe oder Adler erreichen. Auch der Gallier konnte sich nicht problemlos durchsetzen als Emblem einer Nation, die in zivilisatorischer Hinsicht den Anspruch erhob, die vorzüglichste Erbin Roms zu sein. Weiter rechts, im monarchistischen und katholischen Lager, herrschte lange Zeit die Auffassung, daß sich Frankreich keine weltliche »Göttin« erfinden müsse, da die Geschichte es mit einer Wunderfrau in der Person Jeanne d'Arcs beschenkt habe. All dies hat die Symbolgeschichte Frankreichs mit ebenso komplexen Wechselfällen und Widersprüchen gefärbt wie seine politische Geschichte im allgemeinen. Daher ist die Entsprechung zwischen diesen beiden verschiedenen Realitäten normal. Ist die Verschiebung der Allegorie von der Bedeutung »Republik« (von der Revolution, dem leidenschaftlich umstrittenen Konflikt) zur Bedeutung »Frankreich« (zum Vaterland, das Einheit herstellen soll) nicht die Normalfolge der gegenwärtigen Akzeptanz der Republik Frankreich durch die Erben derer, die sie im 19. Jahrhundert ablehnten? Der ikonologische Sieg der Republik ging mit ihrem historischen einher, doch nicht ohne Erinnerung an Tumulte als eine der Besonderheiten der französischen Lage vor allem in Bezug auf die der großen Nachbarnation Deutschland.

schen Nation – natürlich haben sie keine Mütze. Doch ist das Fortleben dieser Dualität nicht charakteristisch. Seit Beginn der Dritten Republik tauchten etwa in Denkmälern des Krieges von 1870/71 weibliche Figuren mit der phrygischen Mütze auf, die offensichtlich für das Vaterland stehen sollten. Das ist der Anfang einer heute nahezu abgeschlossenen Entwicklung, die aufgrund einer wahrhaft symbolischen und semantischen Wandlung dieses Bild vom ursprünglichen, ganz und gar politischen Sinn der Republik zur Versinnbildlichung der französischen Republik, zum tatsächlichen französischen Staat, wie er ist, und letztlich zu Frankreich hin verschob. Die Geschichte der Marianne mit ihrer der alten Freiheitsikonologie entlehnten Mütze ist eigentlich im wesentlichen eine Gratwanderung der Innenpolitik zur Außenpolitik, der Identität Republik/Revolution zur Identität Frankreich, einer Ent-politisierung gewisser-

Eine andere, verblüffendere Besonderheit ist zudem, daß die französische Republik ebenfalls Marianne heißt. Offenbar geht die erstmalige Bezeichnung des revolutionären Frankreichs mit diesem weiblichen Vornamen auf ein politisches Lied zurück, das von einem eifrigen Jakobiner namens Guillaume Lavabre aus Puylaurens (Tarn), seines Zeichens Schuster okzitanischer Sprache, im Herbst 1792 geschrieben und gedruckt wurde[3]. Unter dem Titel *Mariannes Heilung* phantasierte er, daß es ihr schlecht ergangen sei, ein tüchtiger Aderlaß am 10. August sie aber wieder gesund gemacht habe! Doch warum nannte er seine Heldin so? Lavabre hat darüber keine Erklärung abgegeben, zumindest nicht in den Texten, die überliefert sind; genau werden wir es nie erfahren.

Man vermag nur Vermutungen anzustellen. Marianne, die gängige Zusammenziehung von Marie und Anne, heiligste weibliche Vornamen für einen Katholiken, war der meistgebrauchte weibliche Doppelvorname unter der Landbevölkerung; also der scheinbar geeignetste Name, die Frau des provinziellen Frankreichs, somit die Frau aus dem Volk par excellence und mit ihr die Revolution in ihrer volkstümlichen Zielsetzung und Antriebskraft zu beschwören. Wie dem auch sei, der Name als diskrete Form der Bezeichnung für die Republik im guten wie im bösen kam sehr rasch im okzitanisch sprechenden Volk in Umlauf. Polizeiprotokolle belegen dies seit dem Jahr II (1794). Doch diese Entwicklung ist während der ganzen ersten Hälfte des 19. Jahrhunderts auf die Provinz beschränkt und versteckt geblieben (in Paris ist sie unbekannt). Erst gegen 1850 verwandten ihn die in Südfrankreich besonders aktiven republikanischen Geheimgesellschaften als Codenamen für die (zu verteidigende) Republik oder die (künftige) Revolution. Über das nationale Netzwerk der Geheimgesellschaften, dann bedingt durch die Niederlage und die Unterdrückung ihrer republikanischen Umtriebe im Dezember 1851 und 1854 (Trelazé-Affäre) fand die Bezeichnung schließlich im Französischen auf nationaler Ebene Verwendung durch Polizei, Presse und breite Öffentlichkeit. Im Zweiten Kaiserreich hat sie sich eingebürgert.

Selbstverständlich hat man nie aufgehört, von »Republik« zu sprechen, und dieser Name muß auch in der offiziellen wie in der gebildeten Sprache und in seriösen politischen Texten und Reden verwandt werden. Für diese Art von Öffentlichkeit ist die Republik – »denkt« man sie sich als weibliches Wesen – der Göttin näher als der Bäuerin. Bei näherer Betrachtung scheinen drei Verwendungen des Vornamens »Marianne« zur Bezeichnung des Regimes und seines Ideals die »gebräuchlichsten« zu sein: Dem naiven Eifer der überzeugten Republikaner – häufig Arbeiter, vor allem Bauern und in der Mitte des 19. Jahrhunderts noch wenig gebildet – ging der vertraute Name einer Art Volksheiligen leichter von den Lippen als die schwerfällige und gelehrte Bezeichnung Republik. Auf der entgegengesetzten Seite steht die spöttische, verhöhnende bzw. haßerfüllte Verwendung des Namens durch die Feinde des Regimes: »Marianne« war hier als »leichtes Mädchen«, »Megäre«, »Bettelweib« gemeint. Schließlich, wiederum auf der positiven Seite, konnten sich die Republikaner der Belle époque und der Dritten Republik – Politiker, Journalisten, Chanson-Sänger – , nachdem sie der Sieg des Regimes euphorisch gestimmt hatte, in ihrer Sprache erlauben, je nach Umständen mit dem Register des Rechts und der Eloquenz (»man muß die Gesetze der Republik anwenden«) und dem der guten Laune zu spielen (»Marianne ist ein braves Mädchen«).

Aus alldem geht recht deutlich hervor, daß die Annahme und Verwendung dieses Vornamens zur Bezeichnung des Staates in allegorischer Form einen außergewöhnlichen Grad an Vertrautheit und Gefühl ausdrückt. Übrigens kann die Republik

Patrioty (eigentl. E. Talons): Die Republik, von der ehrenwerte Leute nichts wissen wollten, 1849. Frankfurt a.M., Stadt- und Universitätsbibliothek (U/9)

für ihre Gegner wie für ihre Anhänger sowohl im positiven wie negativen Sinne »Marianne« sein. Letztlich finden wir hier die französische Grundsituation vor, die das Alter, den allgemeinen Bekanntheitsgrad und die Verbreitung der bildlichen Darstellung des neuen republikanischen Staates erklärt, der ein gutes Jahrhundert hindurch Gegenstand eines leidenschaftlichen geistigen Bürgerkriegs gewesen war. Die Republik war in Frankreich keine institutionelle Systemstiftung, die sich gewissermaßen von selbst verstand wie in den Vereinigten Staaten; sie war ein eroberungslustiges, lange Zeit parteiliches System, das erst in der Mitte des 20. Jahrhunderts seine ehemaligen Feinde endgültig zu seinen Prinzipien zu bekehren vermochte.

In dem Maße, wie diese Entwicklung nahezu abgeschlossen ist und »die französische Republik« dazu neigt, eine Umschreibung für »Frankreich« und die Frau mit der phrygischen Mütze ein eher nationales denn parteipolitisches konventionelles und banales Symbol zu werden, wird »Marianne« allgemein weniger verwendet.

MAURICE AGULHON

Druckstock mit 150 Klischees der ersten Briefmarke »République« (Ceres), 1848. Paris, Musée de la Poste (L/19)

In der heutigen Umgangssprache überlebt »Marianne« hauptsächlich als Gattungsname mit der Tendenz, spezialisiert und auf einige Verwendungsmöglichkeiten und besondere Objekte festgelegt zu werden: auf die Büste der Republik, die man gewöhnlich in öffentlichen Gebäuden, vor allem in Bürgermeisterämtern aufstellt[4]; auf das Bildnis, das auf Briefmarken das Symbol des Staates darstellt (in dieser Verwendung ist »Marianne« quasi der offizielle Terminus)[5]; auf die weibliche Figur der Karikaturisten, die im Verein mit Karikaturen aktueller Politiker dazu dient, Tagesbelange zu kommentieren[6]. Dazu zählen sicher auch die auf den Dorfplätzen aufgestellten Büsten oder Statuen der Republik – freilich als vereinzeltes und eher südfranzösisches Phänomen[7].

Indessen spricht man im Hinblick auf die großen Pariser Standbilder kaum von »Marianne«, noch weniger im Zusammenhang mit Geldstücken. (Die einzige Bildseite einer Münze, die durch ihre auffallende Originalität öffentliche Aufmerksamkeit erregen und einen dauerhaften Gebrauch des nationalen Hartgeldes sichern konnte, nennt man, obwohl auf der Bildseite die phrygische Mütze abgebildet ist, nie anders als die »Säerin«.)

All dies ist auf sehr besondere Weise französisch und sehr komplex – sehr komplex, weil sehr französisch. Es ist der indirekte, bescheidene, oft pittoreske, zuweilen oberflächliche Reflex einer leidenschaftlichen Geschichte, deren Ausgangspunkt immerhin den Adel eines Freiheitskampfes trägt.

---

1 Belege für das Folgende findet man in meinen bereits veröffentlichten Untersuchungen: »Marianne au combat, l'imagerie et la symbolique républicaine de 1789 à 1880« und »Marianne au pouvoir, l'imagerie et le symbolique rèpublicain de 1880 à 1914«, beide Paris, 1979 und 1989.

2 Der Helm, den bis heute Britannia trägt, und dessen Typus viel beständiger geblieben ist, wie es dem zumindest formalen Traditionsgeist der Engländer entspricht.

3 Einzelheiten in »Marianne au pouvoir« und nicht etwa in »Marianne au combat«. Das Flugblatt, das das Lied wiedergibt, befindet sich in der Bibliothèque Nationale de France (Département des Imprimés, unter der Signatur Ye 3293).

4 So spricht man von der Marianne von Injalbert (L/28), von der Marianne von Poisson, von der Marianne von Aslan (nach dem Bild Brigitte Bardots; L/31).

5 Die Marianne von Cocteau, die Marianne von Gandon, die Marianne von Bequet.

6 Die Marianne von Jean Effel, die Marianne von Faizant.

7 Wenig bekannt, durch eigene Forschungen aufgedeckt und untersucht, vgl. »Marianne au pouvoir« und, leichter zugänglich, meine Publikation »Marianne, les visages de la République«, Paris 1992, in Zusammenarbeit mit Pierre Bonte.

Maurice Agulhon ist seit 1986 Professor für französische Zeitgeschichte am Collège de France, Paris, und veröffentlichte zahlreiche grundlegende Forschungsergebnisse zur Figur der Marianne.

Marie-Claude Chaudonneret

Das Bild der französischen Republik 1792-1889

Das alte römische Symbol für den befreiten Sklaven, die rote Mütze (der Pileus) oder die phrygische Mütze, wurde vor dem Beginn der Ersten Republik am 21. September 1792, also vor der Abschaffung der Monarchie, als Symbol für die geforderte Freiheit in Anspruch genommen. Sie war überall zu finden: auf den Köpfen der Revolutionäre, auf den Piken, die diese schwangen, oder auf den Freiheitsbäumen. Sie hatte sich so sehr durchgesetzt, daß sie Ludwig XVI. am 20. Juni 1792 aufsetzte, um die Menge zu beschwichtigen, die in die Tuilerien eingedrungen war. So vereinnahmte der Staat die phrygische Mütze nach der Ausrufung der Republik, um durch sie das neue Regime zu versinnbildlichen. Ein Erlaß des Konvents vom 25. September 1792 verfügte, daß »das Staatssiegel als Typus Frankreich in der Gestalt einer stehenden, nach antiker Manier gekleideten Frau tragen soll, die in der rechten Hand eine Pike mit der phrygischen Mütze oder Mütze der Freiheit auf der Spitze hält, die linke Hand stützt sich auf eine Gewehrpyramide; zu ihren Füßen das Staatsruder«. Um zu herrschen, schützte Frankreich die Freiheit, verteidigte sie und berief sich auf die Gleichheit; der Begriff der Brüderlichkeit wurde in den Allegorien der Ersten Republik selten dargestellt.[1]

In einem Moment, da die klassische Kultur vorherrschte, während die Künstler von den ikonologischen Handbüchern des 17. und 18. Jahrhunderts geprägt waren – vor allem von denen Ripas, Gravelots und Cochins –, wurden die Attribute Rom entlehnt: die Mütze der Freiheit und das Liktorenbündel (auch Faszesbündel genannt), Symbole der Gleichheit. Diese beiden Embleme wurden ebenso wie die Gleichheitssymbole freimaurerischer Herkunft – Waage, Winkelmaß, Lot und gleichseitiges Dreieck – ständig benutzt. Sie verliehen der weiblichen Gestalt, die entweder eine römische Tunika oder ein griechisches Peplon trug, einen Sinn. Die phrygische Mütze sitzt auf dem Haupt der Republik oder, öfter noch, auf einer Pike. Das damalige Frankreich war kämpferisch, die Freiheit und die Republik – diese beiden Vorstellungen sind untrennbar miteinander verbunden – konnten noch nicht erobert werden. Nahezu alle Künstler verwendeten diese Embleme, andere wählten die Herkuleskeule, die für die Kraft des Volkes steht. Manche illustrierten eines der Gründungsereignisse, die *Erklärung der Menschen- und Bürgerrechte*, die 1793 verabschiedet

Joseph Chinard: La République. Paris, Musée du Louvre, Département des Sculptures (L/16)

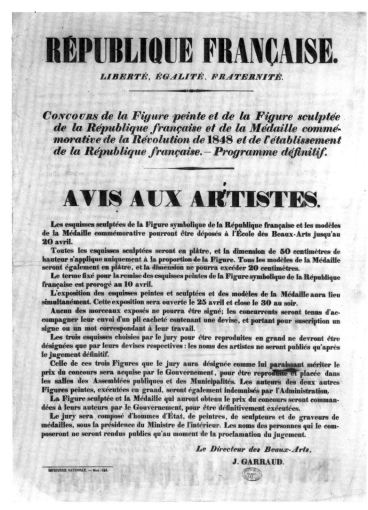

Bekanntmachung eines Wettbewerbs für Künstler zur Gestaltung der Figur der französischen Republik und einer Erinnerungsmedaille von 1848, Paris, März 1848. Paris, Archives nationales (8/7)

Auflistung der Zeichen und Embleme für den Skizzenwettbewerb zur symbolischen Darstellung der Republik, Paris, 1848. Paris, Archives nationales (8/8)

wurde. Die Republik galt als Garantin der Menschenrechte und sorgte für die Achtung des neuen Gesetzes.

Auch wenn die republikanischen Embleme unter dem Kaiserreich verdrängt wurden, das Bild der Freiheit blieb dennoch bestehen. Bei der zweiten Revolution von 1830 tauchte es wieder auf. So imaginierte Delacroix eine weibliche Gestalt mit der roten Mütze auf dem Kopf, als er das Volk symbolisieren wollte, das sich während der »Trois Glorieuses« (der »drei glorreichen Tage« der Kämpfe vom 27., 28. und 29. Juli 1830) befreite. So gab auch David d'Angers unter dem Titel *Liberté, Liberté chérie, combats avec les défenseurs* eine Allegorie der Freiheit, die den Allegorien der ersten Republik ähnelt: eine in die römische Tunika gekleidete junge Frau mit der phrygischen Mütze auf dem Kopf, die keine Pike, sondern ein Bajonett in der Hand hält. Diese Freiheit »im Kampf«, die sehr populär war, wurde nach der Revolution von 1848 unter dem Titel *République française* wiederverwendet und vielfach nachgebildet (in Bronzen, Biskuitporzellan usw.).

Als unter der Julimonarchie ab 1831 die ersten Aufstände gegen das Regime Louis Philippes ausbrachen, wurde Delacroix' *Die Freiheit führt das Volk,* die als Aufruf zur Revolte verstanden wurde, vor den Blicken verborgen. Indessen vereinnahmte die Juliregierung das Ereignis von 1792, den Aufbruch der Freiwilligen zur Verteidigung des »Vaterlandes in Gefahr«, um daraus einen Gründungsmythos zu zimmern, der ein Gefühl der nationalen Einheit stiften sollte. Ein Saal des historischen Museums

DAS BILD DER FRANZÖSISCHEN REPUBLIK 1792-1889

Isidore Alexandre Augustin Pils: Rouget de Lisle trägt zum ersten Mal im April 1792 im Haus des Bürgermeisters von Straßburg die »Marseillaise« vor, 1849. Strasbourg, Musée Historique de Strasbourg (L/5)

François Rude: Studie des Kopfes der »Marseillaise« für das Sockelrelief »Auszug der Freiwilligen von 1792« (Ostseite des Arc de Triomphe in Paris), 1836. Genf, Musée du Petit Palais (L/7)

in Versailles ist 1792, Valmy und Jemmpes[2] vorbehalten, mit Werken, die den Aufbruch der Nationalgarde und die ersten Siege einer Volksarmee feiern. Die Skulpturen auf dem 1833 in Auftrag gegebenen und den Revolutionsarmeen und den Armeen des Kaiserreichs gewidmeten Arc de Triomphe de l'Etoile bezeugen den gleichen Willen, einen Konsens herzustellen, indem sie vier Ereignisse der Militärgeschichte von 1792 bis 1815 glorifizieren, darunter *Auszug der Freiwilligen* von François Rude. Das Hochrelief feiert die nationale Begeisterung, das durch eine gemeinsame Sache geeinte Volk, beherrscht von der mächtigen Gestalt der Patrie. Diese Gestalt des Vaterlandes, das die Freiwilligen von 1792 mitriß, ist ebenfalls ein Bild für die Freiheit, erkennbar an der phrygischen Mütze, und wurde später als Allegorie der *Marseillaise* aufgefaßt.

Die Revolutionshymne, die 1830 auf den Barrikaden gesungen wurde, steigerte sich für die Juliregierung zu einem aufrührerischen Lied. Als Symbol für das Streben nach einer freiheitlichen Nation, als »Gebet eines Volkes«, wie es Alexandre Decamps[3] formulierte, bemächtigte sich die republikanische Opposition des Liedes. Nach dem Februar 1848 erklang die *Marseillaise* erneut auf den Straßen. Die in eine Trikolore drapierte Schauspielerin Rachel trug sie vor und wurde so zum lebenden Sinnbild der Republik[4]. Zugleich verewigte Isidore Pils den Moment, da Rouget de Lisle vor dem Straßburger Bürgermeister die revolutionäre und fast »internationale«, zumindest aber europäische Hymne sang; europäisch, weil sie von 1830 bis 1848 in jenen Ländern erklang, die sich vom Joch des Königtums zu befreien suchten.

Parallel zu diesen politischen Initiativen strebte der Staat ein offizielles Bild der wiederausgerufenen Republik an. Unmittelbar nach der provisorischen Regierungsbildung der Republik beschloß der Innenminister, Ledru-Rollin, einen Wettbewerb für eine »symbolische Figur der Republik« zu organisieren[5]. Am 28. März 1848 wurde er für alle Künstler eröffnet. Das Symbol des neuen Staates sollte das Portrait des Königs ersetzen. Zudem war ihm eine Gedenkfunktion und vor allem eine erzieherische und propagandistische Rolle zugedacht. Es handelte sich darum, das republikanische Gedankengut zu fördern, den Grund für einen nationalen Bürgersinn zu legen und ihn so zu verbreiten, daß er von möglichst vielen angenommen wurde. Der Minister appellierte an Maler und Bildhauer, eine »symbolische Figur der Republik« zu entwerfen. Die Künstler hatten eine Skizze abzuliefern; die beste sollte in Großformat ausgeführt, dann kopiert und an öffentlichen Orten ausgestellt werden. Von den Stempelschneidern erwartete der Minister eine »Denkmünze an die Revolution von 1848 und an die Errichtung der französischen Republik«, von den Zeichnern ein »emblematisches Siegel, dessen Darstellung die drei Wörter Freiheit, Gleichheit, Brüderlichkeit wiedergeben sollte«, dazu bestimmt, auf den Briefkopf offizieller Schriftstücke gedruckt zu werden. Das neue Staatssymbol sollte also auf allen möglichen Wegen Verbreitung finden.

Den Mitstreitern wurde aufgegeben, zur Erklärung zusammen mit ihrem Werk »einen versiegelten Umschlag abzugeben, in dem eine Devise enthalten sein sollte, die als Unterschrift ein ihrer Arbeit entsprechendes Zeichen oder Wort trüge«, eine typische Forderung des den Republikanern so teuren Bestrebens nach Belehrung, die die Künstler jedoch nicht verstanden. Bei der Eröffnung des Wettbewerbs wurde keinerlei Programm vorgeschrieben. Damit die Künstler aber eine politisch annehmbare Allegorie lieferten, brachte Ledru-Rollin rasch ein nicht signiertes, an die Zeitungen versandtes Rundschreiben mit »Ratschlägen« in Umlauf, die für die gemäßigte Richtung der Republikaner, zu der Ledru-Rollin zählte, bezeichnend waren. Der Minister bat die Künstler, auf die Devise Freiheit,

DAS BILD DER FRANZÖSISCHEN REPUBLIK 1792–1889

Alexandre Colin: La République, 1848. Paris, Ville de Paris – Musée du Petit Palais (8/10)

Jean-François Soitoux: La République, 1848. Paris, Pierre Bonte (8/11)

Gleichheit, Brüderlichkeit das Hauptgewicht zu legen, die »Nationalfarben hervorzuheben« und wünschte eine sitzende Figur, damit »die Idee der Stabilität« deutlich würde. Die Darstellung einer kämpfenden, beunruhigenden Republik, die an die Maßlosigkeiten von 1793 hätte erinnern können, kam nicht in Frage. Ledru-Rollin beharrte auch auf dem peinlichen Attribut der phrygischen Mütze: »*Es steht Ihnen nicht frei, dieses Freiheitszeichen wegzulassen. Richten Sie es aber so ein, daß es gewissermaßen verklärt in Erscheinung tritt. Ich sage Ihnen nochmals: Sie können ein Zeichen nicht verschwinden lassen, das das Volk in der Verkörperung der von ihm gewählten Regierung vorzufinden erwartet.*« Damals war die phrygische Mütze zwar das Symbol für Freiheit, doch auch für Aufruhr und Massaker. Der Minister wollte keine auf einer Pike aufgespießte Mütze. Er lehnte jede Anspielung auf die blutigen Ereignisse der Revolution ab, daher auch der (rätselhafte) Rat

der »verklärten« Mütze. Ledru-Rollin erwartete eine beruhigende Figur, die von der Mehrheit angenommen werden konnte.

Die Künstler, die sich nach den ikonographischen Weisungen des Ministers richteten, waren selten. Es gab wenige phrygische Mützen; die Künstler zogen es vor, ihre Figuren mit Laub (der Eiche für die Kraft des Bürgersinns oder dem Lorbeer der Unsterblichkeit), mit Sonnenstrahlen oder Sternen zu krönen. Die wenigen Maler, die ihrer Republik die Mütze aufsetzten, fügten einen Blätterkranz hinzu, der die rote Farbe abschwächte (verklärte?). Die Attribute entnahmen sie ikonologischen Handbüchern: den Löwen für Kraft, das Schwert für Gerechtigkeit, den Olivenbaum für Frieden, Bienenstock und Bienen als Bild für die Arbeit der Bürger, die Früchte für den Überfluß usw. Manche wählten Embleme mit engem Bezug zur Idee der Republik, so Cambon, der nicht nur den unvermeidlichen Löwen, die Bienenstöcke und gleichseitigen Dreiecke dar-

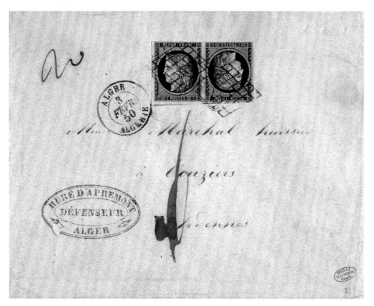

Briefumschlag, frankiert am 3. Februar 1850 in Algier mit einem »tête-bêche«-Briefmarkepaar »République« (Ceres). Paris, Musée de la Poste (L/20)

stellte, sondern mit den beiden verschlungenen Händen auch die den Achtundvierzigern teure Vorstellung der Brüderlichkeit betonte.

Für die Maler bedeutete der Wettbewerb eine Niederlage: Kein einziges Werk wurde für würdig erachtet, die Republik zu symbolisieren. Die Bildhauer erwartete ein besseres Schicksal. Die Skulptur von Jean-François Soitoux, eine friedvolle Figur, die einen Stern auf dem Haupt und auf der Stirn das Wort »Demokratie« trug, wurde letztlich ausgewählt. Doch da sie erst nach dem Staatsstreich Louis Napoléon Bonapartes vollendet war, wurde sie weder nachgebildet noch ausgestellt. Auch der Staat oktroyierte mit der am 24. August 1848 geschaffenen Briefmarke mit dem Bildnis der Ceres ein tröstliches Bild der Republik. Und Barre komponierte eine sitzende Gestalt im Glorienschein von sieben Sonnenstrahlen für das zweite Siegel der Republik.

Nach dem Untergang des Zweiten Kaiserreiches wurden mit der wiederhergestellten Republik die Embleme von 1848 wieder hervorgeholt, die Ceres der Briefmarken, das Staatssiegel mit der von Sonnenstrahlen gekrönten Frau. Das alte Freiheitsemblem, das von vielen noch als Aufruf zum Umsturz verstanden wurde, war für eine konservative Regierung (»Die Republik von Monsieur Thiers«) nicht annehmbar. Auch nach der Kommune, die den flüchtigen Sieg der roten Fahne erlebt hatte, wurde es verworfen. Erst nach dem Machtantritt der Republikaner im Jahr 1879 kam die phrygische Mütze wieder zu Ehren.

1879 wurde Soitoux' *République* von 1848 endlich vor dem Institut aufgestellt. 1942 wurde sie beschädigt, 1962 abgebaut und seit den Zweihundertjahrfeiern der Ersten Republik 1992 wieder den Parisern am Quai Malaquais zugänglich gemacht. Um den Triumph der Republik zu feiern, schrieb die Stadt Paris ebenfalls 1879 einen Wettbewerb zur Errichtung eines Republikdenkmals aus[5]. Die Statuten verlangten von den Teilnehmern des Wettbewerbs die Darstellung einer »Republik traditionellen Typs«, das heißt mit der phrygischen Mütze auf dem Haupt und »aufrechtstehend«, weil sie weithin sichtbar sein, imposant wirken und sich zugleich in das Stadtbild einfügen sollte, da ihr ein Standort im Zentrum einer der großen Pariser Freiflächen, auf der Place de la République, zugedacht war. Die Vorentscheidung fiel auf Morice, Gautherin und Soitoux, der eine Figur geliefert hatte, die der von ihm zum Wettbewerb von 1848 eingereichten nahekam. Nur die Attribute hatten sich geändert: Die Figur stützt sich nicht mehr auf das Liktorenbündel, sondern auf die Tafel der Menschenrechte, sie hält kein Schwert, sondern enthüllt das Gesicht eines ein Buch haltenden Kindes (Anspielung auf das öffentliche Unterrichtswesen), und an die Stelle des banalen Sterns ist die phrygische Mütze getreten.

Die Brüder Morice, die aus dem Wettbewerb als Sieger hervorgingen, hatten eine ruhige, siegesgewisse, einen Olivenzweig schwingende Republik konzipiert. Auch wenn die kämpferische Gestalt von 1792 jetzt obsolet geworden war, wurde die phrygische Mütze nun endgültig als Symbol für die französische Republik angenommen. Die Republik ist die Tochter der Freiheit. Sie ist Erbin von 1789, der Revolutionen von 1830 und 1848 und der beiden vorhergehenden Republiken; diese Lektion wird auf den von Léopold Morice ausgeführten Sockelreliefs erteilt. Die Kompositionen veranschaulichen die symbolischen Daten der Revolutions- und Republikgeschichte vom Ballhausschwur über das Volk, das die Trikolore nach den drei glorreichen Tagen bejubelt, die Einführung des allgemeinen Wahlrechts im Jahr 1848 bis zur feierlichen Begehung des ersten 14. Juli 1880. Tatsächlich gedachte Frankreich im Jahr 1880 erstmals des symbolischen Ereignisses der Erstürmung der Bastille, wurden in diesem Jahr der 14. Juli zum Nationalfeiertag und die *Marseillaise* zur Nationalhymne erklärt. Der erste 14. Juli lieferte den Anlaß zu zahlreichen Volksfesten in verschiedenen Provinzstädten und auf mehreren Pariser Plätzen, vor allem auf der Place de la République, wo das Denkmal der Brüder Morice in seiner vorläufigen Form eingeweiht worden war.

Von 1879 an und mehr noch im Augenblick der Hundertjahrfeier der französischen Revolution wurden Dutzende von Denkmälern (Statuen oder Büsten der Republik) in zahllosen französischen Städten und Dörfern errichtet; in Paris wurde *Triomphe de la République* von Jules Dalou auf dem Platz der Nation aufgestellt. Die Regierung setzte die phrygische Mütze als offizielles Staatsemblem durch, obwohl es noch nicht von allen akzeptiert wurde. Die Frau mit der Freiheitsmütze auf

Léopold Morice: Der 14. Juli 1880: Nationalfeiertag, 1881. Paris, Dépôt des oeuvres d'art (13/19b)

dem Kopf ersetzte die Ceres auf den Briefmarken. Sie ist auf den Geldstücken dargestellt, für die der Stempelschneider Roty die schöne Gestalt der *Säherin* erdachte, jene junge Republik, die die Erde Frankreichs für die kommenden Generationen besät und die man noch heute auf den Ein- und Fünffrancsstücken sehen kann. Seitdem hielt die emblematische Büste der *Marianne* auch Einzug in die symbolischen Orte der neuen Institutionen, in die Bürgermeisterämter.

Parallel dazu errichtete man die Statuen der Gründerväter, derjenigen, die die Einführung der Freiheit und der Republik möglich gemacht hatten (Jean-Jacques Rousseau, der Verfasser des *Gesellschaftsvertrags*, Danton, Mirabeau, Ledru-Rollin, aber auch Bara, das republikanische Märtyrerkind). Als Ergänzung zu den Denkmälern der Republik sollten die Statuen der großen Männer nicht nur die Bewunderung des Passanten erregen, sie waren auch und vor allem als erzieherisches Mittel gedacht. Im Jahrzehnt von 1880 bis 1890 war die Straße ein bevorzugter Ort der Staatsbürgerkunde.

1 Zur politischen Ikonographie der Republik vgl. Agulhon 1979 und ders. 1989.
2 Vgl. Gaehtgens 1984.
3 Decamps 1835, S. 168; vgl. auch Vovelle 1984, S. 85-136. Zum Bild der französischen Revolution im 19. Jahrhundert vgl. Chaudonneret 1988, S. 314-340.
4 Stich der Rachel, wie sie die Marseillaise singt, in: L'illustration, 8. April 1848. Am 22. Juni 1848 bestellte der Innenminister bei Carrier-Belleuse eine Statue der *Rachel, wie sie die Marseillaise singt*.
4 Vgl. Chaudonneret 1987.
5 Vgl. Kat. Paris 1989.

Marie-Claude Chaudonneret ist Forschungsbeauftragte am Centre National de la Recherche Scientifique und lehrt Kunstgeschichte an der Sorbonne in Paris. Schwerpunktmäßig befaßt sie sich mit französischer Kulturgeschichte des 19. Jahrhunderts.

Marie-Louise von Plessen

Germania aus dem Fundus

Der Name La France gestattet schon sprachlich eine Personalisierung des Vaterlandes, welche das Wort Deutschland nicht erlaubt. Die Figur der Germania ist für uns etwas Unlebendiges. Sie ist eine künstliche Schöpfung. Aber La France ist im französischen Bewußtsein als eine heroische oder bezaubernde Frauengestalt lebendig. Sie ist eine Fiktion, die durch die Wendungen der Sprache und durch die künstlerische Darstellung auf Briefmarken, Gemälden, Monumenten, Wirklichkeit gewonnen hat.
Ernst Robert Curtius: Die französische Kultur.
Eine Einführung, 1931[1]

Philipp Veit: Germania, 1848. Nürnberg, Germanisches Nationalmuseum (vgl. L/41)

Ob Fiktion oder Figuration, ob Fundus oder Alltagsleben – die Symbolgestalten der Nation verdanken ihre Bedeutung Projektionen wechselhafter nationaler Geschichte im Verlauf der Nationalbewegungen des 19. Jahrhunderts. Dies gilt für die ungarische Figur der Pannonia, die Moer Danmark, die Moder Svea der Schweden, die Helvetica, Britannia, Polonia oder Italia. Die revolutionäre Wortschöpfung der französischen Marianne entspricht in ihrem Symbolgehalt der Botschaft der revolutionären République und Liberté. Als Bekenntnis zur Nation tritt sie schon zuvor im Territorialbegriff La France oder im deutschen Sprachraum als Gallia auf. Bis heute ist Marianne im Alltagsbewußtsein der Franzosen gegenwärtig als Freimarkenemblem, als Bild der säenden Marianne mit phrygischer Mütze nach der römischen Göttin der Fruchtbarkeit Ceres auf Franc- und Centimesmünzen und in der Besetzung der Figur mit Medienstars, deren Büsten nach wie vor in französischen Rathäusern aufgestellt werden. Zahlreiche Mariannen und République-Darstellungen schmücken noch heute die Säle der französischen Rathäuser, in denen Ehen geschlossen werden. Schon darin erweist sich ihre Volksnähe.

Germania hingegen, die »vieldeutige Personifikation einer deutschen Nation«[2], die im öffentlichen Raum nicht mehr vorkommt, steht für das unkörperliche, »unlebendige« Produkt nationaler Projektionen und Wunschbilder. Sie ist aus dem Alltag gänzlich entschwunden, nachdem sie im Ersten Weltkrieg als Integrationsfigur der Wehrertüchtigung oder für die Zeichnung von Kriegsanleihen eingesetzt wurde und Hitlers Traum

Joseph Nicolaus Peroux nach Philipp Veit: Einführung der Künste in Deutschland durch das Christentum, 1835. Frankfurt a. M., Historisches Museum Frankfurt (L/39)

von der Hauptstadt »Germania« des Großdeutschen Tausendjährigen Reiches in Anknüpfung an die Kaisertradition, zu errichten in Berlin, in die Massengräber von Krieg und Verfolgung führte. Seit Heiner Müllers Germania-Zyklus wird der Begriff zwar im aktuellen Kulturdiskurs der Feuilletons verwandt, jedoch gänzlich abgehoben von der ikonographischen Entwicklung, die das wechselhafte Bild der Heroine kennzeichnet.

Die wahrscheinlich älteste Inschrift der ΓΕΡΜΑΝΙΑ in Marmor ist aus Kula (Lydien, Kleinasien) überliefert und befindet sich heute in Triest im Museo Civico. Wohl mit Bezug auf die Kämpfe mit den Chatten um 39/40 v. Chr. stellt das Weihrelief für Kaiser Gaius (37-41 n. Chr.) einen Lanzenreiter dar, der gegen eine gefesselte, als ΓΕΡΜΑΝΙΑ bezeichnete Frauengestalt mit langem Haar in langem Gewand anreitet. Germania wurde unter Kaiser Tiberius, der 16/17 n. Chr. die Grenze des römischen Reiches endgültig von der angestrebten Elb-Donau-Linie an den Rhein zurückverlegte, die weibliche Personifikation des Territorialbegriffs Germanien, dem militärischen Bezirk am Rhein zwischen 16 und 90 n. Chr., möglicherweise auch des nicht-römischen rechtsrheinischen *Germania libera*[3].

War die Germania, abgeleitet von des römischen Geschichtschronisten Tacitus' Beschreibung aus dem Jahre 98 n. Chr., die Sitten und Gebräuche der von »Zuwanderung und gastlicher Aufnahme fremder Völker gänzlich unberührten« Germanen schildert, wie Gallia für Frankreich zunächst die Allegorie »Teutschlands« im 17. und 18. Jahrhundert, so steht die Frauengestalt am »Altar des Vaterlandes« während der Napoleonischen Kriege für das Territorium des Heiligen Römischen Reiches deutscher Nation und somit sinnbildlich für die deutsche »Kultur-und Sprachnation«. Die erste deutsche Patriotenbewegung, die im Widerstand gegen Napoleon die politischen Bekenntnisse der ehemaligen Jakobiner-Sympathisanten veränderte, verlieh dem Sinnbild der Germania einen nationalen Akzent, dessen sie noch während der Koalitionskriege zum Schutz der legitimen Monarchien als Figuration des Deutschen Kaisertums im Kampf gegen die Revolutionsheere entbehrte. Der Patriot Heinrich von Kleist verfaßte nach seiner Entlassung aus der französischen Kriegshaft in seiner Dresdner »Germania«-Epoche 1809 neben dem vaterländischen Drama der »Hermannsschlacht« und dem »Katechismus der Deutschen« mit der Ode »Germania an ihre Kinder« ein haßerfülltes Pamphlet gegen den Fremdherrscher Napoleon: »Zu den Waffen! Zu den Waffen! / Was die Hände blindlings raffen! / Mit der Keule, mit dem Stab, / Strömt ins Tal der Schlacht hinab! [...] Alle Plätze, Trift' und Stätten, / Färbt mit ihren Knochen weiß; / Welchen Rab und Fuchs verschmähten, / Gebet ihn den Fischen preis; / Dämmt den Rhein mit ihren Leichen; / Laßt, gestäuft von ihrem Bein, / Schäumend um die Pfalz ihn weichen, / Und ihn dann die Grenze sein! // Eine Lustjagd, wie wenn Schützen / Auf die Spur dem Wolfe sitzen! / Schlagt ihn tot! Das Weltgericht / Fragt euch nach den Gründen nicht!«

Nach der Völkerschlacht von Leipzig (17./18. Oktober 1813) wurde mit deutlich franzosenfeindlicher Aussage die von den Fesseln Befreite in Verbindung zur aktualisierten Heldengestalt Hermann des Cheruskers gesetzt, der siegreich die Freiheit der Germanen gegen die vordringenden Römerheere verteidigt hatte. Namhafte Künstler der Denkmalsromantik der Freiheitskriege verliehen der Idee Gestalt als »Teutsches National-Denkmal«[4] für Grabmale, Denksäulen, Sieges-, Helden- und Kriegerdenkmäler zur Erinnerung an die Opfer der Befreiung vom »französischen Joch«. Für die Denkmalsidee des 19. Jahrhunderts galt der Kult um Hermann den Cherusker – jener Figuration nationaler Identität, der »Deutschen Seelensuche« – als maßgeblich. Fünfzig Jahre später initiierte Napoleon III. in

Frankreich die Subskription um das Standbild des Vercingetorix am historischen Ort seiner Niederlage in der Schlacht bei Alesia (Auvergne) gegen die Truppen Caesars im Jahre 52 v. Chr. als »lieu de mémoire«[5].

Die Attribute der Revolution und der ersten, am 22. September 1792 gegründeten *République Française* – die Idee der ungeteilten, souveränen und freien Nation nach dem Selbstbestimmungsrecht der Völker im Sinne der Universalrepublik – trägt Germania erst im Vormärz als Hoffnungsfigur der Liberalen um die Verwirklichung der Verfassungsversprechungen, die in der deutschen Revolution von 1848 scheiterten: die Freiheitsmütze der Jakobiner und das Liktorenbündel der Römischen Republik. Mit Ausnahme des vier Meter hohen »Hoheitszeichens« für das deutsche Nationalparlament, dem von Moses Mendelssohns Enkel Philipp Veit gemalten Transparent der eichenlaubbekränzten Germania samt deutscher Trikolore in den schwarz-rot-goldenen Farben der Burschenschaften, dem Krönungsmantel und doppelköpfigem Adlerschild der alten Reichsidee, das über dem Präsidentenpult in der Frankfurter Paulskirche zur Einheit der Deutschen aufrufen sollte, erwies sich jedoch ihr Sinnbild nicht als Ikone der Hoffnung. Vielmehr entsprach Germania als Gestalt der politischen Karikatur jenen Versäumnissen der Restauration und der Heiligen Allianz der legitimen Monarchien, die politische Veränderungen in den Deutschen Bundesstaaten seit 1815 als Ergebnis des Wiener Kongresses im »System Metternich« bis zum Revolutionsjahr von 1848 verhinderten. Getragen von der kosmopolitischen Idee der Völkergemeinschaft erschien in Frankfurt gar ein dreibändiges »Archiv zur Kenntnis des deutschen Elements in allen Ländern der Erde« unter dem Gesamttitel »Germania«, das Wilhelm Stricker mit »Beiträgen zur Bestimmung der deutschen Sprachgrenze und zur Kenntnis des deutschen Elements in den jetzt oder dereinst mit Deutschland verbundenen Grenzländern«, in den Jahren 1847/48 und 1850 herausgab.

Bis zur gescheiterten Konstitution von 1848/49 hatte das Germaniabild die allegorische Figuration aller Deutschen in der Kulturnation der gemeinsamen Sprache bestimmt, deren vom Vergessen bedrohte Überlieferungen die Brüder Grimm mit ihren »altdeutschen Studien« und volkskundlichen Sammlungen als »schlafende Schrift« der deutschen und germanischen »National-Kultur« wiedererwecken wollten. Ihre Ausstattung aus dem antiquarischen Fundus der Insignien des Kaiserreichs deutscher Nation erfuhr die Germania auf dem von Philipp Veit 1836 für das Städelsche Kunstinstitut in Frankfurt am Main vollendeten Freskogemälde, von dem Joseph Nicolaus Peroux eine Kopie anfertigte: Geschmückt mit Doppeladler, der Krone Karls des Großen samt Reichskleinodien als Symbol des 1806 aufgelösten Reiches mit den Schilden der sieben Kurfürsten für das deutsche Kaisertum steht sie im Ornat des Heiligen Römischen Reiches deutscher Nation für den Auftrag der römisch-katholischen Kirche, zum Ausgleich zwischen Staat und Kirche das Reich zu errichten. Der Zusammenhang mit »Teutschlands

Johannes Schilling: Modell des Niederwald-Denkmals, 1875. Friedrichsruh, Bismarck-Museum (13/14)

Befreyung im Jahre 1814« nach der Abdankung Napoleons – entsprechend der Devise auf der Südseite der Giebelfelder der 1842 von Ludwig I. eingeweihten Walhalla für die »rühmlich ausgezeichneten Teutschen«, während die Nordseite die Hermannsschlacht vorstellen sollte[6], verweist bereits auf die späte, nationaldeutsche Germania des Zweiten deutschen Kaiserreichs. Nach der Sockelinschrift von Johannes Schillings kleindeutschem Nationaldenkmal auf dem Niederwald von 1883 »Zum Andenken an die einmuethige siegreiche Erhebung des deutschen Volkes (1813/14) und an die Wiederaufrichtung des deutschen Reiches 1870-71« steht die Kolossalfigur der Germania vom Niederwald sowohl für den Sieg der Alliierten über Napoleon bei Leipzig als auch für die Proklamation des Reiches in Versailles. Die Germania erscheint hier als Walküre mit Brustpanzer und Schwertgurt im Schwanengewand nach der Überlieferung der Nibelungensage, das lorbeerumkränzte Schwert als Zeichen des Waffenfriedens nach unten gerichtet. Kaiser Wilhelm I. verwies in seiner Eröffnungsansprache sowohl auf das Friedenssymbol wie auf das Mahnmal für den Waffensieg zum Gedächtnis der Gefallenen von 1870/71. Ein

Fahne des »Combattanten-Vereins Ehrenfeld«, Köln, Kölnisches Stadtmuseum (L/47)

Lorenz Clasen (zugeschrieben): Germania und Marianne, 1848. Berlin, Staatsbibliothek zu Berlin-Preußischer Kulturbesitz, Handschriftenabteilung (L/40)

Zeitgenosse bezeichnete die Heroine des Zweiten deutschen Kaiserreichs mit dem einköpfigen Adler im Gegensatz zum doppelköpfigen Adler des großdeutschen Kaiserreichs der Habsburgermonarchie als die »genialste Idealisierung des neudeutschen Reichsbegriffs«. Die »Wacht am Rhein«, wie sie als erster Lorenz Clasen 1860 für sein Germaniabild im Krefelder Rathaus schuf, das als Reaktion auf Napoleons III. Engagement für die italienischen Einigungskriege für die Zwecke der politischen Propaganda nach den deutschen »Einigungskriegen« von 1864, 1866 und 1870/71 in verschiedensten Techniken verwandt wurde, entspricht wie Max Schneckenburgers gleichnamiges Pamphlet im »Sängerkrieg« um die Rheingrenze, den die Orientkrise des Jahres 1840 zwischen Deutschland und Frankreich auslöste, den nationalen Tendenzen jener kleindeutschen Lösung. Ikonographisch jedoch ist noch dieses mit Doppeladler und den bereitliegenden Reichsinsignien ausgestattete Leitbild der Walküre im Krönungsornat von 1860, die zehn Jahre vor der Kaiserproklamation des 18. Januar 1871 in Versailles mit gezücktem Schwert über den Rhein nach Frankreich dräut, großdeutsch gerichtet. Unabhängig davon waren jedoch die Kommentare der »Revue des Deux Mondes«, dem publizistischen Forum der Deutschlandbetrachtung in Frankreich, überzeugt davon, daß die Reichsgründung in Versailles auf die Wiedererrichtung des Heiligen Römischen Reiches deutscher Nation gerichtet sei[7].

Als Urbild der kaisertreuen Heroine verläßt dieser neue aggressive Typus die holde Germaniagestalt – die Schwester der revolutionären Marianne von 1848, die liberale Ikone der Nationalfeiern zu Schillers hundertstem Geburtstag von 1859 und der ersten allgemeinen deutschen Schützenfeste seit 1862, die für die Einigung des liberalen Deutschland als Kulturnation warb. Ihr Bild prägte in Zukunft auch in der Außenwirkung über das 19. Jahrhundert hinaus in zahlreichen Nationaldenkmälern, die nach 1870/71 die »Einigungskriege« feierten, das Symbol für Deutschland: die Germania des zum »Volkskrieg« stilisierten Waffengangs, gepanzerte Mutterfigur für die Gefallenen, deren Namen und Regimentseinheiten am Sockel der

Probedruck von Germania-Briefmarken zu 60 Pfennig in verschiedenen Farbvarianten, 1911. Berlin, Museum für Post und Kommunikation Berlin (L/59)

Einschreibebrief mit zwei Germania-Briefmarken zu 30 Pfennig, Tientsin, 25. Januar 1901. Berlin, Museum für Post und Kommunikation Berlin (L/60)

Bildsäulen mitsamt den Schlachtorten aufgeführt wurden[8]. Germania wurde als Zeugnis aufrechten Untertanengeists im Kaiserreich zudem beliebteste Taufpatin im Vereinswesen der Ruderer, der Schützen und Turner, der Burschenschafter, Männergesangsgruppen und Kriegsveteranen, die am Stammtisch das gleichnamige Bier tranken.

Die meisten jener Nationaldenkmäler, mit denen das Deutsche Reich seine Gründung feierte, sind bis 1945 zerstört, abgebaut oder wie Robert Eduard Henzes 1880 auf dem Dresdner Altmarkt aufgestelltes Siegesdenkmal lediglich in Restteilen erhalten. Im Gegensatz zur ungebrochenen Präsenz der republikanischen Mariannenstandbilder in Paris und im übrigen Frankreich vergegenwärtigen die Stadtplätze in Deutschland nirgendwo mehr Germanias ehedem kolossalen Raumanspruch. Auch die erste Germania-Marke der Reichspost mit dem gepanzerten Brustbild der jungen Schauspielerin Anna Führing, die als Germania im Festzug zur Einweihung des Kaiser-Wilhelm-Denkmals auf der Schloßfreiheit in Berlin den Zuspruch Wilhelm II. erlangt hatte, ruht seit ihrer Ungültigkeit im Jahre 1922 in den Archiven der Postmuseen: Die Weimarer Republik wollte die Heroine des Kaiserreichs als Staatssymbol nicht übernehmen.

Bei aller Unterschiedlichkeit der Wahrnehmung und Prägung der Symbole nationaler Identität zwischen Deutschland und Frankreich ist zu bemerken, daß die Franzosen im Umgang mit ihrer Nationalfigur trotz aller Umwälzungen seit 1789 weitaus mehr Kontinuität und Traditionsbewußtsein vergegenwärtigen[9]. Man mag sich nur die Umzüge zur Zweihundertjahrfeier der Revolution ins Gedächtnis rufen, auf denen Trikolorenfarben mit Laserstrahlen den Eiffelturm umhüllten, Jessye Norman auf den Champs Elysées vor versammelter Staatselite die Marseillaise sang und landesweit Mariannen mit »bonnet phrygien« defilierten und vermarktet wurden. Die Figur hat im Alltagsbewußtsein mehr Gewicht als die zweite nationale Personifikation des gallischen Hahns. Daß die entsprechende deutsche Figuration nicht einmal mehr ein denkmalpflegerisch berechtigtes Dasein im öffentlichen Raum findet, mag objektiv einerseits in den Kriegszerstörungen der deutschen Städte bis 1945 samt darauffolgender Räumung und Enttrümmerung auch des Bewußtseins begründet sein. Andererseits ist dieser physische, »unlebendige« (Curtius) Bildmangel sichtbarer Ausdruck der Schwierigkeiten der Deutschen im Umgang mit Nationalmonumenten, der bis in die Tagespresse die öffentliche Diskussion um die Realisierung von Mahnmalen zum Holocaust kennzeichnet. Das Nationalgefühl der Franzosen bestimmt seit der Revolution die Solidargemeinschaft der kollektiven Erinnerung mit dem transnationalen Anspruch einer kosmopoliti-

Anna von Strantz-Führing als Germania. Köln, Theaterwissenschaftliche Sammlung der Universität zu Köln (L/57)

schen Mission, während die Deutschen vor allem in der Weimarer Republik und seit dem Untergang des »Tausendjährigen Reichs« mit ihrem Verhältnis zur Nation haderten. Das nationale Bild der Franzosen lebt vom Zentralismus, der Staat und Politik beherrscht – nach den Erfahrungen mit den Leitbildern des deutschen Faschismus eine undenkbare Perspektive im deutschen Föderalismus der Nachkriegszeit gerade für die Prägung nationaler Bilder. »Civilisation« als Gesellschaftsbegriff auf der französischen Rheinseite gegen »Kultur« als apolitischem Bereich von Freiheit und Stolz (Norbert Elias) auf der deutschen Seite des Rheins stehen gegeneinander. Seit 1984 werden mit den Goldstatuetten der »mariannes d'or« verdiente Volksvertreter Frankreichs ausgezeichnet[10]. Die aktuellste Freimarke mit dem Symbol der Marianne mit Freiheitsmütze, das Zeichen nationaler Identität, kann man in jedem französischen Briefmarkenautomaten erwerben. Das Bild der Germania hingegen erscheint heute allenfalls im Bildrepertoire deutscher Karikaturisten aus dem Fundus der Symbolik des Zweiten Kaiserreichs.

1 Curtius 1931, S. 194
2 Zur Ikonographiegeschichte der Germania seit dem 17. Jh. vgl. Hoffmann 1989, S. 137-155, sowie Gall 1993(a), S. 5-37 mit Abb.
3 Zur Darstellung der Germania vgl. LIMC, Bd. IV.2, Tafel 102 Germania 1., zum Begriff Germanien, Bd. IV 1, S. 182f. Seit Kaiser Dominian gab es um 90 n. Chr. zwei Provinzen: Niedergermanien (Germania inferior) mit der Hauptstadt Köln und Obergermanien (Germania superior) mit der Hauptstadt Mainz.
4 Vgl. Hoffmann (Anm. 53 und 54) S. 154. Zu den Entwürfen für Sieges-, Helden- und Kriegerdenkmäler im Zusammenhang mit den Befreiungskriegen, u.a. von C.D. Friedrich, vgl. Hartlaub, S. 207-212.
5 Vgl. in diesem Katalog 11/7 **R 11**. Vgl. dazu auch die neueste Forschungsarbeit von Charlotte Tacke 1995, bes. S. 185-236.
6 Vgl. Hoffmann S. 145.
7 Vgl. Linkenheil 1962, S. 121.
8 Zu den im Deutschen Kaiserreich nach 1871 aufgestellten Nationaldenkmälern vgl. Bildtafeln und Text bei Abshoff 1904.
9 Vgl. Thadden 1991, S. 493-510, und Leenhardt/Picht 1989, S. 308ff.
10 Vgl. Pessis/Lamy in: Le Figaro, 30.4.1996.

Lichthof

Wahlverwandtschaften diesseits und jenseits des Rheins

Die ideellen Wahlverwandtschaften, die reellen Freund- und Feindbilder zwischen Deutschland und Frankreich, versinnbildlicht in ihren nationalen Symbolfiguren »Marianne« und »Germania«, verdankten sich wechselhaften Anziehungskräften von der Französischen Revolution bis zur Pariser Weltausstellung von 1889.

Seit 1800 hatte Tacitus' Beschreibung der Sitten und Gebräuche der Germanen das Denken der Nationalliberalen im Begriff »Volksgeist« bei Johann Gottfried Herder wie später in Jacob Grimms Unterscheidung von deutsch und germanisch beeinflußt. Auch Johann Gottfried Fichte berief sich auf Tacitus' Schrift, als er 1807/08 in den »Reden an die deutsche Nation« für die Deutschen eine Nationalerziehung forderte, deren nationale Identität die deutsche Sprache begründe.

Als ungleiche Schwestern verkörperten die Symbolfiguren Frankreichs und Deutschlands bis zur Julirevolution von 1830 das gallische und das germanische Volk: Germania orientierte sich zunächst an der Botschaft der Freiheit, Gleichheit, Brüderlichkeit der französischen Marianne und erstrebte zudem das Einheitsgebot der Kulturnation, gegründet auf der deutschen Sprache. Dabei bildete der Rhein als natürliche und politische Grenze die zu überwindende Trennung zwischen der französischen Nation und den deutschen Einzelstaaten auf dem Weg zum Nationalstaat. Doch die napoleonischen Kriege und insbesondere die Schlachten von Jena 1806 und Leipzig 1813 setzten das schwesterliche Einvernehmen dem nationalen Aufbruch der Deutschen angesichts der französischen Eroberungen aus. 1835 wurde Germania als Vollstreckerin des christlichen Auftrags der römisch-katholischen Kirche, als Allegorie des Heiligen Römischen Reiches deutscher Nation dargestellt, bereit und fähig, die konservativen Kräfte zwischen Staat und Kirche auszugleichen. Für diese Restauration der alten Reichsidee, die die Souveränität der Monarchien reklamierte, nutzten vaterländische Bildprogramme die vormals republikanisch orientierte Figur der Deutschen.

Die Nationalfigur Frankreichs entwarfen engagierte Republikaner im Staatsauftrag als Symbol der Ersten Republik, die am 22. September 1792 die Monarchie Ludwigs XVI. mit den königlichen Insignien ablöste. Deren Bildnis wandelte sich je nach politischem Programm in der Restauration der Bourbonen, von 1830 bis zur Zweiten Republik von 1848 und im Zweiten Kaiserreich bis zum 4. September 1870, als während des Krieges die Dritte Republik als Regierung der nationalen Verteidigung ausgerufen wurde: Gebot wie Verbot des Attributs der phrygischen Mütze, dem Kennzeichen der Jakobinerclubs, charakterisierten die jeweilige politische Richtung. Seit 1792 entsprachen dem Sinnbild der Freiheit antike Vorbilder der römischen Republik nach Inhalt und Gestalt der Ceres oder der Pallas Athene in den Farben der Trikolore mit Lanze oder Freiheitsmütze (phrygische Mütze), dem Dreieckslot der Gleichheit und der Tafel der Menschenrechte. Gemäß der aufgeklärten Naturphilosophie nährte die mütterliche Allegorie der »République« ohne Unterschied alle Bürger der Nation. Derselben Bildtradition folgen die vielfältigen Attribute und Tugenden der Marianne, die mit der Februarrevolution von 1848 in der Zweiten Republik aufkamen. Seit dem Gemeindeerlaß von 1884 verkörperten die Mariannen, die »doppelten Mütter« Maria und Anne, in Rathäusern und Gemeindesälen Frankreichs die nationale Identität der Republik. Im

On pourrait dire avec raison que les Français et les Allemands sont aux deux extrémités de la chaîne morale, puisque les uns considèrent les objets extérieurs comme le mobile de toutes les idées, et les autres, les idées comme le mobile de toutes les impressions. Ces deux nations cependant s'accordent assez bien sous les rapports sociaux; mais il n'en est point de plus opposées dans leur système littéraire et philosophique. L'Allemagne intellectuelle n'est presque pas connue de la France [...].

Madame de Staël: De l'Allemagne, 1810

Man könnte mit Recht behaupten, daß die Franzosen und die Deutschen an den beiden äußersten Enden der moralischen Kette stehen, da jene die äußeren Gegenstände als den Hebel aller Ideen annehmen, und diese die Ideen für den Hebel aller Eindrücke halten. Denn obschon beide Nationen in den gesellschaftlichen Verhältnissen ziemlich nachbarlich übereinstimmen, so gibt es doch einen himmelweiten Unterschied zwischen ihnen, sobald es auf literarische und philosophische Systeme ankommt. Das intellektuelle Deutschland kennt man in Frankreich beinahe gar nicht [...].

*Nanine Vallain
La Liberté, 1793/94
Vizille, Musée de la
Révolution française
(L/15)*

Gegensatz zu dieser republikanischen Gestalt der Marianne hatte sich das Deutsche Kaiserreich im Symbol jener wehrhaften Germania die »Wacht am Rhein« und zugleich eine Integrationsfigur der Reichseinigung geschaffen.

Nach dem Scheitern der 1848er Revolution obsiegte die Germania der konservativen Kräfte über die Germania der deutschen Trikolore in den schwarz-rot-goldenen Farben der Burschenschaften. So verriet Germania den Schwesternbund der nach Freiheit und Selbstbestimmung strebenden Völker für das Prinzip der ungeteilten, souveränen Nation mit der Hoffnung auf innere Einheit. Nunmehr verkörperte sie die kriegerische Durchsetzung des deutschen Nationalstaats, den die Frankfurter Paulskirchenversammlung von 1848 und freiheitliche Kräfte noch auf der konstitutionellen Basis der Grundrechte verwirklichen wollten. Als

Lorenz Clasen
Germania auf der Wacht am Rhein, 1860
Krefeld, Kaiser Wilhelm Museum Krefeld
(L/46)

1860 Germania in Brustpanzer und Kettenhemd mit der Devise »Das deutsche Schwert beschützt den deutschen Rhein« zur Offensive gegen Frankreich herausforderte, waren die Wahlverwandtschaften diesseits und jenseits des Rheins endgültig enttäuscht und verstört. Germanias Monumentalgestalt wurde zur germanischen »Wehr« gegen Frankreich. Als Walküre verkörperte sie die Nationalstaatsidee des Deutschen Kaiserreichs mit ikonographischer Verklärung der Reichseinigung nach innen. Doch der Streit um die Zugehörigkeit der linken und rechten Rheinufer, die »Passage du Rhin« blieb Leitmotiv der deutsch-französischen Beziehungen des 19. Jahrhunderts, Scheideband wie Bindeglied, Brücke und Trennung der Anziehungskräfte zwischen Marianne und Germania.

Lichthof

oben links:
Henri Fantin-Latour
Rheingold. Erste Szene, 1888
Hamburg, Hamburger
Kunsthalle
(L/37)

oben rechts:
Hermann Wislicenus
Die Wacht am Rhein (Germania), 1874
Goslar, Goslarer Museum
(L/48)

Moritz von Schwind
Vater Rhein, 1848
Poznań, Muzeum Narodowe
(Sammlung Graf Athanasius Raczynski)
(L/35)

oben links:
Glasfenster mit Darstellung der Marianne und den Insignien »FR«,
um 1884-1900
Paris, Pierre Bonte
(L/30)

oben rechts:
Alexander Linnemann Glasfenster der Südseite vom Reichstagsgebäude in Berlin mit Darstellung der Germania (Entwurf), 1913,
Berlin, Michael S. Cullen
(L/61)

unten links:
Robert Eduard Henze Modell der Germania vom Siegesdenkmal des Altmarkts in Dresden, um 1880
Berlin, Privatbesitz
(L/50)

Treu wie dem Schweizer gebührt, bewach ich Germaniens Grenze, / Aber der Gallier hüpft über den duldenden Strom.

Friedrich Schiller:
Xenien, 1797

Depuis les Alpes jusqu'à la mer, entre le Rhin et le Danube, vous voyez un pays couvert de chênes et de sapins, traversé par des fleuves d'une imposante beauté [...] mais de vastes bruyères, des sables, des routes souvent négligées, un climat sèvère, remplissent d'abord l'âme de tristesse; et ce n'est qu'à la longue qu'on découvre ce qui peut attacher à ce séjour.

Madame de Staël:
De l'Allemagne, 1810

Von den Alpen bis zum Meere, zwischen dem Rhein und der Donau, findet man ein mit Eichen und Fichten bewachsenes Land, von majestätisch-schönen Flüssen durchzogen [...]. Aber unabsehbare Heiden, Sandschollen, oft vernachlässigte Wege, ein rauhes Klima erfüllen im ersten Augenblick die Seele mit Traurigkeit; nur allmählich entdeckt man, und späterhin, was an diesem Aufenthalt fesseln kann.

L/1

L/1 **Cornelius Publius Tacitus** (um 55 - um 120)
Germania Cornelii Taciti. Vocabula Regionum Enarrata, Et ad recentes adpellationes accommodata. Harminius Ulrici Hutteni. Dialogus, cuititulus est Iulius.
Recens edita a Philippo Melanthone
Wittenberg: Johannes Lufft 1557
Berlin, Staatsbibliothek zu Berlin-
Preußischer Kulturbesitz,
Handschriftenabteilung (Np 2470 R)

Tacitus' knappe Beschreibung von Sitten und Gebräuchen der Germanen – hier in einem Sammelband mit Schriften anderer Autoren über Germanien und einem Widmungsbrief von Philipp Melanchton an David Ungnad – hat vor allem im 19. Jahrhundert den Nationalgedanken der frühen Liberalen wie Alexander von Humboldt, der die Auffindung dieser Schrift mit der Entdeckung Amerikas durch Christoph Kolumbus verglich, den Begriff »Volksgeist« bei Johann Gottfried Herder oder die sprachliche Unterscheidung zwischen deutsch und germanisch bei Jacob Grimm zutiefst geprägt. Die Grenzen Germaniens östlich des Rheins ohne die römischen Provinzen »germania superior et inferior« definiert der römische Historiker durch den Verlauf der Flüsse Rhein und Donau: »Germanien insgesamt ist von den Galliern, von den Rätern und Pannoniern durch Rhein und Donau, von den Sarmaten und Dakern durch wechselseitiges Mißtrauen oder Gebirgszüge unterschieden [...]«, Ursprung und Name durch den geringen Grad der Mischung: »Die Germanen selbst sind, möchte ich meinen, Ureinwohner und von Zuwanderung und gastlicher Aufnahme fremder Völker gänzlich unberührt«, denn: »Wer hätte auch – abgesehen von den Gefahren des schrecklichen und unbekannten Meeres – Asien oder Afrika oder Italien verlassen und Germanien aufsuchen wollen, landschaftlich ohne Reiz, rauh im Klima, trostlos für den Bebauer wie für den Beschauer, es müßte denn seine Heimat sein?« Tacitus schildert in knapper Gliederung den Volkstypus, die Natur des Landes samt Bodenerzeugnissen und Geld, Götterkult und Vorzeichenglaube, Volksversammlung, Gerichtsbarkeit, Verteidigung und Heer, Siedlungsweise, Mitgift und Ehe, Erziehung, Erbrecht, Fehde und Gastfreundschaft, Totenbestattung und Besonderheiten der Stämme. Von den »Grenzvölkern im Westen und Süden« seien auch Gallier nach Germanien gezogen: »Denn wie wenig hinderte der Strom, daß ein Stamm, der gerade erstarkt war, neue Wohnsitze einnahm, wenn sie noch allgemein zugänglich und nicht unter königliche Gewalthaber aufgeteilt waren!« Tacitus schöpfte primär aus literarischen Quellen, so neben den Germanenkapiteln bei Livius und Plinius d.Ä. aus Julius Caesars »De Bello Gallico«. Montesquieu erwähnt im »Esprit des lois« 1748 mit Bezug auf die englische Verfassung das »vortreffliche System der Gewaltenteilung, das in den Wäldern Germaniens« entdeckt worden sei; Jean Bodin schildert im »Methodus« 1566 die Germanen als Vorfahren der Franken und suchte aus der germanischen Gefolgschaft nach Tacitus das fränkische Lehnswesen abzuleiten. Die einzige Handschrift gelangte 1455 nach Italien, so daß sich 1458 Enea Sylvio Piccolominis, des späteren Papst Pius II. »Germania antiqua« auf Tacitus bezog. Als erster Deutscher wollte der Humanist Jakob Wimpfeling 1501 mit seiner Adaption der »Germania« die Zugehörigkeit des Elsaß zu Deutschland beweisen; Melanchthon schickte in seinem Widmungsbrief mit Bezug auf die alte zugleich Kritik an der neuen Zeit voraus. Auf der Gleichsetzung der Begriffe germanisch und deutsch und der Ableitung der Deutschen als Ureinwohnern Germaniens gründet auch Sebastian Münsters »Kosmographia« von 1544. Johann Gottlieb Fichte forderte in seinen »Reden an die deutsche Nation« im Winter 1807/08 unter Berufung auf Tacitus eine nationale Erziehung gemäß der Sendung der Deutschen, deren Nationalcharakter die Sprache begründe. Auch Arthur Graf Gobineaus »Essai sur l'inégalité des races humaines«, erschienen 1853-1855 in vier Bänden, ist Tacitus' Schrift verpflichtet. Nach 1871 wurde die Germanenforschung durch Houston Stewart Chamberlains »Die Grundlagen des 19. Jahrhunderts« (1898) um den rassentheoretischen Aspekt der »arischen« Weltanschauung ergänzt, so daß die Ideologen des Dritten Reiches Tacitus' Germania für ihre Zwecke vereinnehmen konnten.

MLP

Lit.: Tacitus 1971; Werner 1994, S. 42-61

L/2 **Benizy**
Germania und Gallia am Rhein
Paris, 1795/96
Frontispiz aus Georg Wilhelm Böhmer (Hrsg.):
La Rive Gauche du Rhin, limite de la
République Française, Paris An IVme. de la
Républ. Franç.
Kupferstich; 17,6 x 11,3 cm
Köln, Wallraf-Richartz-Museum,
Graphische Sammlung (20514)
Abb. S. 17

Die Devise zu Füßen der beiden nationalen Symbolfiguren Germania mit Doppeladlerschild des Heiligen Römischen Reiches deutscher Nation und Gallia mit Liktorenbündel, deren Spitze in einen gallischen Hahnenkopf mündet, bezeugt – laut Bildlegende – an den Wassern des Rheins: »Les descendans des Gaulois redevenus leurs maitres reprennent leurs anciennes limites. Leur interèt veut qu'ils les gardent et leur courage saura les garantir« (Die Nachfahren der Gallier nehmen, nachdem sie wieder ihre eigenen Herren geworden sind, Besitz von ihren alten Grenzen. Es ist in ihrem Interesse, sie zu bewachen. Ihr Mut wird sie sichern). Die allegorische Darstellung wirbt für den Rhein als deutsch-französischer Grenze mit der Karte des Flußverlaufs unter der Allegorie der Fama, die den Ruhm der beiden Nationen verkündet, während des ersten Koalitionskrieges von Österreich und Preußen gegen das republikanische Frankreich zum Schutz der legitimen Monarchien. Die ungleichen Schwestern Gallia und Germania könnten zugleich auch das gallische und germanische Volk versinnbildlichen und eine naturrechtliche Legitimation der Rheingrenze propagieren. Die Broschüre des deutschen Jakobiners Böhmer, der als Kurmainzer Gefangener nach der Einnahme von Mainz durch General Custine 1795 befreit wurde, nach Frankreich emigrierte und in Paris dem Direktorium diente, enthält 13 der insgesamt 56 Aufsätze zu der Preisfrage von Georg Friedrich List, »ob es im Interesse der französischen Republik liegt, ihre Grenze bis zum Rhein auszudehnen?« Mit seinen Schriften unterstützte Böhmer die französische Annexion des linksrheinischen Deutschland. MLP

Lit.: Kat. Nürnberg 1989, S. 137ff., insbes. S. 142 und Nr. 187, S. 350

L/3   **Denkmal auf den Sieg Erzherzog Carls**
       im ersten Koalitionskrieg
       Wien (Wiener Porzellanmanufaktur), 1796
       Biskuitporzellan; H. 39,5 cm
       Wien, MAK–Österreichisches Museum für
       angewandte Kunst (Ke 1783; Leihgabe
       im Heeresgeschichtlichen Museum)

Der Sieg von Erzherzog Carl im Sommer 1796 festigte im ersten Koalitionskrieg gegen Frankreich das deutsche Nationalbewußtsein der verbündeten Preußen und Österreicher, nachdem der junge Habsburger die Generäle Jourdan und Moreau mit den über den Lech bis nach Amberg vorgedrungenen französischen Armeen besiegen und zum Rückzug über den Rhein bedrängen konnte. Auf der Tischgruppe ist der Rhein als antiker Flußgott dargestellt, die von ihren Fesseln befreite Germania trägt ein antikes Gewand. In ihrer Rechten hält sie zwei Siegerkränze über der Inschriftentafel, die die Heldentat preist: »Carl von Österreich, dem Bruder Kaiser Franz II. dafür, daß er mit unerhörtem Beispiel in seinem 25. Lebensjahr auf Befehl seines Bruders, unter seiner Führung, in einem zweimonatigen Feldzug zwei starke Armeen der Franzosen, geführt von

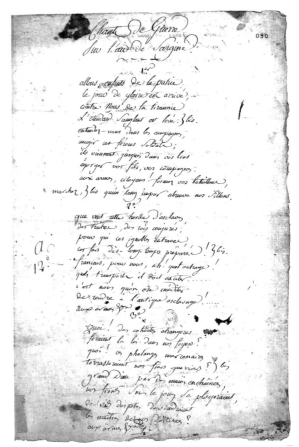

L/4

sehr mutigen Heerführern, durch seine Schnelligkeit aufgehalten, in Schlachten aufgerieben und mit Geschick vertrieben, jene von der Pegnitz, diese vom Lech über den Rhein zurückgeworfen hat. Germania ihrem Rächer. 1796.« MLP

Lit.: Kat. Nürnberg 1989, Nr. 309, S. 418f.

L/4   **Claude-Joseph Rouget de Lisle** (1760-1836)
       Chant de Guerre sur l'aire de Sargine
       (Kriegslied auf die Melodie von Sargine)
       1792
       Zeitgenössisches Manuskript; 29 x 19,5 cm
       Paris, Bibliothèque Nationale de France,
       Département des Manuscrits
       (Mss. N.A.F. 24214, f.90)

Rouget de Lisle (auch: de l'Isle) dichtete und vertonte das ursprüngliche »Kriegslied der Rheinarmee« – Abschriften befinden sich in der Bibliothèque Nationale in Paris – im April 1792 in Straßburg, wo er unter Marschall Luckner als Pionierhauptmann stationiert war. Ein die Dichtung auslösendes Moment war die Kriegserklärung Frankreichs an Österreich: Am 25. April erreichte die Kriegsdepesche Straßburg, die Offiziere wurden ins Rathaus gebeten und vom Bürgermeister über die Lage unterrichtet. Dieser Krieg galt als Vertei-

digung der in der Revolution von 1789 errungenen Grundrechte und Freiheiten; entsprechend hoch schlugen bei der Verkündigung der Kriegsnachricht die patriotischen Gefühle. Rouget de Lisle, ein begeisterter Patriot, komponierte das Lied für ein Freiwilligenbataillon, das von Straßburg nach Paris geschickt wurde, öffentlich gesungen wurde es dann zum ersten Mal in Paris von einem Freiwilligenbataillon aus Marseille am 10. August 1792 bei der Einnahme der Tuilerien – daher der Name des Liedes, der sich eingebürgert hat: »La Marseillaise«, das Lied der Marseiller. Nach seiner raschen Verbreitung als Revolutions- und Freiheitslied wurde es zunächst 1795, endgültig 1879 zur französischen Nationalhymne erklärt. Rouget de Lisle selbst trug es zum ersten Mal im Haus des Straßburger Bürgermeisters am 26. April 1792 vor. Über die Wirkung des Liedes berichtete Louise Dietrich, die Frau des Bürgermeisters, ihrem Bruder: »Ich sage Dir, daß ich seit einigen Tagen nur das Lied kopiere, eine Beschäftigung, die mich amüsiert und unterhält [...]. Der geniale Hauptmann Roger de Lisle, ein Dichter und bewundernswerter Komponist, schuf in Kürze die Musik für das Kriegslied. Mein Mann, ein guter Tenor, trug das Stück vor, das mitreißend und auf eine gewisse Art originell ist. [...] Ich meinerseits habe mein Talent zur Orchestrierung ins Spiel gebracht und habe die Partitur für Cembalo und andere Instrumente arrangiert.« AC
Lit.: Georgel 1989

L/5   **Isidore Alexandre Augustin Pils** (1815-1875)
Rouget de Lisle trägt zum ersten Mal im April 1792 im Haus des Bürgermeisters von Straßburg die »Marseillaise« vor
1849
Bez. u.r.: Pils
Öl auf Leinwand; 105 x 122 cm
Strasbourg, Musée Historique
(Depot Musée du Louvre, Paris)
Abb. S. 25

Rouget de Lisle brachte sein nachmals weltberühmtes Lied zum ersten Mal in der Nacht zum 24. April 1792 im Haus des Bürgermeisters von Straßburg, Philippe Frédéric Baron de Dietrich, zu Gehör. Der junge Offizier, der zur Revolutionszeit im Bürgermeisterhaus wohnte, soll, durch Gespräche am Vorabend angeregt, in der Nacht zum 26. April das patriotische Lied gedichtet, vertont und am nächsten Morgen als »Chant de Guerre de l'armée du Rhin« (Kriegslied der Rheinarmee) vorgetragen haben. Das Gemälde von Isidore Pils, der anfänglich religiöse und erst seit 1848 vorwiegend militärische Szenen malte, zeigt ihn in bewegter Pose beim Liedvortrag; eine Tochter des Hauses begleitet ihn am Klavier. Der Bürgermeister, seine Familie und Freunde, die sich im Salon versammelt haben, folgen mit Andacht der patriotischen Darbietung. Das Gemälde, im Salon von 1849 erstmals ausgestellt, fand zunächst wenig Beachtung. Vom Staat gekauft, verblieb es bis auf weiteres im Innenministerium. Erst 1876 wurde es in der École des Beaux-Arts dem Publikum gezeigt, das sich seit 1870 erneut für patriotische Motive begeisterte. Überhaupt begünstigte die nationale Stimmung nach dem Krieg Darstellungen der Marseillaise und Reproduktionen derselben, u.a. die von Gustave Doré (1870) und François Rude (1835). Das Bild von Pils, vielfach durch Stiche verbreitet, wurde zu einer Ikone der Republik und in Lehrbüchern, Enzyklopädien, auf Postkarten, Kalendern und verschiedenen Gegenständen abgebildet. AC
Lit.: Georgel 1989

L/6   **François Rude** (1784-1855)
Gipsabguß des Kopfes der »Marseillaise« aus dem Sockelrelief »Auszug der Freiwilligen von 1792« (Ostseite des Arc de Triomphe in Paris)
1836
Gips; 211 x 180 x 95 cm
Paris, musée des Monuments français (2208)

L/7   **François Rude** (1784-1855)
Studie des Kopfes der »Marseillaise« für das Sockelrelief »Auszug der Freiwilligen von 1792« (Ostseite des Arc de Triomphe in Paris)
1836
Bez. u.r.: F. Rude
Bronze; 45 x 32 x 28 cm
Genf, Musée du Petit Palais (12097)
Abb. S. 26

L/8   **François Rude** (1784-1885)
Auszug der Freiwilligen von 1792 (Ostseite des Arc de Triomphe in Paris)
Fotografie (Reproduktion)
Paris, Caisse Nationale des Monuments Historiques et des Sites (JF. 295-5)

Ein Hauptwerk des neoklassizistischen Bildhauers François Rude ist das pathetische Relief »Auszug der Freiwilligen von 1792«, auch »Genius des Vaterlandes« oder »La Marseillaise« genannt. Der Architekt Jean François Thérèse Chalgrin konzipierte dieses Bildprogramm für die Ostfassade des Arc de Triomphe im Jahre 1806 zum Gedenken an die Siege Napoleons nach dem Vorbild des römischen Constantinbogens. Nach seinem Tod wurde der Triumphbogen am Pariser Etoile 1837 von den Architekten J.N. Huyot und G.A. Blouet vollendet. 1792 siegten nicht nur die Franzosen bei Valmy über die Preußen, am 21. September schaffte der Nationalkonvent die Monarchie ab und rief am Tag darauf die französische Republik aus. Das Relief mit dem monumentalen Haupt der gepanzerten und geflügelten Heroine mit phrygischer Mütze und gallischem Hahn, von dessen Kopf Rude zunächst kleinere Bronzegüsse ohne Kopfschmuck fertigte, huldigt mit kraftvollem, für die Zeit unerhört dramatischem Ausdruck dem Aufbruch junger und alter Kriegshelden mit Kettenhemd, Schild und Gladiatorenhelm in den nationalen Freiheitskampf. Rudes Talent zeigt sich in der anatomisch

L/8

exakten Gestaltung der Figuren, der Gestik und der Gewandung. 1812 wurde er mit dem Prix de Rome ausgezeichnet, 1815 zog er zu seiner späteren Frau Sophie Frémiet nach Brüssel, wo er bis 1827 blieb. Da er nie in die Akademie der Künste aufgenommen wurde, unterhielt er ein renommiertes Privatatelier für talentierte Bildhauer und arbeitete nach dem Modell. Zu seinen wichtigsten Werken zählen »Napoleon erhebt sich zur Unsterblichkeit« (Fixin, Parc Noisot; Modell in Paris, Musée d'Orsay) und das Grabmal für General Cavaignac auf dem Pariser Friedhof von Montmartre. MLP

L/9 **Antoine-Jean Gros** (1771-1835) zugeschrieben
La République
Genua, 1794/95
Bez.: Gêne l'an II de la République
Öl auf Leinwand; 73 x 61 cm
Versailles, Musée National du Château de Versailles (MV 5498)
Abb. S. 18

Die Republik erscheint in der Gestalt der Pallas Athene mit rotgefedertem Helm in den Farben der Trikolore, mit kurzer weißer Tunika, rot-weiß gesäumt, die rechte Brust entblößt, mit rotem Brustband und blauem Umhang. Das neue Siegel der Republik, das seit 1792 Frankreich als Staatssymbol mit den Zügen einer stehenden Frau in antikem Gewand verkörpert, mit Lanze und Freiheitsmütze in der Rechten, die Linke auf ein Faszesbündel mit dem Gleichheitsemblem des Dreiecks gestützt, entspricht dem neuen Schwur der republikanischen Deputierten: »Au nom de la Nation, je jure de maintenir la liberté et l'égalité ou de mourir à mon poste« (Im Namen der Nation schwöre ich, die Freiheit und Gleichheit aufrechtzuerhalten oder auf meinem Posten zu sterben) anstelle des Treueschwurs für den König, den die Verfassung von 1791 und das Dekret des Nationalkonvents über die Absetzung der Monarchie am 21. September 1792 abgeschafft hatten. Mit der Proklamation der Republik trat es am 22. September 1792 in Kraft. Gros, der als Lieblingsschüler von François Gérard mit 14 Jahren in das Atelier des Meisters eintrat, versuchte sich zuerst als Maler von Historienbildern, bis er 1796 durch Joséphine dem jungen General Napoleon in Mailand vorgestellt wurde, der den Künstler mit der Heroisierung seiner Feldzüge beauftragte. Zu den berühmtesten und erfolgreichsten seiner Kolossalgemälde zählen »Bonaparte bei den Pestkranken von Jaffa«, 1804 (Paris, Musée du Louvre) und »Napoleon auf dem Schlachtfeld von Preußisch-Eylau«, 1808 (ebenfalls Paris, Musée du Louvre), die den Feldherrn als modernen Helden inmitten seiner Truppen zeigen. MLP
Lit.: Kat. Paris 1992(a), Nr. 27, S. 23f.

L/10 **Pierre Henri Révoil** (1776-1842) zugeschrieben
Allegorie der Verfassung
1795 (?)
Gouache, Bleistift; 51,5 x 33 cm
Paris, Musée Carnavalet (D. 9363)

Der aus Lyon stammende Révoil lernte in jungen Jahren bei David und war Schüler an der École des Beaux-Arts. Er wurde später bekannt als Historienmaler zwischen Klassizismus und Romantik. In seiner Allegorie auf die Verfassung ist der Neunzehnjährige noch ganz dem klassischen Ideal verhaftet. Das Blatt ist weder datiert noch signiert, vermutlich handelt es sich um eine Studie zu einem großen Bild. Eine Frauengestalt in antikem Gewand steht selbstbewußt auf den Symbolen der alten Ordnung: Rosenkranz, Kreuz, königliche Lilie, Theologie. In der linken Hand hält sie eine Schriftrolle, die als »Constitution« bezeichnet ist. Sie trägt eine Art Brustpanzer mit der Darstellung eines Auges. Auf anderen zeitgenössischen Allegorien der Verfassung ist, mit gleichem Brustpanzer, die antike Göttin Minerva die zentrale Figur – als Personifikation der Weisheit und des militärischen Schutzes der römischen »Republik«, auf die sich die französischen Revolutionäre bezogen. Das Auge wäre somit eher das »Auge der Wachsamkeit« als jenes der »göttlichen Vernunft«, wie es über der Erklärung der Menschen- und Bürgerrechte 1789 noch zu sehen war (I/1). Die Verfassung von 1789 kann hier nicht gemeint sein, da sich unter den zertretenen Symbolen ja bereits die königliche Lilie befindet. Eher als an die Verfassung des Jahres I vom 24. Juni 1793 läßt der Vergleich mit anderen zeitgenössischen Darstellun-

L/10

L/11

gen an die Allegorie der Verfassung des Jahres III vom 22. August 1795 denken, mit der die Schreckensherrschaft beendet und das »Direktorium« eingeleitet wurde – noch befand sich das revolutionäre und republikanische Frankreich im Krieg gegen die europäischen Mächte. MK

Lit.: Vovelle 1989, Bd. 1, S. 309ff. und Bd. 2, S. 306-310; Kat. Quebec 1989, S. 96-113 und 354f.; Kat. Hamburg 1989, Nr. 366, 375, 377, 381, 395, S. 285-299

L/11 **Schmuckblatt mit Emblemen und Parolen der Republik**
1793
Anschlagzettel; 70,5 x 55 cm
Paris, Musée Carnavalet (Aff. 2615)

Am 10. Oktober 1793 wurde die Devise »Unité, Indivisibilité De La République. Liberté, Égalité, Fraternité ou La Mort« (Einigkeit, Unteilbarkeit der Republik, Freiheit, Gleichheit, Brüderlichkeit oder der Tod) ausgegeben. Alle Häuser sollten damit geschmückt werden. Es ist bei der Größe des farbigen Druckes mit dieser Devise anzunehmen, daß er diesem Zweck gedient hat.

Alle Embleme der sich verteidigenden Republik sind hier versammelt: Ein Faszesbündel umschließt eine Pike, bekrönt von einem »bonnet rouge«, einer Mütze mit blau-weiß-roter Kokarde, umgeben von zwei blau-weiß-roten Fahnen. Die Anordnung der Farben war anfangs verschieden und wurde erst per Dekret vom 15. Februar 1794 für die Nationalflagge verbindlich festgeschrieben: Blau an der Fahnenstange, Weiß in der Mitte und Rot außen in vertikaler Anordnung (8/3). Das Motto wird umkränzt von Eichenlaub, zusammengeflochten mit einem blau-weiß-roten Band. Die rote »Jakobinermütze«, mal mit rundem Abschluß, mal mit Zipfel, wurde gewählt in Anlehnung an die »phrygische Mütze« und war von 1793/94 bis zum 18. Brumaire ein Zeichen offizieller Amtsausübung. Das römische Faszesbündel, in der politischen Ikonographie stets ein Herrschaftszeichen, symbolisierte in der Bündelung der Einzelstäbe die Einheit der Republik, der Eichenkranz (»couronne de chêne«) wurde den »Märtyrern der Freiheit« verliehen, wie Le Pelletier oder Marat, und den Soldaten, die »fürs Vaterland starben«. MK

Lit.: Heuvel 1988, S. 221f.; Kat. Hamburg 1989, Nr. 365, S. 285; Gerard 1989, S. 29-36; Leith 1989, S. 95-113

L/12

L/12 **Allegorie der Gleichheit**
Paris
Bez.: Paris: Désombrages, quai Beau
Repaire No 23
Radierung, koloriert; 33 x 26 cm
Paris, Musée Carnavalet (Hist. gc XXIII)

Auf einer Erdkugel steht eine weibliche Gestalt. In der Rechten hält sie einen Stab mit phrygischer Mütze, in der Linken den grünen Kranz, der den Märtyrern der Revolution gewidmet wurde. Um ihr Gewand hüllt sich eine blau-weiß-rote Schärpe, die im langen Bogen Stab und Kranz miteinander verbindet. Ihr zu Füßen befinden sich zwei weitere weibliche Figuren: Die links Sitzende hält ein Dreieckslot, die Rechte ein Schwert, bereit, die »Menschenrechte« und die »Französische Verfassung« zu verteidigen. Sie tritt mit dem Fuß auf ein Narrenzepter. Die Insignien der Königs- und Adelsherrschaft und der Macht der Kirche liegen am Boden. Als politisches Prinzip und als Allegorie war die »Gleichheit« jünger als die »Freiheit« – sie sollte auch in der Endphase der Revolution früher aus dem Formenkanon der politischen Ikonographie verschwinden. Ihr Symbol ist das Dreieckslot, ein Instrument, mit dem die Baumeister ein ebenes, gleichmäßiges Niveau ermittelten, und ein Symbol der Freimaurer. Mehr noch als die erste Verfassung von 1791 stellte diejenige von 1793 das Freiheits- und Gleichheitsprinzip in den Vordergrund. Nach der Kanonade von Valmy und der Ausrufung der Republik im September 1792 verkündete Robespierre: »Das Königtum ist ausgerottet [...] die Herrschaft der Gleichheit beginnt«. Die Darstellung macht den universalen Anspruch des Prinzips der »süßen Gleichheit« geltend. Die Bildlegende lautet: »L'invincible raison / la douce Egalité / Des peuples asservis vengeant le long outrage. / Grace au peuple Français du sein de l'esclavage / vont partout rendre enfin l'homme à la Liberté«, (Die unbesiegbare Vernunft / die süße Gleichheit / die unterjochten Völker rächen die lange Schmach. / Dank des französischen Volkes werden sie aus tiefster Sklaverei / überall den Menschen endlich der Freiheit zuführen). Beim gleichen Verleger erschienen auch andere Allegorien, wie die Allegorie der »Freiheit«. Auch diese werde dafür sorgen, daß das »Universum« dem »wahren Glück« entgegengeführt wird.   MK

Lit.: Kat. Hamburg 1989, Nr. 369, 371-374, 378, S. 287-291; Markov/Soboul 1989, S. 177 (Zitat Robespierre)

L/13 **Louis-Charles Ruotte** (1754-1806?) nach
Louis-Simon Boizot (1748-1809)
La Liberté / Patronne des Français
(Die Freiheit / Patronin der Franzosen)
Paris, 1795
Aquatinta; koloriert 31 x 25,5 cm
Paris, Musée Carnavalet (Hist gc XXIII)
Abb. S. 18

L/14 **A. Clément** nach **Louis-Simon Boizot**
(1748-1809)
La France Républicaine. /
Ouvrant son sein à tous les Français
(Das republikanische Frankreich. /
Öffnet sein Herz allen Franzosen)
Paris: François Bonneville 1795
Aquatinta, koloriert; 31 x 25,5 cm
Paris, Musée Carnavalet (Inv. Hist gc XXIII)

Bekannt geworden war Boizot als Bildhauer bereits unter dem Ancien régime. Für Ludwig XVI. und Marie-Antoinette hatte er repräsentative Werke geschaffen, bevor er sein zeichnerisches Talent in den Dienst der Revolution stellte. 1792 arbeitete er für die Kommission zur Erhaltung von Kunstwerken, 1794 schuf er die Vorlage für die von Ruotte graphisch reproduzierten Allegorien, von denen der Verleger Bonneville eine ganze Serie herausgab. Bonneville war auch Zeichner und Stecher, der Portraits von berühmten Persönlichkeiten und symbolische Darstellungen revolutionärer Tugenden in großer Zahl kopierte, verlegte oder selbst schuf. Aus einer dieser Serien stammen die sehr ähnlichen Darstellungen der »Liberté« und der »France Républicaine«. Als Symbol der republikanischen Freiheit steht diese weibliche Figur sowohl in der Tradition der Antikenrezeption als auch der christlichen Ikonographie. Als Verkörperung der Tugenden und Ideale löst sie sozusagen die Madonna ab. Zugleich verweist sie auf die Tatsache, daß Frauen in der Revolution von

Bisher war es eine schlaue Politik der Fürsten, die Völker sorgfältig voneinander abzusondern, sie an Sitten, Charakter, Gesetzen, Denkungsart und Empfindung gänzlich von einander verschieden zu erhalten, Haß, Neid, Spott, Geringschätzung einer Nation gegen die andere zu nähren, und dadurch ihre eigene Oberherrschaft desto sicherer zu stellen. Umsonst behauptete die reinste Sittenlehre, daß alle Menschen Brüder sind; dieselbe Innung, die einen besonderen Ruf zu haben vorgab, das zu lehren, hetzte diese Brüder gegeneinander auf; denn ihr verderbtes und versteinertes Herz erkannte keinen Bruder.

Georg Forster: Über das Verhältnis der Mainzer gegen die Franken. Gesprochen in der Gesellschaft der Volksfreunde den 15ten November 1792

L/14

Anfang an politisch aktiv waren. Das Bild der »Republik« entsprach dem zeitgenössischen Schönheitsideal – eine irreale Traumfrau als politische Allegorie einer vorwiegend männlich bestimmten Politik. Mit einer roten phrygischen Mütze wurde sie bereits zu Anfang der Revolution das Sinnbild der Freiheit. Einem Vorschlag Abbé Grégoires folgend, wurde ihr Bild am 25. September 1792 im offiziellen Staatssiegel der Ersten Republik zum »Bild der Freiheit und des republikanischen Stolzes«, zum »über den Globus verbreiteten Emblem für alle Völker«. Ohne diesen universalen Anspruch aufzugeben, erfuhr die Figur der »Freiheit« als Verkörperung der »Französischen Republik« im Zeichen der Siege gegen die europäischen Mächte 1794 eine nationale und triumphierende Ausdeutung. Aus ihrer phrygischen Mütze mit Kokarde schlüpft ein (gallischer) Hahn, an einem blau-weiß-roten Band hängt ein Dreieckslot als Symbol der Gleichheit. Ihre Brüste sind entblößt, um alle Kinder Frankreichs zu nähren – gleich welchen Standes, welcher Funktion und Herkunft. Es handelt sich um eine populäre Allegorie der Naturphilosophie Jean-Jacques Rousseaus, die zu einer der ideologischen Grundlagen der republikanischen Verfassung von 1793 geworden war. Dort wurde die Gleichheit »durch die Natur« und »vor dem Gesetz« verkündet, wie auch die »Früchte ihrer Arbeit zu genießen«. In der Realität genügte die Versorgung der französischen Bevölkerung in der bekämpften Republik oft kaum dem Existenzminimum. 1797, nach der Etablierung des Direktoriums und dem Sieg des Besitzbürgertums wurde das Wort »Egalité« aus den öffentlichen Inschriften gelöscht. Die Herrschaft der »Natur« war in Frankreich wieder zur Herrschaft der Stärkeren geworden. MK

Lit.: Renouvier 1863, S. 48-51, 232ff., 364ff.; Michelet 1913; Kat. Paris 1930, Bd. 3, Nr. 248; Kat. Hamburg 1986, S. 370; Vovelle 1989, Bd. 3, S. 220; Kat. Hamburg 1989, Nr. 383, S. 293f.; Kat. Frankfurt a.M. 1989, S. 480ff., Nr. 1.82, S. 486

L/15 **Nanine Vallain** (tätig ca. 1785-1810)
La Liberté
1793/94
Öl auf Leinwand; 128 x 97 cm
Vizille, Musée de la Révolution française
(MRF D1986-4)
Abb. S. 38

Dieses Schlüsselbild der republikanischen Ikonographie vereint wichtige Attribute auf einen Blick. Ein während der Revolution aufgefundenes Gemäldeinventar erwähnt »ein Bild die Freiheit darstellend von Nanine Vallain« mit Herkunft vom Jakobinerklub in der Rue Saint-Honoré, der auf Befehl des Nationalkonvents am »22 brumaire an III« (12. November 1794) geschlossen wurde. Erst durch die Ausstellungsvorbereitungen zur Zweihundertjahrfeier der Französischen Revolution wurde es in schlechtem Zustand im Depot des Louvre aufgefunden und nach erfolgter Restauration 1986 dem Musée de la Révolution française im Château de Vizille überlassen. Die weibliche Verkörperung der Freiheitstugend sitzt in einer antiken Tunika auf einem Steinblock mit der Inschrift »14 juillet« und »10 août«. In ihrer Linken hält sie die Lanze mit der Freiheitsmütze, die Rechte präsentiert die Tafel mit der Erklärung der Menschenrechte vom Juni 1793. Eine Urne erinnert mit der Widmung »A nos frères morts pour elle« an die Toten, die bei der Erstürmung der Bastille am 14. Juli 1789 und bei der Einnahme des Tuilerien-Schlosses am 10. August 1792 zu beklagen waren. Zu Füßen der »Liberté«, einer der vier Revolutionstugenden neben »Egalité«, »Fraternité«, »Unité« und »Indivisibilité« (Gleichheit, Brüderlichkeit, Einheit und Unteilbarkeit) symbolisieren das geplünderte Register der Feudalrechte, die gestürzte Krone, die geborstene Kette und Goldmünzen den Sturz des Ancien régime. Nanine Vallain, deren Arbeiten die Kunstkritik seit 1785 im »Mercure de France« kommentierte, wurde im April 1793 zum Mitglied der revolutionären »Commune générale des Arts« berufen, einer Künstlergemeinschaft, die zunächst gegen die im selben Jahr aufgelöste Académie Royale des Beaux Arts opponiert hatte. MLP

Lit.: Informationsblatt Vizille 1992

L/17

L/16   **Joseph Chinard** (1756-1813)
       La République
       Bez. a.l. Tafel: Droits de l'Homme; a.r. Tafel:
       Loix; a. d. Rückseite: La Force, la Justice,
       l'Eternité
       Terrakotta; 34,5 x 26 x 15 cm
       Paris, Musée du Louvre, Département des
       Sculptures (RF 1883)
       Abb. S. 23

Chinards Skulptur gehört zu den bekanntesten Allegorien der französischen Republik. Ikonographisch folgt sie ihrer offiziellen Darstellung nach dem Revolutionsdekret von 1792: eine majestätisch thronende Frauengestalt in antikisierendem Gewand mit phrygischer Mütze, Keule (Kraft), sich in den Schwanz beißende Schlange (Ewigkeit) und Faszesbündel (Justiz). Als Garantin für Bürgerrechte und -pflichten präsentiert sie in ihrer rechten Hand die Tafel der Menschenrechte (Droits de l'Homme) und in der linken die Tafel der Gesetze (Loix), die unterschiedslos für alle Bürger gelten. Joseph Chinard, Mitglied der Lyoner Akademie sowie des Instituts de France und in Diensten der neuen französischen Republik, griff häufig repräsentative Themen auf. Neben dieser Skulptur, zahlreichen Büsten und Portraitmedaillons sind seine Werke »Genius der Freiheit« oder »Die Freiheit den Genius Frankreichs krönend« charakteristisch.   AC

L/17   **David d'Angers** (eigentl. Jean-Pierre David,
       1788-1856)
       La Liberté
       1848
       Bez. a. d. Sockel: République française
       24 février 1848
       Gips; H. ca. 40 cm
       Paris, Pierre Bonte

Die Freiheit, nach dem Revolutionsdekret von 1792 mit Freiheitsmütze in eine Tunika gekleidet, hält in der Linken ein Lorbeerbündel als Friedenszeichen und ein Papier mit der Inschrift »1789/1830«, den Daten der ersten und der zweiten französischen Revolution, während sich die Rechte auf ein Gewehr stützt. Zu ihren Füßen zeigen Ketten die erkämpfte Freiheit mit dem Dreieckszeichen der Gleichheit und der Inschrift des ersten Tages der Revolution »République française 24 février 1848«. Als engagierter Republikaner wiederholte David d'Angers seine erste Version dieser Freiheitsstatue von 1839, deren Popularität durch wiederholte Bronzegüsse des Maison Thiébaut in mehreren Fassungen unter verschiedenen Bezeichnungen bis 1848 verbreitet wurde. Schließlich träumte er davon, mit seiner »Liberté« den Pariser Arc de Triomphe zu krönen, da ihm François Rudes patriotisches Bildnis der gallischen Marseillaise unzureichend erschien. Nach der Februarrevolution von 1848 wurde David d'Angers Mitglied der Nationalversammlung und Bürgermeister eines Pariser Bezirks. Um die Zerstreuung seines Werkes zu verhindern, schuf er mit regelmäßigen Übersendungen seiner Arbeiten zu Lebzeiten sein Museum in Angers, der Stadt, deren Namen mit seinem verbunden ist.   MLP
Lit.: Kat. Angers 1989

L/18   **Henri-Joseph-Armand Cambon** (1819-1885)
       La République
       1848/49
       Öl auf Leinwand; 290 x 206 cm
       Montauban, musée Ingres (D.849.1)
       Abb. S. 20

Die Inschrift am Sockel der im Zeichen des Sieges lorbeerbekränzten Allegorie der Republik bezeichnet die Tage der revolutionären Erhebung vom 22. bis 24. Februar 1848, die zum Sturz der Regierung des Bürgerkönigs Louis Philippe führten. Das Monumentalgemälde schmückt im Rathaus von Montauban (Tarn-et-Garonne) den Saal, in dem die Hochzeiten vollzogen werden. Alle Rathäuser Frankreichs wurden mit den neuen Allegorien der Republik als Gemälde oder Skulptur ausgestattet. Cambons »République« ist eine antikisch gewandete Heroine mit adlerbekrönter Standarte, die wie der zu ihren Füßen liegende Löwe, der die züngelnde Schlange beherrscht, Wehrfähigkeit symbolisiert. Die verschränkten Hände, der Winkel und die Schwurhand auf der Verfassungstafel sind Zeichen der Gleichheit und der Gerechtigkeit, der Bienenstock steht

L/21

für ein fleißiges Gemeinwesen. Der Regenbogen der Trikolore überwölbt die Allegorie der republikanischen Regierung. Das Gemälde, dem eine in den Insignien leicht abgewandelte, im Bildaufbau entsprechende Skizze vorausging, wurde beim Wettbewerb um den Preis der Republik nicht ausgezeichnet. MLP
Lit.: Kat. Berlin 1990(a), Nr. 3a/3, S. 141

L/19 **Druckstock mit 150 Klischees der ersten Briefmarke »République« (Ceres)**
1848
Kupfer; 37,5 x 21 cm
Paris, Musée de la Poste
Abb. S. 22

L/20 **Briefumschlag,**
frankiert am 3. Februar 1850
in Algier mit einem »tête-bêche«-Briefmarkepaar »République« (Ceres)
1850
Papier; 11 x 14,3 cm
Paris, Collection Musée de la Poste
Abb. S. 28

Bei der Herstellung von Briefmarken war seit je ein möglichst unwiederholbarer und billiger Druckvorgang ausschlaggebend für die technische Herstellung. Wenn die Klischees mit der Motivseite mit verborgenem Muster umgekehrt gegen den Druckstock (Marmor) gerichtet waren, entstanden monotypische Serien. Bei gleich ausgerichteten Klischees war dieser Positionsfehler (»tête-bêche«) nicht mehr zu korrigieren. Waren die Klischees jedoch durch einen Rahmen oder durch Klammern im Rücken gehalten, so konnte man die umgekehrten Klischees richtig ausrichten. Die französische Postverwaltung ließ die Briefmarken auf dem Verwaltungswege im Hôtel des Monnaies in Paris herstellen. Das Finanzministerium wählte den Briefmarkentypus, der in rechteckiger Form die Zweite Republik würdig repräsentieren sollte, und beauftragte am 15. September 1848 den Generalentwerfer von Münzen, Jacques-Jean Barre, nach seinem Entwurf mit dem Motiv »Cérès«, von Philatelisten nach der römischen Fruchtbarkeitsgöttin benannt, einen Stich anzufertigen. Sein Teilhaber Anatole Hulot stellte die Druckplatten her. Der Druck der Marken von 20 Centimes begann am 4. Dezember 1848; ab 1. Januar 1849 wurden sie als Postwertzeichen verwendet. MLP
Lit.: Jullien 1988; Kat. Paris 1993(a), S. 39-43

L/21 **Angelo Francia** (geb. 1833)
La République
1876
Bez. vorn: R.F.; a.d. Seite: Francia 1876
Gips; 90 x 52 x 31 cm
Paris, Dépôt des oeuvres d'art

Diese und die Büsten Degeorges und Soitoux' mit unterschiedlichen Attributen wurden zu Beginn der Dritten Republik von der Stadt Paris in Auftrag gegeben. Sie entsprachen dem Wunsch der Stadtbehörden, in den Rathäusern der Hauptstadt nach und nach eine offizielle Repräsentation der neuen Institutionen zu zeigen. Die Herme entstand unmittelbar nach der Abstimmung über die Verfassung im Jahre 1875. Sie stammt aus der Bürgermeisterei des 12. Bezirks, wo sie sich Anfang der 80er Jahre des 19. Jahrhunderts befand. Der Klassizismus des Werks (die Wahl einer streng symmetrischen Herme), seine Feierlichkeit und der Stern machen diese Plastik zum Symbol der gemäßigten Republik schlechthin. Der Stil der Büste, der den Vorbildern der Vergangenheit seinen Tribut entrichtet, präsentiert sich vor allem als später Reflex eines akademischen Denkens, das jeden Realismus in der Darstellung von Machtsymbolen verbannte. DI
Lit.: Agulhon 1989, S. 62; Kat. Paris 1989(d), S. 2-76; Kat. Bern 1991, S. 598f.

Symbole deutlich: der Stern ist hier durch das Diadem gerechtfertigt und aus eher dekorativen denn symbolischen Gründen vervielfacht. DI

Lit.:Agulhon 1989, S. 62; Kat. Paris 1989(d), S. 2-76; Kat. Bern 1991, S. 598f.

L/23   **Jean-François Soitoux** (1816-1891)
        Die Republik lüftet den Schleier der
        Unwissenheit
        1879
        Gips; 115 x 59 x 45 cm
        Paris, Ville de Paris -
        Musée du Petit Palais (886)

Diese lorbeerbekränzte Figur der Republik mit Freiheitsmütze, die über einem Knaben den Schleier der Unwissenheit lüftet, ist eine verkleinerte Version der Plastik, die beim Denkmalswettbewerb für den Pariser Platz der Republik 1879 in die erste Wahl gelangte. Sie stützt sich auf eine Gesetzestafel mit der Inschrift: »Droits Devoirs de l'Homme« (Rechte und Pflichten des Menschen). Ein Schüler mit Kappe und Schulbuch begibt sich unter den Schirm der »Republik«. Den Wettbewerb gewannen die Brüder Morice. Aus Furcht vor Demonstrationen nahmen Regierungsvertreter an den Einweihungsfeiern nicht teil. Auf die ersten Büsten der Dritten Republik, die um 1880 aufgestellt wurden, folgten als Repräsentanten der neuen gültigen Nationalikonographie der Stadtplätze nach der gescheiterten Zweiten Republik unter Napoleon III. zehn Jahre später viele weitere zur Hundertjahrfeier der Französischen Revolution im Jahr 1889. Zwei Tage nach der Niederlage von Sedan proklamierten Jules Favre und Léon Gambetta am 4. September 1870 vom Balkon des Pariser Rathauses die Dritte Republik, die als Regierung der nationalen Verteidigung während anhaltender Kriegshandlungen mit den deutschen Bundestruppen ihre Funktionen aufnahm. MLP

Lit.: Kat. Paris 1989(d), Nr. 22, S. 15; Agulhon/Bonte 1992, S. 62; Winock 1992, S. 24f.

L/23

L/22   **Charles-Jean-Marie Degeorge** (1837-1888)
        La République
        1877
        Gips; 70 x 50 x 40 cm
        Paris, Dépôt des oeuvres d'art (D.B.A.S. 369)

Degeorges »Republik« wurde 1877 als Dekoration des Hochzeitssaales der Bürgermeisterei des 2. Pariser Bezirks bestellt. Diese Büste war zunächst Anlaß einer Auseinandersetzung unter mehreren Bildhauern, die vorwegnahm, was mit dem Machtantritt der Republikaner zur Regel werden sollte. Ihre Ikonographie bleibt dem Herkömmlichen verhaftet und schließt jedes revolutionäre Attribut, vor allem das der phrygischen Mütze aus. Hingegen kündigt die Plastik durch eine gewisse Anzahl symbolischer Details – gelöstes Haar, Bluse mit feiner Borte – spätere Schöpfungen an, die der Portraitkunst nahekommen. Das Streben nach Wahrscheinlichkeit wird auch in der ornamentalen Behandlung verschiedener, von der Ikonographie aufgezwungener

L/24   **Jean Gautherin** (1840-1890)
        La République
        1880
        Bez. a. Sockel r.: Jean Gautherin 1880
        Marmor; 110 x 80 x 43 cm
        Paris, Hôtel de Ville (D.B.A.S. 312)
        Abb. S. 19

Als die Republikaner 1879 zur Macht gelangten, hatte dies die Übernahme der phrygischen Mütze als offizielles Emblem des neuen Regimes zur Folge. Daher sitzt sie auf dem Haupt der 1883 eingeweihten großen Statue auf dem Platz der Republik in Paris und bildet das Hauptattribut von Gautherins Skulptur, die seit 1880 im Pariser Hôtel de Ville steht. Im Unterschied zu denen von Francia und Degeorge versammelt diese Büste die Gesamtheit der demokratischen Symbole (die Löwenschnauze, Sinnbild der Kraft und Volkssouveränität)

L/27

L/29

und mischt subtil Schlichtheit und Würde. Der weite Faltenwurf, der die Figur einhüllt, suggeriert den Gedanken, daß der Mensch fortan seine Würde aus dem Triumph der Republik bezieht. Repliken der Skulptur zieren noch heute Hochzeitssäle. DI
Lit.: Agulhon 1989, S. 62; Kat. Paris 1989(d), S. 2-76; Kat. Bern 1991, S. 598f.

L/25 **Gabriel-Jules Thomas** (1824-1905)
La République
1890
Bez. a. Sockel r.: Thomas 1890
Gips; 110 x 90 x 40 cm
Paris, Ville de Paris -
Musée du Petit Palais (931)

Thomas' Büste der Republik wurde 1889 als Kaminschmuck im Hochzeitssaal des Rathauses im 1. Bezirk von Paris in Auftrag gegeben und aufgestellt. Der Saal wurde als Festsaal und für Bürgerversammlungen genutzt. MLP
Lit.: Kat. Paris 1989(d), S. 70, Nr. 34, S. 81

L/26 **Claude Edouard Forgeot** (geb. 1826)
Marianne
Sèvres (Manufacture nationale), 1879
Biskuitporzellan; 44 x 27 x 27 cm
Paris, Pierre Bonte

Die Biskuitbüste vereint das offizielle Freiheitszeichen der Convention von 1792, das »Bonnet phrygien«, mit dem Ährenkranz und Lorbeer der Zweiten Republik. In Kettenhemd und Löwenfell, dem Symbol der Macht des Volkes (force populaire) gekleidet, hält Marianne in der Rechten ein Zepter, in der Linken einen Bienenstock: die Tugend der Arbeit unter dem Schutz der Dritten Republik. MLP
Lit.: Kat. Paris 1992(a), Nr. 116; Agulhon/Bonte 1992, S. 39f.

L/27 **Marianne**
1880
Gips, farbig gefaßt; 85 x 50 x 35
Paris, Pierre Bonte

Die polychrome Plastik trägt Freiheitsmütze und Stern und präsentiert ihre entblößte linke Brust, deren rechte Seite leger eine Trikolore bedeckt, als Zeichen der Emanzipation in Freiheit. Die nackte Brust ist ein Symbol der nahrhaften Natur im Sinne der Naturphilosophie der Revolution. Die Mariannenbüsten mit bedeckter Brust waren aus Gründen der Prüderie häufiger in öffentlichen Räumen der Bürgermeistereien aufgestellt als solche mit entblößter Brust. MLP
Lit.: Agulhon/Bonte 1992, S. 39, 51f.

L/28 **Jean-Antoine Injalbert** (1845-1933)
Marianne
Sèvres (Manufacture nationale), 1889
Biskuitporzellan; 38 x 31 x 18 cm
Paris, Pierre Bonte

L/26

L/28

In gußeiserner Version schmückte diese Arbeit von Injalbert für die Hundertjahrfeier der Revolution zahlreiche kleinere Monumente öffentlicher Plätze. Freiheitsmütze und Revolutionskokarde, geschuppter Kürassierpanzer mit Gorgonenhaupt geben ihr ein kriegerisches Aussehen. Neben der Version der Marianne des Bildhauers Paul Lecreux, die dieser im Auftrag der größten Freimaurerloge Frankreichs »Le Grand Orient de France« mit den Attributen Maurerkelle, gleichschenkliges Dreieck und Kompaß schuf, gehörte die Büste zu den meistverbreiteten der Dritten Republik. MLP

Lit.: Agulhon 1989, S. 49; Kat. Paris 1992(a), Nr. 127

L/29   **Fahne der Republikaner
der Gemeinde Mailhac**
Mailhac (Südfrankreich),
Ende 19. Jahrhundert
Bez. in goldener Schrift: République Française
Café Pailhés / Mailhac
Stoff, Brokat, Goldfarbe; 180 x 220 cm
Paris, Pierre Bonte

Die in der Art der Gewerkschaftsfahnen aufwendig brodierte Fahne zeigt auf goldenem Grund Marianne mit Freiheitsmütze, umgeben von einem Lorbeerkranz, dem Hoheitszeichen des Sieges in der politischen Allegorie des späten 19. Jahrhunderts. Die Ortsangabe »Café Pailhés« und die Bezeichnung »Mailhac« lassen vermuten, daß es sich um die Fahne einer republikanischen Gruppierung der Gemeinde Mailhac (Departement Aude) handelt, die sich in dem Café Pailhés als ihrem Stammlokal versammelte. Sie wurde dort aufgehängt und zur Nationalfeier am 14. Juli präsentiert. Ministerpräsident Adolphe Thiers hatte infolge der politischen Agitation durch die Pariser Kommune von März bis Mai 1871 die Darstellung der Marianne mit phrygischer Mütze bis Juni 1873 verboten. Zuvor bereits hatte die konservative Zweite Republik nach der Februarrevolution von 1848 bis zum Staatsstreich Louis Napoléons, der sich am 2. Dezember 1851, dem Jahrestag der Schlacht von Austerlitz, zum Präsidenten der französischen Republik und 1852 durch Plebiszit am 21. und 22. Dezember zum Kaiser der Franzosen einsetzte, das Symbol der Freiheitsmütze bei republikanischen Insignien untersagt. Die nicht datierte Fahne dürfte aus den 80er Jahren stammen. MLP

L/30   **Glasfenster mit Darstellung der Marianne
und den Insignien »FR«**
Um 1884-1900
Glas, Holzrahmen; 57 x 50,5 cm
Paris, Pierre Bonte
Abb. S. 41

Das Glasfenster mit Marianne im Profil, mit wallendem Haar unter der roten Freiheitsmütze in Lorbeermedaillon und den Insignien »FR« der Französischen Republik, der Dritten, entspricht auf kuriose Weise dem Glasfenster der Germania (L/61), das Alexander Linnemann für Paul Wallots Reichstagsgebäude schuf.

Oui, mon ami, c'est un noble fleuve, féodal, républicain, impérial, digne d'être à la fois français et allemand. Il y a toute l'histoire de l'Europe considérée sous ses deux grands aspects, dans ce fleuve des guerriers et des penseurs, dans cette vague superbe qui fait bondir la France, dans ce murmure profond qui fait rêver l'Allemagne.

Victor Hugo: Le Rhin. Lettre XIV, Saint-Goar, 17. August 1838

Ja, mein Freund, es ist ein edler, feudaler, republikanischer, kaiserlicher Fluß, werth, zugleich deutsch und französisch zu sein. Die ganze Geschichte von Europa, unter ihren beiden großen Gesichtspunkten betrachtet, liegt in diesem Fluß der Krieger und Denker, in dieser prächtigen Woge, die Frankreich toben, in diesem prächtigen Gemurmel, das Deutschland träumen läßt.

Während Germania, beinahe wie Karl der Große in Würde erstarrt, über den vereinten Stämmen ihren Thron behauptet, schaut Marianne selbstbewußt aus dem Bild. Die Herkunft des Fensters, aufgrund der offiziellen Insignien wohl aus einer Mairie (Rathaus, Bürgermeisteramt), ist unbekannt. Nach dem Gesetz von 1884 mußte jede französische Gemeinde ein Rathaus haben, dessen Räumlichkeiten häufig mit der Figur der Marianne ausgestattet wurden. MLP

L/31   **Aslan** (eigentl. Alain Gourdon, geb. 1930)
Brigitte Bardot als Marianne
1969
Gips; H. 65 cm
Berlin, Berliner Festspiele GmbH

L/32   **Marielle Polska** (geb. 1947)
Catherine Deneuve als Marianne
1985
Gips; H. 50 cm
Berlin, Berliner Festspiele GmbH

Die Reihe der Mariannen findet ihre Fortsetzung mit Medienstars wie Brigitte Bardot, Catherine Deneuve, Mireille Mathieu, dem Topmodel von Yves St. Laurent, Inès de la Freissange, und jüngst der Filmschauspielerin Sophie Marceau. Durch die Wahl dieser weiblichen Berühmtheiten ist allerdings der politische Kontext zugunsten der bildbetonten und tiefdruckgerecht aufbereiteten Mediatisierung der Stars als Mariannenpersonifikation durchbrochen. Das Konterfei der Brigitte Bardot ist seit ihrer Schöpfung im Jahre 1969 zur meistverkauften Mariannenbüste geworden, obwohl sich manche Bürgermeister zunächst wegen der vermeintlichen Frivolität der Darstellung entrüstet hatten. MLP
Lit.: Agulhon/Bonte 1992, S. 92-95

L/33   **Maurizio Pedetti** (1719-1799)
Ganz neue Vorstellung des Rhein-Stroms von Basel nach Koblenz
Nürnberg: Homann Erben 1792/93
Kupferstich; 58 x 234 cm
Berlin, Deutsches Historisches Museum
(Do 54/194)

Der Architekt Maurizio Pedetti verfertigte diese Karte mit einer ausführlichen »historischen Erzählung der Kriegsvorfälle«, wie sie sich im ersten Koalitionskrieg (1792-97) in der Zeit nach der Proklamation der französischen Republik am 22. September 1792 bis zum Jahresende 1793 entlang des Rheins ereigneten. Als König Ludwig XVI. Österreich am 20. April den Krieg hatte erklären müssen, erhoffte er sich noch einen Kriegsverlauf zu seinen Gunsten. Aber der nach dem Kriegseintritt Preußens, an der Seite Österreichs, ungünstige Kriegsverlauf für Frankreich gab der Revolution eine neue radikale Richtung und entfachte eine Welle natio-

naler Begeisterung. Freiwilligenbataillone zogen an der Seite der Linienregimenter dem im Land stehenden Feind entgegen. Bei der Kanonade von Valmy, die Goethe mit den Worten quittierte: »Das ist der Beginn eines neuen Zeitalters« (1/31), am 20. September war es der Kampfgeist des Volksheeres, der für den Rückzug der Alliierten mitentscheidend war. Unter dem Oberbefehl von General Adam Philippe Custine marschierte eine Armee von 18 000 Franzosen in die linksrheinische Pfalz ein. Am 29. September besetzten sie Speyer, am 5. Oktober Worms, am 21. Oktober Mainz, und am 22. Oktober rückte Frankreichs Revolutionsarmee schließlich in Frankfurt ein. Das Kriegsglück wandte sich aber zugunsten der Verbündeten, als nach der Hinrichtung von Ludwig XVI. am 21. Januar 1793 neben Großbritanien, Spanien und Portugal, italienische und deutsche Staaten der Koalition beitraten. Deutschlands Reichsstände hatten bis zum November 1792, als der Nationalkonvent allen Völkern im Kampf um ihre Freiheit die Hilfe Frankreichs anbot, keine Notwendigkeit für einen Reichskrieg gesehen. Militärische Niederlagen seit dem Frühjahr 1793 zwangen auch General Custine, das linke Rheinufer zu räumen, Gegenrevolution und Aufstände, Teuerung und Hunger schufen in Frankreich eine prekäre Situation. Mit der Verkündung der Einführung einer allgemeinen Wehrpflicht für achtzehn- bis fünfundzwanzigjährige Männer konnte im August 1793 die Wende erzwungen werden. Welchen Eindruck der Einsatz des Volksheeres auf die Verbündeten machte, die Ende 1793 den Rückzug über den Rhein antreten mußten, beschreibt Pedetti wie folgt: »In der Mitte Dec. eilten Wolken von Französischen Unterthanen herbey, wurden wie Schaafe zur Eroberung der Linien u. Batterien angeführt, durch das Kartetschen Feuer aber zu 100. hingestrekt.« HA

L/34   **Karl Franz Jacob Heinrich Schumann** (1767-1827)
Übergang des Generalfeldmarschalls von Blücher über den Rhein bei Kaub
Öl auf Leinwand; 145 x 225 cm
Bremen, Generalverwaltung des vorm. regierenden Preuß. Königshauses
(Schloß Charlottenburg, Berlin)

Unter der Leitung des Generalfeldmarschall von Blücher überschritt die preußische Armee in der Neujahrsnacht 1814 bei Kaub die französische Grenze. Der Rhein, genauer das linke Flußufer, galt seit dem Friedensvertrag von Lunéville 1801 als östliche Grenze Frankreichs. Die Mißachtung dieser völkerrechtlichen Vereinbarung durch die verbündeten Armeen wurde legitimiert durch den Anspruch, als Befreier des Landes und nicht als Eroberer aufzutreten. Zwei Monate vor dem Rheinübergang schrieb Blücher an seine Frau: »Napoleon seine Herrschaffd wird sich endigen. Das ist meyn glaubensbekenntniß. Den ersten brieff, den du von mir erellst, wird von jener Seite des Strohms, in dem wir die Schlawerey [Sklaverei] abwasschen,

WAHLVERWANDTSCHAFTEN DIESSEITS UND JENSEITS DES RHEINS

L/34

geschrieben seyn.« Trotz einiger Rückschläge ging der Feldzug in Frankreich am 31. März mit dem Einzug der Verbündeten in Paris siegreich zu Ende. Am 6. April wurde Kaiser Napoleon zur Abdankung gezwungen. Im historischen Bewußtsein blieb jedoch der Moment, in dem »General Vorwärts« und seine Truppen zur Rückeroberung des ehemals deutschen, linksrheinischen Gebietes schritten, was sich in zahlreichen patriotischen Darstellungen wie dem 1827 von Friedrich Wilhelm III. angekauften Gemälde Schumanns niederschlug. FM

Lit.: Wünsch 1992

L/35   **Moritz von Schwind** (1804-1871)
Vater Rhein
1848
Öl auf Leinwand; 220 x 456 cm
Poznan, Muzeum Narodowe
(Sammlung Graf Athanasius Raczynski)
(Mo 1800)
Abb. S. 40

Die Darstellung des Rheins und seiner Nebenflüsse besitzt ein komplexes Bildprogramm, das Elemente aus der Antike, der germanischen Sagenwelt und der zeitgenössischen Dichtung zu einer politischen Aussage vereinte: der Beschwörung des Rheins als deutschem Strom und als einigendes Band der deutschen Staaten. Die zentrale Figur des Bildes bildet der antike Flußgott, dem Künstler zufolge »die Fiedel des Volkes spielend und die Rheinsagen singend«. Er ist von Nixen umgeben, die den Nibelungenschatz tragen. Am Ufer befinden sich die Personifikationen der Städte Speyer, »mit den Kaisergräbern der Geschichte«, Worms, »der Nibelungen Heimat«, und »Mainz mit der doppelten Mauerkrone und der österreichischen und preußischen Fahne als Sinnbild des Deutschen Bundes«. 1848 ersetzte Schwind diese Fahnen durch das schwarz-rot-goldene Banner, doch nach dem Scheitern der Revolution stellte er den ursprünglichen Zustand wieder her. Um den »Vater Rhein« sind Allegorien seiner Nebenflüsse versammelt, die ebenfalls durch ihnen zugeordnete Architekturmodelle oder Attribute gekennzeichnet sind. Die Ill trägt das an nur einem Kirchturm erkennbare Straßburger Münster, »als Französin schwimmt sie einsam und beschämt«. Es folgen die Dreisam mit dem Freiburger Münster, den Arm um die Murch legend, die Wiese, »mit dem Buch (Hebels Gedichten) unter dem Arm« und die Schutter. Der hintere Rhein trägt einen Hirtenstab und das Schweizerwappen. Der Oos zugeordnet ist die Trinkhalle von Baden-Baden, für deren Ausschmückung der ursprüngliche Bildentwurf gedacht war. Die Idee entstand als Gegenreaktion auf den französischen Anspruch der Stromgrenze 1840. Rechts im Vordergrund befindet sich der mit Forelle und »Heidelberger Faß« versehene Wolfsbrunnen, »an dem der Sage nach Sicfried erslagen ward«. Über ihm erhebt sich der Neckar mit dem Pfälzer und Württemberger Wappen, vom Künstler »als Anspielung auf die Heidelberger und Tübinger Universität« gedacht. In seinem Schatten liegt der Main. Darüber befindet sich die

»preußische Gruppe« mit der Mosel, Nahe und Sieg, die den unvollendeten Kölner Dom präsentiert. Den unteren Bildabschluß bilden Lahn und Donau-Main-Kanal, die Kelheimer Befreiungshalle tragend, die als Mahnmal an die Kriege von 1813-15 gegen Napoleon errichtet worden war. Er hat »einen kleinen Orientalen an der Hand, um die Verbindung mit dem Schwarzen Meer anzudeuten«. FM
Lit.: Kat. Berlin 1990 (a), S. 70f.; Kat. Ludwigshafen 1992, S. 225-231.

L/36   **Peter Cornelius** (1783-1867)
Hagen versenkt den Nibelungenhort
1859
Öl auf Leinwand; 80 x 100 cm
Berlin, Staatliche Museen zu Berlin,
Nationalgalerie (W. S. 38)
Abb. S. 237

Cornelius griff als erster aus der Künstlergruppe der Nazarener Motive aus dem Nibelungenlied auf. In Zeichnungen, die zwischen 1812 und 1817 in Rom entstanden waren, befaßte er sich mit dem deutschen Nationalepos. Das Gemälde entstand im Auftrag des Sammlers und Konsuls Joachim Heinrich Wilhelm Wagener. Dargestellt wird das 19. Abenteuer des Epos: Der herrische, wütende Hagen befiehlt den Zwergen, die Schatztruhen in den Rhein zu werfen; dabei versuchen die Rheintöchter, die Truhen zu öffnen, um sich mit den Kostbarkeiten zu schmücken. Links im Bild erscheint der Rhein als Flußgott. Cornelius erläutert dazu: »Unter dem Nibelungenhort denke ich mir das Sinnbild aller deutscher Macht, Glück und Herrlichkeit, welches alles im Rhein versenkt liegt und mit ihm dem Vaterland erhalten (bleibt) oder verloren geht«. Vermutlich war diese Auffassung vom Nibelungenhort dafür maßgeblich, daß die deutsche Rheinprovinz 1856 die ein Jahr zuvor von Cornelius angefertigte Zeichnung »Hagen läßt den Hort in den Rhein versenken« dem preußischen Kronprinz Wilhelm für sein Rheinlandalbum schenkte. AC
Lit.: Nationalgalerie Berlin 1976, S. 87; Kat. Berlin 1990 (a), Nr. U/14; Kat. Ludwigshafen 1992, S. 244

L/37   **Henri Fantin-Latour** (1836-1904)
Rheingold. Erste Szene
1888
Öl auf Leinwand; 116,5 x 79 cm
Hamburg, Hamburger Kunsthalle (5274)
Abb. S. 40

In einer Felsschlucht tanzen über dem Wasser die drei Rheintöchter, beobachtet von Alberich, der sich im Dunkeln an einen Felsen klammert. Die Strahlen des Sonnenlichts beleuchten den Felsen, in dem das Rheingold verborgen ist. Der französische Maler und Graphiker war ein großer Musikliebhaber und verehrte insbesondere Richard Wagner. Henri Fantin-Latour reiste

L/38

kaum; 1876 allerdings fuhr er nach Bayreuth, um Wagners »Ring des Nibelungen« zu erleben. Wie stark er von dem Komponisten beeindruckt war, schildert er in seinen Briefen an Edmond Maître: »In meinen Erinnerungen gibt es nichts Zauberhafteres, nichts Schöneres, nichts Gelungeneres. Die Bewegung der schwimmenden und singenden Rheintöchter ist vollendet. Der sich windende Alberich, der das Gold raubt; die Beleuchtung, der Widerschein des Goldes im Wasser, all das ist wunderbar: Wie in allem hier, wahre Empfindung.« Nach seiner Rückkehr nach Frankreich entstanden die ersten Lithographien, die er dann in Pastelle und Ölgemälde umsetzte. Das »Rheingold« ist das erste Gemälde aus dieser Reihe. Dem Bild gehen zwei Studien und eine Lithographie sowie ein Pastell von 1876 im Musée d'Orsay voraus. AC
Lit.: Heesemann-Wilson 1980, S. 103-116

L/38   **Johann Gottlieb Puhlmann** (1751-1826)
Germanische Priesterin
1807
Bez. u.r.: I.G. PUHLMANN PINX.
POTSDAM MDCCCVII
Öl auf Leinwand; 145 x 109 cm
Berlin, Stiftung Preußische Schlösser und Gärten Berlin-Brandenburg, Schloß Charlottenburg (GK I 30242)

Im Gewand einer Vestalin gießt die alte Frau, die durch den Eichenkranz als Germanin gekennzeichnet ist, mit der Rechten aus einer Schale Blut in ein Kohlebecken mit Runeninschrift. Die Priesterin ist nicht auf die Opferhandlung konzentriert, sondern schaut aus dem Bild heraus den Betrachter an. Im Jahr nach Napoleons Sieg bei Jena und Auerstedt über die preußischen Truppen, nach der Besetzung Berlins durch französische Truppen und nach der Flucht des preußischen Königspaares samt Familie und Hof ins ostpreußische Memel ruft die Alte als allegorische Gestalt der Germania angesichts der hohen Verluste zum Blutopfer am »Altar des Vaterlandes« auf. Puhlmann wurde als Schüler Pompeo Batonis in Rom (1782-86) zum Anhänger des klassizistischen Stils, dessen Motivik der Künstler in seinem in Potsdam entstandenen Bild im Geist der erwachenden deutschen Nationalbewegung zum Kampf gegen Napoleon einsetzte. MLP
Lit.: Galerie der Romantik 1987, S. 142; Kat. Nürnberg 1989, Nr. 600, S. 668

L/39   **Joseph Nicolaus Peroux** (1771-1849)
       nach **Philipp Veit** (1793-1877)
       Einführung der Künste in Deutschland durch das Christentum (Triptychon)
       Frankfurt a. M., 1835
       Öl auf Leinwand; Mitte 60,5 x 121 cm,
       Flügel jeweils 61 x 41 cm
       Frankfurt a. M., Historisches Museum Frankfurt (B 79: 16 a, b, c)
       Abb. S. 32

Noch während Veit an seinem 1832 begonnenem Fresko für das Städelsche Kunstinstitut in Frankfurt am Main arbeitete, verfertigte Peroux diese Kopie, deren Original Veit 1836 vollendete. Der Sohn der zum Katholizismus konvertierten Tochter Moses Mendelssohns, Dorothea Veits, die in zweiter Ehe mit Friedrich Schlegel verheiratet war, legt mit diesem Programmbild ganz im romantischen Geist Zeugnis seines katholisch-konservativen Weltbildes ab. Die »Einführung der Künste in Deutschland durch das Christentum« umrahmt er mit den Symbolfiguren für Kaisertum und Papsttum: im rechten Flügel die Germania im Kaiserornat mit dem Reichsschild in der Linken, in der Rechten auf ihrem Schoß die aufgeschlagenen Reichsannalen, darüber hält sie das Reichsschwert; zu ihren Füßen rechts die reichverzierte Krone Kaiser Karls des Großen als Symbol des aufgelösten Alten Reiches, darunter die Wappenschilde der sieben Kurfürsten für das deutsche Kaisertum. Im linken Flügel die Figur der Italia als Symbol des Papsttums; nicht wie Germania auf eichenlaubbekränztem Thron, sondern auf den Ruinen des Forum Romanum sitzend. In der Linken hält sie einen Lorbeerzweig, in der Rechten das päpstliche Kreuz. Die Szene ist in südliche Vegetation eingefügt. Die Mitteltafel beherrscht die Figur der Religion, die mit der Rechten auf die von einem Engel gehaltene Heilige Schrift weist. Die drei Künste Architektur, Malerei, Skulptur vor dem unvollendeten Kölner Dom im Bildhintergrund entsprechen der Dreiergruppe der Dichtkunst, der Musik und des Rittertums im Vordergrund rechts und versinnbildlichen die Blüte der Künste während des Mittelalters. Links sind Ritter und Kaufleute auf dem Weg in die Kaiserstadt Frankfurt plaziert, während ganz im Vordergrund der wichtigste Missionar der Germanen, der Heilige Bonifacius, an der Stelle einer gefällten Eiche eine Quelle entspringen läßt und, auf die Religion deutend, junge und alte Germanen im neuen Glauben unterweist. Das Triptychon zeigt die Germania als Vollstreckerin des christlichen Auftrags der römisch-katholischen Kirche: Als Allegorie des »Heiligen Römischen Reiches deutscher Nation« ist sie bereit und fähig, das Wiedererstehen des Reiches im Ausgleich zwischen Staat und Kirche herbeizuführen. MLP
Lit.: Kat. Nürnberg 1989, S. 146f.; Nr. 604, S. 671f.

L/40   **Lorenz Clasen** (1812-1899) zugeschrieben
       Germania und Marianne
       Düsseldorf, 1848
       Lithographie; 29 x 24 cm
       Berlin, Staatsbibliothek zu Berlin – Preußischer Kulturbesitz, Handschriftenabteilung (4 Nv 5513 R)
       Abb. S. 34

Das Blatt ist eine der seltenen Darstellungen, die die zwei Symbolfiguren der nach Freiheit und Selbstbestimmung strebenden Völker, schwesterlich geeint, vorstellt. Germania (mit Mauerkrone, Chormantel, Schild und Doppeladler) und Marianne (mit phrygischer Mütze) sind von Vertretern verschiedener Stände und Berufe umgeben, die ihnen huldigen: ein bewaffneter Bürger und ein Soldat, ein Priester und ein Adeliger, zwei Handwerker, ein den Handel und das Judentum repräsentierender Matrose und ein Bauer. Zu ihren Füßen ein mit Eichenlaub bekränztes Portrait mit der Aufschrift: »Jo(ha)nn Reichsverweser«. Die Forderungen der Revolution von 1848 sind am oberen Bildrand in Fraktur angebracht. Links: »Ein Staatenbund. Eine deutsche Flotte. Ein deutsches Heer«; Mitte: »Kein Preußen und kein Österreich mehr, / Ein einig Deutschland, stark und hehr, / so fest wie seine Berge«; rechts: »Pressfreiheit. Volksbewaffnung. Associationsrecht.« Auf einem Spruchband unten: »Mit Gott für Freiheit und Vaterland« und das Datum des Revolutionsjahres 1848. Die beiden Frauengestalten vertreten die wichtigsten Gedanken der fortschrittlichen politischen Bewegung jener Zeit: die Idee einer ungeteilten, souveränen Nation, in der das Prinzip der Freiheit unter dem Schutz des Erzherzogs Johann von Österreich eine primäre Stellung einnehmen soll. Gleichzeitig wird die Erwartung ausgedrückt, daß die beiden Nationen, symbolisch von Germania und Marianne vertreten, aus den Revolutionswirren des Sommers 1848 als Schwestern, solidarisch und freundschaftlich, hervorgehen. Der an der Düsseldorfer Akademie ausgebildete Maler und Radierer Lorenz Clasen war Redakteur und Herausgeber der zwischen 1847 und 1860 publizierten Zeitschrift

L'alliance de la France et de l'Allemagne méridionale est cimentée par la nature des choses. La France, méditant la conquête au-delà du Rhin, serait folle; refusant son appui, elle manquerait à un devoir européen. L'intérêt de l'humanité peut réunir un jour sous le même drapeau, la patrie des Hohenstaufen, de Schiller, et la nation de Napoléon et de Mirabeau.

Eugène de Lerminier: Au delà du Rhin, 1835

Die Allianz zwischen Frankreich und Süddeutschland ist in der Natur der Sache begründet. Frankreich wäre töricht, Eroberungen jenseits des Rheins zu erwägen; verweigert es seinen Rückhalt, so entsagte es einer europäischen Pflicht. Das Interesse der Menschheit kann eines Tages unter derselben Flagge das Vaterland der Staufer, das Vaterland Schillers und die Nation Napoleons und Mirabeaus vereinen.

L/42

»Düsseldorfer Monatshefte«, in der das Blatt 1848 erschien (Jg. 1/2, 1847/49; Bd. 2). Seine Zeitschrift mit satirisch-allegorischen und immer kritischen Deutungen aktueller gesellschaftlicher und politischer Ereignisse ist für die Zeit während und nach der Revolution ein historisch einzigartiges Dokument. Insgesamt sind vierzehn Jahrgänge erschienen, wobei die ersten zwei den Höhepunkt sowohl unter künstlerischem als auch politisch-historischem Aspekt bilden. In dieser Zeit wurde die Zeitschrift von 5000 Lesern abonniert. Beigetragen haben dazu nicht nur Künstler wie Andreas Achenbach oder Adolph Schrödter, sondern auch die neuen technischen Möglichkeiten der Lithographie und ihrer Nutzung für die politische Aussage der Karikatur. AC
Lit.: Düsseldorfer Monatshefte (Nachdruck) 1979, nach S. 280; Kat. Nürnberg 1989, S. 674f., Nr. 610, S. 674; Gall 1993 (a), S. 6ff.

L/41 Nach **Philipp Veit** (1793-1877)
Germania (Original 1848)
Öl auf Leinwand; 465 x 300 cm
Berlin, Deutsches Historisches Museum
Abb. S. 31

Das Monumentalgemälde, von dem das Deutsche Historische Museum für die 1990 im Berliner Martin-Gropius-Bau gezeigte Ausstellung »Bismarck – Preußen, Deutschland und Europa« diese Kopie anfertigen ließ – das Original kann aus konservatorischen Gründen nicht ausgeliehen werden –, malte Veit als Hoheitszeichen für die Nationalversammlung in der Frankfurter Paulskirche. Dort hing diese aus der Germania-Figur auf dem Triptychon von 1836 entwickelte Version an der hohen Wand über dem Präsidium. Nach Auflösung des Deutschen Bundes wurde laut Beschluß vom 30. Januar 1867 dieses Transparent als »historische Reliquie« dem Germanischen Nationalmuseum Nürnberg übereignet. Zu ihren Füßen weist nicht mehr die Kaiserkrone auf die alte Reichstradition, sondern die gesprengten Fesseln

verheißen die neu erlangte Freiheit. Mit der aufgehenden Sonne vergegenwärtigen sie die Hoffnung auf innere Einheit und die gemeinsame Verfassung für einen deutschen Nationalstaat, die die Nationalversammlung in der Frankfurter Paulskirche verabschieden soll. Die schwarz-rot-goldene Trikolore im Hintergrund deutet auf die verbotenen republikanischen Farben der Burschenschaften, während Doppeladler und Krönungsmantel wiederum auf die Reichstradition verweisen. Eichenlaubkranz und Lorbeerzweig, mit dem die allegorische Gestalt das Schwert hält, versinnbildlichen die deutsche Nation und zugleich die Errungenschaften der Märzrevolution von 1848.   MLP
Lit.: Kat. Nürnberg 1989, S. 147, Nr. 606, S. 672; Kat. Berlin 1990 (a), Nr. 3b/23, S. 164

L/42   **Franz Heister** (1813-1873)
Eröffnung der Nationalversammlung, in der
Paulskirche zu Frankfurt a/Main,
den 18ten Mai 1848
Frankfurt a. M., 1848
Bez.: u.l.: Lithog: v. F. Heister; u.r.:
Gedruckt v. J. B. Bauer
Lithographie; 44,3 x 53,1 cm
Nürnberg, Germanisches Nationalmuseum
(HB 16822, Kapsel 1330)

Das in Frankfurt am Main von J.A. Wagner verlegte Gedenkblatt zur Eröffnung der Paulskirche zeigt aus der Perspektive der Empore die monumentale Größe des Germania-Transparents von Philipp Veit, eingerahmt von zwei Tafeln mit den Devisen: »Des Vaterlands Größe des Vaterlands Glück / O, schafft sie, o bringt sie dem Volke zurück!« und »O walle hin, du Opferbrand, / Hin über Land und Meer!« Die mit Abgeordneten und Publikum dichtbesetzte Empore ist mit schwarz-rot-goldenen Farbbahnen geschmückt. Die Germania ist in der Achse über dem Rednerpult des Präsidenten angebracht. Die seit dem 18. Mai 1848 tagende Nationalversammlung widmete sich vorrangig der Ausarbeitung einer Reichsverfassung, nachdem am 31. März 574 Mitglieder des Vorparlaments ihre Arbeit aufgenommen hatten. Als schließlich am 23. Dezember die Nationalversammlung die Grundrechte des deutschen Volkes verabschiedete, verweigerten Österreich, Bayern, Preußen und Hannover ihre Zustimmung. Endlich konnte am 28. März 1849 eine Reichsverfassung verabschiedet werden, die jedoch nur noch das Scheitern der Märzrevolution besiegelte. Die Germania des alten Reiches der konservativen Kräfte hatte obsiegt, nicht die Germania der revolutionären Trikolore.   MLP

L/43

L/43   **Engilbert Wunibald Göbel** (1821-1882)
nach **Johann Baptist Scholl** (1818-1881)
Transparent aufgestellt von einem Theile der
Künstler zu Frankfurt am Main bei der
Illumination zu Ehren der Mitglieder des
Vorparlaments am ersten April 1848
1848
Bez. u.l.: Scholl erf.; u.r.: Göbel gest.
Kupferstich; 49 x 31 cm
Frankfurt a. M., Historisches Museum
Frankfurt (C 18825)

Der Kupferstich wurde zu Ehren des Frankfurter Vorparlaments, das vom 31. März bis zum 3. April 1848 tagte und aus 574 Abgeordneten der deutschen Landtage bestand, am 1. April 1848 in Frankfurt aufgestellt. Die Parlamentarier hatten sich mehrheitlich für die Ausschreibung von Wahlen zur deutschen Nationalversammlung entschieden und erstrebten eine konstitutionelle Monarchie. Da der Künstler Johann Baptist Scholl

Die Ehe, welche ich mit unserer lieben Frau Germania, der blonden Bärenhäuterin, geführt, war nie eine glückliche gewesen. Ich erinnere mich wohl noch einiger schöner Mondscheinnächte, wo sie mich zärtlich preßte an ihren großen Busen mit den tugendhaften Zitzen – doch diese sentimentalen Nächte lassen sich zählen, und gegen Morgen trat immer eine verdrießlich gähnende Kühle ein, und begann das Keifen ohne Ende. Auch lebten wir zuletzt getrennt von Tisch und Bett. Aber bis zu einer eigentlichen Scheidung sollte es nicht kommen.

Heinrich Heine: Lutetia. Zweiter Teil: Retrospektive Aufklärung, 1854

Ich betrachtete [...] mit Besorgniß diesen preußischen Adler, und während andere rühmten wie kühn er in die Sonne schaue, war ich desto aufmerksamer auf seine Krallen. Ich traute nicht diesem Preußen, diesem langen frömmelnden Kamaschenheld mit dem weiten Magen, und mit dem großen Maule, und mit dem Corporalstock, den er erst in Weihwasser taucht, ehe er damit zuschlägt. Mir mißfiel dieses philosophisch christliche Soldatenthum, dieses Gemengsel von Weißbier, Lüge und Sand. Widerwärtig, tief widerwärtig war mir dieses Preußen, dieses steife, heuchlerische, scheinheilige Preußen, dieser Tartüff unter den Staaten.

Heinrich Heine: Französische Zustände. Vorrede 1832

Ein Volk sind wir allenfalls zu nennen, zusammengeflickt aus Lappen von allen Farben wie eine Harlekinsjacke, eine Nation aber sind und werden wir nimmer, daher auch unser sogenannter Patriotismus nur aus Redensarten besteht, der, wenn er sich einmal zur Velleität des Handelns versteigen zu wollen scheint, sich jedesmal lächerlich macht, am erbärmlichsten in unserer großen Frankfurter Revolution, wo alle deutschen Fürsten wie mit Schwefel angeräucherte Fasanen aus Schreck vom Stengel fielen und dennoch die über ihren wohlfeilen Sieg verdutzten Professoren nur ein Strohfeuer anzuzünden wußten, das in sich selbst kläglich erlosch. Keinen einzigen Mann hatte Deutschland in dieser Krisis von beiden Seiten aufzuweisen, wie Frankreich, wie England Hunderte in ihren Revolutionen. Wo hätten sie auch herkommen sollen? Auf Flugsand kann kein Weizen wachsen. Große Diener sind bei uns noch möglich, kein großer Patriot.

Fürst Hermann von Pückler-Muskau an Ludmilla Assing, Schloß Branitz, 17. März 1860

L/44

der radikalen Richtung einer demokratischen Republik zugeneigt war, richtet sich sein Blatt auch gegen die Fürstengewalt zugunsten einer freiheitlich geeinten deutschen Nation. Zum »Deutschen Parlament« streben Künstler und Handelsleute. Den Bau krönt die sitzende Germania mit der Nationalfahne in der Hand, links neben sich die Krone, rechts den Bischofshut als Symbol der Einheit von Kirche und Staat. Die Attribute der Reaktion – Zopf, Ketten und Fürstenhut – sind mit den Särgen in die Gruft verbannt. Die Bildlegende erläutert das auf dem Blatt dargestellte Geschehen: »Der Bau der Zukunft steht bereit / Den Giebel wahrt Gerechtigkeit / Die Kette liegt in Grabesnacht / Dabei des Zopfes Ehrenpracht / Und jede Kunst jedweder Stand / Erhebt zum Tempel froh die Hand / Und was ihr hier im Bilde schaut / Wird bald in Wahrheit ausgebaut.« MLP
Lit.: Kat. Nürnberg 1989, Nr. 605, S. 672

L/44 **Wilhelm von Kaulbach** (1805-1874),
Julius Muhr (1814-1865)
Die Sage
1852
Bez. u.l.: W. Kaulbach
Öl auf Leinwand; 268 x 235 cm
Poznan, Muzeum Narodowe
(Sammlung Graf Athanasius Raczynski)
(Mo 2002)

Die Sage, verkörpert von einer jungen, blonden Frau, sitzt auf einem moosbewachsenen Hünengrab und hört, was ihr zwei Raben, »Odins geweihte Vögel Hugin und Munin«, berichten. Neben ihr liegen am Boden ein Schwert, Kampfäxte sowie ein Schädel als Vergänglichkeitssymbol und eine Krone mit der Inschrift »Einiges Deutschland«, die die Sage mit einem Runenstab an sich heranzieht. Es handelt sich um eine von Graf Athanasius Raczynski in Auftrag gegebene Kopie des Zwickelbildes aus dem Wandzyklus des Neuen Museums in Berlin, der von Kaulbach in den 40er und Anfang der 50er Jahre konzipiert wurde. Julius Muhr, ein Mitarbeiter Kaulbachs, hat sie ausgeführt. Kaulbach hat das Bild später retouchiert und signiert. Raczynski selbst erläuterte die Kopie in einem Katalogvorwort: »Die Arbeit Muhrs war mehr als eine Untermalung und die Kaulbachs wieder weniger als eine Übermalung«. Zu dem Zyklus, der mit dem Neuen Museum 1945 zerstört wurde, gehörten außerdem die »Völkerscheidung«, die »Blüthe Griechenlands«, die »Zerstörung Jerusalems«, die »Hunnenschlacht«, die »Kreuzfahrer« und die »Reformation«, einige Heldenbildnisse, allegorische Figuren (u. a. Germania und Italia) sowie Personifikationen der Geschichte, der Wissenschaft, der Poesie, der Skulptur, der Malerei, der Architektur und der Gravierkunst. Die Arbeiten des Portraitisten und Historienmalers Kaulbach wurden im 19. Jahrhundert vornehmlich wegen ihrer vaterländischen Bildprogramme geschätzt. Julius Muhr, Bildnis-, Genre- und Landschaftsmaler, war für die Ausführung der Kaulbachschen Wandgemälde im Treppenhaus des Neuen Museums von 1847 bis 1852 tätig. AC
Lit.: Kat. Berlin 1990 (a), Nr. U/11, S. 70; Seemann, S. 7

L/45 **Uhr mit Germaniastatuette**
Frankfurt a. M., 1863
Bez. a. d. Schmuckband a. Sockel: Bürger von Stadt und Land vom Präsidenten des ersten deutschen Schützenfestes zu Frankfurt.
Frankfurt am Main–Januar 1863
Silber, Marmor; H. 60 cm
Frankfurt a. M., Historisches Museum Frankfurt (X 19845)

Die Nachbildung der Germania vom »Gabentempel« des Schützenfests auf der Bornheimer Wiese, in dem alle Ehrengaben für die Sieger des »Deutschen Bundesschießens« in Frankfurt am Main vom 13. bis 21. Juli 1862 aufbewahrt wurden, schmückt eine Tischuhr, die der Präsident des ersten deutschen Schützenfestes, Sigmund Müller, gestiftet hat. Auf diesem Fest wurde der Landgerichtspräsident Albert Sterzing aus Gotha zum Gründungspräsidenten des Deutschen Schützenbundes gewählt, der die »Wehrertüchtigung des Bürgers« propagierte. Das Wettschießen besuchten mehr als 100 000 Menschen, um indirekt gegen die vom preußischen Kriegsminister von Roon geplante Auflösung der 1813 geschaffenen Landwehr zu protestieren. Die Germania des Frankfurter Schützenfests verkörpert den Wunsch der liberalen Kräfte nach nationaler Einigung im Rahmen einer konstitutionellen Monarchie, die seit 1859 mit den Feiern zu Schillers hundertstem Geburtstag für Deutschland eine politische Form als Kulturnation erstrebten. MLP

L/45

L/46　　**Lorenz Clasen** (1812-1899)
　　　　Germania auf der Wacht am Rhein
　　　　1860
　　　　Bez. u.r.: Lor. Clasen 1860
　　　　Öl auf Leinwand; 200 x 159 cm
　　　　Krefeld, Kaiser Wilhelm Museum Krefeld
　　　　(572/1974 Gem.Ver.)
　　　　Abb. S. 39

Germania als junge, blonde Frau im Kettenhemd, mit gezogenem Schwert und Schild mit Doppeladler steht auf einem Felsen am Rheinufer. Ihr Blick ist nach Westen gerichtet. Die Inschrift auf dem Schild »Das deutsche Schwert beschützt den deutschen Rhein« läßt keinen Zweifel daran, daß mit diesem Bild ein klares politisches Programm formuliert wird. Schillings Idee der Germania auf dem Niederwald vorwegnehmend (13/14), entwickelte Clasen einen neuen Typus der wehrhaften Germania: Indem sie den »deutschen« Rhein beschützt, wirkt sie kämpferisch und aggressiv; in ihrer Haltung ist sie eindeutig gegen den vermeintlichen Feind aus Frankreich gerichtet. Lorenz Clasen malte das Monumentalbild 1860 für das Krefelder Rathaus. Die Darstellung entsprach der antifranzösischen Stimmung und der preußischen Politik der Jahre nach den italienischen Einigungskriegen, die Napoleon III. in ihren Unabhängigkeitsbestrebungen gegen Österreich unterstützt hatte. Zahlreiche Reproduktionen dieses Gemäldes fanden in allen Schichten der Bevölkerung große Verbreitung. Mit der Veränderung der Rolle der Germania wandelte sich auch ihre Gestalt: Sie wurde zur germanischen »Wehrhaftigkeit«, zur Walküre und verkörperte damit die Nationalstaatsidee des neuen Deutschen Kaiserreichs.　　　　　　　　　　AC
Lit. Kat. Nürnberg 1989, Nr. 616, S. 677f.

L/47　　**Fahne des »Combattanten-Vereins Ehrenfeld«**
　　　　Aufschrift: 1864-1866-1870-1871 –
　　　　Gott war mit uns / Ihm sei die Ehre
　　　　Seide, Holz; 130 x 130 cm; Stange: L. 305 cm
　　　　Köln, Kölnisches Stadtmuseum
　　　　(HM 1918/119)
　　　　Abb. S. 34

Germania steht, eichenlaubbekränzt mit gezücktem Schwert und auf den Schild gestützt am Rheinufer und blickt nach Westen, auf dem Schild der Reichsadler, auf dem Fels die kaiserlichen Insignien. Soweit geht das Motiv detailgetreu zurück auf das Monumentalgemälde »Die Wacht am Rhein« von Lorenz Clasen aus dem Jahr 1860. Clasens Gemälde, in zahlreichen Drucken verbreitet, schuf den Urtyp der kaisertreuen Germania. Veteranen in Ehrenfeld hatten ihren Verein 1885 gegründet und ihm die Fahne gegeben. Das Wappen dieses Kölner Industrievororts ist unten im Lorbeerkranz zu erkennen. Auf dem Schild der Germania von 1860 (L/46) war noch zu lesen: »Das deutsche Schwert beschützt den deutschen Rhein«. Inzwischen hatten sich die politischen Verhältnisse geändert: Aus der kampfbereiten Bewacherin des »deutschen« Rheins war die Personifikation des Schlachtensieges und des neugegründeten kaiserlichen Deutschland geworden. Über der Germania liest man nun »Gott war mit uns / Ihm sei die Ehre«, bezogen auf die Siege der preußischen Armee gegen Dänemark, Österreich und Frankreich, wie aus den Jahreszahlen auf der Vorderseite und den Ortsangaben auf der Rückseite der Fahne hervorgeht. Germania war als Motiv für solche Fahnen beliebt, eine andere Fahne vom »Verband deutscher Kriegsveteranen Köln« zierte, umgeben von der gleichen Inschrift, die Germania des 1883 vollendeten Niederwalddenkmals. Mit dem Lied »Die Wacht am Rhein« zogen die deutschen Soldaten 1870 in den Krieg gegen Frankreich. Nach dem Sieg von 1871 wurde es sogar als Nationalhymne in Erwägung

L/49

L/52

gezogen. Die Devise »Gott mit uns« zierte das Koppelschloß der Uniformen der deutschen Soldaten, als sie 44 Jahre später in den Ersten Weltkrieg zogen. MK
Lit.: Dieckhoff 1980, Bd. 1, S. 259-285, hier besonders S. 282ff.; Brunn 1989, S. 101-122; Kat. Berlin 1990 (a), Nr. 6/131, S. 287; Fuchs 1991, Bd. 2, S. 150-159.

L/48 **Hermann Wislicenus** (1825-1899)
Die Wacht am Rhein (Germania)
1874
Bez. u.r.: H. Wislicenus 1874
Öl auf Leinwand; 104 x 77 cm
Goslar, Goslarer Museum (7851)
Abb. S. 40

Die erste Fassung des Gemäldes wurde 1872 bei einem Brand der Düsseldorfer Akademie vernichtet. Der Titel bezieht sich auf das im Deutsch-Französischen Krieg (1870/71) hochaktuelle Lied »Die Wacht am Rhein (Lieb' Vaterland, magst ruhig sein...«) von Max Schneckenburger, das im Zusammenhang der »poetischen Rheindiskussion« 1840/41 entstanden war (7/3, 7/4). Der Streit um die Zugehörigkeit der linken und rechten Rheinufer zu Frankreich bzw. Deutschland bewegte die Gemüter seit den Koalitionskriegen. Anstelle der lieblichen Sängerin Loreley stützt sich die Gestalt der gepanzerten Germania mit düsterem Blick nach rechts vor felsiger Rheinlandschaft auf ihr Schwert, um Wacht gegen Frankreich zu halten. Zu ihren Füßen dräut eine Schlange, über dem Kopf wacht ein ebenfalls nach links blickender Adler. Wislicenus hat nach 1874 auch in kaiserlichem Auftrag die Kaiserpfalz in Goslar mit einem Bilderzyklus zur deutschen Reichs- und Nationalgeschichte ausgemalt. Sein Gemälde zeigt die Germania in der restaurativen und aggressiven Ikonographie, wie sie dem deutschnationalen Siegespathos der Reichstradition nach dem Sieg von 1870/71 entspricht. MLP
Lit.: Kat. Berlin 1990 (a), Nr. U/19, S. 75f.

L/49 **Schober**
Germaniastatue vom »Denkmal für die Helden des Krieges 1870/71« auf dem ehemaligen Wachenplatz in Fallersleben
Fallersleben, 1876
Eisenblechguß; H. 110 cm
Wolfsburg, Hoffmann-von-Fallersleben-Museum

1817 stiftete der damalige Amtmann von Fallersleben, J.H. Frank, ein Denkmal zur Erinnerung an die Fallersleber Krieger aus der Schlacht bei Waterloo. Im Oktober 1876 wurde das Denkmal im Zusammenhang mit den siegreichen Kämpfen des Deutsch-Französischen Krieges verändert: Die vorhandene Urne ist durch eine Germaniastatue ersetzt und die alte Inschrift auf dem Sockel in Erinnerung an die Feldzüge von 1870/71 umgewandelt worden. MLP

L/50   **Robert Eduard Henze** (1827-1906)
        Modell der Germania vom Siegesdenkmal
        des Altmarkts in Dresden
        Dresden, um 1880
        Bez.: R. HENZE fec.; gegoss. v. C.A. Bierling
        Bronze; H. 101 cm
        Berlin, Privatbesitz
        Abb. S. 41

L/51   **Robert Eduard Henze** (1827-1906)
        Kopf der Germania vom zerstörten
        Siegesdenkmal am Altmarkt in Dresden
        Dresden, 1880
        Marmor; 70 x 60 x 60 cm
        Dresden, Stadtmuseum Dresden (1996/k 35)

L/52   **Hoffmann und Römler**
        Germania auf dem Altmarkte in Dresden
        Dresden, 1880 (?)
        Fotografie; 33,2 x 24,5 cm
        Berlin, Staatsbibliothek zu Berlin –
        Preußischer Kulturbesitz,
        Handschriftenabteilung (Yc 9920 m 2)

Nur der Kopf ist von Henzes Germania vom Dresdner Denkmal übriggeblieben, das 1880 auf dem Altmarkt aufgestellt worden war und 1944 durch Bomben zerstört wurde. Die zum Zyklus der Siegerdenkmäler nach der Reichsgründung von 1871 gehörenden Plastik, die in zahlreichen Provinzstädten errichtet wurden, wurde 1880 um vier allegorische Figuren ergänzt: Begeisterung, Wissenschaft, Wehrkraft, Frieden; verbunden mit den Namen der Schlachten und Festungen von Beaumont, Sedan, Metz und Paris, darunter vier Bronzetafeln, von denen eine die Inschrift trägt: »Deutschlands siegreichem Heere. Den ruhmvoll gefallenen Söhnen dieser Stadt 1870/71«. Die anderen drei führten die Namen der bei den Gefechten von 1870/71 gefallenen 99 Dresdner Krieger auf. Henze fertigte die Modelle, die in Carraramarmor vom Monte Ravaccione von Raffaello Cellai in Florenz ausgeführt wurden. Die Gesamtkosten des Denkmals betrugen 173 800 Mark. Die Anregung zur Erbauung eines Germaniamonuments ging im Februar 1871 vom Dresdner Verein für patriotische Dankbarkeit aus. Henze lieferte die Skizze drei Jahre später. Die Abmessungen des fertiggestellten Denkmals betrugen in der Höhe 4,4 Meter, mit Plinthe und Fahne 7,5 Meter, die Nebenfiguren sitzend 2,25 Meter, stehend 2,70 Meter. Die Höhe der gesamten Bildsäule maß 14,62 Meter über dem Straßenpflaster. Allein das Gewicht der fertigen Germania betrug ca. 270 Zentner. 1880 wurde das Siegesdenkmal am Sedanstag, dem 2. September, enthüllt. MLP

Lit.: Maertens 1892, Lichtdrucktafel 23 mit Text

L/53   **Adalbert von Rössler** (1853-1922)
        Nach Walhall!
        1887
        Bez. u.l.: Adalbert v. Roessler. 87.
        Öl auf Leinwand; 165 x 131 cm
        Poznan, Muzeum Narodowe
        (Mo 1674)

Das Motiv ist der germanischen Mythologie entnommen: Hoch zu Pferde und in Begleitung der Einherier, der Seelen gefallener Krieger, kommt Odin – Herr und König der Götter und Menschen, Gott der Schlachten und sieghafter Kämpfer, Lenker von Kriegsgeschick und Todesschicksal – aus den Wolken auf die Erde herab, um die Seelen der beiden auf dem Schlachtfeld gefallenen Krieger nach Walhall, in den Himmel der Germanen, zu bringen. Das Gemälde des Historien- und Bildnismalers war als Huldigung an die im Krieg 1870/71 gefallenen deutschen Soldaten gedacht und wurde 1887 auf der Großen Berliner Kunstausstellung erstmals präsentiert. AC

Lit.: Kat. Berlin 1990 (a), Nr. U/18, S. 74

L/54   **Anton von Werner** (1843-1915)
        zugeschrieben
        Kriegerische Germanen
        Mischtechnik; 68 x 98 cm
        Berlin, Berlinische Galerie, Landesmuseum
        für Moderne Kunst, Photographie und
        Architektur – Studiensammlung
        Waldemar Grzimek

Ereignisse aus der germanischen Geschichte wurden im 19. Jahrhundert, insbesondere zur Zeit des Deutsch-Französischen Krieges, häufig zum Thema künstlerischer Darstellungen gewählt, womit eine Parallele zwischen den frühgeschichtlichen und jüngsten Entwicklungen beschworen werden sollte. Das Motiv der germanischen Krieger, die im Begriff sind, einen Fluß zu überschreiten, könnte auf die Auseinandersetzungen um den Rhein anspielen, der nicht erst im 19. Jahrhundert die umkämpfte Grenze zwischen Deutschland und Frankreich war, sondern bereits in der Frühzeit das Grenzgebiet zwischen den Römern und den germanischen Stämmen bildete. Mit der Übertragung des germanisch-römischen Konflikts auf die aktuelle deutsch-französische Konfrontation war die Vorstellung verbunden, kriegerische Tugenden, die jedoch nur zur Verteidigung des Territoriums eingesetzt würden, seien von jeher ein Bestandteil des deutschen Wesens. Die vermeintliche

L/54

Bedrohung durch äußere Feinde galt als Legitimation für den militärischen Einsatz. FM
Lit.: Kat. Berlin 1990 (a), S. 74f.

L/55   **Ferdinand Keller** (1842-1922)
Germania und der hl. Michael
Um 1890
Bez. u.r.: F. Keller
Öl auf Leinwand; 72,5 x 92 cm
Oldenburg, Landesmuseum Oldenburg
(LMO 12.625)

Die Ölskizze, wohl als Entwurf für ein Monumentalgemälde bestimmt, zeigt den geflügelten Michael mit Heiligenschein in Rüstung und Schild vor der bekrönten Germania, die ihm das Schwert reicht und sich seiner Führung unterwirft. In der christlichen Tradition ist der Erzengel Michael der Anführer der himmlischen Heerscharen, der mit dem Drachen den Teufel besiegt. Die Begegnung der Germania mit Michael im Jahr von Bismarcks Rücktritt als Reichskanzler und der Inthronisierung Wilhelm II. versinnbildlicht damit die Aussöhnung zwischen Staat und Kirche, gemäß der altkonservativen Devise auf dem Schild »Mit Gott für [König und Vaterland]«, die schon die Partner der Heiligen Allianz im Jahre 1819 zusammenführte. MLP
Lit.: Kat. Berlin 1990 (a), Nr. U/20, S. 76

L/56   **Alexander Zick** (1845-1907)
Germanias letzter Gruß
1898/99
Bez. u. l.: A Zick
Gouache; 76 x 118 cm
Berlin, Sammlung Archiv für Kunst und Geschichte

Nachdem der erste Kanzler des in Versailles am 18. Januar 1871 proklamierten Deutschen Kaiserreichs am 30. Juli 1898 mit 83 Jahren gestorben war, verewigte Alexander Zick Bismarck in der Apotheose, von Walküren getragen, gen Himmel schwebend, in einem ergreifenden Kitschgemälde. Auf einem Mauerplateau bleibt die mit schwarzem Trauerflor bedeckte Germania, die Kaiserkrone in der Hand haltend, zu ihren Füßen den geschlagenen Drachen der Reichszersplitterung, mit Hermann dem Cheruskerfürst, Rittern und Knappen der deutschen Stämme mit den Schilden von Preußen und Bayern zurück, die durch Bismarcks Realpolitik geeint wurden. Mit segnender Gebärde grüßt der Reichskanzler zum letzten Mal die Reichsstandarte mit dem Adler. Die späten Germaniadarstellungen bedienten sich sämtlicher ikonographischer Glorifizierungen, um die Reichseinigung nach innen mit der ehernen Symbolfigur zu propagieren. MLP
Lit.: Kat. Berlin 1990 (a), Nr. L/24, S. 50

L/55

| L/57 | **Anna von Strantz-Führing als Germania**
Fotografie (Reproduktion); 24 x 17,7 cm
Quelle: Köln, Theaterwissenschaftliche
Sammlung der Universität zu Köln
Abb. S. 36 |

L/58 **Druckstöcke der ersten
Germania-Briefmarke**
1902
Stahl; Stöcke je 2,5 x 2,1 cm
Berlin, Museum für Post und Kommunikation
Berlin

L/59 **Probedruck von Germania-Briefmarken zu
60 Pfennig in verschiedenen Farbvarianten**
1911
Druck; 32,9 x 21,1 cm
Berlin, Museum für Post und Kommunikation
Berlin
Abb. S. 35

L/60 **Einschreibebrief mit zwei
Germania-Briefmarken zu 30 Pfennig**
Tientsin, 25. Januar 1901
Papier; 8,2 x 15,6 cm
Berlin, Museum für Post und Kommunikation
Berlin (8. 1. 2. 3. DAC/1)
Abb. S. 35

Am 21. Januar 1899 wurde im Amtsblatt der Reichspostverwaltung die Einführung von neuen Freimarken und Ganzsachen der Reichspost mit Wirkung vom 1. Januar 1900 verfügt. Bei den Pfennigwerten sollten die Marken das Bild der Germania tragen, bei den Markwerten wichtige Ereignisse der neueren deutschen Geschichte dargestellt sein. Damit kam eine Briefmarkenausgabe heraus, die zu einer der populärsten und umfangreichsten Markenausgabe des Deutschen Reiches wurde. Von 1900 bis 1922 erschienen insgesamt 79 heute in Briefmarkenkatalogen gelisteter Nummern, ohne daß hierbei die Ausgaben für die deutschen Auslandspostämter, die Kolonien und entsprechenden Ausgaben für die Besetzungsgebiete während des Ersten Weltkrieges berücksichtigt wurden. In diesem Zeitraum änderte sich das Markenbild überhaupt nicht;

L/56

die Marken wurden lediglich den jeweiligen Tarifveränderungen angepaßt. Dies und die vielen Farbänderungen führten zu einem Variantenreichtum dieser Markenausgabe, der wohl einmalig in der Welt ist. Die letzte Markenausgabe lag zehn Jahre zurück; die für die Herstellung benutzten Druckplatten waren meist so abgenutzt, daß sich die Postverwaltung gezwungen sah, neue anzufertigen. Die Reichspostverwaltungsmarken galten international als recht einfallslos. Andere Staaten hatten inzwischen künstlerisch bessere Marken herausgegeben und die Bedeutung der Briefmarke als Mittel der nationalen Sinnstiftung und der Vermittlung eines Nationalbewußtseins erkannt, wie etwa die USA mit ihrer Kolumbusausgabe. Solchen Ambitionen hatte sich die Reichspost bisher immer widersetzt. Doch an der Schwelle eines neuen Jahrhunderts wollte Deutschland seine Weltmachtstellung auch postalisch deutlich machen. Besonders von interessierten Kreisen am Hofe, der Wirtschaft und der Verwaltung wurde die Herausgabe neuer Freimarken und spezieller Kolonialmarken gefordert. In einem Schreiben vom 23. Februar 1889 teilte der Staatssekretär des Reichspostamtes, von Podbielski, ein enger Freund Wilhelm II., dem Chef des Geheimen Zivilkabinettes des Kaisers, von Lucanus, mit, daß er das Markenbild ändern wolle, weil »das [alte Markenbild] hinsichtlich der künstlerischen Ausgestaltung hinter den Leistungen anderer Länder zurücksteht und in Bezug auf die Herstellung keine vollständige Sicherheit gegen Nachahmung biete«. So wurde in einem vertraulichen Schreiben an die Reichsdruckerei vom 13. März 1899 die Anweisung zur Herstellung neuer Freimarken erteilt. Die Zwei-, Drei- und Fünfpfennigmarken sollten unverändert bleiben, die Zehn- bis Achtzigpfennigmarken sollten das Brustbild der Germania tragen. »Die Figur soll als Brustbild [...] ausgeführt werden, mit dem Schwert in der Rechten und einem Friedenssinnbild – einem Oelzweig – in der Linken. [...] Die Umrahmung soll [...] sich in den Formen der sogenannten modernen Kunst bewegen.« Die Festlegung auf den Jugendstil rief später Kritik von verschiedenen Seiten hervor. Entscheidungsgrundlage waren von der Reichsdruckerei beim Reichspostamt eingereichte Vorschläge, die in einem internen Wettbewerb der Druckerei unter den dort beschäftigten Künstlern entstanden waren. Daß eine Darstellung der Germania favorisiert wurde, entsprach dem Zeitgeist, symbolisierte doch die Figur die Auffassung von Deutschlands Rolle und Bedeutung in der Welt. Bei der Auswahl entschied man sich für den Entwurf des Malers Paul Waldraff. Er hatte die damals recht bekannte Schauspielerin Anna Führing portraitiert, die bei der Einweihung des Kaiser-Wilhelm-Denkmals auf der Schloßfreiheit in Berlin in entsprechender Kostümierung aufgetreten war. Die Probedrucke fanden die Zustimmung des Kaisers. Auch der vom Kaiser geschätzte Maler Anton von Werner stimmte den von der Reichspostverwaltung favorisierten Entwürfen zu. Bei der Vorstellung der Marken im Herbst 1899 entschied sich die Post, auch die niedrigen Werte mit dem Germaniabild zu versehen. Die Markenausgabe kam im Dezember 1899 an die Schalter und war ab 1. Januar 1900 gültig. Ab Frühjahr desselben Jahres kamen auch die höheren Werte nach und nach auf den

Markt. Das Bild dieser Freimarken wurde bis zu ihrer Ungültigkeitserklärung 1922 nicht mehr verändert. Ab dem 1. April 1902 stand nicht mehr »Reichspost« sondern »Deutsches Reich« auf den Marken. Der Grund für diese Veränderung war der Beitritt Württembergs zum Reichspostgebiet ab diesem Tag. Damit wurde ein weiterer Schritt für ein einheitliches deutsches Postgebiet geschaffen, wie es sich auch in der Markenaufschrift niederschlug. Diese Änderung versuchten radikalnationalistische Kreise, die sich u.a. im Allgemeinen Deutschen Schriftverein zusammengefunden hatten, auszunutzen, um ihre Interessen durchzusetzen. Der Vorstand des Vereins forderte die Reichspostverwaltung auf, die Inschrift »Deutsches Reich« in deutschen Schriftzeichen einzusetzen und nicht, wie beabsichtigt, in lateinischen. Er wollte damit erreichen, »daß auch nicht der geringste Einwand von irgend einer Seite in Bezug auf das deutsche Gepräge der Marken erhoben werden kann«. Diesen Vorschlag lehnte die Postverwaltung mit der Bemerkung ab, daß die deutsche Druckschrift nichts anderes sei als die Gotifizierung der bisher verwendeten Antiqua. Insgesamt wurden von dieser Markenausgabe einige Millionen Marken und Ganzsachen gedruckt; sie erreichte damit die höchste Markenauflage, die es je in Deutschland gegeben hat. JK

L/61 **Alexander Linnemann** (1839-1902)
Glasfenster der Südseite vom
Reichstagsgebäude in Berlin mit
Darstellung der Germania
Berlin: Verlag Cosmos 1913
Heliogravur; 59,5 x 44,5 cm
Berlin, Michael S. Cullen
Abb. S. 41

Die Heliogravur des Glasfensters mit Darstellung der Germania für Paul Wallots bis 1900 weitgehend fertiggestelltes Reichstagsgebäude in Berlin gehört zu einer Mappe von 57 Lichtdrucken, die der Cosmos Verlag in den Jahren 1897 bis 1913 herausgab. Für die figürlich und ornamental farbig gestalteten Fenster und Oberlichter vornehmlich im Bundesrats- und im Plenarsaal beauftragte Wallot den Frankfurter Alexander Linnemann, der seine Karriere als Architekt nach einem Studium an der Berliner Bauakademie begonnen und in Frankfurt ein berühmtes Glasmaleratelier eröffnet hatte. Als Vorlage für die Glasfenster fertigte Linnemann Kartons im vorgesehenen Format der Einfügung in die Architektur, die als Schnitte für die Mosaiken verwendet wurden. Sie befanden sich bis vor wenigen Jahren in Privatbesitz in Frankfurt am Main. Der deutschnationale Typus der Germania sitzt mit Zepter und der Krone Kaiser Karls des Großen auf dem Thron, ihre Brust schmückt der Schild des Reichsadlers, über ihr St. Michael der Drachentöter. Ihre Füße umreigen die deutschen Stämme nach der Devise: »Wir wollen sein ein einig Volk von Brüdern.« MLP
Lit.: Hossfeld o. J., S. 20f.; Cullen 1993, S. 57-81

Ursula E. Koch

Marianne und Germania: 101 Pressekarikaturen aus fünf Jahrhunderten im deutsch-französischen Vergleich

Die wahre Seele einer Nation spiegelt sich am sichersten, am verräterischsten im Werk ihrer Karikaturisten.
Frédéric Régamey[1]

I. Die Geburt zweier Nationalfiguren

»Im Anfang« war Germania. Als weibliche Allegorie Germaniens erscheint sie bereits in der Antike, vor allem auf römischen Münzen, als trauernde Gefangene. In der Ära der Reformation und Gegenreformation (U/1)[2] sowie der europäischen Kriege des 17. und 18. Jahrhunderts (U/2) war die Figur der Germania dann ein Bestandteil jenes Kampfes der »schmählichen Gemählde«, der – einer immer schärferen geistlichen und weltlichen Zensur zum Trotz – die zeitgenössische deutsche Publizistik prägte.[3]

Auf oft großformatigen Einblattdrucken, die auf Märkten, Messen und öffentlichen Plätzen verteilt, verkauft, vorgelesen oder über den Buch- und Kolportagehandel vertrieben wurden, erscheint sie – aufrecht oder sitzend – als füllige junge Frau (seltener als Mutter), in altertümlichem oder modischem Gewand, mit aufgelöstem oder festgestecktem Haar. Zu ihren gängigen Attributen gehören eine stilisierte Mauerkrone, der Reichsapfel, das Reichszepter und schließlich Schild und Schwert.[4]

Vor dem Hintergrund der religiösen Spaltung und territorialen Zersplitterung des schon damals schwierigen »Vatterlandes werther Teutscher Nation« entwickelt sich »Frau Germania« zu einer schillernden Gestalt. Ermahnungen zur Eintracht angesichts wechselnder äußerer Feinde und Friedenssehnsucht ziehen sich wie ein roter Faden durch diese frühen deutschen Druckgraphiken mit sowohl pathetischen als auch karikaturalen Elementen.[5]

Auch die offizielle Personifikation der einheitlichen und unteilbaren französischen Republik als »Liberté« (»Marianne«)[6] sowie die ihr zugeordneten Attribute (phrygische Mütze[7] und Rutenbündel) gehen auf antike Vorbilder zurück. Schon mehrere Monate vor dem Sturz des Königtums am 21. September 1792 pflegten royalistische und revolutionäre Karikaturisten nicht allein den »freien Austausch der Gedanken und Meinungen« (Artikel 11 der »Menschen- und Bürgerrechte«, August 1789), sondern führten einen regelrechten »Krieg der Symbole«.

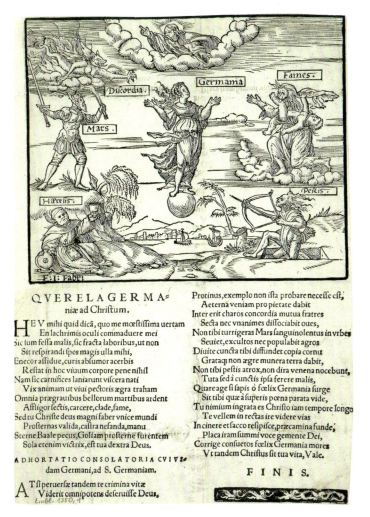

Fabri: Querela Germaniae ad Christum, um 1550. Berlin, Staatsbibliothek zu Berlin – Preußischer Kulturbesitz, Handschriftenabteilung (U/1)

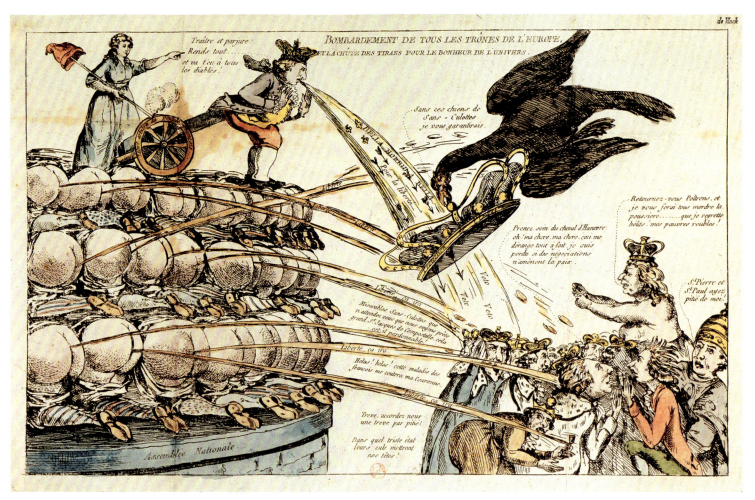

Bombardierung aller Throne Europas und der Sturz der Tyrannen für das Heil des Universums, Paris, April 1792. Paris, Bibliothèque Nationale de France, Département des Estampes (U/3)

Während erstere auf einem Spottbild eine von den Sansculotten errichtete Freiheitstatue mit Jakobinermütze dank kräftiger »königlicher« Sonnenstrahlen zum Schmelzen brachten, zeigten letztere – als die besseren Propheten – die das souveräne Volk darstellende Liberté in siegreicher Pose (U/3).[8]

Doch damit ist der »Krieg der Symbole« keineswegs erschöpft. Eine anonyme kolorierte Radierung aus dem Jahr 1797 stellt die im französischen und deutschen Kollektivbewußtsein verankerte jakobinische Schreckensperiode (1793 bis Juli 1794) allegorisch dar. Zu ihrem Arsenal gehören die Brandfackel, der gezückte Dolch sowie die in der Pariser Werkstatt des deutschen Klavierbauers Johann Tobias Schmidt angefertigte Guillotine (U/4).[9] Schon während der Ersten Republik entstand somit jenes Bild einer »doppelten Marianne«, das aus der Karikatur des 19. Jahrhunderts nicht mehr wegzudenken ist.

Die Abschaffung der Bezeichnung »Republik« durch Napoleon I. und die 1806 erfolgte Auflösung des Heiligen Römischen Reiches deutscher Nation hatten Folgen für beide Nationalfiguren. Die eine, »Marianne«, wurde im Kaiserreich aus dem öffentlichen Leben verbannt. Sinnbild der Restauration (1815-30) war eine alte Bekannte aus der Zeit des vorrevolutionären Frankreich, die »Dame Gallia« mit Königskrone und Lilienbanner.[10]

Die andere, »Germania«, wie einst von den Römern, 1806 von Napoleon, »dem Fürchterlichen« (Ernst Moritz Arndt)[11], in Ketten gelegt, wurde anläßlich der Völkerschlacht bei Leipzig (1813) durch den Cheruskerfürsten »Hermann« (Arminius) befreit (U/5). Nicht nur die geschriebene (Prosa und Poesie), sondern die offen oder unter dem Tisch vertriebene gezeichnete Publizistik hatte ihren Anteil an der Entstehung eines gesamtdeutschen Nationalgefühls während der »Befreiungskriege«.[12]

In den folgenden Jahrzehnten erscheint Germania relativ selten in der Karikatur. Symbol des 1815 gegründeten Deutschen Bundes (34 souveräne Fürsten, vier Freie Städte) sowie

II. Von Revolution (1830) zu Revolution (1848): Glanz und Elend der »Liberté-Marianne«

Die Pariser Julirevolution (1830)[15], von Eugène Delacroix meisterhaft dargestellt auf dem Gemälde »Die Freiheit führt das Volk«, gilt als Geburtshelferin der illustrierten Satirejournale modernen Stils (Text-Bild-Einheit). Weitere Faktoren waren die von Louis Philippe gewährte, ab Dezember 1830 allerdings schrittweise wieder eingeschränkte Pressefreiheit sowie die zeit- und kostensparende Technik der von Alois Senefelder erfundenen Lithographie.[16]

So entstand am 4. November 1830 das epochemachende Pariser Wochenblatt *La Caricature politique, morale et littéraire* und – zwei Jahre später – die illustrierte satirische Tageszeitung *Le Charivari*.[17] In *La Caricature* erweckten republikanisch gesinnte Künstler, zum Beispiel J. J. Grandville und Honoré Daumier, vor dem bewegten politischen Hintergrund der »Rebellion-Repression«, die Allegorie der »Liberté-France« zu neuem Leben. Auf ganzseitigen Tafeln erscheint sie als stolz vorwärts schreitende Personifikation des Volkes (U/6), »Tochter des Volkes«, Bürgersfrau, das Florett führende Fechterin, Schattenbild, antike Freiheitsgöttin auf dem Staatswagen, schmachtende Gefangene oder gar Todeskandidatin (U/7). Die meisten der in lange Gewänder gehüllten weiblichen Gestalten mit nur selten halb oder ganz entblößter Brust tragen eine phrygische Mütze.[18]

Eine Jakobinermütze mit negativer Konnotation trägt dagegen jene häßliche Alte, welche in der satirischen Antwort der Monarchisten auf *La Caricature*, dem Wochenblatt *La Charge*, die »Terreur« symbolisiert (Nr. 39 vom 29. September 1833). Infolge der Wiedereinführung der Bildzensur (Gesetz vom 9. September 1835) stellte *La Caricature* ihr Erscheinen ein. *Le Charivari* ersetzte die politische Lithographie durch galante oder gesellschaftskritische »Sittenbilder« und »stehende Figuren« wie den »bösen Genius des Bürgertums«, Robert Macaire.[19]

III. Vom Völkerfrühling zum deutsch-französischen Krieg: zwei Nationalfiguren – zwei Schicksale

Die Pariser Februarrevolution und die nunmehr zum dritten Mal der Obrigkeit abgerungene Pressefreiheit führten in *Le Charivari* oder *Le Journal pour rire*, um nur diese beiden zu nennen, zu einer neuen Blüte der politischen Karikatur.

Nicht die erste, wohl aber die bekannteste allegorische Darstellung der am 24. Februar ausgerufenen Zweiten Republik erschien am 9. März in *Le Charivari*. Daumier zeigt eine strahlende junge Frau mit phrygischer Mütze und fließendem Gewand als Lichtgestalt der Freiheit (U/8).[20]

Nach der blutig niedergeschlagenen Arbeiterrevolte im Juni 1848 gleicht die oft »Frankreich« genannte Allegorie in diesem Blatt allerdings mehr und mehr einer höheren Tochter. Teils verzichtet sie auf jegliche Kopfbedeckung, teils schmückt ihr züchtig zusammengebundenes Haar eine Mauerkrone, ein Kopfband oder jener Kranz aus Weizenähren, der seit 1849 als

La République, Paris, 1797. Paris, Musée Carnavalet (U/4)

der fast drei Jahrzehnte (1819 bis 1848) andauernden geistigen »Knechtschaft« nach den Karlsbader Beschlüssen[13] wurde nicht sie, sondern der an seiner Zipfelmütze erkennbare philister- oder tölpelhafte, lediglich im Zusammenhang mit der »Rheinkrise« (1840) vorübergehend sich reckende »Deutsche Michel«.[14]

Ursula E. Koch

Ohne Titel, Leipzig, 1848. Berlin, Staatsbibliothek zu Berlin – Preußischer Kulturbesitz, Handschriftenabteilung (U/11)

Patrioty: Bis hierher und nicht weiter..., Paris, 1870. Paris, Collection Raymond Bachollet (U/27)

offizielles Symbol der »Republik der anständigen Leute« die phrygische Mütze ersetzte.[21] Wie nicht anders zu erwarten, erstand nach der »Pariser Junischlacht« die altbekannte, Aufruhr und Terror verkörpernde Allegorie der »roten Republik« in der Bildpublizistik ebenfalls wieder (U/9).[22]

Auf beiden Seiten des Rheins träumen demokratische Text- und Bildjournalisten während des »Völkerfrühlings« von der universellen Republik und einer deutsch-französischen Allianz.[23] Infolgedessen setzen sowohl der Pariser Zeichner Charles Vernier (*Le Charivari*) als auch ein anonymer Leipziger Künstler dem revolutionären Deutschland in Gestalt der Germania eine Freiheitsmütze auf (U/10, U/11). Im Juli zeigt ein Frankfurter Einblattdruck Germania und Marianne gar als Schwestern, die eine mit der schwarz-rot-goldenen, die andere mit der blau-weiß-roten Trikolore (U/12).

Die zu neuem Leben erwachte Kunstfigur Germania wird in Düsseldorf, Frankfurt am Main, Hamburg, Leipzig, München, Nürnberg, Offenbach oder Stuttgart[24] (nur selten in Berlin[25]) auf illustrierten Flug- und »Witzblättern« für den politischen Alltag vereinnahmt und trivialisiert. Ihre Darstellung vermittelt oder kommentiert die öffentliche Diskussion (Republik oder konstitutionelle Monarchie, »großdeutsch« oder »kleindeutsch«, Zentralismus oder Föderalismus).

Bald erblickt man Germania als Statue, d.h. unbeweglich, mit oder ohne Kopf (U/11, U/15), bald vorwärtsstürmend, tänzelnd, knieend, aufrecht stehend, halb sitzend oder liegend (U/14). Vielfältig ist auch ihre Ausstattung: Freiheitsmütze (selten), Mauerkrone (selten), Kaiserkrone (als Gemahlin Barbarossas), ein Kranz aus Eichenlaub (häufig) oder eine Haube, zerrissene Ketten, erhobenes oder gesenktes Schwert, Schild mit einem einfachen oder Doppeladler.

Auf mehreren humoristisch-satirischen Bildszenen mit Kommentaren in Prosa oder Poesie geben sich Germania (Staat) und der 1848 aus seinem Schlaf erwachte Michel (Volk) ein Stelldichein. Auf den einen erscheint Germania als Michels Braut, hochschwangere (U/13) oder ein Kind gebärende Gattin, auf den anderen ist sie Michels Mutter, Stiefmutter, ehemalige Amme oder Muhme.[26]

Insbesondere in dem bereits Anfang 1848 gegründeten »Volks-, Witz- und Carricaturen-Blatt« *Eulenspiegel* (Stuttgart) ist Germania »eine beliebig füllbare Leerform«.[27] Die Palette reicht von der zahnlosen Matrone bis hin zur jugendlichen Heldin mit phrygischer Mütze. Nicht zu vergessen ist die als Sexualobjekt dargestellte, von drei und mehr »Freiern« umworbene Jungfrau, etwa nach dem Motto des allbekannten *Erlkönig*-Zitats: »Und bist du nicht willig, so brauch' ich Gewalt!«

Auf einer 1850 zunächst in Paris, dann in Leipzig veröffentlichten, bis auf den Begleittext identischen Karikatur wehren Marianne beziehungsweise Germania (mit Freiheitsmütze) dagegen mit Erfolg drei ungebetene Freier ab.[28] Der gefährlichste auf beiden Bildern ist Louis Napoléon (U/16, U/17).

Kurz nach dem blutigen Staatsstreich am 2. Dezember 1851 (U/18) verschwindet das Bildnis der Republik von Münzen und Briefmarken (Dekret vom 3. Januar 1852). Die verhaßte Bildzensur kehrt am 17. Februar 1852) zurück; bis 1870 ist Marianne

J. B. Simon: Wenn Deutschland und Frankreich Arm in Arm gehen, dann können wir unser Jahrhundert in die Schranken rufen! Frankfurt a.M., 8. Juli 1848. Nürnberg, Germanisches Nationalmuseum (U/12)

(inzwischen ein Name republikanischer Geheimgesellschaften) für Frankreichs Karikaturisten nolens volens ein Tabu.[29]

In der Zeit des Zweiten Kaiserreichs verkörpert »L'Allemagne«, von den Karikaturisten auch gerne als »Gretchen« verfremdet, einerseits den Deutschen (U/19-U/21), nach 1866 Norddeutschen Bund, andererseits das auf eine Eigenrolle erpichte »Dritte Deutschland«. Teils als weibliche, teils als männliche Allegorie erscheint das anfangs verspottete, dann seit September 1862 mit Bismarck als Regierungschef an seiner Spitze als bedrohlich hingestellte Königreich Preußen (Pickelhaube).

Obwohl die deutschen Staaten auf eine Bildvorzensur verzichten, pflegen in den fünfziger und sechziger Jahren nur wenige Satirejournale die politische Karikatur. Zu ihnen zählen der rasch zum Weltwitzblatt aufsteigende, in Frankreich lange Zeit verbotene *Kladderadatsch*[30], ein Kind der Berliner Revolution, sowie die *Frankfurter Latern*, eine antipreußische, republikanisch gesinnte Neugründung.[31] In diesen beiden Zeitschriften treten vor 1870 sowohl Marianne (jetzt ein Symbol der Unterdrückung) als auch Germania/Gretchen sporadisch auf. Freilich stehen sie ganz im Schatten der beiden großen Gegenspieler ihrer Zeit, Napoleon III. und Bismarck (U/22).[32]

Für die französische Nationalfigur Marianne brachte der am 19. Juli 1870 von Napoleon III. an Preußen erklärte Krieg kurz darauf den endgültigen Durchbruch in der Karikatur, für die deutsche zunächst nur in der Bildsatire des eigenen Landes.

Mit erhobenem Schwert (U/23) oder gezogenem Degen hält Germania im Sommer 1870 auf illustrierten Flugblättern die »Wacht am Rhein«. Nach der »Kaiser-Proklamation« in der Spiegelgalerie des Versailler Schlosses am 18. Januar 1871 erscheint sie als Personifikation der auf dem Schlachtfeld errungenen nationalen Einheit (U/28).

Die Kapitulation der Festung Sedan, die Gefangennahme Napoleons III. am 2. September und die zwei Tage später erfolgte Ausrufung der Republik finden ihren Niederschlag sowohl in der deutschen (U/25) als auch französischen Karikatur (U/24, U/26).[33] Während der 132 Tage andauernden Belagerung von Paris und des von Gambetta erklärten »Krieges bis zum Äußersten«[34] erscheinen – neben *Le Charivari* – Tausende von Einzelblättern und Serien meist sehr junger Künstler.[35]

Auf drei, oft miteinander verwobene Motive stößt man in dieser Karikaturenmasse immer wieder: 1. den Mythos der Ersten (1792) und die Idealisierung der Dritten (1870) Republik in der Gestalt der als rächende Vaterlandsverteidigerin oder hilfloses Opfer dargestellten Marianne, 2. die einhellige Verurteilung des Zweiten Kaiserreichs, 3. die Verdichtung des furchteinflößenden Preußenbilds zum ausschließlich negativen Stereotyp des kulturlosen, räuberischen und todbringenden Barbaren (U/24, U/26, U/27, U/29, U/33).[36]

Schließlich sei hier ein viertes Motiv genannt: die Glorifizierung (U/30) beziehungsweise die von Pariser und Berliner Karikaturisten (U/31) gleichermaßen ausgesprochene Verdammung der »Sozialen Republik« (Pariser Kommune).[37]

Bei Kriegsende standen sich somit eine dank der eingeheimsten »Siegesfrüchte« (Nationalstaat, Elsaß und Deutsch-Lothringen, fünf Milliarden Goldfranken) triumphierende Germania und eine infolge der harten Friedensbedingungen sowie ihrer »Verdoppelung« (Bürgerkrieg) geschwächte Marianne gegenüber (U/32).[38]

IV. MARIANNE UND GERMANIA AN DER MACHT: BILDER IM WANDEL (1871 BIS 1914)

Die »...schöne Zeit vor Anno '14« war die Blütezeit der illustrierten satirischen Presse. In Paris erschienen zwischen 1890 und 1910 rund 250 humoristische und/oder satirische Zeitschriften unterschiedlicher Aufmachung und Tendenz.[39] Deutsche Witzblatthochburgen waren Berlin[40], München[41] und Stuttgart. Technische Fortschritte wie Strichklischees auf Zinkplatten, die 1874 im kaiserlichen Deutschland, 1881 im repulikanischen

Gustav Heil: Am Niederwald-Denkmal, Berlin, 1883. Berlin, Landesarchiv Berlin (U/44)

Max Engert: Vom europäischen »Gleichgewicht«. Ein militärisch-patriotisches Jongleurstückchen, München, 1897. München, Bayerische Staatsbibliothek (U/51)

Frankreich durchgeführte Liberalisierung der Pressegesetzgebung sowie eine neue Generation vielseitig begabter Karikaturisten können als Gründe angeführt werden für den Erfolg so munterer Blätter wie *Le Rire*, *L'Assiette au Beurre*, *Simplicissimus* oder *Jugend*.[42] Bereits Mitte der achtziger Jahre findet in Frankreich die politische Karikatur Eingang in die Tagespresse (z.B. *Le Figaro*).

Hier wie da nehmen die allegorischen Figuren Marianne und Germania, verglichen mit der Gesamtzahl der Karikaturen, je nach Medium mehr oder weniger Raum ein.[43] Hier wie da kreieren einzelne illustrierte Presseorgane/Zeichner ihre eigene, unverwechselbare Marianne/Germania. Hier wie da überrascht das Nebeneinander unterschiedlicher Selbstbilder, ausgedrückt durch Alter, Physiognomie, Gestik, Kleidung, Beiwerk und natürlich den oft vom Zeichner selbst erstellten begleitenden Text (Überschrift und Bildlegende).

In der französischen (Pariser) Karikatur verkörpert Marianne, je nach Blattlinie,[44] die vielen aus Konservatismus, Verbürgerlichung, Nationalismus, Antisozialismus, Antiklerikalismus und Antisemitismus bestehenden Gesichter der von Korruptions- und politischen Affären (Panama, Dreyfus)[45] erschütterten Dritten Republik (U/34, U/35, U/37, U/38, U/40). Ihr Widerpart ist die anarchistische »rote Republik« (U/36).

Rein äußerlich betrachtet und unabhängig von der Tendenz, stehen einander zwei weibliche Haupttypen mit phrygischer Mütze (und Kokarde) gegenüber: Der eine, jung, graziös, verführerisch, läßt wohl so manchen Betrachter denken: »Mich reizt deine schöne Gestalt« (*Erlkönig*). Der andere ist ältlich, plump, häßlich, vulgär, heruntergekommen.[46]

Nur der erstgenannte ist – bei aller Ambiguität – zwischen 1871 und 1914 in den deutschen Satirejournalen als Fremd-,

Frankreich bietet sein edelstes Produkt Deutschland dar! München, 1905. München, Sammlung Ursula E. Koch (U/54)

Brustpanzer, Kettenhemd, Schild und Schwert wirken jetzt komisch bis grotesk, da die Zeichner, jeder auf seine Weise, »den natürlichen Ausdruck einer Idee in eine andere Tonart« übertragen (Henri Bergson).[50] Das gleiche gilt für Germanias neuen Kopfschmuck, den Wikingerhelm, der durch Richard Wagners »Ring des Nibelungen« große Popularität erlangte. Germania ist nunmehr ähnlich facettenreich wie Marianne. Ob in der Gestalt einer kessen oder bigotten »Jungfrau«, einer strahlenden oder abgehärmten Mutter (U/45, U/46), ob als Skelett, ob in der Rolle einer Putzfrau, Drahtseilkünstlerin, rabiaten Frauenrechtlerin, verunglückten Bergsteigerin oder wagemutigen Autofahrerin, stets handelt es sich um eine satirische Momentaufnahme der Wilhelminischen Ära.

Obwohl auch die sozialdemokratischen Satirejournale *Der Wahre Jacob* und *Süddeutscher Postillon*[51] die Figur der Germania übernehmen (U/47), schaffen sich diese nach der Aufhebung des Sozialistengesetzes (1890) ein eigenes, positives Gegenbild. Es ist die Liberté-Marianne, mit phrygischer Mütze, oft ganz in rot, in ihrer Funktion als weibliche Allegorie der SPD und des von ihr angestrebten »Zukunftsstaats«.[52]

Im Kontext der bald mehr, bald weniger gespannten deutsch-französischen Beziehungen treten Germania und Marianne (wie auch das Paar Michel und Marianne) wiederholt gemeinsam auf (U/51, U/52, U/54, U/55). Komplizierte Bündnissysteme, d.h. Zweierbeziehungen und Dreiecksverhältnisse (U/50, U/52, U/53) sowie das von Deutschland, Österreich-Ungarn, Italien, Rußland, Frankreich, England oder der Türkei im Zeitalter des Imperialismus veranstaltete »Europäische Konzert« (U/48, U/49) sind für die Zeichner beider Länder eine Quelle der Inspiration.

V. L' Horreur et le Rire: Von Krieg zu Krieg (1914-1945)

In noch höherem Maß als der Deutsch-Französische ist der Erste Weltkrieg, über dessen Ausgang Marianne und Germania das Orakel befragen (U/56, U/57), auch ein Krieg der Karikaturen.[53] Deutsche und französische Pressezeichner nutzen allerdings das Bild als Waffe unterschiedlich. In den Kriegsnummern der Berliner, Münchner oder Stuttgarter humoristisch-satirischen Wochenblätter taucht die allegorische Nationalfigur Marianne in immer neuen Variationen auf: als Reinkarnation der Pariser Kommunekämpferin oder bösartige Furie, als Kokotte oder elegante Frau von Welt sowie – ein stets wiederkehrendes Leitmotiv – als Opfer des »Hauptfeindes« der Deutschen, England. Nicht selten bemühen die Zeichner zu diesem Zweck historische Vergleiche: Jeanne d'Arc[54] und selbst Kleopatra (U/62).[55]

Die anfangs stolze Germania mit Krone und/oder Kranz aus Eichenlaub verkörpert noch vor dem am 11. November 1918 geschlossenen Waffenstillstand im *Wahren Jacob* das »neue Deutschland«.[56]

Die in den Kriegsausgaben von *Le Rire* (*Le Rire rouge*) sowie in dem Wochenblatt *La Baïonnette* auftretende Marianne steht

Freund- oder Feindbild[47] (U/39) weit verbreitet. Eine furchteinflößende »Erbfeindin« ist Marianne damals nicht.[48] Schon eher entspricht das Pariser satirische Germaniabild den Vorstellungen von einer »Barbarin«. Als ungeschlachtes Riesenweib mit Zöpfen und Pickelhaube feiert sie um 1890 ihr Debüt. Mit oder ohne Brille macht sie um die Jahrhundertwende, als Karikatur ihrer eigenen Karikatur, Karriere.[49]

Was die »deutsche« Germania anbelangt, so herrscht in der Zeit des innenpolitischen Vielfrontenkriegs der Bismarckzeit (Kulturkampf, Sozialistengesetz, Gründerkrach, Antisemitismusstreit) zunächst die mythologisierende oder heroisierende Holzschnittdarstellung vor (U/41-U/44). Dies änderte sich erst nachhaltig mit dem Auftreten des respektlosen, alsbald nachgeahmten und verfolgten *Simplicissimus*. Selbst die äußeren Merkmale der Germania wie Kaiserkrone, Siegerkranz, Reichsadler,

*Lucien Métivet: Marianne und Germania. Geschichte einer Mütze und eines Helms, Paris, 1918.
Paris, Collection Raymond Bachollet (U/63)*

Nob: Germania wagt sich zu beklagen: Mein Gott! Marianne, willst du mich ruinieren? Paris, 1919. Paris, Collection Raymond Bachollet (U/66)

Werner Hahmann: So viel Lärm um ein Omelette, Berlin, 1932. München, Bayerische Staatsbibliothek (U/76)

ganz in der Tradition ihrer revolutionären Vergangenheit (U/57). Germania (Gretchen[57]) dagegen ist entweder eine lächerliche Figur (U/59, U/61) oder ein Abscheu erregendes Monster (U/60). In beiden Zeitschriften finden sich wie in der Tagespresse mit Millionenauflagen treffliche Beispiele für die vielberufene Greuelpropaganda.[58] Insbesondere der unermüdliche Zeichner Lucien Métivet setzt auf die Wirkung der bildlichen Antithese: hier die plumpe »Frau mit der Brille« und anachronistischer Pickelhaube, Germania, auch »Bochie«[59] genannt, dort die zauberhafte Marianne mit ihrer phrygischen Mütze (U/63).

Als die Waffen schweigen (rund 8,5 Millionen Gefallene und über 21 Millionen Verwundete) (U/64), nimmt der Krieg mit dem Zeichenstift, jetzt auf beiden Seiten des Rheins, an Intensität nicht etwa ab, sondern zu. Auch wenn die auf unzähligen Karikaturen in der Pariser Tages- und Witzpresse abgebildete republikanische Germania jetzt eine Jakobinermütze trägt oder eine Kokarde an ihre Pickelhaube heftet, bleibt sie, von wenigen Ausnahmen abgesehen (U/77), das blondbezopfte Ungetüm (U/66, U/72, U/74). Zwischen ihr und Marianne liegt eine ebenfalls von deutschen Zeichnern festgehaltene (U/71) unüberwindliche Kluft, der Versailler Vertrag.

In der deutschen Bildpublizistik nimmt Germania jede sich bietende Gelegenheit (Reparationszahlungen, Besetzung des Rheinlands und des Ruhrgebiets) wahr, um in die Rolle des Opfers zu schlüpfen (U/65, U/69, U/73).[60] Neben der jungen republikanischen, ihrer französischen Schwester zum Verwechseln ähnlich sehenden Nationalfigur (U/67) besteht die alte, kaiserliche Germania fort, für die an die Macht gelangte SPD ein Schreckgespenst (U/68).

Mariannen finden sich in vielen (nicht in allen) Satirejournalen zu Hauf. Besonders stark zum Negativen verschoben hat sich ihr Bild in dem Frankreich seit eh und je nicht wohlgesonnenen Wochenblatt *Kladderadatsch*. Aufgedunsen, auf einem Schädelhaufen sitzend, wutschnaubend, den Dolch zückend oder die Peitsche schwingend taucht sie in zahlreichen Karikaturen auf (U70, U/75, U/76).[61]

Einen kanppen Monat nach Hitlers »Machtergreifung« am 30. Januar 1933 werden die kommunistischen (sie verzichteten

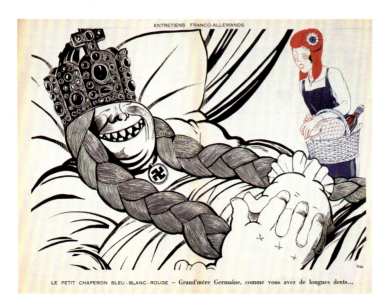

Paul Iribe: Deutsch-französische Unterhaltungen. Das kleine Blau-Weiß-Rotkäppchen, Paris, 1933. Paris, Collection Raymond Bachollet (U/80)

im allgemeinen auf die Darstellung von Nationalfiguren) und sozialdemokratischen Witzblätter verboten.[62] Rassisch und politisch verfolgte Karikaturisten wie etwa Thomas Theodor Heine versuchten, vom Exil aus die publizistischen Mittel der Satire einzusetzen (U/85), allerdings mit wenig Erfolg.[63]

In den weiterbestehenden, gleichgeschalteten[64] Satirejournalen sowie in dem antisemitischen Hetzblatt *Der Stürmer* stehen Germania und Marianne nunmehr im Dienst der innen- und außenpolitischen Propaganda (U/79, U/82-U/84, U/87). Die von Hitler ausgehende Gefahr wird von Frankreichs Karikaturisten zwar erkannt (U/78, U/80, U/81), dennoch stellt sich später so mancher Zeichner in den Dienst der Besatzer (U/86).[65]

VI. Neubeginn und alte Klischees: Marianne und Germania nach dem Zweiten Weltkrieg

Wiederauferstanden aus Ruinen (U/88) taucht Germania in der Masse der ost- und westdeutschen Nachkriegskarikaturen, die sich mehr und mehr in die Tagespresse verlagern, nur vereinzelt auf. Anfangs ist sie das Symbol der deutschen Teilung, d.h. der wieder offenen »Deutschen Frage«, später verkörpert sie – bei gewissen politischen, wirtschaftlichen oder sportlichen Anlässen – lediglich die Bundesrepublik (U/89, U/91, U/93, U/99).

In Frankreich weckt Germania-Gretchen, auch hier nur hin und wieder der Vergessenheit entrissen, nicht selten unangenehme historische Erinnerungen und alte Ängste (U/92, U/98)[66]. Neu im Vergleich zur »Brillenschlange« ist das erotische Moment: Germania-Gretchen eine Repräsentantin des »Fräuleinwunders«? (U/97). Die Figur erscheint nun sogar, wie es sich für Marianne längst eingebürgert hat (U/94), als Geliebte beziehungsweise Gattin eines Staatsmanns (U/96).

In Frankreich gehört Marianne, nicht zuletzt dank der Verve eines Jacques Faizant (U/90), seit über drei Jahrzehnten zum täglichen Leben. Für jüngere Zeichner ist sie dagegen eher eine Gedankenspielerei (U/101)[67]. In der deutschen Karikatur hat die französische Nationalfigur, oft verbunden mit revolutionären Reminiszenzen, ihren festen Platz (U/95).

Ein »Paar« Marianne und Germania gibt es freilich in der heutigen Pressezeichnung nicht. Hier hat der »Deutsche Michel« der weiblichen Allegorie wohl ein für allemal den Rang abgelaufen. Eine um so größere Freude bereitete der Autorin der Münchner Zeichner Ernst Maria Lang. Er hat eigens für das aus Tausenden von Vorlagen zusammengestellte Karikaturenprogramm ein Bild geschaffen, auf dem die einstigen Feindinnen, Marianne und Germania, allen Widerständen zum Trotz, gemeinsam das neue Europa schaffen (U/100).

1 Das Zitat (hier in deutscher Übersetzung) findet sich in: Régamey 1921, S. 7. Eine ganz ähnliche Meinung vertrat der Münchner Zeitungswissenschaftler Karl d'Ester: »Noch stärker als im Text der Ztg. (Zeitung) und Zs. (Zeitschrift) kommt in der K.(Karikatur) die Sinnesart der einzelnen Völker zum Ausdruck, da nach einem Sprichwort die Menschen sich durch nichts mehr kennzeichnen als durch das, was sie lächerlich finden...« Zit. nach Heide 1943, Sp. 2265.

2 Das um 1550 entstandene katholische Blatt wurde erst kürzlich von Dr. Eva Bliembach, Bibliotheksoberrat (Staatsbibliothek zu Berlin PK), entdeckt. Auf einem protestantischen illustrierten Flugblatt (1535) war »die schön Germania« »durch arge list« zur »BaPstEselin transformirt« worden. Vgl. Beyer 1994, S. 153, 231 und 284 (Abbildung).

3 Ein Grund für das Wiederaufleben der allegorischen Figur Germania war das wachsende Interesse am germanischen Altertum in der Zeit des Humanismus und damit auch an der im Jahr 98 von Cornelius Tacitus veröffentlichten Abhandlung »De origine et situ Germanorum«, abgekürzt »Germania«. Vgl. hierzu u.a. Ridé 1977 sowie in diesem Katalog L/1.

4 Zur Interpretation von Titelseiten vaterländischer Dichtwerke und Broschüren sowie von Denkmalentwürfen und Denkmälern vgl. Hoffmann 1989, S. 137-155.

5 Weitere, in der frühen deutschen Flugblattpublizistik neben Germania verwendete Allegorien waren Frankreich, Europa und die Welt. Vgl. Coupe 1993. Zu den humoristischen und satirischen Darstellungen des ausgehenden 15. bis 18. Jahrhunderts vgl. Lammel 1995, S. 67-134. Eingangs (S. 2-66) erläutert der Autor die »Auffassungen, Themen und Gestaltungsweisen in der Karikatur«.

6 Zu der 1792 in Südfrankreich aufgekommenen Bezeichnung »Marianne« für die Republik vgl. Agulhon 1979, S. 42 f., und ders. 1989, S. 11-14, sowie in diesem Katalog S. 17-22. Eine ähnlich umfangreiche Studie zu der Nationalfigur Germania steht bisher aus. Literaturangaben bei Siebe 1995, S. 75.

7 Die phrygische Mütze, eine aus Stoff oder weichem Leder gefertigte Zipfelmütze, gehörte zur Tracht der angeblich aus Phrygien stammenden Amazonen. Sie diente der von den »Jakobinern« getragenen Kopfbedeckung als Vorbild.

8 Diese Karikatur gilt als ein nicht wieder erreichter Höhepunkt der zahlreichen revolutionären Darstellungen mit Rückgriff auf die Skatologie. Vgl. Baecque/Langlois 1988. Die Mehrzahl dieser Spottbilder (häufig handkolorierte Radierungen) erschien anonym. Zur Herausbildung der Karikatur als Massenkunst vgl. Herding/Reichardt 1989. Bezüglich der deutschen Bildpublizistik sei hier nur auf den genialen Radierer Daniel Chodowiecki hingewiesen. Als Allegorie der von ihren Kindern (Tuileriensturm, Septembermassaker) bedrohten konstitutionellen Monarchie schuf er für den *Goettinger Taschen Calender für das Jahr 1793* eine aufrechte weibliche Gestalt mit einer Königskrone auf dem Haupt. In der rechten hoch erhobenen Hand hält sie eine Stange mit der phrygischen Mütze. Abbildung in Lammel 1995, S. 142. Eine Reproduktion der von Chodowiecki gezeichneten »neuen französischen Constitution« (1791) bei Sagave 1980, S. 99.

9 Die »Köpfmaschine« verdankt ihren Namen dem Arzt Joseph Ignace Guillotin. Am 1. Dezember 1789 hatte er in der Konstituante für die Gleichheit aller vor der Todesstrafe plädiert und die Enthauptung durch eine Maschine als das humanste Hinrichtungsverfahren vorgeschlagen. Die von Schmidt nach einem Entwurf des Chirurgen Antoine Louis gebaute Guillotine wurde im Juli 1792 im »Namen von Ludwig, König der Franzosen von Gottes Gnaden und kraft der Staatsverfassung« für fünf Jahre patentiert. Vgl. Ruiz 1984, S. 68f.

10 Vgl. Coupe 1993, Bd. 1, S. 297f., sowie Bd. 2 (Abbildungen), S. 305 u. 307 (die 1814/15 anonym erschienenen Zeichnungen stammen von E.T.A. Hoffmann).

11 Charakterisierung Napoleons I. in der 1806 erschienenen Streitschrift *Geist der Zeit*, zit. nach Scheffler/Unverfehrt 1995, S. 44. Zahlreiche weitere antifranzösische Flugschriften Arndts mit Auflagen bis zu 100 000 Stück folgten in der Zeit der Befreiungskriege. Kleist, um hier noch einen weiteren prominenten Gegner Napoleons zu zitieren, nannte den französischen Kaiser in dem Gedicht *Germania an ihre Kinder* einen »Höllensohn« und bezeichnete die Deutschen als »Römerüberwinderbrut«.

12 Es handelt sich hier um ein klassisches Motiv. Bereits 1751 war dem in Leipzig erschienenen »Heldengedicht« *Hermann oder das befreyte Deutschland* von Christoph Otto Freiherr von Schönaich ein nach einer Zeichnung von Anna Maria Werner angefertigter Kupferstich beigegeben, auf dem Hermann nach dem Sieg über die Römer Germania die Fesseln löst. Ein ausführlicher Kommentar findet sich bei Hoffmann 1989, S. 138ff. Nach dem verlustreichen Rußlandfeldzug und dem Untergang der »Grande Armée« (1812) erschienen auch in Deutschland Hunderte von Napoleon-Karikaturen, die von Sabine und Ernst Scheffler erstmals zusammengetragen wurden. Auf einer 1815 in Nürnberg erschienenen kolorierten Radierung (Scheffler/Unverfehrt 1995, S. 351) taucht Germania zwar nicht im Bild, wohl aber im Text auf. Sie spricht: »Gesindel flieh! Und bleib vertrieben / Aus meinem Land, du welsche Brut! / Ja folg ihm (= Napoleon) nur zur – Höllengluth.« Zur geschriebenen Publizistik vgl. Torabi 1984 und. neuerdings Jeismann 1992, S. 27-102.

13 Die am 24. Dezember 1841 von Friedrich Wilhelm IV. gewährte Lockerung der Zensur wurde bereits am 12. Oktober 1842 wieder eingeschränkt. Nur wenige Monate lang, vom 28. Mai 1842 bis 3. Februar 1843, durften Lithographien und Kupferstiche zensurfrei erscheinen. Zu den Karlsbader Beschlüssen und ihren Auswirkungen auf die Presse vgl. u.a. Hoefer 1983 und Koszyk 1966, S. 54-104. Zum Widerstand gegen Metternichs Unterdrückungssystem vgl. Townsend 1992.

14 Die 1843 ohne Titel erschienene Kreidelithographie von R. Sabatky ist abgebildet und kommentiert in: Kat. Karlsruhe 1984, S. 86f. Zu der bis ins 16. Jahrhundert zurückreichenden Entstehungsgeschichte dieser in der deutschen (selten ausländischen) Text- und Bildsatire verwendeten Figur vgl. Grote 1967 und Szarota 1988. Allgemein zum Thema vgl. die Übersichtsdarstellung von Koszyk 1985, S. 415-423.

15 Die Pariser Julirevolution blieb bekanntlich nicht ohne Rückwirkungen auf die deutschen Staaten. Erwähnt sei lediglich das am 27. Mai 1832 veranstaltete »Hambacher Fest«, jene erste politische Massenversammlung (rund 30 000 Menschen) der neueren deutschen Geschichte.

16 Der Steindruck hatte sich in Frankreich seit dem Erfolg der von Eugène Delacroix angefertigen *Faust*-Illustrationen (1828) neben dem Holzschnitt durchgesetzt. Er ermöglichte dem Künstler ein rascheres Arbeiten und dem Verleger eine Reduzierung der Produktionskosten bei gleichzeitiger Auflagensteigerung.

17 Zu der bald scharf verfolgten Zeitschrift *La Caricature* vgl. u.a. Rütten 1991, S. 84-90, und zu *Le Charivari* Koch/Sagave 1984 als bisher einzige Monographie (mit Ausblick).

18 Von den über 500 ganzseitigen Karikaturen, die in *La Caricature* erschienen sind, weisen 58 republikanische Symbole auf. Auch die hin und wieder verwendete Mauerkrone ist hier nicht Sinnbild einer Stadt, sondern der von der Redaktion herbeigewünschten liberalen Republik. Vgl. Duprat 1995, S. 463-475, ferner Schneider 1991, S. 91-112, sowie Schrenk 1976.

19 Vgl. Allard 1991, S. 186-199. Vor allem Paul Gavarni und Honoré Daumier produzierten zahlreiche »Serien«.

20 Daumiers ausdrucksvolle Lithographie diente dem Künstler Théophile Alexandre Steinlen als Vorbild für eine Zeichnung, die am 11. Juli 1901 in *L'Assiette au Beurre* (Nr. 15) erschien. 1898, anläßlich des 50jährigen Jubiläums der Revolution, druckte Eduard Fuchs diese Karikatur in dem »Politisch-satyrischen Arbeiterblatt« *Süddeutscher Postillon* (Nr. 5) nach; 1930 (Nr. 36) tat die *Arbeiter-Illustrierte-Zeitung*, bei gleichzeitiger Uminterpretation der Legende, ein gleiches. Die erste »republikanische« Karikatur erscheint am 29. Februar in *Le Charivari*; sie bezieht sich auf 1793, d.h. den Höhepunkt der Jakobinerrepublik, sowie die »drei ruhmreichen Tage« der Julirevolution.

21 Allein Daumier verwendet noch bis 1851 des öfteren die phrygische Mütze. Vgl. hierzu auch Siebe 1995, S. 42-58, und Rütten 1991, S. 239-259.

22 Vgl. hierzu Agulhon 1979, S. 105-120. Es sei hier jedoch dargelegt, daß die Allegorie seit 1848 in der satirischen Bildpublizistik zurücktrat zugunsten eines Genres, dessen Karriere nicht mehr aufzuhalten war: der von Dau-

mier meisterhaft beherrschten, später von Gill und anderen Künstlern bis zur Groteske weiterentwickelten Portraitkarikatur.

23 Vgl. die diesbezüglichen Stellungnahmen in der Pariser bzw. Berliner Presse bei Koch 1995, S. 56f. u. 74f. Hintergrundinformationen bei Sagave 1980, S. 147-174.

24 In der Revolutionszeit erschienen an zahlreichen Orten illustrierte humoristisch-satirische Periodika, von denen die meisten die Konterrevolution nicht überlebten. Germania-Karikaturen finden sich vor allem in folgenden Organen: *Düsseldorfer Monatshefte, Mephistopheles* (Hamburg), *Eulenspiegel* (Stuttgart), *Fliegende Blätter* und *Die Leuchtkugeln* (beide in München). Neuere Studien zum Thema: Harms 1993, Pollig 1986, S. 385-402, Schulz 1994; der mit einem Nachwort von Karl Riha und Gerhard Rudolph versehene Nachdruck der *Düsseldorfer Monatshefte* (Jg 1/2, 1847/48), Düsseldorf 1979, sowie die mit einem Nachwort von Karl Riha herausgegebene Faksimileausgabe *Der Politische Struwwelpeter. Von Henry Ritter 1849*, Köln 1984. Ein guter Überblick über die ausführlich kommentierten Karikaturen der Revolutionszeit bei Coupe 1993, Bd. 1, S. 328-435, und Bd. 2, S. 348-501. Ein länderübergreifender Überblick (mit zahlreichen Abbildungen) bei Fuchs (1903), S. 23-120.

25 Nur selten erscheint Germania auf Einblattdrucken. In den 1848/49 entstandenen 35 Berliner politischen Witzblättern herrscht die Textsatire vor. Vgl. beispielsweise den auf der Titelseite des *Berliner Grossmauls* (Nr. 4, 1848) erschienenen Beitrag »Wie Mutter Germania ihre 34 Kinder zur Einigkeit ermahnt.« Eine relativ kleine Illustration der Germania findet sich am 18. Juni 1848 in dem humoristisch-satirischen Wochenblatt *Kladderadatsch*. Vgl. allgemein Koch 1991, S. 57-130 u. 355-408. Die in Neuruppin, d.h. ganz in der Nähe von Berlin erschienene Bilderbogenserie *Das merkwürdige Jahr 1848* konzentriert sich auf Ereigniskarikaturen. Vgl. Iwitzki 1994.

26 Silvia Wolf hat 654 Karikaturen der Revolution von 1848 gefunden, darunter 17 Germanias, vgl. Wolf 1982. Obwohl Germania nach eigenen (keineswegs vollständigen) Erhebungen auf weit mehr als 17 Karikaturen auftaucht, wird sie von Michel überrundet. Insgesamt befindet sie sich – wie Marianne – verglichen mit der auch in Deutschland rasch populär gewordenen Portraitkarikatur in der absoluten Minderheit.

27 C. Rentmeister zit. nach Pollig 1986, S. 399f.

28 Das Motiv »Germania und ihre Freier« findet sich erstmals in der Stuttgarter Zeitschrift *Eulenspiegel* (Nr. 43 vom 20.10.1849). Am 20.4.1850 zeichnet Wilhelm Scholz für *Kladderadatsch* (Berlin) die französische Republik mit drei Freiern. Am 25.10.1850 erscheint dieses Motiv in *Le Journal pour rire* (Paris), wenig später, diesmal handelt es sich wieder um Germania, in den *Spitzkugeln* (Leipzig/Braunschweig). Sowohl in der deutschen als in der französischen Karikatur wird es immer wieder gerne verwendet.

29 Sieht man vom Fortfall der republikanischen Erkennungszeichen ab, so hat sich die allegorische Darstellung Frankreichs in *Le Charivari* kaum verändert. Vgl. Agulhon 1979, S. 145-167.

30 Vgl. Koch 1991 passim. Vgl. auch Schulz 1975 und Heinrich-Jost 1982.

31 Zu dem letztgenannten Blatt vgl. Estermann 1981 sowie Alexandre 1981. Zwei antipreußische Darstellungen der Germania finden sich 1867 in dem Dresdner »Humoristisch-satirischen Sonntagsblatt« *Seifenblasen*, Nr. 12 und Nr. 31 vom 24.3. und 4.8.1867.

32 Vgl. hierzu Koch 1991, S. 422-431, und »Voisins et Ennemis« 1991, S. 19-31, aus kunsthistorischer Sicht: Siebe 1995, S. 132-173.

33 Vgl. hierzu Rasche 1991.

34 Hierdurch sollte die von Bismarck geforderte Landabtretung – Elsaß und Deutsch-Lothringen mit Metz – verhindert werden.

35 *Le Charivari* war während der Belagerung von Paris (19.9.1870 – 28.1.1871) das einzige, allerdings nur zwei Seiten umfassende regelmäßig erscheinende Satirejournal und gilt daher für diesen Zeitraum als eine unschätzbare Quelle für die politische und Mentalitätsgeschichte Frankreichs. Zu den bekanntesten Serien zählen *Croquis révolutionnaires* von Pilotell, *La grande crucifiée!!!*, *Les capitulards*, ferner unterschiedliche Folgen mit einander ähnelnden Titeln wie *Actualité* oder *Actualités*.

36 Vgl. die Beiträge von Monika Bosse und Dieter Ewald in Kat. Hamburg 1985, S. 369-423. Vgl. allgemein zur Thematik Reshef 1984.

37 *Le Charivari* stellte sein Erscheinen am 21. April 1871 aus Protest gegen die revolutionäre Pariser Kommune vorübergehend ein. Eine Antikommunegründung war das satirische Wochenblatt *Le Grelot* (bis 1903). Im Gegensatz zu den Berliner satirischen Textautoren und Karikaturisten verzichteten die Journalisten der Tagespresse auf eine pauschale Verurteilung der Pariser Kommune. Vgl. Koch 1978, S. 232-300.

38 Vgl. auch Sagave 1971 und 1995.

39 Zur Entwicklung der Pariser Satirejournale vgl. Jones 1956, Lethève 1961, Koch 1992, S. 32-47.

40 Vgl. Koch passim.

41 Eine gute Übersicht bei Hollweck 1973.

42 Vgl. Dixmier 1974 und Royer 1977f. Unter verschiedenen Fragestellungen erforscht ist vor allem die Zeitschrift *Jugend*. Zuletzt Segieth 1994. Eine 1996 in Straßburg erscheinende Untersuchung wird sich vor allem mit den zahlreichen deutsch-französischen und internationalen Querverbindungen befassen: Suzanne Gourdon: Jugend, la Belle Epoque munichoise entre Paris et St Pétersbourg.

43 In zahlreichen humoristischen oder satirischen Presseorganen kommen sie überhaupt nicht vor.

44 Viele Pariser Künstler sind in Satirejournalen unterschiedlicher Tendenz vertreten, wobei sie auch ein Pseudonym verwenden.

45 Vgl. u.a. Chabannes 1972, S. 31-73, Kat. Paris 1994(c), *Ridiculosa*, Nr. 1 (Brest 1994), Dossier »L'Affaire Dreyfus dans la caricature internationale«, S. 5-164 (zahlreiche Mariannen), Delporte (1995), S. 221-248.

46 Vgl. hierzu Agulhon 1979, S. 271-316.

47 Das Fremdbild beschreibt neutral das Anderssein, das Freundbild beinhaltet die Akzeptanz bis hin zur Bewunderung, das Feindbild die Ablehnung dieses Andersseins aufgrund individueller oder nationaler Wertmaßstäbe und Interessen. Ein Überblick über die wechselseitigen Feindbilder bietet Kat. Münster 1989. Zu »Freundbildern« vgl. u.a. Abret 1995, S. 233-262, und Gardes 1995, S. 119-138. Vgl. ebenfalls Gourdon 1994, S. 115-133, und Koch 1995, S. 77-108.

48 Marianne-Karikaturen erschienen beispielsweise in folgenden Organen *Kladderadatsch, Berliner Wespen, Ulk, Lustige Blätter, Frankfurter Latern, Simplicissimus, Jugend, Süddeutscher Postillon, Der Wahre Jacob*. Vgl. zur Häufigkeit und Themenanalyse die unveröffentlichte Habilitationsschrift von Jean-Claude Gardes 1990, S. 25-38. Derselbe 1994, S. 97-114.

49 Eine der frühesten Zeichnungen (von Jean-Louis Forain) dieser Art findet sich in der Tageszeitung *L'Echo de Paris* vom 4.12.1892. Ein besonders treffendes Beispiel aus der Zeit der Zweiten Marokkokrise (1911) (Germania mit zwei Pickeln auf dem Brustpanzer) ist abgedruckt bei Leiner 1991, S. 73.

50 Bergson 1972, S. 84 (Erstveröffentlichung 1899).

51 Vgl. Ege 1990, Weitz 1991, Achten 1979.

52 Vgl. Hickethier 1981, S. 79-165, Pohl 1986.

53 Vgl. hierzu neuerdings Demm 1988 und Kat. Koblenz 1990. Faktisch wurden alle damals vorhandenen Medien (Zeitungen, Zeitschriften, Flugblätter, Postkarten, Wochenschau, Film) zu propagandistischen Zwecken eingesetzt. Vgl. Hoffmann 1976.

54 Zum Beispiel *Ulk* vom 2.10.1914, und *Kladderadatsch*, Nr. 20 vom 19.5.1918.

55 Ein Überblick über die von der Autorin eingesehenen Wochenblätter *Jugend, Kladderadatsch, Lustige Blätter, Der Wahre Jacob* und *Simplicissimus* bei Gardes 1990, Bd. 1, S. 249-291.

56 *Der Wahre Jacob* vom 25.10.1918 (Germania in rotem Umhang mit rotem Kranz aus Eichenlaub). Auch eine in den *Lustigen Blättern*, Nr. 47 vom 7.11.1918, erschienene Karikatur trug die Überschrift »Das neue Deutschland«.

57 Vgl. beispielsweise die Spezialnummer von *La Baionnette*, Nr. 29 vom 20.1.1916, »Les Gretchen«.
58 Zur Propaganda in der französischen Presse im Ersten Weltkrieg vgl. Bellanger/Godechot u.a. 1972, S. 424-427, zur Entstehung von Greuelpropaganda Keen 1986.
59 In *Le Rire rouge* gibt es in Anlehnung an das für die Deutschen verwendete Schimpfwort »boche« (wahrscheinlich abgeleitet von »caboche«, Dickschädel) zahlreiche Wortschöpfungen und Wortspiele. Vgl. zur Verbreitung des Ausdrucks »Boche« Leiner 1991, S. 181-186. Vgl. auch folgende Sondernummer der *Süddeutschen Monatshefte*: Der Bosch. Sein Bild nach den maßgebenden Urkunden. Mit Abbildungen nach französischen Originalen, Jg. 21, H. 12, September 1924.
60 Vgl. *Jugend*, Nr. 2 vom 27.12.1918 (»Ecce Germania«), *Ulk*, Nr. 21 vom 23.5.1919 (»Schreib! Germania!«) und *Phosphor*, Nr. 34, 10/XI/1919 (»Germanias Tod«), *Kladderadatsch*, Nr. 44 vom 2.11.1919 (»Clemenceau und die Deutschen«), *Simplicissimus*, Nr. 43 vom 21.1.1920.
61 Ähnlich gehässig ist ihr Bild im einst frankophilen *Simplicissimus*. Ausgesprochen fesche bzw. »jüdische« Mariannen finden sich in dem NS-Witzblatt *Die Brennessel*.
62 Die große Anzahl und Vielfalt der zwischen 1918/19 und 1933 erschienenen Satirejournale, darunter zahlreiche kommunistische oder der KPD nahestehende, wurden erstmals überblicksartig dargestellt von Haese/Schütte 1989.
63 Vgl. Dietrich 1995.
64 Der »Zeichner der Bewegung« (Hitler) Hans Schweitzer (Pseudonym Mjölnir) wurde 1933 zum Professor und Reichsbeauftragten für künstlerische Formgebung ernannt und 1936 zum künstlerischen Leiter des Hilfswerks für deutsche bildende Kunst bestellt. Als Vorsitzender des Reichsausschusses der deutschen Pressezeichner oblag ihm die Leitung der deutschen Pressezeichnung.
65 Vgl. Delporte 1993 und 1991.
66 Vgl. Kat. Paris 1988(b).
67 Vgl. Dammer 1994.

Nach Studium, Lehre und Forschung in Paris (Sorbonne, Universität Paris X-Nanterre) lehrt die Autorin seit 1986 Kommunikationswissenschaft (Zeitungswissenschaft) an der Universität München mit den Schwerpunkten Kommunikationsgeschichte und Frankreichforschung. Seit den siebziger Jahren liegen in zahlreichen Publikationen die Ergebnisse ihrer Forschungen vor.

Ursula E. Koch

Marianne und Germania in der Karikatur

Eine Ausstellung in der Ausstellung

U/1　**Fabri** (vermutl. Caspar Schmidt, tätig 1544-1556)
Querela Germaniae ad Christum
(Germanias Wehklage an Christus)
Um 1550
Holzschnitt; 27 x 19 cm
Berlin, Staatsbibliothek zu Berlin-Preußischer Kulturbesitz, Handschriftenabteilung
(Einbl. 1550,1, kl)
Abb. S. 69

Das katholische Propagandaflugblatt mit lateinischen Distichen aus der Reformationszeit zeigt Germania, auf der Fortunakugel in ein ungewisses Schicksal schwebend. Fünf Plagen suchen sie heim: »Zwietracht« mit Klauen, Wolfszähnen und Drachenschweif, »Krieg« als Mars in Landsknechtgestalt mit Schwert und Brandfackel, »Hungersnot« als Mutter mit totem Kind, »Pest« als Hexe mit vergiftetem Pfeil und »Ketzerei«, dargestellt als Geistlicher, der das Abendmahl in beiderlei Gestalt darbietet. Auf Germanias Klagen wird mit einer langatmigen »tröstlichen Ermahnung eines gewissen Deutschen« (des Autors?) geantwortet. Eine der frühesten Darstellungen Germanias in der Druckgraphik.

U/2　**Johann David Nessenthaler**
(1717-1766)
Pollitisches Ritter Tournier
Augsburg, um 1760
Kupferstich und Radierung;
36 x 46 cm
Berlin, Staatsbibliothek zu Berlin-Preußischer Kulturbesitz, Handschriftenabteilung
(YB 6713.m.b)

Der siebenjährige Krieg als Turnier mit zwei Duellantenpaaren (um 1760): Frankreich-England und Österreich-Preußen. Andere Mächte sind rechts unter den Zuschauern dargestellt. Gegen Österreichs Machtanspruch, auf dessen Schild AEIOU = Austria eternam in orbis unique (Alles Erdreich ist Österreich untertan) zu lesen ist, kämpft Preußen bis zum Schluß (»Amen«). Links allegorische Gestalten: Gerechtigkeit, Vorsehung, Zeit (als geflügelter Greis); sie neigen sich über Germania, die schmerzerfüllt auf eine Karte (Deutschland als Kriegsschauplatz) hinweist. Sie wird zur Buße ermahnt und auf baldigen Frieden vertröstet. Die unten zitierten Devisen weisen auf die Wappenschilde hin. 1762 schlossen Frankreich und England, 1763 Österreich und Preußen Frieden miteinander. Die politische und militärische Situation Deutschlands wird in dieser Schilderung dargestellt als ein Spektakel aus der Renaissancezeit. So konnte ein aktueller Tatbestand in einen historisch-allegorischen Rahmen verlegt werden. Der Zeichner vermeidet dadurch eine persönliche Stellungnahme zu den Ereignissen.

U/3　**Bombardement de tous les trônes**
de l'Europe et la chute des tyrans pour le bonheur de l'univers
(Bombardierung aller Throne Europas und der Sturz der Tyrannen für das Heil des Universums)
Paris, April 1792
Reproduktion; Paris,
Bibliothèque Nationale de France,
Département des Estampes
(Collection de Vinck, 4470)
Abb. S. 70

»Die Freiheit« (links oben) zielt mit der Kanone auf das Hinterteil Ludwigs XVI.; dieser speit sein Vetorecht aus. Er steht am Rande der Festung »Nationalversammlung«, deren Mitglieder die Fürsten (rechts) mit Kot bombardieren. Man erkennt Katharina von Rußland, Franz von Österreich, Georg von England, Papst Pius VI. Zeitpunkt: April 1792. Frankreichs Kriegserklärung, die Verhaftung Ludwigs XVI., der französische Sieg bei Valmy am 20. September, die tags darauf erfolgte Proklamation der Republik werden vorausgesehen. Schon im Herbst 1792 wird »die Freiheit« im Volkslied »Marianne« genannt. Unter den Souveränen (rechts) sieht man in vorderster Reihe kleinere deutsche Fürsten, die um Waffenstillstand bitten. Katharina von Rußland dagegen beschimpft und bedroht die Nationalversammlung. Der Papst fleht Petrus und Paulus an. Georg von England denkt an sein Besitztum Hannover und an Verhandlungen mit Frankreich. Der herabschwebende Adler versucht, dem schon regierenden, jedoch durch Kaiserwahl noch nicht bestätigten Franz von Österreich die Krone aufzusetzen. Die aus Hunderten von »patriotischen Hintern« hervorspritzende Kanonade ist eine ziemlich derbe Metapher für die erwarteten militärischen Zusammenstöße.

U/5

U/4 **La République**
Paris, 1797
Reproduktion; Paris, Musée
Carnavalet (Hist.PC.025)
Abb. S. 71

Die 1792 proklamierte Republik trat Anfang 1793 in ihre Terrorphase ein. Auftakt war die Verurteilung des Königs zum Tode, ausgesprochen mit einer Stimme Mehrheit durch den nach allgemeinem gleichen Wahlrecht gewählten Nationalkonvent. Es folgten der politische Terror (Verhaftung und Hinrichtung aller »suspekten« Personen) und der religiöse Terror (Verfolgung der Priester und Schließung der Kirchen). Das Bild zeigt eine Meduse mit Schlangenhaaren, Dolch und Brandfackel. Links brennt eine Kirche, rechts erscheint die Guillotine mit Henkersknecht, der einen abgeschlagenen Kopf vorzeigt. Zu Füßen Mariannes liegen Krone, Zepter, Kreuz, Bibel, Tiara und ein Bischofshut. Während der Schreckensherrschaft wurden in ganz Frankreich etwa 200 000 Menschen hingerichtet oder im Bürgerkrieg getötet. Die Terrorregierung (»Wohlfahrtsausschuß«) wurde im Juli 1794 durch den Nationalkonvent gestürzt und ihre Führer Robespierre, Saint Just u.a. guillotiniert. Im deutschen Kollektivbewußtsein werden fälschlicherweise die 19 Monate Terror oft als repräsentativ für die zehn Jahre dauernde Revolutionsepoche angesehen.

U/5 **Karl Russ** (1779-1843)
Hermann zersprengt die Ketten von Germania
Leipzig, 1813
Bez. u.l.: K.R.; auf dem Schild:
GERMANIA.LEIPZIG.1813; auf
den Schenkeln des Riesen:
HERMAN
Radierung; 15,6 x 16,7 cm
Nürnberg, Germanisches Nationalmuseum (HB 50213, Kapsel 1315)

Arminius, auch Hermann genannt, Fürst der zwischen Weser und Elbe angesiedelten Cherusker, organisierte den Widerstand mehrerer germanischer Fürsten über Rom und trug im Jahre 9 nach Christus im Teutoburger Wald einen Sieg über die Römer davon. In der deutschen Publizistik und Literatur – etwa in Fichtes »Reden an die deutsche Nation« (1807/08) und Kleists Drama »Die Hermannsschlacht« (1809) – wurde dieses Ereignis hochstilisiert zu einer vorbildlichen Tat, deren Beispiel zur Befreiung von der Herrschaft des »Neuen Rom«, d.h. des napoleonischen Kaiserreichs führen sollte. So wird auf dem Bild der Sieg der mit Rußland verbündeten Preußen und Österreicher bei Leipzig (16. bis 19. Oktober 1813) der Hermannsschlacht gleichgestellt. Hermann, durch seinen Haarwuchs als »Wilder Mann« (Wappenhalter in der Heraldik) dargestellt, befreit Germania von ihren Ketten und zertritt die Adlerstandarten der Römer. Diese Art Feldzeichen hatte auch Napoleon für seine Heere gewählt.

U/6 **Grandville** (eigentl. Ignace Isidore
Gérard, 1803-1847) und **Eugène
Hippolyte Forest** (geb. 1808)
Je séparerai l'ivraie du bon grain
(Jésus ch!)
(Ich werde die Spreu vom Weizen
trennen)
Paris, 1831
Aus: La Caricature, Jg. 1, 1831, Nr.
49 (6. Oktober)
Lithographie; 34 x 25,5 cm
Privatsammlung

Die »Freiheit« (Marianne) trat unter Napoleon und in der Restaurationszeit kaum hervor. Erst kurz nach der Julirevolution von 1830 erschien sie endlich wieder. Viele hatten nach dem Sturz der Bourbonenmonarchie eine Republik erhofft. Statt dessen kam das Bürgerkönigtum, gekennzeichnet durch Korruption, soziale Krisen und Aufstände. Marianne schüttelt kräftig ihren Korb, um die »Spreu«, d.h. die schädlichen oder lächerlichen Vertreter des herrschenden Systems in die Finsternis zu schleudern. Mehrere Minister sowie andere Stützen des Regimes verschwinden im Dunkeln. Nur König Louis Philippe klammert sich am Korbrand fest. Unter den Herunterpurzelnden erkennt man die Minister Guizot (Autor einer Revolutionsgeschichte Englands), Thiers (Autor einer Geschichte der französischen Revolution), Sébastiani (der 1831 bei der Erhebung Polens gegen den Zaren nicht intervenieren wollte), den Kriegsminister Marschall Soult (1814 übergab er Toulouse an Wellington). Ferner verschwinden ein Richter, ein Staatsrat, ein Polizist, ein königlicher Flügeladjutant, der Chefredakteur des konservativen »Journal des Débats«. Die Veröffentlichung dieses Blattes brachte den Zeichnern eine polizeiliche Hausdurchsuchung ein.

U/7   **Grandville** (eigentl. Ignace Isidore Gérard, 1803-1847) und **Eugène Hippolyte Forest** (geb. 1808)
La France livrée aux corbeaux de toute espèce
(Frankreich wird aller Art von Raben ausgeliefert)
Paris, 1831
Aus: La Caricature, Jg. 1, 1831, Nr. 50 (13. Oktober)
Lithographie; 26,5 x 34 cm
Privatsammlung

Kaum ist Marianne (Frankreich mit Mauerkrone) nach dem Sturz König Karls X. von ihren Ketten befreit, wird sie von gefräßigen Raben zerfleischt. Es sind die Würdenträger der neuen bürgerlichen Monarchie. Man erkennt den Justizminister, den Kriegsminister und ein Mitglied der Pairskammer. Alle tragen den Orden der Ehrenlegion und haben bereits mehreren Herrschern gedient. Alle haben es verstanden, beim Regierungswechsel 1830 eine weitere Kehrtwendung zu vollziehen, um an der Krippe und an der Macht zu bleiben und die von den Zeichnern der »Caricature« ersehnte Wiedererstehung der Republik zu verhindern. Man erkennt unter den Raben: den Juristen Félix Barthe (mit Barett), unter Karl X. Strafverteidiger für Gegner der Bourbonenmonarchie, jetzt unter dem Bürgerkönig ein scharfer Justizminister; Baron Argoud (auf der Trikolore hockend), der hohe Posten sowohl unter Napoleon als unter den Bourbonen innehatte und sich 1830 für Louis Philippe erklärte, um seinen Sitz in der Pairskammer zu behalten; Nicolas Soult, mit goldenen Achselklappen, Soldat unter Ludwig XVI., General unter der Republik, Marschall unter Napoleon, Kriegsminister unter den Bourbonen, Generalstabschef bei Napoleons Rückkehr von Elba, nach Waterloo abgesetzt, doch unter Karl X. Pair de France und wieder Kriegsminister unter Louis Philippe! »Wetterfahnen« wurden solche Leute genannt.

U/8   **Honoré Daumier** (1808-1879)
Dernier conseil des ex-ministres
(Letzte Sitzung des Ex-Ministerrates)
Paris, 1848
Aus: Le Charivari, Jg. 17, 1848 (9. März)
Reproduktion; Paris, Bibliothèque historique de la Ville de Paris
(Per. F°1)

Eine vollschlanke junge Frau tritt zur Tür herein, läßt hellen Sonnenschein eindringen und versetzt einige Minister in Panik. Es ist Marianne; sie trägt die Freiheitsmütze, denn sie verkörpert die Republik, welche nach fast einem halben Jahrhundert monarchischer Systeme (Napoleons Kaiserreich, Bourbonenmonarchie, Bürgerkönigtum) am 24. Februar 1848 wieder auferstanden ist. Unter den aufgeschreckten Exzellenzen erkennt man Adolphe Thiers (mit Brille), mehrmals Minister und sogar Regierungschef unter König Louis Philippe. Der König hat inzwischen abgedankt und ist vor der siegreichen Revolution nach England geflohen. Marianne erscheint als Allegorie der Freiheit, mit einer Tunika bekleidet. Diese Zeichnung von Daumier ist durch spätere Künstler als Modell zur Darstellung anderer Allegorien verwendet worden (z.B. zur Verkörperung der Arbeiterbewegung bei Théophile Alexandre Steinlen).

U/9   **Patrioty** (eigentl. E. Talons, tätig 1849-1871)
République dont les honnêtes gens ne veulent pas
(Die Republik, von der ehrenwerte Leute nichts wissen wollen)
Paris, Dezember 1849 / April 1850
(aus der Serie »Allégorie«, Nr. 1)
Reproduktion; Frankfurt a.M., Stadt- und Universitätsbibliothek
(Sammlung Pariser Kommune)
Abb. S. 21

Ein konterrevolutionäres Bild zum Aufstand der von Erwerbslosigkeit bedrohten Pariser Arbeiter vom 23. bis 26. Juni 1848. Im Hintergrund eine Guillotine. Die wutverzerrte Marianne schwingt die Brandfackel des Bürgerkriegs und tritt mit Füßen auf die Leichen zweier Offiziere und die des Erzbischofs von Paris, welcher beim Vermittlungsversuch zwischen zwei Fronten erschossen wurde; auch auf den in Rom ermordeten päpstlichen Minister de Rossi, zuvor Professor an der Universität Paris, wird hingewiesen. Jedoch keinerlei Anspielung auf die viertausend gefallenen Pariser Arbeiter! Die Februarrevolution hatte in Paris zunächst einen proletarischen Charakter. Ein Arbeitsbeschaffungsprogramm wurde gestartet (die Nationalwerkstätten). Die Aprilwahlen brachten eine konservative Mehrheit ins Parlament, welches im Juni die Nationalwerkstätten schließen ließ. Daher der blutige Aufstand. Die Zeichnung stellt eine Gedankenverbindung her zwischen 1848 und 1793, als Marianne dem Terrorregime der Sansculotten als Leitfigur diente. Daher erscheint hinter ihr ein revolutionäres Exekutionskommando, mit phrygischen Mützen bedeckt.

U/10   **Charles Vernier** (1831-1887)
L'Empereur d'Autriche et le roi de Prusse se disputant l'Allemagne
(Der Kaiser von Österreich und der König von Frankreich streiten sich um Deutschland)
Paris, 1848
Aus: Le Charivari, Jg. 17, 1848, Nr. 106 (15. April)
Reproduktion; Paris, Bibliothèque historique de la Ville de Paris
(Per. F° 1)

Im April 1848 glaubten viele Franzosen an die Entstehung einer einigen deutschen Republik. Im Hintergrund links, mit Federhut, ein deutscher Revolutionär (Friedrich Hecker?), rechts Germania mit Freiheitsmütze, deutscher Trikolore (schwarz-rot-gold) und Reichs-

U/10

apfel mit der Aufschrift »République allemande«. Im Vordergrund spielt sich ein Zweikampf zwischen Kaiser Ferdinand I. und König Friedrich Wilhelm IV. ab. Germania ruft ihnen zu: »Prügelt euch nur, ihr Kerle ... Keiner von euch beiden wird Deutschland bekommen.« Ein Jahr später waren jedoch die alten Zustände wieder hergestellt.

U/11   **Ohne Titel**
Leipzig: L. Blau & Cie.,
Frühjahr 1848
Lithographie; 28,5 x 38 cm
Berlin, Staatsbibliothek zu Berlin-
Preußischer Kulturbesitz,
Handschriftenabteilung
(YB 17113 kl)
Abb. S. 72

1848: Am linken Rheinufer steht auf festem Sockel Germania als Republik mit Eichenkranz, Freiheitsmütze und Rutenbündel. Auf dem rechten Ufer die Gegenfigur: der Kartätschenprinz, der spätere Kaiser Wilhelm I. Mit der Schnapsflasche in der Hand und Peitsche hinter dem Rücken ruft er den Soldaten zu: »Courage!« Auf dem unbeweglichen Schiff rudern Soldaten und Revolutionäre gegeneinander. An den Mast geklammert verkündet König Friedrich Wilhelm IV.: »Ich stelle mich an die Spitze der Bewegung« (die gar nicht stattfinden kann). Damit wiederholt er sein leeres Versprechen aus den ersten Tagen der Revolution. Republikanische Aufstände begannen im April 1848 in Baden; sie wurden von Soldaten zurückgeschlagen. Damit endete die erste Erhebung dieser Art. Im Sommer 1849 wurde Baden von einer republikanischen Freiwilligenarmee erobert. Bald rückten jedoch preußische Truppen an; die Revolutionäre wurden nach blutigen Kämpfen besiegt. Massenerschießungen folgten. Den Oberbefehl dabei führte Prinz Wilhelm, der spätere Kaiser.

U/12   **J. B. Simon**
Wenn Deutschland und Frankreich
Arm in Arm gehen, dann können
wir unser Jahrhundert in die
Schranken rufen! (Bravo!)
Frankfurt a.M., 8. Juli 1848
Lithographie; 35 x 25,7 cm
Nürnberg, Germanisches National-
museum (HB 15746, Kapsel 1320)
Abb. S. 73

Der stenographische Bericht der Frankfurter Nationalversammlung bringt in der Wehrdebatte vom 8. Juli 1848 folgende Worte des Wiener Schriftstellers und Abgeordneten Alfred Wiesner: »Nehmen wir das Bündnis, das uns Frankreich angeboten hat, an. Alliieren wir uns innig mit der edlen französischen Nation. Wenn Deutschland und Frankreich Arm in Arm gehen, dann können wird unser Jahrhundert in die Schranken rufen (Bravo)«. Die forsche Anspielung auf das Schillerzitat aus »Don Carlos«, 1. Akt, 9. Szene, steht im Widerspruch zu den wackligen Kegelbeinen des Redners. Obwohl in Berlin und Paris schon seit April 1848 diplomatische Fühler im Hinblick auf ein Bündnis Deutschlands mit Frankreich gegen Rußland ausgestreckt waren, ist es nie dazu gekommen. Als Wiesner im Juli seine Frankfurter Rede hielt, hatte sich die internationale Lage bereits verändert. Die Hauptsorge der Machthaber in Berlin und Paris war nicht mehr, gegen Rußland, den »Hort der Reaktion«, zu Felde zu ziehen, sondern die Revolution zu liquidieren.

U/13   **Der deutsche Michel mit seiner
Mutter Germania in Berlin**
Frankfurt a. M., November 1848
Lithographie; 33,5 x 26 cm
München, Institut für Kommuni-
kationswissenschaft (Zeitungswissen-
schaft) der Universität München
(Zeitungsarchiv Dr. d'Ester)

Mutter Germania wandert mit dem Handwerksburschen Michel durch Deutschland. Sie geht mit einer Verfassung schwanger. Um die Geburt herbeizuführen, ist ihr Bewegung angeraten! Auch nach Berlin kommt sie, doch wird sie von dort sogleich ausgewiesen. Ziel der Reise ist die »Entbindungsanstalt«, d.h. die Nationalversammlung in Frankfurt. Der Pate des erwarteten Kindes ist schon bestimmt: Erzherzog Johann von Österreich, welcher am 24. Juni 1848 von der Nationalversammlung zum Reichsverweser Deutschlands erwählt worden war. Die deutsche Reichsverfassung wurde zwar von der Nationalversammlung am 28. März 1849 amtlich verkündet, doch ist sie nie in Kraft getreten. Germanias Reise zur Entbindungsanstalt endet also mit einer Fehlgeburt. Hiervon konnte der Zeichner noch nichts ahnen, denn sein Bild stammt aus dem Jahre 1848.

U/14   **A. Brandt** und **Hermann Krüger**
(Stecher; 1823-1909)
Germania
Leipzig, 1849
Aus: Deutsche Reichs-Bremse, Jg. 1,
1849, Nr. 1 (24. Februar)
Reproduktion; Dortmund,
Bibliotheken der Stadt Dortmund,
Institut für Zeitungsforschung
(IZs 54/272)

Germania schläft. Waffen und Schwert sind an die deutsche Eiche gelehnt. Die am 28. Dezember 1848 im »Reichsgesetzblatt« veröffentlichten »Grundrechte des deutschen Volkes« liegen am Boden. Die Frage des Reichsoberhaupts beschäftigt Diplomatie und öffentliche Meinung. Germanias Leib wird von Blutegeln ausgesogen; gemeint sind die vierunddreißig deutschen Fürstenfamilien. Der Blutegel Österreich (mit Krone und goldenem Vlies) macht sich davon. Umso näher rückt Preußen (goldene Achselstücke und Pickelhaube), denn eine Mehrheit zeichnet sich in Frankfurt bereits ab, welche Preußen die Führungsrolle in Deutschland geben will unter Beibehaltung der vierunddreißig Dynastien. Der Zeichner stellt dar, daß die Revolution ihre Ziele nicht erreicht hat. Germania hat den historischen Augenblick verschlafen – eine Anspielung auf die politische Ineffizienz der Frankfurter Nationalversammlung.

U/15

U/16

U/15 **Ferdinand Schröder** (1818-1859)
»Wat heulst'n kleener Hampelmann?« – »Ick habe Ihr'n Kleenen 'ne Krone jeschnitzt, nu will er se nich!«
Düsseldorf, 1848/49
Aus: Düsseldorfer Monatshefte, Jg. 2, 1848/49 (April)
Reproduktion; Dortmund, Bibliotheken der Stadt Dortmund, Institut für Zeitungsforschung
(IZs d'E 37)

Im Hintergrund steht Germania als Statue ohne Kopf, d.h. ohne deutsches Staatsoberhaupt. Borussia tritt als Ersatzfigur in den Vordergrund. Am 3. April 1849 hat der König von Preußen die deutsche Kaiserkrone abgelehnt. Er spielt lieber mit dem russischen Bärchen. Der Präsident der Nationalversammlung, Heinrich von Gagern, kann diese Zurückweisung gar nicht fassen. Neben ihm das Kartenhaus des »geeinigten« Deutschlands, eine Krone aus Holz und ein Stöckchen als Zepter. Die Anspielung auf Rußland zeigt, daß Friedrich Wilhelm IV. keinesfalls als konstitutioneller Kaiser über Deutschland herrschen wollte, sondern Geschmack für das autokratische Regime seines Schwagers, des Zaren Nikolaus I., zeigt. Dies läßt sich allerdings in *Preußen* nicht mehr völlig durchführen, da der König seinen Untertanen eine Verfassung am 5. Dezember 1848 »oktroyiert« hatte.

U/16 **Bertall** (eigentl. Graf Albert d'Arnoux, 1820-1882)
La Situation
Paris, 1850
Aus: Le Journal pour rire, Jg. 3, 1850, Nr. 143 (25. Oktober)
Reproduktion; München, Sammlung Ursula E. Koch (Kasten)

»Die Situation: Die Republik wird also von drei rivalisierenden Parteien kräftig zusammengestoßen; aber gerade dadurch wird sie gefestigt und aufrecht erhalten.« Marianne als zweite französische Republik. Sie wurde seit Juni 1848 immer unpopulärer. Daher die Propagierung der Wiederherstellung einer Monarchie. Drei Thronprätendenten versuchen, die Republik zu stürzen: links der kürzlich abgesetzte Bürgerkönig Louis Philippe (für seinen Enkel), rechts der Enkel Karls X., des letzten Bourbonen. Dieser Prinz will als König von Gottes Gnaden den Thron besteigen. In der Mitte der baldige Gewinner, Louis Napoléon Bonaparte. Das republikanische Blatt macht sich Illusionen über das ziemlich labile Gleichgewicht der Zweiten Republik. In genau 13 Monaten wird ihr der bonapartistische Staatsstreich ein blutiges Ende bereiten. Eine ähnliche Karikatur ist am 20. April 1850 im »Kladderadatsch« erschienen.

U/17 **Eine feste Burg ist unser Gott**
Leipzig, 1850
Aus: Spitzkugeln. Beiblatt zur Wartburg, Jg. 1, 1850, Nr. 7
Reproduktion; Dortmund, Bibliotheken der Stadt Dortmund, Institut für Zeitungsforschung
(IZs 85/2)
Abb. S. 115

Eine Leipziger Umfunktionierung der Karikatur aus dem »Journal pour rire«: Aus Marianne wird Germania! Statt französischer Thronprätendenten erscheinen hier europäische Machthaber: natürlich wieder Louis Napoléon, Frankreichs Präsident und alsbald sein Kaiser, ferner der König von Preußen und der Kaiser von Österreich. Jeder will Germania zu Boden zwingen. Doch als der Gefährlichste von ihnen erscheint Louis Napoléon. Durch das Lutherzitat wird er als »der altböse Feind«, d.h. als der Teufel gekennzeichnet. Grundlage ist die 1850 aktuelle Trias-Idee: Neben den Großmächten Preußen und Österreich existiert, als dritter Faktor, das »eigentliche Deutschland«, nämlich die vier Königreiche Bayern, Sachsen, Württemberg, Hannover sowie die übrigen Mittel- und Kleinstaaten im deutschen Raum.

U/18 **Dupendant** (tätig bis 1871)
L'Assasinat (sic!) (Der Mord)
Paris, 1870 (Entwurf ca. 1853/54; aus der Serie: Les Châtiments, N° 5)
Lithographie; 46 x 31 cm
Paris, Collection Raymond Bachollet

Am 2. Dezember 1851 vollführte Louis Napoléon Bonaparte den blutigen Staatsstreich gegen die Republik. Wie viele, so mußte auch der republikanisch gesinnte Dichter Victor Hugo ins Exil gehen. Dort veröffentlichte er 1853 den Gedichtband »Les Châtiments«, die Strafgedichte gegen den nunmehrigen Kaiser Napoleon III. Die dazu gehörende Illustration konnte in Frankreich erst nach dessen Sturz am 4. September 1870 verbreitet werden. Louis Napoléon hält Marianne fest, während sein Komplize, der frisch ernannte Kriegsminister General de Saint-Arnaud, ihr den Dolch in die Brust stößt. Saint-Arnaud befehligte die Armee, mit deren Hilfe der Staatsstreich gelang. Die sterbende Marianne läßt die Trikolore sinken, auf der ein Freimaurersymbol (Dreieck) und die Buchstaben RF (République Française) erkennbar sind. Im Hintergrund: der Tod (Skelett mit Mütze), daneben der kaiserliche Adler als Aasgeier.

U/19

U/20

U/19 **Cham** (eigentl. Graf Amédée Charles Henry de Noé; 1819-1879)
Craignant toujours pour ses provinces du Rhin ... l'Allemagne envoie le Tannhauser pour endormir la France!...
(Deutschland fürchtet immer um seine Rheinprovinzen ... und schickt Tannhäuser vor, um Frankreich einzuschläfern!...)
Paris, 1861
Aus: Le Charivari, Jg. 30, 1861
(25. März)
Reproduktion; Paris, Bibliothèque historique de la Ville de Paris (Per. F° 1)

1859, mitten im Kampf Napoleons III. gegen Österreich um die italienische Einheit, hatte Preußen 250 000 Mann an Frankreichs Ostgrenze mobilisiert. »Deutschland bildet sich ein, wir wollen sein Sauerkraut und den Rhein haben«, erklärte dazu die Pariser Zeitung »Le Charivari«: Die feindselige Stimmung dauerte an. 1861 wurde »Tannhäuser« in Paris aufgeführt und ausgepfiffen. Das Bild zeigt die durch Wagners Musik eingeschläferte »France« mit Mauerkrone anstelle der verbotenen Marianne. Im Hintergrund eine wegen Frankreichs vorgeblicher Eroberungslust beunruhigte Germania. Die Bezeichnungen »Republik« und »Marianne« waren unter Napoleon III. verboten.

U/20 **Adam Ernst Schalck** (1827-1865)
Eine geplagte Mutter
Frankfurt a.M., 1863
Aus: Frankfurter Latern, Jg. 4, 1863, Nr. 25 (10. Juli)
Reproduktion; Dortmund, Bibliotheken der Stadt Dortmund, Institut für Zeitungsforschung (IZs 54/390)

Mutter Germania versucht, unter ihren Kindern, den deutschen Staaten, Ruhe zu stiften. Die Bedrohung mit der Rute bleibt wirkungslos. Selbst die Kleinen machen Lärm. Michels lautstarke Ermahnungen sind nutzlos. Die beiden Großen (Österreich und Preußen) sind im Begriff, aufeinander loszugehen. Eine erregende Darstellung der deutschen Uneinigkeit. Die Möglichkeit eines preußisch-österreichischen Konflikts wird vom Zeichner angedeutet. Seit neun Monaten (September 1862) regierte Bismarck als Ministerpräsident in Berlin. Die Rivalität zwischen Preußen und Österreich begann schon damals sich abzuzeichnen.

U/21 **Charles Vernier** (1831-1887)
La mère gigogne allemande
(Die kinderreiche deutsche Mutter)
Paris, 1866
Aus: Le Charivari, Jg. 35, 1866
(11. Juli)
Reproduktion; Paris, Bibliothèque historique de la Ville de Paris (Per. F° 1)

»Mein Gott, jetzt sind alle meine Söhne mit den Fäden ineinander verwickelt! Wer zum Teufel wird sie wieder in ihre Schachteln stecken?« Die Zeichnung schildert den Ausbruch des Krieges von 1866. Die Mitgliedstaaten des Deutschen Bundes kämpfen gegeneinander, teils auf preußischer, teils auf österreichischer Seite. Mutter Germania (alias der »Deutsche Bund«, so die Gürtelaufschrift) ist Marionettenspielerin, deren Puppen durch ihren Streit sämtliche Fäden verheddert haben. Als dieses Bild erschien, war der Krieg bereits durch Preußens Sieg bei Königgrätz entschieden, wodurch in Paris eine starke und andauernde antipreußische Erregung ausgelöst wurde. In diesem sogenannten »deutschen Krieg« standen 18 Kleinstaaten auf Preußens und 13 Staaten (darunter die Königreiche Bayern, Sachsen, Württemberg und

U/21

U/22

Hannover) auf Österreichs Seite. Preußens Staatsgebiet wurde durch Annexionen im deutschen Raum stark vergrößert. Österreich hat jedoch keinen Landesteil verloren.

U/22   **Wilhelm Scholz** (1824-1893)
Deutsche Weide. Ein guter Schäfer läßt kein Schaf verloren gehen
Berlin, 1867
Aus: Kladderadatsch, Jg. 20, 1867, Nr. 14/15 (31. März)
Reproduktion; München, Institut für Kommunikationswissenschaft (Zeitungswissenschaft) der Universität München (W 60)

Nach Preußens Sieg und Gebietserweiterung 1866 forderte Frankreich »Kompensationen«. Bismarck erscheint als der wachsame Hirte, dem der gestiefelte Wolf Napoleon III. zunächst Luxemburg abverlangt, das zum Deutschen Zollverein gehört. Er wird von den Schäferhunden Baden und Bayern angebellt. Im Hintergrund Germania, die Bismarck um Schutz für die Herde der deutschen Staaten bittet. Dieser strickt bereits den Strumpf der deutschen Einheit. Nach dem Sieg über Österreich hatte Bismarck den durch Preußen dirigierten Norddeutschen Bund geschaffen, mit dem die Südstaaten (Bayern, Württemberg, Baden) alliiert waren. Die Luxemburgkrise 1867 wurde durch Neutralisierung dieses Großherzogtums beigelegt. Damit war der letzte Zwischenfall vor dem Deutsch-Französischen Krieg beigelegt.

U/23   **W. Gebhardt** (vermutl. Wilhelm Gebhardt, 1827-1893)
Soll ich – oder soll ich nicht?
Juli 1870
Federlithographie; 28,5 x 22,1 cm
Nürnberg, Germanisches Nationalmuseum (HB 12281)

Der Deutsch-Französische Krieg steht unmittelbar bevor. Napoleon III. fragt sich, ob er die Rheingrenze überschreiten und damit die Feindseligkeiten eröffnen soll. Germania mit Schild und Schwert zeigt sich kampfbereit. Vater Rhein ist willens, dem Eindringling aufs Haupt zu schlagen, sobald er den Strom durchquert. Das Volkslied weist auf Napoleons Gelüst hin, das Rheinland zu erobern. Am 19. Juli 1870 hat dann Frankreich den Krieg an Preußen erklärt. Kriegsgrund war offiziell die spanische Thronkandidatur eines Hohenzollernprinzen, die allerdings im letzten Augenblick zurückgezogen wurde. Der eigentliche Anlaß zum Konflikt geht zurück auf Napoleons Prestigeverluste gegenüber Preußen seit 1866, die durch militärische Erfolge ausgeglichen werden sollten, damit das schwankende französische Kaisertum gefestigt werde.

U/24   **Honoré Daumier** (1808-1879)
Histoire d'un règne (Geschichte einer Regierungszeit)
Paris, 1870
Aus: Le Charivari, Jg. 39, 1870 (12. September)
Reproduktion; Paris, Bibliothèque historique de la Ville de Paris (Per. F° 1)

Am 2. Dezember 1851 ist Louis Napoléon durch seinen Staatsstreich allmächtiger Diktator und kurz darauf Kaiser der Franzosen geworden. Knapp 19 Jahre später, am 2. September 1870, war er nach sechs Wochen verlustreicher Kämpfe vom deutschen Heer besiegt. Er wurde bei Übergabe der Festung Sedan in Kriegsgefangenschaft abgeführt. Zwei Tage darauf ist in Paris die Republik proklamiert worden. Marianne, von 1851 bis 1870

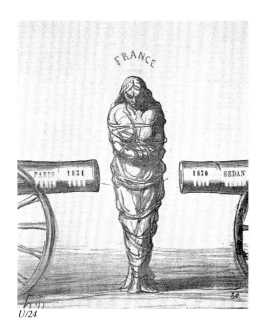
U/24

U/26 **André Gill** (eigentl. Louis-
Alexandre Gosset de Guines,
Pseud. Flock; 1840-1885)
Le réveil du lion
(Der Löwe erwacht)
Paris, 1870
Aus: L'Eclipse, Jg. 3, 1870, Nr. 138
(11. September)
Lithographie, koloriert; 68 x 50 cm
Paris, Professeur Pierre Albert

Marianne ist von ihren Ketten befreit; sie tritt über den gestürzten Napoleon III. hinweg und ruft die Franzosen zum Widerstand gegen die eindringenden deutschen Heere auf. Wie ein Löwe wird sich das Volk erheben und kämpfen. Einen Monat nach dem Zusammenbruch des Kaisertums wird die Nation von der republikanischen Regierung zum Massenaufgebot einberufen. Ein in derselben Nummer veröffentlichter, mit »Le Cousin Jacques« gezeichneter Leitartikel mit dem Titel »Der Hahn hat gekräht; Wilhelm, sei auf der Hut!« bekräftigt die Aussage der Allegorie.

U/27 **Patrioty** (eigentl. E. Talons;
tätig 1849-1871)
Tu n'iras pas plus loin...
(Bis hierher und nicht weiter...)
Paris, September/Oktober 1870
Lithographie, koloriert;
26,3 x 37,2 cm
Paris, Collection Raymond Bachollet
Abb. S. 72

U/25

gefesselt, ist befreit und wird den Kampf als vaterländischen Krieg bis zum »Äußersten« weiterführen.

U/25 **Gustav Heil** (1826-1897)
Der Kurmärker und die Picarde
Berlin, 1870
Aus: Berliner Wespen, Jg. 3, 1870,
Nr. 37 (9. September)
Reproduktion; Berlin,
Staatliche Museen zu Berlin,
Kunstbibliothek (Lipp Zb 162)

Kurmark wurde der mittlere Teil der Mark Brandenburg genannt (wegen der Kurwürde der Markgrafen). Die Provinz Picardie liegt zwischen der Champagne und dem Ärmelkanal. Der Titel deutet auf ein Singspiel (1859) des Satirikers Adalbert Cohnfeld und des Schauspielers und königlich preußischen Vorlesers Louis Schneider. Es war für lange Zeit ein Berliner Kassenstück. Marianne (als Picarde) zögert nicht, mit dem etwas prahlerischen Füselier aus der Kurmark das Bajonett zu kreuzen. Auf das Singspiel wird in Theodor Fontanes Roman »Der Stechlin« (1898) am Schluß von Kapitel 44 angespielt. Kaiser Napoleons III. Armeen sind seit dem 2. September 1870 vernichtet oder eingeschlossen. Die Preußen hatten es jetzt mit dem viel widerstandskräftigeren Volksheer der Republik zu tun.

Rechts ist König Wilhelm I., auf ein Kanonenrohr gestützt, als furchteinflößender Germane dargestellt. Auf seinem Schulterband steht »Barbarei und Gewalt!« Vom Pariser Festungsring aus spricht Marianne zu ihm, sie stützt sich auf eine Gesetzestafel, auf der ein Freimaurerwinkelmaß, eine Waage der Justitia, die Devise der Republik sowie ein Hinweis auf die ersehnte Völkerverbindung eingemeißelt sind. Im Hintergrund Belagerungstruppen und Bilder der Verheerung. Nach über vier Monaten Belagerung und blutigen Schlachten mußten die Truppen der Republik, trotz einiger Erfolge, den Kampf aufgeben. Die Festung Paris ist ausgehungert, wird aber nicht kapitulieren. Am 28. Januar 1871 wird gegen 200 Millionen Goldfranken ein Waffenstillstand ausgehandelt. Die in Paris befindlichen Truppen und Nationalgardisten werden weder entwaffnet noch gefangen genommen.

U/28 **Gustav Heil** (1826-1897)
Gratulations-Deputation aus den
höchsten Regionen
Berlin, 1871
Aus: Berliner Wespen, Jg. 4, 1871,
Nr. 4 (27. Januar)
Reproduktion; Berlin,
Staatliche Museen zu Berlin,
Kunstbibliothek (Lipp Zb 162)

Die Proklamation Wilhelms I. zum deutschen Kaiser fand am 18. Januar 1871 in der Spiegelgalerie des Versailler Schlosses statt, über dessen Portal »Allen Glorien Frankreichs gewidmet« steht. Germania empfängt dort Friedrichs des Großen ironische Glückwünsche zur »Verehelichung« mit seinem Urgroßneffen Wilhelm I. Dahinter Friedrich I., Gründer des preußischen Königtums, und der Große Kurfürst, Hersteller von Brandenburg-Preußens Souveränität. Es soll hier der Eindruck erweckt werden, daß die deutsche Einheit Preußens Werk ist und unter Preußens Führung steht. Die Wahl der Versailler Spiegelgalerie als Ort der deutschen Kaiserproklamation wurde in Frankreich mit Unmut zur Kenntnis genommen. 48 Jahre später, am 23. Juni 1919, mußten dort die Vertreter des geschlagenen deutschen Reichs den Friedensvertrag unterzeichnen.

U/28

U/29 **Honoré Daumier** (1808-1879)
Le rêve de la nouvelle Marguerite
(Der Traum des neuen Gretchen)
Paris, 1871
Aus: Le Charivari, Jg. 40, 1871
(30. Januar)
Reproduktion; Paris, Bibliothèque
Nationale de France,
Musée de l'Opéra
(∏ 1218 année 1871)

Germania als Gretchen träumt von Faust in der Gestalt des siegreich heimkehrenden preußischen Soldaten, der sie, ähnlich wie einst in Goethes Tragödie, mit unrechtmäßig erworbenen Juwelen überschütten wird. Oben die Vision desselben Soldaten, der eine wehrlose französische Frau ersticht und beraubt. Bereits in der französischen Presse des Kriegsjahres 1870/71 wurden die feindlichen Soldaten in Wort und Bild stets als Plünderer und oft als Greueltäter dargestellt. Goethes Verse (»Faust«, 2790-2795) lauten: »Was ist das. Gott im Himmel schau! / Ein Schmuck! Mit dem könnt'eine Edelfrau / Am höchsten Feiertage gehn. / Wie sollte mir die Kette stehn? / Wem mag die Herrlichkeit gehören?«

U/30 **F. Mathis** (tätig um 1861-1871)
Une Page d'Histoire.
Le couronnement de l'édifice
(Eine Seite der Geschichte:
Die Krönung des Baus)
Paris, März/April (1871)
Lithographie, koloriert; 55 x 36 cm
Bonn, Christian Brebeck

Auf den Krieg von 1870/71 folgte der Bürgerkrieg (Pariser Kommune, 18. März bis 28. Mai 1871). Mit beißender Satire werden Frankreichs Regierungssysteme der letzten 40 Jahre dargestellt. Unten, auf allen Vieren, hockt der Bürgerkönig Louis Philippe (1830-48). Auf ihn setzt sich die Zweite Republik (1848-51). Sie wird von Louis Napoléon abgestochen. Die Dritte Republik, mit gebundenen Händen, wird gelenkt von Adolphe Thiers, der sein monarchistisches Projekt (die Birne, Symbol des Bürgerkönigtums) fallen läßt. Über ihnen allen schwebt Marianne mit dem roten Banner der siegreichen sozialen Revolution. Marianne, in der Pose der »Marseillaise« auf Rudes Relief am Pariser Triumphbogen, schreitet als Siegerin voran. Ein sehr frühes, seltenes Bild zum Ruhme der Insurrektion von 1871. Erst Jahre später werden in der sozialistischen Satire andere Verherrlichungen der Kommune erscheinen.

U/31 **Gustav Heil** (1826-1897)
Tres faciunt collegium
(Drei machen ein Collegium)
Berlin, 1871
Aus: Berliner Wespen, Jg. 4, 1871,
Nr. 22 (2. Juni)
Reproduktion; Berlin,
Staatliche Museen zu Berlin,
Kunstbibliothek (Lipp Zb 162)
Abb. S. 108

Dem Grundsatz des römischen Rechts entsprechend treffen sich der römische Kaiser Nero, der Hunnenhäuptling Attila und die Rote Marianne. Alle drei werden als Mordbrenner in die Weltgeschichte eingehen. Das Schillerzitat aus »Die Bürgschaft« bescheinigt ihre Zusammengehörigkeit. Eine der zahlreichen konterrevolutionären Illustrationen des Jahres 1871 zu den letzten Tagen der Kommune, die durch Geiselerschießungen und zahlreiche Brandstiftungen (Pariser Rathaus, Tuilerienpalast u.a.) gekennzeichnet waren. Daß über 20 000 »Insurgenten« (Männer, Frauen und Kinder) Ende Mai 1871 erschossen worden sind, wird in derartigen Zeichnungen nicht erwähnt. Der Journalist und Kommunarde Prosper Lissagaray schreibt über die Zerstörungen: »Dieses Volk wollte lieber in den Trümmern von Paris untergehen, als seine Stadt grausamen Despoten zu überlassen.« Nach der Niederwerfung der Kommune waren ganze Arbeiterviertel (z.B. Belleville) entvölkert.

U/32 **Gustav Heil** (1826-1897)
Abundantia. Frei nach den
Makart'schen Bildern:
A. Deutschland, B. Frankreich
Berlin, 1871
Aus: Berliner Wespen, Jg. 4, 1871,
Nr. 21 (26. Mai)
Reproduktion; Berlin,
Staatliche Museen zu Berlin,
Kunstbibliothek (Lipp Zb 162)
Abb. S. 113

A. Deutschland: Die Triumphgefühle der Siegermacht werden überschwenglich dargestellt. Die gekrönte Germania ist über den Ordenssegen für ihre Krieger und die fünf Milliarden Goldfranken der Kriegskontribution begeistert; ihre »Kinder« Elsaß und Lothringen umarmt sie voller Rührung. Links die bei Heimkehr der siegreichen Truppen in Berlin ein Lobgedicht aufsagende Ehrenjungfrau.
B. Frankreich: Alle »Glorien« der in Deutschland stets als ruhmdürstig bezeichneten Marianne werden karikiert: Napoleon auf der Fahrt nach Sankt Helena; beide Thronprätendenten (»Orléans«, d.h. der Graf von Paris, und »Bourbon«, d.h. der Graf von Chambord) sowie Adolphe Thiers (als Regierungschef auf der Flucht nach Versailles) sind in hinderliche Intrigennetze verstrickt. Der Triumphbogen ist eingebrochen (oben rechts). Die Vendômesäule wird umgestürzt (unten rechts). Von links nach rechts im Vordergrund: die Suche nach Geld zur Bezahlung der Kriegsschulden; die Stadt Paris, von der Kommune ihrer Kleidung beraubt; Marianne, von hinten durch einen Kommunarden erdolcht.

U/33 **André Gill** (eigentl. Louis-
Alexandre Gosset de Guines,
Pseud. Flock; 1840-1885)
Remember! (Erinnere Dich!)
Paris, 1871
Aus: L'Eclipse, Jg. 4, 1871, Nr. 144
(6. August)
Lithographie, koloriert; 50 x 34 cm
Bonn, Christian Brebeck

Genau ein Jahr nach Beginn der Feindseligkeiten (deutsche Siege von Weißenburg, Wörth, Spichern) schwebt eine gespenstische,

U/36

bluttriefende Marianne auf den tafelnden Kaiser Wilhelm I. zu. Mit drohendem Zeigefinger macht sie ihn für das Blutvergießen verantwortlich. Im Hintergrund brennende Dörfer. Mariannes Dolch deutet auf Revanche. Der preußische Adler (im Vordergrund) scheint sich zu ducken. Es wird nicht darauf hingewiesen, daß Frankreich den Krieg erklärt hat.

U/34 **Job** (eigentl. Jacques-Marie-Gaston Onfroy de Bréville; 1858-1931)
Un bon père (Ein guter Vater)
Paris, 1872
Aus: L'Eclipse, Jg. 5, 1872, Nr. 216 (15. Dezember)
Lithographie, koloriert; 50 x 34 cm
Bonn, Christian Brebeck

Adolphe Thiers, einst Minister unter Louis Philippe, dann Mitglied der Opposition unter Napoleon III., 1871 Chef der Exekutivgewalt während der Friedensverhandlungen und Sieger im Kampf gegen die Kommune, ist jetzt Präsident der Republik, mit einer klerikalen und monarchistischen Mehrheit im Parlament. Mit zwei Aussprüchen rechtfertigt er seine Position. Am 13. November 1872 sagt er: »Die Republik ist das legale System unseres Landes. Sie wird konservativ sein oder nicht mehr existieren.« Die Erklärung dazu gibt er am 24. Mai 1873: »3 Hintern und 1 Thronsessel, das geht nicht!« (Die drei Prätendenten, ein Bonaparte, ein Bourbone und ein Orléans).

U/35 **André Gill** (eigentl. Louis-Alexandre Gosset de Guines, Pseud. Flock; 1840-1885)
Remède de Saison (Heilmittel der Saison)
Paris, 1879
Aus: La Lune rousse, Jg. 3, 1879, Nr. 111 (19. Januar)
Lithographie, koloriert; 67,5 x 50 cm
München, Sammlung Ursula E. Koch

Im Januar 1879 mußte der von Monarchisten 1873 gewählte Marschall de Mac-Mahon seinen Präsidentensessel einem Republikaner überlassen. Der Antiklerikalismus, seit jeher typisch für Frankreichs Linke, hat wieder Auftrieb. Alsbald wird ein längst ausgearbeiteter Gesetzenwurf vorgelegt. Den katholischen Ordenspatern soll die Lehrerlaubnis entzogen werden. Marianne als Schulkind vertreibt Jesuiten mit einer Klistierspritze. Es ist der Beginn des französischen »Kulturkampfes«, der 1905 zur Trennung von Staat und Kirche führen wird. Auf dem Bild sieht man, wie die geistlichen Lehrer, mit Geldbeutel und Weihwasser aus Lourdes versehen, über die Landesgrenze gejagt werden; nicht etwa nach Deutschland, wo ähnliche Maßnahmen schon 1872 stattfanden, sondern nach Spanien, Österreich, Italien.

U/36 **Petit Pierre** (eigentl. Théophile Alexandre Steinlen; 1859-1923)
Elle aura sa revanche.
Vive le son du canon
(Sie wird ihre Revanche bekommen. Es lebe der Kanonenschall)
Couplet aus dem Lied der Carmagnole, 1792
Paris, 1894
Aus: Le Chambard socialiste, Jg. 2, 1894, Nr. 14 (17. März)
Lithographie, koloriert; 50 x 35 cm
Paris, Collection Raymond Bachollet

Nach der Niederwerfung der Pariser Kommune wurde die französische Arbeiterbewegung totgesagt. 23 Jahre später feierte das sozialistische Wochenblatt den Jahrestag des Beginns dieses Aufstandes. Auf der Zeichnung sieht man, wie Bauern, Arbeiter und Künstler Arm in Arm hinter der Roten Marianne marschieren. Die »Carmagnole« ruft Erinnerun-

U/39

gen an die radikale Phase der französischen Revolution wach. Der Name stammt von der italienischen Stadt Carmagnola, die im Spätherbst 1792 von den Truppen der ersten Republik erobert worden war.

U/37 **Chanteclair**
Pour le 14 Juillet: Pièce principale qui sera le clou de feu d'artifice du 14 juillet
(Zum 14. Juli: Das wichtigste Stück wird der Clou des Feuerwerks am 14. Juli sein)
Paris, 1895
Aus: La Libre Parole Illustrée, Jg. 3, 1895, Nr. 105 (13. Juli)
Zweifarbendruck; 38 x 28 cm
München, Sammlung Ursula E. Koch

Das antisemitische Wochenblatt zeigt Marianne als Feuerwerksfigur, karikiert als jüdische Bourgeoise. Oben: der »Weinkrug«, Symbol der Bestechung; darunter die an Parlamentarier und Journalisten in der Panamaaffäre verteilten Schecks. Links ein jüdischer Finanzmann mit Geldsack. Rechts ein Minister mit Freiheitsmütze (Aufschrift: Dieb) und Brecheisen, als Zuchthäusler gekleidet (die Bleikugel »TF«, Travaux forcés, bedeutet Zwangsarbeit). In den Panamaskandal waren mehrere Minister, über 100 Abgeordnete (darunter Georges Clemenceau), zahlreiche Presseorgane und zwei jüdische Bankiers verwickelt, von denen einer, Joseph Reinach, Selbstmord verübt hat. Das Wochenblatt »La Libre Parole« (Das freie

Wort) mit der heute durch Rechtsradikale wieder aufgenommenen Devise »Frankreich den Franzosen« wurde von Edouard Drumont geleitet, dem wutschnaubenden Judenhasser und Autor des Buches »La France juive« (1886). Der erste Theoretiker des modernen Antisemitismus war übrigens ein Franzose, Graf Arthur Gobineau (»Versuch über die Ungleichheit der Menschenrassen«, 1855). Er war mit Richard Wagner befreundet.

U/38 **Ohé, la Brissonasse!**
Qui veut trop prouver, ne prouve rien! / Poêle au cul
(He! Mitläuferin von Brisson! Wer zu viel beweisen will, beweist gar nichts! / Pfanne am Arsch)
Paris, 1898
Aus: Le Père Peinard, Jg. 2, 1898, Nr. 93 (31. Juli)
Lithographie; 39 x 29 cm
Paris, Collection Raymond Bachollet

Marianne muß die kompromittierende, ohrenbetäubende, scheppernde Pfanne der Dreyfusaffäre hinter sich herziehen. Das Wortspiel »Pfanne am Arsch = Borsten am Hintern« (poil au cul) ist typisch für den bissigen Stil des Anarchistenblattes. (»Tenir la queue de la poêle« bedeutet soviel wie »das Heft in der Hand haben«, das ihr offensichtlich entglitten ist.) Ministerpräsident Brisson und sein Kriegsminister legen dem Parlament Schuldbeweise gegen Hauptmann Alfred Dreyfus vor. Doch diese Dokumente stellen sich als gefälscht heraus. Eine totale Blamage für die Regierung! Der Weg zur Revision des Fehlurteils ist jetzt freigelegt. Der Urheber des Verrats militärischer Geheimnisse an den deutschen Militärattaché war nicht der 1894 zu lebenslänglicher Deportation verurteilte jüdische Hauptmann Dreyfus, sondern der adlige Offizier Esterhazy, der 1896 vom Kriegsgericht freigesprochen wurde. Er floh 1898 nach England, als seine Schuld sich bei der Revision des Dreyfusprozesses herausstellte. Die »Affaire« teilte jahrelang Frankreich in zwei Lager: Antisemitische Reaktionäre und fortschrittliche Geister, welche damals die berühmt gewordene Liga für Menschenrechte gegründet haben.

U/39 **W.A. Wellner** (geb. 1859)
Am Eiffelthurm (La France und die Weltausstellung)
Berlin, 1899
Aus: Lustige Blätter, Jg. 14, 1899, Nr. 40 (5. Oktober)
Reproduktion; Berlin, Staatsbibliothek zu Berlin-Preußischer Kulturbesitz
(LB 401 1899)

Es sind nur noch wenige Monate bis zur Eröffnung der Weltausstellung, die um den Eiffelturm gruppiert wird. Aber der Eiffelturm ist Mariannes Schandpfahl! 1899 wird der als »Verräter« schon fünf Jahre zuvor unschuldig verurteilte und nach der Teufelsinsel deportierte jüdische Hauptmann Alfred Dreyfus im Revisionsverfahren aufs neue Opfer der Militärjustiz: Zehn Jahre Zuchthaus, also ein Schandurteil, um das Prestige der Armee zu retten. Dreyfus wird zwar begnadigt, doch Mariannes Ruhm als Verfechterin der Menschenrechte ist dahin. Boykottaufrufe gegen die Weltaustellung ergingen damals im Ausland. Clemenceau, überzeugt von Dreyfus' Unschuld, sagte: »Die Militärjustiz verhält sich zur Justiz wie die Militärmusik zur Musik«. In seinem Blatt »L'Aurore« hatte er schon 1898 Zolas Artikel »J'accuse« gegen das Kriegsgerichtsurteil veröffentlicht.

U/40 **Paul Poncet**
Les Radicaux – Dépêchez-vous, mes agneaux! Quand le Populo s'approchera, il léchera l'assiette
(Die Radikalen – Beeilt euch, meine Schäfchen. Wenn der Pöbel hinterher kommt, kann er den Teller ablecken)
Paris, 1909
Aus: L'Assiette au Beurre, Jg. 9, 1909 (9. Oktober)
Zinkographie; 32 x 25 cm
Paris, Collection Raymond Bachollet

Der Ausdruck »L'Assiette au Beurre« (Butterschüssel) – Titel des anarchistischen Blattes und zugleich dargestellter Gegenstand – bedeutet leichtverdientes Geld, einträgliche Pöstchen, Profitquellen. Marianne erscheint als wohlgenährte, gütige Familienmutter. Ihre Lieblingskinder, Parlamentarier und Minister, dürfen den Reichtum der Nation »verbuttern«, obwohl der Staatshaushalt ein großes Defizit aufweist. Für die proletarischen Massen bleibt dann nur ein kläglicher Rest am Tellerrand. In der bürgerlichen Republik der »Belle Epoque« war der Wohlstand ungleich verteilt. Besonders Politiker und ihre Anhängerschaft hatten reichlich Gelegenheit, Vermögen zu erwerben und in die »Bonne Bourgeoisie« aufzusteigen. Die Arbeiterschaft lebte am Rande des Elends. Die Sozialgesetzgebung war, im Vergleich zu Deutschland, äußerst rückständig, und die Lebenskosten stiegen schneller als die Löhne. Streikbewegungen und scharfe Repressionen waren recht häufig.

U/41 **Hermann Scherenberg** (1826-1897)
Bismarck's erste Medaille
Berlin, 1875
Aus: Ulk, Jg. 4, 1875, Nr, 27 (8. Juli)
Reproduktion; Berlin, Zentral- und Landesbibliothek Berlin, Berliner Stadtbibliothek
(XIV 16665)
Abb. S. 115

Bismarck sagte, von seinen Ehrenzeichen sei ihm das älteste, die 1842 verliehene Rettungsmedaille das liebste. Daher wird hier der auf päpstliche Drohungen prompt reagierende Staatsmann als »Germanias Retter« gefeiert. Pius IX. hatte 1875 durch eine Enzyklika die seit 1873 aus dem Kulturkampf hervorgegangene Gesetzgebung für ungültig erklärt. Bismarck antwortete mit Strafgesetzen (Einstellung aller finanziellen Leistungen an die katholische Kirche; Beschlagnahmung von Klostergütern und Ausweisung ihrer Insassen usw.). So wurde Germanias Staatsgewalt vor der Verschlammung in den »pioninischen« Sümpfen bewahrt. (Die Sümpfe des Papstes Pio Nono als Anspielung auf die pontinischen Sümpfe bei Rom). Der Kulturkampf zwischen Staat und katholischer Kirche dauerte seit 1871 an. Erst nach dem Tod des streitbaren Papstes Pius IX. (1878) gelang es Bismarck, mit dessen Nachfolger Leo XIII. Verhandlungen anzubahnen, die schließlich zu den »Friedensgesetzen« führten (1886/87).

U/42 **Constantin von Grimm** (1845-1896)
Germania's Strafgericht
Stuttgart, 1878
Aus: Schalk, Jg. 1, 1878, Nr. 2 (20. Oktober)
Holzschnitt; 31,5 x 22,5 cm
München, Sammlung Ursula E. Koch

Bismarcks soeben in Kraft getretenes Ausnahmegesetz gegen die Sozialdemokratie veranlaßt das konservative Blatt, Germania zu einer sagenhaften Gestalt zu erheben: Weder der antike Heros Perseus noch der heilige Georg, sondern sie, die Symbolfigur der deutschen

U/47

U/49

Nation, tötet den Drachen, die Inkarnation alles Bösen. Daß die Sozialdemokratie einen wesentlichen Bestandteil dieser Nation bildet, ficht den Zeichner ebensowenig an wie die bekränzte Pickelhaube, die er seiner mythischen Heldin aufsetzt. Ein verwandtes Motiv zeigt sich auf dem in Berlin (erst Königsplatz, dann Großer Stern) aufgestellten Bismarckdenkmal von Reinhold Begas: der eiserne Kanzler in der Pose des Panthertöters.

U/43 **Schmuhls Brautwerbung um Germania**
Berlin, 1882
Aus: Die Wahrheit, Jg. 3, 1882,
Nr. 35 (26. August)
Reproduktion; Beuron,
Bibliothek der Erzabtei St. Martin
(4° Z 287)

Das rassistische Witzblatt fühlte sich verpflichtet, jede Woche antisemitische Karikaturen zu bringen. Doch die Inspiration seines Zeichners konnte mit diesem Rhythmus offenbar nicht Schritt halten. Das Bild ist die fast genaue Kopie einer Illustration, die schon zwei Jahrzehnte früher in dem Berliner konservativen Satireblatt »Der kleine Reactionär« erschienen war, mit derselben widerlich-erotischen Komponente, die später im Dritten Reich voll zur Entfaltung kam. 1935 wurden in Hitlerdeutschland die nach dem Ort der Parteitage bezeichneten »Nürnberger Gesetze« erlassen, darunter das sogenannte »Blutschutzgesetz«, welches bei Zuchthausstrafe Eheschließung und Geschlechtsverkehr mit Juden als »Rassenschande« verbot. Eine gerade Linie läßt sich von den rassistischen Theorien und Karikaturen des 19. Jahrhunderts über Hitlers »Mein Kampf« bis zu den Judenverfolgungen im Dritten Reich ziehen.

U/44 **Gustav Heil** (1826-1897)
Am Niederwald-Denkmal
Berlin, 1883
Aus: Berliner Wespen, Jg. 16, 1883,
Nr. 39 (28. September)
Reproduktion; Berlin,
Landesarchiv Berlin (Zs 81/1883)

Die Jahrzehnte nach der Reichsgründung waren die Zeiten der spöttisch als »kolossal« bezeichneten Nationaldenkmäler. Am 28. September 1883 wurde auf dem Niederwald, gegenüber von Bingen, auf einem fast 20 Meter hohen Sockel eine zwölf Meter hohe Germaniagestalt enthüllt. Die Zeichnung ist ein Prunkbild, keine Karikatur. Die satirische Unterschrift ist eine Parodie auf Schneckenburgers Lied »Die Wacht am Rhein« (1840), dessen Text auf dem Sockel des Denkmals eingemeißelt ist. Sowohl im Lied von 1840 als in der Parodie von 1883 wird auf Frankreichs Kriegsgelüste angespielt. Zur Einweihung des Denkmals hatten drei anarchistische Arbeiter ein Sprengstoffattentat geplant, das wegen Regenwetters nicht stattfinden konnte. Dennoch wurden zwei der entdeckten Attentäter hingerichtet.

U/45 **Thomas Theodor Heine**
(1867-1948)
Handel und Landwirtschaft
München, 1901
Aus: Simplicissimus, Jg. 6, 1901,
Nr. 24 (6. September)
Farbdruck; 39 x 28,5 cm
München, Sammlung Ursula E. Koch
Abb. S. 109

Der harmlose, jedoch ironisch gemeinte Titel weist auf die im Kaiserreich herrschenden Kasten hin: Die aristokratischen Großgrundbesitzer und die kapitalistische Großbourgeoisie. Germania bietet die nährenden Brüste ihren privilegierten »Kindern« dar. Die »Landwirtschaft« profitiert vom Schutzzollsystem zur Stützung der Getreidepreise, wodurch das Grundnahrungsmittel der Volksmassen, das Brot, verteuert wird. Der »Handel« verkauft Industrieprodukte, spekuliert an der Börse und macht Riesengewinne. Schon unter Bismarck sprach man vom »Bund zwischen Roggen und Eisen«. Kanzler Bülows »Sammlungspolitik« führte zur Interessengemeinschaft von »Landwirtschaft« und »Handel« (d.h. Industrie und Banken). 1902 wurden Zollgesetze zugunsten der Agrarier beschlossen, und gleichzeitig die Erfassung von Kapitalgewinnen durch eine Steuerreform abgelehnt. Opfer dieser Politik war die Arbeiterklasse.

U/46 **Bruno Paul** (1874-1968)
Jungfrau Germania
München, 1902
Aus: Simplicissimus, Jg. 7, 1902,
Nr. 22 (August/September)
Farbdruck; 39 x 28,5 cm
München, Sammlung Ursula E. Koch

Bei der Reichsgründung von 1871 noch jugendfrisch, ist Germania dreißig Jahre darauf »fromm« geworden, wie so manche verwelkte Schönheit. Ihre Einkünfte sind für das Gedeihen ihrer »Lieblingssöhne«, die Geistlichen, die Offiziere und die hohen Beamten, reserviert. Die legendären weissagenden Raben auf ihrer Schulter sind Pfarrer. Mit der rechten Hand streichelt sie einen Prälaten im Ornat. Ganz links ein Richter als Repräsentant der Staatsdiener. Rechts ein Rittmeister vom Eliteregiment der Garde-Husaren. Das deutsche Kaiserreich steht unter der Devise »Thron und Altar«. Das Offizierskorps schützt den Thron. Die Kirchen predigen das Gottesgnadentum. Die Staatsdiener, insbesondere die Richter, sichern den Bestand der herrschenden Gesellschaftsordnung. Mit dem 1871 aufmüpfigen katholischen Klerus hat Germania längst Frieden geschlossen. Die evangelische Kirche dient dem Herrscherhaus und dem Volk von altersher durch »Seelsorge und Fürsorge«.

U/47 **Hans Gabriel Jentzsch** (1862-1930)
Die Liebesschaukel.
Germania amüsiert sich
Stuttgart, 1911
Aus: Der Wahre Jacob, 1911,
Nr. 646 (25. April: Mai-Nummer)
Reproduktion; Dortmund,
Bibliotheken der Stadt Dortmund,
Institut für Zeitungsforschung
(IZs 57/39)

Zum 1. Mai 1911 erscheint ein idyllisches Feiertagsbild der Sozialdemokratie. Die rotgekleidete Germania wird von Parteichef August Bebel und dessen Rivalen Georg von Vollmar in aller Liebe zwischen zwei Tendenzen hin- und her geschaukelt. Seit Ende des 19. Jahrhunderts wird gegen Bebels marxistische Linie Vollmars Politik der kleinen Schritte verfochten (Revisionismusstreit). Doch hier ist der Konflikt

U/50

heruntergespielt. Denn die Feinde der Arbeiterbewegung sind auf der Lauer. Oben rechts Polizisten, Pfaffen, Junker und Wilhelm II.

U/48 **Alfred Robida** (1840-1926)
Le concert européen
(Das europäische Konzert)
Paris, 1882
Aus: La Caricature, Jg. 3, 1882,
Nr. 131 (Sondernummer »L'Europe illustrée«, 1. Juli)
Lithographie, koloriert; 37,7 x 27 cm
München, Sammlung Ursula E. Koch

»Große Symphonie Pastorale: Vogelsang, rauschende Bäche, bähende Schäflein, knatternde Mitrailleusen, pfeifende Granaten, Kanonendonner, knarrende Kugelkästen: Welch' liebliches Konzert, alle zwei bis drei Jahre von den zivilisiertesten Nationen der Welt gespielt ... Ach du großer Gott! Wenn sie sich gegenseitig auffressen wollten, das wäre wenigstens ein Grund dafür!« Germania und Marianne als Hauptpersonen: dahinter Österreich, die Schweiz, Spanien, Italien. Hinten rechts Rußland, England. Ganz vorn die Zwerge Monaco, Andorra, San Marino. Diese Sondernummer »Illustriertes Europa« zeigt ländliche Idylle und Wettrüsten als Kontrast. Trotz aller Bemühungen (internationale Konferenzen und Verträge) stehen sich die Mächte schwer bewaffnet und drohend gegenüber; die Harmonie des Konzerts wird in ihr Gegenteil verkehrt. Germania trompetet auf der den Parisern wohlbekannten Kruppkanone. Marianne bläst in die »Orgelpfeifen« ihrer Mitrailleuse. Beide Waffen waren schon 1870/71 gründlich ausprobiert worden. Noch ist es kein Krieg, sondern nur ein alle zwei Jahre stattfindendes Manöver, hier als Generalprobe für den Ernstfall dargestellt.

U/49 **W.A. Wellner** (geb. 1859)
Völkerfrühling
Berlin, 1896
Aus: Lustige Blätter, Jg. 11, 1896,
Nr. 1 (2. Januar)
Farbdruck; 32,5 x 49 cm
München, Sammlung Ursula E. Koch

Das von Wilhelm II. entworfene, vom Malerprofessor Hermann Knackfuß 1895 ausgeführte Bild trug den Titel »Völker Europas, wahret eure heiligsten Güter«, bezogen auf die »Gelbe Gefahr«. Dieser Sachverhalt wurde in den »Lustigen Blättern« 1896 verfremdet. Die Völker Europas (von links England, Italien, Rußland, Österreich, Germania und Marianne) haben nur eine Gefahr zu fürchten: den mit der Reaktion verbundenen Militarismus. Dieser Feind steht bereits in Flammen. Aus dem streitbaren Erzengel Michael (bei Knackfuß) ist ein Friedensengel geworden. Aus der einen rassistischen Krieg im Fernen Osten propagierenden Zeichnung (Zurückdrängung Japans, Besetzung chinesischer Häfen durch europäische Mächte) ist ein pazifistisches Manifest geworden. Dennoch haben alsbald deutsche, französische, russische und britische Truppen in China Fuß gefaßt (1897), um sich dort einige Gebiete als Kolonien anzueignen.

U/50 **B. Beck**
Nicht hinüberschauen, mon cher ami, denn das thut mir wehe. Ich hab' Dich ja so sehr lieb!
München, 1896
Aus: Die Geißel. Der Bayer. Kladderadatsch, Jg. 2, 1896, Nr. 44 (31. Oktober)
Reproduktion; München, Bayerische Staatsbibliothek
(Per 4° 7 rm)

1892 wurde zwischen Frankreich und Rußland ein Militärbündnis abgeschlossen, als Gegenstück zu dem bereits seit 1883 existierenden und 1887 bestätigten Dreierbund zwischen Deutschland, Österreich und Italien. Anfang Oktober 1896 weilte Zar Nikolaus II. zum Staatsbesuch in Paris. Zu seinen Ehren wurden glänzende Feste gegeben, die das internationale Prestige der französischen Republik in Europa erhöhten. Die Karikatur scheint dazu bestimmt, diesen Eindruck abzuschwächen, obwohl Rußlands Bündnistreue nicht angezweifelt werden konnte.

U/51 **Max Engert** (geb. 1859)
Vom europäischen »Gleichgewicht«. Ein militärisch-patriotisches Jongleurstückchen
München, 1897
Aus: Süddeutscher Postillon, Jg. 16, 1897, Nr. 4 (Februar)
Reproduktion; München, Bayerische Staatsbibliothek (Per 4° 15 gr)
Abb. S. 74

Wettrüsten zwischen Frankreich und Deutschland aufgrund der bestehenden Militärbündnisse. Das deutsche Militärbudget wird erhöht (besonders für die Artillerie, daher die Kanonenkugeln). Auf dem Bild eine doppelte Konfrontation: 1.) Zwischen zwei Damen, Germania mit Pickelhaube und Marianne mit Hahnenkamm. 2.) Zwischen diesen kriegerischen Nationalfiguren und dem friedliebenden Volk (ein Arbeiter und ein Mädchen mit Freiheitsmütze); der Proletarier droht mit sozialem Aufstand.

U/52

U/52 **Paul Halke** (geb. 1866)
Pyramus und Thisbe
Berlin, 1901
Aus: Ulk, Jg. 30, 1901, Nr. 25 (21. Juni)
Reproduktion; Berlin, Zentral- und Landesbibliothek Berlin, Berliner Stadtbibliothek (XIV 16665)

Das von Ovid besungene Liebespaar aus Babylon (Kinder feindlicher Nachbarn) war zu nächtlicher Zusammenkunft an einem Spalt der gemeinsamen Hauswand verabredet. Shakespeare hat dieses Motiv im »Sommernachtstraum« humoristisch behandelt. Im »Ulk« erscheint das Thema politisiert. Die Hauswand »Elsaß-Lothringen« ist für das Paar Deutschland-Frankreich ein trennendes Hindernis. Seit 1871 lebten die Elsaß-Lothringer unter dem Diktaturparagraphen, der dem deutschen Statthalter außergewöhnliche Machtbefugnisse zuerkannte. 1900 wurde die Aufhebung dieses Zustandes vom Reichstag vergeblich gefordert, daher die deutschfeindliche Stimmung in Frankreich und Elsaß-Lothringen.

U/53

U/53 **Auguste Roubille** (1872-1955)
John Bull: Ton ami n'est pas jaloux?
Marianne: Lui! s'en fiche pas mal, pourvu que je casche ...
(John Bull: Ist dein Freund nicht eifersüchtig? Marianne: Dem ist das ziemlich egal; Hauptsache, ich bleche für ihn)
Paris, 1903
Aus: Le Canard sauvage, Jg. 1, 1903, Nr. 17 (12.-18. Juli)
Reproduktion; Paris, Collection Raymond Bachollet

Frankreich ist seit 1892 mit Rußland verbündet, das vom Gelde französischer Anleihen lebt. 1903 kommt König Eduard VII. zum Staatsbesuch nach Paris; er versteht es, die zuvor reservierte öffentliche Meinung für England zu gewinnen. 1904 wurde die »Entente cordiale« unterzeichnet. Nun ist Paris das Zentrum der europäischen Politik geworden, was unter Bismarck Berlin gewesen war. Das Satireblatt »Le Canard sauvage« stellt Mariannes Dreiecksverhältnis als Halbweltbeziehung dar.

U/55

U/57

U/54   **Frankreich bietet sein edelstes Produkt Deutschland dar!**
München, 1905
Aus: Jugend, Jg. 10, 1905, Nr. 14 (April)
Fotolithographie; 30 x 22,5 cm
München, Sammlung Ursula E. Koch
Abb. S. 75

Die Firma Henkell (Mainz) gehörte zu den eifrigsten Inserenten der »Jugend« und des »Simplicissimus«. Die illustrierte Anzeige hat eine doppelte Aufgabe: Emotionen zu wecken (hier die deutsch-französische Freundschaft) und für Henkells deutschen Sekt zu werben, der zwar kein echter Champagner sein kann, aber immerhin mit »Gewächsen aus der Champagne« hergestellt wird.

U/55   **August Haidjuk**
Plus und Minus
Berlin, 1912
Aus: Ulk, Jg. 41, 1912, Nr. 24 (14. Juni)
Reproduktion; Berlin,
Zentral- und Landesbibliothek
Berlin, Berliner Stadtbibliothek
(XIV 166665)

Eine der zahlreichen deutschen Anspielungen auf Frankreichs Geburtenrückgang und dessen militärische Folgeerscheinungen. Germania erscheint als mythologische Gestalt mit Krone und Schwert wie auf den damaligen Nationaldenkmälern. Ihr Kinderreichtum deutet auf Deutschlands erwartete Machterweiterung hin, zwei Jahre vor Ausbruch des Ersten Weltkrieges. Marianne erscheint als kinderlose Modedame. Das Wortspiel »Addition-Division« bezieht sich auf Deutschlands ständige Heeresvermehrung (seit dem Gesetz vom 19. März 1899).

U/56   **Max Richter** (geb. 1860)
Das Pariser Rattenorakel
Berlin, 1914
Aus: Ulk, Jg. 43, 1914, Nr. 38 (Kriegsnummer 7; 18. September)
Lithographie; 31,2 x 23 cm
München, Institut für Kommunikationswissenschaft (Zeitungswissenschaft) der Universität München (W 127)

In Analogie zum Gänseblümchenorakel (Gretchen in Goethes »Faust«) befragt Marianne das Rattenorakel, eine Anspielung auf Ratten als Nahrungsmittel während der Belagerung von Paris 1870/71, die mit Frankreichs Niederlage endete. Marianne zweifelt, ob ihre Verbündeten sie vor der deutschen Invasion retten können. Als diese »Kriegsnummer« in Druck ging, hatte Frankreich mit Hilfe englischer Truppen die Marneschlacht bereits gewonnen. Die Zeichnung ist dazu bestimmt, die tatsächliche Kriegslage zu verschleiern.

U/57   **Franz Jüttner** (1865-1926)
Viktoria!
Berlin, 1914
Aus: Lustige Blätter, Jg. 29, 1914, Nr. 52 (30. Dezember)
Reproduktion; Dortmund,
Bibliotheken der Stadt Dortmund,
Institut für Zeitungsforschung
(IZs 57/258)

»Weihnachten sind wir wieder zu Hause«, so hieß es bei Kriegsausbruch am 1. August 1914. Da sich diese Hoffnung nicht erfüllt hat, versucht die gepanzerte Germania (mit dem Eisernen Kreuz im Diadem), durch Bleigießen in der Sylvesternacht die Zukunft zu ergründen. Das flüssige Blei erstarrt zur Siegesgöttin mit erhobenem Lorbeerkranze. Da gibt es nur eine Deutung: Das neue Jahr wird Deutschland den Sieg bringen. Der Zeichner und Versemacher gibt diese Interpretation wenige Monate nach der verlorenen Marneschlacht, welche Deutschlands Siegesaussichten als fragwürdig erscheinen läßt. Die Verse lauten: »Nach liebem Brauch, der alt und gut, / Sitzt heute ihr an euren Tischen. / Das Blei fällt in die kühle Flut / Mit Zischen. / Und schaun sie vielgestaltig aus, / Die Formen, die der Flut entstiegen, / Sie deutet jedes deutsche Haus: / Wir siegen! «

U/58   **Adolphe Willette** (1857-1926)
Mauvaise graine, mais bon engrais
(Unkraut, aber guter Dünger)
Paris, 1915
Aus: Le Rire rouge (Titel von »Le Rire« während der Kriegsjahre),
Jg. 21, 1915, Nr. 43 (11. September)
Reproduktion; Paris, Collection
Raymond Bachollet
Abb. S. 111

Eine Szene aus der Zeit des Stellungskrieges, als ganze Kompanien in den unter Artilleriebeschuß einstürzenden Schützengräben versanken, wobei nur noch Helmspitzen und Bajonette herausragten. Marianne schaufelt Erde auf die deutschen Soldatenleichen und meint, damit würde der französische Boden umso fruchtbarer werden. Über ihren eigenen Helm hat sie eine Freiheitsmütze gestülpt; sie trägt Militärhosen und ein Seitengewehr. Die Brüste unverhüllt wie auf dem großen Vorbild von Delacroix »Die Freiheit führt das Volk!« (1831). Wie bei allen Kriegsnummern von »Le Rire« handelt es sich auch hier um eine »rote« Nummer.

U/59

U/59   **Hérouard**
(eigentl. Chéri-Louis-Marie-Aimé
Haumé; geb. 1881)
L'inutile cadeau
(Das unnütze Geschenk)
Paris, 1915
Aus: La Baïonnette, Jg. 1, 1915,
Nr. 6 (12. August)
Zinkographie; 31 x 23,7 cm
Paris, Collection Raymond Bachollet

Ein Beitrag aus der Sondernummer »Elégances berlinoises«: Gretchen-Germanias Lebensgefährte hat Heimaturlaub. Als Mitbringsel hat er angeschleppt, was er im Feindesland zusammenraffen konnte. Uhren (wie schon 1870/71), Schmuck aller Art, seidene Unterwäsche, eine elegante Einholtasche und als Glanzstück ein Paar wunderschöne Schuhe nach neuester Pariser Mode. Sie schlägt die Hände zusammen vor Freude. Ein Blick auf ihre Füße erklärt uns den Titel der Zeichnung.

U/60   **Charles Lucien Léandre**
(1862-1934)
Leurs ventres (Ihre Bäuche)
Paris, 1915
Aus: La Baïonnette, Jg. 1, 1915,
Nr. 19 (Sondernummer:
11. November)
Zinkographie; 31 x 23,7 cm
Paris, Collection Raymond Bachollet
Abb. S. 109

Hier wird Germanias Bauch vorgestellt, der sich unterhalb ihres gepanzerten Busens aufbläht. Gefüllt ist er mit Fetzen Papier (Anspielung an Reichkanzlers Theobald von Bethmann Hollwegs Rechtfertigung für den Bruch des belgischen Neutralitätsvertrags durch Deutschland 1914); dann mit Bier, Sauerkraut, Würsten und Galle. Weiter unten die im besetzten Nordfrankreich beschlagnahmten Gegenstände aus kriegswichtigem Metall (Gold, Kupfer, Zink) sowie eine gestohlene Pendeluhr (wie schon 1870/71). Großen Raum in Germanias Unterleib nehmen die Giftgasbomben ein. Ganz unten die Harnblase mit der Aufschrift »Nachtwächterlaterne (deutsche) Kultur«.

U/61   **Gustave X. Wendt** (1870-1945)
Leur Superbluff: La Guerre
sous-marine à outrance
(Ihr Superbluff:
Der uneingeschränkte U-Bootkrieg)
Paris, Februar 1917
Aquarell (Blatt 39 einer Serie);
47 x 63 cm
München, Sammlung Ursula E. Koch

Elsa (= Germania) der Ohnmacht nahe, erblickt ihren Retter, Lohengrin (= Kaiser Wilhelm II.) auf seinem »Nachen« (ein U-Boot), den kein Schwan, sondern ein Meerungeheuer zieht (Lohengrin Akt I, Szene 3). Elsa: »Kaiser, mein schöner Kaiser, was bringst du mir?« Lohengrin: »Alle Delikatessen der Ostsee, Seehunde, Pinguine. Laß uns singen: Es lebe der Überfluß« (Anspielung auf das Jahr 1917: Kohlrübenwinter und U-Bootkrieg). Vorne links der böse Graf Telramund; er trägt Hindenburgs Züge. Germania wird »Elsaboche« genannt, damit das Schimpfwort für die Deutschen (Boche) zur Geltung kommt. Moral der Geschichte: Der U-Bootkrieg hat die Hungersnot nicht verhindern können.

U/62   **W.A. Wellner** (geb. 1859)
Frankreichs Selbstmord
Berlin, 1917
Aus: Lustige Blätter, Jg. 32, 1917,
Nr. 21 (Kriegsnummer 146; 21. Mai)
Reproduktion; Dortmund,
Bibliotheken der Stadt Dortmund,
Institut für Zeitungsforschung
(IZs 57/258)
Abb. S. 114

1917 war ein kritisches Jahr für Frankreich, dessen Soldaten die Hauptlast des mörderischen Krieges an der Westfront trugen. Bei Kriegsbeginn gab es in Großbritannien noch keine Wehrpflicht; erst nach und nach wurde das zunächst kleine britische Expeditionskorps vermehrt. Daher die Idee des Zeichners: Waffenbrüderschaft mit England sei selbstmörderisch für Marianne, die hier als Kleopatra auftritt, jene ägyptische Königin, die, von Rom besiegt, durch einen Giftschlangenbiß ihrem Leben ein Ende setzte. Obendrein dient hier die britische Flagge des Union Jack als Schlangenhaut.

U/63   **Lucien Métivet** (1863-1932)
Marianne et Germania. Histoire
d'un Bonnet et d'un Casque
(Marianne und Germania. Geschichte
einer Mütze und eines Helms)
Paris, 1918
Aus: La Baïonnette, Jg. 4, 1918,
Nr. 146 (18. April)
Zinkographie; 31 x 23,7 cm
Paris, Collection Raymond Bachollet
Abb. S. 76

Titelseite mit Darstellung der beiden Symbolgestalten. Marianne, jung, schön und strahlend mit Freiheitsmütze, und Germania, häßlich, verklemmt, brillt mit preußischer Pickelhaube. Oben auf den Bilderrahmen: links der krähende gallische Hahn, rechts der gekrönte deutsche Adler mit gierig aufgerissenem Schnabel. Der linke Rahmen ist mit Lorbeer geschmückt, der rechte ähnelt einer gekrümmten Reitpeitsche. An der Westfront ging damals die deutsche Frühjahrsoffensive zu Ende und Ferdinand Foch wurde zum Generalissimus der alliierten Streitkräfte ernannt. Der Krieg sollte alsbald in seine Endphase eintreten.

U/64   **Adolphe Willette** (1857-1926)
J'apporte la civilisation!
(Ich bringe die Zivilisation!)
Paris, 1918
Aus: Le Rire rouge, Jg. 25, 1918,
Nr. 210 (23. November)
Reproduktion; Paris,
Collection Raymond Bachollet

Die am 1. August 1914 (Kriegsbeginn) abgelieferte Zeichnung wurde erst kurz nach dem Waffenstillstand von 1918 veröffentlicht. Anlaß war ein noch vor Kriegsausbruch in dem Berliner national-liberalen Blatt »National-Zeitung« erschienener Artikel, worin mit einem deutschen Angriff gedroht wird: »Diesmal wird Deutschland sich auf Frankreich stürzen, um sich schadlos zu halten; aber nicht so wie vor 44 Jahren! Nicht fünf Milliarden wird es

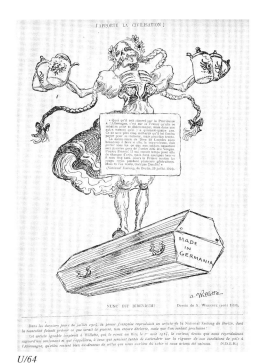

U/64

zahlen müssen, um sich loszukaufen, sondern vielleicht 30 Milliarden...«. Germania schwebt als Skelett auf einem Sarg nach Frankreich hinein. Adlergeschmückte Bierkrüge versinnbildlichen die Symbole der »Zivilisation«. Das Bild soll die Bedingungen für den Waffenstillstand rechtfertigen.

U/65   **Arthur Johnson** (1874-1954)
Clémenceau, der Vampyr
Berlin, 1919
Aus: Kladderadatsch, Jg. 72, 1919,
Nr. 15 (13. April)
Zweifarbendruck; 33 x 24 cm
München, Sammlung Ursula E. Koch

Die geschlagene Germania hat Stahlhelm, Schwert und Adlerschild abgelegt. Sie liegt auf dem Krankenbett. Georges Clemenceau, als Blutsauger dargestellt, setzte damals mit Präsident Wilson und Premierminister Lloyd George in Versailles die Friedensbedingungen fest, von denen der Zeichner annimmt, nun würde Deutschland ausgeblutet werden. Am Erscheinungstage der Zeichnung war die deutsche Delegation zur Entgegennahme des Vertragstextes eingeladen worden. Ähnlich wie 1871 nach dem deutschen Siege gab es auch 1919 ein »Versailler Diktat«.

U/66   **Nob** (eigentl. Marie Albert Roblot; 1880-1935)
Germania ose se plaindre:
Mein Gott! Marianne, veux-tu donc me ruiner?
(Germania wagt sich zu beklagen:
Mein Gott! Marianne, willst du mich ruinieren?)
Paris, 1919
Aus: Le Rire, Jg. 25, 1919, Nr. 20 (17. Mai)
Reproduktion; Paris,
Collection Raymond Bachollet
Abb. S. 77

Mitte Mai 1919 wurden die Versailler Friedensbedingungen publiziert, worauf die deutsche Regierung gegen den »Gewaltfrieden« protestierte. Das siegreiche Frankreich war weißgeblutet (anderthalb Millionen Gefallene, fast ebensoviel wie das erheblich volkreichere Deutschland). Das französische Industriepotential war zum großen Teil zerstört. Hohe Wiedergutmachungsforderungen waren zu erwarten; doch diese sind erst später festgesetzt worden. Das Bild zeigt Marianne inmitten von zerstörten französischen Ortschaften und Germania auf deutschem Boden, mit intakten Häusern und rauchenden Fabrikschloten.

U/67   **Marcus** (eigentl. Otto Markus; 1863-1952)
Schutz der Republik
Stuttgart, 1922
Aus: Der Wahre Jacob, Jg. 39, 1922, Nr. 939 (28. Juli)
Reproduktion; Dortmund,
Bibliotheken der Stadt Dortmund,
Institut für Zeitungsforschung
(IZs 57/39)

Der Titel deutet auf das »Gesetz zum Schutze der Republik«, welches am 21. Juli 1922 zum Schutze des Lebens von Regierungsmitgliedern erlassen wurde. Anlaß war die Ermordung des Reichsaußenministers Walther Rathenau durch zwei rassistisch-rechtsradikale Ex-Offiziere am 24. Juni 1922. Das Gedicht, dessen Anfang dem Burschenschaftslied des August Daniel von Binzer entstammt (1819), bezieht sich jedoch ausschließlich auf die Sozialdemokratie, die sich seit November 1918 als die staatstragende Partei der Weimarer Republik betrachtete.

U/67

U/68   **Karl Holtz** (1899-1978)
Aber, Frau Germania, Sie sind ja ganz aus der Verfassung geraten!
Berlin, 1925
Aus: Lachen links, Jg. 2, 1925, Nr. 32 (7. August)
Reproduktion; Dortmund,
Bibliotheken der Stadt Dortmund,
Institut für Zeitungsforschung
(IZs 53/476)

Germania ist ähnlich wie in französischen Karikaturen mit gepanzerten Brüsten ausgestattet. Ihr Unterrock trägt nicht die Farben der Republik, sondern das Schwarz-weiß-rot des verflossenen Kaiserreichs. Denn am 26. April 1925 war der monarchistisch gesinnte Generalfeldmarschall Paul von Hindenburg zum Reichspräsidenten gewählt worden. Trotzdem blieb der 11. August Nationalfeiertag, denn 1919 war an diesem Datum die Verfassung der Republik in Kraft getreten. Unten rechts freut sich ein konservativer Politiker (mit Monokel, im Gehrock) über den Wahlerfolg des »Retters«, der acht Jahre darauf Totengräber der Republik werden sollte.

U/69 **Olaf Gulbransson** (1873-1958)
Die schwarze Besatzung
München, 1920
Aus: Simplicissimus, Jg. 25, 1920,
Nr. 11 (9. Juni)
Reproduktion; München, Bayerische
Staatsbibliothek (2 Per. 18 pd-25)

»Die schwarze Besatzung« ist ein in Satireblättern verschiedener Tendenz veröffentlichtes Motiv, auch im »Wahren Jacob« (SPD) und im »Kladderadatsch« (konservativ). Modell ist stets die Skulptur des Pariser Bildhauers Emanuel Frémiet »Raub eines Weibes durch einen Gorilla« (1887). Die Unterschrift der Zeichnung weist auf senegalesische Soldaten hin, die zu den französischen Besatzungstruppen im Rheinland gehörten (1919-30). Schon 1870 tritt dieses rassistische Thema der vergewaltigten Germania in Deutschlands Presse auf. Stets handelt es sich um afrikanische Soldaten, die in Frankreichs Heeren eingesetzt wurden.

U/70 **Werner Hahmann** (1883-1951)
Pfingstfahrt am Rhein 1930
Berlin, 1930
Aus: Kladderadatsch, Jg. 83, 1930,
Nr. 23 (8. Juni)
Farbdruck; 32 x 23,5 cm
München, Institut für
Kommunikationswissenschaft
(Zeitungswissenschaft) der
Universität München (W 60)

Ende Mai räumten die letzten französischen Besatzungstruppen das Rheinland, fünf Jahre vor dem in Versailles festgesetzten Termin, eine Geste der Versöhnung, die vom Zeichner nicht als solche empfunden wurde. Eine fette, alberne Marianne wird vom obligaten afrikanischen Soldaten und einem senilen französischen General über den Rhein in Richtung Grenze befördert. Der am Wickel gefaßte gallische Hahn scheint durch sein Krähen zu protestieren. Auch hier ruft der »Kladderadatsch« zum Franzosenhaß auf.

U/71 **Oskar Garvens** (1874-1950)
Faust und Gretchen
Berlin, 1926
Aus: Kladderadatsch, Jg. 79, 1926,
Nr. 47 (21. November)
Farbdruck; 32 x 23,5 cm
München, Institut für
Kommunikationswissenschaft
(Zeitungswissenschaft) der
Universität München (W 60)

U/70

Wie so oft in der deutschen und französischen Satire spielt Germania auch hier, in der Gestalt Stresemanns, ihre Gretchenrolle (Faust, Vers 3519-3520). Aristide Briand, Frankreichs Außenminister, tritt als verschmitzter Faust und der an Monokel und Gebiß erkennbare britische Außenminister Sir Joseph Austen Chamberlain als grinsender Mephisto auf. Es geht um die Deutsche Reichsbahn, die laut Versailler Vertrag für die Kriegsschulden haftete. Die damit verbundenen Zinszahlungen (für »Eisenbahn-Obligationen«) betrugen 660 Millionen Mark pro Jahr, bis 1930 die Reparationszahlungen aufhörten. Gustav Stresemann wird hier wegen seiner Methode, den Versailler Vertrag auf friedlichem Wege zu revidieren, verspottet.

U/72 **Nob** (eigentl. Marie Albert Roblot; 1880-1935)
Tu penses encore à tout ça, depuis 10 ans?
(Du denkst noch immer an das alles zurück, jetzt, nach zehn Jahren?)
Paris, 1927
Aus: Ruy Blas (1. August)
Farbdruck; 24,7 x 21 cm
München, Sammlung Ursula E. Koch

Am 22. Juli teilte die französische Regierung dem Generalsekretär des Völkerbundes offiziell mit, daß die 1919 eingesetzte alliierte militärische Kontrollkommission ihre Tätigkeit in Deutschland beendet habe. Das bürgerliche Satirewochenblatt zeigt die grinsende Germania, die den kriegsverletzten Franzosen dazu auffordert, zehn Jahre nach der mörderischen Schlacht von Verdun »das alles« zu verdrängen. Im Hintergrund links ein Soldatenfriedhof, rechts eine brennende französische Stadt. Eine Attacke gegen die 1925 in Locarno begonnene Revision des Versailler Vertrags.

U/73 **Arthur Johnson** (1874-1954)
Young-Plan. In Ketten geboren
Berlin, 1929
Aus: Kladderadatsch, Jg. 82, 1929,
Nr. 44 (3. November)
Farbdruck; 32,5 x 23,5 cm
München, Institut für
Kommunikationswissenschaft
(Zeitungswissenschaft) der
Universität München (W 60)

Die Vorlage für die Darstellung Germanias als tote Mutter ist die Radierung von Max Klinger (1889). Der Karikaturist fügt dem Originalbild die Kette hinzu; eine Anspielung auf den Youngplan zur Tilgung der deutschen Reparationsschuld in 58 Jahresraten von je etwa zwei Milliarden Mark, also von 1930 bis 1988! Eine astronomische Summe, die Deutschland weder bezahlen konnte noch wollte. Dieser am 2. November 1929 dem Reichstag vorgelegte und am 13. März 1930 beschlossene Plan wurde nicht durchgeführt (1930/31: »Reparationsfeierjahr«; 1932: juristisch untermauertes Ende der Reparationen).

U/74 **Ralph Soupault** (1904-1962)
Allemagne éveille toi!!
(Deutschland erwache!!)
Paris, 1930
Aus: Le Charivari, Jg. 98, 1930,
Nr. 226 (25. Oktober)
Farbdruck; 27,5 x 21,5 cm
Paris, Christian Delporte

Bei den Reichstagswahlen vom 14. September 1930 hatte sich die Zahl der NS-Abgeordneten fast verzehnfacht (von 12 auf 107 Sitze)! Der Stimmenanteil der NSDAP war von zwei auf neunzehn Prozent gestiegen. Daher die Schockwirkung in ganz Europa. Der Zeichner weist auf den wiedererwachten deutschen Militarismus. Im Hintergrund Fabrikschlote der Rüstungsindustrie. Im Vordergrund Germania auf einer Matratze aus Kanonenrohren. Sie räkelt sich aus dem Schlaf, indem sie sich auf ihr Schwert stützt.

U/75 **Hans-Maria Lindloff** (1878-1960)
Affentheater
Berlin, 1931
Aus: Kladderadatsch, Jg. 84, 1931,
Nr. 33 (16. August)
Farbdruck; 32 x 23,5 cm
München, Institut für
Kommunikationswissenschaft
(Zeitungswissenschaft) der
Universität München (W 60)

Der Ausdruck »Affentheater« geht auf Kaiser Wilhelm II. zurück, er bezeichnete so den deutschen Reichstag. Hier betrifft er die als wirkungslos beurteilte Zusammenkunft deutscher Sozialdemokraten und französischer Sozialisten anläßlich des Kongresses der Sozialistischen Arbeiter-Internationale (Zweite Internationale) in Wien vom 25. Juli bis 1. August, deren Hauptthema die Abrüstung war.

U/76 **Werner Hahmann** (1883-1951)
Tant de bruit pour une omelette
(So viel Lärm um ein Omelette)
Berlin, 1932
Aus: Kladderadatsch, Jg. 85,
1932 (17. Juli)
Reproduktion; München, Bayerische
Staatsbibliothek (2 Per. 13-85)
Abb. S. 77

Das Frauenstimmrecht gibt es in Frankreich erst seit 1944. Am 12. Februar 1932 hatte die französische Deputiertenkammer sich für dessen Einführung ausgesprochen. Doch wurde dieser Beschluß sofort vom Senat blockiert. Marianne mokiert sich darüber, denn längst beherrscht sie die Männer mit ihrer Peitsche, besonders den vergreisten alten Herrn, der den Völkerbund verkörpert, den die deutschen Rechtsparteien als eine Frankreich unterworfene Organisation betrachteten.

U/77 **Roger Chancel** (1899-1977)
En marche vers le Golgotha.
Le calvaire de la République
Allemande ... Croix de fer ...
Croix de bois ... gammées
(Auf dem Marsch nach Golgatha.
Der Kreuzweg der deutschen
Republik ... Eiserne Kreuze ...
Holzkreuze ... Hakenkreuze)
Paris, 1932
Aus: Le Rire, Jg. 38, 1932, Nr. 699
(25. Juni)
Offset; 31 x 23 cm
Paris, Collection Raymond Bachollet

Fünf Tage vor Erscheinen der Zeichnung hatte der verfassungswidrige »Preußenputsch« stattgefunden, der die republikanische Regierung Preußens entmachtete. Der Weg Germanias, in Gestalt der vom Tode gezeichneten Republik, verläuft von Kriegsauszeichnungen über Soldatenfriedhöfe zur kommenden Hakenkreuzdiktatur, welche durch die militärische Herrenkaste in Marsch gesetzt wird. Die damalige Verbindung zwischen den Konservativen und der Hitlerbewegung wird deutlich gemacht.

U/78 **Sennep** (eigentl. Jean-Jacques
Pennès; 1894-1982)
Les ... scORPIONS. Essai d'histoire
naturelle contemporaine
(Die ... Skorpione. Ein Essay zur
Naturgeschichte unserer Zeit)
Album
Paris: Polosse, Juli 1933
Zinkographie; 30,5 x 23,5 cm
Paris, Collection Raymond Bachollet

Die fette Marianne wird von »Scorpions« gejuckt; gemeint sind natürlich »Morpions«, d.h. Filzläuse, die sich, so der Zeichner in seinem »Essay«, »an besonders heißen Stellen des männlichen und weiblichen Körpers einnisten«, vorwiegend bei »schmutzigen Individuen«. Unter den Filzläusen erkennt man Edouard Herriot, den linksliberalen Politiker, Ende 1932 als Regierungschef zurückgetreten, sowie Léon Blum, als Vorsitzender der sozialistischen Partei der wichtigste Oppositionsführer und spätere Regierungschef. Beide werden als Parasiten der Republik geschildert. Hintergedanke ist, daß Frankreich gegenüber Hitlerdeutschland bessere Staatsmänner brauche.

U/79 **Arthur Johnson** (1874-1954)
Frühlingsanfang.
Das Groß-Reinemachen
Berlin, 1933
Aus: Kladderadatsch, Jg. 86, 1933,
Nr. 14 (2. April)
Farbdruck; 32 x 23,5 cm
München, Institut für
Kommunikationswissenschaft
(Zeitungswissenschaft) der
Universität München (W 60)

Kurz nach dem Reichtagsbrand, den Terrorwahlen vom 5. März und dem gefälschten Wahlergebnis hatte Hitler seine Mehrheit fabriziert und konnte die Republik abschaffen. Am 1. April 1933 beginnt der »allgemeine Judenboykott«, erster Schritt in Richtung Auschwitz! Tags darauf sieht man hier auf

U/81

dem Titelblatt Germania als Reinmachefrau, wie sie die als rotes Ungeziefer dargestellten Oppositionspolitiker wegfegt. Wohin? Ins KZ (Mülleimer vorne links)! Germania trägt ein hakenkreuzgeschmücktes Kopftuch, denn »Ehrfurcht weckt dem Reinen ein heiliges Symbol« (oben rechts).

U/80 **Paul Iribe** (1883-1935)
Entretiens franco-allemands. Le petit
Chaperon bleu-blanc-rouge:
»Grand'mère Germaine, comme
vouz avez de longues dents ... «
(Deutsch-französische
Unterhaltungen. Das kleine
Blau-Weiß-Rotkäppchen:
»Großmutter Germania,
was hast du für lange Zähne ... «)
Paris, 1933
Aus: Le témoin, Jg. 1, 1933, Nr. 4
(31. Dezember)
Offset; 34,7 x 46 cm
Paris, Collection Raymond Bachollet
Abb. S. 78

Die von Charles Perrault (17. Jahrhundert) stammende, in Grimms Kindermärchen aufgenommene Rotkäppchenfigur wird als Marianne aktualisiert, Germania als Wolf in Großmuttergestalt gleichfalls. Denn vierzehn Tage vor Erscheinen der Zeichnung hatte Hitler an

U/81 **Paul Iribe** (1883-1935)
L'accord franco-soviétique: »Ivan, comme tu a changé!« – »Marianne, comme tu n'a pas changé!«
Das französisch-sowjetische Abkommen: »Iwan, wie hast du dich verändert!« – »Marianne, du hast dich ja gar nicht verändert!«
Paris, 1934
Aus: Le témoin, Jg. 2, 1934, Nr. 7 (21. Januar)
Reproduktion; Paris, Collection Raymond Bachollet

die Westmächte eine Note gerichtet, worin er die Erhöhung des Truppenbestandes der Reichswehr von 100 000 auf 300 000 Mann ankündigte.

Eine Anspielung auf das erste Bündnisangebot Frankreichs an die Sowjetunion (Dezember 1933). Nach längeren Verhandlungen kam es schließlich am 2. Mai 1934 zum Abschluß eines förmlichen Vertrages. Der rechtsgerichtete Zeichner war Gegner dieser Bündnispolitik und zeigt Marianne angstvoll verwundert, denn sie denkt an die russisch-französische Allianz aus der Zeit des Zarentums zurück (1892). Iwan wird als bolschewistischer Gewalttäter dargestellt, der auf Mariannes Geldschrank losgeht, ohne diplomatische Formen zu wahren.

U/82 **Seppla** (eigentl. Sepp Plank, geb. 1896)
Titulescus »zunehmende Wirklichkeiten«
München, 1935
Aus: Die Brennessel, Jg. 5, 1935, Nr. 5
Reproduktion; Berlin, Staatliche Museen zu Berlin, Kunstbibliothek (Lipp Zb 316)

U/82

Rumäniens Außenminister erklärte am 9. Mai 1935, daß der ein Jahr zuvor unterzeichnete Beistandspakt zwischen Frankreich und der Sowjetunion »dazu berufen scheint«, den Frieden in Europa zu sichern; er bezieht sich dabei auf die »politischen Schöpfungen, die aus dem Weltkrieg hervorgegangen sind«. Gemeint sind die drei Staaten der »Kleinen Entente«, die Tschechoslowakei, Jugoslawien und Rumänien, deren Staatsgebiet durch die Verträge von 1919 fast verdoppelt worden war. Der Zeichner schildert, wie kräftig »Iwan« Marianne im Griff hält und wie der Zwerg Titulescu sich lautstark auf den Versailler Vertrag beruft, der seit einem Monat durch die Wiedereinführung des Wehrdienstes in Deutschland zerfetzt ist.

U/83 **Wilhelm Schulz** (1865-1952)
Deutschland an Frankreich
München, 1936
Aus: Simplicissimus, Jg. 40, 1936, Nr. 52 (22. März)
Reproduktion; München, Institut für Kommunikationswissenschaft (Zeitungswissenschaft) der Universität München (W 105)

Grenzzaun mit Blick auf Straßburg: Germania, nach der Mode des Dritten Reichs frisiert und gekleidet, redet lebhaft auf die mißtrauische Marianne ein. Typisches Bild der verlogenen Friedensbeteuerungen Hitlers gegenüber Frankreich. Zwei Wochen vor Erscheinen dieser Zeichnung hatte Deutschland das entmilitarisierte Rheinland besetzt: also ein Bruch der Verträge (Versailles und Locarno) und eine unmittelbare Bedrohung Frankreichs. Germanias und Mariannes Kinder müßten »friedlich zusammenleben«, wird dennoch mit erhobenem Zeigefinger beteuert!

U/84 **Fips** (eigentl. Philipp Ruprecht; geb. 1900)
Gedemütigtes Frankreich
Nürnberg, 1939
Aus: Der Stürmer, Jg. 17, 1939, Nr. 27 (Juli)
Reproduktion; München, Institut für Kommunikationswissenschaft (Zeitungswissenschaft) der Universität München (VIIIa 497)
Abb. S. 108

Allwöchentlich schüttete das Hetzblatt »Der Stürmer« ganze Fluten von Schmutz und Schlamm über die Juden aus. Louis-Ferdinand Céline, bekannter Schriftsteller und wütender Antisemit, wird hier hochgespielt als Autor von Pamphleten, in denen ein geradezu neurotischer Rassenhaß zum Ausdruck kommt: »Bagatellen für ein Massaker« (1937) und »Die Schule der Leichen« (1938). Céline fordert darin die Judenvertreibung und eine Allianz mit Hitler. Die Zeichnung (Marianne durch Juden zur Hure erniedrigt) enthält das Thema der sogenannten Rassenschande, ein Leitmotiv im »Stürmer«, dessen Herausgeber, Julius Streicher, 1946 in Nürnberg als Kriegsverbrecher gehenkt worden ist.

U/85 **Heinrich Vogeler** (1872-1942)
Ein faschistischer Maler wird von der Muse geküßt
Moskau, 1941
Reproduktion; Berlin, Staatliche Museen zu Berlin, Kupferstichkabinett (SZ 367, F III 3371)

Die Zeichnung, für eine graphische Umsetzung gedacht und ein Teil einer losen Folge von etwas 39 verwandten Arbeiten, gehört wahrscheinlich zu einer Flugblattaktion, die nach dem Überfall der Wehrmacht auf die Sowjetunion (22. Juni 1941) stattfand. Der aus Bremen stammende, seit 1931 in Moskau lebende Zeichner war mehrmals an derartigen Aktionen beteiligt. Die Karikatur richtet sich gegen die »Künstler« des Dritten Reiches und ihre Thematik. Germania hält ihr Kind, den kleinen Adolf, in den Armen. Die Muse sorgt für hohe Inspiration.

U/85

U/86   **Ralph Soupault** (1904-1962)
Dieu bénit les familles nombreuses.
N'attends pas plus longtemps, si tu
veux faire partie de la famille
(Gott segnet die kinderreichen
Familien. Warte nicht länger, wenn
du zur Familie gehören willst)
Paris, 1941
Aus: Je suis partout, 1941
(20. Dezember)
Reproduktion; Nanterre,
Bibliothèque de documentation
internationale contemporaine
(GFP 2984)
Abb. S. 112

Die Zeichnung erschien während der deutschen Besetzung im wichtigsten Wochenblatt der Kollaboration. Die mit Germania »verbündeten« Nationen sitzen um das neugeborene Baby Europa herum. Im Vordergrund links, ebensogroß wie Germania: Italien. Dahinter die ebenfalls faschistisch regierten Staaten. Marianne würde sich gerne dieser Gruppe anschließen, wird aber von Juden, Gaullisten und Freimaurern daran gehindert. Die Anspielung auf Frankreichs damaligen Geburtenrückgang paßt ins Bild. Das Blatt »Je suis partout« war auch für politische Denunziationen verantwortlich. Sein Chefredakteur, Robert Brasillach, wurde nach Frankreichs Befreiung wegen Feindbegünstigung verurteilt und hingerichtet.

U/87   **Erich Schilling** (1885-1945)
Mariannes Befreier
München, 1944
Aus: Simplicissimus, Jg. 49, 1944,
Nr. 37 (13. September)
Farbdruck; 38 x 28 cm
München, Institut für
Kommunikationswissenschaft
(Zeitungswissenschaft) der
Universität München (W 105)

Mit der Landung der alliierten Truppen in der Normandie am 6. Juni 1944 begann der fast drei Monate andauernde Kampf um die Befreiung Frankreichs nach vier Jahren deutscher Besetzung. Die Teilnahme der Partisanen des französischen Widerstands hat zum Erfolg erheblich beigetragen. Der Zeichner kehrt die wirkliche Kriegslage um: Marianne wird von einem amerikanischen und einem britischen Soldaten umgeworfen und zertreten. Letzter verzweifelter Versuch, Lügenpropaganda nicht nur in Deutschland, sondern auch im noch besetzten Norditalien zu verbreiten.

U/88   **Ludwig Wronkow** (1900-1982)
Ob sie sich meinetwegen
umbringen? Gretchen trägt den
Dolch im Busen
Hannover, 1948
Aus: Der Spiegel, Jg. 2, 1948, Nr. 41
(9. Oktober)
(Reproduktion aus »Aufbau«,
New York), Hannover
Reproduktion; München,
Institut für Kommunikationswissenschaft (Zeitungswissenschaft) der
Universität München (MIP 1)

Das zerstörte und besetzte Berlin in den Tagen der Währungsreform. Germania als Gretchen, mit Hakenkreuzen und Totenkopfhelm geschmückt, vor kurzem noch besiegt und verachtet, wird von ihren Überwindern umworben. Der Amerikaner bietet Westmark und Nylonstrümpfe, der Russe zwar nur Ostmark, aber er bringt ihr auch ein Ständchen: das lockende Lied von der deutschen Einheit. Beide Rivalen stehen vor dem Kalten Krieg. Vorsichtshalber behält Germania den Dolch im Gewande.

U/89   **Peter Dittrich** (geb. 1931)
Vor der europäischen Vereinigung
Berlin, 1957
Aus: Eulenspiegel, Jg. 4 (12), 1957,
Nr. 17 (4. Aprilheft)
Farbdruck; 36 x 25,7 cm
München, Institut für Kommunikationswissenschaft (Zeitungswissenschaft) der Universität München
(W 0209)

Am 25. März 1957 wurden in Rom die Verträge abgeschlossen, aus denen die Europäische Gemeinschaft hervorgegangen ist. Germania befindet sich damit in Wirtschaftsunion mit Frankreich, das damals noch sein ergiebiges Kolonialreich besaß. Aber der Algerienkrieg ist bereits im Gange, daher die verletzte Achillesferse des schmächtigen Franzosen in Uniform, den die kraftvolle Germania fest im Arm hält. Der Ostberliner »Eulenspiegel« war es sich schuldig, die Vernunftehe zwischen westdeutschem Kapitalismus und französischem Kolonialismus zu verspotten.

U/90   **Jacques Faizant** (geb. 1918)
Voilà une bonne chose de faite! Je
l'ai nommé IGAME de nos
provinces pacifiées d'Allemagne
(Hier eine gut vollbrachte Tat: Ich
habe ihn zum Generalgouverneur
unserer befriedeten deutschen
Provinzen ernannt)
Paris, 1963
Aus: Paris-Presse (23. Januar)
Zeichnung; 25 x 32,5 cm
Rueil-Malmaison, Jacques Faizant

General de Gaulle informiert Marianne und Premierminister Georges Pompidou über den Abschluß des deutsch-französischen »Elysée-Vertrages« (22. Januar 1963) mit Bundeskanzler Konrad Adenauer, der ein wenig verärgert nach Bonn zurückkehrt, eine Anspielung darauf, daß außenpolitische Gegensätze diesen Vertrag nicht voll zur Geltung kommen ließen. De Gaulle erstrebte eine Hegemonialstellung in Europa, während Adenauer auf die angelsächsischen Mächte Rücksicht zu nehmen hatte und sich in Paris etwas von oben herab behandelt fühlte. (IGAME = Generalinspektor der Verwaltung in außerordentlicher Mission.)

U/89

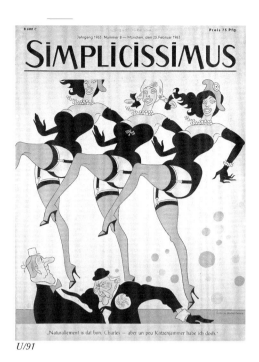

U/91

U/91 **Manfred Oesterle** (geb. 1928)
Naturallement is dat bon,
Charles – aber un peu
Katzenjammer habe ich doch
München, 1963
Aus: Simplicissimus, 1963, Nr. 8
(23. Februar)
Farbdruck; 37,5 x 28 cm
München, Sammlung Ursula E. Koch

Der 1944 eingegangene »Simplicissimus« hat von 1954 bis 1967 eine zweite Existenz erlebt. Hier zeigt General de Gaulle seinem Gast Adenauer »Paris by night«, noch dazu während des Faschings, kurz nach Unterzeichnung des Elysée-Vertrages, der dem Bundeskanzler etwas zu weit ging. Germania als Revuegirl wird gleich von zwei Mariannen umringt, als Zeichen des französischen Übergewichts bei diesem Pakt, dessen Anwendung nachträglich von deutscher Seite aus ein wenig begrenzt wurde.

U/92 **Albert Uderzo** (geb. 1927)
»Mais enfin, bobonne ... « –
»Va faire les commissions, nous parlerons de ça plus tard!«
(»Na was denn, gutes Weibchen?« – »Davon reden wir später. Los, mach jetzt die Besorgungen!«)
Aus: Astérix et les Goths, Paris: Dargaud S.A. 1963
Reproduktion;
München, Sammlung Ursula E. Koch

Asterix, Frankreichs komischer Nationalheld, führt zunächst den Widerstandskampf der Gallier gegen die Römer (Comic strip 1959). Später legt er sich mit den Germanen an; diese werden als »Goten« bezeichnet. Einer ihrer Häuptlinge ist zwar sehr tapfer, wird aber von seiner zänkischen Gattin beherrscht. Die Szene spielt im 5. Jahrhundert, wo zum ersten Male eine streitbare Germania auftaucht, allerdings in einem 1963 erschienenen Comic strip! Die Kuchenrolle ist heute noch Waffe der Furien.

U/93 **Fritz Behrendt** (geb. 1925)
»SIE könnten viel toleranter sein!«
(Euro-Disput)
1981
Feder, Tinte, Tusche, lithographische Kreide; 24,5 x 30,5 cm
Amsterdam, Fritz Behrendt

Britannia (Mrs. Thatcher?), Marianne, Germania, Batavia und Italia pöbeln sich gegenseitig an, »Euro-Disput«, bei dem es um Zölle im Außenhandel mit der Dritten Welt, Agrarmarktordnung, Subventionsstreitigkeiten geht. Am Beginn der 80er Jahre war das längst begonnene Integrationswerk der europäischen Gemeinschaft an einem kritischen Punkt angelangt. Sollte die EG zu einer handlungsfähigen europäischen Union weiterentwickelt werden oder der Stagnation verfallen? Die Gefährdung des Erreichten durch Rückfall in die Renationalisierung der Mitgliedstaaten war bedrohlich. Erschienen ist die Zeichnung am 26. März 1981 in der »Frankfurter Allgemeine Zeitung« sowie in niederländischen, dänischen, schwedischen, norwegischen, schweizerischen, österreichischen und jugoslawischen Zeitungen.

U/94 **Vasquez de Sola** (geb. 1927)
La gauche au pouvoir. Le grand frisson – »Fais-moi mal«
(Die Linke an der Macht. Das große Schaudern – »Tu mir was an«)
Paris, 1981
Aus: Le Père Denis, Jg. 1, 1981, Nr. 2 (Juni)
Druck; 44 x 28,7 cm
München, Sammlung Ursula E. Koch

Die nackte Marianne wirft sich dem unnahbar erscheinenden François Mitterrand an die Brust, denn soeben hat er, nach zwei vergeblichen Anläufen (1965 und 1974), die Wahl zum Präsidenten der Republik geschafft. »Fais-moi mal« ist ein Zitat aus dem bekannten Lied des Pariser Chansonniers Boris Vian, worin eine wohlgebaute junge Dame einen kleinwüchsigen Mann in ihr Zimmer mitnimmt.

U/95 **Fritz Behrendt** (geb. 1925)
Ohne Titel
1988
Tinte, Tusche, lithographische Kreide; 25 x 32 cm
Amsterdam, Fritz Behrendt

Das Bild ist anläßlich von Mitterrands Wiederwahl zum Präsidenten im Mai 1988 in verschiedenen europäischen Zeitungen erschienen, so in der »Frankfurter Allgemeine Zeitung« am 23. April 1988 unter dem Titel »Auf zur Wahl!« sowie in »De Telegraaf«, Amsterdam, am 14. August 1989 unter dem Titel »Allons Enfants!«. Frankreich war damals mit der Zweihundertjahrfeier der Revolution von 1789 beschäftigt. Daher die Gegenüberstellung der revolutionären Marianne (Vorbild: das Relief auf dem Pariser Triumphbogen) mit der gutbürgerlichen Hausfrau: die Marianne von 1988/89. An die Stelle des erhobenen Schwertes sind Einholtaschen und Baguette getreten. Im Hintergrund Invalidendom, Eiffelturm, Triumphbogen.

U/96

U/96 **Willem** (eigentl. Bernard Willem
Holtrop; geb. 1941)
Ohne Titel
1989
Erschienen in Libération,
Paris, 29. November 1989
Reproduktion; Bonn,
Haus der Geschichte (95/03/0117)

Seit zwanzig Tagen ist die Berlin spaltende Mauer gefallen! Die Wiedervereinigung aller Deutschen ist im Gange. Germania mit Teutonenhelm und Zöpfen, aber in geflickter DDR-Kleidung, stürzt sich auf den Bundeskanzler. Lang anhaltender Kuß! Der Flirt hat begonnen, das Gleichgewicht ist noch etwas labil.

U/97 **Plantu** (eigentl. Jean Plantureux;
geb. 1951)
Alors, non seulement il n'y a plus de filet, mais en plus, ils sont deux!!
(Nanu, da ist ja das Netz weg.
Und jetzt sind es sogar zwei!)
1990
Kopie auf Bristolkarton; 21 x 29,5 cm
München, Sammlung Ursula E. Koch

Für Frankreich war der Fall der Berliner Mauer eine Überraschung, die mit gemischten Gefühlen aufgenommen wurde. Man hatte sich an Deutschlands Teilung und an die westdeutsche Bundesrepublik als gleich starken Geschäftspartner gewöhnt. Nun ist man plötzlich mit zwei Gegenspielern konfrontiert, die ein Paar bilden, das alsbald durch die Wiedervereinigung zusammengeführt wird: Gretchen-Germania in Liebe mit dem bayrisch kostümierten deutschen Michel verbunden! Kann der Franzose da noch mitspielen? »Bismarck ist wieder da!« hieß es in der öffentlichen Meinung, bevor man sich schließlich an das Unvermeidliche gewöhnte. Publiziert wurde die Karikatur in »Le Monde«, Paris, am 3. Februar und in »L'Express«, Paris, am 9. März 1990.

U/98 **Plantu** (eigentl. Jean Plantureux;
geb. 1951)
On a du sperme congelé qui date de quelques années!... ça vous intéresse?
(Wir haben gefrorenes Sperma, das schon einige Jahre lagert... Interessiert Sie das?)
Kopie auf Bristolkarton; 16 x 19 cm
München, Sammlung Ursula E. Koch

Gegen Ende 1992 erreichten die Verbrechen gegen Ausländer in Deutschland einen Höhepunkt. Nicht nur in Frankreich war man darüber entsetzt. Wuchs eine neonazistische Generation heran? Wird Germania aufs neue durch Hitlers Rassenwahn infiziert bzw. »befruchtet«? Die Karikatur erschien am 1. Dezember 1992 in »Le Monde«, Paris.

U/99 **Ernst Heidemann** (geb. 1930)
Germania-Europa
1990
Feder, Tusche; 21,5 x 27,7 cm
München, Sammlung Ursula E. Koch

Die Zeichnung erschien am 10. Juli 1990 in der »Frankfurter Neuen Presse« und in anderen Zeitungen. Jupiter in Stiergestalt entführte die Königstochter Europa, um sich mit ihr in Liebe zu verbinden. Hier muß der Stier außer der jugendlich schlanken Prinzessin auch noch die schwergewichtige Germania mitschleppen; denn diese beherrscht die europäische Lage, nicht nur durch Fußballmeisterschaft, sondern vor allem durch die harte D-Mark. Die bereits von allen akzeptierte Wiedervereinigung steht bevor; das europäische Banner wird mit dem deutschen Adlerwappen geschmückt. Kann der Stier diese Überbelastung verkraften?

U/100 **Ernst Maria Lang** (geb. 1916)
Frei nach Delacroix
München, 5. April 1995
Filzstift; 29,5 x 41,5 cm
München, Sammlung Ursula E. Koch
Abb. S. 106

1831: Bei Delacroix wird unter der Trikolore das Volk geführt, von Marianne als Freiheitsgöttin »mit gewaltigen Brüsten« (so der Künstler, den Goethe und Heine gefeiert haben). 1995: Ernst Maria Lang hat die Szene satirisch travestiert. Marianne und Germania schwingen gemeinsam das Europabanner. An Stelle der stürmenden Barrikadenkämpfer demonstrieren Kohl und Mitterrand für den europäischen Frieden. Der unbewegliche John Major lenkt seinen ironischen Blick auf Marianne. Im Vordergrund liegen ein erschossener Bosnier und der wodkaselige Jelzin. Kein Revolutionsrausch, sondern gemäßigter Euro-Optimismus.

U/101 **Bernard Chenez** (geb. 1946)
Chirac n'est pas sorti de l'auberge...
Après la pomme... les pépins
(Chirac ist noch nicht raus aus dem Schlamassel... Der Apfel ist abgeknabbert... jetzt kommt das Kerngehäuse dran)
1995
Aquarell, Tusche; 21 x 29,5 cm
Paris, Bernard Chenez

Der Apfel ist seit altersher ein Glückssymbol (Apfelbaum = Lebensbaum); doch das Kerngehäuse (»les pépins«) bedeutet »Schwierigkeiten«! Jacques Chirac hatte im Wahlkampf den Apfel zu seinem Wahrzeichen gemacht. Als Wilhelm Tell mit Armbrust gelingt ihm der Apfelschuß auf sein Kind Marianne. Nach dem Sieg die Probleme: Massenarbeitslosigkeit, Riesendefizit im Staatshaushalt, Atomversuche usw. Ungläubig starrt Marianne ihn an. Das Blatt erschien in »L'Evénement du Jeudi«, Paris, 10.-17. Mai 1995, Nr. 549.

Ernst Maria Lang: Frei nach Delacroix, München, 5. April 1995. München, Sammlung Ursula E. Koch (U/100)

Französische und deutsche Karikaturisten und Pressezeichner

Mit * gekennzeichnete Titel werden ab S. 111 erläutert

B. Beck zeichnete für die Münchner satirische Wochenschrift *Die Geißel* (1896).

Fritz Behrendt (geb. 1925 in Berlin) emigrierte 1937 noch Holland, wurde jedoch während der deutschen Besatzung von der SS inhaftiert, 1949 in Ostberlin als »Titoist« zu sechs Monaten Gefängnis verurteilt. Seit 1950 arbeitet er als politischer Zeichner; 1953 gelang ihm der Durchbruch zur internationalen Tagespresse (Holland, Jugoslawien, Bundesrepublik Deutschland, Schweiz). Er gehört zu den festen Zeichnern der *Frankfurter Allgemeinen Zeitung*, seine Karikaturen werden außerdem in der *Neuen Hannoverschen Presse*, im *Tagesspiegel*, in der *Welt* und im *Spiegel* veröffentlicht. Er publizierte zahlreiche Sammelbände, präsentierte seine Arbeit in Einzel- und Kollektivausstellungen und erhielt hohe Auszeichnungen in verschiedenen Ländern, darunter die höchste Ehrung: The International Award for Editorial cartoons (1985). Berendt, der in Amsterdam lebt, hat als politischer Karikaturist internationale Bedeutung.

Bertall (von Balzac angeregtes Pseudonym; eigentl. Graf Albert d'Arnoux; Paris 1820-1882 Nizza) publizierte seit 1848 Karikaturen (Sittenschilderungen und politische Satire) in zahlreichen Pariser Blättern unterschiedlicher Tendenz, vor allem in *La Foudre*, *Le Journal pour rire*, *Le Journal amusant*, *Le Petit Journal pour rire*, *Le Grelot* und *Le Triboulet*. Bertall war auch ein gefragter Buchillustrator.

Cham (eigentl. Graf Amédée Charles Henry de Noé; Paris 1819-1879 daselbst) war über drei Jahrzehnte (1843-1879) einer der Hauptkarikaturisten der satirischen Tageszeitung *Le Charivari*. Die politischen Beiträge, Sittenbilder und Bilderbögen (Abfolgekarikaturen) erschienen auch in anderen illustrierten Wochen- und Satireblättern (z.B. *Le Journal amusant*, *L'Ouvrier*, *Le Petit Journal pour rire*) sowie in rund achtzig Alben bzw. Sammelbänden. 1877 wurde er zum Ritter der Ehrenlegion ernannt.

Roger Chancel (Paris 1899-1977 daselbst) war von 1917 bis 1918 Kriegsteilnehmer. Seine ersten Karikaturen erschienen ab 1920 in *Le Rire* und *Le Sourire*. Zwischen 1928 und 1937 war er Hauptzeichner der rechtsradikalen Pariser Tageszeitung *L'Ami du peuple*. Er zeichnete auch für *Paris-Midi*, *Paris-Soir*, *Ici-Paris*, *Candide*, *Paris Match*, *Gringoire* etc. Während des Krieges beteiligte er sich als aktives Mitglied an der Widerstandsbewegung; nach 1945 arbeitete er als Illustrator und Karikaturist für die populäre Pariser Tageszeitung *France-Soir*. Chancel war auch Theater- und Filmdekorateur.

Chanteclair (wahrscheinlich ein Pseudonym) zeichnete für das antisemitische satirische Wochenblatt *La Libre Parole illustrée*.

Bernard Chenez (geb. 1946 in Douville-les-Bains) arbeitete von 1972 bis 1982 als Pressezeichner für die Pariser Tageszeitung *Le Monde*. Seit 1984 liefert er für das politische Wochenmagazin *L'Evénement du Jeudi* den »gezeichneten Leitartikel« (Farbdruck). Zuvor arbeitete er bei verschiedenen anderen Blättern mit (*Le Matin de Paris*, *La Tribune de Lausanne*). Seit 1988 veröffentlicht Chenez in der Sportzeitung *L'Equipe* (verkaufte Auflage 1994: 334 833 Exemplare) täglich eine Karikatur. Zwischen 1985 und 1994 zahlreiche Arbeitsaufenthalte in Japan. Chenez zeichnet ebenfalls für Fernsehsendungen und ist Autor von bisher zwölf Alben (Auflage 10 000 Exemplare).

Honoré Daumier (Marseille 1808-1879 Valmondois bei Paris): Der Maler, Bildhauer und weltbekannte Karikaturist war überzeugter Republikaner. Vor 1830 zeichnete er für *La Mode* unpolitische, danach politische Karikaturen für *La Caricature* sowie Einzelblätter. Vom August 1832 bis Februar 1833 war er in Haft wegen Verspottung des Königs. Bis 1872 war er einer der Hauptmitarbeiter der Tageszeitung *Le Charivari*. Nach der Wiedereinführung der Zensur (1835) schuf er Sittenkarikaturen (oft Serien wie *Robert Macaire*); 1848/49 popularisierte er die Portraitsatire. Im Zweiten Kaiserreich entwickelte er außenpolitische Karikaturen und satirische Darstellungen des bürgerlichen Lebens (Advokaten, Ärzte). Der Karikaturensammler Eduard Fuchs machte Daumier um die Jahrhundertwende in Deutschland bekannt.

Peter Dittrich (geb. 1931 in Teplitz) arbeitete seit 1951 für die Presse in der DDR, vor allem für das regimetreue Satireblatt *Eulenspiegel* (ganzseitige Karikaturen). 1990 schied er aus der Redaktion aus.

Dupendant zeichnete zur Zeit des Zweiten Kaiserreichs, des Deutsch-Französischen Krieges und der Pariser Kommune.

Max Engert (Leipzig 1859, Todesdatum unbekannt) war der wichtigste Zeichner des *Süddeutschen Postillons*. Nach der Fusion dieser Zeitschrift mit dem *Wahren Jacob* (1909/1910) blieb er Mitarbeiter bis 1914. Darstellungen der Klassengegensätze, der Strafverfolgung sozialdemokratischer Journalisten und Militarismussatire gehörten zu seiner Thematik.

Fabri (eigentl. Schmidt), möglicherweise identisch mit dem Leipziger Maler Caspar Schmidt (nachgewiesen 1544-1556).

Jacques Faizant (geb. 1918 in Laroquebrou, Auvergne) war Hotelfachmann, bevor er sich der Trickfilmzeichnerei zuwandte. Nach 1945 arbeitete er als Karikaturist für die Pariser Wochenblätter *Paris-Match*, *France-Dimanche*, *Jours de France* und für die Abendzeitung *Paris-Presse*. Für das Pariser Nachrichtenmagazin *Le Point* (verkaufte Auflage 1994 302 200 Exemplare) zeichnet er wöchentlich farbige Abfolgekarikaturen. Seit 1967 bis heute ist er – als Nachfolger Senneps – »zeichnender Leitartikler« (Titelblatt) des *Figaro* (verkaufte Auflage 1995: 370 000 Exemplare) unter häufiger Verwendung der Nationalfigur Marianne. Faizant veröffentlichte überdies zahlreiche Comic-Folgen bzw. Alben (politische Karikaturen) und beteiligte sich auch an Radiosendungen. Von seinen Büchern erlebten die auch als Theaterstück aufgeführten »Alten Damen« den größten Erfolg. Er erhielt u.a. den Grand Prix de l'Humour (1962), den Prix Grand Siècle (1983) und den Prix Mumm (1986). Anläßlich seines fünfzigjährigen Berufsjubiläums fand eine große Ausstellung in Epinal statt.

Fips (eigentl. Philipp Ruprecht; Nürnberg 1900, Todesdatum unbekannt) verdingte sich nach dem Ersten Weltkrieg als Kellner und Dekorateur. Von 1925 bis 1945 war der Autodidakt Hauptzeichner des antisemitischen Hetzblattes *Der Stürmer*. 1927 edierte er als Mitherausgeber das kurzlebige Nürnberger Satirejournal *Die Lupe*. Nach dem Krieg wurde er zu sechs Jahren Arbeitslager verurteilt, nach 1969 lebte er als Kunstmaler und Dekorateur in München.

Eugène Hippolyte Forest (Straßburg 1808, Todesdatum unbekannt) war zwischen 1828 und 1843 als Lithograph und Mitarbeiter von Grandville an den Pariser Zeitschriften *La Silhouette*, *La Caricature* und *L'Illustration* bedeutend. Er betätigte sich auch als Maler und Kupferstecher.

Fips: *Gedemütigtes Frankreich*, Nürnberg, aus: *Der Stürmer*, 1939. München, Institut für Kommunikationswissenschaft (Zeitungswissenschaft) der Universität München (U/84)

Oskar Garvens (Hannover 1874-1950 Berlin) studierte Bildhauerei und wurde 1919 politischer Karikaturist. Seit 1924 zeichnete er für den *Kladderadatsch. Er gilt als künstlerisch herausragender Repräsentant der nationalistischen Linie des Blattes.

W. Gebhardt (möglicherweise identisch mit dem Dresdner Zeichner und Landschaftsmaler Wilhelm Gebhardt; 1827-1893) trat 1870 als Flugblattautor hervor.

André Gill (eigentl. Louis-Alexandre Gosset de Guines, Pseudonym Flock; Paris 1840-1885 daselbst) war mit Unterbrechungen zwischen 1860 und 1883 Portraitkarikaturist bei zahlreichen Pariser Satirejournalen wie *Le Charivari, insbesondere La Lune, *L'Eclipse, *La Lune rousse, Les Hommes d'aujourd'hui. Er trat auch als Gründer von Zeitschriften hervor. Er stellte alle Pariser Persönlichkeiten seiner Zeit dar, allein von Adolphe Thiers schuf er 500 Zeichnungen. Häufig geriet er mit der Zensur in Konflikt.

Grandville (eigentl. Ignace Isidore Gérard; Nancy 1803-1847 Vanves bei Paris) schuf politische und soziale Mensch-Tierkarikaturen für *La Silhouette, *La Caricature* und *Le Charivari. Er gilt als Vorläufer der Surrealisten.

Constantin von Grimm (Sankt Petersburg 1845-1896 New York) widmete sich nach einer Laufbahn als Gardeleutnant der Karikatur. Seit 1872 zeichnete er für den *Kladderadatsch. 1876 gründete er sein eigenes Witzblatt, *Puck*, in dem er den *Kladderadatsch* bekämpfte.

Olaf Gulbransson (Oslo 1873-1958 Tegernsee) arbeitete von 1902 bis 1944 für den *Simplicissimus. Er wurde durch seine Portraitkarikaturen (etwa durch die Reihe *Berühmte Zeitgenossen*) sowie durch seine humoristische und politische Bildsatire weit bekannt. 1929 wurde er zum Professor an die Akademie in München berufen, eine Tätigkeit, die er auch nach 1933 ausübte. 1951 wurde er Mitglied der Bayerischen Akademie der Schönen Künste.

Werner Hahmann (Chemnitz 1883-1951 Berlin) zeichnete nach dem Studium an den Akademien in Dresden und München und nach seiner Weiterbildung in Paris seit 1914 für den *Kladderadatsch. Seine Zeichnungen trugen zur politischen Karikatur im Sinne der nationalistischen und reaktionären Tendenzen des ursprünglich liberalen Witzblattes bei. Er entwarf zahlreiche satirische Darstellungen des Pariser Lebens.

August Haidjuk war Mitarbeiter der humoristisch-satirischen Gratisbeilage des *Berliner Tageblatts *Ulk*.

Paul Halke (geb. 1866 in Bukowicz, Posen, Todesdatum unbekannt), Schüler der Berliner Akademie, war Maler und Illustrator; seine Karikaturen veröffentlichte er im *Ulk*.

Ernst Heidemann (geb. 1930 in Witten, Ruhr) zeichnet seit 1954 Karikaturen mit zeitkritischer Thematik für die Illustrierte *Quick*, das Satirejournal *Pardon* (beide inzwischen eingestellt), die Tageszeitung *Frankfurter Neue Presse* u.a.

Gustav Heil (Berlin 1826-1897 daselbst) zeichnete für Adolf Glaßbrenners *Komischen Volkskalender*, vor allem für die *Berliner Wespen. Er war auch Genremaler und Buchillustrator.

Thomas Theodor Heine (Leipzig 1867-1948 Stockholm) trat nach seiner Ausbildung an den Akademien in Düsseldorf und München sowohl als Maler, Zeichner, Illustrator wie als Schriftsteller hervor. Nach seiner Mitarbeit bei den *Fliegenden Blättern* (München) war er über drei Jahrzehnte einer der Haupt- und Titelblattzeichner des *Simplicissimus, den er 1896 mitbegründete und dessen Teilhaber er zehn Jahre später wurde. Das Emblem »Rote Bulldogge« geht auf Heine zurück, der einer der schärfsten Karikaturisten seiner Zeit war. Wegen Majestätsbeleidigung Wilhelms II. wurde er 1898 zu sechsmonatiger Festungshaft verurteilt. 1933 ging er in die Emigration. Bis 1938 schuf er annähernd 300 Pressezeichnungen, von denen über 190 im *Prager Tag-

Gustav Heil: *Drei machen ein Collegium;* aus: *Berliner Wespen*, Berlin, 1871, Berlin, Staatliche Museen zu Berlin, Kunstbibliothek (U/31)

blatt*, die anderen in skandinavischen Blättern veröffentlicht wurden.

Hérouard (eigentl. Chéri-Louis-Marie-Aimé Haumé; Rocroi, Ardennen 1881, Todesdatum unbekannt) zeichnete u.a. für *La Baïonnette.

Karl Holtz (Berlin 1899-1978 Potsdam) zeichnete ab 1916 zunächst unpolitische Karikaturen für die Magazine *Ulk* und *Lustige Blätter*, nach 1918 veröffentlichte er jedoch politische Karikaturen in zahlreichen Organen der Arbeiterbewegung wie *Die Pleite, *Der Wahre Jacob, *Lachen links, Der Knüppel, Rote Fahne, *Eulenspiegel, Arbeiter-Illustrierte-Zeitung, Vorwärts* u.a. Im Dritten Reich wurde er mit Berufsverbot belegt. In der DDR kam er sieben Jahre ins Zuchthaus wegen regimekritischer Zeichnungen, die im Schweizer Satire-blatt *Nebelspalter* erschienen.

Paul Iribe (Angoulême 1883-1935 Paris), bis 1914 Anarchist, dann Nationalist, war der Gründer des Wochenmagazins *Le témoin* (1906-1910 und 1933-1935). Außerdem arbeitete er an den Pariser Wochenblättern *L'Assiette au Beurre* und *La Baïonnette* mit. Der berühmte Karikaturist war auch als Film- und Theaterdekorateur tätig – während der 20er Jahre in Hollywood, anschließend in Paris. Zuletzt war er Mitarbeiter der antisemitischen Zeitschrift *Gringoire*.

Thomas Theodor Heine: Handel und Landwirtschaft; aus: Simplicissimus, München, 1901. München, Sammlung Ursula E. Koch (U/45)

Hans Gabriel Jentzsch (Dresden 1862-1930 München), der seine Laufbahn als Maler (zunächst Porzellanmalerei) begann, zeichnete seit 1891 für den *Wahren Jacob, in dem bis 1923 über 2000 seiner Graphiken veröffentlicht wurden. Seine Thematik war die sozialkritische Satire.

Job (eigentl. Jacques-Marie-Gaston Onfroy de Bréville; Bar-le-Duc 1858-1931 L'Aigle) war Maler, Illustrator von Büchern (z.B. *Chez les Allemands* von Théodore Cahu) und Alben, Theaterkostümzeichner und als Karikaturist Mitarbeiter zahlreicher Pariser Zeitschriften unterschiedlicher Tendenz wie *L'Eclipse, L'Illustration, *La Caricature, Le Figaro illustré* oder *Le Monde Parisien*. Er zeichnete auch für Londoner und New Yorker Blätter.

Arthur Johnson (Cincinnati 1874-1954 Berlin) war Landschafts-, Bildnis- und Genremaler. Zwischen 1896 und 1944 veröffentlichte er aktuelle politisch-satirische Karikaturen im *Kladderadatsch;* er war bekannt für seinen »Zackenstil«, mit dem er Gesichter verzerrte.

Franz Jüttner (Lindenstadt 1865-1926 Wolfenbüttel) lebte in Berlin und zeichnete – als Autodidakt – für den *Kladderadatsch*, die *Berliner Wespen* und seit 1896 für die *Lustigen Blätter* humoristische, satirische und aktuelle Karikaturen.

Hermann Krüger (Leipzig 1823-1909 Liegerlwolkwitz) arbeitete als Holzschneider für das *Richter-Album*, die *Bilder-Chronik* und die satirische Zeitschrift *Deutsche Reichs-Bremse (Leipzig).

Ernst Maria Lang (geb. 1916 in Oberammergau), Diplom-Architekt und Karikaturist, zeichnet seit 1947 wöchentlich zunächst eine, dann zwei Karikaturen für die *Süddeutsche Zeitung*. Zwischen 1954 und 1990 war er politischer Zeichner für den *Bayern-Report*. Außerdem entwarf er die Rosenthal-Teller-Satiren *Politiker im Porzellan-Laden*. 1956 erhielt er den Theodor Wolff-Preis für Karikatur, 1990 die Olaf-Gulbransson-Medaille, 1994 den Wilhelm-Hoegner-Preis für sein in der *Süddeutschen Zeitung* (verbreitete Auflage 1996: 409 523 Exemplare) erschienenes Gesamtwerk. Langs Zeichnungen werden überdies in Alben, Sammelbänden und Ausstellungen einem breiten Publikum nahegebracht.

Charles Lucien Léandre (Champsecret 1862-1934 Paris) war Maler (Frauen- und Kinderportraits), Buchillustrator und Karikaturist. Er zählte zu den produktivsten Mitarbeitern der Zeitschriften *Le Chat Noir*, *Le Rire, Le Sourire*, *Le Journal amusant* und *L'Assiette au Beurre* und wurde durch seine Serien über Politiker, Schauspieler, Advokaten berühmt. Zudem trat er mit Darstellungen der Boheme vom Montmartre und sozialkritischen Karikaturen hervor. 1907 gehörte er zu den Mitbegründern des »Salon des humoristes«. Gelegentlich zeichnete er auch für das deutsche Journal *Jugend*. Während des Ersten Weltkriegs schuf er zahlreiche Lithographien für *Le Rire Rouge* (Kriegsausgabe von *Le Rire*) und *La Baïonnette*.

Hans Maria Lindloff (1878-1960 Berlin) entwarf als Maler, Graphiker und Pressezeichner politische und Portraitkarikaturen für den *Kladderadatsch*, seit 1920 fast für jede Nummer.

Marcus (eigentl. Otto Markus; Malchin 1863-1952 London) erfuhr seine Ausbildung als Maler und Illustrator an den Akademien in Wien, München und Paris. Von 1901 bis 1927 lehrte er an der Unterrichtsanstalt des Kunstgewerbemuseums sowie an den Vereinigten Staatsschulen für freie und angewandte Kunst in Berlin. Er zeichnete Karikaturen für den *Wahren Jacob, die *Lustigen Blätter, die *Berliner Illustrirte Zeitung*, *Ulk, Lustiges Echo* sowie für Anthologien des Berliner Humors.

F. Mathis, Illustrator aus Wissembourg (Weißenburg), 1861 in Epinal, dann in Paris tätig, zeichnete satirische Flugblätter zur Zeit der Pariser Kommune (1870/71).

Lucien Métivet (Paris 1863-1932 daselbst) war nach seiner Ausbildung an der Académie Julian (Paris) als Maler, Buchillustrator und

Charles-Lucien Léandre: Ihre Bäuche; aus: La Baïonnette, Paris, 1915. Paris, Collection Raymond Bachollet (U/60)

Zeichner tätig und arbeitete für zahlreiche Pariser Humor- und Satirejournale, so für *Le Rire*, *L'Assiette au Beurre* und *La Baïonnette*.

Johann David Nessenthaler (Augsburg 1717-1766 daselbst) war als Zeichner und Kupferstecher auf historische Flugblätter und Ornamentstiche spezialisiert.

Nob (eigentl. Marie Albert Roblot; 1880-1935) zeichnete für *Le Rire und *Ruy Blas*.

Manfred Oesterle (geb. 1928 in Stuttgart) erhielt seine Ausbildung an der Kunstakademie in Stuttgart. Der Maler, Graphiker und Karikaturist (Signum: M.O.) arbeitete kontinuierlich für *Das Wespennest* (1949-1951), das schweizerische Satireblatt *Nebelspalter* (1952-1955) sowie für die neue Folge des *Simplicissimus* (1954-1967). Auch der *Spiegel*, die *Süddeutsche Zeitung, Die Zeit* und die Illustrierten *Quick* und *Stern* brachten seine Karikaturen.

Patrioty (eigentl. E. Talons; tätig 1849-1871), Drucker und Zeichner von kolorierten Einblattdrucken in Serien, so 1849 *Allégories* und 1870/71 *Croquis républicains*.

Bruno Paul (Seifhennersdorf/Lausitz 1874-1968 Berlin) war Architekt, Maler, Zeichner, Illustrator und Kunsthandwerker. Seit 1894 veröffentlichte er Zeichnungen im *Süddeutschen Postillon*, dann in der *Jugend* und zwischen 1897 und 1906 im *Simplicissimus*. Seine Gesellschaftssatire entwarf er in monumentalem Plakatstil. Er schuf auch Portraitkarikaturen zeitgenössischer Dichter. 1907 ging er nach Berlin, wo er als Architekt wirkte. 1912 wurde er Mitglied des Werkbundes. Von 1923 bis 1932 war er Direktor der Vereinigten Staatsschulen für freie und angewandte Kunst in Berlin.

Lucien Pissaro (Hawood, Somerset 1863-1944), Sohn des impressionistischen Malers Camille Pissaro, zeichnete für das linksradikale Blatt *Le Père Peinard*.

Plantu (eigentl. Jean Plantureux, geb. 1951 in Paris) brach 1971 das Medizinstudium ab und erlernte die Technik des Comic strip. Seine erste Pressezeichnung erschien 1972 in der Tageszeitung *Le Monde*, die seit 1985 täglich auf der Titelseite eine Karikatur Plantus als »gezeichneten Leitartikel« veröffentlicht. Er zeichnet auch für *Le Monde Diplomatique* und arbeitete zwischen 1980 und 1986 für *Phosphor*. Seit 1991 zeichnet er außerdem für das Nachrichtenmagazin *L'Express* (verkaufte Auflage 1994: 544 752 Exemplare). Zeitweise arbeitet er beim Fernsehen. Seine Alben (inzwischen 26) erreichen jeweils die Auflage von 40 000 Exemplaren. 1988 erhielt er den Prix Mumm, 1989 den Preis des Schwarzen Humors.

Paul Poncet war mit seinen antiklerikalen und antifeministischen Karikaturen einer der Hauptzeichner der *Assiette au Beurre*.

Max Richter (Magdeburg 1860, Todesdatum unbekannt) war nach seiner Ausbildung an der Akademie der Künste in Berlin als Landschafts- und Stillebenmaler tätig und arbeitete als Illustrator u.a. für *Ulk*.

Alfred Robida (Compiègne 1840-1926 Neuilly s.S.), Maler, Dekorateur, Zeichner, Autor von Zukunftsromanen, rief 1880 *La Caricature* ins Leben, die er bis 1895 leitete. Seine »Geschichten in Bildern« hatten großen Erfolg. Später zeichnete er für *La Vie Parisienne* kunstkritisch gemeinte Parodien von Bildern aus den großen Ausstellungen und lustige Badeszenen für *L'Assiette au Beurre* zur Entspannung der Leser dieses scharf sozialkritischen Anarchistenblattes. Er war auch Mitarbeiter von *Le Journal amusant* und anderen Pariser Zeitschriften.

Auguste Roubille (Paris 1872-1955 daselbst) zeichnete seit 1897 für die Pariser Blätter *Le Rire, Le Cri de Paris, Cocorico, La Vie parisienne, Le Courrier français, *L'Assiette au Beurre* u.a. Er war auch für die *Lustigen Blätter* (Berlin) tätig. Seine Illustrationen für die Bücher der Colette, seine Plakatentwürfe und Wanddekorationen waren vom Jugendstil beeinflußt.

Karl Russ (Wien 1779-1843 daselbst) war Schüler der Akademie in Wien und etablierte sich dort als Zeichner und Radierer. Als Hofmaler (seit 1810) schuf er mehrere Folgen mit Darstellungen aus der Geschichte des Hauses Habsburg.

Adam Ernst Schalck (Frankfurt a.M. 1827-1865 daselbst) trat als frühzeitig politisch interessierter Maler in der Revolutionszeit von 1848 als Karikaturist hervor. Er war Mitbegründer und Hauptzeichner der *Frankfurter Latern*.

Hermann Scherenberg (Swinemünde 1826-1897 Berlin) arbeitete nach Bildungsreisen, die ihn auch nach Paris führten (1847-1854), ab 1855 an den Wandmalereien im Roten Berliner Rathaus. Außerdem zeichnete er für die *Fliegenden Blätter* (München) und die *Illustrirte Zeitung* (Leipzig). 1867 schuf er 200 Zeichnungen für die *Illustrierte Kriegschronik* (Feldzug von 1866). Ab 1872 war er Hauskarikaturist von *Ulk* (Beilage des *Berliner Tageblatts*).

Erich Schilling (Suhl 1885-1945 Gauting bei München) war als Maler und Karikaturist seit Ende 1907 fester Mitarbeiter des *Simplicissimus*. Außerdem lieferte er Beiträge für das Satirejournal der Sozialdemokraten *Der Wahre Jacob* und für die *Arbeiter-Illustrierte-Zeitung*. Bis 1933 war er Gegner, später jedoch Propagandist des Nationalsozialismus. Am gleichen Tage wie Hitler (30. April) nahm er sich das Leben.

Wilhelm Scholz (Berlin 1824-1893 daselbst) trat 1846 mit seiner *Humoristisch-satyrischen Bilderschau* hervor. 1848 schuf er verschiedene Revolutionsplakate und arbeitete an mehreren Witzblättern mit. Vierzig Jahre lang war er Hauptzeichner des *Kladderadatsch* und seiner Nebenprodukte (Sondernummern, Kalender, Serien). Berühmt wurde er durch seine Bismarck-Karikaturen. Die »drei Haare« des Kanzlers wurden von in- und ausländischen Satirejournalen übernommen. Scholz bediente sich der Allegorie, Travestie und Parodie.

Ferdinand Schröder (Zeulenroda 1818-1859 daselbst) war Autodidakt, doch er prägte in den *Düsseldorfer Monatsheften* einen eigenen »naiven« Stil. Er kritisierte die politischen Handlungen der Akteure des Jahres 1848/49, weil sie sich von demokratischen Hoffnungen entfernten. Er zeichnete außerdem Karikaturen für den *Komischen Volkskalender* von Adolf Glaßbrenner (Brennglas), die *Fliegenden Blätter* (München) und *Kladderadatsch* (Berlin).

Wilhelm Schulz (Lüneburg 1865-1952 München) blieb fast 50 Jahre beim *Simplicissimus* als Zeichner von humoristischen, aktuellen und politischen Karikaturen. Er war auch Dichter und malte Märchen- sowie romantische Städtebilder.

Sennep (eigentl. Jean-Jacques Pennès; Paris 1894-1982 Saint-Germain) ließ seine erste Pressezeichnung 1910 in *Le Sourire* erscheinen. In der Zwischenkriegszeit war er zweifelsohne der politische Karikaturist der Rechten mit der größten Durchschlagskraft; er zeichnete für *L'Action française, Candide, L'Echo de Paris*. 1926 begründete er die Neue Folge (Wochenblatt) der einst liberalen satirischen Tageszeitung *Le Charivari*. Als Gegner des Vichy-Regimes veröffentlichte er statt politischer humoristische Zeichnungen (*Candide*). Nach der Befreiung des besetzten Frankreichs (1944) war er Mitarbeiter zahlreicher Presseorgane, von 1946 bis 1967 sogar Starzeichner der Pariser Tageszeitung *Le Figaro*. Später zeichnete er für das Wochenmagazin *Point de vue - images du monde*.

Seppla (eigentl. Sepp Plank; Wolfring, Oberpfalz 1896, Todesdatum unbekannt) war Mitarbeiter des nationalsozialistischen Witzblattes *Die Brennessel* und des *Völkischen Beobachters*.

Vasquez de Sola (geb. 1927 in San Roque, Spanien) arbeitete von 1970 bis 1984 für *Le Canard Enchaîné* und zeichnete außerdem für *Le Monde*. Er ist Mitbegründer des kurzlebigen satirischen Monatsblattes *Le Père Denis*. Nach Francos Tod kehrte er nach Spanien zurück. Seit 1994 lebt er wieder in Paris.

Ralph Soupault (Les Sables d'Olonne 1904-1962 Cauterets) begann als Zeichner 1921 beim kommunistischen Zentralorgan *L'Humanité*. Später arbeitete er für *Le Rire*, dann als Karikaturist für die rechtsradikalen Organe *L'Action Française* und *Je suis partout*. 1947 wurde er wegen seiner nazifreundlichen Zeichnungen zu 15 Jahren Gefängnis verurteilt, davon saß er vier Jahre ab. In den 50er Jahren war er Karikaturist bei dem rechtsradikalen Wochenblatt *Rivarol*.

Théophile Alexandre Steinlen (Lausanne 1859-1923 Paris) benutzte verschiedene Pseudonyme (J. Caillau, Petit Pierre). Er war Mitarbeiter des scharf monarchistischen *Triboulet* und des revolutionären Wochenblatts **Le Chambard socialiste*. Außerdem zeichnete er politische und sozialkritische Karikaturen für Pariser Zeitungen (z.B. *L'Humanité*) und die Zeitschriften **L'Assiette au Beurre*, **Le Rire*, *Gil Blas illustré*, **La Lune rousse* und die Münchner Zeitschriften **Simplicissimus* und **Jugend*. Steinlen entwarf auch Plakate.

Albert Uderzo (geb. 1927) entwickelte 1959 zusammen mit dem Texter René Goscinny den Helden des Comic strip *Astérix der Gallier*. Etwa 30 Bände dieser Serie sind bis jetzt erschienen und in 46 Sprachen übersetzt. Von der Gesamtauflage von über 240 Millionen Exemplaren erschienen etwa 90 Millionen im französischen Originaltext.

Charles Vernier (Paris 1831-1887 daselbst) veröffentlichte bis 1866 Karikaturen teils unpolitischen, teils außenpolitischen Inhalts in **Le Charivari*. Ab 1848 war er Mitarbeiter des **Journal pour rire*. Berühmt wurde er durch seine Serie *Das Volk von Paris*. Wegen der Schärfe seiner Satire wurde er mehrmals zu Gefängnisstrafen verurteilt. Vernier machte sich auch als Maler einen Namen.

Heinrich Vogeler (Bremen 1872-1942 Kasachstan) war einer der bedeutendsten Graphiker des Jugendstils sowie Maler, Architekt, Buchillustrator und Schriftsteller. 1908 gründete er die Worpsweder Werkstätten. Als Kriegsgegner wurde er wegen seines *Friedensaufrufs* 1917 interniert. 1918 war er Mitglied des Bremer Arbeiter- und Soldatenrates. Er zeichnete für die illustrierte Arbeiterzeitung *Der Rote Stern*, für die Monatsschrift für Kultur- und Wirtschaftsfragen *Das neue Rußland* und die *Arbeiter-Illustrierte-Zeitung*. 1931 emigrierte er in die Sowjetunion. Später wurde er nach Kasachstan verbannt, wo er, zum Straßenbau eingesetzt, 1942 verhungerte.

W. A. Wellner (geb. 1859, Totesdatum unbekannt) war langjähriger Hauptzeichner der **Lustigen Blätter*.

Gustav X. Wendt (1870-1945) schuf eine unveröffentlicht gebliebene Aquarellserie während des Ersten Weltkriegs.

Willem (eigentl. Bernard Willem Holtrop; geboren 1941 in Ermelo, Holland) arbeitet seit 1961 als politischer Karikaturist für *Het Freye Volk*. Im Mai 1968 (Studentenrevolte) übersiedelte er nach Paris und zeichnete für die linken Blätter *L'Enragé*, *Hara-Kiri*, *Charlie-Hebdo*, *Le Rouge* u.a. Heute ist er einer der Hauptzeichner der Tageszeitung **Libération*. Er veröffentlichte mehrere Alben und nahm an Ausstellungen teil.

Adolphe Willette (Chalon-sur-Marne 1857-1926 Paris) war Autor, Zeichner, Verleger und Drucker des Wochenblattes *Le Pierrot*. Er zeichnete sowohl für galante (*Frou-Frou*) als auch monarchistische (*Le Triboulet*) und antisemitische Blätter (*La Libre Parole Illustrée*), aber auch für Gewerkschaftsorgane (*La Voix du Peuple*). Gesellschaftskritische Karikaturen entwarf er für *Le Courrier français* und **Le Rire*. Er war auch als Plakatmaler erfolgreich. Gelegentlich zeichnete er für den **Simplicissimus*.

Ludwig Wronkow (Berlin 1900-1982 Lissabon) war 1918 Redakteur der *Berliner Volkszeitung*. Ab 1932 arbeitete er zugleich als Journalist und Zeichner für *Der Blutige Ernst*, *Berliner Tageblatt*, *Weltspiegel*, *Reichsbanner Illustrierte* und andere Blätter. 1933 von den Nationalsozialisten ausgebürgert, lebte er bis 1938 in Prag, wo er für das *Prager Tagblatt* arbeitete. 1938 emigrierte er nach New York und arbeitete bei der deutschsprachigen Zeitung *Aufbau* mit.

Adolphe Willette: Unkraut, aber guter Dünger; aus: Le Rire rouge, Paris, 1915. Paris, Collection Raymond Bachollet (U/58)

Zeitungen und Zeitschriften Pariser Periodika

Mit* gekennzeichnete Namen werden ab S. 107 erläutert

L'Assiette au Beurre (Die Butterschüssel; 1901-1914, dann sporadisch bis 1936) war ein satirisches Wochenblatt anarchistischer Tendenz, das dank seiner selbständig arbeitenden Zeichner wie Jules-Félix Grandjouan, Hermann Paul, Gustave Henri Jossot, Poncet, Félix Vallotton u.a. berühmt wurde. Von dem Blatt erschienen zahlreiche Sondernummern. Auflage zwischen 25 000 und 40 000 Exemplare.

La Baïonnette (1887-1889, dann wieder 1915-1920): Die erste Serie erschien als Propagandawochenblatt für General Boulanger. Die Kriegsserie spezialisierte sich auf die Verspottung des Feindes und auf Greuelpropaganda.

Le Canard sauvage (Die Wildente; März bis Oktober 1903) gehörte, trotz seiner Kurzlebigkeit, zu den wichtigsten antikonformistischen Satireblättern der »Belle Epoque«. Adolphe *Willette, Paul *Iribe, Théophile-Alexandre *Steinlen, Félix Vallotton u.a. waren Zeichner dieses Wochenblatts, das gegen Kriegstreiberei und Kolonialismus Stellung nahm.

La Caricature politique, morale et littéraire (November 1830 bis August 1835): Charles Philipon, Gründer, Herausgeber und Mitarbeiter dieses Wochenblatts, das in jeder Nummer zwei ganzseitige Lithographien (schwarzweiß oder handkoloriert) brachte, war der Erfinder der berühmten »Birne« als Symbol des ungeliebten »Bürgerkönigs« Louis Philippe. Zu den Mitarbeitern gehörten Honoré de Balzac sowie die Künstler Alexandre Gabriel Decamps, Honoré *Daumier, Eugène Hippolyte *Forest, *Grandville und Charles Joseph Traviès. Wegen seiner republikanischen Tendenz wurde das Blatt wiederholt beschlagnahmt, gerichtlich verfolgt und verurteilt (Geld- und Gefängnisstrafen). Kurz vor Wiedereinführung der Bildzensur stellte es sein Erscheinen ein.

La Caricature (1880-1904) erschien wöchentlich bis 1895 unter der Leitung des bedeuten-

UMGANG

den Karikaturisten Alfred *Robida, der sein Blatt als »eine Tribüne«, von der aus zum Volke gesprochen wird, betrachtete; es sollte »zugleich satirisch, drollig, politisch und prophetisch« wirken. Weitere Zeichner waren u.a. Draner (d.i. Jules Renard), Caran d'Ache.

Le Chambard socialiste (Sozialistischer Umsturz; 1893-1895): Der Herausgeber, Alfred-Léon Gérault Richard, wollte der sozialistischen Partei eine Waffe verschaffen, über welche die anderen Parteien bereits verfügten: »Keine theoretischen Erörterungen, keine Doktrinen«, sondern Satire. Der große Künstler *Steinlen lieferte unter dem Pseudonym Petit Pierre die bedeutsamsten Karikaturen. Das antikapitalistische Blatt und sein Leiter wurden Opfer eines Strafprozesses. 1894 erreichte das Blatt eine Auflage von 30 000 Exemplaren.

Le Charivari (Katzenmusik; 1832-1926, Neue Folgen 1926-1937 und 1957-1987): Trotz einer relativ geringen Auflage (zwischen 2 000 und 3 000 Exemplare) war *Le Charivari* das berühmteste aller Satirejournale und das Vorbild für *Punch*, der 1841 mit dem Untertitel »The London Charivari« entstand. Das von Charles Philipon gegründete Pariser Blatt erschien bis 1926 täglich, dann als erste Neue Folge wöchentlich. Bis 1926 war die Tendenz des Blattes republikanisch-liberal, unter *Sennep und *Soupault wurde es nationalistisch und antisemitisch. Die Künstler seiner »großen Zeit« (1832-1899) waren u.a. *Daumier, *Grandville, Paul Gavarni, *Cham und *Gill.

L'Eclipse (Die Mondfinsternis; 1868-1876) war das Nachfolgeblatt des großformatigen verbotenen Organs *La Lune* (Der Mond) nach dem Motto »La Lune hat's gut gemacht, L'Eclipse wird's besser machen«. Den baldigen Erfolg verdankte das Wochenblatt dem hochbegabten, für seine Portraitsatiren berühmten Karikaturisten André *Gill.

L'Evénement du Jeudi (Das Ereignis vom Donnerstag): Das jeden Donnerstag erscheinende Politmagazin, gegründet 1985 von Jean-François Kahn, wird seit 1994 von Albert du Roy geleitet. Zeichner wie Bernard *Chenez u.a. arbeiten für das in der Tendenz linksliberale Blatt, das im Mai 1995 eine Auflage von 140 000 Exemplaren erreichte.

Je suis partout (Ich bin überall; 1930-1944): Das rechtsradikale, rassistische Wochenmagazin wurde ab 1937 von dem Schriftsteller Robert Brasillach geleitet, der es während der Besetzung zu einem Denunziationsorgan machte.

Ralph Soupault: Gott segnet die kinderreichen Familien. Warte nicht länger, wenn du zur Familie gehören wills; aus: Je suis partout, Paris, 1941. Nanterre, Bibliothèque de documentation internationale contemporaine (U/86)

Ralph *Soupault und andere zeichneten für das Magazin.

Le Journal pour rire (Zeitung zum Lachen, 1848 von Charles Philipon gegründet; 1856 in *Le Journal amusant* umbenannt) ist der Urahne der Pariser humoristischen Blätter. Der Feuilletonist Jules Jamin und Hunderte von Künstlern, darunter Gustave Doré, *Bertall, Nadar (später als Luftschiffer und Fotograf bekannt) und Charles Lucien *Léandre machten die Wochenschrift berühmt.

Libération (Befreiung) wurde 1973 von Jean-Paul Sartre gegründet. 1974 übernahm Serge July die Leitung, der das ursprünglich äußerst radikale, »durch das Volk und für das Volk« gemachte Blatt in eine linksliberale, fortschrittlich orientierte Tageszeitung umfunktionierte, für die als Hauptkarikaturist *Willem zeichnet. Verkaufte Auflage 1995: 170 000 Exemplare.

Le Monde (Die Welt): Die 1944 von Hubert Beuve-Méry gegründete, unabhängige, linksliberal orientierte Abendzeitung unter der Direktion von Jean-Marie Colombani besitzt das größte Auslandskorrespondentennetz der französischen Presse. Sie gilt als seriöseste Pariser Tageszeitung, bringt keine oder nur wenige Fotografien, doch seit 1969 regelmäßig politische Zeichnungen. Der Hauptkarikaturist mit Leitartiklerfunktion ist *Plantu. Verkaufte Auflage 1995: 375 000 Exemplare.

Paris-Presse: Die 1944 gegründete Abendzeitung erschien ab 1948 als *Paris-Presse l'Intransigeant*. Sie veröffentlichte zahlreiche Fotos und Jacques *Faizants Karikaturen. 1970 stellte sie ihr Erscheinen ein.

La Libre Parole Illustrée (Das illustrierte Freie Wort; 1893-1897) war die illustrierte Wochenbeilage (Untertitel »La France aux Français!«) der anläßlich des Panamaskandals gegründeten Tageszeitung *La Libre Parole*. Ihr Gründer und Leiter war der berüchtigte Antisemit Edouard Drumont, der den Höhepunkt seiner Popularität während der Dreyfusaffäre erreichte. *Chanteclair (Pseudonym?), Henri-Gabriel Ibels, Adolphe *Willette u.a. zeichneten für das Blatt.

La Lune rousse (Der rötliche Mond; 1876-1879): Das Blatt unter der Leitung des Karikaturisten André *Gill gab sich unpolitisch, war aber linksrepublikanisch und antiklerikal eingestellt und berühmt für seine kolorierten doppelseitigen Karikaturen. Konflikte mit der Zensur führten das Ende der Zeitschrift herbei.

Le Père Denis (Väterchen Denis; 1981, nur drei Nummern) spielte mit seinem Untertitel »Monatsblatt zum Einseifen und Wäschetrocknen« auf »Mama Denis«, eine Reklamefigur für Waschmittel an. Cardon und Vasquez de *Sola zeichneten für das Blatt.

Le Père Peinard (Geruhsames Väterchen; 1889-1902): Für das im Stil der Pariser Volkssprache verfaßte Blatt lieferten Lucien *Pissarro und andere Künstler die Zeichnungen. Es wurde von dem linksradikalen Gewerkschafter Emile Pouget gegründet, nachdem er eine längere Gefängnisstrafe wegen eines politischen Vergehens abgesessen hatte.

Le Rire (Das Lachen; 1894-1971): Das teils satirische, teils humoristische »galante« Wochenblatt wurde von dem vielseitigen Presseverleger Félix Juven gegründet. Von November 1914 bis Dezember 1918 erschien es unter dem Titel *Le Rire rouge* (Das rote Lachen). Es erreichte bereits 1895 eine Auflage von über 300 000 Exemplaren und brachte Abbildungen in sechs Farben – damals eine Seltenheit! Zu seinen Zeichnern gehörten Caran d'Ache, Jean-Louis Forain, Charles Lucien *Léandre, Lucien *Métivet, Théophile Alexandre *Steinlen, Adolphe *Willette. Bekannt war das Blatt überdies für seine berühmten »Modelle« Eduard VII., Wilhelm II. und Clemenceau. Zahlreiche Reproduktionen erschienen auch in deutschen Satirejournalen.

Ruy Blas (1903 bis 1933): Das nach dem romantischen Drama (1838) von Victor Hugo benannte Organ für Finanzfragen erschien bis 1905 täglich, dann wöchentlich. Das Blatt war im Besitz des Presseverlegers Alfred Oulman.

Le témoin (Der Zeuge; 1906-1910 und 1933-1935): Die Erste Folge hatte eine anarchistische Tendenz; die Zweite Folge war ein rechtsgerichtetes Wochenblatt, das sich auf Skandalaffären und Außenpolitik spezialisierte. Gegründet und geleitet wurde die Zeitung von dem Zeichner Paul *Iribe.

Deutsche Periodika

Berliner Wespen (1868-1888): Der Gründer und Leiter des als Fortsetzung der *Hamburger Wespen* ins Leben gerufenen Blatts war Julius Stettenheim, sein Hauptzeichner Gustav *Heil. Ab 1877 arbeitete Alexander Moszkowski als Zweitredakteur mit. Das scharf satirische Blatt – auch als Beilage liberaler Tageszeitungen (Höchstauflage 32 000 Exemplare) – wurde berühmt durch die fiktiven Kriegskorrespondenzen von »Wippchen« aus Bernau bei Berlin, die den Sensationsjournalismus verspotteten. Die Kunstfigur wurde über acht Jahrzehnte später von Dieter Hildebrandt wiederbelebt.

Gustav Heil: Abundantia. Frei nach den Makart'schen Bildern: A. Deutschland, B. Frankreich; aus: Berliner Wespen, Berlin, 1871. Berlin, Staatliche Museen zu Berlin, Kunstbibliothek (U/32)

Die Brennessel (München 1931 bis Juli 1937, dann Berlin): Das »offizielle«, scharf antisemitische Satireblatt der NSDAP wurde im Dezember 1938 eingestellt. Für das Blatt zeichneten Murr, Eugen Osswald, Karl Prühäuser, Theo Scharf, Hans Herbert Schweitzer (Pseud. Mjölnir), G. Schedl und Sepp Plank genannt *Seppla u.a. 1932 betrug die Auflage 80 000, 1937 29 000 Exemplare.

Deutsche Reichs-Bremse (Leipzig 1849-1850), verlegt von Ernst Keil, war die Beilage der demokratischen Wochenschrift *Der Leuchtthurm*. Die Holzschnitte lieferte Hermann *Krüger.

Düsseldorfer Monatshefte (1847-1860): Der Maler und Journalist Lorenz Clasen, Schöpfer des 1860 entstandenen Gemäldes für das Rathaus in Krefeld »Germania auf der Wacht am Rhein« (L/46) sowie des auf mehreren Ausstellungen gezeigten Gegenstücks »Germania auf dem Meere«, war der Gründer der Zeitschrift. Holzschnittillustrationen und lithographische Karikaturbeilagen nach Pariser Beispiel gaben satirisch-allegorische Deutungen der politischen Ereignisse und verspotteten die Machthaber. Die Zeichner der in der Tendenz bürgerlich-liberalen Hefte waren Vertreter der Düsseldorfer Malerschule: Andreas Achenbach, Wilhelm Camphausen, Adolph Schrödter, Henry Ritter und der Autodidakt Ferdinand *Schröder (L/40).

Eulenspiegel (Berlin) wurde 1946 als *Frischer Wind* gegründet und 1954 umbenannt in *Eulenspiegel* (der als volkstümliche Figur zeichnerisch besser darzustellen ist als »Wind«). Das unter dem SED-Regime einzige, dazu parteieigene und vom Politbüro beaufsichtigte Satireblatt hatte vor allem Ventilfunktion. Es erschien wöchentlich und erreichte um 1989 eine Auflage von 500 000 Exemplaren. Heute ist es ein Monatsblatt (Auflage 140 000). Mehrere Redaktionsmitglieder sind nach der Wiedervereinigung dabeigeblieben oder zurückgekommen, so die beiden Chefredakteure Hartmut Berlin und Jürgen Nowak sowie Ernst Röhl. Bis 1990 war Peter *Dittrich einer der wichtigsten Zeichner; seit 1985 liefert auch Reiner Schwalme Karikaturen.

Frankfurter Allgemeine Zeitung ist 1949 aus der *Allgemeinen Zeitung* (Mainz) hervorgegangen und eine der großen überregionalen Tageszeitungen, die in Frankreich als das »Organ der Wirtschaftskreise« bezeichnet wird. Zu den Zeichnern, die eigens für die Zeitung Karikaturen anfertigen, gehört Fritz *Behrendt. Verbreitete Auflage Ende 1995: 422 940 Exemplare.

Frankfurter Latern (1860-1893) wurde von Friedrich Stoltze gegründet und bis 1891 geleitet. Mit Unterbrechungen erschien das

Blatt dreimal pro Monat und erreichte eine Auflage von bis zu 7000 Exemplaren. Der Herausgeber definierte die Tendenz als »republikanisch-patriotisch« – und damit antipreußisch. Bis 1865 fungierte Adam Ernst *Schalck als Mitherausgeber und Zeichner.

Frankfurter Neue Presse wurde 1946 gegründet, weil nach Meinung der amerikanischen Besatzer Frankfurt eine Zeitung brauche, die bürgerliche Leser stärker anspricht als die linksorientierte, 1945 gegründete *Frankfurter Rundschau*. Die verbreitete Auflage lag Ende 1995 bei 118 810 Exemplaren.

Die Geißel (München 1895/96) wurde von Karl Pacht herausgegeben und führte den Untertitel »Der bayerische Kladderadatsch«. B. *Beck und Eugen von Baumgarten zeichneten für das Satireblatt, dessen Zielscheiben die Preußen, die Sozialdemokraten und das Militär waren.

Jugend (München 1896-1940): Im Untertitel nannte sich das Blatt anfangs »Münchner illustrierte Wochenschrift für Kunst und Leben« als Organ des Jugendstils und anderer Strömungen der Zeit, herausgeben von dem kunstsinnigen Buch- und Zeitungsverleger (*Münchner Neueste Nachrichten*) und Mäzen Georg Hirth. Erster Redakteur war Fritz von Ostini. Die Zeitschrift mit farbigem, stets wechselndem Titelblatt brachte politische, literarische, künstlerische und satirische Beiträge. Fritz August Kaulbach, Franz von Stuck, Franz von Lenbach und Théophile Alexandre *Steinlen gehörten zu den Illustratoren. Unter den Karikaturisten sind Erich Wilke und die Maler Adolf Münzer, Albert Weisgerber und vor allem Arpad Schmidhammer zu nennen. Die Zeitschrift unterhielt zahlreiche nationale (Berlin) und internationale (Paris, London, Sankt Petersburg) Verbindungen und erreichte 1902 eine Auflage von 50 000, 1906 von 70 000 Exemplaren.

Kladderadatsch (Berlin 1848-1944) wurde von den »Drei Gelehrten« Ernst Dohm, David Kalisch und Rudolf Löwenstein gegründet. Hauptzeichner war bis 1887 Wilhelm *Scholz. Wichtige Künstler der späteren Zeit waren Gustav Brandt, Oskar *Garvens, Arthur *Johnson, Werner *Hahmann, Hans-Maria *Lindloff. Anfangs ein liberales Blatt, in der Bismarckzeit gemäßigt oppositionell und weltweit verbreitet, rückte der *Kladderadatsch*, dessen Redaktion sich verändert hatte, langsam unter Wilhelm II. nach rechts. Nationalistisch im Ersten Weltkrieg, wurde er deutsch-national bis 1930, dann deutlich rechtsradikal noch vor der sogenannten Machtergreifung. Die Höchstauflage zwischen 1870 und 1875 lag bei 50 000, 1934 bei 17 500, 1938 bei 10 900 Exemplaren.

Lachen links (Berlin 1924 bis 1927) mit dem Untertitel »Das republikanische Witzblatt« war eine Art Ersatz für die unterbrochene Veröffentlichung des *Wahren Jacob*. Erich Kuttner und Friedrich Wendel redigierten das Blatt, das Beiträge von Oskar Maria Graf, Arno Holz, Walter Mehring, Joachim Ringelnatz, Erich Weinert u.a. brachte. Die wichtigsten Karikaturisten waren Karl *Holtz und Willi Steinert (beide im Dritten Reich mit Berufsverbot belegt), auch von Heinrich Zille wurden Zeichnungen veröffentlicht.

Lustige Blätter (Hamburg 1886; Berlin 1887-1944), gegründet und verlegt von Otto Eysler, redigiert von Alexander Moszkowski, erschienen von 1887 bis 1891 wöchentlich als Beilage der Tageszeitung *Berliner Börsen-Courier*. Lyonel Feininger (später berühmt als kubistischer Maler und Lehrer am Bauhaus) zeichnete ab 1895 Karikaturen für das Blatt, ab 1900 auch Heinrich Zille; langjährige Hauptzeichner waren Franz *Jüttner und W.A. *Wellner. Das sowohl humoristische wie satirische Wochenblatt war typisch für das Wilhelminische Zeitalter und erreichte 1912 eine Auflage von 65 000 Exemplaren.

W.A. Wellner: Frankreichs Selbstmord; aus: Lustige Blätter, Berlin, 1917. Dortmund, Bibliotheken der Stadt Dortmund, Institut für Zeitungsforschung (U/62)

Schalk (1878 in Stuttgart gegründet) wurde zwischen 1882 und 1883 in Leipzig verlegt und war zugleich Wochenbeilage der *Berliner Neuesten Nachrichten*. Von 1884 bis 1891 wurde das Blatt in Berlin verlegt, dann bis 1921 wieder in Leipzig. Für das angeblich unpolitische, jedoch antiliberale und antisemitische Journal, auch als »Skandalblatt« bezeichnet, zeichnete u.a. Constantin von *Grimm.

Simplicissimus (München 1896-1944): Das berühmteste deutsche Satirejournal wurde von dem Verleger Albert Langen und dem Zeichner Thomas Theodor *Heine gegründet. Frank Wedekind, Thomas Mann, Ludwig Thoma schrieben für das Journal Beiträge; als Zeichner wirkten Karl Arnold, Olaf *Gulbransson, Bruno *Paul, Ferdinand von Reznicek, Erich *Schilling, Wilhelm *Schulz, Eduard Thöny, Rudolf Wilke, Théophile Alexandre *Steinlen. Es erschien in einer einfachen Version und als Luxusausgabe; zusätzlich zahlreiche Sonderhefte, Alben und Kalender. Das Blatt war nicht parteigebunden, verstand sich jedoch auf aggressive Kritik an den Zuständen im Kaiserreich. Die Folge waren mehrere Presseprozesse. Im Ersten Weltkrieg verfolgte es eine nationalistische, in der Weimarer Republik zunehmend eine sozialkritische, demokratische Ausrichtung. 1933 wurde es gewaltsam gleichgeschaltet. 1898 erreichte es eine Auflage von 67 000, 1906 von über 100 000 Exemplaren, in den 20er Jahren von 35 000 und 1938 von 12 000 Exemplaren.

Simplicissimus. Neue Folge (München 1954-1967): Der Versuch Olaf Iversens, den »alten« *Simplicissimus* wiederzubeleben, schlug fehl. 1960 lag die Auflage bei 48 000 Exemplaren.

Der Spiegel, 1946 in Hannover von britischen Presseoffizieren gegründet, wird seit 1947 von Rudolf Augstein herausgegeben. 1952 wurde die Redaktion nach Hamburg verlegt. Das größte deutsche Nachrichtenmagazin erreichte 1947 (Juni) eine Auflage von 50 000, Ende 1995 lag sie bei 1 049 008 Exemplaren.

Spitzkugeln (bis 1849 verwendete Bezeichnung der spitzen Geschosse für Handfeuerwaffen): Satirisches Beiblatt (1850/51) zu der Wochenschrift *Die Wartburg* (Braunschweig), einer Fortsetzung der in Leipzig verbotenen demokratischen Zeitschrift *Der Leuchtthurm*. Der Verleger, Ernst Keil, wurde 1851 zu neun Monaten Gefängnis verurteilt. 1853 gründete er den Prototyp des deutschen illustrierten Familienblattes *Die Gartenlaube*.

Eine feste Burg ist unser Gott; aus: Spitzkugeln, Leipzig, 1850. Dortmund, Bibliotheken der Stadt Dortmund, Institut für Zeitungsforschung (U/17)

Der Stürmer (Nürnberg 1923-1945) wurde von Julius Streicher, NS-Gauleiter von Franken (1946 hingerichtet), herausgegeben. Die Zeichnungen für das antisemitische Hetzblatt erstellte Philipp Ruprecht, genannt *Fips. 1933 erreichte es eine Auflage von 10 000, 1936/37 von fast 500 000 Exemplaren.

Süddeutscher Postillon (München 1882-1909/10): Der Gründer war der als Sozialist gemaßregelte und aus Berlin ausgewiesene preußische Gerichtsreferendar Louis Viereck. Redigiert wurde das »Arbeiter-Witzblatt« von Max Kegel (später beim *Wahren Jacob*). Von 1892 bis 1901 wurde es von Eduard Fuchs, dem späteren Karikaturenforscher, geleitet. Zeichner waren u.a. Max *Engert und Bruno *Paul, der später am *Simplicissimus* mitwirkte. 1909/10 ist der *Süddeutsche Postillon* im *Wahren Jacob* aufgegangen. Auflage: zwischen 40 000 und 43 000 Exemplare.

Ulk (1872-1933/34): Langjähriger Hauptzeichner für das »Illustri[e]rte Wochenblatt für Humor und Satire« war Hermann *Scherenberg. Später arbeiteten Lyonel Feininger, Heinrich Zille (z.B. *Vadding in Frankreich*, 1914), Paul *Halke, August *Haidjuk, Max *Richter, Hermann Abeking, Walter Herzberg, Willi Steinert, Oskar Theuer u.a. mit. Redakteur, dann Chefredakteur dieser Beilage des *Berliner Tageblattes*, von 1910 bis 1930 auch der *Berliner Volks-Zeitung*, war Sigmar Mehring, der Vater Walter Mehrings. Im Herbst 1900 verbüßte er als »Dreyfusard« eine dreimonatige Festungshaft wegen Gotteslästerung. Während der Weimarer Republik trat *Ulk* für eine Versöhnungspolitik mit Frankreich ein. 1875 erreichte die Auflage 41 800, 1889 68 000, 1911/12 286 000, 1913 339 000, 1929 207 000 Exemplare.

Der Wahre Jacob (gegründet 1879 in Hamburg, 1884 nach Verbot in Stuttgart, 1923 und von 1927 bis Ende Februar 1933 in Berlin): Das wichtigste der sozialdemokratischen Satireblätter wurde von Wilhelm Blos, Berthold Heymann, A. Rettelbusch, Friedrich Wendel u.a. redigiert. Die Karikaturisten waren Otto Emil Lau, Max *Engert, Willibald Krain und Hans Gabriel *Jentzsch, der bis 1923 über 2000 Graphiken im *Wahren Jacob* veröffentlichte. Er schuf scharfe Karikaturen des Adels und der Großbourgeoisie unter der Regierung Wilhelms II. Auch Richtungskämpfe innerhalb der SPD stellte er satirisch dar. In der Weimarer Republik kämpfte das Blatt gegen Machtansprüche der Reaktionäre. Im Dritten Reich wurde es verboten. Auflage um 1900: 100 000, 1912: 380 500 Exemplare.

Die Wahrheit (Berlin 1880-1886): Der von Hugenotten abstammende Hector de Grousilliers war Gründer und bis 1882 Leiter des rassistischen Wochenblatts, das einen »heiligen Krieg gegen Liberalismus, Materialismus und den jüdischen Geist« führte. Scharfe Angriffe richtete es gegen seine »Konkurrenten« *Kladderadatsch, Berliner Wespen, Ulk*. Es veröffentlichte allwöchentlich Aufrufe zum Boykott jüdischer Geschäfte und Anpreisungen von Lokalen »mit antisemitischem Mittagstisch« und »antisemitischem Sekt« (Marke gesetzlich geschützt!). Auflage 1882: 4000 Exemplare.

Hermann Scherenberg: Bismarck's erste Medaille; aus: Ulk, Berlin, 1875. Berlin, Zentral- und Landesbibliothek Berlin, Berliner Stadtbibliothek (U/41)

Michel Espagne

Wohltuendes Chaos: Frankreichs Entdeckung des Sturm und Drang und der idealistischen Philosophie

Frankreich hat die deutsche Literatur spät entdeckt. Es bedurfte erst der Gründung eines *Journal étranger* (1754-1762), an dem mehrere, in Paris lebende Deutsche mitarbeiteten, die um die Ausstrahlung ihrer Nationalliteratur besorgt waren. So tat Michael Huber viel für die Verbreitung von Johann Joachim Winckelmanns Werken, außerdem gab er eine Anthologie deutscher Dichtungen heraus. Über den engen Kreis der Mitarbeiter dieser Zeitschrift wurden die Werke Gottlieb Wilhelm Rabeners oder Christian Fürchtegott Gellerts, vor allem die Gotthold Ephraim Lessings und Salomon Geßners in Frankreich so bekannt, daß man hinsichtlich der Jahre um 1760 von einer Schwärmerei der Franzosen für deutsche Literatur und geradezu von einer deutschen Mode sprechen kann. Ein ausgeprägtes Interesse für die deutsche Sprache, die bis dahin vorzugsweise Schülern der Militärschule gelehrt worden war, kam auf, und Turgot, der künftige Finanzminister Ludwigs XVI., scheute sich nicht, an der Übersetzung eines Textes von Geßner, dem *Tod Abels* (1759), mitzuwirken. Denis Diderot umgab sich gern mit deutschen Freunden wie Friedrich Melchior Grimm, der als erster dem Pariser Publikum einen Überblick über die deutsche Literatur gegeben hatte. Baron Paul Heinrich Dietrich von Holbach, selbst deutscher Herkunft, war ein unermüdlicher Übersetzer mineralogischer Texte, auf die sich auch seine Artikel für die *Enzyklopädie* stützten; Diderot kannte gut die ästhetischen Theorien von Friedrich von Hagedorn, des Dresdner Akademiedirektors. In den Jahren um 1780 unterhielt Adrian Christian Friedel – neben Junker und Huber einer der wichtigsten Übersetzer – einen Lesesaal mit Büchern und Zeitschriften von jenseits des Rheins. Er war mit Sébastien Mercier, dem berühmten Verfasser des *Tableau de Paris*, befreundet, verteidigte als einer der ersten das Kantsche System in Frankreich und hatte zudem freien Zutritt zu Königin Marie Antoinette, die sich ihrer deutschsprachigen Herkunft wegen für eine gewisse Verbreitung der deutschen Kultur im vorrevolutionären Paris einsetzte.

Die Anfänge waren zaghaft, aber bestimmend für die Rezeption der deutschen Literatur in Frankreich: Geßners *Idyllen* spielten dabei eine herausragende Rolle: Deutschland, das bukolische, einfache und natürliche Land, das von den Lastern

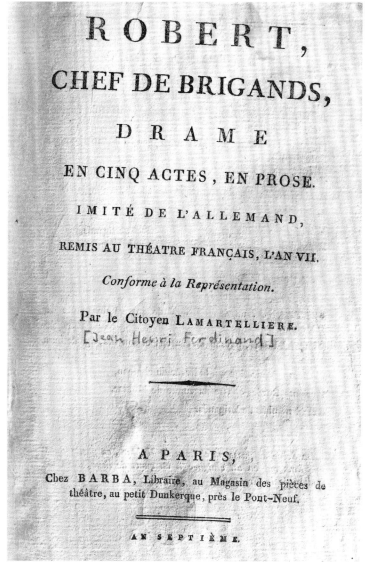

Friedrich Schiller: Robert, Chef des Brigands, Paris, 1799. Weimar, Stiftung Weimarer Klassik, Herzogin Anna Amalia Bibliothek (1/42)

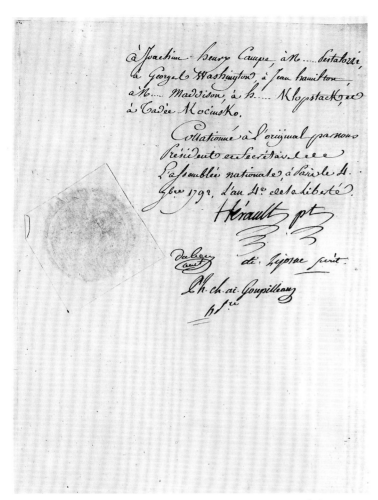

Dekret der Nationalversammlung vom 26. August 1792 zur Verleihung der französischen Staatsbürgerschaft an Johann Heinrich Campe, Friedrich Gottlieb Klopstock u.a., Paris, 1792. Paris, Archives nationales (1/20)

Johann Wolfgang Goethe: Les passions du jeune Werther. Mannheim (und Paris), 1777. Paris, Bibliothèque Nationale de France, Département des Imprimés (1/29)

verschont geblieben war und weitgehend den Rousseauschen Stereotypen entsprach, war von vornherein dazu geeignet, die Zwänge des »esprit classique« ins Wanken zu bringen. Die Literatur legitimierte die Erkundung der Innerlichkeit und der Leidenschaften, die Erkundung einer unverbildeten, vom formalistischen Panzer emanzipierten Natur. Mit diesem Deutschland zum inneren Nutzen, das sich das Frankreich der Aufklärung konstruiert hatte, war die Voraussetzung für die Rezeption des Sturm und Drang und der idealistischen Philosophie gegeben.

Es waren nicht Friedrich Maximilian Klinger, Heinrich Wilhelm Gerstenberg oder Heinrich Leopold Wagner, die das französische Publikum den Sturm und Drang entdecken ließen, sondern Schiller und Goethe. Der Terminus *Sturm und Drang* hat in Frankreich daher eine weniger enge Bedeutung, er muß vielmehr als ein Begriff aufgefaßt werden, der eine umfassendere Periode der deutschen Literatur als die des Sturm und Drang bezeichnet. *Die Räuber* wurden im Januar 1782 in Mannheim uraufgeführt, 1785/86 in Straßburg in deutscher Sprache gespielt und von Friedel ins Französische übersetzt. Doch ein Erfolg im revolutionären Paris war dem Stück erst 1792 beschieden dank einer Bearbeitung durch den Elsäßer Jean Henri Ferdinand Schwindenhammer (bekannt unter dem Pseudonym Lamartellière). Dieser Erfolg von *Robert, Chef des Brigands* trug Schiller die französische Ehrenbürgerschaft ein. Sein Stück kam zur rechten Zeit, um auf der Bühne die sozialen Brüche der Revolution darzustellen. Friedels Übersetzung der *Räuber* war Teil eines Sammelbandes mit Übersetzungen *Le nouveau théâtre allemand*, der auf Junkers *Théâtre allemand* (2 Bände 1772) folgte und nicht weniger als 27 Stücke enthielt. Die dramatische Dichtung fand in Frankreich sehr viel rascher ein lebhaftes Echo als beispielsweise die lyrische. Indessen mußte man bis 1799 auf Lezay-Marnésias Übersetzung des *Don Carlos* warten, bevor die Rezeption Schillers neuen Auftrieb erhielt.

Gewiß ist *Don Carlos* kein Sturm-und-Drang-Stück, doch da es in Frankreich als Ausdruck hoffnungsloser Leidenschaft und eines Konflikts zwischen mittelalterlichem und modernem Geist im Spanien des 16. Jahrhunderts aufgefaßt wurde, ließ sich Victor Hugo in mehreren seiner Stücke offensichtlich von ihm inspirieren (*Hernani, Ruy Blas, Cromwell, Angelo Tyrann von Padua*). Die Übersetzung der *Jungfrau von Orleans*, die bereits 1802 von Cramer, eines Vermittlers deutscher Literatur, in Zusammenarbeit mit Mercier erschienen war, erfuhr zwar ein weniger spektakuläres Schicksal in der französischen Literatur, trug jedoch zur Geburt des Nationalmythos der Jeanne d'Arc nicht unwesentlich bei. Entscheidend für die Rezeption Schillers in Frankreich war auch Benjamin Constants französische Fassung des *Wallenstein.* Constant hatte den Verfasser 1803 in Weimar während einer Reise mit Madame de Staël kennengelernt. Sein 1809 veröffentlichter *Wallenstein* brachte dem Übersetzer und Bearbeiter freilich nicht den Ruhm, den dieser sich erhofft hatte, rückte aber Schiller wieder in den Vordergrund der französischen Literaturszene, die fortan Schiller nicht mehr verlassen sollte. Die ersten ästhetischen Schriften, die im Kaiserreich erschienen, erregten lediglich die Aufmerksamkeit der Spezialisten. Guillaume de Barante, der 1821 den Aufsatz *Théâtre de Schiller* veröffentlichte, dem eine Biographie des Autors vorausging, und Camille Jordan, der Übersetzer von Klopstocks *Messias*, der im selben Jahr eine Übersetzung der Dichtungen erscheinen ließ, sicherten hingegen Schillers Werk einen so nachhaltigen Erfolg, daß es sich selbst im Lehrplan für die deutsche Sprache an den Gymnasien niederschlug. Schiller verkörperte – darin Goethe fast ebenbürtig – die deutsche Literatur. Hugo, Alfred de Musset, Prosper Mérimée imitierten seinen *Wilhelm Tell*, und Spuren seines Werkes sind bei vielen französischen Romantikern auszumachen. Die für Schillers intellektuelle Physiognomie charakteristische Unruhe, wie sie die französischen Leser wahrnahmen, war gewissermaßen das einheitstiftende Moment in seinem unterschiedlichste Aspekte umfassenden Werk, das unter dem Zeichen des Sturm und Drang Eingang in die französische Kultur gefunden und diese originelle Prägung nie verloren hat.

1774 veröffentlichte Goethe *Werther* und *Goetz von Berlichingen*, zwei Werke, die trotz ihrer offensichtlichen Verschiedenheit die Genieperiode der deutschen Literatur repräsentieren. Während der *Goetz* in Frankreich stets nur schwachen Widerhall fand, wurde für zahlreiche französische Leser der 1776/77 übersetzte *Werther* wie zuvor Geßners *Idyllen* eines der Schlüsselwerke deutscher Literatur. Nicht, daß die Kritik dieses Werk gut aufgenommen hätte, sie war im Gegenteil eher zurückhaltend, doch zwischen 1776 und 1797 erschienen nicht weniger als 15 Übersetzungen, und zahllos waren die Nachahmungen und Bearbeitungen. Neben eher plumpen Bearbeitungen des *Werther*-Themas zählt zu den literarisch anspruchsvollen und direkt

Anne-Louis Girodet-Trioson: François René de Chateaubriand, 1807. Saint-Malo, Musée de Saint-Malo (4b/9)

von Goethes Text inspirierten Romanen *Delphine* von Madame de Staël, *Oberman* von Etienne Pivert de Sénancourt oder *Adolphe* von Benjamin Constant. Napoleon soll den Roman nach Ägypten mitgenommen und ihn gleich siebenmal gelesen haben. Der Schüler von Etienne Bonmot Condillac, Georges Cabanis, der während der dunklen Jahre der Revolution im Salon der Madame d'Helvetius in Auteuil ein- und ausgegangen war, las ihn ebenso begeistert wie der Dichter Marie Joseph Chénier, der eine Tragödie daraus machen wollte. Wenn es ein Indiz dafür gibt, welchen Einfluß der *Werther* auf die französische Kultur zu Beginn des 19. Jahrhunderts ausübte, ist es der Versuch des Schriftstellers Chateaubriand, einen Anti-Werther zu verfassen. Zur Bekämpfung der pessimistischen Kräfte und zur Verteidigung der christlichen Religion schrieb er *René* (1802). Doch trotz dieser offensichtlichen Ambitionen macht eine vergleichende Lektüre von *Werther* und *René* auffallende Ähnlichkeiten deutlich. Chateaubriand wurde Opfer seines Vorbilds und portraitierte ebenfalls einen von Schwermut heimgesuchten Helden, der in der Natur Zuflucht vor seeli-

*Eugène Delacroix: Illustration zu »Faust Erster Teil«, 1828.
Berlin, Staatliche Museen zu Berlin, Kupferstichkabinett (4b/15b)*

schen Nöten findet. Das gesamte französische 19. Jahrhundert erkannte sich in Goethes Figur wieder. Noch der Held in Gustave Flauberts *Education sentimentale* nennt *Werther* eine seiner Lieblingslektüren, und Lamartine erhob mit *Raphael* (1847) den Anspruch, »etwas Werther-Ähnliches gemacht zu haben«. Der Kulturhistoriker Hippolyte Taine befindet in seiner *Philosophie de l'art*, Deutschland habe den Helden der modernen Zeit, den »traurigen, verträumten, ehrgeizigen Menschen« hervorgebracht, der vergeblich das Glück in der Entfaltung der Sensibilität und der verzweifelten Begeisterung suche. Diesen modernen Helden verkörpere Goethes *Werther* oder *Faust*. Der dem gesamten französischen 19. Jahrhundert gemeinsame Held soll aus der gelungenen Aneignung des Sturm und Drang und damit aus dem Bekenntnis zur Subjektivität hervorgegangen sein, die sich mit der französischen Revolution endgültig durchgesetzt habe.

Werthers Schicksal beherrschte zumindest die volkstümliche Rezeption Goethes in Frankreich. So wurde auch die Lektüre des *Faust*, neben *Werther* Goethes bekanntestes Werk in Frankreich, von dieser ursprünglichen Beziehung des Dichters mit dem Sturm und Drang bestimmt. Die Franzosen nahmen zunächst die Tragödie wie ein Werk der Schwarzen Romantik auf, etwa wie Matthey Gregory Lewis' *Mönch* oder Ann Radcliffes Romane.

Allmählich rückte jedoch die Figur der Margarethe in den Vordergrund und verwischte die Faustfigur. Charakteristisch für die Rezeption war überdies die Transponierung des Stücks in verschiedene künstlerische Ausdrucksformen. Eugène Delacroix fertigte 17 Lithographien an, die 1828 Stapfers Übersetzung begleiteten. Das war der Anfang einer Tradition, die von Künstlern wie Tony Johannot fortgeführt wurden. Aus dem Faustmythos schöpfend, schufen sie eine Reihe von Bildern, die die französische Vorstellung von der Romantik zutiefst geprägt haben. Ebenfalls 1828 veröffentlichte Gérard de Nerval, der schon als Kind der Faszination einer illustrierten Ausgabe von Friedrich Maximilian Klingers *Faust*-Roman (1791) erlegen war, eine eigene Übersetzung von Goethes *Faust*, die wiederum Hector Berlioz zu seiner *Damnation de Faust* (1864) inspirierte. Noch George Sands *Lélia* kann durch ihr Streben nach absolutem Wissen als Reminiszenz an den *Faust* gelten. Im Gegensatz zu *Faust* vermochten weder *Wilhelm Meister* noch die *Wahlverwandtschaften* noch die Gedichte dem Bild zu entsprechen, das sich das französische 19. Jahrhundert von Goethe als dem Vertreter des Sturm und Drang, den *Werther* repräsentierte, zurechtgezimmert hatte. Diese Aneignung und Metamorphose, die durch die Unvollständigkeit der Übertragungen begünstigt wurde – da die französischen Leser des 19. Jahrhunderts den zweiten Teil der Tragödie nicht kannten, fiel es ihnen um so leichter, im ersten Teil eine phantastische Geschichte oder das Gemälde einer leidenschaftlichen Beziehung zu erblicken –, war stark genug, um in Frankreich Originalwerke hervorzubringen, als wäre die französische Literatur des 19. Jahrhunderts zu einem nicht geringen Teil Erbin der deutschen Geniezeit. Die Kulturhistoriker haben oft vom Einfluß der deutschen Literatur auf die französische Romantik gesprochen; dabei mußten sie nicht nur deren Besonderheit, sondern auch die wechselseitige Beziehung zwischen beiden Nationen würdigen, denn Deutschland gab nunmehr den Franzosen zurück, was es im 18. Jahrhundert literarisch von ihnen empfangen hatte. Die Rezeption des *Werther* und des *Faust* bezeugt eher eine gegenseitige literatur- und kulturhistorische Beeinflussung beider Nationen.

Dasjenige Deutschland, das für das Frankreich der ersten Hälfte des 19. Jahrhunderts so verlockend erschien, vollzog einen tiefgreifenden Wandel im subjektiven Erleben, eine Revolution, die sich dem Werk und der Person Immanuel Kants verdankte. Freilich ging das nicht ohne gewisse Paradoxien vonstatten. Zwar wurde bei den ersten Darstellungen des

Kantschen Denkens im revolutionären Frankreich durch deutsche Jakobiner und den Abbé Sieyès die Kontinuität der Philosophie der französischen Aufklärung und Kants Lehre betont – einer Metapher Heinrich Heines zufolge hatte der Gelehrte aus Königsberg auf der Ebene des Denkens das erreicht, was die französische Revolution auf der Ebene der Tat angestrebt hatte –, auch traf es zu, daß an der Akademie zu Berlin französisch sprechende Deutsche wie Hans Bernhard Merian oder Johann Peter Friedrich Ancillon in französischen Schriften das Denken Kants diskutierten, doch die ersten Bemühungen, seine Theorien in Paris zu verbreiten und ein wenig mehr zu tun, als ihn der Revolution näher zu bringen, führte zu Unverständnis. Daher denn auch Wilhelm von Humboldts Versuch, durch ein im Mai 1798 abgehaltenes Kolloquium sensualistische Philosophen wie Destutt de Tracy oder Cabanis von Kant zu überzeugen. Zu den Teilnehmern zählten Sieyès und Claude Camille Perret, der, bevor er Napoleons Sekretär wurde, einer der wenigen Franzosen gewesen sein soll, der Johann Gottlieb Fichtes Vorlesungen in Jena gehört hatte. Bei besagtem Kolloquim gewann Humboldt freilich den Eindruck, daß mit Ausnahme der beiden Letztgenannten die Teilnehmer in völlig verschiedenen Begriffssprachen redeten.

Daß sich in der französischen Kultur dann doch eine unvoreingenommene Auseinandersetzung mit Kant durchsetzen konnte, ist der Initiative Charles de Villiers zu verdanken, der 1792 Frankreich verlassen hatte, zu den Emigranten gestoßen war und sich in Hamburg niedergelassen hatte, wo er an der großen Emigrantenzeitschrift *Le Spectateur du Nord* mitarbeitete. In einer Reihe von Artikeln entwarf de Villiers eine Darstellung der Kantschen Philosophie, die die Kritik des metaphysischen Dogmatismus hervorhob, zum ersten Mal den Unterschied zwischen dem vorkritischen und dem kritischen Denken Kants herausarbeitete, vor allem aber auf die geistige Würde insistierte, die das Kantsche Denken dem Menschen verleihe. Mit seinem 1801 veröffentlichten Buch *La philosophie de Kant ou les principes fondamentaux de la philosophie transcendentale* unterstrich er einmal mehr diese Tendenz. Der Hamburger Bischof Lorenz Meyer, der sich 1801 in Paris aufhielt, verfolgte mit Interesse die Debatten, die das Erscheinen des Buches ausgelöst hatte. Lalande, ein Mitglied des astronomischen Instituts, bat de Villiers, Kants System in einer knappen Darstellung zusammenzufassen, auch Napoleon verlangte von ihm ein Resümee des Kantschen Denkens. Der des Deutschen kundige Literat Vanderbourg, der bereits Friedrich Heinrich Jacobis *Woldemar* übersetzt hatte, zweifelte indessen daran, daß Kants Tiefe das französische Publikum überzeugen könne, das an ein zu oberflächliches philosophisches Denken gewöhnt sei. Nach und nach verlagerte sich die Diskussion und neigte dazu, ein zur Spekulation unfähiges, vom Sensualismus verdorbenes Frankreich dem geistig strengeren Deutschland gegenüberzustellen. Das Stereo-

Gerhard von Kügelgen: Johann Wolfgang von Goethe, 1810. Düsseldorf, Goethe-Museum, Anton-und-Katharina-Kippenberg-Stiftung (1/37)

typ der Tiefe als Gegensatz zur französischen Leichtigkeit hatte sich mit dieser Kantdiskussion eingebürgert – ein Gegensatzpaar, dessen Schematismus übrigens de Villiers in seiner wenig später veröffentlichten Schrift *Essai sur l'influence de la Réformation*, in der er die deutsche Überlegenheit auf dem Gebiet der Wissenschaft und der Philosophie mit dem Luthertum begründete, einer Kritik unterzog. Dennoch – der Beschäftigung mit Kant waren von nun an die Tore geöffnet, wobei aus Kants Philosophie gewissermaßen ein Bestandteil des französischen intellektuellen Kulturerbes wurde. Denn es zeigte sich, daß die deutsche Philosophie dazu verurteilt war, instrumentalisiert und in Abhängigkeit von der französischen intellektuellen Kultur rezipiert zu werden. So stellte Villiers' Kant eine Art alternativer Philosophie zur offiziellen Philosophie der Revolution und des Kaiserreichs dar. Er war eine Waffe gegen das Denken der französischen Aufklärung. Die Rückkehr zu einem republikanischen Kant setzte sich erst allmählich nach dem Deutsch-Französischen Krieg von 1870 durch und wurde in der Dritten Republik zu einer Art Credo.

Auch andere Vertreter des deutschen Idealismus erlitten, wenn auch in unterschiedlichem Grade und anderem Bezug,

Gottlieb Doeppler: Immanuel Kant, 1791.
Duisburg, »Museum Stadt Königsberg« der Stadt Duisburg (1/23)

diese Instrumentalisierung. Sie führte dazu, daß sie in den Dienst einer französischen intellektuellen Orientierung und zeitweilig in verschiedene Lager gestellt wurden. So erfuhr auch der seit den dreißiger Jahren des 19. Jahrhunderts übersetzte Fichte eine spiritualistisch gefärbte Rezeption, nachdem er von Benjamin Constant als jakobinischer Philosoph entschieden abgelehnt worden war; Fichtes Name stand neben dem Kants – auch bei der Umkehrung der Interpretationen. Der Ende des Jahrhunderts wieder als republikanisch begriffene Kant wurde von einem Fichte unterstützt, der von der Esoterik der *Wissenschaftslehre* und den nationalistischen Tönen der *Reden an die deutsche Nation* gereinigt war. Auch die Hegelrezeption profitierte von der Begeisterung für Kant, der den Franzosen ganz allgemein das Gefühl gab, die Philosophie habe den Rhein überschritten und man müsse sich eingehend für die Vorgänge in Deutschland interessieren. Und doch ist der Rezeptionskontext völlig anders. Während eines Zwangsaufenthalts in Berlin von 1824 bis 1825 entdeckte der Philosoph Victor Cousin Hegel. Nach Frankreich zurückgekehrt und mit Vorlesungen in Geschichtsphilosophie beauftragt, machte er 1828 aus der Hegelschen Philosophie eine Legitimierung des Staatsgrundsetzes, des Regimes der konstitutionellen Monarchie. Victor Cousin wurde zum offiziellen Philosophen der Julimonarchie; teilweise verdankte er seine – ungerechtfertigte – Reputation dem Ruf als besonders erfahrenem Kenner Hegels. Desungeachtet hat er Hegel anläßlich der Reise, die dieser 1827 nach Paris unternahm, empfangen, stand er in ständigem Briefwechsel mit dessen Schülern, den Junghegelianern Eduard Gans, Karl Ludwig Michelet und Gustav Hotho; und da er das Denken des Meisters nicht selbst studieren konnte, flößte er seinen Schülern regelrechte Neugierde ein und trieb sie dazu, sich an die ersten Übersetzungen oder an eine gründliche Geschichte der deutschen Philosophie zu machen, die dann Joseph Willm verfaßte. Weil Hegel mit der Verteidigung der konstitutionellen Monarchie und der Aktivität Victor Cousins identifiziert wurde, fand der Sozialist und Widersacher Cousins, Pierre Leroux, kein geeigneteres Mittel, sich letzterem entgegenzustellen, als sich auf Hegels Gegner in Berlin, auf Schelling zu berufen. Wie die anderen, so hatte auch Friedrich Wilhelm Joseph Schelling auf dem Gebiet der französischen Philosophie seine Rolle zu spielen, doch da er nach seiner Schrift über die menschliche Freiheit von 1809 nichts veröffentlicht hatte, blieb diese Rolle bescheidener als die Kants und Hegels und eher episodisch. Schelling wurde in seiner ganzen Komplexität erst im 20. Jahrhundert entdeckt.

Im Hinblick auf das gesamte 19. Jahrhundert kann man von einer Vorherrschaft der deutschen Philosophen des Idealismus sowie von antagonistischen Gruppen im französischen Geistesleben sprechen. Auffallend ist diese Situation vor allem bis zur Mitte des Jahrhunderts, während jener Periode also, die der der wissenschaftlichen Untersuchungen und texttreuen Übersetzungen der Werke vorausging.

Welche auch immer die Formen deutscher Literatur waren, die ein französischer Autor entdeckte, die Faszination für Deutschland hatte gemeinsame Charakteristika, die die Eigentümlichkeiten der gelesenen Autoren verwischten und alles auf ein gleiches Paradigma zurückführten. Das Deutschland des Sturm und Drang oder der idealistischen Philosophie stellte ein Mittel dar, sich jenen Aspekten der französischen klassischen Tradition zu widersetzen, die am meisten einengten. Mit der Veröffentlichung der Übersetzung von Johann Gottfried Herders *Ideen zur Philosophie der Geschichte der Menschheit* 1827 reihte sich auch Edgar Quinet in die rückhaltlosen Deutschlandbewunderer ein. Damals war er des Deutschen nicht mächtig, er lernte es später in Heidelberg anläßlich eines Aufenthaltes bei Georg Friedrich Creuzer, dem Mythenforscher und Verfasser der *Symbolik*. Mit Quinets Herder fand vor allem die historiographische Dimension des deutschen intellektuellen Lebens Eingang in Frankreich, aber auch der Gedanke, die Völker aufgrund ihrer Sagen und Charaktereigenschaften zu studieren. Hier erlaubt der Rückgriff auf Deutschland, Frankreichs Platz im Ozean der

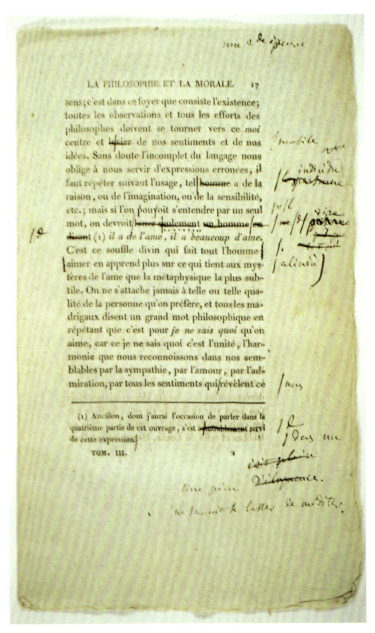

Druckbögen aus Madame de Staëls »De l'Allemagne« mit handschriftlichen Eintragungen, 1810. Privatbesitz (2/9)

Brief des Präfekten des Département Loir-et-Cher an den Polizeiminister betreffend das Verbot von »De l'Allemagne«, Blois, 29. September 1810. Paris, Archives nationales (2/11)

Völker zu relativieren und das Interesse für die Literatur Süd- oder Mitteleuropas zu begründen. Edgar Quinet lehrte die Literaturen der Völker, jene reiche und zugleich zielgerichtete Vielfalt, von der in Herders *Ideen* die Rede ist und von der das Frankreich der Aufklärung kaum eine Vorstellung hatte. Die große Resonanz, die Quinet in Frankreich fand, das eigentliche Resultat seiner Vermittlungsarbeit, schlug sich in der *Revue des Deux Mondes* nieder, dem Organ einer geradezu militanten Germanophilie. Doch in den vierziger Jahren des 19. Jahrhunderts sollte sich Quinets Begeisterung für Deutschland in eine streitbare Deutschfeindlichkeit verkehren. Waren, wie schon Heine spekulierte, die von der idealistischen Philosophie und der Literatur aufgedeckten subjektiven Abgründe im Grunde nichts anderes als der blasse Widerschein des politischen Lebens in Frankreich? Erschöpfte sich die philosophische Ader nicht darin, zu einer Art zynischem Nihilismus zu führen? Die deutschfeindlichen Schriften, die gegen Ende des Jahrhunderts entstanden, stammen aus der Feder Quinets.

Auch wenn Heine in den Jahren um 1830 den Franzosen vorwarf, daß sie kaum etwas von deutscher Philosophie und

Literatur begriffen (*Romantische Schule* und *Zur Geschichte der Religion und Philosophie in Deutschland*), blieb die Begeisterung bis zum Krieg 1870/71 ungebrochen. Das Modell für diese Faszination lieferte Madame de Staëls Schrift *De l'Allemagne*. Dieses Buch, das 1814 in London erschien, weil es in Frankreich nicht veröffentlicht werden durfte, ist zutiefst geprägt von den Umständen der napoleonischen Jahre. Madame de Staëls Reise nach Deutschland im Jahre 1803 stand in unmittelbarem Zusammenhang mit ihrem Aufenthaltsverbot in Paris und ihrer Verfolgung durch Napoleon. Von de Villiers, August Wilhelm Schlegel und Benjamin Constant inspiriert, unternahm sie eine der einflußreichsten Interpretationen Deutschlands, das sie zum Reich der reinen Spekulation, zum Land des Geisteslebens im Gegensatz zum französischen Sensualismus stilisierte. Zwar hatte sie zu den ersten Lesern von Geßners Dichtung gehört, sich wie ihre Generation für *Werther* begeistert und bei Wilhelm von Humboldt, dessen Vorlesungen sie besuchte, deutsch gelernt. In dieser Hinsicht war sie eine Art Mittlerin zwischen der vom Sturm und Drang geprägten Generation und den Bewunderern der neuen Philosophie. Dennoch war ihre Wahrnehmung und Bewertung der deutschen Welt eindeutig von Frankreich bestimmt, eine Disposition, die Generationen von Lesern deutscher Literatur beeinflußte und weiterhin beeinflussen wird. So hatte sich schon Benjamin Constant mit seinem Interesse für Schiller, zu dessen französischem Ruhm seine Bearbeitung des *Wallenstein* beitrug, bemüht, Madame de Staël zu gefallen und mit ihrer Wahrnehmung Deutschlands übereinzustimmen. Auch die erste deutsche Literaturgeschichte, die Baron Barchou de Penhoen 1836 veröffentlichte, ging auf die in *De l'Allemagne* entworfenen Skizze zurück. Eine Bestandsaufnahme der Konkretisierungen des Staëlschen Deutschlandbildes im Frankreich der ersten Hälfte des 19. Jahrhunderts wäre interessant. Über den *Faust* schrieb sie: »Man darf in diesem Werk weder Geschmack noch die Regelmäßigkeit, noch die Kunst suchen, welche auswählt und vollendet; wenn sich aber die Einbildungskraft ein geistiges Chaos in Analogie zum oft beschriebenen materiellen denken könnte, so müßte Goethes *Faust* zu jener Zeit verfaßt worden sein. Es ist unmöglich, die Kühnheit der Gedanken weiterzutreiben, und nach dem Lesen des *Faust*, oder wenn man auch nur daran denkt, ergreift uns immer eine Art von Schwindel.« (Staël 1985, S. 350f.) Ein Schwindel angesichts des Chaos, das Erneuerung versprach. In der Perspektive dieses Bildes aus dem Sturm und Drang sah die französische Romantik Deutschland und versuchte dabei, sich selbst zu finden.

Michel Espagne, Absolvent der Ecole Normale Supérieure, Paris, ist als wissenschaftlicher Leiter im Centre National de la Recherche Scientifique, Paris, zuständig für die Forschungen zum deutsch-französischen Kulturaustausch.

Raum 1

Französische Revolution und deutsche Kulturnation

Die Botschaft der Französischen Revolution, wie sie der Welt seit 1789 von Paris aus verkündet wurde, war der »Triumph der Freiheit«. In Deutschland fand diese Devise zunächst bei aufgeklärten einflußreichen Denkern begeisterte Aufnahme. Die Kulturnation müsse in der Sprachnation im friedfertigen Zusammenleben zum Wohle der Völker aufgehen. Friedrich Schiller erhielt im August 1792 wegen des bahnbrechenden Erfolges der »Räuber« (Uraufführung in Mannheim 1782, Erstaufführung in Paris 1792) von der Assemblée nationale zusammen mit sechzehn »Freunden der Menschheit und der Gesellschaft«, darunter der Reformpädagoge Joachim Heinrich Campe und der Odendichter Friedrich Gottlieb Klopstock, die Ehrenbürgerurkunde der französischen Republik. Republikanische Verfassungen nach dem Vorbild des Nationalkonvents wurden von glühenden Patrioten gefordert, jedoch von der Mehrheit der deutschen Regenten kaum ernst genommen. Zwar erstrebte das »Allgemeine Landrecht«, das in Preußen 1793 eingeführt wurde, die Gesellschaft der Staatsbürger und nicht den Volkssouverän, doch beugte es mit dem Zugeständnis von mehr individueller Rechtsfreiheit als Ablösung aus dem Feudalrecht des Ancien régime zugleich revolutionären Übergriffen vor, die von den Ereignissen aus Frankreich zu erwarten waren. Es bildeten sich gegensätzliche Lager: die Sympathisanten der Jakobiner, die ihre Ideen mythologisch verschlüsseln mußten, um der Verfolgung ihrer Bild- und Schriftwerke durch die Zensoren zu entgehen, und auf der anderen Seite die Patrioten, die ein Jahrzehnt später der deutschen Nationalbewegung die geistigen Grundlagen für die kämpferische Auseinandersetzung mit dem Eroberer Napoleon liefern sollten.

Die seit 1776 publizierten französischen Versionen von Goethes »Die Leiden des jungen Werther« lösten in Frankreich zwei Jahre nach dem Erscheinen »Werthers« in Deutschland ein wahres Wertherfieber von »Weltschmerz« aus, während Napoleons phänomenales Geschick als Feldherr und Vollstrecker der Revolution deutsche Fürsten und Gelehrten, Dichter und Denker beschäftigte. Bei ihrer Begegnung in Erfurt und Weimar 1808 verlieh der Kaiser der Franzosen Wieland und Goethe in Anerkennung ihres Genies das von ihm geschaffene Ritterkreuz der Ehrenlegion. Schiller trat nach den »Räubern« mit der »Jungfrau von Orleans« (Uraufführung 1801 in Leipzig) einen zweiten Siegeszug in Frankreich an: Seine Gestaltung des Dramas, dessen Handlung er in die historische Landschaft des katholischen Frankreich des 15. Jahrhunderts gelegt hatte, sollte sogar den Mythos des Mädchens von Orléans selbst in Frankreich wiederbeleben. Den geselligen Gelehrtenzirkeln in Deutschland stellte sich das Leben als ein Gleichnis aus Kunst und Literatur dar. Ihre Leitfiguren, die Gebrüder Schlegel und Grimm, Ludwig Wilhelm Tieck und Heinrich Wackenroder, Bettina und Achim von Arnim, Clemens Brentano, Jean Paul und Adelbert Chamisso suchten in Romanen und Gedichten, Liedersammlungen und Zeitschriften ihre vaterländischen und religiös-verklärten Gedanken auch gegen die Zensur zu verbreiten. Mit ihren Publikationen nahmen sie großen Einfluß auf die französische Geisteswelt der napoleonischen Zeit. Die Rezeption ihrer Schriften begründete in Frankreich bei den bürgerlichen Liberalen das leidenschaftliche Interesse für deutsche Dichter und Denker, deren Bildnisse Madame de Staël mit ihrem Buch »De l'Allemagne« (London 1813, Paris 1814) mit nachhaltiger Wirkung zeichnen sollte.

Man kann die Französische Revolution als das größte und merkwürdigste Phänomen der Staatengeschichte betrachten, als ein fast universelles Erdbeben, eine unermeßliche Überschwemmung in der politischen Welt; oder als ein Urbild der Revolutionen, als die Revolution schlechthin. Das sind die gewöhnlichen Gesichtspunkte. Man kann sie aber auch betrachten als den Mittelpunkt und den Gipfel des französischen Nationalcharakters, wo alle Paradoxien desselben zusammengedrängt sind; als die furchtbarste Groteske des Zeitalters, wo die tiefsinnigsten Vorurteile und die gewaltsamsten Ahndungen desselben in ein grauses Chaos gemischt, zu einer ungeheuren Tragikomödie der Menschheit so bizarr als möglich verwebt sind.

Friedrich Schlegel, Athenäumsfragment [424], 1798

Raum 1

Jacques Réattu
Der Triumph der Freiheit
(II), 1794
Arles, Musée Réattu
(1/3)

Zwei Szenen mit Luft-
schiffern als Einrahmung
einer Phrygischen Mütze
Frankreich, 1794
Vizille, Musée de la
Révolution française
(1/8)

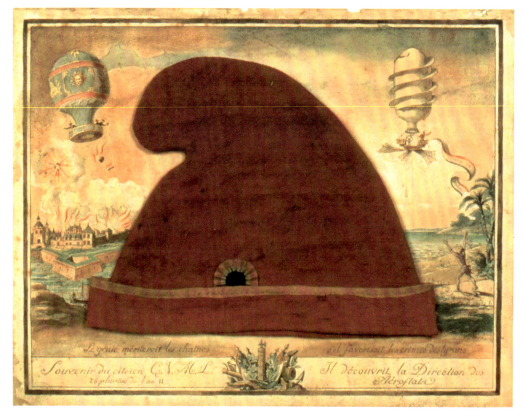

Französische Revolution und deutsche Kulturnation

Hubert Robert
Imaginäre Ansicht der
Grande Galerie des
Louvre als Ruine, 1796
Paris, Musée du Louvre,
Département des Peintures
(1/4)

Raum 1

*Asmus Jacob Carstens
Traumorakel des Amphiaraos,
1795
Weimar, Kunstsammlungen
zu Weimar (1/12)*

*Joseph Anton Koch
nach Asmus Jacob Carstens
Perseus und Andromeda bei
den Äthiopiern, 1796
Kopenhagen, Thorvaldsens
Museum (1/10)*

oben links
Anton Graff
Henriette Herz, 1792
Berlin, Staatliche Museen zu Berlin, Nationalgalerie (1/53)

oben rechts
Johann Heinrich Wilhelm Tischbein
Joachim Heinrich Campe, 1787
Hamburg, Hamburger Kunsthalle (1/22)

unten links
Johann Friedrich August Tischbein
Johann Gottfried Herder, 1796
Weimar, Stiftung Weimarer Klassik, Museen, Gemäldesammlung, Dauerleihgabe (1/51)

unten rechts
Ludwig Sigismund Ruhl
Arthur Schopenhauer, 1819
Frankfurt a. M., Stadt-und Universitätsbibliothek (1/73)

RAUM 1

Carl Christian Vogel
von Vogelstein
David d'Angers modelliert
die Büste Ludwig Tiecks,
1836
Frankfurt a. M., Freies
Deutsches Hochstift
Frankfurter Goethe-Museum
(1/62)

Französische Revolution und deutsche Kulturnation

1/1

1/1 Louis Laurent nach **Lebarbier**
Déclaration des Droits de l'Homme et du Citoyen (Erklärung der Menschen- und Bürgerrechte)
1789
Bez. u.l.: Le Barbier l'aîné inv.; u.r.: L.Laurent Sculp.
Radierung, Kupferstich; 57,1 x 40,5 cm
Köln, Wallraf-Richartz-Museum, Graphische Sammlung (1426)

Beim »Ballhausschwur« hatte sich die Nationalversammlung konstituiert und beschlossen, der Nation eine Verfassung zu geben. Nach zweiwöchiger Debatte einigte man sich vom 21. bis zum 26. August auf die »Erklärung der Menschen- und Bürgerrechte«, deren Artikel auf diesem Blatt, »akzeptiert durch den König«, feierlich verkündet werden. Formal lehnt sich die Darstellung an die Bildsprache des 17. Jahrhunderts und die religiöse Symbolik an: Auf den Gesetzestafeln, ähnlich den mosaischen Tafeln, getrennt vom römischen Faszesbündel mit phrygischer Mütze, sitzen links die Allegorie Frankreichs mit den zerbrochenen Ketten des Despotismus und rechts die Allegorie des Gesetzes, mit dem Finger auf die Menschenrechte und mit dem Zepter auf das Auge der (göttlichen) Vernunft weisend. Ein Ölgemälde gleichen Sujets (Musée Carnavalet) wurde in zahlreichen Stichen reproduziert und verbreitet. Über Frankreich hinaus sollten »alle Völker der Erde ein Muster von einer Staatsverfassung bekommen«. Die Präambel und die 17 Artikel der Menschen- und Bürgerrechte waren entstanden unter dem Eindruck englischer Vorbilder und der amerikanischen Unabhängigkeitserklärung, zielten aber weit darüber hinaus. Sie stellten die Basis der neuen Ordnung Frankreichs dar und beanspruchten von Anfang an universelle Geltung. Diese Erklärung war ein Fanal mit großem politischen Einfluß auch auf Deutschland. Joachim Heinrich Campe, Augenzeuge des 26. August in Paris, notierte, »daß diese französische Staatsumwälzung die größte und allgemeinste Wohltat ist« für »das ganze weiße, schwarze, braune und gelbe Menschengeschlecht rund um den Erdball herum«. MK

Lit.: Soboul 1965; Grab 1973; Campe 1988; Furet /Ozouf 1988; Faye 1989; Kat. Hamburg 1989, S. 280

1/2 Jean-Pierre-Marie Jazet (1788-1871)
nach **Jacques Louis David** (1748-1825)
Der Ballhausschwur vom 20. Juni 1790
1825
Aquatinta; 35,5 x 54 cm
Paris, Musée Carnavalet (Hist. g.c. V/A)

Als Jazet 1825 diese Reproduktion des berühmten Gemäldes von David anfertigte, war der Ballhausschwur bereits zum nationalen Mythos geworden. Nachdem Truppen des Königs am 20. Juni 1789 den Tagungsort in Versailles abgesperrt hatten, waren die Abgeordneten des Dritten Standes in das nahegelegene Ballhaus ausgewichen. Dort hatte man geschworen, sich nicht eher zu trennen, bis dem Königreich eine Verfassung gegeben sei. 1790 wurde mit Unterstützung des Jakobinerclubs der Maler David beauftragt, diese Szene in einem Monumentalgemälde für den Sitzungssaal der Assemblée Nationale festzuhalten. 1791 zeigte man Davids Zeichnung im Salon, 1792 arbeitete er an dem Gemälde, dessen Verbreitung durch Kupferstiche von Anfang an beabsichtigt war. Finanziert werden sollte das Unternehmen durch Subskriptionen. David verknüpfte die politische Handlung mit religiöser Inbrunst und revolutionärem Pathos. In der Mitte sieht man Bailly auf dem Tisch stehen und den Schwur formulieren, die Abgeordneten folgen ihm begeistert, das Volk verfolgt das Ereignis an den oberen Fenstern. In der Gruppe rechts erkennt man u.a. Mirabeau und Robespierre mit beiden Händen auf der Brust, links stehen Geistliche verschiedener Konfessionen zusammen, die bei dem Ereignis nicht anwesend waren. Idealisierend und dokumentarisch zugleich sollte das Bild zur Ikone der Revolution werden. Die Subskription scheiterte, der Staat mußte die Finanzierung übernehmen. Das Gemälde wurde nie vollendet (Studie im Musée National du Château de Versailles). Die Balance zwischen antikischem Ideal und dokumentarischer Schilderung wurde von vielen als zu »profan« empfunden. Politisch war die Revolution längst über Davids Idealbild hinweggegangen. Den radikalen Jakobinern ging das Bild nicht weit genug, da es keine deutliche Kriegserklärung gegen die

RAUM 1

Welches ist die beßere Verfaßung, die sich Frankreich giebt und zu geben vermag? Ists eine gemäßigte Monarchie? [...] oder muß es wider Willen, so sehr es dem alten Wahne nach am vorigen Namen hängt, zur Republik, d.i. dem jedermann gemeinsamen Wesen zurückgebracht werden.

Je früher dies geschieht, desto besser dünkt michs: denn nur Despotismus oder gemeines Wesen sind die beiden Endpunkte, die Pole, um welche sich die Kugel drehet; gemäßigte Monarchie ist blos das unregelmäßige Wanken von Einem zum Anderen Pole.

Johann Gottfried Herder:
Briefe zur Beförderung der Humanität
(Zurückgehaltene und »abgeschnittene« Briefe aus dem Anhang)
1792-1797

1/2

Monarchie darstellte. Einige der Dargestellten waren nun politisch suspekt, wie Banarve, Bailly und Mirabeau, der einst erklärt hatte, das Ballhaus mit seinen nackten dunklen Mauern als Abbild eines Gefängnisses sei durch den Schwur zum ersten Tempel der Freiheit geworden. MK

Lit.: Coll. de Vinck 1914, Bd. 2, S. 17f.; Bordes 1983, S. 234-237; Michel 1988, S. 58-70; Kat. Hamburg 1989, S. 277; Baecque 1993, S. 759-781 u. 832f.

1/3 **Jacques Réattu** (1760-1833)
Der Triumph der Freiheit (II)
1794
Bez. auf der Rückseite: Prairéal an 2 de la Répque fsc
Öl auf Leinwand; 31 x 46 cm
Arles, Musée Réattu (868-1-41)
Abb. S. 126

Das Gemälde ist unter verschiedenen Titeln bekannt: »La Liberté faisant le tour du monde« (Die Freiheit reist um die Welt), »Le Triomphe de la République« (Der Triumph der Republik), »La Liberté et la République reconnues par tous les peuples« (Die Freiheit und die Republik von allen Völkern anerkannt). Ein großformatiges Gemälde wurde von Maignet 1794 zur Dekoration des Nationalkonvents bestellt, scheint aber nie ausgeführt worden zu sein. Bekannt sind nur zwei Ölskizzen und zwei Zeichnungen, wahrscheinlich wegen der politischen Veränderungen in Frankreich: Nach dem Sturz Robespierres, sechs Wochen nach der Auftragsvergabe für den »Triumph der Freiheit«, konnte die politische Aussage des Bildes für den Künstler verfänglich sein. Mit dem Bild wurde der Maler, der nach seiner Akademieausbildung in Paris noch ein Stipendium in Rom erhalten hatte, im Rahmen der »travaux d'encouragement« beauftragt. Für seine historisierende Darstellung benutzte er geläufige Symbole wie die phrygische Mütze, das Faszesbündel, die Trikolore sowie die Pike und das Lot. Zwei Gruppen bestimmen die Komposition: die den Kampf führenden mythologischen und allegorischen Gestalten, die über ihre besiegten und am Boden liegenden Feinde drohend hinwegstürmen. Dem Triumphwagen folgen die Personifikationen der revolutionären Ideale. Réattu kommentierte das ikonographische Programm: »Um die Tyrannei zu vernichten, heben die bewaffneten Völker die Freiheit auf ein Schild und tragen sie im Triumph. Die kriegerische Macht, Mars und Herkules, schlagen ihre Feinde nieder, sie schmettern sie zu Boden und zerstreuen sie. Die Weisheit, Minerva, geht mit ihnen Hand in Hand und zerreißt eine dichte Wolke, die die Rache, den Betrug und die von den verbündeten Priestern und Königen gegen Frankreich geführte Politik umhüllt. Die Siegesgöttin setzt der von Ruhm umstrahlten Freiheit eine unsterbliche Krone aufs Haupt. Die Gleichheit folgt ihr und führt die Herrschaft der Gesetze, der Tugenden und der Talente her-

bei, während die wiederauferstandenen Völker der Freiheit huldigen, die die Ketten gesprengt hat«.   AC
Lit.: Simons 1982, S. 207-230; Kat. Neuilly-sur-Seine 1985, Nr. 43, S. 30-36 und 100

1/4   **Hubert Robert** (1733-1808)
Imaginäre Ansicht der Grande Galerie des Louvre als Ruine
1796
Öl auf Leinwand; 32,5 x 40 cm
Paris, Musée du Louvre, Département des Peintures (RF 1961-20)
Abb. S. 127

Robert gibt eine Vision der »schönen Ruine«, die ihre Größe und Monumentalität bewahrt hat. Nur wenige Kunstwerke sind in der zerstörten, von Pflanzen überwucherten Grande Galerie des Louvre zu erkennen: Apollon von Belvedere und eine Raffael-Büste. Sie wird durch einige dort verweilende Gestalten belebt: eine Wäscherin, ein Hirte und ein Maler, der, uns den Rücken zukehrend, an einer Komposition arbeitet. Bereits 1752 forderte Lafond de Saint-Yenne in der Schrift »L'ombre du Grand Colbert«, daß die königlichen Sammlungen im Louvre dem Publikum zugänglich gemacht werden sollten. D'Angiviller, ein Kunstliebhaber, Sammler und seit 1774 Louvre-Direktor, der in der Grande Galerie des Louvre-Palais die königlichen Gemälde zeigen wollte, befragte zu diesem Zweck mehrere Architekten und Künstler, u.a. auch Robert. Aber erst nach der Revolution, im November 1793, wurde die Grande Galerie als Museum eröffnet. Die Idee des Museums war eng mit der Idee der neuen Republik und mit den Prinzipien von Freiheit und Fortschritt verbunden. Hubert Robert, seit 1778 für die königliche Gemäldesammlung zuständig, wurde 1793 verhaftet und saß neun Monate im Gefängnis. Zwei Jahre später, 1795, wurde er zum Konservator des Louvre ernannt. Der vorwiegend in Italien ausgebildete Maler (Académie de France in Rom) und begeisterte Altertumskenner schuf über 50 Louvre-Ansichten, darunter ca. 30 Gemälde. Mit seiner Komposition, die Vergänglichkeit und Verfall thematisiert, vielleicht auch im Zusammenhang mit der Auflösung des Ancien régime, zeigte er den Untergang des Museums. Hubert Robert malte mehrere pittoreske und antikisierende Ruinen; auch von dieser Komposition sind andere Versionen bekannt.   AC
Lit.: Kat. Hamburg 1989, Nr. 474, S. 350, Farbtafel 43

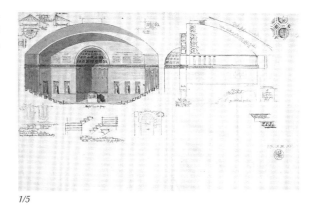
1/5

1/5   **Friedrich Gilly** (1772-1800)
Sitzungssaal des Rates der Fünfhundert in Paris
1797/98
Bez. mit zahlreichen Bemerkungen zu baulichen Einzelheiten
Feder in Braun, aquarelliert, Bleistift; 22,8 x 37,4 cm
Berlin, Staatliche Museen zu Berlin, Kupferstichkabinett (Gilly SM 16.2)

Aus der Zahl architektonischer Studien, die Gilly während seines Pariser Aufenthalts 1797/89 anfertigte, ragt diese Wiedergabe des halbkreisförmigen Saales der Fünfhundert, den die Architekten Gisors und Leconte 1795 bis 97 im Pariser Palais Bourbon eingerichtet hatten, heraus. Wilhelm von Humboldt überliefert sein Aussehen in seinem Pariser Tagebuch unter dem 2. Februar 1798: »Sitzung des Raths der 500. – Ich wohnte derselben auf ein Billet bei, das ich von einem Deputierten auf die Tribüne des Départements bekam. Sie war im neuen Saal. [...] Der Saal ist halbrund, alle Wände und der Fussboden mit Marmor oder Marmorgyps belegt. Die Sitze, die mit Leder beschlagen sind, erheben sich en amphithéatre. Die Decke ist gemahlt, mit Feldern, in welchen Figuren mit Inschriften stehen, und zwischen welchen Blumenguirlanden gehen, das Licht fällt von oben ein. Rund um den Saal, soweit die Rundung sich erstreckt, herum sind die Tribünen wie logen mit ganz hübschen Säulen decoriert. [...] Der Rundung gegenüber in einer Nische ist das Bureau. Die Nische ist hinten mit grünem simpel gesticktem Tuch, das in recht malerisch fallenden Falten an bronzene Knöpfe aufgehängt ist, bekleidet. Im Bureau ist das höchste der Tisch des Präsidenten, vor dem sein Stuhl, eine ordentliche sella curulis steht. Zur Seite seines Tisches, niedriger sind die der Secretaire und vor dem Bureau, aber davor abgesondert, ist die Rednerbühne. Diese und das Bureau sind durchaus mit Marmor bekleidet. Die Tische sind von Mahony mit Bronze. An der Rednerbühne ist ein schlechtes, Basrelief. [...] Schlimm ists, dass man in diesem Saal viel schlechter, als im vorigen hört. [...] Man schreibt diess den glatten Marmorwänden zu, und will sie mit Teppichen behängen.« Der Rat der Fünfhundert war die eine der beiden Kammern nach der Direktorialverfassung von 1795. Er schlug die Gesetze vor, über die in der anderen, dem Rat der Alten, entschieden wurde. Gilly zeichnete auch dessen Versammlungsstätte, den »Saal der Alten« in den Tuilerien, der, ebenfalls von Gisors, aus einem Theatersaal zuvor für den Konvent umgebaut, 1796 neu eingerichtet worden war (Kupferstichkabinett Berlin, SM 16.3). Wie sehr derartige Bauten Gilly interessiert haben, geht aus den sorgfältigen Angaben über technische Einzelheiten hervor. Erhoffte er sich doch von der Architektur der neuen Theater und Versammlungssäle der Republik Anregungen zu den Plänen für ein Berliner Nationaltheater, neben dem Entwurf zu einem Gedenktempel für Friedrich den Großen dem bedeutendsten seiner unausgeführt gebliebenen Projekte. GR

Lit.: Humboldt 1916, S. 400; Oncken 1935, Nr. B 462, S. 130; Kat. Berlin 1980, Nr. 17, S. 14

1/7

1/6 **Karl Friedrich Schinkel** (1781-1841)
nach **Friedrich Gilly** (1772-1800)
Das Marsfeld in Paris
1797
Feder in Braun, Bleistift; 14,4 x 40,9 cm
Berlin, Staatliche Museen zu Berlin,
Kupferstichkabinett (Schinkel SM 14.39)

Mit einem Stipendium des preußischen Königs Friedrich Wilhelm II., beantragt von seinem Vater David Gilly, das dem eigentlichen Ziele Italien gegolten hatte, dann aber der Kriege wegen entfiel, trat Friedrich Gilly 1797 eine ca. eineinhalbjährige »artistische Reise« an. Sie führte ihn vor allem nach Paris, später auch nach England. Hauptzweck waren Architekturstudien, doch mit lebendiger Aufmerksamkeit hat Gilly, wie es die überlieferten Skizzen bezeugen, das ganze Spektrum der Veränderungen im Paris dieser Umbruchsjahre wahrgenommen, vom turbulenten Leben auf den Straßen bis zu den neuen Theater- und Sitzungssälen. Die neue Architektur, die während des Direktoriums oder auch davor entstand, hat er, wahrscheinlich als einziger deutscher Architekt in diesen Jahren, auf sich wirken lassen können. Diese Zeichnung des 1790 zum Föderationstag, dem ersten Jahrestag des Sturms auf die Bastille, umgestalteten Marsfeldes ist nur als Kopie des jugendlichen Schinkel erhalten, der sich an Skizzen des bewunderten Vorbildes schulte. Gillys Originalzeichnung (Oncken, Nr. B 257, Tafel 39a, früher Berlin, Technische Hochschule) ist seit 1945 verschollen. Eine zweite Skizze Gillys vom Marsfeld aus größerer Entfernung (ebenfalls verschollen, Oncken B 258, Tafel 39b) ist mit »le 11 Thermidor an V«, d.h. dem 30. Juli 1797 datiert. GR

Lit.: Oncken 1935, Nr. E 9, S. 57

1/7 **Philipp Otto Runge** (1777-1810)
Allegorische Jünglingsfigur mit
Revolutionsmütze
1799/1800
Bleistiftzeichnung, u.r. Pinselprobe in Grau;
15,9 x 19,9 cm
Privatbesitz

Der Hamburger Meister der romantischen Malerei, der sich später zu einem glühenden Patrioten der deutschen Nationalbewegung etwickelte, hat sich nach bisheriger Kenntnis nur in zwei Zeichnungen in seiner frühen Kopenhagener Akademiezeit direkt mit den Symbolen der französischen Revolution künstlerisch auseinandergesetzt. Seinem Bruder Daniel beschrieb er einen angehenden Journalisten, dem er auf der Überfahrt nach Kopenhagen begegnet war, als »Terrorist, Jacobiner – Anti-Claudianer«, der ihm versichert habe, »es lasse sich mit der bloßen Vernunft dahin bringen, daß man mit gutem Erfolg alle zehn Gebote übertreten könne«. Die allegorische Figur des Sensenmannes, die Runge ins Zentrum der stereometrischen Konstruktionszeichnung setzt, deutet auf die Opfer, die die Revolution forderte. MLP

Lit.: Träger 1975, Nr. 91 (vgl. auch Nr. 66)

1/8 **Zwei Szenen mit Luftschiffern**
als Einrahmung einer Phrygischen Mütze
Frankreich, 1794
Bez. u.: Le génie mériteroit les chaînes s'il
favorisoit les crimes des tyrans; darunter l.:
Souvenir du citoïen C.V.M.L./26 pluviôse de
l'an II (14. Februar 1794); darunter r.: Il
découvrit la Direction des/Aérostats;
Aufschrift auf der Banderole des Luftschiffes r.:
Droits de l'homme; auf einem auf die
Blattrückseite geklebtem Stück Papier:
Bonnet révolutionnaire donné par Monsieur
Auguste Hesse, peintre, membre de l'Institut,
qui le tenait de son père, tailleur de la
Convention, rue de la Grande Truanderie en
1793
Stoffmütze mit Kokarde, auf aquarellierte
Feder- und Kreidezeichnung aufgelegt;
34 x 44 cm (Blatt); 23,5 x 31 cm (Mütze)
Vizille, Musée de la Révolution française
(MRF 1985-147-1,2)
Abb. S. 126

Die phrygische Mütze wurde offizielles Symbol der in der Revolution erkämpften Freiheit durch Dekret des Nationalkonvents, mit dem am 21. September 1792 das Königreich Frankreich mit allen Insignien und Hoheitszeichen abgeschafft wurde. Mit Datum des 25. September – »An I de la République Française« – bestimmte die Nationalversammlung, die ihre Symbole der römischen Senatorenrepublik und dem Freimaurertum entlehnte, zum offiziellen Siegel der Republik eine stehende Frauenfigur in antikem Gewand mit Freiheitsmütze und römischem Faszesbündel. Warum das Bonnet nach dem kleinasiatischen Königreich Phrygien bezeichnet wurde, das um 1200 v. Chr. seine Hoch-Zeit hatte und unter dem römischen Kaiser Diokletian (284-305 n. Chr.) in Provinzen aufgeteilt wurde, ist wohl auf den »pileus« als Bedeckung des befreiten phrygischen Sklaven zurückzuführen, der damit seine Unabhängigkeit demonstrierte. Ein Artikel von Brissot in »Le Patriote« lancierte am 6. Februar 1792 die Vorteile des Symbols, das zunächst die Jakobiner zum Bestandteil ihrer Kleidung machten. Im weiteren Verlauf der republikanischen Geschichte wurde die rund oder mit Zipfel geformte Jakobinermütze trotz vielfacher Ge- und Verbote mehr als andere Insignien zum typischen Modezeichen der französischen Revolution. Die Papieraufschrift auf der Rückseite der Montage weist die Assemblage als Reliquie eines Generals der Republik aus. Sie wurde als rätselhaftes Souvenir an »C.V.M.« gefertigt, einen Wissenschaftler, der ein Mittel zur Lenkung von Luftschiffen erfunden haben soll. Es handelt sich sehr wahrscheinlich um General Jean-Baptiste-Marie-Charles Meusnier [de] la Place, Mitglied des Ingenieurscorps und seit 1784 der Académie des Sciences, der 1785 wie viele andere Ingenieure ein Projekt für ein lenkbares, nie realisiertes Luftschiff entwickelt hatte. Im Februar 1793 bis zu seinem Heldentod bei Mainz am 13. Juni 1793 hatte er sich der Rheinarmee als Divisionsgeneral angeschlossen und wohl seinen katholischen Vornamen zugunsten des revolutionär inspirierten geläufigeren »Victor« o.ä. abgelegt. MLP
Lit.: Kat. Paris 1992(a), S. 22 ff.

1/9 **Joseph Anton Koch** (1768-1839)
nach **Asmus Jakob Carstens** (1754-1798)
Die Überfahrt des Megapenthes
1823 (Original 1795)
Feder, Sepia, Aquarell, Deckweiß; 40 x 55 cm
Kopenhagen, Thorvaldsens Museum (D 821)

Nicht weniger berühmt als Carstens' Oeuvre wurde, als ein frühes Signal des Anspruchs auf autonomes Künstlertum, sein Brief an den Kurator der Berliner Akademie, deren Stipendium ihm den jahrelangen Aufenthalt in Rom erlaubt hatte: mehrfach zur Rückkehr aufgefordert, da seine Kräfte nunmehr dem Unterricht in Berlin zur Verfügung stehen sollten, erklärte er stolz, »daß ich nicht der Berliner Akademie, sondern der Menschheit angehöre; [...] auch habe ich nie versprochen, mich für eine Pension, die man mir auf einige Jahre zur Ausbildung meines Talents schenkte, auf Zeitlebens zum Leibeigenen einer Akademie zu verdingen«. Deutlich wie kein anderer formuliert Carstens Ethos und Legende des modernen Künstlers: »Lasse ich doch alle dortigen Vortheile fahren, und ziehe ihnen die Armuth, eine ungewisse Zukunft, und vielleicht ein kränkliches, hülfloses Alter [...] vor, um meine Pflicht und meinen Beruf zur Kunst zu erfüllen.« Dieses revolutionäre Kunstprogramm konnte wohl nur ein Deutscher so formulieren: In seiner Heimat ereignete sich keine reale Revolution, während Künstler wie David entschlossen in den Dienst der Politik und der Ideologie traten; dies indessen führte paradoxerweise das hergebrachte Auftragsverhältnis fort. Doch Carstens verweigerte nicht nur als Person jede Dienstbarkeit, er entzog auch seiner Kunst die formalen Voraussetzungen zum Dienen, zur Einfügung in das Gesamtkunstwerk. Seiner herben Liniensprache fehlt selbst eine virtuelle Verwandtschaft zum Ornament, und nirgendwo findet sich in seinen Kompositionen das kleinste Zierat, das an eine solche Verwandtschaft anknüpfen könnte. Zudem verachtet er den farbigen Ausdruck, weil nur Linie und Plastizität die Reinheit eines Tugendideals verkörpern. Im Jahre 2 der Republik waren wenige antike Texte so aktuell wie der Dialog »Die Überfahrt oder Der Tyrann« des spätrömischen Satirikers Lukian von Samosata (seine Werke hatte Wieland 1788 in deutscher Sprache herausgegeben), der von der vergeblichen Weigerung des stolzen und grausamen Tyrannen Megapenthes berichtet, sich dem Schicksalsspruch der Parze Klotho zu fügen und, gleich anderen Verstorbenen, Charons überfüllten Nachen zu besteigen. Gefesselt muß er von Merkur, dem Totenbegleiter, dorthin geschleift und an den Schiffsmast gebunden werden. Der arme Schuster Micyllus, der die elende Welt gern verließ, wird auf seine Schultern gesetzt. Megapenthes muß Spottreden ertragen, die Carstens drastisch in obszöne Gebärden umsetzt, und die Gleichheit Aller vor dem Tod erfahren. Wie sollte man nicht an die politische Gleichheitsforderung denken, an die Beseitigung der Adelsprivilegien oder gar an die vom Revolutionstribunal Verurteilten, die auf einem Karren durch die Straßen gefahren wurden, den Anklagen der Menge ausgesetzt? CK

Lit.: zur Originalfassung von Carstens: Kamphausen 1941, Nr. 85f., S. 161ff.; zur Fassung von Koch: Lutterotti 1985, Nr. Z 442; Kat. Berlin 1989, Nr. 38; Kat. Berlin 1996, Nr. II. 3/1, S. 198

1/10 **Joseph Anton Koch** (1768-1839)
nach **Asmus Jakob Carstens** (1754-1798)
Perseus und Andromeda bei den Äthiopiern
1823 (Original 1796)
Aquarell; 28,5 x 36,5 cm
Kopenhagen, Thorvaldsens Museum (D 819)
Abb. S. 128

Ähnlich aktuelle Assoziationen weckt eine andere Komposition. Die zweite berühmte Tat des argivischen Helden Perseus, nach dem Sieg über die Gorgo Medusa und der Gewinnung des Flügelpferdes Pegasus, war die Befreiung der Andromeda, einer Tochter des »Äthiopen«-Königs, die einem Seeungeheuer zum Opfer ausgesetzt worden war. Ungewohnterweise stellt Carstens nicht die Tat selbst dar, sondern die Huldigung an den davon ausruhenden Helden. Er unterstreicht, daß die Befreiung einem ganzen Volk gilt, und daß es sich um Afrikaner handelt. Offenkundig steht hier Theseus für die französische Republik, die fernen Völkern Freiheit bringt. Die Abschaffung der Sklaverei und des Sklavenhandels war ein europäisches Gesprächsthema in den Revolutionsjahren, zu dem auch Künstler ihren Beitrag leisteten – so Chodowiecki, der eine Allegorie auf den Aufstand der Schwarzen auf Santo Domingo radierte (Göttinger Taschen-Kalender für das Jahr 1793), William Blake, der 1796 einen Bericht von John Gabriel Stedman über die Unterdrückung eines Aufstandes in Surinam illustrierte. Auf Haiti hatten sich 1791 die Sklaven gegen französische Kolonisten erhoben, und drei Jahre später hatten die Jakobiner die Sklaverei abgeschafft. Die Kämpfe, die 1803 zur Unabhängigkeit der Insel führen sollten, dauerten an, als Carstens' Komposition entstand; und es ist, als wollte er sie in einer lyrischen Allegorie des Friedens für beendet erklären. Das Bild scheint jenes »Goldene Zeitalter« vorwegnehmen zu wollen, das Carstens' letztes größeres Werk war (1797, Bleistift, Kopenhagen, Thorvaldsens Museum) und das gleichfalls von Joseph Anton Koch kopiert wurde. Die »Überfahrt« hat Carstens sowohl als Karton (1794, Kunstsammlungen zu Weimar) wie auch in einer Tempera-Fassung (1795, Berlin, Kupferstichkabinett) ausgeführt. »Perseus und Andromeda« existiert nur als Bleistift-Federzeichnung (1796, Kunstsammlungen zu Weimar). Lange nach Carstens' Tod führte sein Freund Joseph Anton Koch mehrere seiner Kompositionen als große Aquarelle aus: sieben Blätter 1811 für seinen Gönner, den Freiherrn von Uexküll (Karlsruhe, Privatbesitz); sechs teils vor 1811, teils 1823 auf Bestellung des Bildhauers Bertel Thorvaldsen, der gleichfalls zum Carstens-Kreis gehört hatte. Dabei ergaben sich, der malerischen Wirkung zuliebe, Abänderungen namentlich im Hintergrund. CK

Lit.: zur Originalfassung von Carstens: Kamphausen 1941, Nr. 122, S. 220f.; Kat. Berlin 1989, Nr. 47; zur Fassung von Koch: Lutterotti 1985, Nr. Z 446

1/11 **Asmus Jakob Carstens** (1754-1798)
Die Einschiffung des Megapenthes
1795
Schwarze Kreide aquarelliert auf bräunlichem Karton; 65 x 95 cm
Weimar, Kunstsammlungen zu Weimar (KK 569)
Abb. S. 238

Nach dem Erfolg seines ersten »Megapenthes«-Blattes, das er in seiner Ausstellung im Pompeo Batoni-Atelier 1795 gezeigt hatte, gestaltete Carstens 1795 als weitere Episode aus Lukians Werk die »Einschiffung des Megapenthes«. Vergegenwärtigt wird nun ein etwas früherer Moment der Handlung. Der Herrscher, bereits all seiner Würdezeichen entblößt, wird von Cyniskus und dem Schuster Micyllus gefangen zu Charons Nachen gebracht – nachdem Megapenthes vergeblich versucht hatte, seinem Geschick zu entfliehen. Hermes und die Parze Klotho überwachen die gewaltsame Rückführung. Am Boden rechts liegt unter nun obsoleten Würdezeichen auch eine Krone. Die Gegenüberstellung des Herrschers Megapenthes und des Schusters Micyllus, die Vertauschung der Machtrollen, hatte geradezu typologisch eine aktuelle Entsprechung. Der gefangene Dauphin, seit 1793 Ludwig XVII., wurde der erzieherischen Gewalt des Schusters Simon unterstellt. Die Unterwerfung des jungen Souveräns unter die Autorität eines Schusters skandalisierte damals das legitimistisch empfindende Europa. Carstens' Beschäftigung mit der »Megapenthes«-Geschichte verrät eine Überblendung antiker Überlieferung mit modernen republikanischen Assoziationen. HM

Lit.: Kamphausen 1941, Nr. 106; Kat. Berlin 1989, Nr. 39; Mildenberger 1992, S. 52f.

1/12 **Asmus Jakob Carstens** (1754-1798)
Traumorakel des Amphiaraos
1795
Bez. u.l.: Asmus Jacobus Carstens ex Chers:Cimbr: inv: 1795
Schwarze Kreide, weiß gehöht auf Bracchiano-Papier; 48 x 70 cm
Weimar, Kunstsammlungen zu Weimar (KK 571)
Abb. S. 128

Selten überblenden sich in der deutschen Kunst Antike und Bildsignale der Französischen Revolution so schlüssig wie in dieser Komposition von Carstens, die laut

Überlieferung seines Freundes C. L. Fernow, teils als Rekonstruktion einer Gemäldebeschreibung des Philostrat, teils als eigene gedankliche Erfindung von Carstens geschaffen wurde. Amphiaraos, in der antiken Sagenwelt bekannt als einer der Sieben, die am Feldzug gegen Theben teilnahmen, war ein ebenso begnadeter wie unglücklicher Seher. Er sah im Rahmen des Feldzuges gegen Theben seinen eigenen Tod, ja die genauen Umstände des Todes voraus. Beim Kampf um Theben tat sich vor Amphiaraos auf der Flucht plötzlich die Erde auf, vom Blitz des Zeus gespalten, und verschlang ihn mit Roß und Wagen. Amphiaraos erhielt jedoch die Unsterblichkeit und lebte als Gott in der Unterwelt. Carstens stellt ihn in seiner mythologischen Rolle als Traumdeuter und chtonischen Heilgott dar. Amphiaraos weist mit seinem Zeigefinger – eine Personifikation der Wahrheit, ähnlich im Bild dargestellt wie Clio, die Muse der Geschichtsschreibung – auf ein Traumgesicht hin. Sichtbar sind zwei Tore, das Tor aus Horn, das die wahren, und das elfenbeinerne Tor, das die täuschenden Erscheinungen hervortreten läßt. Der Topos der beiden Tore läßt sich auf Homers »Odysee« (XIX, 560-567) wie auf Vergils »Aeneis« (VI, 893-896) zurückverfolgen; im Gedankengut des späten 18. Jahrhunderts war er noch ein gängiges literarisches Bild. Durch das täuschende Tor aus Elfenbein tritt in Carstens' Darstellung die Personifikation der Freiheit mit ihrem Attribut eines von einer phrygischen Mütze gekrönten Stabes. In der Revolutionsikonographie findet man die Frau mit diesem Attribut nicht nur als Allegorie der Freiheit, sondern häufig auch als die der »Constitution«, also der revolutionären Verfassung. Eine weitere ikonographische Variante ist diese Frau als Personifikation der »Französischen Republik«, zumal wenn sie ein Rutenbündel (Faszes) aufweist. Auf Carstens Bild trägt sie allerdings als zweites Attribut den Schlangenstab. Interpretierbar ist der Caduceus des Hermes als Hinweis auf Wohlstand; traditionell gilt er zudem auch als Abzeichen des Handels und als Friedenszeichen. Der Caduceus in Carstens' Komposition ist wahrscheinlich als Friedenszeichen gemeint, gerade in Hinsicht auf dem im Bild angelegten inhaltlichen Gegensatz: Im Tor aus Horn, das die wahren Erscheinungen offenbart, erblickt man kein Friedenszeichen, sondern einen römischen Krieger, der einen sich vergeblich wehrenden Mann peitscht. Den täuschenden Freiheits- und Friedensversprechungen der Französischen Republik wird die schreckliche Wahrheit entgegengehalten: die Kriegsgeißel des eroberungslüsternen expandierenden Frankreich. 1795, als Carstens diese Darstellung schuf, hatte sich das Bild der Französischen Revolution gerade bei deutschen Beobachtern dramatisch verdüstert. Die Expansionspolitik und das Verhalten der französischen Truppen in okkupierten Territorien standen im Kontrast zum Menschenrechts- und Freiheitspathos der revolutionären Publizistik. Interessant bleibt, daß Carstens die Kriegsgeißel im römischen Kostüm erscheinen ließ. Carstens selbst bevorzugte bei seinen mythologischen Darstellungen das antike Griechenland. Der französische Klassizismus der Revolutionsepoche jedoch favorisierte die römisch-republikanische Antike. Der Zeichner nimmt in sein Bild aus der griechischen Antike als negative Figur einen römisch gewandeten Krieger herein. Mit diesem Bild hätte Carstens somit seine Kritik am moralischen Verfall der Revolution geäußert – zu einer Zeit übrigens, als seine Freunde, der Kunsttheoretiker C. L. Fernow und der Maler J. A. Koch, noch weit mehr Verständnis für die Begleiterscheinungen der Revolutionskriege aufbrachten. Fernow etwa verteidigte noch Jahre später sogar den Kunstraub der napoleonischen Besatzungsarmee in Rom, obwohl er persönlich unter dem Abtransport der Kunstwerke aus Rom litt. Koch blieb den Idealen von 1789 treu, war über die menschlichen Verfehlungen der französischen »Befreier« jedoch zunehmend entsetzt. HM

Lit.: Kamphausen 1941, Nr. 104; Kat. Berlin 1989, Nr. 45; Mildenberger 1992, S. 53f.

1/13 **Johann Gotthard Müller** (1747-1830)
nach **Joseph Sifrède Duplessis** (1725-1802)
Ludwig XVI. König von Frankreich
1790? (1793?)
Bez. u.l.: Peint d'après nature par Duplessis / imprimé à Nuremberg chez Raboz; u.r.: Gravé par J. G. Müller, Prof. à l'acad. Caroline à Stoutgart. Membre de l'Acad. des arts à Paris. Bildlegende: LOUIS SEIZE / Il voulut le bonheur de sa nation, et en devint la victime. / Se vend chez J. in. Frauenholz à Nuremberg
Kupferstich; 68,5 x 50,3 cm
Marbach a. N., Schiller-Nationalmuseum / Deutsches Literaturarchiv, Bildabteilung
(6745 Gr. F.)

Duplessis war einer der erfolgreichsten Bildnismaler des Ancien régime. 1769 stellte er zum ersten Mal im Louvre seine Arbeiten vor, zwei Jahre später erhielt er den Auftrag für ein Bildnis der Dauphine Marie Antoinette; seitdem standen ihm Personen aus höchsten aristokratischen Kreisen Modell: Er portraitierte die königliche Familie und berühmte Persönlichkeiten seiner Zeit. Das prachtvolle Portrait Ludwigs XVI. gehört zu seinen besten Werken. Der Kupferstecher Johann Gotthard Müller, einer der zahlreichen Künstler, die nach seinen Gemälden gestochen haben, ging 1785 zusammen mit dem Verleger Johann Friedrich Cotta nach Paris. Der Stich nach Duplessis entstand wahrscheinlich 1790. Im Jahre 1793, nach dem Tod Ludwigs XVI., erschien er bei Frauenholz in Nürnberg mit der Legende »Il voulut le bonheur de sa nation, et en devint la victime« (Er wollte das Glück seiner Nation und wurde ihr Opfer). Johann Gotthard Müller leitete in den Jahren 1776 bis 1796 als Professor die Kupferstichklasse an der Stuttgarter Akademie; ab 1798 führte er eine eigene Druckerei und Stecherschule. AC

1/14   **Beylage zum 85ten Stück der Königl. Preuß. Staats-, Krieges- und Friedenszeitung**: Die Jacobiner in Paris
29. Oktober 1792
Berlin, Geheimes Staatsarchiv Preußischer Kulturbesitz (XX. HA EM 139k Nr. 99)

Auf die nicht genehmigte Beilage über die Jakobiner in Paris im Oktober 1792 des Königsberger Buchhändlers Hartung in seiner »Königlich Preußischen Staats-, Krieges- und Friedenszeitung« reagierte die Zensur sofort. Mit scharfsinniger Beobachtungsgabe, Humor und Ironie stellt der Bericht die Gesellschaft der Pariser Jakobiner vor und charakterisiert knapp die wichtigsten Persönlichkeiten, unter ihnen Robespierre, Jérôme Pétition (Bürgermeister von Paris), Condorcet und Brissot. Der Beobachter, Johann Wilhelm von Archenholz, deutscher Historiker und Publizist, der sich mit der zwischen 1792 und 1809 herausgegebenen freisinnigen historisch-politischen Zeitschrift »Minerva« einen Namen machte, wohnte selber den Sitzungen der Jakobiner bei. Seine spontanen Bemerkungen erlaubten dem Leser, sich die politische Situation im revolutionären Paris mit allen Vor- und Nachteilen der Zeit gut vorzustellen. Die Intentionen des Herausgebers, der den »Aufsatz aus dem Augustmonatsstück der Minerva« entnommen hatte, sind deutlich aus der Einführung zu erkennen: »Herr von Archenholz nennt ihn: ein Fragment eines großen Sittengemäldes der Neuern Franzosen, von dem er uns so viel verspricht, daß wir ein Mehreres kaum erwarten können. Gegenwärtiges Fragment wird von den Lesern unserer Zeitung um so willkommner seyn, als man sogern mit denjenigen eine nähere Bekanntschaft macht, für die oder gegen die man sich nun einmal, aus Laune oder aus Grundsätzen erklärt hat. Übrigens gleichviel! ob man die – besonders jetzt herrschenden – Jacobiner für den Kern ächter Patrioten; oder, nach Liljenhorns Ausdruck, für Narren an Weisheit; oder gar für eine Bande von Räubern hält, die sich des Tollwurms von Gleichheit und Freyheit, der die Köpfe der Franken in und außer Frankreich verrückt, geschickt zu bedienen wissen, um die Nation an die Jacobinische Kette zu legen, die sich kaum von der aristokratischen Kette losgerissen hatte«. Die Bezeichnung »Jacobiner« wurde außerhalb Frankreichs auf alle entschiedenen Anhänger der Revolution angewandt. Nach Ausbruch der Revolution gab es auch in Preußen – sogar in Hofkreisen – Sympathien und nicht selten Begeisterung für die Revolution. Ihr Beginn fiel zeitlich mit dem Entstehen einer reaktionären Strömung in Preußen zusammen, die sich nach dem Tode Friedrichs des Großen gegen das aufklärerische Denken richtete und von kirchlich-konservativen Kräften getragen wurde. Diese Tendenz verschärfte sich durch die weiteren Ereignisse in Paris, besonders nachdem die Revolutionsregierung im April 1792 den Krieg gegen die Verbündeten Österreich und Preußen eröffnet hatte.   AC
Lit.: Kat. Berlin 1974, S. 143

1/15   **»Gleichheit, Freiheit, Bruderschaft, Tod den Tyrannen«**
Aufruf des »Stellvertreters des Volkes bei der Nord-Sambre- und Maasarmee«, Frecine, an die Bürger Kölns vom »20. Reifmonat im 3. Jahre der einigen und unteilbaren französischen Republik«
Bonn, 10. Dezember 1794
Flugblatt; 40 x 60 cm
Berlin, Deutsches Historisches Museum (Do 52/2053)

Am 10. Dezember 1794 machte der »Stellvertreter des Volkes« durch dieses zweisprachige Flugblatt, verziert mit den Insignien der militärisch siegreichen Republik, die Einwohner Kölns mit den Grundzügen der neuen Ordnung bekannt und suchte sie für die Ideen der Revolution zu gewinnen. Am 10. Oktober war Köln kampflos übergeben worden, Adel und Klerus waren geflüchtet. Angekündigt wurde nun die Umverteilung des Besitzes der Aristokratie, der Einsatz gewählter »Männer von reinen und geläuterten Grundsätzen« an die Spitze der Verwaltung und die Einführung von Papiergeld, den »Assignaten« anstelle der »verächtlichen Metalle«. Viele Rheinländer begrüßten diese Entwicklung und erhofften längst überfällige Reformen im katholisch geprägten rückständigen Köln. 1798 wurde die Stadt Kanton – und nicht, wie man gehofft hatte, Hauptstadt – des neugeschaffenen Roer-Départements, 1801 offiziell mit Frankreich vereinigt. Die revolutionäre Aufbruchstimmung wandelte sich aufgrund der Last der Besatzung. Die Universität wurde in eine Schule umgewandelt, Kunstschätze wurden abtransportiert und Kölner mußten als Soldaten der napoleonischen Armee an allen Fronten dienen. Mit dem Sieg über Napoleon 1814/15 wurde das Rheinland zur preußischen Provinz. Zäh verteidigten die Rheinländer das, was sie nun im Nachhinein als »republikanische Errungenschaften« ansahen. Bis zur Jahrhundertwende gelang es ihnen, Elemente des freiheitlichen »Code civil« zu bewahren. Als die Preußen versuchten, den rheinischen Karneval einzudämmen, gelang es immer wieder, die Ordnungsmacht durch ein »Vive Napoléon!« oder die Marseillaise zum Eingreifen zu provozieren. Vielleicht erinnerte man sich allzu wehmütig in den ersten Jahrzehnten nach 1815 an die »französischen Jahre«.   MK
Lit.: Kat. Köln 1994

1/16   **»Berathschlagung des Nieder-Rheinischen Departement-Raths«**
Straßburg, 7. Juni 1793
Straßburg: Fr. Georg Levrault, 1793
Maueranschlag; 47 x 38 cm
Berlin, Deutsches Historisches Museum (Do 94/198)

Bekrönt von den Insignien der neuen französischen Republik, der Jakobinermütze und der umkränzten Tafel mit der Aufschrift »Liberté et Égalité«, machte dieser Maueranschlag »im zweyten Jahre der fränkischen Republik« die Straßburger mit einigen Maßnahmen der Departementregierung bekannt. Straßburg war Hauptstadt des Département »Bas-Rhin« – ohne Bezug auf den deutschen Niederrhein, der erst im Jahr darauf französisch werden sollte. Das Elsaß (départements »Bas-Rhin« und »Haut-Rhin«) war bereits seit den Kriegen Ludwigs XIV. französisch. Bemerkenswerterweise ist der Anschlag dennoch zweisprachig, um wohl das Verständnis der bedeutenden politischen Botschaft überall sicherzustellen. Die sich konstituierende Jakobinerherrschaft hatte gegen innere und äußere Feinde zu kämpfen: die aufständischen Royalisten in der Vendée, die Girondisten und die ausländischen Interventionstruppen. In Straßburg wurde gegen »boshafte Menschen« der »gegenrevoluzischen Bewegung« vorgegangen. Diese wurden in »Verwahrung« genommen – man inhaftierte sie im ehemaligen Seminargebäude. Die Bedingungen ihrer Haft wurden – vielleicht auch aus Gründen der Abschreckung – genau erläutert. In den Formulierungen deutet sich schon der Tugendrigorismus der Jakobiner an: Wer von den ehemaligen Beamten nicht vorbehaltlos für das neue Regime ist, wird als »unbürgerliche«, »unpatriotische« und »unmoralische Existenz« bezeichnet. Andererseits muten die hier beschriebenen Maßnahmen gegen »Bürger von Straßburg, als offenbar des unbürgerlichen Sinnes, der Aristokratie und der Ränke verdächtige Leute« im Vergleich zu den Massenverhaftungen und Hinrichtungen der im September beginnenden Schreckensherrschaft noch human an. MK

Lit.: Chanvillard 1975; Tulard 1985

1/17

1/17 **Allgemeines Landrecht für die Preußischen Staaten. Erster Theil**
Berlin: Pauli 1794 (2. Auflage)
Berlin, Staatsbibliothek zu Berlin –
Preußischer Kulturbesitz, Abteilung
Historische Drucke
(Gr 6395 – 1 RAR)

Im Jahr von Maximilien de Robespierres Sturz, der seinem System der Schreckensherrschaft in Frankreich am 27. Juli (19. Thermidor) ein Ende setzte, erließ Friedrich Wilhelm II. in seinen Königlich Preußischen Landen das »Allgemeine Landrecht«, das Karl Gottlieb Suarez ausgearbeitet hatte. Es regelte auf 2 500 Druckseiten in rund 19 000 Paragraphen, die je aus einem Satz bestehen, im Sinne der Staatssouveränität der »uneingeschränkten« Monarchie die kommunale Selbstverwaltung nach innen, die Besteuerung und die Rechtsprechung unter Aufsicht der königlichen Ministerien des Inneren und der Justiz. Als eines der großen »Naturrechtsgesetzbücher« bildete das Landrecht eine »Grundlage der preußischen Sozialverfassung« mindestens bis 1900, als das Bürgerliche Gesetzbuch eingeführt wurde. Zwar erstrebte das »Allgemeine Landrecht« als Vision die Staatsbürgergesellschaft und nicht den Volkssouverän, doch beugt es mit dem Zugeständnis von mehr individueller Rechtsfreiheit als Ablösung aus dem Feudalrecht des Ancien régime revolutionären Übergriffen vor, die von den Ereignissen aus Frankreich zu erwarten waren. Der aufgeklärte Jurist Suarez reagierte mit seiner Rechtsgrundlage für die preußischen Staaten auf die berühmte »Déclaration des Droits de l'Homme et du Citoyen«, die die Nationalversammlung in Paris am 26. August 1789 beschlossen und schließlich in 17 Artikeln abgefaßt hatte. Sie verkündete die Meinungs-, Rede- und Pressefreiheit, doch keine Religionsfreiheit, sondern Meinungsäußerungsfreiheit in Religionsangelegenheiten und überführt somit das rationale Naturrecht der Aufklärung in eine neue staatliche und gesellschaftliche Ordnung. Zugleich reagierte das Landrecht auf die preußische Ostexpansion nach der zweiten Teilung der polnischen Adelsrepublik von 1793. MLP

Lit.: Wehler 1987, S.241-245; Kat. Hamburg 1989, S. 43ff.; Kat. Berlin 1994(a)

1/18 **Johann Gotthard Müller** (1747-1830)
nach **Anton Graff** (1736-1813)
Friedrich Schiller
1793
Bez. u. l.: Gemahlt von A. Graff; u. Mitte:
Bey J.F. Frauenholz zu Nürnberg;
u.r.: Gestochen von J.G. Müller;
Mitte o.: J G Müller sc. 1793;
Bildlegende: F. Schiller
Kupferstich; 33,7 x 25,5 cm
Marbach a. N., Schiller-Nationalmuseum /
Deutsches Literaturarchiv, Bildabteilung (2332)

»Die größte Noth, zuletzt auch die größte Freude hat mir das Portrait Schillers gemacht: das war ein unruhiger Geist, der hatte, wie wir sagen, kein Sitzfleisch«, erinnert sich Anton Graff an die Arbeit mit Schiller, den er zwischen 1786 und 1791 in vier Sitzungen in Dresden portraitierte. »Endlich gelang es mir, ihn in eine Stellung festzubannen, in welcher er, wie er versi-

1/18

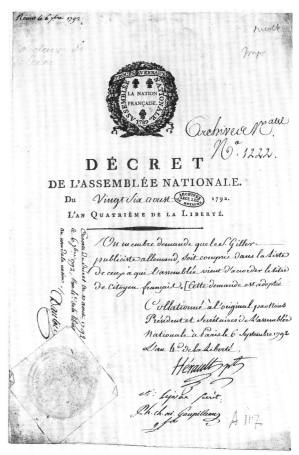

1/19

cherte, sein Lebtag nicht gesessen. [...] Er sitzt bequem und nachdenklich, den zur linken Seite geneigten Kopf auf den Arm stützend«. Das berühmt gewordene Portrait, das auch in zahlreichen Kopien, teils in Öl, teils gestochen, überliefert ist, befindet sich heute im Museum für Frühromantik in Dresden. Der Kupferstich gibt das Original seitenverkehrt wieder. Zur Entstehungszeit des Portraits widmete sich Schiller vornehmlich historischen Studien und schrieb an seiner »Geschichte des Abfalls der vereinigten Niederlande von der Spanischen Regierung«, die er am Vorabend der französischen Revolution 1788 in Leipzig publizierte. Man hat die Schrift, in der Schiller den »denkwürdigen Aufruhr« der niederländischen Freiheitskämpfer des 16. Jahrhunderts »gegen die trotzige Anmaßung der Fürstengewalt« rühmte, als ein Bekenntnis des Dichters zu den Idealen interpretiert, die die Revolution zu verwirklichen suchte. Beflügelt von bürgerlichem Selbstgefühl schreibt er in der Einleitung, es sei »des Versuchs nicht unwerth, dieses schöne Denkmal bürgerlicher Stärke vor der Welt aufzustellen, in der Brust meines Lesers ein fröhliches Gefühl seiner selbst zu erwecken, und ein neues unverwerfliches Beispiel zu geben, was Menschen wagen dürfen für die gute Sache, und ausrichten mögen durch Vereinigung«. UM

Lit.: Berckenhagen 1967, S. 320f.; Schiller Bd. 17 (1970), S. 10

1/19 **Dekret der Nationalversammlung vom 26. August 1792** zur Verleihung der französischen Staatsbürgerschaft an Friedrich Schiller
Paris, 1792
Urkunde mit Papiersiegel, 31,5 x 21,2 cm
Paris, Archives nationales (A 117)

In der Urkunde heißt es wörtlich: »Un membre demande que le S(ieur) Giller, publiciste allemand, soit compris dans la liste de ceux à qui l'assemblée vient d'accorder le titre de citoyen français. (Cette demande est adoptée.) Collationné à l'original par Nous Président et Secrétaires de l'assemblée Nationale à Paris le 6 septembre 1792. L'an 4 de la Liberté. Hérault (sign.)« (Ein Mitglied verlangt, daß der Sieur Giller, deutscher Publizist, in die Liste derer aufgenommen werde, denen die Nationalversammlung den Titel der französischen Bürgerschaft verleihen möchte; diese Bitte ist gewährt. Verglichen mit dem Original von Uns, Präsident und den Sekretären der Nationalversammlung in Paris, am 6. September 1792 – im 4. Jahr der Freiheit ...). Wegen Fehlschreibungen seines Namens und kriegsbedingter Wirren dauerte es sechs Jahre, bis Friedrich Schiller von der »fürstlichen Bibliotheks-Commission« am 18. März 1798 in Weimar eine Abschrift der Ehrenbürgerurkunde erhielt, die ihm die französische Nationalversammlung bereits am 6. September 1792 verliehen hatte. Der Dichter Marie-Joseph Chenier hatte wegen des großen Erfolges der »Räuber« um Ergänzung Schillers zu den sechzehn »Freunden der Menschheit und der Gesellschaft« gebeten, denen auf derselben Sitzung diese Ehre zuteil wurde (u.a. Joseph Priestley, Thomas Payne, der englische Gefängnisreformer Jeremy Bentham, Joachim Heinrich Campe, der Pädagoge Johann Heinrich Pestalozzi, der amerikanische Präsident George Washington, Friedrich Gottlieb Klopstock und Tadeusz Kosciuszko). Das von Danton unterzeichnete Gesetz vom 26. August 1792 verlieh mehreren Ausländern die französische Ehrenbürgerschaft, die wegen ihrer Schriften und ihres Mutes der Sache der Freiheit gedient und die Befreiung der Völker vorbereitet hatten; eine Nation, die sich durch ihre Aufklärung und ihren Mut befreit hat, könne sie nicht als Fremde betrachten – so die Erläuterungen zum Gesetz Nr. 2372 in den Sitzungsberichten der Assemblée Nationale. Schiller überließ das Originaldokument der Herzoglichen Bibliothek in Weimar (heute im Schiller- und Goethe-Archiv, Weimar) und begnügte sich mit einer Abschrift. MLP

Lit.: Kat. Nürnberg 1989, Nr. 121, S. 282

1/20   **Dekret der Nationalversammlung vom 26. August 1792** zur Verleihung der französischen Staatsbürgerschaft an Johann Heinrich Campe, Friedrich Gottlieb Klopstock u.a.
Paris, 1792
Urkunde mit Papiersiegel, 30,5 x 20,3 cm
Paris, Archives nationales (A 117)
Abb. S. 118

Der Hamburger Dichter Klopstock war durch seine empfindsamen Oden an die Natur und seine pietistische Haltung gegenüber der Aufklärung sowie als Anreger der Sturm-und-Drang-Bewegung in Frankreich so berühmt geworden, daß sogar sein 1790 entstandenes Portrait des Hamburger Malers Gerdt Hardorff für die Galérie Historique von Louis Philippe in Versailles 1840 angekauft wurde. Campe, der Verfasser von »Robinson Crusoe der Jüngere«, galt wegen seiner reformpädagogischen Veröffentlichungen und Einrichtungen den von der Assemblée Nationale für die Ehrenbürgerrechte ausgewählten 16 »Freunden der Menschheit und der Gesellschaft« als beispielhafter Erzieher. MLP

1/21

1/21   **Gerdt Hardorff** (1769-1864)
Friedrich Gottlieb Klopstock als Barde
1790
Bez.: G. Hardoff f. nach der Natur 90
Öl auf Leinwand; 94 x 73 cm
Versailles, Musée National du Château de Versailles (Galerie Historique 4584)

Eine Kreide-Vorzeichnung zu dem Ölgemälde aus dem Nachlaß des Künstlers trägt auf der Rückseite den eigenhändigen Vermerk: »Das Bildnis Klopstocks, wozu er mir gesessen, habe ich in Lebensgröße in Öl gemalt. Der französische Minister Roux de Rochelle, ein eifriger Verehrer der deutschen Literatur, kaufte es von mir, um es in Frankreich stechen zu lassen; ob es geschehen, weiß ich nicht. Weil er aber gleich nach seiner Abberufung von hier nach Amerika reisen mußte, so mag dies wohl ihn daran gehindert haben.« Die Auffassung vom Dichter als lorbeerbekränztem Barden verweist in literarischer Thematik auf die Germanentradition, besonders in der Gestalt Hermann des Cheruskers. Klopstock widmete dem Cheruskerfürsten drei vaterländische Dramen, die er mit »Bardiete« bezeichnete. Hardorff hat sein Bildnis wohl gleich nach Bekanntwerden der neuen Technik in Hamburg um 1818/19 in Steindruck umgesetzt, um die zunehmende Klopstockverehrung nach den Befreiungskriegen zu nutzen. MLP

Lit.: Träger 1973, S. 125-154; Vagt 1984, S. 181ff.

Frankreich schuf sich frey. Des Jahrhunderts edelste That hub / Da sich zu dem Olymp empor! / Bist Du so eng begränzt, daß du sie verkennest, umschwebet / Diese Dämmerung dir noch den Blick, / Diese Nacht: so durchwandre die Weltannalen, und finde / Etwas darin, daß ihr ferne nur gleicht, / Wenn du kannst. O Schicksal! das sind sie also, das sind sie / Unsere Brüder die Franken; und wir? / Ach ich frag' umsonst; ihr verstummet, Deutsche! Was zeigt / Euer Schweigen? bejahrter Geduld / Müden Kummer? oder verkündet es nahe Verwandlung?

Friedrich Gottlieb Klopstock: Kennet euch selbst, 1789

1/22 **Johann Heinrich Wilhelm Tischbein**
(1751-1829)
Joachim Heinrich Campe
Kassel, 1787
Bez. rückseitig: Sein Bildt malte sich tief in m.
Seele bei e. halbst. Unterredung mit ihm im
Sommer 1785; ferne von ihm nie
wiedergesehen trug ich sein Bild auf die
Leinwand im Sommer 1787 in Cassel
Öl auf Leinwand; 57 x 47 cm
Hamburg, Hamburger Kunsthalle (137)
Abb. S. 129

Nachdem Campe einige Jahre das von J.B. Basedow gegründete Philantropin in Dessau nach dem »Theoretischen System der gesunden Vernunft« von 1765 geleitet hatte, richtete er 1777 sein eigenes Erziehungsinstitut bei Hamburg ein. Nach der eigenhändigen Inschrift des als Historienmaler hervorgetretenen Tischbein, der selbst als Literat dilletierte, begegnete der Künstler im Sommer 1785 dem Reformpädagogen und Kinderbuchautor und führte dessen Bildnis nach dem Gedächtnis zwei Jahre später aus. Seit 1787 hatte Herzog Karl Wilhelm von Braunschweig Campe mit der Reform des Erziehungswesens in seinen Landen betraut. Campe galt auch in Frankreich als herausragender Vertreter der aufgeklärten Pädagogik in Deutschland. Auf die Nachricht vom Sturm auf die Bastille eilte er in Begleitung seines ehemaligen Schülers Wilhelm von Humboldt sogleich nach Paris. Seine »Briefe aus Paris«, die 1789/90 zuerst im »Braunschweigischen Journal« abgedruckt wurden, bezeugen seine Begeisterung über die revolutionären Ereignisse: »Das Glück [...] gerade jetzt in Frankreich, und zwar in der Hauptstadt dieses Landes, dem Geburtsorte und der Wiege der neugeborenen französischen Freiheit zu sein; gerade jetzt, da aller Welt Augen auf diesen Mittelpunkt der größten und merkwürdigsten dermaligen Weltbegebenheiten voll Bewunderung und Erstaunen gerichtet sind ...« MLP
Lit.: Kat. Nürnberg 1989, Nr. 116, S. 279; Mildenberger 1989, S.75f.

1/23 **Gottlieb Doeppler** (tätig nach 1750 in Berlin)
Immanuel Kant
Königsberg, 1791
Öl auf Leinwand; 48 x 42 cm
Duisburg, »Museum Stadt Königsberg« der
Stadt Duisburg (74/63)
Abb. S. 122

Das berühmte Bildnis des führenden deutschen Philosophen der Aufklärung, das 1906 auf der Jahrhundertausstellung »Deutsche Kunst« in Berlin gezeigt wurde, fertigte Doeppler (bekannt auch als Doebler oder Doepler), dessen exakte Lebensdaten unbekannt sind, in Königsberg, da Kant seine Geburts- und Heimatstadt niemals verließ. Johann Gottfried Herder sagte von seinem früheren Lehrer: »Seine freie Stirn war für das Denken gebildet, dort wohnten unbeugsame Strenge und Freude; von seinen Lippen strömten die ideenreichsten Reden: Vergnügen, Geist, Lebhaftigkeit, alles stand ihm zu Diensten [...]. Er regte die Geister an und zwang sie auf sanfte Weise, für sich selbst zu denken«. Seine programmatischen Schriften, insbesondere sein Projekt des »Ewigen Friedens« von 1795, wurden trotz ihrer substantiellen Kritik am Verlauf der Ereignisse in Paris besonders im Kreis um den Abbé de Sieyès mit Begierde aufgenommen. Kant, der ein eifriger Leser der Schriften Rousseaus war und den Verlauf der französischen Revolution wie eine Tageszeitung verfolgte, definiert darin die Formen der Macht (Autokratie, Aristokratie, Demokratie) und die Regierungsformen (Despotismus, Republikanismus). Sein Ideal ist die parlamentarische Monarchie, wie sie in der ersten Phase der Revolution bis zur Hinrichtung Ludwig XVI. am 23. Januar 1793 angewandt wurde, deren Vorteil zumal in der Fähigkeit zu spontanen inneren Reformen liege. Kant verurteilte bedingungslos die direkte Demokratie der »Sansculottes« und die Diktatur der Jakobiner. Charles Bonnet ließ sich als erster Franzose 1788 die wichtigsten Kapitel bei Kant übersetzen, 1804 erschien die »Histoire comparée des systèmes de philosophie«. MLP
Lit.: Lefebvre 1987, S. 66f.; Espagne 1991, S. 129f.

1/24 **Immanuel Kant** (1724-1804)
Über die Vereinigung der Moral mit der
Politik in Absicht auf den ewigen Frieden
Vorarbeit für Anhang 1
Königsberg, 1795
Eigenhändiges Manuskript (Faksimile);
Weimar, Stiftung Weimarer Klassik,
Goethe- und Schiller-Archiv
(Bestand: Goethes Autographensammlung,
33/385)

Kant war der erste Philosoph des aufgeklärten Zeitalters, der sich mit der Frage befaßte, wie die Vorbedingungen eines fortdauernden und allgemeinen Friedens geschaffen werden können. In seiner Schrift »Zum ewigen Frieden. Ein philosophischer Entwurf«, die unter dem Eindruck des Baseler Friedens vom 5. April 1795 zur Beendigung des ersten Koalitionskrieges zentrale politische Ideen der Französischen Revolution reflektiert, schlägt er eine republikanische Verfassung für alle Staaten, ein auf einem Föderalismus freier Staaten gegründetes Völkerrecht, ein allgemeines Weltbürgerrecht, die Abschaffung stehender Heere und zahlreiche andere Einzelmaßnahmen als Garantien für die Erhaltung des Friedens vor. Kant ließ die Abhandlung zur Michaelismesse 1795 bei dem Königsberger Verleger Nicolovius drucken. Noch im selben Jahr erschien ebenfalls bei Nicolovius eine französische Übersetzung »Projet de paix perpétuelle. Essai philosophique par Emmanuel Kant«, deren Zustandekommen sich der Initiative von Kants Schüler Johann Gottfried Kiesewetter verdankte. Kiesewetter lehrte in Berlin Philosophie und sah seine Hauptaufgabe darin, Kants System in der Welt bekannt zu machen. Über die Aufnahme der

Schrift in Paris schrieb er am 25. November 1798 nach Königsberg: »Ihre Schrift, zum ewigen Frieden, erregte wegen des Gegenstandes [...] Aufsehen in Paris, allein man fand die Übersetzung hart und sie wollte dem eklen Pariser nicht gefallen, nur da erst ein Pariser Gelehrter [...] in einer Zeitschrift den Inhalt nach französischer Manier aufstellte, woraus nachher im Moniteur Auszüge geliefert wurden, ward jedermann enthusiastisch eingenommen und wünschte mit Ihrem System näher bekannt zu werden.« Das Faksimile zeigt Kants eigenhändiges, mit Korrekturen und Streichungen versehenes Manuskript der Vorarbeit zu »Anhang I«, das unter dem Titel »Über die Mißhelligkeiten zwischen der Moral und der Politik in Absicht auf den ewigen Frieden« gedruckt wurde. UM

Lit.: Kant Bd. 8 (1912), S. 370f., Bd. 12.3 (1922), S. 263f.

1/25 **Caspar David Friedrich** (1774-1840)
zugeschrieben
Schiff im Eismeer
1798
Bez. u. Mitte: d. 12. Dec. 1798
Öl auf Leinwand; 29,6 x 21,6 cm
Hamburg, Hamburger Kunsthalle (2923)
Abb. S. 238

Carl Gustav Carus erklärte das Werk Caspar David Friedrichs als Beispiel dafür, »wie die vulkanische Erschütterung, welche, vom Jahre 1789 ausgehend, Europa umgestaltete, auf eigentümliche Weise wie in der Wissenschaft so auch in der Kunst widerhallte«. Im Bewußtsein, daß eine neue historische Epoche mit ihren Hoffnungen und Enttäuschungen angebrochen war, entwickelte Friedrich in seinem bevorzugten Bereich, der Landschaftsmalerei, eine von Naturmetaphern geprägte Bildsprache. Das Schiffbruchmotiv, traditionelles Sinnbild des Scheiterns, aber auch der Hoffnung auf Rettung durch eine übergeordnete, göttliche Macht, weist eine metaphorische Vieldeutigkeit auf, deren Präzisierung vom historischen Hintergrund und der Haltung des Künstlers in der nachrevolutionären Zeit abhängig war. Der Maler Johan Christian Clausen Dahl überlieferte, daß die Zeitgenossen in Friedrichs Bildern eine »politisch prophetische Deutung« sowie »Hinweise auf eine allmächtige, unsichtbare Hand, die in die Geschicke der Menschen [...] eingreift« sahen. Dies galt insbesondere für die in den Jahren der napoleonischen Fremdherrschaft und der Befreiungskriege im vaterländisch-romantischen Geist entstandenen Mahnbilder. Das frühe Schiffbruch-Gemälde könnte über die anekdotische Schilderung hinaus von Friedrichs Zeitgenossen als Gleichnis für die »politischen Stürme« der Revolutionszeit und während der Koalitionskriege verstanden werden. Der Zusammenbruch der alten Ordnung schürte aber gleichzeitig die Hoffnungen des Künstlers auf die sich bereits ankündigende politische Neuordnung Europas und den Aufschwung der nationalen Bewegung in Deutschland. FM

Lit.: Hüttinger 1970, S. 211-244; Börsch-Supan/Jähnig 1973; Jensen 1974

1/26

1/26 **Reisepaß für Friedrich Hölderlin**
von Bordeaux nach Straßburg, ausgestellt vom »Commissariat-Général De Police
de Bordeaux«
Bordeaux, 20. Juni 1802
Urkunde mit handschriftlichen Eintragungen (Faksimile)
Stuttgart, Württembergische Landesbibliothek

Nach dem französischen Germanisten Pierre Bertaux kann das dichterische Gesamtwerk Hölderlins als eine »fortgesetzte Metapher der Revolution« gelesen werden. Trotz seiner Sympathiebekundungen für die Revolutionsarmeen gibt es allerdings keinen Nachweis für die Legende, daß Hölderlin mit Hegel und Schelling am 14. Juli 1793 in Tübingen um den Freiheitsbaum getanzt habe. Nachdem er am 11. April 1801 bei dem Kaufmann Anton von Gonzenbach in Hauptzwil in der Schweiz seine dritte Hofmeisterstelle nach der Stellung bei der Weimarer Hofrätin und Goethefreundin Charlotte von Kalb (September 1793 bis Januar 1795) und der Bankiersfamilie Gontard in Frankfurt (Januar 1796 bis September 1798) nach drei Monaten gekündigt hatte, kehrte er in seinen Heimatort Nürtingen zurück.

Heilige Gefäße sind die Dichter, / Worinn des Lebens Wein, der Geist / Der Helden sich aufbewahrt, // Aber der Geist dieses Jünglings / Der schnelle, müßt' er es nicht zersprengen / Wo es ihn fassen wollte, das Gefäß? // Der Dichter laß ihn unberührt wie den Geist der Natur, / An solchem Stoffe wird zum Knaben der Meister. // Er kann im Gedichte nicht leben und bleiben, / Er lebt und bleibt in der Welt.

Friedrich Hölderlin: Buonaparte, 1797

Dort entschloß er sich verzweifelt zur Emigration nach Frankreich: »Ich bin jetzt voll Abschiedsschmerz: Ich habe lange geweint. Aber es hat mich bittere Tränen gekostet, da ich mich entschloß, mein Vaterland noch jetzt zu verlassen, vielleicht auf immer. Denn was habe ich Lieberes auf der Welt? Aber sie können mich nicht brauchen. Deutscher will und muß ich übrigens bleiben, und wenn mich die Herzens- und die Nahrungsnot nach Otaheiti triebe.« So machte er sich zu Fuß über Straßburg und die verschneiten Höhen der Auvergne im Januar 1802 auf, um seine vierte und letzte Stelle bei dem Hamburger Konsul und Weinhändler, Daniel Christoph Meyer, in Bordeaux anzutreten. Auch dort hielt es ihn nur für ein Vierteljahr. Die Heimreise unternahm er wahrscheinlich wieder zu Fuß von Bordeaux über Straßburg, laut Paß am 20. Juni 1802. In Nürtingen traf ihn die Nachricht vom Tod seiner geliebten »Diotima« Suzette Gontard. Friedrich Wilhelm Joseph Schelling berichtete am 11. Juli 1803 an Hegel erschüttert von seiner Begegnung mit Hölderlin: »Der traurigste Anblick, den ich während meines hiesigen Aufenthaltes gehabt habe, war der von Hölderlin. Seit einer Reise nach Frankreich, wohin er auf eine Empfehlung von Professor Ströhlin mit ganz falschen Vorstellungen von dem, was er bei seiner Stelle zu tun hätte, gegangen war und woher er sogleich wieder zurückkehrte, da man Forderungen an ihn gemacht zu haben scheint, die er zu erfüllen theils unfähig war, theils mit seiner Empfindlichkeit nicht vereinen konnte – seit dieser fatalen Reise ist er am Geist ganz zerrüttet, und obgleich noch einiger Arbeiten, z.B. des Übersetzens aus dem Griechischen bis zu einem gewissen Puncte fähig, doch übrigens in einer vollkommenen Geistesabwesenheit. Sein Anblick war für mich erschütternd: er vernachlässigt sein Aeußeres bis zum Ekelhaften und hat, da seine Reden weniger auf Verrückung hindeuten, ganz die äußeren Manieren solcher, die in diesem Zustande sind, angenommen.« MLP
Lit.: Schelling 1869, S.468f.; Kat. Stuttgart 1987, Bd. 1.2, Nr. 1355, S. 797; Lefebvre 1987, S. 161

1/27 Johann Christian Ernst Müller (1766-1824)
nach **Georg Melchior Kraus**
Weimar von Osten
1805
Radierung, koloriert; 34,5 x 54,5 cm
Weimar, Stiftung Weimarer Klassik,
Museen, Graphische Sammlung (NE 405/1957)

Von den jenseits der Ilm gelegenen Anhöhen gelangte der Besucher über die steinerne Sternbrücke in die Residenzstadt des Herzogtums Sachsen-Weimar-Eisenach, deren Aufstieg zu einem kulturellen Zentrum Deutschlands sich unter den Regentschaften der Herzogin Anna Amalia und ihres Sohnes Carl August vollzog. Das Stadtbild wurde geprägt durch die höfischen Bauten, insbesondere dem nach einer Brandkatastrophe 1789 bis 1803 im klassizistischen Stil wiederaufgebauten Stadtschloß, das auch den gesellschaftlichen Mittelpunkt bildete, weshalb Johann Gottfried Herder zu der Einschätzung gelangte, daß Weimar ein »unseliges Mittelding zwischen Hofstadt und Dorf« sei. Er gehörte wie Wieland, Goethe und Schiller zu den »Dichterfürsten«, die das rege Kulturleben prägten und den Ruf der Stadt über die Landesgrenzen hinaus verbreiteten. Diese Ausstrahlung lockte Besucher wie die französische Schriftstellerin Germaine de Staël, die sich zwischen 1797 und 1807 mehrmals in Weimar aufhielt, in die ihrer Auffassung nach »literarisch-gelehrte Hauptstadt« Deutschlands. FM
Lit.: Staël 1985, S.97; Eberhardt 1988; Kat. Weimar 1992

1/28 Georg Melchior Kraus (1737-1806)
Abendgesellschaft bei der
Herzogin Anna Amalia
1795
Bildlegende: 1. Hofrath H. Meyer. 2. Frau v. Fritsch geb. v. Wolffskeel. 3. ?? v. Goethe. 4. G.? v. Einsiedel. 5. Herzogin Anna Amalia. &. Frl. Elise Gore. 7. Charles Gore. 8. Frl. Emilie Gore. 9. Frl. von Goechhausen. 10. Praes. von Herder
Aquarell (Faksimile); 32 x 43,2 cm
Weimar, Stiftung Weimarer Klassik,
Museen, Graphische Sammlung

Von Herzog Carl August im Jahre 1775 als Zeichenmeister berufen, wurde Georg Melchior Kraus rasch in das gesellschaftliche Leben Weimars einbezogen. Der Schüler von Johann Heinrich Tischbein d.Ä. besaß nach seinem fünfjährigen Studienaufenthalt in Paris jene für den Hof unentbehrliche Fertigkeit, die französische Sprache zu beherrschen. Goethe schätzte den Künstler, denn er »wußte gar zierlich häusliche freundschaftliche Vereine porträtmäßig darzustellen«. Auch die Wiedergabe der sogenannten »Tafelrunde«, einem von der Herzoginmutter Anna Amalia begründeten Lese- und Gesprächskreis, zeigt eine gesellige Gemeinschaft ohne höfisch-steife Attitüden. Kunstgelehrte und Künstler wie Herder, Goethe und Kraus, der sich auf diesem Blatt jedoch nicht portraitierte, trafen im »Tafelrundenzimmer« des Wittumspalais oder den Sommersitzen Ettersberg und Tiefurt zusammen. Madame de Staël zufolge war es auch der Herzogin Anna Amalia zu verdanken, daß Weimar zum »Sammelplatz der vorzüglichsten Geister« wurde, »wo eine ausgesuchte Gesellschaft sich interessiert über jedes neue Kunstprodukt unterhielt«. FM
Lit.: Schenk zu Schweinsberg 1930; Staël 1985, S. 97-100; Kat. Weimar 1994, Nr. 117, S. 180f.

1/29 Johann Wolfgang Goethe (1749-1832)
Les passions du jeune Werther
Mannheim (und Paris): Pissot 1777
Paris, Bibliothèque Nationale de France,
Département des Imprimés (Y2 11293)
Abb. S. 118

1/30

Bereits 1776, zwei Jahre nach »Werthers« Erscheinen in Deutschland, kamen zwei französische Versionen des Romans heraus: Die eine erschien in Erlangen unter dem Titel »Les Souffrances du jeune Werther«, übersetzt von dem Weimarer Kammerherrn Baron Siegmund Seckendorf, die andere »Werther, traduit de l'Allemand« in Maastricht mit Kupfern von Chodowiecki in der Übertragung von G. Deyverdun. Auch die vorliegende dritte Übersetzung von 1777, die A. M. Aubry herausgab, stammt nicht von einem Franzosen, sondern von dem Grafen Schmettau, der, wie der französische Germanist Fernand Baldensperger anmerkt, den Text »plus sensible que les deux premières dans le ton et le vocabulaire« (feinfühliger in Stil und Wortwahl als die beiden Vorgänger) ins Französische übertrug. Die ersten Reaktionen der Kritik waren zurückhaltend bis ablehnend; nicht anders als in Deutschland verurteilte man zunächst den empfindsamen Briefroman als Sittenverderber, der mit der Selbstmordmanie das mörderischste aller Gifte verbreite (»Gazette universelle de littérature«, 1777). Doch im Laufe der 80er Jahre wurden auch die Franzosen vom Wertherfieber ergriffen. Baldensperger führt allein für die anderthalb Jahrzehnte bis 1800 über ein Dutzend Übersetzungen auf. Nach der Revolution lancierten geschäftstüchtige Literaten das Werk und brachten es in unterschiedlichsten Versionen, oft bis zur Unkenntlichkeit entstellt, auf den Markt. »Le Werther« – nunmehr eine Modeerscheinung – wurde auf der Bühne gespielt und gesungen, er erschien als Kalender für Neujahrsgeschenke und auf Kupferstichen, die die Hauptszenen darstellten und als Wandschmuck dienten. Während seines Ägyptenfeldzugs soll ihn Napoleon zu Füßen der Pyramiden mehrmals gelesen haben. Auch zahlreiche literarische Werke jener Zeit waren vom »wertherisme« inspiriert. Chateaubriands »René« (1801), Charles Nodiers »Peintre de Saltzbourg« (1804) oder Benjamin Constants »Adolphe« (1816) sind ohne Goethes Weltschmerzbrevier nicht denkbar. UM

Lit.: Baldensperger 1907; Sauter 1952

1/30 **Tee- und Kaffeeservice**
mit Illustrationen nach Goethes Werther
Meißen, um 1790
Bez.: Schwertermarke, Stern in Unterglasurblau, geprägt »42« und »3« u.a.
Porzellan, teilweise vergoldet (17 Teile)
London, The Board of Trustees of the Victoria & Albert Museum (1328 to L-1871)

»Die Wirkung des Büchleins war groß, ja ungeheuer, und vorzüglich deshalb, weil es genau in die rechte Zeit traf«, bemerkt Goethe in »Dichtung und Wahrheit« zur Rezeption des Wertherromans und er fährt fort: »Denn

---

Les Allemands entre autres mots n'en ont aucun pour exprimer Génie; des mauvais plaisans on dit à cela que la nation n'avoit que faire d'un mot dont elle n'avoit pas la chose; mais Hermann vainqueur de Varus n'en eut pas moins que les Bardes du premier siècle, qui chantoient des odes pendant le combat. Et dans notre siècle je demande si Leibnitz, Wolf, Klopstock, Goethe, etc. n'en ont pas? Et la simple adoption du mot n'en pouvoit pas inspirer.

Graf Schmettau:
Brief M. le C. D. S. an M. Aubry über seine Übersetzung
»Les Passions du jeune Werther«,
Paris, 12. Juli 1776

Die Deutschen haben in ihrem Wortschatz keinen Begriff für das Genie; böse Zungen sagen, daß die Nation keinen Begriff zu dem fand, wovon sie keinen Gegenstand hatte; aber Hermann der Sieger von Varus hatte davon nicht weniger als die Barden des ersten Jahrhunderts, welche die Oden während des Kampfes sangen. Und in unserem Jahrhundert frage ich, ob Leibniz, Wolf, Klopstock, Goethe etc. ihn hatten? Die einfache Aneignung des Begriffs konnte dazu nicht anregen.

Ce ne sont pas seulement les souffrances de l'amour, mais les maladies de l'imagination dans notre siècle, dont il a su faire le tableau.

Madame de Staël:
De l'Allemagne, 1810

Nicht bloß die Leiden der Liebe, sondern auch die Krankheiten der Einbildungskraft in unserem Jahrhundert hat er darzustellen gewußt.

wie es eines geringen Zündkrauts bedarf, um eine gewaltige Mine zu entschleudern, so war auch die Explosion, welche sich hierauf im Publicum erreignete, deshalb so mächtig, weil die junge Welt sich schon selbst untergraben hatte, und die Erschütterung deswegen so groß, weil ein jeder mit seinen übertriebenen Forderungen, unbefriedigten Leidenschaften und eingebildeten Leiden zum Ausbruch kam.« Die Wertherfigur löste eine regelrechte Werthermode aus, die in allen Lebensbereichen, in Literatur, Kunst und Kunsthandwerk ihren Niederschlag fand. So ist auch das mehrteilige Service aus Meißen mit Hauptszenen aus Goethes Roman verziert. Die Vorlagen dafür zeichnete Johann David Schubert in den Jahren 1787/1788. Der Maler, Radierer und Zeichner war seit 1795 als »Ober-Maler-Vorsteher« an der Meißner Porzellanmanufaktur tätig und schuf mehrere Stichvorlagen für Illustrationen zu zeitgenössischen Romanen.　　　　　　　　　　AC
Lit.: Goethe Bd. 28 (1890), S. 227f.

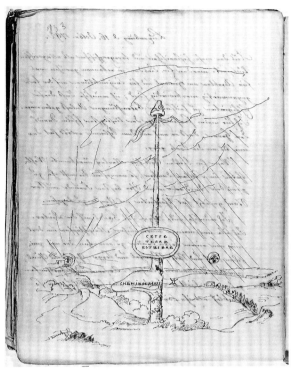

1/31

1/31　　Nach **Johann Wolfgang von Goethe**
　　　　(1749-1832)
　　　　Landschaft mit Freiheitsbaum, 1792
　　　　in gebundenem Konvolut mit Abschriften von
　　　　Briefen Goethes und Carl Augusts von
　　　　Sachsen-Weimar an Herder
　　　　Bez. auf der Inschrifttafel: CETTE TERRE
　　　　EST LIBRE; auf dem Wegweiser:
　　　　CHEMIN DE PARIS
　　　　Federzeichnung; 27 x 21 cm
　　　　Frankfurt a. M., Freies Deutsches Hochstift
　　　　Frankfurter Goethe-Museum (20156)

Goethes Verhältnis zur Französischen Revolution war widerspruchsvoll. Er bejahte durchaus deren wirtschaftliche Ziele und politische Ideen, vor allem die Proklamation der Menschenrechte, lehnte jedoch die Methoden des gewaltsamen Umsturzes entschieden ab. Er glaubte, daß eine Herrschaft der politisch unreifen Volksmassen ohne die Führung einer gebildeten Elite zu Anarchie und Chaos führe; nur durch Erziehung des Volkes zur »Gesittung« lasse sich eine Umwandlung der Gesellschaft herbeiführen. Im August und September 1792 nahm Goethe auf Wunsch des Herzogs Carl August von Sachsen-Weimar am Feldzug der österreichisch-preußischen Armee und ihrer Verbündeten gegen das revolutionäre Frankreich teil, begleitet von seinem Sekretär Vogel, dem er während der »Spazierfahrt nach Paris« eifrig an der damals im Entstehen begriffenen »Farbenlehre« weiterdiktierte. Die auf dem Feldzug beobachtbaren Naturphänomene interessierten ihn nicht weniger als die Ereignisse des ersten Koalitionskrieges, die er erst 30 Jahre später in der autobiographischen Schrift »Campagne in Frankreich« (erstmals 1822 veröffentlicht) beschrieben und kommentiert hat. Nach der Kanonade von Valmy am 20. September, die die Koalitionsheere zum Rückzug zwang, reiste Goethe über Luxemburg und Pempelfort bei Düsseldorf nach Weimar zurück. Die Zeichnung des Freiheitsbaums entstand in Luxemburg; Goethe skizzierte sie auf die Rückseite eines Briefes an Johann Gottfried und Caroline Herder vom 16. Oktober 1792, in dem es bezüglich der Zeichnung heißt: »Aus der mehr historischen und topographischen als allegorischen Rückseite werden Ew. Liebden zu erkennen geruhen, was für Aspecten am Himmel und für Conjuncturen auf der Erde gegenwärtig merkwürdig sind. Ich wünsche, daß die Effigiation zu heilsamen Betrachtungen Anlaß geben möge«. Linkerseits des Freiheitsbaums erkennt man ein Wappen mit Bourbonenlilie, das als Sonnenball die Landschaft überstrahlt, während auf der rechten Seite Regen auf den preußischen Adler niedergeht. Goethe variierte dieses Motiv wenig später, vermutlich bei Jacobi in Pempelfort im November 1792, in einem Aquarell, das zwar größere Berühmtheit erlangt hat, aber zum Zweifel an Goethes Urheberschaft berechtigt, da es sich stilistisch nicht ohne weiteres in Goethes Zeichnungen einfügt. Das Original, nach dem diese Kopie aus Herders Besitz gefertigt wurde, befindet sich als Depositum der Heineman Foundation in der Pierpont Morgan Library, New York.　　UM
Lit.: Femmel Bd. VIB, 1971, Nr. 136; Goethes Briefe Bd. 10 (1892), S. 35f.; Friedenthal 1963, S. 388ff.

1/32　　**Johann Wolfgang von Goethe** (1749-1832)
　　　　Hermann und Dorothea. Neue Ausgabe mit
　　　　zehn Kupfern
　　　　Braunschweig: Friedrich Vieweg 1799
　　　　Berlin, Staatsbibliothek zu Berlin – Preußischer
　　　　Kulturbesitz, Handschriftenabteilung
　　　　(Bibl. Varnhagen 1907 R)

In dem 1798 erstmals veröffentlichten Versepos, das Hegel in seiner »Ästhetik« als »Meisterwerk« rühmte, versuchte Goethe die politischen und gesellschaftlichen Umwälzungen in Frankreich auf seine Weise dichterisch zu verarbeiten. Als Quelle diente eine Anekdote aus der 1734 von Göcking publizierten »Vollkommen Emigrationsgeschichte von denen aus dem Erzbistum Salzburg vertriebenen Lutheranern«, die Goethe ins Rheinland und in die Jahre der »Campagne in Frankreich« verlegte. Auch hier ließ sich der Dichter von seiner Ablehnung der Gewalt bei der Umgestaltung der Gesellschaft leiten, verklärte jedoch die Ideale der Revolution als Morgenröte einer neuen Zeit. Insgesamt überwiegt die Tendenz zur Verherrlichung der Idylle bürgerlicher Häuslichkeit als Refugium vor den revolutionären Wirren. Nur in einer Sphäre der Bildung und Geborgenheit ließen sich nach Goethe die neuen Menschheitsideale verwirklichen; Hegel schlug deshalb als Untertitel der stilistisch an Homer orientierten Dichtung »idyllisches Epos« vor. Im 19. Jahrhundert galt »Hermann und Dorothea« neben »Faust« als Hauptwerk Goethes, das unter dem Einfluß wachsenden Nationalgefühls zunehmend als patriotische Erbauungsliteratur vereinnahmt und mißverstanden wurde. Die Jungdeutschen lehnten die Dichtung ab. Ihr Wortführer, Wolfgang Menzel, nannte das Werk eine »Huldigung ans Spießertum«. UM

1/34

Denn wer läugnet es wohl, daß hoch sich das Herz ihm erhoben, / Ihm die freiere Brust mit reineren Pulsen geschlagen, / Als sich der erste Glanz der neuen Sonne heranhob, / Als man hörte vom Rechte der Menschen, das allen gemein sei, / Von der begeisternden Freiheit und von der löblichen Gleichheit!

Johann Wolfgang von Goethe: Hermann und Dorothea, 1798

1/33 **Johann Wolfgang von Goethe** (1749-1832)
Rezension von »Germanien: Napoleon Bonaparte und das französische Volck unter seinem Consulate«
8. März 1804
Eigenhändiges Manuskript; 20,8 x 16,5 cm
Frankfurt a. M., Freies Deutsches Hochstift Frankfurter Goethe-Museum (660)

Am 7. März 1804 schrieb Goethe an den Redakteur der »Jenaischen allgemeinen Literatur-Zeitung«, den Jenenser Professor Eichstädt: »Kurze Recension einer nagelneuen Schrift, über welche mit leichten Fußspitzen hinzuschreiten (ich) für das Beste hielt.« Verfasser des anonym erschienenen Werkes war der Komponist und Schriftsteller Johann Friedrich Reichardt, der sich seit 1785 mehrfach in Paris aufhielt. Dem ersten, immerhin 447 Seiten umfassenden Band folgte 1806 ein zweiter. Goethes eigenhändige Niederschrift der Rezension beginnt: »Diese Schrift wird viel Leser finden. Zwar kann man nicht sagen daß der Verfasser sich auf einen höhern Standpunkt erhebe und als völlig unparteiischer Geschichtschreiber verfahre; er gehört vielmehr zu den mitlebenden, mitleidenden, mitmeynenden, und nimmt manches Aergerniß an dem außerordentlichen Manne, der durch seine Unternehmungen, seine Thaten, sein Glück die Welt in Erstaunen und Verwirrung setzt.« Aus dem Dilemma der Beurteilung zieht sich der Rezensent dann durch ein ausführliches Inhaltsverzeichnis, da ein solches im Buch fehlte. Der Schluß lautet: »Der Verfasser verspricht Unparteilichkeit. Läßt sich auch diese schöne Pflicht, unter den gegebene(n) Umständen, wohl schwerlich leisten, so wird er schon Dank verdienen wenn er den Begebenheiten aufmerksam folgt und seine Überzeugung aufrichtig ausspricht.« Darüber ist die ursprüngliche Fassung von Goethe gestrichen: »Der Verfaßer verspricht unpartheiisch zu seyn. Wir fordern es nicht, wir erwarten es nicht; er spreche nach seiner Überzeugung und er hat das seinige gethan.« Diese Formulierung ist knapper und stringenter als die gedruckte, aber sie läßt auch ziemlich ungeschminkt Goethes Verärgerung über Reichardts Buch spüren. Goethe zeichnete mit der Chiffre »-e-«, ein bei Rezensionen der Zeit verbreitetes Verfahren. JB

1/34 **Benjamin Zix** (1772-1811)
Johann Wolfgang von Goethe
1806/09
Bez. u.r. von fremder Hand: Zix 1809; auf dem Untersatzpapier: Goethe
Bleistiftzeichnung; 9,1 x 8,4 cm
Frankfurt a. M., Freies Deutsches Hochstift Frankfurter Goethe-Museum und Arbeitskreis selbstständiger Kultur-Institute/Goethe Museum Rom (Ia-kl-15340)

Der Name des aus Straßburg gebürtigen Zeichners, Malers und Radierers Benjamin Zix ist aufs engste mit dem des Kupferstechers und Kunstexperten Dominique-Vivant Denon verbunden, der seit 1798 in Napoleons Diensten stand und als Generaldirektor der kaiserlichen Museen für die Requirierung der erbeuteten Kunstschätze zuständig war. Die zwischen 1802 und 1815 erfolgte Einrichtung des Louvre oder »Musée Napoléon«, wie das Museum seit 1804 offiziell hieß,

Vous êtes la plus grande figure poétique de notre époque: elle vous doit une statue, mai j'ai osé en faire un fragment: un génie plus digne de vous la terminera.

David d'Angers an Goethe, 1831

Sie sind die größte Dichtergestalt unserer Epoche; sie schuldet Ihnen eine Statue; ich aber wagte, ein Fragment beizutragen: ein Ihnen würdigeres Genie wird es vollenden.

Wer nicht mit den Eigenthümlichkeiten der Franzosen, ihren Sitten und der aus denselben hervorgehenden Denkart gründlich bekannt ist, sollte nur mit großer Vorsicht und besonders mit Mäßigung über die von ihnen herrührenden Kunsterzeugnisse urtheilen, indem er sonst gegründeten Vorwürfen herber Strenge, wenn nicht gar der Unbill, sich aussetzt.

Heinrich Meyer: Ueber Goethe's Colossalbildniß in Marmor von David, 1832

1/35

geht wesentlich auf ihn zurück. Zix erregte die Aufmerksamkeit Denons beim feierlichen Einzug Napoleons in Straßburg 1805, für den er einen Triumphbogen entworfen hatte. Seitdem stand Zix in Denons Diensten und begleitete ihn bis 1810 im Gefolge Napoleons auf dessen Feldzügen, militärische Szenen, historische Monumente und eroberte Städte mit dem Zeichenstift festhaltend. Nach der Schlacht von Jena 1806 kam er nach Weimar, wo er im Auftrag Denons Goethe zeichnete. Goethe kannte Denon aus Venedig; er schätzte das Gespräch mit dem gebildeten Mann und lud ihn ein, für einige Zeit in seinem Haus am Frauenplan zu wohnen. Die Vermutung liegt also nahe, daß die Zeichnung in Goethes Haus entstand. Sie galt lange als verschollen. Seit 1990 befindet sie sich im Goethe-Museum in Frankfurt am Main. UM

1/35 **David d'Angers**
(eigentl. Jean-Pierre David, 1788-1856)
Johann Wolfgang von Goethe
1829-31
Marmor; 83 x 58 x 51 cm
Dresden, Sächsische Landesbibliothek –
Staats- und Universitätsbibliothek

David d'Angers begegnete Goethe zum ersten Mal 1829. Ausgestattet mit Empfehlungsbriefen von Ampère und Cousin, begab er sich am 23. August nach Weimar und wurde durch den Architekten Coudray bei Goethe eingeführt. Er modellierte zunächst ein Tonmodell (26. August bis 5. September) und dann ein Medaillon mit Goethes Bildnis (6. bis 8. September). Die Kolossalbüste aus Marmor wurde im Pariser Salon 1831 ausgestellt und im Mai desselben Jahres nach Weimar geschickt. Am 20. August schrieb Goethe dem Bildhauer, er habe »die übersendete Marmorbüste mit lebhaft dankbarer Gesinnung an- und aufgenommen, als ein Zeugnis des Wohlwollens eines unmittelbaren Geistesverwandten, als einen Beweis der Auflösung strenger Nationalgrenzen«. Auf die Bitte des Künstlers wurde die Skulptur am Tag seines 82. Geburtstages, am 28. August 1831, in der Weimarer Bibliothek deponiert. Im sechsten Band von »Über Kunst und Altertum« äußerte sich der Publizist Heinrich Meyer über die Büste und ihre Ähnlichkeit mit dem Modell: »Die Augen, so wie der Mund, sind besonders lobenswerth; jene, mit treuester Sorgfalt der Natur nachgebildet, haben einen geistreichen sinnigen Blick, erscheinen jedoch im Verhältniß zu den übrigen Theilen, vornehmlich zur Nase, etwas klein. Der Mund ist, unsers Erachtens, vortrefflich gelungen, höchst wahrhaft, von angenehmer Form; die Lippe ein wenig gehoben, wie zum Sprechen, und dadurch gleichsam beseelt. Das Milde, Weiche, wodurch der treffliche Künstler den äußerlichen Character aller fleischigen Theile auszudrücken wußte, bewährt seine überaus große Fertigkeit in Behandlung des Marmors. Auch die Ohren sind mit löblichem Fleiß ausgeführt; sie stehen indessen etwas weit zurück und dürften vielleicht ein wenig größer gehalten seyn. An den Haaren verdient der meisterhaft geführte Meißel unsern vollen Beifall, hingegen möchte man ihnen noch etwas gefälligern Lockenschlag wünschen; sie sehen fast ein wenig zerzaust aus, umstarren das Haupt und bewirken zum Theil den vorhin schon erwähnten minder angenehmen Eindruck des Ganzen aus der Ferne; übrigens sind sie, was günstig bemerkt und als wirkliches Verdienst anzurechnen ist, um die Stirn sehr gut angesetzt.« Die ausgestellte Büste ist eine Replik des Weimarer Exemplars. AC
Lit.: Meyer 1832, S. 487; Kat Paris 1949, Nr 294, S. 106; Huchard 1989, S. 75f.; Kat. Frankfurt 1994, Nr. 136, S. 187

1/36 **Gewehrkolben**, den David d'Angers
1829 auf dem Schlachtfeld bei Jena fand
Holz, Samt; 47 x 18 cm
Paris, Musée de l'Armée (2232 Cd 117)

Der erhaltene Teil eines Gewehrkolben mit einem Trageriemen in den Farben der Trikolore zeigt deutlich Spuren des Kampfes. David d'Angers war in Begleitung des Studenten Victor Pavie, des Sohnes eines Freundes, der des Deutschen mächtig war, am 18. August 1829 nach Weimar gekommen, wo er Goethe besuchte. Anschließend besichtigte er historisch bedeutsame Stätten, so auch das Schlachtfeld bei Jena, wo er den Gewehrkolben fand und aufbewahrte. In seinen »Carnets de notes« vermerkte der Bildhauer: »Les montagnes qui sont derrière Iéna sont brunes et humides, comme si elles étaient formées de sang et de larmes. Ces montagnes, théâtre du plus grand spectacle que la terre puisse donner, sont maintenant dans le plus profond silence, comme après les grandes crises. La nature ne pouvant donner souvent de pareils spectacles, le calme est utile après une grande catastrophe, pour la faire mieux sentir. Ces sapins, que l'on voit à travers le brouillard, sont comme les baïonnettes d'une armée« (Die hinter Jena befindlichen Berge sind braun und feucht, als wären sie aus Blut und Tränen gebildet. Diese Berge, Theater des größten Schauspiels, das die Erde geben kann, sind jetzt in tiefstem Schweigen, wie nach großen Krisen. Da die Natur nicht oft derartige Schauspiele geben kann, ist die Ruhe nach einer großen Katastrophe nützlich, um sie besser fühlen zu lassen. Diese Tannen, die man durch den Nebel sieht, sind wie die Bajonette einer Armee). AC

Lit.: Bruel 1958, Bd. 1, S. 53

1/37   **Gerhard von Kügelgen** (1772-1820)
Johann Wolfgang von Goethe
1810
Pastell auf Pergament; 60 x 47,5 cm
Düsseldorf, Goethe-Museum,
Anton-und-Katharina-Kippenberg-Stiftung
Abb. S. 121

Kügelgens Portrait zeigt Goethe mit dem roten Band des Ritterkreuzes der Ehrenlegion sowie mit Stern und Schulterband des russischen St. Annen-Ordens. Mit diesen Ehrenzeichen war der Dichter anläßlich des Erfurter Fürstentages (vom 27. September bis 14. Oktober 1808) von Napoleon und Zar Alexander I. ausgezeichnet worden. Besonders die Gunstbeweise Napoleons erfüllten Goethe mit Genugtuung und Stolz. Napoleon, der den »Werther« siebenmal gelesen haben soll, suchte das Gespräch mit dem weltberühmten Dichter. Das erste Zusammentreffen fand am 2. Oktober in Erfurt statt. Auf Wunsch des Herzogs Carl August hielt sich Goethe bereits seit dem 29. September in der Stadt des Gipfeltreffens auf, um am kulturellen Rahmenprogramm der Konferenz teilzunehmen, wofür Napoleon die besten Schauspieler aus Paris mitgebracht hatte, die die Tragödien der französischen Klassiker spielten. Am Morgen des 2. Oktobers bat er Goethe zur Audienz. Mit dem legendär gewordenen Ausruf »Voilà un homme!« soll er ihn empfangen haben. Duru, der Generalintendant des Kaisers, der Herzog von Talleyrand und der Weimarer Kanzler Friedrich von Müller, der das Gespräch protokollierte, waren zugegen. Napoleon verband die Audienz mit dem Frühstück: Während er die Speisen in sich hineinschlang »wie ein gaetulischer Löwe« (Goethe), befragte er den Dichter über seine Beziehungen zu Carl August und die Stimmung in der Bevölkerung, immer wieder unterbrochen durch das Kommen und Gehen der Militärs, die Meldungen brachten und Befehle holten. Vor allem sprach man über Literatur. Napoleon suchte Goethe für die Idee zu gewinnen, in einer Tragödie Cäsars Tod zu dramatisieren, besser und anders als Voltaire, der den Helden nicht angemessen gewürdigt habe. Die gute Tragödie könne die würdigste Schule der Staatsmänner sein, meinte Napoleon und forderte Goethe auf, nach Paris zu kommen, um dort an der Verwirklichung solcher Pläne zu arbeiten. Die Einladung war wohl eine Idee des Augenblicks, Napoleon kam später nie mehr darauf zurück. Die zweite Begegnung fand am 6. Oktober im Weimarer Schloß beim Hofball statt. Zar Alexander tanzte, Napoleon, damals vierzig, hielt sich fürs Tanzen zu alt und besprach sich lieber mit Goethe, dem er, wie Kanzler Müller notierte, erneut sein »großes Interesse an der Vervollkommnung der tragischen Kunst« bezeugte. Der Orden der Ehrenlegion wurde Goethe am 14. Oktober übersandt, das russische Ehrenzeichen erhielt er einen Tag später. Die Unterredungen mit Napoleon hat er 16 Jahre später in seinen »Tag- und Jahresheften« aufgezeichnet. UM

Lit.: Redslob 1944; Friedenthal 1963, S. 522-526

1/38   **Ordensspange mit vier Miniaturorden**
aus Goethes Besitz
Um 1818
V.l.n.r.: Kommandeurkreuz des
Österreichischen Kaiserlichen Leopoldordens
der königlich-bayrischen Krone, verliehen am
28.6. 1815; Orden der heiligen Anna 1. Klasse,
verliehen am 15.10.1808 anläßlich des Erfurter
Fürstentages; Großkreuz des Sachsen-Weimarischen Hausordens der Wachsamkeit oder vom
Weißen Falken, verliehen am 30.1.1816;
Offizierskreuz des königlichen Ordens der
Ehrenlegion, verliehen am 27.12.1818
Gold, Email; 7,5 x 4,4 cm
Weimar, Stiftung Weimarer Klassik, Museen,
Nachlaß J.W. v. Goethes (GKg 283/1-4)

Die Preziose wurde um 1818 gefertigt. Ihre einzig bildliche Darstellung befindet sich auf dem Goethe-Portrait Ferdinand Jagemanns von 1818, das diese Datierung erlaubt. Die Weglassung des am 12. Oktober 1808 von Napoleon I. an Goethe verliehenen Ordens der Ehrenlegion ist politisch motiviert. MLP

1/39   **Dekret zur Verleihung des Ordens der Ehrenlegion**
an Goethe, Wieland, Starke und Vogel
Erfurt, 12. Oktober 1808
Urkunde mit handschriftlichen Eintragungen;
31 x 20 cm
Paris, Archives nationales
(AE III 236 1[Musée d' Histoire])

Nach den Festlichkeiten in Weimar fuhr Napoleon nach Erfurt zurück und schloß den Kongreß mit Ordensverleihungen ab. In dem am 12. Oktober im Erfurter Palais

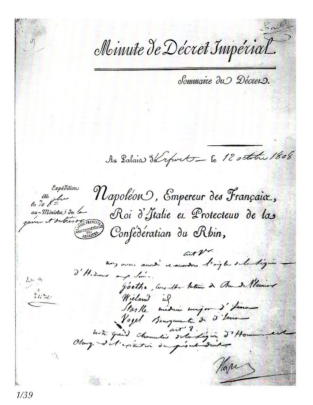

1/39

1/40

ausgestellten Bulletin heißt es lakonisch: »Durch Verfügung vom heutigen Tage wird das Kreuz der Ehrenlegion verliehen an den Herrn v. Goethe, Geh. Rat des Herzogs von Weimar, Wieland, dsgl. Starke, Oberstabsarzt in Jena, Vogel, Bürgermeister von Jena.« Auf dem Hofball in Weimar hatte Napoleon das Wort auch an die drei Letztgenannten gerichtet. Von seiner Unterhaltung mit Vogel ist überliefert, daß dieser bitter über die Notlage seiner Stadt geklagt und sich durch Tiraden gegen die Engländer, die an allen Übeln der Welt schuld seien, hervorgetan habe. Napoleon versprach ihm 300 000 Francs Nothilfe, die allerdings, wie Goethe später vermerkte, »nicht kommen wollten«. Am 14. Oktober, dem Jahrestag der Schlacht von Jena, reiste Napoleon aus Erfurt ab. Der Spanienfeldzug stand unmittelbar bevor. Vier Jahre später, im Winter 1812, kam er noch einmal in diese Region und hielt sich für eine Nacht in Weimar auf. Auf der Flucht aus Moskau reiste er inkognito als Sekretär seines Außenministers. UM

Lit.: Redslob 1944; Friedenthal 1963, S. 522-526

1/40   **Johann Baptist Hößel**
(tätig ca. 1799 bis 1824)
nach Hans Veit Schnorr von Carolsfeld
(1764-1841)
Wieland und Napoleon auf dem Hofball in Weimar am 6. Oktober 1808
1810
Bez.u.l.: V.H. Schnorr fec. 1809; u.r.: die Aqua Tinta v. J.B. Hößel
Aquatinta, koloriert; 10,4 x 6,9 cm
Marbach a. N., Schiller-Nationalmuseum / Deutsches Literaturarchiv, Bildabteilung (1222)

Der Ball im Weimarer Schloß am 6. Oktober 1808 war auch der Schauplatz von Wielands Begegnung mit Napoleon. Es war ausdrücklicher Wunsch des Kaisers, dem Dichter und Gelehrten vorgestellt zu werden. Ob er seine Schriften gelesen hatte, darf bezweifelt werden. Immerhin galt Wieland seit langem als ein führender Kopf der Aufklärung, dessen europäischer Ruhm sich bereits vor der Jahrhundertwende gefestigt hatte. Er kannte die Zustände in Frankreich vor 1789 und begrüßte deshalb die Revolution, deren Verlauf er genau beobachtete und in der von ihm seit 1773 edierten Zeitschrift »Der Teutsche Merkur« (ab 1790 »Der neue Teutsche Merkur«) kommentierte. Nach der Hinrichtung Ludwigs XVI. verhielt er sich kritisch zu den

Geschehnissen in Frankreich; wie Goethe und Schiller lehnte er die Gewaltherrschaft ab. Das Gespräch im Weimarer Schloß – auch bei dieser Gelegenheit führte Kanzler Müller das Protokoll – kreiste um Tacitus, den Napoleon »als Verläumder des Cäsaren« haßte. Wieland, der ein elegantes Französisch sprach, wagte es, dem Kaiser zu widersprechen und den römischen Historiker so schlau zu verteidigen, daß ihm Napoleon am Ende recht geben mußte. Trotz solcher Triumphe war die Unterredung für den greisen Dichter beschwerlich: Sie wurde im Stehen geführt, und der 75jährige sah sich genötigt, unter Hinweis auf sein Alter um Entlassung zu bitten. Goethe erkannte in Napoleon das Wirken einer großen geschichtlichen, ja dämonischen Kraft; Wielands Urteil fiel nüchterner aus. Im November 1808 schrieb er an Karl August Böttiger, der Kaiser habe sich mit ihm unterhalten »wie ein Mann, der weiter nichts als ein gebildeter Mensch ist und sein will, mit einem alten Bekannten seinesgleichen à peu près«. UM
Lit.: Friedenthal 1963, S. 522-526

1/41

1/41 **Victor Wilhelm Peter Heideloff** (1757-1816)
Schiller trägt im Bopserwald die »Räuber« vor
Bez. im Blatt die dargestellten Personen
Federzeichnung, laviert; 29,6 x 27,9 cm
Marbach a. N., Schiller-Nationalmuseum / Deutsches Literaturarchiv, Bildabteilung (3820)

Schiller schrieb »Die Räuber« zwischen 1776 und 1780 als Eleve der Hohen Carlschule (seit 1773 Akademie) in Stuttgart, in einer Atmosphäre rigider Militärdisziplin und geistiger Enge. Er arbeitete zumeist nachts oder, wie seine Schwester Christophine berichtet, im Krankenzimmer, wo die Zöglinge weniger strengen Kontrollen ausgesetzt waren. Die ersten Hörer fand die Tragödie unter Schillers Freunden und Leidensgenossen. Zu ihnen gehörte Victor Heideloff, der auf der Akademie zum Dekorationsmaler ausgebildet wurde und die Szene im Bopserwald festhielt. Sie zeigt Schiller in der Mitte des Bildes, auf der linken Seite die Freunde Friedrich Wilhelm von Hoven, Victor Heideloff und den späteren Bildhauer Johann Heinrich Dannecker, rechts den späteren Maler und Kupferstecher Christian Jakob Schlotterbeck und Franz Joseph Kapf. Victor Heideloffs Sohn Carl Alexander, der das Blatt mehrmals kopierte, schrieb die Erinnerung seines Vaters an die Bopserwaldszene nieder: »Da ästhetische Besprechungen im Krankenzimmer bei der ängstlich-strengen Aufsicht zu beschränken und kärglich waren, so beschloß Schiller mit seinen Cameraden, die Gelegenheit des nächsten Spaziergangs zu benützen, um an einem ruhigen und ungestörten Orte die Räuber zur Beurtheilung und zum Genuß, wie Schiller es gerne tat, vorzutragen. Als sie [...] am frühen Morgen eines schönen Sonntags des Mai über die Weinsteige in das sogenannte Bopserwäldchen einen Spaziergang machten, sonderten sich die in den Plan Eingeweihten ihrer Verabredung gemäß ab, und [...] gingen [...] tiefer in den Wald hinein. Hier lagerten sie sich, ihren Schiller umkreisend, der auf den hervorstehenden Wurzeln eines der stärksten Fichtenbäume Posto gefaßt hatte [...]. Seine Declamation war anfänglich eine ruhige. Als er aber zur Stelle der fünften Scene des vierten Actes gelangte, wo Räuber Moor mit Entsetzen seinen todt geglaubten Vater vor dem Thurm anredet, steigerte sie sich in dem Grad, daß seine Freunde [...] durch den Ausbruch seines Affects in Bestürzung geriethen, durch die Großartigkeit seiner Arbeit aber in Erstaunen, Bewunderung und fast endlose Beifallsbezeugungen übergingen.« UM
Lit.: Hecker 1904, S. 9 f.; Pfäfflin 1990, Nr. 69, S. 52

1/42 **Friedrich Schiller** (1759-1805)
Robert. Chef des Brigands. Drame en cinq actes, en prose, imité de l'allemand.
Remis au théâtre français l'an VII par le citoyen Lamartellière
Paris: Barba 1799
Weimar, Stiftung Weimarer Klassik, Herzogin Anna Amalia Bibliothek [Sch 1318 (n. l.)]
Abb. S. 117

1/43 **Friedrich Schiller** (1759-1805)
Les Voleurs, Tragédie en prose, en cinq actes; Par Schyller. Imitée de l'allemand, par A.C.D.P.
Paris: Toubon 1795
Weimar, Stiftung Weimarer Klassik, Herzogin Anna Amalia Bibliothek (V 3783)

»Die Räuber« begründeten Schillers Ruhm in Frankreich. Schon der triumphale Erfolg der Uraufführung in Mannheim 1782 ging durch die französische Presse, 1785 kam in Paris die erste Übersetzung »Les Voleurs

Mein ganzes Geschlecht sollte Ihnen für dieses herrliche Stück danken; Sie haben uns die hohe Heldin nur darum so groß und herrlich dargestellt, damit wir etwas haben sollten, woran sich unser schwächerer Mut aufrichten und erheben könnte. Sollten Sie es wohl glauben, daß ich in den Tagen meines tiefsten Schmerzes, wo sich andre vielleicht vor Trauerspielen gefürchtet haben würden, aus ihrer »Jungfrau« [...] Mut und Tröstung schöpfte?

Luise Brachmann
an Friedrich Schiller,
9. April 1802

tragédie en 5 actes et en prose par Schiller« von Bonnville und Friedel heraus, die sich allerdings nicht für die Bühne eignete. Auf dem Theater erschienen »Die Räuber« erst sieben Jahre später, am 10. März 1792 im Pariser »Théâtre du Marais«, in einer Übersetzung des jakobinisch gesinnten Henri Schwindenhammer aus dem oberelsäßischen Pfirt, der seinen Namen zu Lamartellière französisiert hatte. Sein »mélodrame« »Robert, Chef des Brigands« – bei der gezeigten Ausgabe handelt es sich um eine Neuauflage anläßlich der Wiederaufführung des Stückes im Jahr VII = 1799 – war weniger eine wortgetreue Übertragung als eine freie Bearbeitung, die Schillers Trauerspiel teilweise gewaltsam entstellte; so begeht Karl Moor am Schluß Selbstmord aus Reue, anstatt sich der Justiz auszuliefern. Doch es brachte dem Stück einen großen Bühnenerfolg, der dazu beitrug, daß fünf Monate später Schillers Name auf der Liste der sechzehn Ausländer stand, die mit dem Ehrenbürgerrecht ausgezeichnet wurden (1/19). 1795 kam die dritte Übertragung »Les Voleurs, Tragédie en prose, en cinq actes; par Schyller« von A.C.D.L = Auguste Creuzé de Lesser (hier als A.C.D.P. verschlüsselt) heraus. Freilich fanden »Die Räuber« nicht ungeteilte Aufnahme in Frankreich. Madame de Staël und ihr Kreis lehnten das vom Geist der Rebellion beflügelte Drama als zu anarchisch ab. In Schillers Jugendwerken, so die Autorin in »De l'Allemagne«, walte ein Gedankenrausch, der den Dichter in die Irre geführt habe. Auch Madame de Staëls Gegner, Napoleon, war kein Freund der »Räuber«. Das Stück fügte sich in die klassizistischen und nationalistischen Strömungen, die im Kaiserreich vorherrschten, nicht ein und verschwand nach 1804 für einige Zeit von den Bühnen. UM
Lit.: Minder 1962, S. 106f.; Bauer 1973, S. 155f.; Staël 1985, S. 250ff.

1/44 **Friedrich Schiller** (1759–1805)
Dramenverzeichnis
1799-1804
Eigenhändiges Manuskript (Faksimile)
Marbach a. N., Schiller-Nationalmuseum /
Deutsches Literaturarchiv,
Handschriftenabteilung (45107)

»Eine große und allgemeine Geistesrevolution werde ich schwerlich Zeit haben, in mir zu vollenden aber ich werde thun was ich kann, und wenn endlich das Gebäude zusammenfällt, so habe ich doch vielleicht das Erhaltungswerthe aus dem Brande geflüchtet«, schrieb Schiller am 31. August 1794 an Goethe, unmißverständlich darauf anspielend, daß er seine Kräfte im Schwinden begriffen sah. 1791 war Schiller von einer schweren Erkrankung (kruppöse Pneumonie) befallen worden, von der er sich nicht mehr erholen sollte. Umso erstaunlicher, daß er trotz ständiger Todesnähe die Realisierung vieler neuer Projekte plante und mit ungebrochener Produktivität in Angriff nahm. Schiller führte gewissenhaft Buch über Geleistetes und Geplantes, so auch in dem 1799 angelegten und bis 1804 ergänzten

1/45

»Dramenplan«, der 31 Titel aufführt. Die vollendeten Dramen sind durchgestrichen bzw. datiert. Auf der ersten Seite des Doppelblatts liest man als 9. Position »Das Mädchen von Orleans« mit den Jahreszahlen 1800–1801, ein Arbeitstitel, der später wie der Titel »Die feindlichen Brüder von Messina« und manche Gattungsbezeichnungen korrigiert wurde. UM
Lit.: Schiller Bd. 27 (1958), S. 32; Pfäfflin 1990, Nr. 231, S. 187ff.

1/45 **Schillers Frankreichkarte**
1790
Bez. umlaufend: Carte Générale de la FRANCE divisée par Départemens avec les Chefs Lieux. Par M. Capitaine Ing.r Géog.h du Roi 1790
Kupferstich, koloriert; Dm. 7,5 cm
Marbach a. N., Schiller-Nationalmuseum /
Deutsches Literaturarchiv, Bildabteilung (5109)

Schiller, der bei Ausbruch der Revolution gehofft hatte, daß in Frankreich »wahre Freiheit zur Grundlage des Staatsgebäudes gemacht« werde, sah sich in seinen Erwartungen tief enttäuscht. Der Terror der Jakobiner war mit seinen hohen Menschheitsidealen unvereinbar. Das Frankreich, dem er sich bei der Konzeption seiner »Jungfrau von Orleans« zuwandte, war das katholische Frankreich des 15. Jahrhunderts, das als historische Landschaft den Hintergrund für eine »romantische Tragödie« bildete. Bei der Vorarbeit konsultierte er Geschichts- und Quellenwerke wie Pitavals 1734 bis 1743 erschienene »Causes célèbres et intéressantes, avec les jugemens qui les ont décidées« (Berühmte und interessante Rechtsfälle mit den dazugehörigen Urteilen), zu dessen deutscher Ausgabe (1792-1795) er ein Vorwort geschrieben hatte. Daß er auch die Routen studierte,

die das lothringische Bauernmädchen bei den Kriegszügen gegen die Engländer genommen hatte, legt die Frankreichkarte nahe, an der sich Schiller bei der Niederschrift orientierte. Dennoch ist »Die Jungfrau von Orleans« kein Geschichtsdrama. Gemäß seiner 1799 an Goethe mitgeteilten Maxime, »immer nur die allgemeine Situation, die Zeit und die Personen aus der Geschichte zu nehmen und alles übrige frei zu erfinden«, drängte er das Historische zurück zugunsten einer freien poetischen Gestaltung von Johannas Schicksalsweg, in dem alle dramatischen Konflikte verdichtet sind. Madame de Staël feierte die 1802 erstmals ins Französische übersetzte Tragödie um die fromme Heldin, die durch die Franzosen entehrt worden sei, begeistert. Hier äußere sich das »génie historique«, dem es Schiller verdanke, für die junge französische Dichtergeneration ein Objekt der Bewunderung geworden zu sein. Benjamin Constant sah in Schiller ein Vorbild auf dem Gebiet des wahren und modernen Geschichtsdramas, das der Deutsche den Franzosen erschlossen habe.
UM

Lit.: Eggli 1927; Bauer 1973, S. 155f.; Staël 1985, S. 294f.; Pfäfflin 1990, Nr. 238, S. 195f.

1/46 **Theaterzettel zur Uraufführung der »Jungfrau von Orleans«**
am 11. September 1801 in Leipzig
Leipzig, 1801
Einblattdruck; 36,5 x 22 cm
Leipzig, Stadtgeschichtliches Museum
(Theaterzettelsammlung, Bd. 1811)

Die »Jungfrau von Orleans« wurde am 16. April 1801 im Manuskript abgeschlossen, die Tragödie kam allerdings nicht wie die anderen späten Dramen Schillers am Weimarer Hoftheater zu Uraufführung. Herzog Carl August hatte Vorbehalte, er fand das Sujet »äußerst scabrös«. Tatsächlich spielten, wie Schillers Schwägerin Caroline von Wolzogen mitteilt, »besondere Verhältnisse im Theaterleben« eine entscheidende Rolle, die mit Carl Augusts Beziehungen zu der Sängerin und Schauspielerin Caroline Jagemann, die seit 1797 seine Mätresse war, zusammenhingen. Die Uraufführung auf dem »Theater am Ramstädter Thore« in Leipzig war ein Triumph. Der Historiker Johann Gottfried Gruber berichtet: »Das Haus war [...] zum Erdrücken voll, die Aufmerksamkeit die gespannteste. Kaum rauschte aber nach dem ersten Act der Vorhang nieder, als ein tausendstimmiges es lebe Friedrich Schiller! wie aus einem Munde erscholl, in welchen allgemeinen Jubelruf die Pauken wirbelten, die Trompeten schmetterten.«
UM

Lit.: Wolzogen 1867, S. 438ff.; Gruber 1805, S. 51f.; Pfäfflin 1990, S. 195f.

1/47

1/47 **Johann Friedrich Schröter** (1770-1836) und **K. Oelzner**
Kostüm der Madame Hartwig als Jungfrau von Orleans
Aus: Einige Charaktere aus den Darstellungen der Churfürstl. Sächs. Hofschauspielergesellschaft. Nach dem Leben gezeichnet, gestochen u. kol. von J.F. Schröter und K. Oelzner, hg. von Dr. G.W. Becker, 1. Lieferung, Leipzig 1804
Leipzig, 1804
Bez. J.F. Schröter und K. Oelzner 1804
Kupferstich, koloriert; 28 x 20,5 cm
Leipzig, Stadtgeschichtliches Museum
(Cichorius-Sammlung »H«)

»Sie war gewiß eine der besten deutschen Schauspielerinnen ihrer Zeit, mit einem feinen Talent für scharfe Charakteristik, Wahrheit und Innigkeit im Spiel, namentlich groß in Stellen von hohem Enthusiasmus, dabei von lebhaftem Geist, Grazie der Erscheinung und Tiefe des Gefühls«, charakterisiert der Theaterkritiker Joseph Kürschner in der »Allgemeinen Deutschen Biographie« von 1880 die erste Darstellerin der Jungfrau von Orleans, Friederike Wilhelmine Hartwig, geb. Werther, die von 1774 bis 1849 lebte. Aus einer Schauspielerfamilie stammend, stand sie schon als junges Mädchen auf der Bühne und begeisterte das Publikum durch ihre Darstellung jugendlicher Heldinnen. 1796 kam sie zur »Seconda'schen Gesellschaft« und debütierte in Leipzig als Luise in »Kabale und Liebe«. Ihre Ver-

J'ai été voir hier Jeanne d'Arc de Schiller. C'est un mélodrame, mais un mélodrame superbe. La cérémonie du sacre est admirable. Quand j'ai vu la cathédrale de Reims et que j'ai entendu le chant religieux au moment de la consécration de Charles VII, j'ai pleuré sans comprendre un mot de ce qu'on disait. Quel peuple que ce peuple français. Comme il occupe les autres peuples, et quelle honte de ne plus retrouver des La Hire que sur les théâtres étrangers. Schiller chante Jeanne et Voltaire la déshonore!

François René de Chateaubriand an Madame de Duras, Berlin, 10. April 1821

Gestern sah ich hier Johanna von Orleans von Schiller. Es ist ein Melodram, aber ein hervorragendes Melodram. Die Krönungszeremonie ist bewundernswert. Als ich die Kathedrale von Reims sah und im Augenblick der Weihe Karls VII. den Choral hörte, habe ich geweint, ohne ein Wort dessen zu verstehen, was man sagte. Welch ein Volk sind doch die Franzosen! Wie es die anderen Völker beschäftigt, und welche Schande La Hire nur auf ausländischen Bühnen zu finden. Schiller besingt Johanna und Voltaire entehrt sie!

1/48

körperung der Jungfrau von Orleans bei der Uraufführung 1801 fand ausnahmsweise Schillers Zuspruch, dem insgesamt die Darbietung der Leipziger Schauspieler nicht gefiel, da sie seine Jamben »malträtierten«. Schiller war darüber so verdrossen, daß er für alle deutschen Bühnen, Weimar ausgenommen, Prosafassungen seiner letzten Dramen schreiben wollte. UM

1/48 **Heinrich Anton Dähling** (1773-1850)
Die Jungfrau von Orléans
Um 1805
Schwarze Kreide, weiß gehöht auf graublauem Papier; 56,2 x 44,5 cm
Berlin, Staatliche Museen zu Berlin, Kupferstichkabinett (Dähling SZ 2)

Heinrich Anton Dähling, seit 1793 in Berlin, war als Miniatur-, Historien-, Genre- und Landschaftsmaler tätig. Seine Darstellung der Jungfrau von Orléans, möglicherweise eine Studie zu einem Gemälde oder Stich, ist ganz auf den von Leid gezeichneten Gesichtsausdruck der Heldin konzentriert und entstand vermutlich unter dem Eindruck von Schillers Drama, das seit seiner Uraufführung 1801 große Popularität besaß. Dähling weilte im Jahre 1801 in Paris, wo ihn die Kunst Jacques Louis Davids beeinflußte. Die klassizistische, streng aufgefaßte Darstellung legt dies zumindest nahe. AC
Lit.: Kat. Berlin 1987(a), Nr. E 41, S. 205

1/49 **Johann Friedrich Jügel** (gest. 1833)
nach **Karl Friedrich Schinkel** (1718–1841)
Getreue Abbildung des Doms zu Rheims in dem Trauerspiele »Die Jungfrau von Orleans«
Berlin, 1819 (Vorlage 1817)
Aquatinta, koloriert; 49 x 58 cm
Berlin, Stadtmuseum Berlin (VII 78/166 w)

Für die Aufführung der »Jungfrau von Orleans« im Königlichen Opernhaus Unter den Linden in Berlin, die zum ersten Mal am 18. Januar 1818 gegeben wurde, entwarf Schinkel drei von insgesamt zehn Dekorationen. Sein Bühnenbild für den 4. Akt, 4. bis 13. Scene (Siegesfeier über die Engländer und Krönung Karls VII.) – hier in einer Kopie des Kupferstechers Jügel, die dem im Berliner Schinkel Museum befindlichen Originalentwurf (Gouache, 1817) nicht in allen Details folgt – zeigt die Westfassade der Kathedrale von Reims in leichter Schrägsicht, so daß die Erstreckung des südlichen Langhauses verkürzt erkennbar ist. Schinkel ging es nicht allein um eine getreue Nachbildung der Kathedrale, seine Gestaltung sollte auch die Krönungsszene im 4. Akt mit seiner nach historischen Vorlagen entworfenen Kostümausstattung in ihrer ganzen Pracht zur Geltung bringen. Chateaubriand, der 1821 als Botschafter in Berlin weilte und Gelegenheit hatte, eine Aufführung zu sehen, war von Schillers romantischer Tragödie ebenso ergriffen wie von Schinkels Dekoration begeistert. Wie stark das Bühnenbild auf ihn wirkte, bezeugt eine Bemerkung in den »Mémoires d'outre-tombe« (1849) bezüglich der Krönung Karls X. im Mai 1825 in Reims: »J'ai visité ce matin Saint Rémy et la cathédrale décorée de papier peint. Je n'aurai eu une idée claire de se dernier édifice que par les décorations de la Jeanne d'Arc de Schiller, jouée devant moi à Berlin: des machines d'opéra m'ont fait voir au bord de la Sprée ce que des machines d'opéra me cachent au bord de la Vesle« (Heute morgen war ich in Saint Rémy und in der Kathedrale, die man mit Tapeten ausgeschmückt hat. Eine klare Vorstellung von diesem Gebäude verdanke ich allein der Dekoration in Schillers Jungfrau von Orleans, die in Berlin gespielt wurde: Am Ufer der Spree zeigte mir eine Opernmaschinerie, was mir am Ufer der Vesle eine andere Opernmaschinerie verbirgt). UM
Lit.: Chateaubriand 1852, Bd. 11, S. 85; Kat. Berlin 1981(c), Nr. 218 b, S. 281

1/50 **Raymond de Baux** (tätig um 1810-1860)
Jeanne d'Arc
Um 1830
Bez. u.l.: Raymond de Baux
Öl auf Leinwand; 45 x 55 cm
Orléans, Musée des Beaux-Arts (12389)

Das Bild des in Berlin tätigen Genre-, Bildnis- und Schlachtenmalers Raymond de Baux, der sich in den Jahren von 1810 bis 1860 fast regelmäßig an den Berliner Akademieausstellungen beteiligte, entstand wahrscheinlich um 1830 im Zusammenhang der Rückbesin-

GETREUE NACHBILDUNG DES DOMES ZU RHEIMS
in dem Trauerspiel: Die Jungfrau von Orleans.

1/49

nung auf das Mittelalter und die Aufführungen der »Jungfrau von Orleans« auf deutschen Bühnen. Motive aus der Legende der Jeanne d'Arc waren in der deutschen Kunst seit dem Erscheinen von Schillers »romantischer Tragödie« sehr beliebt. Auf dem Bild von Baux ist der von Jeanne d'Arc angeführte Aufbruch zur siegreichen Befreiung des von den Engländern eingeschlossenen Orléans am 8. Mai 1429 dargestellt. AC

Lit.: Kat. Tours 1979, Nr. 4, S. 13

1/51 **Johann Friedrich August Tischbein**
(1750-1812)
Johann Gottfried Herder
1796
Bez. rückseitig: J. Gottfr. Herder gem:
von Tischbein für Gleim 1796
Öl auf Leinwand; 47,5 x 39,5 cm
Weimar, Stiftung Weimarer Klassik, Museen,
Gemäldesammlung, Dauerleihgabe
(DGe/00048)
Abb. S. 129

Herder, den Nietzsche halb anerkennend, halb spöttisch einen »idealen Dilettanten« nannte, war ein Universalgelehrter, dessen Forschungen sich auf Philosophie, Historie, Sprachwissenschaft, Literaturgeschichte und Literaturtheorie erstreckten. Seinen Lebensunterhalt verdiente er als Theologe. 1776 erreichte Goethe seine Berufung zum Generalsuperintendenten des Herzogtums Sachsen-Weimar, der die Ernennung zum Oberhofprediger, Oberkonsistorial- und Kirchenrat folgte. Mit Goethe war er seit längerem befreundet. Die Begegnung der beiden Männer in Straßburg im Jahre 1770 gilt als Sternstunde der deutschen Literatur. Herder hatte Goethe auf die Volkspoesie, auf Homer, vor allem auf die Notwendigkeit individueller und nationaler Originalität bei der poetischen Produktion aufmerksam gemacht und damit nicht nur bei Goethe einen Bewußtseinswandel bewirkt, der zur »literarischen Revolution« (Goethe) der Sturm- und- Drang-Bewegung führte. Überhaupt war Herder dank der Universalität seiner »schönen« Wissenschaft ein Anreger, der insbesondere mit seinem Hauptwerk »Ideen zur Philosophie der Geschichte der Menschheit« (1784-1791) weitreichenden Einfluß übte, namentlich auf die Frühromantiker, die bei ihm ihre Skepsis gegenüber dem rationalistischen Geist der Aufklärung vorgedacht fanden. Der metaphysische Grundzug der Schrift, den Kant attackierte, kam ihrem Selbst- und Weltverständnis weit entgegen. Herder lehrte

sie, daß in der Welt »alles voll organisch wirkender Allmacht [ist]. Wir wissen nicht, wo diese anfängt, noch aufhöret«. UM
Lit.: Lützeler 1992, S. 20ff.; Kat. Weimar 1994, Nr. 75, S. 126

1/52 **Johann Wolfgang von Goethe** (1749-1832)
Rezension von »Idées sur la philosophie de l'histoire de l'humanité par Herder, traduit par Quinet. Paris 1828«
Weimar, 1828
Zeitgenössisches Manuskript mit Korrekturen und Ergänzungen von Goethes Hand (Faksimile); 32,3 x 19,9 cm
Weimar, Stiftung Weimarer Klassik, Goethe- und Schiller-Archiv (Bestand: 25 Goethe Werke, Signatur GSA/XXXVII, C, 43c)

Edgar Quinet – Philosoph, Historiker, Politiker, aber auch Verfasser romantisch-philosophischer Lyrik – verstand sich als Vermittler zwischen deutscher und französischer Kultur. Neben Analysen der politischen Entwicklungen in beiden Ländern (6/6, 6/7) publizierte er mehrere Schriften, die das deutsche Geistesleben in Frankreich bekannt machen sollten, so »Du Génie des traditions de l'Allemagne du Nord« (1830), »Critique de la Vie de Jésus de Strauss«, »Allemagne et Italie« (1839), auch die Dichtung »Le Rhin« (1840) waren Versuche, zur Verständigung der beiden Kulturen beizutragen. 1830 veröffentlichte Quinet die Schrift »Essai sur l'origine des dieux«, eine Gesamtdarstellung des Herderschen Denkens, von dem er stark beeinflußt war. Um Herder im Original lesen und schließlich übersetzen zu können, hatte er in den frühen 20er Jahren damit begonnen, Deutsch zu lernen. 1828 lag dem französischen Publikum seine Übertragung der »Ideen zur Philosophie der Geschichte der Menschheit« mit einer sehr persönlich gehaltenen Einleitung vor. Goethe, der die Übersetzung rezensierte und seine Besprechung 1828 in »Über Kunst und Altertum« (Bd. 6,2) veröffentlichte, geizte nicht mit Lob: »Die Einleitung, welche der Übersetzer seiner Arbeit vorausgehen läßt, empfehlen wir gleichfalls denjenigen, die Tag für Tag das Publicum mit Fremdem und Einheimischem bekannt zu machen verpflichtet sind; uns hat sie sowohl als die Übersetzung selbst zu schönen Betrachtungen Anlaß gegeben.« Quinets Laufbahn war wechselhaft. 1841 wurde er ans Collège de France berufen, 1847 als extremer Republikaner und Verfasser antiklerikaler Schriften entlassen, ein Jahr später rehabilitiert. Unter Napoleon III. mußte er ins belgische Exil, nach dem Sturz des Kaisers kehrte er zurück und beteiligte sich an der Verteidigung von Paris; ab 1871 bekleidete er ein Amt als Abgeordneter der Nationalversammlung. UM
Lit. Goethe Bd. 41.2 (1903), S. 345

1/53 **Anton Graff** (1736-1813)
Henriette Herz
1792
Öl auf Leinwand; 83 x 65
Berlin, Staatliche Museen zu Berlin, Nationalgalerie (A I 433)
Abb. S. 129

Von portugiesischen Juden abstammend, mit einem Arzt und Philosophen verheiratet, der in Königsberg Kants Lieblingsschüler gewesen war (und in seinem Berliner Hause Privatvorlesungen hielt), wißbegierig und austauschbedürftig, hatte Henriette Herz von Jugend an Umgang mit bedeutenden Schriftstellern zunächst der Berliner Aufklärung (Nicolai, Ramler, Spalding u.a.), dann mit jenen der Frühromantik, die zumeist um einige Jahre jünger waren als sie selbst. Friedrich Schlegel und seine spätere Frau Dorothea Veit, die Brüder Humboldt, Jean Paul, Fichte und – solange diese in Berlin lebte – Madame de Staël, später Ludwig Börne und Karl Varnhagen von Ense gehörten zu ihrem Kreis, dessen gesellschaftliche Erscheinungsform mit dem Begriff »Salon« umschrieben wird. Besonders eng und dauerhaft war ihre Bindung an den Theologen Friedrich Schleiermacher (der sie 1817 zum Christentum bekehrte). Das Bildnis zeigt die auch für ihre Schönheit bewunderte Frau als 28jährige in schlichtem Kleid mit feinem Schultertuch, den weichen Blick offen dem Betrachter zugewandt. Der Bildhauer Gottfried Schadow, der es nach Henriettes Tod kaufte, meinte, Graff habe »nicht ganz den Zauber ihrer Gesichtszüge zu erreichen« vermocht und namentlich die Augen verfehlt. Schadow hatte sich dem Kreis um die gleichaltrige Henriette angeschlossen und schon 1783 (nach einem mißglückten ersten Ansatz 1781) eine Büste Henriettes modelliert (Nationalgalerie Berlin). CK
Lit.: Berckenhagen 1967, Nr. 699; Killy 1996, S. 69-85

1/54 **Philipp Veit** (1793-1877)
Friedrich Schlegel
Wien, 1810
Bez. u.r.: P. Veit fe
Kreide in Schwarz, weiß gehöht, auf Papier
43,2 x 31,7 cm
Frankfurt a. M., Freies Deutsches Hochstift Frankfurter Goethe-Museum (IIa-mi/9245)

Friedrich Schlegel gilt als Initiator und führender Kopf der frühromantischen Bewegung in Deutschland. Deren theoretisches Selbstverständnis war stark von den poetologisch-philosophischen Reflexionen beeinflußt, die Schlegel um 1800 entwickelt und in der gemeinsam mit seinem Bruder August Wilhelm herausgegebenen Zeitschrift »Athenäum« der literarischen Welt vorgestellt hatte. Schlegels intellektuelle Biographie verwirrte die Zeitgenossen: Provozierte er in jungen Jahren mit radikal republikanischen Ansichten und der Propagierung einer direkt aus dem Volk hervorgehenden Demokratie,

1/55

1/54

Die Französische Revolution, Fichtes Wissenschaftslehre und Goethes Meister sind die größten Tendenzen unseres Zeitalters. Wer an dieser Zusammenstellung Anstoß nimmt, wem keine Revolution wichtig scheinen kann, die nicht laut und materiell ist, der hat sich noch nicht auf den hohen weiten Standpunkt der Geschichte der Menschheit erhoben.

Friedrich Schlegel: Athenäumsfragment [216], 1798

so machte er nach 1810 als ideologischer Gefolgsmann des Fürsten Metternich mit konservativen Staatstheorien auf sich aufmerksam. Sein Übertritt zum Katholizismus 1808 löste in der gebildeten Welt Überraschung aus, im Grunde war jedoch sein Weg zu religiöser Innerlichkeit und schließlich zu Kirche und Papst in seiner Lebensphilosophie vorgezeichnet. Zudem kam das »Katholisieren« (August Wilhelm Schlegel) nach 1800 in romantischen Kreisen in Mode. Die Arbeiten der letzten Jahre standen im Zeichen einer eschatologischen, von spätromantischem Mystizismus durchdrungenen Geschichtsphilosophie. Die Kreidezeichnung von Philipp Veit, dem Sohn von Schlegels Frau Dorothea aus erster Ehe mit dem Berliner Bankier Simon Veit, entstand in Wien, wo Schlegel seit 1808 einen Posten als Hofsekretär bei der Wiener Armeehofkommision innehatte. Für Veits Entwicklung als Maler, aber auch für seine politische und religiöse Einstellung waren die Anschauungen seines Stiefvaters von entscheidender Bedeutung. Wie schon seine Mutter zwei Jahre zuvor, konvertierte er 1810 in Wien vom jüdischen zum katholischen Glauben. UM

Lit.: Behler 1966

1/55 **Anton Graff** (1736-1813)
Dorothea Schlegel
Um 1790
Öl auf Leinwand; 44 x 37 cm
Berlin, Staatliche Museen zu Berlin,
Nationalgalerie (A II 386)

Friedrich Schlegel lernte Dorothea Veit 1797 im Berliner Salon der Henriette Herz kennen. Die keineswegs als schön, doch als klug und geistreich geschilderte Frau, die Anton Graff vermutlich Anfang der 90er Jahre in Berlin portraitierte, löste bei Schlegel eine leidenschaftliche Liebe aus, die Dorothea, obgleich verheiratet, ebenso leidenschaftlich erwiderte. Sie war die älteste Tochter des Philosophen Moses Mendelssohn, der ihr eine liberale, vielseitige und umfassende Bildung vermittelt hatte. Die Verbindung mit dem acht Jahre jüngeren Schlegel empfand man in den bürgerlichen Kreisen Berlins als gesellschaftlichen Fauxpas, der sich zum Skandal zuspitzte, als Schlegel 1799 seinen autobiographischen Roman »Lucinde« publizierte, in dessen Titelheldin die Leser unschwer das Portrait Dorotheas wiedererkannten. »Oft wird mir heiß und wieder kalt ums Herz, daß das Innerste so herausgeredet werden soll«, vertraute sie Friedrich Schleiermacher an, der den Roman in einem leidenschaftlichen Plädoyer verteidigte. Allein sie billigte die Veröffentlichung, wußte sie doch, daß Schlegel mit dem Roman einen zentralen Programmpunkt seiner Lebensphilosophie, nämlich die romantische (für damalige Moralbegriffe sittenwidrige) Auffassung der Liebe dargestellt hatte. 1799 ließ sie sich von ihrem Mann Simon Veit scheiden, 1804 heiratete sie Schlegel und konvertierte zum Christentum. Dorothea trat auch als Autorin und Übersetzerin hervor, freilich im Schatten Schlegels, unter dessen Namen sie publizieren mußte. 1801 erschien ihr Roman »Florentin«, 1807 übertrug sie Madame de Staëls Roman »Corinne« ins Deutsche. Durch Vermittlung des Bruders

August Wilhelm Schlegel (2/16) hatte das Paar Madame de Staël im Oktober 1804 auf deren Schloß Coppet am Genfer See kennengelernt. UM
Lit.: Behler 1966; Berckenhagen 1967, S. 323; Stern 1990

1/56 **Athenäum**
Eine Zeitschrift von August Wilhelm und Friedrich Schlegel. Bd. 1
Berlin: Heinrich Fröhlich 1798-1800
Berlin, Staatsbibliothek zu Berlin –
Preußischer Kulturbesitz, (Bibl. Varnhagen 41)

Als Friedrich und August Wilhelm Schlegel das Projekt der romantischen Zeitschrift »Athenäum« 1798 konzipierten, hatten beide bereits Erfahrungen im Zeitungswesen gesammelt: Friedrich als Autor und Redakteur für das Berliner Journal »Lyceum der schönen Künste«, August Wilhelm als Mitarbeiter der »Jenaischen Allgemeinen Literatur-Zeitung«. Keine der beiden Zeitschriften entsprach dem publizistischen Programm der Brüder, deren Journal alle Gebiete der Kunst und Wissenschaft vom Geist der Romantik aus behandeln und in dieser Vielfalt enzyklopädischen Charakter haben sollte. Zugrunde lag dem Projekt die Idee einer intellektuellen Verbrüderung, die Friedrich Schlegel mit dem Begriff »Symphilosophie« bezeichnete und als Zukunftsperspektive propagierte. »Philosophieren heißt die Allwissenheit gemeinschaftlich suchen«. Er sah »eine ganz neue Epoche der Wissenschaft und der Künste beginnen, wenn die Symphilosophie und Sympoesie so allgemein und innig würde, daß es nichts seltenes mehr wäre, wenn mehrere sich ergänzende Naturen gemeinschaftliche Werke bildeten«. Unverkennbar ist dennoch, daß in den meisten Heften die Federführung bei Friedrich Schlegel lag. Seine »Fragmente« bilden das Kernstück des Athenäum-Projekts, insoweit sie die Theorie der romantischen Poesie entfalten, die die Frühromantiker als Welt-Anschauung, als Philosophie begriffen. »Die romantische Poesie«, so das berühmte Fragment 116, »ist eine progressive Universalpoesie. Ihre Bestimmung ist nicht bloß, alle getrennten Gattungen der Poesie wieder zu vereinigen und die Poesie mit der Philosophie und Rhetorik in Berührung zu setzen. Sie will und soll auch Poesie und Prosa, Genialität und Kritik, Kunstpoesie und Naturphilosophie vermischen, bald verschmelzen.« Das erste Heft der Zeitschrift, für deren Mitarbeit u.a. Schleiermacher und Novalis – seine »Hymnen an die Nacht« erschienen 1800 im zweiten Heft des dritten Bandes – gewonnen werden konnten, kam im Mai 1798 heraus, das letzte im August 1800; insgesamt brachte es die Zeitschrift auf sechs Hefte oder drei Bände von zwei Heften pro Jahrgang. UM
Lit.: Schlegel Bd. 2 (1967) S. 182; Athenäum 1960

1/57 **Europa**
Eine Zeitschrift herausgegeben von Friedrich Schlegel. Bd. 1
(Erstes und Zweites Stück)
Frankfurt a. M.: Friedrich Willmans 1803
Berlin, Staatsbibliothek zu Berlin –
Preußischer Kulturbesitz,
Handschriftenabteilung (Bibl. Varnhagen 25 R)

Nahezu zwei Jahre, vom Juli 1802 bis April 1804, lebte Schlegel in Paris. Der Übersiedlung vorausgegangen waren ein Zerwürfnis mit dem Bruder und der Zusammenbruch der frühromantischen Bewegung – für Schlegel eine Zeit der Krise, die er mit der Herausgabe der neuen Zeitschrift »Europa« zu überwinden hoffte. Das erste Heft erschien im Februar 1803. Schlegel eröffnete es mit seinem Aufsatz »Reise nach Frankreich«, in dem er die geistige Ausrichtung und politische Tendenz des Journals umriß. Schon am Rhein war ihm die »Vision des Abendlandes als einer Lebenseinheit« aufgegangen, die sich in Paris, das ihm als Mittelpunkt Europas und als »Capitale de l'Univers« erschien, vollends vertiefte. Ausgehend von der Idee, daß diese »Lebenseinheit« in einer engen Verbindung Deutschlands und Frankreichs gründen müsse, erträumte er sich ein Europa als pluralistischen Nationenverband, als Geburtstätte der modernen Dichtung, Kunst, Wissenschaft und Philosophie und warb, Nietzsches Vision vom guten Europäer vorwegnehmend, für einen »Kosmopolitismus der europäischen Kultur«. Diesem Anspruch wollte die Zeitschrift auch kunsthistorisch gerecht werden. Mehr als die Hälfte der Beiträge befaßte sich mit der europäischen Malerei und stellte Werke der italienischen Renaissance aus den Sammlungen im Louvre und der altdeutschen Kunst vor, die im klassizistischen Deutschland noch wenig Beachtung gefunden hatten. Sie bewirkte damit nicht nur einen Wandel im Kunstgeschmack der Zeit, sondern trug mit ihren »Gemäldebeschreibungen« zur Entstehung der modernen romantischen Malerei in Deutschland bei. Von der Zeitschrift erschienen in unregelmäßiger Folge vier Hefte, das letzte im Dezember 1804. Dorothea Schlegel gehörte zu den Mitarbeitern, Beiträge verfaßten u.a. auch Achim von Arnim, Friedrich de la Motte Fouqué, Johann Friedrich Reichardt, Helmina von Chézy und August Wilhelm Schlegel. UM
Lit.: Europa 1963; Schlegel Bd. 3 (1975), S. 56-79; Chelin 1981

1/58 **Friedrich Schlegel** (1772-1829)
Observations sur l'ouvrage de Charles de Villiers La philosophie de Kant
Um 1802/03
Eigenhändiges Manuskript mit einer Anmerkung von August Wilhelm Schlegel;
22,5 x 17,2 cm
Frankfurt a.M., Freies Deutsches Hochstift Frankfurter Goethe-Museum
(Hs 13554)

Die Idee einer geistigen Verschmelzung der französischen und der deutschen Nation spielte für Friedrich Schlegel während seiner Pariser Zeit (1802-1804) eine zentrale Rolle. Dieser Zielsetzung galt neben der Herausgabe der Zeitschrift »Europa« zunächst sein Projekt einer »académie centrale des littérateurs allemands à Paris«, gewissermaßen eines deutschen Kulturinstituts, für dessen Gründung er den damaligen Sekretär der Akademie der Wissenschaften, den Naturhistoriker Georges Baron de Cuvier, zu gewinnen suchte. Der Plan zerschlug sich. Immerhin gelang es Schlegel, im »Athenée des arts« in der rue de la Loi, heute rue de Richelieu, ein interessiertes französisches Publikum über die Entwicklungen der neueren deutschen Literatur und Philosophie in regelmäßig an Sonntagen gehaltenen Vorträgen zu unterrichten, ein philosophischer Zirkel, der vier Jahre später, 1806, in Schlegels Privatvorlesungen vor Madame de Staël über »Philosophie transcendentale« auf Schloß »Acosta« in der Normandie eine Art Fortsetzung und Nachklang fand. In diesen Zusammenhang gehört das 41 Seiten umfassende, in französischer Sprache verfaßte Manuskript über Villiers »La philosophie de Kant«. Es handelt sich um einen Aufsatzentwurf als Vorstufe zu einem umfassenden Werk über die deutsche Philosophie seit Kant, das allerdings nicht realisiert werden konnte. Allein die Absicht macht Schlegels kulturpolitisches Programm der Pariser Jahre deutlich. Mit seinen Bemühungen steht er am Beginn einer Reihe von Persönlichkeiten des 19. Jahrhunderts, die wertvolle Anregungen zum kulturellen Dialog zwischen Deutschland und Frankreich gaben, eine Reihe, die sich über den französischen Kantkenner Charles de Villiers, Madame de Staël, Victor Cousin, Edgar Quinet, Heinrich Heine und Ludwig Börne bis zu Friedrich Nietzsche erstreckt. August Wilhelm Schlegel, in dessen Besitz das Manuskript nach dem Tod seines Bruders gelangte, wies bereits auf die Verwandtschaft mit den Bemühungen Victor Cousins hin. Im Kommentar auf den Manuskriptblättern seines Bruders heißt es: »[...] vermutlich im Jahre 1802 oder 1803 geschrieben. [...] Der Aufsatz war für eine Pariser Zeitschrift bestimmt, wie darin erwähnt wird. Frau von Schlegel wird ohne Zweifel wissen, ob er wirklich vollständig ausgearbeitet und gedruckt worden ist. In dem ersteren Falle könnte es der Mühe wert sein, diesen konziliatorischen Versuch einer Mitteilung über deutsche Philosophie mit dem späteren Cousin zu vergleichen. In der vorliegenden mangelhaften Gestalt ist er für den Druck nicht geeignet.« Die von Ernst Behler herausgegebene »Kritische Friedrich Schlegel-Ausgabe« macht den Text heute zugänglich. UM

Lit.: Schlegel Bd. 18 (1963), S. 538

1/59 **Friedrich Schlegel** (1772-1829)
Deutsches Museum / herausgegeben von Friedr. Schlegel / 9tes Heft. / No 4 Briefe über die Deutsche / Litteratur. Vom Herausgeber. / An den AppelationsRath Körner / in Dreßden / Friedrich Schlegel / k.k. Hofsecretär / Wien, den 9. September 1812
1812
Eigenhändiges Manuskript;
24 x 19,7 cm
Frankfurt a. M., Freies Deutsches Hochstift Frankfurter Goethe-Museum (3857)

Nach seinem Aufenthalt in Paris hatte sich Schlegel intensiv mit der Geschichte Österreichs befaßt und aus diesen historischen Studien neue Ideale gewonnen, die sich um die Begriffe Kaisertum, Reich und Papsttum gruppierten. Diese konservative Orientierung war zugleich eine Reaktion auf den politischen und militärischen Aufstieg Napoleons, gegen den er schon in Frankreich, möglicherweise unter dem Einfluß der Napoleongegnerin Madame de Staël, heftige Abneigung gefaßt hatte. Der imperialen Machtentfaltung des »Emporkömmlings« setzte er das »wahre Kaisertum« entgegen, das er in der alten und geschichtsgesättigten Monarchie der Habsburger verkörpert sah. Nicht mehr Paris, sondern Wien, wo er seit 1808 lebte, galt ihm nunmehr als Mittelpunkt Europas. Doch der europäische Kosmopolitismus, der noch »Europa« beflügelt hatte, war verflogen. Schlegel dachte und empfand jetzt vaterländisch und zog 1809 als Hofsekretär bei der Wiener Armeehofkommission in den Krieg gegen die napoleonischen Truppen. So propagierte denn auch die Zeitschrift »Deutsches Museum«, die Schlegel von 1812 bis 1813 in Wien als eine Art Fortsetzung des von Friedrich Perthes edierten Journals »Vaterländisches Museum« (3/39) herausgab, ein Literatur- und Kunstverständnis »in durchaus deutschem Geiste«. Diese patriotische Tendenz äußerte sich vor allem durch Forschungsbeiträge zum »Nibelungenlied«, zur »Edda« wie zur »nordischen Dichtkunst« überhaupt. Insofern stellte die Zeitschrift einen wichtigen Beitrag zur Etablierung der Literaturgeschichte und Germanistik dar. Aber auch dank bedeutender Mitarbeiter wie Adam Müller, Matthias Claudius, die Brüder Grimm, Jean Paul, der Maler Friedrich Müller, Wilhelm von Humboldt, Madame de Staël, Theodor Körner, Joseph Görres und August Wilhelm Schlegel ist sie ein herausragendes Dokument der deutschen Romantik. Anlaß für die von Schlegel auf dem Titelblattentwurf notierte Überschrift »Briefe über die deutsche Litteratur. Vom Herausgeber. An den AppelationsRath Körner in Dreßden« war die Veröffentlichung eines Aufsatzes des Wiener Schriftstellers und Diplomaten August E. Freiherr von Steigentesch im dritten Heft, in dem dieser die Überlegenheit der französischen Literatur vor der deut-

[...] wenn ich itzt ein Franzose wäre! Dann wollt ich nicht hier sitzen, dann – doch leider bin ich in einer Monarchie geboren, die gegen die Freiheit kämpfte, unter Menschen, die noch Barbaren genug sind, die Franzosen zu verachten.

Ludwig Tieck an Heinrich Wilhelm Wackenroder, 1792

schen behauptete und die »zurückstoßende Härte« der deutschen Sprache beklagte, ein Standpunkt, der seit Lessing als überholt galt und bei »Museum«-Lesern wie Brentano, Arnim, Wilhelm Grimm und Goethe Befremden bis höhnische Kritik hervorrief, die auch den Herausgeber nicht schonte. So schrieb der Dresdner Appellationsrat Christian Gottfried Körner seinem Sohn Theodor: »[...] wenn Schl.[egel] nicht etwas dagegen schreibt, um sein Journal wieder ehrlich zu machen, so kann kein honetter Mensch mehr etwas einrücken lassen«. Von Körners Empörung unterrichtet, ließ Schlegel diesen durch seinen Sohn bitten, einen öffentlichen Brief in der Zeitschrift zu publizieren, der dann auch, begleitet von einer »Antwort des Herausgebers«, im neunten Heft erschien. UM
Lit.: Schlegel Bd. 3 (1975), S. LXXII-LXXIV und 259f.; Deutsches Museum 1975

1/61

1/60　**Ludwig Tieck** (1773-1853)
Franz Sternbalds Wanderungen.
Eine altdeutsche Geschichte
Berlin: Unger 1798
Berlin, Universitätsbibliothek der
Freien Universität Berlin (38/73/120230)

In Tiecks 1798 in zwei Bänden erstmals veröffentlichtem Künstler- und Bildungsroman in der Nachfolge von Goethes »Wilhelm Meister« bildet die um die Jahrhundertwende entwickelte romantische Auffassung vom Künstlertum das intellektuelle Zentrum, vom dem aus der Dichter die Romanhandlung – der junge, schwärmerische Maler Franz Sternbald verläßt seinen Lehrer Albrecht Dürer, um nach den Niederlanden zu Lucas van Leyden und nach Italien zu Tizian, Corregio und Michelangelo zu wandern – in einer lockeren Folge einzelner Episoden entfaltet, unterbrochen von Gedichten, Kunstbetrachtungen, eingerückten Erzählungen, Beschreibungen von Landschaften und musikalischen Eindrücken als Ausdruck der Unendlichkeitssehnsucht des umherschweifenden Wanderers. Mit dieser Erzählweise versuchte Tieck – wie später auch Clemens Brentano mit seinem 1801 erschienen Erzählwerk »Godwi«, das er im Untertitel für einen »verwilderten Roman« ausgab – das romantische Ideal des Romans umzusetzten. Friedrich Schlegel hatte im »Athenäum« dieses Ideal auf den Begriff des »universalen Mischgedichts« gebracht, in dem alle möglichen Gattungen, lyrische, dramatische und epische Bestandteile ebenso wie philosophische Reflexionen und musikalische Stilarten, eine bis dahin noch unbekannte Einheit finden sollten. Aber auch das Leben selbst, zumal das des Künstlers, dachten sich die Frühromantiker als poetisch-romanhafte Existenz, eine Utopie, die freilich schon in Tiecks Erzählung durch Sternbalds Selbstzweifel angesichts seiner Zerrissenheit in Frage gestellt wird: »Mein Geist ist zu unstet, zu wankelmütig, zu schnell von jeder Neuheit ergriffen. Ich wollte gerne alles leisten, darüber werde ich am Ende gar nichts tun können.« Die Urteile der Zeitgenossen über den Roman, der die romantische Kunsttheorie und Malerei beeinflußt hat, waren unterschiedlich. Goethe lehnte das »Sternbaldisieren« ab, E.T.A. Hoffmann lobte den Roman als »wahres Künstlerbuch«. UM

1/61　**Christian Friedrich Tieck** (1776-1851)
Relieftondo mit Bildnis
Wilhelm Heinrich Wackenroders
(Rückseite: Kalliope, die Muse der epischen
Dichtung)
Um 1800
Bez. als Umschrift zwischen Relief und
Blumenkranz: W:H: WACKENRODER.
DEN. MDCCLXXXXVIII. AET. S. XXV
Marmor; H: 57,5 cm; Dm: 41,5 cm
Potsdam, Stiftung Preußische Schlösser und
Gärten Berlin-Brandenburg (GK III 845)

Christian Friedrich Tieck, der bei Bettkober und Schadow in Berlin Bildhauerei studierte, kam durch seine Geschwister Ludwig und Sophie Tieck in engen Kontakt mit dem Berliner Kreis der Frühromantiker, durch den er den jungen Wackenroder kennenlernte. Seit der gemeinsamen Schulzeit im Friedrich-Werderschen Gymnasium in Berlin war Wackenroder mit Ludwig Tieck in einer schwärmerischen, romantisch überhöhten Freundschaft verbunden, die tiefer Zuneigung, aber auch dem zeitgenössischen Ideal der Freundesliebe entsprach, die ihren Ausdruck in einem produktiven Schaffensbündnis und der Hervorbringung gemeinsamer Werke finden sollte. Tatsächlich war Wackenroder an der Konzeption von Tiecks Roman »Franz Sternbalds Wanderungen« maßgeblich beteiligt, der zudem ihrer Freundschaft ein literarisches Denkmal setzte, insoweit Tieck Erinnerungen an gemeinsame Kunstwanderungen nach Nürnberg und Bamberg aufgenommen und verarbeitet hat. Wackenroder selbst trat mit Aufsätzen über Musik und

bildende Kunst (Albrecht Dürer) hervor, die das Lebensgefühl und die Kunstauffassung der Romantiker, namentlich der Nazarener, stark beeinflußten. Seine Schrift »Herzensergießungen eines kunstliebenden Klosterbruders« erschien 1797 bei Unger in Berlin mit einer Vorrede von Tieck. Ein zweiter Teil war geplant, aber nur weniges vollendet. Nach Wackenroders frühem Tod 1798 gab Tieck die Fragmente zusammen mit eigenen Aufsätzen als »Phantasien über die Kunst, für Freunde der Kunst« unter seinem Namen heraus. UM
Lit.: Kat. Berlin 1987(a), Nr. E 26, S. 201

1/62 **Carl Christian Vogel von Vogelstein**
(1788-1868)
David d'Angers modelliert die Büste Ludwig Tiecks
1836
Bez. a.d. Podest: C. Vogel pinx.
Öl auf Leinwand, auf Holz aufgezogen;
57 x 66 cm
Frankfurt a. M., Freies Deutsches Hochstift
Frankfurter Goethe-Museum (IV-1967-16)
Abb. S. 130

Im November 1834 hielt sich David d'Angers für einige Zeit in Dresden auf, wo er durch den Maler Vogel in den Salon Ludwig Tiecks, der seit 1819 in Dresden lebte, eingeführt wurde. In seinen »Carnets« (1834) schrieb David d'Angers über ihn: »Sa figure est belle d'expression et sa voix d'une puissance étonnante, il peut lire pendant 4 heures sans qu'il soit le moins du monde fatigué« (Sein Gesicht hat einen schönen Ausdruck und seine Stimme ist von erstaunlicher Kraft, er kann vier Stunden lang lesen, ohne daß einer seiner Hörer ermüdet). Die Modellsitzungen fanden im Atelier des Landschaftsmalers Vogel statt, und Vogel war es auch, der die Atelierszene festhielt und bei dieser Gelegenheit noch andere Persönlichkeiten des Dresdner Kreises portraitierte. Im Zentrum der Komposition steht der Bildhauer und arbeitet an Tiecks Büste. Das Modell sitzt ihm gegenüber und wird gleichzeitig von dem links vor seiner Staffelei stehenden Vogel portraitiert. Dank eines Zettels auf dem Keilrahmen können die weiteren Personen identifiziert werden. Links sitzt der Philologe und Altertumsforscher Karl August Böttiger und hinter dem Maler der Shakespeareübersetzer Wolf Graf Baudissin. Rechts sind hinter der Büste Carl August Förster, Lehrer an der Dresdner Kadettenanstalt und Übersetzer Petrarcas und Tassos, der Altertumsgelehrte und Maler Otto Magnus Freiherr von Stackelberg, der Kupferstecher Moritz Steinla und der Romanschriftsteller und Kunstkenner Alexander Freiherr von Ungern-Sternberg zu sehen. Auch der kleine Sohn des Malers Johannes und Tiecks Tochter Dorothea nehmen an der Sitzung teil. Im Atelier befinden sich eine große Grisaille-Kopie der Sixtinischen Madonna von Raffael sowie die Kopie eines seiner Selbstbildnisses, ein deutlicher Hinweis auf das Künstlerideal des Malers. Dieser fertigte insgesamt drei Fassungen des Gemäldes an; die zweite befindet

1/63

sich im Museum der bildenden Künste in Leipzig, die dritte in russischem Privatbesitz. Das Museum von Angers besitzt eine Sepiavorzeichnung. AC
Lit.: Michaelis 1982, Nr. 306, S. 189-191 und 88; Kat. Paris 1976, Nr. 248, S. 218f.

1/63 **Friedrich Meier**
Jean Paul
1810
Öl auf Leinwand; 59,5 x 50,7 cm
Berlin, Staatliche Museen zu Berlin,
Nationalgalerie (A II 865)

Als Künstler fast verschollen, bleibt Friedrich Meier dennoch ein charakteristischer Vertreter der deutschen Romantik: mit ausgedehnten geistigen Freundschaften und mit jener patriotischen Begeisterung, die ihn zu den Lützower Jägern und zur Landwehr führte; als deren Offizier fiel er bei Ligny. Von früh an mit den drei Malerbrüdern Olivier befreundet, hatte er sich in Dresden dem Kreis um Adam Müller und Heinrich von Kleist angeschlossen, August und Rahel Varnhagen kennengelernt, in Wien Julius Schnorr von Carolsfeld zum Freund gewonnen. Am Ursprung seines Bildnisses Jean Pauls steht eine Verknüpfung von Freundschafts- und Geniekult. Zum Geburtstag des verehrten Dichters am 21. März 1809 wollte Meier und sein in Göttingen studierender Freund Wilhelm von Gerlach ein Kapitel aus dem »Hesperus« lesen und abends einander darüber schreiben. Dies legitimierte zugleich den Antrag auf Portraitsitzungen, die jedoch erst ein Jahr darauf in Bayreuth stattfanden und auf beiden Seiten einen anhaltend tiefen menschlichen Eindruck hinterließen. »Seit lan-

Der Franzose liebt seine Volksbrüder feurig, wo er sie finde, und noch dabei und vielleicht eben darum – seinen Beherrscher; er verficht heldenmütig seinen Waffenbruder und seinen Fürsten. – In Deutschland aber läuft der Efeu der Vaterlandsliebe mehr am Throne empor als auf dem Boden umher; nämlich wir haben immer einen großen Fürsten – groß entweder geographisch, oder heroisch, oder sittlich – vonnöten, um erst an ihm das Vaterland zu lieben.

Jean Paul:
Dämmerungen für Deutschland.
Letzter Gallizismus und Germanismus, 1809

gem wurd' ich im Spätjahr des Lebens [...] nicht so schnell und anhaltend für zwei Menschen erwärmt als für Sie und Ihren Freund«, schrieb Jean Paul (an Meier, 19. Mai 1810). Meiers Portrait nannte der Dichter allegorisch scherzend »[...] einen breiten Sarg in Quadrat [...], worin ich lag, aber verklärt durch sie« (an Meier, 17. Juli 1811), aber auch im Ernst »das einzige treffende, indessen alle Kupferstiche Verläumdungen und Verwandlungen meines Gesichts sind« (an Justizrätin Meier, 30. Mai 1817). Friedrich de la Motte-Fouqué schrieb ein Sonett darauf. Tatsächlich überliefert es mit einer wohl vorsätzlich an altdeutsche Bildnisse erinnernden schlichten Bestimmtheit und geistigen Spannung den Charakterkopf des Dichters. Nicht ignoriert werden die glasigen Augen des Trinkers, jener unstete »rollende« Blick, den Zeitgenossen an ihm beobachteten, das wirre Haar, die nachlässige Kleidung; sie untermauern jedoch den Ausdruck zurückgehaltener Leidenschaft und visionären Ernstes. Für Jean Paul Richter (der seit 1793 aus Bewunderung für Jean-Jacques Rousseau unter dem Pseudonym Jean Paul veröffentlichte) waren seit der Niederlassung in Bayreuth 1804 die Wanderjahre abgeschlossen. Der Großteil seines Romanwerks war vollbracht, und er genoß den Ruhm eines der meistgelesenen Schriftsteller Deutschlands. Die Begeisterung für die republikanischen Ideen, die noch im Roman »Hesperus« (1795) erkennbar ist, hatte er längst hinter sich gelassen. Im »Taschenbuch für 1801«, das er gemeinsam mit Friedrich Gentz und Johann Heinrich Voß herausgab, war seine Apologie der Charlotte Corday und ihres »heiligen Todes« erschienen. Ungern erinnerte er sich im Zusammenhang damit an »das ekelhafte Nachschlagen in den durch Blutflecke unleserlichen Tag- und Nachtbüchern der Revoluzion« (an F. H. Jacobi, 20. August 1799). Nicht lange nach der Entstehung des Meierschen Portraits arbeitete er an Friedrich Schlegels antinapoleonische gesinnten Zeitschrift »Deutsches Museum« mit (1/59). CK

Lit.: Berend 1992

1/64

1/64 **Ludwig Emil Grimm** (1790-1863)
Bettina von Arnim, geb. Brentano
1809
Bez u.: im July 1809. gez. in München ad viv
Bleistiftzeichnung; 15 x 14 cm
Düsseldorf, Goethe-Museum,
Anton-und-Katharina-Kippenberg Stiftung

Ludwig Emil Grimm, der jüngere Bruder von Jacob und Wilhelm Grimm, lernte Clemens Brentanos Schwester Bettina 1809 in München kennen, wo er sich an der Akademie zum Kupferstecher ausbilden ließ. Grimm war sogleich fasziniert von der temperamentvollen und klugen Frau, die ihn zu einer Reihe von Bildnissen inspirierte. Bettina hielt sich damals vorübergehend in München und Landshut bei ihrer Schwester Gunda und deren Mann Friedrich Karl von Savigny auf, mit denen sie ein Jahr später nach Berlin übersiedelte. In Berlin lernte sie Achim von Arnim kennen, der sie im März 1811 heiratete. Die Zeitgenossen rühmten ihr überschäumendes Temperament, den Witz, auch die spontane Lebensart, womit sie sich gern über bürgerliche Konventionen hinwegsetzte. Sie erwarb sich damit die Freundschaft von Menschen unterschiedlichster Art, in ihrer Jugend die der Dichterin Karoline von Günderode, Ludwig Tiecks, der Frau Rath von Goethe, dann Goethes selbst, den sie 1807 in Weimar besuchte und für den sie seitdem kultische Verehrung hegte. In späteren Jahren schloß sie Freundschaft mit den Brüdern Grimm, Schleiermacher und Rahel Varnhagen. Auch ihr Kunstverstand wurde gerühmt. Als eine der ersten setzte sie sich für Hölderlin ein und warb für Beethoven, gerade auch, obwohl vergeblich, bei Goethe. Überhaupt fühlte sie sich stark zur Musik hingezogen, in der sie als Liedkomponistin dilletierte. Berühmt wurde sie später mit den Veröffentlichungen ihrer reichhaltigen Korrespondenz, die sie stark bearbeitete und mit fiktiven Elementen versetzte. Auch darin begriff sie sich, Dichtung und Wahrheit mischend, als eine von Konventionen befreite Romantikerin. UM

1/65 **Peter Eduard Ströhling** (1768-1826?)
Ludwig Achim von Arnim
London, 1804
Öl auf Leinwand; 60,7 x 50,9 cm
Frankfurt a. M., Freies Deutsches Hochstift
Frankfurter Goethe-Museum (IV-1951-3)

Der aus märkischem Adelsgeschlecht stammende Ludwig Achim von Arnim machte nach dem Studium der Mathematik und Physik mit der Schrift »Versuch einer Theorie der elektrischen Erscheinungen« (1799) auf sich aufmerksam, betätigte sich bis 1806 als Mitarbeiter der »Annalen der Physik« und widmete sich gleichzeitig der

1/65

1/66

schönen Literatur. Zwischen 1801 und 1804 unternahm er ausgedehnte Bildungsreisen, die ihn nach Paris, wo er u.a. an Schlegels »Europa« (1/57) mitarbeitete, sowie nach England, Wales und Schottland führten. In London entstand 1804 Ströhlings Portrait, das als Patengeschenk für Clemens Brentanos erstgeborenen Sohn bestimmt war. Mit Brentano verband ihn seit 1801 eine enge Beziehung. Während ihrer gemeinsamen Rheinreise 1802 hatten die Freunde damit begonnen, vom Vergessen bedrohte altdeutsche Lieder zu sammeln, die sie vier Jahre später unter dem Titel »Des Knaben Wunderhorn« veröffentlichten. Auch die von Arnim 1808 in Heidelberg herausgegebene »Zeitung für Einsiedler« und seine Nachdichtungen älterer Novellen und Dramen in den Sammlungen »Der Wintergarten« (1809) und »Schaubühne« (1813) entsprachen dem romantischen Programm, die »verlorenen Töne der Poesie« wieder vernehmbar zu machen und damit »die hohe Würde alles Gemeinsamen und Volksmäßigen darzustellen«. Arnim, dem ebenso praktischer Realitätssinn im Alltagsleben – etwa bei der Bewirtschaftung seines Guts im märkischen Wiepersdorf – nachgesagt wird wie eine zum Übersinnlichen neigende, überreiche Phantasie, schrieb zahlreiche Novellen, Erzählungen und Dramen, in denen nüchtern schildernde Realistik dieselbe Berechtigung hat wie das Bizarre und Romantisch-Phantastische. UM

Lit.: Michaelis, S. 157f.

1/66 **Ludwig Achim von Arnim** (1781-1831) und
Clemens Brentano (1778-1842)
Des Knaben Wunderhorn. Alte deutsche Lieder. Band 3
Heidelberg: Mohr und Zimmer 1808
Berlin, Staatsbibliothek zu Berlin –
Preußischer Kulturbesitz,
Handschriftenabteilung (Yd 4416 R, Band III)

Der erste Band der von Arnim und Brentano zusammengestellten Sammlung erschien 1806 (recte 1805) bei Mohr und Zimmer in Heidelberg; 1808 folgten im selben Verlag die Bände 2 und 3 mit einem von Brentano allein bearbeiteten Anhang von »Kinderliedern« nebst einem »Dank an Goethe«, der den ersten Band in der »Jenaischen Allgemeinen Literatur-Zeitung« vom 21. Januar 1806 besprochen hatte. Goethes Lob hatte die Freunde ermuntert, ihre Arbeit als Sammler und Herausgeber fortzusetzen. Nachdem schon im Anhang des ersten Bandes die Leser zur Mithilfe beim Sammeln aufgefordert worden waren, warb Arnim in einem Aufruf in »Beckers Reichsanzeiger« vom Dezember 1805 erneut um Mitarbeit, diesmal mit deutlich patriotischen Motiven: In einer Zeit, da »der Rhein einen schönen Theil unsres alten Landes los löst vom alten Stamme«, könne durch die Besinnung auf das gemeinsame Erbe die kulturelle Einheit der Deutschen bewußt gemacht und damit die Opposition gegen Napoleon gestärkt werden. Der Aufruf bewirkte eine Flut von Einsendun-

Außerdem bemerkte man, daß ich immer ein ziemlich starkes Buch mit mir herumtrug, mit welchem ich an einsamen Orten neben der Mineralwasserflasche ausruhte. Dies war J. Grimms »Deutsche Mythologie«. Wer dieses Werk kennt, kann begreifen wie sein ungemein reicher, von jeder Seite her angehäufter, und fast nur für den Forscher berechneter Inhalt auf mich, der ich überall nach bestimmten, deutlich sich ausdrückenden Gestalten verlangte, zunächst aufregend wirkte. Aus den dürftigsten Bruchstücken einer untergegangenen Welt, von welcher fast gar keine plastisch erkennbaren Denkmale übrigblieben, fand ich hier einen wirren Bau ausgeführt, der auf den ersten Anblick durchaus nur einem rauhen, von ärmlichem Gestrüpp durchflochtenen Geklüfte glich. Nach keiner Seite hin etwas Fertiges, nur irgendwie einer architektonischen Linie Gleichendes antreffend, fühlte ich mich oft versucht, die trostlose Mühe, hieraus mir etwas aufzubauen, aufzugeben. Und doch war ich durch wunderbaren Zauber festgebannt: die dürftigste Überlieferung sprach urheimatlich zu mir, und bald war mein ganzes Empfindungswesen von Vorstellungen eingenommen, welche sich immer deutlicher in mir zur Ahnung des Wiedergewinnes eines längst verlorenen, und stets wieder gesuchten Bewußtseins, gestalteten.

Richard Wagner:
Mein Leben.
Zweiter Teil: 1842-1850

gen altdeutscher Lieder, von denen nur ein Bruchteil in den folgenden Bänden abgedruckt werden konnte. Zu den Sammlern gehörten u.a. Brentanos Schwester Bettina und die Brüder Grimm. Letztere zählten aber auch zu den Kritikern des Projekts. Arnim und Brentano begriffen die Sammlung als romantisches Kunstwerk, redigierten teilweise die aufgenommenen Texte und mischten eigene Dichtungen in die Sammlung hinein, was ihnen seitens der Philologen Grimm den Vorwurf der Verfälschung einbrachte. Goethe und die romantischen Zeitgenossen lobten die Vorgehensweise der Dichter, so Joseph Görres, der ihre Arbeit mit dem Weiterbau des Kölner Doms verglich. UM
Lit.: Rieser 1908

1/67 **Adelbert von Chamisso** (1781-1838)
Bewerbungsschreiben an M. le Comte Louis de Fontanes, Großmeister der Kaiserlichen Universität
(»Maison de Mr de Chamisso«),
27. März 1809
Zeitgenössisches Manuskript; 34,8 x 22 cm
Frankfurt a. M., Freies Deutsches Hochstift
Frankfurter Goethe-Museum (16637)

Chamisso, geboren auf Schloß Boncourt in der Champagne, auf das er eines seiner berühmtesten Gedichte schrieb, war während der französischen Revolution mit Eltern und Geschwistern nach Deutschland geflohen und hatte in Düsseldorf Miniaturmalerei gelernt. 1796 ging er nach Berlin, kehrte 1802 zu seinen Eltern nach Frankreich zurück, das er schon 1803 wieder verließ. Von vielen Forschungsreisen und anderen auswärtigen Aufenthalten abgesehen, blieb Berlin sein Hauptwohnsitz. 1814 erschien als erste selbständige Buchveröffentlichung sein berühmtestes Prosawerk »Peter Schlemihl's wundersame Geschichte, mitgeteilt von A.v.C. und herausgegeben von F. de la Motte Fouqué«, also anonym. Das Bewerbungsschreiben hatte keinen unmittelbaren Erfolg, erst im Jahr darauf wurde Chamisso nach Napoléonville berufen, aber bevor er dorthin ging, wurde die Stelle gestrichen. Der Adressat war ebenfalls emigriert und später zurückgekehrt und Großmeister der Universität während des Empire und der Restauration; zum Marquis wurde er erst 1817 erhoben. Der Bewerbungsbrief lautet: »L(ouis) Adelbert Chamisso a l honneur de supplier son Excellence Le Grand Maitre de L'Université Imperiale, de vouloir bien lui accorder une place de Professeur de Littérature dans l'Instruction publique, Il est agé de 27 ans, a consacré sa jeunesse a l'etude et en a passé une partie en Allemagne et suivi ses Universités, il a fait une Etude particulière du Grec et des langues mortes, et s'est apliqué à connoitre les beautés de la langue Allemande dans laqu'elle il a composé plusieurs ouvrages de l'ittérature, Il a aussi Etudié avec zèle les mathématiques« (L[ouis] Adelbert Chamisso hat die Ehre Seiner Excellenz dem Großmeister der Kaiserlichen Universität zu unterbreiten, ihm einen Posten als Professor für Literatur im öffentlichen Unter-

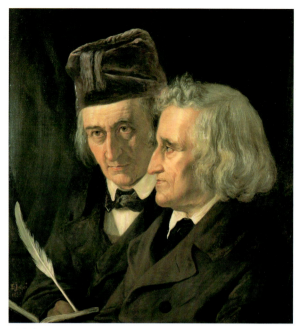
1/68

richt zu gewähren. Er ist 27 Jahre alt, hat seine Jugend dem Studium gewidmet und davon einen Teil in Deutschland und anderen Universitäten verbracht, er hat sich besonders mit dem Griechischen und den toten Sprachen befaßt und sich befleißigt, die Schönheiten der deutschen Sprache kennenzulernen, indem er mehrerer literarische Werke verfaßt hat. Er hat auch mit Eifer Mathematik studiert). JB

1/68 **Elisabeth Jerichau-Baumann** (1819-1881)
Jacob und Wilhelm Grimm
1855
Bez. u.l.: EJerichau 1855
Öl auf Leinwand; 63 x 54 cm
Berlin, Staatliche Museen zu Berlin,
Nationalgalerie (NG 757)

Die »Kinder- und Hausmärchen« in ihrer zweiten, sogenannten »Kleinen Ausgabe«, erschienen 1825 in Berlin, machten die Brüder Jacob und Wilhelm Grimm weltberühmt. Die Auflagenzahlen sind heute dreistellig; dank ihrer enormen Popularität gehören die Märchen zu den erfolgreichsten, meistbekannten und meistübersetzten Werken der Weltliteratur. Mit der Sammlung teils mündlich, teils schriftlich tradierter Volksmärchen hatten die Grimms bereits um 1806 begonnen, angeregt durch ihre Mitarbeit an Arnims und Brentanos Liedersammlung »Des Knaben Wunderhorn«, durch die sie Einblicke in die Praxis des Aufspürens literarischer Quellen gewonnen hatten; die erste Ausgabe der »Kinder- und Hausmärchen« erschien in zwei Bänden von 1812 bis 1815 in Berlin. Die Herausgabe der Märchen war indessen nur ein Teilaspekt der universalen Gelehrtentätigkeit der bis zu Wilhelms Tod 1859 in einer

Arbeitsgemeinschaft lebenden Brüder, die als Begründer mehrerer Disziplinen, vor allem der Volkskunde, Germanistik und deutschen Philologie, in die Wissenschaftsgeschichte eingegangen sind. Von 1816 bis 1818 gaben sie das Sammelwerk »Deutsche Sagen« heraus, wobei sie der historisch-kritischen Methode ihrer Wissenschaft folgend die Quellen in historischer Texttreue wiedergaben – mit der Konsequenz eines weit geringeren öffentlichen Erfolgs als bei den Märchen, die sie zur sprachlichen Vereinheitlichung redaktionell bearbeitet hatten. 1841 wurden die Brüder, die bis dahin in Göttingen und Kassel lebten, von Friedrich Wilhelm IV. als Mitglieder der Akademie der Wissenschaften nach Berlin berufen, wo sie, nunmehr international anerkannt, für den Rest ihres Lebens forschten und lehrten. In diese letzte Lebensperiode, in welcher das durch vielfache Reproduktion berühmt gewordene Doppelportrait der Malerin Elisabeth Jerichau-Baumann entstand, fiel auch die sprachhistorisch-lexikographische Arbeit der Brüder am »Deutschen Wörterbuch«, an dem sie über 80 Mitarbeiter beteiligten. Das 1852 begonnene und 33 Bände umfassende Werk, das erst 1971 mit dem Erscheinen des Quellenverzeichnisses abgeschlossen wurde, gilt nach wie vor als ein Standardwerk der deutschen Philologie. UM

Lit.: Kat. Kassel 1985

1/69 **Jacob Grimm** (1785-1863) und
Wilhelm Grimm (1786-1859)
Traditions Allemandes Recueillies et Publiées par les Frères Grimm, Traduites par M. Theil
Paris: Alphonse Levavasseur et Cie 1838
Kassel, Brüder Grimm-Museum,
(1961 A 88 [1.2.])

Mit ihren »altdeutschen« Studien und volkskundlichen Sammlungen wollten die Brüder Grimm die »schlafende Schrift« der teils vergessenen und teils verschollenen bzw. nur noch bruchstückhaft überlieferten deutschen und germanischen »National-Kultur« wiedererwecken und in einer Zeit, in der Napoleon fast ganz Europa beherrschte, auch für die Gegenwart fruchtbar machen. Dabei erkannten sie rasch, daß zahlreiche Phänomene der deutschen Kultur nur in gegenseitigem Bezug und in der komplizierten und wechselvollen Geschichte der europäischen Völker verständlich sind. Während die von ihnen gesammelten »Kinder- und Hausmärchen« die gesamte europäische Märchenüberlieferung im Blick haben und daher auf das Epitheton »deutsch« verzichten, beziehen sich ihre »Deutschen Sagen« (zuerst: Berlin 1816-1818) ausdrücklich auf die Lokal- und Geschichtssagen des deutschen Sprachgebiets im weitesten Sinne. Im Vorwort zu den »Deutschen Sagen« findet sich auch die erste wissenschaftliche Definition von »Märchen« und »Sage«, wenn es heißt: »Das Märchen ist poetischer, die Sage historischer, jenes stehet beinahe nur in sich selber fest, in seiner angeborenen Blüthe und Vollendung; die Sage, von einer geringern Mannichfaltigkeit der Farbe, hat noch das Besondere, daß sie an etwas Bekanntem und Bewußtem hafte, an einem Ort oder einem durch Geschichte gesicherten Namen. Aus dieser ihrer Gebundenheit folgt, daß sie nicht, gleich den Märchen, überall zu Hause seyn könne, sondern irgend eine Bedingung voraussetze, ohne welche sie bald gar nicht da, bald nur unvollkommen vorhanden seyn würde« (Bd. 1, S. Vf.). Für die Rezeption der »Kinder- und Hausmärchen« und der »Deutschen Sagen« in Frankreich ist die Tatsache bemerkenswert, daß schon 1838 die Grimmschen Sagensammlungen in einer vollständigen Übersetzung erschienen, während sich die Grimmschen Märchen – auch vor dem Hintergrund der reichhaltigen französischen »Feenmärchen«-Tradition des späten 17. und 18. Jahrhunderts, die als Quelle für die Brüder Grimm und deren Märchenbeiträger eine herausragende Rolle spielte – nur allmählich und vollständig erst erheblich später durchsetzen konnten. Teilausgaben der Grimmschen Märchen erschienen – über England vermittelt – 1830 und 1836 in Paris; die erste vollständige französische Ausgabe datiert jedoch erst aus dem Jahr 1967. Die zweibändige französische Erstausgabe der »Deutschen Sagen« enthält alle 585 Texte in der genauen Reihenfolge der deutschen Ausgabe, nicht aber die beiden Vorreden der Brüder Grimm, die jedoch in der Einführung von L'Héritier de l'Ain zur französischen Ausgabe ausführlichst paraphrasiert werden. Betont wird auch die gemeinsame Geschichte Deutschlands und Frankreichs und das gemeinsame Erbe in der volkstümlichen und literarischen Überlieferung, etwa in den Sagen über die Völkerwanderungszeit, die Franken, Karl den Großen usw. (Bd. 1, S. XXXIIff.). Auch Frankreich besitze eine große Sagentradition, und die vorbildhafte Sammlung der Brüder Grimm müsse dazu anregen, ein vergleichbares Werk für Frankreich vorzulegen. Der liberale Journalist und Schriftsteller Louis François L'Héritier ist vor allem als Verfasser historischer Abhandlungen und Romane bekannt. Jean François Napoléon Theil machte sich insbesondere als Übersetzer und klassischer Philologe einen Namen. BL

1/70 **Jacob Grimm** (1785-1863)
Dankesbrief an Minister François Guizot für die Verleihung des Kreuzes der Ehrenlegion
Berlin, 27. Juni 1841
Eigenhändiges Manuskript; 27,5 x 21,5 cm
Paris, Archives nationales (42 AP 220, pièce 28)

»Der französische Orden ist mir mehr werth, als es ein bairischer mit einem Handschreiben aus König Ludwigs Feder gewesen wäre«, teilte Jacob Grimm am 11. Juni 1841 Friedrich Christoph Dahlmann mit, nachdem ihm kurz zuvor das Kreuz der Ehrenlegion verliehen worden war. Die Auszeichnung erfüllte den Gelehrten mit Stolz und Genugtuung, war sie doch ein deutliches Zeichen der europäischen Resonanz, die das Grimmsche Werk erfahren hatte. François Guizot, auf dessen Betreiben die Ehrung vorgenommen worden war, hatte sich nicht nur als Minister und liberaler Politiker, sondern auch als Historiker und Verfasser zivilisationsge-

---

Les points de contact scientifique entre ma patrie et la France deviennent de jour à jour plus sensibles. Non seulement les origines et les antiquités de l'une comme de l'autre sont entièrement nouées; il me parait aussi que l'avenir de l'Europe reposera essentiellement sur l'intelligence de deux nations faites pour sent'aider et se respecter mutuellement.

Jacob Grimm an François Guizot, Berlin, 27. Juni 1841

Die wissenschaftlichen Berührungspunkte zwischen meinem Lande und Frankreich werden von Tag zu Tag fühlbarer. Nicht allein sind Ursprünge und Altertümer des einen Landes mit dem anderen aufs Engste verknüpft; es scheint mir auch, daß die Zukunft Europas wesentlich auf dem Einverständnis der beiden Nationen beruht, die geschaffen sind, sich gegenseitig zu helfen und beidseitig zu respektieren.

1/70

1/71

schichtlicher Werke einen Namen gemacht, mit denen er die fortschrittsorientierte Ideologie des bürgerlichen Liberalismus in Frankreich nachhaltig geprägt hatte, und befaßte sich zudem mit Kunst und literarischen Fragen. Grimms Dankesbrief – er wird in einer Privatbriefmappe von Guizot aufbewahrt, die auch Schreiben von August Wilhelm Schlegel, Schelling, Metternich, Savigny und Heine enthält – dokumentiert eine gewandelte Einstellung zu Frankreich. Seine aus patriotischen Motiven gespeiste Franzosenfeindlichkeit zur Zeit der französischen Besatzung war 1841 einer frankreichfreundlichen Haltung gewichen, die sich in seinem Brief nicht bloß als Höflichkeitsgeste äußert.   UM
Lit.: Curtius 1928, S. 741f.; Kat. Kassel 1985, Bd. 3,1, S. 116

1/71   **Clemens Brentano** (1778-1842)
       Gockel, Hinkel und Gackeleia. Mährchen,
       wieder erzählt von Clemens Brentano
       Frankfurt a. M.: Schmerber 1838
       Berlin, Staatliche Museen zu Berlin,
       Kunstbibliothek (NB 454 kl)

Das Interesse der Romantiker für die Volkspoesie hat ihre Lyrik ebenso beeinflußt wie ihre Erzählweisen und neben der Nachdichtung das Kunstmärchen hervorgebracht, das teils auf alten Überlieferungen, teils auf freier Erfindung beruht und nur stilistisch den Märchenton anschlägt. Ein zentrales Motiv von Brentanos märchenhaftem Arabesken-Roman »Gockel, Hinkel und Gackeleia« ist der neapolitanischen Märchensammlung »Lo Cunto de li Cunti« (1634-1636) von Giambatista Basile entnommen, daneben finden sich Parallelen zu Johann Praetorius' »Alektryomantia« (1680) und zu Brentanos eigenen Werken. Die Verseinlagen sind teilweise wörtlich aus »Des Knaben Wunderhorn« zitiert. Auch Anspielungen auf biblische Motive, wie die Vertreibung aus dem Paradies, und zeitgeschichtliche Vorgänge, etwa die Entlassung des preußischen Ministers Freiherr von Stein, haben, ins Groteske gewendet, Eingang in das »Gockel«-Märchen gefunden, dessen Urfassung bereits um 1815 entstanden war. Zur Illustrierung der Ausgabe von 1838 ließ Brentano von verschiedenen Künstlern (Maximiliane Pernelle, Kaspar Braun, Johann Nepomuk Strixner) Lithographien nach genauen Angaben, teilweise nach eigenen Vorzeichnungen machen. So soll auch das von Strixner lithographierte Titelbild, dessen Arabeskenstil deutlich den Einfluß von Runges 1802/03 entstandenem Tageszeitenzyklus zeigt, laut einer Überlieferung der Familie Brentano von dem Dichter selbst entworfen worden sein.   UM
Lit.: Kat. Frankfurt 1978, S.164-179

1/72

1/72   **Ludwig Emil Grimm** (1790-1863)
Clemens Brentano
1837
Bez. u.l.: ad viv. den 18t July 1837. München;
Mitte: Clemens Brentano (faksimilierter
Namenszug; in Zustand II ergänzt)
Radierung; 26,4 x 20,6 cm
Kassel, Brüder Grimm-Museum
[Graph. 56 I u. Graph. II (1)]

Die Vorzeichnung zu dieser erst nach dem Tode Brentanos fertiggestellten Radierung entstand am 18. Juli 1837 in der Münchner Wohnung des Dichters; in seinen Lebenserinnerungen schreibt der Künstler dazu: »Ich nahm ihn in Dreiviertelprofil, wie er in seinem Kittel an seinem Arbeitstisch zwischen Papieren und großen, alten Büchern sitzt, rechts an seiner Seite ein Kruzifix. Links das Bild einer schönen Nonne, die einen Lilienstengel und ein Kruzifix in der Hand hält, ein schönes Ölgemälde, das immer bei ihm im Zimmer gehangen – im Hintergrund als Tapeten Szenen aus Gockel usw., in lauter Arabesken und Zieraten.« Clemens Brentano lebte seit 1833 in München, wo er in lebhaftem Kontakt mit katholisch geprägten Spätromantikern stand. Das Portrait zeigt den Dichter, von seinem »Handwerkszeug« umgeben: ein aufgeschlagenes Buch, dazu Feder und Tintenfaß; weitere Bücher liegen auf dem Tisch oder stehen hinter ihm in einem Bücherregal. Auf der Höhe seines Kopfes ist das erst 1838 veröffentlichte Werk seiner schöpferischen Phantasie – Episoden aus dem romantischen Kunstmärchen »Gockel, Hinkel und Gackeleia« – bildlich vorgestellt. Das Kruzifix am rechten Bildrand und das Portrait einer Nonne am linken Bildrand, die hl. Katharina von Siena darstellend, deuten Brentanos 1817 erfolgte Wendung zum mystischen Katholizismus an; zwischen 1819 und 1824 hatte er im westfälischen Dülmen die Visionen der stigmatisierten Nonne Anna Katharina Emmerick aufgezeichnet, die er in der Folge literarisch bearbeitete. Über sein von Ludwig Emil Grimm geschaffenes Bildnis sagte der Dichter: »Ich sehe da [...] wie ein rechter Mystiker aus, aber es gefällt mir sehr.«   BL
Lit.: Grimm 1913, S. 494

1/73   **Ludwig Sigismund Ruhl** (1794-1887)
Arthur Schopenhauer
1819
Öl auf Leinwand; 79 x 71 cm
Frankfurt a. M., Stadt- und Universitätsbibliothek
Abb. S. 129

1820 kam Schopenhauer an die Berliner Universität, um mit seiner »Lehre vom Wesen der Welt und dem menschlichen Geiste« Hegel öffentlich herauszufordern. Doch während Hegel, der seinen Widersacher ignorierte, vor vollem Auditorium den Lauf der Geschichte als progressives Wahrheitsgeschehen interpretierte und den steten Fortschritt der Vernunft verkündete, fand sich im Kolleg des Pessimisten Schopenhauer nur eine Handvoll Hörer ein. Seine Philosophie, die auf Kants transzendentaler Erkenntnistheorie, die damals als überwunden galt, aufbaute und daraus die Lehre vom »Willen zum Leben« als Wesen aller Dinge entwickelte, mußte die Zeitgenossen ebenso befremden wie Schopenhauers Behauptung, dieser Wille sei weder Geist, noch Sittlichkeit, noch Geschichtsvernunft, sondern das Vitale schlechthin und zugleich die Quelle allen Unheils, ein Prinzip, das den Intellekt unterwirft und diesen sich lediglich zum Diener macht, weshalb alle Philosophie bestrebt sein müsse, das Prinzip Wille durch Verneinung zu überwinden. Schopenhauers akademisches Intermezzo in Berlin war kurz und erfolglos, er mied fortan den Lehrstuhl und verteufelte die Katheaderphilosophie. Seine Lehre hatte er bereits als 30jähriger in Dresden zu Ende gedacht und 1819 unter dem Titel »Die Welt als Wille und Vorstellung« in Leipzig bei Brockhaus drucken lassen. Die Rezeption setzte sehr viel später ein, etwa Mitte der 50er Jahre, doch dafür umso wirkungsvoller. Wagner entwarf unter dem Eindruck seiner Schopenhauer-Lektüre den »Tristan«, Nietzsche verehrte ihn als »Erzieher« und schärfte das eigene Denken in der kritischen Auseinandersetzung mit diesem »rationalsten Philosophen des Irrationalen« (Thomas Mann). In Frankreich wurden Auszüge aus Schopenhauers Werk bereits in den 50er und 60er Jahren übersetzt und in der »Revue française« und »Revue Germanique« veröffentlicht. Die erste Gesamtübertragung des Hauptwerks durch J.A. Cantacuzène lag abgeschlossen 1886 vor, ihr folgte – weitaus erfolgreicher –

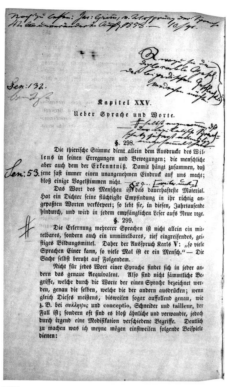

1/74

zwischen 1888 und 1890 eine weitere, von Nietzsche hochgelobte Übersetzung von Auguste Burdeau. Vor allem in den literarischen Zirkeln des Symbolismus galt der deutsche Philosoph als geradezu prophetischer Verkünder des modernen Pessimismus, der als heilsame Korrektur des fortschrittsorientierten Rationalismus empfunden wurde, eine Haltung, die sich auch dank des bedeutsamen Einflusses durchsetzten konnte, die der für Schopenhauer werbende Wagner auf jene Zirkel ausübte. Um die Jahrhundertwende bemühten sich mit wachsendem Interesse die Philosophen um Schopenhauers Denken, vor allem Henri Bergson, der bei aller Ablehnung der pessimistischen Weltsicht entscheidende Impulse für seine Theorie des »élan vital« aus Schopenhauers Werk empfing. UM

Lit.: Sans 1975, S. 92-121; Colin 1979; Safranski 1987

1/74 **Arthur Schopenhauer** (1788-1860)
Parerga und Paralipomena. Kleine philosophische Schriften. Bd. 2 und Beilage
Durchschossenes Handexemplar des Verfassers
Berlin: A.W. Hayn 1851
Berlin, Staatsbibliothek zu Berlin – Preußischer Kulturbesitz,
Handschriftenabteilung (Hdschr. 84)

Mit seiner »Philosophie für die Welt«, wie Schopenhauer diese seinen »wichtigeren, systematischen Werken nachgesandten Nebenarbeiten« nannte, war dem Verkünder der Weltverneinung großer Erfolg bei einem breiter gefächerten Lesepublikum beschieden. Vor allem die ins Zentrum der »Parerga und Paralipomena« gerückten »Aphorismen zur Lebensweisheit« wurden nachmals geradezu populär; sie lehren Lebensphilosophie in dem spezifischen Sinne, daß sie »Anweisung zu einem glücklichen Daseyn« geben wollen, und zwar aus der erhabenen, nichtsdestoweniger tief pessimistischen Sicht des »wahrhaft Lebensweisen«, der auf die »Eitelkeit aller Dinge und die Hohlheit aller Herrlichkeit der Welt« lächelnd herabsieht. Die Themen, denen sich Schopenhauer auch in längeren Abhandlungen zuwendet, sind vielfältig: »vereinzelte, aber systematisch geordnete Gedanken über vielerlei Gegenstände«. Er handelt »Vom Unterschiede der Lebensalter«, schreibt »Über Universitätsphilosophie«, über das »Geistersehen und was damit zusammenhängt«, »Über Schriftstellerei und Stil«, »Über die Weiber«, »Über Lärm und Geräusch« und andere Phänomene der Philosophie und Alltagswelt in der ihm eigenen bildhaften Sprache, mit Witz, Ironie, galligem Tiefsinn, sublimer Bosheit und in bewußter Opposition zur Kathederphilosophie. Das durchschossene Handexemplar der ersten zweibändigen Ausgabe von 1851 – auf Vermittlung eines seiner ersten Adepten, Julius Frauenstädt, bei Hayn in Berlin gedruckt, da Brockhaus nach dem verlegerischen Mißerfolg des Hauptwerks eine Edition der »Parerga und Paralipomena« abgelehnt hatte – ist mit zahlreichen Streichungen, Korrekturen und Ergänzungen von Schopenhauers Hand versehen, die ein eindrückliches Bild von der literarischen Vorgehensweise und redaktionellen Arbeit des Philosophen vermitteln. UM

Wolfgang Leiner

Zum französischen Deutschlandbild

Durch Jahrhunderte hindurch waren die Blicke der Franzosen auf Deutschland gelenkt. Bereits in den ersten literarischen Texten finden sich Spuren dieses Interesses für den östlichen Nachbarn. Welche Beobachtungen und Eindrücke, welche Bilder, die durch Begegnungen mit germanischen Stämmen und dann mit Deutschen ausgelöst wurden, sind in den überlieferten Schriften festgehalten und an die Leser weitergegeben? Handelt es sich dabei stets um eigene Visionen der einzelnen Autoren, um eigene Erfahrungen also, oder um Übernahmen von Bildern aus anderen Quellen, um Eindrücke anderer, die diese möglicherweise selbst von anderen übernommen hatten? Die Frage nach der Originalität des Bildes vom deutschen Nachbarn, die sich somit gleichsam von Anbeginn an stellt, wirft die Frage nach der Klischeehaftigkeit der übermittelten Bilder auf. Leider ist diese Frage meist nicht mit letzter Evidenz zu beantworten. Und dort, wo nachgewiesen werden kann, daß ein Autor ein bereits existentes Bild wieder verwendet, ohne selbst dessen Echtheit an der Wirklichkeit überprüft zu haben, ändert dies nichts am Bildcharakter des derart literarisch fixierten Gemeinplatzes, der sich dem Leser, der nicht aus eigener Erfahrung urteilen kann, nicht als Gemeinplatz zu erkennen gibt. Als Ausdruck oder Ergebnis einer Idealvorstellung, als das das Klischee ja gesehen werden kann, erscheinen solche Gemeinplätze einem Außenstehenden als Bestandteile echter Eindrücke, die andere im Kontakt mit Deutschen gesammelt hatten.

Die mittelalterlichen Texte zeigen, daß der Blick auf charakteristische Eigenschaften des Nachbarvolkes oder vielmehr der Angehörigen der Nachbarstämme gerichtet war und auffallende Merkmale der Fremden ins Bewußtsein hob. Das Bild, das sich so aus den französischen Epen des Mittelalters herauslösen läßt, enthält positive und negative Merkmale. Die Präsenz oder gar die Dominanz der einen oder der anderen scheint dabei vor allem durch den Standort des Betrachters bedingt, der den Fremden, der etwa im Dienst des gleichen Herrschers oder des gleichen Glaubens steht, mit anderen Augen sieht als jenen, der ihm als Gegner entgegentritt.

Die Impressionen, die in den frühen Literaturzeugnissen mitgeteilt werden, vermitteln so, fügte man sie zu einem Ganzen, ein von einer bunten Schar von Beobachtern erstelltes kaleidoskopartiges Bild, in welchem sich die vorteilhaften und negativen Merkmale die Waage halten. Von keinem Autor wird je ein umfassendes Portrait der Deutschen gezeichnet. Die mitgeteilten Charakteristiken sind stets nur Bruchstücke, aber dennoch auch wertvolle Hinweise für die Art, wie französische Autoren und deren Publikum die »allemans« oder »tyois« sahen.

Dieses Bild stellt die Angehörigen der germanischen Stämme als tapfere Menschen dar, die für das Militärhandwerk begabt sind. Von den frühen Volksepen an bis hin zu den Geschichtswerken Jean Froissarts und Philippe de Commynes wird diese Tugend, mit der sich Kühnheit und Ausdauer paaren, lobend erwähnt. Große Statur sowie körperliche Schönheit entsprechen äußerlich diesen positiven Eigenschaften. Wo es sich dagegen um Angehörige des Nachbarlandes handelt, die im gegnerischen Lager stehen, wandelt sich die den Verbündeten bezeugte Sympathie leicht ins Gegenteil, die veränderte Perspektive macht dann den Blick für eine ganze Serie schlechter Eigenschaften frei: Hochmut und Streitsucht, Jähzorn und Habgier, Tölpelhaftigkeit und Einfältigkeit, denen ein ungepflegtes äußeres Erscheinungsbild der Personen zu entsprechen scheint. Ein starker Hang zum Trinken eignet den östlichen Nachbarn allemal, wobei man sich allerdings fragen muß, ob die Hinweise auf die Trinklust der Deutschen tatsächlich auf origineller Beobachtung fußen oder eher Reminiszenzen aus älteren Texten darstellen. Denn lange bevor die ersten Texte in französischer Sprache verfaßt wurden, hatten Tacitus und Cäsar ja bereits auf den Hang der Germanen zum Trinken verwiesen und mit diesen Hinweisen ein Bild vermittelt, das durch die Jahrhunderte hindurch weitergegeben wurde.

Es bliebe nachzutragen, daß das von unfreundlich eingestellten Kritikern monierte grobschlächtige Benehmen östlicher Nachbarn oft auch zu einer Kritik der Sprache Anlaß gab, in deren rauher und gutturaler Art fremde Beobachter, vor allem wenn sie selbst dieser Sprache nicht mächtig waren, einen adäquaten Ausdruck der unbehauenen Natur der Sprecher und die deutsche Sprache als ideale Befehlsübermittlerin zwischen Reiter und Roß glaubten sehen zu können.

Es darf deshalb nicht verwundern, wenn auch in nachfolgenden Jahrhunderten die Angehörigen dieser deutschen Nation, dort wo sie mit den französischen Vertretern höfischer Sitte und Kultur in Kontakt traten, etwa während der Kavalierstouren, die sie auch nach Frankreich und vornehmlich nach Paris führten, mit ihrem schwerfälligen Gehabe und ihren ungeschickt und naiv anmutenden Verhaltensmodi auf Spott und Kritik stießen. Zeitgenossen des französischen 17. Jahrhunderts, die vor allem in Paris zahlreichen deutschen Besuchern begegnen konnten, verweisen immer wieder auf deren steifes Benehmen, auf die flagrante Tolpatschigkeit dieser Reisenden aus dem Osten, denen es an Eleganz und Geschmeidigkeit im Umgang mit anderen, eben an subtilen Umgangsformen mangelt. Man gesteht ihnen zu, ungemein fleißig zu sein, ausdauernd bis zur Schwerfälligkeit, was sie besonders dazu prädestiniere, langweilige und schwierige Aufgaben, wie die der Herausgabe von Wörterbüchern, zu bewältigen. Man gesteht ihnen eine besondere Eignung für exakte Wissenschaften zu, vor allem jene, die Pedanterie und Kompilation vorauszusetzen scheinen. Einen Schritt weiter zu gehen und die Deutschen als geistlose Menschen, als Zeitgenossen ohne Esprit zu sehen, war im 17. Jahrhundert dem Jesuitenpater Bouhours vorbehalten. Mit seiner Schrift *Entretiens d'Ariste et d'Eugène*, in dem er seine diesbezüglichen Deutschlandvorstellungen mitgeteilt hat, sollte er das französische Deutschlandbild nachhaltig beeinflussen. Die Diskussion, die er damit auslöste, dauerte bis weit ins nachfolgende Jahrhundert hinein an. Die Sichtweise des französischen Jesuitenpaters, der auch wieder die deutsche Sprache, die er als »rude et grossière« bezeichnet, als das adäquate Organ eines rauhen Landes und seiner grobschlächtigen Bewohner ansieht, wird man nicht nur als Ergebnis der Begegnung mit dem Nachbarland und dessen Menschen sehen dürfen. Was hier unter Anklage steht, ist das Land der Reformation, das sich im katholischen Frankreich keiner guten Presse erfreute. Zu bedenken gibt allerdings, daß auch Protestanten – wie etwa der französische Hugenotte Eleazar de Mauvillon, der nach der Aufhebung des Edikts von Nantes in Deutschland Zuflucht gefunden hat – sich in ihrer Beurteilung der deutschen Nachbarn mit dem Jesuitenpater treffen. Das Deutschlandbild Mavillons entspricht so tradierten Vorstellungen. Die Deutschen seien, so meint er, für das Militärische besonders disponiert. Er beschreibt sie als ein Volk mit einfachen und rauhen Sitten, dem es an feinen gesellschaftlichen Umgangsformen und an »esprit« mangele (*Lettres françaises et germaniques,* 1740).

Man mag sich die Frage stellen, wie sich das französische Deutschlandbild wohl entwickelt hätte, wäre das Reisetagebuch (*Journal de Voyage en Italie par la Suisse et l'Allemagne en 1580 et 1581*), das Michel de Montaigne auf seiner Reise durch Süddeutschland geführt hat, gleich nach seiner Rückkehr und nicht erst im Jahre 1774 veröffentlicht worden. Die spärlichen und nicht gerade schmeichelhaften Kommentare über den Hang der Deutschen zur »Ivrognerie«, die er in seine *Essais* hat einfließen lassen, hätten im Zusammenhang mit den sehr positiven Reiseeindrücken, die im Journal festgehalten sind, an Schärfe verloren. Was Montaigne in Deutschland besonders schätzt, ist die Sauberkeit und Reinlichkeit der Quartiere, in denen er absteigt. Mit sichtlicher Genugtuung genießt er die Gastlichkeit, die Wohlgeordnetheit der Häuser und Städte, die Rechtssicherheit, die überall zu herrschen scheint, die Ehrlichkeit und die Verläßlichkeit der Menschen. Daneben hält er in seinen Eintragungen allerdings auch weniger schmeichelhafte Beobachtungen fest. Er charakterisiert die Deutschen als ruhmbegierig, jähzornig und trunksüchtig. Alles in allem gesehen vermitteln die Reisenotizen Montaignes ein eher sympathisches Bild von Deutschland. Umso mehr erstaunt es, daß in Montaignes *Essais* nur die Beobachtungen über die Trinklust und Trinkgewohnheiten der Deutschen Aufnahme gefunden haben.

Noch vor Gelegenheit zur Einsicht in das Reisetagebuch Montaignes, sollte er es je gekannt haben, vermittelte ein anderer bedeutender Autor, Voltaire, seinen Landsleuten ein Bild des Nachbarlandes. Er hatte Deutschland 1740 und 1743 in diplomatischer Mission bereist und sich von Juli 1750 bis März 1753 als Gast Friedrichs II. in Berlin aufgehalten. Er kannte das Land also aus persönlicher Erfahrung. Dazu hatte er sich, bereits bevor er zum ersten Mal seinen Fuß auf deutschen Boden setzte, sehr intensiv mit der Geschichte dieses Landes beschäftigt. Beobachtungen, die er in seinem *Essai sur l'Histoire générale et les mœurs et l'esprit des nations depuis Charlemagne jusqu'à nos jours* festhält, konfrontieren uns mit sehr traditionellen Ansichten. Im 16. Jahrhundert sei Deutschland ebenso glücklich gewesen wie irgendein anderes Land der Erde, es sei damals von einer kriegerischen, größter militärischer Anstrengungen fähigen Nation bewohnt gewesen. Und im Blick auf das Deutschland des 17. Jahrhundert urteilt Voltaire, wenn dieser äußerst großräumige Staat nach außen hin nicht stark gewesen sei, so sei er doch im Innern gefestigt gewesen, weil die Nation immer fleißig (laborieuse) und kriegerisch gewesen sei. Die Bewohner Germaniens zeichneten sich in der Einschätzung Voltaires und im Vergleich zu den Galliern durch »plus de grossièreté et moins d'industrie« aus. Einfachheit, Aberglauben und Armut sieht er als charakteristische Merkmale. Dieses in den kulturgeschichtlichen Studien Voltaires sich abzeichnende Bild, das vor allem aus der Lektüre und der Meditation geschichtlicher Quellen gespeist wurde, war ein Bild aus zweiter Hand. Aber die eigenen Deutschlandreisen und der mehrjährige Aufenthalt in Berlin gaben ihm dann Gelegenheit, sich ein unmittelbareres Bild zu machen. In den Briefen Voltaires und dann auch in seinen Erzählungen, etwa dem *Candide*, finden die Eindrücke Voltaires immer wieder ihren Niederschlag. Es ist kein schmeichelhaftes Bild, das er entwirft. Die Kluft zwischen Paris und den westfälischen Szenen, die im *Candide* evoziert werden, ist unüberbrückbar. Voltaires königlicher Gastgeber, der selbst deutscher Kultur sehr kritisch gegenüberstand, konnte Voltaire

François-Pascal-Simon Gérard: Madame de Staël, 1818. Coppet, Collection Château de Coppet (2/2)

in seiner negativen Einschätzung nur bestärken. Die Spannungen zwischen den beiden Persönlichkeiten und die Distanz, die Voltaire zur deutschen Sprache empfand, trugen das ihre dazu bei, daß Voltaire in seinem deutschen Quartier nie heimisch wurde, weshalb er dem Land und seinen Bewohnern, die er als habgierig, stumpfsinnig und ohne einen Anflug von Geschmack darstellt, bald den Rücken kehren wird.

Seit Barclay, der Anfang des 17. Jahrhunderts in Deutschland ein neues Böotien entdeckte, bis hin zu Voltaire, der in dem zungenbrecherischen Namen des Barons Thunder-ten-Tronck den ganzen Greuel der ihm unzugänglichen Sprache des Gastlandes onomatopoetisch zum Ausdruck bringt, legt der Weg Aspekte frei, die, durch die Zeiten tradiert, hier wieder neu aufgegriffen wurden. Dabei werden wir einer Vielzahl französischer Deutschlandbilder begegnen. Auch durch die nachfolgenden Jahrhunderte werden sie weiterwandern. Daß sich im Laufe der zweiten Hälfte und auf weiten Strecken des 19. Jahrhunderts das Bild zunächst aufhellen wird, ist einer Reihe von französischen Beobachtern zu verdanken, die sich, wie es der ehemalige Jesuitenpater Joseph de La Porte formuliert, auf Grund eigener Erfahrungen von Vorurteilen abzuwenden beginnen und Deutschland nun nicht mehr mit beinahe denselben Augen betrachten, mit denen die Athener Böotien gesehen hatten.

Voltaire selbst deutete 1775 in einem Brief an Friedrich II. die Wende an, die sich damals in der französischen Deutschlandperzeption anbahnte: »Les Allemands sont à l'aurore«. Elie Fréron, von 1754 bis 1776 Herausgeber der einflußreichen *Année littéraire*, hatte bereits Jahre zuvor auf jene Qualität hingewiesen, die fortan die Aufmerksamkeit vieler Franzosen, die nicht mehr an das Primat des Schöngeistigen und die Dominanz des Gesellschaftlichen glauben mochten, auf Deutschland lenkte. »Die Deutschen«, so stellte Fréron 1760 in seinem *Literarischen Jahr* fest, »besitzen jene Kraft des Herzens, die das Kennzeichen wahren Genies ist.«

Die Wende, die sich so bereits im 18. Jahrhundert abzeichnet, erhält mit der Veröffentlichung des Buches *De l'Allemagne*, das Frau von Staël zu Beginn des 19. Jahrhunderts ihren französischen Landsleuten vorlegen wird, ihren entscheidenden Impuls. Das Bild, das die berühmte Frau in ihrem Buch zeichnet, öffnet ihren Landsleuten eine ganz neue Perspektive und stellt den bisher mit Herablassung betrachteten Nachbarn als nachahmenswertes Vorbild vor. In diesem Sinne hat Goethe sicher nicht Unrecht, wenn er Frau von Staël in Anbetracht dieser Leistung das Verdienst zuspricht, eine Bresche in die chinesische Mauer geschlagen zu haben, die Deutschland bisher von Frankreich getrennt hätte. Dank dieser neuen Perspektive sehen die Franzosen Deutschland plötzlich mit anderen Augen. Vom Land jenseits des Rheins, dem Land Goethes und Schillers, verspricht man sich nun die Befreiung vom rationalistischen Virus, der das 18. Jahrhundert infiziert und die Kräfte der Seele, der Poesie, der Metaphysik, der Religiosität, kurzum alle musischen Kräfte im Menschen, lahmgelegt hat. Das Beispiel der Frau von Staël macht Schule. In ihrer Nachfolge und auf ihren Spuren machen sich in der Folgezeit mehr Franzosen als je zuvor auf den Weg, um das Land zu entdecken, das bisher vielfach durch einen Schleier der Vorurteile, die so häufig die französische Deutschlandperzeption bestimmt und verstellt hatten, gesehen worden war. Diese Vorurteile zurückgedrängt und die positiven Eigenschaften der Deutschen »mit feiner Beobachtungsgabe ins rechte Licht gestellt zu haben« (Heinrich Breitinger, 1876), ist das große Verdienst Frau von Staëls. In ihrem Deutschlandbuch entdecken die Leser ein naives, sentimentalisches, philosophierendes, enthusiastisches Volk, das seine ursprüngliche Natürlichkeit bewahrt hat und sich als Gegenpol zu dem aufgeklärten, mondänen, geistreichen, dem hochzivilisierten aber auch blasierten »Siècle des lumières« darstellt. Daß sie in den deutschen Tugenden Ideale entdeckten, die

Brief des Polizeiministers an den Präfekten von Lemon, 18. Oktober 1818.
Paris, Archives nationales (2/12)

Liste der von Napoleon aus Paris verbannten Personen, 29. April 1814.
Paris, Archives nationales (2/13)

ihrem eigenen Leben einen neuen Sinn gaben, erklärt die ungeheure Wirkung, die *De l'Allemagne* ausübte, erklärt die plötzlich aufkeimende Begeisterung für das Nachbarland, das so viele französische Autoren in seinen Bann ziehen wird. François Guizot, Charles Nodier, Jules Michelet (»Mon Allemagne ... pain des forts«), Gérard de Nerval (»La vieille Allemagne, notre mère à tous, Teutonia!«), Ernest Renan betritt Deutschland wie einen Tempel: »J'ai étudié l'Allemagne et j'ai cru entrer dans un temple«. Zu den Genannten gesellen sich unzählige andere hinzu: Hippolyte Taine, Edgar Quinet, Victor Hugo, Victor Cousin, Jean-Jacques Ampère, Alexis de Tocqueville. Ihrer aller Aufmerksamkeit wendet sich einem Land zu, das in ihren Augen eine Literatur hervorgebracht hatte, die sich durch Freiheit von Regelzwang und durch freies Spiel der Phantasie auszeichnet. Zu nennen sind auch Chateaubriand, Stendhal, Philarète Chasles, Balzac, Saint-Marc Girardin, die ebenfalls aus beruflichen, politischen oder ganz privaten Gründen Deutschland bereisen. Sie alle tragen mit ihren Berichten, in denen sie ihre Reiseeindrücke vermitteln, dazu bei, das frühere Deutschlandbild zu ergänzen und in positivem Sinne zu erweitern. Bis zur Mitte des 19. Jahrhunderts greift so eine Begeisterung für das idyllische Land Platz, in dem größte Gedankenkühnheit sich mit bewundernswerter Einfachheit paart, und übertönt die Stimmen derer, die sich nicht von der grenzenlosen Sympathiewelle mitreißen lassen. Aber während noch die Begeisterung für das neuentdeckte Nachbarland hohe

Gustave Doré: Frankreich, auf einem Pegasus reitend, treibt seine Kinder zur Rettung der Stadt Paris an, 1873. Strasbourg, Musée d'Art Moderne et Contemporain (12a/20)

Wogen schlug, entdeckten andere Deutschlandreisende Anzeichen für ein nationales Erwachen, von dem bei Frau von Staël nirgends die Rede war. Die Orientkrise und vor allem die Rheinkrise ließen diese Spannungen deutlich zu Tage treten. Der Deutsch-Französische Krieg von 1870/71 mit seinem für Frankreich so demütigenden Ausgang löst selbst in den leidenschaftlichsten Bewunderern Deutschlands einen Schock aus, der zu einer nüchterneren Einschätzung Anlaß gibt und schließlich zu einer grundlegenden Revision des überschwenglichen Deutschlandbildes führt, das von Frau von Staël initiiert worden war und sich vielen nun plötzlich als ein Trugbild darstellt. Die Deutschen werden nun wieder als barbarische Militaristen gesehen, die aller Untaten fähig sind. Die Enttäuschtesten unter den Betrachtern teilen die Deutschen in zwei Lager ein: die guten und die schlechten, die goetheschen und die preußischen Deutschen. Diese Vorstellung wird lange das Deutschlandbild vieler unserer Nachbarn bestimmen. In dieser Zeit nach dem Frieden von Frankfurt, der nicht nur Elsaß-Lothringen von Frankreich abtrennte, sondern dem besiegten Land auch hohe Reparationskosten aufbürdete, trägt das starke Ressentiment gegenüber den – fortan häufig als Boche bezeichneten – Deutschen zu einer negativen Einfärbung des Deutschlandbildes bei. Die Vorbilder von gestern sind fortan aller Schandtaten fähig. Französische Dichter und Schriftsteller tragen mit ihren Schriften ebenso wie die Lehrer mit ihrem Unterricht in den Schulen zu einer Verankerung dieses negativen Bildes im Bewußtsein ihrer Nation bei. Guy de Maupassants *Mademoiselle Fifi* oder Jules Vernes *Les cinq cents millions de la Bégum* zeichnen Bilder der deutschen Soldaten oder der Deutschen überhaupt, die als Muster angesehen werden können, Bilder, die übrigens auch bei Hugo, Daudet, Laforgue und anderen anzutreffen sind. Ihre Klischeehaftigkeit ist offensichtlich, hinderte aber nicht, daß sie von den revanchehungrigen Landsleuten der Autoren als naturgetreues Konterfei der östlichen Nachbarn angesehen wurden.

Eugène Chaperon: Der Grenzpfahl, 1914. Vincennes, Service Historique de l'Armée de Terre – Collection du Ministre – France (12b/32)

Ein Gedicht, das Jules Laforgue 1879 veröffentlichte, enthält alle Ingredienzen des Portraits, das sich fortan mit der Vorstellung, die man sich von Deutschen machte, verband:

Ce qu'aime le gros Fritz

Oui, j'aime à promener ma belle âme allemande
A travers l'Esthétique et les brouillards d'Hegel;
Un nuage en bouteille est tout ce que demande
L'âme éprise de vague et d'immatériel.

La nuit, quand s'ouvre en moi la fleur des rêveries.
De ma blonde Gretchen, oh! j'aime bien encore
A contempler les yeux pervenches fleuries,
Oh! j'aime caresser les belles tresses d'or.

J'aime à charmer aussi mon ouïe allemande
Quand l'orgue de Cologne, aux gothiques accents,
Eveille dans mon cœur quelque vieille légende
Où passent des Willis dans des rayons flottants.

Mais surtout, au tic-tac des pendules de France.
Le soir, j'aime, repu de choucroute au gratin,
Voir, en fumant ma pipe à fourneau de faïence,
Mousser la bière ambrée aux bords des brocs d'étain.

Der Erste Weltkrieg gibt der französischen Germanophobie neuen Auftrieb und bringt neue Bilder zutage, die mit den Visionen der Frau von Staël gar nichts mehr gemein haben. Die negative Sicht der Deutschen, »dieses verkorksten und gärenden Volkes, das im ewigen Brodeln begriffen ist, ein Stoff auf der ewigen Suche nach seiner Form, belebt von einem ewig des Gleichgewichts überdrüssigen Dranges«, wie Paul Claudel in seinem zwischen 1919 und 1924 verfaßten, aber erst 1929 veröffentlichten Theaterstück *Le Soulier de satin* feststellt, wird, von wenigen Ausnahmen abgesehen, auch über die Zwischenkriegsjahre und die Zeit des Zweiten Weltkrieges und die unmittelbar auf ihn folgende Zeitspanne hin das französische Bild vom Nachbarland bestimmen.

Inzwischen geht nun bereits die zweite Hälfte dieses bewegten 20. Jahrhunderts zu Ende, dessen markantestes Ereignis im deutsch-französischen Verhältnis kein Krieg zwischen den beiden Nachbarn ist, sondern eine sich vertiefende Annäherung zwischen Deutschland und Frankreich. Nicht daß die vorausgegangenen Kriege vergessen wären. Zu stark ist die Erinnerung an vergangenes Erleben und die durch Erfahrungen ausgelöste Bilder im kollektiven Bewußtsein verankert. Noch kürzlich hat ein französischer Minister die Notwendigkeit einer atomaren Rüstung Frankreichs mit dem Hinweis auf die drei Kriege begründet, die sein Land innerhalb eines Jahrhunderts erfahren habe. War die Annäherung doch nicht vertrauensbildend genug, um nicht das Bild eines aggressionslustigen gefährlichen Nachbarn erneut wirksam werden zu lassen? Nein, die Dinge haben sich in den letzten fünfzig Jahren doch sehr gebessert. In einem für Volksschüler bestimmten Geschichtsbuch, das offensichtlich unmittelbar nach 1945 verfaßt worden war, befand sich der Hinweis, der eben zu Ende gegangene Krieg sei die 12. deutsche Aggression gegen Frankreich gewesen. Eine der ersten hatte zur Eroberung Galliens durch die Franken geführt.

Lit.: Laforgue 1979, S. 177

Wolfgang Leiner ist Professor für Romanistik an der Ludwig-Uhland-Universität Tübingen und hat zahlreiche Studien zum französischen Deutschlandbild veröffentlicht. Er ist der Verfasser des bei der Wissenschaftlichen Buchgesellschaft in Darmstadt erschienenen Buches *Das Deutschlandbild in der französischen Literatur*, Darmstadt 1991 (2. erweiterte Aufl.)

Raum 2

De l'Allemagne I: Das Vaterland der Seele

Die 1786 geschlossene Ehe der Anne Louise Germaine Necker, der Tochter des letzten Finanzministers Ludwig XVI., mit dem 1795 nach Paris berufenen schwedischen Botschafter Eric Magnus Baron von Staël-Holstein, beendete dessen Tod im Jahre 1802. Madame de Staël erlangte als streitbare Intellektuelle und Romanautorin zu Lebzeiten Berühmtheit. Zunächst verehrte sie wie viele andere Napoleons Genie, schließlich wurde sie als dessen erbitterte Gegnerin von seinen Zensoren und Polizisten seit 1803 wegen zu befürchtender Einflußnahme auf die Politik »wenigstens 40 Meilen von Paris« entfernt. Die Verbannte suchte Zuflucht im schweizerischen Besitz ihres Vaters, im Schloßgut Coppet am Genfer See. Dort sammelte sie im »Cercle de Coppet« als »femme de lettres« und Intimfreundin von Madame Récamier berühmte Köpfe der ersten Romantikergeneration um sich. Da sie es in Coppet ohne die Pariser Salons nicht lange aushielt, erkundete sie in Begleitung ihres Mentors August Wilhelm Schlegel und ihres Liebhabers Benjamin Constant im Winter 1803/04 und 1807/08 die deutschen Dichter, Denker, Künstler und Philosophen in Wien und Weimar, in Jena und Berlin. Obwohl ihren Verführungskünsten zahlreiche Bewunderer erlagen, fand sie unter den Geistesgrößen der deutschen Musenhöfe mehr Kritiker als Anhänger; ihre Eloquenz verschreckte auch die Berliner Salondamen Rahel von Varnhagen und Henriette Herz. Von Goethe ist der Seufzer überliefert: »Sie redet wunderbar, aber viel zu viel«. Frucht dieser vielseitigen Begegnungen und Studien wurde ihr berühmtes Buch »De l'Allemagne«, das als Kultur- und Geistesprospekt von Literatur und Kunst, von Moral und Philosophie, von Religion und Sitte das Deutschlandbild in der Wirkungsgeschichte in Frankreich für Jahrzehnte im Mißverhältnis zur politischen Wirklichkeit bestimmte. Nachhaltigen Einfluß auf die französischen Romantiker hatte vor allem Madame de Staëls verklärtes Bild der Geistesfreiheit der deutschen Musenhöfe, an denen Dichter und Denker in metaphysischer Tiefensicht die Welt ergründeten. Das Werk machte Geschichte als klassisches Dokument geistiger Zensur: Nur zwei Exemplare der Buchfassung des französischsprachigen Erstdrucks konnten die Brüder Schlegel vor der Vernichtung durch Napoleons Zensoren retten. Die Erstauflage von rund 10000 Exemplaren wurde am 24. September 1810 mit der Aufforderung eingezogen, die Verfasserin habe Frankreich auf Befehl Napoleons innerhalb von 24 Stunden zu verlassen. Erst drei Jahre später konnte »De l'Allemagne« in London und 1814 nach Napoleons Abdankung in Paris erscheinen.

Frau v. Staël wird Ihnen völlig so erscheinen, wie Sie sie Sich a priori schon construirt haben werden; es ist alles aus Einem Stück und kein fremder, falscher und pathologischer Zug an ihr. Dieß macht, daß man sich trotz des immensen Abstands der Naturen und Denkweisen vollkommen wohl bei ihr befindet, daß man alles von ihr hören und ihr alles sagen mag. Die französische Geistesbildung stellt sie rein und in einem höchst interessanten Lichte dar. [...] das einzige lästige ist die ganz ungewöhnliche Fertigkeit ihrer Zunge, man muß sich ganz in ein Gehörorgan verwandeln um ihr folgen zu können.

Schiller an Goethe, Weimar, 21. Dezember 1803

RAUM 2

Louis Dupré
*Château de Coppet im
Mondlicht*, 1801
Paris, Bibliothèque Nationale
de France, Département des
Manuscripts
(2/5)

links
*Firmin Massot
Madame de Staël mit der
Büste ihres Vaters
Jacques Necker*, 1804
Coppet, Collection Château
de Coppet
(2/3)

rechts
*Louis Philibert Debucourt
Gesprächskreis der Madame
de Staël in Coppet*, um 1800
Paris, Bibliothèque Nationale
de France, Département des
Estampes
(2/14)

links
François-Pascal-Simon Gérard
Madame Récamier, 1805
Paris, Musée Carnavalet
(2/7)

rechts
Franz Krüger
Prinz August von Preußen, um 1817
Berlin, Staatliche Museen zu Berlin, Nationalgalerie
(2/8)

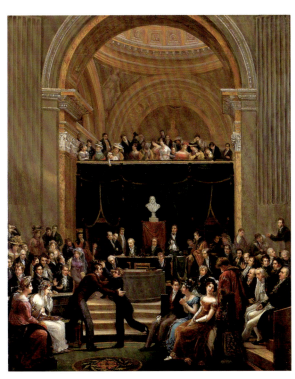

Philippe Auguste Hennequin bzw. Schüler
Sitzung im Institut de France zur Zeit Ludwigs XVIII.
Paris, Institut de France
(2/15)

Ihre Gegenwart hatte wie im geistigen so im körperlichen Sinne etwas Reizendes, und sie schien es nun nicht übel zu nehmen, wenn man auch von dieser Seite nicht unempfindlich war. Wie oft mochte sie Geselligkeit, Wohlwollen, Neigung und Leidenschaft zusammengeschmolzen haben. Auch sagte sie ernst: »Ich habe niemals einem Manne vertraut, der nicht einmal in mich verliebt gewesen wäre«. Die Bemerkung ist richtig; denn, hat, wie in der Liebe geschieht, ein Mann sein Inneres aufgeschlossen und sich hingegeben, so ist das ein Geschenk das er nicht zurücknehmen kann, und es würde unmöglich sein ein ehemals geliebtes Wesen zu beschädigen oder ungeschützt zu haben. Auch vorlesend und declamierend wollte Frau von Staël sich Kränze erwerben.

Johann Wolfgang von Goethe: Biographische Einzelheiten. Zum Jahr 1804

2/1 **Jean-Baptiste Isabey** (1767-1855)
Baronin de Staël im Alter von 30 Jahren, 1797
1810
Bez u. r.: J. Isabey 1810
Bleistiftzeichnung, laviert
20,3 x 14,8 cm
Paris, Musée du Louvre – Département des Arts graphiques (RF 3821)
Abb. S. 235

Die Zeichnung zeigt Madame de Staël, die zunächst wie alle Geister jener Epoche Napoleons Genie verehrte, später jedoch als erbitterte politische Gegnerin von dessen Zensoren und Polizisten bis nach Coppet in die Emigration verfolgt wurde, im Kostüm der Heldin ihres Romans »Corinne ou l'Italie« (1807) nach ihrer Rückkehr aus dem ersten Schweizer Exil. Zu dieser Zeit war sie bereits dreifache Mutter und Ehefrau des 1795 nach Paris berufenen schwedischen Botschafters Eric-Magnus Baron von Staël-Holstein. Die 1786 geschlossene Ehe der Tochter des letzten Finanzministers von Ludwig XVI., Jacques Necker, beendete dessen Tod im Jahre 1802. Isabeys Portrait entstand im Schicksalsjahr der Vernichtung des französischen Erstdrucks ihrer deutschen Kultur- und Geistesgeschichte »De l'Allemagne«. Der Miniaturmaler und Schüler von David, seit 1805 »premier peintre« der Kaiserin Joséphine und Napoleons, später auch Ludwigs XVIII., Karls X., Louis Philippes und Napoleons III., portraitierte nicht nur den gesamten Hof, sondern entwarf außerdem Wappen und Uniformen für die Aristokraten des ersten Kaiserreichs von 1804 bis 1814. MLP

2/2 **François-Pascal-Simon Gérard** (1770-1837)
Madame de Staël
1818
Öl auf Leinwand; 157 x 124 cm
Coppet, Collection Château de Coppet
Abb. S. 171

Das Bildnis präsentiert die selbstbewußte reife Frau mit Turban und seidenem Kaschmirschal, als die Madame de Staël in die Kultur- und Literaturgeschichte von Deutschland und Frankreich eingegangen ist. Im Schweizer Schloßmuseum von Coppet hat das Gemälde seinen Platz neben dem ihres geliebten Vaters. Gérard, Napoleons Lieblingsmaler, hat die streitbare Intellektuelle, die in ihrem Refugium am Genfer See die namhaftesten Köpfe des damaligen Europa zu gemeinsamer Arbeit und geistigem Austausch versammelte, 1819 ein zweites Mal in dem Gemälde »Corinne au cap Misène« mit Harfe als Romanheroine und romantische Muse portraitiert (Genf, Musée d'Art et d'Histoire und Lyon, Musée des Beaux-Arts). Nach Bekenntnis und Urteil der Betroffenen erlagen ihren Verführungskünsten und ihrer geistigen Eloquenz trotz ihres wenig vorteilhaften Äußeren früher oder später zahlreiche Bewunderer und Freunde. In Deutschland, das sie 1803/04 und 1807/08 bereiste und wo sie die führenden Persönlichkeiten aufsuchte, fand sie allerdings auch Kritiker, darunter Goethe und Schiller und die Berliner Salondamen Rahel von Varnhagen und Henriette Herz. Ergebnis der vielfältigen Begegnungen und Studien auf diesen Reisen war ihr berühmtes Werk »De l'Allemagne«. MLP

2/3 **Firmin Massot** (1766-1849)
Madame de Staël mit der Büste ihres Vaters Jacques Necker
1804
Öl auf Leinwand; 152 x 122 cm
Coppet, Collection Château de Coppet
Abb. S. 176

Der Genfer neoklassizistische Maler portraitierte die Tochter im Todesjahr Neckers 1804, an den Sockel der Büste ihres Vaters und Ratgebers gelehnt, zum Gedenken an den reichen Genfer Bankier, der einen Teil seines Vermögens eingesetzt hatte, um Ludwig XVI. zur Flucht und zur vergeblichen Rückkehr auf den Thron zu verhelfen. Die Auseinandersetzungen um Vermögen und Erbe nach Neckers Tod trugen dazu bei, die gespannten Beziehungen zwischen Madame de Staël und Napoleon wegen der Rückerstattungsansprüche der Schweizer Protestantin um ihr väterliches Erbe weiterhin zu verschlechtern. Napoleon hielt sie für eine zweifelhafte Intrigantin und erteilte 1803 die Order, sie wenigstens 40 Meilen von Paris zu entfernen. MLP

2/4 **Kaschmirschal der Madame de Staël**
Anfang 19. Jahrhundert
Kaschmir; 143 x 115 cm
Coppet, Collection Château de Coppet

2/5 **Album mit Briefen der Madame de Staël an Madame Récamier**
1801
Aufgeschlagen: Château de Coppet im Mondlicht; (Bez.: L. Dupré; aquarellierte Zeichnung; 16,5 x 10,5 cm)
Paris, Bibliothèque Nationale de France, Département des Manuscrits
(Mss. N.A.F. 14080)
Abb. S. 176

In einem kostbar gebundenen Album mit Kupferverschluß, geschmückt u.a. mit einem Miniaturportrait von Madame de Staël sowie ihren Haarlocken in einem Glasmedaillon, sind einige von einem der Getreuen des »Cercle de Coppet« kopierte Briefe erhalten geblieben, die Madame de Staël im Jahr 1801 an ihre Intimfreundin, die Bankiersgattin Juliette Récamier, gerichtet hat. Eine innige romantische Beziehung verband die so unterschiedlichen Frauen – die intellektuelle Geistesgröße und die kluge Schönheitskönigin aus Paris – bis zu Germaine de Staëls Tod im Jahre 1817. Auch Madame Récamier war von Napoleon 1811 aus Paris ausgewiesen worden, da er den politischen Einfluß ihres

Salons fürchtete. Die vertrauten Freundinnen tauschten ihre Ansichten über Freunde und Liebhaber in Briefen und täglichen Billets aus, für die im Schloß Coppet besondere Gefäße und Aufbewahrungsorte vorgesehen waren, und berieten sich in Herzensdingen. Juliette Récamier wurde im Todesjahr der Staël die große Liebe des Romanciers und späteren Diplomaten François René de Chateaubriand. MLP

2/6 **Joseph Chinard** (1755-1813)
Juliette Récamier
1802
Gips; H. 71 cm
Lyon, Musée des Beaux-Arts

Juliette Récamier, eigentlich Jeanne Françoise Julie Adélaïde Bernard, seit 1792 mit dem Bankier Jacques Récamier verheiratet, war ihrer Schönheit und Anmut wegen eine der berühmtesten Salonnièren jener Zeit und wurde sowohl von Malern (David, Gérard) als auch Bildhauern portraitiert. Chinard – ein bedeutender Bildhauer des Klassizismus, der hauptsächlich nach antiken Vorbildern arbeitete – modellierte ihre Büste in zwei Sitzungen, 1795 und 1801/1802. Die Portraitierte strahlt mit ihrem modisch hochgesteckten, lockigen Haar, das von einem Stirnband gehalten wird, mädchenhaften Charme aus; mit verschränkten Armen hält sie ein nachlässig umgelegtes Musselintuch zusammen. Joseph Chinard gehörte bereits zur Zeit der Arbeit an dieser Büste zu den berühmtesten französischen Bildhauern. Während der Wirren der Revolution wurde er 1793 aufgrund einer Denunziation bei dem revolutionären Komitee in Lyon verhaftet. Nach seinem Freispruch reihte er sich in die republikanischen Miliztruppen ein. Er schuf mehrere Büsten und Portraits, von denen das Bildnis von Juliette Récamier viel Erfolg hatte. Wie viele seiner Büsten ist auch dieses Portrait aus dem Lyoner Museum in mehrfacher Ausführung (Terrakotta, Marmor, Bronze bzw. Gips) angefertigt worden. AC
Lit.: Kat. Düsseldorf 1994, Nr. 142, S. 267f.

2/7 **François-Pascal-Simon Gérard** (1770-1837)
Madame Récamier
1805
Bez. u.l.: F. Gérard del; u.M.:
Madame Récamier
Aquarellierte Zeichnung; 31,2 x 23,3 cm
Paris, Musée Carnavalet (D 8783)
Abb. S. 177

2/8 **Franz Krüger** (1797-1857)
Prinz August von Preußen
Um 1817
Öl auf Leinwand; 63 x 47 cm
Berlin, Staatliche Museen zu Berlin,
Nationalgalerie (A I 452)
Abb. S. 177

Im Alter von 28 Jahren ließ sich Juliette Récamier von Gérard portraitieren. Für das große Ölgemälde fertigte er diese aquarellierte Zeichnung an. Gérards Lehrer David hatte bereits fünf Jahre zuvor ein Portrait von der wegen ihrer Klugheit und Eleganz Vielgerühmten begonnen, mit dem weder die Portraitierte noch der Künstler zufrieden waren. Es blieb unvollendet (heute Musée du Louvre). Die gebürtige Lyonerin war als Gattin eines reichen Bankiers eine typische Repräsentantin des wohlhabenden und kunstsinnigen nachrevolutionären Pariser Bürgertums. Sie führte einen eleganten Salon im Palais des ehemaligen Finanzministers Necker und war freundschaftlich verbunden mit Neckers Tochter Madame de Staël. In Coppet lernte sie Prinz August von Preußen kennen. Sie verliebten sich. Die vom Prinzen gewünschte Ehe kam indessen nicht zustande – aus Gründen der Staatsräson und weil Madame Récamier zugunsten ihres inzwischen geschäftlich gescheiterten Mannes auf die Scheidung verzichtete. Zum Trost überließ sie dem Prinzen das Portrait von Gérard, das seinen Platz im Empfangssalon des gerade von Schinkel fertiggestellten Kronprinzenpalais in der Berliner Wilhelmstraße fand. Um 1817 portraitierte Franz Krüger Prinz August in diesem Raum vor dem Portrait der Madame Récamier, das als Bild im Bilde erscheint. Nach dem Tod des Prinzen erhielt sie das Portrait 1843 zurück. Ihr Pariser Salon war inzwischen zum Tempel der literarischen Elite geworden: Honoré Balzac, Stendhal und François René de Chateaubriand gingen hier ein und aus. Auch im Salon des Malers Gérard trafen sich Künstler und Gelehrte, er wurde zur ersten Adresse der Deutschen in Paris: Alexander von Humboldt, Schinkel und Sulpiz Boisserée waren hier ebenso zu Gast wie die Architekten Franz Christian Gau und Jacques Ignace Hittorff. Mit der Bemerkung, man solle doch eine perfekte Beziehung nicht verändern, hatte Madame Récamier ein Heiratsangebot Chateaubriands zurückgewiesen, dem sie gleichwohl verbunden blieb. Blind und gebrechlich saß sie an seinem Sterbelager. 1849 wurde sie Opfer einer Choleraepidemie. MK
Lit: Reichardt 1804; Bd. 1, S. 227f.; Bouyer, 1912, S. 427-438; Nationalgalerie Berlin 1976, S. 211 ff.; Régis 1988, S. 112-116; Willms 1988

Le nom de romantique a été introduit nouvellement en Allemagne pour désigner la poésie dont les chants des troubadours ont été l'origine, celle qui est née de la chevalerie et du christianisme. Si l'on admet pas que le paganisme et le christianisme, le nord et le midi, l'antiquité et le Moyen Age, la chevalerie et les institutions grecques et romaines, se sont partagé l'empire de la littérature, l'on ne parviendra jamais à juger sous un point de vue philosophique le goût antique et le goût moderne.

Madame de Staël: De l'Allemagne, 1810

Der Name romantisch ist in neuern Zeiten in Deutschland der Gattung von Poesie beigelegt worden, deren Ursprung die Gesänge der Troubadours waren, und die die Ritterzeit und das Christentum erzeugten. Gibt man nicht zu, daß Heidentum und Christentum, der Norden und der Süden, das Altertum und das Mittelalter, das Rittertum und die griechischen und römischen Einrichtungen sich in das Reich der Literatur geteilt haben, so wird man nie dahin gelangen, den antiken und den modernen Geschmack aus einem philosophischen Gesichtspunkt zu beurteilen.

In ihrer Miene und ihrem ganzen Wesen hat sie einen ganz eignen naiven, fast kindlichen, angenehmen Charakter; und ihre schönen hellen Augen, die sie oft in die Höhe schlägt, und ihr lieblicher, halb geöffneter Mund voll schöner Zähne scheinen es ganz natürlich zu finden, daß man sie gern in derselben Lage und Haltung stundenlang ansieht. Ihr schönes braunes Haar hatte sie sehr einfach in vollen Locken und mit einem breiten, schwarzen Samtband, das auf einer Seite die Stirn fast bis ans Auge bedeckte, ziemlich hoch in die Höhe gebunden.

Johann Friedrich Reichardt:
Vertraute Briefe aus Paris, 1802/03

2/9 **Anne Louise Germaine de Staël** (1766-1817)
Druckbögen aus »De l'Allemagne«
mit handschriftlichen Eintragungen
1810
Privatbesitz
Abb. S. 123

Diese Druckbögen, bestehend aus 417 Seiten, tragen an die 1100 Korrekturen von der Hand der Verfasserin. Eine Zweitkorrektur ist danach von der englischen Gouvernante Fanny Randall ausgeführt worden. Die Drucklegung überwachte Madame de Staël im Frühjahr 1810 von Schloß Chaumont-sur-Loire bei Blois aus, da Napoleons Polizisten ihr den Aufenthalt in Paris verwehrten. Der Besitzer des Schlosses, Jacques Donatien Le Ray, war 1777 in die Vereinigten Staaten ausgewandert, hatte dort ungeheure Reichtümer erworben und verwaltete den Neckerschen Besitz in Amerika. Das Werk – die Frucht der in den Exiljahren 1803/04 und 1807/08 in Begleitung von August Wilhelm Schlegel und Benjamin Constant unternommenen Reisen nach Weimar, Berlin und Wien und der Begegnung mit vielen deutschen Geistesgrößen, u.a. Goethe, Schiller, Wieland, den Brüdern von Humboldt, Hufeland, Fichte, Kotzebue – besteht aus vier Teilen: *De l'Allemagne et des moeurs des Allemands, De la littérature et des arts, La philosophie et la morale, La religion et l'enthousiasme*. Ihre begeisterten Beschreibungen der Sitten, der Literatur und Kunst, der Philosophie, Moral und Religion der Dichter und Denker an deutschen Höfen sollten auf Jahrzehnte das Deutschlandbild in der französischen Rezeption festigen und gegen die Entwicklung der politischen Wirklichkeit bewahren. So schrieb Heinrich Heine verbittert in den »Briefen über Deutschland« 1844: »Für die beiden Nachbarvölker ist nichts wichtiger als sich zu kennen. Irrthümer können hier die blutigsten Folgen haben. Diese Einsicht bewog mich schon vor zehn Jahren gegen das Buch de l'Allemagne der Frau von Staël in einem eigenen Werk, dem ich denselben Titel gab, aufzutreten. Ich habe seitdem hier in Frankreich nichts drucken lassen über deutsche Zustände.« MLP
Lit.: Habs 1882, S. 561 ff.; Kat. Paris 1930, Nr. 42, S. 25; Heine Bd. 10 (1979), S. 292

2/10 **Anne Louise Germaine de Staël** (1766-1817)
De l'Allemagne
Paris: H. Nicolle 1810
Wien, Universitätsbibliothek Wien
(I 269.387/1, 2/3)

Dieses von August Wilhelm Schlegel gerettete Exemplar (2 Bände), das er wohl seinem Bruder Friedrich in Wien übereignete, ist neben dem dreibändigen vollständigen (heute in der Bibliothèque Nationale de France befindlichen) Zensurexemplar des Generaldirektors der Presse, Jean Etienne Marie de Portalis, die einzige vor der Vernichtung durch Napoleons Zensoren erhaltene Buchfassung des französischen Erstdrucks. Madame de Staël selbst berichtet in der vom 1. Oktober 1813 datier-

2/10

ten Vorrede ihres Werkes, das zunächst in London 1814 durch John Murray und erst 1814 nach Napoleons Sturz und der Wiedereinrichtung der Bourbonenherrschaft in Paris erscheinen konnte, von den dramatischen Ereignissen: Am 23. September 1810 hatte sie den letzten Korrekturbogen durchgesehen, als einen Tag später die Auflage von ca. 10 000 Exemplaren eingezogen und eingestampft wurde und zugleich die Aufforderung erging, die Verfasserin habe Frankreich auf Befehl Napoleons innerhalb von 24 Stunden zu verlassen. Am 20. Oktober traf sie in Coppet ein. Das Buch wurde zu einer Bibel der ersten Generation der Romantiker. Goethe lobte es in einem Brief an Knebel vom 18. Mai 1814: »Wir Deutschen hätten uns nicht leicht selbst so resümieren können, wie man es in diesem Buch von Schlegel-Staël tut.« Die erste Deutschlandreise führte Madame de Staël von November 1803 bis Mai 1804 von Genf, Bern, Zürich über Ulm, Würzburg, Weimar, Leipzig nach Berlin und über Fulda, Frankfurt am Main und Mainz zurück ins französische Metz; die zweite Reise von Dezember 1807 bis Juni 1808 ging von Genf über München, Wien, Prag, Dresden, Weimar, Frankfurt am Main und Heidelberg über Basel zurück nach Genf. MLP

Lit.: Habs 1882, S. 5-10; Staël 1985, S. 823, 843, 846

2/11 **Brief des Präfekten des Département Loir-et-Cher**
an den Polizeiminister betreffend das Verbot von »De l'Allemagne«
Blois, 29. September 1810
Manuskript; 30 x 21 cm
Paris, Archives nationales
(F7 6331 pièce 145)
Abb. S. 123

Madame de Staëls Verhältnis zu Napoleon war nie ungetrübt: Bereits 1803 hatte er ihr als Erster Konsul die Order gegeben, sich mindestens 40 Meilen von Paris entfernt aufzuhalten, da er ihren Einfluß fürchtete. Trotz ihrer Versprechungen, sich nicht in die Politik einzumischen, zwang er sie, vornehmlich auf dem väterlichen Schloßgut Coppet am Genfer See in der Schweiz zu verbleiben. Dort allerdings versammelte sie getreue Geistesmenschen und Freunde um sich und machte somit auch ihren Einfluß aus der Ferne geltend. Nach fortgesetzter Überwachung gelang es Napoleons Schergen am 24. September 1810, die Erstauflage ihres Buches »De l'Allemagne« in ca. 10 000 Exemplaren zu beschlagnahmen. Am 29. September 1810 schrieb der Präfekt des Département Loir-et-Cher aus Blois an »son excellence le Ministre de la Police générale de l'Empire«, während Madame de Staël sich im nahegelegenen Schloß Chaumont-sur-Loire aufhielt: »Madame de Staël hat mir gerade die Fahnen ihres Buches über Deutschland überlassen und erklärt, daß sich alle in ihrem Besitz befinden. Sie hat mir gesagt, daß sich das Manuskript dieses Werkes in Paris befindet und nicht von der Person zurückgeschickt worden ist, der es der Drucker überlassen hat. Sie hat mir ihr Wort gegeben, es mir zu liefern...« Der Brief berichtet im weiteren, daß der Präfekt Madame de Staël zum Aufbruch gedrängt habe, da ihr Aufenthalt unerwünscht sei. Es handelt sich also um ein klassisches Dokument geistiger Zensur und der Kriminalisierung der Verfasserin. MLP

2/12 **Brief des Polizeiministers an den Präfekten von Lemon**
betreffend das Exil von Madame de Staël
18. Oktober 1810
Manuskript ; 30 x 20 cm
Paris, Archives nationales (F7 633/01 pièce 152)
Abb. S. 172

Seit der Beschlagnahme von »De l'Allemagne« Ende September 1810 stand Madame de Staël in Coppet unter Hausarrest. Weder ihr noch ihren Kindern war es gestattet, sich auf französischen Boden zu begeben. »Es schien mir, daß die Luft unseres Landes Ihnen nicht zusage«, so hatte General Savary diese Entscheidung begründet, die der Herzog von Rovigo in einem Brief an Madame de Staël vom 3. Oktober 1810 mit der Bemerkung vermittelte, die Franzosen »seien noch nicht dahingekommen«, in den Völkern, die die Staël bewundere, »nachahmenswerte Vorbilder« zu sehen. Da sie aber eine Sondergenehmigung erhalten hatte, nach Frankreich zu reisen, um sich von den Häfen La Rochelle, Bordeaux oder Rochefort in die Vereinigten Staaten zu begeben und ihre Pläne geändert hatte, teilte die 1. Abteilung der »Police Générale« am 18. Oktober 1810 dem Präfekten von Leman in Genf mit, daß sie unverzüglich nach Coppet zurückzukehren habe. MLP

2/13 **Liste der von Napoleon aus Paris verbannten Personen,**
aufgestellt von der »Police Générale N°1er«
29. April 1814
Urkunde mit handschriftlichen Eintragungen; 42 x 54 cm (aufgeschl.)
Paris, Archives nationales
(F7 6331)
Abb. S. 172

Nach der Abdankung Napoleons am 31. März 1814 und seiner Ausweisung nach Elba dokumentiert diese Aufstellung der »Police Générale N°1er« vom 29. April 1814 74 Namen von Personen, deren Ausweisung von Paris aufgehoben und deren Rückkehr in die Hauptstadt damit verfügt war. Madame de Staël, als »Verfasser einer Schrift über Deutschland« seit Oktober 1810 im Exil, hatte sich zeitweise in Schweden bei der Familie ihres 1802 verstorbenen Mannes aufgehalten. In dem Dokument heißt es: »Staël / Madame de / 8 bre 1810 / auteur d'un écrit sur l'Allemagne / En Suède«. Elzeard de Sabran, den die Liste ebenfalls aufführt, war im Juni 1813 wegen des Briefwechsels mit Madame de Staël exiliert worden; er habe zudem einen schlechten Geist in der Gesellschaft verbreitet. MLP

Lit.: Habs 1882, S. 5-10

2/14 **Louis Philibert Debucourt** (1755-1832)
Gesprächskreis der Madame de Staël in Coppet
Um 1800
Gouache; 23 x 15 cm
Paris, Bibliothèque Nationale de France, Département des Estampes (Hennin 12680)
Abb. S. 176

In Coppet verkehrten u.a. Wilhelm von Humboldt, die Brüder Schlegel, Benjamin Constant, der Genfer Volkswirtschaftslehrer und Historiker Jean Charles Sismondi, der junge französische Diplomat Prosper de Barante, der Schriftsteller Karl Viktor von Bonstetten, Juliette Récamier sowie durchreisende französische und deutsche Diplomaten und Schriftsteller. Auch die führenden Mitglieder der aufgeklärten romantischen Zirkel der

---

Cet ouvrage [De l'Allemagne] est la prière d'une âme exilée qui demande un refuge dans l'univers moral; c'est l'improvisation éolienne de »Corinne« au bord du Rhin. Ce n'est pas, on le sait bien, une peinture exacte et méthodique.

Edgar Quinet: Les préjugés qui séparent l'Allemagne et la France, 1836

Dieses Werk ist das Gebet einer exilierten Seele, die im moralischen Universum Zuflucht sucht; es ist die aeolische Improvisation der »Corinne« am Ufer des Rheins. Es ist nicht, wie man weiß, ein genaues und methodisches Abbild.

Schweiz gehörten zu den Habitués. In Coppet wurden nicht nur literarische Werke verfaßt und unter Freunden gelesen; es entstanden auch Theaterstücke, die regelmäßig aufgeführt wurden. Debatten um brennende Fragen des Verfassungswesens, Tagesnachrichten und politische Themen dieser bewegten Jahre erhitzten die Gemüter der Gäste in Coppet. Die kulturellen Auswirkungen solcher Auseinandersetzungen waren gerade wegen der Zwangssituation um Madame de Staël im Exil für die europäische Geistesgeschichte der ersten Romantikergeneration bahnbrechend. Der Pariser Maler und Zeichner Debucourt schuf 1791 ein Meisterwerk der revolutionären Grafik, das »Almanach national«. Nach der Revolution widmete er sich vornehmlich der Reproduktionsgrafik und hinterließ 558 Blätter. MLP

Lit.: Pange 1949

2/15 **Philippe Auguste Hennequin** (1762-1833)
bzw. Schüler
Sitzung im Institut de France zur Zeit Ludwigs XVIII.
Öl auf Leinwand; 125 x 106 cm
Paris, Institut de France
Abb. S. 177

Dargestellt ist eine imaginäre Szene im Institut de France, der höchsten wissenschaftlichen Einrichtung Frankreichs, an deren Sitzungen so prominente Persönlichkeiten wie Madame de Staël, Madame Récamier und Chateaubriand teilnahmen. Neben den bereits Genannten sind links zu erkennen: Alfred de Vigny, Alphonse de Lamartine, Victor Hugo, Marceline Desbordes-Valmore und rechts im Vordergrund der Herzog von Berry in Uniform nebst Gemahlin. Aus chronologischen Gründen kann eine Institutssitzung in dieser Konstellation nie stattgefunden haben. Der bourbonische Thronerbe Charles Ferdinand Herzog von Berry wurde 1820 von dem Fanatiker Louvel ermordet, und zu diesem Zeitpunkt waren die meisten der dargestellten Schriftsteller noch zu jung, um als Mitglieder oder Beobachter an einer Sitzung des Instituts teilzunehmen. (Chateaubriand wurde 1811, Lamartine 1830, Victor Hugo 1841 und Alfred de Vigny 1845 in die Akademie aufgenommen). Vermutlich handelt es sich um ein Auftragswerk, das diesen Personenkreis zeigen sollte. Hennequin war ein Anhänger Napoleons. Nach der Rückkehr der Bourbonen 1814 verließ er Frankreich und folgte seinem Lehrer David ins belgische Exil. AC

Lit.: Benoit 1994, Nr. P. XII, S. 118

2/16 **Albert Jakob Frans Gregorius** (1774-1853)
August Wilhelm Schlegel
Bez. o.l.: Gregorius
Öl auf Holz; 64 x 53 cm
Privatbesitz
Abb. S. 187

Der Kritiker, Literaturhistoriker, Dichter, Shakespeareübersetzer und Orientalist August Wilhelm Schlegel erwies sich Madame de Staël als treuester Freund und literarischer Berater. Er erschloß ihr die deutschsprachige Geisteswelt, begleitete sie auf ihren Deutschlandreisen und führte sie in die Schriftstellerkreise der Residenzen ein, nachdem sie ihn auf ihrer ersten Reise 1804 in Berlin kennengelernt und für insgesamt zwölf Jahre als Lehrer ihrer Kinder und Berater an das Haus Coppet gebunden hatte. Als Schlegel 1808 in Wien seine »Vorlesungen über dramatische Kunst und Litteratur« antrat, war ihre Freundschaft bereits emotional getrübt und belastet. August Wilhelm Schlegel rettete ein Druckexemplar von »De l'Allemagne« vor der Zerstörung (2/10). Ohne seinen maßgeblichen Einfluß hätte Madame de Staël dieses bahnbrechende kulturgeschichtliche Werk nicht schreiben können. Gregorius hat Schlegel mit dem russischen St. Vladimir-Orden 4. Klasse portraitiert. MLP

Lit.: Pange 1949

2/17 **Firmin Massot** (1766-1849)
Benjamin Constant de Rebecque
Bleistift, mit weißer Kreide gehöht; 22,2 x 19,3 cm
Privatbesitz
Abb. S. 186

Der 1767 in Lausanne geborene Constant war der Sohn eines Schweizer Offiziers in holländischen Diensten und einer Mutter hugenottischer Abstammung; er genoß in England und Deutschland eine europäische Ausbildung. Nach mehreren Reisen wurde er vorübergehend Gesellschafter des Herzogs von Braunschweig. Am 18. September 1794 lernte er Madame de Staël kennen; damals strebte er in Frankreich eine Karriere als Politiker an. Seiner liberalen Ansichten wegen wurde er 1802 vom Tribunal ausgeschlossen. Als ständiger Begleiter und Liebhaber von Madame de Staël gehörte er zum »Cercle de Coppet«, bis seine heimliche Heirat mit Charlotte von Hardenberg 1808 ihrer Freundschaft ein Ende setzte. Als Schriftsteller wurde er durch seinen autobiographischen Roman »Adolphe« berühmt, der 1816 erschien und neben Chateaubriands »René« das durch die Lektüre von Goethes »Werther« eingeleitete romantische »mal du siècle« vermittelt. In der Regierung Ludwig XVIII. war Constant einer der wichtigsten liberalen Redner; von Louis Philippe wurde er zum Präsidenten des Staatsrats berufen. MLP

DE L'ESPRIT
DE CONQUÊTE
ET
DE L'USURPATION,
DANS LEURS RAPPORTS
AVEC LA CIVILISATION EUROPÉENNE.

Par BENJAMIN DE CONSTANT-REBECQUE,
MEMBRE DU TRIBUNAT, ÉLIMINÉ EN 1802, CORRESPONDANT DE LA
SOCIÉTÉ ROYALE DES SCIENCES DE GOTTINGUE.

TROISIÈME ÉDITION,
REVUE ET AUGMENTÉE.

PARIS,
Chez { LE NORMANT, Libraire, rue de Seine, n° 8;
      { H. NICOLLE, Libraire, même rue, n° 12.

M. DCCC. XIV.

2/18

2/19

2/18 **Benjamin Constant de Rebecque** (1767-1830)
De l'Esprit de conquête et de l'usurpation dans leurs rapports avec la civilisation européenne (Vom Geist der Eroberung und der Besetzung in ihrer Beziehung auf die europäische Zivilisation)
Durchschußexemplar mit Constants eigenhändigen Korrekturen und Ergänzungen für eine neue Ausgabe
Paris: Le Normant / H. Nicolle 1814(3)
Paris, Bibliothèque Nationale de France, Département des Imprimés (E* 4138)

Dieses Werk entstand im November 1813 unter dem Eindruck der napoleonischen Feldzüge und erschien im Jahr der Abdankung Napoleons und dessen temporärer Exilierung auf die Insel Elba. Als Napoleon zurückkehrte und für 100 Tage die Macht übernahm, redigierte Constant in seinem Auftrag den »Acte additionnel aux constitutions de l'Empire«. Unter den Bourbonen profilierte er sich als Liberaler im Abgeordnetenhaus, dem er von 1819 bis 1822 und von 1824 bis zu seinem Tode im Jahr 1830 angehörte.   MLP

2/19 **Pierre-Louis Bouvier** (1766-1836)
Albert-Jean Michel Rocca d'Avigliano, gen. John Rocca in der Uniform der Chamborant-Husaren mit seinem Pferd »Sultan«
1812
Bez. u.l.: PL BOUVIER/1812
Öl auf Leinwand; 70,8 x 57 cm
Genf, Collection du Musée d'art et d'histoire de la Ville de Genève (CR 21)

Der spanischstämmige Schweizer Husarenoffizier John Rocca, um 20 Jahre jünger als Madame de Staël, war ihre letzte Liebe. Ein Sohn, der aus dieser 1816 geschlossenen zweiten Ehe hervorging, wurde nach der Geburt in Pflege gegeben. Rocca überlebte seine Frau nur um ein Jahr und verstarb 1818 in seinem dreißigsten Lebensjahr. Madame de Staël unterhielt in ihrem bewegten Leben leidenschaftliche Beziehungen mit Charles-Maurice Talleyrand-Prince de Bénévent, dem 1789 zum französischen Kriegsminister berufenen Narbonne und dem Schriftsteller Benjamin Constant.   MLP

Bernhard Fischer

Johann Friedrich Cotta und Frankreich

Wie nur wenige war der Verleger Johann Friedrich Cotta, der »Buonaparte«, der »Napoleon« des deutschen Buchhandels, zeit seines Lebens verbunden mit dem politischen und kulturellen Leben Frankreichs. Und wie kaum ein anderer bemühte er sich um den Austausch der Bildung, um die Vermittlung der Fortschritte der Kultur und Wissenschaften vor allem von Frankreich nach Deutschland. Eine Fülle ideeller und geschäftlicher Verbindungen, eine Fülle biographischer Spuren führen nach Frankreich und insbesondere nach Paris, bezeichnenderweise stand der Verleger Schillers und Goethes, der württembergische und deutsche Patriot in engem Kontakt mit Grenzgängern wie dem Grafen Reinhard, Georg Forster, Alexander von Humboldt, später den Exilanten Ludwig Börne und Heinrich Heine. Cottas Beziehung zu Frankreich verdichtet sich in dem berühmten klassizistischen »Bildnis der Wilhelmine von Cotta« aus dem Jahr 1802, in dem Gottlieb Schick, der von 1798 bis 1802 in Paris als Schüler in Davids Atelier gearbeitet hatte, sie als schwäbische Madame Récamier vorstellte – wobei kaum jemand weiß, daß Récamier einer von Cottas Pariser Bankiers war.

Johann Friedrich Cotta wuchs auf im Herzogtum Württemberg, das durch seine geographische Lage und seine Geschichte auf Frankreich hin orientiert war. Die Erinnerung an Ludwig XIV. Feldzüge um die natürliche Rheingrenze, an den Spanischen Erbfolgekrieg, der in der Pfalz und Württemberg Verwüstungen hinterlassen hatte, war hier noch nicht verblaßt. Das Herzogtum hatte linksrheinische Besitzungen; Architektur und Hofhaltung der Residenzen in Ludwigsburg und Stuttgart ahmten – ähnlich wie in Karlsruhe und Mannheim – das Beispiel von Versailles nach, auch wenn alle Versuche der Herzöge, ein absolutistisches Regiment einzuführen, an der Macht der württembergischen »Landschaft« scheitern mußten.

Dies alles prägte mit den Ideen der Aufklärung Cottas politischen Werdegang, dessen entscheidendes Ereignis die Französische Revolution war. Seit dem Sturm auf die Bastille beschleunigten sich die Ereignisse und schmolzen die Entfernungen; Paris war seither das Epizentrum der Europäischen Politik. Allerdings griff dieser Wendepunkt der europäischen Geschichte tiefer in Cottas Leben ein als bei den meisten seiner aufgeklärten Zeitgenossen, die diesen Wendepunkt zwar aufmerksam, aber aus der Ferne beobachteten. Cotta erlebte aus nächster Nähe den französischen Revolutionsexport: die rheinischen Jakobinerclubs, die Mainzer Republik, später den französischen Versuch, diplomatisch die von der Fürstenherrschaft befreiten Gebiete auszudehnen, die revolutionären Ideen einer helvetischen, einer schwäbischen Republik, die mancherorts keimende Ambition der württembergischen Landstände, sich nach dem Vorbild der Assemblée nationale zur Nationalversammlung zu erklären. Anfangs war er selbst an der Französischen Revolution unmittelbar beteiligt. Er verlegte das *Strasburger politische Journal*, die jakobinische Zeitung seines Bruders Christoph Friedrich. Dieser war 1790 in Stuttgart dem Straßburger Jakobinerklub beigetreten, wirkte politisch 1792 zusammen mit Georg Forster in der gescheiterten Mainzer Republik und machte die Erfahrung der »terreur« des Wohlfahrtsausschusses am eigenen Leibe: 1794 verhaftet, entging er nur knapp der Verurteilung, überlebte er in den Massenzellen der Conciergerie, bis er nach dem Sturz Robbespierres und Saint Justs rehabilitiert wurde.[1]

Diese Erfahrungen verstärkten Cottas Skepsis gegenüber der Volksherrschaft, die ihn in Paris schon früh in den Umkreis der deutschen Girondisten wie Karl Friedrich Graf von Reinhard und Konrad Engelbert Oelsner gebracht hatte, die oft aus dem Süddeutschen stammten und hierhin weiter Beziehungen aufrecht erhielten. Die Sympathie für die Gironde vermittelte später die enge Verbindung mit Ludwig Ferdinand Huber und Paulus Usteri, der eine Posselts Nachfolger bei der *Allgemeinen Zeitung* von 1798 bis 1804, der andere einer der wichtigsten Korrespondenten; Huber vermittelte dann den Kontakt zum Kreis von Coppet um Madame de Staël und Benjamin Constant, dem August Wilhelm Schlegel zugehörte. Cotta sah durchaus die Notwendigkeit einer Reform der deutschen Staatsverfassungen und der württembergischen im besonderen, im Gegensatz zu seinem jakobinischen Bruder aber setzte er schon früh auf vorsichtige Reformen. An den Grafen Reinhard schrieb er am 16. November 1798: »Inzwischen bin ich immer noch der Überzeugung, daß eine Verfassung wie die unsrige verbessert u. gereinigt für die Menschen wie sie gegenwärtig sind doch immer die zuträglichste seye. Eine höhere Stufe von

Firmin Massot: Benjamin Constant de Rebecque. Privatbesitz (2/17)

Freiheit erfordert höhere Geistes u. sittl[iche] Cultur, u. dise scheint eher Ab- als zuzunemen, neml[ich]: die sittl[iche] Cultur. Denn so schön u. vortrefl[ich] Sie mir auch einen Theil meiner lezten Zweifel namen, so ist eben der nicht gehoben, daß der Republicanismus, so wie er sich wirkl[ich] zeigt, gar zu sehr die menschl[ichen] Leidenschaften aufreizt, und daß Ehre u. GeldGeiz, die mächtigste Triebfedern den grösten SpielRaum erhalten. Wohin mus diß notwendig bei Menschen füren, die nicht auf der höchsten Stufe moralischer Bildung stehen.«[2]

Seinen Anteil an den Reformen sah er im wesentlichen in der Herstellung einer politischen Öffentlichkeit in Deutschland, die sich auf der Grundlage von Dokumenten, Nachrichten und Kommentaren eine fundierte Meinung bilden und somit als »gebildete Stände« – besonnen, umsichtig und das Gemeinwohl sich als Ziel setzend – am Reformprozeß teilnehmen konnte. Diese Zielsetzung bestimmte all seine Zeitschriften und Journale. Wie sehr dabei im guten wie im schlechten der Blick auf Frankreich gerichtet war, wie sehr die programmatische »Unparteilichkeit«, der historiographische Blick mit einer aufklärerischen und durchaus revolutionsfreundlichen Tendenz gepaart waren, zeigt beispielhaft die Wahl des Herausgebers Ernst Ludwig Posselt für die *Europäischen Annalen* (gegründet 1794) und die *Neueste Weltkunde* (1798). Posselt war mit Graf Reinhard und General Moreau befreundet und stand der Gironde nahe, u.a. übersetzte er Condorcets *Entwurf eines historischen Gemähldes der Fortschritte des menschlichen Geistes* und Oelsners Schrift *Sieyès Geist nach seinen Schriften*, die 1796 und 1800 bei Cotta erschienen. Ganz bezeichnend setzte Posselts nach Ländern gegliederte Berichterstattung in jeder Ausgabe der *Weltkunde* mit Frankreich ein und führte dann nach Osten, gleichsam dem Gefälle der Aufklärung von der Höhe bis zur russischen Despotie folgend.

Cotta kannte Frankreich nicht bloß von seinen Reisen ins nahe gelegene Elsaß her, wo Konrad Pfeffel als einer der wichtigsten literarischen Autoren seines Verlags lebte. Auch verschiedene Reisen nach Paris sind belegt, die Cotta zum Augenzeugen der Umwälzungen in Frankreich vom Ancien régime bis zur bourbonischen Restauration machten. 1785 ging er mit dem Kupferstecher Johann Gotthard Müller nach Paris, um hier seine französischen Sprachkenntnisse für eine polnische Hofmeisterstelle zu vervollkommen. Ins Jahr 1792 fällt wohl eine weitere Reise nach Paris, wo er die persönliche Bekanntschaft mit einer Reihe von deutschen Augenzeugen und Beteiligten der französischen Revolution, vor allem im Umkreis des Baron Gustav von Schlabrendorf machte. Hier lernte er wohl Konrad Engelbert Oelsner, mit Sicherheit aber seinen württembergischen Landsmann und Tübinger Stiftler Friedrich Graf Reinhard kennen, der 1792 von Abbé Sieyès für den diplomatischen Dienst Frankreichs geworben wurde.[3] Graf Reinhard, 1799 für kurze Zeit französischer Außenminister, gab auch den Anlaß für Cottas Parisreise im Spätjahr 1799, als dieser im Auftrag der württembergischen Stände über einen Separatwaffenstillstand mit Frankreich verhandeln sollte. Cotta konnte allerdings bei Reinhard nichts Entscheidendes erreichen[4]; er verwandte sich aber für das Anliegen bei dem Kriegsminister und Befehlshaber der Rheinarmee General Moreau, was dazu beitrug, daß Württemberg beim Friedensschluß im April 1800 »verhältnismäßig gut behandelt« wurde[5]. Cotta allerdings trug diese Mission die erklärte Feindschaft seines Fürsten ein, der von nun an jede Möglichkeit zur Schikane nützte. 1803 spielte ihm Talleyrand in die Hände, als er das Verbot der *Allgemeine Zeitung* beantragte, dem der württembergische Herzog Friedrich II. nur allzu gerne folgte; Cotta verlegte sie ins bayerische Ulm, um sie so den Eingriffen des württembergischen Herzogs zu entziehen. Aber auch hier konnte die Zeitung nicht mehr dem nun dominierenden Einfluß Frankreichs entgehen. Ein Verbot in Frankreich noch im Jahr 1804 konnte 1805 nur durch eine Vereinbarung begegnet werden, nach der der Chefredakteur Karl Joseph Stegmann Kriegsberichte nur dann in die *Allgemeine Zeitung* aufnehmen würde, wenn sie im Interesse Frankreichs geschrieben wären; darüber hinaus verpflichtete sich Stegmann zu Berichten an den französischen Polizeiminister Fouché.[6]

Auf einer weiteren Reise Cottas begleitete er 1801 den von den Fürsten von Hohenzollern mit Verhandlungen über Gebietsentschädigung betrauten Geheimrat von Frank nach Paris. 1825 schließlich reiste er in Begleitung seiner Frau und Sulpiz Boiserées nach Paris.

Die französische Literatur spielte in Deutschland seit jeher eine wichtige Rolle. Cotta blieb also im üblichen Rahmen, wenn er Übersetzungen französischer Romane und Erzählungen wie die von Therese Huber übersetzten *Emilie von Varmont* und *Adèle de Senange* verlegte und auch seine Frauenzimmer-Zeitschrift *Flora* sich aus dieser Quelle speiste. Ebensosehr blieb er im Rahmen buchhändlerischer Spekulation, wenn er seit 1806 die französische Sprachlehren und Dictionnaires des Abbé Mozin in immer neuen Auflagen auf den Markt warf; sie bildeten das finanzielle Rückgrat des Verlages in der Buchhandelskrise während der napoleonischen Herrschaft in Deutschland.

Je deutlicher aber sich die Bedeutung Frankreichs für die weitere Entwicklung Deutschlands herauskristallisierte, je klarer die Fortschritte der bürgerlichen Gesellschaft in Frankreich vorbildhaft ins Bewußtsein des deutschen Publikums traten, desto intensiver und unmittelbarer wurde die Beziehung Cottas zu Frankreich selbst. An die Stelle einer bloß literarischen Beziehung trat der Versuch der Teilnahme und weiter der kulturell-zivilisatorischen Aneignung.

Den Anfang machte die vorwiegend politische und zeithistorische Berichterstattung in den *Europäischen Annalen* und in der *Allgemeinen Zeitung*. Das deutsche Publikum verfolgte gespannt die Entwicklung in Frankreich und war begierig nach Nachrichten und Neuigkeiten aus dem gesellschaftlichen und politischen Leben. Dieses Bedürfnis zu befriedigen, bediente sich vor allem die *Allgemeine Zeitung* neben der Auswertung der wichtigsten französischen Zeitungen und Zeitschriften solcher Korrespondenten, welche die Ereignisse aus größter Nähe beobachten und geradezu dramatisch aufarbeiten sollten. An August Campe, der sich für Berichte aus Paris angeboten hatte, schrieb Cotta am 1. Oktober 1799: »Was ich aber besonders wünschte, das sind Gemälde über den sittlichen u. CulturZustand, vile Künste und Wissenschaften, Luxus, besonders in Vergleichung mit altem Paris, einen kleinen tableau von Paris nach Mercier, Handel, GeldWucher, SpeculationsGeist, kurz alles, was das grosse Publikum in Hinsicht auf einen so wichtigen Punkt intressiren kan – also auch Schilderung der wirkl[ich] handelnden Personen; Privatbetragen derselben p.p.«[7]

Eine zentrale Rolle bei den Korrespondenzen spielten die Personen, die Cotta wie Graf Reinhard und sein Privatsekretär Georg Kerner oder auch Widemann, der als Sekretär in der Kanzlei des Kaisers Napoleon arbeitete, mit möglichst sensiblen Informationen versorgen konnten. Neben Paris, von wo auch der Buchhändler Henrichs und Marron berichteten, spiel-

Albert Jakob Frans Gregorius: August Wilhelm Schlegel. Privatbesitz (2/16)

te noch Straßburg eine große Rolle wegen der dortigen Semaphorenleitung, die diesen Ort mit dem übrigen Frankreich vernetzte – von hier korrespondierten Friedrich August Engelbach und Johann Gottfried Schweighäuser[8]. Hinzu kam, daß die französische Regierung die Bedeutung der *Allgemeinen Zeitung* für die öffentliche Meinung durchaus erkannte und für ihre Dienste nutzen wollte und der Redaktion deshalb offizielle Bulletins und Aktenstücke zur Veröffentlichung mitteilte. Auf die politische Berichterstattung folgte die über das kulturelle Leben in den von Helmina von Chezy herausgegebenen *Französischen Miscellen* (1803-1806). Entsprechend dem Programm, »die Fortschritte der schönen Künste und praktischen Wissenschaften in Frankreich anzuzeigen, und ein vollkommenes Gemälde des Zustandes der Sitten, Gebräuche und Lebensart der Nation darzustellen« (1803, H. 1), boten sie Ausstellungsberichte, literarische Übersichten, Rezensionen und Portraits. Dies setzte sich im *Morgenblatt für gebildete Stände* (1807 gegründet) fort, dem Franz Horn 1819 nicht von ungefähr eine »Vorliebe für Frankreich« vorwarf.

Cotta war auch unmittelbar als Verleger in Paris präsent, wobei er sich u.a. der hier ansässigen deutschen Verleger,

IDEEN
ZU EINER
GEOGRAPHIE DER PFLANZEN
NEBST
EINEM NATURGEMÄLDE
DER TROPENLÄNDER,

Auf Beobachtungen und Messungen gegründet, welche vom 10ten Grade nördlicher bis zum 10ten Grade südlicher Breite, in den Jahren 1799, 1800, 1801, 1802 und 1803 angestellt worden sind,

VON
AL. VON HUMBOLDT UND A. BONPLAND.

BEARBEITET UND HERAUSGEGEBEN VON DEM ERSTERN.

MIT EINER KUPFERTAFEL.

TÜBINGEN, BEY F. G. COTTA.
PARIS, BEY F. SCHOELL (RUE DES MAÇONS-SORBONNE, N.° 19).
1807.

Alexander von Humboldt und Aimé Bonpland: Ideen zu einer Geographie der Pflanzen nebst einem Naturgemälde der Tropenländer, Tübingen: Cotta / Paris: Schoell 1807. Berlin, Ibero-Amerikanisches Institut zu Berlin-Preußischer Kulturbesitz (3/22)

Buchhändler und Autoren bediente. Für den französischen Markt produzierte er hier seit 1802 in Gemeinschaft mit Henrichs und Xhrouet die von Jean-Baptiste Suard herausgegebenen *Archives littéraires* und zusammen mit Treuttel & Würtz den *Almanac des Dames*, der sich nach dem Vorbild des *Taschenbuchs für Damen* der gehobenen Unterhaltung des französischen Publikums widmete. 1804 folgte der *Miroir de la France*, der mit den denkwürdigen Zeilen einsetzte: »Le journal que nous avons entrepris étant principalement consacré à la France, nous pensons faire une chose agréable aux lecteurs étrangers, en leur donnant une notice du régime actuel, ainsi que des diverses institutions d'une République qui par son étendue, sa richesse, sa puissance, est au premier rang parmi les Etats européens, et qui a une influence nécessaire sur les opérations politiques de tous les cabinets. – Ne nous le dissimulons point, la France offre à nos regards un phénomène unique dans les fastes des nations; et ce qui surprendra surtout la postérité, c'est qu'il est l'ouvrage d'un seul homme: aussi peut on dire qu'il est lui même un phénomène« (Das von uns in Angriff genommene Journal ist vor allem Frankreich gewidmet. Wir denken, daß wir damit ausländischen Lesern etwas Angenehmes bieten: Wir gestatten ihnen Einblicke in die gegenwärtige Regierung ebenso wie in verschiedene Einrichtungen einer Republik, die auf Grund ihrer Größe, ihres Reichtums und ihrer Macht zu den ersten europäischen Staaten zählt und einen notwendigen Einfluß auf das politische Handeln aller Regierungen hat. – Machen wir uns nichts vor: Frankreich bietet unseren Blicken ein einzigartiges Phänomen im Gepränge der Staaten. Daß dies alles das Werk eines einzigen Mannes ist, wird die nachfolgenden Generationen am meisten erstaunen, weshalb wir auch diesen Mann als ein Phänomen bezeichnen müssen). Letzteres war auf Napoleon gemünzt.

Einen weiteren Akzent im Verlagsprogrammn setzte Paris als Hauptstadt der Künste und der Naturwissenschaften, an denen Cotta seit jeher ein besonderes Interesse hatte. Als Sitz der Académie française und bedeutender Institutionen, durch seine einzigartige Konzentration von hervorragenden Fachgelehrten verschiedenster Disziplinen und seine Dichte gelehrter Geselligkeit hatte Paris seit jeher ein internationales Renommee, das durch die öffentliche Anerkennung und Förderung der Forscher während der Republik und in der napoleonischen Zeit noch gesteigert wurde. So war es kein Wunder, daß Cotta, als es darum ging, sein naturhistorisches Programm weiterzuentwickeln, nach 1800 sich dorthin wandte. Das erste Projekt war Persoons *Synopsis plantarum*, die bei Karl Friedrich Cramer – dem Verleger der Werke des Abbé Sieyès – gedruckt wurde. 1804 erbot er sich, Alexander von Humboldts und Bonplands naturhistorische Reisedarstellung der Amerikaexpedition zu übernehmen; Cotta mußte allerdings eine Kooperation mit Schoell für eine deutsche und französische Parallelausgabe eingehen. Das brachte ihm den Vorteil, daß die hier ansässigen hochqualifizierten Kupferstecher die Illustrationen und Karten fertigen konnten, was in angemessener Frist in Deutschland kaum möglich gewesen wäre – dies sollte später bei Sulpiz Boisserées Domwerk eine entscheidende Rolle spielen. Seine Pariser Geschäfte wurden so umfangreich, daß er von 1808 an mit Alexander Schubart neben seinen Korrespondenten und Vertrauten, die ihm französische Manuskripte zur Übersetzung mitteilten, einen ständigen Verlagsrepräsentanten in Paris hatte[9].

Wie wenig Cottas »Frankophilie« Opportunismus oder geschmeidiger Anpassung an den allgegenwärtigen Druck der napoleonischen Herrschaft in Deutschland entsprang, sondern seiner Überzeugung und seinen »Gesinnungen«, zeigt sein Verhältnis zu Napoleon. Angefangen von Posselts Eloge auf Buonaparte verlegte Cotta eine Fülle von militärhistorischen[10] und biographischen[11] Schriften über Napoleon. Cotta war fasziniert vom militärischen Genie des großen Korsen, insbesondere aber sah er in Napoleons Herrschaft für Deutschland eine gleichsam weltgeschichtliche Mission, den Flickenteppich des Alten Reichs hin zu einem Nationalstaat zu bereinigen, die altertümlichen Strukturen der Territorien durch eine moderne, d.h. zentrale und straffe Administration zu ersetzen und das Rechtssystem durch die Einführung des Code Civil/Code Napoleon (3/28) auf eine neue Grundlage zu stellen.

Der nationale Aufbruch 1813, die folgenden Befreiungskriege hinterließen im Verlag wie in Cottas politischem Weltbild keine opportunistische Spur plötzlichen Franzosenhasses. Die Berichterstattung namentlich der von Stegmann redigierten *Allgemeinen Zeitung* wie des *Morgenblattes* blieb »frankophil«. Cotta war zu sehr geprägt von den kosmopolitischen und universalhistorischen Ideen der Spätaufklärung, die so viel der französischen Geisteswelt verdankten, er war viel zu sehr überzeugt von der Modernität und dem Vorbildcharakter der französischen Gesellschaft, als daß er sein enthusiastisches Interesse an Frankreich und an Paris verloren hätte. Paris war und blieb »erstes Ziel aller politischen Neugier«[12]. So gab er auch nach 1815 seine französischen Verbindungen, sein Interesse am französischen Buchmarkt und am kulturellen Austausch zwischen Frankreich und Deutschland nicht auf. Ein Denkmal hierfür ist das von Cotta verlegte monumentale Kupferstichwerk über den Kölner Dom von Sulpiz Boisserée (5/10). Dieses »romantische« Werk par excellence wurde seit Beginn der zwanziger Jahre in Paris in einer deutschen und einer französischen Ausgabe von französischen Kupferstechern unter maßgeblicher Beteiligung des Pariser Verlages Didot hergestellt. Ein anderes Beispiel ist das Projekt einer Art »Institut Allemand« in Paris im Jahr 1826, das neben einer Zeitung ein Lesekabinett mit den wichtigsten deutschen Zeitungen und Büchern sowie eine Gesellschaft umfassen sollte; das auf Ideen Alexander von Humboldts basierende Projekt scheiterte allerdings daran, daß Ludwig Robert mit den Verhandlungen in Paris überfordert war.[13]

Cotta intensivierte die französischen Verbindungen in dem Maße, wie er von der Entwicklung Deutschlands desillusioniert wurde. Seine patriotische Vision für das nachnapoleonische Deutschland – ein durch eine gemeinsame Verfassung integrierter Bundesstaat – scheiterte schon auf dem Wiener Kongreß, endgültig aber mit den Karlsbader Beschlüssen. An die Stelle der ersehnten Gemeinschaft konstitutioneller Monarchien (Preußen und die süddeutschen Mittelstaaten Baden, Württemberg und Bayern), die den Einfluß der Restaurationspolitik Metternichs abwehren sollte, für die er im Württembergischen Verfassungsstreite kämpfte und vor allem in seiner *Allgemeinen Zeitung* warb, trat eine von Metternich beherrschte Allianz der deutschen Großmächte Preußen und Österreich. Wie ein Reflex auf diese Situation nimmt sich die neue Aktualität Napoleons, des Gespenstes der Restauration und der »Heiligen Allianz«, in Cottas Verlag aus, wo – ein Politikum – eine Ausgabe der *Oeuvres Complètes* (1822-1823) und die berühmten *Denkwür-*

Abrechnungslisten der J.G. Cotta'schen Buchhandlung über das Domwerk von Sulpiz Boisserée 1810 bis 1827, 1828. Marbach a.N. Schiller-Nationalmuseum/Deutsches Literaturarchiv, Cotta-Archiv (Stiftung der Stuttgarter Zeitung) (5/11)

digkeiten von Sanct-Helena des Grafen Emmanuel-Augustin Las Cases erschienen. Parallel dazu forcierte Cotta seine Präsenz in Paris seit der Mitte der zwanziger Jahre, unterstützt von seinem Agenten Alexander Schubart, der in Paris beste Kontakte zum liberalen Lager unterhielt. Gegenüber dem nach den Karlsbader Beschlüssen (1819) von Zensur, Gängelung und Verboten bestimmten deutschen Pressewesen waren die politischen Verhältnisse im Frankreich Ludwigs XVIII. liberaler. Zudem war die Publizistik finanziell durchaus lukrativ. Cotta wurde zu einer festen Größe in der Pariser Presse, auch wenn seine finanziellen Beteiligungen von Strohmännern gehalten und viele publizistische Pläne nicht realisiert wurden. Seit 1824 war Cotta Miteigentümer des *Constitutionnel*[14], wodurch er sich der Korrespondenz seines Vertrauten Thiers für die *Allgemeine Zeitung* versicherte. 1825 verhandelte Cotta mit dem Pariser Verleger Bossange über ein politisches Journal, das den Prinzipien einer »opposition sage, juste et moderée«[15] verpflichtet sein sollte; es wurde allerdings nicht verwirklicht. 1826 erwog Cotta die Beteiligung am *Courrier français*[16]. Alexandre Buchon trug ihm den Kauf des *Journal de Paris*[17] an, worauf sich Cotta ebensowenig einließ wie auf Buchons Plan einer *Revue trimestrielle*. Thiers vermittelte Cotta dann 1830 den Besitz einer Aktie seines *National*.[18] Cottas Präsenz in Paris hatte ihr Gegenstück an der wachsenden deutschen Kolonie seit den zwanziger Jahren, als sich hier aus Deutschland vertriebene Publizisten und Literaten wie Ludwig Börne und Heinrich Heine sammelten. Heine, der Cotta schon 1827 von Karl August Varnhagen von Ense empfohlen worden war, kam erst 1831 unter dem Eindruck der von allen kritischen Geistern lebhaft begrüßten Julirevolution nach Paris. Paris wurde ein Zentrum der deutschen Opposition, die Wahlheimat revolutionärer Exilanten, die in Cottas Zeitungen und Zeitschriften Kritik an den deutschen Zuständen aus

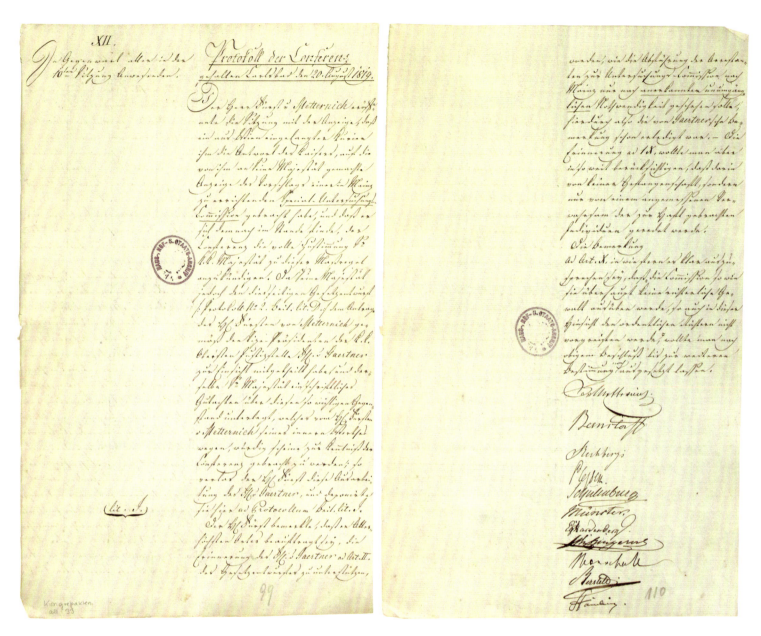

Protokoll der 12. Sitzung der Karlsbader Konferenz vom 20. August 1819. Wien, Haus-, Hof- und Staatsarchiv Wien (3/66)

dem Exil durch die kritische Berichterstattung über die französische Restauration, dann über die Julimonarchie des Bürgerkönigs Louis Philippe übten.

Nicht nur im politischen Sinne galt für Cottas Beziehung zu Frankreich, was Ludwig Robert am 13. Mai 1826 anläßlich der geplanten Gründung des »Institut Allemand« in Paris schmeichelnd Cotta gegenüber bemerkte: daß Cotta einen »gerechten Stolz darein [setze], ein Unternehmen, selbst mit anfänglicher Aufopferung, zu gründen, das die beiden gebildetsten Nationen des Kontinents auf den Feldern ihrer gegenseitigen Literaturen befreunden, das der deutschen Wissenschaft und Kunst Verbreitung und Anerkennung verschaffen soll.«[19]

1. Zu Christoph Friedrich Cottas Biographie vgl.: Neugebauer-Wölk 1989 hier S. 248 ff.
2. Deutsches Literaturarchiv (DLA) Handschriftenabteilung (HSA, A:Reinhard).
3. Delinière 1989, S. 76f.
4. Neugebauer-Wölk, S. 383f.
5. Delinière, S. 175.
6. Neugebauer-Wölk, S. 436 f.
7. Stadt- und Universitätsbibliothek Hamburg (Campe Sammlung 20 b)
8. Heyck 1898, S. 170.
9. Marquant 1959, S. 22.
10. Zu nennen wären hier etwa: Poesie der Kriegskunst, oder Feldzug der Franzosen in Egypten in den Jahren 1798, 1799 und 1800 (1824); Philippe Paul de Ségur: Geschichte Napoleons und der großen Armee während des Jahrs 1812; Gaspard de Gourgaud: Napoleon und die große Armee in Rußland oder kritische Beleuchtung des von dem Hrn. Grafen von Ségur herausgegebenen Werkes (1825); Henri Baron von Jomini: Kritische und militairische Geschichte der Feldzüge Friedrich des Zweiten, verglichen mit denen des Kaisers Napoleon und dem neuen System (1811/12).
11. Etwa: Antoine Claire Thibaudeau: Histoire générale de Napoléon Bonaparte, de sa vie privée et publique, de sa carrière politique et militaire, de son administration et de son gouvernement (die franz. Originalausgabe in Kommission bei Cotta 1827/28, übersetzt bei Cotta 1827-1830); Barry O'Meara: Napoleon in der Verbannung oder eine Stimme aus St. Helena. Die Ansichten und Urtheile Napoleons über die wichtigsten Ereignisse seines Lebens und seiner Regierung mit seinen eigenen Worten (1822); J.F. Le Bret: Napoleon. Eine biographische Skizze (1821).
12. Konrad Engelbert Ölsner an Franz Wilhelm Jung, Frankfurt a.M., 19. Juli 1813 (DLA/CA, Cotta Br. Ölsner, No. 25).
13. Vgl. dazu: Marquant 1957, S. 97-118.
14. Marquant 1959, S. 38f.
15. Vertrag vom 11. Juli 1825 (DLA/CA, Cotta Br. Bossange).
16. Marquant 1957, S. 20.
17. Marquant, S. 26.
18. Marquant, S. 53.
19. DLA/CA, Cotta Br. Ludwig Robert.

Bernhard Fischer ist seit 1992 Leiter des Cotta-Archivs (Stiftung der Stuttgarter Zeitung) am Deutschen Literaturarchiv in Marbach am Neckar.

Raum 3

Napoleonverehrung und Freiheitskriege

Seit seiner eigenhändigen Krönung am 2. Dezember 1804 war Napoleon unumschränkter Herrscher über die Grande Armée und entsprach mit der Veränderung der Gesellschaftsstrukturen des Ancien régime zunächst den Erwartungen seiner Anhänger. Zur Ausstattung der Bourbonenschlösser rund um Paris im Stil des Empire erteilte der Kaiser zahlreiche Aufträge. Die besten Künstler betraute er mit der bildlichen Überlieferung seiner eigenen Heldentaten und der seiner Generäle. Wie im Königreich Piemont sorgte er in den neuen Satellitenstaaten dafür, daß auch die alten Palasträume der neuen Residenz in Turin mit dem Zeugnis seiner ruhmreichen Taten ausgeschmückt wurden. Als seine Truppen nach der siegreichen Schlacht von Jena und Auerstedt im Oktober 1806 die Haupt- und Residenzstädte Berlin und Potsdam besetzten und dort das kaiserliche Hauptquartier einrichteten, ließ Napoleon durch seinen Kunstkommissar Dominique Vivant Denon zahlreiche Kunstschätze aus den Königlich Preußischen Sammlungen als Trophäen nach Paris führen, so Schadows Quadriga vom Brandenburger Tor und den silbernen Degen Friedrichs II., dessen Grab er als Huldigung an den großen Feldherrn besuchte. Bei der Königlich Preußischen Porzellanmanufaktur gab der Kaiser in Berlin ein Service mit exotischen Pflanzenmotiven für Kaiserin Joséphine in Auftrag. In Paris bestellte er bei der Porzellanmanufaktur in Sèvres ein Service mit Szenen, die in ihm »angenehme Erinnerungen« erwecken sollten – etwa die Überführung der in den »Campagnes d'Allemagne« erbeuteten Regimentsfahnen und Kunstschätze zum Pariser Invalidendom im Mai 1807. Für Preußen waren die militärischen Niederlagen derart demütigend, daß nach dem unentschiedenen Ausgang der Schlacht bei Preußisch-Eylau das preußische Königspaar im Februar 1807 vor der nord- und ostwärts vorrückenden Grande Armée von der Fluchtresidenz Königsberg nach Memel entweichen mußten. Im »Frieden- und Freundschaftstractat von Tilsit« vom 7. Juli 1807 verlor Preußen die Hälfte seiner Territorien; Friedrich Wilhelm III. mußte den Schwager und die Brüder Napoleons als Könige des Piemont, von Westfalen und Württemberg sowie die Fürsten des Rheinbundes als Souveräne anerkennen. Bis 1810 wurde die in Frankreich mit den »cinq codes« geschaffene einheitliche Rechtsordnung auch in den deutschen Teilstaaten durch Sondergesetze eingeführt: Nach und nach ersetzte das bürgerliche Zivil- und Handelsrecht die altständische Reichsgesetzgebung.

Nach der Auflösung des Deutschen Reiches am 1. August 1806, an dessen Stelle Bonaparte zwei Wochen zuvor am 12. Juli den Rheinbund als Militärallianz der süddeutschen Staaten unter Vorsitz des Fürstprimas Karl Theodor von Dalberg begründet hatte, wandten sich patriotische Propagandisten in einer Vielzahl anonymer Schmähschriften gegen den »Unterjocher der Völker«. Der als Herausgeber der Broschüre »Deutschland in seiner tiefen Erniedrigung« ermittelte Nürnberger Buchhändler Johann Philipp Palm wurde auf Weisung des Kaisers standrechtlich erschossen.

In jener Zeit wachsender antifranzösischer Stimmung in Deutschland kam dem Naturforscher Alexander von Humboldt eine Sonderrolle als »Wanderer zwischen den Welten« zu: Durch Vermittlung seines Stuttgarter Verlegers Johann Friedrich Cotta gab er 1807 in Paris mit dessen Verlagspartner Schoell sein reichillustriertes Prachtwerk der »Ideen zu einer Geographie der Pflanzen« in französischer Sprache heraus.

Le Rhin sépare les deux nations: la rive gauche doit appartenir à la France; la droite est à la limite naturelle et inviolable de l'Allemagne du dix-neuvième siècle. Napoléon, en 1806, après avoir signé à Saint-Cloud l'acte de la Confédération du Rhin, disait: »Si nous nous étendons au-delà du Rhin, il n'y a plus de France.«

Eugène de Lerminier: Au-delà du Rhin, 1835

Der Rhein trennt die zwei Nationen: das linke Ufer soll Frankreich zugehören; das rechte ist die natürliche und unverletzliche Grenze Deutschlands des 19. Jahrhunderts. Napoleon sagte nach der Unterzeichnung der Rheinbundakte 1806 in Saint-Cloud: »Wenn wir uns jenseits des Rhein ausbreiten, wird es kein Frankreich mehr geben.«

Enttäuscht von der politischen und kulturellen Entwicklung, wurden viele der deutschen Parteigänger Napoleons, die sich aus Begeisterung für die Revolution und ihre Folgen nach Paris begeben hatten, zu skeptischen Patrioten und Verfechtern der deutschen Nationalbewegung. Einer der militantesten Propagandisten war neben Theodor Körner und Ernst Moritz Arndt Heinrich von Kleist, der nach seiner Verhaftung als angeblicher Spion haßerfüllt seine antifranzösischen Bekenntnisse in dem Geschichtsdrama »Die Hermannsschlacht« und in Kriegsgedichten äußerte. Auch Ludwig van Beethoven bekundete seine antinapoleonische patriotische Haltung nach den Besetzungen von Wien und Berlin der Jahre 1805 und 1806. Seine Widmung der »Eroica« für Kaiser Napoleon hatte als »Marseillaise de la paix« im jakobinischen Geist des »Menschheitserlösers« der republikanischen Gesinnung nicht standhalten können. Im Norden Deutschlands gingen Bild- und Schriftwerke durch die Zensur, die zum offenen Widerstand und zur Stärkung des deutschen Nationalbewußtseins gegen den »Beherrscher der Völker Europas« aufriefen. Namhafte Künstler und Autoren der Romantik beeinflußten mit antinapoleonischen Ansichten und Aufsätzen den Kampfgeist der Deutschen. Großen Erfolg hatte Ernst Moritz Arndt 1813 mit seiner Schrift »Der Rhein. Teutschlands Strom, aber nicht Teutschlands Gränze«, die die natürliche Rheingrenze in Frage stellte, und Theodor Körners Liedersammlung »Leyer und Schwert« von 1814.

Nach dem epochalen Sieg der alliierten Armeen Österreichs, Preußens und Rußlands im Verein mit den Sachsen und Württembergern in der Völkerschlacht von Leipzig im Oktober 1813, dem Rückzug Napoleons und der Vertreibung der Franzosen aus den besetzten Gebieten in Deutschland und Italien erstürmten die Truppen der verbündeten Monarchen am 30. März 1814 den Montmartre vor Paris. Der Einzug der Souveräne in die Hauptstadt hatte die Abdankung Napoleons zur Folge. Um die Regelung der schwierigen Territorialfragen aller kriegserschütterten Länder Europas bemühten sich die Delegierten der Nationen seit September 1814 auf dem in Wien einberufenen Kongreß. Die geraubte Quadriga kehrte mit anderen Kunstschätzen nach Berlin zurück. Die zweite Einnahme von Paris durch die Alliierten nach dem endgültigen Sieg über Napoleons Armee der Hundert Tage nach der Schlacht von Waterloo leitete die Rückkehr des Bourbonenkönigs Ludwig XVIII. ein. Der entmachtete Kaiser wurde am 13. März 1815 »als unverbesserlicher Feind der öffentlichen Ruhe« von den vereinigten zehn Signatarmächten des Wiener Kongresses geächtet und bis ans Ende seiner Tage nach St. Helena verbannt. Mit der Unterzeichnung der Wiener Schlußakte am 9. Juli 1815 waren die Voraussetzungen für die Restaurationspolitik der europäischen und deutschen Fürstenhäuser nach dem Legitimitätsprinzip vollzogen, zusätzlich gefestigt im Bund der »Heiligen Allianz«, zu dem sich die Souveräne Rußlands, Österreichs und Preußens in Paris am 26. September 1815 verpflichtet hatten. Die Wiener Kongreßakte schloß als Garant der Signatarmächte die Gründungsakte des Deutschen Bundes mit 38 souveränen Mitgliedsstaaten vom 8. Juni 1815 in sich ein. Die Beschlüsse der Karlsbader Konferenz vom August 1819 schließlich zwangen einen Großteil der progressiven deutschen Verleger und Schriftsteller, unter Decknamen außerhalb ihrer Heimatorte zu veröffentlichen, wenn sie den strengen Zensurmaßnahmen entgehen wollten. Damit waren die deutschen Liberalen der politischen Kontrolle unterworfen, bis die Julirevolution von 1830 von Frankreich aus neue Signale setzte.

NAPOLEONVEREHRUNG UND FREIHEITSKRIEGE

*François-Pascal-Simon Gérard
Kaiser Napoleon I. im Krönungsornat, 1805/10
Stockholm, The collections of H.M. the King of Sweden
(3/2)*

RAUM 3

Amedeo Lavy
nach Giacomo Spalla
Die Krönung der Kaiserin
Joséphine, um 1810-13
Turin, Ordine Mauriziano
(3/5)

*Swebach-Desfontaines (eigentl. Jacques François Swebach)
Ankunft der von der Grande Armée erbeuteten Schätze im Hof des Musée Napoléon (Louvre): die Quadriga vom Brandenburger Tor und antike Skulpturen, 1815
Paris, Musée du Louvre- Département des Arts graphiques
(3/18)*

links
*Tasse mit Ansicht des Brandenburger Tors, Berlin (KPM), um 1808
Berlin, Stadtmuseum Berlin
(3/19)*

rechts
*Teller aus dem kaiserlichen Service mit Darstellung »Ankunft des Degens Friedrichs des Großen« nach Jacques François Swebach, gen. Swebach-Desfontaines
Sèvres, 1808
Fontainebleau, Musée national du château de Fontainebleau
(3/12)*

RAUM 3

Karl Friedrich Schinkel
*Entwurf zu einem Denkmal
für Hermann den Cherusker,
um 1814/15*
Berlin, Staatliche Museen zu
Berlin, Kupferstichkabinett
(3/74)

Jean-Baptiste Isabey
Der Wiener Kongreß, 1815
Paris, Musée du Louvre-
Département des Arts
graphiques
(3/58)

*Karl August von Steuben
Das Leben Napoleons in
acht Hüten, 1826
Rueil-Malmaison, Musée
national des Châteaux de
Malmaison et Bois-Préau
(3/54)*

*Paul (eigentl. Hippolyte)
Delaroche
Napoleon I. zu Fontainebleau
am 31. März 1814
1845
Leipzig, Museum der bildenden Künste Leipzig
(3/48)*

3/1

3/1 **Reisepaß für Wilhelm Heim**
für eine Reise nach Paris und zurück
Berlin, 12. Juli 1804
Vordruck mit handschriftlichen Eintragungen;
26 x 39 cm
Berlin, Deutsches Historisches Museum
(Do 60/194)

August Wilhelm Heim, der Sohn des berühmten Berliner Arztes Ernst Ludwig Heim, reiste in Begleitung von Herrn de Chevilly im Sommer 1804 nach Paris. Wie im Paß vermerkt, war Heim zu diesem Zeitpunkt erst 15 Jahre alt und 1,51 Meter groß. Ausgestellt wurde das Reisepapier gegen Zahlung von sechs Groschen am 12. Juli 1804 in Berlin. Die Gegenzeichnung durch den Botschafter »de Sa Majesté l'Empereur des Français«, gestempelt mit dem Siegel der »République Française«, erfolgte noch am selben Tag. Da Frankreich seit der Proklamation der Republik nach dem republikanischen Kalender zählte, wurde der Vermerk mit »23. Messidor an 12« datiert. Wilhelm Heim blieb nur kurze Zeit in Paris. Die Rückreisegenehmigung auf der Innenseite des Dokuments unterzeichnete der gefürchtete Polizeiminister Napoleons, Joseph Fouché. Für die Abreise nach Berlin wurde der 25. September 1804 vermerkt und als Reiseroute der Weg über Straßburg und Mainz festgelegt. Um die Identität des Reisenden zu bestätigen, mußte Heim seine Personenbeschreibung vor der französischen Polizei unterzeichnen. Die Sicherheitsvorkehrungen wurden verschärft, denn erst im Februar war eine Verschwörung gegen Napoleon entdeckt worden. Wilhelm Heim folgte seinem Vater und studierte Medizin. Der »alte Heim«, zu dessen Patienten Mitglieder des Königshauses wie Königin Luise ebenso zählten wie mittellose Patienten, war ein begabter und ungemein beliebter Arzt. Viel von seinem Wissen hatte er sich im Ausland angeeignet. Nach dem Studium der Medizin in Halle war er zusammen mit seinem Freund Friedrich Wilhelm Daniel Muzell zwischen 1772 und 1776 durch Europa gereist. In Paris hatte er die Vorlesungen des Chirurgen Pierre Joseph Desault, der den Lehrstuhl für Anatomie innehatte, besucht und sich die Charité und andere Krankenanstalten gegen Gebühr angesehen. HA

3/2 **François-Pascal-Simon Gérard** (1770-1837)
Kaiser Napoleon I. im Krönungsornat
Paris 1805/10
Öl auf Leinwand; 222 x 146 cm
Stockholm, The collections of H.M. the King of Sweden (O II: s st 121)
Abb. S. 195

Napoleon ließ nach seinen offiziellen und repräsentativen Bildnissen mehrere Kopien in verschiedenen Techniken fertigen, die er teilweise als Staatsgeschenke vergab. Allein von Gérards Gemälde »Kaiser Napoleon I. im Krönungsornat«, 1805 für die Räume des Außenministeriums in Auftrag gegeben, existieren über 20 Repliken, die für befreundete Höfe, Staatsmänner oder auch verdiente Militärs vom Maler selbst bzw. in seiner Werkstatt hergestellt wurden. Offensichtlich fand Napoleon in diesem Gemälde die imperiale Würde und Majestät seiner Person auf repräsentative Weise zu seiner vollen Zufriedenheit dargestellt. Abgesehen von dem Bild aus Versailles, das lange für das Original gehalten wurde, befinden sich ähnliche Gemälde u. a. in Neapel (Museo di Capodimonte), im Pariser Louvre, in Ajaccio (Musée Fesch), in Dresden (Staatliche Kunstsammlungen, Gemäldegalerie), in einer Privatsammlung und im Königlichen Palast in Stockholm, letzteres stammt ohne Zweifel aus dem Besitz des Prinzen Eugène, des kaiserlichen Kanzlers. Das Bildnis gehört zu einer Gruppe von Portraits, die Napoleon, Kaiserin Joséphine, deren Tochter Königin Hortense von Holland, Prinz Eugène de Beauharnais (Herzog von Leuchtenberg) und die Herzogin Augusta Amalia von Leuchtenberg zeigen. Die drei letztgenannten Portraits sind vom Künstler signiert. Diese Gruppe hatte Königin Josefina von Schweden nach dem Tod ihrer Mutter Augusta Amalia von Leuchtenberg 1851 geerbt. Die Portraits befanden sich zuvor in der Residenz der Herzöge von Leuchtenberg in Eichstätt. Nach Gérards Portrait wurde auf Bestellung des französischen Außenministeriums auch ein Stich von Auguste Boucher-Desnoyers angefertigt, 1808 im Salon ausgestellt und als Staatsgeschenk verwendet. Die Krönung Napoleons zum Kaiser der Franzosen fand am 2. Dezember 1804 in der Kathedrale Notre-Dame in Paris statt. Gérard zeigt Napoleon im Krönungsornat mit Lorbeerkranz, Hermelinmantel und Goldstickerei auf den Ärmeln, mit Schwert und Zepter, den ein Adler krönt. Napoleon hatte den Adler als Emblem gewählt und nach der Krönung in Form von Adlerstangen jedem Regiment verliehen. Der Kaiser trägt das Großkreuz der von ihm 1802 gegründeten Ehrenlegion, mit der Aufschrift »Honneur et Patrie«. Dieses offizielle Bildnis nimmt formal und ikonographisch die Tradition absolutistischer Herrscherbilder auf und weist darauf hin, daß sich Napoleon in der Nachfolge französischer Monarchen, aber auch des römischen und karolingischen Reiches gesehen hat. Darauf deuten die Kroninsignien, die zur Rechten auf einem blauen Samtkissen (Reichsapfel, »Hand der Gerechtigkeit«) ruhen. Zur Linken steht der Thronsessel im Empire-Stil.

Die goldenen Bienen auf dem Krönungsmantel sind ein Attribut des Merowingerkönig Childerich und verweisen auf die Ursprünge der französischen Monarchie. Gérard fertigte zahlreiche Portraits fürstlicher Persönlichkeiten. 1806 zum »premier peintre de l'impératrice Joséphine« ernannt, malte er als Hofportraitist mehrere Gemälde und Studien der napoleonischen Familie. AC
Lit.: Kat. Stuttgart 1987, Bd. 1.1, Nr. 132 (Dresdner Bild), S. 66f.; Kat. Hamburg 1989, Nr. 504 (Dresdner Bild), S. 367ff.

3/3 **Sattel Napoleons I. vom Krönungszug**
1804
Samt, Seide, Leder; 67 x 92 x 63 cm
Paris, Musée de l'Armée (Ca 21)

Der rote Ledersattel mit der aufwendig mit Silberfäden brodierten Samtdecke, Steigbügeln und Riemen wurde von seinem Neffen, Napoleon III., während des Zweiten Kaiserreichs im »Musée des Souverains« im Louvre ausgestellt und gelangte später ins »Musée de l'Armée«. MLP
Lit.: Kat. Memphis 1993, Nr. 64, S. 76f.

3/4 **Giacomo Spalla** (1775-1834)
Die Schlacht von Jena
Um 1810-13
Marmor, 124,5 x 147,5 x 16 cm
Turin, Ordine Mauriziano

3/5 **Amedeo Lavy** nach **Giacomo Spalla**
(1775-1834)
Die Krönung der Kaiserin Joséphine
Um 1810-13
Marmor, 124,5 x 147,5 x 16 cm
Turin, Ordine Mauriziano
Abb. S. 196

3/6 **Giacomo Spalla** (1775-1834)
Der Friedensvertrag von Preßburg
Um 1810-13
Marmor, 124,5 x 147,5 x 16 cm
Turin, Ordine Mauriziano

Der Canova-Schüler Spalla aus Turin restaurierte bereits 1804 sechs antike Statuen für den Palazzo Stupinigi in Napoleons Auftrag. Seit 1807 wurde er zum offiziellen Bildhauer und Kurator des Museo Imperiale in Turin berufen. Der Vizekönig für das Piemont, Eugène de Beauharnais, erteilte ihm ebenfalls Aufträge, so für eine Kaiserbüste für den Palast in Mailand, die er nach dem Standardmodell des französischen Plastikers Antoine-Denis Chaudet arbeitete. 1807 wurde Spalla mit Entwurf und Ausführung von vier Basreliefs für die Galleria del Beaumont im Kaiserpalast von Turin betraut. Zur Verherrlichung Napoleons als Feldherr und Kaiser schlug er als Motive die Schlachten von Marengo, Jena, Austerlitz und die Krönungszeremonie in Notre-Dame vor, zu denen er die Terrakottaentwürfe drei Jahre spä-

3/4

ter liefern konnte. 1809 hatte Spalla um weitere Motivvorschläge gebeten, um Napoleons Ruhm der Nachwelt zu überliefern: Die Auftragsliste wurde programmatisch um die Schlacht von Eylau, den Friedensvertrag von Preßburg, die Unterzeichnung der Rheinbundakte, die Besetzung von Madrid u.a. erweitert, doch vollendete Spalla offenbar nur die Schlacht von Eylau nach der Bildvorlage von Antoine-Jean Baron Gros um 1810 bis 1813. Die Basreliefs erarbeitete Spalla gleichsam als Napoleons plastischer Hofhistoriograph in bewegter detailfreudiger Verkleinerung der Szenerie nach französischen Stichvorlagen der darzustellenden Ereignisse. Die Krönungsszene führte sein Assistent Amedeo Lavy nach einer Skizze Spallas aus, die Davids Monumentalgemälde (Louvre) zeigt. Im französisch-österreichischen Frieden von Preßburg vom 26. Dezember 1805, der den Dritten Koalitionskrieg beendete, mußte Österreich Venetien, Istrien und Dalmatien an das Königreich Italien, das restliche Vorderösterreich an Bayern, Baden und Württemberg abtreten. Bayern erhielt außerdem Tirol, Vorarlberg sowie die Bistümer Brixen, Eichstätt und Passau. Österreich mußte zudem der Erhebung Bayerns und Württembergs zu Königreichen und der Erhebung Badens zum Großherzogtum zustimmen. MLP
Lit.: Boime 1990, S. 643ff.

3/7 **Anton von Klein** (1748-1810)
Galerie Historique des Illustres Germains depuis Arminius jusqu'à nos jours
(Historische Galerie berühmter Germanen von Arminius bis in unsere Tage)
Paris: Antoine-Augustin Renouard 1806
Rueil-Malmaison, Musée national des Châteaux de Malmaison et Bois-Préau
(MM 40.47.6473)

Dieses in rotes Maroquinleder, vermutlich von René Simier gebundene Prachtwerk aus der Privatbibliothek Napoleons in Schloß Malmaison mit seinen Initialen, kaiserlichen Insignien und Wappenschild mit Adlerme-

*Das erstemal empfinde ich, daß es mir tausendmal besser wäre, das Schwert zu führen, denn die Feder [...]. Man muß abwarten, was die schmerzlich ringende Zeit gebähren wird. Geht Deutschland nicht unter, so darf alles Hohe und Schöne ans Licht treten, und offenbar, volksmäßig werden, was bis jetzt geheim war.
(1. November 1806)
Die Dummheit von oben her, die tiefe Gemeinheit der Regierungen, die wir fallen sehen, haben wir uns nicht vorstellen können; jetzt ist sie klar, und ich möchte nicht klagen, sondern wo möglich selbst noch helfen, daß das Alte vergehe.
(18. Dezember 1806)*

Friedrich Wilhelm Joseph von Schelling über Napoleons Sieg bei Jena und Auerstedt, 1806

Endlich ertönte der Ruf: Vive l'Empereur! Die Berliner Polizeisergeanten waren dienstbeflissen bemüht, durch Püffe und Kniffe die gaffende Menge anzuregen, in das Lebehoch mit einzustimmen, wobei die Straßenjugend mit bestem Beispiel voranging. Eine Schaar von Marschällen und Generalen in reichgestickten Uniformen, mit Ordensbändern und Sternen geschmückt, die Hüte mit weißen Straußfedern verziert, bildeten das glänzende Gefolge des Kaisers, der sich durch Einfachheit des Anzuges, Nachlässigkeit der Haltung und gleichgültigen Ausdruck des Gesichtes von den anderen Generalen unterschied, aber ganz Berlin zur Bewunderung hinriß.

Friedrich Förster über den Einzug Napoleons in Berlin am 27. Oktober 1806

3/8

daillon, Krone und Zepter enthält die von dem deutschen Dichter Anton Ritter von Klein zusammengestellten Portraits berühmter Männer nach antikem Vorbild. Jeder Biographie ist ein graviertes Bildnis oder eine Szene nach einem großer Meister zugeordnet. Daniel Chodowiecki schuf die Portraits von Hermann dem Cherusker, Thusnelda und Rudolf von Habsburg und Wallenstein (nach Rembrandt gestaltet). Die Biographie Rubens' ist der Galerie der großen Deutschen beigefügt mit dem Verweis, daß er in Köln (eigentlich Siegen) 1577 geboren wurde. Napoleon hat sich sicherlich als großer Feldherr und Kaiser in diese »Ahnengalerie« einreihen wollen, nachdem er im Erscheinungsjahr 1806 über die Preußen bei Jena und Auerstedt siegte. MLP
Lit.: Kat. Memphis 1993, Kat.Nr. 130, S. 116

3/8 **Jean-François-Pierre Peyron** (1744-1814)
Tod des Generals Valhubert in der Schlacht von Austerlitz am 2. Dezember 1805
1808
Bez. u. Mitte: P. Peyron inv. et pinxit, 15 août 1808
Öl auf Leinwand; 178 x 218 cm
Versailles, Musée National du Château de Versailles (MV 1711)

Peyron, als Historienmaler und Radierer einer der ersten französischen Klassizisten, schildert mit dem Tod des französischen Generals Jean-Marie-Melon-Roger Valhubert eine Episode aus der Dreikaiserschlacht von Austerlitz am 2. Dezember 1805, in der die Napoleonische Armee den Sieg über die österreichischen und russischen Verbündeten errungen hat. Da Valhubert aus einfachen Verhältnissen stammte, konnte er nicht bei der Artillerie dienen und trat in ein Infanterieregiment ein. Als begeisterter Anhänger der Revolutionsideen nahm er bereits an der belgischen Kampagne teil, zeichnete sich später vor allem in den Kämpfen in Italien aus und wurde in der Schlacht von Marengo schwer verwundet. 1804 wurde er zum General befördert, ein Jahr später fiel er in der Schlacht von Austerlitz. Nach der Legende eines Stiches von 1827 (Bibliothèque Nationale, Paris), der dieselbe Szene darstellt, waren seine letzten Worte: »J'aurai voulu faire plus pour la patrie; Je meurs dans une heure; Je ne regrettes pas la Vie, puisque j'ai participé à la Victoire; Quand vous penserez aux braves, Pensez à moi« (Ich hätte mehr für das Vaterland tun wollen; ich sterbe in einer Stunde; ich bereue nicht das Leben, da ich am Sieg teilgehabt habe. Wenn ihr dereinst der Tapferen gedenkt, dann denkt auch an mich). Napoleon schätzte seinen Mut und unterstützte seine Familie nach seinem Tod. Sein Name wurde in die Liste der Helden auf dem Triumphbogen in Paris aufgenommen. AC
Lit.: Constans 1995, Bd. 2, Nr. 4007, S. 711

3/9 **Giuseppe Pietro Bagetti** (1764-1831)
Einzug Napoleons in Berlin am 27. Oktober 1806 nach der Niederlage Preußens bei Jena und Auerstedt
Nach 1806
Federzeichnung, laviert; 41,5 x 79,5 cm
Berlin, Staatliche Museen zu Berlin, Kunstbibliothek

Giuseppe Pietro Bagetti, ein Aquarellmaler und Architekt aus Turin, ging 1807 nach Paris, um die Siege der Napoleonischen Armee zu malen. Die meisten seiner Aquarelle zu diesem Thema befinden sich im Musée National von Versailles. Nach der Doppelschlacht von Jena und Auerstedt und der militärischen Niederlage Preußens zogen die französischen Truppenverbände am 24. Oktober 1806 in Berlin ein, Napoleon kam drei Tage später. Der feierliche Einzug wurde von den Ovationen vieler begeisterter Berliner und Berlinerinnen begleitet. Auf dieser Zeichnung fehlt bereits Schadows Quadriga, die auf Wunsch Napoleons im Dezember 1806 demontiert und nach Paris verschickt worden war. Die Zeichnung entstand erst nach diesen Ereignissen. AC
Lit.: Kat. Berlin 1981(b), Bd. 1, Kat. Nr. 16/3, S. 292; Kat. Berlin 1987(a), Nr. E 46, S. 205, Abb. S. 206

3/10 **Johann Friedrich Jügel** (gest. 1833), nach **Heinrich Anton Dähling** (1773-1850)
Napoleon am Sarge Friedrich des Großen am 25. Oktober 1806
1806
Bez. u.l.: Dähling del.; u.r. Jügel fc; u.:
NAPOLÉON VISITE LA TOMBE DE FREDERIC II./le 25 Octobre 1806; darunter: à Berlin chez Gaspare Weiß et Comp.
Aquatinta; 40 x 49,2 cm
Berlin, Deutsches Historisches Museum (Gr 79/155)

Am 25. Oktober 1806 besucht Napoleon, der am Vortag nach Potsdam eingezogen war und Quartier im Stadtschloß genommen hatte, in der Garnisonkirche das Grab des von ihm bewunderten Friedrich II. von

3/10

3/11

Preußen. Dieses Ereignis wurde von verschiedenen Künstlern verewigt, u.a. in einem Gemälde von Marie-Nicolas Ponce-Camus, das 1808 im Pariser Salon ausgestellt wurde, und von Heinrich Anton Dähling, nach dem diese Aquatinta entstand. Napoleon steht nachdenklich in Begleitung seiner Offiziere am Sarkophag Friedrichs II., an dem er gesagt haben soll: »Wenn du noch lebtest, stünde ich nicht hier!« Während dieses Besuchs ordnete Napoleon an, Friedrichs Ringkragen, Schärpe, Degen und Ordensband, die von der preußischen Königsfamilie bei ihrer Flucht vermutlich vergessen worden sind, nach Paris zu überführen. Diese wertvollen Trophäen wurden dort am 17. Mai 1807 in einer feierlichen Zeremonie im Invalidendom deponiert. Johann Friedrich Jügel war ein vielbeschäftigter Reproduktionsstecher in verschiedensten Techniken, der mit Vorliebe historische Themen vervielfältigte und damit zur Verbreitung und Popularität von Szenen wie dieser beitrug. AC

3/11 **Johann Friedrich Jügel** (gest. 1833)
Parade der französischen Garde vor Napoleon I. am Lustgarten in Berlin
1806
Bez. u.r.: F. Jügel fec; u. Mitte: Parade der französischen Garde vor Sr. Kaiserl: Königl: Majestait Napoleon I. am Lustgarten in Berlin
Aquatinta; 34,1 x 42,6 cm
Berlin, Deutsches Historisches Museum
(Gr 68/114)

Am 27. Oktober 1806 zog Napoleon feierlich in Berlin ein, eine Szene, die von mehreren Künstlern festgehalten wurde, wobei das Gemälde von Charles Meynier – bereits 1810 im Salon von Paris ausgestellt und heute im Musée de l'Histoire de France in Versailles – vermutlich am bekanntesten ist. Vor seinem Einzug in Berlin hielt sich Napoleon in Potsdam auf, wo er zwei Tage lang seine Garden paradieren ließ und in Begleitung seiner Offiziere Schloß Sanssouci, das Neue Palais und die Garnisonkirche besuchte. Die hier dargestellte Parade der französischen Garde fand neben der Schloß- und Domkirche zu Berlin am Lustgarten statt. AC

3/12 **Teller aus dem kaiserlichen Service**
mit Darstellung »Ankunft des Degens Friedrichs des Großen« nach
Swebach-Desfontaines (eigentl. Jacques François Swebach, 1769-1823)
Sèvres, 1808
Porzellan mit Emailfarben; Dm. 23,7 cm
Fontainebleau, Musée national du château de Fontainebleau (MM. 64.1.1, Depôt Musée national de Malmaison)
Abb. S. 197

Das Service des Kaisers ist das umfangreichste, das in der Manufaktur von Sèvres hergestellt wurde. Es bestand aus vier Teilen und umfaßte mit Vorspeisenservice, Dessertservice, Kaffeegeschirr und Tafelaufsatz insgesamt 234 Stücke. Es wurde im Oktober 1807 in Sèvres bestellt und am 27. März 1810 nahezu vollständig wenige Tage vor der Eheschließung Napoleons mit der neuen Kaiserin Marie Louise geliefert. Der Rand der Dessertteller ist mit goldener Schwertborte auf chromgrünem Grund verziert, während die Tellermitte mit einem der Motive bemalt wurde, deren oft korrigierte erste Liste von Napoleon selbst erstellt worden war. Dem Brief des Haushofmeisters des Kaiserhauses, Daru, an den Direktor der Manufaktur von Sèvres, Alexandre Brongniart, zufolge wünschte Napoleon tatsächlich, daß die Motive der Teller »sehr indirekte Anspielungen auf angenehme Erinnerungen« aufweisen sollten. So ist es nicht verwunderlich, auf einem Teller die Episode der Übergabe des Degens Friedrich des Großen im Invalidendom zu finden, die an die Preußen- und Polenfeldzüge erinnern sollte – ein Motiv, das bereits auf der ersten, von Napoleon erstellten Liste vorkam. Am 21.

April 1807 schrieb Napoleon aus Finckenstein an Cambacérès und forderte ihn auf, eine Zeremonie für die Übergabe der Trophäen (der Degen Friedrichs II., dessen Auszeichnungen und Generalgürtel sowie die auf den Schlachtfeldern erbeuteten Fahnen) im Invalidendom vorzubereiten. Dieses Ereignis fand am 17. Mai 1807 statt und wurde im »Moniteur universel« am nächsten Tag ausführlich geschildert. Der Festzug verließ die Tuilerien, bog in die Rue de Rivoli und die Place de la Concorde ein, überquerte die Seine auf der Tribunat-Brücke (der heutigen Concorde-Brücke) und gelangte durch die Rue de l'Université zum Invalidendom. Besonders die triumphale Ankunft blieb im Gedächtnis haften. Marschall de Moncey, der unmittelbar hinter dem mit 280 Fahnen dekorierten Triumphwagen ritt, hielt den Degen und die Auszeichnungen Friedrichs des Großen in der Hand. Hinter dem Marschall folgten die Mitglieder seines Regimentstabes. Die Übergabezeremonie der in Deutschland erbeuteten Trophäen an die Kriegsveteranen war für Monsieur de Fontanes, den Präsidenten der gesetzgebenden Körperschaft, die Gelegenheit, eine Rede zu halten, deren Doppeldeutigkeit den Franzosen eine Lehre sein sollte. Ihm zufolge war Friedrich II. ein sehr großer Monarch und ein bemerkenswerter Reformer (besonders auf kriegstechnischem Gebiet), doch als er in seinem Land eine von der »französischen Aufklärung« inspirierte Politik einführte, habe er mittelfristig den Untergang seines Königreichs beschleunigt. Auch wenn die preußische Armee für ganz Europa ein Beispiel sei, so habe sie doch vor dem Genie Napoleons kapituliert, letzterer würde in Frankreich niemals politische Reformen einführen, die das Land ruinierten. Die in die Tellermitte gemalte Szene wurde im August 1808 von Jacques-François Swebach nach einer Zeichnung R. Coteaus – »adjudant de la place de Paris« – ausgeführt. Die Zeichnung der aus antikisierenden Schwertern bestehenden Borte stammt vom Architekten Alexandre-Théodore Brongniart, dem Vater des Direktors der Manufaktur von Sèvres. YC

Lit.: Samoyault/Samoyault-Verlet 1986, S. 41; Samoyault 1990

3/13

3/13 **Bekanntmachung der Großen Armee**
betr. Meldungen von preußischen Effekten, Lebensmitteln usw.
Berlin, 15. November 1806
Einblattdruck; 41,5 x 35 cm
Berlin, Deutsches Historisches Museum
(Do 54/1397)

Die zweisprachig gedruckte Bekanntmachung unterrichtet die Berliner Bevölkerung von den Folgen der Einquartierung einen Monat nach dem Sieg über die Preußen bei Jena und Auerstedt, der die Besetzung Berlins, nunmehr kaiserlich napoleonisches Hauptquartier, durch die französischen Truppen bedingte: »Thun Wir hiermit kund, daß jeder, welcher ein Magazin, Haus, Schiff oder Werkstätte entdeckt, worin Effekten, Lebensmittel oder andere Gegenstände enthalten sind, die dem Könige von Preußen, den Regimentern oder den Hauptleuten der preußischen Armee zugehören, eine Behebung erhalten wird, die dem vierten Theile des Werths der vorgefundenen Sachen gleich kömmt [...] die Anzeigen müssen bei den Kriegs-Kommissarien der Stätte Berlin, Magdeburg, Stettin und Küstrin gemacht werden [...]« Die Ordnung wurde trotz des Widerstandes der Bevölkerung mit militärischen Mitteln aufrechterhalten. MLP

3/14 **Vier Einquartierungsscheine der Grande Armée**
Potsdam, Januar 1807
Urkunden mit handschriftlichen Eintragungen; je 10,5 x 17 cm
Berlin, Deutsches Historisches Museum
(Do 56/851)

Die Quartierscheine sind auf Zugehörige verschiedener Regimenter ausgestellt. Preußische Hausbesitzer und Kommunen waren verpflichtet, bestimmte Kontingente aufzunehmen und sogar auf eigene Kosten Dachstühle auszubauen, um den Besatzungssoldaten Quartier zu bieten. Nach dem unentschiedenen Ergebnis der Schlacht bei Preußisch-Eylau am 7. und 8. Februar 1807 flüchtete das preußische Königspaar aus Furcht vor weiteren Restriktionen durch die vorrückenden Franzosen von Königsberg nach Memel. MLP

3/15   **Deutschland in seiner tiefen Erniedrigung**
Nürnberg: (Johann Philipp Palm) 1806
Bez. handschriftliche Notiz im Buchdeckel:
»Es ist dies die Schrift, wegen deren angeblicher Verbreitung der Buchhändler Johann Philipp Palm am 26. August in Braunau erschossen wurde. Als Verfasser derselben ist Graf Julius v. Soden genannt worden; wahrscheinlicher Joh. Conr. v. Yelin«
Berlin, Staatsbibliothek zu Berlin – Preußischer Kulturbesitz, Handschriftenabteilung
(Libr. impr. rar. 186)

Napoleons Machtentfaltung über die Deutschen provozierte bei vielen Intellektuellen eine entschieden antifranzösische Stimmung. Vor allem in Süddeutschland tauchten nach der Auflösung des Deutschen Reiches und der Errichtung des Rheinbundes anonyme Schmähschriften auf mit Titeln wie »Betrachtung über Buonapartes bis jetzt ungehinderte Fortschritte zur Unterjochung aller Staaten und Völker Europas« oder »Die Genealogie der kaiserlichen Majestäten und Hoheiten«, die zur Erhebung gegen Napoleon aufriefen und halb heimlich, halb offen von Hand zu Hand gingen. Die 144 Seiten starke Kampfschrift »Deutschland in seiner tiefen Erniedrigung« erschien im Frühsommer 1806 ebenfalls anonym, ohne Angabe des Verlegers oder Druckers und zeichnete sich dadurch aus, daß sie besonders scharf das Verhalten der französischen Truppen in Bayern geißelte, die Fürsten des Rheinbundes verhöhnte und zum Widerstand aufrief, auch wenn ihr Verfasser zu Besonnenheit mahnte: »Wir wollen zugeben, bei einigen Individuen sei die Klage über den Druck der Zeiten übertrieben, zugeben, daß nicht durch Wimmern und Seufzen, sondern durch Weisheit und entschlossenen Muth, dem Uebel am ersten abgeholfen werden könne. Allein, eben hier fordern wir jene Propheten beßrer Zeiten auf, [...] uns die Mittel und Wege zu zeigen, auf denen der Muth bedrängter Deutschen sich wieder erheben und die manchfaltigen Lasten, darunter sie erliegen, abwerfen solle.« Die Veröffentlichung der Schrift hatte ein dramatisches Nachspiel: Der Nürnberger Buchhändler Johann Philipp Palm (geb. 1766 im württembergischen Schorndorf) wurde als Verleger ermittelt, nach kurzem Proceß auf Weisung Napoleons am 26. August 1806 in Braunau wegen Verbreitung von Schandschriften zum Tode verurteilt und noch am selben Tag erschossen. Palm kannte den Autor. Die Nennung seines Namens hätte ihm wohl das Leben gerettet. Daß es sich um den Ansbacher Kammerassessor Johann Conrad von Yelin handelt, gilt zumindest als wahrscheinlich. UM
Lit.: Riegel 1938

3/16

3/16   **Teller mit Dekor »Josephinia imperatricis VENT«**
Berlin (KPM), 1806/07
Bez. rückseitig: Josephinia Imperatricis. Nouvelle Hollande; unterglasurblaues Zepter mit überglasurblauem Malerzeichen, Malermarke: S (J.F. Schulze?)
Porzellan mit Emailfarben und Gold;
Dm.: 24,1 cm
Berlin, Sammlung Weishaupt

Kurz nach seinem Einzug in Berlin ließ Napoleon für 18 000 Thaler in der Königlichen Porzellanmanufaktur ein Service für Kaiserin Joséphine herstellen. Das mit exotischen Blumen- und Pflanzendarstellungen verzierte Tafelservice sollte ein anderes mit Pflanzenvorlagen nach Pierre Joseph Redouté dekoriertes Service aus der Manufacture Impériale von Sèvres ersetzen, das 1806 an die Adoptivtochter Joséphines, Stéphanie, als Hochzeitsgeschenk gelangte. Die Pflanze »Josephinia Imperatricis«, die den Dekor dieses Teilstücks bildet, ist in Australien entdeckt und nach der Kaiserin benannt worden. Joséphine gründete in ihrer Residenz Malmaison einen botanischen Garten, der durch die Fülle und den Reichtum der dort kultivierten Pflanzen berühmt wurde. Das kostbare Service war nicht das einzige für Frankreich hergestellte Erzeugnis der KPM: Bereits 1805 wurden zwölf Vasen nach Entwürfen von Hans Christian Genelli als Geschenk der Königin Luise von Preußen nach Malmaison geschickt. Die Bezeichnung »S« in eisenrot steht für J. F. Schulze. AC
Lit.: Kat. Berlin 1979(c), S. 22, 65; Kat. Berlin 1985, Nr. 582, S. 258

Hoch brüstete sich Gallien, noch vor wenigen Jahren, mit der Freiheit, diesem ersten Kleinode des Menschengeschlechts. Sich dasselbe auf immer zu sichern, sah es gelassen zu, daß man seinen König dem schmählichsten Tod zum Opfer brachte, ihm seine Gemalin und Schwester, auf eben diesem Wege nachschickte, und was sich noch von Ludwigs Familie mit dem Leben rettete, in ewiges Exil verwies. Was mogte wol der größte Theil der französischen Nazion, getäuscht vom Schalle des Worts, Freiheit, sich dabei anders denken, als Ungebundenheit an Gesetze und Entledigung von allen Abgaben? Von diesem Freiheitstaumel berauscht, fühlte sie sogar die grausame Geisel nicht, welche Robespierre, Marat, und andere aus ihrem Bunde, mit eiserner Hand über sie schwungen; ja, ein süßer Traum brachte ihr den Gedanken bei, daß das Land der Freiheit nur mit unschuldig vergoßenem Bürgerblut fruchtbar gemacht werden könne.

Deutschland in seiner tiefen Erniedrigung, 1806

Mit wem würde ich mich lieber einlassen, als mit Ihnen, der der Freund meiner Freunde ist. Meine Reise wird Schillern dediciert, ein Grund mehr, daß wir uns vereinigen. Ich werde Ende nächsten Sommers in Berlin sein u. dann in Ruhe an der Herausgabe von 8 – 9 verschiedenen Werken, doch ähnlich in Format u. Kupfern arbeiten. Ich habe meine Zeit hier sehr nüzlich angewandt. Ich bin schon sehr vorwärtsgerückt. Vieles ist schön gestochen. Aber Sie wissen wie schwer es ist die MSS. einer fünfjährigen Expedition zu redigiren. [...] Meine Geldaufopferungen sind groß gewesen, ich bin entschlossen eine neue große Expedition anzutreten. Ich bin daher nicht ganz gleichgültig für einige Entschädigung. Wir werden uns leicht verstehen. Bestimmen Sie nur einigermäßen ein Grundhonorar u dan nach Abzug desselben theilen wir den Gewinn. Ich wußte schon auf der Andos Kette ohne je mit Ihnen in Verbindung zu stehen daß wir uns vereinigen würden. Schreiben Sie mir nach Rom unter meines Bruders Addresse. Die französische Ausgabe der Astronom. Beobacht. u der abgekürzten Reise habe ich Schöll versprochen, die Reise selbst nicht. Die Reise wird ein Kupferatlas begleiten.

Alexander von Humboldt an Johann Friedrich Cotta, Paris, 24. Januar 1805

3/17

3/17 **Entwurf zur Quadriga auf dem Brandenburger Tor**
1814 (?)
Aquarell; 46 x 34,9 cm
Dresden, Kupferstichkabinett der Staatlichen Kunstsammlungen Dresden, (C 1937-1282)

Für das zwischen 1788 und 1791 von Carl Gottfried Langhans errichtete Brandenburger Tor in Berlin entwarf Johann Gottfried Schadow, damals Direktor der Berliner Hofbildhauerwerkstatt, im Auftrag des Architekten das gesamte Figurenprogramm, einschließend das Reliefprogramm der Topen, die Tondi und Relieftafeln in den Tordurchfahrten, zwei Ganzfiguren und die bekrönende Quadriga. Der vollplastische Schmuck, die Reliefs sowie die Quadriga wurden 1792 fertiggestellt. Für Schadow war dies seine erste und zugleich schwierigste Denkmalaufgabe. Er hatte bei seinem Entwurf nicht nur die Aufstellung der Figur in einer Höhe von 22 Metern zu berücksichtigen, er mußte auch ihre Fernwirkung bedenken, eine Aufgabe, die er erst nach mehrmaliger Nachbesserung der Frauengestalt samt Flügel und Vierergespann zu lösen vermochte. Das Aquarell zeigt die auf ihrem Wagen stehende Victoria mit Lorbeerkranz in Frontalansicht. In der Rechten hält sie den Stab mit Eisernem Kreuz im Eichenkranz, über dem der preußische Adler schwebt, mit der Linken faßt sie die Zügel der Pferde. Das Eiserne Kreuz hatte Karl Friedrich Schinkel 1814 als Ehrenzeichen gestaltet. Nach einem früheren Entwurf hatte die Göttin eine andere Erscheinung: Gekrönt mit einem Helm, trug sie einen Brustpanzer und hielt einen Speer, an den Seiten zwei Schilde. Die Berliner lehnten jedoch diese Victoria ab.

Erst das neue Panier verlieh der Quadriga den Rang eines Nationaldenkmals. AC
Lit.: Arenhövel/Bothe 1991, S. 284f.; Zimmer/Paeschke 1991, S. 53; Kat. Düsseldorf 1994, S. 75-79

3/18 **Swebach-Desfontaines** (eigentl. Jacques François Swebach, 1769-1823)
Ankunft der von der Grande Armée erbeuteten Schätze im Hof des Musée Napoléon (Louvre): die Quadriga vom Brandenburger Tor und antike Skulpturen
1815
Feder, braune Tinte, Sepia-Lavierung; 26,3 x 44,5 cm
Paris, Musée du Louvre – Département des Arts graphiques (RF 6061)
Abb. S. 197

Nach dem feierlichen Einzug Napoleons am 27. Oktober 1806 in Berlin bestimmte der Kaiser, daß die Quadriga und viele andere Kunstwerke nach Paris gebracht werden sollten. Die im Dezember in zwölf Kisten verpackte Gruppe erreichte auf dem Wasserweg vermutlich Ende Mai 1807 Paris. Die Zeichnung des französischen Malers, Zeichners und Graphikers zeigt, wie die geraubten Berliner Kunstschätze in einem der Innenhöfe des Louvre, seit 1804 »Musée Napoléon«, ausgepackt werden. Rechts die Viktoria in ihrem Wagen und ihre Pferde; links Skulpturen aus der Antikensammlung des Berliner Schlosses, von denen der »Betende Knabe« sowie »Eros und Psyche« identifiziert werden können. Die Quadriga soll anschließend in einem Erdgeschoßsaal des »Musée Napoléon« aufgestellt worden sein. AC
Lit.: Arenhövel/Bothe 1991, S. 136ff.; Zimmer/Paeschke 1991, S. 41f.

3/19 **Tasse mit Ansicht des Brandenburger Tors**
und Untertasse
Berlin (KPM), um 1808
Bez. a. d. Tasse: La porte dite de Brandebourg à Berlin; auf der Unterseite: G.M.
Porzellan mit Emailfarben; H. 7 cm
Berlin, Stadtmuseum Berlin (II 74/81 B.)
Abb. S. 197

Das Bildfeld der Tasse zeigt das Brandenburger Tor ohne Quadriga. Die Skulptur wurde während der französischen Besatzung Berlins nach Paris überführt. Der von Napoleon autorisierte Kunstexperte, Baron Dominique Vivant Denon, legte größten Wert darauf, die Skulptur möglichst unversehrt nach Paris zu transportieren und erteilte daher im Dezember 1806 den Befehl zu ihrer Demontierung dem Kupferschmied Emanuel Jury, der sie sieben Jahre zuvor nach Schadows Modell gegossen hatte. Erst 1814 wurde die Quadriga auf dem Brandenburger Tor wieder aufgestellt. Die Tasse gehört zu einer Reihe geschichtlich interessanter Porzellanerzeugnisse wie Teller, Dosen, Tassen, Vasen etc. aus der

Zeit der napoleonischen Besatzung und kurz danach, die an das patriotische Gefühl der Preußen appellieren und zugleich die Demütigungen durch die Besatzung veranschaulichen sollten. Die Geschichte des Brandenburger Tores und seiner Quadriga war dafür besonders geeignet. In der »Nemesis« aus dem Jahre 1814 heißt es dazu: »Vielleicht hat kein Verlust die Preußen, besonders die Berliner, einst so tief geschmerzt, als der Verlust der Viktoria, die mit ihrem herrlichen Viergespann, das schöne Brandenburger Thor – wohl das schönste in Europa – geziert hatte. In dem Raube dieser Göttin zeigte sich auch in der That der Uebermuth der Franzosen auf die auffallendste Weise; und es war nicht das Kunstwerk selbst […], sondern es war das heilige Gefühl tiefgekränkter Ehre, was sich in allen Gemüthern regte«. Und weiter: »Bei dem Raube aber hatten die Franzosen die eiserne Stange stehen gelassen, an welcher die Göttin befestigt war […]. Gewiß ist wenigstens, daß diese Stange Jeden, der das Thor erblickte, schmerzlich reizte und an die erduldete Schmach dergestalt mahnte, daß auch die Zeit die brennende Wunde nicht zu heilen vermochte.« AC

Lit.: Nemesis 1814, S. 994f.; Arenhövel/Bothe 1991, S. 221, Abb. 251

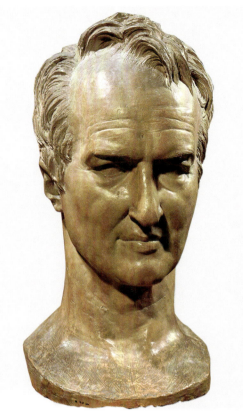

3/20

3/20 **David d'Angers** (eigentl. Jean-Pierre David, 1788-1856)
Alexander von Humboldt
1843
Bez. l.: A son ami / Alexandre de Humboldt / P.J. David 1843
Terrakotta; 71 x 36 x 39 cm
Angers, Musées d' Angers,
Galerie David d'Angers (MBA 843-5)

David d'Angers lernte Alexander von Humboldt wahrscheinlich um 1830 im Salon des Marquis de La Fayette in Paris kennen. Während seines zweiten Deuschlandaufenthalts 1834 besuchte er zusammen mit seiner Frau den großen Naturforscher in dessen Haus bei Berlin. Im September 1843 übersandte er ihm die marmorne Kolossalbüste mit der Widmung »A son ami« nach Berlin. Humboldt, der am 14. September 1843 74 Jahre alt geworden war, schrieb dankbar am nächsten Tag an den Künstler: »Rauch, un de vos plus dévoués et plus ardents admirateurs en Allemagne […] a voulu débaler le chef-d'oeuvre. Le buste était encore prisonnier dans la caisse, qu'il admiroit déjà la ressemblence, la suavité et le fini du travail, le style grandiose qui caractérise vos conceptions et leur donne une élévation intelectuelle digne des plus nobles époques de la sculpture« (Rauch, einer ihrer ergebensten und leidenschaftlichsten Bewunderer in Deutschland […] wollte das Meisterstück auspacken. Die Büste lag noch in der Kiste, und er bewunderte bereits die Ähnlichkeit, die Anmut und die Formvollendung der Arbeit, den großartigen Stil, der für Ihre Gestaltungsweise charakteristisch ist und ihr eine geistige Gehobenheit verleiht, die den edelsten Epochen der Bildhauerei würdig ist). AC
Lit.: Huchard 1989, S. 78; Jouin 1890, S. 222

3/21 **Alexander von Humboldt** (1769-1859)
Brief an Johann Friedrich Cotta
Paris, 24. Januar 1805
Eigenhändiges Manuskript: 25,5 x 39,5 cm
Marbach a. N., Schiller-Nationalmuseum / Deutsches Literaturarchiv, Cotta-Archiv (Stiftung der Stuttgarter Zeitung), (Cotta Br.)

Obwohl ihm Friedrich Schiller abgeraten hatte, wandte sich Cotta an den gerade von seiner großen, von ihm selbst finanzierten Südamerika-Expedition (1799-1804) zurückgekehrten Alexander von Humboldt. Cotta wollte Humboldt in einem Generalvertrag als Autor gewinnen und so sein naturwissenschaftliches Programm mit den Werken eines, wenn nicht des führenden Naturhistorikers der Zeit abrunden, dessen Methode, die Interdependenz von natürlichen und kulturellen Bedingungen konkret zu schildern, neue Maßstäbe setzte. Überdies war Humboldt, der in seiner Wahlheimat Paris über Kontakte zu nahezu allen herausragenden Naturwissenschaftlern verfügte, mit Cottas wichtigsten Verlagsautoren Schiller und Goethe eng verbunden – so widmete er Goethe seine »Ideen zu einer Geographie der Pflanzen« (1807). Ebenso erklärlich wie Cottas Werbung um den berühmten Gelehrten war Humboldts Ahnung: »Ich wußte schon auf der Andos Kette ohne je mit Ihnen in Verbindung zu stehen daß wir uns vereinigen würden.« Cotta war der gewünschte Partner wegen seiner ausgezeichneten Kontakte nach Paris, seiner Kapi-

Nur die unglückliche Lage meines Vaterlandes, u[nd] die meiner Familie werden mein langes Stillschweigen bei Ihnen, theurer Freund, rechtfertigen. Briefe sind wie Landschaften in denen der Zeichner keinen Baum kein Wasser, u[nd] keinen Hügel anbringen soll u[nd] Ihnen zeigte man gern ein anmuthigeres Gemälde! Aber auch diese Epoche wird vorübergehen u[nd] ewig wechselnd auf dem Erdboden sich neues aus dem neuen gestalten.

Alexander
von Humboldt an
Georg Cotta,
Berlin 14. Februar 1807

Sie rechnet auf den rechtlichen und friedlichen Charakter der Deutschen. Wir haben Gelegenheit genug gehabt, ihn selbst während des Krieges kennenzulernen. Kein deutscher Bauer oder Bürger hat einen Franzosen unter seinem Dache ermordet, so sehr er auch in seiner Gewalt sein mochte. Nur in Deutschland konnte der Soldat sich auch beim ausgeplünderten Wirt ruhig schlafen legen; dahingegen in Italien und Spanien er sich solchen Ortschaften gar nicht wieder nähern durfte, sondern auf dem Felde bleiben mußte.

Johann Friedrich
Reichardt:
Vertraute Briefe
aus Paris, 1802/03

talstärke, die angesichts der Fülle und Größe der Humboldtschen Buchprojekte unabdingbar war, und für die großzügigen Honorare, auf die Humboldt angewiesen war. Auch wenn die Zusammenarbeit im Falle der »großen Reise« von Verzögerungen und Schwierigkeiten bis hin zum Bankrott von Verlegern behindert wurde, gestaltete sich das Verhältnis zwischen Cotta und dem Autor außerordentlich produktiv. Humboldt entwickelte eine Fülle von Projekten, von denen einige auch realisiert wurden. Namentlich die 1807 erschienenen »Ansichten der Natur« wurden ein großer Erfolg; der größte Erfolg aber war der »Kosmos« unter Johann Friedrich Cottas Sohn, Georg Cotta, der nach dem Tod des Vaters 1832 den Verlag übernahm. BF

3/22 **Alexander von Humboldt** (1769-1859) und **Aimé Bonpland** (1773-1858)
Ideen zu einer Geographie der Pflanzen nebst einem Naturgemälde der Tropenländer
Tübingen: Cotta / Paris: Schoell 1807
Berlin, Ibero-Amerikanisches Institut zu Berlin – Preußischer Kulturbesitz (III cd 351: 1,1)
Abb. S. 188

Nach Rückkehr von seiner Südamerikareise im Jahre 1804 plante Humboldt, seine Forschungsergebnisse auf deutsch und französisch zu veröffentlichen. Den ersten 1807 erschienenen Band »Allgemeine Physik, und historischer Teil der Reise« widmete Humboldt Schiller, der ihm die Bekanntschaft mit Johann Friedrich Cotta vermittelte. Der Stuttgarter Verleger hatte in Zusammenarbeit mit dem Pariser Verleger Schoell im Krisenjahr 1807 das bedeutende Forschungswerk – laut Untertitel: »Auf Beobachtungen und Messungen gegründet, welche vom 10ten Grade nördlicher bis zum 10ten Grade südlicher Breite, in den Jahren 1799, 1800, 1801, 1802 und 1803 angestellt worden sind« – mit einer Kupfertafel verlegt. Nach Schillers Tod beschloß Humboldt die Zueignung »An Göthe«. Die Idee zu einer Geographie der Pflanzen ging auf eine Anregung aus Herders »Ideen zur Philosophie der Geschichte der Menschheit« zurück, während der Hinweis auf die Schläge des Schicksals an das Leid der napoleonischen Kriegszüge gemahnt. MLP
Lit.: Kuhn 1980, S. 19

3/23 **Alexander von Humboldt** (1769-1859)
Brief an Johann Friedrich Cotta
Paris, 20. August.1824
Eigenhändiges Manuskript, gesiegelt;
25 x 20,2 cm
Marbach a. N., Schiller-Nationalmuseum / Deutsches Literaturarchiv, Cotta-Archiv (Stiftung der Stuttgarter Zeitung), (Cotta Br.)

»[...] heute treibt mich brüderliche Liebe daher an, Sie zu bitten augenbliklichst in Ihre Zeitungen drukken zu lassen, dass in der Sizung vom 19ten August die Pariser Academie des Inscriptions et Belles Lettres, den Staats-Minister Wilhelm von Humboldt in Berlin und den Professor Creuzer zu Heidelberg zu Associés étrangers mit grosser StimmenMehrheit ernannt habe. Da Alexander von Humboldt längst einer der acht Associés etrangers der Academie des sciences ist, so ist derselbe Name jezt zweimal in den Fasten des Instituts eingetragen. Durch diese schnelle Bekanntmachung erhält mein Bruder, dessen Aufenthalt ich gegenwärtig nicht weiss, die angenehme Nachricht früher als durch die Post.« Alexander von Humboldts Bruder Wilhelm hatte sich 1797 bis 1799 in Paris aufgehalten, dort Kontakte mit Gustav von Schlabrendorf und Konrad Engelbert Oelsner wie mit dem Abbé Sieyès und Mme de Staël geknüpft, deren Bild der deutschen, »klassischen« Geisteskultur er maßgeblich prägte. Nach einer Diplomatenlaufbahn in preußischen Diensten wurde er 1819 preußischer Minister des Innern; noch im selben Jahr entlassen, zog sich der Reformer des preußischen Schul- und Universitätssystems aus dem politischen Leben zurück und widmete sich ganz der Sprachwissenschaft und Sprachphilosophie. Auf diesem Gebiet wirkten in Frankreich Gelehrte wie Champollion, dem die Entzifferung der ägyptischen Hieroglyphen geglückt war, neben Jacquet, Abel Réim, St. Martin, Bournouf, mit denen er im wissenschaftlichen Austausch stand. 1828 reiste Humboldt nach Paris, wo er in der Akademie eine sprachwissenschaftliche Abhandlung »Ueber die Verwandschaft des griechischen Plusquamperfektums, der reduplicirenden Acriste und der Attischen Perfekta mit einer Sanskritischen Tempusbildung« vortrug. Georg Friedrich Creuzer wirkte seit 1804 als Professor der Philologie und alten Geschichte in Heidelberg. Einen Namen machte er sich durch die vergleichende Darstellung der religiösen Ideen und Begriffe. Ihnen galt auch sein Hauptwerk »Symbolik und Mythologie der alten Völker« (4 Bde., 1810-1822), das die Religionen des Altertums und ihre Entwicklung hin zum Christentum untersuchte. Die von Cotta erbetene Mitteilung Alexander von Humboldts erschien als kurze Notiz in der »Allgemeinen Zeitung« vom 27. August (Nr. 239, S. 954). Auch Leo von Klenze und Sulpiz Boisserée waren Mitglieder der Sektion Architektur der Akademie. BF
Lit.: Schlesier 1843, S. 448

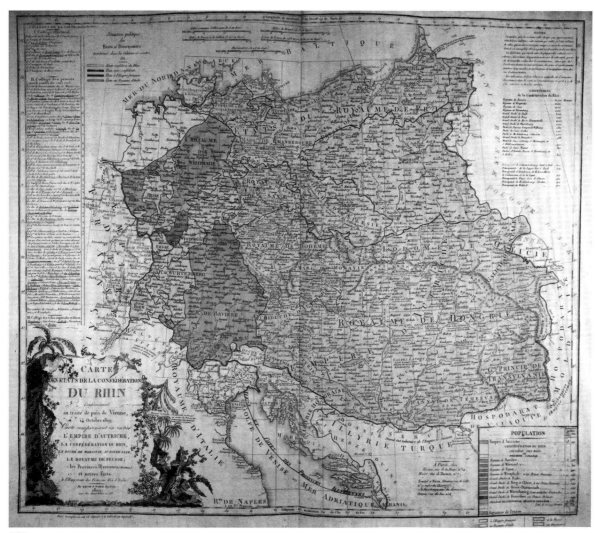

3/25

Unglückliche, geblendete Fürsten, konntet ihr mehr leiden, als ihr leidet? [...] Ich frage nicht euch, ich frage die Nation und Europa. Was will der jüngste Kaiser? Ja, was tut er? Seine Knechte sollt ihr sein, Franzosenknechte, und bald gar nichts mehr. Seht euch doch um nach den alten Bundesgenossen und Freunden der Franzosen, was sind sie, wo sind sie? Die Fürsten herabgestoßen und ihre Länder eingezogen, die Republiken vernichtet, die übrigen von französischen Präfekten, Spionen, Generalen, Kommissären geplündert, beschimpft und belauert.

Ernst Moritz Arndt: Geist der Zeit, 1806

3/24 **Rheinbundakte**
Paris, 12. Juli 1806
Zwölf Seiten umfassendes Heft mit zwölf Siegeln auf blauem Band; 31 x 20 cm
Paris, Archives du Ministère français des Affaires étrangères (Traités multilatéraux)

Nach der Unterzeichnung des Friedens von Preßburg am 25. Dezember 1805 beabsichtigte Napoleon, als Machtinstrument der Integration der süddeutschen Staaten unter französischem Protektorat den Rheinbund zu schaffen und sie somit dem Einfluß des in der Dreikaiserschlacht bei Austerlitz besiegten Österreichs zu entziehen. Am 12. Juli unterzeichneten Vertreter der neuen Könige von Württemberg und Bayern, die Großherzöge von Hessen-Darmstadt und Berg, von Baden und der Kurfürst von Mainz, Dalberg, sowie weitere zehn Fürsten im Süden und Osten Deutschlands die Rheinbundakte nach dem Entwurf des Herzogs von Talleyrand als Friedens- und Freundschaftsbündnis unter dem Protektorat Napoleons. Am 1. August erklärten die Bundesgenossen ihren Austritt aus dem Deutschen Reich, Kaiser Franz von Österreich legte fünf Tage später die Kaiserkrone nieder. Damit war das alte Reich formell aufgelöst. Paris bestimmte die Außenpolitik und kommandierte die Kontingente, die die Einzelstaaten zu entsenden hatten. Der Rheinbund, der eine reine Militärallianz blieb, löste sich nach dem Sturz Napoleons auf. MLP

3/25 **Louis Brion de la Tour,** (1765-1823) und **Maire**
Carte des Etats de la Confédération du Rhin (Karte der Rheinbundstaaten)
1809
Kupferstich; 63,5 x 47 cm
Berlin, Deutsches Historisches Museum
(Do 94/145)

Die Rheinbundakte wurde am 12. Juli 1806 von 16 deutschen Fürsten unterzeichnet. Zu den Verbündeten gehörten die Könige von Bayern und Württemberg sowie der Großherzog von Baden. Wie im Vertrag vorgesehen, gaben die 16 Staaten in einer gemeinsamen Erklärung ihre Trennung vom Reich dem Reichstag in Regensburg bekannt. Napoleon, Kaiser der Franzosen und Protektor des Rheinbundes, ließ daraufhin von seinem Gesandten am Reichstag erklären, die Verfassung des Deutschen Reiches nicht mehr anerkennen zu können und forderte schließlich in einem bis zum 10. August befristeten Ultimatum Kaiser Franz II. dazu auf, die Krone niederzulegen, ein Begehren, dem Franz II. am 6. August 1806 nachkam, überzeugt von der »gänzlichen Unmöglichkeit, die Pflichten Unseres kaiserlichen Amtes« länger erfüllen zu können. Nach den preußischen Niederlagen von Jena und Auerstedt schlossen sich weitere deutsche Staaten dem Rheinbund an. Eine besondere Stellung nahm das 1807 aus Braunschweig, Kurhessen, Teilen Hannovers und linkselbischen preußischen Gebieten geschaffene Königreich Westfalen ein. An die Spitze des nach französischem Vorbild geformten Vasallenstaates setzte Napoleon seinen jüngsten Bruder Jérôme. Nach dem Bündnisvertrag war der Rheinbund ein Zusammenschluß souveräner Staaten. Eigentlich sollte die Geschäfte des Staatenbundes ein in Frankfurt am Main tagender Bundestag führen, dessen Vorsitz dem Fürstprimas zustand. Es blieb jedoch bei der Absichtserklärung. Das Protektorat, das den Rheinbund mit Napoleon verband, verpflichtete die Mitgliedsstaaten zur Bündnishilfe im Kriegsfall. Die Entscheidung in Fragen der Außenpolitik, der Rüstung sowie für Krieg und Frieden lag allein beim Protektor. Die Karte stammt aus dem in Paris bei Treuttel & Würtz/Cussac um 1810 erschienenen Mappenwerk »Tableau géographique et politique de l'Allemagne«.   HA

Lit.: Huber 1957

3/26

3/26   **Robert Lefèvre** (1755-1830)
Karl Theodor Reichsfreiherr von Dalberg
1811
Bez. M. r.: Robert Lefèvre f. 1811
Öl auf Leinwand; 73,5 x 60 cm
Sankt Petersburg, Staatliche Eremitage (10093)

Dalberg, der seit 1803 nach der Säkularisierung der kirchlichen Territorien das Amt des Erzkanzlers des Deutschen Reiches innehatte und als Kurfürst von Mainz Mitglied des Rheinbundes wurde, setzte Napoleon wegen seiner loyalen Haltung als Fürstprimas des Rheinbundes mit Residenz in Frankfurt am Main ein. 1810 erhielt er für den Gebietsabtritt des Erzbistums Regensburgs an Bayern als Entschädigung die Bistümer von Fulda und Hanau, die zusammen mit seinen Territorien Wetzlar und Aschaffenburg zum Großherzogtum Frankfurt zusammengefaßt wurden. Am 16. Februar 1810 wurde Dalberg zum Großherzog von Frankfurt erhoben. Der Bildnis- und Historienmaler Lefèvre portraitierte ihn mit Stern und Großkreuz des Ordens der Ehrenlegion. Napoleon führte zahlreiche Rangerhöhungen durch, um die Auflösung des altständischen Reichsverbandes zu befördern.   MLP

Lit.: Berezina 1983, Nr. 280, S. 311

3/27   **Ergänzungen zum Friedensvertrag von Tilsit zwischen Frankreich und Preußen**
bezüglich des Paragraphen 16
Paris, 13. Januar 1808
Urkunde, mit Siegel, Kapsel und Medaillon N (Napoleon), Samteinband, mit Silber brodiert; 39 x 53 cm
Berlin, Geheimes Staatsarchiv Preußischer Kulturbesitz (III. HA Rep. 2.4.1. Abt. I Nr. 33)

Nach dem Sieg der Grande Armée über das preußische und sächsische Heer in der Schlacht von Jena und Auerstedt am 14. Oktober 1806 diktierte Napoleon das »Friedens- und Freundschafts-Tractat« von Tilsit. Preußen verlor danach mehr als die Hälfte seiner Territorien: alle Länder zwischen Rhein und Elbe und den größten Teil der von Friedrich II. 1772 annektierten polnischen Gebiete, aus denen das Herzogtum Warschau gebildet wurde. Friedrich Wilhelm III. wurde gezwungen, der Kontinentalsperre gegen England beizutreten und Kriegskontributionen in Höhe von 140 Millionen Talern zu leisten und die drei Brüder Napoleons als Könige sowie die Fürsten des Rheinbundes als Souveräne anzuerkennen.   MLP

3/29

3/28 Code Napoléon
Napoleons Gesetzbuch. Einzig offizielle Ausgabe für das Königreich Westphalen
Straßburg: F.G. Levrault 1808
Berlin, Universitätsbibliothek der Freien Universität Berlin (4° 2C 424, LS: VI 3373)

3/29 Code de procédure civile
Bürgerliche Prozeßordnung für das Königreich Westphalen. Zweiter Theil
Kassel, 1810
Durchschossenes Exemplar mit handschriftlichen Eintragungen; 21 x 33 cm
Berlin, Geheimes Staatsarchiv Preußischer Kulturbesitz (Bibl. 23 P 23)

Als Ergebnis der Revolution von 1789 erhielt Frankreich mit den »cinq codes« eine einheitliche Rechtsordnung, die nach und nach die alte Gesetzgebung aufhob. Der »Code civil« erschien 1804 (seit 1807 »Code Napoléon« genannt), 1806 der »Code de procédure civile« zum Zivilrecht, 1807 der »Code de commerce« zum Handelsrecht, 1808 der »Code d'instruction criminelle« zum Strafverfahrensrecht und 1810 der »Code pénal« zum Strafrecht. Die Rechtsordnung galt auch in den von den Revolutionsheeren eingenommenen und 1801 an Frankreich abgetretenen linksrheinischen Gebieten und wurde in den deutschen Teilstaaten durch Sondergesetze bis zum Jahr 1810 eingeführt. Nach dem Sturz des Empire wurde das Geltungsgebiet des französischen Rechts in Deutschland erheblich eingeschränkt.   MLP

3/30 Carl Bertuch (1777-1815)
Tagebuch meiner Reise nach Paris im Jahre 1803-1804
Eigenhändiges Manuskript (Faksimile); 19 x 15 cm
Weimar, Stiftung Weimarer Klassik, Goethe- und Schiller-Archiv (06/3064)

Nach seiner Ausbildung zum Kartographen teilte Carl Bertuch das Berufsleben weitgehend mit dem seines Vaters, des Buchhändlers Friedrich Justin Bertuch, der 1790 in Weimar das »Landes-Industrie-Comptoir« gegründet hatte, ein Unternehmen, das vornehmlich im Verlagsgeschäft tätig war und u.a. die Zeitschrift »London und Paris« und das erste deutsche Modemagazin »Journal des Luxus und der Moden« herausgab, das Carl Bertuch zwischen 1804 und 1815 redigierte. 1814 schickte ihn sein Vater auf den Wiener Kongreß, um zusammen mit Johann Friedrich Cotta im Namen des deutschen Buchhandels dessen Interessen gegen den Raubdruck wahrzunehmen und für die Pressefreiheit einzutreten (3/64). Als junger Mann hielt sich Bertuch von 1803 bis 1804 zu Bildungszwecken in der französischen Hauptstadt auf und führte pünktlich Tagebuch, das aus der Sicht des lernbegierigen, namentlich am Theater, an bildender Kunst, Literatur, aber auch an wissenschaftlichen und politischen Neuigkeiten interessierten ein detailliertes Bild des Pariser Kulturlebens zeichnet. Die Tagebucheinträge vom 3. und 18. November 1803 geben Auskunft über Heinrich von Kleist: Der »exaltirte Kopf« und »überspannte Mensch«, wie Bertuch Kleist bezeichnet, war am 14. Oktober in Begleitung seines Freundes Ernst von Pfuel nach Paris gekommen und nach einem heftigen Streit mit diesem nach St. Omer weitergereist, um sich den napoleonischen Truppen anzuschließen, die für die Landung in England gesammelt wurden. Bekanntlich zerschlug sich das in einer schweren Lebenskrise gefaßte Vorhaben, »den schönen Tod der Schlachten zu sterben«. Die sich daran anschließende, rätselhafte Etappe im Leben des Dichters – für die die folgenden acht Monate fehlen seine Briefe – wäre der Kleistforschung noch dunkler geblieben ohne Bertuchs Tagebuch, das Kleists Anwesenheit in Paris an jenen Novembertagen dokumentiert.   UM
Lit: Kleist 1962, Bd. 2, S. 737; Günther 1993, S. 40

3/31 Jugendbildnis des Heinrich von Kleist
Um 1795
Öl auf Leinwand; 38 x 31,5 cm
Berlin, Staatsbibliothek zu Berlin – Preußischer Kulturbesitz, Handschriftenabteilung (Nachl. Kleist 2)

Nicht nur die im Herbst 1803 unternommene Frankreichreise gibt der Forschung Rätsel auf; die ganze Kleistsche Existenz ist rätselhaft. Ihm selbst, dem Melancholiker, dessen Leben und Werk erstaunlich modern anmuten, war das Leben immer als unlösbares, zuletzt als vernichtendes Rätsel erschienen. Der Tradition der Familie folgend, aus der mehrere hohe preußische Offiziere hervorgegangen waren, trat er 1792 in das Garderegiment in Potsdam ein. Doch er quittierte den verhaßten Dienst und studierte in Frankfurt (Oder) die Rechte, brach aber auch das Studium ab und begab sich zwischen 1801 und 1804 auf Reisen – für Kleist eine Existenzform zur Bewältigung krisenhafter Lebenssituationen, die bis zu seinem Freitod 1811 sein Dasein immer wieder verdunkelten. Paris, wo er sich 1801 zum ersten Mal und für nahezu ein halbes Jahr aufhielt, enttäuschte ihn: eine »blasse, matte, fade Stadt«. Das Pari-

Dieser heilige Zorn, wie er vielleicht nur wenige Herzen begeisterte, sammt dem Gefühl der Noth und des Unglücks seines Vaterlandes waren es, die den Dichter antrieben, das großartige Gemälde, »die Hermannschlacht«, zu entwerfen.

Ludwig Tieck:
Vorrede zu Heinrich von Kleists Hinterlassenen Schriften, 1821

3/31

ser Leben kam ihm herzlos und trügerisch vor: »Man geht kalt aneinander vorüber; man windet sich in den Straßen durch einen Haufen von Menschen, denen nichts gleichgültiger ist, als ihresgleichen; ehe man eine Erscheinung gefaßt hat, ist sie von zehn anderen verdrängt«. Im selben Brief vom 18. Juli 1801 an Caroline von Schlieben heißt es über den »Jahrestag der Zerstörung der Bastille«, an dem er am 14. Juli teilgenommen hatte: »Wie solche Tage würdig begangen werden könnten, weiß ich nicht bestimmt; doch dies weiß ich, daß sie fast nicht unwürdiger begangen werden können, als dieser. [...] keine von allen Anstalten erinnerte an die Hauptgedanken, die Absicht, den Geist des Volkes durch eine bis zum Ekel gehäufte Menge von Vergnügungen zu zerstreuen, war überall herrschend, und wenn die Regierung einem Manne von Ehre hätte zumuten wollen, durch die mâts de cocagne, und die jeux de carousels, und die theatres forains und die escamoteurs, und die danseurs de corde mit Heiligkeit an die Göttergaben Freiheit und Frieden erinnert zu werden, so wäre dies beleidigender, als ein Faustschlag in sein Antlitz. – Rousseau ist immer das vierte Wort der Franzosen; und wie würde er sich schämen, wenn man ihm sagte, das dies sein Werk sei.« Kleist bewunderte Rousseau. Zu seinem um 1803 entworfenen »Lebensplan«, auf einem Gut in der Schweiz zusammen mit Freunden ein bäuerlich einfaches Leben zu führen, hatte ihn nicht zuletzt die Rousseaulektüre angeregt. Das von einem unbekannten Künstler in Frankfurt (Oder) gemalte Bildnis gibt nicht mit absoluter Sicherheit den Dichter wieder. Daß es sich um den etwa 18jährigen Kleist handeln könnte, legt die Ähnlichkeit mit der Kleistdarstellung auf Peter Friedels berühmtem, um 1801 entstandenen Miniaturportrait nahe, das sich ebenfalls im Besitz der Berliner Staatsbibliothek befindet. UM
Lit.: Kleist 1962, Bd. 2, S. 661-665; Rothe 1965, S. 163-186: Kat. Berlin 1977, S. 18

3/32   **Heinrich von Kleist** (1777-1811)
Die Hermannsschlacht
In: Heinrich von Kleists hinterlassene Schriften. Hrsg. von Ludwig Tieck
Berlin: Reimer 1821
Berlin, Staatsbibliothek zu Berlin – Preußischer Kulturbesitz, Handschriftenabteilung (Bibl. Varnhagen 1817 R)

Vom August 1807 bis Dezember 1809 lebte Kleist in Dresden, wo er wohl die produktivste und glücklichste Phase seines Lebens verbrachte. »Penthesilea« wurde vollendet, es entstand »Das Käthchen von Heilbronn«, mit Adam Müller gab er die Zeitschrift »Phöbus« heraus. Auf dem Weg in die sächsische Residenz war Kleist als angeblicher Spion von französischen Militärbehörden verhaftet und für einige Zeit zunächst in Fort de Joux bei Pontarlier, später in Châlons-sur-Marne festgesetzt worden, eine Erfahrung, auf die der ohnehin antinapoleonisch gesinnte Kleist mit teilweise extrem zugespitzten, frankreichfeindlichen Bekenntnissen zum Vaterland reagierte. So wurde Kleist in Dresden auch zum politischen Schriftsteller und patriotischen Propagandisten. Seinem unbändigen Haß auf Napoleon verlieh er in seinen Kriegsgedichten, im »Katechismus der Deutschen« und in der »Hermannsschlacht« unverhüllt Ausdruck. Zur Durchführung des in der zweiten Hälfte des Jahres 1809 geschriebenen Dramas in fünf Akten diente die Varus-Schlacht im Teutoburger Wald und die Befreiung der Germanen von den Römern als historische Analogie, um zur Einigung zwischen Preußen und Österreich und zur Erhebung gegen die französischen Besatzer aufzurufen (11/10). Als literarische Quelle benutzte Kleist wohl auch Klopstocks Trilogie »Hermanns Schlacht« von 1769. Natürlich erkannten die Zeitgenossen, die das Drama in der Handschrift lasen, die Parallelen sofort: Römer = Franzosen, Cherusker = Preußen, Sueben = Österreicher, die uneinigen Germanenfürsten = Rheinbundfürsten. Der eindeutig nationalen Tendenz des Stückes fielen freilich Kleists hohe Kunst der Sprache und sein differenziertes Menschenbild zum Opfer; die dramatis personae sind zu Klischees erstarrt, was gewiß dazu beitrug, daß das Stück später im deutsch-nationalen Sinne, von den Nationalsozialisten im völkisch-rassischen Verständnis rezipiert und vereinnahmt werden konnte. Zu Lebzeiten des Dichters durfte das Drama weder aufgeführt noch gedruckt werden. Es erschien erstmals 1821 in den von Tieck herausgegeben »Hinterlassenen Schriften« und wurde am 18. Oktober 1860 in einer von Feodor Wehl bearbeiteten Fassung in Breslau uraufgeführt. UM
Lit.: Kat. Berlin 1977, S. 48-72

3/33

3/34

3/33 **Ludwig van Beethoven** (1770-1827)
Symphonie Nr. 3 in Es-Dur, op. 55,
gen. »Eroica«
1804
Manuskript; 22,8 x 32,8 cm
Wien, Archiv der Gesellschaft der
Musikfreunde in Wien [A 20 (XIII 61.407)]

Da Beethovens Autograph der im wesentlichen im Jahr 1803 entstandenen Symphonie verschollen ist, hat dieses Manuskript die Bedeutung einer Primärquelle. Geschrieben wurde es von einem nicht namentlich bekannten Kopisten – von der Beethoven-Forschung Kopist »C« genannt –, der in den Jahren 1803 bis 1805 für Beethoven gearbeitet hat. Beethoven selbst hat in diese dem Fürsten Lobkowitz gewidmete Partiturreinschrift zahlreiche Korrekturen und Ergänzungen eingetragen. Berühmt ist das Titelblatt mit der vormaligen Widmung an Napoleon, die von Beethoven so heftig getilgt wurde, daß im Papier Löcher entstanden. Zu lesen ist noch »Sinfonia grande«, darunter zu erahnen, daß dort erst »titulata« und dann »intitulata« stand, während von Bonaparte nur mehr die letzten Buchstaben »te« zu lesen sind. In der dritten Zeile steht: »del Sig[no]r[e]« und in der vierten Zeile »Louis van Beethoven«. Zwischen der zweiten und dritten Zeile wurde später eingefügt »804 im August«. Ferner trägt das Titelblatt noch zahlreiche weitere Ergänzungen und Anmerkungen. Aus Beethovens Umkreis ist mehrfach glaubwürdig überliefert, daß die formelle Widmung bzw. die Benennung der Symphonie als »Bonaparte-Symphonie« – auch das war eine Zeitlang Beethovens Absicht – im Zusammenhang mit der Nachricht von Bonapartes Erhebung zu kaiserlichen Würden getilgt wurde. Zu datieren ist dies wohl eher mit der am 2. Dezember 1804 stattgefundenen Krönungszeremonie als mit der Proklamation seiner Erhebung zum Kaiser, die am 20. Mai 1804 erfolgt war. Daß die Symphonie ihre Entstehung überhaupt der Anregung des 1798 zwei Monate als französischer Botschafter in Wien wirkenden General Jean Baptiste Bernadotte zu verdanken sei, Beethoven möge Bonaparte »in einem Tonwerke feiern«, ist eine insgesamt unglaubwürdige Überlieferung. Beethovens Enttäuschung über Napoleons Vorgehen und weitere Entwicklung ist hingegen belegt, auch wenn er diese Enttäuschung nach 1820 wieder relativiert zu haben scheint: In der Unterhaltung, die sein Freundeskreis mit dem ertaubten Komponisten mittels Aufzeichnungen in Konversationsheften führte, kommen durchaus anerkennende bzw. nur einschränkend verurteilende Passagen über Napoleon vor. OB

3/34 **Ludwig van Beethoven** (1770-1827)
Der freye Mann
In: Deutsche Lieder in Musick gesetzt
von L. von Beethoven
Bonn: Simrock 1808
Düsseldorf, Goethe-Museum, Anton-und-
Katharina-Kippenberg-Stiftung

Beethovens Vertonung dieses und anderer Freiheitslieder in der Sammlung »Deutsche Lieder« im Jahr 1808 zeigt seine wiedererwachte republikanische Gesinnung als Gegner der Interventionskriege nach den Eroberungszügen und Besetzungen von Wien 1805 und Berlin 1806 durch Napoleons Truppen sowie seine nationale Haltung gegenüber seinen zunächst ungebrochen jakobinischen Neigungen. Die Hymnenmusik hatte in Frankreich seit 1789 durch zahlreiche, von Robespierre verordnete Revolutionsfeste die bisherige Praxis der Aufführung christlicher Dank- und Loblieder abgelöst. In Deutschland waren die Hymnen und Kantaten, denen freiheitlich-progressive Freundschaftstexte zugrundelagen, nach 1789 weniger häufig. Sie erlebten erst mit den Burschenschaftsvereinigungen nach 1815 im Zuge der deutschen Nationalbewegung eine neue Blüte. MLP
Lit.: Hermand 1992, S. 153ff.

Besiegt sind wir; ob wir nun zugleich auch verachtet, und mit Recht verachtet seyn wollen, ob wir zu allem andern Verluste auch noch die Ehre verlieren wollen, das wird noch immer von uns abhängen. Der Kampf mit den Waffen ist beschlossen; es erhebt sich, so wir es wollen, der neue Kampf der Grundsätze, der Sitten, des Charakters.

Johann Gottlieb Fichte: Reden an die deutsche Nation, Berlin 1808

3/35

3/35 **Emile Antoine Bourdelle** (1861-1929)
Studie für »Beethoven à deux mains«
Um 1908
Bez. l.: EAB
Bronze (8/8), 47 x 32 x 30 cm
Paris, Rhodia Dufet Bourdelle (W.V. n° 92.1)

Ein Beethoven darstellender Kupferstich, der in einer Buchhandlung seiner Heimatstadt Montauban auslag, brachte den Bildhauer zuerst mit dem Komponisten in Berührung. Die verblüffende Ähnlichkeit der Gesichtszüge mit seinen eigenen veranlaßte ihn dazu, dem Komponisten seit den 80er Jahren 40 Zeichnungen, Aquarelle und Pastelle sowie 85 Skulpturen neben Monotypien und Gemälden zu widmen. Als Vorbild des prometheischen »Menschheitserlösers«, als der er sich selbst im jakobinischen Geist der ersten nachrevolutionären Phase gesehen hatte, gewann das Bild Beethovens nach der Niederlage Frankreichs 1870/71 neue Bedeutung. So setzte sich Bourdelle sicherlich auch den zeitgemäßen Umständen nach mit dem Schöpfer der »Eroica« auseinander, die vom wiedererwachten republikanischen Geist nach dem Ende des napoleonischen Empire als »Marseillaise de la paix« auch in der deutschen Nationalbewegung interpretiert wurde.   MLP
Lit.: Geck/Schleuning 1989; Hermand 1992, S. 153ff.; Kaiser 1993

3/36 **Antonin Reicha** (1770-1836)
Musique pour célébrer la mémoire des grands hommes, qui se sont illustrés au service de la Nation françoise
(Musik zur Feier des Gedenkens großer Männer, die sich im Dienste der französischen Nation ausgezeichnet haben)
1809
Eigenhändiges Manuskript; 30 x 33,5 cm
Paris, Bibliothèque Nationale de France, Département de la Musique (Ms. 2495)

Der böhmische Bäckersohn Reicha, wie Beethoven 1770 geboren, bekannte sich in jungen Jahren zu einer radikalen Form des Josephinismus. Mitte der 90er Jahre ging er nach Wien und von dort am 25. September 1799 als Parteigänger der Französischen Republik nach Paris. Ab 1800 komponierte er neben kammermusikalischen Werken Fugen, Sinfonien und Opern mit Bezug auf die Traditionen der großen Festumzüge der ersten Revolutionsjahre. Im Oktober 1808 siedelte er ganz nach Paris über und erhielt 1818 eine Professur an der Ecole royale de musique. Die viersätzige Sinfonie für Pauken, Trommeln und Kontrabässe mit abschließendem Trauermarsch komponierte er »pour célébrer, 1mo la mémoire de quelque grande action en faveur de la nation française; 2do la mort des héros et des grands hommes qui auront bien mérité de la patrie; 3io pour fêter tout grand événement futur« (um primo das Gedenken an eine große Tat zugunsten der französischen Nation, secondo den Tod von Helden und großen Männern, die sich um das Vaterland verdient gemacht haben und tertio jedwedes zukünftige große Ereignis zu feiern). Als Professor an der Ecole royale de musique in Paris zählten zu seinen Schülern u.a. Franz Liszt, Hector Berlioz und César Franck.   MLP
Lit.: Hermand 1992, S. 170f.

3/37 **Philipp Otto Runge** (1777-1810)
Der Morgen
1808
Bez. rückseitig von fremder Hand:
Otto Philipp Runge
Feder, Pinsel in Grau und Schwarz, Spuren von Bleistift, laviert; 42,2 x 33,4 cm
Berlin, Staatliche Museen zu Berlin, Kupferstichkabinett (Runge SZ 1)

»Die Nationen lassen sich auch mit Pflanzen, ihren Blüten und Früchten vergleichen«, äußerte Goethe im Jahre 1806. »Hier öffnete sich ein weites und artiges Feld für die Rungische allegorisch-symbolisch-mystische Pflanzenmetamorphose«. Auch der vierteilige Tageszeitenzyklus von Morgen, Tag, Abend und Nacht, den der Künstler 1802 begann, ist nach dem Grundgedanken einer Analogie von Natur- und Geschichtsprozeß gestaltet. Zentrale Figur des »Morgen«, der als einziges der vier Motive zur Ausführung in Öl gelangte (1808, Hamburger Kunsthalle), bildet Aurora, die römische Göttin

NAPOLEONVEREHRUNG UND FREIHEITSKRIEGE

3/37

3/38

der Morgenröte, charakterisiert durch den sie begleitenden Morgenstern. Ein neugeborenes Kind, Symbol für den jungen Tag, liegt zu ihren Füßen, und über ihrem Kopf öffnet sich eine von Engeln umgebene Lilienblüte. Auch im Rahmenbild begleiten Genien, von der Sonnenfinsternis zum Tageslicht aufsteigend, die wachsenden Blüten. Alle allegorisch-symbolischen Elemente weisen auf den Moment des Neuanfangs, der sich innerhalb einer feststehenden, kosmischen Ordnung vollzieht. In der sich mit dem Tagesanbruch verändernden Natur glaubte Runge eine Parallele zu der sich verändernden historischen Wirklichkeit zu erkennen, ein Ausdruck seiner Hoffnung auf einen gesellschaftlichen Neubeginn, auf das Erwachen der deutschen Nation.　FM
Lit.: Träger 1975; Kat. Nürnberg 1989, S. 512f.; Kat. Berlin 1994, S.146

3/38　**Philipp Otto Runge** (1777-1810)
Zwölf Spielkarten
Um 1809/10
Bez. auf Streifen aus gelbem Karton mit
Bezeichnung von Daniel Runges Hand:
Von Gubitz nach der Zeichnung von
P.O. Runge 1809/10
Farbholzschnitt; je 4,1 x 5,2 cm
Hamburg, Hamburger Kunsthalle (Kh 49208)

»Ein großes Vergnügen«, schrieb Clemens Brentano dem Künstler im Jahre 1810, »haben mir ihre Kartenblätter gemacht. Ich finde diese Buben so galant, so verschwärmt, und so keck, diese Könige so phantastisch, veraltet, verregieret und verspielet ...« Brentanos Einschätzung der Könige als »veraltet« und »verregieret« ist durchaus zutreffend. Die Krone der als »Karl der Große« bezeichneten Figur ist jener Insignie nachempfunden, die nach damaliger Auffassung als dessen historische Kaiserkrone galt. Franz II. hatte sie 1806, nach der Eroberung Österreichs, unter Napoleons Druck niedergelegt. Das damit besiegelte Ende des »Heiligen Römischen Reiches Deutscher Nation« war eine der

Der Franzose ist ein sprechendes, der Teutsche ist ein denkendes Volk. Was heißt das: der Franzose hat eine überwiegende Neigung zum Volke, der Teutsche hat eine überwiegende Neigung zum Menschen? Ich will versuchen, es zu erklären, wie weit die innersten Gemüthsanlagen der Völker in ihren Verschiedenheiten sich erklären lassen. Der Franzose ist von Gott so geschaffen, daß er sein Leben für sich allein nicht lange ertragen kann; er will es unter Menschen wiedergespiegelt sehen, er will es in die Menge hineinspielen, er will in andern leben, von andern bemerkt seyn, für sich allein fühlt er sich unbehaglich und nichtig; in der Menge will er schwimmen und verschwimmen, dahin sind alle seine Triebe gestellt; ohne beständige Gesellschaft, wenigstens ohne den Gedanken dieser Gesellschaft, ohne Volk ist er nichts, athmet er nicht, empfindet er nicht, kurz lebt er nicht. Mit dem Teutschen verhält es sich fast umgekehrt.

Ernst Moritz Arndt: Über Volkshaß und über den Gebrauch einer fremden Sprache, 1813

Voraussetzungen für die Entstehung des deutschen Nationalstaates. Runge hielt sich in seinen Vorzeichnungen an die traditionellen französischen Farbzeichen, Namen und Attribute, doch bei den übrigen Figuren, insbesondere bei den namenlosen Buben, die durch zeitgenössisches Kostüm aktualisiert wurden, ist weniger historische Treue als bei den Königen zu beobachten. Durch Runges Bruder Daniel ist bekannt, »daß unser Künstler neuere Helden zu seinen Knappen gewählt habe, namentlich zu Pique den Schill«, ein preußischer Offizier, der 1809 vergeblich versucht hatte, mit seinem Regiment eine allgemeine Erhebung gegen Napoleon auszulösen, »und zu Coeur den Joachim Murat«, Napoleons Marschall, der nach erfolgreicher Beteiligung im Feldzug gegen Österreich und Preußen zum Großherzog von Berg und Kleve erhoben wurde. Friedrich Wilhelm Gubitz, der die Farbholzschnitte der Spielkarten nach Runges Entwurf anfertigte, überlieferte jedoch, daß das Portrait Ferdinand von Schills im Treffbuben dargestellt sei, wie der Vergleich mit zeitgenössischen Portraits nahelegt. Unabhängig von der konkreten Identifizierung der Figuren ist festzuhalten, daß Runge die roten Farben den französischen Truppen zugedacht hat, erkennbar an der napoleonischen Kaiserkrone auf den Schulterriemen des Karo- und Herzbuben, die er gegen Vertreter der deutschen Befreiungsbewegung antreten läßt, denen die schwarzen Farbzeichen zugeordnet sind.
FM

Lit.: Träger 1975; Feilchenfeldt 1979, S.31-44; Kat. Leinfelden-Echterdingen 1987

3/39 **Vaterländisches Museum**
Hamburg: Friedrich Perthes 1810/11
Berlin, Staatsbibliothek zu Berlin –
Preußischer Kulturbesitz
(Ac 6875 [1. 1810, 1-2. 1811, 1])

Während der französischen Okkupation erschienen in Norddeutschland – im Süden hätte die wesentlich schärfere Zensur vergleichbare Unternehmungen schon im Keim erstickt – mehrere Zeitschriften, die zur Stärkung des Nationalbewußtseins und zum Widerstand gegen Napoleon beitragen wollten. In Berlin gaben Th. Heinsius den »Preußischen Hausfreund« (1807) und Friedrich Wilhelm Gubitz »Das Vaterland« (1807-09) heraus, von einem russischen Versteck aus edierte der vor Napoleon geflüchtete Kotzebue seine satirischen Blätter »Die Biene« (1808-09) und »Die Grille« (1811-12), in Amsterdam (laut Titel, in Wahrheit in Leipzig) publizierte der Kriegsrat Friedrich von Cölln die »Neuen Feuerbrände« und als Gegenstück dazu gab ein H.v.L. in Kiel das Blatt »Die Löscheimer« (beide 1807-08) heraus. Das »Vaterländische Museum« des Verlagsbuchhändlers Friedrich Perthes erschien vom Frühjahr bis Dezember 1810 in Hamburg. Anders als bei den vorgenannten Blättern war das Programm der Zeitschrift durchaus moderat. Zwar sollten sich zur Schaffung eines »deutschen Bündnisses« die besten der »deutschgesinnten Männer« zusammenfinden, doch ohne blinden Haß auf Frankreich: »Wir können auch unter Napoleons Herrschaft vieles sagen, wenn wir nur die rechte Weise lernen, es zu sagen, und überdies wollen wir das Gute nicht verschmähen, was zugleich mit dem fremden Übel uns zuteil wird. Wahrlich, es sind gar viele heilsame Dinge, die wir von den Franzosen erlernen und erwerben können, und es ist echt deutsche Sinnesart, das Gute allenthalben zu erkennen.« Dem bildungsbürgerlichen Charakter des Journals entsprechend erschienen eher unpolitische Aufsätze zu literarischen, sprachtheoretischen, auch ökonomischen Fragen, die dennoch geschickt die deutsche Situation beleuchteten. Jean Paul, Graf Friedrich Leopold Stolberg, Claudius, Fouqué, Sartorius, Friedrich Schlegel, Görres, Arndt u.a. publizierten in dem Blatt. Als Ende des Jahres 1810 Hamburg dem französischen Kaiserreich einverleibt wurde, sah sich Perthes gezwungen, das Journal aufzugeben; insgesamt waren sieben Hefte erschienen.
UM

Lit.: Salomon 1900, S. 247-257

3/40 **Philipp Otto Runge** (1777-1810)
Fall des Vaterlandes. Umschlagentwurf für das »Vaterländische Museum«
1840
Lithographie; 16,8 x 11,2 cm
Hamburg, Hamburger Kunsthalle (34117)

Runges allegorische Darstellung des »gefallenen Vaterlandes«, die ursprünglich für den Umschlag der im Jahre 1810 erschienenen Zeitschrift »Vaterländisches Museum« entstand, fiel der Selbstzensur des gemäßigten Herausgebers Friedrich Perthes zum Opfer, weil sie ihm »zu bezeichnend schien, und man der Umsicht nicht zu viel haben kann, wenn man fortdauernd wirken will«. Der Bruder Daniel ließ erst 1840 durch den Illustrator Otto Speckter eine Lithographie herstellen, die er in Runges »Hinterlassenen Schriften« veröffentlichte. Dennoch blieb der Entwurf zur Entstehungszeit nicht unbeachtet. Im Augustheft des »Vaterländischen Museums« erschien unter Pseudonym ein Artikel von Joseph von Görres mit dem neutralen Titel »Reflexionen«, der bei einer späteren Publikation »Ueber den Fall Teutschlands und die Bedingungen seiner Wiedergeburt« lautete, in dem Elemente aus Runges Zeichnung in literarische Bilder umgesetzt waren. Runges Zeitgenossen teilten seine naturgesetzliche Geschichtsauffassung, wonach eine historische Wende – symbolisiert im Doppelkopf des Janus – angesichts der bestehenden politischen Situation zwangsläufig eintreten müsse. Als Garanten dieses Neubeginns galten die gegenwärtige und zukünftige Generation, vertreten durch Mutter und Kind, welche die Kraft für den Zeitenwandel aus der Liebe – der Liebe zum Vaterland – schöpfen, die durch Amor personifiziert wird. Die Opfer der napoleonischen Herrschaft sollten den »Nährboden« bilden, von dem die geistige Erneuerung der Nation ausgehen würde. Wie das politisch-kritische Kartenspiel (3/38) kann der Umschlagentwurf als Hinweis auf Runges antinapoleonische, patriotische Gesinnung gewertet werden.
FM

Lit.: Träger 1975; Feilchenfeldt 1979, S. 31-44

3/40

3/41 **Bekanntmachung des Rates zu Dresden**
betr. Weißbrotzuteilung für die
französischen Truppen
Dresden, 26. März 1812
Einblattdruck; 22,5 x 18,5 cm
Berlin, Deutsches Historisches Museum
(Do 59/282)

Die Bekanntmachung verkündete der Dresdner Bevölkerung, daß bei der bevorstehenden Einquartierung am ersten und zweiten Osterfeiertag durch eine Infanteriedivision des Vierten Kaiserlich-Königlich Französischen Armeekorps sämtliche Weißbäcker der Stadt eine den Truppen unentbehrliche gewohnte Sorte Weißbrot vorrätig zu halten haben. Dasselbe Vorratsgebot galt auch für Fleischer. MLP

3/42 **Ernst Moritz Arndt** (1769-1860)
Der Rhein. Teutschlands Strom, aber nicht
Teutschlands Gränze
Leipzig: Rein 1813
Berlin, Deutsches Historisches Museum
(R 92/717)

Seit der Veröffentlichung seiner Schrift »Geist der Zeit« 1805 mit ihrem antinapoleonischen Kapitel »Der Emporgekommene« galt Ernst Moritz Arndt als einer der wirkungsvollsten publizistischen Kontrahenten Napoleons auf deutschem Boden. Einst Anhänger der Revolution von 1789, später jedoch vom Despotismus der französischen Regierung abgestoßen, sah der von Jacob Böhme und christlicher Mystik stark geprägte Dichter und Historiker eine seiner Hauptaufgaben darin, das deutsche Volk zum Kampf gegen den »Antichrist« Napoleon und sein sittenverderbtes Frankreich aufzurufen. Mit seinen Liedern und Kampfschriften übte er tatsächlich einen großen Einfluß auf die Mentalität der Deutschen zur Zeit der Befreiungskriege aus. Auch nach der Leipziger Völkerschlacht meldete er sich als Mahner und Streiter zu Wort: Mit der Schrift »Der Rhein. Teutschlands Strom, aber nicht Teutschlands Gränze« griff er Ende 1813 in die außenpolitischen Debatten um die Rheingrenze ein und kämpfte mit dem Argument, ein Fluß könne niemals eine Naturgrenze sein, für die Erhaltung der linksrheinischen Gebiete wie der Rheinlande überhaupt als Zentrum der deutschen Kultur und Geschichte: »Ihr sehet das Land [...] wo eure Kaiser gewählt, gekrönt und gesalbt wurden, die Grüfte, wo eure Kaiser, eure Erzkanzler, eure Erzbischöfe schlafen, die Denkmäler eures Ruhms und eurer Größe [...] und ihr könnt den Gedanken ertragen, daß dieses Älteste, dieses Ehrwürdigste, dieses Deutscheste französisch werden sollte: wahrlich mit dem Gedanken ertragt ihr auch die französische Sklaverei.« Die Schrift war nicht ohne Einfluß darauf, daß die Alliierten ihren Feldzug nicht, wie zunächst vorgesehen, am Rhein abbrachen, sondern im Winter 1814 die Franzosen über den Rhein hinweg bis in ihre Hauptstadt verfolgten. UM

Lit.: Kat. Greifswald 1969; Sichelschmidt 1981

3/43 **Ernst Moritz Arndt** (1769-1860)
Brief an Georg Reimer
Leipzig, 23. November 1813
Eigenhändiges Manuskript; 19,7 x 15,7 cm
Frankfurt a. M., Freies Deutsches Hochstift
Frankfurter Goethe-Museum (9730)

Einen knappen Monat nach der Völkerschlacht bei Leipzig, in der die Verbündeten Rußland, Österreich und Preußen Napoleon besiegten, schrieb Ernst Moritz Arndt an seinen befreundeten Verleger Georg Reimer in Berlin: »Als ich hier ankam, mein theurer Freund, traf ich unsern Eichhorn, deinen Brief, und vieles Andere, beide Trauriges und Fröhliches [...] so viele wackere Männer und treue Freunde als Opfer der heiligen Sache gefallen; dazu hier das Leichenfeld, und die Gräuel der

Verwüstung und unbeschreibliches Elend auf vielen Meilen. Es ist wohl oft herzzerreisend, wenn uns der Augenblick faßt; glücklich daß die Arbeitseligkeit und das Getümmel des Lebens uns nicht viel sinnen läßt. Und doch wie viel weiter sind wir, als vor Monaten, wie viel näher dem großen Ziele, und der Hoffnung, daß wir als freie Männer wieder werden zu den Sternen aufblicken und Gott anbeten können. Dafür sollen wir Gott wohl inniglich danken. [...] Den Nap[oleon] hat man zu leicht weglaufen lassen mit seinen 60-70 000 M[ann]; er hätte anderes Haar lassen müssen, wenn man ihn fester gehalten hätte auf der Flucht. Doch die Sache wird doch gehen; denn Gott ist unser Bundesgenoß.« Im Jahre 1814 ließ Arndt die Schrift »Ein Wort über die Feier der Leipziger Schlacht« erscheinen, in der er Gedenkfeuer vorschlug; dieser Vorschlag fand große Resonanz. Goethe und Marianne Willemer hatten in Frankfurt die Gedenkfeuer 1814 gemeinsam gesehen, und dieser Tag blieb in ihrem Briefwechsel ein immer wieder erwähntes Datum. JB

3/44

3/44 **Emma Sophie Körner** (1788-1815)
Karl Theodor Körner
1813
Öl auf Leinwand; 110 x 83 cm
Berlin, Staatliche Museen zu Berlin,
Nationalgalerie (Bslg. Nr. 110)

Im März 1813 schloß sich Theodor Körner wie viele Studenten und Söhne der »gebildeten Schichten« den freiwilligen Jägerkorps im Kampf gegen Napoleon an. Wenige Wochen zuvor war er in Wien, wo seine Lustspiele in Kotzebues Art und seine Trauerspiele nach dem Vorbild von Körners Paten Friedrich Schiller sehr erfolgreich waren, zum Hoftheaterdichter ernannt worden. Diese Stücke sind heute vergessen, nicht aber die Lieder und Gedichte, die er als Jäger in »Lützows wilder, verwegener Schar« schrieb. Anfang April lag das Freikorps einige Tage in Körners Heimatstadt Dresden. Hier begegnete er täglich Ernst Moritz Arndt, der als Gast bei seinen Eltern wohnte. Auch Freiherr von Stein weilte in der Stadt und disputierte häufig mit Arndt. In diesen Apriltagen patriotischen Aufschwungs zeichnete Körners Schwester Emma, geübt durch das Kopieren von Bildern des befreundeten Anton Graff und unterrichtet von Dorothea Stock, eine große Kohlezeichnung des Bruders als Soldat. Eine Störung des Hochgefühls brachte erst Goethe, der am 21. April auf dem Weg nach Teplitz bei Körners einkehrte. »Sein Anblick und seine Rede waren gleich unerfreulich«, schrieb Arndt später. »Da rief er einmal aus, indem Körner über seinen Sohn sprach und auf dessen an der Wand hängenden Säbel wies: O, ihr Guten! schüttelt immer an euren Ketten; ihr werdet sie nicht zerbrechen; der Mann ist euch zu groß! « Am 26. August fand Körner bei Gadebach in Mecklenburg den Tod. Seine Schwester malte nach ihrer Zeichnung mehrere gleiche Portraits des Bruders in einem beliebten Bildschema: Dreiviertelfigur in Uniform, rechts eine deutsche Eiche, im Hintergrund eine bezeichnende Landschaft. Mit diesem Bilde beteiligte sie sich 1814, kurz vor ihrem eigenen Tod, erstmals an der Akademieausstellung. »Noch hatte sie die Freude gehabt, daß das von ihr gemalte Ölbildnis ihres Lieblings in der Uniform der Lützower auf der Ausstellung in Berlin von allen Waffenbrüdern Theodors sehr ähnlich gefunden wurde.« AW
Lit.: Kat. Berlin 1814, Nr. 393; Peschel/Wildenow 1898, Bd. II, S. 42ff. und 131f., 192; Kackowsky 1929, Nr. 110 (als Werk von Dorothea Stock)

3/45 **Carl Maria von Weber** (1786-1826)
Das Schwertlied. In: Sechs Gedichte aus
Leyer und Schwert / von Theodor Körner / Für
vier Männerstimmen in Musik gesetzt / von
Carl Maria von Weber / Op. 41 / Tenore Primo
1814
Eigenhändiges Manuskript; 26 x 33 cm
Berlin, Staatsbibliothek zu Berlin – Preußischer
Kulturbesitz, Musikabteilung mit Mendelssohn-
Archiv (Slg. Weberiana Cl. I,12.)

Carl Maria von Weber lernte Körners Verse 1814 durch die Berliner Singakademie kennen und vertonte sie noch im selben Jahr, begeistert vom patriotischen Pathos der Dichtung, in der der Komponist wie viele seiner Zeitgenossen das Nationalgefühl der Deutschen am reinsten ausgedrückt fand. Seine Vertonung für Männerchor machte Weber populär. Vor allem in Studenten- und Burschenschaftskreisen wurden vorzugsweise das »Schwertlied« und »Lützows wilde verwegene Jagd« gesungen. Ihr Verfasser Theodor Körner, der am 26. August 1813 im Kampf gegen Napoleon gefallen war, galt nach seinem »Heldentod« als *der* Dichter der Freiheitskriege. Dichtung und Soldatentum in einer Person verkörpernd, stimulierte er das zeitgenössische Bewußtsein von einer nationalen Literatur, bei der der Dichter nicht mehr das kontemplative Gegenbild des handelnden Helden repräsentierte. Körner selbst formulierte die Aufgabe des Dichters als Einheit von Lied und Kampf: »Denn was, berauscht, die Leyer vorgesungen / Das hat des Schwertes freie Tat errungen.« Die Freiheit der Künste setzt nach Körner die Freiheit des Vaterlandes voraus, sie ist nicht (wie bei Schiller) in der Freiheit des Geistes beheimatet. »Was uns bleibt? – Rühmt nicht des Wissens Bronnen, / Nicht der Künste friedensreichen Strand! / Für die Knechte gibt es keine Sonnen, / Und die Kunst verlangt das Vaterland.« Die Gedichtsammlung »Leyer und Schwert« erschien 1814 in Berlin, herausgegeben von seinem Vater Christian Gottfried Körner, dem Freund Friedrich Schillers, der mit der Ausgabe die bereits 1803 gedruckte Sammlung »Zwölf freie deutsche Gedichte nebst einem Anhang« wiederveröffentlichte und sie um die Gedichte aus dem Nachlaß des Sohnes ergänzte.   UM

Lit.: Kohut 1891; Höcker 1986, S. 104ff.

3/46 b

3/46   **Franz Gerhard von Kügelgen** (1772-1820)
Zwei Zeichnungen
a) Genius des Friedens
b) Genius des Krieges
Bleistift; a) 24,3 x 20,2 cm, b) 23 x 18,3 cm
Dresden, Kupferstichkabinett der Staatlichen
Kunstsammlungen Dresden, (C 2570, C 2569)

Franz Gerhard von Kügelgen arbeitete vor allem als Portrait- und Historienmaler. Sein »Genius des Krieges« (oder des Bösen) gehört wie sein »Genius des Friedens« (oder des Guten) zu einem nicht datierten Zyklus von kleineren mythisch-allegorischen Gestalten, welche »die Freude und den Schmerz des Lebens im Gegensatz ihrer Wirkung auf das männliche und weibliche Gemüt darstellen sollten« (Constantin von Kügelgen). Zu dieser unvollendet gebliebenen Folge zählen auch die Blätter »Begeisterung« und »Pandora«. 1804 verbrachte der Maler drei Wochen in Paris, eine Reise, die er lange geplant hatte, »um meine lieben Heiligen wiederzusehen, nämlich die aus Italien geraubten Kunstschätze«. Über den Kunstgeschmack der Franzosen äußerte sich der Maler: »Diese Nation zeichnet sich besonders darin aus, daß sie alles Schöne, Große, Einfache und Erhabene noch übertreffen will. Jetzt ist Einfachheit besonders Mode bei ihnen geworden; ehemals war es anders. Simplicité ist nun die Losung aller Künstler, aber die gewöhnliche schlichte Einfalt ihnen bei weitem nicht einfältig genug. Daher sieht man in ihren Bildern Gestalten, ganz ohne Leben und Bewegung, steif und starr wie Zaunpfähle. Die Gewänder flattern entweder in der Luft, oder sie hängen am Rücken herunter wie ein Bund Lichter. Voilà simplicité! Ihre Schönheiten sind etrurische Linealgesichter mit karminroten Backen, ohne alle Individualität. Das Große und Erhabene wird angedeutet durch Figuren über Lebensgröße. Kurz, es fehlt dieser Nation, an welche die Natur Talent im Uebermaß verschwendet hat, nach meiner Ansicht ganz und gar Einfalt des Herzens und Wahrhaftigkeit des Charakters«.   AC

Lit.: Kügelgen 1904, S. 70, Abb. 58 (Genius des Krieges), S. 71, Abb. 59 (Genius des Friedens); S. 60ff.

3/47   **Übergabe der Stadt Paris an die Verbündeten Monarchen**
Capitulation de Paris, le 31 mars 1814
Wien: Artaria et Comp 1814
Radierung, koloriert; 40 x 60 cm
Berlin, Deutsches Historisches Museum
(Gr 54/2623)

Nach den dramatischen Ereignissen der vorausgehenden Monate – dem Sieg der österreichischen, russischen und preußischen Heere, zu denen die Sachsen und Württemberger übergelaufen waren, in der Völkerschlacht von Leipzig am 16., 18. und 19. Oktober 1813, dem Rückzug Napoleons nach Frankreich, der Auflösung des Rheinbundes und der Vertreibung der Franzosen aus Nordwestdeutschland und Holland, schließlich dem Rheinübergang des österreichischen Befehlshabers

Die Schlacht von Paris hat unseren sehr viel gekostet. 22 Officiere sind geblieben u[nd] an den Wunden gestorben. Das 1 Füselier Bat: war 150 Mann den Abend stark u[nd] wohl mit 6-700 rein gegangen. Indes jetzt sind sie wieder ziemlich stark. Die Valouteurs der Garde sind schon abmarschiert. ihr werdet sie bald sehen.

Prinz Wilhelm von Preußen an seinen Bruder Carl, Paris, 22. Mai 1814

3/47

Schwarzenberg bei Basel und des preußischen Generals Blücher bei Kaub – erstürmten die Truppen der verbündeten Monarchen Alexander I. von Rußland, Franz II. von Österreich und Friedrich Wilhelm III. von Preußen am 30. März 1814 den Montmartre vor Paris. Der Einzug der Alliierten in die Hauptstadt hatte die Abdankung Napoleons in Fontainebleau zur Folge, der nach Elba verbannt wurde. Im ersten Frieden von Paris, der am 30. Mai geschlossen wurde, nahm Frankreich wieder die Grenzen von 1792 ein. Die zukünftigen Territorialfragen regelte der in Wien im September 1814 einberufene Kongreß. MLP

3/48 **Paul** (eigentl. Hippolyte) **Delaroche**
(1797-1856)
Napoleon I. zu Fontainebleau am 31. März 1814 nach Empfang der Nachricht vom Einzug der Verbündeten in Paris
1845
Bez. u.r.: Paul Delaroche 1845
Öl auf Leinwand; 180,5 x 137,5 cm
Leipzig, Museum der bildenden Künste Leipzig (55)
Abb. S. 199

Paul Delaroche hat den französischen Kaiser in dem Augenblick dargestellt, da er gerade die Nachricht vom Einzug der Verbündeten in Paris erhalten hatte. In Militärhabit, mit Mantel und Stiefeln, sitzt er nachdenklich und resigniert auf dem Stuhl, die düstere Zukunft voraussehend. Es ist eine der seltenen nicht offiziellen, großformatigen Darstellungen des Kaisers. Delaroche, der dieses Bild auf Bestellung des Leipziger Kaufmanns und Kunstsammlers Adolf Heinrich Schletter für 12 000 francs malte, hat sich vermutlich von den Illustrationen des französischen Künstlers Denis-Auguste-Marie Raffet zur »Geschichte des Napoleon« (1828) von Norvins Baron Jaques Marquet de Montbreton in der Ausgabe von 1839 inspirieren lassen. Schletter erwarb in Paris mehrere Bilder. Er übergab testamentarisch seine ganze Kunstsammlung dem Leipziger Museum, die aus 89 Gemälden italienischer, belgischer und französischer Schule sowie fünf Skulpturen bestand und finanzierte auch den Bau des entsprechenden Museumsgebäudes, in dem seine Sammlung aufbewahrt wurde. Diese Napoleondarstellung wurde schnell berühmt und häufig kopiert. Eine andere Version befindet sich beispielsweise im Musée del'Armée in Paris. Das Leipziger Gemälde wurde vom Maler schriftlich zum alleinigen Original erklärt. Paul Delaroche, Schüler von Antoine Jean Gros, beteiligte sich in den Jahren von 1822 bis 1837 regelmäßig an den Salonausstellungen mit Monumentalbildern religiösen und historischen Inhalts. AC
Lit.: Mus. d. bild. Künste Leipzig 1967, S. 40; Ziff 1977, S. 214ff., Abb. 121, S. 385; Winkler 1981, Nr. 106, S. 201

3/49   **Prinz Wilhelm von Preußen** (1797-1888)
Brief an seinen Bruder Carl
Paris, 22. Mai 1814
Eigenhändiges Manuskript;
19,9 x 24,8 cm
Berlin, Deutsches Historisches Museum
(Do 93/25)

Der spätere Kaiser Wilhelm I. nahm 1814 im Alter von 17 Jahren am Feldzug der Alliierten gegen Frankreich teil. Am 1. Januar überschritt die schlesische Armee unter Generalfeldmarschall von Blücher den Rhein, am 31. März zogen Kaiser Alexander I. und König Friedrich Wilhelm III. mit 130 000 Mann in Paris ein. Der preußische König, der von seinen ältesten Söhnen Friedrich Wilhelm und Wilhelm begleitet war, blieb zwei Monate in Paris. Über seine Erlebnisse in Paris berichtete Prinz Wilhelm in seinen Briefen. An den jüngeren Bruder Carl schrieb er, wenige Tage vor Unterzeichnung des Friedensvertrages am 30. Mai 1814, über einen Besuch im Théâtre Français, wo er den Anfang Mai aus dem Exil in England zurückgekehrten französischen König sah. Das Erscheinen Ludwig XVIII., der »allerchristlichsten Majestät«, wurde mit »rasendem Lärm« quittiert, wie Wilhelm notierte. Er informierte den Bruder auch über den Besuch beim Herzog von Orléans. Auf den jungen Wilhelm machte Louis Philippe einen liebenswürdigen Eindruck. Der französische Hof aber betrachtete sein Erscheinen mit tiefem Mißtrauen, hatte Louis Philippe doch 1792 für die Revolution gekämpft, und in der Tat sammelten sich bald die Liberalen des Landes um ihn. 1830 bestieg der Bürgerkönig den Thron. Wilhelm fand solche Besuche nicht sehr aufregend; ähnliches befürchtete er für den folgenden Tag, wie er dem Bruder anvertraute, denn es war ein Besuch in Malmaison vorgesehen, dem Wohnsitz der Kaiserin Joséphine. Wie Wilhelms Brief zu entnehmen ist, hätte er wohl lieber den gleichaltrigen, beim Korps Bülow stehenden Friedrich Wilhelm Paul Radziwill gesehen, um die Kämpfe am Montmartre, die neueste Uniformmode und die bevorstehende Reise nach London zu besprechen. Prinz Wilhelm adressierte den Briefumschlag geschickt an »Prinze[ssin] C[h]arl[otte] von Preuß. zu Berlin«, denn er hatte für seine Schwester Charlotte, die spätere Frau des russischen Kaisers Nikolaus I., Zeitungsausschnitte beigelegt. Die Reise zu den Siegesfeierlichkeiten in London begann am 6. Juni.   HA

3/50

3/50   **Tasse mit Darstellung der Quadriga**
und Untertasse
Berlin (KPM) 1814
Bez. auf der Tasse: Willkommen wieder in
Berlin 1814; auf der Untertasse:
Nun ewig unser!
Porzellan mit Emailfarben; Tasse H. 9 cm;
Untertasse Dm. 14 cm
Berlin, Staatliche Museen zu Berlin,
Kunstgewerbemuseum (Hz 518)

Die Tasse samt Untertasse wurden zum Gedenken an die Rückkehr der Quadriga aus Paris im Jahre 1814 angefertigt. Sieben Jahre, sechs Monate und neun Tage war das Brandenburger Tor der Quadriga beraubt. Aufgrund ihrer bewegten Geschichte wurde die Skulptur in diesem Zeitraum zum Nationaldenkmal erhoben und auch ohne das Tor abgebildet. Neben den Darstellungen der Quadriga mit dem Siegeszeichen nach Karl Friedrich Schinkel aus dem Jahre 1814, wie auf dieser Tasse, finden sich auf anderen Porzellanerzeugnissen auch Darstellungen einer flügellosen Viktoria mit Siegeszeichen nach früheren Entwürfen Johann Gottfried Schadows, die offensichtlich vor der Rückkehr der Quadriga nach Berlin angefertigt worden sind. Die Häufigkeit dieser und ähnlicher Motive auf den edlen Erinnerungsstücken bezeugt die patriotische Gesinnung der preußischen Bevölkerung.   AC
Lit.: Arenhövel/Bothe 1991, S. 216, Abb. 242, S. 221

3/51   **Urkunde zur Überführung von
Kunstschätzen aus Paris nach Berlin**
Paris, 21. April 1814
Zeitgenössisches Manuskript;
33,5 cm x 21,5 cm
Berlin, Geheimes Staatsarchiv Preußischer
Kulturbesitz (I. HA Rep. 93 B Nr. 3024, Blatt 37)

»Nous sousignés déclarons être convenus d'un transport de quinze caisses contenans objets de luxe de Paris à Berlin« (Die Unterzeichneten erklären sich einverstanden mit dem Transport von fünfzehn Kisten mit Luxus-

3/52

gegenständen von Paris nach Berlin). Das mit dieser Erklärung beginnende Dokument betrifft die Überführung der Quadriga aus Paris nach Berlin, diesmal nicht in zwölf Kisten wie beim Transport nach Frankreich, sondern in fünfzehn Kisten als »objets de luxe« verpackt. Am 4. April 1814 sandte Feldmarschall Blücher eine Depesche nach Berlin über die Auffindung des »von dort weggeführten Siegeswagen, nächst den Pferden«. Nach einer Legende war das Versteck von einer Pariserin verraten worden, die dafür von den Franzosen hingerichtet wurde. Der Transport erfolgte über Brüssel, Aachen, Düsseldorf, Hamm, Bielefeld, Minden, Hannover, Halberstadt und Magdeburg. Die Rückführung dauerte zwei Monate und wurde bereits ab Düsseldorf zu einer Art nationalen Festes. Fast überall wurde die Wagenkolonne (sechs Frachtwagen) von patriotisch gesinnten Bürgern mit großen Ehren empfangen und die Wagen mit entsprechenden Inschriften, Gedichten, Girlanden und Blumenkränzen geschmückt, bis sie am 9. Juni 1814 im Jagdschloß Grunewald anlangte, wo die Quadriga bis zu ihrer erneuten Aufstellung (Abtransport am 22. Juli 1814) untergebracht und restauriert wurde. AC
Lit.: Arenhövel/Bothe 1991, S. 278-282; Zimmer/Paeschke 1991. S. 44f.

3/52   **Jacob Grimm** (1785-1863)
Frachtbrief für vier Kisten mit Kunstschätzen
Paris, 7. Dezember 1815
Eigenhändiges Manuskript (Doppelblatt mit rotem Siegel); 25,5 x 20,5 cm
Kassel, Staatliche Museen Kassel,
Hessisches Landesmuseum,
Abteilung Kunsthandwerk und Plastik

Unmittelbar nach der Besetzung Kassels und Kurhessens durch französische Truppen am 1. November 1806 wurden nicht nur alle Waffen und Geschütze beschlagnahmt und aus den Zeughäusern und Depots fortgeschleppt, sondern auch zahlreiche Kulturgüter aus den kurfürstlichen Schlössern und Sammlungen geraubt. Bis zum Ende des Königreichs »Westphalen«, das von August 1807 bis Oktober 1813 bestand, wurden auch die wichtigsten Kunst- und Kulturschätze Hessens systematisch aufgespürt und nach Frankreich abtransportiert. Die von dem als »Einpacker« (emballeur) in ganz Europa gefürchteten Generalinspektor der französischen Museen, Dominique Vivant Denon, organisierten napoleonischen Raubzüge führten in der Folge zu einer ungeheuerlichen Konzentration von Kulturgütern in der französischen Metropole, von denen viele wichtige Stücke nie mehr an ihren angestammten Platz zurückkehrten. Bei der Aufspürung und Rückgewinnung von aus Deutschland geraubten Gemälden, Werken der plastischen Kunst und des Kunsthandwerks, Handschriften, Büchern u.a. spielte auch Jacob Grimm eine wichtige Rolle. Er war am 23. Dezember 1813 zum kurhessischen Legationssekretär ernannt worden und nahm in dieser Eigenschaft mit dem Hauptquartier der Alliierten vom Beginn des Jahres 1814 bis Juli desselben Jahres am Feldzug in Frankreich teil; anschließend war er vom September 1814 bis Juni 1815 mit der kurhessischen Delegation beim Kongreß in Wien, bevor er erneut – nunmehr auch im offiziellen Auftrag der preußischen Regierung – in Paris mit Restitutionsaufgaben betraut wurde. Der Frachtbrief begleitete vier Kisten mit Gemälden der Kasseler Gemäldegalerie nach Hessen zurück und ist ein schönes Beispiel für Grimms erfolgreiche diplomatische Tätigkeit; der von ihm dabei verwandte Zusatztitel »Chargé d'affaire de S.A.R. l'Electeur de Hesse« wurde ihm jedoch nie offiziell verliehen, sondern diente nur dazu, sich bei seiner Arbeit größeren Respekt zu verschaffen. Vor allem die Kasseler Gemäldegalerie sowie die Königliche Bibliothek in Berlin verdanken der erfolgreichen Arbeit des älteren Grimm den Rückgewinn ihrer bedeutendsten Schätze.   BL

3/53   **Napoleon Buonaparte legt die Krone nieder**
Abdruck eines Schreibens des Herrn Fürsten Wolchonsky an den Herrn Herzog von Sachsen-Weimar
Paris, 24. März/5. April 1814
Leipzig: G. Filges 1814
Einblattdruck; 37,5 x 22,5 cm
Berlin, Deutsches Historisches Museum
(Do 59/304)

Wie viele der Bundesstaaten trat das Herzogtum Sachsen-Weimar erst nach der Schlacht von Leipzig aus dem Rheinbund aus und verbündete sich mit Napoleons Gegnern. Der Weimarer Herzog Carl August übernahm als General des russischen Heeres im Januar 1814 das Kommando über ein Korps von etwa 30 000 deutschen und russischen Soldaten, mit denen er in die Niederlande einrückte. Dort traf er auf die Truppen des französischen Generals Nicolas Joseph Maison, der Frankreich auf belgischem Boden gegen Norden verteidigte. Das

Napoleon Buonaparte legt die Krone nieder.

Abdruck eines Schreibens des Herrn Fürsten Wolchonsky an den Herrn Herzog von Sachsen-Weimar.

Kaiserl. Russischer General-Stab.
IIte Section.
No. 280.

General-Quartier Paris,
den 24. März / 5. April 1814.

Ich eile, Ew. Herzogl. Durchlaucht anzukünden, daß die Schlacht bei Paris, welche am 18./30. März vorfiel, die glücklichsten Begebenheiten zur Folge gehabt hat. E. H. D. werden durch die gedruckten Blätter wissen, auf welche Weise die französische Nation uns in ihrer Hauptstadt empfangen hat und was in den ersten Tagen geschehen ist. Das beigeschlossene Schreiben des französischen Kriegsministers an den General Maison enthält Befehl, sogleich alle Feindseligkeiten gegen die Verbündeten einzustellen und sie wie Freunde zu betrachten. Ew. Herzogl. Durchl. werden ersucht, dieses Schreiben sobald als möglich an seine Bestimmung gelangen zu lassen.

In diesem Augenblicke empfangen wir die Nachricht, daß der Marschall Marmont mit seinem ganzen Armeecorps sich auf die gute Seite Frankreichs geschlagen hat und zu uns übergegangen ist. Viele andere französische Marschälle sind diesen Vormittag hierher gekommen, um Ihren Majestäten ihre unterthänigste Aufwartung zu machen. Bey diesen Umständen hat Napoleon Buonaparte, welcher sah, daß seine ganze Armee im Begriff sey, aus einander zu gehen, **die Krone niedergelegt.**

Empfangen Ew. Herzogl. Durchl. die erneuerte Versicherung meiner ehrfurchtsvollsten Hochachtung.

Der Fürst Wolchonsky,
General-Adjutant und Chef des Generalstabs Sr. Majestät des Kaisers von Rußland.

3/53

auf den 24. März 1814 datierte Schreiben des Kaiserlich Russischen Generalstabs informierte Carl August über die Abdankung Napoleons und die jüngsten Pariser Ereignisse, denn entgegen Napoleons Erwartungen waren die Alliierten auf Paris marschiert; Marschall Auguste Frédéric Louis Marmont war nach Kämpfen auf dem Montmartre zum Waffenstillstand gezwungen. Marmont sei »auf die gute Seite Frankreichs« übergelaufen, hieß es in dem Schreiben an den Herzog und, nachdem sich auch Frankreichs Marschälle gegen Napoleon stellten, sei dieser zurückgetreten. Dem Brief lag ein Schreiben des französischen Kriegsministers Henri Jacques Guillaume Clarke an General Maison bei, mit dem Befehl, alle Feindseligkeiten gegen die Verbündeten einzustellen. Herzog Carl August ließ dieses wichtige Dokument des russischen Generalstabs abdrucken. Unter die nach dem julianischen Kalender erfolgte Datierung des Briefes ließ der Herzog das Datum der neuen Zählung, den 5. April 1814 setzen. Den Thronverzicht für sich und seine Erben unterzeichnete Kaiser Napoleon am 11. April 1814.   HA

3/54 **Karl August von Steuben** (1788-1856)
Das Leben Napoleons in acht Hüten
1826
Öl auf Leinwand; 26 x 29 cm
Rueil-Malmaison, Musée national des Châteaux de Malmaison et Bois-Préau (MM 85-3-1)
Abb. S. 199

Erst seit 1830 konnten mit dem Regierungsantritt Louis Philippes Darstellungen Napoleons in der Julimonarchie zensurfrei gezeigt werden. Zunächst war das Gemälde nur mit dem Titel »Geschichte eines Hutes« bezeichnet worden, da der Künstler Schwierigkeiten mit der Bourbonendynastie vermeiden wollte. Die acht Hüte illustrieren Aufstieg und Fall des Kaisers mit Adlersymbol und Korporalskoppel, die Türme von Notre-Dame, den Brand von Moskau und die Insel Sankt Helena im Hintergrund. Als Sohn eines Offiziers der russischen Armee begann Steuben seine Studien an der Akademie der Künste von Sankt Petersburg und wurde nach deren Abschluß Schüler von Gérard, Robert Lefèvre und Prud'hon in Paris. Er nahm an den Salonausstellungen von 1812 bis 1843 teil und erhielt 1819 eine Medaille erster Klasse, war an der Schöpfung des Musée historique in Versailles beteiligt und wurde mit einem Orden der Ehrenlegion ausgezeichnet. Gegen Ende seiner Karriere kehrte er nach Sankt Petersburg zurück und malte die Kathedrale Sankt Isaac mit Szenen aus dem Leben Christi aus.   MLP
Lit.: Kat. Memphis 1993, Nr. 215, S. 175

3/55 **Chauchard** und **Dezauche**
Napoleons Deutschlandkarte
1801
Papier, auf Leinwand aufgezogen; 180 x 253 cm
Paris, Musée de l'Armée (Ed 96)

Napoleon tat alles, seine Legende als Retter der Republik in der Zeit des Directoire aufzubauen: Einer ruinierten Industrie mit gelähmtem Handel, einer demoralisierten Nation und einer geschwächten Armee gab er Auftrieb, Ordnung und Disziplin. Als genialer Stratege wollte er alles voraussehen und scheute sich nicht, die Zahlen der Opfer seiner Kampagnen zu fälschen. Man sagte von ihm, er lüge wie seine Bulletins der Grande Armée, die er in alle Sprachen des Empire übersetzen und bis zu 35 000 Exemplaren verbreiten ließ, so daß sein Schlachtenruhm das letzte Dorf erreichte. So wurde der kleine Feldherr im grauen Redingote mit Zweispitz zum Erfinder der modernen Propaganda. Er sah sich als Erbe der großen Feldherren Alexander des Großen und Caesars, die nach den verlorenen Schlachten in Deutschland und dem Rußlandfeldzug allerdings dem Vergleich mit Dschingis Khan und Attila weichen mußten. Die Deutschlandkarte hat ihn seit 1801 begleitet: im dritten Koalitionskrieg bei Ulm gegen den österreichischen General Mack und in der Dreikaiserschlacht bei Austerlitz am 2. Dezember 1805 gegen Alexander I. und Franz II., im Sieg über die Preußen bei Jena und Auer-

3/57

stedt am 14. Oktober 1806, bei Preußisch-Eylau am 7. und 8. Februar und Friedland am 14. Juni 1807, in den Schlachten der Befreiungskriege von 1813/14 Großbeeren, Bautzen, Dennewitz und schließlich in der endgültigen Niederlage der französischen Armee bei Leipzig am 16., 18. und 19. Oktober 1813. Nach seiner Abdankung am 31. März 1814 hinterließ der Kaiser ein wirtschaftlich ruiniertes Land mit ungeheuren Verlusten an Soldaten auf den europäischen Schlachtfeldern.   MLP
Lit.: Tulard 1971

3/56   **Napoleons Feldbett**
Eisen, Leder, Leinen; 108 x 182 x 86 cm
Rueil-Malmaison, Musée national des Châteaux de Malmaison et Bois-Préau (MM 40-47-2994)

Geschmiedete faltbare Feldbetten nahm Napoleon, der wegen seiner ständigen Reisen und Truppenbewegungen eine Vorliebe für Faltmöbel hatte, bereits seit 1799, als er zum Ersten Konsul berufen wurde, auf Reisen und ins Lager mit. Alle Modelle fertigte der Feldschmied Desouches. Die kleinere Version konnte von einem Maultier getragen werden, die größeren Betten wurden auf Wagen verladen. Dieses Modell brachte General Bertrand von Sankt Helena nach Frankreich zurück.   MLP
Lit.: Kat. Memphis 1993, Nr. 173, S. 147

3/57   **Ludwig Wolf** (1776-1832)
Einzug Friedrich Wilhelm III. durch das Brandenburger Tor am 7. August 1814
1814
Bez. u.l.: Lud. Wolf fecit 1814
Feder, Tusche, laviert; 23,1 x 32 cm
Berlin, Staatliche Museen zu Berlin, Kupferstichkabinett (Wolf SZ 31)

Wolf hielt nicht nur den »Einzug Napoleons durch das Brandenburger Tor am 27. Oktober 1806« fest, sondern auch den Einzug Friedrich Wilhelms III. am 7. August 1814. Beide Arbeiten erfreuten sich in Stichen von Jügel und Bollinger großer Popularität. Über die Vorbereitungen zum feierlichen Einzug des Königs und seiner Truppenverbände am Sonntagmorgen des 7. August 1814 und der dafür vorgesehenen Ausschmückung des Tores und seiner Umgebung gingen die Meinungen auseinander. Im Namen des Magistrats hatte Karl Friedrich Schinkel die künstlerische Leitung der Dekorationen übernommen, die dem König zu aufwendig erschienen. Nach Theodor Gottlieb Hippels Bericht war Friedrich Wilhelm III. der Meinung, »das morgende oder übermorgende Fest sei kein Fest des Prunkes und der Prahlerei im Sinne des besiegten Feindes, sondern ein Fest der Dankbarkeit und Demütigung vor Gott, der so Großes an Preußen gethan. Die prunkenden Siegessäu-

len müßten fortgeschafft werden, und vor allem die Trophäen in den Fenstern des Zeughauses. Es widerstreite aller Schicklichkeit, das Volk, mit dem eben Frieden geschlossen, noch durch Ausstellungen seiner Fahnen beleidigen zu wollen; vollends die Völker, Bayern, Würtenberg, etc., die zuletzt als treue Bundesgenossen an unserer Seite den großen Kampf ausfechten geholfen.« In der Zeichnung ist der Augenblick dargestellt, in dem der König an der Spitze seiner Truppen mit Prinzen und Heerführern, angeführt vom Feldmarschall Gebhard Leberecht Blücher, bereits das Stadttor passiert hat und sich über die Linden in Richtung Schloß bewegt. Die Quadriga als Symbol des Sieges ist nach der feierlichen Enthüllung, die den Höhepunkt des Festes bildete, in voller Pracht mit ihrem neuen Panier, dem Eisernem Kreuz, zu sehen. Als der König seinen triumphalen Einzug durch das Tor hielt, war es bereits ein Nationaldenkmal und ein »vaterländisches Symbol«, das angesichts der republikanischen Ideen der Französischen Revolution als Sinnbild für Einheit von König, Volk und Vaterland verstanden werden sollte. Die Einzugsfeier von 1814 war der Anfang einer Tradition von Siegesparaden, die die nachfolgenden Generationen fortsetzten. AC
Lit.: Hippel 1841, S. 114; Arenhövel/Bothe 1991, S. 277, Abb. 291, S. 84ff.

3/58 **Jean-Baptiste Isabey** (1767-1855)
Der Wiener Kongreß
Wien, 1815
Bez. u.r.: J. Isabey à Vienne, 1815
Feder, Sepia; 44,7 x 64,6 cm
Paris, Musée du Louvre – Département des Arts graphiques (RF 3858)
Abb. S. 198

Isabey, der bevorzugte Hofmaler der Kaiserin Joséphine, wählte für sein Historienbild im Auftrag des Herzogs von Talleyrand den Moment, in dem Fürst Metternich in der Wiener Hofburg (Mitte der linken Bildhälfte) den im Profil am Fenster stehenden Herzog von Wellington als Hauptunterhändler Englands den übrigen Kongreßteilnehmern vorstellt. Rechts steht als preußischer Gesandter Wilhelm von Humboldt, dessen Vorgesetzter Fürst Hardenberg neben Wellington sitzt. Die Mitte der rechten Bildhälfte beherrscht der französische Unterhändler Talleyrand, der seit Januar 1815 zu den Verhandlungen hinzugezogen wurde. Isabey hat mit seiner Bildkomposition die Würde der französischen Nation noch angesichts der zu verhandelnden Niederlage betont: Während die ranghöchsten Geschäftsträger der Signatarmächte sitzen, stehen die ihnen nachgeordneten Ränge – mit Ausnahme von Metternich und Wellington. Die Medaillons in der oberen Schmuckleiste zeigen die Bildnisse der Herrscher der acht Signatarmächte, die der unteren die dazugehörigen Staatswappen, während die seitlichen Wappenmedaillons den Geschäftsträgern zugeordnet sind. MLP
Lit.: Kat. Hamburg 1989, Nr. 552

3/59 **Wiener Hofplattner**
Grazer Turnierharnisch
Österreich, um 1814
Blanker Stahl mit schwarzgeätzten Zierstreifen; 220 x 100 x 100 cm
Wien, Kunsthistorisches Museum, Hofjagd- und Rüstkammer (A 11042)

Nach der Dreikaiserschlacht bei Austerlitz am 2. Dezember 1805 wurden aus dem Wiener Kaiserlichen Zeughaus 20 Harnische und 24 Harnischteile für das Pariser Artilleriemuseum ausgesondert. Nach der Aussage von Augenzeugen soll 1809 nochmals eine größere Zahl von Rüstungen – die Behauptungen gehen bis zu 146 Harnischen – aus dem Zeughaus abtransportiert worden sein. Anläßlich der Wiederaufstellung des kaiserlichen Zeughauses für den Wiener Kongreß dürfte es zu einer Neubelebung der schon seit zwei Jahrhunderten eingestellten Hofplattnerei gekommen sein, deren Aufgabe nicht so sehr die Herstellung von Gebrauchsstücken war, sondern musealen Zwecken dienen sollte. Jene unbekannten Hofplattner beschäftigten sich mit dem Auffüllen der durch die napoleonischen Plünderungen gerissenen Lücken. Ein Produkt ihrer Bemühungen ist diese handwerklich ausgezeichnete Rüstung, die fast das Niveau ihrer Vorbilder aus dem 16. Jahrhundert erreicht, jedoch einer stilkritischen Betrachtung nicht genügt. Der Plattner verwendete als Vorbilder einen Fußturnierharnisch und eine Rüstung für ein Plankengestech. Der Helm mit den großen Luftschlitzen ist einem Helm für das Fußturnier aus den 70er Jahren des 16. Jahrhunderts nachempfunden. Zum Fußturnier gehören auch die großen symmetrischen Schultern, die aber in ihrer Form zeitlich erst gegen Ende des 16. Jahrhunderts möglich sind. Der Rest des Harnischs folgt ganz der Form einer Rüstung zum Plankengestech der 70er Jahre desselben Jahrhunderts. Dem entsprechen der steife Rüsthaken, die asymmetrischen Beintaschen, sowie die Löcher für den Stechbart. Die Schraublöcher fehlen jedoch bei dem linken Armzeug, um die Verstärkungsstücke dort anbringen zu können. Auch die Ätzung entspricht in ihrer zu flachen Form nicht vollständig den Vorbildern des 16. Jahrhunderts. MP
Lit.: Thomas 1963, S. 175-193; Gamber 1983, S. 189-196

3/60 **John Lewis Brown** (1829-1890)
Schlacht vom 17. Juni 1815 (Waterloo)
1869
Bez. u.l.: John Lewis Brown 1869
Öl auf Leinwand; 124 x 158 cm
Bordeaux, Musée des Beaux-Arts
(Bx E 703; Bx M 6267)

Während der Kongreß unter Vorsitz Metternichs und Wellingtons in Wien tagte, das Deutsche Reich im Deutschen Bund, gebildet aus 38 Staaten unter Leitung Österreichs, aufging und zahlreiche territoriale Veränderungen in Europa neue Gewichtungen und Grenzen schufen, landete Napoleon am 1. März 1815 mit 400

Ich Napoleon Bonaparte, einst Kaiser der Franzosen, jetzt in das Privatleben zurückgekehrt, will der Welt ein Zeugniß zurücklassen über meine Gesinnungen, und die Weise wie ich gehandelt habe. Gegen Teutschland hab ich vor Allem zuerst den Blick gewendet. Ein Volk ohne Vaterland, eine Verfassung ohne Einheit, Fürsten ohne Charakter und Gesinnung, ein Adel ohne Stolz und Kraft, das Alles mußte leichte Beute mir versprechen. [...] Zwiespalt durfte ich nicht stiften unter ihnen, denn die Einigkeit war aus ihrer Mitte längst gewichen. Nur meine Netze durft ich stellen, und sie liefen mir wie scheues Wild von selbst hinein. [...] Untereinander haben sie sich erwürgt, und glaubten redlich ihre Pflicht zu thun. Leichtgläubiger ist kein Volk gewesen, und thörichttoller kein anderes auf Erden. [...] Ihre feine Welt, die immer um französische Leichtigkeit gebuhlt, hat an den Stachel meiner Rauhheit so unermüdet ohne Unterlaß geleckt, und die Schärfe mit ihrem Schleim begossen, bis sie ihr als die glatteste Artigkeit erschien.

Joseph von Görres:
Napoleons Proklamation an die Völker Europas vor seinem Abzug auf die Insel Elba, 1814

Nach einer mir mitgetheilten Nachricht ist Herr Ölsner, der bei der Zurückkunft Buonapartens nach Frankreich Paris verlassen hatte, auf seiner Reise in Frankfurt am Main von dem dortigen Magistrat auf Veranlaßung Kaiserlich Oestreichischer Beamten unter Arrest gesetzt worden, weil man ihn eines Einverständnißes mit dem Herrn von Reinhardt verdächtig hielt. Herr von Reinhardt ist indeßen auf meine Veranlassung freigegeben, und gar kein Anlaß zu irgend einem Verdacht wider ihn vorhanden. Sollte daher kein anderer Grund wider den Herrn Ölsner aufgestellt werden können, so ersuche und beauftrag ich Ew Hochwohlgeboren, seine als eines gebornen preußischen Unterthans Freilaßung sofort zu bewirken und deshalb die erforderlichen Schritte bei derjenigen Behörde zu thun, auf deren Verfügung er verhaftet worden ist.

Carl August Fürst von Hardenberg an Baron von Otterstedt betreffend Arretierung des vermeintlichen Spions Legationsrat Oelsner, Wien, 13. Mai 1815

3/60

Mann Garde, 400 Mann gewöhnlicher Infanterie, 100 polnischen Lanciers und 26 Geschützen bei Antibes und zog am 20. März in Paris ein. Das preußische Heer unter Generalfeldmarschall von Blücher entschied am 18. Juni 1815 für die bedrängten englischen Truppen unter dem Herzog von Wellington den Sieg bei Belle Alliance (Waterloo) in Belgien. Die zweite Einnahme von Paris durch die Alliierten leitete die Rückkehr Ludwigs XVIII. ein, während Napoleon nach Sankt Helena verbannt wurde. John Lewis Brown hat die Episode am Vorabend der Niederlage von Waterloo in düsterem Abendlicht dargestellt, als sähe er den Untergang des Zweiten Kaiserreichs unter Napoleons Neffen Napoleon III. im Jahre 1869 kommen. Das Bild wurde von der staatlichen Kunstkommission für 3000 Francs am 28. Mai 1869 angekauft.   MLP

3/61   **Achterklärung gegen Napoleon**
Wien, 13. März 1815
Zeitgenössisches Manuskript (Faksimile)
Wien, Österreichisches Haus-, Hof- und Staatsarchiv Wien (Staatskanzlei Kongreßakten 2 (alt 3), fol. 103a und 103c r)

Die Unterzeichner (u.a. für Österreich Metternich, für Preußen Hardenberg und Humboldt, für Frankreich Talleyrand und Dalberg, für Rußland Rasumoffsky, für England Wellington, für Portugal Palmella, für Spanien Gomez Labrador) stellten in Wien fest, daß Napoleon sich durch seinen bewaffneten Einfall am 1. März bei Antibes als »unverbesserlicher Feind der öffentlichen Ruhe« erwiesen und fortan keinen Anspruch auf Schutz mehr habe. Daher erklärten die Mächte, daß Napoleon Bonaparte sich außerhalb der zivilen und sozialen Beziehungen gesetzt und sich der öffentlichen Vergeltung ausgeliefert habe. Alle Mittel sollten aufgewandt werden, die Bestimmungen des Ersten Friedens von Paris vom 30. Mai 1814 aufrechtzuerhalten und den Frieden der Völker vor neuen Revolutionswirren zu schützen.   MLP

3/62   **Wiener Kongreßakte**
Wien, 9. Juni 1815
Urkunde; 38 x 24 cm
Berlin, Geheimes Staatsarchiv Preußischer Kulturbesitz (III. HA 2.4.1, Abt. I, Nr. S 1009)

Auf dem Wiener Kongreß, der die territorialen Veränderungen der napoleonischen Ära endgültig revidierte, wurde die Restaurationspolitik der europäischen und deutschen Fürstenhäuser vollzogen: Während acht Monaten wurde zwischen den Herrschern verhandelt, bevor am 9. Juli die leitenden Staatsmänner der zehn Signatarmächte die Akte unterzeichneten. Wichtigste Ergebnisse waren die Wiedereinsetzung der absolutistischen Monarchien in ihre alten Rechte nach dem Legitimitätsprinzip, die erneute Aufteilung Polens zugunsten Rußlands und Preußens, die Angliederung der Rheinlande und der westlichen und nördlichen Teile Sachsens an Preußen, die weitere Zersplitterung Deutschlands und Italiens sowie die Bildung des Deutschen Bundes aus 38 souveränen Staaten als innere Ordnung Deutschlands. Die Wiener Kongreßakte schloß die Gründungsakte des Deutschen Bundes vom 8. Juni 1815 in sich ein, der damit unter die Garantie der Signatarmächte gestellt war.   MLP

3/63   **Carl August Fürst von Hardenberg**
(1750-1822)
Brief an den Baron (Friedrich) von Otterstedt betreffend Arretierung des vermeintlichen Spions Legationsrat Oelsner
Wien, 13. Mai 1815
Auf demselben Blatt:
Konrad Engelbert Oelsner (1764-1828)
Brief an Johann Friedrich Cotta mit Vermerk von Cottas Hand: »Empf 28 Mai 1815 [erledigt:] eod«
Manuskript; 25,1 x 20,5 cm
Marbach a. N., Schiller-Nationalmuseum / Deutsches Literaturarchiv, Cotta-Archiv (Stiftung der Stuttgarter Zeitung), (Cotta Br. Oelsner)

Friedrich Karl Graf Reinhard, ehemaliger französischer Diplomat und Außenminister, war am 2. April 1815 von der preußischen Militärpolizei auf der Reise nach seinen Gütern am Rhein verhaftet, zuerst nach Aachen, dann Frankfurt gebracht und dort unter Arrest gestellt worden; die preußische Regierung vermutete in seinen Papieren eine Kopie des Vertrages über die antipreußische Allianz Frankreichs, Englands und Österreichs, über die Preußen gerne im einzelnen unterrichtet gewesen wäre. Konrad Engelbert Oelsner, seit den 90er Jahren mit ihm verbunden, besuchte Reinhard – wie übrigens auch Sulpiz Boisserée –, was Oelsner, den erklärten Gegner Napoleons, in weiteren Verdacht bei den österreichischen Behörden brachte, die ihn daraufhin festsetzten und nach Frankreich ausweisen wollten. Noch bevor Cotta sich für Oelsner einsetzen konnte,

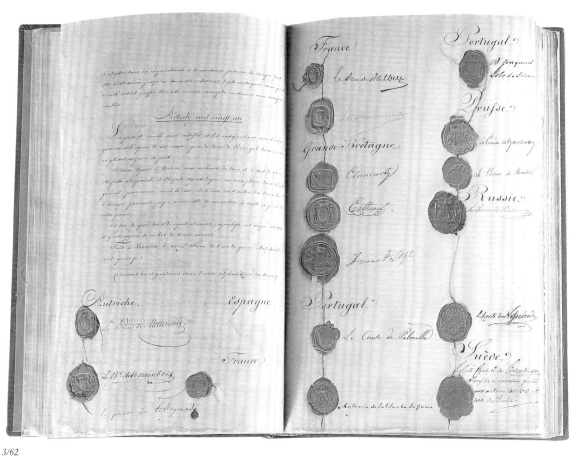

3/62

verwandte sich der preußische Staatskanzler Fürst Hardenberg für diesen und erreichte seine Freilassung, nicht ohne den Hintergedanken, Oelsners Dienste für Preußen zu gewinnen. Der aber war bei Cotta engagiert, für dessen »Allgemeine Zeitung« und »Deutschen Beobachter« er schon aus Frankreich korrespondiert hatte und über den er zu dieser Zeit auch eine württembergische Stellung anstrebte. Oelsner sollte bei Cottas »Deutscher Bundeszeitung« – einem vom preußischen Geschäftsträger in Frankfurt, Friedrich von Otterstedt, angeregten, konstitutionalistisch ausgerichteten Blatt – Verwendung finden. Die projektierte »Bundeszeitung«, die die Verhandlungen des Deutschen Bundestages veröffentlichen und aus nationalstaatlicher Perspektive kommentieren sollte, scheiterte allerdings am Widerstand Österreichs, vor allem an der Aktivität Friedrich Schlegels in Frankfurt. Zudem hatten sich, als der Bundestag sich endlich konstituierte, Österreich und Preußen schon so weit angenähert, daß ein preußisch unterstütztes Gegenstück zum »Österreichischen Beobachter« nicht mehr opportun erschien. BF

Lit.: Delinière 1989, S. 363f.

3/63 **Johann Friedrich Cotta** (1764-1832) und **Carl Bertuch** (1777-1815)
Adresse des deutschen Buchhandels an den Wiener Kongreß
1. November 1814
Zeitgenössisches Manuskript; 36,4 x 22,2 cm
Wien, Haus-, Hof- und Staatsarchiv Wien
(Staatskanzlei, Kongreßakten 8 (alt 14), Konv. Pressefreiheit fol. 1)

Nach 1750 war der »Nachdruck« das gravierendste Problem des deutschen Verlagswesens. Kaum ein erfolgreiches Buch gab es, das nicht in Gefahr stand, von einem Raubdrucker in einem anderen deutschen Territorium nachgedruckt zu werden. Abhilfe brachte auch die napoleonische Herrschaft nicht, da entgegen Cottas Hoffnung der »Code Civil/Code Napoléon« nicht in Deutschland eingeführt wurde. Im Gegenteil sorgten französische Dekrete dafür, daß Buchhandel und Verlagswesen durch Zensur, Nachdruck und Zollschranken in seiner Existenz bedroht wurden. Aus der Not geboren, da kein Vertreter Sachsens beim Wiener Kongreß zugelassen war, entstand zuvor auf der Leipziger Ostermesse 1814 die Idee einer Deputation der Buchhändler selbst, die auf dem Kongreß dahin wirken sollte, daß ein Nachdruckverbot in die erhoffte Reichskonstitution aufgenommen würde. Unter der Führung von Friedrich

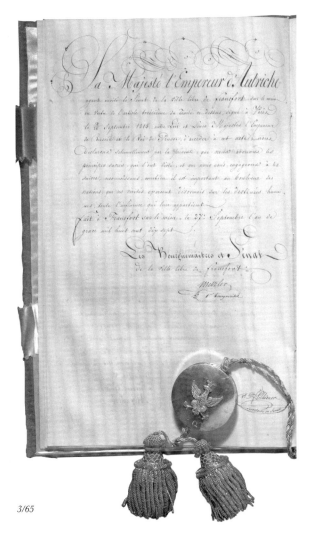

3/65

3/65 **Akzessionsvertrag der Freien Stadt Frankfurt zur Heiligen Allianz**
27. September 1817
Pergamentlibell von vier Folien in Samteinband; 35,2 x 45,5 cm
Wien, Haus-, Hof- und Staatsarchiv Wien (AUR ad 1815 IX 26)

Die Stadt Frankfurt, einst Sitz des von Napoleon eingesetzten Fürstprimas von Dalberg, hatte im Artikel 46 der Wiener Kongreßakte ihren Status als Freistadt mit Territorium von 1803 erreicht und wurde als solche Mitglied des Deutschen Bundes. Der Akzessionsvertrag zur Heiligen Allianz, die Alexander I., Franz I. von Österreich und Friedrich Wilhelm III. in Paris am 26. September 1815 geschlossen hatten, band die Freistadt an die darin garantierten Prinzipien der Restauration: der Unterordnung des Staates unter die christliche Moral »Gemäss den Worten der Heiligen Schrift, die allen Menschen gebietet, sich als Brüder anzusehen«, des Bekenntnisses zum patriarchalischen Regiment und zum Gottesgnadentum, zur Friedensidee und zum Völkerbund. Die Einladung zum Beitritt erging an alle europäischen Monarchen, ausgenommen waren der Papst und der Herrscher des Osmanischen Reiches. Alle Geladenen außer England sagten zu. Damit war die durch den Wiener Kongreß eingeleitete Restauration innen- und außenpolitisch verankert.   MLP

3/66 **Protokoll der 12. Sitzung der Karlsbader Konferenz vom 20. August 1819**
Karlsbad, 1819
Urkunde; 21,4 x 34,7 cm
Wien, Haus-, Hof- und Staatsarchiv Wien (Staatskanzlei Kongreßakten 19 (alt 33), fol. 99 u.110)
Abb. S. 190

Justin Bertuch nahmen Cotta, Hartknoch und Paul Gotthelf Kummer schon im Vorfeld Kontakt zu den Ministern und Delegierten Hardenberg, Genz, Pilat und Metternich und zu Graf Stadion auf, um über sie eine Zulassung zum Kongreß und die erfolgreiche Behandlung ihrer Angelegenheit zu erreichen. Nach Wien reisten schließlich Johann Friedrich Cotta und Carl Bertuch. Ihre Bemühungen, vor allem die Carl Bertuchs waren schließlich erfolgreich: Die Bundesakte enthielt die Absichtserklärung: »Die Bundesversammlung wird sich, bei ihrer ersten Zusammenkunft, mit Abfassung gleichförmiger Verfügungen über die Preßfreiheit und Sicherstellung der Rechte der Schriftsteller und Verleger gegen den Nachdruck beschäftigen.« Allerdings ging es mit dieser Absichterklärung wie mit dem Verfassungsversprechen der Bundesakte: Sie wurde nicht eingelöst. Die noch für 1815 vorgesehene konstituierende Sitzung des Bundestages verzögerte sich bis 1816, dann wurde die Beratung über den Nachdruck an eine Kommission verwiesen und schließlich eingestellt.   BF

Die Ministerkonferenzen faßten im August 1819 in Karlsbad den zum Bundesgesetz erhobenen Plenarbeschluß des Bundestages, nach dem bei allen Universitäten ein bevollmächtigter Zensurbeauftragter »über die strengste Vollziehung der bestehenden Gesetze und Disziplinarvorschriften zu wachen, dem Geist die auf die künftige Bestimmung der studierenden Jugend berechnete Richtung [zu] geben [...] und allem, was zur Beförderung der Sittlichkeit, der guten Ordnung und des äußeren Anstandes unter den Studierenden dienen kann, seine unausgesetzte Aufmerksamkeit zu widmen« habe. Alle Zeitungen und Zeitschriften sollten künftig zensiert, alle revolutionären Umtriebe von der Zentralkommission mit Sitz in Mainz untersucht und entdeckt werden. Der Kommission gehörten neben Österreich Preußen, Bayern, Hannover, Baden, Hessen-Darmstadt und Nassau an. Die Karlsbader Beschlüsse zwangen einen Großteil der progressiven deutschen Schriftsteller und Verleger, unter Decknamen und außerhalb der genannten Gebiete zu veröffentlichen, wenn sie den strengen Zensurmaßnahmen entgehen wollten. Damit war den deutschen Liberalen für mehr als ein Jahrzehnt, bis die Julirevolution von 1830 von Frankreich aus neue Signale setzte, der Maulkorb angeschnallt. MLP

3/67 **Christian Brentano** (1784-1851)
Der Unglückliche Franzos oder der Deutschen
Freyheit Himmelfarth
Frankfurt, 1816
Eigenhändiges Manuskript
Frankfurt a. M., Freies Deutsches Hochstift
Frankfurter Goethe-Museum [Ms. 10894 (S.1-36)]

Christian Brentano, der wesentlich jüngere Bruder von Clemens, verfaßte Dramen und heiter-satirische Stücke, gedacht für Aufführungen im Familienkreis, so 1816 die Satire auf Napoleon, der im Vorjahr endgültig nach Sankt Helena verbannt worden war. Diese Satire ließ er als einziges seiner Stücke 1850, also 34 Jahre nach seiner Entstehung, drucken und hängte der geistvollen und witzigen Handlung eine sechsstrophige Moral wie ein Bleigewicht an. Im Sammelband »Die Aschaffenburger Brentanos« von 1984 erzählt Brigitte Schad den Inhalt des Stückes: »Der Saute au ciel ist die Hauptfigur des Stückes, nämlich Napoleon. Dieser gerät in die Gefangenschaft des russischen Bärenführers Knollfink (Allegorie für Rußland) und der Madame Charmante Continente (Allegorie auf die Kontinentalstaaten). Die beiden weisen ihm die Schuld am Tode des Bären zu und rächen sich an ihm, indem sie ihn in das Bärenfell einnähen und vor dem Volk als Französischen Bär nach deutscher Pfeife tanzen lassen. Doch Saute au ciel gelingt die Flucht, während er sich eines Teils des Bärenfells entledigt. Er will nach Amerika, gerät aber auf dem Meer in das Netz eines englischen Fischers, der ihn für einen Seelöwen hält. Als Saute au ciel auch noch zu sprechen beginnt, wird er auf den Jahrmarkt gebracht und dort als große Attraktion vorgeführt. Man bewahrt ihn mit einem Strick um den Hals in einem Wasserbottich auf, über dem eine zweite Jahrmarkt-Sensation, ein großer Freiheitsvogel namens Vogelfrei sitzt. Saute au ciel gelingt es des Nachts unbemerkt, den Strick zu zerreißen und in den Vogel hineinzuschlüpfen, aus dem anderntags seine Stimme ertönt. Als er opportunistische politische Reden hält, jubelt das Volk ihm zu, als er seine (Napoleons) wahre Meinung zu sagen beginnt, wird er zum allgemeinen Verzehr über einem Feuer geröstet. Dabei platzt der Vogel auf und Saute au ciel springt in den Himmel: Il s'en saute au ciel ! – Von dort oben versucht er wiederum, das Volk für sich zu gewinnen, indem er ihm Milch und Honig verheißt. Das Volk glaubt ihm, will zu ihm emporsteigen, erreicht ihn aber nicht. Da verspricht Saute au ciel den Leuten, die Himmelsleiter herabzulassen, damit sie daran hinaufsteigen können. Er läßt aber statt dessen des Teufels langen Schwanz hinab, an dem sich nun das Volk willig hinaufziehen läßt, so daß es in der Hölle, nicht aber im erhofften Himmel landet.« Im handschriftlichen Manuskript von 1816, das aus dem Nachlaß Sophie Brentanos

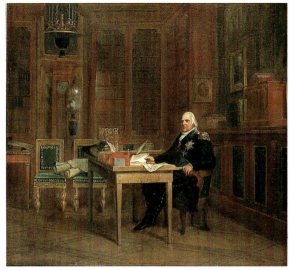

3/68

stammt, schließt das Stück wie folgt: »Saute au ciel: Wart wart ick schick sie hinunter die / Himmelleiter – er läßt dem Teufel seinen Schwanz / hinunter – sie hängen sich daran / und werden unter großem Jubel aufgezogen / Der Verfaßer zeigt seinen Kopf im Schatten: / Das Spiel ist aus was ist die Moral? Der Vorhang fällt«. JB

3/68 **François-Pascal-Simon Gérard** (1770-1837)
Ludwig XVIII. in seinem Arbeitszimmer
1823
Öl auf Leinwand; 40 x 44 cm
Versailles, Musée National du Château de Versailles (MV 4927)

Der Bruder des von der Revolution gestürzten und enthaupteten Ludwigs XVI. galt als gebildet und aufgeklärt. Während dessen Gefangenschaft hatte er sich bemüht, die europäischen Monarchen gegen die Revolutionäre zu mobilisieren. Nach dem Tod seines Neffen Ludwigs XVII. proklamierte er sich als Ludwig XVIII. zum König von Frankreich und residierte zunächst in Verona, dann flüchtete er vor Napoleons Truppen nach Deutschland, Warschau und Kurland und schließlich nach England. Nach dem 18ten Brumaire wandte er sich an Napoleon mit dem gutmütigen Vorschlag, die legitime Monarchie wiedereinzusetzen. Der antwortete ihm lakonisch: »Vous ne devez pas souhaiter votre retour en France; il vous faudrait marcher sur 100 000 cadavres« (Sie sollten Ihre Rückkehr nach Frankreich nicht wünschen; Sie müßten sonst auf 100 000 Kadaver treten). Nach Napoleons Sturz am 30. März 1814 wurde Ludwig XVIII. am 3. Mai vom Großteil der europäischen Monarchen mit Erleichterung als Friedensgarant begrüßt. Er bequemte sich schließlich dazu, eine Verfassung nach englischem Vorbild mit Oberhaus und Deputiertenkammer zu erlassen, nahm jedoch auf die republikanischen Kräfte keinerlei Rücksicht. Napoleons Herrschaft der 100 Tage brachte seiner Regierung die

3/69 a

größte Niederlage bei. Ludwig XVIII. flüchtete nach Gent und kehrte nach der Schlacht von Waterloo am 8. Juli 1815 nach Paris zurück. Bis zu seinem Tod im Jahre 1824 nahm sein Bruder und Nachfolger Karl X. mehr und mehr Einfluß auf die Politik des gesundheitlich geschwächten Monarchen. MLP

3/69 **Vier Teile aus dem Großen Pariser Tafelaufsatz**
für Friedrich Wilhelm III.
Paris, 1815-1820
a) Dreifiguriger Mittelkorb
b) Blumenkorb mit Viktorien
c) Bacchantinnenpaar
Feuervergoldete Bronze; a) H. 71,5 cm;
b) H. 58,5 cm; c) H. 65 cm bzw. 61,7 cm
Doorn, Kasteel Huis Doorn
(HuD 7320/534/199/200)

Obwohl keines der Teile des prächtigen Tafelservices signiert ist, kann man mit großer Wahrscheinlichkeit davon ausgehen, daß es von dem Pariser Künstler Pierre-Philippe Thomire ausgeführt worden ist. Dafür sprechen die klassisch strenge, empiregemäße Formgebung aller Teile und vor allem die meisterhafte Qualität der Ausführung. Der preußische König hat dieses Service – wohl nach dem endgültigen Friedensschluß von 1815 – erworben. Er weilte mit den alliierten Monarchen in Paris und kaufte sogar das von Napoleons Stiefsohn, Eugène de Beauharnais, mit enormen Kosten im Empirestil umgestaltete Palais de Beauharnais in Paris. Möglicherweise stand der Erwerb des Pariser Tafelaufsatzes durch den König, der 1813, seinen Untertanen ein Beispiel gebend, große Teile seines Hofsilbers und Goldes für die nationale Aktion »Gold gab ich für Eisen« hatte einschmelzen lassen, mit dem Kauf des Palais im Zusammenhang. Der repräsentative Pariser Tafelaufsatz behielt auch später seine Bedeutung und wurde während der großen Feierlichkeiten aufgestellt, so z.B. anläßlich des kaiserlichen Banketts zum Triumphfest am 17. Juni 1871 im Weißen Saal des Berliner Schlosses. Die feuervergoldeten Bronzen waren als Tafelaufsätze besonders in der napoleonischen Zeit in Mode gekommen. Die allgemein herrschende Stiltendenz zur Antike, nach dem napoleonischen Empire als »style Empire« bezeichnet, orientierte sich vor allem an den direkten Vorbildern der aus den eroberten Ländern stammenden Kunstgegenstände, die im Musée central des Arts im Louvre, seit 1804 »Musée Napoleon«, versammelt waren, ferner an Stichen mit antikisierenden bzw. ägyptisierenden Motiven, an Entwürfen für Innenräume sowie an einzelnen Kunst- bzw. Ausstattungsgegenständen. So zieren Faunsknaben, Viktorien und andere mythologische Gestalten, aber auch nach Claude Michel, genannt Clodion, gestaltete Bacchantenfiguren, Akanthusspiralen, Lyren, Palmzweige u.a. die Einzelteile des Tafelservices. AC
Lit.: Kat. Berlin 1991(b), Nrn. 183.1, 183.4, 183.7, S. 166-174

3/70 **Georg Emmanuel Opiz** (1775-1841)
Entwurf für ein Völkerschlachtdenkmal
Um 1815
Radierung, aquarelliert; 62,4 x 76,5 cm
Berlin, Deutsches Historisches Museum
(Gr 94/55)

Zahlreiche Denkmalentwürfe zeugen von der epochalen Bedeutung, die der Völkerschlacht bei Leipzig von den Zeitgenossen eingeräumt wurde. Durch öffentliche Aufrufe fühlten sich nicht nur angesehene Künstler, vor allem Bildhauer und Architekten, sondern auch sonst nicht künstlerisch Tätige inspiriert, ihre Ideen kundzutun und Pläne zu entwerfen. In der formalen Gestaltung wie in der politischen Aussage waren die Entwürfe sehr unterschiedlich. Hatte Ernst Moritz Arndt ein Denkmal gefordert, »wobei die Kunst keine Äffereien [...] anbringen kann«, einen einfachen Feldsteinhügel mit Kreuz in einem Eichenhain, ein zugleich »ächt germanisches und ächt christliches Denkmal«, gab es daneben Entwürfe in gotischem oder klassischem Stil, die in ihrem ideologischen Gehalt das Nationalübergreifende betonten und die Erinnerung an Feldherrn und Monarchen über die von den patriotischen Propagandisten geforderte Widmung an das deutsche Volk und an die kämpfenden Soldaten stellten. Georg E. Opiz, berühmt für seine volkstümlichen Zeichnungen des Alltagslebens, wählte

3/70

3/71

für seinen Denkmalentwurf eine offene Rundtempelarchitektur mit hohen korinthischen Doppelsäulen und klassischem Frontispiz. In den Interlomnien sind Büsten der großen Feldherren aufgestellt, auch die Widmungsschrift verweist auf die »Durchlauchtigsten Fürsten und Herren«, die »Heldenmüthigen Anführer«. Die zentrale Skulpturengruppe zeigt unter einer Siegesgöttin den Kniefall der drei Monarchen Alexander, Franz und Friedrich Wilhelm, den »heiligen Augenblick«, der übrigens entgegen der Legendenbildung nach der Schlacht niemals stattgefunden hat. Opiz vertritt nicht die »manière germanique«, das Germanische mit seinem bewußten Verzicht auf künstlerische Gestaltung, sondern lehnt sich in der Architektur an die abendländische Tradition und verweist in der Bauplastik auf das Internationale der siegreichen Koalition. PMG

Lit.: Sohl 1993; Hutter 1995, S. 42f.; Schmoll 1995, S. 105f.

3/71 **Gebrüder Henschel**
Triumph des Jahres 1813. Den Deutschen zum Neuenjahr 1814
Nürnberg: Friedrich Campe 1813/1814
Radierung, koloriert; 25,5 x 18 cm
Nürnberg, Germanisches Nationalmuseum
(HB 19453, Kapsel 1315)

Friedrich Campe, vielleicht der bedeutendste Verleger der Aufklärungzeit, war seit 1805 in Nürnberg tätig, wo er durch Ankauf der Buchhandlungen Seligmann und Ammermüller und der Druckerei von M. J. Schmidt einen wichtigen Verlag aufbaute. Durch die Herausgabe aktueller graphischer Blätter und Landkarten wurde er zum Erneuerer des Nürnberger Buchgewerbes. Das Gedenkblatt zum Triumph des Jahres 1813 wurde lange dem Maler, Radierer und Karikaturisten Johann Michael Voltz zugeschrieben, der auch für den Verlag von Friedrich Campe arbeitete. In neuesten Publikationen über Forschungsergebnisse sind die Brüder Henschel in Berlin als Urheber genannt. Das Blatt, dem das repräsentative Napoleon-Portrait von Heinrich Anton Dähling (1806) als Modell diente, war eine der meist verbreiteten Napoleon-Karikaturen – allein in Deutschland sind 23 Fassungen bekannt. Es ist mit verschiedenen Beschriftungen und in verschiedenen Zuständen vorhanden. Das Blatt zeigt das aus nackten Leichen zusammengesetzte Profil Napoleons. Der Kaiser ist mit seinem unentbehrlichen Hut in Adlergestalt und einer Spinne im Netz, die ihm als Orden auf der Brust sitzt, dargestellt. Das Flugblatt bezieht sich auf die Schrecken der Völkerschlacht bei Leipzig (16. bis 19. Oktober 1913), in der das Koalitionsheer über die napoleonische Armee siegte. Die Radierung, die kurz danach entstand, war als Neujahrsbillet für 1814 gedacht. Die Befreiungskriege waren jedoch zur Entstehungszeit des Blattes nicht zu Ende. Erst Anfang Juli 1815 wurde Napoleon von dem Viermächtebündnis endgültig besiegt. Eine andere Ausgabe ist mit »Wahre Abbildung des Eroberers« betitelt und durch folgenden Text erläutert: »Triumph des Jahres 1813. Den Deutschen zum Neuen Jahr. Der Hut ist Preußen Adler, welcher mit seinen / Krallen den Grosen gepackt hat, und nicht mehr loßläßt. / Das Gesicht bilden einige Leichen von denen Hunderttausenden /

Die bildende, die schöne Kunst hat die Aufgabe, den Abdruck des Zustandes der Seele, das Bild des Zustandes einer schönen Seele darzustellen. Geschieht dies in Tönen, so können Bewegungen, Leidenschaften, Beschwichtigungen, das ruhige Wohlbehagen, Beängstigungen, Erschütterungen des Gemüts in reiner Folge dieser Seelenzustände erscheinen; es ist dann Musik die Kunst im allgemeinsten Sinne, die Kunst, die in allen übrigen Kunstformen wieder enthalten und ihren Hauptbestandteil ausmachen muß.

Karl Friedrich Schinkel: Gedanken und Bemerkungen über Kunst im Allgemeinen

3/72

welche seine Ruhmsucht opferte. / Der Kragen ist der grose Blutstrom welcher für seinen Ehr-/ geiz so lange flüsen muste. / Der Rock ist ein Stück der Landcharte des aufgelösten / Rheinbundes. An allen darauf zulesenden Orten verlohr er / Schlachten. Das rothe bändchen bedürfte des erklärenden / Ortes wol nicht mehr. / Der grose Ehrenlegionsorden ist ein Spinengewebe deßen / Fäden über den ganzen Rheinbund ausgespant waren, / allein in der Epaulette ist die mächtige Gotteshand ausge- / streckt, welche das gewebe zerreist, womit Deutschland / umgarnt war und die Kreuzspine vernichtet die da ihren / Sitz hatte, wo ein Herz seyn sollte.« AC
Lit.: Schulze 1916, S. V; Graf 1991, S. 123; Scheffler 1995, Nr. XXVI, S. 108-111

3/72 **Karl Friedrich Schinkel** (1781-1841)
Gotische Kirche hinter einem Eichenhain
1810
Bez. u.: Versuch, die lieblich sehnsuchtsvolle Wehmuth auszudrücken welche das Herz beim Klange des Gottesdienstes aus der Kirche herausschallend erfüllt, auf Stein gezeichnet von Schinkel
Lithographie; 48,7 x 34,3 cm
Berlin, Staatliche Museen zu Berlin, Kupferstichkabinett (Schinkel SZ 54.1)

Dieses bedeutendste druckgraphische Werk Schinkels ist zugleich ein exemplarisches Zeugnis romantischen Geistes. Im Zusammenklang von Komposition und inhaltlicher Bedeutung sucht der junge Schinkel hier eine tief in der Zeit wurzelnde Vorstellung auszudrücken: Die harmonische Verbundenheit zwischen Menschenwerk – manifestiert durch Kunst, Architektur, Poesie, Musik – einerseits und Natur und Religion andererseits. Durch die Zweige der beherrschenden Eichen schimmert der gotische Kirchenbau als Erinnerung an die vergangene, doch wiedererträumte Welt des Mittelalters. Zugleich soll er verlorene nationale Größe wachrufen, bestimmt nicht ohne absichtsvolle Bedeutung während dieser Jahre napoleonischer Okkupation. Im Vordergrund stehen sich pflanzliche Motive und das Menschenwerk der Grabsteine als Symbole von Erneuerung und Vergänglichkeit gegenüber. Menschliche Gestalten wandeln zwischen den Grabsteinen, andere steigen die Stufen zur Kirche empor. Auch an ihnen offenbart sich Bedeutungsvolles. Die Unterschrift verstärkt den Blick über die reale Welt des Sichtbaren hinaus, indem sie an die Klänge der Glocken und des Gottesdienstes gemahnt.   GR
Lit: Kat. Berlin 1980, Nr. 93, S. 44f., Abb. S. 47; Kat. Berlin 1996, Nr. II·2/149, S. 186f.

3/73 **Nach Karl Friedrich Schinkel** (1781-1841)
Gotischer Dom mit Pfalz und mittelalterlicher Stadt an einem Fluß
1815
Öl auf Holz; 96,5 x 142 cm
München, Galerie Pfefferle

Wie Napoleon eine Wiedererstehung des Römischen Reiches verkörpern wollte, so standen die Freiheitskriege in Deutschland und später die Heilige Allianz im Zeichen des Mittelalters. Der »Nationaldom«, den Schinkel als Denkmal des Befreiungskrieges entwarf, hatte gotische Formen, und da er nicht ausgeführt wurde, übernahm nicht zufällig die Vollendung des Kölner Domes seine Funktion als Magnet patriotischer Gefühle und nationaler Repräsentation, als »Altar des Vaterlandes«, wie Joseph von Görres schrieb. Sein Leben hindurch war Schinkel an der Wiederherstellung mittelalterlicher Bauten beteiligt, bis 1815 aber verwiesen ihn die beschränkten Baumöglichkeiten in Preußen auf andere Tätigkeiten: Dioramen und Panoramen sowie Staffeleibilder; erst seit 1815 kam die Arbeit für die Bühne hinzu. Wie nicht wenige seiner Gemälde ist der »Gotische Dom mit Pfalz und mittelalterlicher Stadt an einem Fluß« (Original 1815, 94 x 140 cm, Berlin, Nationalgalerie) zugleich ein Raum- und Architekturmodell, die Vision einer Idealstadt und einer Idealkultur, wie er sie mehrfach entwarf – bis hin zur gigantischen »Residenz eines Fürsten« (1835) für ein geplantes »Architektonisches Lehrbuch«. Auf einander benachbarten Bergen erheben sich die Burg und der überwirklich groß erscheinende Dom, hinter dem beiderseits des Flusses die turmreiche Stadt sich ausbreitet. Abendlicht streicht darüber, der dunkle Regenhimmel lichtet sich, und ein

Regenbogen überspannt Landschaft und Bauten – Symbol des gewonnenen Friedens. Links begleitet ein langer, bunter Menschenzug den einziehenden Kaiser, der durch einen Baldachin ausgezeichnet ist. Im Entstehungsjahr bedurfte es keiner weiteren Hinweise, um in diesem Triumphator den preußischen König zu erkennen. Zu dem Bild gehörte ein Gegenstück »Griechische Stadt am Meer« (seit 1945 verschollen), das in seiner Weite und seinem Motivreichtum auch jenen Titel zu tragen verdiente, den Schinkel einem späteren Bild gab: »Blick in Griechenlands Blüthe«. Es ist für Schinkel bezeichnend, daß deutsches Mittelalter und altgriechische Kultur gleichermaßen als Leitbilder eines Zukunftsideals dienen. CK

Lit.: zum Original: Waagen 1844, S. 336 f.; Kat. Berlin 1981(c), S. 55ff. und Nr. 180; zur Kopie: Kat. Berlin 1980, Nr. 99a

3/73

3/74 **Karl Friedrich Schinkel** (1781-1841)
Entwurf zu einem Denkmal für
Hermann den Cherusker
Um 1814/15
Schwarze Kreide, aquarelliert, weiß gehöht auf blauem Tonpapier; 60,9 x 89,9 cm
Berlin, Staatliche Museen zu Berlin,
Kupferstichkabinett (Schinkel SM 36a.I)
Abb. S. 198

Aus dem Geist der Befreiungskriege, doch ohne konkreten Auftrag entstanden, demonstriert dieser Entwurf eine der romantisch-irrealen Denkmalsvorstellungen Schinkels. Er ist eingebettet in das Geschichtsbild vom germanischen Cheruskerfürsten Arminius, der seit altersher fälschlicherweise Hermann genannt wurde. Angeregt durch Klopstocks Oden auf Hermann (1769 / 1784 / 1787) kam es seit dem Anfang des 19. Jahrhunderts zur verstärkten Beschäftigung mit dieser Identifikationsfigur. 1808 erschien Friedrich de la Motte-Fouqués »Hermann«, ein Jahr später schrieb Heinrich von Kleist »Die Hermannsschlacht« (3/32). Der Gedanke eines Erinnerungsmales am vermuteten Ort von Hermanns Sieg über die römischen Legionen im Teutoburger Wald kam in einer ersten Idee wahrscheinlich schon 1782 auf. Die Komposition der Gruppe des germanischen Reiters und des niedergeworfenen Römers scheint kompositionell angelehnt an Raffaels Fresko der »Vertreibung des Heliodor«. Der Topos des drachenbezwingenden Hl. Georg hat sich verwandelt. Absichtsvoll soll sich vor dem Hintergrund der Napoleonischen Kriege in der Vorstellung eines imaginären Betrachters weiter die germanisch-römische Konfrontation zur germanisch-gallischen verwandeln. Die megalomane Dimension dieses Gebildes jenseits aller Ausführbarkeit läßt sich an der Menschenansammlung zu Füßen des Sockels ermessen. An den späten Plänen zur Errichtung eines wirklichen Denkmals für Hermann bei Detmold, die seit 1838 durch Ernst von Bandel betrieben wurde (11/8-11/10), hatte 1839 auch Schinkel Anteil. Ganz anders als seine furchterregende Erbarmungslosigkeit und anders als Bandels mit hocherhobenem Schwert dräuende (ausgeführte) Pathetik bevorzugte er jetzt einen »friedlich« auf sein Schwert gestützten Hermann (Entwurf im Staatsarchiv Detmold). GR

Lit.: Schreiner 1969, S. 168-178; Kat. Berlin 1980, Nr. 176d, S. 97

3/75 **Karl Friedrich Schinkel** (1781-1841)
Entwurf zum Denkmaldom für die
Befreiungskriege. Perspektivische Ansicht
1815
Feder, Graphit; 65 x 76 cm
Berlin, Staatliche Museen zu Berlin,
Kupferstichkabinett (Schinkel SM 20a.248)

Der Gedanke der Neuschöpfung eines mittelalterlichen Kathedralbaus ist eine der großartigsten Ideen in Schinkels architektonischer Vorstellungswelt, die ihn seit 1810, zum Teil in romantischer Überhöhung, beschäftigte. Sie verdichtete sich 1814/15 in Überlegungen zu einem groß angelegten Dombau für Berlin, wozu die siegreiche Beendigung der Napoleonischen Kriege gebotenen Anlaß bot. Im Juni 1814 erging die Ordre König Friedrich Wilhelms III. an Schinkel, Entwürfe zu liefern für »einen prächtigen Dom, Dankdenkmal für Preußen, in Berlin zu errichten«. In zwei Denkschriften äußerte Schinkel weitgespannte Gedanken über die Idee des Baus als religiöses, historisches und »lebendiges« Monument. Mit letzterem meint er, daß durch dieses »unmittelbar durch die Art seiner Einrichtung etwas dem Volke begründet werden soll, das fortlebt und Früchte trägt«. Gerade davon erhoffte er sich, es »müßte die Errichtung dieses Monuments der Zentralpunkt aller höheren Kunstbetriebsamkeit des Landes werden, alle vorzüglichen Künstler müßten daran arbeiten, und die höchste Vollkommenheit in der Ausführung würde durch den Lauf dieses Zeitraums eine so wohltätige und praktische Schule werden, daß der echte Sinn der Künstler und Gewerke darin wiedergeboren würde«. Auf solchen Grundgedanken basiert der Plan einer gewaltigen Kathedrale, ganz im mittelalterlichen Formenkanon, mit Vierungskuppel und Westturm, wobei

3/75

3/76

er die Vorbilder an Aufbau und Einheitlichkeit, an Leichtigkeit und Anmut »zu übertreffen« trachtete. Im Gegensatz zu dem vom König gewünschten Standort auf dem Spittelmarkt schlug Schinkel den Leipziger Platz in seiner einsamen Lage vor dem Potsdamer Tor vor, wo schon Friedrich Gilly sein Projekt eines Friedrich-Denkmals vorgesehen hatte. Der große Plan, vergleichbar mit der gleichzeitig aufkommenden Idee der »Walhalla« im altgermanischen Sinne (5/3) – ein Lieblingsgedanke des bayerischen Königs Ludwigs I. –, sollte ein nationales Sieges- und Ruhmesmonument Gestalt werden lassen. Doch er blieb ohne Verwirklichung. Eine stark reduzierte Weiterführung fand der Gedanke im Berliner Kreuzbergdenkmal. GR
Lit: Kat. Berlin 1980, Nrn. 156-161, S. 83ff.

3/76   **Karl Friedrich Schinkel** (1781-1841)
(Ausgeführter) Entwurf zum
Kreuzbergdenkmal mit Grundriß
1818
Feder; 52,5 x 37,3 cm
Berlin, Staatliche Museen zu Berlin,
Kupferstichkabinett (Schinkel SM 21 C.95)

Die siegreiche Beendigung der Befreiungskriege von 1813/15 löste in Berlin den Wunsch nach einem Erinnerungsmal aus. Es war der Kronprinz, der spätere König Friedrich Wilhelm IV., der anstelle erster Vorstellungen Schinkels in Gestalt einer Gedenksäule oder als eine Symbiose von Tempel und Kathedrale ein Monument im patriotisch empfundenen gotischen Stil vorschlug. Dieser galt seit Goethes Würdigung des Straßburger Münsters 1772 als national und schien deshalb einem Denkmal zur Erinnerung an die nationale Befreiung die adäquateste Form zu verleihen. Auf festgefügtem Sockel erhebt sich das ganz architektonisch aufgefaßte Werk, dem Turm einer Kathedrale ähnlich. In von Wimpergen bekrönten Nischen personifizieren Genien die Orte der siegreichen Schlachten. Von Fialen umgeben steigt die Spitze bis zur Kreuzblume; das Eiserne Kreuz, die Tapferkeitsauszeichnung der Kriege, bildet die Bekrönung. Nach der Einweihung des Denkmals 1821 wurde der bisherige Tempelhofer Berg zum »Kreuzberg«. Das Kreuzbergdenkmal muß als Realität gewordener Überrest des großen utopischen Plans eines Doms als Denkmal für die Befreiungskriege gelten. GR
Lit: Kat. Berlin 1980, Nrn. 177f., S. 97-101

Pierre Vaisse

Frankreichs Kenntnis der deutschen Romantiker

Nationale Vorurteile sind so alt wie die Idee der Nation. Im 18. Jahrhundert besaßen die Franzosen ein bestimmtes, wenig schmeichelhaftes Bild vom Deutschen, ein Bild, in dem die Pflege von Kunst und Literatur nicht vorkam. Noch 1813 sprach der französische Kritiker Dussault von »einer Nation, die hinsichtlich der Kunst und des guten Geschmacks ganz und gar vom Rost der Barbarei bedeckt ist«.[1] In der Tat: ganz Deutschland hatte sich soeben gegen Napoleons Armeen erhoben. Ein Jahr später, nach der Niederlage, war die Feindschaft gegen Preußen, die Besatzungsmacht, noch weitaus heftiger. Der Debatte, die um Anerkennung oder Ablehnung der Romantik geführt wurde, war dies anzumerken. Gewiß unterscheidet sich die französische Romantik in der Literatur stark von dem, was sie in Deutschland war, und verdankt zweifellos mehr William Shakespeare, Lord Byron und Walter Scott als den Berliner Dichtern; doch da der Begriff selbst von jenseits des Rheins stammte und Madame de Staël in ihrem Buch »Über Deutschland« die Romantik als etwas mit dem deutschen Charakter Verbundenes darstellte, konnten die Gegner nicht damit argumentieren. Diese Dimension der Auseinandersetzung dauerte die ganze Restauration über fort.[2]

Es ist üblich, die Bindungen hervorzuheben, die sich zur Zeit der Romantik zwischen Literatur und Kunst geknüpft haben sollen, und man könnte versucht sein, daraus die Schlußfolgerung zu ziehen, daß das gleiche chauvinistische Ressentiment mancher Franzosen der deutschen Literatur gegenüber sich auch auf die deutsche Malerei übertragen habe. Doch abgesehen davon, daß man die Stärke dieser Bindungen nicht übertreiben sollte (die in der romantischen Epoche niemals das waren, was sie später in den Kreisen der Boheme wurden), brauchte der Begriff Romantik einige Zeit, bevor er in Frankreich von der literarischen Kritik auf die Kunstkritik überging, und der Gebrauch, den die Malerei davon machte, trug keine Spur seines deutschen Ursprungs mehr. Vergessen wir nicht, daß die großen Schlachten in Frankreich am Ende der Restauration um die Gemälde von Eugène Delacroix geschlagen wurden und daß das Ergebnis eine ganz andere Vorstellung von der romantischen Malerei war als die, die in Deutschland herrschte, wo man denselben Delacroix für einen realistischen Maler hielt.

Jean-Baptiste Isabey: Baronin de Staël im Alter von 30 Jahren, 1797, 1810. Paris, Musée du Louvre-Département des Arts graphiques (2/1)

Aufgrund dieser Differenz konnte die deutsche Kunst nicht gleichermaßen von der Romantikfeindschaft betroffen sein wie die deutsche Literatur, das heißt aber nicht, daß die deutsche Kunst von jedem Vorurteil verschont geblieben wäre, im Gegenteil. Spätestens seit Anfang des 19. Jahrhunderts errichtete die Übermacht der französischen Schule der Malerei auf diesem Gebiet ein Dogma, das sich bis in die Mitte des 20. Jahrhunderts nur noch mehr verhärtete. Unnötig, hier daran zu erinnern, mit welch herablassendem Ton Autoren wie Louis Reynaud und später Louis Réau von der deutschen Malerei sprachen, die in ihren Augen lediglich dank des französischen Einflusses über das Mittelmaß hinausgelangte.[3] Diese Stellungnahmen stammen jedoch aus einer Zeit, da erneut zwei bewaffnete Konflikte die Beziehungen zwischen Frankreich und Deutschland vergiftet hatten. In der romantischen Epoche selbst begegnet man keiner derartigen Erklärung; doch diese Zurückhaltung erklärt sich zunächst durch die Tatsache, daß sich damals sehr wenige Autoren über die zeitgenössische deutsche Kunst äußerten und vor allem über die beiden Maler nichts sagten, in deren Werk, wie uns heute scheinen will, die Romantik ihren höchsten bildlichen Ausdruck gefunden hat, Phillipp Otto Runge und Caspar David Friedrich, ganz so, als hätten die Franzosen Madame de Staëls Meinung geteilt: »Wenn man sich in Deutschland mit den Künsten beschäftigt, so möchte man immer lieber von den Schriftstellern als den Künstlern reden. In jeder Beziehung sind die Deutschen stärker in der Theorie als in der Praxis, und der Norden ist den Künsten, welche das Auge treffen, so wenig günstig, daß man sagen möchte, es sei ihm nur der Geist des Nachdenkens gegeben worden, um dem Süden zum Zuschauer zu dienen.«[4]

Unsere Auffassung von der deutschen romantischen Malerei ist gleichwohl nicht mehr ganz die der damaligen Zeit. Wodurch man sie definierte, wodurch sie sich von der Malerei unterschied, die man noch nicht als neoklassisch bezeichnete, war die Wahl der der mittelalterlichen Schule entlehnten Themen. So schrieb Friedrich Schlegel 1804, daß ein Maler, der ein wahrhaft romantisches Werk zu schaffen trachte, bei Albrecht Altdorfers *Alexanderschlacht* lernen könne, was der Geist des Rittertums sei.[5] Etwa vierzig Jahre später erklärte der große deutsche Kunsthistoriker Franz Kugler den Bruch mit Jacques Louis Davids Klassizismus und die Bildung der romantischen Schule durch die Rückkehr zum Mittelalter, die sich in der Literatur ankündigte, bevor sie auf die Malerei übergriff.[6] Doch als Beispiel führte er nicht die von Friedrich auf vielen seiner Bilder gemalten gotischen Ruinen an. Die Maler, die er zuerst erwähnt und denen er die längsten Ausführungen widmet, so daß sie für ihn nahezu die ganze romantische Schule auszumachen scheinen, sind die Nazarener.

Die Nazarener blieben in Frankreich nicht unbeachtet. Sie waren dort lange Zeit die einzigen deutschen Maler, die bekannt waren. Erst bei der Weltausstellung von 1867 wurde man sich bewußt, daß es auch noch andere gab: Portrait- und Landschaftsmaler und solche, die Stilleben anfertigten. Bei der Weltausstellung von 1855 konzentrierten sich die Kommentare der französischen Kritiker fast ausschließlich auf deren Werke.[7] Zur Erklärung dieses Phänomens kann man mehrere Gründe heranziehen. Sie waren bekannt, da sie in Deutschland als Professoren oder Direktoren der wichtigsten Akademien die Kunstszene beherrschten: Der europaweite Ruf, den etwa Peter Cornelius genoß, rührte zweifellos mehr von seinen Funktionen und den offiziellen Aufträgen her, mit denen er betraut wurde, als von seinem Talent als Maler, das sehr wenige Reisende an Ort und Stelle hatten beurteilen können. In Frankreich waren sie durch ihre Stiche bekannt, die bei den Kunsthändlern des Boulevard des Italiens weit verbreitet waren – so erwähnt Delacroix in seinem Journal zweimal die Faustillustrationen desselben Cornelius –, sehr wenige Franzosen aber hatten ihre Gemälde gesehen: daher die Neugier und die Enttäuschung, als sie sie 1855 in Paris zeigten, stellten sie doch vor allem Kartons zu großen historischen Kompositionen aus, so daß ihre Kunst der Vorstellung zu entsprechen schien, die man sich von den Deutschen machte: ein Volk von Denkern, von Philosophen, die für die Wiedergabe der wahrnehmbaren Aspekte der Natur wenig begabt waren.[8]

Dennoch hatten sie einige glühende Anhänger, katholische Schriftsteller, die sich für den tiefreligiösen Charakter der Werke empfänglich zeigten.[9] Ihre Bewunderung galt vor allem Johann Friedrich Overbeck, dem Reinen der Reinsten, der sich lieber in Rom niedergelassen hatte, als in Deutschland Karriere zu machen, und dessen Atelier zu einer Art Wallfahrtsort geworden war. Daneben sagte man einigen Malern, vor allem dem aus Lyon stammenden Orsel und mehreren Schülern Jean-Auguste-Dominique Ingres' nach, sie seien mehr oder weniger vom Stil der Nazarener beeinflußt. Dies stellt eine Episode in den künstlerischen Beziehungen zwischen Frankreich und Deutschland dar, über die viel geschrieben und deren Bedeutung bisweilen überschätzt wurde.[10] In Wahrheit gab es sogar innerhalb dieses Lagers starke Vorbehalte. Man kennt die etwas blasierte Reaktion Hippolyte Flandrins, als er 1833 in Overbecks Atelier dessen große Komposition »Der Triumph der Religion« sah. Ihm zufolge verwandte der Künstler Mittel, die nicht die der Malerei waren: »Er legt nur Wert darauf, seine Gedanken wiederzugeben, sie niederzuschreiben«, erklärte er und drückte damit aus, was in Frankreich zu einem Gemeinplatz werden sollte.[11] Acht Jahre später warf der große katholische Schriftsteller Félicité Lamennais einen noch kritischeren Blick auf die Kunst der Nazarener: »Des sterilen Materialismus, der die Kunst völlig zu ersticken drohte, überdrüssig, versuchte Deutschland sich zu erholen, indem es bis auf das Mittelalter zurückging. Doch wo den glühenden naiven Glauben jener alten Zeiten und das poetische mystische Leben wiederfinden, das die christlichen Nationen in der Kraft ihres jungen Wachstums durchdrungen hatte? Da die inneren Quellen der Inspiration verschlossen waren, konnte man nur mit mehr oder weniger Glück in einer anderen Epoche angelegte Typen nachahmen, die die Völker jetzt nicht mehr verstehen und nicht mehr fühlen; man hat sich für die ideale christliche Schönheit ent-

Peter Cornelius: Hagen versenkt den Nibelungenhort, 1859. Berlin, Staatliche Museen zu Berlin, Nationalgalerie (L/36)

schieden, wie sich die Künstler der Renaissance für die antike Schönheit entschieden haben. Daher liegt dieser Schule, die im übrigen beachtlich ist und für die Männer von wahrem Talent stehen, kein dauerhaftes Prinzip zugrunde. Zwangsläufig auf die Nachahmung beschränkt, würde sie auf anderen Wegen gar in den Materialismus zurückfallen, gegen den zu reagieren sie sich bemüht hat; denn jede Imitation der bloßen Form, alles, was nicht unmittelbar von einem idealen Modell ausgeht, von einem inneren Gedanken, der gewissermaßen danach strebt, sich im Äußeren zu zeigen, ist vom Standpunkt der Kunst aus Materialismus.«[12]

Und doch: die längste, detaillierteste und nuancenreichste Untersuchung, die damals ein Franzose den Nazarenern gewidmet hat, stammt nicht von einem der glühenden katholischen Schriftsteller, die das Vordringen einer christlichen Kunst herbeisehnten. Autor ist ein junger brillanter, vom Saint-Simonismus durchdrungener Akademiker, Hippolyte Fortoul, dessen Laufbahn als Minister für öffentlichen Unterricht zu Anfang des Zweiten Kaiserreiches enden sollte. Nach drei Reisen über den Rhein veröffentlichte er ein Werk über die Kunst in Deutschland, in dem sich seine Erinnerungen in eine allgemeine Sicht der Kunstentwicklung einfügen, die er bereits in anderen Arbeiten dargelegt hatte.[13] Trotz aller Sympathie für die Nazarener konnte er nicht umhin, einige Vorbehalte anzumelden,

Asmus Jacob Carstens: Die Einschiffung des Megapenthes, 1795. Weimar, Kunstsammlungen zu Weimar (1/11)

Caspar David Friedrich zugeschrieben: Schiff im Eismeer, 1798. Hamburg, Hamburger Kunsthalle (1/25)

die zweifellos wiederum den Vorbehalt erklären, mit dem Ernst Förster, ein überzeugter Anwalt ihrer Ästhetik, sein Buch im *Kunstblatt* rezensiert hatte.[14] So erklärt er, daß »wenn Monsieur Cornelius kein großer Maler ist, so ist er doch ein großer Denker«, und teilt damit die in Frankreich weit verbreitete Meinung nicht nur über diesen Künstler, sondern über die deutsche Malerei schlechthin.[15] Fortoul kannte sie freilich besser als seine Landsleute, seine Kenntnis ging über den Kreis der Nazarener hinaus, wie folgender Abschnitt aus seinem Buch belegt: »Als ich in Dresden eintraf, war Friedrich soeben gestorben. In einem Saal der Akademie sah ich eine Landschaft, in der dieser außergewöhnliche Künstler seinen letzten Gedanken ausgedrückt zu haben schien. Im Vordergrund schichteten die Schnitter zur Abendstunde das tagsüber gemähte Heu auf; links wurde die Wiese von einem kalten Meer begrenzt, dessen schwere Wellen sich mit einer Art bitterer Verachtung am Ufer brachen, so daß man sie für die höchste Ironie vergangener Stürme hätte halten können. Rechts oberhalb der Mühlsteine, am Fuße eines Hügels, schwarz, verwüstet und düster die Trümmer eines herrschaftlichen Anwesens, die gleichsam einen Totengesang auf die menschlichen Eitelkeiten anstimmten. Auf dem Hügelkamm breiteten kahle Baumstämme ihr dünnes dürres Astwerk aus und schienen die Zerstörung der Natur mit der des Menschen zu verbinden. Über diesem trüben Anblick der Erde spannte der Himmel seine heitere, doch karge Kuppel, die die Trennung von Schrecken und Hoffnung nicht zuließ. Alles auf diesem Bild wies darauf hin, daß der Künstler einer der kühnen Gegner des Systems der genauen Nachahmung war und einer derjenigen, die höchst glanzvoll den Übergang vom Idealismus der ersten Epoche des deutschen Geschmacks zur Romantik der zweiten Epoche bezeichneten.

1776 in Greifswald bei Stralsund in Pommern geboren, erhielt Gaspard [sic! A. d. Ü.] Friedrich seine Ausbildung in Kopenhagen, als der Ruhm Asmus Carstens' noch sehr lebendig war. 1795 kam er nach Dresden und wurde dort 1817 zum Professor ernannt. Wie man erzählt, verlor er als junger Mann seinen Bruder auf dem Eis, der sich auf gut Glauben darauf gewagt hatte. Er war von diesem Unglück so betroffen, daß seine Phantasie für immer Trauer anlegte; alles, was die Schöpfung an Untröstlichem und Schauerlichem aufbietet, hat den trüben Gedanken dieses Künstlers jahrelang als Ausdruck gedient. Ein zerbrochenes, verlassenes Schiff, das im grünen Eismeer gefangen ist; ein von der Sonne blutig rot gefärbtes, mit dem Himmel verschmelzendes Meer, das einem einsam am Strand träumenden Mann schreckliche Wunder vorspiegelt; ein vom Blitz gespaltener Baum, der inmitten einer jungen Wiese abstirbt; ein auf einem toten, schneebeladenen Zweig sitzender Nachtvogel: dies sind die Themen, die Friedrich mit Vorliebe behandelte, um seine traurige Gemütsverfassung auszudrücken. Durch das Gefühl erinnerte er oft an Ruysdaels schwermütige Seiten; durch die gewöhnlich wunderliche Kom-

Caspar David Friedrich: Klosterruine Eldena bei Greifswald, 1824/25. Berlin, Staatliche Museen zu Berlin, Nationalgalerie (4a/4)

position, durch die ebenso minutiöse wie willkürliche Ausführung entfernte er sich beträchtlich vom holländischen Meister und kam der alten deutschen Schule nahe, mit dem ganzen Unterschied der modernen Ideen. Unter den Erben seiner kühnen Manier und seines elegischen Talents zeichnet sich einer der berühmtesten Physiologen Deutschlands, der Herr Doktor Carus, aus. Ein norwegischer Künstler, der sich in Dresden niedergelassen hat, Monsieur Dahl, der durch ein ausgezeichnetes Werk über die Holzdenkmale seines Landes bekannt wurde (*Denkmale der Holzbaukunst in Norwegen*), scheint Friedrichs düstere Bilder bisweilen nachzuahmen und tut so, als widme er der Wirklichkeit eine Aufmerksamkeit, die das Interesse abkühlt und fast stets das Denken ausschließt.«[16]

So lang sie auch sein mögen, diese Friedrich gewidmeten Seiten Fortouls verdienten es, ungekürzt wiedergegeben zu werden, weil sie der Aufmerksamkeit der Spezialisten anscheinend bislang entgangen sind, und weil sie einen beredten Gegensatz zu dem bilden, was der große deutsche Kunsthistoriker Franz Kugler sechs Jahre später im zweiten Band seiner Geschichte der Malerei über den Maler schrieb, nachdem er die Aktivität der Gruppe der Nazarener in Rom geschildert hatte: »Auch im Norden, diesseits der Alpen, fehlte es nicht an verwandten Bestrebungen, unter denen namentlich Kolbe's romantisch mittelalterliche Scenen und Friedrich's gedankenvolle landschaftliche Compositionen anzuführen sein dürften.«[17]

Zweifellos wäre man versucht, das Mißverhältnis zwischen diesen beiden Urteilen durch den Mangel an Platz zu relativieren, über den Kugler zur Darstellung der gesamten Geschichte der Malerei verfügte, aber auch durch den ungewöhnlichen Charakter von Hippolyte Fortouls Zeugnis der Bewunderung in

Georg Friedrich Kersting: Caspar David Friedrich in seinem Atelier, um 1812. Berlin, Staatliche Museen zu Berlin, Nationalgalerie (4a/2)

Carl Gustav Carus: Der Friedhof auf dem Oybin im Winter, um 1828. Leipzig, Museum der bildenden Künste Leipzig (4a/9)

Frankreich, dem man nur das von David d'Angers gleichsetzen kann, der Friedrich 1834 in dessen Atelier besuchte und drei Bilder von ihm besaß.[18] Doch der vorgebliche Platzmangel, unter dem Franz Kugler gelitten haben soll, hat ihn nach dieser lapidaren Erwähnung nicht daran gehindert, den von ihm nicht sehr geschätzten Nazarenern eine neuerliche Darstellung zu widmen. Auch erklärt er nicht die, zumindest in unseren Augen seltsame Annäherung zwischen Friedrich und Heinrich Christoph Kolbe, die er vornimmt.

Um diese Urteile zu verstehen, ist es nutzlos, die Psychologie der verschiedenen Völker ins Feld zu führen, wenn man nicht zunächst die materiellen Umstände berücksichtigt, in denen sie formuliert wurden, und die sie bedingen. Noch zu seinen Lebzeiten wurde Friedrich Opfer einer Geschmacksveränderung, doch hat sein posthumer Ruhm mehr noch unter der Dezentralisierung des Kunstlebens in Deutschland und unter dem Niedergang Dresdens als Kunstzentrum gegenüber München, Düsseldorf oder Berlin gelitten. Die Situation ist keineswegs mit der in Frankreich vergleichbar, wo die Konzentration des Kunstlebens auf Paris, die Existenz eines den lebenden Künstlern gewidmeten Museums (das Musée du Luxembourg) und zahlreiche Retrospektiven sehr schnell das Gefühl einer Tradition geschaffen haben, und wo die Geschichte der französischen Malerei des 19. Jahrhunderts schon vor der Organisation einer alle hundert Jahre stattfindenden Ausstellung französischer Kunst im Jahre 1889 im Rahmen der Weltausstellung in ihren großen Zügen festgelegt war. Zur gleichen Zeit veröffentlichte ein deutscher Kunsthistoriker, Adolf Rosenberg, eine monumentale Kunstgeschichte – eigentlich eine Geschichte französischer und deutscher Kunst –, in der der Name Caspar David Friedrichs einfach nicht vorkommt, ganz zu schweigen von dem Otto Runges, der schon seit der ersten Hälfte des Jahrhunderts dem Gedächtnis entschwunden war.[19]

Wer hätte in Frankreich von der Existenz Runges wissen sollen, wenn er schon in Deutschland so rasch in Vergessenheit geriet? Was hingegen Friedrich betrifft, so beweisen der Besuch,

Ernst Ferdinand Oehme: Romantische Landschaft mit Schloß am Meer, um 1830. Berlin, Staatliche Museen zu Berlin, Kupferstichkabinett (4a/10)

den ihm David d'Angers abstattete, und Hippolyte Fortouls Zeilen, daß sein Ruf zumindest bis zu einigen Franzosen vorgedrungen war. Doch der Ruf genügt nicht, damit man über einen Künstler schreibt; man muß auch die Gelegenheit dazu haben. Zu einer Zeit, da man noch wenige Bücher über die Geschichte der Malerei veröffentlichte und da die Geschichte der deutschen Malerei die französischen Leser überhaupt kaum interessierte, konnte der Name Friedrichs nur in einem Ausstellungsbericht oder in einer Reiseschilderung auftauchen. Nun aber hat er bekanntlich kein einziges Gemälde in Paris ausgestellt, und die französischen Reisenden, die zu seinen Lebzeiten durch Dresden kamen, sich für Kunst interessierten und ihre Erinnerungen publizierten, sind selten. Dies war der Fall bei Madame de Staël; doch als sie im Winter 1803/04 die Stadt besuchte, war Friedrich noch nahezu unbekannt, und bestimmt dachte sie nicht an ihn, als sie schrieb, daß »mehrere ausgezeichnete Maler […] sich in Dresden niedergelassen« haben[20]; später spricht sie von einem Gemälde, das einen Dantekopf zeigte, und von einem anderen, das Hartmann geschaffen hatte.

Fortoul traf zu spät in Dresden ein, um Friedrich noch zu begegnen; doch sein Text zeichnet sich durch seine Länge, Intensität und Präzision aus, er zeigt, daß er Friedrichs Werk gut kannte, über dessen Leben informiert war und seine Bilder einigermaßen richtig charakterisierte. Heißt dies, daß er sie wirklich verstand? Das ist wenig wahrscheinlich. Aber ihre tiefere Bedeutung läßt sich auch nicht so leicht erfassen, was die zahllosen widersprüchlichen Darstellungen der jüngsten Interpretationen belegen.[21] Die deutschen Zeitgenossen des Künstlers verstanden ihn gewiß nicht besser, nicht nur diejenigen, die ihn wie Goethe nicht ohne Vorbehalt schätzten, sondern selbst seine glühendsten Bewunderer, wie Sumowski zurecht bemerkt hat.[22]

Hätte das französische Publikum seine Gemälde um 1810 sehen können, hätte es natürlich kein größeres Verständnis gezeigt. Es wäre höchstens bei einem emotionalen Eindruck stehen geblieben oder bei einem Erklärungsversuch mit Hilfe des Rückgriffs auf eine so einfache Symbolik wie sie Fortoul verwendet; doch gibt es keinen Anlaß zu der Annahme, es wäre von den Motiven, aus denen Friedrich seine Landschaften komponierte, befremdet gewesen. Das alte Klostergemäuer, die Ruinen, die in Nebel gehüllten Wiesen, woraus die Spitze eines Kirchturms aufragt: all dies war in Frankreich sehr in Mode, und Charles Nodier hatte in seinem »Peintre de Saltzbourg« üppig Gebrauch davon gemacht. Mehr noch: Wolfgang Becker hat gezeigt, daß Friedrich oft Kompositionstypen aufgenommen hat, die in der französischen Stecherkunst gegen Ende des 18. Jahrhunderts häufig vorkamen.[23] Zweifellos rechnet er dem die Dimension einer Religiosität zu, die mehr persönlicher denn deutscher Natur ist; doch diese Dimension, die den großen Künstler vom gewöhnlichen Landschaftsmaler unterscheidet, verhindert nicht, daß sich sein Werk in einen weit verbreiteten Epochenstil einfügt.

In Frankreich jedoch veranschaulicht kein genialer Maler diese Art von Landschaft, die man als vorromantisch bezeichnen möchte. Als ein genialer Maler in Erscheinung trat, praktizierte er die große Historienmalerei und dies in ganz anderem Stil: Delacroix. Durch Künstler dieser Dimension baut sich die Kunstgeschichte auf; aufgrund der Werke dieser Künstler setzt sich die Definition der verschiedenen Stile durch; daher meint der Begriff »romantische Malerei« fundamental verschiedene Realitäten in Frankreich und in Deutschland. Es ist nicht sicher, daß ein gewisses hartnäckiges Unverständnis – im Verein mit rückblickenden Illusionen, die es zweifellos hervorbringt – nicht von diesen Divergenzen herrührt und nicht vom Zufall abhängt, der das Erscheinen eines großen Künstlers bestimmt.

1 Journal de l'Empire, 29. 12. 1813, zit. in: Monchoux 1953, S. 27.
2 Monchoux, ebenda, S. 25 ff., und Régnier 1991, S. 29-42.
3 Reynaud 1915; Réau 1928; vgl. Vaisse 1991, S. 92-102, und ders. 1994, S. 75-83.
4 Staël 1985, S. 485.
5 Friedrich Schlegel: Dritter Nachtrag alter Gemälde. Im Sommer 1804, in: Schlegel Bd. 5, 1959, S. 120: »Diese kleine Ilias in Farben könnte den denkenden und nach neuen und großen Gegenständen strebenden Maler, der etwa den heiligen Kreis der katholischen Sinnbilder einmal zu verlassen und ein wahrhaft romantisches Gemälde hervorzubringen gedächte, in seiner Farbensprache belehren, was der Geist des Rittertums sei und bedeute.«
6 Kugler 1847, Bd. 2, S. 578f.
7 Esner 1991, S. 103-112.
8 Vgl. Baudelaires Meinung in seinem unvollendeten Aufsatz »L'art philosophique«, und Théophile Gautiers Artikel »Pierre de Cornélius«, wiederaufgelegt in »L'art moderne«, 1856.
9 Es handelt sich hauptsächlich um den katholischen Reformer Charles Forbes, Graf von Montalembert sowie um Alexis François Rio, der unablässig für eine christliche Kunst eintrat, und um Kritiker wie Bathild Bouniol und Claudius Lavergne. Vgl. Dorra 1977, S. 337-354; Foucart 1987; Bleeke-Byrne 1989.
10 Dies ist der Fall bei Dorra 1977, der einen Einfluß der Nazarener bis in das Werk von Puvis de Chavannes auszumachen glaubt.
11 Zit. nach Foucart, S. 208.
12 Lamennais 1972, S. 147f.
13 Fortoul 1841/42.
14 Englische und französische Stimmen über deutsche Kunst, in: Kunstblatt, 1843, S. 45f., 49f., 53f., 58f. Der Artikel ist mit »e. f.« signiert; es handelt sich ganz offensichtlich um Ernst Förster, der sich bereits kurz zuvor, als überzeugter Anhänger der Ästhetik der Nazarener und als heftiger Kritiker der »belgischen Bilder« erwiesen hatte, der Bilder von Gallait, Biefve und Keyser, die in verschiedenen Städten Deutschlands triumphal ausgestellt und aus politischen Gründen von Franz Kugler und dem jungen Jacob Burckhardt lautstark verteidigt worden waren.
15 Fortoul Bd. 1, S. 371.
16 Ebenda, S. 515f.
17 Kugler, S. 580.
18 Caso 1988, S. 160.
19 Rosenberg 1884-1889 (der erste Band ist der französischen Kunst gewidmet, die beiden anderen der deutschen Kunst vor und nach 1848).
20 Staël, S. 486.
21 Vgl. Sumowski 1970, S. 1-44.
22 Sumowski, ebenda, S. 33: »Im übrigen würde sich zeigen, daß Friedrichs Leistung, von Ausnahmen abgesehen, von seinen Verehrern nicht begriffen wurde, und daß vielmehr sein anfänglicher sensationeller Erfolg auf einer Verkennung beruhte.« Zu Goethe und Friedrich vgl. Büttner 1994, S. 456-467.
23 Becker 1971, S. 29-33.

Pierre Vaisse, Absolvent der Ecole Normale Supérieure, Paris, lehrte Kunstgeschichte an den Universitäten von Paris, Berlin (Freie Universität), Siegen und Gießen. Er ist heute Professor für Kunstgeschichte an der Universität in Genf.

Raum 4a

Romantische Natur

Caspar David Friedrich war zu Lebzeiten einem zeitgenössischen Kunstpublikum außerhalb seines Wirkungskreises der Dresdner Künstlerfreunde, zumal französischen germanophilen Kunstkennern fast unbekannt. David d'Angers, der Goethefreund und Kenner der Musenresidenz von Weimar, hatte jedoch den großen Meister der Romantik durch Vermittlung von Carl Gustav Carus auf seiner dritten Deutschlandreise am 7. November 1834 in dessen Dresdner Atelier aufsuchen können und Zeichnungen als Geschenk erhalten. Der französische Bildhauer bewunderte die Kargheit seines Ateliers und die traumhafte Poesie seiner Werke: Friedrich spüre »auf bewundernswerte Weise die Tragödie der Landschaft«. Carl Blechen, der im Jahr darauf den französischen Meister Horace Vernet in Paris besuchte, folgte wie sein Freund und Lehrer an der Dresdner Akademie, der Landschaftsmaler Johan Christian Clausen Dahl und dessen Schüler Ernst Ferdinand Oehme, zunächst mit Ruinenlandschaften und Vergänglichkeitsmotiven dem großen Vorbild. Der Norweger Dahl ließ sich 1823 als Hausgenosse Friedrichs in Dresden nieder. Neben der Vergänglichkeit alles Irdischen und Zeitlichen, die zwei Jahrzehnte später Arnold Böcklin in Anlehnung an Caspar David Friedrich in seinen Gemälden »Burgruine« und »Hünengrab« thematisierte, bestimmte die Privatheit des Interieurs der subtilen Raumbilder Georg Friedrich Kerstings eine Gefühlswelt der Innerlichkeit. Neuentdeckungen mittelalterlicher Balladen- und Troubadourstoffe und phantastischer Sujets aus dem geheimnisvollen Reich der »Nachtseite der Natur« gaben Dichtern und Dramatikern reiche Stoffwahl. Unter ihnen zählte der Exzentriker E.T.A. Hoffmann zu den rätselhaftesten Gestalten. Seine »Undine« wurde als erste romantische Zauberoper in Schinkels Bühnendekor im August 1816 im Berliner Schauspielhaus uraufgeführt. Dieser Oper folgte 1821 Carl Maria von Webers romantischer »Freischütz« ebenfalls in Berlin. Als »Robin des Bois« wurde Webers Meisterwerk schon 1825 mit großem Erfolg an der Pariser Oper gegeben. Zu dieser Zeit reiste der Berliner Maler Eduard Gaertner in die französische Hauptstadt und widmete sich in seinen Studien Pariser Stadtansichten. Ludwig Richters Reisepaß dokumentiert einen Frankreichaufenthalt der Jahre 1820/21.

Wie oft ist es mir nicht auch noch späterhin gelungen, das innerste Geheimnis der Seele von schwerer Trübung zu reinigen, indem ich dunkle Nebelbilder, in Schnee versunkene Kirchhöfe und Ähnliches in bildlichen Kompositionen entwarf, welche, wenn sie auch manchen anderen gleichfalls umflorten Seelen zusagten, doch endlich immer am meisten mir selbst Erleichterung, ja Befreiung zu schaffen pflegten.

Carl Gustav Carus:
Neun Briefe über
Landschaftsmalerei, 1831

RAUM 4A

Georg Friedrich Kersting
Briefschreibende Dame im Interieur, 1817
Frankfurt a.M.,
Freies Deutsches Hochstift
Frankfurter Goethe-Museum
(4a/7)

Georg Friedrich Kersting
Caspar David Friedrich auf der Wanderung im Riesengebirge, 1810
Berlin, Staatliche Museen zu Berlin, Kupferstichkabinett (4a/1)

244

ROMANTISCHE NATUR

Caspar David Friedrich
Gartenterrasse, 1811/12
Potsdam, Stiftung Preußische
Schlösser und Gärten Berlin-
Brandenburg (4a/3)

Raum 4A

Carl Blechen
*Trauerzug im Wald
(Nächtliches Begräbnis)*
Dresden, Kupferstichkabinett
der Staatlichen Kunstsammlungen Dresden (4a/5)

Arnold Böcklin
Burgruine, 1847
Berlin, Staatliche Museen zu
Berlin, Nationalgalerie
(4a/21)

ROMANTISCHE NATUR

Alfred Rethel
Nemesis, 1837
Sankt Petersburg,
Staatliche Eremitage
(4a/20)

4a/1   **Georg Friedrich Kersting** (1785-1847)
Caspar David Friedrich auf der Wanderung
im Riesengebirge
1810
Bez. o.r.: d. 18ten July 1810. – Georg Kersting;
u.r. (von anderer Hand): Prof. Caspar David
Friedrich gezeichnet von G. Kersting 1810
Malrath in Meißen auf der Fußreise ins
Riesengebirge
Bleistift, Aquarell auf hellgrauem Papier;
31 x 24 cm
Berlin, Staatliche Museen zu Berlin,
Kupferstichkabinett (Kersting SZ 1)
Abb. S. 244

»Gebürtig vom Strande der Ostsee, eine recht scharfgezeichnete norddeutsche Natur, mit blondem Haar und Backenbart, einem bedeutenden Kopfbau und von hagerm, starkknochigem Körper« beschrieb sein Freund Carl Gustav Carus den Maler. Der in Greifswald geborene Friedrich war nach seinen ersten Studienjahren an der Kopenhagener Akademie 1798 nach Dresden gekommen, das mit seinen Kunstsammlungen und der reizvollen Umgebung große Anziehungskraft auf Künstler ausübte. Auch Georg Friedrich Kersting, der Friedrich zum Zwecke des Landschaftsstudiums auf einer Reise ins Riesengebirge 1810 begleitete, gehörte dem Dresdner Romantikerkreis an. Er hat seinen Malerfreund nicht als Künstler, sondern als Wanderer portraitiert. Mit geschultertem Wanderstab und Ranzen steht die von hinten gesehene Figur in die Betrachtung der Landschaft versunken. Die Umgebung ist lediglich durch die kleine Erhebung zu seinen Füßen angedeutet, wodurch sich die Wahrnehmung auf die dargestellte Person konzentriert, die durch ihre Körperhaltung und den in der Silhouette erkennbaren charakteristischen Backenbart identifizierbar ist.   FM
Lit.: Gärtner 1988; Kat. Berlin 1994(b), Nr. 21, S. 37; Schnell 1994

4a/2   **Georg Friedrich Kersting** (1785-1847)
Caspar David Friedrich in seinem Atelier
Um 1812
Bez. u.l. über dem Fußboden:
G. Kersting 1812 (?)
Öl auf Leinwand; 53,5 x 41 cm
Berlin, Staatliche Museen zu Berlin,
Nationalgalerie (A I 931)
Abb. S. 240

»Friedrichs Atelier [...] war von so absoluter Leerheit, daß Jean Paul es dem ausgeweideten Leichnam eines toten Fürsten hätte vergleichen können. Es fand sich nichts darin als die Staffelei, ein Stuhl und ein Tisch«. Der Maler Wilhelm von Kügelgen gab in seinen Jugenderinnerungen nicht nur eine anschauliche Beschreibung des Arbeitsraumes, der von Friedrichs Malerfreund Kersting sehr genau wiedergegeben wurde, sondern auch die Begründung für die Kargheit des Ateliers, in dem nur die notwendigen Arbeitsutensilien vorhanden waren, »denn Friedrich war der Meinung, daß alle äußeren Gegenstände die Bildwelt im Innern stören«. Die selbstgewählte Isolation und der Verzicht auf jegliche Ablenkung galten dem romantischen Künstler als Voraussetzung für den schöpferischen Akt. Die wichtigsten Anstöße zu einem Kunstwerk kamen für Friedrich nicht von Außen: »Schließe dein leibliches Auge, damit du mit dem geistigen Auge zuerst sehest dein Bild. Dann fördere zutage, was du im Dunkeln gesehen, daß es zurückwirke auf andere, von außen nach innen.« Kersting charakterisierte den Künstler nicht bei der Arbeit an der Staffelei, sondern im Malen innehaltend, den bereits fertiggestellten, für den Betrachter allerdings nicht sichtbaren Bildgegenstand reflektierend. Wie Friedrichs Freund Carl Gustav Carus überlieferte, »brütete er in seinem stark beschatteten Zimmer fast fortwährend über seinen Kunstschöpfungen«.   FM
Lit.: Jensen 1974; Galerie der Romantik 1987, S. 62f.; Schnell 1994

4a/3   **Caspar David Friedrich** (1774-1840)
Gartenterrasse
1811/12
Öl auf Leinwand; 53,5 x 70 cm
Potsdam, Stiftung Preußische Schlösser und
Gärten Berlin-Brandenburg (GK 17878)
Abb. S. 245

»Gartenparthie in französischem Styl« lautet der ursprüngliche Titel des Bildes. Er macht auf die strenge geometrische Gestaltung der Rabatten, des um ein Rondell führenden, sonst geraden Weges aufmerksam. Die Erde ist geebnet, der natürliche Wuchs der Pflanzenwelt einer rationalen Regel zwanghaft unterworfen. All das bezeichnet barocke Vergangenheit, aristokratische Kultur. Doch als das Bild 1812 in einem antinapoleonisch gestimmten Umfeld ausgestellt wurde, trug das »Französische« einen zusätzlichen negativen Akzent, der mit anderen patriotischen Allegorien Friedrichs zusammenstimmt (»Chasseur im Walde«, 1814, Privatbesitz) und vielleicht den Ausschlag gab für den Ankauf (1814) durch den preußischen König. Erst hinter der endlos geraden, aber niedrigen Terrassenmauer – jeder, der es nur wünscht, kann sie überwinden –, hinter dem Gittertor, dessen Mittelmotiv ein Kreuz bildet, geht der Blick auf eine offene Landschaft in frischem Morgenlicht, die vom Isergebirge (einem Teil des Riesengebirges) inspiriert wurde. Die höchste Bergspitze befindet sich genau über der steilen, übergroßen Statue im Rondell des Terrassengartens: Die Konkurrenz von Natur und Kultur könnte nicht lapidarer ausgedrückt werden. Von hier aus geben sich auch die feinen Verschiebungen der auf den ersten Blick so auffälligen Bildgeometrie zu erkennen: Wie diese inhaltliche Mittelachse von der Bildmitte nach rechts verschoben wurde, so bezeichnet sie auch keineswegs die Mitte zwischen den beiden Kastanienbäumen, und diese wiederum stehen von den Bildrändern nicht gleich entfernt. Ist die unter dem Baum sitzende Frau wirklich, wie man vermutet hat, als das Weltkind gemeint, das einen schnöden Roman liest und im Unterschied zu den vielen Betrachterfiguren Friedrichs Gottes Natur nicht zur Kenntnis nimmt? Sie erinnert an Geog Friedrich Kerstings »Kranzwinderin« (1815, Berlin, Nationalgalerie), die das Laub für die Kränze zum Gedenken an gefallene Lützower Jäger einem ähnlich mit rotem Tuch bedeckten Korb entnommen hat. Und die Kastanie, in deren Schatten sie sitzt, muß nicht wegen ihres unnützen Holzes eine negative Bedeutung haben, sie gilt auch als ein Symbol des Träumens. CK

Lit.: Börsch-Supan/Jähnig 1973, Nr. 199

4a/4 **Caspar David Friedrich** (1774-1840)
Klosterruine Eldena bei Greifswald
1824/25
Öl auf Leinwand; 35 x 49 cm
Berlin, Staatliche Museen zu Berlin,
Nationalgalerie (A II 574)
Abb. S. 239

Das Zisterzienserkloster Eldena, am Greifswalder Bodden 1199 gegründet und 1241 zum Ausgangspunkt der Gründung von Friedrichs Geburtsstadt geworden, bestand nur bis 1533. Nach der Säkularisierung verfielen die Gebäude und wurden nach und nach abgetragen. Erst 1827 begannen Sicherungsarbeiten und Ausgrabungen, das Gelände wurde nach einem Plan von Lenné bepflanzt. Friedrich hat Eldena wohl seit seiner Kindheit gekannt. Die mitten im Verfall stehengebliebene Westwand mit der großen Fensteröffnung wurde zum Prototyp der gotischen Ruine in symbolschweren, großen Bildern wie »Mönch im Schnee« (1808, ehemals München, Neue Pinakothek) und »Abtei im Eichwald« (1809/1810, Stiftung Schlösser und Gärten Berlin-Brandenburg). Lange danach entstand die kleine, naturnahe, frühlingshaft gestimmte Ansicht. »Diese edle Ruine mit dem sie leicht und luftig umgebenden Strauchwerk macht ein sehr angenehmes Bildchen«, schrieb ein anonymer Kritiker der Dresdner Kunstausstellung von 1825. Im Schutz des ehrwürdigen Backsteingemäuers ist, einem Baumpilz vergleichbar, eine bescheidene Unterkunft für Tagelöhner entstanden. Sie wird kurzlebiger sein: Wir wissen von dem Abriß dieses Hauses 1828. Menschenwerk und Gotteswerk sind unterschiedlichen Rhythmen unterworfen. Auf einer religiösen Deutungsebene wurde die Hütte auch als Symbol des Grabes und damit des Todes interpretiert. Die gleiche Ansicht, aber ohne die Pfeilerreste der Südseite, zeigt ein Aquarell, das vom 17. März 1836 datiert ist (Dresden, Kupferstichkabinett). Wenige Jahre zuvor aber hatte Friedrich eine Fernansicht der Ruine vor die weite, im Abendlicht verblassende Kulisse des Riesengebirges versetzt – ein Dämmerungsbild der Todesnähe, des Erlöschens und der Jenseitshoffnung, ein Gegenentwurf zu dem tagesfrischen Berliner Gemälde. Wie Friedrich einen Gegenstand aus seinem Ortszusammenhang lösen konnte, so auch aus der Zeit: In einem verschollenen Bild imaginierte er den wohlerhaltenen Meißner Dom als Ruine – zu derselben Zeit, da Victor Hugo in einem langen Gedicht »L'Arc de Triomphe« den Verfall des soeben errichteten Bauwerks vorwegnahm. CK

Lit.: Börsch-Supan/Jähnig 1973, Nr. 328

4a/5 **Carl Blechen** (1798-1840)
Trauerzug im Wald (Nächtliches Begräbnis)
Bez. rückseitig: C.Blechen f
Feder, Tusche; 19,1 x 24,9 cm
Dresden, Kupferstichkabinett der Staatlichen Kunstsammlungen Dresden (C 1931-59)
Abb. S. 246

Carl Blechen, der zu den herausragenden Landschaftsmalern der deutschen Romantik zählt, war anfänglich stark von Caspar David Friedrich beeinflußt. Viele seiner oft düsteren Kompositionen reflektieren romantische Vergänglichkeits- und Schauermotive. Seine zahlreichen Klosteransichten und -interieurs erinnern zuweilen an die effektvollen Inszenierungen der zeitgenössischen Dekorations- und Theatermalerei. Mitunter strahlen sie eine fast surreale Wirkung aus, so auch die Federzeichnung aus dem Dresdner Kupferstichkabinett: In einem dichten Wald begleiten Mönche mit Fackeln in langem Zuge einen Sarg zu einer gotischen Kapelle. Blechen hielt sich im Sommer 1835 in Paris auf, wo Horace Vernet seine sichere Technik und Komposition lobte. Von dieser Reise sind Bleistiftskizzen mit Genremotiven und Figuren sowie eine Zeichnung nach einem Gemälde von Vernet erhalten. Blechen war auch als Radierer und Lithograph tätig. AC

4a/6 **Carl Blechen** (1798-1840)
Denksäule im Wald
Um 1825
Öl auf Leinwand; 47 x 43 cm
Berlin, Staatliche Museen zu Berlin,
Nationalgalerie (F 561/NG 870 g)

Die Kultur der Aufklärung und der Empfindsamkeit hatte die Landschaftsgärten Europas mit Inschriftsteinen, Denkmälern, Kenotaphen und Grabmälern in »redende« Räume verwandelt. Der suggestive Kontrast von Naturwuchs und architektonischer Form nahm in wechselnden Kontexten unterschiedliche symbolische Bedeutungsfarben an. Von seiner damaligen Haupttätigkeit als Bühnendekorateur am Friedrichstädtischen Theater in Berlin her war Blechen für diese Motivik empfänglich. Seine Vorstellungswelt war durch die »schwarze Romantik« geprägt, seine Landschaftsauffassung orientierte sich zuerst an Caspar David Friedrich und Johan Christian Clausen Dahl. Als er letzteren im Sommer 1823 in Dresden besuchte, wird er wohl auch Friedrich begegnet und dabei auf dessen architektonische Denkmalentwürfe aufmerksam geworden sein. Mehrere von Friedrich entworfene Grabmäler sind heute noch auf Dresdner Friedhöfen erhalten; bekannt sind

4a/6

4a/8

auch seine Ideen zu Denkmälern für die Gefallenen im antinapoleonischen Krieg. Auffallend bevorzugt wird dabei die Form eines überschlanken Sockels oder eines Obelisken, der auch Blechen sich annähert. Auf dessen Bild steht in düsterer, karger Waldlichtung, unter weißlichgrauem, stumpfem Himmel, von sturmgezausten Bäumen umgeben, ein steiles Gebilde verlassen da, den Angriffen der Naturkräfte ausgesetzt, schon unmerklich aus der Vertikalen geraten, aussichtslos. Friedrich hingegen hatte der Hoffnung Raum gelassen, als er 1812 in dem Bild »Grabmale alter Helden (Grab des Arminius)« (Hamburger Kunsthalle) vor die Öffnung einer Felsenhöhle und zwischen ältere, teils eingefallene Grabmäler das marmorweiße, neue Gedächtnismal für einen Gefallenen gestellt hatte. Eine politische Deutung, wie sie nicht nur für dieses Bild Friedrichs gilt, liegt auch bei Blechen nahe. Das Denkmal auf dem Kreuzberg bei Berlin, die auf das Maß des Realisierbaren reduzierte Nationaldomidee Schinkels, ist seit 1821 eingeweiht; doch auch unter den ganz veränderten Voraussetzungen der 20er Jahre ist der Gedanke an Denkmäler der Befreiungskriege nach wie vor lebendig. Mehrere Entwürfe zu einem Denkmal mit fünf trauernden Frauen um eine Erdkugel (um und nach 1823) deuten auf einen über das Individuelle hinaus reichenden Gedanken hin. Ein kleines undatiertes Bild (Nationalgalerie) zeigt diese Gruppe in nächtlicher Finsternis, von wildem Gestrüpp umgeben, und ebenso trostlos verwildert und unwegsam ist die Umgebung eines gewittrig erleuchteten sockelförmigen Denksteins in einem Skizzenbuch von 1823 (Berlin, Kupferstichkabinett). CK

4a/7 **Georg Friedrich Kersting** (1785-1847)
Briefschreibende Dame im Interieur
1817
Bez. auf einem inzwischen verlorenen Zettel, der ursprünglich auf das Unterlageblatt aufgeklebt war: Erinnerung an den Monat July 1817; Sammlerstempel
Aquarell; 16,5 x 19 cm
Frankfurt a. M., Freies Deutsches Hochstift Frankfurter Goethe-Museum
(XIa-mi-13 916)
Abb. S. 244

4a/8 **Georg Friedrich Kersting** (1785-1847)
Interieur
Bleistift, Aquarell; 22,5 x 19,3 cm
Dresden, Kupferstichkabinett der Staatlichen Kunstsammlungen Dresden, (C 1963-954)

Die Bedeutung des Privathauses als Schutz gegen äußere Bedrohungen und als Entfaltungsraum sittlicher Ideale hatte schon Goethe 1798 mit seinem Versepos »Hermann und Dorothea« thematisiert (1/32). Sie wuchs unter dem Eindruck der napoleonischen Kriege und wurde nach dem Wiener Kongreß durch die Enttäuschung der bürgerlichen, demokratisch gesinnten Kreise über ihren geringen politischen Einfluß verstärkt. Die Tendenz zum Rückzug aus dem gesellschaftlichen Leben in die private Sphäre spiegelte sich künstlerisch in zahlreichen Interieurdarstellungen wider, einem Bildtypus, der von Kersting nachhaltig geprägt wurde. Er ließ der Charakterisierung der bürgerlichen Wohnräume, in denen Frauen und Männer bei alltäglichen Verrichtungen dargestellt sind, große Detailtreue zukommen. In seinen zeichnerischen Werken verzichtete er teilweise gänzlich auf die unmittelbare Anwesenheit des Menschen und konzentrierte sich auf die Wiedergabe der Ausstattung, die allein Aufschluß über seine Bewohner gibt. Die ausgewogenen Kompositionen und harmonischen Farbgebungen vermitteln eine Vorstellung vom Haus als Lebensbereich, der Stabilität und individuelles Glück garantiert. FM

Lit.: Gärtner 1988; Schnell 1994.

4a/9 **Carl Gustav Carus** (1789-1869)
Der Friedhof auf dem Oybin im Winter
Um 1828
Öl auf Leinwand; 67 x 52 cm
Leipzig, Museum der bildenden Künste Leipzig
(I. 1099)
Abb. S. 240

Sowohl in der Ausdrucksform wie in der Lösung maltechnischer Probleme reflektiert das Gemälde die Kunst Caspar David Friedrichs. Der Romantiker Carus war Arzt, Schriftsteller, Philosoph und Naturforscher. In der Malerei dilletierte er, dennoch gelangen ihm erstaunlich gute Bilder, wobei die Freundschaft und Zusammenarbeit mit Friedrich ohne Zweifel entscheidend war für seine Entwicklung als Maler. Die Idee zu diesem Bild war Carus vermutlich auf einer Reise durch das Riesengebirge im August 1820 gekommen. Als Grundlage für die Komposition dienten zwei im Riesengebirge entstandene Zeichnungen: eine Ruinenansicht sowie ein Blatt mit einem Kreuz zwischen Bäumen. Bedeutendes leistete Carus auch als Theoretiker der romantischen Landschaftsmalerei. Seine um 1814 begonnene und 1831 veröffentlichte Schrift »Neun Briefe über Landschaftsmalerei« widmete er vor allem dem Werk des bewunderten Freundes. Die vergeistigte Landschaft des »Friedhofs auf dem Oybin im Winter«, in der nur Zeit und Raum Macht besitzen, ist ganz im Geiste Friedrichs eine Huldigung an die Vergänglichkeit. Der französische Bildhauer David d'Angers, der während seines Deutschlandaufenthalts beide Persönlichkeiten kennenlernte, war von der Bescheidenheit der Dresdner Romantiker beeindruckt: »Dresde est aussi la ville la plus poétique que je connaisse. Et ses grands hommes, Tieck! et Friedrich! le seul peintre de paysage qui ait eu jusqu'alors le pouvoir de remuer toutes les facultés de mon âme, celui enfin qui a créé un nouveau genre: la tragédie du paysage. [...] Et Carus, grand peintre, grand médecin, grand naturaliste, faisant faire des progrès à la science dans toutes les branches dont il s'occupe. Et ces hommes-là vivent modestement à Dresde (Dresden ist auch die poetischste Stadt, die ich kenne. Und welch große Geister sie besitzen: Tieck und Friedrich! Der einzige Landschaftsmaler, der es bis jetzt vermochte, alle Bereiche meiner Seele zu berühren, er ist es auch, der ein neues Genre erfunden hat: die tragische Landschaft. [...] Und Carus, der große Maler, der große Arzt, der große Naturforscher, der in allen Bereichen der Wissenschaft, mit denen er sich befaßt, den Fortschritt vorangetrieben hat. Und diese Männer leben bescheiden in Dresden). AC

Lit.: Kat. Dresden 1974, Nr. 80, S, 182, Abb. 12, S. 37; Kat. Paris 1993(b), Nr. 143, S. 276f.

4a/10 **Ernst Ferdinand Oehme** (1797-1855)
Romantische Landschaft mit Schloß am Meer
Um 1830
Aquarell, Feder, Tusche, Bleistift; 26 x 39 cm
Berlin, Staatliche Museen zu Berlin,
Kupferstichkabinett (Oehme SZ 6)
Abb. S. 241

Oehme, einer der wichtigsten Maler der Dresdner Romantik und Schüler der dortigen Akademie, war in seiner Landschaftsauffassung nachhaltig von Friedrich beeinflußt. Zwischen 1819 und 1825 hielt er sich in Italien auf. Nach seiner Rückkehr wurde er Hofmaler in Dresden. Sein Aquarell ist höchstwahrscheinlich eine der zwei bekannten Vorstudien zu dem 1831 entstandenen und heute verschollenen Bild »Der Harfner«. Das Motiv des Gemäldes knüpft an Ludwig Uhlands Ballade »Des Sängers Fluch« an, wonach ein Sängerpaar, ein Jüngling und ein älterer Harfner, durch ihre Gesänge das Volk und die Gemahlin eines königlichen Tyrannen läuterten. Als der König aus Wut den jüngeren Sänger ermordet, verläßt der Ältere mit der Leiche des Freundes das Schloß, zerbricht seine Harfe, entsagt seiner Kunst und verflucht den Tyrannen, dessen Name für immer vergessen sein soll. Der mit Oehme befreundete Ludwig Richter erwähnt in seinen Erinnerungen die Schwermut des Malers und vergleicht ihn mit einem Nachtfalter, der am liebsten durch Nacht und Dämmerung schweife. AC

Lit.: Kat. Dresden 1984, Nr. 284, S. 138; Kat. Berlin 1994(b), Nr. 96, S. 128f.

4a/11 **Haberer**
Ernst Theodor Amadeus Hoffmann
1817
Bez.: Haberer. p: 1817
Öl auf Leinwand; 61 x 44,5 cm
Marbach a. N., Schiller-Nationalmuseum/
Deutsches Literaturarchiv,
Bildabteilung (B 58.84)

E.T.A. Hoffmann gilt gemeinhin als Exzentriker der deutschen Dichtung. Er vereinte auf rätselhafte Weise bürgerliches Berufsleben und romantisches Künstlertum in einer Doppelnatur, die schon Mitte des 19. Jahrhunderts für phantastische Legendenbildungen um Person und Werk Anlaß bot – so etwa in Jules Barbiers und Michel Carrés Drama »Les Contes fantastique d'Hoffmann«, nach dem Jacques Offenbach eine seiner populärsten Opern komponierte (14/10). Hoffmann war studierter Jurist und übte mit Unterbrechungen diesen Beruf bis zu seinem Tode 1822 mit Engagement und Gewissenhaftigkeit aus. Das verdeutlicht u.a. seine Rolle

4a/11

am Berliner Kammergericht, als er sich 1819 bei den sogenannten Demagogenprozessen gegen burschenschaftliche Umtriebe für die Freilassung mehrerer Inhaftierter aus dem liberalen Lager einsetzte. Die juristische Tätigkeit gab ihm mehr als nur das bürgerliche Rückgrat seiner künstlerischen Existenz. Sie war eine Seite seiner als notwendig empfundenen »Duplizität des Seins« und insofern wichtig für seine künstlerische Arbeit als Literat, Maler und Komponist. Für die Dichtung erschloß der Spätromantiker, was damals mit einem Begriff des Naturphilosophen Gottlieb Heinrich Schubert die »Nachtseite der Natur« genannt wurde: Magnetismus, Geistererscheinungen, Wahnsinn, Verbrechen, kurz die Phänomene des Unheimlichen, die bei Hoffmann, oft ironisch gebrochen, unvermittelt aus der Mitte der bürgerlichen Lebenswelt in Erscheinung treten, etwa in den Erzählungen der »Fantasiestücke in Callots Manier« (1814/15), die von den bizarren Schöpfungen des französischen Zeichners und Radierers Jacques Callot angeregt sind. Als ein Begründer der phantastischen Literatur übte er auf die folgenden Schriftstellergenerationen großen Einfluß aus – freilich weniger in Deutschland als in Frankreich: Baudelaire nannte ihn den »Göttlichen«, für Gérard de Nerval war er neben Goethe der Repräsentant des deutschen Geistes, er beeinflußte die französische Romantik, die Dichter der Ecole Parnassienne, und Anfang des 20. Jahrhunderts beriefen sich noch die Surrealisten auf Hoffmann als einen ihrer Ahnherrn. Um das Portrait von Haberer, den die Kunstgeschichte nicht kennt, ist viel gerätselt worden. Es ist nicht auszuschließen, daß es sich um eines der Selbstportraits des Künstlers handelt. UM

Lit.: Hoffmann 1976; Safranski 1992

4a/12 Ernst Theodor Amadeus Hoffmann
(1776-1822)
Undine. Eine Zauber Oper in drey Aufzügen von Friedrich Baron de la Motte Fouqué in Musik gesetzt von E.T.A. Hoffmann
1813/14
Eigenhändiges Manuskript; 25 x 63,5 cm
Berlin, Staatsbibliothek zu Berlin – Preußischer Kulturbesitz, Musikabteilung mit Mendelssohn-Archiv (Mus.ms.autogr. E.T.A. Hoffmann 7)

Diese erste romantische Zauberoper komponierte Hoffmann 1813/14 in Dresden und Leipzig nach der 1811 erschienenen Erzählung der deutschen Melusinensage von Friedrich de la Motte-Fouqué, die dieser nach einer Skizze Hoffmanns zum Operntext umarbeitete. Karl Friedrich Schinkel entwarf fünf Dekorationen für die Uraufführung am 3. August 1816 in Berlin, die am 29. Juli 1817 beim Brand des Alten Schauspielhauses vernichtet wurden. Hoffmanns Hoffnungen auf eine Berufung als Kapellmeister ans Königliche Schauspielhaus zerschlugen sich, als er am 22. April 1816 als Rat an das Berliner Kammergericht bestellt wurde. Bis zum 27. Juli 1817 wurde »Undine«, »deren Tonwellen bald lieblich gaukeln und kräuseln, bald auch mächtig gebietend ihre Herrscherkraft künden« (Carl Maria von Weber), dreizehnmal wiederholt. Hoffmann schrieb am 30. August 1816 überglücklich an Theodor Gottlieb von Hippel: »Mein Undinchen wurde in einem Zeitraum von viereinhalb Wochen gestern zum sechstenmal bei überfülltem Hause gegeben. Die Oper hat ein allgemeines Gären und Brausen und endloses Geschwätz verursacht, welches lediglich dem Dichter zuzuschreiben ist, der die Opposition sämtlicher Philister wider sich hat. Dem einen ist der Text zu mystisch, dem andern zu fromm. Der dritte tadelt die Verse, alle rühmen die Musik – und die Dekorationen, die aber auch das genialste der Art sind, die ich jemals gesehen.« Kriegsbedingte Aufenthalte in Paris seit März 1814 ermöglichten König Friedrich Wilhelm III. mehrere Begegnungen mit dem Kapellmeister Giuseppe Spontini, der schließlich nach langwierigen Verhandlungen gegen den Willen des Generalintendanten des Königlichen Schauspiels, Graf Brühl, im August 1819 zum »Ersten Kapellmeister und General-Musikdirektor« und »General-Oberintendanten der königlichen Musik« nach Berlin berufen wurde. Zu den großen Bewunderern Spontinis, der in Berlin als ehemaliger Günstling Napoleons auch auf Ablehnung stieß, gehörte E.T.A. Hoffmann. MLP

Lit.: Kat. Berlin 1976, S.17-20; Hoffmann 1976, S. 315, 317

4a/13   **Carl Maria von Weber** (1786-1826)
Der Freÿschütze / Romantische Oper in dreÿ
Aufzügen / Gedicht. von Fried. Kind / Music
von Carl Maria von Weber / Dresden.
vollendet d. 13. May 1820
Eigenhändiges Manuskript; 23,5 x 32 cm
Berlin, Staatsbibliothek zu Berlin – Preußischer
Kulturbesitz, Musikabteilung mit Mendelssohn-
Archiv (Mus. ms. autogr. C.M.v.Weber)

4a/14   **Bühnenbildentwurf für Carl Maria von
Webers »Freischütz«:** Hintergrund zur
Wolfsschlucht
Mainz: Joseph Scholz o.J.
Farblithographie; 29 x 38,2 cm
Berlin, Staatsbibliothek zu Berlin – Preußischer
Kulturbesitz, Musikabteilung mit Mendelssohn-
Archiv (Slg. Weberiana Cl. VIII H.2 Nr. 69)
Abb. S. 355

4a/15   **Heinrich Stürmer** (um 1755-1855)
Figurinen zur Uraufführung von Carl Maria
von Webers »Freischütz«: Samiel und Kaspar
1821
Bez. u. l.: Stürmer fec:
Stich, koloriert; 24 x 14 cm
Berlin, Staatsbibliothek zu Berlin – Preußischer
Kulturbesitz, Musikabteilung mit Mendelssohn-
Archiv (Slg. Weberiana Cl. VIII H.2 Nr. 43)
Abb. S. 354

4a/13

Die »Romantische Oper in dreÿ Aufzügen« machte den Komponisten als Fünfunddreißigjährigen schlagartig berühmt. Auf den Stoff aus dem 1810 bis 1812 erschienenen »Gespensterbuch« von Johann August Apel und Friedrich Laun hatte Weber Johann Friedrich Kind aufmerksam gemacht, der auch das Textbuch schrieb. Die Oper spielt in Böhmen nach Beendigung des Dreißigjährigen Krieges und wurde am 18. Juni 1821 in Berlin uraufgeführt. Weber hat in seinem Meisterwerk, dem »Freischütz«, wie im »Oberon« nach Christoph Martin Wielands Dichtung und in »Euryanthe«, die Ästhetik der romantischen Ouvertüre mit Leitmotiv und orchestraler Erzählung entwickelt, die auf den pantheistischen Charakter des Stoffes mit vielen Referenzen an die volkstümlichen Vorlagen eingeht: Die Nacht paart sich mit dem Phantastischen in der Natur, die zugleich Persönlichkeit und Rahmenhandlung ist. Einige der Melodien und Arien dieser Oper wurden zu beliebten Gassenhauern, besonders der Chor der Frauen im vorletzten Bild »Wir winden Dir / den Jungfernkranz / aus veilchenblauer Seide«, so daß Richard Wagner in einem 1841 in der »Revue et Gazette musicale« publizierten Artikel schreiben konnte, daß in Berlin der Philosoph mit dem Polizeidirektor und dem Hoflakai im Wechselgesang aus dem »Freischütz« zitieren konnte: » Nous te tressons la couronne virginale ; le directeur de la police répétait avec enthousiasme *A travers les bois, à travers les prairies* , tandis que le laquais de la cour chantait d'une voix enrouée *Que peut-on comparer sur terre aux plaisir de la chasse* « (Wir winden Dir den Jungfernkranz ; der Polizeidirektor wiederholte mit Begeisterung: *Durch die Wälder, durch die Auen*, während der Hoflakei mit rostiger Stimme *Was gleicht wohl auf Erden dem Jägervergnügen?* sang). Unter dem Titel »Robin des bois« wurde 1825 der »Freischütz« mit großem Erfolg auch in Paris gegeben. MLP

4a/16   **Carl Maria von Webers Aufstellung über
Ausgaben und Einnahmen**
im Zusammenhang mit der Aufführung seiner
Oper »Euryanthe«
1825
Eigenhändiges Manuskript; 35 x 11 cm
Berlin, Staatsbibliothek zu Berlin – Preußischer
Kulturbesitz, Musikabteilung mit Mendelssohn-
Archiv (Mus. ms. autogr. theor.
C.M.v. Weber WFN 2)

Die Partitur der romantischen Oper »Euryanthe« in drei Akten, zu deren Vorlage er die Schriftstellerin Helmina von Chézy angeregt hatte, führte Weber von der Dialogoper zur durchgeführten Gesangskomposition. Der Stoff geht auf eine Troubadourerzählung aus dem 17. Jahrhundert »Histoire de Gérard de Nevers et de la belle et vertueuse Euryanthe, sa mie« zurück, die die Chézy für eine literarische Sammlung Friedrich Schlegels übersetzt hatte. Weber war mit dem Textbuch unzufrieden und ließ es elfmal überarbeiten, bis die Oper am 25. Oktober 1823 in Wien uraufgeführt wurde. Die Aufstellung über Kosten und Einnahmen führt auch die Aufführungsorte der Jahre 1822 bis 1825 auf: u.a. Wien, Dresden, Frankfurt, Prag, Karlsruhe, Leipzig, Bremen, Hannover, Darmstadt, Weimar, Königsberg, Kassel, Köln, München, Berlin. Doch »Euryanthe« erreichte niemals die Popularität des »Freischütz«. MLP

Ich habe Franzosen gehört, denen im Übrigen selbst die Aufführung des Freischützen großes Vergnügen gemacht hatte, die aber immer auf einen Punkt des Misvergnügens zurückkamen, es sei keine Logik darin. Mir war es wirklich in meinem Leben nicht eingefallen, im Freischützen logische Forschungen anzustellen, und frug deßhalb, was man denn eigentlich bei dieser Gelegenheit darunter verstände? Ich erfuhr denn, daß den logischen Gemüthern der Franzosen besonders die Zahl der Teufelskugeln ein großes Ärgernis gab. Warum, – so meinten sie, – sieben Kugeln?

Richard Wagner zur
Reprise des Freischütz in
Paris, nach 1841

Mais la poésie du premier (Freischütz) est pleine de mouvement, de passion et de contrastes. Le surnaturel y amène des effets étranges et violents. La mélodie, l'harmonie et le rythme combinés tonnent, brûlent et éclairent; tout concourt à éveiller l'attention.

Hector Berlioz: Mémoires, 1870

Doch die Poesie des Freischütz ist voller Bewegung, Leidenschaft und Gegensätze. Das Übernatürliche ruft seltsame und gewaltige Wirkungen hervor. Die Melodie, die Harmonie, der Rhythmus – dies alles erklingt, lodert und leuchtet zugleich; alles trägt dazu bei, die Aufmerksamkeit zu erregen.

4a/18

4a/17 **Eduard Gaertner** (1801-1877)
Rue Neuve-Notre-Dame
1826
Bez. r.u.: Ed. Gaertner Paris 1826
Öl auf Leinwand; 44 x 33 cm
Potsdam, Stiftung Preußische Schlösser und Gärten Berlin-Brandenburg (GK I 1295)

Der Maler Eduard Gaertner, zunächst in Kassel, dann ab 1814 an der Berliner Porzellanmanufaktur und ab 1821 im Atelier von Carl Wilhelm Gropius ausgebildet, verbrachte in der Zeit zwischen 1825 und 1828 zwei Jahre in Paris. Ein königliches Reisestipendium ermöglichte ihm diesen Aufenthalt. Sowohl in Zeichnungen und Aquarellen als auch in Ölbildern hielt er mehrere Stadtansichten der Metropole fest, hauptsächlich aus der Umgebung der Ile de la Cité und der Place de la Concorde, meist unter Anleitung des Malers Jean Victor Bertin. Die Ansicht der Rue Notre-Dame – im Zweiten Kaiserreich mußte die Straße der von Baron Haussmann durchgeführten Umgestaltung und Modernisierung des alten Paris weichen – wurde 1826 von Friedrich Wilhelm III. auf der Berliner Akademie-Ausstellung erworben. Es ist eine mit großer Genauigkeit gemalte, doch untypische Ansicht der dicht von Häusern umgebenen Pariser Kathedrale, gesehen aus der Perspektive einer engen, mit Leben erfüllten Gasse. Sowohl in der Beleuchtung als auch in der Farbigkeit hat sie der junge Gaertner mit großem malerischem Reiz geschildert. AC
Lit.: Kat. Paris 1976(b), Nr. 87, S. 76f.; Wirth 1979, Nr. 3, S. 228; Kat. Berlin 1987(a), Nr. F 43, S. 247

4a/18 **Eduard Gaertner** (1801-1877)
Pont Saint Michel in Paris
1827
Öl auf Leinwand; 41 x 56 cm
Berlin, Stiftung Preußische Schlösser und Gärten Berlin-Brandenburg (GK I 8621)

In der Darstellung des Pont Saint Michel in Paris spiegelt sich einmal mehr Gaertners Gabe für präzise Beobachtung und sein Sinn für Lichtkontraste in abendlicher Beleuchtung. Es ist keineswegs nur eine schlichte Wiedergabe des architektonischen Stadtbildes, sondern eine genau und mit viel Sinn für das Anekdotische geschilderte Szene. Das Bild wurde von Friedrich Wilhelm III. zusammen mit der Komposition »Notre-Dame gesehen vom Quai de Montebello« auf der Berliner Akademie-Ausstellung 1827 gekauft. In Berlin wurde Gaertner zum bedeutendsten Vertreter der Architekturmalerei. Er hielt vor allem das Berliner Stadtbild fest. Dabei kam es

4a/17

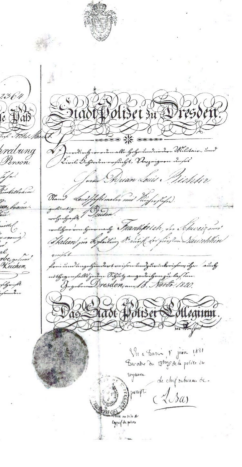

4a/19

ihm stets auf genaue Wiedergabe der Details und atmosphärischer Lichtwirkungen an. AC
Lit.: Wirth 1979, Nr. 5, S. 228; Schinkel-Pavillon 1990, S. 36

4a/19 **Reisepaß der Stadt-Polizei zu Dresden**
für Adrian Ludwig Richter zur Reise nach Frankreich, der Schweiz und Italien
Dresden, 18. November 1820
Urkunde mit handschriftlichen Eintragungen; 39,2 x 24,6 cm
Dresden, Stadtarchiv Dresden (Arch. Sign. I.a.2)

In den Jahren 1820 und 1821 begleitete der Maler Ludwig Richter als Zeichner den Fürsten Narischkin, Oberkammerherr der Kaiserin von Rußland, auf dessen Reise durch Frankreich, wo sie u.a. Straßburg, Lyon, Avignon, Marseille, Toulon und Paris besuchten. Von 1823 bis 1826 hielt sich Richter als Stipendiat in Italien auf, zuvor war er durch die Schweiz gereist, wie diese Papiere dokumentieren, die neben Informationen zu Richters Person Vermerke der französischen, schweizerischen, italienischen und deutschen Polizei aus den Jahren 1820 bis 1826 enthalten. In seinen »Lebenserinnerungen eines deutschen Malers« hat Richter seine Reiseeindrücke in Anekdoten festgehalten. So schildert er u.a. eine Begegnung 1824 in Tivoli mit »drei kleinen Haustüren, ordentlich auf Menschenfüßen den Berg hinaufwandelnd«, wie Richter die Staffeleien der Künstler aus der Französischen Akademie karikierte, die sich in Italien der Freilichtmalerei widmeten. Richter war zunächst vom Klassizismus des »Deutschrömers« Joseph Anton Koch beeinflußt und stand den Nazarenern um Julius Schnorr von Carolsfeld und deren italienischer Motivwelt nahe, bevor er sich in zahlreichen volkstümlichen Mappenwerken und Buchillustrationen spezifisch deutschen Themen zuwandte. AC
Lit.: Kat. Dresden 1984, Nr. 58, S. 87

4a/20 **Alfred Rethel** (1816-1859)
Nemesis
1837
Bez. u.l.: ARethel 1837
Öl auf Leinwand; 95 x 48 cm
Sankt Petersburg, Staatliche Eremitage (7168)
Abb. S. 247

Dem Bild der Nemesis, der vergöttlichten Personifikation des sittlichen Rechtsgefühls und der gerechten Vergeltung, die Selbstüberhebung und Frevelmut straft, diente als Vorbild dem zunächst bei Friedrich Wilhelm von Schadow an der Düsseldorfer und danach bei Philipp Veit an der Frankfurter Akademie ausgebildeten Historienmaler Alfred Rethel höchstwahrscheinlich die Komposition von Pierre-Paul Proud'hon »Die Gerechtigkeit und die göttliche Rache verfolgen das Verbrechen aus dem Jahre 1808 heute im Louvre«. Alfred Rethel kannte diese Darstellung durch die nach ihr gefertigten Stiche. Als ursprünglicher Titel der Komposition war »Die Gerechtigkeit« vorgesehen. In den Vorstudien hat der Künstler die Hauptfigur mit einer Augenbinde dargestellt. Die endgültige Fassung entstand nach Rethels Übersiedlung von Düsseldorf nach Frankfurt am Main. Seine »Nemesis« wurde dank des Stichs von Georg Pommer und der Lithographie von Asmus Kaufmann weithin bekannt. AC
Lit.: Aswarischtsch 1988, Nr. 189, S. 236f.

4a/21 **Arnold Böcklin** (1827-1901)
Burgruine
1847
Bez. u.l.: AB (ligiert) 1847
Öl auf Leinwand; 60 x 78 cm
Berlin, Staatliche Museen zu Berlin,
Nationalgalerie (A II 54)
Abb. S. 246

4a/22 **Arnold Böcklin** (1827-1901)
Das Hünengrab
1847
Bez. u.l.: A. Böcklin
Öl auf Leinwand; 60 x 77,5 cm
Basel, Öffentliche Kunstsammlung Basel
Kunstmuseum (1387)

Diese Bilder sind Arbeiten eines 18jährigen Schweizers. Als er sie malte, stand ihm seine künstlerische Laufbahn, die vor allem durch lange italienische Aufenthalte (in Rom, zuletzt in Florenz) geprägt wurde, erst bevor. Sie repräsentieren noch eine andere Welt als die des »Deutschrömers« Böcklin, des Weggenossen Anselm Feuerbachs, Franz Lenbachs, Adolf Hildebrands, Hans von Marées', in dessen sonniger und rauher Bildwelt die Kentauren, Faune, Nereiden, naturalistisch bis an die Grenze des Grotesken geschildert, unmittelbare Gegenwärtigkeit gewinnen. Der Sohn eines wirtschaftlich gescheiterten Basler Textilfabrikanten hatte im März 1847 nach anderthalbjährigem Studium die Düsseldorfer Akademie verlassen. Und nicht der darauffolgende kurze Aufenthalt in Brüssel und Antwerpen, nicht die Reise durch die Schweizer Alpen, erst recht nicht der Versuch, sich bei dem berühmten Calame in Genf weiter auszubilden, vermochten den von Armut Geplagten bei guter Hoffnung zu halten: Schon wollte er Soldat werden, als eine Krankheit den Plan vereitelte. Im Februar des Revolutionsjahres 1848 hielt er sich ein halbes Jahr in Paris auf, wo er mit Schrecken die Realität der politischen Kämpfe erlebte. Kurz zuvor waren »Burgruine« und »Hünengrab« als Gegenstücke entstanden. Ein – wahrscheinlich erstrebter – Verkauf kam nicht zustande, die Bilder blieben beim Vater des Malers. Wenn sie auch später voneinander getrennt wurden, so ist doch die Zusammengehörigkeit geradezu programmatisch angelegt: gleiches Format, kompositionelle Bezüge, vor allem aber die Wahl zweier Gegenstände, in denen die Größe deutscher Vergangenheit sich verkörpert und zugleich in ihrer Unwiederbringlichkeit erlebbar wird. Vorgeschichte und Mittelalter (und damit Heidentum und Christentum), Überdauerndes und Verfallendes stehen einander gegenüber. Beide Motive entstammen der romantischen Malerei: Caspar David Friedrich und sein Kreis haben sie eingeführt, der Düsseldorfer Karl Friedrich Lessing hat sie weitergetragen. (Vor Lessings »Klosterfriedhof im Schnee« soll der junge Böcklin »mit hochklopfendem Herzen« gestanden haben.) Vom Leben der Gegenwart abgetrennt sind beide Motive. Die Megalithgräber hatte Friedrich für die Malerei entdeckt (z.B. »Hünengrab im Schnee«, um 1807, Dresden, Gemäldegalerie Neue Meister). Groß ins Bild gesetzt und mit anderen symbolischen Gegenständen verknüpft, verkörperten sie Vorzeit, Heldentum, aber auch Tod und Trostlosigkeit als Zeugnisse einer heidnischen Kultur. Böcklins Hünengrab ist in die wilde, »ossianische« Stimmung der Landschaft eingeschmolzen, Skelette im Gras dienen als anekdotische Zutat. Es ist die Endphase der deutschen Romantik. Das Gegenstück beschwört noch einmal, finsterer und pathetischer als in Franz Kuglers als Lied berühmt gewordenem Gedicht »An der Saale hellem Strande«, den Zauber alter Burgen. »Ihre Dächer sind verfallen / Und der Wind weht durch die Hallen«, heißt es bei Kugler, und Böcklin läßt hinter den riesigen Fenstern der allein stehengebliebenen Mauer das letzte Abendlicht unter dem wolkenschweren Himmel so aufstrahlen, daß es auf den ersten Blick aus einem belebten Festsaal zu kommen scheint. Näheres Besehen offenbart das Kulissenhafte, das bei Böcklin immer als Signum einer konstruierten Idealwelt bemerkbar sein wird. Jahrzehnte danach entstehen »Ruine am Meer« (1880, Aarau, Aarauer Kunsthaus), »Ruine am Meer« (1881, Privatbesitz), »Burgruine mit zwei kreisenden Adlern« (um 1886, Privatbesitz), »Die Kapelle« (1898, Privatbesitz). Auch die fünf Fassungen der »Toteninsel« (1880-1886) gehören in diesen Zusammenhang, indem sie das Megalithmotiv des »Hünengrabes« in monumentaler Form wieder einführen. CK
Lit.: Andree 1977, Nr. 35, S. 192, Nr. 39, S. 194

Raum 4b

Vergänglichkeit

Ähnlich wie die deutsche Romantik, deren Reich der Ideen – ungeachtet der Forderung liberaler Kräfte nach gesellschaftlichen Veränderungen – eher den politischen Zielsetzungen der Restauration entsprach, hatte die französische Romantik eine zunächst strenggläubig katholische Ausrichtung. Doch in der Auseinandersetzung mit der christlichen Sozialphilosophie näherte sie sich sozialrevolutionären Ideen, die 1830 und 1848 zu politischem Engagement führten. Georges Michel, der als einer der ersten in der Umgebung von Paris direkt vor der Natur arbeitete, schilderte in seinen expressiven Naturstudien dramatische Gewitterlandschaften. Ary Scheffer, der aus dem holländischen Dordrecht nach Paris eingebürgerte Maler, illustrierte ein Werk über die französische Revolution. Neben Eugène Delacroix, der einen ganzen Zyklus von Zeichnungen Goethes »Faust« widmete, setzte sich Scheffer auch mit der Fausttragödie und der Lenoren-Ballade des deutschen Klassikers Gottfried August Bürger in zahlreichen Gemälden auseinander. Victor Hugo hatte mit seiner mittelalterlichen Fabelerzählung von »Notre-Dame de Paris« 1831 ein Zeichen für die Auseinandersetzung mit Stoffen jenseits der Gegenwart gesetzt. Der »Poet des Christentums«, Alphonse de Lamartine, stand mit dem Universalgelehrten der deutschen Romantik, Friedrich Schlegel, in regem Austausch. Doch anders als der später dem Konservatismus zugeneigte deutsche Intellektuelle bekannte sich Lamartine in den vierziger Jahren zur linken Opposition der Julimonarchie und trat 1848 während der Februarrevolution in die Regierungsverantwortung der »demokratischen und sozialen Republik«. Auch Alfred de Vigny wandte sich christlicher Sozialphilosophie zu. Dennoch bleibt typisches Leitmotiv des künstlerischen Vermächtnisses der französischen Frühromantik das Gefühl jenes von der Werther-Lektüre begründeten Weltschmerzes angesichts der Vergänglichkeit alles Irdischen. Die französische Entsprechung dazu, »le Mal du siècle«, lieferte Chateaubriand 1802 mit seiner Napoleon I. gewidmeten Schrift »Génie du Christianisme«, einer Art Bibel der Frühromantik, die Goethe bei seiner Lektüre zehn Jahre später mit Anmerkungen versah. Den künstlerischen Austausch diesseits und jenseits des Rheins bewegte auch der Philosoph Victor Cousin, der als erster Hegel übersetzte.

Les Allemands feraient mieux d'y établir des ponts; car, dans l'état actuel des mœurs, ce fleuve les défend moins de la guerre que de la civilisation.

François René de Chateaubriand an Madame Récamier, Mainz, 6. Januar 1821

Die Deutschen tun gut daran, Brücken über den Rhein zu bauen, denn wenn man den gegenwärtigen Zustand der Sitten betrachtet, so erscheint der Rhein weniger als ein Schutz gegen den Krieg als gegen die Kultur.

Raum 4b

*Ary Scheffer
Allons, enfants de la Patrie,
1825
Dordrecht, Dordrechts
Museum (4b/1)*

*Ary Scheffer
Léonore oder die Rückkehr
der Armee, 1829
Dordrecht, Dordrechts
Museum (4b/20)*

VERGÄNGLICHKEIT

Georges Michel
*Mühle auf dem Montmartre,
vor dem Gewitter*
Paris, Musée du Louvre,
Département des Peintures
(4b/4)

RAUM 4B

Carl Gustav Carus
Allegorie auf den Tod
Goethes, nach 1832
Frankfurt a.M., Freies Deutsches Hochstift Frankfurter
Goethe-Museum (4b/13)

4b/2a

4b/1   Ary Scheffer (1795-1858)
Allons, enfants de la Patrie
1825
Öl auf Holz
Dordrecht, Dordrechts Museum (DM/S/29)
Abb. S. 260

Die Skizze entstand im Zusammenhang mit den Studien des Künstlers für die »Histoire de la Révolution française« von Adolphe Thiers, insbesondere für das Blatt »La Marseillaise«. Nach Zeichnungen von Ary Scheffer wurden dafür Stiche angefertigt, die die vierte Auflage von 1834 illustrieren. Insgesamt waren es zehn Bände. Die Zeichnungen haben dasselbe Format wie die Stiche. In einem Brief an seinen Onkel Arnold Lamme, Kunsthändler in Rotterdam, schrieb Scheffer, daß er auf Bestellung hundert kleine Feder- und Bleistiftzeichnungen für die »Histoire de la Révolution française« gezeichnet und dafür 20 000 Francs erhalten habe. »Ein Viertel von ihnen ist bereits bei dem Stecher. Für mich ist das ein sehr gutes Geschäft, weil das mich am Abend zu Hause beschäftigt, und ich kann nicht tagsüber daran arbeiten, weil ich ständig Porträts male«. Das Bild, das mit dem ersten Vers der »Marseillaise« betitelt ist, stellt den Aufmarsch junger Offiziere in bewegter Pose dar, im Hintergrund Silhouetten der Frauen und Familien, die von ihnen Abschied nehmen. Der Künstler verband mit dem patriotischen Thema ein hohes Pathos, das auch in der flüchtigen Skizze durch die erhabene Bewegtheit der Figuren zum Ausdruck kommt.   AC

Lit.: Kat. Paris 1980(d), S. 92; Ewals 1980, S. 21

4b/2   Theodore Géricault (1791-1824)
Zwei Vorzeichnungen zum Gemälde
»Das Floß der Medusa«
1818/1819
a) Szene der Meuterei
Federzeichnung; 16,3 x 21,4 cm
b) Die Überlebenden rufen um Hilfe
Federzeichnung, laviert; 21,1 x 26 cm
Rouen, Musée des Beaux-Arts (890.52, 890.49)

Das große Gemälde »Das Floß der Medusa«, zu dem Géricault mehrere Vorzeichnungen anfertigte, zählt zu den wichtigsten Bildern der Romantik. Das tragische Schicksal der am 2. Juli 1816 vor der Senegalküste verunglückten Fregatte »Méduse« bewegte die Gemüter der Zeitgenossen: Von der Besatzung hatten sich

4b/3

zunächst 149 Menschen retten können, aber nur fünfzehn wurden nach zwölf Tagen von der »Argus« lebend geborgen. Géricault nahm Verbindung zu den Überlebenden auf, von denen zwei – Corréard und der Arzt Savigny – ihre Erinnerungen veröffentlichten, ließ sich vom ebenfalls geretteten Schiffszimmermann ein Floßmodell bauen und fertigte mehrere Entwürfe zu dem Gemälde, das 1819 bei seiner Präsentation im Pariser Salon einen Skandal auslöste. Man verstand es als Angriff gegen die Regierung Ludwigs XVIII., zumal der als unerfahren geltende Kapitän der »Méduse« von den Bourbonen eingesetzt worden war. Géricaults Bild ist eine Metapher des menschlichen Schicksals. Auch andere Künstler setzten sich mit der Schiffssymbolik auseinander, so Caspar David Friedrich. Auch die Jakobiner Asmus Jakob Carstens und Anton Koch griffen mit ihren Darstellungen der Einschiffung bzw. Überfahrt des Megapenthes dieses Motiv auf und berührten damit verdeckt das Thema der großen Veränderungen durch die Französische Revolution (1/9, 1/11). Géricault erarbeitete zum Thema der Meuterei insgesamt vier Zeichnungen mit ähnlichem Kompositionsschema sowie eine Skizze, in der dieses frontal dargestellt ist.   AC

Lit.: Kat. Paris 1991(a), Nr. 190, S. 379, Abb. 229

4b/3   **Georges Michel** (1763-1843)
Das Gewitter
1820/30
Öl auf Leinwand; 48 x 63 cm
Strasbourg, Musée des Beaux-Arts (937)

»Das Gewitter« ist für das Werk Michels, eines Landschaftsmalers und Vorgängers der Barbizon-Schule, charakteristisch: eine in ihrer Bedrohlichkeit eindrucksvoll aufgefaßte Landschaft, in der die Unruhe des heraufziehenden Gewitters die gesamte Komposition zu beherrschen scheint. Michel arbeitete als einer der ersten direkt vor der Natur. Er skizzierte zunächst seine Eindrücke auf Wanderungen in der Umgebung von Paris, um sie dann im Atelier zu kraftvollen Gemälden auszuarbeiten. Der Maler verbrachte vor 1789 einige Zeit in Deutschland und in der Schweiz, kehrte aber bei Ausbruch der Revolution nach Frankreich zurück und nahm an der Eroberung der Bastille teil. Die Landschaftsmalerei studierte er im Louvre. Dort kopierte er vor allem die Gemälde holländischer Maler. Mit seinen Freunden Lazare Bruandet und Jean-Louis Demarne wurde er mit der Restaurierung der Bilder von Jan van Goyen, Meindert Hobbema und Jakob Ruysdael beauftragt.   AC

Lit.: Parinaud 1994, S. 18

4b/5

4b/4 Georges Michel (1763-1843)
Mühle auf dem Montmartre,
vor dem Gewitter
Öl auf Leinwand; 57 x 75,5 cm
Paris, Musée du Louvre, Département des
Peintures (RF 1938-44)
Abb. S. 261

Michel malte in seinen späteren Jahren fast ausschließlich in der Umgebung von Paris, vor allem auf dem Montmartre, in Butte-aux-Cailles, in Saint-Denis, in Pantin und in Montsouris. Er suchte mit seinen Bildern die Schönheiten der Natur schlicht und kraftvoll wiederzugeben und die unterschiedlichen Wirkungen von Gewitter, Wind, Sonne, Wolken auf die Atmosphäre der Landschaft festzuhalten. In seinen Ansichten des Montmartre verband er eine expressive Naturauffassung, die er sich durch das intensive Studium der niederländischen Landschaftsmalerei angeeignet hatte, mit der Malweise des 18. Jahrhunderts. Er starb als Unbekannter, geschätzt zu seinen Lebzeiten nur von seinem einzigen Gönner Baron d'Ivry.   AC
Lit.: Sterling/Adhémar 1960, Tafel 483, Abb. 1312, S. 23; Louvre 1972, S. 264

4b/5 Nach François-Pascal-Simon Gérard
(1770-1837)
Alphonse de Lamartine
1831
Öl auf Leinwand; 60,5 x 49,5 cm
Paris, Musée Carnavalet (P 764)

Das Portrait nach Gérards Original (heute Musée National du Château de Versailles) zeigt den bedeutenden Dichter der französischen Romantik, Alphonse de Lamartine, auf dem Höhepunkt seines Ruhmes. Aufgewachsen auf dem Lande und katholisch erzogen, wurde er 1820 mit seinen »Méditations« über Nacht berühmt. Dieser Gedichtband war eines der wenigen Werke der französischen Romantik, die von der deutschen Romantik direkt rezipiert wurden. Für Friedrich Schlegel war Lamartine »der neue Dichter, welcher in Frankreich aufgestanden, und der so ganz eigentlich aus der Religion hervorgegangen ist«. Von der Bourbonenmonarchie gefördert, erhielt er einen Posten, der ihm Zeit für seine schriftstellerische Tätigkeit ließ. 1830 veröffentlichte er die »Harmonies Poétiques et Religieuses« und wurde Mitglied der Académie. Mehr und mehr öffnete sich Lamartine liberalen Vorstellungen. Als »Poet des Christentums« hatte er seinen »Seelenfrieden« gesucht, nun sprach er von der Versöhnung des Glaubens mit der »raison humaine« und der »vérité évangelique«. Sein »christlicher Rationalismus« fand in der alten Elite wenig Gegenliebe, manche seiner Dichtungen wurden auf den Index gesetzt. Als Abgeordneter seit 1843 in zunehmend linker Opposition zur Julimonarchie, veröffentlichte er 1847 eine Geschichte der Girondisten, ohne zu ahnen, daß er sich nur wenig später in einer ähnlichen Situation wie einst diese befinden würde. Er wurde 1848 in der Februarrevolution an die Spitze der provisorischen Regierung der von ihm ebenfalls proklamierten »demokratischen und sozialen Republik« berufen und war für einige Monate lang Außenminister (8/5). Nach dem Ende seiner kurzen politischen Karriere widmete er sich ganz der Schriftstellerei und lebte zurückgezogen in großen materiellen Schwierigkeiten.   MK
Lit.: Dorbec 1928, Nr. 729, S. 194; David 1993

4b/6 Alphonse de Lamartine
(1790-1869)
Jocelyn. Premier carnet
Prologue à la 9e époque
1836
Eigenhändiges Manuskript; 20,8 x 28,7 cm
Paris, Bibliothèque Nationale de France,
Département des Manuscrits (Mss. N.A.F. 13983)

Nach einer Reise in den Libanon und in das Heilige Land veröffentlichte Lamartine 1836 das Epos »Jocelyn«: achttausend Verse in neun »Epochen« aufgeteilt. Er verarbeitete autobiographische Züge, den Tod der Geliebten und romantisch-religiös inspirierte Meditation. Der »Held« Jocelyn entscheidet sich auf dem Höhepunkt der Schreckensherrschaft, der Welt zu entsagen und zieht sich in die Bergeinsamkeit der »Adlergrotte« zurück. Er hütet einen 16jährigen, ihm anvertrauten Knaben, der in Wirklichkeit Laurence, eine junge Frau ist und zum Objekt seiner keuschen Liebe wird. Jocelyn läßt sich zum Priester weihen, Laurence geht nach Paris. Jocelyn führt ein bescheidenes aufopferndes Leben nach

4b/7

dem Vorbild des Evangeliums, bis er zu einer sterbenden jungen Frau gerufen wird. Es ist Laurence, die an die erste Stätte ihrer gemeinsamen Liebe zurück will. Jocelyn begräbt sie dort, in der »Adlergrotte«. Die Handschrift zeigt einen Auszug aus dem letzten Teil des Epos, als Jocelyn beschließt, sich kontemplativ dem herbstlichen Naturerlebnis in der Bergwelt hinzugeben, in der Grotte, wo Laurence begraben liegt: »Quand j'eus seul devant Dieu pleuré toutes mes larmes / Je voulus sur ces lieux si plein de tristes charmes / Attacher un regard avant que de mourir / Et je passai le soir à les tous parcourir« (Als ich allein vor Gott all meine Tränen weinte / wollte ich auf diese Orte voll traurigen Zaubers / einen Blick richten vor dem Sterben / und ich verbrachte den Abend, sie alle an mir vorüberziehen zu lassen). Ihm wird die großartige Gleichgültigkeit der Natur und die »Mittelmäßigkeit unseres irdischen Daseins« bewußt: »J'entrai sans respirer dans la grotte déserte / Comme un mort, dont les siens ont oublié la perte / Rentrerait inconnu dans sa propre maison / Dont les murs qu'il bâti ne savent plus son nom!« (Ohne zu atmen betrat ich die wüste Grotte / Wie ein Toter, dessen Verlust die Seinen vergaßen / Er kehrte unbekannt in sein eigenes Haus zurück / Dessen Mauern, die er erbaut, seinen Namen nicht mehr kannten). Wenig später stirbt Jocelyn, Pestkranke pflegend. Das Epos zählt zu den meistgelesenen Werken Lamartines.   MK
Lit.: Lamartine 1836; Dorbec 1928, Nr. 729, S. 194; Lagarde/Michard 1985, S. 95-118; David 1993

4b/7   François **Kinson** oder **Kinsoen** (1771-1839)
zugeschrieben
Alfred de Vigny
Um 1814
Öl auf Leinwand; 59,5 x 48,5 cm
Paris, Musée Carnavalet (P 769)

»Ich gehöre zu einer Generation, die, geboren mit dem Jahrhundert, ernährt von den Bulletins des Kaisers, immer ein blankes Schwert vor Augen hatte«, so Alfred de Vigny über sich selbst. Der aus Brügge stammende, in Paris während des Kaiserreichs und der Restauration erfolgreiche Maler Kinson soll den Dichter im Alter von 17 Jahren dargestellt haben (die Zuschreibung des Portraits ist unsicher, da Kinsons Name sich nur auf der Rückseite, nicht aber als Originalsignatur erhalten hat). Vigny war damals Leutnant der »Compagnies rouges«, einer nur von Adligen bestellten Eliteeinheit Ludwigs XVIII. Seine Herkunft aus einer verarmten Adelsfamilie, die in der Revolution als Makel galt, erfüllte ihn mit Stolz. Als Anhänger der Bourbonen brachte er seine schwärmerische Verehrung für das Militär noch 1835 im Roman »Servitude et grandeur militaires« zum Ausdruck. Seine einzige militärische Handlung stammt aus der gleichen Zeit wie das Portrait: Er geleitete Ludwig XVIII. bei seiner Flucht vor dem zurückgekehrten Kaiser. 1826 wurde er berühmt mit den romantischen »Poèmes antiques et modernes« und dem historischen Roman »Cinq-Mars«. Trotz seiner Distanz zum neuen Regime diente er auch der Julimonarchie. Er begann, sich den sozialen Ideen des Christentums zuzuwenden, verachtete den bürgerlichen Materialismus und zog sich aus dem öffentlichen Leben zurück. Sein Engagement ist typisch für die politische Haltung der französischen Romantik: Als Angehöriger einer »verlorenen Generation« nach dem Kaiserreich zunächst katholisch, antidemokratisch und konservativ, wurde er schließlich ein Sympathisant der revolutionären Ideen von 1848. Er stellte sich sogar zur Wahl, unterlag aber. Zurückgezogen und einsam verbrachte er seine letzten Jahre.   MK
Lit.: Lauvrière 1909; Kat. Paris 1927, Nr. 181; Kat. Paris 1964; Lagarde/Michard 1985, S. 123-152, Tafel XVII; Montgolfier 1986, S. 112f.

4b/8   **Alfred de Vigny** (1797-1863)
Eloa. Chant III. Vers 93-106
April 1824
Eigenhändiges Manuskript, rückseitig signiert; 15 x 24 cm
Paris, Bibliothèque Nationale de France, Département des Manuscrits (Mss. N.A.F. 5371, fo 84)

Zwischen 1816 und 1825 diente Vigny in der Armee des Königs und verfaßte gleichzeitig seine ersten Gedichtbände. Anregungen und Vorbilder schöpfte er aus dem Austausch mit Madame de Staël, Chateaubriand, Joseph de Maistre, André Chénier, Victor Hugo und nicht zuletzt aus der Lektüre der Bibel. 1823, mit seiner

Garnison auf dem Weg nach Spanien – zum Kriegseinsatz sollte es nicht kommen – begann er mit dem Versepos »Eloa«, das er im folgenden Jahr veröffentlichte. In drei »Gesängen« wird die Geschichte der Eloa erzählt, der »Schwester der Engel, geboren aus einer Träne Christi«. Eloa hört die Geschichte Luzifers, des gefallenen Engels, und hat Mitleid mit ihm. In der Hölle trifft sie einen »jungen, traurigen Engel«, voller Reinheit und Menschenliebe. Es gelingt ihm, sie zu verführen. Im dritten Gesang, von dem die Handschrift einen Auszug zeigt, erfährt sie von ihrem tragischen Fall und daß ihr »göttlicher« Verführer Satan selbst gewesen ist. »Eloa« war ein triumphaler Erfolg. Besonders die bewegenden Verse des dramatischen Höhepunktes und die sinnliche Beschreibung des weiblichen Charmes berührten die Leser. Eloa, tiefgläubig und von bewundernswerter Frömmigkeit, wird von Gott selbst durch die Versuchung betrogen und ausgestoßen. Tiefer Pessimismus und der unschuldige Sturz in das Unglück war ein Leitmotiv de Vignys und der französischen Frühromantik: »le Weltschmerz«, aus dem es kein Entrinnen gibt und der nur durch persönliche Frömmigkeit und praktizierte Nächstenliebe ertragen werden kann. MK

Lit.: Vigny 1824; Lauvrière 1909; Kat. Paris 1927, Nr. 181; Kat. Paris 1964; Lagarde/Michard 1985, S. 123-152, Tafel XVII; Montgolfier 1986, S. 112f.

4b/10

4b/9   **Anne-Louis Girodet-Trioson**
(eigentl. Girodet de Roucy, 1767-1824)
François René de Chateaubriand
1807
Öl auf Leinwand; 120 x 96 cm
Saint-Malo, Musée de Saint-Malo
(MSM. 50. 17. 1)
Abb. S. 119

François-René de Chateaubriand, Schriftsteller, Politiker und einflußreichster Vertreter der französischen Frühromantik, war in Deutschland durch sein Essay »Génie du Christianisme«, der zusammen mit der Erzählung »René« 1803/04 in deutscher Übersetzung (»Genius des Christentums«) erschien, bekannt geworden. Auch die folgenden Werke »Atala«, »Die Märtyrer«, »Tagebuch einer Reise von Paris nach Jerusalem«, »Denkwürdigkeiten nach dem Tode« u.a.m. wurden schnell ins Deutsche übersetzt. 1820 vom Duc de Richelieu zum französischen Botschafter in Berlin ernannt, verbrachte er einige Zeit in Deutschland, von dessen Literatur, nicht zuletzt von der Goethes, er stark beeinflußt war. Seine Figur »René« in der gleichnamigen Erzählung war in der melancholischen Grundstimmung des Lebensgefühls gewissermaßen ein französischer Werther und machte die Leser jenseits des Rheins mit dem »Weltschmerz« bekannt. Girodet-Triosons romantisches Portrait zeigt den Dichter inmitten einer römischen Ruinenlandschaft. Als Napoleon, mit dem Chateaubriand 1804 gebrochen hatte, das Bild sah, äußerte er sich über den Portraitierten: »Il a l'air d'un conspirateur qui descend par la cheminée« (Er kommt mir wie ein Konspirateur vor, der durch den Kamin heruntersteigt). Chateaubriand hingegen sah sich nur auf diesem Bildnis einzig gültig dargestellt und vermachte es daher seiner Vaterstadt Saint-Malo. Das Portrait wurde später mehrmals wiederholt. Girodet-Trioson, der seine Ausbildung als dessen Lieblingsschüler im Atelier von Jacques Louis David erhalten hatte, trat vor allem als Portraitist und Illustrator hervor. Zahlreiche Zeichnungen und Skizzen zu den Werken von Vergil, Anakreon, Moschos, Ossian und Racine bezeugen seine Nähe zur Literatur. Mit dem Entwurf »Die Bestattung Atalas« nach Chateaubriand ebnete er der romantischen Malerei in Frankreich den Weg. AC

Lit.: Bernier 1975, S. 142ff.

4b/10   **Paul** (eigentl. Hippolyte) **Delaroche**
(1797-1856)
Henriette Sontag
1831
Bez. o.r.: P. DelaRoche 1831
Öl auf Leinwand; 73 x 60 cm
Sankt Petersburg, Staatliche Eremitage (7462)

Henriette Sontag (eigentlich Sonntag), eine der berühmtesten Sängerinnen in der ersten Hälfte des 19. Jahrhunderts, feierte ihre Erfolge zunächst in Wien, dann in Leipzig. In Berlin machte sie sich im »Königstädtischen Theater« als Darstellerin in Opern von Gioacchino Rossini, Daniel François Esprit Auber und Carl Maria von Weber einen Namen. Auch in Paris, wo sie 1827 ein paar Monate verbrachte, glänzte sie durch Erfolge. Der

Je vous envoie Mademoiselle Sonntag, première cantatrice de la Chambre du Roi, qui depuis un an fait les délices de notre théatre et ne manquera pas d'être aussi admirée et recherchée à Paris, qu'elle l'est aprésent à Berlin. C'est cependant sous votre protection, que je voudrois la voir placée, et comme vous êtes le Dieu tutélaire de tous les Allemands à Paris, vous ne refuserez pas vos secours a notre aimable compatriote.

Eduard Gans an Victor Cousin, Berlin, 28. Mai 1826

Ich schicke Ihnen Fräulein Sonntag, erste königliche Kammersängerin, die seit einem Jahr der Zauber unseres Theaters ist und es nicht verfehlen wird, ebenso berühmt und gesucht in Paris zu sein wie gegenwärtig in Berlin: Dennoch möchte ich Sie unter Ihren Schutz gestellt sehen, und da sie der Titulargott aller Deutschen in Paris sind, werden Sie Ihre Hilfe unserer liebenswürdigen Landsmännin nicht verweigern.

Berliner Jurist Eduard Gans hatte sie in einem Schreiben vom 28. Mai 1826 dem französischen Philosophen Victor Cousin empfohlen. Doch ihr Pariser Engagement für zwei Jahre erhielt sie dank ihres großen Talents. Am 18. Januar 1830 trat sie zum letzten Mal in der französischen Metropole auf. Delaroches Portrait zeigt die Sontag in der Rolle der Doña Anna aus Mozarts »Don Giovanni«, eine Partie, die die Sängerin 1828 in Paris mit großem Erfolg vorgetragen hatte. Es handelt sich bei dem Bildnis um eine verkleinerte, vom Künstler eigenhändig angefertigte Kopie seines Gemäldes von 1828/30, das 1831 auf dem Salon in Paris ausgestellt und 1890 für die Dresdener Gemäldegalerie erworben wurde. Dieses Bild, das Delaroche ursprünglich der Sängerin geschenkt hatte, ging 1945 in Dresden verloren. AC

Lit.: Berezina 1983, Nr. 112, S. 138

4b/11 **Victor Hugo** (1802-1885)
Notre-Dame de Paris
Paris: Charles Gosselin 1831 (3)
Paris, Bibliothèque Nationale de France, Département de la Réserve (Rés p. Y2 169)

Victor Hugo legte seinem ersten großen 1831 erschienen Roman eine mittelalterliche Fabel zugrunde und plazierte die Handlung um die gotische Kathedrale Notre-Dame von Paris. Wie viele seiner Zeitgenossen war der Schriftsteller von der Gotik fasziniert, eine Vorliebe, die sich auch in mehreren Studien zum Mittelalter niederschlug, die dem Roman als Grundlage dienten. So besaß er genaue Kenntnisse der historischen Denkmäler von Paris und der Ile-de-France; mit Charles Nodier hatte er eine Reise nach Reims unternommen, um die Kathedrale zu studieren. 1832 ergänzte er seinen Roman um einige Kapitel über Architektur, möglicherweise unter dem Einfluß seines Freundes, dem Architekten Charles Robelin. Die Titelvignette stammt von Tony Johannot, der viele berühmte Bücher seiner Zeit illustrierte. In seinen »Nouveaux Lundis« notierte Charles Augustin Sainte-Beuve über den Roman: »L'apparition de la Notre-Dame de Victor Hugo fut un événement, un signal et comme un fanal allumé sur les hautes tours. La Notre-Dame du poete, c'etait une inspiration plutôt qu'une copie fidèle et une histoire du monument. N'importe! Toute cette façade du vieux parvis en était désormais illuminée« (Das Erscheinen von Notre-Dame von Victor Hugo war ein Ereignis, ein Signal und wie ein leuchtendes Zeichen auf hohen Türmen. Die Notre-Dame des Dichters – sie war eher eine Inspiration als eine treue Wiedergabe und Geschichte der Kathedrale. Gleichviel! Durch sie war seitdem die Fassade der alten Anlage erleuchtet). Auch für die deutsche Literatur war Hugo von großer Bedeutung, fast jede seiner Neuerscheinungen wurde in kürzester Zeit übersetzt, »Notre-Dame de Paris« erschien bereits 1831. Vier Jahre später konkurrierten sogar zwei deutsche Verlage – Rieger in Stuttgart und Sauerländer in Frankfurt – um die Herausgabe von Hugos gesammelten Werken. Gleichwohl

4b/11

blieben seine Schriften nicht unangefochten; man warf ihm vor, er glorifiziere das Mittelalter auf Kosten einer Auseinandersetzung mit den Problemen der Gegenwart, ein Vorwurf übrigens, der sich generell gegen die französischen Romantiker richtete. Auch Heine, der den Dichter persönlich kannte und in regem Briefwechsel mit ihm stand, war aus diesem Grunde skeptisch gegenüber Hugos Werk. AC

Lit.: Sainte-Beuve 1867, VII, S. 159

4b/12 **Uhr in Form der Kathedrale Notre-Dame de Paris**
1836
Bronze; 70 x 45 cm
Villequier, Musée Victor Hugo (24)

1836 schenkte der Verleger Eugène Renduel Victor Hugo diese Uhr als Zeichen der Anerkennung für den Erfolg, den dieser mit seinem Roman »Notre-Dame de Paris« errungen hatte. Das Buch war 1831 erstmals von Charles Gosselin in einer Auflage von 500 Exemplaren ediert worden, doch nach einem Streit mit Gosselin wandte sich Hugo an Renduel, der ein Jahr später den um vier neue Kapitel ergänzten Roman äußerst erfolg-

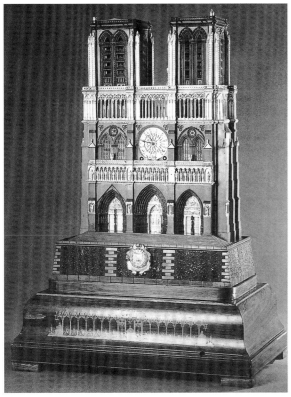
4b/12

reich herausgab. Diesen geschäftlichen Erfolg bestätigt die großzügige Geste des Verlegers. Das in feiner Arbeit als Notre-Dame gestaltete Gehäuse der Uhr spielt unmittelbar auf Titel und Handlung des im Umfeld und in der Pariser Kathedrale spielenden Romanes an. Der Mechanismus ist hinter dem Zifferblatt in der großen Rosette der Westfassade untergebracht. Es handelt sich hier um ein typisches Kunstgewerbeprodukt im Stil »à la cathedrale« oder »troubadour«, der in Frankreich zwischen 1825 und 1835 in Mode war, vorzugsweise nach Vorlagen von Künstlern, die, der zeitgenössischen Vorliebe für alles Mittelalterliche Rechnung tragend, Dekorarten, Möbel, Kunstgegenstände, Kleider etc. in »gotischem« Stil entwarfen. AC

4b/13   **Carl Gustav Carus** (1789-1869)
Allegorie auf den Tod Goethes
Nach 1832
Öl auf Leinwand; 40 x 56 cm
Frankfurt a. M., Freies Deutsches Hochstift
Frankfurter Goethe-Museum (IV-1158)
Abb. S. 262

Der Maler und Arzt Carl Gustav Carus, eine der interessantesten Gestalten der deutschen Romantik, studierte u.a. Medizin und Philosophie und übernahm nach der Promotion in beiden Fächern 1811 eine Professur für Geburtshilfe in der neu gegründeten Akademie für Chirurgie und Medizin in Dresden. Er verfaßte zahlreiche medizinische und psychologische, aber auch kunsttheoretische Schriften, von denen er einige seinem Freund Goethe widmete. Goethe, der Bilder von Carus besaß, förderte ihn in seiner künstlerischen Arbeit mit wohlwollender Anerkennung. In einem Brief vom 20. April 1822, der als Einleitung zu Carus' Schrift »Neun Briefe über Landschaftsmalerei« abgedruckt wurde, schreibt er: »[...] wenn ich nun von der andern Seite betrachte, wie tief und gründlich Sie das organische Gebild erfassen, wie scharf und genau Sie es charakteristisch darstellen, so ist es wirklich als ein Wunder anzusehen, daß Sie bei solcher Objektivität so gewandt sich zeigen in demjenigen, was dem Subjekt allein anzugehören scheint.« Das allegorische Gemälde auf den Tod Goethes zeigt unter düster verhangenem Himmel zwei Schwäne auf wogenden Wellen – wohl eine Anspielung auf den Gesang der sterbenden Schwäne, wie er in deutschen Märchen beschrieben wurde – vor einer lorbeerbekränzten Lyra, die sich aus dem Wasser erhebt und sowohl Trauer wie unsterblichen Ruhm symbolisiert. Die Allegorie bildet ein Gegenstück zu Carus' »Goethedenkmal« von 1832 in der Hamburger Kunsthalle. AC
Lit.: Prause 1968, Nr. 7, S. 87; Boehlke 1979, Nr. 089; Michaelis 1982, Nr. 13, S. 9

4b/14   **Johann Wolfgang von Goethe** (1749-1832)
Faust, tragédie de Goëthe (sic!).
Nouvelle traduction complète, en prose et en vers, Par Gérard (de Nerval)
Paris: Dondey-Dupré père et fils 1828
Paris, Bibliothèque Nationale de France, Département des Imprimés (Yh.2528)

Gérard de Nerval übersetzte den ersten Teil von Goethes »Faust« im Alter von nur 18 Jahren. Trotz einiger Ungenauigkeiten galt sie als eine der besten und geistvollsten Übersetzungen, die vor allem die Romantiker – Schriftsteller ebenso wie Komponisten und Maler – mit Begeisterung lasen. So komponierte Hector Berlioz nach dieser Fassung seine dramatische Legende »Damnation de Faust« (9/3). Selbst Goethe schätzte sie und ihren jungen Autor hoch ein. 1840 übersetzte Nerval, der sich mehrmals in Deutschland aufhielt und seine Eindrücke in dem Buch »Loreley. Souvenirs d'Allemagne« (1852 auf deutsch »Vom Rhein zum Main«) veröffentlichte, den zweiten Teil. Die deutsche Literatur war immer Gegenstand seines Interesses; neben Goethe faszinierte ihn besonders E.T.A. Hoffmann, unter dessen Einfluß einige seiner Prosaerzählungen entstanden. Nerval übertrug auch Lyrik, u.a. von Bürger, Heine, Goethe und Klopstock, ins Französische. AC
Lit.: Kat. Paris 1949, Nr. 367, S. 367

Tous nos littérateurs sont ici [en Allemagne] connus, lus et la plupart admirés. Hugo, Lamartine et Nodier, qui est la grande figure littéraire pour l'Allemagne! [...] On rend justice à notre jeune littérature, qui est, à la vérité, étincelante de talents.

David d'Angers an Victor Pavie, Regensburg, 6. Dezember 1834

Alle unsere Schriftsteller sind hier bekannt, werden gelesen und die meisten bewundert. Hugo, Lamartine und Nodier, der in Deutschland eine große Schriftstellerpersönlichkeit darstellt. [...] Man muß unserer jungen Literatur, die wahrhaftig vor Talenten sprüht, Gerechtigkeit widerfahren lassen.

4b/15a

4b/15 **Eugène Delacroix** (1798-1863)
Zwei Illustrationen zu »Faust Erster Teil«
1828
a) Faust und Mephistopheles im Studierzimmer. Mephistopheles erscheint Faust
Bez. u.l.: Delacroix invt et Lithog;
u.r.: Lith. de Villain
Bildlegende: Meph: Pourquoi tout ce vacarme? que demande Monsieur? qu'y a-t'il pour son service?
Lithographie; 46 x 31 cm
b) Faust versucht Gretchen zu verführen
Bez. u.l.: Delacroix invt et Lithog;
u.r.: Lith. de Villain
Bildlegende: Faust: Ma belle Demoiselle, oserais je vous offrir mon bras et vous reconduire chez vous?
Lithographie; 47 x 31,5 cm
Berlin, Staatliche Museen zu Berlin,
Kupferstichkabinett [a) 6,82-1912; b) 9,82-1912]
Abb. (b) S. 120

Die beiden Lithographien stammen aus einem Zyklus des Künstlers zu Goethes »Faust«, den Delacroix ursprünglich als Album herausgeben wollte. Die Illustration zu Fausts Begegnung mit Gretchen bezieht sich auf die Verse: »Mein schönes Fräulein, darf ich wagen, / Meinen Arm und Geleit ihr anzutragen?« und die der Erscheinung des Mephistopheles auf: »Wozu der Lärm? was steht dem Herrn zu Diensten?« Außer der Übersetzung von Nerval erschien 1828 in Paris die Neuauflage einer 1823 erstmals veröffentlichten »Faust«-Übersetzung von Frédéric-Albert-Alexander Stapfer, herausgegeben von Ch.(arles) Motte, die im Frontispiz mit einem Goethe-Portrait Delacroix' sowie weiteren 17 Lithographien des Künstlers zu den wichtigsten Szenen versehen wurde. Goethe äußerte sich sehr positiv über diese Arbeiten: »Dabei ist aber Eins besonders merkwürdig, daß ein bildender Künstler sich mit dieser Production in ihrem ersten Sinne dergestalt befreundet, daß er alles ursprünglich Düstere in ihr eben so aufgefaßt und einen unruhig strebenden Helden mit gleicher Unruhe des Griffels begleitet hat. Herr Delacroix, ein Mahler von unläugbarem Talent, der jedoch, wie es uns Älteren von Jüngeren öfters zu geschehen pflegt, den Pariser Kunstfrenden und Kennern viel zu schaffen macht, weil sie weder seine Verdienste leugnen, noch einer gewissen wilden Behandlungsart mit Beifall beggegnen können, Herr Delacroix scheint hier in einem wunderlichen Erzeugnis zwischen Himmel und Erde, Möglichem und Unmöglichem, Rohstem und Zartestem, und zwischen welchen Gegensätzen noch weiter Phantasie ihr verwegnes Spiel treiben mag, sich heimathlich gefühlt und wie in dem Seinigen ergangen zu haben. Dadurch wird denn jener Prachtglanz wieder gedämpft, der Geist vom klaren Buchstaben in eine düstere Welt geführt und die uralte Empfindung einer märchenhaften Erzählung wieder aufgeregt. Ein weiteres getrauen wir uns nicht zu sagen, einem jeden Beschauer dieses bedeutenden Werks mehr oder weniger den unsrigen analoge Empfindungen zutrauend und gleiche Befriedigung wünschend« (Über Kunst und Altertum, Bd. 6, 1828). Und Eckermann notierte am 29. November 1826: »Herr Delacroix, sagte Goethe, ist ein großes Talent, das gerade am Faust die rechte Nahrung gefunden hat. Die Franzosen tadeln an ihm seine Wildheit, allein hier kommt sie ihm recht zu statten. Er wird, wie man hofft, den ganzen Faust durchführen, und ich freue mich besonders auf die Hexenküche und die Brockenszenen. Man sieht ihm an, daß er das Leben recht durchgemacht hat, wozu ihm denn eine Stadt wie Paris die beste Gelegenheit geboten [...] Und wenn ich nun gestehen muß, daß Herr Delacroix meine eigene Vorstellung bei Scenen übertroffen hat, die ich selber gemacht habe, um wieviel mehr werden nicht die Leser alles lebendig und über ihre Imagination hinausgehend finden!« Der Künstler selbst erinnert sich in einem Brief an Philippe Burty vom 1. März 1862 an jene szenisch-musikalischen Fausteindrücke, die ihn zu seiner Darstellung inspirierten: »Sie fragen mich, wie mir der Gedanke zu den Faustillustrationen gekommen ist. Ich erinnere mich, daß ich etwa um 1821 die Kompositionen von Retzsch sah, die einen sehr starken Eindruck auf mich machten. Doch war es hauptsächlich die Aufführung eines musikalischen Dramas Faust, die ich 1825 in London sah, die mir Lust machte, mich an diesem Sujet zu versuchen. Der Schauspieler Terry, dessen Name mit dem englischen Theater jener Zeit eng verknüpft ist und der sogar nach Paris kam, wo er unter anderem den König Lear spielte, war als Mephistopheles ganz vollendet, obgleich er dick war. Aber das tat

seiner Beweglichkeit und seinem teuflischen Wesen keinen Abbruch«. AC
Lit.: Delacroix 1878, S. 351; Eckermann 1885, S. 180; Goethe Bd. 41,2 (1903), S. 340f.; Metken 1987, S. 36; Kat. Frankfurt 1987, S. 56-99

4b/16 **Ary Scheffer** (1795-1858)
Faust in seinem Studierzimmer
1831
Öl auf Holz; 20,5 x 15,5 cm
Dordrecht, Dordrechts Museum (DM/S/42)

Scheffer widmete der Faustthematik einige Dutzend Gemälde und Zeichnungen. Diese Ölskizze zeigt Faust, der Medizin, Rechtswissenschaften, Philosophie und Theologie studiert hat, in der berühmten Eingangsszene im Ersten Teil der Tragödie, in der er resigniert festellen muß, daß ihm all seine Gelehrsamkeit im Leben nichts nützt: »Da steh ich nun, ich armer Tor! / Und bin so klug als wie zuvor!« Hinter Faust lauert Mephisto, sein Opfer betrachtend. Das Originalgemälde, das heute als verschollen gilt, wurde als Gegenstück zu dem Bild »Gretchen am Spinnrad« im Salon 1831 ausgestellt. Die beiden Kompositionen waren eine Sensation. Heinrich Heine, der die Ausstellung besuchte, beschrieb bewegt den von Scheffer gestalteten Faust: »Trotz der kranken Mißfarbe, der gehöhlten Wangen, der Lippenwelkheit, der eingedrückten Zerstörniß, trägt dieses Gesicht dennoch die Spuren seiner ehemaligen Schönheit, und indem die Augen ihr holdwehmüthiges Licht darüber hingießen, sieht es aus wie eine schöne Ruine, die der Mond beleuchtet. Ja, dieser Mann ist eine schöne Ruine, in den Falten über diesen verwitterten Augbrauen brüten fabelhaft gelahrte Eulen, und hinter dieser Stirne lauern böse Gespenster; um Mitternacht öffnen sich dort die Gräber verstorbener Wünsche, bleiche Schatten dringen hervor, und durch die öden Hirnkammern schleicht, wie mit gebundenen Füßen, Gretchens Geist. Das ist eben das Verdienst des Malers, daß er uns nur den Kopf eines Mannes gemalt hat, und daß der bloße Anblick desselben uns die Gefühle und Gedanken mittheilt, die sich in des Mannes Hirn und Herzen bewegen. Im Hintergrunde, kaum sichtbar und ganz grün, widerwärtig grün gemalt, erkennt man auch den Kopf des Mephistopheles, des bösen Geistes, des Vaters der Lüge, des Fliegengottes, des Gottes der grünen Seife.« AC
Lit.: Kat. Dordrecht 1958, Nr. 36, S. 17; Heine Bd. 7 (1970), S. 17; Kat. Paris 1980(d), Nr. 27, S. 60; Kat. Paris 1991(c), S. 30

4b/16

4b/17 **Ary Scheffer** (1795-1858)
Gretchen am Spinnrad
1831
Bez. m.r.: Ary Scheffer
Öl auf Leinwand; 61 x 40 cm
Paris, Musée de la Vie romantique
(D 89.242/Dépôt Musée Carnavalet)

Das Gemälde – hier eine verkleinerte vom Künstler eigenhändig angefertigte Replik des 1831 entstandenen Originals – wurde mit dem »Faust« 1831 im Pariser Salon ausgestellt und von den Besuchern begeistert aufgenommen. Heine widmete auch dem Gretchen-Bildnis einige Zeilen: »Sie sitzt [...] auf einem gedämpft rothen Sessel, das ruhende Spinnrad mit vollem Wocken zur Seite; in der Hand hält sie ein aufgeschlagenes Gebetbuch, worin sie nicht liest und worin ein verblichen buntes Muttergottesbildchen hervortröstet. Sie hält das Haupt gesenkt, so daß die größere Seite des Gesichtes, das ebenfalls fast Profil, gar seltsam beschattet wird. Es ist, als ob des Faust nächtliche Seele ihren Schatten werfe über das Antlitz des stillen Mädchens«. Dargestellt ist Gretchen in ihrem bangen Liebesglück; auf einem Spaziergang hat sie sich in Faust verliebt und fühlt sich nun, allein zu Hause, all ihrer Ruhe beraubt: »Meine Ruh ist hin, / Mein Herz ist schwer; / Ich finde sie nimmer / Und nimmermehr«. Das Gemälde ist einige Jahre später durch Brand ernsthaft beschädigt, doch vom Maler selbst im Sommer 1853 wiederhergestellt worden. AC
Lit.: Heine Bd. 7 (1970), S. 17; Kat. Paris 1991(c), S. 26

4b/17

4b/18 **T. Laval**
Plakat für Charles Gounouds Oper »Faust« im Théâtre Lyrique
Bez. l.: T. Laval, lith.; r.: Imp. Magnier Ané r. Lamartine 34
Um 1859
Farblithographie; 71 x 53 cm
Paris, Bibliothèque Nationale de France, Musée de l'Opéra [Aff. Th. II (412)]
Abb. S. 356

»Wie oft hat man nicht Goethe bemüht, der wiederum Marlowe bemüht hatte, um aus seinen Werken eine Oper, eine Legende oder ein Ballett zu machen«, schrieb Berlioz nach der Uraufführung von Gounods Faust nach dem Libretto von Jules Barbier und Michel Carré. Berlioz wußte, wovon er sprach, war er doch der Komponist und Verfasser der Legende (1846)! Tatsächlich hatte Goethes Text nach Gérard de Nervals Übersetzung zahlreiche Nachahmungen in Frankreich angeregt, die von Berlioz, Michel Carré (1850) – für ein Drama mit gesungenen Partien – und von Dennery – für ein anderes Stück mit ebenfalls gesungenen Partien (1858) – stammten. All diese Werke wurden ohne nennenswerten Erfolg dem Pariser Publikum vorgestellt.

Dem 37jährigen Komponisten Gounod, den die breite Öffentlichkeit noch kaum kannte, fiel es zu, Goethes Meisterwerk für die französische Musikbühne unsterblich zu machen. »Die größte Oper über das große Faustthema«, schrieb Berlioz weiter, »wurde von einem kleinen Theater ohne Subventionen, das sich dieser noblen Aufgabe unterzogen hat, auf die Bühne gebracht«. Nach sechsmonatigen Proben fand die Premiere der (gesprochene Dialoge enthaltenden) Oper, die erst am Morgen desselben Tages angekündigt worden war, am 19. März 1859 im »Théâtre-Lyrique« statt. Das Werk hatte gekürzt, ein wenig umgearbeitet und drei Wochen vor der Uraufführung mit einem neuen Tenor besetzt werden müssen. Heute, da »Faust« mit »Carmen« zu den populärsten Opern des französischen Repertoires zählt, kann man sich kaum die Reaktionen vorstellen, die sie in einer Zeit auslöste, in der Rossini und Meyerbeer dominierten und Verdi die Opernbühnen zu erobern begann. Escudier (in »France Musicale«) war enttäuscht; er beklagte den Mangel an Melodien und fand lediglich an dem Interesse, »was das Orchester« nach einer das »symphonische Genre übertreibenden« Partitur ohne dramatischen Charakter »spielt«. Der Rezensent von »La Presse«, Paul de Saint-Victor, war indessen begeistert; er feierte Stil, Poesie und Orchestrierung der Partitur und hob die Übereinstimmung des Werkes mit dem deutschen Drama sowie die »der Welt Dürers und Holbeins« entsprechenden Kostüme und Dekorationen hervor. Scudo feierte in der »Revue des Deux Mondes« den Komponisten, dessen eleganten Stil und ebenso elegant verhaltene Instrumentierung; aber auch er hegte Vorbehalte gegenüber der Musikalität und zeigte sich vor allem skeptisch hinsichtlich der Treue des Werkes gegenüber Goethe. Er zog den Schluß, daß »sich der Musiker weitgehend der Konzeption des deutschen Dichters nicht bemächtigt hat«, die sich durch »die Verbindung von Übersinnlichem und menschlichem Gefühl, durch die Überlagerung des phantastischen und schrecklichen Elements sowie durch die Charaktere und Leidenschaften des Lebens« auszeichne. »Faust« brachte dem kleinen Verleger Choudens ein Vermögen ein. Drei Wochen nach der Premiere erwarb er die Rechte an dem Werk und maßte sich an – wie das Plakat zeigt –, Bearbeitungen des Werkes für verschiedene Instrumente zu veröffentlichen.

PV

4b/19

4b/19 Tony (eigentl. Alfred Charles) **Johannot**
(1803-1852)
Werthers Tod
1844
Bez. u.: Impie FChardon ainé 30 r
Hautefeuille Paris
Aquatinta; 28,2 x 20 cm
Frankfurt a. M., Freies Deutsches Hochstift
Frankfurter Goethe-Museum (VIII a-kl-15506)

Die Aquatinta hält jene Szene in Goethes Roman fest, in der der alte Diener den toten Werther entdeckt. Der meisterhaft gestaltete Licht- und Schattenkontrast betont die Dramatik des Augenblicks: Das Licht der vom Diener gehaltenen Kerze hebt den am Boden liegenden Toten, die Selbstmordwaffe daneben, und das mit Entsetzen erfüllte Gesicht des Dieners wirkungsvoll im dunklen Raum hervor. Der Maler, Radierer und Lithograph Tony Johannot, einer von drei Brüdern, die alle als Künstler tätig waren, hat Ruhm und Bedeutung vor allem als Buchillustrator erlangt. Er war der beliebteste Buchschmuckkünstler seiner Zeit und hat mehr als 150 Bücher mit über 3000 Vignetten geschmückt, u. a. eine 1847 in Paris erschienene Faust-Ausgabe. Für jeden zwischen 1830 und 1835 publizierten Roman von Honoré Balzac, George Sand, Victor Hugo, Eugène Sue und Alfred de Vigny lieferte er die unerläßliche Titelvignette. In seinen »Souvenirs« schreibt Alexandre Dumas über ihn: »Le principal mérite du caractère de Tony Johannot, le principal cachet de son talent, c'était [...] le charme. Aussi Tony plaisait même à ceux qui le critiquaient. Sa couleur était peut-être un peu grise, mais elle était gaie, légère, argentée. Ses femmes se ressemblaient toutes, Virginie et Brenda, Diana Vernon et Ophélie; qu'importait! puisqu'elles étaient toutes jeunes, belles, gracieuses, chastes« (Die Haupteigenschaft von Tony Johannots Charakter, das Eigentliche seines Talents war der Charme. Tony gefiel sogar denen, die ihn kritisierten. Seine Farben waren vielleicht etwas grau, aber fröhlich, leicht, silbrig. Seine Frauendarstellungen ähnelten sich alle, Virginie und Brenda, Diana Vernon und Ophelia, gleichviel: alle waren jung, schön, anmutig, rein). AC
Lit.: Dumas 1854/55, S. 178

4b/20 Ary Scheffer (1795-1858)
Léonore oder die Rückkehr der Armee
1829
Öl auf Leinwand; 27 x 49 cm
Dordrecht, Dordrechts Museum (DM/S/40)
Abb. S. 260

Die Ölskizze des »Léonore«-Gemäldes wurde im Salon 1831 ausgestellt. Es entstand 1829 und befand sich ehemals in der Sammlung Rotschild. Die Skizze wurde von Louise Girard gestochen. Dargestellt ist eine historische Szene mit mittelalterlichen Kostümen aus der Ballade »Lenore« (1774) von Gottfried August Bürger: »Und überall, all überall / Auf Wegen und auf Stegen / Zog alt und jung dem Jubelschall / Der Kommenden entgegen. / Gottlob rief Kind und Mutter laut, / Willkommen! manche frohe Braut; / Ach! aber für Lenoren / War Gruß und Kuß verloren.« Bürgers Ballade war bereits 1811 in einer Übersetzung aus dem Englischen in Frankreich bekannt; 1814 folgte eine direkte Übertragung nach dem Originaltext. Scheffer zeigt jene Episode aus der Ballade, da die Armee aus dem Siebenjährigen Krieg zurückkehrt und Lenore ihren geliebten Wilhelm unter den Soldaten nicht finden kann. Ihre Mutter versucht sie zu trösten, doch Lenore verflucht ihr Schicksal. Am Abend hört sie, wie sich jemand ihrer Türe nähert; sie glaubt, der Geliebte kommt, aber es ist der Tod. AC
Lit.: Kat. Dordrecht 1958, Nr. 34, S. 17; Kat. Paris 1980(d), Nr. 24, S. 57; Killy/Perels 1993, S. 117-121

4b/21 Antonin Reicha (1770-1836)
Bürgers Lenore, ein großes musikalisches
Gemählde mit Rezitativen, Arien und Chören.
Von Herrn Anton Reicha
1806
Eigenhändige Partitur; 25 x 32 cm
Paris, Bibliothèque Nationale de France,
Département de la Musique [L111 (Ms. 10096)]

Bürgers Ballade »Lenore« hatte nicht nur Künstler wie Ary Scheffer und Horace Vernet, sondern auch Komponisten zu dramatischen Darstellungen angeregt. Jean-

Nicolas Bouilly hatte den Stoff aus dem Siebenjährigen Krieg nach Spanien verlegt. Nach seinem Libretto »Léonore ou l'amour conjugal« hatte Beethoven die Oper geschaffen, die am 20. November 1804, sieben Tage nach Napoleons Einzug in Wien, im Theater an der Wien uraufgeführt wurde. Die Theaterdirektion hatte ihre Erstaufführung gegen Beethovens Willen unter dem Titel »Fidelio« angekündigt. Die konservative Kritik stempelte sie als »Franzosenwerk« ab, während andere in der »Rhythmik französischer Revolutionsmärsche« etwas vom Menschheitsdrama erspürten. Beethoven arbeitete sie vor der neuerlichen Inszenierung am 23. März 1806 auf zwei Akte mit neuer Ouvertüre (Leonoren-Ouvertüre) um, doch zog er die Aufführung nach einer Wiederholung von der Bühne zurück. Erst während des Wiener Kongresses wurde die Oper erfolgreich in Wien gegeben. Antonin Reichas »Leonore« wurde zunächst ihres Textes wegen von der Zensur verboten. Reichas Versuch, die Kantate in Leipzig aufzuführen, verhinderten die Kriegsläufte. MLP

Lit.: Hermand 1992, S. 164

Raum 5

Vermächtnis des Mittelalters

Künstlerische Darstellungen von Episoden aus dem Leben der Jungfrau von Orléans im Stil der »Troubadourmode« knüpften in der Regierungszeit Karls X. und unter dem Bürgerkönig Louis Philippe an die Beliebtheit der Nationalheldin an, deren Mythos Schillers »romantische Tragödie« auch in Frankreich zu Anfang des 19. Jahrhunderts wiederbelebt hatte. Innenräume, Möbel, Kunstgewerbe und Gewänder wurden im Geschmack der Restauration, der Vorliebe für die kulturelle Hoch-Zeit des Mittelalters entsprechend, gotisch »à la cathédrale« stilisiert oder historisch stilgetreu nachgeahmt. Zu den herausragenden Bauvorhaben, die in diesem Geist errichtet oder denkmalpflegerisch erhalten wurden, zählten in Deutschland die Walhalla, die Vollendung des Kölner Doms und die Wiederherstellung der Burg Stolzenfels bei Koblenz am Rhein. »Auf daß teutscher der Teutsche aus ihr trete, besser als er gekommen«, beauftragte König Ludwig I. von Bayern 1830 den Baumeister Leo von Klenze, seinen Entwurf für den Bau der Walhalla zu verwirklichen. 1842 wurde dieser monumentale Nachbau eines griechischen Tempels oberhalb der Donauschleife bei Regensburg feierlich eröffnet. Diesem Bedürfnis nach Ausdruck und Versinnbildlichung des nationalen Strebens der Deutschen – »gleichsam der seelische Leib der inneren Geschichte der Nation« – entsprach vier Jahre später Joseph von Eichendorff mit seiner Schrift »Über die ethische und religiöse Bedeutung der neueren romantischen Poesie in Deutschland«. Der eigentliche Wegweiser jener Seelensuche unter den Landesherren der deutschen Einzelstaaten war schließlich der kunstsinnige Preußenkönig Friedrich Wilhelm IV., der »Romantiker auf dem Thron«. Nach dem Gesamtentwurf für Architektur und Innenausstattung von Karl Friedrich Schinkel ließ er sich die Burg Stolzenfels in den preußischen Rheinlanden mit erhabenem Blick auf das Rheintal bei Koblenz schon als Kronprinz errichten. Bereits vor seiner Thronbesteigung im Jahre 1840 setzte er sich an die Spitze derer, die sich um den Ausbau des seit dem 16. Jahrhundert unvollendeten Kölner Doms zum deutschen Nationaldenkmal bemühten: Zu ihnen gehörte neben den Brüdern Schlegel, dem Baumeister Schinkel und dem Dichterfürsten Goethe der Kölner Sulpiz Boisserée, der von 1821 bis 1831 eine auf den wiederaufgefundenen mittelalterlichen Architekturrissen aus dem 14. Jahrhundert begründete, prächtig illustrierte »Geschichte und Beschreibung des Doms von Köln« publizierte, die 1842 Johann Georg Cotta auf französisch in Paris verlegte. Seit diesem Jahr warb der Kölner »Zentrale Dombau-Verein« und mit ihm der in Paris gegründete »Hülfsverein«, zu dessen Mitgliedern auch Heinrich Heine zählte, als Organisations- und Finanzzentrale für Gelder und Mitglieder. Für die weitere Finanzierung sorgte der preußische Staat und die 1865 eingeführte Dombaulotterie. Erst 1880 konnte die Vollendung des Kölner Doms mit einem historischen Festzug, von einer Monumentalstatue der Germania überhöht, feierlich begangen werden.

Wie Friedrich Wilhelm IV. von Preußen, so hatte auch Napoleon III. eine Vorliebe für das Vermächtnis des Mittelalters, der er mit dem aufwendigen Wiederaufbau des Schlosses von Pierrefonds durch den Baumeister Viollet-le-Duc entsprach, der zahlreiche Bauwerke und gotische Kathedralen Frankreichs vom Ruinendasein erlöste und im Geist der Restauration ausstattete. Mit neugotischem Interieur ließ der Kaiser die Säle von Pierrefonds in den sechziger Jahren zur Residenz ausbauen und förderte damit den für französische Salons maßgeblichen Stil.

J'ai étudié l'Allemagne et j'ai cru entrer dans un temple. Tout ce que j'y ai trouvé est pur, élevé, moral, beau et touchant. Ô mon âme, oui, c'est un trésor, c'est la continuation de Jésus-Christ. Leur morale me transporte. Ah! qu'ils sont doux et forts! Je crois que le Christ nous viendra de là. Je considère cette apparition d'un nouvel esprit comme un fait analogue à la naissance du christianisme.

Ernest Renan an Abbé Cognat, 24. August 1854

Ich habe Deutschland studiert und geglaubt, in einen Tempel einzutreten. Alles was ich dort fand, ist rein, erhaben, moralisch, schön und anrührend. Oh meine Seele, es ist ein Schatz, das Weiterleben von Jesus Christus. Ihre Moral erfaßt mich. Ah! wie sanft und stark sie sind! Ich glaube, daß Christus uns von dorther erscheinen wird. Ich erachte diese Erscheinung eines neuen Geistes der Geburt des Christentums für gleichrangig.

RAUM 5

Hermann Anton Stilke
Das Leben von Jeanne d'Arc.
Triptychon, 1843
Sankt Petersburg, Staatliche
Eremitage
(5/1)

Jeanne d'Arc im Kampf

links:
Die heilige Katharina und
Erzengel Michael erscheinen
Jeanne d'Arc

rechts:
Jeanne d'Arc auf dem
Scheiterhaufen

Vermächtnis des Mittelalters

Leo von Klenze
Die Walhalla bei Regensburg,
1836
Sankt Petersburg, Staatliche
Eremitage
(5/3)

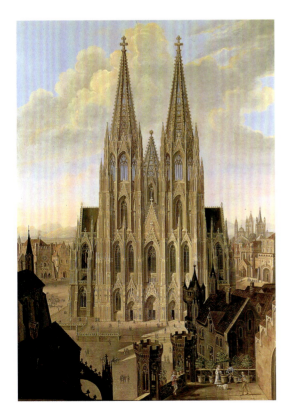

links:
Carl Georg Enslen
Der Kölner Dom in seiner
antizipierten Vollendung von
Westen, 1839
Zürich, Schweizerisches
Landesmuseum
(5/16)

rechts:
Architekturbüro Eugène
Emmanuel Viollet-le-Duc
Westfassade der Kathedrale
Notre-Dame von Clermont-
Ferrand, 1864
Paris, Centre de recherche sur
les monuments historiques
(5/21)

RAUM 5

Johann Ludwig Bleuler
Schloß Stolzenfels am Rhein
von Süden, um 1850
Mainz, Landesamt für Denkmalpflege – Verwaltung der staatlichen Schlösser Rheinland-Pfalz
(5/24)

Paul Huet
Schloß Pierrefonds nach der Restaurierung, um 1867
Compiègne, musée national du château
(5/19)

VERMÄCHTNIS DES MITTELALTERS

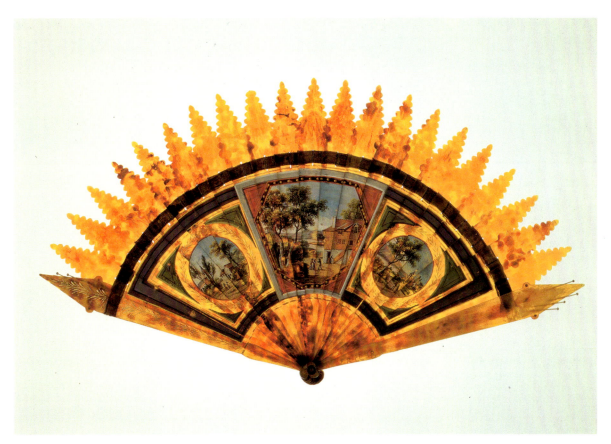

*Faltfächer »à la cathédrale«,
um 1830
Paris, Musée de la Mode et
du Costume
(5/29d)*

*Faltfächer »à la cathédrale«,
um 1830
Paris, Musée de la Mode et
du Costume
(5/29c)*

5/1 **Hermann Anton Stilke** (1803-1860)
Das Leben von Jeanne d'Arc. Triptychon
1843
a) Die heilige Katharina und Erzengel Michael erscheinen Jeanne d'Arc
Bez. u.r.: H. Stilke 1843
Öl auf Leinwand; 119,5 x 83,5 cm
b) Jeanne d'Arc im Kampf
Bez. u.l.: H. Stilke 1843
Öl auf Leinwand; 119,5 x 146 cm
c) Jeanne d'Arc auf dem Scheiterhaufen
Bez. u.r.: H. Stilke 1843
Öl auf Leinwand; 119,5 x 83,5 cm
Sankt Petersburg, Staatliche Eremitage
(5003, 5004, 5005)
Abb. S. 276

Der Berliner Künstler Hermann Anton Stilke hat wiederholt Motive aus der Legende um Jeanne d'Arc thematisiert. Das Triptychon wurde für den Großfürsten Alexander Nikolaewitsch angefertigt, der 1838 Stilke in Düsseldorf besucht hatte. Eine zweite Fassung war 1850 auf der Akademieausstellung in Berlin zu sehen. Dargestellt sind die wichtigsten Episoden aus dem Leben der Jungfrau von Orléans. Links ihre Vision der heiligen Katharina und des Erzengels Michael, die ihr den Auftrag erteilen, das französische Heer gegen die Engländer zu führen, um König und Land zu befreien. In der Mitte ist Jeanne als Kämpferin dargestellt – in voller Rüstung, eine Fahne mit der Adoration Christi schwingend, führt sie ihre Soldaten dem Sieg entgegen. Gemeint ist die Schlacht von Patay am 18. Juni 1429, die die Krönung Karls VII. in Reims einen Monat später, am 17. Juli, zur Folge hatte. Rechts ist Jeanne als Märtyrerin zu sehen. Vom Gericht in Rouen wegen Zauberei und Ketzerei angeklagt und in einem langen Prozeß zum Tode verurteilt, starb sie auf dem Scheiterhaufen am 30. Mai 1431. 1456 wurde sie rehabilitiert, aber erst im 19. Jahrhundert zur Nationalheldin erhoben, 1909 selig- und 1920 heiliggesprochen. Seit der erfolgreichen Uraufführung von Schillers »Jungfrau von Orleans« 1801 (1/45-1/50) waren Darstellungen der frommen Heldin in Deutschland sehr beliebt, in den 30er und 40er Jahren wurden sie mit dem Aufkommen der »Troubadourmode« geradezu populär, so daß mehrere Künstler dieses Thema immer wieder aufgriffen. Auch Stilke stilisierte die Geschichte der Jeanne d'Arc in »gotischer« Manier und nutzte dabei die Gelegenheit, die Details sowohl der Kleidung als auch der Architektur historisierend wiederzugeben. AC

Lit.: Aswarischtsch 1988, Nr. 218ff., S. 269-272

5/2

5/2 **Marie d'Orléans** (1813-1839)
Jeanne d'Arc
Um 1835 (Original)
Marmor; 157 x 62 x 60 cm
Paris, Eglise Saint Vincent de Paul

Die Entwicklung des Nationalgefühls erklärt mehr noch als der Geschmack für das Mittelalter die Häufigkeit der Jeanne-d'Arc-Darstellungen in der Julimonarchie. Um 1835 bestellte Louis Philippe für die mehr oder weniger dem Ruhm Frankreichs verpflichtete Residenz in Versailles eine große Statue der französischen Heldin, deren Ausführung er seiner Tochter Marie d'Orléans anvertraute. Diese Plastik geht um weniges einer ganzen Reihe von Werken zu Jeanne d'Arc voraus, von der sich die Skulptur von François Rude »Jeanne d'Arc écoutant ses voix« (Jeanne d'Arc hört ihre Stimmen, Musée de Dijon), und die große, für die Stadt Orléans geschaffene Reiterbronze von Foyatier unterscheiden. Marie, die zweite Tochter des Königs und der Königin Marie Amélie, wurde durch den Maler Ary Scheffer zum Zeichnen angeregt, interessierte sich jedoch sehr bald weit mehr für die Bildhauerei. Ihre Laufbahn war kurz; ihr Werk, obwohl wenig bekannt, scheint von gehöriger Frömmigkeit beherrscht. Diese Religiosität bestimmt auch die Figur der Jeanne d'Arc, deren geneigter Kopf und die Bewegung der Arme, die in Kreuzhaltung auf dem Schwert ruhen, die Sammlung der Heldin und die Intensität ihres Gebets erhöhen sollen. Eine weitere Skizze zeigt Jeanne d'Arc zu Pferde, beim Anblick eines Verwundeten weinend, als kleine romantisch inspirierte Gruppe, weit entfernt vom teilweise dokumentarischen Geist der Marmorversion von Versailles. Denn das endgültige Werk nimmt zugleich durch seinen Sinn für realistische Einzelheiten vor allem einen archäologischen Zug vorweg, der unter dem Einfluß des Historikers Jules Michelet den Darstellungen der Jeanne d'Arc einen vornehmlich historischen Charakter zu verleihen suchte (vgl. Ingres' »Jeanne d'Arc bei der Krönung Karls VII.«, 1854, Musée du Louvre). Somit verweist die Marmorstatue der Marie d'Orléans auf spätere Schöpfungen, die in der Jeanne-Darstellung nach der Niederlage von 1870 den Geist des Widerstandes symbolisieren. Die Skulptur von Marie d'Orléans war beim Publikum weit über den Hofkreis hinaus sehr populär. Sie wurde mehrfach repliziert (oft sehr spät wie die ausgestellte Marmorfassung) und seit 1839 vom Maison Susse vertrieben. DI

5/3 **Leo von Klenze** (1784-1864)
Die Walhalla bei Regensburg
1836
Bez. u.l.: LvKlze. 36.
Öl auf Leinwand; 95 x 130 cm
Sankt Petersburg, Staatliche Eremitage (4214)
Abb. S. 277

Das Walhall, die »Halle Odins«, ist nach mythologischen Vorstellungen der Germanen der Aufenthalt der in der Schlacht gefallenen Krieger. Der Gedanke, den »rühmlich ausgezeichneten Teutschen« ein Denkmal zu setzen, kam dem Kronprinzen Ludwig von Bayern Anfang 1807 bei einem Aufenthalt in dem von Napoleon besetzten Berlin. Leo von Klenze, der Erbauer der Walhalla, stand seit 1816 in des Prinzen Diensten und hatte für ihn den Monumentalbau als Nachahmung eines griechischen Tempels – den Stil der klassischen Antike empfand man als angemessen – entworfen. Mit den Arbeiten wurde jedoch erst 1830 begonnen: Am 18. Oktober, dem Jahrestag der Völkerschlacht bei Leipzig, legte Ludwig I., nunmehr König der Bayern, den Grundstein. Das Bild »Walhalla bei Regensburg« entstand sechs Jahre vor der Fertigstellung des Baus. Klenze stellte die Walhalla mit einer prächtigen, monumentalen Treppenanlage dar, die ursprünglich nicht vorgesehen war: Der König sollte auf diese Weise auch für den Bau der Treppe gewonnen werden, was Klenze denn auch mit seiner offenbar überzeugenden Darstellung gelang. Am 18. Oktober 1842 wurde die »Walhalla« von Ludwig I., dem »Gründer und Vollender derselben«, feierlich eröffnet. Nach Auffassung des Königs sollten die Besucher durch die Besichtigung der »Walhalla« moralische Läuterung und nationale Stärkung erfahren; sie sei, so Ludwig I., errichtet, »auf daß teutscher der Teutsche aus ihr trete, besser als er gekommen«. Leo von Klenze hielt sich zu Studienzwecken mehrere Male in Frankreich auf. Während seines ersten Aufenthalts

5/4

1803 trat er in Paris in eine von den Architekten Percier und Fontaine geführte Manufaktur ein, die das ganze Kaiserreich mit Entwürfen, Möbeln und Dekorationen versorgte. Seine anderen Frankreichaufenthalte bedingten unterschiedliche Aufgaben: Im Juni 1816 beispielsweise erwarb er als Kunstagent für den Kronprinzen hervorragende Stücke aus der Antikensammlung des Kardinals Fesch. 1857 wurde er für den Umbau des Louvre gebeten, ein Gutachten zu erstellen. AC
Lit.: Aswarischtsch 1988, Nr. 112, S. 149; Kat. Frankfurt a. M. 1991, Nr. 52, S 149, S. 199f.

5/4 **Joseph von Eichendorff** (1788-1857)
Über die ethische und religiöse Bedeutung der neueren romantischen Poesie in Deutschland
1847
Manuskriptband in Reinschrift, überwiegend von Eichendorffs Hand; 22,5 x 17,5 cm
Frankfurt a. M., Freies Deutsches Hochstift
Frankfurter Goethe-Museum
[13887 (= Hs.– Bd. 77)]

Seit 1846 veröffentlichte Eichendorff eine Reihe literaturhistorischer Ausätze und Schriften. Hierzu gehört auch dieser 298 Seiten umfassender Band. Wie der Dichter in »Ahnung und Gegenwart« erzählt, bestimmte neben Volksbüchern, die er heimlich las, die Lektüre der Bibel sein ganzes jugendliches Fühlen und Denken. Strenge kirchlich-katholische Gesinnung, eine Selbstverständlichkeit schon in Eichendorffs Elternhaus, prägte auch seine Erziehung im Gymnasium zu Breslau. Dem Titel entsprechend schreibt Eichendorff in der »Einleitung«: Alle Poesie ist nur der Ausdruck, gleichsam der

 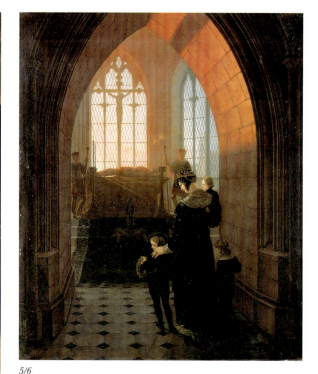

5/5

5/6

seelische Leib der inneren Geschichte der Nation; die innere Geschichte der Nation aber ist ihre Religion; es kann daher die Literatur eines Volkes nur gewürdigt und verstanden werden im Zusammenhang mit dem jedesmaligen religiösen Standpunkt derselben.« Das Vorwort lautet: »Zur Vermeidung von Irrungen ist gleich auf dem Titelblatte Zweck und Inhalt nachstehender Betrachtungen möglichst genau bezeichnet worden. Hiernach wird Niemand weder eine ästhetische Würdigung, noch etwa eine vollständige Literaturgeschichte der neueren Romantik überhaupt, oder auch nur ihrer Erscheinungen in Deutschland, in den folgenden Blättern erwarten. Es konnte vielmehr hier nur auf eine nähere Besprechung derjenigen Dichter ankommen, in denen die ethischen und religiösen Momente der romantischen Poesie, oder ihre späteren Übergänge in ein anderes geistiges Gebiet besonders leuchtend hervortreten. Man wird daher eben so wenig in dem Herausheben Einzelner eine Bevorzugung derselben, als in dem Übergehen Anderer Tadel oder Ungunst erkennen wollen. Die Aufgabe war eben nur der Versuch, jenen Grundton der genannten Literaturepoche nachzuweisen, und mitten in der Verwirrung von Sympathien und Abneigungen, Mißverständnissen und Vorurteilen die Stellung klar zu machen, welche die Romantik in dem allgemeinen Bildungsgange der Nation einzunehmen scheint. Wien, im April 1847. Der Verfasser«. JB

5/5 **Franz Krüger** (1797-1857)
Friedrich Wilhelm IV. in der Erasmuskapelle des Berliner Schlosses
1846
Öl auf Leinwand; 62 x 49 cm
Potsdam, Stiftung Preußische Schlösser und Gärten Berlin-Brandenburg
(GK I 5673)

Das Portrait Friedrich Wilhelms IV., des Königs, Künstlers, generösen Mäzens und »Romantikers auf dem Thron«, der sich engagiert für die Bewahrung und Pflege historischer Kunstwerke einsetzte, gehörte Elisabeth, der Gemahlin des Königs, und ist eine von zwei Wiederholungen des ursprünglich für den Astronomen Friedrich Wilhelm Bessel gemalten Bildes. In einem Brief an den Gelehrten vom 16. Februar 1846 hat der Dargestellte sein »unoffizielles« Portrait beschrieben: »im Überrock, ungeknöpft und am Tische lehnend, wie ich Bekannte in meinem Cabinet zu empfangen pflege«. Das Bildnis zeigt ihn in der spätgotischen Erasmuskapelle im Berliner Schloß, die er als Arbeitszimmer nutzte. Die Schränke und der Mappentisch, an dem der König lehnt, dienten zur Aufbewahrung seiner Sammlung. Unter den zahlreichen Skulpturen, Bildern und Kunstgegenständen erkennt man eine Innenansicht des großen Remters der Marienburg von Domenico Quaglio, eine Darstellung des Petersdomes und eine Kopie der drei »Generaltugenden« nach Raffael. Zur Entstehungszeit des Bildes war Franz Krüger ein renommierter Portraitist. Zu seinen Themen gehörten auch Militär- sowie Pferde- und Jagddarstellungen. Auf der Berliner

5/7

Akademie-Ausstellung von 1846 wurde die dritte Version des Bildes, die sich im Besitz Alexander von Humboldts befand, ausgestellt. Im gleichen Jahr reiste Krüger nach Paris, wo er mit dem Schlachtenmaler Horace Vernet zusammentraf und Ary Scheffer, Jean Baptiste Isabey, Paul Delaroche und Eugène Delacroix besuchte. AC

Lit.: Kat. Potsdam 1995, Nr. 6.1, S. 322f.

5/6　**Karl Friedrich Hampe** (1772-1848)
Trauernde Fürstin mit ihren Kindern in einer Grabkapelle
1816
Bez. u.r.: C. Fr. Hampe.p: 1816
Öl auf Leinwand; 75 x 63 cm
Potsdam, Stiftung Preußische Schlösser und Gärten Berlin-Brandenburg (GK I 612)

Das Gemälde gibt die Stimmung der in schlichter Würde getragenen Trauer um die in den Befreiungskriegen gefallenen Helden wieder: In einer Kapelle führt die junge Fürstin ihre Kinder vor einen Sarkophag. An ihrer Hand trägt sie einen Ring mit dem Eisernen Kreuz, eine Kriegsauszeichnung, die 1813 von Friedrich Wilhelm III. während der Befreiungskriege gestiftet wurde. Hampe, der als Genre-, Portraitmaler und Lithograph tätig war, verlegte die Szene, die nicht nur die Erinnerung an die Gefallenen wachhalten, sondern auch an die patriotischen Gefühle der Deutschen appellieren sollte, in eine gotische Kapelle. Mit dieser Inszenierung kam der Maler der zeitgenössischen Vorliebe für das Mittelalter, vorzugsweise für die Gotik, entgegen, eine Stilrichtung, die namentlich von Schinkel für Kunstgewerbe-, Denkmal- und Architekturentwürfe aufgegriffen und überhaupt für die Ästhetik der Bau- und Gebrauchskunst jener Epoche prägend wurde. Das Bild war 1816 auf der Akademie-Ausstellung in Berlin zu sehen und wurde danach von Friedrich Wilhelm IV. in seinem Arbeitszimmer in der Erasmuskapelle des Berliner Schlosses aufgehängt. AC

Lit.: Kat. Potsdam 1995, Nr. 6.10, S. 328-331

5/7　**Karl Friedrich Schinkel** (1781-1841)
Köln am Rhein vom Turm der
St. Kuniberts-Kirche gesehen
1817
Bildlegende: Kölln am Rhein von dem Thurm der St:Kuniberts:Kirche gesehn; Bez. u.l.:
Auf dem Titelblatt des Domwerks anzubringen; u.r.: Dem Herrn Sulpiz Boisserée zugeeignet von Schinkel. 1817
Bleistift, Feder, Pinsel, laviert; 24,6 x 52,8 cm
Berlin, Staatliche Museen zu Berlin,
Kupferstichkabinett (Schinkel SM 9.24)

Der Gedanke der Vollendung des seit der Einstellung der Bauarbeiten im 16. Jahrhundert Torso gebliebenen Kölner Doms entstammt dem Ideenvorrat der deutschen Romantik, wobei ihm auch ein Gutteil an politischer Bedeutung beigemischt wurde. Mehr als jedes andere Bauwerk sollte er zum »Symbol des neuen Reiches, das wir bauen wollen« werden, wie es der Aufruf zum Ausbau von Joseph Görres von 1814 besagte. Die Jahre der französischen Besetzung des Rheinlandes verstärkten das Interesse am Weiterbau aus patriotischen Motiven. Als 1815 im Ergebnis des Wiener Kongresses das Rheinland für Preußen hinzugewonnen wurde, wuchs die Identifikation mit diesem als Symbol empfundenen Bau, der für den nunmehr vor allem von Preußen gestützten Gedanken der Einheit stehen sollte. 1808 begann Sulpiz Boisserée mit den Vorarbeiten zu seinem großangelegten Werk über den Kölner Dom. Schinkel, der bereits 1816 im Auftrag der preußischen Regierung ein erstes Gutachten über bauliche Sicherungen und Ergänzungen übernommen hatte, wurde

Vorzüglich belobe ich hier den wackern Sulpiz Boisserée, der unermüdet beschäftigt ist, in einem prächtigen Kupferwerke, den Cölnischen Dom aufzustellen als Musterbild jener ungeheuren Conceptionen, deren Sinn babylonisch in den Himmel strebte, und die zu den irdischen Mitteln dergestalt außer Verhältnis waren, daß sie notwendig in der Ausführung stocken mußten. Haben wir bisher gestaunt, daß solche Bauwerke nur so weit gediehen, so werden wir mit der größten Bewunderung erfahren, was eigentlich zu leisten die Absicht war.

Johann Wolfgang von Goethe: Dichtung und Wahrheit, Zweiter Teil, 9. Buch, 1811

5/8

gleichzeitig von Boisserée um die vorliegende Ansicht der Stadt gebeten. Sie war als Titelvignette des Werkes, das erst 1831 erschien, gedacht und wurde dort genauso ausgeführt. In breiter panoramatischer Überschau, wie er sie gern bevorzugte, stellt Schinkel die Stadt in der weiten, ganz vom Rhein beherrschten Landschaft dar, in der Mitte der mittelalterliche Dom, mit dem er sich Zeit seines Lebens in konservatorischer Fürsorge beschäftigen sollte. Kronprinz Friedrich Wilhelm, der den Dom 1814 zum erstenmal gesehen hatte, begeisterte sich permanent am ideellen Ziel der Vollendung, so daß er, seit 1840 König, zur treibenden Kraft dafür wurde. Die Grundsteinlegung zum Weiterbau 1842 und die Einweihung 1880 sind die entscheidenden Stationen für die Vollendung dieses Bauwerks von als national empfundener Symbolkraft. RG

Lit.: Brües 1968, S. 304-369; Kat. Berlin 1980, Nr. 574, S. 316f.

5/8 **Christiane Luise Duttenhofer** (1776-1829)
Sulpiz Boisserée über dem Kölner Dom schwebend
Scherenschnitt auf blauem Papier;
16,5 x 14,5 cm
Marbach a. N., Schiller-Nationalmuseum / Deutsches Literaturarchiv, Bildabteilung (5505)

Die Silhouettenschneiderin Duttenhofer stellt Sulpiz Boisserée als König dar, von Engeln flankiert, auf stelzenähnlichen Konstruktionen, die sich als die Türme des zu vollendenden Kölner Doms entpuppen. Unter den kleineren Figuren erkennt man rechts sitzend ihren Mann, den für Boisserées »Domwerk« (5/10) tätigen Kupferstecher Christian F. T. Duttenhofer, und andere Persönlichkeiten der Heidelberger Romantik. Sulpiz Boisserée entstammte einer wohlhabenden Kölner Kaufmannsfamilie. Während der französischen Besatzung hatte er erlebt, wie in Köln Klöster aufgelöst, Kirchen zerstört, Kunstschätze verkauft und verschleppt wurden. Sulpiz und sein Bruder Melchior begannen, »altdeutsche Kunst« zu sammeln, um sie so vor der Zerstörung zu bewahren. Unterstützt wurden sie von Johann Baptist Bertram und dem zeitweise in Köln lebenden Friedrich Schlegel. Bereits 1811 hatte Boisserée dem zögernden Goethe die Idee der Vollendung des Kölner Domes nahegebracht. 1814 begutachtete der Dichterfürst in Heidelberg die Boisseréesche Sammlung. Aus dieser Heidelberger Zeit stammt der Scherenschnitt, der Boisserée – parodistisch und liebenswert – als »König« derer zeigt, die sich um die Erhaltung der mittelalterlichen Kunst bemühten. Der den Romantikern skeptisch gegenüberstehende Goethe war überwältigt: »Ei der Teufel, [...] die Welt weiß noch nicht, was Ihr habt«. Die Kunstsammlung gelangte nach längeren Verhandlungen – man hatte sogar erwogen, sie nach Paris zu verkaufen – nach München als Grundstock der Pinakothek König Ludwigs I. 1835 wurde Boisserée dort Generalkonservator. Seine letzten Lebensjahre verbrachte er in Bonn, von wo aus er sich für den nun tatsächlich betriebenen Weiterbau des Kölner Domes engagierte. MK

Lit.: Kat. Stuttgart 1908; Kleßmann 1977; Boisserée 1978-1985; Boisserée 1979; Eichholz 1980, S. 17-23

5/9 **Planzeichnungen des Kölner Dom aus dem 14. Jahrhundert**
a) Grundriß D: Grundriß des südlichen Turms der Westfassade
Um 1300
Bez. von Boisserée u. Mitte: Grundriß des sued-westlichen Domthurmes zu Coeln,/ wiederaufgefunden zu Paris anno 1816
Pergament, schwarze Tusche; 90 x 82,5 cm
b) Ostriß E: Aufriß des zweiten Stocks des Südturms, östliche Seite
Um 1330
Bez. von Boisserée u. Mitte: Oestliche Ansicht eines Theiles des suedlichen Domthurmes zu Coeln,/wiederaufgefunden zu Paris anno 1816
Pergament, schwarze Tusche; 92,5 x 76,5-77 cm
Köln, Dombauarchiv

1814 entdeckte man auf einem Dachboden in Darmstadt eine riesige Pergamentzeichnung, die dort zur Unterlage für das Trocknen von Obst benutzt wurde. Es handelte sich um die linke Hälfte des mittelalterlichen Fassadenplans des Kölner Doms. Die andere Hälfte und weitere Pläne waren seit der Flucht des Domkapitels vor den Franzosen 1794 verschollen. Da wurde Sulpiz Boisserée auf die französische Edition »Monuments Français inédits« aufmerksam gemacht, in der das Westfenster des Doms abgebildet war. 1816 erwarb er in Paris für 500 Francs die mit dem Titel »église gothique« bezeichneten drei Pläne, die dem Stich als Vorlage gedient hatten, und stellte zu seiner großen Freude fest,

5/9

daß es sich um den rechten Teil des riesigen Fassadenplans und diese beiden Pläne des Südturmes des Kölner Doms handelte. Die Pläne waren vom Pariser Architekten Wailly, dem Erbauer des Odéon, mitgenommen worden, als er in Köln als Kommissar für die Beschlagnahme von Kunstwerken bei der französischen Armee diente. Seine Witwe hatte sie ihrem zweiten Mann vermacht, der sie Alexandre Lenoir überlassen hatte. Lenoir, der sich um die Erhaltung der in der Revolution zerstörten Kunstschätze und um die beginnende Wertschätzung mittelalterlicher Kunst verdient gemacht hat, wußte jedoch nicht, zu welchem Gebäude die Pläne gehörten – an Köln dachte in Paris offenbar niemand. Unter der Bezeichnung »alte merkwürdige Zeichnungen irgendeiner altdeutschen Kirche« gelangten sie in den Besitz des Pariser Ingenieurs Imbard, von dem Boisserée sie abkaufen ließ. Beide Pläne stammen aus dem 14. Jahrhundert, Plan D vielleicht noch von Dombaumeister Arnold, Plan E ist etwas jünger und kann nicht vor den letzten Lebesjahren des Dombaumeisters Johannes entstanden sein. MK

Lit.: Moller 1818; Boisserée 1842, S. 106-111; Bloemer 1857, S. 128-140; Diehl 1903; Kaufmann 1948, S. 78-137, Tafel 10-15; Rode 1954, S. 170ff.; Wolff 1969, S. 137-178; Pause 1973, S. 143-157; Legner 1978, S. 146-151; Strasbourg 1987, S. 406-409

5/10 **Sulpiz Boisserée** (1783-1854)
Ansichten, Risse und einzelne Theile des Domes von Köln, mit Ergänzungen nach dem Entwurf des Meisters, nebst Untersuchungen über die alte Kirchen-Baukunst und vergleichenden Tafeln der vorzüglichsten Denkmale
Stuttgart: Cotta 1821-1831
Edition mit 18 Kupferstichen
Köln, Dombauarchiv

5/11 **Abrechnungslisten der J. G. Cotta'schen Buchhandlung**
über das Domwerk von Sulpiz Boisserée 1810 bis 1827: »Berechnung sämtlicher für das Domwerk bis zum 31. Dezember 1827, ausgegebenen und eingenommenen Capital Summen«
1828
Zeitgenössisches Manuskript; 33 x 22 cm
Marbach a. N., Schiller-Nationalmuseum / Deutsches Literaturarchiv, Cotta-Archiv (Stiftung der Stuttgarter Zeitung)
(Cotta Interna A Lit. Art. Anst. IX, 2)
Abb. S. 189

Der Kölner Dom war seit dem 16. Jahrhundert unvollendet geblieben. Allein der hochgotische Chor und die ersten Stockwerke des südlichen Turms mit dem darauf verbliebenen Baukran überragten die Stadt. Friedrich Schlegel und Sulpiz Boisserée dachten bereits zur Zeit der französischen Besatzung in Köln an eine Vollendung. 1814 propagierte Joseph Görres im Zuge der

Befreiungskriege gegen Napoleon den Weiterbau als »Symbol des neuen Reiches«: Die Idee vom Kölner Dom als dem deutschen Nationaldenkmal war geboren. 1831 erschien im renommierten Verlag Cotta in Stuttgart die letzte Lieferung der »Ansichten, Risse etc.«, Sulpiz Boisserées berühmtes »Domwerk«. Bereits 1808 hatte Boisserée mit der Aufmessung des Baus begonnen, träumend »von einem Werke [...] welches dieses so traurig unterbrochene Denkmal deutscher Größe im Bilde vollendet darstellen wollte«. Die Edition war aufwendig und kostspielig. Elf Zeichner und siebzehn Kupferstecher arbeiteten an der akribischen Darstellung der vorhandenen Bausubstanz und den Ansichten einer zukünftigen Vollendung – auf Kosten des Verfassers und der Cotta'schen Buchhandlung, wie die Abrechnungslisten des Verlegers über das Domwerk von Sulpiz Boisserée für die Zeit von 1810 bis 1827 vergegenwärtigen. Die Edition sollte für den Weiterbau, vor allem bei Persönlichkeiten des Geisteslebens, Fürsten und Königen werben. Erst als Friedrich Wilhelm IV. den preußischen Thron bestieg, konnte 1842 der Grundstein für den Ausbau des Doms gelegt werden. Bei dieser Gelegenheit traf der König Boisserée wieder und erinnerte ihn an ihre erste Begegnung, als dieser 26 Jahren zuvor versucht hatte, ihn für die Domvollendung zu gewinnen: »Drei Nächte habe ich über Ihren Zeichnungen vom Dom nicht schlafen können«. Neben persönlicher Begeisterung war auch politisches Kalkül ausschlaggebend: Nach der gerade beigelegten Rheinkrise 1840 mit Frankreich waren viele Deutsche für den Ausbau des Doms als »Nationaldenkmal« zu gewinnen. Die national orientierte liberal-demokratische Opposition ließ sich durch das Dombauprojekt lenken. Der in den »Kölner Wirren« 1837 von den Preußen vertriebene Kölner Erzbischof war noch in Haft, doch die Domvollendung bot auch die Möglichkeit einer Versöhnung des katholischen Rheinlandes mit dem protestantischen Preußen. Grundlage des Domwerks waren Boisserées Aufmessungen, die ihn als Mitbegründer einer präzisen bauarchäologischen Methode charakterisieren, und die 1814 und 1816 wiederentdeckten mittelalterlichen Baupläne (5/9). Nach diesem »ursprünglichen Plane« sollte der Dom vollendet werden. Einem solchen Plan war man jedoch im Mittelalter in Wirklichkeit nicht streng gefolgt. So hatte man sich z.B. bei der Errichtung des Südturmes mit zunehmender Höhe von den alten Plänen entfernt. Boisserée ließ die Tafel V des Domwerks, die Ansicht der Westfassade, neu anfertigen, nachdem man die mittelalterlichen Pläne gefunden hatte. Dabei ließ er jedoch die sichtbaren Unterschiede zwischen dem mittelalterlichen Fassadenriß und dem im Mittelalter tatsächlich gebauten Turm kaschieren. Dem Zauber der prächtigen Illustrationen konnte man sich kaum entziehen – für den Ausbau des Doms gewann Boisserée mit Hilfe des Domwerks nicht nur den Kronprinzen, sondern unter anderem auch Goethe, vom Stein, Hardenberg und Schinkel. 1842 erschien in München eine zweite, etwas kleinere und leicht modifizierte Ausgabe. Boisserées Domwerk hatte eine wahre Bilderflut zur Folge: getragen von der ersten Welle der Dombau-

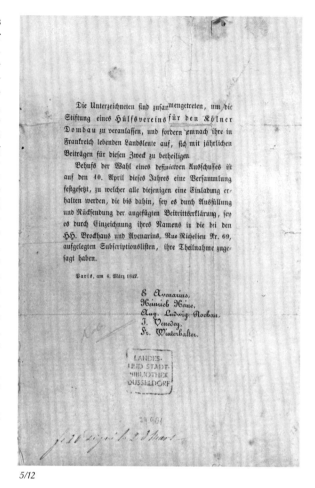

5/12

begeisterung, wurden seine Motive zur Vorlage für zahllose Gemälde, Stiche, Plaketten und verzierte Tassen, Krüge, Teller, Gläser und sogar Pfeifenköpfe. MK

Lit.: Kleßmann 1977, S. 333-354; Dieckhoff 1980, S. 259-285; Wolff 1980; Bader 1980, S. 172-197; Nipperdey 1983, S. 109-120

5/12 **Aufruf zur »Stiftung eines Hülfsvereins für den Kölner Dombau«**
gerichtet an die »in Frankreich lebenden Landsleute«
Paris, 6. März 1842
Gedrucktes Doppelblatt, mit handschriftlichen Vermerken; 20,5 x 13,5 cm
Düsseldorf, Heinrich-Heine-Institut
(Heine Slg. 1842/4)

Mit Erlaubnis des Königs wurde am 14. Februar 1842 der »Zentral-Dombau-Verein« gegründet. Viele der 4832 Gründungsmitglieder ersehnten die Vollendung des Kölner Doms als Nationaldenkmal eines demokratisch verfaßten Deutschland. Überall in Deutschland und im Ausland gründeten sich Untervereine. Friedrich Wilhelm IV. begeisterte sich zwar für die Idee der Domvollendung, war aber Realpolitiker genug, um die rhei-

Vermächtnis des Mittelalters

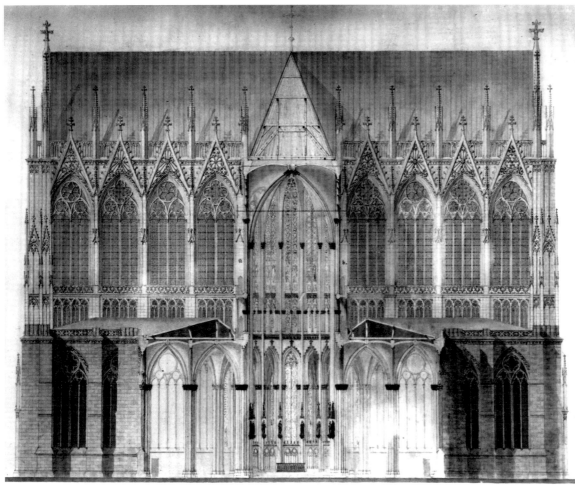

5/13

Cette église [la cathédrale de Cologne] est l'image de la constitution allemande, qui n'est pas près non plus de se voir terminée, malgré tous les soins qu'y apportent les peuples et les princes.

Gérard de Nerval: Loreley, Souvenirs d'Allemagne, 1838

Diese Kirche ist das Bild der deutschen Verfassung, deren Fertigstellung auch noch nicht abzusehen ist, trotz aller Mühen seitens des Volkes und der Fürsten.

nisch-katholischen und potentiell anti-preußischen Ansätze des Unternehmens zu erkennen und letztlich zu vereinnahmen. In Paris lebten zu dieser Zeit viele Deutsche – als einfache Arbeiter und Handwerker auf der untersten sozialen Stufe oder als Intellektuelle, die ihr Land wegen Zensur und politischer Verfolgung verlassen mußten. Diese forderten bereits Anfang März 1842 ihre in Paris lebenden Landsleute auf, einen »Hülfsverein« des »Zentral-Dombau-Vereins« zu gründen, und »sich mit jährlichen Beiträgen für diesen Zweck zu beteiligen«. Der republikanische Publizist Jakob Venedey überredete den seit 1831 im Pariser Exil lebenden Heinrich Heine, das Projekt zu unterstützen: »Gegen den Strom schwimmen, ist Unsinn; ihn aber ins rechte Bett einlenken, oft nicht so schwer«. Heine, der hellsichtige Beobachter der »romantischen Schule in Deutschland«, äußerte sich mit Sympathie und Skepsis. Zwar verdanke man den Hohenzollern den Dombau, aber das königliche Versprechen einer freiheitlichen Verfassung sei bisher nicht eingelöst. Dennoch ließ sich Heine in den Vorstand des Pariser »Hülfsvereins« wählen und zahlte anfangs seine Beiträge an den Dombauverein. Preußen hatte sich zwar verpflichtet, jährlich 50 000 Taler zu zahlen, der »Zentral-Dombau-Verein« aber hatte selbst regelmäßig durch die von überall eingehenden Spenden die gleiche Summe aufzubringen. MK

Lit.: Galley 1958, S. 99-110; Werner 1973; Kat. Köln 1980, Bd. 1, Nr. 10.15, S. 157; Hinck 1983, S. 121-133; Werner 1991, S. 43-54

5/13   **Ernst Friedrich Zwirner** (1802-1861)
Plan für den Ausbau des Kölner Doms ohne Strebebogen (sog. zweiter Schinkelplan)
Juli 1841
Federzeichnung, laviert; 48 x 77,5 cm
Köln, Kölnisches Stadtmuseum (A I 3/218a)

Als 1833 der junge Architekt Ernst Friedrich Zwirner Leiter der Kölner Dombauhütte wurde, legte er erste Pläne für einen provisorischen Ausbau vor, die von Schinkel in Berlin begutachtet wurden. Schinkel war für den schmucklosen Ausbau ohne Gewölbe und Strebebögen. Zwirner dagegen wollte die Kathedrale langsam, aber mit möglichst vielen Details weiterbauen und mußte daher immer wieder Zwischenlösungen präsentieren. Das Hauptproblem war weniger ästhetischer als finanzieller Natur. Der sparsame preußische Staat hatte

§ 1. Herr Dr S. Boisserée liefert gleich nach Unterzeichnung dieses Vertrags seine Bearbeitung der französischen Geschichte und Beschreibung des Doms, und als Honorar für diese neue Bearbeitung sowie für die Benutzung der dazu nöthigen Stahl u. Kupferstiche sichert ihm die Liter. art. Anstalt die Summe von Fünf Hundert Fünfzig Gulden zu.

§ 2. Die französische Ausgabe wird im Quartformat, ganz so veranstaltet und ausgestattet, wie die neue deutsche Ausgabe, und zwar werden Zwey Hundert und Fünfzig Exemplare davon als Text zu dem großen Dom Werk blos mit den zwei Stahlstichen, Fünf Hundert Exemplare aber als besonderes Werk mit den beiden Stahlstichen und den drei Kupferstichen gedruckt. Von dem letzteren erhält Herr Dr S. Boisserée 12 Freiexemplare.

Aus dem Vertrag zwischen Sulpiz Boisserée und der Cotta'schen Buchhandlung, 1842

nur den Erhalt der Bausubstanz, nicht aber den kompletten Ausbau zu finanzieren. Hinzu kamen politische Probleme der rheinischen Provinz mit ihrer unbeliebten neuen preußischen Regierung. 1837 hatte man den Kölner Erzbischof inhaftiert. Jedes größere Domvollendungsprojekt drohte zu scheitern, obwohl sich Schinkel und Zwirner 1838 in Köln auf den von Zwirner ausgearbeiteten, sog. zweiten Schinkelplan geeinigt hatten. Dieser Plan sah den kompletten Ausbau der Kathedrale vor, nun auch mit Gewölben und gotischem Maßwerk, jedoch ohne Strebebögen. Statt dessen sollten eiserne Zuganker im Obergaden eingesetzt werden (in der Bildmitte quer durch die Hochchorgewölbe zu sehen) und außen einfache Strebepfeiler. Auch die Querhausfassaden links und rechts sind hier noch sehr einfach und sparsam konstruiert. Als Friedrich Wilhelm IV. 1840 den Thron bestieg und die politischen »Kölner Wirren« beendet waren, sollte dieser Plan angenommen werden. Zwirner wurde 1841 aufgefordert, anschauliche Zeichnungen anzufertigen. In den Statuten des vom König genehmigten Dombauvereins und in seinen Kabinettsordern war nun darüber hinaus sogar die Rede vom »vollständigen Ausbau nach ursprünglichem Plane« mit Strebebögen und allem gotischen Bau- und Skulpturenschmuck, wie er dann auch ausgeführt wurde.   MK

Lit.: Rode 1960/61, S. 39-98; Wolff 1983, S. 47-77

5/14   **Registratur des Central-Dombau-Vereins zu Coeln, Acta betr. den Hülfs-Verein der Deutschen in Paris**
1842
Akte mit 17 Schriftstücken; 38,5 x 23 cm
Köln, Dombauarchiv (Akte Titel IIc 114)

Präsident des im April 1842 gegründeten »Hülfsvereins« der in Paris lebenden Deutschen für die Vollendung des Kölner Doms wurde der seiner Heimatstadt Köln zeitlebens verbundene Architekt Franz Christian Gau. Nachdem Köln preußisch geworden war, zog Gau vor, in Paris zu bleiben, wo er als Archäologe und Architekt bekannt wurde. Als französischer Staatsbürger und Ritter der Ehrenlegion betonte er, »im Herzen immer Franzose gewesen zu sein«, schließlich habe Köln auch lange zu Frankreich gehört. Gau errichtete in Paris im Auftrag des Präfekten Rambuteau mit Sainte-Clotilde die erste neugotische Kirche, ein umstrittenes Projekt, das die Vorherrschaft der klassischen französischen Architektur brach. Er korrespondierte mit dem Kölner Dombaumeister Zwirner; Pläne wurden zwischen beiden Baustellen ausgetauscht. 1844 wurde Gau zum Ehrenmitglied des Vorstandes des Kölner Dombauvereins ernannt. Im gleichen Jahr hatte Heine der Dombaubewegung den Rücken zugekehrt. Er sah, wie die katholische Reaktion und die preußisch-deutsche Machtpolitik die romantische Bewegung mehr und mehr beherrschten und machte sich in »Deutschland. Ein Wintermärchen« lustig über die »Römlinge« und die »armen Schelme vom Domverein«, die »die alte Zwingburg«, »des Geistes Bastille«, vollenden wollen.

Sein Name verschwindet aus der Akte des Pariser Vereins, der offenbar nur bis 1846 bestanden hat. Gau bedauerte bereits 1843, daß zuwenig Spenden eingingen, »obgleich Paris reiche und wohlhabende Bürger auch unter den dort lebenden Deutschen zählt«. Der Kölner Dombauverein war nie oppositionell, sondern stets auf Vermittlung bedacht. Spätestens nach 1848 geriet er in große finanzielle Krisen. Der Dombau konnte nur durch die preußischen Gelder und die 1865 eingeführte Dombaulotterie finanziert werden.   MK

Lit.: Parent/Biegel/Grosch 1980, S. 228-235; Dann 1983, S. 78-95; Kramp 1995

5/15   **Vertrag zwischen Herrn Oberbaurath Dr. S. Boisserée**
und der Liter. art. Anstalt der
J. G. Cotta'schen Buchhandlung über eine neue französische Ausgabe der Geschichte und Beschreibung des Doms von Cöln
München, 22. Juni 1844
Zeitgenössisches Manuskript; 26 x 21 cm
Marbach a. N., Schiller-Nationalmuseum / Deutsches Literaturarchiv, Cotta-Archiv
(Stiftung der Stuttgarter Zeitung)
(Cotta Vertr. 6)

Der Erfolg des »Domwerkes« veranlaßte den Autor, auch eine französische Fassung herauszugeben. Er handelte mit seinem Verleger Cotta in Stuttgart aus, die großen Kupferstiche der alten Prachtausgabe von 1821-1831 sowie zwei weitere Stahlstiche mit einem französischen Text versehen nochmals in zwei verschiedenen Ausstattungen in einer Auflage von 250 bzw. 500 Exemplaren aufzulegen. In Frankreich stieß der Kölner Dombau auf großes, im ganzen wohlwollendes Interesse. Boisserées Engagement war hier durchaus bekannt. César Daly, der Herausgeber einer renommierten Architekturzeitschrift, hatte 1842 das Unternehmen ausdrücklich gewürdigt – informiert durch Boisserées Domwerk und durch einen Schüler des Franz Christian Gau. Daly sah im Dombauprojekt den Ausdruck der katholischen Einheit, würdigte aber auch frei von antideutschen Ressentiments dessen nationale Bedeutung und forderte Franzosen und Deutsche auf, die Domvollendung in Köln zu unterstützen: »Enfants de Charlemagne, Germains et Gallo-Francs, vous n'êtes pas voués à d'éternelles inimitiés; nous nous embrasserons un jour« (Kinder Karls des Großen, Germanen und Gallofranken, ihr seid nicht endlosem Haß ausgesetzt; eines Tages werden wir uns umarmen). Ein Jahr später erkannten unvoreingenommene Kunsthistoriker, daß die Gotik nicht die »Deutsche Baukunst« war, wie u.a. Boisserée noch 1823 in einem Vortrag vor der Pariser Académie des Beaux-Arts betont hatte, sondern ihren Ursprung ausgerechnet in Frankreich hatte. Vom Kölner Dom als »kerndeutschem Bau« durften neugotische Theoretiker wie Reichensperger in Deutschland nun nicht mehr sprechen, während in Frankreich die Betrachtung der Gotik als nationaler Stil den Restaurierungsbemü-

5/17

hungen eines Lassus und Viollet-le-Duc und den neugotischen Bauplänen eines Gau in Paris Auftrieb gaben. MK
Lit.: Daly 1842; Moisy 1956, S. 30-37; Grätsch 1973/74, S. 161-164; Germann 1974; Kramp 1995

5/16   **Carl Georg Enslen** (1792-1866)
         Der Kölner Dom in seiner antizipierten
         Vollendung von Westen
         1839
         Öl auf Leinwand; 176,5 x 121,5 cm
         Zürich, Schweizerisches Landesmuseum
         (Dep. 3167)
         Abb. S. 277

Diesem Bild liegt die Tafel V aus Sulpiz Boisserées »Domwerk« zugrunde: »Hauptseite, wie sie vollendet werden sollte« (5/10). Die Grafik Boisserées ist hier ganz ins Phantastische gesteigert worden. Rechts des vollendeten Doms erkennt man die Kölner Kirchen Groß St. Martin und St. Apostelln, die in Wirklichkeit an anderer Stelle stehen. Sie sind, wie auch die völlig erfundene Architektur im Vordergrund, Versatzstücke einer Kulisse, die, nach den Kostümen der Personen zu urteilen, ein Traumbild vom deutschen Mittelalter um 1500 zeigt. Der in dieser Zeit unvollendete Dom wird zum Mittelpunkt einer rückwärtsgewandten Utopie. Enslen war ein bedeutender Maler von Klein- und Zimmerpanoramen. Trotz der Fürsprache des preußischen Königs Wilhelm IV. wurde dem zwergwüchsigen und menschenscheuen Enslen die Anerkennung versagt, da man die als Massenmedium beliebte »Prospektmalerei« als künstlerisch minderwertig betrachtete. Sein Dombild wurde 1965 beim Abriß eines Zürcher Hauses entdeckt.

Es war Teil einer Wandbemalung, die u.a. Rheinlandschaften, das Freiburger Münster, die Nürnberger Burg und ein Dürerbildnis zeigte und somit das deutsche Spätmittelalter zum Thema hatte. Der Hausherr war August Adolf Ludwig Follen, einer der Köpfe der radikalen Opposition, bekannt als »Gießener Schwarze« wegen ihrer dunklen altdeutschen Tracht. Aus dieser Gruppe stammte der Student Ludwig Sand, der 1819 den reaktionären Diplomaten von Kotzebue ermordete. Der Anschlag verschaffte der restaurativen Politik Metternichs den Anlaß, die Opposition zu unterdrücken. Follen entkam der Kerkerhaft durch die Flucht nach Zürich. Die Gruppe um Follen erträumte sich die Vollendung des Kölner Doms als »Dom der teutschen Freiheit«. MK
Lit.: Dieckhoff 1980, S. 63-105, 259-285; Oettermann 1993, S. 206-229

5/17   Nach **Tony Avenarius** (1836-1901)
         Die Germania hält den Lorbeerkranz preußisch-
         deutscher Siege schützend über den Kölner Dom
         Tafel XXVIII aus: Historischer Festzug
         veranstaltet bei der Feier der Vollendung des
         Kölner Domes am 16. October 1880
         Köln, Warnitz u. Co., o.J. (1880/81)
         Farblithographie; 45 x 80 cm
         Köln, Kölnisches Stadtmuseum (R 323a)

Die Domvollendung 1880 wurde in Köln mit einem großen historischen Festzug in Anwesenheit der kaiserlichen Familie, weiterer Fürsten und hochgestellter Persönlichkeiten gefeiert. Bilderbogenartige Farblithographien nach Aquarellen von Avenarius illustrierten das Ereignis und wurden in großen Alben in verschiedenen Ausga-

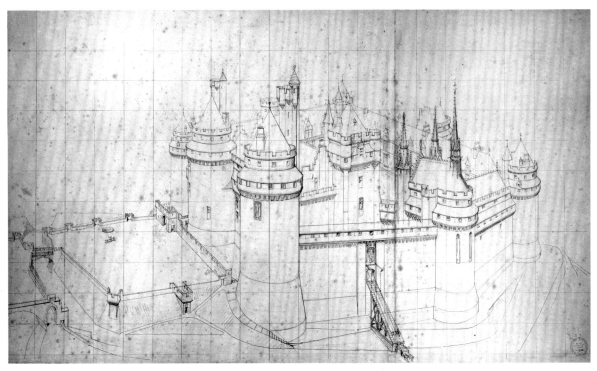

5/18

ben verbreitet. Der aufwendige Zug nach dem Vorbild ähnlicher Ereignisse in Ulm und Wien gliederte sich in 29 Gruppen mit Motiven aus der Geschichte des Dombaus vom Mittelalter bis zur Gegenwart. In der letzten Gruppe mit dem Titel »Die Wacht am Rhein« paradierten deutsche Truppen. Vorher sah man das hier abgebildete Motiv der Domvollendung. Diese historisierende Allegorie bot dem wohlhabenden Kölner Bürgertum Gelegenheit zur repräsentativen Selbstdarstellung: Unterhalb der Germania stellten »Frl. Lina Weithoff«, »Frl. Fanny Meuser«, »Frl. Helene Mohr« und »Frl. Frieda Buddekke« als Bavaria, Borussia, Hansa und Badenia die Rheinstaaten dar, vor dem Wagen schritten »Pagen« des Kölner Turnvereins mit den Wappen und Fahnen der deutschen Reichslande, Kölner Bankiers und Kaufleute zogen in mittelalterlichen Kostümen auf. Vor dem Hintergrund des Kulturkampfes hielt sich die katholische Kirche vollständig zurück. Nach dem letzten Dombaufest von 1848 war nun ganz der kleindeutsch-nationale Aspekt der Domvollendung in den Vordergrund gerückt: »[...] nach dem furchtbaren Gewitter, das sich über Frankreich entlud, war über Deutschland dieser helle Morgen aufgeleuchtet [...] Kein Wunder, daß das Kölner Dombaufest, an welchem der Schöpfer der deutschen Einheit, der deutsche Kaiser [...] persönlich Antheil nahm[en], eine Herrlichkeit und eine Pracht entfaltete, die über jeder Vergleichung erhaben ist.« Der Kaiser war so beeindruckt, daß er den Zug ein zweites Mal an sich vorüberziehen ließ. MK

Lit.: Hartmann 1980, Bd. 1, S. 210-214, Bd. 2, S. 140-149; Wagner 1992, S. 37-40

5/18 **Eugène Emmanuel Viollet-le-Duc**
(1814-1879)
Schloß Pierrefonds. Perspektivische Ansicht der Südseite
Um 1857
Bleistift, Tusche; 51,5 x 88 cm
Paris, Centre de recherche sur les monuments historiques (338)

Das Schloß von Pierrefonds, dessen Ursprünge bis 1392 zurückreichen, ist eines der schönsten und interessantesten Baudenkmäler in Frankreich. 1617, während der Belagerung durch Ludwig XIII., wurde es bombardiert und kurz danach teilweise abgerissen. Napoleon I. kaufte es, Louis-Philippe feierte dort seine Feste, aber erst Napoleon III., der seine Residenz im benachbarten Compiègne hatte, setzte sich für seinen Wiederaufbau ein und vertraute die Arbeit einem der führenden Propagandisten der Neugotik an, Viollet-le-Duc, der bis zu diesem Zeitpunkt bereits an der Restaurierung der Sainte-Chapelle in Paris, der Westfassade der Kirche Sainte-Madeleine in Vézelay sowie der Notre-Dame in Paris maßgebend beteiligt gewesen war. Die Arbeiten in Pierrefonds erfolgten in drei Etappen: Von 1858 bis 1861 wurde der Bergfried inmitten der pittoresken Ruinen rekonstruiert, damit der Kaiser und seine Gattin gelegentlich hier ihren Wohnsitz beziehen konnten. 1859 wurden die Außenmauern, Zwischenfassaden und Türme restauriert. Zwischen 1861 und 1866 wurde das Schloß zu einer prunkvollen Residenz für Napoleon III. ausgebaut. Der Kaiser war ein großer Anhänger des gotischen Stils. Viollet-le-Duc gestaltete für ihn einen

repräsentativen Eisenbahnwagen, der mit neogotischen Möbeln ausgestattet wurde. Nach seinem Wunsch hätte die Pariser Oper in diesem Stil erbaut werden sollen. Mit wenigen Strichen gibt Viollet-le-Ducs Federzeichnung eine perspektivische Sicht des Gebäudes wieder, belebt durch die Darstellung eines in den Hof galoppierenden Reiters, der dem Größenvergleich dient. Sie ist eine von mehreren gezeichneten und aquarellierten Ansichten, die im Laufe der Restaurierung entstanden. AC
Lit.: Kat. Washington 1988, Nr. 74, S. 60; Kat Mailand 1990, Nr. 121

5/19 **Paul Huet** (1803-1869)
Schloß Pierrefonds nach der Restaurierung
Um 1867
Bez. u.r.: Paul Huet
Öl auf Leinwand; 109,5 x 162,5 cm
Compiègne, musée national du château
(C.87.001)
Abb. S. 278

Mit dieser vor 1867 entstandenen Darstellung des Schlosses von Pierrefonds nach der Restaurierung und ihrem um 1868 gefertigten Gegenstück, das das Schloß als Ruine zeigt, wurde Paul Huet von Napoleon III. beauftragt – ein weiterer Beweis für die große Begeisterung und das Interesse des Kaisers für den von Viollet-le-Duc restaurierten gotischen Bau. Kaiserin Eugénie behielt die beiden Gemälde in ihren Exilresidenzen in England bis zu ihrem Tode, danach gelangten sie über den Kunsthandel nach Compiègne. Das Gemälde wurde im Salon 1867 ausgestellt. Zu dieser Zeit war die Restaurierung des Schlosses abgeschlossen. Paul Huet machte sich bereits Ende der 20er Jahre als Landschaftsmaler und Graphiker einen Namen; vor allem wurde er wegen der von ihm entdeckten »Paysage intime« bewundert. Bereits 1830 schrieb Sainte-Beuve in »Le Globe« (23. Oktober) über seine Malerei: »Die Natur vor allem, die Natur selbst und mit allen ihren verschiedenen Einzelheiten, Hügeln, Hängen, Tälern, mit Kirchtürmen und Ruinen in der Ferne, die Natur unter einem hohen Himmel, mächtig und voller Zufälligkeiten – so ist die Landschaft, wie Huet sie auffaßt; und die Ausführung entspricht dieser Idee. Breite Pinselzüge, eine Fülle des Tons, die auf den Eindruck des Ganzen ausgeht; Wellen von Licht und Schatten; unvergleichliche Nuancen im Dickicht der Blätter und der Tiefe des Raumes, Nuancen, die man nur ahnen kann«. AC
Lit.: Kat. Beauvais 1990, S. 75 u. 155f.

5/20

5/20 **Jean Charles Emmanuel Nodier** (1780-1844),
Isidor Justin Severin Baron Taylor (1789-1879) und
Alphonse de Cailleux (1788-1876)
Voyages pittoresques et romantiques dans l'ancienne France. Vol. 2: Auvergne
(Malerische und romantische Reisen durch das alte Frankreich. Bd. 2: Auvergne)
Paris: Charles Emmanuel Didot 1829
Aufgeschl. Tafel 165bis: Der Fels von St. Michel in Puy-en-Velay
Paris, Bibliothèque Nationale de France, Département des Imprimés
(Gr.fol. L15 28, Vol. 2)

Diese zwischen 1820 und 1878 erschienene Publikationsreihe, die zu den schönsten des 19. Jahrhunderts zählt, übte einen großen Einfluß auf die Renaissance der Gotik in Frankreich aus, vergleichbar der wissenschaftlichen Arbeit des Restaurators Arcisse de Caumont, die die zeitgenössische Archäologie entscheidend bestimmte. Die Sammlung der Reisebilder zeigt malerische und romantische Motive aus »alter Zeit« und ist nach Regionen gegliedert. Ursprünglich waren 30 Bände geplant, erschienen sind jedoch nur 21 großformatige Bände, von denen drei der Normandie, zwei der

5/22

Auvergne, vier dem Languedoc, drei der Picardie, zwei der Bretagne, drei der Champagne und jeweils ein Band Burgund, der Franche-Comté und der Dauphiné gewidmet sind. Die schönsten Architektur- und Landschaftsansichten in Form lithographierter Vignetten und prächtiger Bildtafeln stammen von herausragenden Malern und Graphiken. Die Steine zeichneten u.a. Nicolas Marie Joseph Chapuy, Pierre Luc Charles Cicéri, Louis Jacques Mandé Daguerre (der Erfinder der Daguerreotypie), Adrien Dauzats, Théodore Géricault, Paul Huet, Jean Auguste Dominique Ingres, Eugène Isabey und sein Vater Jean-Baptiste Isabey, Célestin François Nanteuil, Taylor selbst, Horace Vernet, Eugène Emmanuel Viollet-le-Duc. Vor allem Richard Parkes Bonington bestimmte mit seinen Blättern den Typus der Stadtansichten der klassischen französischen Lithographien in grausilbrigem bis tiefschwarzem Ton. AC

Lit.: Kat. Paris 1930, Nr. 360, S. 115

5/21 **Architekturbüro von Eugène Emmanuel Viollet-le-Duc** (1814-1879)
Westfassade der Kathedrale Notre-Dame von Clermont-Ferrand
Bez. u.r.: Dressé par l'architecte soussigné le (?) décembre 1864. E. ViolletleDuc.
1864
Aquarell; 101,8 x 65,6 cm
Paris, Centre de recherche sur les monuments historiques (MSC 1833)
Abb. S. 277

Die Konstruktion der Kathedrale von Clermont-Ferrand wurde 1248 mit dem Bau der Apsis begonnen. Im 14. Jahrhundert entstand das Kirchenschiff mit zwei romanischen Türmen, die zwischen 1850 und 1853 abgetragen wurden. 1855 wurde Viollet-le-Duc mit der »Vergrößerung und Vollendung« der Kathedrale beauftragt. Bis 1864 führte man kleinere Arbeiten durch, so die Ausgrabungen in der karolingischen Krypta, die Anfertigung des Bischofsstuhles und eines den Chor abschließenden Gitters sowie die Festigung der Fundamente und die Reparatur eines Glockenturms am nördlichen Transept. Im selben Jahr erhielt Viollet-le-Duc den Auftrag zur endgültigen Vervollständigung des Schiffes und der Westfassade. Im Rahmen dieses Projekts ging es dem Restaurator und Architekten vor allem darum, eine »ideale gotische Kathedrale« aufzubauen, deren Konzeption er in der Schrift »La vue de la cathédrale de Clusy, commencement du XIIIe siècle«

entwickelt hatte. Viollet-le-Duc, im 19. Jahrhundert wohl die bedeutendste Autorität auf diesem Gebiet, folgte sowohl beim Bau wie bei der Rekonstruktion und Restaurierung mittelalterlichen Konstruktionsprinzipien. AC
Lit.: Kat. Clermont-Ferrand, 1979, Nr. 53, S. 45; Kat. Paris 1980(b), Nr. 291, S. 187

5/22 **Karl Friedrich Schinkel** (1781-1841)
Plan zur Restauration von Stolzenfels am Rhein
1836
Bez. u.l.: Plan zur Restauration von Stolzenfels am Rhein; dazu Raumangaben; u.r.: Schinkel 1836; darunter (aufgeklebt): Burg Stolzenfels a/Rhein, von Schinkel restaurirt 1836
Feder, aquarelliert; 64,4 x 101,2 cm
Berlin, Staatliche Museen zu Berlin, Kupferstichkabinett (Schinkel SM 30.20)

Die im 13. Jahrhundert errichtete und im 15. Jahrhundert erweiterte Burg war 1689 von den Truppen Ludwigs XIV. zerstört worden. 1823 erhielt der preußische Kronprinz Friedrich Wilhelm IV. die Ruine von der Stadt Koblenz zum Geschenk. Der 1834 einsetzende Ausbau geschah vor dem Hintergund der Bestrebungen der Hohenzollern, die preußisch gewordene Rheinprovinz, die geschichtsträchtigste deutsche Landschaft, ideell und politisch in ihren Staat zu integrieren. Schinkel erstrebte den vollständigen Ausbau der Ruine zu einer schloßartigen Burg, indem er die Fragmente nicht so sehr ergänzte als sie zu einer effektreichen, malerisch empfundenen, zugleich repräsentativen Gesamtgruppe umformte. Die Fertigstellung in ihrer heutigen Form, in der sie eines der markantesten Beispiele eines national aufgefaßten Historismus darstellt, erfolgte erst nach Schinkels Tod durch die Architekten des nunmehr königlichen Bauherrn, Friedrich August Stüler, Ludwig Persius und Heinrich Strack. GR
Lit.: Brües 1968, S. 128-149; Rathke 1979, S. 46-115; Kat. Berlin 1980, Nr. 584f., S. 325f.

5/23 **Friedrich August Stüler** (1800-1865)
Französische Vase mit verzierten Henkeln
Nach 1849
Marke: unterglasurblaues Zepter mit Pfennigmarke
Porzellan (KPM); H. 66 cm
Berlin, Berlin-Porzellansammlung Belvedere, Schloß Charlottenburg, Land Berlin (B 78/2)

Das Modell gehört zu einem mit Ansichten von Schlössern Friedrich Wilhelms IV. dekorierten Vasenpaar. Auf der einen Seite zeigt es die Schloßkapelle der Burg Stolzenfels am Rhein nach Caspar Scheuren, auf der anderen Schloß Sanssouci nach Carl Daniel Freydanck. Entsprechend sind auf dem Gegenstück Schloß Charlottenburg von der Gartenseite aus nach einem Gemälde von Freydanck und Schloß Brühl nach einem Aquarell von

5/23

Scheuren dargestellt. Die Ansichten auf der Kratervase sind in »natürlichen« Farben ausgeführt und mit einem goldenen Rahmen versehen. In der Königlichen Porzellanmanufaktur wurden sowohl Vasen als auch große Kandelaber und Porzellantische nach Entwürfen von Karl-Friedrich Schinkel, Johann Heinrich Strack und Friedrich August Stüler ausgeführt. Stüler entwarf auch dieses Modell. Er war Architekt und als Nachfolger Schinkels zunächst gemeinsam mit Ludwig Persius und nach dessen Tod alleiniger Berater des Königs in allen baulichen Angelegenheiten. Überdies war Stüler Mitglied des Ehrenrats der Königlichen Porzellanmanufaktur zu Berlin. AC
Lit.: Kolbe 1863, S. 257; Baer 1989, S. 18

5/24   **Johann Ludwig Bleuler** (1792-1850)
Schloß Stolzenfels am Rhein von Süden
Um 1850
Radierung, gouachiert;
43, 5 x 61 cm
Mainz, Landesamt für Denkmalpflege –
Verwaltung der staatlichen Schlösser
Rheinland-Pfalz (Schloß Stolzenfels,
Raum 45, Nr. 1)
Abb. S. 278

Das Schloß Stolzenfels wurde vom Künstler, der eine Serie von 80 mit Gouache ausgemalten Ansichten der Rheinlandschaft zeichnete und stach, vom Süden aus dargestellt. Nach dem Wiener Kongreß fielen die sogenannten Rheinprovinzen und das Saarland an Preußen. Auf die Anregungen des preußischen Kronprinzen, des späteren Königs Friedrich Wilhelm IV., der seit 1820 als Kommandeur beim preußischen Militär in Düsseldorf stand, gingen Ankäufe und Wiederherstellungen einiger rheinischer Burgen zurück. Die ersten Bauaufnahmen und Restaurierungspläne für Stolzenfels, seit 1823 im Besitz des Kronprinzen, wurden von Johann Claudius von Lassaulx, der auch die Arbeiten auf Burg Rheinstein leitete, erstellt. Karl Friedrich Schinkel betreute den Wiederaufbau der Burg, er legte zuerst 1825 und 1836 einen neuen Entwurf vor. Zunächst war der Ausbau in Form der mittelalterlichen Burgen als kompakter, geschlossener Baukörper vorgesehen. Diese Pläne wurden nach dem Tod des Architekten geändert. Die weitere Bauleitung übernahmen seine Nachfolger in der Berliner Oberbaudeputation: Ludwig Persius, Friedrich August Stüler und Johann Heinrich Strack. Sie gaben der Burg ihre dekorativen gotisierenden Formen. Das Einweihungsfest fand am 14. September 1842 statt, als das Schloß bereits wesentlich fertiggestellt war. Abgeschlossen wurden die Umbauarbeiten im Jahre 1847. Schloß Stolzenfels war der bevorzugte Aufenthaltsort Friedrich Wilhelm IV. bei seinen Besuchen am Rhein.   AC
Lit.: Schloß Stolzenfels 1993

5/25   **Möbel aus Schloß Stolzenfels**
Vor 1842
a) Zwei Sessel
Helle Eiche, poliert, Wollbrokat
je 109 x 60 x 54 cm
b) Kabinettschrank
Dunkle Eiche, poliert;
133 x 94 x 50 cm
Mainz, Landesamt für Denkmalpflege –
Verwaltung der staatlichen Schlösser
Rheinland-Pfalz (Schloß Stolzenfels, a. Raum 57, Nr. 3.1. und 3.2.; b. Raum 68, Nr. 1)

Schloß Stolzenfels wurde am September 1842 eingeweiht. Am Abend des 14. September 1842 betrat König Friedrich Wilhelm IV. zum ersten Mal die neu erbaute Burg. Zu diesem Zeitpunkt waren bereits alle Räume mit neu angefertigten Möbeln teilweise in gotischen Stil,

5/26

teilweise im Stil der Renaissance oder des Barocks komplett eingerichtet. Der ornamentierte Kabinettschrank stammt aus dem Vorzimmer Friedrich Wilhelm IV., die zwei Sessel gehören zu einer Möbelgarnitur aus dem Empfangszimmer der Königin, wobei der rote, gelb gemusterte »Meubles-Stoff« mit dem der Gardinen identisch war.   AC
Lit.: Dohme 1850, S. 44; Himmelheber 1973, Abb. 755, S. 396

5/26   **Pendule »à la cathedrale«**
Um 1842
Holz, weiß gestrichen, Metallmontierung,
bemaltes Glas; 28 x 18 x 12 cm
Mainz, Landesamt für Denkmalpflege –
Verwaltung der staatlichen Schlösser
Rheinland-Pfalz (Schloß Stolzenfels,
Raum 62, Nr. 13)

Die kleine »Nacht-Uhr«, die auf weißem Holzgehäuse feine, stählerne Verzierungen und bunte Malereien enthält, darunter eine »Ansicht von Stolzenfels« aus dem Schlafzimmer des Königspaars, ist in gotischem Stil »à la cathédrale« gestaltet. Mit einer Kerze kann sie als Nachttischlampe benutzt werden.   AC
Lit.: Dohme 1850, S. 54

5/28

5/27   **Carl Maria von Weber** (1786-1826)
Oberon. Romantische Oper in drey Acten
Berlin: Schlesinger 1826
London, The Board of Trustees of the Victoria
& Albert Museum (L. 491-1971)

Carl Maria von Webers romantische Oper »Oberon« nach einem auf Wielands gleichnamigem Versepos von 1780 beruhenden Libretto von James Robinson Planché wurde im Londoner Covent Garden am 12. April 1826 uraufgeführt. Die deutsche Erstaufführung fand erst am 23. Dezember in Leipzig statt. Publikum und Kritiker waren gleichermaßen begeistert, so daß der Komponist seiner Frau aus London schreiben konnte: »Ich habe Oberon nun achtmal in acht Tagen dirigiert, jedesmal brechend volles Haus, jedesmal die größte Teilnahme. Es ist das entschiedenste Furore, das es geben kann; Gott sei ewig gedankt.« Die für Herzog Wilhelm von Braunschweig bei Schlesinger in Berlin hergestellte Ausgabe der Partitur wurde mit einem kostbaren Einband aus grauem Ziegenleder mit rosa und grünen Lederapplikationen und Goldprägung »à la cathédrale« von Johann Jakob Selencka ausgestattet.   AC

5/28   **Tulout** (geb. 1750)
Marie Louise Archiduchesse d'Autriche,
Impératrice des Français
Um 1810
Bez u.: Dessinée par Tulout, Gravée par
A. Legrand. A Paris chez Jean, Rue St. Jean
de Beauvais, No. 10
Lithographie; 49,7 x 33,5 cm
Berlin, Staatliche Museen zu Berlin,
Kunstbibliothek
(Lipp. Slg.1260,26)

Marie Louise, Erzherzogin von Österreich und Kaiserin von Frankreich, war Tochter Kaiser Franz II. Sie wurde von Napoleon I. zur Gemahlin gewählt und gegen ihren Willen 1810 mit ihm verheiratet. Der Künstler hat die junge Kaiserin nach der herrschenden Mode mit hochgestecktem, von einem Stirnband gehaltenem und mit Haarschmuck verziertem Haar dargestellt. Der Spitzenkragen »à la cathédrale« schmückt ihr tief dekolltiertes Kleid. Der Lithograph Auguste Legrand war durch seine Bildnisse u.a. der Herzogin Amalie von Leuchtenberg (1831), des Generals Fabier und der »Repräsentanten von 1848« bekannt.   AC

5/29   **Porte-bouquet und drei Faltfächer
»à la cathédrale«**
Um 1830
a) Messing vergoldet, punziert, geschnitzt,
grün gefärbtes Glas; H. 11,4 cm
b) Holz, Gouache, Pailletten, Perlmutt;
H. 22 cm
c) Horn, schildpattartig gefärbt,
Pailletten, Gouache;
H. 18,9 cm
d) Horn, schildpattartig gefärbt, Gouache,
Metall; H. 18,9 cm
Paris, Musée de la Mode et du Costume
(a. 1990-121-1; b. 1988-4-27; c. 1981-95-117;
d. 1981-95-83)
Abb. (c und d) S. 279

Die drei Faltfächer – der aus Holz geschnittene ist sehr wahrscheinlich deutscher Herkunft – und das fein geschnitzte Porte-bouquet, in dem Zierblumen getragen werden konnten, alle um 1830 entstanden, gehören zu den kunstvollen Accessoires, die, der Mode folgend, in gotischem Stil mit Motiven »à la cathédrale« verziert worden sind. Die Gotikmode stellte sich nicht nur in gemalten bzw. skulptierten Kompositionen dar, sie kam vor allem in Form eleganter Accessoires zum Ausdruck, deren Gestaltung sehr häufig architektonischen Motiven folgte.   AC

Michael Werner

Junges Deutschland im jungen Europa
Die deutschen Emigranten in Paris

Deutsch-französisches Geistesbündnis

Als Charles Augustin Sainte-Beuve sich um die Mitte des 19. Jahrhunderts eine französischen Akademie erträumte, in die nur deutsche Mitglieder aufgenommen werden dürften, und umgekehrt eine deutsche Akademie, die nur aus Franzosen bestünde, reihte er sich damit in die Tradition der Intellektuellen ein, die beiderseits des Rheins die Komplementarität deutschen und französischen Geistes zu denken versuchten. Schon die deutschen Jakobiner in Paris hatten vor der Jahrhundertwende von einer deutsch-französischen Allianz geträumt, von einem revolutionären Bündnis, zu welchem die Deutschen ihre philosophische Gedankentiefe und die Franzosen ihre Befähigung zur schnellen Umsetzung in die politische Tat beisteuern sollten. Kant, so hieß es, habe mit seiner Schrift *Vom ewigen Frieden* den Weg zu einer dauerhaften Befestigung wahrhaft aufgeklärter politischer Verhältnisse gewiesen, einen Weg, auf dem Sieyès in Frankreich weiterzugehen habe, um den beiden Ländern eine gemeinsame aufgeklärte Zukunft zu eröffnen (1/24). Indessen hatten die napoleonischen Kriege und die entsprechende nationale Reaktion in Deutschland sowie die politische Restauration nach 1815 zunächst eine Entwicklung herbeigeführt, in der kaum Platz für derlei Überlegungen war. Aber nach der Julirevolution von 1830 wurde genau diese Idee einer »alliance intellectuelle« wieder aufgenommen, in Deutschland wie auch in Frankreich, und zwar von Intellektuellen und Schriftstellern, die sich eher in die Tradition der Revolution stellten – ob sie diese nun für historisch abgeschlossen hielten oder nicht. Dazu gehörten in Frankreich Victor Cousin und seine Anhänger, die meinten, mit dem Julikönigtum habe sich eine konstitutionelle Monarchie etabliert, welche die Hegelsche Geschichtsphilosophie verarbeitet und darum die Revolution zu ihrem begrifflichen Ausgleich geführt habe. In ähnlicher Weise, aber mit anderer politischer Zielsetzung, suchten auch die Saint-Simonisten für die von ihnen vorausgesagte künftige soziale Umwälzung die Legitimation durch die prestigeträchtige deutsche Philosophie, riefen radikale Republikaner und Revolutionshistoriographen wie Louis Blanc nach einem neuen Bündnis mit den deutschen Hegelianern auf. Auf der anderen Seite strebten auch in Deutschland die führenden Köpfe der Opposition nach der Anerkennung durch die französischen Liberalen. Einen ihrer beredtesten Wortführer hatte die Idee einer deutsch-französischen Rollenverteilung im Geschichtsprozeß schon in Heinrich Heine gefunden. Er hatte sie bereits im Herbst 1830 auf den Punkt gebracht: »Man vergleiche nur die Geschichte der französischen Revolution mit der Geschichte der teutschen Philosophie, und man sollte glauben: die Franzosen, denen so viel wirkliche Geschäfte oblagen, wobey sie durchaus wach bleiben mußten, hätten uns Teutsche ersucht, unterdessen für sie zu schlafen und zu träumen, und unsre teutsche Philosophie sei nichts anders als der Traum der französischen Revolution. So hatten wir den Bruch mit dem Bestehenden und der Ueberlieferung im Bereich des Gedankens eben so wie die Franzosen im Gebiete der Gesellschaft. […] Kant war unser Robespierre.« (Bd. 4, S. 255)[1]

Die Parallelisierung von Französischer Revolution und deutscher Philosophie entwickelte Heine bald darauf 1835 thematisch in seiner Schrift *Zur Geschichte der Religion und Philosophie in Deutschland*, in der er dann auch konsequent – als Folge der philosophischen Umwälzung – eine politische Revolution in Deutschland prophezeite. In seinem Gefolge predigten Hegel-Adepten wie Moses Heß eine *Philosophie der Tat*, unter deren Anleitung die Verhältnisse in Deutschland wie in ganz Europa umzugestalten seien. Ludwig Börne verfolgte mit seiner Pariser Zeitschrift *La Balance* 1836 das Ziel einer deutsch-französischen Verständigung auf dem Gebiet des Geistes, in welcher er eine Vorbedingung für die politische Erlösung Europas erblickte. Und schließlich schlossen sich auch Arnold Ruge und Karl Marx mit ihrem programmatischen Projekt der *Deutsch-französischen Jahrbücher* von 1843 an die von Heine und Börne vorgegebene politische Linie des geistigen Bündnisses zwischen Deutschland und Frankreich an, wobei sie fest daran glaubten, daß nur in Paris, in Verbindung mit den dortigen fortschrittlichen Denkern, der Ausweg aus der »deutschen Misere« zu finden sei.

Deutsche Emigranten in Paris

Die soziale Grundlage derartiger Gedankenkonstruktionen war die Präsenz einer deutschen Kolonie in Paris und anderen französischen Großstädten. Schon seit vielen Jahrhunderten war Frankreich ein deutsches Einwanderungsland gewesen, Zielpunkt einer Einwanderungsbewegung, die alle sozialen Schichten umfaßte, von Handwerkern über Soldaten zu Geschäftsleuten aller Art, Intellektuellen, Künstlern, Musikern und Wissenschaftlern. Neu war indessen seit der Französischen Revolution die politische Komponente, die sich dann auch nach 1830 wieder verstärkte. Aber auch in der Zeit des Jungen Deutschland und des Vormärz ruhte die politische Emigration auf einem breiten Sockel wirtschaftsbedingter Wanderungsbewegungen. Die Deutschen stellten 1830 die größte ausländische Bevölkerungsgruppe in Paris und nach den Belgiern die zweitgrößte in Frankreich dar. In Paris zählte man damals ungefähr 7000 Deutsche. Bis 1848 stieg ihre Zahl auf 62 000, bei insgesamt 170 000 Ausländern in Paris und im Département Seine. Anders ausgedrückt: Am Vorabend der Revolution von 1848 war mehr als jeder dritte Ausländer und jeder zwanzigste Einwohner von Paris ein Deutscher. Dieser beträchtliche Anteil wie die zugrunde liegende Migrationsdynamik gingen, wie gesagt, primär auf wirtschaftliche und soziale Gründe zurück, auf den durch eine lange Agrarkrise und hohen Geburtenüberschuß hervorgerufenen Pauperismus in Deutschland. Dementsprechend zählten ein Großteil dieser Immigranten – je nach Zeitraum zwischen 75 und 90 Prozent – zur Schicht der Handwerker und Arbeiter. Bestimmte Handwerkssparten wie die Schuster, Schneider, Buchdrucker, Tischler wiesen einen besonders hohen deutschen Anteil auf und galten 1847 in Paris geradezu als germanisiert. Dazu kamen die schon stark proletarisierten Tagelöhner und Arbeiter, auf die man etwa beim Straßen- und Eisenbahnbau zurückgriff.

Demgegenüber stellten die kaufmännischen, intellektuellen und künstlerischen Berufe natürlich nur eine kleine Minderheit dar. 1830 betrug ihr Anteil etwa 20 Prozent, 1848 sank er auf unter 10 Prozent, obwohl sich ihre Zahl absolut mehr als verdoppelte. Doch vergleichbare Proportionen von Unter-, Mittel- und Oberschicht galten damals für die gesamte französische Gesellschaft, wie übrigens auch für die deutsche. Und so können wir in der Epoche des Vormärz insgesamt von einer stark anwachsenden deutschen Bevölkerungsgruppe in Frankreich ausgehen, einer mobilen Gruppierung in der Gesellschaft, mehr oder weniger integriert in die französische Umwelt, in sich durchaus differenziert und mit einer beachtlichen sozialen Dynamik ausgestattet.

Mehr als die ökonomischen Verkehrs- und Integrationsformen haben uns hier die kulturellen und politischen Prozesse zu interessieren, in welche diese Gruppen eingebunden waren und die sie ihrerseits vorantrieben. Denn die deutsche Emigration in Paris war ein eminent wichtiger Akteur des geistigen und kulturellen Austausches zwischen Deutschland und Frankreich. Dabei ist nicht nur an bekannte Schriftsteller wie Börne, Heine und Herwegh zu erinnern, sondern auf eine ungemein breite, zahlreiche Felder des kulturellen Lebens betreffende Aktivität zu verweisen, die hier im einzelnen nicht beschrieben werden kann. Stellvertretend seien nur drei Bereiche kurz gestreift, die in mehrfacher Hinsicht Modellcharakter besitzen: das Buch-

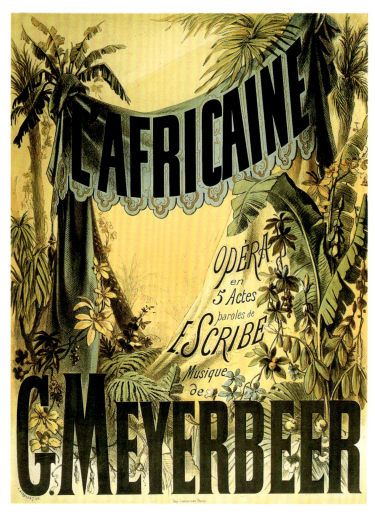

A. (J.) Barbizet: Plakat für »L'Africaine«, Oper von Giacomo Meyerbeer, 1865. Paris, Bibliothèque Nationale de France, Musée de l'Opéra (6/17)

und Verlagswesen, das musikalische Leben und die Wissenschaft.

Deutsche Buchhändler gab es schon im 18. Jahrhundert in Paris, doch erst ab 1830 nahm ihr Geschäft dort einen regen Aufschwung, was zum einen mit der dortigen Entwicklung des literarischen Marktes zusammenhing, zum anderen aber eine Reihe von spezifischen Gründen hatte, unter denen das wachsende Interesse in Frankreich für deutsche Kultur und die besondere auf dem Kommissionsgeschäft beruhende Organisationsstruktur des deutschen Buchwesens zu nennen sind. Die Erfahrungen mit diesem System erleichterten den deutschen Verlegern und Buchhändlern die Anpassung an die Bedingungen des internationalen Buchgeschäfts. So faßten bedeutende Verlegerdynastien wie Brockhaus, Vieweg und Campe in Paris Fuß, wo sie luxuriös ausgestattete Buchhandlungen, teilweise mit anschließendem Lesekabinett eröffneten. Sowohl auf dem belletristischen wie auch auf wissenschaftlichem Sektor erlangten

Henri Meyer: Plakat für »Le Roi Carotte«, Operette mit Musik von Jacques Offenbach, 1872. Paris, Bibliothèque Nationale de France, Musée de l'Opéra (12a/8)

die deutschen Verlagsbuchhandlungen eine bedeutende Stellung. Darüber hinaus brachten sie einen Großteil des deutsch-französischen Buchhandels in ihre Hand, importierten in Frankreich die im Börsenverein erprobten Methoden der Katalogherstellung und des Bibliographierens und förderten den Austausch von technischem Fortschritt im graphischen Gewerbe.

Auch im Musikleben nahmen deutsche Verleger wie Moritz (Maurice) Schlesinger und die Brüder Brandus bald eine führende Stellung ein, wobei ebenfalls Entwicklungen des Marktes und des musikalischen Geschmacks mit der Ausbildung neuer Organisationsformen des Musiklebens einhergingen. Die Einrichtung großer Konzertsäle etwa, bei denen deutschstämmige Instrumentenbauer wie Pleyel eine Rolle spielten, die Gründung einer musikalischen Fachpresse unter Führung Schlesingers, der als Verleger ebenfalls Konzerte organisierte, gehören ebenso zu den markanten Neuerungen wie die Ausbreitung des internationalen Virtuosenwesen, in dem sich vor allem die Pianisten hervotraten. Für die großen Sänger und Instrumentalisten waren Auftritte und Aufenthalte in Paris eine geradezu unverzichtbare Karrierevoraussetzung. All dies führte dazu, daß sich eine relativ große Zahl von deutschen Musikern in Paris aufhielt. Auch Komponisten zog es in die Metropole an der Seine. Meyerbeer feierte dort triumphale Erfolge mit seinen Großopern und unterrichtete zugleich am Königlichen Konservatorium. Ferdinand Hiller, Stephen Heller, Friedrich Wilhelm Kalkbrenner und Henri Herz debütierten nicht nur als Instrumentalvirtuosen, sondern auch als Musikautoren, ganz zu schweigen von der Ausnahmepersönlichkeit Franz Liszt, die man in Paris eher dem deutsch-österreichischen Kulturkreis zurechnete. Auch der junge Richard Wagner versuchte sich bekanntlich auf dem Pariser musikalischen Pflaster. Und Jacques Offenbach aus Köln legte dort in den vierziger Jahren den Grundstein zu einer beispiellosen Karriere, die allerdings erst zur Zeit Napoleons III. ihre wahre Größe erreichte

Was die Wissenschaft anlangt, so ist zwischen den Naturforschern zu unterscheiden, die im Gefolge Alexander von Humboldts ihre Zelte vorübergehend an den großen Pariser Forschungsinstitutionen aufschlugen – Justus von Liebig und Robert Wilhelm Bunsen wären hier zu nennen, sowie eine Reihe von bekannten Ärzten –, und den Philologen, Orientalisten und Schulmännern, die das deutsche Universitätssystem damals im Überfluß produzierte und die teils wegen der reichen Handschriftensammlung der Königlichen Bibliothek, teils einfach um ein Auskommen zu finden, nach Paris kamen. Übrigens waren jüdische Gelehrte unter ihnen überproportional repräsentiert, da ihnen damals die deutsche Universitätslaufbahn noch weitgehend verschlossen war. Mehrere machten in Frankreich glänzende Karrieren wie die Orientalisten Julius Oppert, Salomon Munk und Joseph Derenburg oder der Ökonom Moritz Block; andere wie die Altphilologen Heinrich Weill und Karl Benedikt Hase wirkten an institutionellen Schaltstellen des geistigen Lebens wie z. B. an der Ecole normale oder an der Königlichen Bibliothek. Die meisten fristeten indessen eher ein kümmerliches anonymes Dasein, als Deutsch- und Englischlehrer am Gymnasium, als Gelegenheitsjournalisten, Übersetzer oder als private Hauslehrer in begüterten Familien. Wie immer waren auch damals Exil und Emigration eher mit Armut und Elend verbunden.

Politische Emigration

Neben der Kultur und der Finanzwelt war es vor allem die Politik, welche die deutsche Kolonie in Paris strukturierte. In den Auslandsvereinen der deutschen Arbeiter und Handwerker, vom Deutschen Volksverein bis zum Bund der Gerechten und Bund der Kommunisten, entstand bekanntlich die internationale Arbeiterbewegung. Und die Gruppe der Intellektuellen und Schriftsteller wies nicht nur brillante Persönlichkeiten wie

Moritz Daniel Oppenheim: Ludwig Börne, 1833. Frankfurt a. M., Freies Deutsches Hochstift Frankfurter Goethe-Museum (6/33)

Moritz Daniel Oppenheim: Heinrich Heine, 1831. Hamburg, Hamburger Kunsthalle (6/29)

Heine und Marx, Friedrich List und Ludwig Börne auf, sondern sie enfaltete auch ihrerseits – teilweise in Verbindung mit den Arbeitervereinen – eine vielfältige politische Aktivität.

Was diese Intellektuellen »avant la lettre« nach Paris gezogen hatte, hing ja zunächst mit den politischen Verhältnissen in Deutschland wie in Frankreich zusammen. Besonders die Julirevolution hatte für viele eine Art Signalfunktion ausgeübt, erschien sie doch als schlagender Beweis dafür, daß die Geschichte nicht mit dem Wiener Kongreß und den Karlsbader Beschlüssen stehengeblieben war, daß der mit dem Sturm auf die Bastille eingeläutete revolutionäre Geschichtsprozeß weiter voranging. Ludwig Börne war unter den ersten, die schon im August 1830 nach Paris herbeieilten, um die Sache selbst in Augenschein zu nehmen. Heinrich Heine folgte im Mai 1831, nicht ohne zuvor einen Hymnus auf das »neue Jerusalem« angestimmt und versichert zu haben »der Rhein ist der Jordan, der das geweihte Land der Freyheit trennt von dem Lande der Philister« (Bd. 5, S. 194). Mehr als England erschien ihnen Frankreich als das neue politische und soziale Laboratorium, in welchem sich die neue Zeit dem forschenden Blick des Beobachters kundtat. Der Parlamentarismus und die damit verbundene Ausbildung der Parteien, der Einfluß der öffentlichen Meinung, die juristische Absicherung des Staatsbürgers, all diese Errungenschaften stellten die eine – politisch-liberale – Dimension der fraglichen Entwicklung dar. Fast wichtiger noch erschienen die neuen sozialen Fragen, die sich angesichts der wirtschaftlichen Etablierung des neuen Bürgertums, der Ausbildung des Manufakturwesens und der sichtlichen Verarmung weiter Kreise des Handwerks auftaten. Sozialtheorien wie der Saint-Simonismus, der Fourierismus und der Neobabouvismus versuchten auf diese Entwicklung zu antworten ebenso wie auf der anderen Seite die liberale Wirtschaftstheorie oder auch der sozialistisch eingefärbte Republikanismus Emmanuel Aragos, Raspails und Louis Blancs. Man hat die Atmosphäre der Julimonarchie oft mit François Guizots angeblicher Devise »Enrichissez-vous« karikiert, ohne zu bedenken, daß Guizot selbst eher ein Befürworter des staatlich reglementierten Liberalismus war. Hellsichtige Beobachter wie Sainte-Beuve beklagten die Industrialisierung und Kommerzialisierung der Kultur, die zur Auflösung der alten Ordnung führe, während Heine das Auseinandertreten von liberaler Fassade und politisch-sozialem Inhalt diagnostizierte und die Daumiersche Figur des Robert Macaire zum Repräsentanten des Zeitgeistes erklärte. Doch alle Kritik an der Politik Louis Philippes und an den gesellschaftlichen Zuständen vermochte der prinzipiellen Frankreichbegeisterung der deutschen liberalen Opposition keinen Abbruch zu tun. In Paris lag unzweifelhaft die Wiege der Revolution, hier galt es den Puls der Zeit zu erfühlen, die Zukunftsaussichten der Menschheit zu sondieren und jedenfalls dabei zu sein, wenn die neue Zeit ins Licht der Geschichte trete.

Diese politische Position, die auf einer historischen Sicht der Revolution und der Rolle Napoleons im Weltgeschehen gründete, brachte die Pariser Emigranten in scharfen Gegensatz zu derjenigen Fraktion nationaler Gesinnung in Deutschland, die sich vom Liberalismus abgewandt hatte und das Heil der deutschen Nation nur noch in der Pflege antifranzösischen Ressentiments suchte. So focht die deutsche Opposition in Paris einen doppelten Kampf: gegen die Heilige Allianz, die sie polizeilich verfolgte und ihre Schriften verbot, und gegen die Teutomanen, die ihr Verrat an der germanischen Seele und Blindheit gegen die »welsche« Verderbnis vorwarfen. Zunächst freilich überwog bei weitem die Auseinandersetzung mit den konservativen Führungsstaaten Österreich und Preußen. Sie erreichte Mitte der dreißiger Jahre einen vorläufigen Höhepunkt mit dem Bundesbeschluß gegen das Junge Deutschland.

Junges Deutschland

Das Schlagwort vom Jungen Deutschland war von Anfang an schillernd in seinem Gebrauch. Zunächst, weil es zwischen literarischer und politischer Bedeutung oszillierte. Politisch bezog es sich eigentlich auf den Geheimbund des Jungen Europa, der von Giuseppe Mazzini 1834 in der Schweiz gegründet wurde und konspirativ-revolutionär der Heiligen Allianz entgegenarbeiten sollte. Er teilte sich in nationale Unterorganisationen ein, deren deutsche Variante eben Junges Deutschland hieß. Die italienische Giovine Italia bestand schon seit 1831 und ging auf die Carbonari-Bewegung zurück. Die Frontstellung des Unternehmens gegen das alte Europa, das Ancien régime ist unverkennbar, ebenso die übernationale Ausrichtung. Entsprechend seiner konspirativen Natur war dieses Junge Deutschland indessen in der Öffentlichkeit wenig bekannt, und nur die Polizeibehörden der deutschen Bundesstaaten, allen voran Österreich und Preußen, gingen damit genauer um.

In aller Munde war hingegen das literarische Junge Deutschland, d. h. zunächst eine Gruppe von Autoren, deren

Victor Hugo: A la jeune France, 10 août 1830 (Dem jungen Frankreich, 10. August 1830) Paris: o.J. (1830). Paris, Bibliothèque Nationale de France, Département de la Réserve (6/5)

Schriften am 10. Dezember 1835 vom Frankfurter Bundestag verboten wurden. Zu den jüngeren Karl Gutzkow, Heinrich Laube, Theodor Mundt und Ludolf Wienbarg kam auf ausdrücklichen Wunsch des österreichischen Staatskanzlers Fürst Metternich noch Heine hinzu, der zusammen mit Börne als der geistige Ziehvater der jungen Leute galt. In weiterem Sinn zählte man indessen bald die ganze oppositionelle Literatur der dreißiger Jahre zu dieser Bewegung. Der Begriff des Jungen Deutschland, den man bei Heine schon in Texten des Jahres 1833 findet, antwortet übrigens direkt auf die *Jeune France*, die Victor Hugo schon vor der Julirevolution 1830 in Paris als

Steckbrief Georg Büchners vom 13. Juni 1835 in der »Großherzoglichen Hessischen Zeitung« vom 16. Juni 1835. Darmstadt, Stadtarchiv Darmstadt (6/27)

Adressatin seines literaturpolitischen Appells benannt und die Théophile Gautier 1833 mit seinem Romantitel *Les Jeune-France* als literaturpolitische Bewegung thematisiert hatte – auch dies ein Beleg für die enge Vernetzung der jeweiligen Vorgänge.

Aber verweilen wir noch einen Augenblick bei dem Bundesverbot. Was vermochte die damaligen Ordnungshüter zu einem solchen, bis dahin einmaligen Schritt zu bewegen, zumal sich das Verbot nicht nur auf die bisherigen, sondern auch auf die zukünftigen Werke der betreffenden Schriftsteller erstreckte? Warum erschienen diese Intellektuellen mit einem Mal als Staatsfeinde Nr. 1?

In der Tat sind die Bundesbeschlüsse ja nur die Spitze des Eisbergs einer Fülle von mehr oder minder harten und konsequenten Maßnahmen gegen die damalige literarische Opposition. Im Grunde ging es um den Versuch einer Kontrolle über die sich herausbildende literarische Öffentlichkeit. Und darum sind auch die Versuche fehl angebracht, die Jungdeutschen als eine Art überspannter, realitätsferner Weltschmerzler abzuurteilen. Seit den Karlsbader Beschlüssen von 1819, dann verstärkt nach den im Anschluß an das Hambacher Fest 1832 gefaßten Maßnahmen unterlagen Literatur wie Presse in Deutschland einer immer unnachgiebigeren Zensur. Manche Schriftsteller entzogen sich der Gängelung, indem sie im Ausland publizierten (Börne) oder die Differenzen zwischen den einzelnen Bundesstaaten in der Handhabung der Zensur auszunutzen suchten. Parallel zu den Polizeimaßnahmen fand in der Presse selbst eine Kampagne gegen die literarische Opposition statt, bei der sich vor allem der Leiter des Stuttgarter *Literaturblatts*, Wolfgang Menzel, der selbst zuvor den liberalen Schriftstellern nahegestanden hatte, hervortat. Die Ankündigung der *Deutschen Revue,* einer von Gutzkow und Wienbarg im Mannheimer Verlag Löwenthal projektierten freisinnigen Zeitschrift, brachte indessen das Pulverfaß zum Zünden. In einem Aufruf wurden »alle deutsche Dichter und Gelehrte« zur Mitarbeit aufgefordert, »die sich von einer Verschmelzung unserer alten *horen, Athenäen* u. s. w. mit der *Revue de Paris, Revue des deux mondes* eine billigende Vorstellung machen können«[2].

Wichtig für unsere Belange ist, daß sowohl der Denunziant Menzel wie auch das preußische Oberzensurkollegium einen wesentlichen Angriffspunkt in der »entschieden anti-nationalen, französischen Tendenz« des Jungen Deutschland ausgemacht hatten. Von Paris sei das Übel ausgegangen, wo Heine, »von jüdischen Antipathien und französischen Beispielen verlockt, [...] die Verspottung des Christenthums und der Moral, der deutschen Nationalität und Sitte«, zum Prinzip erhoben habe[3]. Schnell hatte man saint-simonistische Sozialtheorie, Religionskritik und vage Vorstellungen vom »liederlichen Leben« im Sündenbabel zu einem gefährlichen Gebräu gemixt und mit dessen realen oder vermeintlichen Verfechtern kurzen Prozeß gemacht. Und die Tatsache, daß sich in Frankreichs Presse die Stimmen mehrten, die die angegriffenen Schriftsteller verteidigten, wurde flugs als Bestätigung der nationalen Polarisierung ausgelegt. Was die Zensoren wie den preußischen Justizrat Tzschoppe indessen besonders bedrohlich anmutete, war die Feststellung, daß die entsprechenden Theorien nicht mehr nur in entlegenen wissenschaftlichen Werken verklausuliert wurden, sondern in allgemein verständlicher Sprache, in »belletristischen Schriften« wie etwa Gutzkows Roman *Wally die Zweiflerin* verbreitet werden sollten. Daß dabei die Wirkung von Gutzkows Roman weit überschätzt wurde, steht auf einem anderen Blatt. Georg Büchner freilich, den Gutzkow literarisch protegierte und der wegen seiner Teilnahme an der demokratischen Agitation in Hessen 1835 nach Straßburg flüchtete, um sich der Verhaftung zu entziehen (6/27), hielt das Junge Deutschland für eine literarische Spiegelfechterei. »Nur ein völliges Mißkennen unserer gesellschaftlichen Verhältnisse«, so Büchner in einem Brief an seine Familie, »konnte die Leute glauben machen, daß durch die Tagesliteratur eine völlige Umgestaltung unserer religiösen und gesellschaftlichen Ideen möglich sey«.

Vormärz

Die zweite Phase politischer Aktivität fällt in die vierziger Jahre und wird allgemein mit dem Begriff des Vormärz assoziiert. Seine Pariser deutsche Variante hat viel mit der Entwicklung sozialistischer und frühkommunistischer Theorien zu tun, die freilich bis in die Mitte der dreißiger Jahre zurückreicht, als dort der Bund der Gerechten gegründet wurde, aus dem dann später der Bund der Kommunisten hervorging. Nachdem diese Geheimbünde, die ihrerseits enge Verbindungen zur französischen frühkommunistischen Szene pflegten, zunächst in den Händen von Arbeiterführern wie dem Schneider Wilhelm Weitling waren, zeichnete sich seit dem Aufenthalt von Marx und Engels in Paris das für die deutsche Arbeiterbewegung charakteristische Bündnis zwischen den Arbeitern und Intellektuellen ab, zwischen den »rohen Fäusten« und den von Heine so genannten »Doktoren der Revolution«. Die Emigrantenzeitung *Vorwärts!* wurde zum Organ der radikalen Pariser Opposition, bevor sie aufgrund einer Intervention Preußens beim französischen Ministerium 1845 verboten wurde. Denn auch die Julimonarchie verfolgte die Radikalisierung der deutschen politischen Emigration mit Besorgnis. Heine, der selbst am *Vorwärts!* mitgearbeitet und dort u. a. sein satirisches Reiseepos *Deutschland. Ein Wintermärchen* veröffentlicht hatte, blieb nur aufgrund einer alten Bestimmung vor der Ausweisung bewahrt, welche während der französischen Besetzung im Rheinland geborenen Deutschen eine Art Asylrecht in Frankreich gewährte. Auch bedeutete Marx' Ausweisung aus Frankreich im Januar 1845 keineswegs das Ende der politischen Agitation. Engels selbst reiste häufig zwischen Paris und Brüssel hin und her, Carl Grün und Hermann Ewerbeck hielten die Verbindung zu Pierre Joseph Proudhon, Alexander Weill und Alfred Meißner studierten den Fourierismus an Ort und Stelle, während Pierre Leroux und George Sand sich über die Dinge in Deutschland zu informieren suchten.

Das Revolutionsjahr 1848 stellte zugleich den Gipfelpunkt wie den Umschwung dieser Entwicklung dar. Von Paris ausgehend, erfaßte die Revolution im März bald weite Teile Europas. Und so kam es, daß ein Großteil der politisch aktiven Emigranten Paris verließ, um an den Bewegungen in Deutschland teilzunehmen. Die spektakulärste Form dieses Auszugs war die Pariser Deutsche Legion, die unter Führung des schwäbischen Dichters Georg Herwegh im April 1848 nach Süddeutschland zog, um in den badischen republikanischen Aufstand einzugreifen, eine bunt zusammengewürfelte Truppe von knapp 700 Mann, die allerdings bald geschlagen und in alle Winde zerstreut wurde. Insgesamt sank die Zahl der deutschen Emigranten in Frankreich rapide, wobei neben den politischen Gründen auch die katastrophale wirtschaftliche Situation in Frankreich als Rückkehrmotiv eine wichtige Rolle spielte. Immerhin konnte der internationalistische Zug der Revolutionsbewegung, die Ausrichtung auf eine Art demokratischer Verbrüderung der

François-Pascal-Simon Gérard: Louis Philippe, König der Franzosen, schwört auf die Verfassung, 1830. Versailles, Musée National du Château de Versailles (6/8)

mündigen Nationen in Europa, als eine Konsequenz der persönlichen und ideologischen Vernetzungen verstanden werden, deren Zentrum Paris war und an denen die dortige deutsche Emigration einen hervorragenden Anteil genommen hatte.

Um so ernüchternder wirkte dann der weitere Verlauf des Revolutionsgeschehens, der Heines Prophezeiung bestätigen sollte »Eine Revoluzion ist ein Unglück, aber ein noch größeres Unglück ist eine verunglückte Revoluzion« (Bd. 9, S. 338). Der allgemeine Erfolg der Reaktion, das Scheitern der liberalen Nationalbewegungen in Mittel- und Osteuropa, die blutige Niederwerfung der sozialrevolutionären Bestrebungen in Frankreich, Wien und in Südwestdeutschland verwandelten die früheren Zukunftshoffnungen der Opposition in Verbitterung und Resignation. Ein jeder fand sich in die jeweils eigenen Probleme verstrickt, für transnationale oder klassenüberschreitende Solidaritäten war kaum noch Platz. Mit der Wahl Louis Napoléons und der allmählichen Ausschaltung der liberaldemokratischen Partei verlor Paris auch seine Rolle als Zufluchtsort der gescheiterten europäischen Revolutionäre. Die trafen sich nunmehr in London, wenn sie nicht gleich nach Amerika weiterzogen.

So hatte es den Anschein, als sei mit der gescheiterten Revolution im autoritären Nachmärz auch der Gegensatz zwischen »altem« und »neuem« Europa aufgehoben, der die Zeit zwischen 1815 und 1848 strukturiert hatte. Das »alte« Europa konnte nun nicht mehr einfach mit dem Ancien régime gleichgesetzt werden, mit der alten Welt der vorrevolutionären Verhältnisse und Zustände, mit Feudalismus und Absolutismus. Es umfaßte nunmehr auch die konstitionelle Monarchie Louis Philippes, den bürgerlichen Liberalismus, der es nicht vermocht hatte, die freigesetzte soziale und ökonomische Dynamik zu kanalisieren, mit einem aufgeklärten Menschenbild zu vereinbaren. Und umgekehrt schienen die Fortschrittsvisionen des Jungen Europa an der Realität zerschellt zu sein, waren ihrerseits Geschichte geworden. Jung und alt waren nicht mehr nach den simplen Schemata von Zukunft und Vergangenheit, von Fortschrittsgedanken und konservativer Beharrung zu verteilen. Die zukunftsgewisse Revolution hatte sich selbst widerlegt, die Optimisten gehörten der Vergangenheit an, wohingegen die Zukunft in pessimistischer Schwärze ausgemalt wurde.

Für das Verhältnis von Deutschland und Frankreich bedeutete dieser Umschwung mehrerlei. Zunächst hatte er zur Folge, daß man auf beiden Seiten des Rheins vorrangig mit den eigenen Problemen beschäftigt war, insbesondere mit der Anpassung der jeweiligen staatlichen Strukturen an die Entwicklung von Wirtschaft und Gesellschaft. Dann aber auch läßt sich beobachten, daß sich das durchaus nicht erloschene Interesse für den anderen wegbewegte von Literatur, Kunst und Philosophie und sich eher auf Natur und Technik konzentrierte, auf Wissenschaft und Bildungssystem, auf gesellschaftlich und politisch »verwertbare« Bereiche, wobei man zunehmend auch in Begriffen des internationalen Wettbewerbs dachte, des Konkurrenzkampfes der Nationen. Natürlich dauerten auch die Beziehungen im Felde der Literatur und Musik weiter, traten in eine neue Phase. Aber sie wurden überschattet durch die Nationalisierung des Bewußtseins der gebildeten Führungsschichten, vor allem in Deutschland, wo man sich innerlich auf den militärischen Konflikt vorzubereiten begann.

1 Heines Werke werden zitiert nach Heinrich Heine: Werke, Briefwechsel, Lebenszeugnisse (Säkularausgabe), hrsg. von den Nationalen Forschungs- und Gedenkstätten der Klassischen deutschen Literatur in Weimar und dem Centre National de la Recherche Scientifique in Paris, Berlin Paris 1970f.
2 Flugblatt zur »Deutschen Revue«, September 1835, zit. nach Houben 1906, Sp. 403.
3 Wolfgang Menzel: Die junge Literatur, Literatur-Blatt 1836, Nr. 1, 1. Jan., zit. nach Estermann 1972, Bd. I, S. 164, 166.

Michael Werner ist Directeur de recherche und Directeur d'études an der École des hautes études en sciences sociales, Paris, und Leiter des dortigen Deutschlandzentrums. Arbeitsschwerpunkte: Deutsch-französischer Kulturtransfer (18.-20. Jahrhundert), deutsche Emigration in Paris (u.a. Heine, Börne, Benjamin), vergleichende Disziplingeschichte der Geistes- und Sozialwissenschaften. Zahlreiche Veröffentlichungen, zuletzt *Les études germaniques en France 1900-1970*, Paris 1994 (mit Michel Espagne).

Raum 6

De l'Allemagne II: »Die Freiheit führt das Volk«

Eugène Delacroix' Studie für sein berühmtes Bild »La Liberté guidant le peuple«, das 1831 in der Pariser Salonausstellung mit großem Erfolg gezeigt wurde, bezieht sich auf die Erhebung der Pariser Bevölkerung gegen die restaurative Bourbonenherrschaft Karls X. im Juli 1830, die den König am 28. Juli zur Abdankung zwang. Der Kampf um Freiheit, um republikanische Verfassung und Mitbestimmung bezeichnete zwischen 1830 und 1848 die Losung der Völker von Griechenland bis Frankreich. Paris wurde nach dem Sieg der Julirevolutionäre unter dem neugewählten Bürgerkönig des »Juste-milieu«, Louis Philippe I. von Orléans, der auf die neue republikanische Verfassung einen Eid leistete, Zuflucht polnischer Emigranten, die großen Einfluß auf die revolutionären Bewegungen Europas nahmen. Zugleich strömten deutsche Flüchtlinge nach Paris, um der verschärften Zensur in den deutschen Bundesstaaten zu entgehen. Vom »Zifferblatt Europens« (Ludwig Börne) aus konnten sie ihre kritischen Gedanken in kurzlebigen Zeitschriften drucken und im Sinne des Jungen Deutschland und des Jungen Europa zur Bildung freiheitlich-demokratischer Nationalstaaten beitragen. Zu den herausragenden Köpfen im Pariser Exil gehörten Sozialisten und Publizisten wie Karl Marx, Karl Gutzkow oder Ferdinand Freiligrath, der Dichter Heinrich Heine und sein Widersacher Ludwig Börne, der Verfasser der »Briefe aus Paris« von 1831/32. In den Pariser Salons trafen sie auf die intellektuellen Vertreter der romantischen Schule, die ihnen allerdings ihre spöttischen, antireaktionären Deutschlandbilder nicht recht glauben mochten. Heine, für den Schriftverbote in Preußen und anderen Bundesstaaten alltäglich waren, verfaßte in Paris mit der Vorrede zu seiner 1835 in Heidelberg erschienenen »Romantischen Schule« eine scharfe Entgegnung zum »Koteriebuch« (Heine) »De l'Allemagne« der Madame de Staël von 1813/14. Als einer der ersten im Sinne ihres Vermächtnisses verfaßte Edgar Quinet, der scharfsinnige germanophile Publizist der 1829 im »Dienste der französischen Geistesbildung« gegründeten »Revue des Deux Mondes«, kritische Essays über die geistigen und philosophischen Unterschiede zwischen Deutschland und Frankreich, während der Philosoph Victor Cousin an der Pariser Sorbonne Einführungsvorlesungen über das begriffliche Denken bei Hegel hielt. Maßgeblicher musikalischer Mittler zwischen Paris und Berlin war der Sohn eines Berliner Bankiers und Studienfreund Carl Maria von Webers: Jakob Liebmann Beer, d. i. Giacomo Meyerbeer, der vor allem als Opernkomponist für Frankreich und Deutschland eine Leitfigur wurde. Sein kosmopolitisches Handeln jedoch setzte ihn diesseits und jenseits des Rheins Konflikten aus: In Paris galt er als Haupt der deutschen Schule, in Berlin ließ er sich nicht ausschließlich auf die »vaterländische Tonkunst« verpflichten: Das nationalstaatliche Denken forderte zunehmend seinen Tribut.

In Deutschland und ganz Europa aber war große Freude, als der zehnte Karl vom Thron gestürzt ward, und die unterdrückten deutschen Länder rüsteten sich zum Kampf für die Freiheit. Da ratschlagten die Fürsten, wie sie dem Grimm des Volkes entgehen sollten, und die listigen unter ihnen sagten: Laßt uns einen Teil unserer Gewalt abgeben, daß wir das übrige behalten. Und sie traten vor das Volk und sprachen: Wir wollen euch die Freiheit schenken, um die ihr kämpfen wollt. Und zitternd vor Furcht warfen sie einige Brocken hin und sprachen von ihrer Gnade. Das Volk traute ihnen leider und legte sich zur Ruhe. – Und so ward Deutschland betrogen wie Frankreich.

Georg Büchner:
Der Hessische Landbote, 1834

RAUM 6

Eugène Delacroix
Figurenstudie für das Bild
»Die Freiheit führt das Volk«,
1830
Paris, Musée du Louvre-
Département des
Arts graphiques
(6/1)

Louis Alexandre Peron
Nächtliche Überfahrt der Toten
aus der Morgue nach den
Tagen des Juli 1830, 1834
Paris, Musée Carnavalet
(6/4)

DE L'ALLEMAGNE II: »DIE FREIHEIT FÜHRT DAS VOLK«

*Gustave Courbet
Pierre Joseph Proudhon, 1865
Paris, Musée d'Orsay
(6/21)*

*Johann Peter Hasenclever
Das Lesekabinett, 1843
Berlin, Staatliche Museen zu
Berlin, Nationalgalerie
(6/26)*

David d'Angers
*Frankreich und Deutschland
durch die Freiheit vereint,
1842
Angers, Musées d'Angers,
Galerie David d'Angers
(6/37)*

6/1   **Eugène Delacroix** (1798-1863)
Figurenstudie für das Bild
»Die Freiheit führt das Volk«
1830
Bleistift, weiß gehöht; 32,4 x 22,8 cm
Paris, Musée du Louvre-Département des
Arts graphiques (RF 4522)
Abb. S. 306

Eugène Delacroix, der bedeutendste Vertreter der romantischen Malerei in Frankreich, wurde zu seinem 1831 im Salon ausgestellten Gemälde »Die Freiheit führt das Volk« durch die revolutionären Ereignisse vom 27. bis 29. Juli 1830 angeregt. Die halbnackte Figur der Freiheit, mit der Rechten eine Fahnenstange schwingend, denkmalhaft und doch in Bewegung, gehört zu den rund hundert Vorstudien, die die Entwicklung seiner Bildidee bis zur endgültigen Fassung veranschaulichen. Die Zeichnung verdeutlicht den Versuch des Künstlers, den ideellen Charakter der Dargestellten zu betonen, indem er ihr nicht individuelle, sondern typische Züge verlieh. Die Gestalt der Hauptfigur auf dem Ölgemälde läßt sich auf über dreißig Blättern verfolgen. Sie diente dem Maler für die Entwicklung der Allegorie »Griechenland auf den Trümmern von Missolunghi« (um 1826/27, Bordeaux, Musée des Beaux-Arts). Die französische Kunsthistorikerin Hélène Toussaint hat 1982 nachgewiesen, daß die Komposition dieses Bildes auf Delacroix' Auseinandersetzung mit dem griechischen Freiheitskampf zurückgeht: Als Griechin war die Hauptfigur bis in die Einzelheiten festgelegt, erfuhr dann aber, ausgelöst durch die Ereignisse von 1830, eine Verwandlung in die französische »Freiheit«. Das vollendete Gemälde wurde von Louis Philippe für das Palais de Luxembourg angekauft, kam aber nach Änderung der politischen Verhältnisse ins Magazin, später wurde es sogar dem Maler zurückgegeben. Nach der Revolution von 1848, von der sich Delacroix skeptisch distanzierte, wurde das Bild nur einige Wochen öffentlich gezeigt. Seit 1855 ist es ständig im Louvre ausgestellt.   AC
Lit.: Toussaint 1982, Nr. 24, S. 27f.; Sérullaz 1984, Bd. 1, Nr. 156, S. 115, Abb. S. 114

6/2   **Peter von Hess** (1792-1871)
Palikaren bei Athen
1829
Bez. u.r.: P. Heß. 1829
Öl auf Leinwand; 49 x 44 cm
Berlin, Staatliche Museen zu Berlin,
Nationalgalerie (W. S. 86)

Zwischen 1821 und 1830 gewann der griechische Widerstand, der die jahrhundertelange türkische Herrschaft abschütteln konnte, Sympathien in ganz Europa – wie einige Jahre später der vergebliche polnische Unabhängigkeitskampf gegen die russische Besetzung. Byrons Tod nach der Ankunft in Griechenland 1824, Delacroix' große Bilder »Massaker auf Chios« (1824, Paris, Musée du Louvre) und »Griechenland auf den Trümmern von

6/2

Missolunghi« sind der Nachwelt besonders gegenwärtig geblieben. Die von den europäischen Regierungen beargwöhnte, weil freiheitlich gesinnte Bewegung der »Philhellenen«, zu deren französischen Vertretern Chateaubriand und Béranger gehörten, wurde vom bayrischen Kronprinzen Ludwig (dem späteren König Ludwig I.) unterstützt, dessen Sohn Otto 1832 den griechischen Thron besteigen sollte. Peter von Hess, seit 1820 Hofmaler und vor allem mit Schlachtendarstellungen und Volksszenen beschäftigt, schuf 1835 und 1839 zwei riesige, figurenreiche Bilder von »Einzügen« des jungen Königs in Nauplia bzw. Athen. Aber schon vor der Griechenlandreise, die er zur Vorbereitung dieser Hauptwerke 1832/33 unternahm, hatte er, selbst zu den Philhellenen gehörend, sein Palikarenbild gemalt. Von der Spitze des Berges Phalaros aus deutet der Anführer der kleinen, albanisch gekleideten Schar auf eine Burg in der Ferne. Die im Dreieck angeordnete Gruppe strahlt ein Freiheitspathos, ein romantisches Rebellentum von der gleichen Art aus, wie die um dieselbe Zeit so beliebten Darstellungen italienischer oder deutscher »edler Räuber«. Im verworrenen Netz miteinander rivalisierender Stämme und Freischaren, die in den Bergen des nördlichen Griechenland einen Partisanenkrieg gegen die Türken führten, denen diese aber auch zeitweilig Polizeifunktionen in dem schwer zu verwaltenden Land übertrugen, spielten die Klephten eine besonders auffällige Rolle. Sie unterstützten 1820 den Aufstand des Ali Pascha und nach 1821 den griechischen Unabhängigkeitskampf. Die Pallikaren (oder Palikaren; das Wort bedeutete »starke Jünglinge«) waren ihre Häuptlinge (Kapitani). Der Begriff blieb jedoch unscharf; oft verstand man darunter »eine besondere Classe des neugriechischen Volks, und zwar [...] eine Art militairischer

Heilige Julitage von Paris! ihr werdet ewig Zeugniß geben von dem Uradel der Menschen, der nie ganz zerstört werden kann. Wer euch erlebt hat, der jammert nicht mehr auf den alten Gräbern, sondern freudig glaubt er jetzt an die Auferstehung der Völker. Heilige Julitage! wie schön war die Sonne und wie groß war das Volk von Paris.

Heinrich Heine:
Französische Maler, 1831

6/3

Kaste mit originalen und kräftigen, wenn auch rauhen Eigenthümlichkeiten«, die als eine treibende Kraft der Revolution wirksam geworden seien. CK

Lit.: Ersch/Gruber 1838, S. 142

6/3 **Dietrich Monten** (1799-1843)
Finis Poloniae. Abschied der Polen vom Vaterlande 1831
1832
Öl auf Leinwand; 44,2 x 52,4 cm
Berlin, Staatliche Museen zu Berlin, Nationalgalerie (W. S. 153)

Das Bild entstand unter dem Eindruck des von den Russen niedergeschlagenen polnischen Aufstandes von 1830. Nach den Teilungen von 1772, 1793 und 1795 war der eigenständige polnische Staat aufgelöst. Nur unter Napoleon hatte von 1806 bis 1812 ein Großherzogtum Warschau bestanden. Danach wurde unter Nikolaus I. ein absolutistischer Kurs in der russischen Innenpolitik bestimmend, und die zu Rußland gehörenden Polen erhielten eine Verfassung, die ihre nationalen Bestrebungen nicht erfüllte. Dies führte im November 1830 zum Aufstand in Warschau, den im Ausland viele Sympathiekundgebungen für die kämpfende Bevölkerung begleiteten. Die Polen wurden als beispielhafte Vorkämpfer für die eigene Befreiung gefeiert. Die über Deutschland nach Frankreich fliehenden Soldaten wurden freundlich empfangen, zahlreiche öffentliche Solidaritätsbekundungen fanden statt. Die polnische Geschichte rückte ins Zentrum des Interesses der liberalen und republikanischen Kräfte. Zum Nationalkampf der Polen erschienen Grafiken, Flugblätter, Lieder, Gedichte und Bilder, so auch das Gemälde von Dietrich Monten, eines an den Akademien in Düsseldorf und in München ausgebildeten Historien-, Schlachten- und Genremalers. AC

6/4 **Louis Alexandre Peron** (1776-1856)
Nächtliche Überfahrt der Toten aus der Morgue nach den Tagen des Juli 1830
1834
Öl auf Leinwand; 130,5 x 163,7 cm
Paris, Musée Carnavalet (P 256)
Abb. S. 306

Peron, ein Schüler von David und Vincent, stellte dieses Gemälde 1835 im Salon aus. In subtiler und zugleich dramatischer Weise schildert er die »dunkle« Seite der Julirevolution von 1830 als Referenz an die zahlreichen Opfer des Aufstandes. Nachdem sich bei den Wahlen trotz ungleichen Wahlrechts die Opposition gegen den letzten Bourbonenkönig Karl X. vergrößerte, hatte dieser in Unterschätzung der brisanten Lage kurzerhand per Ordonnanzen die Kammer aufgelöst sowie die Pressefreiheit und das Wahlrecht beschränken lassen. In den »drei glorreichen Tagen« vom 27. bis 29. Juli wurde die Bourbonendynastie abgelöst und hinter den Kulissen die Ernennung des Herzogs von Orléans zum »Bürgerkönig« vorbereitet. Initiiert von liberalen Intellektuellen und radikalen Demokraten und getragen von den unter Arbeitslosigkeit und Armut leidenden »kleinen Leuten« aus den Vorstädten, war die Bourgeoisie Sieger der Julirevolution. Zahlreiche Opfer wurden an Ort und Stelle der Kämpfe beigesetzt, vor den Kolonnaden des Louvre oder bei der umkämpften Barrikade in der rue des Innocents. Die Opfer, die man nicht identifizieren konnte, wurden in die »morgue«, das Pariser Leichenschauhaus am Pont St. Michel, gebracht – drei Tote am 27., 18 am 28. und 101 am 29. Juli 1830. Dort wurden die Leichen drei Tage lang der Öffentlichkeit samt Kleidung und persönlicher Habseligkeiten gezeigt. Die nicht Identifizierten wurden mit Booten zum Champ de Mars und zum Pont de Grenelle transportiert, wo man sie beisetzte. Die Trikolore im Bildhintergrund kontrastiert als Symbol der Julirevolution der schwarzen Trauerfahne mit den blau-weiß-roten Bändern, die das Totenschiff schmückt. MK

Lit.: Camp 1993, S. 114-118; Kat. Paris 1980(e), Nr. 167, S. 67; Tulard 1985, S. 361-371

6/5 **Victor Hugo** (1802-1885)
A la jeune France, 10 août 1830
(Dem jungen Frankreich, 10. August 1830)
Paris: Chambet fils o. J. (1830)
Paris, Bibliothèque Nationale de France, Département de la Réserve (Rés.p. Ye. 70)
Abb. S. 301

Der junge romantische Dichter wendet sich in dieser Schrift an das junge Frankreich, das im Aufbruch zu liberaler Selbstbestimmung die Erfahrungen der Pariser Julirevolution von 1830 reflektiert. Hugo hatte seine politischen Standpunkte bis dahin mehrfach gewechselt: Am 8. Juni 1822 erschien seine erste Gedichtsammlung unter dem Titel »Odes et poésies diverses«. In der Ausgabe, die bis 1828 immer wieder erweitert wurde, erwies er sich als Anhänger des Ultraroyalismus, der seinen Dichtungen persönliche Eindrücke von Leidenschaften und Entbehrungen beigab. 1825/26 verfaßte er das Theaterstück »Cromwell«, in dem er auf der Bühne die Forderung nach Freiheit ausspricht, seit 1826 folgten den Oden die Balladen des Mittelalters à la Nodier. 1829 zeigte er sich in »Les Orientales« (dt. 1841: Aus dem Morgenland), einer Ode auf Napoleon, als Meister der Spätromantik. 1830 suchte er mit »Hernani«, das von der Comédie-Française uraufgeführt wurde, das Drama des Ich im Kampf um die Geschichte und die Versuchungen der Liebe und zugleich die Identität zu ergründen. Mit »Les feuilles d'Automne« 1831 (dt. 1841: Herbstblätter) und »Les Chants du crépuscule« 1835 (dt. 1841: Dämmerungsgesänge) schuf Hugo erste realistische Dichtungen, die mit Kritik am Alltagsleben durchsetzt sind und von seinen späteren entschiedenen politischen Positionen künden. MLP

6/6 **Edgar Quinet** (1803-1875)
De l'Allemagne et de la révolution
(Über Deutschland und die Revolution)
Eigenhändiges Manuskript; 33 x 20 cm
Paris, Bibliothèque Nationale de France,
Département des Manuscrits
(Mss. N.A.F. 15505, f 8-80)

Der liberale Denker und Schriftsteller entwickelt in dieser Schrift, die in »Ecrits politiques 1830-1840« gedruckt wurde, grundsätzliche Überlegungen zu den Unterschieden, die den französischen und den deutschen Geist im politischen Denken und in der theoretischen Analyse der Ergebnisse der Julirevolution trennen. Zugleich äußert er die Hoffnung, daß der Liberalismus in Deutschland ebenso Fuß fassen möge wie in Frankreich und in England; in Deutschland gebe es zwar keine Aufstände und Staatsstreiche, aber in diesem Land der Herrschaft der Ideen genügten bereits Revolten im Reich der Ideen und der Philosophie, um Umstürze herbeizuführen. Quinet war zuerst mit seiner Übersetzung von Herders »Ideen zur Philosophie der Geschichte der Menschheit« hervorgetreten, die 1828 erschien (1/52). Neben historischen Stücken (»Napoléon«, 1836) veröffentlichte er kritische Essays und Betrachtungen häufig zu deutschen Schriften, Autoren und Fragestellungen, die in der einflußreichen, 1829 gegründeten »Revue des Deux Mondes« abgedruckt wurden. Die Auseinandersetzung mit deutscher Politik, Gesellschaft, Geschichte und dem modernen Verfassungsstaat in Deutschland beschäftigte ihn sein Leben lang. MLP

6/7 **Edgar Quinet** (1803-1875)
De L'Allemagne et de la révolution
(Über Deutschland und die Revolution)
Paris: Paulin 1832
Paris, Bibliothèque Nationale de France,
Département des Imprimés
(8° M. Piece. 1969)

Diese Grundsatzschrift, die zwei Jahre nach der Julirevolution im Druck erschien, zieht eine erste Bilanz der Entwicklungen in Deutschland nach den revolutionären Veränderungen des Jahres 1830 gegenüber den Darstellungen der Madame de Staël in ihrem berühmten Buch: »L'Allemagne d'il y a cinquante ans, un pays d'exstase, un rêve continuel, une science qui se cherche toujours, un enivrement de la théorie, tout le génie d'un peuple noyé dans l'infini« (Das Deutschland vor 50 Jahren, ein Land der Extase, ein fortgesetzter Traum, eine Wissenschaft, die sich immer noch sucht, eine Berauschung an Theorie, der ganze Genius eines im Unendlichen ertrunkenen Volkes). Quinet konstatiert die Selbstgefälligkeit des deutschen Wesens in der Religion wie in der Wissenschaft, die er jedoch zugleich als lebendig und liberal erachtet und deren Innovationsfreude und Ehrgeiz er lobt. In weiser Voraussicht warnt er jedoch schon vor den Größenambitionen dieses Deutschland: »Mais leur élévation doit servir à la nôtre; car le dommage serait grand pour le monde et le profit frauduleux si l'Allemagne surgissait et la France bassait« (Aber ihre Erhebung soll der unsrigen dienen, denn der Schaden für die Welt wäre groß und der Vorteil zweifelhaft, wenn Deutschland sich erhöbe und Frankreich sich erniedrigte). MLP
Lit.: Straub 1962, S. 8ff.

6/8 **François-Pascal-Simon Gérard** (1770-1837)
Louis Philippe, König der Franzosen, schwört auf die Verfassung
1830
Öl auf Leinwand; 220 x 156 cm
Versailles, Musée National du Château de Versailles (MV 5210)
Abb. S. 303

Der später mit »Philippe-Egalité« bezeichnete Bürgerkönig des »Juste-milieu« war als junger Mann ein Parteigänger der Revolution und sogar Mitglied des Jakobinerclubs gewesen und hatte an den Schlachten der Koalitionskriege von Valmy und Jemappes im Stab von Dumouriez teilgenommen. Im April 1793 mußte er seiner republikanischen Überzeugungen wegen zunächst in die Schweiz, dann nach Schweden und in die Vereinigten Staaten emigrieren. 1800 kam er nach England und versöhnte sich mit seinen Vettern der älteren königlichen Linie. Unter der Regierung Ludwig XVIII. und während der 15 Jahre der Restauration bemühte er sich um die Rekonstitution des Vermögens des Hauses Orléans. Doch zugleich verband er sich insgeheim mit der liberalen Opposition, so daß er für die Thronbesteigung vorbereitet war, als der Bourbonenkönig Karl X.

Une transformation profonde travaille aujourd'hui les peuples allemands. Cette révolution n'est point apparente et bruyante comme celles qui s'opèrent en France, en Angleterre; mais il est aussi impossible de la nier, et elle va aboutir à des résultats semblables. Le vieux génie de l'Allemagne se décompose; un esprit nouveau heurte à la porte comme un bélier. On n'a point à raconter des émeutes et des coups d'État sur la place publique, mais déjà des émeutes et des révoltes dans l'empire des idées et de la philosophie.

Edgar Quinet:
Les préjugés qui séparent l'Allemagne et la France, 1836

Eine tiefe Verwandlung beschäftigt gegenwärtig die Deutschen. Diese Revolution ist keineswegs offenkundig und brennend, wie sie sich in Frankreich, in England gebärdet; aber man kann sie auch unmöglich leugnen, und sie wird zu ähnlichen Ergebnissen führen. Deutschlands altes Genie verfällt; ein neuer Geist schlägt wie ein Widder an die Pforte. Man hat kaum von Aufruhr und Staatsstreichen auf dem Marktplatz zu berichten, jedoch von Aufruhr und Revolten im Reich der Ideen und der Philosophie.

L'Allemagne et la France se disputent Meyerbeer [...]. Les deux pays ont eu une part presque égale à la formation de ce beau génie: ils en revendiquent les fruits avec des droits pareils. L'élément grave, profond et fort de la poésie germanique est comme la racine des oeuvres de Meyerbeer, tandis que la clarté, le rythme, l'élégance et l'esprit de la poésie française leur donnent un éclat particulier [...]. L'Allemagne nous chanterait volontiers, comme elle l'a fait à propos du Rhin: »Vous ne l'aurez pas, votre artiste allemand«, mais nous pourrions à bon droit lui répondre: »Nous l'avons eu et nous l'aurons encore!«

Daniel Stern
(Marie d'Agoult) über
Giacomo Meyerbeer,
1842

Deutschland und Frankreich ringen um Meyerbeer [...]. Beide Länder haben einen nahezu gleichen Anteil an der Entwicklung dieses schönen Genies; sie fordern mit gleichem Recht die Früchte als ihr Eigentum zurück. Tiefe und Kraft der deutschen Poesie bilden die Wurzeln von Meyerbeers Wirken, während Klarheit, Rhythmus, Eleganz und das Geistvolle französischer Dichtkunst Ihren besonderen Reiz (»état particulier«) hinzufügen [...]. Deutschland würde uns gern zurufen, wie es dies schon beim Rhein getan hat: »Ihr sollt ihn nicht haben, unseren deutschen Künstler«, aber wir können mit vollem Recht entgegnen: »Wir haben ihn gehabt und werden ihn auch künftig haben«.

am 28. Juli 1830 abtreten mußte. Zunächst nahm Louis Philippe gemäß der republikanischen Verfassung den Titel eines »lieutenant-général du Royaume« und erst darauf den eines Königs der Franzosen an. Er hielt das Verfassungsprinzip von 1814 aufrecht und setzte das Zensuswahlrecht zugunsten seiner politischen Ziele ein. Das friedfertige Frankreich der Julimonarchie blieb in Europa von den übrigen Souveränen mit Ausnahme Englands isoliert. Auch nach innen förderten die Friedensbemühungen des Königs keineswegs seine Popularität. Im Februar 1848 mußte Louis Philippe angesichts der Revolution abdanken, weil er die zunehmende Unzufriedenheit unterschätzt hatte. MLP

6/9 **Vase »Münchner Sorte No 2« für den Herzog von Nemours**
mit Ansichten der Pfaueninsel
Berlin (KPM), 1836
Bez.: Marke: unterglasurblaues Zepter
Porzellan; H. 61,8 cm
Berlin, Stiftung Preußische Schlösser und Gärten Berlin-Brandenburg (KS VIII 1400)

Laut »Conto-Buch« der KPM aus dem Jahre 1836 existierte ursprünglich ein dreiteiliger Vasensatz, von dem heute zwei Vasen mit Ansichten der Bauten auf der Pfaueninsel bei Potsdam erhalten sind. Es sind keine Vorlagen dafür vorhanden, daher die Vermutung, daß der Maler diese vor Ort selbst angefertigt hatte. Die Kratervasen waren für Louis Charles Philippe Raphael von Orléans, Herzog von Nemours, den zweiten Sohn König Louis Philippes von Frankreich, bestimmt. Die hohe Qualität der Ausführung war mit der der Sèvres-Erzeugnisse durchaus vergleichbar. Die Prospektmalerei, seit Ende des 18. Jahrhunderts in der KPM bekannt, entwickelte sich in besonderer Weise unter französischem Einfluß in der napoleonischen Zeit und nach den Befreiungskriegen. Die großflächigen Landschaften und Veduten wurden mit Vorliebe als Dekor der großen Tafelservice und Vasen benutzt. Das breite Spektrum des topographischen Dekors reichte von Ansichten der Pfalz bei Kaub am Rhein, des Rheinfalls bei Schaffhausen, Magdeburgs, Heidelbergs, schlesischer Burgen und Ortschaften, deutscher Dome und Kirchen bis zu Darstellungen englischer, französischer, italienischer, spanischer und schweizer Kathedralen. AC
Lit.: Kat. Berlin 1983, Nr. 46, S. 59 u. 64, Abb. S. 51

6/9

6/10 **Jean Pierre Dantan** gen. **Dantan jeune**
(1800-1869)
Büste des Giacomo Meyerbeer
1864
Bez. Sockelinschrift l.: Dantan J.e 1864
Gips, bronziert; 70 x 35 x 30 cm
Privatbesitz
Abb. S. 358

Dantan fertigte die Büste des Jakob Liebmann Meyer Beer, den man zu Recht als völkerverbindenden Kosmopoliten und »Mittler zwischen Berlin und Paris« bezeichnet hat, im Todesjahr des Komponisten; sein Name stehe für einen teuren Bund zwischen zwei Schwesternationen, die nichts mehr trennen sollte. Als Sohn eines jüdischen Berliner Bankiers empfing er eine umfassende musikalische Ausbildung und studierte mit Carl Maria von Weber Komposition bei Abt Vogler in Darmstadt. Seit seiner Jugend hatte sich Giacomo Meyerbeer, wie er sich später nannte, an der französischen Oper orientiert und somit »Paris als den ersten und hauptsächlichsten Punkt« für seine dramatisch-musikalische Bildung bezeichnet. 1815 äußerte er bei seinem ersten Besuch in der Hauptstadt überwältigt: »Wahrlich, Paris ist, besonders für mich, den Litteratur, Kunst, Theater und die große Welt gleich stark interessieren, ein wahrer Abgrund an geistigen Genüssen.« 1816 wandte er sich zunächst dem Studium der italienischen Oper nach dem Vorbild Rossinis zu und stieß bei seinen ersten Erfolgen mit eigenen Kompositionen auf die entschiedene Ablehnung seines Freundes Carl Maria von Weber, der ihn zum schöpferischen Wirken am »Gebäude einer deutschen Nationaloper« gewinnen wollte. Am 22. Oktober 1825 ging Meyerbeer endgültig nach Paris, ohne dort je festen Wohnsitz zu nehmen. Er fand schnell Beziehungen zu den Salons, zu Schriftstellern, Kritikern und Musikern und eroberte die französische Hauptstadt 1831 dank des Erfolgs seiner Oper »Robert le Diable«. MLP

Lit.: Kat. Berlin 1991(c), S. 13ff., Anm. 1

6/11 **Giacomo Meyerbeer** (1791-1864)
Orchesterpartitur für »Robert le Diable«
Paris: Maurice Schlesinger 1831 (2)
Paris, Bibliothèque Nationale de France,
Département de la Musique (Vm^2 828, Vol. 1)

Die Oper zur Heldenfigur eines mittelalterlichen französischen Romans in fünf Akten nach dem Libretto von Eugène Scribe und Germain Delavigne wurde am 21. November 1831 im Salle le Peletier im Théâtre de l'Opéra uraufgeführt. Honoré Balzac bat Meyerbeer sechs Jahre später, ihm die Partitur sowie die besten und schlechtesten Rezensionen zu überlassen, aus deren Stoffen er die Novelle »Gambara« schöpfte. Meyerbeer führte mit »Robert le Diable« eine neue musikalische Sprache ein, die die Italianità der französischen Oper zugunsten der großen Szene und der Chortableaus überwandt. Das Opernorchester bereicherte er um Instrumente mit vollständig neuen Klangfarben. In Paris wurde er als Haupt der deutschen Schule angesehen, während er in Deutschland wegen seines universellen Anspruchs als Komponist verkannt war. Das Nationalgefühl der Romantik gestattete einem solchen Wanderer zwischen den Welten nicht die Freizügigkeit von Aufenthalt und Leistung. Auch Richard Wagners Eintreten für Meyerbeer, der 1842 seinen einflußreichen Ruf in Paris als »Weltgeschichte« bezeichnete, konnte den herrschenden Vorurteilen in Berlin nicht abhelfen. MLP

6/12 **Auguste Alfred Rubé** (1815-1899) und
Philippe-Marie Chaperon (1823-1907)
Bühnenmodell für den dritten Akt von
»Robert le Diable«
1876
Karton, Papier, Holz; 60 x 60 x 60 cm
Paris, Bibliothèque Nationale de France
Musée de l'Opéra (Maq. 56)
Abb. S. 359

Einem Deutschen, Giacomo Meyerbeer, kommt das Verdienst zu, die große französische Oper begründet zu haben. Zuvor hatten Rossinis »Wilhelm Tell« und Aubers »Die Stumme von Portici«, die von Richard Wagner als »Vorläuferin der Juli-Revolution auf dem Theater« begrüßt wurde, den Weg zu einer neuen lyrischen Ausdrucksform im Zusammenhang mit den literarischen und künstlerischen Bestrebungen der Zeit geebnet. Doch ihren eigentlichen Aufschwung verdankte sie Louis Véron, der 1831 zum Direktor ernannt worden war. Er war davon überzeugt, daß sich die siegreiche Bourgeoisie amüsieren wollte und ging die Wette ein, aus der Oper ein »Versailles« zu machen, wohin die Massen strömen würden. Er engagierte fähige Mitarbeiter, so Ciceri und Duponchel, dem er die Verantwortung für die Bühne übertrug. Er war es auch, der im letzten Augenblick den Einfall hatte, in »Robert le Diable« die eher konventionelle Szene im Zaubergarten durch eine berühmt gewordene Klosterszenerie zu ersetzen, in der die Nonnen aus ihren Gräbern steigen und in einer Prozession in langen, vom Mondlicht geheimnisvoll erleuchteten Galerien wandeln. Am Tag der Premiere, am 21. November 1831, löste Ciceris Dekoration, die als Manifest der romantischen Bühnenkunst gefeiert wurde, eine Welle der Begeisterung aus. Der zumeist diskrete und zurückhaltende Chopin verbarg seine Gemütsbewegung nicht, als er in einem Brief vom 12. Dezember 1831 schrieb: »S'il y eut jamais quelque magnificence au théâtre, je ne sais si elle atteignit le degré auquel parvint Robert le Diable ... C'est le chef d'oevre de l'école novelle [...]. Jamais, nulle part, on ne produira rien de pareil. Meyerbeer s'est immortalisé!« (Wenn es im Theater je etwas Großartiges gab, so weiß ich nicht, ob es an das heranreichte, was Robert le Diable gelungen ist ... Er ist das Meisterwerk der neuen Schule [...]. Nirgendwo wird man jemals etwas Ähnliches hervorbringen. Meyerbeer hat sich unsterblich gemacht!) Bis Ende des 19. Jahrhunderts bauten die Bühnenbildner der Oper die Dekoration der Uraufführung nach. NW

Lit.: Marix-Spire 1954, S. 225

6/13 **Patent durch welches dem Komponisten
Meyerbeer das Prädikat eines
Hofkapellmeisters beigelegt wird**
Berlin, 11. August 1832
Urkunde mit Gnadenstempel,
Papierpreßsiegel, signiert von Friedrich
Wilhelm III. von Preußen und Wilhelm
Fürst zu Sayn-Wittgenstein
Berlin, Staatsbibliothek zu Berlin – Preußischer
Kulturbesitz, Musikabteilung mit Mendelssohn-
Archiv (N. Mus. Nachl. 97, F/10)

6/14 **Ernennungsurkunde Giacomo
Meyerbeers zum Ritter der Ehrenlegion**
Paris, 19. Januar 1832
Urkunde, signiert von D'Argout und
Edmond Blanc
Berlin, Staatsbibliothek zu Berlin – Preußischer
Kulturbesitz, Musikabteilung mit Mendelssohn-
Archiv (N. Mus. Nachl. 97, F/15)
Abb. S. 358

Der Erfolg von »Robert le Diable« bescherte Meyerbeer diese Auszeichnung in Frankreich, während sich am Hofe Friedrich Wilhelm III. in Berlin die Fronten zunehmend gegen ihn verhärteten. Marie d'Agoult, die Gefährtin von Franz Liszt, schrieb noch zehn Jahre später unter dem Pseudonym Daniel Stern am 15. Oktober 1842 in »La Presse« einen Aufruf zur Pflege Meyerbeers, damit er auch Paris erhalten bleibe: »Nous engageons l'administrateur de l'Opéra à redoubler auprès de l'illustre maëstro d'efforts et d'insistance. Une fois rendu à sa patrie allemande, une fois de retour à Berlin, qui sait quand nous le reverrons! Le roi de Prusse aime à garder auprès de lui les intelligences d'élite« (Wir fordern den Direktor der Oper dazu auf, die Mühe und Beharrlichkeit um den berühmten Maestro zu verdoppeln. Einmal seinem deutschen Vaterland zurückgegeben und wieder in Berlin, wer weiß, wann wir ihn wiedersehen! Der König von Preußen behält gerne die Intelligenz der Elite bei sich). MLP

6/15   **Eugène Scribe** (1791-1861)
        Libretto für »Die Hugenotten«
        Paris, August 1835
        Zeitgenössisches Manuskript, gebunden mit
        durchschossenem Büttenpapier mit
        Eintragungen von Scribe, Deschamps und
        Meyerbeer; 28,2 x 23,5cm
        Berlin, Staatsbibliothek zu Berlin – Preußischer
        Kulturbesitz, Musikabteilung mit Mendelssohn-
        Archiv (N. Mus. Nachl. 97, G/1)

Die Oper in fünf Akten wurde am 29. Februar 1836 in Paris uraufgeführt, ein Jahr später fand die deutsche Erstaufführung in Leipzig statt. Nach dem großen Erfolg der »Hugenotten« in Paris stand die Oper bereits 1839 auf dem Spielplan in New Orleans, doch in Berlin waren Meyerbeers Werke weiterhin mit Spielverbot belegt. Selbst die Vermittlungsversuche Alexander von Humboldts konnten am preußischen Hof nichts ausrichten. Erst nach dem Thronwechsel und der kulturfördernden Regierung Friedrich Wilhelm IV. besserte sich für den geschmähten Komponisten die Lage in seiner Vaterstadt. Er wurde schließlich am 11. Juni 1842 als Nachfolger des Italieners Gasparo Spontini auf den Posten des Generalmusikdirektors der königlichen Oper berufen. Mit Humboldts Unterstützung gelang es ihm, beim König einen Halbjahresvertrag durchzusetzen, der ihm die Möglichkeit offenließ, seinen Verpflichtungen als Musikdirektor an der Pariser Académie Royale de Musique nachzukommen. Er durfte sich während der ersten zwei Jahre sogar mit einem Dienst von nur vier Monaten im Sommer begnügen, so daß er die Wintersaison Paris widmen konnte. Dort engagierte er sich für die Förderung der »vaterländischen Tonkunst« und für die Aufführung neuer deutscher Nationalopern, so, wenn auch vergeblich, für Richard Wagners 1843 in Dresden uraufgeführte Oper »Der Fliegende Holländer«. Als Generalmusikdirektor wirkte er bis 1846, behielt allerdings das Amt des Hofkapellmeisters bis zu seinem Tode bei. Sein letzter überwältigender Erfolg in Paris war die posthume Premiere der Oper »L'Africaine« im Jahre

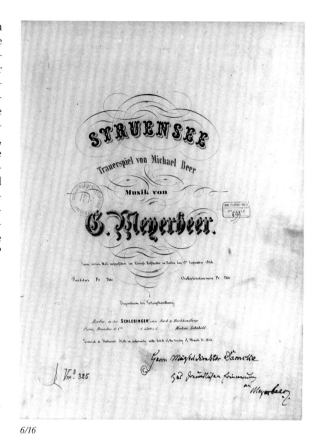

6/16

1865, die in elf Monaten einhundertmal gegeben und am 18. November 1865 auch in Berlin gezeigt wurde. MLP

6/16   **Giacomo Meyerbeer** (1791-1864)
        Struensee. Trauerspiel von Michael Beer,
        Musik von G. Meyerbeer
        Berlin: Schlesinger 1846
        Partitur mit eigenhändiger Widmung an
        Musikdirektor Damcke; 35 x 53,8 cm
        Paris, Bibliothèque Nationale de France,
        Département de la Musique (Vm^3 325)

Michael Beer widmete sein Stück der tragischen Gestalt des Pastorensohns Johann Friedrich Struensee, der 1758 als Arzt im dänischen Altona tätig war. Der dänische König Christian VII. berief ihn zum Leibarzt an den Hof zu Kopenhagen. Als Favorit der Königin Caroline Mathilde wurde er 1771 zum Minister des Privatkabinetts gegen seinen Willen berufen und schließlich 1772 wegen seiner aufgeklärten Toleranzmaßnahmen enthauptet wie auch die Königin. Der Dramatiker Michael Beer war der Bruder des Komponisten. Angeregt vom Humanitätsideal der Klassik, setzte er sich in seinem von Goethe mit Beifall aufgenommenen Hauptwerk »Der Paria« (1826) für die Emanzipation der Juden ein. Die Aufführung von »Struensee« in Berlin war 1827 durch die Zensur verweigert worden, da nach geltendem Recht die Darstellung von Mitgliedern und Ahnherren der königlichen Familie auf dem Theater untersagt war und selbst der dänische Gesandte in Preußen im Auftrag seines Königs gegen die Inszenierung stimmte. Erst im Februar 1846 wurden die Gesetze gelockert, da sie einem »freien und auch bedeutenden Aufschwung der dramatischen Poesie zu hinderlich« waren. Auch der König von Hannover mußte seine Einwilligung geben. Von der Premiere am 19. September 1846 berichtete Alexander von Humboldt an den König: »Die Aufführung des Struensee war überaus glänzend und in jeder Hinsicht vortrefflich und das Berliner Publikum, gewöhnlich rhadamantisch zum Blutgerichte sitzend, hat sich überaus befriedigt und tief angeregt bezeigt.« MLP

Lit.: Becker 1987, S. 177f.

6/17 **A. (J.) Barbizet** (tätig 1856-1888)
Plakat für »L'Africaine«
Paris: Impr. Lemercier, D.L. 1865
Lithographie (Abzug in Camaieu); 67 x 50 cm
Paris, Bibliothèque Nationale de France,
Musée de l'Opéra [Aff. Th. II, (493)]
Abb. S. 298

Meyerbeer war schwer erkrankt, als er in Berlin einen Brief des neuen Direktors der Opéra, Emile Perrin, erhielt, der ihm mitteilte, daß er »Die Afrikanerin« inszenieren wolle. Das Libretto stammte auch diesmal von Eugène Scribe. Meyerbeer setzte Perrin daraufhin in Kenntnis, daß seine Partitur vollständig beendet und er glücklich sei, wenn dieses Projekt endlich verwirklicht würde (Brief vom 29. Dezember 1862). Dennoch wollte der Komponist seine Zustimmung erst dann geben, wenn er das Opernensemble gehört hatte. Er traf im Herbst 1863 in Paris ein und nach langem Zögern akzeptierte er es, die Rolle der Selika Marie Sax und die anderen Hauptrollen Faure, Belval und Naudin anzuvertrauen. Doch Meyerbeer sah sein Werk nicht mehr auf der Bühne. Er starb am 2. Mai 1864, noch bevor die Vorarbeiten begonnen hatten. Ihm wurde ein Staatsbegräbnis ausgerichtet, und der Abgeordnete Emile Ollivier, ein Schwiegersohn Liszts, schloß seine Rede mit den Worten: »Que ces tristes et pieux souvenirs soient un gage d'union entre deux nations-soeurs que rien ne devrait jamais diviser et qu'un lien fort et durable s'établisse entre la patrie de Beethoven, de Mozart et celle d'Hérold, d'Halévy et d'Aubert« (Mögen diese traurigen und pietätvollen Erinnerungen das Unterpfand für die Verbindung zweier Schwesternationen sein, die nichts jemals trennen sollte. Möge sich ein starkes, dauerhaftes Band zwischen dem Vaterland Beethovens und Mozarts und dem Hérolds, Halévys und Auberts knüpfen). Perrin gab sein Vorhaben nicht auf, die Oper zu inszenieren. Gemäß den Wünschen des Meisters und der Erben betraute er Saint-Léon, damals in Sankt Petersburg, mit der Choreographie, vertraute er das Orchester George Hainl und die Überarbeitung der Partitur dem Direktor des Brüsseler Konservatoriums, Edouard Fétis, an. Nach einem Jahr mühevoller Proben fand die Uraufführung am 28. April 1865 statt. Wie Verdi setzte Meyerbeer sein ganzes Vertrauen in Emile Perrin, dem er einen Kopf »voll pittoresker und poetischer Phantasie« zuerkannte. Die Inszenierung, auf die der Komponist seine ganze Aufmerksamkeit richtete, ist »so wichtig und so neuartig«, daß sie »von einem so vollendeten Meister wie Sie in dieser Sparte der Bühnenkunst geleitet zu werden verlangt« (Brief vom 29. Dezember 1862). Die Bühnendekoration des dritten Aktes stellte das Profil eines vom Sturm gepeitschten Schiffes dar. Meyerbeer dachte, daß ein durch aufwendige Bühnenmaschinerie erzielter Theatereffekt das Publikum verblüffen würde und war enttäuscht, als er erfuhr, daß eine andere Inszenierung an der Oper ihm zuvorgekommen war: Tatsächlich hatte man bereits 1856 im Ballett »Der Korsar« ein in den Fluten untergehendes Schiff gesehen. NW

6/18

6/18 **Jacob Schlesinger** (1792-1855)
Georg Wilhelm Friedrich Hegel
1831
Öl auf Leinwand; 36 x 28,8 cm
Berlin, Staatliche Museen zu Berlin,
Nationalgalerie (A I 556)

Hegel trat an der Berliner Königlichen Universität in den Wintersemestern 1822/23, 1824/25 und 1826/27 mit seinen Vorlesungen zur Philosophie der Geschichte hervor, die 1837 in französischer Fassung publiziert wurden. Hegels Schriften wurden in Frankreich vor

So lange die Sonne am Firmamente steht und die Planeten um sie herum kreisen, war das nicht gesehen worden, daß der Mensch sich auf den Kopf, das ist auf den Gedanken stellt, und die Wirklichkeit nach diesem erbaut. [...] Es war dieses somit ein herrlicher Sonnenaufgang. Alle denkenden Wesen haben diese Epoche mitgefeiert. Eine erhabene Rührung hat in jener Zeit geherrscht, ein Enthusiasmus des Geistes hat die Welt durchschauert, als sey es zur wirklichen Versöhnung des Göttlichen mit der Welt nun erst gekommen.

G. W. F. Hegel: Vorlesungen über die Philosophie der Geschichte, 1821

allem durch die Übersetzungen und Bearbeitungen des Germanisten und Philosophen Victor Cousin zugänglich gemacht. Auch 35 Jahre nach der Französischen Revolution blieb Hegel deren Anhänger; er sah in ihr einen überwältigenden, wenn auch dramatischen »Sonnenaufgang« im »vernünftigen und notwendigen Gang des Weltgeists« auf dem Weg zur Freiheit. In seinen Vorlesungen über Hegel entwickelt Cousin das Prinzip der Geschichte am Beispiel Napoleons, der mittels Militärherrschaft die Macht und Staatsgewalt übernimmt und das Mißtrauen gegenüber dem Staat durch Achtung und Furcht ersetzt: »Il se tourna ensuite vers l'extérieur avec toute l'immense puissance de son caractère, soumit toute l'Europe et répandit partout ses institutions libérales...« (Er wandte sich dann nach außen mit der ganzen ungeheuren Kraft seines Charakters, unterwarf ganz Europa und verbreitete überall seine liberalen Einrichtungen...). MLP
Lit.: Lefebvre 1987, S. 237ff.

6/19 **Georg Wilhelm Friedrich Hegel** (1770-1831)
Brief an Victor Cousin
Berlin, 5. April 1826
Eigenhändiges Manuskript; 26 x 21,8 cm
Paris, Bibliothèque de la Sorbonne
(VC MS 232, n° 2502)

Seit 1817 besuchte der französische Philosoph Victor Cousin nahezu jährlich Deutschland. Seine erste Reise führte ihn nach Heidelberg, Göttingen, Berlin und Jena, wo er die für ihn wichtigsten Persönlichkeiten aufsuchte. In Heidelberg lernte er auch den damals noch unbekannten Hegel kennen. Ein Jahr später traf er mit Friedrich Wilhelm Schelling und Friedrich Heinrich Jacobi zusammen. Weitere Deutschlandaufenthalte folgten, so im Winter 1824/25 in Berlin, wo er als Anhänger von Santorre di Santa-Rosa, eines piemontesischen Revolutionärs, verhaftet und festgesetzt, doch dank der Intervention mehrerer Persönlichkeiten, u.a. auch Hegels, der in dieser Angelegenheit an den preußischen Innenminister schrieb, wieder aus der Haft entlassen wurde. Da aber Cousin nicht ausreisen durfte, nutzte er die Zeit zur Vertiefung seiner Kontakte mit den Hegelianern. Nach Paris zurückgekehrt, unterhielt er mit Hegel einen regen Briefwechsel. In seinem Schreiben vom 5. April 1826 äußert sich Hegel u.a. sehr positiv über die Cousinschen Descartes- und Proclusausgaben, auch über die zugeschickte Arbeit von Guigniaut über das Werk von Georg Friedrich Creutzer; überdies berichtet er über verschiedene Neuigkeiten aus Berlin und die gemeinsamen Bekannten Eduard Gans und Heinrich Gustav Hotho. Cousin hielt an der Sorbonne Vorlesungen über Hegel und deutsche Geschichtsphilosophie, die in der Pariser Gesellschaft ausgesprochen populär waren. AC
Lit.: Barthélémy-Saint Hilaire 1895, Bd.1, S. 182-187; Espagne/Werner 1990 S. 71-75

6/20

6/20 **Diplom der Königlich Preußischen Akademie der Wissenschaften für Victor Cousin**
Berlin, 1832
Pergament mit Lacksiegel; 38,6 x 44,8 cm
Paris, Bibliothèque de la Sorbonne
(VC MS 401, 7.8)

1832 wurde der damals vierzigjährige französische Philosoph und Gelehrte Victor Cousin in die Preußische Akademie der Wissenschaften in Berlin aufgenommen. Dieser Auszeichnung folgte eine Reihe von Diplomen, die er jeweils als Mitglied 1837 von der Gesellschaft der Künste und Wissenschaften in Frankfurt, 1844 von der historisch-theologischen Gesellschaft in Leipzig und 1851 von der Königlichen Gesellschaft der Wissenschaften in Göttingen erhielt. Alle diese Auszeichnungen wurden ihm wegen seiner Verdienste um die Verbreitung und Popularisierung der deutschen Wissenschaft in Frankreich verliehen. Ein Jahr vor seiner Aufnahme in die Berliner Akademie hielt sich Cousin für längere Zeit in Preußen auf, um das Ausbildungssystem an den Schulen und Universitäten zu studieren. Sein Bericht, eine eingehende Studie, diente dann auch als Orientierung bei der Formulierung des Gesetzes von Guizot aus dem Jahre 1833. Cousin war verantwortlich für die Ausbildung an den Universitäten während der Julimonarchie. Aufgrund seiner Kenntnisse der deutschen Wissenschaften und guten Kontakte zu führenden Köpfen wie Goethe, Hegel, Heine (der allerdings seine Autorität aus verschiedenen Gründen in Frage stellte), Jacobi, den Brüdern Schlegel und vielen anderen galt Cousin als herausragender Experte für deutsche Kultur und Wissenschaft in Frankreich, darüber hinaus war er eine wichtige Kontaktperson und Adresse für deutsche Gelehrte in Paris. AC

6/21 **Gustave Courbet** (1819-1877)
Pierre Joseph Proudhon
1865
Bez. o.l.: à mon ami P. J. Proudhon;
u.r.: Gustave Courbet
Öl auf Leinwand; 72 x 55 cm
Paris, Musée d'Orsay (RF 1958-14)
Abb. S. 307

Gustave Courbet lernte den französischen Sozialisten und Schriftsteller Pierre Joseph Proudhon wahrscheinlich Ende des Jahres 1847 kennen, kurz nach dessen Übersiedlung nach Paris. Ihre Freundschaft endete mit dem Tode Proudhons 1865. Der Frühsozialist wurde um 1840 zum führenden Theoretiker der europäischen Arbeiterbewegung und strebte, anders als Marx, nach einer Revolution auf friedlichem Wege, was ihm von marxistischer Seite den Vorwurf eintrug, er wolle die mit dem Kapitalismus entstandenen Klassen versöhnen und damit unter Verhinderung des Klassenkampfes die Aufhebung der gesellschaftlichen Gegensätze bewirken. Seine Ideen zur gleichmäßigen Verteilung des Produktionseigentums und seine Kritik des zentralistischen Staates als Ursprung der Unterdrückung waren sehr populär. Zu seinen Lesern zählte auch Richard Wagner, der in seiner Schrift »Das Kunstwerk der Zukunft« (1849) u.a. Proudhonsche Gedanken aufgenommen und verarbeitet hat. Gustave Courbet versuchte mehrmals, das Portrait seines Freundes zu malen, aber Proudhon weigerte sich, ihm Modell zu sitzen. So schickte er 1863 den Freund zu dem Fotografen Reutlinger mit genauer Anleitung, welche Pose das Modell einzunehmen habe. Bei der Ausführung des Portraits stützte sich der Realist Courbet auf diese Aufnahme; auch eine Fotografie von Carjat, die Proudhon auf dem Totenbett zeigt, und das 1860 im Brüsseler Exil entstandene und ein Jahr später im Salon ausgestellte Proudhon-Bildnis von Amédée Bourson dienten ihm als als Orientierung und Vorlage. AC
Lit.: Kat. Paris 1977/78, Nr. 83, S. 171-174 (Portrait mit Familie); Musée d'Orsay 1990, Bd. 1, S. 129

6/22 **Revue des Deux Mondes**
Paris, 1833
Aufgeschl.: Alfred de Musset:
Les caprices de Marianne
Berlin, Staatsbibliothek zu Berlin – Preußischer Kulturbesitz (Ac 3289)

»Im Dienste der französischen Geistesgeschichte« (au service du rayonnement français) nimmt die »Revue des Deux Mondes« seit ihrer Gründung 1829 einen hervorragenden Platz ein. Fortlaufend wurden wichtige politische und gesellschaftliche Vorgänge zu deutschen Belangen von namhaften Autoren untersucht. Im Vordergrund stand die deutsche Frage der Einigung und ihre Lösung, und einflußreiche Germanisten und Germanophile wie Gérard de Nerval, Edgar Quinet, Victor Cousin, Saint René-Tallandier oder Ernest Renan haben ihre Leser mit einem differenzierten teils theoretischen, teils literarischen Deutschlandbild vertraut gemacht und aktuelle politische Fragen vereinzelt scharf kommentiert. Quinet wertete Luthers Reformation als Fortschritt des »principe social« und als Deutschlands ersten Beitrag zum modernen Staat, der durch die französische Revolution vollendet worden sei. Preußen nahm er allerdings seines Despotismus wegen von den fortschrittlichen Staaten aus. Auch Heinrich Heine äußerte sich in der »Revue« positiv zu den Wirkungen der »religiösen Revolution« durch die Reformation, die das Prinzip der Gedankenfreiheit durchgesetzt habe. Alfred de Musset, der sein freizügiges Theaterstück »Les caprices de Marianne« zuerst am 15. Mai 1833 in der »Revue des Deux Mondes« veröffentlichte und mit »La Confession d'un enfant du siècle« 1836 eine Analyse der französischen Jugend von 1789 bis 1830 verfaßte, gilt neben Victor Hugo, Alphonse de Lamartine und Alfred de Vigny als einer der vier großen Romantiker Frankreichs. MLP
Lit.: Kat. Paris 1930, Nr. 294, S. 95f.; Straub 1962, S. 8ff.

6/23 **Vorwärts! Pariser Signale aus Kunst, Theater, Musik und geselligem Leben**
Eine Zeitschrift, herausgegeben von Heinrich Börnstein und Adalbert von Bornstedt
Paris, 2. Januar 1844
Paris, Bibliothéque Nationale de France, Département de la Réserve
(Rés G-Z-324 [Jahrgang 1844])

Heinrich Börnstein, Journalist und Schauspieler, war mit einer Operntruppe nach Paris gekommen. Dort lernte er Giacomo Meyerbeer kennen, der das Projekt einer deutschen Emigrantenzeitung finanzierte. Angesichts der großen Zahl von über 40 000 in Paris lebenden Deutschen und der Zensur in seinem Heimatland war eine Marktlücke entdeckt. Anfangs sollte der »Vorwärts!« unpolitisch sein, um nicht unnötig zu provozieren. Börnsteins Mitherausgeber, Adalbert von Bornstedt, selbst Emigrant, lieferte der preußischen Regierung gegen Bezahlung diskret Informationen über das deutsche Exil. »Es regnete Verbote unseres Blattes in Deutschland.« Gleichzeitig wurde der »Vorwärts!« von emigrierten Oppositionellen als zu »flau« kritisiert. Daraufhin wurde das Blatt mit dem neuen Untertitel »Pariser Deutsche Zeitschrift« zur »einzigen ganz zensurfreien und radikalsten aller in Europa in deutscher Sprache erscheinenden Zeitungen«. Ruge, Marx, Heine, Herwegh, Bakunin und andere veröffentlichten hier scharfsinnige Analysen, kritische Kommentare und spöttische Satiren. Schon bald kam es zum Streit zwischen den bürgerlichen Demokraten um Ruge und dem radikalsozialistischen Flügel um Marx, der sich schließlich durchsetzte. Im Oktober 1844 erklärte Friedrich Engels: »Wir besitzen in Paris eine deutsche kommunistische Zeitung«. Preußen übte Druck auf Frankreich aus, gegen den »Vorwärts!« einzuschreiten. Zunächst fand man einen juristischen Vorwand, um gegen den Redakteur vorzugehen, dann wies man einige Mitarbeiter als

[...] je dois me persuader, que le publique Français ait beaucoup plus de goût pour la philosophie abstraite, que le nôtre. Votre édition de Descartes nous présente non seulement le point de départ de la philosophie moderne, mais le tableau aussi des efforts savants de son tems dans toute leur étendue; je me réjouis d'avance surtout de l'exposé que vous promettez de faire et de la critique de la philosophie cartésienne, beau thème en lui-même, et très-fécond en rapport à notre temps, et à sa manière d'envisager la philosophie.

G. W. F. Hegel an
Victor Cousin, Berlin,
5. April 1826

[...] ich muß mich überzeugen, daß das französische Publikum mehr Geschmack an der abstrakten Philosophie hat wie das unserige. Ihre Descartes-Edition zeigt uns nicht nur den Ausgangspunkt der modernen Philosophie, aber zugleich im ganzen Umfang das Bild aller gelehrten Mühen ihrer Zeit. Ich freue mich schon vorher besonders auf das Exposé, das sie versprochen haben, und auf die Kritik der cartesianischen Philosophie, ein schönes Thema für sich, und sehr fruchtbar für die Beziehungen unserer Zeit und die eigentliche Betrachtung der Philosophie.

Der deutsche Literat sucht mehr als alle übrigen Deutschen französische Gesellschaft auf, und er lernt auch, unterstützt durch seine Kenntnis klassischer Sprachen das Französische viel schneller und besser. Nicht selten beschränkt er seinen unverbesserlichen Groll gegen sein Vaterland auf französischen Umgang; doch sei es unseren Landsleuten zur Ehre nachgesagt, daß ihre Neigung und Vorliebe zu dem französischen Volke nie bis zum Verrath an Deutschland ausartete; die »Briefe aus Paris« sind die einzigen, welche Paris auf Kosten des Vaterlandes vergötterten und für uns arme Deutsche kein anderes Heil mehr kennen, als das, daß wir Franzosen werden!

Der Deutsche in Paris, 1847-1850

6/24

»unerwünschte Ausländer« aus. Marx ging nach Brüssel. Heine, auf den man im Berlin am wütendsten war, konnte sich jedoch des Schutzes seines Gastlandes sicher sein. Er blieb unbehelligt. Am 28. Dezember 1844 erschien in Paris die letzte Nummer des »Vorwärts!«. Eine andere Zeitschrift, die »Deutsche Revue«, herausgegeben in Mannheim, war von Anfang an ein Opfer der Pressezensur und der Unterdrückung der Opposition im deutschen Vormärz: Sie ist nie erschienen. Ihr Herausgeber, Karl Gutzkow, Vertreter des »Jungen Deutschland«, einer der bedeutendsten literarischen Strömungen jener Zeit, hatte die Veröffentlichung für den 1. Dezember 1835 geplant. Aus Berichten von Spitzeln und Verbindungsmännern des Fürsten Metternich geht hervor, daß das erste Heft bereits gedruckt und das zweite »beinahe fertig« war, als die Regierung den Mannheimer Verlag Carl Löwenthal mit einem generellen Verbot belegte. Gutzkow versuchte, eine Ersatzpublikation mit dem Titel »Deutsche Blätter für Leben, Kunst und Wissenschaft« herauszugeben. Dem neuen Verleger Varrentrapp in Frankfurt wurde daraufhin mit dem Entzug des Druckauftrags der Protokolle des Deutschen Bundestages gedroht, der materiellen Basis des Verlags. Der Bundestag beschloß wenige Tage später, in einem Sammelverfahren gegen die Autoren Gutzkow, Heine, Laube, Mundt und Wienbarg vorzugehen. Heine konnte es aus Paris wagen, direkt beim Bundestag zu protestieren – durch die, wie er schrieb, »persönliche Sicherheit, die mir der Aufenthalt im Auslande gewährt«. Ein dritter Versuch Gutzkows mit einer Zeitschrift ähnlichen Zuschnitts scheiterte ebenfalls. Sein Beitrag für die erste Nummer der »Deutschen Revue« erschien zwar kurz nach dem Verbot in Cottas »Allgemeine Zeitung«, jedoch aus Angst vor der Zensur stark gekürzt. Andere Beiträge dieser Nummer sollten erst 1904 in einem Sammelband erscheinen. Georg Büchner ermunterte Gutzkow, wenigstens die Geschichte der Unterdrückung der »Deutschen Revue« unter dem geplanten Titel »Lebenslauf eines Embryo« zu veröffentlichen. Auch dies wurde nicht realisiert. MK

Lit.: Heine Bd. 21 (1970), S. 135f.; Estermann 1971; Büttner, W. 1994, S. 62

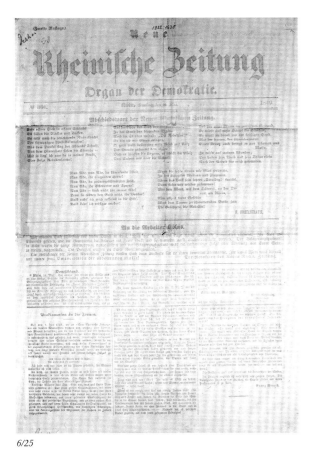

6/25

6/24 **Gustave Doré** (1832-1883)
La coulisse de la Bourse
(In den Kulissen der Börse)
Bez.: Lith. Vayron, r. Galande, 51 Paris
Lithographie; 25,2 x 32,8 cm
Paris, Bibliothèque Nationale de France,
Département des Estampes (Va 238a)

6/25 **Neue Rheinische Zeitung**
Organ der Demokratie, herausgegeben von
Karl Marx
Köln, 19. Mai 1849 (letzte »rote« Nummer)
Berlin, Staatsbibliothek zu Berlin – Preußischer
Kulturbesitz, Abt. Historische Drucke
(2 Ztg 783/1d RAR)

Karl Marx, der bereits 1842/43 in Köln für die »Rheinische Zeitung« gearbeitet hatte, kehrte im Revolutionsjahr 1848 aus Paris nach Deutschland zurück. »Wir mußten nach Köln gehen und nicht nach Berlin«, schrieb Engels, »Erstens war Köln das Zentrum der Rheinprovinz, die [...] in jeder Beziehung damals der fortgeschrittenste Teil Deutschlands war«, außerdem herrsche in Berlin »das elende preußische Landrecht«, am Rhein aber – in der Tradition des französischen Rechts – »unbedingte Preßfreiheit – und wir haben sie ausgenutzt bis auf den letzten Tropfen«. Als Chefredakteur der seit dem 1. Juni 1848 erscheinenden »Neuen Rheinischen Zeitung« setzte sich Marx gegen andere Haltungen durch – eine »einfache Diktatur von Marx«, wie Engels bemerkte. Marx schuf eine bedeutende und vielgelesene Tageszeitung, ein Kampfblatt von höchstem Niveau. Entschieden diskutierte man die gesellschaftlichen Widersprüche, berichtete über das soziale Elend und setzte sich für die unterdrückten Nationen Italien, Ungarn und Polen ein. Die Berichte über die Zweite Französische Republik sollten die deutschen Revolutionäre ermutigen. Auf Druck der Behörden wurde der staatenlose Marx am 16. Mai 1849 ausgewiesen, da »man von einem blos geduldethen Fremden es sich doch nicht gestatten zu laßen braucht, daß er alles mit seinem Gift begeifere, da ohnehin inländisches Geschmeiß dies hinlänglich thut«. Marx, Freiligrath, Wolff und andere gingen ins Exil. Am 19. Mai erschien die letzte Nummer der Zeitung in roten Lettern, in der angesichts der militärischen Situation vor einem Aufstand gewarnt wurde. Beim Bankett zur Feier des Jahrestages des Pariser Juniaufstandes gedachte man in Köln des Schicksals der Redakteure. Als die Marseillaise angestimmt wurde, löste preußisches Militär die Versammlung auf. MK
Lit.: Kat. Köln 1983; Schmidt 1986; Wagner 1988, S. 537-596

6/26 **Johann Peter Hasenclever** (1810-1853)
Das Lesekabinett
1843
Bez. u.r.: J.P. Hasenclever. 1843
Öl auf Leinwand; 71 x 100 cm
Berlin, Staatliche Museen zu Berlin,
Nationalgalerie (W. S. 71)
Abb. S. 307

Lesegesellschaften galten seit der Aufklärung als eine gesellige und preiswerte Form der Wissensvermittlung, deren große Verbreitung im Vormärz einem gesteigerten Informationsbedürfnis Rechnung trug. Hasenclever zeichnete das karikierende Bild einer bürgerlichen Leserunde, deren Mitglieder sich durch eifrige Zeitungslektüre auf dem Laufenden zu halten glaubten. Die an der Rückwand angebrachte Landkarte und der auf dem Schrank befindliche Globus zeugen von ihrem Bemühen, jene in der Ferne sich abspielenden Ereignisse, über die man sich in den Journalen informierte, nachzuvollziehen. Doch wie der Mann rechts im Bild, dem bereits die Blätter zu entgleiten drohen, »verschlafen« diese behäbigen Kleinbürger die politischen und sozialen Entwicklungen im eigenen Land. Engagierte Debatten sind in dieser biedermeierlich-gemütlichen Runde kaum vorstellbar, weil den Zeitungen eine kritische Berichterstattung nicht möglich war. Die seit dem Wiener Kongreß geforderte Pressefreiheit war im Entstehungsjahr des Bildes noch immer nicht garantiert. In Preußen wurden sogar die Zensurvorschriften nach vorübergehender Liberalisierung erneut verschärft, als Reaktion auf die zunehmende politische Radikalisie-

Als ich in einer artistischen Gesellschaft erzählte, daß sich einige deutsche Blätter von Heine's Geldbeutel oder Teppichen unterhalten hätten, so antwortete Einer aus der Gesellschaft – es war Alexandre Dumas – »ça prouve que vos hommes de lettres sont encore plus misérables que votre presse. Si l'Allemagne ne veut pas de Heine«, fügte er hinzu, »nous l'adoptons volontiers, mais malheureusement Heine aime plus l'Allemagne qu'elle ne mérite!« (das beweißt, daß eure Schriftsteller noch elender sind als eure Presse [...] wenn Deutschland Heine nicht will, nehmen wir Ihn gerne auf, aber leider liebt Heine Deutschland mehr als es verdient).

Alexander Weill:
Korrespondez aus Paris,
8. Oktober 1839

In unruhiger Zeit ist das Geld ängstlich, zieht sich in die Kisten der Reichen, wie in eine Festung, zurück, hält sich eingezogen; der Diskonto steigt. In ruhiger Zeit wird das Geld wieder sorglos, bietet sich preis, zeigt sich öffentlich, ist sehr herablassend; der Diskonto ist niedrig. So ein alter Louisd'or hat mehr Verstand als ein Mensch, und weiß am besten, ob es Krieg oder Frieden gibt.

Heinrich Heine:
Französische Zustände,
Artikel VIII,
Paris, 27. Mai 1832

Jedes Volk hat seinen Nationalfehler, und wir Deutschen haben den unsrigen, nämlich jene berühmte Langsamkeit, wir wissen es sehr gut, wir haben Blei in den Stiefeln, sogar in den Pantoffeln. Aber was nützt den Franzosen alle Geschwindigkeit, all ihr flinkes anstelliges Wesen, wenn sie ebenso schnell vergessen, was sie gethan? Sie haben kein Gedächtniß, und das ist ihr größtes Unglück.

Heinrich Heine: Lutetia. Anhang: Communismus, Philosophie und Clerisei, III, Paris, 20. Juli 1843

rung. Im preußischen Rheinland, wo Hasenclever tätig war, führte dies zum Verbot unliebsamer Journale wie der »Rheinischen Zeitung« im April 1843. FM

Lit.: Soiné 1990; Kat. Nürnberg 1989, S. 580-624

6/27 **Steckbrief Georg Büchners vom 13. Juni 1835**
In: »Großherzoglich Hessische Zeitung«, 16. Juni 1835
Darmstadt, 1835
Darmstadt, Stadtarchiv Darmstadt (ST 25)
Abb. S. 302

»Friede den Hütten, Krieg den Palästen« lautet die Revolutionsparole von 1789, die der Flug- und Kampfschrift »Der Hessische Landbote« vorangestellt ist. Ihr Ziel war es, das ausgebeutete »Landvolk« im Großherzogtum Hessen darüber aufzuklären, »in welchem Zustand es lebe und in welchem es leben könnte«, um es zur Rebellion »gegen seine Regierung« zu bewegen. Die achtseitige Flugschrift erschien in 1000 Exemplaren anonym, gedruckt in Offenbach im Juli 1834. Verfaßt wurde sie von Georg Büchner, damals Doktorand der Medizin in Gießen, und Ludwig Weidig, protestantischer Theologe und seit 1814 führender Kopf der Opposition in Oberhessen. Weidig hatte Büchners Textentwurf – gegen dessen Widerstand – für den Druck stark bearbeitet, da er glaubte, die von Büchner aggressiv und in drastischer Bildhaftigkeit vorgetragenen Angriffe gegen die »Reichen« und Liberalen könnten die konstitutionellen Kräfte brüskieren und auch die Einheit der Opposition unter der Landbevölkerung gefährden. Die Idee zu dem sozialrevolutionären Manifest in der Tradition der Flugschriften deutscher Jakobiner war im Kreis der »Gesellschaft der Menschenrechte« entstanden, die Büchner als Diskussionsforum für egalitäre und frühkommunistische Gesellschaftstheorien im März 1834 in Gießen nach dem Vorbild der »Societé des Droits de l'homme et du citoyen« gegründet hatte – eine konspirative, stark von Auguste Blanqui und dem Neobabouvismus beeinflußte Organisation, der Büchner während seines Medizinstudiums in Straßburg (1831-1833) begegnet war. Die Publikation des »Hessischen Landboten« und die Aktivitäten der »Gesellschaft« führten zu polizeilichen Ermittlungen, in deren Verlauf Büchners Mitstreiter verhaftet, im Darmstädter Arresthaus festgesetzt und wahrscheinlich unter Folter zur Aussage gezwungen wurden. Damit verdichteten sich die Erkenntnisse über Büchners Mitautorenschaft an der Flugschrift, so daß sich dieser im März 1835 zur Flucht von Darmstadt in das französische Straßburg genötigt sah und seit dem 13. Juni steckbrieflich gesucht wurde. Weidig wurde am 24. April verhaftet. Er starb im Februar 1837 an den Folgen der Mißhandlungen im Darmstädter Gefängnis. UM

Lit.: Kat. Marburg 1984, S. 77-183

6/28

6/28 **Ludwig Emil Grimm** (1790-1863)
Heinrich Heine (mit eigenhändigem Gedichtmanuskript des Dichters)
1827
Bez. o.r.: Cassel den
9. Nov. 1827 del.ad.vivum
Feder, Bleistift; 26 x 20,5 cm
Paris, Bibliothèque Nationale de France, Département des Manuscrits
(Mss. All. 391, f. 63)

Ludwig Emil Grimm, der viele herausragende Persönlichkeiten seiner Zeit portraitierte, lernte Heine 1824 in Kassel kennen, wo ihn der Dichter auf der Durchreise von Göttingen nach München besuchte. Über diese Begegnung schrieb Grimm seinem Bruder Ferdinand 1825: »Ein Dichter, Heinrich Heine, hat mich von Göttingen aus, wo er Jura studiert, besucht, er hat ein gescheites Gesicht und ist auch nicht häßlich und auch just nicht unangenehm [...]. Ich habe so einiges von seinen Sachen gelesen«. Zur Entstehungszeit des Portraits 1827 begann sich Heines Ruhm als Schriftsteller zu festigen: 1826 war bei Campe in Hamburg der erste Band seiner »Reisebilder« erschienen, ein Jahr darauf sein »Buch der Lieder«, das zu seinen Lebzeiten noch 13 Auflagen erleben und Heine auch in der breiten Öffentlichkeit bekannt machen sollte. Gleichwohl schwebte ihm noch ein bürgerliches Berufsziel vor. Seine in den Jahren 1825 bis 1831 unternommenen Versuche, nach abgeschlossenem Jurastudium und Promotion als Advokat in Hamburg oder als Professor in München oder Berlin Fuß zu fassen, scheiterten indessen alle. Auf dem

Blatt von Grimms Zeichnung, nach der ebenfalls 1827 eine Radierung entstand (Kassel, Brüder Grimm-Museum), hielt Heine die herbstliche Stimmung in acht Versen fest, die er dann später in der Sammlung »Neue Gedichte« (1844) in leicht veränderter Fassung veröffentlichte: »Verdrossenen Sinn im kalten Herzen hegend, / Schau ich verdrießlich in die kalte Welt, / Zu Ende geht der Herbst, und Nebel fällt / Feuchteingehüllt die abgestorbne Gegend. // Die Winde pfeifen, hin und herbewegend / Das rothe Laub, das von den Bäumen fällt; / Es seufzt der Wald, es dampft das kahle Feld – / Da kömmt das Schlimmste noch, es regent. / H. Heine«. UM

Lit.: Andresen/Wessely, Bd. 5, 1887, S. 117-196; Kat. Kassel 1985, Bd. 2, S. 113

6/29 **Moritz Daniel Oppenheim** (1799-1882)
Heinrich Heine
1831
Bez. M.r.: M. Oppenheim 1831
Öl auf Papier auf Leinwand; 43 x 34 cm
Hamburg, Hamburger Kunsthalle (1162)
Abb. S. 300

Heine wurde 1797 als Sohn des Altonaer Kaufmanns Samson Heine in Düsseldorf geboren. Nach wechselhaften Studienaufenthalten in Bonn, Göttingen und Berlin, wo er Vorlesungen zur Rechtsgeschichte und Philosophie bei Hegel belegte und den wichtigsten Vertretern des geistigen Berlin begegnete – den Brüdern Schlegel und Humboldt, Chamisso, Tieck, Schleiermacher und Rahel Varnhagen – veröffentlichte er seine ersten Gedichte im Dezember 1821 in der preußischen Hauptstadt. Als er während eines Kuraufenthaltes wegen chronischer Kopfschmerzen auf der Insel Helgoland die Nachricht von der Pariser Julirevolution erhielt, schrieb er in sein Tagebuch: »Mein Wunsch nach Ruhe ist vorbei [...] Ich kenne erneut meine Pflicht [...] ich bin ein Sohn der Revolution«. Auf dem Wege nach Paris machte er vom 9. bis 12. Mai 1831 in Frankfurt Station, wo ihn der Frankfurter Künstler Moritz Oppenheim portraitierte. Am 20. Mai traf er in seiner künftigen Wahlheimat Paris ein und stieg in der Rue Vaugirard 52 in einem Hôtel garni ab. Von Paris aus verfaßte er Artikel für die »Augsburger Allgemeine Zeitung« und das »Morgenblatt«. Seitdem war Heine als Interpret des intellektuellen Deutschland in Frankreich ein Hauptvertreter der Kulturvermittlung. Seit 1836 gewährte ihm die französische Regierung sogar eine Jahresrente von 4800 Francs. MLP

Lit.: Kat. Paris 1981, S. 5; Werner 1991, III, S. 43f.

6/30 **Heinrich Heine**
»Vorrede« für »Die Romantische Schule«
Paris, 1835
Eigenhändiges Manuskript; 27 x 20,5 cm
Berlin, Deutsches Historisches Museum
(Do 58/631)

Das Scheitern beruflicher Möglichkeiten in Deutschland, vor allem aber die Neugier auf die politischen und sozialen Entwicklungen nach der Julirevolution veranlaßten den seit seiner Jugend an »französischen Zuständen« interessierten Heine, im Frühjahr 1831 nach Paris überzusiedeln, wo er bis zu seinem Tode leben sollte. In Paris widmete sich Heine ausschließlich der Schriftstellerei, verkehrte in den wichtigsten literarischen Salons und fand überhaupt in der gebildeten Welt rasch Anerkennung als »homme de lettres«. 1832 bat ihn Victor Bohain, der Herausgeber der Zeitschrift »Europe Littéraire«, den französischen Lesern die neuere deutsche Literatur nahezubringen, gewissermaßen als Fortsetzung des Buches der Madame de Staël. Die Abhandlung erschien in »Europe Littéraire« von März bis Mai 1833 unter dem Titel »L'état actuel de la littérature en Allemagne. De l'Allemagne depuis Madame de Staël«. Im selben Jahr kam in Leipzig (und Paris) eine deutsche Version als Buch heraus, die wiederum in einer erweiterten Fassung 1836 (recte 1835) in Heidelberg als »Die Romantische Schule« erschien, für die Heine diese »Vorrede« schrieb. Den Ausgangspunkt des Essays bildet Heines Kritik am »Koteriebuch« der Staël, das ein unzutreffendes, weil einseitig idealistisch-romantisches Deutschlandbild vermittle. »Frau von Staël« habe »gleichsam einen Salon eröffnet, worin sie deutsche Schriftsteller empfing, und ihnen Gelegenheit gab, sich der französischen civilisierten Welt bekannt zu machen; aber in dem Getöse der verschiedensten Stimmen, die aus diesem Buche hervorschreien, hört man doch immer am vernehmlichsten den feinen Diskant des Herrn A.W. Schlegel.« Auf ihn vor allem zielten Heines Attacken, aber auch der Tendenz vieler Romantiker zur »neudeutsch-religiös-patriotischen Kunst« und zum Katholizismus galt seine weitere, oft scharf formulierte Kritik. Gleichwohl leugnete er seine Wurzeln in der Romantik nicht. Es ging ihm darum, die in seinen Augen fortschrittlichen, liberalen Köpfe der Schule von den rückwärtsgewandten, unpolitischen Geistern zu sondern, die den reaktionären Kräften in Deutschland dienten. Die politische Tendenz des Buches mobilisierte die Zensur, in einigen Bundesländern wurde es verboten. Der Autograph enthält Streichungen Heines und des Zensors, dessen Rotstift das Wort »glorreiche« und der Satz »Dem Mitleid der ewigen Götter empfehle ich das Heil des Vaterlandes und die schutzlosen Gedanken unserer Schriftsteller« zum Opfer gefallen waren. UM

Lit.: Heine Bd. 8 (1972), S. 7f.

Eben so widerwärtig wie kostspielig wird auf die Länge in Paris der Zustand des Fremden, der nicht naturalisirt ist. Man wird geprellt und geärgert, und zumeist eben von naturalisirten Ausländern, die am schäbigsten darauf erpicht sind, ihre erworbenen Befugnisse zu mißbrauchen.[...] Und ich darf es sagen, ich hätte weniger als andere mit einheimischer Scheelsucht zu kämpfen gehabt, denn nie hatte ein Deutscher in so hohem Grade wie ich die Sympathie der Franzosen gewonnen, sowohl in der literarischen Welt als auch in der hohen Gesellschaft, und nicht als Gönner, sondern als Camerad pflegte der Vornehmste meinen Umgang.

Heinrich Heine: Lutetia. Zweiter Teil, 1854

Als hier in Paris, in dem großen Menschen-Ocean, die Revoluzion losfluthete, als es hier brandete und stürmte, da rauschten und brausten jenseits des Rheins die deutschen Herzen ... [...] Ach! unsere armen Vorgänger in Deutschland mußten für jene Revoluzionssympathie sehr arg büßen. Junker und Pfäffchen übten an ihnen ihre plumpsten und gemeinsten Tücken. Einige von ihnen flüchteten nach Paris und sind hier in Armuth und Elend verkommen und verschollen.

Heinrich Heine: Zur Geschichte der Religion und Philosophie in Deutschland, 1834

Heine a des mots diablement plaisants. Il disait ce soir en parlant d'Alfred de Musset: »C'est un jeune homme de beaucoup de passé.« Heine dit des choses très mordantes et ses saillies emportent le morceau. On le croit foncièrement méchant, mais rien n'est plus faux; son cœur est aussi bon que sa langue est mauvaise. Il est tendre, affectueux, dévoué, romanesque en amour, faible même, et capable de subir la domination illimitée d'une femme, avec cela il est cynique, railleur, positif, matérialiste en paroles, à effrayer, à scandaliser quiconque ne sait pas sa vie intérieure et le secret de son ménage. Il est comme ses poésies, un mélange de sentimentalité des plus élevées et de moquerie la plus bouffonne.

George Sand:
Journal intime, 1840

Heine hat teuflisch lustige Worte. Heute abend sagte er von Alfred de Musset: »Das ist ein Mann mit viel Vergangenheit«. Heine sagt sehr bissige Dinge und seine Spitzen treffen den Sinn. Man hält ihn für gründlich böse, aber nichts wäre falscher; sein Herz ist so gut wie seine Zunge schlecht. Er ist zärtlich, anhänglich, ergeben, romantisch in der Liebe, schwach sogar, und fähig, die unbegrenzte Herrschaft einer Frau zu ertragen, damit ist er zynisch, grollend, positiv, materialistisch in Worten, jeden erschreckend und entrüstend, der nicht sein Innenleben und das Geheimnis seiner Ehe kennt. Er ist wie seine Poesie, eine Mischung aus erhabenster Sentimentalität und närrischstem Spott.

6/31   **Heinrich Heine** (1797-1856)
Brief an Georg von Cotta
Paris, 29. März 1836
Eigenhändiges Manuskript; 26 x 20 cm
Marbach a. N., Schiller-Nationalmuseum /
Deutsches Literaturarchiv, Cotta-Archiv
(Stiftung der Stuttgarter Zeitung) (Cotta Br.)

Seit Mai 1831 korrespondierte Heine von Paris aus für Cottas »Allgemeine Zeitung« kritisch über die »Französischen Zustände« nach der Julirevolution von 1830 unter König Louis Philippe. Der Brief Heines an Georg von Cotta spielt vor dem Hintergrund der sich verschärfenden deutschen Zensurmaßnahmen gegen die antireligiösen und revolutionären Tendenzen des »Jungen Deutschland«, von denen Heine – auch wegen seines Gegenbilds zu Madame de Staëls »De l'Allemagne«: »Die romantische Schule« – im besonderen betroffen war. 1834 und 1835 waren Schriften von Heine in Preußen untersagt worden; 1834 verhinderte ein Beschluß des Frankfurter Bundestags die Verbreitung im Ausland gedruckter deutscher Werke und Zeitschriften, am 10. Dezember 1835 folgte ein Bundestagsverbot sämtlicher, auch künftiger Schriften des »Jungen Deutschland«; am 11. Dezember schließlich verbot Preußen die Heineschen Schriften, um zu Beginn des Jahres 1836 das Verbot dahingehend aufzulockern, daß Heine unter der Bedingung der Vorzensur doch in Preußen publizieren dürfe. Kurz nachdem Heine erfahren hatte, daß sein Hamburger Verleger Julius Campe das Manuskript des »Salon III« gegen die »bestimmteste ordre« Heines, »daß ich lieber gar nichts drucken lasse, ehe ich die Niederträchtigkeit begehe mich der preußischen Censur zu unterwerfen« (an Campe, 14. März 1836), doch der preußischen Zensur vorgelegt hatte, wandte er sich an Georg von Cotta, um die seit Johann Friedrich Cotta (»der selige Baron«) bestehende, aber immer wieder unterbrochene Beziehung zum Cotta-Verlag wieder aufzunehmen. Bei dem im Brief erwähnten Manuskript handelt es sich um die Novelle »Florentinische Nächte«, die in Fortsetzungen im April und Mai 1836 anonym im »Morgenblatt« abgedruckt wurde.   BP
Lit: Heine Bd. 11 (1974), S. 575f.

6/32   **Heinrich Heine** (1797-1856)
Deutschland. Ein Wintermärchen.
Caput I
1844
Eigenhändiges Manuskript; 26 x 21 cm
Paris, Bibliothèque Nationale de France,
Département des Manuscrits
(Mss. All. 382, f. 142)

Die Blätter aus dem »Deutschland«- Manuskript enthalten die einleitenden Strophen des ersten Kapitels, in denen Heine, bevor er über die im Winter 1843/44 unternommene Deutschlandreise von Paris über Aachen und Köln nach Hamburg berichtet, programmatisch seine Sicht auf Deutschland darstellt. Es ist eine sozialutopische Position, geprägt von den optimistischen Gesellschaftstheorien der französischen Frühsozialisten, namentlich der von Heine geschätzten Saint-Simonisten, die gegen Nationalismus und Bevormundung durch Kirche und Staat eine sinnlich und ästhetisch befriedigte Menschengemeinschaft forderten: »Ein neues Lied, ein besseres Lied, / O Freunde, will ich euch dichten! / Wir wollen hier auf Erden schon / Das Himmelreich errichten. // [...] Ja, Zuckererbsen für Jedermann, / Sobald die Schooten platzen! / Den Himmel überlassen wir / Den Engeln und den Spatzen.« In solcher Perspektive erschienen die politischen und kulturellen Realitäten Deutschlands zur Zeit der Restauration in einem eher düsteren Licht und gaben dem Dichter wenig Grund zum Optimismus. Daher auch der zwischen Melancholie und bitterem Spott changierende Ton des in vielfach ironischer Brechung dargebotenen Versepos, eine literarische Form, die Heine nicht zuletzt deshalb wählte, weil sie ihm noch am ehesten gestattete, sein kritisches Aufklärungsprogramm als »Märchen« in Reimen nach Deutschland zu schmuggeln. Vor allem der zunehmende Militarismus und Nationalismus, der Franzosenhaß, der wachsende Einfluß des Katholizismus, die konservativ-romantische Mittelalterverklärung, gepaart mit provinzieller Engstirnigkeit, erregten Heines oft polemisch formulierte Kritik, während die überall sich aufdrängenden preußischen Herrschaftssymbole wie Fahne, Reichsadler, Arminiusdenkmal-Aktivitäten seinen Spott provozierten. Gleichwohl verwahrte er sich gegen den zu erwartenden Vorwurf der »Pharisäer der

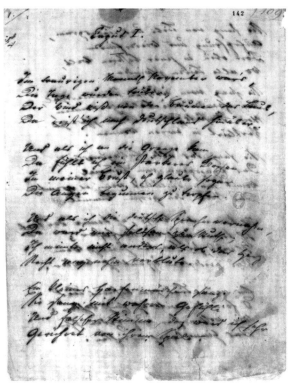

6/32

Nationalität«, ein »Vaterlandsverräter« zu sein. Im Vorwort zur ersten Auflage, die 1844 in einer zensurgerecht umgearbeiteten Fassung bei Campe in Hamburg erschien, bekannte er sich als – freilich kosmopolitisch und demokratisch orientierter – Patriot: »Ich werde eure Farben achten und ehren, wenn sie es verdienen, wenn sie nicht mehr eine müßige und knechtische Spielerey sind. Pflanzt die schwarz-roth-goldne Fahne auf die Höhe des deutschen Gedankens, macht sie zur Standarte des freyen Menschthums, und ich will mein bestes Herzblut für sie hingeben.« UM
Lit.: Heine Bd. 2 (1979), S. 298 u. S. 358

6/33   **Moritz Daniel Oppenheim** (1799-1882)
Ludwig Börne
1833
Bez. o.r.: M. Oppenheim 1833
Öl auf Leinwand; 48,9 x 41 cm
Frankfurt a. M., Freies Deutsches Hochstift
Frankfurter Goethe-Museum (IV-1949-6)
Abb. S. 300

Für Börne, Heines Widersacher, war Paris nach der Julirevolution das »Zifferblatt Europens« bzw. die »Hauptstadt Europas«, da von dort die Revolution ausgegangen sei. Seine Frankophilie bezeugen seine »Briefe aus Paris«, die zwischen 1831 und 1834 erschienen und von den preußischen Zensoren überprüft wurden, nachdem er im September 1830 in Paris eingetroffen war. Wie Heine verstand sich der in Frankfurt geborene Börne als kosmopolitischer Publizist jüdischer Herkunft, wie Heine war er zum Protestantismus konvertiert. Im Hôtel de l'Europe unterbreitete er Heine den Plan einer gemeinsamen Journalherausgabe, doch der Jüngere ging auf den Vorschlag des führenden Republikaners unter den Deutschen in Paris nicht ein. Schon 1832 hatte sich ihr Verhältnis so verschlechtert, daß an eine Kooperation nicht mehr zu denken war. Die Entfremdung steigerte sich zu Haß. Börne gab erst 1836 seine Journalidee unter dem auf Ausgleich zwischen beiden Ländern gerichteten Titel »La Balance« heraus, allerdings erschienen nur zwei Hefte in französischer Sprache. In der Einleitung tat er seine Absicht kund: »Der wäre ein geschickter Diplomat, dem es gelänge, den Frieden zwischen beiden Nationen zu vermitteln, dadurch, daß man sie bewegte, ein neues gleichartiges Ganzes zu bilden, ohne ihre bezeichnenden Eigenschaften aufzuopfern.« Der Frankfurter Maler Oppenheim portraitierte den aus Frankfurt nach Paris abgewanderten Republikaner im dritten Jahr seiner Emigration, der redlich darum bemüht war, das revolutionäre demokratische Denken aus Frankreich nach Deutschland zu vermitteln. MLP
Lit.: Lützeler 1992, S. 95, 106-118; Michaelis 1982, Nr. 145, S. 98

6/34   **Ludwig Börne** (1786-1837)
Lettres écrites de Paris pendant les années 1830 et 1831, par M. L. Börne; traduites par M. F. Guirnan, et précédées d'une notice sur l'auteur et ses écrits, extraite de la revue germanique
(Briefe aus Paris, geschrieben in den Jahren 1830 und 1831 von M. L. Börne; übersetzt von M. F. Guirnan und eingeleitet mit einer Anmerkung über den Autor und seine Schriften, Auszug aus der Revue Germanique)
Paris: Paulin 1832
Berlin, Staatsbibliothek zu Berlin – Preußischer Kulturbesitz (Rg 3938)

Die Veröffentlichung der zwischen 1830 und 1833 geschriebenen »Briefe aus Paris«, die gleichermaßen als historische Quelle für die Jahre nach der Julirevolution, als Zeugnis eines leidenschaftlichen Demokraten und als klassisches Dokument des frühen deutschen Journalismus gelten, geht auf eine Anregung Jeanette Wohls zurück, seit 1816 Börnes Freundin und erste Empfängerin seiner Briefe aus Paris. Am 12. November 1830 schrieb sie ihm aus Frankfurt: »Diese Briefe würden nicht nur den besten Memoiren aus den denkwürdigen Zeiten an die Seite gesetzt werden, sondern auch geschichtlichen Wert behalten. [...] Sie könnten Ihre Grundsätze darin wie durch Zeitungen verbreiten.« Börne befolgte ihren Rat und schrieb über mehrere Jahre ausführliche Briefe an sie, die er für den Druck redigierte und teilweise kürzte. Börne gab mit ihnen ein breit angelegtes, detailliertes Panorama des Pariser Lebens – von den großen Freiheitsträumen bis zu den kleinen Ballereignissen –, doch verfolgte er im wesentlichen die Mitteilung seiner »Grundsätze« und die Analysen aktueller politischer Entwicklungen. Zunächst Konstitutionalist, sah sich Börne angesichts der fortschreitenden Korrumpierung der Julimonarchie in Frankreich und der Unterdrückung jeder liberalen Regung in Deutschland gezwungen, seine politische Haltung zu ändern. Er wurde entschiedener Republikaner. Aus dieser Perspektive kritisierte er scharf die Manipulationen der französischen Finanzaristokratie, denen alle Errungenschaften der Revolution zum Opfer zu fallen drohten, aber auch die Beschränkung der bürgerlichen Freiheiten, den zunehmenden Nationalismus und Antisemitismus des Bürgertums in Deutschland. Orientiert an den jakobinischen Ideen der Revolution von 1789, forderte er die unumschränkte Autonomie des Volkswillens: »Ich finde wahre menschliche Bildung nur im Pöpel und den wahren Pöpel nur in den Gebildeten«. Die ersten beiden Bände erschienen 1831 bei Hoffmann und Campe in Hamburg und wurden noch im selben Jahr in Preußen und anderen deutschen Bundesstaaten verboten. 1832/33 folgten der dritte und der vierte Band, 1834 erschienen die beiden letzten Bände. Die französische Übersetzung der ersten Bände kam bereits 1832 heraus, wurde jedoch von Börne nicht autorisiert. UM
Lit.: Kat. Frankfurt 1986, S. 112

»Mein liebes Kind! in welchem Land / Läßt sich am besten leben? / Hier oder in Frankreich? und welchem Volk / Wirst du den Vorzug geben?« // Die deutsche Gans, lieb Mütterlein / Ist gut, jedoch die Franzosen, / Sie stopfen die Gänse besser als wir, / Auch haben sie bessere Saucen. –

Heinrich Heine:
Deutschland. Ein Wintermärchen, Caput XX, 1844

[...] jetzt sieht jeder, daß das deutsche Volk, als es für seine Fürsten Gut und Blut geopfert und den versprochenen Lohn der Dankbarkeit empfangen sollte, aufs heilloseste getäuscht worden, daß man ein freches Gaukelspiel mit uns getrieben, daß man, statt der zugelobten Magna Charta der Freiheit, uns nur eine verbriefte Knechtschaft ausgefertigt hat.

Heinrich Heine:
Französische Zustände, Vorrede, 1832

Die alterreifen Männer beider Länder sollten sich bemühen, die junge Generation Frankreichs mit der jungen Generation Deutschlands [...] zu verbinden. Wie schön wird der Tag sein, wo die Franzosen und die Deutschen auf den Schlachtfeldern, wo einst die Väter sich untereinander gewürgt, vereinigt niederknien und, sich umarmend, auf den gemeinschaftlichen Gräbern ihre Gebete halten werden!

Ludwig Börne:
Menzel der Franzosenfresser, 1836

Zwanzig Jahre lang bekriegten die Deutschen die französische Freiheit; zwanzig Jahre lang wurden sie von den Franzosen geschlagen, geplündert und gedrückt, und als sich nach zwanzig Jahren der Sieg auf ihre Seite gewendet und sie die Hauptstadt ihrer Feinde erobert, – was taten sie, wie rächten sie sich? Sie brachten den Franzosen eine Freiheit, wie sie sie nie gehabt, einen Wohlstand, den sie früher nie genossen, und die guten Deutschen kehrten siegegekrönt in ihre alte Sklaverei und ihre alte Armut zurück!

Ludwig Börne:
Menzel der Franzosenfresser, 1836

Die Geschichte Frankreichs und Deutschlands ist seit Jahrhunderten nur ein beständiges Bemühen, sich zu nähern, sich zu begreifen, sich zu vereinigen, sich ineinander zu schmelzen; die Gleichgültigkeit war ihnen immer unmöglich, sie müssen sich hassen oder lieben, sich verbrüdern oder sich bekriegen. Das Schicksal weder Frankreichs noch Deutschlands wird nie einzeln festgesetzt und gesichert werden können.

Ludwig Börne:
Menzel der Franzosenfresser, 1836

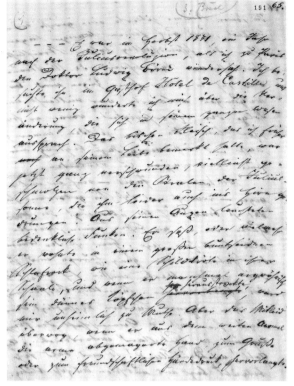

6/35

6/35 **Heinrich Heine** (1797-1856)
Ludwig Börne. Eine Denkschrift. Drittes Buch
Paris, 1839
Eigenhändiges Manuskript; 26,5 x 21 cm
Paris, Bibliothèque Nationale de France,
 Département des Manuscrits
(Mss. All. 384, f. 191)

Das berühmte Zerwürfnis zwischen den Dioskuren der oppositionellen Literatur zur Zeit der Restauration, Börne und Heine, war grundsätzlicher Natur und spielte sich auf mehreren Ebenen ab. Hatten sich die beiden seit 1827 locker befreundeten Schriftsteller bereits nach der Julirevolution einander entfremdet – aus persönlichen, aber auch politischen Gründen, beide schätzen die Möglichkeiten, die Aufstände von 1830/31 nach Deutschland zu tragen, unterschiedlich ein –, so kam es 1833 zum endgültigen Bruch, als Börne Heine in seinen »Briefen aus Paris«, namentlich im 109., öffentlich angriff und ihn des Ästhetentums bezichtigte, das zum Freiheitskampf nicht tauge: »Den verzärtelten Heine bei seiner sybaritischen Natur kann das Fallen eines Rosenblattes im Schlafe stören; wie sollte er behaglich auf der Freiheit ruhen, die so knorrig ist? [...] Wer schwache Nerven hat und Gefahren scheut, der diene der Kunst, der absoluten, die jeden rauhen Gedanken ausstreicht, ehe er zur Tat wird, und an jeder Tat feilt, bis sie zu schmächtig wird zur Missetat.« Heine reagierte mit seiner Gegenpolemik »Ludwig Börne. Eine Denkschrift« erst drei Jahre nach dem Tod seines Widersachers. Sie kam 1840 in »fünf Büchern« heraus und distanzierte sich entschieden von Börnes Revolutionsschwärmerei, die dem Napoleonverehrer Heine schon immer realitätslos erschienen war. Er sah in Börne das mitleiderregende Beispiel eines in Illusionen verirrten Radikaldemokraten und interpretierte ihn als *den* Repräsentanten eines asketischen, aus jüdisch-christlicher Tradition hervorgegangenen »Nazarenertums«, dem Heine, sich selbst dazu bekennend, den lebensfrohen »Hellenismus« gegenüberstellte. Daß »Menschen von lebensheiterem, erfahrungsstolzem und realistischem Wesen« die Befreiung nicht nur über politische Praxis, sondern auch über ästhetische Formen und eine durch Kunst veredelte Kultur der Sinne suchen, ist einer der zentralen Gedanken, die der Dichter aus seiner Börnekritik entwickelte. Daß sie zuweilen sarkastisch auf das Privatleben Börnes zielte, wurde Heine, zumal von republikanischen Patrioten, übelgenommen. Die ersten Sätze des Dritten Buches – sie beschreiben die Wiederbegegnung mit Börne 1831 in Paris – sind ein Beispiel für Heines boshafte Ironie in der Charakterisierung des Gegners. Er schildert ihn als Mischwesen aus Schildkröte und ältlichem Literaten im Schlafrock.   UM

Lit.: Kat. Frankfurt 1986, S. 189-197; Enzensberger 1986

6/36 **David d'Angers** (eigentl. Jean-Pierre David, 1788-1856)
Ludwig Börne
1841
Bez. vorne: A Ludwig Börne /
David d'Angers / 1841
Terrakotta; 62,5 x 31 x 23 cm
Angers, Musées d'Angers,
Galerie David d'Angers (MBA 843-5)

6/37 **David d'Angers** (eigentl. Jean-Pierre David, 1788-1856)
La France et l'Allemagne unies par la Liberté
(Frankreich und Deutschland durch die
Freiheit vereint)
1842
Bez. u.l.: P.J. David, 1842; u.r.: Fie de Richard,
Eck et Durand
Flachrelief, Bronze; 42 x 59,5 cm
Angers, Musées d'Angers,
Galerie David d'Angers (MBA 843-8)
Abb. S. 308

Nach Ludwig Börnes Tod 1837 wurde David d'Angers von einer zu diesem Zweck gegründeten Kommission gebeten, die Skulpturen für ein Denkmal des liberalen Journalisten und überzeugten Demokraten zu entwerfen, der im Pariser Exil verstorben war. 1842 wurde es auf dem Friedhof Père-Lachaise enthüllt. Es besteht aus zwei in Bronze gegossenen Teilen: der Büste, dessen Modell hier ausgestellt ist – im Père Lachaise steht sie auf einem Granitsockel in Pyramidenform –, und einem Relief, »La France et l'Allemagne unies par la Liberté« betitelt, auf dem drei allegorische Frauengestalten dar-

De l'Allemagne II: »Die Freiheit führt das Volk«

6/36

gestellt sind: Frankreich, Deutschland und die Freiheit. Die beiden Nationen reichen sich die Hände über dem Herzen der Freiheit, die ihrerseits die Hände Frankreichs und Deutschlands umschlingt. Rechts und links ist die Figurengruppe von Freiheitsbäumen flankiert, zu ihren Füßen liegen Waffen und Trophäen, auf ihren Sockeln sind die Namen deutscher und französischer Schriftsteller aufgeführt, die zu einer Annäherung zwischen beiden Kulturen beigetragen haben. Es handelt sich somit nicht nur um eine Ehrung Börnes, sondern um eine frühe Würdigung des deutsch-französischen Dialogs, um den sich Börne große Verdienste erworben hat. Genannt sind auf der rechten Seite Voltaire, Rousseau, Lamennais und Béranger für Frankreich, auf der linken Seite Lessing, Herder, Schiller und Jean Paul für Deutschland. AC

Lit.: Huchard 1989, S. 69; Relief: Chesneau 1934, Nr. 137, S. 96

»Willkommen in Paris!« – rief er mir entgegen. – »Das ist brav! Ich bin überzeugt, die Guten, die es am besten meinen, werden alle bald hier seyn. Hier ist der Convent der Patrioten von ganz Europa, und zu dem großen Werke müssen sich alle Völker die Hände reichen. Sämmtliche Fürsten müssen in ihren eigenen Ländern beschäftigt werden, damit sie nicht in Gemeinschaft die Freyheit in Deutschland unterdrücken. Ach Gott! ach Deutschland! Es wird bald sehr betrübt bey uns aussehen und sehr blutig.«

Heinrich Heine: Ludwig Börne. Eine Denkschrift, 1840

Raum 7

Rheinlied und Dichterstreit

Die französische Orientkrise des Jahres 1840 war Anlaß für die Rheinkrise, die wiederum den folgenden »Sängerkrieg« zwischen Frankreich und Deutschland entzündete. Aufgrund einer diplomatischen Fehleinschätzung der Lage in Ägypten stellten Politiker in Paris zur Kompensation des gedemütigten Nationalgefühls der Franzosen die Forderung nach der Rückgewinnung der Rheinlande. Als erster deutscher Nationalbarde zur ideellen Verteidigung der »Wacht am deutschen Rhein« veröffentlichte Nikolaus Becker im September 1840 in der »Trierschen Zeitung« seinen populären Liedtext »Der freie Rhein« mit den programmatischen Anfangszeilen »Sie sollen ihn nicht haben, / Den freien deutschen Rhein«. Sie richteten sich gegen Alphonse de Lamartine, der als Abgeordneter der Deputiertenkammer für die Wiederherstellung der natürlichen Rheingrenze eingetreten war. Wie Alfred de Musset mit seinem ironischen Couplet »Le Rhin allemand« verfaßte er auf Beckers Pamphlet hin eine »Marseillaise de la paix«; Heinrich Heine schloß sich mit der grimmen Gestalt des Vater Rhein in »Deutschland. Ein Wintermärchen« dem Spott der französischen Poeten gegen die deutschen Patrioten an. Friedrich Wilhelm IV. von Preußen und Ludwig I. von Bayern bedachten Beckers Lied mit Ehrengaben; die Vertonungen namhafter Komponisten, darunter Franz Liszt, Felix Mendelssohn-Bartholdy und Robert Schumann, zeugen vom Ausmaß des nationalen Aufschwungs. Zuvor und zugleich hatte die »Rheinromantik« in lithographierten Ansichten für das sagenumwobene Rheintal mit dem Mythos des Loreley-Felsens geworben und den Fremdentourismus zwischen Straßburg, Bingen und Köln befördert. Einer der berühmtesten Reisenden per Postkutsche und Raddampfer war Victor Hugo, der 1838 bis 1840 in mehreren Exkursionen die Schönheiten der Burgen und Schloßruinen, der Stadtansichten und Kirchen in Briefen an seine Frau Adèle und in feinen Federzeichnungen festhielt. Unter dem Buchtitel »Le Rhin«, im Januar 1842 erschienen, schildert er in seinem Reisebericht Deutschland im Sinne Madame de Staëls als Geschichts- und Naturlandschaft und läßt aktuelle Ereignisse unberücksichtigt. Zudem hielt der Dichter als Mitglied des 1835 gegründeten »Comité historique des Arts et des Monuments« die Sprache der Steine für dauerhafter als die der Schrift.

La France et l'Allemagne sont essentiellement l'Europe. L'Allemagne est le cœur; la France est la tête. [...] Le sentiment et la pensée, c'est tout l'homme civilisé.

Victor Hugo:
Le Rhin, 1841

Frankreich und Deutschland sind eigentlich Europa. Deutschland ist das Herz, Frankreich der Kopf. [...] Gefühl und Verstand machen den gebildeten Menschen.

links:
*Ernst Benedikt Kietz
Titelillustration für »Les
deux Grenadiers«, 1840
Zwickau, Archiv des Robert-
Schumann-Hauses Zwickau*
(7/2)

rechts:
*Nikolaus Becker
Liedblatt »Der freie Rhein«,
1840
Nürnberg, Germanisches
Nationalmuseum*
(7/3)

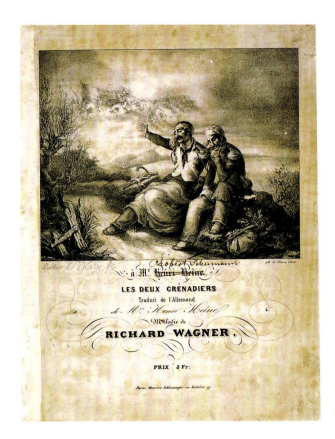

*Caspar Nepomuk Johann
Scheuren
Lustige Rheinfahrt, 1839
Bonn, Stadtmuseum Bonn*
(7/7)

*Carl Joseph Begas d.Ä.
Die Lureley, 1835
Heinsberg, Kreismuseum
Heinsberg/Geilenkirchen
(7/11)*

*Johann Ludwig Bleuler
Der Loreley-Felsen bei St.
Goarshausen am Rhein,
um 1840
Düsseldorf, Heinrich-Heine-
Institut
(7/8)*

RAUM 7

oben:
*Victor Hugo
Sankt Goarshausen, 1842
Paris, Maison de Victor
Hugo. Musées de la Ville de
Paris
(7/15d)*

*Victor Hugo
Bacharach, 26.September
1840. Paris, Maison de
Victor Hugo. Musées de la
Ville de Paris
(7/15c)*

7/1 **Karl Simrock** (1802-1876)
Das malerische und romantische Rheinland
Leipzig: Georg Wigand 1838-40
Berlin, Staatsbibliothek zu Berlin – Preußischer Kulturbesitz, Handschriftenabteilung (6 110 R)

Simrocks Werk illustriert in 60 Stahlstichen den Verlauf der Rheinlandschaft. Durch seine Verbreitung trug es wesentlich zur Vermittlung der deutschen Romantik und Sagenwelt entlang des Rheins in Frankreich bei. Gustave Doré persiflierte 1862 diese dem germanischen Kulturerbe der Kunst, Architektur und den Altertümern verpflichtete Rheinmythologie in Holzschnitten mit dem Titel »La Mythologie du Rhin et contes de la mère grand« die spießigen Züge der Deutschen, deren Gründe er im Mittelalter entdeckte. MLP

7/2 **Ernst Benedikt Kietz** (1815-1892)
Titelillustration für »Les deux Grenadiers / Traduit de l'Allemand / de M. Henri Heine / Mélodie de / Richard Wagner«
Paris: Maurice Schlesinger 1840
Bez.: Streichung der gedruckten Widmung an »Henri Heine«; darüber: handschriftliche Widmung Richard Wagners an »Robert Schumann«
Farblithographie; 31,5 x 22 cm
Zwickau, Archiv des Robert-Schumann-Hauses Zwickau (4627,6-D1/A4)
Abb. S. 328

Heines Romanze »Die Grenadiere« aus dem erstmals 1827 veröffentlichten »Buch der Lieder« ist eine Huldigung an Napoleon in balladesker Form. Die Illustration von Kietz zeigt die im Gedicht geschilderte Situation der zwei vom Rußlandfeldzug heimkehrenden französischen Soldaten, die im »deutschen Quartier« die »traurige Mär« von Napoleons Gefangenschaft vernehmen und ihm über den Tod hinaus ewige Treue schwören: »Dann reitet mein Kaiser wohl über mein Grab, / Viel Schwerter klirren und blitzen; / Dann steig' ich gewaffnet hervor aus dem Grab', – / Den Kaiser, den Kaiser zu schützen!« An Robert Schumann, der ebenfalls das Gedicht vertont hatte, schrieb Wagner am 29. Dezember 1840 aus Paris: »Ich höre, daß Sie die Heineschen Grenadiere componirt haben, u. daß zum Schluß die Marseillaise darin vorkommt. Vorigen Winter habe ich sie auch componirt, u. zum Schluß die Marseillaise angebracht. Das hat etwas zu bedeuten! Meine Grenadiere habe ich sogleich auf eine französische Uebersetzung komponirt, die ich mir hier machen ließ u. mit der Heine zufrieden war. Sie wurden hie u. da gesungen, u. haben mir den Orden der Ehrenlegion u. 20,000 fr. jährlich Pension eingebracht, die ich direkt aus Louis Philipp's Privat-Casse beziehe. – Diese Ehren machen mich nicht stolz, u. ich decidire Ihnen hiermit ganz privatim meine Composition noch einmal, trotzdem sie schon Heine gewidmet ist.« UM
Lit.: Heine Bd.1 (1979) S. 41; Konrad 1987, S. 228f.

7/3 **Nikolaus Becker** (1809-1845)
Liedblatt »Der freie Rhein«
Nürnberg: Peter Carl Geissler 1840
Radierung, aquarelliert; 29,8 x 20,4 cm
Nürnberg, Germanisches Nationalmuseum (HB 12536, Kapsel 1329 a)
Abb. S. 328

Die Rheinkrise von 1840 erhitzte in Frankreich wie in Deutschland die patriotischen Gemüter. In zahlreichen Zeitungen wurde der Ruf nach der Rückerlangung der Rheingrenze und mithin der Annexion des linken Rheinlandes laut. Das Bekenntnis zu »Deutschland« einte alle Gegensätze zwischen dem katholischen Rheinland und dem mächtigen Preußen. Im Zuge der nationalen Begeisterung dichtete Nikolaus Becker, seit 1838 Auskultator am Landgericht Köln, sein kurz nach Veröffentlichung durch die »Triersche Zeitung« am 18. September 1840 bei allen national Gesinnten ungeheuer populäres Lied »Der freie Rhein« mit den programmatischen Anfangszeilen »Sie sollen ihn nicht haben, / Den freien deutschen Rhein«. Sie, die Franzosen, hatten kurz zuvor in dem Dichter Alphonse Lamartine ihr Sprachrohr gefunden, der als Abgeordneter der »Chambre des Députés« für die Rückgewinnung der natürlichen Rheingrenze eingetreten war, worauf ihm nun Becker mit seinem Lied kämpferisch Paroli bot. Daß er damit den Nerv des Augenblicks traf, bezeugen die vielen unmittelbar nach der Erstveröffentlichung verfertigten Vertonungen für vaterländische Liedertafeln und Gesangvereine ebenso wie die durch fieberhafte Produktion entsprechender Gedichte angezettelte »poetische Rheindiskussion« (Herwegh, Prutz, Dingelstedt, Schneckenburger u.a.). Lamartine reagierte 1841 mit seiner »Friedensmarseillaise«, Alfred de Musset mit seinen ironischen Versen »Le Rhin allemand«. Auch Heine, für den Beckers Produkt eine politische Peinlichkeit war, fand nur Hohn und Spott. In »Deutschland. Ein Wintermärchen« klagt »Vater Rhein«: »Wenn ich höre, das dumme Lied, / Dann möcht ich mir zerraufen / Den weißen Bart, ich möchte fürwahr / Mich in mir selbst ersaufen! // [...] Das dumme Lied und der dumme Kerl! / Er hat mich schmählich blamiret, / Gewissermaßen hat er mich auch / Politisch kompromittiret.« Anders reagierten die gekrönten Häupter. Für sein »dummes Lied« erhielt Becker vom preußischen König Friedrich Wilhelm IV. eine »Ehrengabe« von 1000 Talern, vom bayerischen König Ludwig I. den »Ehrenpokal«. Und Bismarck ließ sich zu der Bemerkung hinreißen, das Gedicht erzielte »die Wirkung, als ob wir ein paar Armeekorps mehr am Rhein stehen hätten, als wir hatten«. Daß es literarisch nichts taugt und nur eine Augenblicksdichtung war, verkannten die Großen. Wie ein Komet war Becker 1840 in der von Nationalismen beherrschten Welt der Literatur aufgestiegen und wieder verschwunden. Ein 1841 veröffentlichter Gedichtband stieß auf Enttäuschung und bewirkte nur ein baldiges Vergessen des einmal berühmten »Rheinlieddichters«. UM / MK
Lit.: Heine Bd. 2 (1979), S. 306; Leiner 1991, S. 119f.

Herab, die Büchsen von der Wand, / Die alten Schläger in die Hand, / Sobald der Feind dem welschen Land / Den Rhein will einverleiben! / Haut, Brüder, muthig drein! / Der alte Vater Rhein, / Der Rhein soll deutsch verbleiben.

Georg Herwegh:
Rheinweinlied, 1841

7/4

7/4	**Alfred de Musset** (1810-1857)

Le Rhin allemand
Paris, 1841
Eigenhändiges Manuskript; 31 x 25 cm
Paris, Bibliothèque Nationale de France,
Département des Manuscrits
(Mss. N.A.F. 13503, f.7-8)

In Paris blieben »Les Rheinlieder« nicht ohne Echo, auch nachdem die Krise beigelegt war. Der romantische Dichter Alfred de Musset antwortete Becker mit »Le Rhin allemand«, anspielend auf das ehemals französische Rheinland, mit böser Ironie: »Wir haben ihn gehabt, Euren deutschen Rhein«, mag er auch, wie es im Schlußvers heißt, »in Frieden fließen« und mögen sich auch »eure gothischen Kathedralen« darin »bescheiden spiegeln«. Die Rheinkrise hatte einen von Frankreich unterschätzten Aufschwung des deutschen Nationalismus zur Folge, der sich bald mit Preußen verbinden sollte. Herwegh, Verfasser des »Rheinweinliedes« (»Der Rhein soll deutsch verbleiben«) dichtete 1871 ernüchtert: »Gleich Kindern laßt ihr euch betrügen, / Bis ihr zu spät erkennt, o weh! - / Die Wacht am Rhein wird nicht genügen, / der schlimmste Feind steht an der Spree.« MK

Lit.: Musset 1881, S. 266; Bedner 1965, S. 90-134; Kortländer 1985, S. 150-156

7/5 **Georg Herwegh** (1817-1875)
Gedichte eines Lebendigen. Mit einer Dedikation an den Verstorbenen
Winterthur: Literarisches Comptoir 1843/44 (7)
Berlin, Universitätsbibliothek der Freien Universität Berlin (2 L 242 [7])

Schon der Titel kündigt den ironisch-sarkastischen, mitunter aggressiven Ton der Dichtung an: Er persifliert den Titel des 1830/31 erschienenen Reisetagebuchs »Briefe eines Verstorbenen« des Fürsten Pückler-Muskau, der dem Revolutionär Herwegh als aristokratischer Lebemann verhaßt war. Politisch durch Börnes Schriften, literarisch-stilistisch durch seine Übersetzung von Lamartines Werken geschult, begriff Herwegh die Dichtung als »poésie d'action«, die der Durchsetzung politischer Ziele dienen und daher eindeutig parteilich sein müsse; sie sei Kampf für Demokratie und Freiheit. Neben der Einheit Deutschlands bilden denn auch diese Begriffe die ideellen Zentren der »Gedichte eines Lebendigen«, die mit ihrem revolutionären Pathos – gleichsam als Barrikadenlyrik gegen die reaktionär erstarrte Gesellschaft der Restaurationszeit – genau den Nerv der fortschrittlich gesinnten Dichter und Intellektuellen des Vormärz trafen, die in Herweghs Lyrik ihre politischen Vorstellungen und Hoffnungen ausgedrückt fanden. Zu seinen Bewunderern und Freunden zählten so unterschiedliche Geister wie Gottfried Keller, Bakunin, Fontane, Lassalle, Wagner und Liszt, der auch die im Volksliedton gehaltenen Gedichte vertonte. Der enorme Erfolg des Buches spiegelt sich nicht zuletzt darin, daß es trotz des Verbots in Preußen innerhalb von zwei Jahren sieben Auflagen erreichte. (Der zweite Teil erschien 1843, hatte aber geringere Wirkung.) Herwegh ließ es 1841 im »Literarischen Comptoir« in der Schweiz, wohin er 1839 emigriert war, drucken, dem künftigen Verlag der »Censur-Flüchtlinge«, der eigens für diese Veröffentlichung auf Initiative seines Züricher Freundes und Gönners Karl August Follens in Winterthur gegründet worden war. Durch seine Verse berühmt geworden und vom Jungen Deutschland als Sprecher der Opposition gefeiert, unternahm der Dichter 1842 eine Werbereise durch Deutschland, die u.a. zu der spektakulären, von einigen Anhängern harsch kritisierten Begegnung zwischen Herwegh und König Friedrich Wilhelm IV. führte, der ihn zu einer Audienz gebeten hatte. Herwegh, der wie viele Liberale von dem »Romantiker auf dem Thron« erhofft hatte, er verwirkliche die Idee eines Volkskönigtums, wurde von dem Monarchen tief enttäuscht. Unmittelbar nach der Begegnung verbot dieser für Preußen die von Herwegh geplante Zeitschrift »Deutscher Bote aus der Schweiz«. Herweghs bittere Erwiderung auf diese neue Zensurmaßnahme führte Ende 1842 zu seiner Ausweisung aus Preußen. In seinem »Rheinweinlied« aus dem Gedichtband von 1841 forderte er, der nationalen Stimmung nach der Rheinkrise Rechnung tragend, in aggressivem Ton die Verteidigung des »deutschen« Rheins mit Waffengewalt; nach seiner Hinwendung zum Sozialismus in

7/6

den 60er Jahren änderte sich diese Haltung. Scharf verurteilte er den Krieg von 1870/71, die Annexion von Elsaß-Lothringen und die Einigung Deutschlands unter Preußen. Herwegh gehörte zu den wenigen in Deutschland, die auch nach 1871 an den republikanischen Idealen von 1848 festhielten. UM

Lit.: Mattenklott/Scherpe 1974, S. 188-244; Herwegh 1977, S. 27f. und 270ff.

7/6 **August Heinrich Hoffmann von Fallersleben** (1798-1874)
Das Lied der Deutschen. Melodie nach Joseph Haydn's: Gott erhalte Franz den Kaiser, unseren guten Kaiser Franz! Arrangirt für die Singstimme mit Begleitung des Pianoforte oder der Guitarre
Hamburg: Hoffmann & Campe/Stuttgart: Paul Neff 1. September 1841
Einblattdruck; 27 x 17,5 cm
Wolfsburg, Hoffmann-v.-Fallersleben-Gesellschaft e.V. (WBH I 147 b)

August Heinrich Hoffmann, der zur Bekundung seiner freiheitlichen Denkungsart und aus Protest gegen die Privilegien des Adels seinen Namen um den seiner Heimatstadt Fallersleben bei Lüneburg ergänzte, gehörte als Lyriker in den engeren Kreis des »Jungen Deutschland«, machte sich aber auch als Literaturhistoriker und Germanist einen Namen, zumal nachdem er Bruchstücke aus Otfrieds Evangelienbuch und das »Ludwigslied« (beide aus dem 10. Jahrhundert) entdeckt hatte. 1830 wurde er Professor für deutsche Sprache und Literatur in Breslau, 1842 seines Amtes enthoben und des Landes verwiesen, sechs Jahre später rehabilitiert. Der Grund seiner Entlassung war die Veröffentlichung seiner »Unpolitischen Lieder« (2 Bde., 1840/41), in denen er, durchaus politisch, seiner im Zuge der »poetischen Rheindiskussion« gefestigten nationalliberalen Gesinnung Ausdruck gab. Das »Lied der Deutschen« entstand im Exil: Hoffmann schrieb es nach der Melodie von Joseph Haydns österreichischer Hymne »Gott erhalte Franz den Kaiser« auf der seit 1807 zu England gehörenden Insel Helgoland, beflügelt von dem Wunsch, daß »Einigkeit und Recht und Freiheit« in Deutschland bald Wirklichkeit werde. Das Tagebuch hält den 26. August 1841 als Entstehungsdatum fest. Zunächst von konservativen Kreisen abgelehnt, fand das »Deutschlandlied« nach der Reichsgründung 1871 zunehmend Resonanz; man betonte vor allem den nationalen Aspekt des Verses »Deutschland, Deutschland über alles«, mit dem das zur Demonstration nationaler Überheblichkeit oft mißbrauchte Lied beginnt. 1922 bestimmte es Friedrich Ebert zur Nationalhymne der Weimarer Republik, im Dritten Reich wurde die erste Strophe zusammen mit dem »Horst-Wessel-Lied« als Doppelhymne gesungen. Das hat Hoffmanns Dichtung nach 1945 in Mißkredit gebracht. 1952 erklärte Bundespräsident Theodor Heuß die mit »Einigkeit und Recht und Freiheit« beginnende dritte Strophe zur Nationalhymne der Bundesrepublik. UM

7/7 **Caspar Nepomuk Johann Scheuren**
(1810-1887)
Lustige Rheinfahrt
1839
Öl auf Holz; 24,4 x 35 cm
Bonn, Stadtmuseum Bonn (SMB 1991 / G 288)
Abb. S. 328

Vor dem Hintergrund des Siebengebirges am Fuße des Drachenfelsens sieht man Studenten der nach 1815 wiederbegründeten Bonner Universität auf einer sogenannten »Geusenfahrt« – ein damals beliebter Zeitvertreib. Als »Geusen« wurden die niederländischen Adligen bezeichnet, die sich im 16. Jahrhundert gegen die spanische Herrschaft erhoben hatten. In der ersten Hälfte des 19. Jahrhunderts machte man sich am Rhein einen Spaß daraus, in historischen Kostümen bei »Wein, Weib und Gesang« in lauen Sommernächten solche Rheinfahrten zu unternehmen. In der von Scheuren gemalten Szene steht – ein Jahr vor der Rheinkrise – noch der romantisierend-beschauliche und nicht der politische Aspekt im Vordergrund. Die »Rheinromantik« führte in den ersten Jahrzehnten des 19. Jahrhunderts dazu, daß besonders der Mittelrhein zwischen Bingen und Köln ein erstes bevorzugtes Ziel des neu entstehenden – auch ausländischen – Tourismus wurde. Caspar Nepomuk

Il est difficile, à nous autres Français, de comprendre quelle vénération profonde les Allemands ont pour le Rhin. C'est pour eux une espèce de divinité protectrice qui, outre ses carpes et ses saumons, renferme dans ses eaux une quantité de nayades, d'ondines, de génies bons ou mauvais que l'imagination poétique des habitants voit, le jour, à travers le voile de ses eaux bleues, et la nuit, tantôt assises, tantôt errantes sur ses rives. Pour eux le Rhin est l'emblème universel; le Rhin c'est la force; le Rhin, c'est l'indépendance; le Rhin, c'est la liberté. Le Rhin, a des passions comme un homme ou plutôt comme un Dieu [...]. Pour tous c'est une source de poésie.

Alexandre Dumas: Excursions sur les bords du Rhin, 1838

Für uns Franzosen ist die tiefe Ehrfurcht, die die Deutschen dem Rhein gegenüber hegen, nur schwer zu begreifen. Er ist für sie eine Art Schutzgottheit, die, außer Karpfen und Salmen, in ihren Gewässern eine Unzahl Naiaden und Undinen birgt, gute oder böse Geister, die die dichterische Phantasie der Bewohner am Tage durch den Schleier seiner blauen Fluten und nachts an den Ufern sitzend oder umherirrend wahrnimmt. Für sie ist der Rhein das universale Sinnbild. Der Rhein ist die Kraft. Der Rhein ist die Unabhängigkeit. Der Rhein ist die Freiheit. Der Rhein hat Leidenschaften wie ein Mensch oder vielmehr wie ein Gott [...]. Für sie alle ist er eine Quelle der Poesie.

RAUM 7

O, fürchte nicht, mein Vater Rhein, / Den spöttelnden Scherz der Franzosen; / Sie sind die alten Franzosen nicht mehr, / Auch tragen sie andere Hosen. // Die Hosen sind roth, und nicht mehr weiß, / Sie haben auch andere Knöpfe, / Sie singen nicht mehr, sie springen nicht mehr, / Sie senken nachdenklich die Köpfe. // Sie philosophiren und sprechen jetzt / Von Kant, von Fichte und Hegel, / Sie rauchen Tabak, sie trinken Bier, / Und manche schieben auch Kegel. // Sie werden Philister ganz wie wir / Und treiben es endlich noch ärger; / Sie sind keine Voltairianer mehr, Sie werden Hengstenberger. // Der Alphred de Müsset, das ist wahr, / Ist noch ein Gassenjunge; / Doch fürchte nichts, wir fesseln ihm / Die schändliche Spötterzunge.

Heinrich Heine: Deutschland. Ein Wintermärchen, Caput V, 1844

7/9

Johann Scheuren hielt als einer der bedeutendsten deutschen Spätromantiker in zahlreichen Bildern die rheinische Landschaft fest – romantisch verträumt, in genrehaften Schilderungen oder mit der Bilderwelt der zahlreichen Sagen. Er nahm selbst gern an geselligen Künstlerfesten teil. 1855 wurde er Professor an der Düsseldorfer Akademie. MK

Lit.: Koetschau 1926; Kat. Paris 1985; Boldt 1988, S. 251f.; Schäfke/Bosch 1993

7/8 **Johann Ludwig Bleuler** (1792-1850)
Der Loreley-Felsen bei St. Goarshausen am Rhein
Um 1840
Gouache, Pastell auf kolorierter Lithographie; 41 x 57 cm
Düsseldorf, Heinrich-Heine-Institut (72.31)
Abb. S. 329

Johann Ludwig Bleuler, Maler, Zeichner, Radierer und Verleger aus der Schweiz, trat 1817 im Bündner Oberland eine Reise an, die sich über mehrere Jahre erstreckte und ihn am Rhein entlang bis nach Amsterdam, Brüssel und Paris führte. Fast alle zwei Jahre reiste Bleuler nach Paris, Brüssel, Rotterdam und London, um seine Mappenwerke zu verkaufen, vor allem eine Serie von 80 gouachierten Umriß-Radierungen mit topographisch genauen Ansichten des Rheins von der Quelle bis zur Mündung unter dem Titel »Le voyage pittoresque des bords du Rhin et de la Suisse«. Seit 1821 wurden die Blätter im Verlag seines Vaters herausgegeben. Bleuler arbeitete bis 1843 an der Fertigstellung der Rheinserie in verschiedenen Ausführungen, außerdem schuf er weitere Ansichten aus dem Schwarzwald und der Schweiz. AC

Lit.: Kruse 1983, Abb. 5, S. 45, S. 319; Kat. Düsseldorf 1985, S. 11; Kat. Ludwigshafen 1992, Nr. 64, S. 12

7/9 **Jacob Diezler** (1789-1855)
Die Loreley im Mondschein
1839
Öl auf Leinwand; 51,5 x 67,7 cm
Bonn, Stadtmuseum Bonn (SMB 1991 / G 59)

Der legendenumwobene Loreley-Felsen in romantischer Rheinlandschaft war Anreiz für viele bildende Künstler. Diezlers Ölgemälde mit einer nächtlichen, stimmungsvollen Darstellung des Felsens im Mondlicht

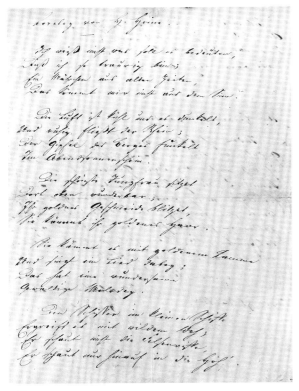

7/10

ist der Komposition von Johann Ludwig Bleuler zum gleichen Thema sehr ähnlich. Vermutlich arbeitete er an der Fertigstellung der Serie von Rheinansichten mit Bleuler und anderen Künstlern zusammen. Diezler war vorwiegend als Landschaftsmaler bekannt. Seine Themen fand er häufig in Motiven aus der Umgebung des Rheins, er selber war in Ehrenbreitstein bei Koblenz tätig. Der Künstler stellte bereits 1826 zwei Landschaften in der Berliner Akademie aus. AC

Lit.: Kat. Ludwigshafen 1992, Nr. 47, S. 71, Abb. 97

7/10 **Heinrich Heine** (1797-1856)
Loreley (Gedichtabschrift für
Alexandre Vattemare)
Paris, 1838
Eigenhändiges Manuskript; 26,5 x 21 cm
Düsseldorf, Heinrich-Heine-Institut
(Slg. Strauß 65)

In der deutschen Rheinmythologie war die Loreley – ein am rechten Flußufer oberhalb von Sankt Goarshausen senkrecht aufragender Schieferfelsen – seit »grauer Zeit« ein Gegenstand der Sagenbildung, die wohl von der Echowirkung des Felsens herrührte und mit der Wortgeschichte des ursprünglichen Ortsnamens »lurelei« eng verknüpft ist: Das mittelhochdeutsche »lûren« bedeutete neben »lauern«, »lauschen« auch »narren«, »betrügen«, »schmeicheln« – alles Attribute, die elbischen Elementargeistern, Gnomen und Zwergen zugeordnet wurden. Als Lure-Wesen konnten sie der Zukunft abgelauschte Ereignisse voraussagen. Ob die Legende von einer Fee oder Zauberin namens Loreley auf eine Volkssage zurückgeht, ist indessen fraglich. Den Motivkern der populär gewordenen Version gibt Aloys Schreiber im Anhang seines »Handbuchs für Reisende am Rhein von Schaffhausen bis Holland« (1818) wieder: »In alten Zeiten ließ sich manchmal auf dem Lureley um die Abenddämmerung und beym Mondschein eine Jungfrau sehen, die mit so anmuthiger Stimme sang, daß alle, die es hörten, davon bezaubert wurden. Viele, die vorüberschifften, gingen am Felsenriff oder im Strudel zu grunde, weil sie [...] von den himmlischen Tönen der wunderbaren Jungfrau gleichsam vom Leben abgelöst wurden.« Bei seiner Verarbeitung des Motivs dürfte sich Heine auf Schreibers Handbuch gestützt haben, das er von seiner Bonner Studienzeit her (1819/20) kannte. Denkbar ist auch, daß er seine Figur der Loreley mit der der Fee orientalischen Ursprungs verschmolz, die mit den Lure-Wesen dieselben Eigenschaften teilte und mit den Elfen und Nixen der nördlichen Sagenwelt verwandt war. Wie diese saßen die Feen in der Sonne und kämmten ihr langes Haar, sie verhalfen betrogenen Mädchen zur Rache an ihren Männern und brachten sie durch zauberischen Gesang ins Verderben. Heines Gedicht, das erstmals 1827 im »Buch der Lieder« als zweites Lied der Folge »Heimkehr« titellos abgedruckt wurde, waren bereits andere Verarbeitungen des für die romantische Phantasie reizvollen Stoffes vorausgegangen: So rückte Clemens Brentano in seinen 1801 erschienenen Roman »Godwi« ein »Lore-Lay-Lied« ein, das Heine vermutlich kannte. Josef von Eichendorff dichtete 1815 die Sage mit dem Gedicht »Waldgespräch« nach, 1821 erschien Otto Heinrich Graf von Loebens Erzählung »Die Loreley. Eine Sage vom Rhein«. In Frankreich verarbeiteten Gérard de Nerval und Alexandre Dumas den Stoff. Heines Version ist die berühmteste; durch Friedrich Silchers Vertonung erlangte sie schließlich die Popularität eines Liedes mit Volksliedcharakter. Die Abschrift fertigte Heine 1838 auf Wunsch des Schriftstellers, Autographensammlers und berühmten Bauchredners Alexandre Vattemare, dem er sie am 1. Mai mit Widmung zusandte: »Indem ich Ihnen, wie Sie es wünschen obenstehendes Gedicht in eigener Handschrift mittheile, kann ich nicht umhin, bey dieser Gelegenheit, die Anerkennung, die ich Ihrem Talente zolle, aufs freudigste auszusprechen. Solche werthschätzenden Worte sind freylich wie Tropfen, die ins Meer fallen; – sie verschwinden in der Masse von Lobsprüchen, die Ihnen seit sovielen Jahren und von allen Seiten zufloßen. [...] Paris, den 1. Mai 1838.« UM

Lit.: Schreiber 1818, S. 63; Grimms Deutsches Wörterbuch 1885, Sp. 681f.; Heine Bd. 1KII (1982), S. 298f.

7/12

7/11   Carl Joseph Begas d.Ä. (1794-1854)
Die Lureley
1835
Öl auf Leinwand; 124 x 136 cm
Heinsberg, Kreismuseum Heinsberg/
Geilenkirchen (CI 01)
Abb. S. 329

Carl Begas schloß sich in den 30er Jahren mit großem Erfolg der Düsseldorfer Romantik an und behandelte vorzugsweise historische und literarische Stoffe. In diesen Zusammenhang gehört das Bild der Loreley nach Heines Gedicht. Wie Heine portraitiert Begas die Fee als die »schönste Jungfrau« mit goldenem Haar, als verführerische Verderberin, die ihre Opfer mit betörendem Gesang in den Untergang lockt. In einer frühen Gemäldebeschreibung schildert Franz Kugler wie folgt die Szenerie: »Die Zauberin sitzt auf dem Felsen, ein verlockendes, wunderbares Weib. Sie ist mit reichem Schmuck, aber nachlässig bekleidet; der Oberleib fast ganz entblösst. [...] Sie hat eben ihren Putz beendet; der goldne Kamm und Spiegel, das Salbgefäss aus Bernstein, liegen und stehen zu ihren Füssen. Da kam den Rhein herab ein Nachen mit zweien Männern gefahren; eilig ergriff sie die Laute und sang dazu ihr verderbliches Lied, welches den Nachen in die Strudel her lockte, die ihn hastig verschlangen. Sie neigt ihr Haupt über den Abhang, und blickt auf ihre Beute hinab, indem sie nur noch leise den Accord ihrer Laute nachklingen lässt.« Nach einer Ausbildung in Deutschland 1813/14 setzte Begas zwischen 1815 und 1818 dank eines Stipendiums des preußischen Königs Friedrich Wilhelm III. sein Studium in Paris bei Antoine Jean Gros fort. Er blieb in Paris bis 1821. Nach seiner Rückkehr begab er sich ein weiteres Mal auf Reisen und studierte von 1822 bis 1824, ebenfalls mit preußischem Stipendium, in Italien.
AC

Lit.: Kugler 1854, S. 140ff.; Kat. Berlin 1990 (a), Nr. U/13, S. 71; Kat. Ludwigshafen 1992, Nr. 128, S. 279, Abb. S. 281

7/12   Karl Friedrich Fries (1831-1871)
Loreley kämmt sich ihr goldenes Haar
1857
Öl auf Leinwand; 199 x 97 cm
Speyer, Historisches Museum der Pfalz

Die Lorelei-Sage und Heines Gedicht haben nicht nur Begas inspiriert, eine ganze Reihe deutscher Künstler fühlte sich von dem Sujet, das zur romantischen Ausdeutung reizte, angezogen. Neben Fries und Eduard von Steinle gestalteten u. a. der bayerische Maler Philipp Foltz und der Düsseldorfer Künstler Carl Ferdinand Sohn das Thema. Fries' Gemälde scheint sich unmittelbar auf Heines Verse zu beziehen: »Sie kämmt ihr goldenes Haar. // Sie kämmt es mit goldenem Kamme / und singt ein Lied dabei; das hat eine wundersame, / Gewaltige Melodei.« Auch sie stürzt mit ihrem Gesang die Rheinschiffer ins Verderben. Fries kam 1851 nach München und studierte an der dortigen Akademie, anschließend in Wien. Es folgten Italienaufenthalte: Venedig, Florenz und Unteritalien, Ende 1856 hielt er sich in Rom und in den Abruzzen auf. Die venezianischen Meister übten einen starken Einfluß auf ihn aus, der auch in seiner »Loreley«-Darstellung spürbar ist.   AC
Lit.: Heine Bd. 1 (1979), S.92f.; Kat. Ludwigshafen 1992, Nr. 129, S. 279, Abb. 282

RHEINLIED UND DICHTERSTREIT

7/13

7/14 **Victor Hugo** (1802-1885)
Le Rhin
1838-1840
Eigenhändiges Manuskript mit
Federzeichnungen; 28,5 x 25,5 cm
Paris, Bibliothèque Nationale de France,
Département des Manuscrits
(Mss. N.A.F. 13387)

Victor Hugos berühmter Reisebericht erschien am 28. Januar 1842 in zwei Bänden unter dem Titel »Le Rhin. Lettres à un ami« in 25 Briefen als Erstdruck und 1845 mit 214 zusätzlichen Briefen in erweiterter Fassung. Das Manuskript war zunächst an seine Frau Adèle gerichtet. Es zeigt den Romancier als Anhänger des von Madame de Staël begründeten Deutschlandmythos. Bereits im Oktober 1829 hatte er eine erste Rheinreise von Straßburg nach Köln zum Studium der Archäologie des Mittelalters unternommen. Als Mitglied des 1835 von Guizot gegründeten »Comité historique des Arts et Monuments« von der Architektur fasziniert, hielt er die Sprache der Steine für dauerhafter als die der Schrift. 1839 nahm Hugo mit seiner Freundin, der Schauspielerin Juliette Drouet, die Strapazen der Reise per Postkutsche und Raddampfer erneut auf sich. Überzeugt von der »civilisation française« als Schlüssel zur friedlichen Entwicklung der europäischen Völkergemeinschaft, stand für Hugo die Überlegenheit der französischen Kultur gegenüber der deutschen außer Frage. An seinen Verleger Sauerländer schrieb er im Sommer 1835 nach Frankfurt: »Deutschland gehört zu den Ländern, von denen ich fest glaube, daß mein gesamtes Denken dort verstanden wird [...] ich liebe Frankreich wie meine Mutter, ich liebe Deutschland wie meine Urmutter. Wenn ich nicht Franzose wäre, so möchte ich Deutscher sein.« Den Rhein wollte er von Straßburg bis Köln befahren. Die erste Reise brach er wegen Regen ab und machte sich im Herbst 1840 wieder auf den Weg. Seine Beschreibungen, die vor allem auf der französischen Ausgabe des Reiseführers von Aloys Schreiber von 1831 gründen, berücksichtigen nicht aktuelle Ereignisse oder lebende Personen, sondern schildern Deutschland als Geschichts- und Naturlandschaft. In den Unterkünften zeichnete er als »Vicomte Hugo« und vermied mangels deutscher Sprachkenntnisse persönliche Begegnungen. MLP
Lit.: Bedner 1965, S. 72ff; Kat. Paris 1985; Kat. Düsseldorf 1985, S. 6-15

7/13 **Eduard von Steinle** (1810-1886)
Die Lorelei
1863
Bez. u.l.: 18 ES 63
Aquarell; 54 x 38 cm
München, Bayerische Staatsgemäldesammlungen, Neue Pinakothek (11698)

Den besten Eindruck von Steinles Kunst vermitteln seine farbig höchst wirkungsvollen Aquarelle, zu denen auch diese »Lorelei« gehört. Es handelt sich um einen Entwurf zu dem ein Jahr später ausgeführten Ölgemälde, beide für den Mäzen und Dichter Graf von Schack angefertigt. Die Loreley figuriert hier als Lautenspielerin mit vom Wind verwehtem Haar und flatterndem Kleid. Traurig schaut sie den sinkenden Schiffen nach. Sie ist eine romantische, zugleich eine pathetisch-tragische Figur. Steinle hatte sich 1828 als 18jähriger dem Kreis um Friedrich Overbeck, Peter von Cornelius, Philipp Veit und Josef von Führich in Rom angeschlossen, 1833 kehrte er nach Wien zurück. 1850 wurde er als Professor für Historienmalerei in das Städelsche Institut in Frankfurt berufen. Im selben Jahr hielt er sich in Paris auf, 1855 ein weiteres Mal. Steinle illustrierte u.a. Clemens Brentanos »Märchen vom Rhein und dem Müller Radlauf«, er führte aber auch, meist mit Gehilfen, kirchliche Monumentalmalereien aus. AC
Lit.: Ruhmer 1969, S. 432; Kat. Ludwigshafen 1992, Abb. 31, S. 269

La France est aussi noble que la noble Allemagne; et, de plus que l'Allemagne, elle a le droit d'appliquer directement la force fécondante de son esprit à l'amélioration des réalités. Les allemands ont la liberté de la rêverie, nous avons la liberté de la pensée. [...] Vienne, Berlin, Saint-Pétersbourg, Londres ne sont que des villes; Paris est un cerveau. [...] Les plus hautes intelligences qui, à l'heure qu'il est, représentent pour l'univers entier la politique, la littérature, la science et l'art, c'est la France qui les a et qui les donne à la civilisation.

Victor Hugo:
Le Rhin. Conclusion,
1841

Frankreich ist ebenso edel wie das edle Deutschland; und mehr als Deutschland hat es das Recht, die fruchtbare Kraft seines Geistes direkt auf die Verbesserung der Wirklichkeit anzuwenden. Die Deutschen haben die Freiheit der Träumerei, wir haben die Freiheit des Gedankens. [...] Wien, Berlin, St. Petersburg, London sind nur Städte; Paris ist ein Gehirn. [...] Die höchsten Intelligenzen, die jetzt für das ganze Universum die Politik, die Literatur, Wissenschaft und Kunst repräsentieren, hat Frankreich und gibt sie der Cicivilisation.

337

7/14

7/15b

7/15   **Victor Hugo** (1802-1885)
Vier Zeichnungen mit Rheinlandschaften
a) Burg Reichenberg, 21. September 1840,
5 Uhr abends
Bez. u.r.: Reichenberg 21 7bre 5. d.s.-
(5 heures du soir)
Bleistift; 29,5 x 22,9 cm
b) Burg Fürstenberg im Nebel,
23. September 1840
Bez. u.l.: Fursteneck – brume; u.r: 23 7bre
Feder, braune Tusche, laviert; 23,3 x 29,5 cm
c) Bacharach, 26. September 1840
Bez. auf einem am unteren Bildrand ange-
brachten Papierstreifen: Bacharach-26 7bre
Feder, Bleistift, braune Tusche, 18,6 x 18,5 cm
d) Sankt Goarshausen, 1842
Bez. u.r.: VICTOR HUGO 1842
Feder, braune Tusche, Bleistift; 10 x 26 cm
Paris, Maison de Victor Hugo.
Musées de la Ville de Paris (a M.V.H. 15;
b M.V.H. 17; c M.V.H. 155; d M.V.H. 979)
Abb. (c und d) S. 330

Hugo zeichnete und datierte seine Skizzen zur Rheinreise zumeist direkt in die Manuskripte. Einige seiner
Entwürfe führte er erst wesentlich später nach den
Aufzeichnungen von 1840 zu Bildern aus. Vor allem
interessierten ihn Farbsilhouetten von Schlössern und
Burgruinen, Landschafts- und Felsformationen. Seine
Eindrücke verarbeitete er zu dem Theaterstück »Les
Burgraves« (Die Burggrafen), das bei der Premiere am
7. März 1843 in Paris durchfiel. Hugo zog sich darauf
vom Theater zurück. In seinen kompilierten Aufzeichnungen der Rheinreise, gestützt auf deutsche Reiseführer, die ins Französische übertragen wurden, hält er in
knappen Beschreibungen die Eindrücke seiner Reiseroute, den Aufenthalt in Gasthäusern und Hotels sowie
historische und literarische Betrachtungen in örtlichen
Exkursen fest. Die Zeichnungen sind jedoch keine
unmittelbaren Illustrationen zu seinen Aufzeichnungen,
sondern geben jeweils eigenständige atmosphärische
Stimmungen wieder. Über Bacharach äußerte er begeistert: »Aucune touche discordante, aucune façade blan-
che à contrevents verts ne dérange l'austère harmonie
de cet ensemble« (Keine mißgetönte Farbschicht, keine
weiße Fassade mit grünen Fensterläden stört die strenge
Harmonie des Ganzen).   MLP
Lit.: Kat. Paris 1985, Nr. 78, S. 102, Nr. 79, S. 14 u. S.
102f., Nr. 80, S. 104, Nr. 83, S. 106f.

7/16   **Dreisprachiger Anschlagzettel**
der Dampfschiffahrtgesellschaft für
den Nieder- und Mittelrhein
Um 1840
Einblattdruck; 69 x 55 cm
Düsseldorf, Stadtmuseum Düsseldorf (D 7927)

Der dreisprachige Anschlag dokumentiert, daß zahlrei-
che englisch- und französischsprachige Reisende von
den Raddampfern auf dem Rhein befördert wurden.
Die Dampfschiffahrten von Düsseldorf über Mühlheim,
Köln, Bonn, Neuwied, Koblenz, Bingen, Rüdesheim,
Bieberich nach Mainz fanden täglich statt. Der Kopf des

7/18

Anschlagzettels zeigt die Stadtsilhouetten von Mainz (links) und Düsseldorf (rechts); in der Mitte ist einer der damals neu eingeführten Raddampfer abgebildet. MLP
Lit.: Kat. Paris 1985, Nr. 11, S. 43

7/17 **Schiffsbillet von Köln nach Mannheim**
ausgestellt auf »Monsieur le Vicomte Hugo« für zwei Personen von der
»Rheinischen Dampfschiffahrt – Kölnischen Gesellschaft«
Köln, 10. September 1840
Gedrucktes Formular mit handschriftlichen Eintragungen
Paris, Maison de Victor Hugo. Musées de la Ville de Paris (M.V.H. 105)

Die zweite Person, für die das Billet ausgestellt wurde, war die Schauspielerin Juliette Drouet, Hugos Freundin, die ihn auf seinen Reisen begleitete. MLP
Lit. Kat. Paris 1985, Nr. 12, S. 43

7/18 **Reisepaß von Victor Hugo für seine Reise nach Deutschland**
Paris, 6. August 1847
Urkunde mit handschriftlichen Eintragungen; 42 x 32 cm
Villequier, Musée Victor Hugo [1694 II (2)]

Der für ein Jahr gültige, auf »M. le Vicomte Vic. Hugo, Pair de France, avec sa famille et sa suite« ausgestellte »Passe-port à l'Etranger« wurde, gefaltet und aufgezogen, in die Buchausgabe von »Le Rhin – Lettres à un ami, nouvelle édition augmentée d'un volume inédit«, Paris 1845, hinter der Titelseite aufgenommen. Diese viebändige Ausgabe aus der Sammlung Louis Barthon ist mit 39 Briefautographen, vier Zeichnungen von Victor Hugo und Stichen ausgeschmückt worden. Der Paß ist dem zweiten Band entnommen MLP

7/19 **Reisepaß des Generals der Infanterie und Geheimen Staats- und Kriegsministers Hermann von Boyen**
für eine Hin- und Rückreise durch die Rheinprovinzen und Nordostfrankreich nach Luxemburg
Berlin, 23. August 1842
Urkunde mit handschriftlichen Eintragungen;
46,3 x 35 cm
Berlin, Privatbesitz

Zur Befestigung der Westgrenze des neu geschaffenen Deutschen Bundes wurden 1815 in den Pariser Verträgen Finanzmittel aus der französischen Kriegsentschädigung bereitgestellt und Mainz, Landau und Luxemburg zu Bundesfestungen erklärt. Es waren die einzigen festen militärischen Einrichtungen des Deutschen Bundes, eine gemeinsame Armee gab es nicht. Der König der Niederlande war als Großherzog von Luxemburg Mitglied des Deutschen Bundes. Nach dem zwischen den Niederlanden und Preußen geschlossenen Staatsvertrag vom 8. November 1816 stellte Preußen für die Bundesfestung Luxemburg alle vier höheren Offiziere und den Hauptteil der 4000 Mann starken Friedensbesatzung. Da aber Luxemburg ein selbständiges Bundesmitglied war und mit den Niederlanden nur die Person des Staatsoberhauptes gemeinsam hatte, mußte Preußen Waffen und Munition, die nach Luxemburg eingeführt wurden, regulär verzollen. Als sich anläßlich der Orient-Rhein-Krise der Ruf nach Sicherung der Rheingrenze 1840 verschärfte, wurden die Festungen des Bundes mit Rastatt und Ulm ausgebaut und die bestehenden verstärkt. Als der preußische Kriegsminister Hermann von Boyen 1842 von der Rheinprovinz aus durch das nordöstliche Frankreich nach Luxemburg zur Inspektion der Bundesfestung reisen wollte, benötigte er hierfür einen Paß, der von der niederländischen und der französischen Botschaft in Berlin genehmigt, mit einem für das Auswärtige Departement bestimmten Pavillonsiegel von Friedrich Wilhelm IV. versehen und von Heinrich Freiherr von Bülow unterzeichnet sein mußte. Boyen war erst 1841 von Friedrich Wilhelm IV. in »Anerkennung der ausgezeichneten Dienste« das Amt des Kriegsministers angetragen worden. Für das liberale Bürgertum Preußens war seine Ernennung ein Hoffnungszeichen, hatte doch Boyen sein Amt als Kriegsminister 1819 quittieren müssen, weil er die Karlsbader Beschlüsse abgelehnt hatte. HA

Lit.: Huber 1957, S.587f.; Schmidt 1990

Raum 8

1848: Republikaner in Paris

Pariser Barrikaden 1848« ist eines der wenigen Bildzeugnisse eines deutschen Künstlers, der sich mit der Pariser Februarrevolution auseinandersetzte. Das episodenhafte Gemälde des Historienmalers Friedrich Martersteig, der seit 1838 in Paris als Schüler von Paul Delaroche seine Studien vollendete und 1848 in seine Heimatstadt Weimar zurückkehrte, zeigt die Aufständischen, die für die Erweiterung des Wahlrechts in den Straßenkampf zogen und Barrikaden errichteten. Die Februarrevolution hatte zunächst die Exilierung des Bürgerkönigs Louis Philippe zur Folge; im Juni provozierte die Schließung der Nationalwerkstätten erneute Aufstände, die von Regierungstruppen brutal niedergeschlagen wurden. Als Vertreter der provisorischen Regierung wies der romantische Dichter Alphonse de Lamartine in einer Rede vor dem Pariser Rathaus am 5. März 1848 die rote Fahne zugunsten der Trikolore als »Zeichen der nationalen Einheit« nach dem Entwurf des Malers Jacqes-Louis David von 1794 zurück, und unter dem Signum ihrer Trikoloren verbanden sich die nationalen Bewegungen Europas im Kampf um die »universale, demokratische und soziale Republik«. Die Stadt Paris schrieb im April 1848 einen Wettbewerb für Künstler aus, die für das neue Symbol der Republik Gemälde, Skulpturen und Erinnerungsmedaillen entwerfen sollten. Die Frankfurter Nationalversammlung überstimmte den Antrag Jacob Grimms, als Formulierung der Grundrechte des deutschen Volkes in Nachahmung der französischen Revolutionsformel »Freiheit, Gleichheit, Brüderlichkeit« mit dem Artikel »alle Deutschen sind frei, und deutscher Boden duldet keine Knechtschaft« in die Verfassung aufzunehmen. In Frankreich erlöste der Staatsstreich Louis Napoléons 1851 die Zweite Republik von ihrer kurzen Existenz, und jenseits des Rheins setzte der deutsche Bundestag im gleichen Jahr die Reichsverfassung der Paulskirche außer Kraft.

Ces braves Allemands que leurs princes fusillent de sang-froid, pour qui reçoivent-ils ces balles royales? Ces généraux Italiens qui tombent sous le plomb autrichien, pour qui s'exposent-ils aux coups des bourreaux? Pour qui, en tout lieu, brave-t-on la prison, l'exil et la perte des biens? N'est-ce pas pour que la République triomphe en Occident?

Emile Littré:
Application de la philosophie positive au gouvernement des sociétés et en particulier à la crise actuelle, 1850

Für wen empfangen die tapferen Deutschen, die ihre Fürsten kaltblütig erschießen, diese königlichen Kugeln? Für wen setzen sich die eifrigen Italiener, die unter österreichischem Blei fielen, diesen Henkersschlägen aus? Für wen, wo immer auch, trotzt man Gefängnis, Exil und dem Verlust der Güter? Nicht dafür, daß die Republik im Westen triumphiert?

RAUM 8

Henri Emmanuel Félix
Philippoteaux
*Lamartine weist die rote
Fahne zurück*, um 1848
Paris, Musée Carnavalet
(8/5)

Tony (eigentl. Alfred Charles)
Johannot
Die Barrikade
Paris, Musée Carnavalet
(8/2)

8/1

8/1 **Friedrich Wilhelm Martersteig** (1814-1899)
Pariser Barrikaden, 1848
Öl auf Leinwand; 103 x 169 cm
Weimar, Kunstsammlungen zu Weimar
(G 1132)

Martersteig erhielt seinen ersten Kunstunterricht an der Freien Zeichenschule in Weimar und ging 1829 als Stipendiat an die Dresdner Akademie. 1834 setzte er seine Studien an der Düsseldorfer Akademie fort als Schüler der einflußreichen Historienmaler Theodor Hildebrandt und Carl Ferdinand Sohn. Ab 1838 bildete er sich in Paris weiter, wo er vor allem als Schüler des Historienmalers Paul Delaroche seine eigentliche künstlerische Prägung erfuhr. Realismus und Pathos der Düsseldorfer Schule verbinden sich beim »Barrikaden«-Bild reizvoll mit französischen Elementen. Genrehafte Einzelgruppen werden kompositorisch durch die diagonale Führung der Barrikade zu einer Bildeinheit zusammengefügt. Das dunkeltonige Kolorit, aufgehellt durch leuchtende Farbelemente, verrät gleichfalls eine Überblendung von Düsseldorfer und Pariser Vorbildern. Die Palette von Paul Delaroche in seinen Historienbildern ist ebenso vergleichbar wie selbst die von Thomas Couture, der ganz andere Sujets gestaltete. Martersteig stellt sich und den Betrachter auf die revolutionäre Seite – die Kräfte der Julimonarchie sind hinter der bildbeherrschenden Barrikade lediglich zu denken. Die genrehaft weitgefächerte Versammlung soll das Spektrum deutlich machen, das das aufständische Volk gegen den orléanistischen König Louis Philippe vereint. Selbstverständlich entstanden 1848 in Paris auch andere »Barrikaden«-Bilder, so zum Beispiel eine Kreidezeichnung von Courbet. Doch Martersteig gibt nicht eine der gängigen Kampfszenen wieder, sondern ein fast theaterhaftes Arrangement der aufständigen Bürger, das, abgeschirmt im Schutz der Barrikaden, inszeniert erscheint. 1848 kehrte Martersteig nach Weimar zurück, wo er ein von Hof und Stadt geachtetes Künstlerleben führte und Auszeichnungen erhielt. Aus Paris schied er sicher mit gemischten Gefühlen, da eine Auftragsarbeit von König Louis Philippe für Versailles zur Chimäre geworden war. Anläßlich künstlerischer Aufträge des Großherzogs Carl Friedrich für die Wartburg erneuerte Martersteig seine Bekanntschaft mit der emigrierten Herzogin von Orléans, die im Eisenacher Schloß Aufnahme beim verwandten Weimarer Regenten gefunden hatte. Die Orléanistin gehörte ins Zentrum der aus dem »Barrikaden«-Bild ausgesperrten Gegenseite. HM

Lit.: Kat. Weimar (1914), Nr. 6; Martersteig 1950/52; Kat. Berlin 1972, Beilage zum Katalog, Nr. 57a; Scheidig 1991(2), S. 11, Abb. S. 29

8/2 **Tony** (eigentl. Alfred Charles) **Johannot**
(1803-1852)
Die Barrikade
Öl auf Leinwand; 41,5 x 32,5 cm
Paris, Musée Carnavalet (P 1464)
Abb. S. 342

Mit seinem Bild widmete sich der durch Illustrationen der romantischen Literatur in Paris bekannte gebürtige Deutsche Johannot einem politisch aktuellen Thema.

Schwer verletzt lehnt ein Aufständischer an einer Mauer, während der Kampf weiter tobt. Im Hintergrund vermeint man die Säule auf dem Bastilleplatz, zur Erinnerung an die Toten der Revolution von 1830 errichtet, zu erkennen. Die Weigerung der Julimonarchie, das Wahlrecht auszuweiten, hatte im Februar 1848 zu einem Aufstand geführt. Louis Philippe ging ins Exil, die »demokratische und soziale Republik« wurde ausgerufen. Mit der Einführung des allgemeinen und gleichen Wahlrechts (allerdings bis 1944 nur für Männer) wurde die überfällige Demokratisierung vollzogen. Die soziale Frage konnte indes kaum gelöst werden. Als die aus den Wahlen als Sieger hervorgegangene bürgerliche Regierung die »Nationalwerkstätten« schloß, eine neue soziale Einrichtung zur Bekämpfung der Arbeitslosigkeit und Armut, kam es am 23. Juni erneut zu einem Aufstand der Pariser Handwerker und Arbeiter. Er wurde von General Cavaignac im Auftrag der Regierung und mit Hilfe der Armee und der Nationalgarde blutig niedergeschlagen. In den Arbeitervierteln mußte jede Barrikade einzeln erobert werden; etwa 3000 Tote, 5000 Verletzte, 15 000 Deportierte und zahlreiche Todesurteile waren das Erebnis. Diese Phase der Revolution, über deren klassenkämpferischen Charakter Karl Marx von Köln aus die deutschen Leser aufklärte (6/26), stellt Johannot dar. Unter die Plakate – die Modernisierung der Druckindustrie spielte eine immer größere Rolle in der politischen Öffentlichkeit – schreibt der Verletzte mit seinem Blut das letztlich nicht eingelöste Ideal der 1848er Revolution an die Wand: »Vive la République démocratique et sociale, la famille...« MK

Lit.: Kat. Paris 1948, Nr. 695; Tulard 1985, S. 447-479

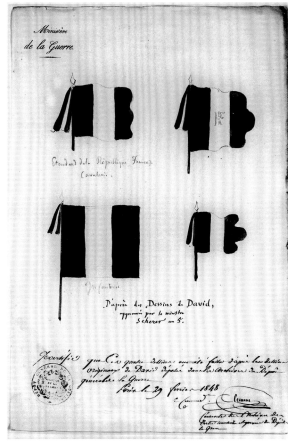

8/3

8/3   **Erlaß der provisorischen Regierung**
zur Annahme der Trikolore als Nationalflagge
Paris, 5. März 1848
Zeitgenössisches Manuskript mit
Zeichnungen; 37,5 x 24 cm
Paris, Archives nationales (BB 30 1125 A)

Bereits am 5. März 1848, eine Woche nach der Rede Lamartines, verfügte die provisorische Regierung die endgültige Festschreibung der Trikolore als Nationalflagge. Diese »Fahne Frankreichs« sei, so hieß es, »das sichtbare Zeichen der nationalen Einheit«: drei gleichgroße farbige Stoffbahnen, das Blau an der Fahnenstange, das Weiß in der Mitte und das Rot außen. Man berief sich dabei auf die revolutionäre und nationale Kontinuität: Am 27. Pluviôse des Jahres II (15. Februar 1794) habe ein Dekret der Convention Nationale das Aussehen der Fahne nach einer Zeichnung des Malers David festgeschrieben. Diese drei Farben der Trikolore waren bereits seit der Fahnenweihe der Nationalgarde am 27. September 1789 in Gebrauch. Die Fahne setzte sich zusammen aus den Farben Blau und Rot der Stadt Paris und dem Weiß der Bourbonenfahne, mithin aus der ersten Phase der Revolution, der konstitutionellen Monarchie (2/11). Die Farben wurden in der ersten Republik bis zum Ende des Ersten Kaiserreichs beibehalten, während die Restauration wieder auf das Königsbanner von vor 1789 zurückgriff. Mit der Julirevolution wurde die Trikolore wieder eingeführt, behielt aber trotzdem ihre revolutionäre Symbolik, wie die Ereignisse von 1848 zeigten. Das Dokument vom 5. März 1848 ist einzigartig. Über alle Parteigrenzen hinweg wurde inmitten großer revolutionärer Umwälzungen die Gestalt der Flagge einer Nation, die eine demokratische Volkserhebung legitimiert hatte, verbindlich festgelegt. Unterschrieben wurde die Verfügung von allen Mitgliedern der provisorischen Regierung, auch vom Sozialisten Louis Blanc, der für die Einführung der roten Fahne eingetreten war. MK

Lit.: Kat. Hamburg 1989, S. 271 u. 285

8/4   **Trikolore der Revolution von 1848**
Inschrift auf der mittleren weißen Bahn:
REPUBLIQUE FRANÇAISE
Drei aneinandergenähte farbige Stoffbahnen;
ca. 125 x 166 cm
Paris, Musée Carnavalet (OM 3158)

Die Trikolore war auch die Fahne der Julimonarchie gewesen. Nicht von Anfang an dachten alle Oppositionellen daran, die Monarchie abzuschaffen. Die Ereignisse gewannen jedoch eine von den Politikern nicht vorhergesehene Eigendynamik. Am 23. Februar hatte man noch »Vive la Réforme!« gerufen. Nach den ersten Kämpfen war Paris am Morgen des 24. Februar bereits von 1500 Barrikaden überzogen, auf denen man nun »Vive la République!« rief. Die Trikolore mit der Aufschrift »République Française« ist ein deutliches Bekenntnis zur Republik, wenn auch nicht erklärtermaßen zur »demokratischen und sozialen Republik«, von der nach dem 24. Februar auch unter roten Fahnen überall die Rede war.   MK

Lit.: Vigier 1991, S. 541-558

8/5 **Henri Emmanuel Félix Philippoteaux**
(1815-1884)
Lamartine weist die rote Fahne zurück
Um 1848
Öl auf Leinwand; 27,5 x 63 cm
Paris, Musée Carnavalet (P. 258)
Abb. S. 342

Der Historienmaler Philipoteaux hielt in dieser Ölskizze für ein großes Gemälde (heute im Musée du Petit Palais, Paris) einen der entscheidenden Augenblicke der Februarrevolution von 1848 fest. Der romantische Dichter Alphonse de Lamartine (4b/5) war seit 1833 als Deputierter politisch engagiert und mehr und mehr in Opposition zur Julimonarchie getreten. Seit 1843 war er mit der politischen Linken verbunden. Er war ein »Achtundvierziger« der ersten Stunde. Nach der Flucht Louis Philippes und der Ausrufung der Republik stand er an der Spitze der provisorischen Regierung. Am 25. Februar 1848 hielt er in dieser Funktion eine bedeutende Rede vor dem Hôtel de Ville. Viele Anhänger der neuen Republik, die »demokratisch und sozial« sein sollte, wollten die rote Fahne als neue Nationalflagge Frankreichs. Vor den auf dem Rathausplatz unter verschiedenen Flaggen versammelten Revolutionären erklärte er: »Hört in mir den Außenminister! Wenn ihr mir die Trikolore nehmt, nehmt ihr die Hälfte von Frankreichs äußerer Stärke!« Europa, so Lamartine, kenne die Trikolore »als Fahne unseres Sieges, der Republik und des Kaiserreiches«, wohingegen »die rote Fahne nur die einer Partei« sei. Das Frankreich der Trikolore hingegen sei »ein einziger Geist, ein Prestige und – falls nötig – ein einziger Schrecken für unsere Feinde. Seid euch bewußt, wieviel Blut nötig wäre, um dieses Renommée einer neuen Fahne zu verschaffen! Bürger! Was mich angeht, so werde ich die rote Fahne niemals annehmen und ich werde euch sagen, warum ich mich mit aller Kraft meines Patriotismus dem widersetzen werde: weil nämlich die Trikolore mit der Republik und dem Kaiserreich um die Welt gegangen ist, mit euren Freiheiten und eurer Ehre, und weil die rote Fahne nur um den Champ de Mars wehte, getränkt im Blut des Volkes!« Offenbar gelang es Lamartine mit dieser historischen Rede, die Mehrheit der Aufständischen zu überzeugen. Der Rückgriff auf die Werte der Großen Revolution und die außenpolitische Stärke der Ersten Republik und des Kaiserreiches war bedeutender als das Symbol einer neuen sozialen Republik. Lamartine wollte allerdings keinen Krieg. Wenig später erklärte die Regierung, man werde nicht wie 1792 die Ideale der Revolution mit Feuer und Schwert in Europa verbreiten, allerdings werde man auch nicht hinter 1791 zurückgehen: »Die Verträge von 1815«, die die Restauration des Bourbonenregimes eingeleitet hatten, »existieren in den Augen der französischen Republik nicht mehr«. Bei der Auseinandersetzung um die Fahne ging es also um wesentlich mehr als um eine Frage des politischen Dekors. Die ersten freien allgemeinen Wahlen brachten keine Mehrheit für die radikalen Demokraten und die Sozialisten, sondern für die Bürgerlichen. Der Aufstand der Arbeiter im Juni wurde von der Regierung brutal niedergeschlagen. Aus den Präsidentenwahlen im Dezember ging Louis Napoléon, der Neffe Napoleons I. und spätere Kaiser Napoleon III. hervor. Lamartine und andere »Achtundvierziger« unterlagen weit abgeschlagen. Es war das Ende von Lamartines politischer Karriere.   MK

Lit.: Kat. Paris 1969(b); Tulard 1985, S. 447-486; David 1993, S. 326f.

8/6 **Frédéric Sorrieu** (1807-1861)
nach M. C. Goldsmid
République universelle, démocratique et sociale. Le Pacte
(Die universelle, demokratische und soziale Republik. Der Bund)
Paris, 1848
Bez. u.l. (im Bild): Sorrieu; u.l.: Composé par Cne M.C. Goldsmid; u.r.: Imp. Lemercier à Paris; darunter: Peuples formez une sainte alliance / Et donnez vous la main. / déranger
Farblithographie; 43,5 x 53 cm
Paris, Musée Carnavalet (Hist gc XVII bis)

In Paris bei Lemercier gedruckt, ist dieses Blatt auch im deutschsprachigen Raum in verschiedenen Varianten verbreitet worden. Aus der Weite der Landschaft bewegt sich eine Menschenmenge zu einer Statue im Vordergrund, die gleichsam Höhe- und Wendepunkt des Zuges bildet. Diese weibliche Allegorie der Freiheit mit der Tafel der Menschenrechte und der Fackel der Aufklärung wird von vorbeischreitenden Bauern, von Studenten und Arbeitern, von jung und alt, von Männern und Frauen verehrt. Der Entwicklung der Demokratie gemäß und erkenntlich an ihren Flaggen marschieren die Nationen: Amerika und die Schweiz haben die Freiheitsstatue schon passiert, das revolutionäre Frankreich von 1848 mit der Trikolore steht vor ihr, gefolgt von Deutschland und Österreich (schwarz-rot-gold), den italienischen Ländern (grün-weiß-rot), Polen (fälschlich blau-weiß), England, Irland, Ungarn, Spanien und Rußland. Im Vordergrund liegen die zerstörten Symbole der europäischen Monarchien. Über der einer Wallfahrt verwandten Szenerie schwebt in den Wolken Christus als Verkörperung der »Brüderlichkeit«, umge-

8/6

ben von Engeln und, mit Palmzweigen, den Märtyrern und Märtyrerinnen der Revolution. Die Verbindung von christlicher Ikonographie und politischer Programmatik dieses »Paktes« der Völker ist ein Rückgriff auf frühsozialistisches Gedankengut, auf das schöne Ideal des demokratischen Kosmopolitismus, wie es u.a. von den Saint-Simonisten vertreten wurde. Ähnliche Motive der internationalen Solidarität wurden später von der Arbeiterbewegung aufgenommen. Während Marx und Engels im gleichen Jahr die Parole »Proletarier aller Länder, vereinigt euch!« ausgaben, endet das Ideal Sorrieus mit den Worten: »Völker bildet eine heilige Allianz« (gegen die »Heilige Allianz« der Fürsten von 1815) »und reicht euch die Hände«. MK

Lit.: Coll. de Vinck 1955, Bd VII Nr. 13982, S. 170f.; Kat. Nürnberg 1989, Nr. 638, S. 690

8/7 **Bekanntmachung für Künstler**
»Wettbewerb für die gemalte und skulptierte Figur der französischen Republik und die Medaille zur Erinnerung an die Revolution von 1848 und Gründung der französischen Republik«
Paris, März 1848
Anschlag; 62 x 47,5 cm
Paris, Archives nationales (AJ 52 493)
Abb. S. 24

Durch die vom Direktor der Ecole des Beaux-Arts, J. Garraud, unterzeichnete Bekanntmachung wurde den Künstlern mitgeteilt, daß sie ihre Entwürfe bis zum 20. April 1848 in der Ecole des Beaux-Arts abliefern können. Die Skulpturentwürfe sollen in Gips gearbeitet sein, die Höhenangabe von 50 cm gilt nur für die Höhe der Figur; der Abgabetermin für die Entwürfe mit dem Symbol der Republik ist auf den 10. April festgelegt. Die unsignierten Entwürfe werden vom 25. bis 30. April ausgestellt. Die dem Präsidium des Innenministers unterstellten Jury, bestehend aus Staatsmännern, Malern, Bildhauern und Medaillenschneidern, wird drei zur Vergrößerung ausgewählte Entwürfe erst nach ihrer Entscheidung benennen und für die Regierung erwerben, um sie in den Bürgermeisterämtern und öffentlichen Versammlungen auszustellen. Die Künstler des preisgekrönten Entwurfs für die Skulptur und die Medaille werden von der Regierung zur Ausführung beauftragt. MLP

8/8   **Auflistung der Zeichen und Embleme**
für den Skizzenwettbewerb für die
symbolische Darstellung der Republik
Paris, 1848
Zeitgenössisches Manuskript; 36,5 x 24 cm
Paris, Archives nationales (AJ 52 493)
Abb. S. 24

Die Februarrevolution von 1848 setzte in Frankreich erneut die Republik als Regierungsform durch. Da die königlichen Hoheitszeichen und Insignien ersetzt werden mußten, wurde die weibliche Allegorie der Republik als offizielles Staatssymbol wiederbelebt. Ein Wettbewerb für Maler und Bildhauer, neben einem weiteren für Musiker und Dichter, zur Neugestaltung der Republik und ihrer Festlichkeiten mit definierten Symbolen wurde von der provisorischen Regierung mit Frist zum 10. April 1848 öffentlich ausgeschrieben. Die Maler konnten unter 316 verschiedenen Zeichen wählen, wie es diese Listenaufzeichnungen eines Angestellten der Ecole des Beaux-Arts überliefert haben. 20 Gemäldeentwürfe und 10 Skulpturprojekte wurden von der Jury ausgewählt. Die Mehrzahl der Künstler bevorzugte statt der phrygischen Mütze, dem traditionellen Symbol der Jakobinerclubs, eher die Farben der Trikolore. Mit der Postreform wurde am 1. Januar 1849 eine Briefmarke mit dem Symbol der Republik eingeführt (19/20). Das offizielle Emblem der Zweiten Republik verkörpert nun nicht mehr die kämpferische, aggressive Marianne oder die Gestalt der Liberté mit der revolutionären phrygischen Mütze, sondern die weise, konservative und beschützende Matrone mit Helm oder antiker Blätterkrone. Von Juni 1848 bis zum 2. Dezember 1851, dem Staatsstreich Louis Napoléons, entsagte die konservative Republik dem »bonnet phrygien« als Emblem, während überzeugte Republikaner es im Untergrund seitdem wieder als politisches Symbol der Revolte gebrauchten. Marianne wurde in den folgenden Jahren, wie der »Grand Larousse du XIXe siècle« überliefert, häufig als Bezeichnung für die politische Richtung von Geheimgesellschaften benutzt.   MLP
Lit.: Agulhon/Bonte 1992, S. 29f.; Kat. Paris 1994 (a), S. 27-40

8/9   **Dominique Papety** (1815-1849)
La République
1848
Bez. o.: Constitution / En présence de Dieu et au nom du peuple français, l'assamblée nationale [...] et décrète; u. auf dem Sockel: Republique française / Liberté égalité fraternité
Öl auf Leinwand; 273 x 185 cm
Paris, Ville de Paris – Musée du Petit Palais
(P.P.P. 4820)
Abb. S. 19

8/10   **Alexandre Colin** (1798-1873)
La République
1848
Bez. u.r.: A. Colin / 1848
Öl auf Leinwand; 73 x 59 cm
Paris, Ville de Paris – Musée du Petit Palais
(P. Dut. 1724)
Abb. S. 27

Die Republikaner von 1848 wollten als erste eine Symbolfigur der Republik für die offizielle Dekoration schaffen. Zwei Wettbewerbe wurden beschlossen, der eine für die Schaffung einer Statue, der andere für die eines Gemäldes. Sie hatten unterschiedlichen Erfolg: Die von der Jury preisgekrönte Skulptur von Soitoux mußte auf die Dritte Republik warten, bevor sie in Paris vor dem Institut de France aufgestellt wurde. Die den Malern vorbehaltene Ausschreibung verlief ergebnislos. Dabei hatten mehr als vierhundert Künstler an dem Wettbewerb teilgenommen. Den Bewerbern wurde keinerlei Programm vorgeschrieben. Einige halbamtliche Empfehlungen hinsichtlich der Ikonographie lassen gleichwohl den Schluß zu, daß den Organisatoren die Schaffung einer Republikfigur als Verkörperung eines gemäßigten Regierungsideals vorschwebte. Sie sollte keine kriegerischen Attribute aufweisen, eher die drei Farben als die rote Fahne hervorheben und vorsichtig mit der phrygischen Mütze umgehen, die als Zeichen der Subversion galt. Alexandre Colin befolgte dieses Programm weitgehend. Er veranschaulichte den siegreichen Charakter der Allegorie und den Triumph der republikanischen Werte, die der Heiligenschein um das Gesicht zusammenfaßt. Das Werk entlehnt zahlreiche Symbole der revolutionären, ja religiösen Ikonographie: Auf dem Altar des Vaterlandes liegen die Tafeln der Verfassung, das Medaillon im Zentrum spielt auf die Teilung der Gesellschaft in drei Stände an, das Vorhandensein einer Caritas soll die Brüderlichkeit darstellen. Im Hintergrund versetzt die Präsenz des Pantheon, während der Republik von 1848 in einen Tempel großer Männer verwandelt, das Werk jedoch in den zeitgenössischen historischen Kontext. Im Unterschied zu Colin wurde Dominique Papety von der Jury vorgemerkt. Er sollte an der Endausscheidung teilnehmen und sein ursprüngliches Projekt in großem Format verwirklichen. Bei dieser Gelegenheit nahm der Maler den Landschaftshintergrund weg, der anfänglich für die Anlehnung der Figur an die von Fackeln und Blumen umgebenen Verfassungstafeln vorgesehen war. Er brachte den republikanischen Charakter der Allegorie zur Geltung, indem er auf die Symbole für Gerechtigkeit und Frieden den Akzent setzte und dabei gleichzeitig durch den Stern die unbeschränkte Dauer der Institution unterstrich. In diesem Stadium des Wettbewerbs zeigen nahezu alle Werke einander ziemlich ähnliche Republiken und eine relative Kälte, weit entfernt von dem in Colins Skizze wahrnehmbaren Enthusiasmus von 1848. Ein Großteil der damaligen Presse fand Papetys Bild übrigens hingehuscht und langweilig. Théophile Gautier fiel der zu antikisierende Aspekt der

8/12

8/11 **Jean-François Soitoux** (1816-1891)
La République
1848
Gips; 72,5 x 55 x 43,5 cm
Paris, Pierre Bonte
Abb. S. 27

Soitoux' Plastik, die er 1850 fertigstellte, wurde mit einem ersten Preis ausgezeichnet. Seine »République« trägt einen sternbekrönten Lorbeerkranz und strahlt Ernst und Weisheit, Ruhe und Kraft aus. Diese konservativen Eigenschaften veranlaßten die Regierung der Zweiten Republik zur Preisvergabe. Die Skulptur hält das Schwert der römischen Republik vor der Tafel der Erklärung der Menschenrechte mit Bienenstock und dem Dreieck der Gleichheit. Andere Wettbewerbsarbeiten, die die mütterliche Figur mit entblößter Brust betonten, wie sie die Erste Republik vorzog, fanden bei der Jury keinen Gefallen und endeten im »Dépôt des marbres«. Auch die République von Soitoux gelangte dorthin, da sie 1851 wegen Louis Napoléons Staatsstreich nicht mehr aufgestellt wurde. MLP

8/12 **Albert Désiré Barre** (1811-1896)
La République
1848
Bez.: Liberté égalité fraternité, 24 février 1848
Bronze; 55 x 22 x 17 cm
Paris, Pierre Bonte

Der Bildhauer Barre erhielt den zweiten Preis nach Soitoux für seine strahlenbekrönte »République«. Seine Arbeit ähnelt bereits der von Frédéric Auguste Bartholdi 1886 geschaffenen »Liberté«, die als Freiheitsstatue im Hafen von New York berühmt wurde. Er entwarf auch das neue Staatssiegel einer sitzenden Republik mit Strahlendiadem und Faszesruten und sein Vater, Jacques-Jean Barre, am 1. Januar 1849 die erste offizielle republikanische Briefmarke mit dem Bild einer ährenkranzbekrönten Ceres nach der römischen Göttin der Ernte, anstelle des »bonnet phrygien« auf dem Haupt der Revolutionsallegorie der Ersten Republik. MLP
Lit.: Agulhon/Bonte 1992, S. 32f.

Figur auf. Gleichwohl wurde das Werk von den Pariser Behörden als Dekoration für den Saal des Stadtrates ausgewählt, der nach dem Brand des Rathauses unter der Kommune provisorisch im Louvre eingerichtet worden war. DI
Lit.: Chaudonneret 1987, S. 91f.; Kat. Bern 1991, S. 593

8/13 **Jacob Grimm** (1785-1863)
Die Grundrechte des deutschen Volkes.
Antragsentwurf zu Artikel 1 der Grundrechte in der Frankfurter Paulskirche
Frankfurt am Main, o.J. (Juli 1848)
Eigenhändiges Manuskript; 35,4 x 21,8 cm
Berlin, Staatsbibliothek zu Berlin – Preußischer Kulturbesitz, Handschriftenabteilung
(Nachl. Grimm 415)

Jacob und Wilhelm Grimm haben nicht nur für die Wissenschaft gelebt und gearbeitet, sondern immer wieder auch Stellung bezogen zu den wichtigen politischen und verfassungsrechtlichen Fragen ihrer Zeit. Wissen-

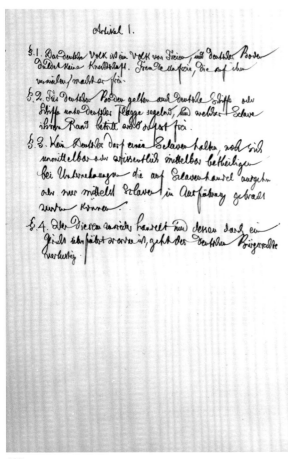

8/13

schaftliche Erkenntnis und gesellschaftliche Verantwortung standen für sie in einem wechselseitigen Zusammenhang. Obwohl Jacob Grimm in der Zeit des sogenannten »Westphälischen Königreiches« neben seiner Tätigkeit als Bibliothekar des »westphälischen« Königs, Jérôme Bonaparte, auch Funktionen in der französischen Verwaltung – u. a. Mitglied des Staatsrats (»Auditeur d'État«) – wahrnahm, standen die Brüder Grimm der französischen Revolution und ihren Prinzipien »Liberté, Égalité, Fraternité« doch ablehnend gegenüber. Schon während seines Aufenthalts als kurhessischer Legationssekretär beim Wiener Kongreß formulierte Jacob Grimm kritische Bemerkungen über eine zukünftige Reichsverfassung, die seinen späteren Antrag in der Frankfurter Paulskirche vorwegnahmen. Vor allem wegen seiner (und seines Bruders Wilhelm) herausragenden wissenschaftlichen Leistungen im Bemühen um die Wiederentdeckung und Erforschung der deutschen Kulturgeschichte und der Teilnahme am Protest der »Göttingen Sieben« (1837) wurde Jacob Grimm als Abgeordneter des Kreises Mülheim (Ruhr) in die erste deutsche Nationalversammlung berufen, wo ihm im Mittelgang vor der Rednertribüne ein Ehrenplatz eingeräumt war. Neben seinen Beiträgen »Über die Geschäftsordnung« oder »Über Adel und Orden« ist vor allem seine Konzeption der »Grundrechte des deutschen Volkes« von Bedeutung, in der er – ausgehend von den theoretischen Leitsätzen der historischen Rechtsschule Friedrich Carl von Savignys, deren Schüler er und sein Bruder waren – den Begriff des »Volksgeistes« und der auf »Freiheit« beruhenden Gemeinschaft des deutschen Volkes zum Ausgangspunkt seiner Betrachtung machte: »Meine herren! ich habe nur wenige worte vorzutragen zu gunsten des artikels, den ich die ehre habe, vorzuschlagen. zu meiner freude hat in dem entwurf des ausschusses unserer zukünftigen grundrechte die nachahmung der französischen formel freiheit, gleichheit und brüderlichkeit gefehlt. die menschen sind nicht gleich, wie neulich schon bemerkt wurde, sie sind auch im sinne der grundrechte keine brüder; vielmehr die brüderschaft – denn das ist die bessere übersetzung – ist ein religiöser und sittlicher begriff, der schon in der heiligen schrift enthalten ist. aber der begriff von freiheit ist ein so heiliger und wichtiger, dasz es mir durchaus nothwendig erscheint, ihn an die spitze unserer grundrechte zu stellen. ich schlage also vor, dasz der artikel 1 des vorschlages zum zweiten gemacht, und dafür ein erster folgenden inhalts eingeschaltet werde: alle Deutschen sind frei, und deutscher boden duldet keine knechtschaft. fremde unfreie, die auf ihm verweilen, macht er frei. ich leite also aus dem rechte der freiheit noch eine mächtige wirkung der freiheit her, wie sonst die luft unfrei machte, so musz die deutsche luft frei machen ...« Dieser Antrag Jacob Grimms wurde in der Abstimmung mit 205 Nein-Stimmen gegen 192 Ja-Stimmen abgelehnt. Das Original des während der Sitzung der Nationalversammlung am 4. Juli 1848 niedergeschriebenen Antrags findet sich im Brüder Grimm-Museum Kassel (Autgr. 361); das hier ausgestellte Dokument aus dem Berliner Grimm-Nachlaß ist offensichtlich eine spätere Reinschrift Jacob Grimms. BL

Lit.: Grimm 1890, S. 415-421 und S. 438-348

8/14 **Adolf Schrödter** (1805-1875)
Die Grundrechte des deutschen Volkes
1848
Bez. u.l.: Erfunden u. gezeichnet von
A. Schroedter; u.M.: Eigenthum von
Carl Jügel's Verlag in Frankfurt a.M.; u.r.:
Druck der lith. Ant. v.J. Lehnhardt in Mainz
Kreidelithographie, koloriert; 63 x 37 cm
Berlin, Staatsbibliothek zu Berlin – Preußischer Kulturbesitz, Handschriftenabteilung
(YB 18450 gr)

Am 21. Dezember 1848 wurden von der Frankfurter Nationalversammlung in der Paulskirche die »Grundrechte des deutschen Volkes« als Reichsgesetz verabschiedet und in die Reichsverfassung vom 28. März 1849 aufgenommen. In der Lithographie des Düsseldorfer Malers Adolf Schrödter, der bei den Frankfurter Ereignissen zugegen war, sind sie – ähnlich wie bei den als mosaische Gesetzestafeln gestalteten Darstellungen der französischen Menschen- und Bürgerrechte von 1791 und 1793 – als Tafeln gestaltet, aber in den Farben

8/14

schwarz-rot-gold gehalten; in der Mitte die Figur der Germania, die ihre Ketten abgeworfen hat. Sie erscheint in Begleitung der allegorischen Figuren Gerechtigkeit und Freiheit, die eine Jakobinermütze trägt zu ihren Füßen der niedergeschmetterte Drache als Symbol der fürstlichen Macht. Links und rechts unten figurieren die Personifikationen der Einheit und der Stärke. Die Grundgesetze umfaßten 50 Artikel, wurden anhand der französischen und amerikanischen Menschenrechtserklärungen konzipiert und von dem Reichsverweser, Erzherzog Johann von Österreich, am 27. Dezember 1848 unterschrieben. Nach den Grundrechten sollten u.a. alle Deutschen »vor dem Gesetz gleich sein«, der Adel sollte als Stand abgeschafft sowie Meinungs-, Presse-, Versammlungs- und Vereinsfreiheit gewährleistet werden. Im Gegensatz zu ihren Vorbildern wurden die Grundrechte nicht der Verfassung vorangestellt, sondern ihr unterworfen. Sowohl die Reichsverfassung als auch die Grundrechte konnten 1849 nicht in Kraft treten: Am 23. August 1851 wurden sie vom deutschen Bundestag aufgehoben und außer Kraft gesetzt. AC

Lit.: Kat. Nürnberg 1989, S. 650f.

8/15 **Georg Herweghs Flucht**
Stuttgart: Anton Saile, o.J.
Bildlegende: G. Herwegh's Flucht. / Als das Gefecht bei Dossenbach den 27. April 1848 began entsank G. Herwegh, (Führer / einer republikanischen Freyschaar,) der Muth so sehr, daß er sich unter dem Spritzleder / auf einem Bauernwagen verbarg, wo ihn seine muthige Frau durch den Feind flüchtete. / Stuttgart bei Anton Saile Nadlerstrasse N° 1
Lithographie; 23 x 29 cm
Marbach a. N., Schiller-Nationalmuseum / Deutsches Literaturarchiv, Bildabteilung (2727)

Georg Herwegh, der seit Veröffentlichung seiner »Gedichte eines Lebendigen« (1841) zu den Leitfiguren der Opposition in Deutschland gehörte (7/5), lebte zwischen 1843 und 1848 in Paris, wo er mit Victor Hugo, Beranger und den deutschen Exilanten Heine, Ruge und Marx in Verbindung stand. Bei Ausbruch der Revolution im Februar 1848 sah sich der Dichter zu politischem Handeln herausgefordert: Er wurde Präsident der zur Unterstützung der Revolution in Deutschland gegründeten »Pariser Deutschen Legion«, die wenig später unter Herweghs Führung von Frankreich aus ins Badische vordrang. Doch in Verkennung der Lage geriet die Aktion zu einem Desaster: Nicht nur war Herweghs »Freyschaar« von kaum 700 Mann unzureichend bewaffnet, sie wurde auch, bevor sie noch in die Kämpfe eingreifen konnte, durch die Niederlage von Heckers und Struves Truppen zum Rückzug gezwungen und auf dem Fluchtweg in die Schweiz bei Niederdrossenbach am 27. April durch württembergisches Militär überwältigt. Herwegh und seine Frau – auch sie eine aktive Revolutionärin, die sich tatkräftig und couragiert für die Bewegung von 1848 einsetzte – konnten ihr Leben retten und in die Schweiz entkommen. Politische Gegner legten diese Flucht als Feigheit aus, ein zur Herabsetzung des republikanischen Dichters bewußt gestreutes, doch aller Grundlage entbehrendes Gerücht, zu dessen Verbreitung auch die Lithographie mit ihrer hämischen Bildlegende beitragen sollte. In den folgenden Jahren wurde es still um den Dichter. Durch das Scheitern der Revolution und die Angriffe seitens linker wie konservativer Gegner fühlte er sich in seinen politischen und literarischen Aktivitäten – sie waren in jenen Jahren weitgehend auf Zeitungsartikel beschränkt – niedergedrückt und gelähmt. Später schloß er sich unter Lassalles Einfluß der Arbeiterbewegung an und wurde Bevollmächtigter des Allgemeinen Deutschen Arbeitervereins für die Schweiz. Von Herwegh stammt das »Bundeslied« (1863) der Organisation mit den berühmt gewordenen Zeilen: »Mann der Arbeit, aufgewacht! / Und erkenne deine Macht! / Alle Räder stehen still, / Wenn dein starker Arm es will.« UM

Lit.: Mattenklott/Scherpe 1974, S. 188-244

8/15

8/16 **Reisepaß der Provisorischen Reichsregierung**
für Major von Witzleben für die Reise nach Baden und Frankreich
Frankfurt a. M., 15. September 1849
Urkunde mit handschriftlichen Eintragungen;
32 x 20,3 cm
Berlin, Deutsches Historisches Museum
(Do 92/18)

Von der deutschen Nationalversammlung wurde dem Habsburger Erzherzog Johann mit großer Stimmenmehrheit am 29. Juni 1848 das Amt des Reichsverwesers übertragen. Er trat damit an die Spitze einer provisorischen Zentralgewalt mit der Aufgabe, bis zur Schaffung eines deutschen Nationalstaates die gemeinsamen Angelegenheiten des deutschen Bundesstaates wahrzunehmen. Eines der ersten Ministerien, das eingerichtet wurde, war das Reichsministerium für Auswärtige Angelegenheiten, das auch für Paßwesen zuständig war. Die Reisepässe wurden im Namen des Reichsverwesers vom Reichsminister der auswärtigen Angelegenheiten in deutscher und französischer Sprache ausgestellt. Als Hoheitssymbol diente der doppelköpfige Reichsadler mit Brustschild in den deutschen Farben schwarz-rot-gold. Der Paß für den sächsischen Major von Witzleben zur Reise nach Baden und Frankreich wurde von dem österreichischen General August Giacomo Jochmus, Freiherr von Cotignola, ausgestellt und unterschrieben; nur die linke Hälfte ist erhalten. Es ist einer der letzten Pässe, die ausgestellt wurden, da am 30. September 1849 Österreich und Preußen einen Vertrag unterzeichneten, in dem sie sich verpflichteten, gemeinsam die Zentralgewalt zu übernehmen. HA

Florence Fabre

Aspekte der Musik zwischen Gallia und Germania: Faust, das Phantastische und der Wagner-Mythos

Die Musik schließt dem Menschen ein unbekanntes Reich auf; eine Welt, die nichts gemein hat mit der äußern Sinnenwelt, die ihn umgibt, und in der er alle durch Begriffe bestimmbaren Gefühle zurückläßt, um sich dem Unaussprechlichen hinzugeben.«[1] Diese Worte schrieb E.T.A. Hoffmann in einer Kritik, die er 1810 Beethovens Fünfter Symphonie widmete. Zu diesem Zeitpunkt waren die großen romantischen Musiker noch Kinder oder noch nicht geboren: Franz Schubert war dreizehn Jahre alt, Hector Berlioz sieben; Frédéric Chopin und Robert Schumann kamen 1810 zur Welt; Felix Mendelssohn-Bartholdy ein Jahr zuvor, während Franz Liszt ein Jahr darauf und zwei Jahre vor Richard Wagner geboren werden sollte. Hoffmann indes vermittelte in wenigen Worten das Wesentliche zum ästhetischen Beitrag der deutschen Romantik zur Musik: als Mittlerin des Unsagbaren sei die Musik imstande »auszudrücken«, was Worte nicht offenbaren können; sie vermittle und symbolisiere die Verbindung von individuellem Mikrokosmos und universalem Makrokosmos. Der Verfasser von *Der Goldene Topf* und *Prinzessin Brambilla* fügte sich in die Strömung der deutschen Romantik, die seit dem Ende des 18. Jahrhunderts der Musik eine vorrangige und stiftende Rolle zugewiesen und so die herkömmliche Hierarchie der Künste umgestürzt hatte. Wilhelm Heinrich Wackenroder, Novalis, Arthur Schopenhauer – jeder stellte sich auf seine Weise Fragen über die Natur der Musik und behauptete ihre Berufung, der Welt des Menschen das Sein zu erklären. Dennoch und obwohl sich die deutschen Dichter und Philosophen unablässig auf die Musik bezogen, war die der Romantik noch nicht geboren: Wenn Ludwig van Beethoven auch gemeinhin als derjenige betrachtet wird, der für den Übergang der Klassik zur Romantik steht, sind es die zu Beginn des 19. Jahrhunderts geborenen Musiker, die jene von ihren älteren Brüdern erahnte Musik komponierten.

Während sich die große Bewegung der deutschen Romantik entfaltete, war Frankreich mit der Revolution, dem Kaiserreich und schließlich der Restauration beschäftigt. Um 1830 aber hatte die Romantik den Rhein überschritten und explodierte in Frankreich genau in dem Moment, da die Generation der romantischen Musiker in Blüte stand. Von jetzt an kann man die Geschichte der romantischen Bewegung in beiden Ländern verfolgen. Der rote Faden, den *Faust* und das Phantastische in Frankreich wie in den deutschsprachigen Ländern bilden, mag als Anleitung dienen, einige große musikalische Momente dieser Geschichte bis hin zur »Zukunftsmusik« Wagners aufzugreifen.

Berlioz auf den Spuren Fausts und Webers

Außer der Musik Beethovens, die trotz ihres Rufes, schwierig zu sein, in Frankreich seit Beginn des 19. Jahrhunderts Verbreitung fand, eröffneten zwei große Werke dem jungen Berlioz neue Horizonte und übten entscheidenden Einfluß auf ihn aus: Carl Maria von Webers *Freischütz* und Goethes *Faust*. Der *Freischütz*, 1821 in Berlin uraufgeführt und 1822 in Dresden wiederaufgenommen, wurde seit 1824 in Paris gespielt – doch in welcher Form! Von Weber »gab man«, so Berlioz in seinen Memoiren, »den Freischütz, nicht in seiner ursprünglichen Schönheit, sondern auf tausend Arten durch einen Arrangeur verstümmelt, ins Gemeine gezogen, entstellt und geschändet. Der in Robin des Bois umgewandelte Freischütz wurde im Odéon aufgeführt.«[2] Solch damals in Frankreich übliches Vorgehen bestand darin, daß man ausländische Opernwerke nach dem Geschmack des Pariser Publikums »arrangierte« – oft genug ohne die geringste Achtung für das Original – und in französischer Sprache darbot. Auf diese Weise war die *Zauberflöte* ab 1801 in Frankreich gespielt worden, von einem gewissen Lachnith »arrangiert« und in *Die Geheimnisse der Isis* umgetauft. 1824 war es Castil Blaze, »dieser musikalische Chirurg«, wie Berlioz sagte[3], der den Freischütz arrangierte und unter dem Titel *Robin des Bois* (Robin Hood) präsentierte. Dennoch war Berlioz von der Musik überwältigt: »Dieser neue Stil [...] überraschte und entzückte mich in höchstem Maß, obwohl seine Züge durch die unvollständige, plumpe Ausführung verwischt wurden. Es entströmte dieser Partitur, trotz der Veränderung, die mit ihr vorgegangen war, ein Hauch unberührter Natur, dessen köstliche Frische mich berauschte.«[4] Abend für Abend kehrte der musikalische Lehrling zurück, um dem Meisterwerk zu lauschen; seine Begeisterung und Dankbarkeit verminderten sich im Laufe der Jahre nicht, und 1841 übernahm er die Verantwortung für ein neues Arrangement. Er ersetzte die für das Singspiel charakteristischen gesprochenen Dialoge durch Begleitrezitative nach französischem Geschmack, wobei

Heinrich Stürmer: Figurinen zur Uraufführung von Carl Maria von Webers »Freischütz«: Samiel und Kaspar, 1821. Berlin, Staatsbibliothek zu Berlin-Preußischer Kulturbesitz, Musikabteilung mit Mendelssohn-Archiv (4a/15)

er so gut als möglich die Integrität des Weberschen Werkes respektierte. Unterdessen hatte Berlioz vergeblich versucht, den von ihm so bewunderten Musiker kurz vor dessen Tod bei seiner Durchreise in Paris zu treffen – voller Humor und Sehnsucht schildert er in seinen Memoiren jene ergebnislose Suche. Die andere entscheidende Erschütterung für den in die deutsche Kultur verliebten französischen Musiker war die Entdeckung des *Faust*: »Als bemerkenswertes Ereignis meines Lebens muß ich noch den Eindruck registrieren, den ich von Goethes Faust erhielt, als ich ihn zum erstenmal in der französischen Übersetzung von Gérard de Nerval gelesen habe. Das wunderbare Buch faszinierte mich sogleich; es verließ mich nicht mehr; ich las es ständig, bei Tisch, im Theater, auf der Straße.«[5] In seiner Begeisterung komponierte Berlioz unverzüglich seine *Huit scènes de Faust*, die er Goethe schickte. Angenehm überrascht von dieser Huldigung aus Frankreich, legte der nicht sehr musikalische Goethe die Partitur seinem Freund Carl Friedrich Zelter vor, dem Lehrer Mendelssohns; Zelter fand an der Anfängerarbeit wenig Gefallen, er bezeichnete es als »abscheulichen Inzest«, und Goethe antwortete nie auf Berlioz' Sendung. Berlioz selbst erkannte später die großen Unzulänglichkeiten der Partitur. Den Gedanken, etwas auf *Faust* zu komponieren, gab er aber nicht auf, erst später, 1846, erblickte *Fausts Verdammnis* das Licht der Öffentlichkeit. Berlioz' Begegnung mit *Faust* spielte jedenfalls eine entscheidende Rolle, muß man darin doch die Entstehung der *Symphonie fantastique* sehen, wie der Musiker in seinen Memoiren gesteht: »Unmittelbar nach dieser Faust-Komposition, und immer noch unter Goethes Einfluß, schrieb ich meine Symphonie fantastique, teilweise mit großer Mühe, teilweise mit unglaublicher Leichtigkeit.«[6] Hier haben wir es also gewissermaßen mit einem der ersten Abenteuer von Goethes *Faust* zu tun. Nachdem sich Berlioz an einer Opernkomposition versucht hatte, hielt er sich an die reine Musik: Die Worte sind zwar gestrichen, doch das »Programm«, die erste Inspiration und das unterschwellige Werksubstrat sind da. Berlioz hat bekanntlich später ein anderes Programm für seine Symphonie entworfen, das sie von Faust weit entfernte: Gleichwohl scheinen bestimmte Aspekte, so der Traum einer Sabbatnacht, direkt von Goethes Dichtung inspiriert.

Die bewegte Entstehungsgeschichte der *Symphonie fantastique* ist wohl bekannt: 1830 brach zugleich die *Schlacht um Hernani* aus; Hugos Drama und Berlioz' Symphonie erlangten den Wert von Manifesten, die die junge französische Generation der Romantiker einläuteten. Die aus Deutschland eingeflossenen künstlerischen Strömungen, die aus Beethovens Musik, der phantastischen Ader und dem alten, von Goethe wiederbelebten und neu interpretierten Faust-Mythos bestanden, hatten Berlioz' schöpferische Tätigkeit befruchtet. Gewiß, Berlioz war ein Neuerer, ursprüngliches Genie und zugleich der große Vertreter der französischen romantischen Musik, doch er sah sich als Erbe der deutschen Kultur der Romantik, der er in all seinen Schriften ausdrücklich huldigte.

SCHUMANN UND DAS PHANTASTISCHE BEI BERLIOZ
Daß die rätselhafte *Symphonie fantastique* in Europa ein gewisses Echo fand, bezeugt Schumanns Kritik von 1835. 1834 hatte der junge deutsche Musiker die *Neue Zeitschrift für Musik* gegründet, zur gleichen Zeit wie Schlesinger in Paris *La Gazette musicale*, für die Berlioz und Liszt schrieben. Obwohl er seine Heimat kaum verließ, war Schumann auf jeden neuen musikalischen Ausdruck in Europa neugierig, auf der Lauer nach dem neuen Genius – wie das berühmte »Hut ab, ein Genie!« beweist, mit dem er 1831 die

Bühnenbildentwurf für Carl Maria von Webers »Freischütz«. Berlin, Staatsbibliothek zu Berlin-Preußischer Kulturbesitz, Musikabteilung mit Mendelssohn-Archiv (4a/14)

Anfänge Chopins begrüßte. Sein Freund Liszt – ein Freund aller in Europa, ein unermüdlich Reisender und auch ein unvergleichliches Band zwischen Frankreich und Deutschland – erzählte ihm vom Werk Berlioz', dem er in Frankreich begegnet war.

Merkwürdig, daß in der gut dokumentierten Kritik Schumanns keine Rede von dem Einfluß ist, den die deutsche Romantik bei der Entstehung der *Symphonie fantastique* gespielt haben mag: für Schumann ein entschieden revolutionäres französisches Werk, das auf eine tiefe Wandlung des französischen Geschmacks deute. Die technischen Aspekte des Werkes werden detailliert analysiert, und die Kritik wird mit zahlreichen musikalischen Beispielen gestützt. Schumann meldete einige Vorbehalte an, insbesondere in bezug auf die Nachlässigkeit, mit der Berlioz die mittelmäßigen Partien behandelt habe. Doch interessierte er sich auch und vor allem für die Aspekte des Neuen an dieser Symphonie, er suchte nach einer Definition für die Sprache, für den Stil. »Fast nie entspricht der Nachsatz dem Vordersatze, die Antwort der Frage. Es ist dies Berlioz so eigentümlich, seinem südlichen Charakter so gemäß und uns Nordischen so fremd, daß das unbehagliche Gefühl des ersten Augenblicks und die Klage über Dunkelheit wohl zu entschuldigen und zu erklären ist. Aber mit welch kecker Hand dies alles geschieht, dergestalt, daß sich gar nichts dazusetzen oder wegwischen läßt, ohne dem Gedanken seine scharfe Eindring-

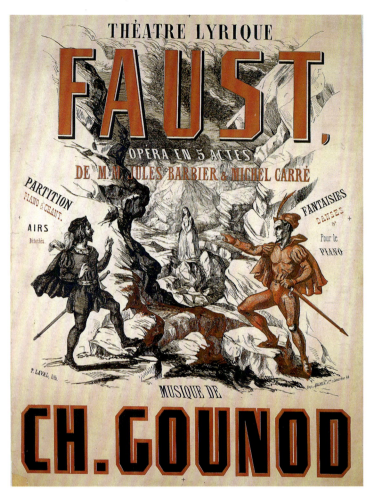

T. Laval: Plakat für Charles Gounods Oper »Faust« im Théâtre Lyrique, Paris, um 1859. Paris, Bibliothèque Nationale de France, Musée de l'Opéra (4b/18)

lichkeit, seine Kraft zu nehmen, davon kann man sich nur durch eigenes Sehen und Hören überzeugen.«[7] Schumanns Position ist eindeutig: Über ein Urteil erhaben, verhält er sich als Musiker, der einen Kollegen würdigt.

Gleichwohl zeigt sich Schumann viel zurückhaltender in bezug auf das von Berlioz verfaßte »Programm«. Nach einer Textzusammenfassung schließt er: »Soweit das Programm. Ganz Deutschland schenkt es ihm: solche Wegweiser haben immer etwas Unwürdiges und Charlatanmäßiges. Jedenfalls hätten die fünf Hauptüberschriften genügt [...].«[8] So verfuhr auch Schumann mit seiner eigenen Musik: Titel kommen zwar häufig vor, doch enthalten sie weder Erklärungen noch Kommentare; bisweilen, wie in der Fantasie op. 17, strich Schumann sogar hinterher die Titel, in denen seine schöpferische Arbeit anklang. Der große deutsche verschämte und gequälte Romantiker, dessen Musik vor »Kryptogrammen« und Rätseln strotzt, fügt hinzu: »Es besitzt der Mensch eine eigene Scheu vor den Arbeitsstätten des Genius: er will gar nichts von den Ursachen, Werkzeugen und Geheimnissen des Schaffens wissen, wie ja auch die Natur eine gewisse Zartheit bekundet, indem sie ihre Wurzeln mit Erde überdeckt.«[9] Hier zeigen sich die verschiedenen Naturen der beiden Musiker und die Traditionen, deren Erben sie jeweils sind – obwohl ihnen ein Teil ihrer Kultur gemeinsam war, obwohl sie, jeder auf seine Weise, die Musik schufen, die Ihre unmittelbaren Vorgänger vorausgeahnt hatten. So bildete sich eine von der deutschen Romantik befruchtete französische Romantik heraus, die aber mit Berlioz, wie Schumann sogleich wahrnahm, sehr bald zu musikalischer Eigenständigkeit gelangte.

Berlioz' Musik fand in Deutschland leichter Verbreitung als die Schumanns in Frankreich. 1841 bis 1842 ging der französische Komponist in Deutschland auf Tourneen und dirigierte zahlreiche Konzerte. In seinen Memoiren erwähnt er viele Einzelheiten über das musikalische Leben in Deutschland, »wo die Begeisterung noch lebt«[10]. Als er Deutschland und Frankreich hinsichtlich der musikalischen Praktiken vergleicht, führt er zum großen Nachteil Frankreichs an: »In Deutschland hingegen traf ich fast überall auf Disziplin und Eifer, verbunden mit wirklicher Achtung für den Maestro – oder besser gesagt: die Maestri [...]«[11] Unzählige Zeugnisse europäischer Musiker jenes 19. Jahrhunderts, da die Künstler häufig zur Feder griffen, stimmten darin überein, daß Deutschland für die Musik eine lang tradierte, vielleicht bis auf die Reformation zurückgehende Achtung hege, die ihresgleichen in Frankreich sucht. Frankreich zeigt sich zwar offen für ausländische Musik und Musiker, doch eignet es sich beides oft ungeniert an und vermittelt eher ein schwärmerisches Bild denn tiefgehendes Engagement. Die französischen oder ausländischen Musiker, die dies bitter bis empört konstatieren, sind Legion.

Weniger extrovertiert als Berlioz und zunächst wenig um seine Berühmtheit besorgt, gelangte Schumann in Frankreich erst spät zu gewissem Ruhm; man mußte auf die nachfolgende Generation der Saint-Saëns und Fauré warten, bevor seine Musik verstanden und geliebt wurde. Berlioz erwähnte Schumann in verschiedenen Schriften, hielt sich aber nicht bei ihm auf. Nachdem er ihm auf seiner Reise durch Deutschland begegnet war, bezeichnete er ihn als »großen kritischen Komponisten«; von Schumanns Werk sprach er nicht. Aber im Unterschied zu Schumann zeigte Berlioz überhaupt wenig Interesse und Verständnis für die Musik seiner Zeitgenossen.

FAUST BEIDERSEITS DES RHEINS
Während Berlioz an *Fausts Verdammnis* arbeitete – der Gedanke hatte ihn seit seiner Jugend verfolgt –, komponierte Schumann seine Faustszenen. Auch er war von Goethes Dichtung fasziniert, auch er entrichtete dem Dichter in Weimar seinen Tribut. Tatsächlich ließen sich im 19. Jahrhundert zahlreiche, von *Faust* faszinierte Musiker von ihm inspirieren und komponierten

mehr oder weniger mit Goethes dramatischer Dichtung übereinstimmende Werke. Fünf Jahre nach der Vollendung von Goethes *Faust* komponiert Spohr 1813 einen Faust. Als aufgeklärter und kompetenter Germanophile legte der Dichter Gérard de Nerval 1828 die erste Übersetzung der Dichtung ins Französische vor. *Faust* inspirierte zudem verschiedene Maler wie Gustave Courbet in Frankreich und Peter von Cornelius in Deutschland. Die Erstübersetzung des Faust löste in Berlioz sogleich einen schöpferischen Schub aus: aber erst in der Reife der großen romantischen Musikergeneration gelangten die großen musikalischen Faust-Schöpfungen zu voller Blüte. Die Titel der von *Faust* inspirierten Kompositionen zeigen jedoch, wie sehr die Ansichten und Interpretationen auseinandertraten.

Mit *Fausts Verdammnis* (1846) nahm sich Berlioz manche Freiheit: die Gefühle sind äußerst lebhaft, bisweilen maßlos – bei Goethe ist dies nicht der Fall. Manche Szenen erinnern mehr an Eugène Delacroix' Lithographien und William Shakespeares Dramen als an Goethes Dichtung. Zudem vermeint man hin und wieder, wie ein fernes Echo, bestimmte Szenen aus dem *Freischütz* zu hören, insbesondere die berühmte Szene der Wolfsschlucht, die den jungen Berlioz kurz vor seiner Entdeckung des *Faust* so stark beeindruckt hatte. Eher reizten den Franzosen die phantastische Ader, der romantische Geschmack am Pittoresken und am gotischen Mittelalter als die metaphysische Dimension in Goethes Werk: Große musikalische Seiten sind in heftiger und farbenprächtiger Sprache von ungeheurer Kühnheit überreich vorhanden. Es scheint, daß *Faust* vor allem Berlioz' überhitzte Phantasie inspirierte – was er im übrigen nicht leugnete. Er selbst schrieb nahezu das gesamte Libretto, er wollte das Meisterwerk weder übersetzen noch imitieren, sondern sich lediglich von ihm inspirieren lassen und die in ihm enthaltene musikalische Substanz herausziehen. Das Werk fand in Frankreich kein großes Echo, und Berlioz grämte sich darüber, war er doch der Meinung, es sei eines seiner besten. Die deutschen Kritiker gingen hart mit ihm ins Gericht, sie warfen Berlioz mangelnde Werktreue vor: Es verfälsche auf unverzeihliche Weise Goethes Meisterwerk – und sogleich brachte man für die Musik selbst kein Interesse mehr auf. So erschien *Fausts Verdammnis* dem französische Publikum zu »deutsch« und damit wesensfremd, in den Augen und Ohren der Deutschen zu »französisch« und zu wenig werkgetreu.

Charles Gounods 1859 entstandener *Faust* konzentriert sich hauptsächlich auf die Liebe Margaretes zu Faust, so daß man es in Deutschland vorzieht, diese Oper *Gretchen* zu nennen, eine französische Oper mit Rezitativ und Ballett, während sich Berlioz' Werk als Oratorium präsentierte. Liszt nun komponierte zwischen 1854 und 1857 ein rein symphonisches Werk, das er Berlioz widmete und dessen Titel Art und Intention verrät: *Eine Faust-Symphonie in drei Charakterbildern*. In dieser »Programm-Musik« zeichnet der Komponist die Charaktere der drei Protagonisten Faust, Margarete und Mephistopheles. Insofern handelt es sich nicht um eine Vertonung von Goethes Dichtung.

Franz Liszt: Eine Faust-Symphonie in drei Charakterbildern (nach Göthe) 1861. Paris, Bibliothèque Nationale de France, Département de la Musique (9/13)

Wenn *Faust* diverse musikalische Kompositionen, einschließlich zahlreicher Lieder, anregte, so geht es stets um den Ersten Teil des *Faust* von 1809. Der Zweite Teil, den Goethe 1832 kurz vor seinem Tod vollendete, inspirierte die Musiker kaum: In diesem weitaus esoterischeren Werk stellte Goethe das Drama der Erkenntnis in den Vordergrund, Personen und Leser versetzte er in das antike Griechenland. Schumann versuchte als einziger, verschiedene Szenen aus beiden Faustteilen in einem Oratorium zu verschmelzen; er wollte dem Dichter und Denker in Weimar seine Huldigung darbringen. Schon der Titel bringt dies zum Ausdruck: *Scenen aus Goethes Faust.* Man gewinnt den Eindruck, daß der *Faust*

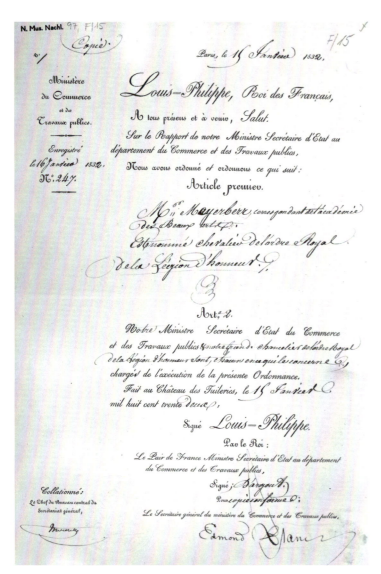

Ernennungsurkunde Giacomo Meyerbeers zum Ritter der Ehrenlegion, Paris, 19. Januar 1832. Berlin, Staatsbibliothek zu Berlin-Preußischer Kulturbesitz, Musikabteilung mit Mendelssohn-Archiv (6/14)

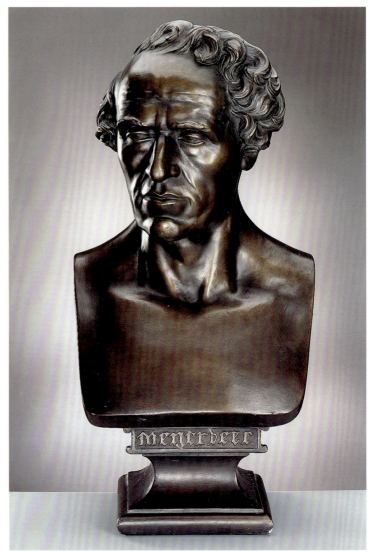

Jean Pierre Dantan gen. Dantan jeune: Büste des Giacomo Meyerbeer, 1864. Privatbesitz (6/10)

für viele romantische Künstler Bezugspunkt und Inspirationsquelle war, Schumann jedoch als einziger sowohl den emotionalen als auch metaphysischen Gehalt von Goethes Werk erfaßt hat.

MEYERBEER, DER GLÜCKLICHE KOMPONIST

Wie hätte Goethe über die einzelnen, von seinem Helden angeregten Kompositionen gedacht? Er hatte sich an seinen Freund Zelter gewandt, doch letztlich komponierte dessen Schüler Franz Carl Adalbert Eberwein Szenenmusiken für beide Teile des *Faust*, von denen kaum etwas überliefert ist. *Faust II* gedachte Goethe in Form einer Tragödie aufführen zu lassen, die in eine Oper münden sollte, als deren Komponist er keinen anderen als Giacomo Meyerbeer vorsah! Eine solche Wahl mag überraschen, doch als Goethe den Zweiten Teil seines *Faust* verfaßte, war die Generation der Klassiker zu Ende gegangen und die neue, blutjunge Musikergeneration der Romantiker hatte noch kaum Werke hervorgebracht. Beethoven war 1827 gestorben – Goethe übrigens schätzte ihn wenig. Abgesehen von Gaspare Spontini und Gioachino Rossini galt Meyerbeer damals als der bekannteste Komponist.

Meyerbeers große historische Oper erscheint heute völlig »überholt«, sie strotzt vor Verschrobenheiten und bombastischen billigen Effekten, um dem Geschmack eines ungebildeten Publikums zu schmeicheln: Der Komponist von *Robert, le Diable* und den *Hugenotten* wird oft als Inkarnation des »schlechten Geschmacks« des bürgerlichen Jahrhunderts betrachtet.

Auguste Alfred Rubé und Philippe-Marie Chaperon: Bühnenmodell für den dritten Akt von »Robert le Diable«, 1876. Paris, Bibliothèque Nationale de France, Musée de l'Opéra (6/12)

Philippe-Marie Chaperon: Bühnenbildentwurf zum zweiten Aufzug des »Tannhäuser«, Paris. Bibliothèque Nationale de France, Musée de l'Opéra (9/5)

Dennoch war Meyerbeer der einzige zu Lebzeiten in Frankreich wie in Deutschland gleichermaßen berühmte und gefeierte Komponist. 1791 in Berlin geboren und 1864 in Paris gestorben, war er zwar in ganz Europa unterwegs, konzentrierte sich jedoch auf die beiden Grenzländer des Rhein, und seine Opern wurden sowohl auf deutsch wie auf französisch gespielt. Meyerbeers Opern erreichten ein breites Publikum, und beinahe alle bewunderten ihn einhellig. Im Konzert der Lobpreisungen für seine Gesangswerke erhob sich nahezu keine kritische Stimme dieser an Bühneneffekten reichen Musik. Die größten Künstler, ob Musiker oder nicht, feierten den deutschen Komponisten, den Frankreich so bereitwillig adoptiert hatte. So erwähnte Heine im Zehnten seiner Briefe *Über die französische Bühne* Meyerbeer mit Begeisterung und stimmte eine Hymne auf die *Hugenotten* an; im Zehnten Brief zeigte er unter Vorbehalt auch ein gewisses Interesse an Liszt und Berlioz: »Die beiden letzteren sind wohl die merkwürdigsten Erscheinungen in der hiesigen musikalischen Welt; ich sage die merkwürdigsten, nicht die schönsten, nicht die erfreulichsten.«[12]

Auch Berlioz brachte wiederholt seine Bewunderung für Meyerbeer zum Ausdruck, und er schilderte enthusiastisch eine vom Komponisten dirigierte Aufführung der *Hugenotten* in Berlin, an der er teilnahm. Eine hübsche Formulierung aus seiner Feder verdeutlicht, was zum Erfolg des Musikers beigetragen haben mag: »Meyerbeer hat nicht nur das Glück, Talent zu haben, sondern im höchsten Grad das Talent, Glück zu haben.«[13]

Gegen Ende des Jahrhunderts wurde Meyerbeers Triumph jedoch suspekt. Der große Bewunderer Wagners und Berlioz', Paul Dukas, stellte diesen Erfolg 1897 in Frage und schlug als Antwort vor, Meyerbeers höchstes Geschick bestehe darin, dem Publikum seiner Zeit die Illusion zu vermitteln, es höre und verstehe, was es »große Musik« nennt. Dies klingt überzeugend, erklärt aber nicht die Begeisterung noch der erleuchtetsten Geister. Lediglich zwei Komponisten standen entschieden gegen Meyerbeer auf: Schumann und Wagner. Verblüffen oder Kitzeln sei Meyerbeers höchste Devise, schrieb Schumann 1837 in einer vernichtenden Kritik einer Hugenotten-Aufführung. Wagner seinerseits versäumte keine Gelegenheit, seinem sicher eifersuchtsgefärbten Haß auf Meyerbeer Ausdruck zu verleihen: Wie sein Landsmann hatte Wagner mehrmals erfolglos in Paris sein Glück versucht, und der reiche und gefeierte Meyerbeer wurde für den an Geldmangel leidenden und zurückgewiesenen Musiker gewissermaßen die Verkörperung seines Scheiterns.

Die dichterische Verwandlung:
Beaudelaire als Hörer Wagners

Wagners Pech und seine Schwierigkeiten in Paris, seine späte Anerkennung seitens des Publikums und der französischen Musiker sind wohlbekannt. Einzig der kosmopolitische Europäer Liszt schenkte dem künftigen Komponisten von *Tristan und Isolde* und des *Ring des Nibelungen* sein Vertrauen, seine Wertschätzung und Hilfe. Als dank Liszts Vermittlung *Lohengrin* 1850 in Weimar uraufgeführt wurde, saß Gérard de Nerval in einer Vorstellung, von der er in *La Presse* berichtete – aber Nerval brachte als Erstübersetzer des *Faust* der deutschen Kultur ein

Eugène Delacroix (zugeschrieben): Tannhäuser im Venusberg, um 1861. Zürich, Werner Coninx-Stiftung (9/7)

ganz besonderes Interesse und Verständnis entgegen. Einem anderen Dichter sollte als einem der ersten die Ehre zufallen, die Musik Wagners zu lieben und in Paris zu verteidigen: Charles Baudelaire.

Zwischen 1831 und 1855 hatte Wagner verschiedene Orchester- oder Vokalwerke nach *Faust* komponiert, doch bekanntlich trieb ihn sein besonderes Genie zum Gesamtkunstwerk, dessen Dichter und Musiker er zugleich sein sollte. Man weiß, wie schwer er es hatte, sich aus politischen, ästhetischen und künstlerischen Gründen sowohl in Deutschland wie in Frankreich durchzusetzen. Dennoch versammelten 1876 die ersten Bayreuther Festspiele die gesamte künstlerische und aristokratische Elite Europas, die endlich den Musiker und sein Werk würdigte. Da Baudelaire 1867 gestorben war, konnte er an diesem Triumph nicht teilhaben. Der Dichter hatte hingegen ab 1860 verschiedene symphonische Werkauszüge des damals noch nicht berühmten Wagner gehört, die von den Pariser Kritikern niedergemacht wurden. Baudelaire war von dieser »unerhörten« Musik sofort überwältigt, die für ihn in Tönen all das ausdrückte, was die Romantik an Modernem enthielt. In seinem *Salon de 1846* fragte er sich bereits nach Eigenart und Herausforderungen der romantischen Bewegung: »Für mich ist die Romantik der jüngste, der aktuellste Ausdruck des Schönen«.[14]

Nach dem Konzert, das ihn so tief bewegt und begeistert hatte, richtete Baudelaire am 17. Februar 1860 einen berühmt gewordenen Brief an Wagner: »Vor allem möchte ich Ihnen sagen, daß ich Ihnen den *höchsten musikalischen Genuß* verdanke, *den ich je empfunden habe.*« Er gesteht, daß er »nichts von Musik versteht«, und »seine ganze Erziehung sich darauf beschränkt, einige schöne Stücke von Weber und Beethoven gehört zu haben« (beide Deutsche!). Baudelaire fragte sich, woher seine unmittelbare Zustimmung zu Wagners Musik komme: »Zuerst war mir, als kennte ich diese Musik, und als ich später darüber nachsann, begriff ich, woher diese Täuschung kam; mir war, als wäre diese Musik *die meine*, und ich erkannte sie, wie jeder das erkennt, was er zu lieben bestimmt ist.«[15] Und der Dichter, ganz und gar als Künstler, doch eher als Kenner der Malerei denn der Musik, nahm Entsprechungen zwischen den Farben und Wagners Musik wahr: steht das Sonett *Correspondances* nicht in dem 1857 veröffentlichten Gedichtband *Les Fleurs du Mal* ?

Wagner erhielt wohl den Brief, antwortete aber nicht auf die Würdigung des ihm damals nahezu unbekannten Dichters. Im folgenden Jahr besuchte Baudelaire gleichwohl die erste Vorstellung des *Tannhäuser* in Paris, die durch die Kabale, die die Aufführung störte, und den folgenden Skandal berühmt wurde. Damit erklärte Baudelaire in seinem Bericht über die Oper übrigens auch den Mißerfolg des Werkes; er machte dafür äußerliche Gründe geltend und beklagte überdies die Mittelmäßigkeit der Pariser Inszenierung. Der Dichter war gut vorbereitet: Er hatte nicht nur Wagners Schriften gelesen, aus denen er vielfach zitierte, sondern auch die Veröffentlichungen über den Komponisten, so die Artikel des Wagner sehr feindlich gesonnenen Musikwissenschaftlers François-Joseph Fétis, die wohlmeinenden Schriften Liszts und den Artikel, den Théophile Gautier nach der deutschen Aufführung von *Tannhäuser* für *Le Moniteur* verfaßt hatte. Baudelaire zitierte auch sich selbst, er fügte zwei Vierzeiler aus den *Correspondances* ein: Der Dichter fand in Wagner eine »Entsprechung« zu sich selbst, da er geneigt war, die dramatische Kunst als *Verschmelzung* mehrerer Künste, folglich als die vollendetste Kunst zu betrachten: »Ich gestehe, daß mir in Dingen der Kunst die Maßlosigkeit nicht zuwider ist; die Mäßigung ist mir noch nie als das Zeichen einer kräftigen künstlerischen Natur erschienen.«[16]

Während der letzten Jahrzehnte des Jahrhunderts fegte der »Wagnerismus« trotz der schweren Folgen des Krieges von 1870/71 über Frankreich hinweg und entfesselte Leidenschaften; keine Persönlichkeit der musikalischen und künstlerischen Welt ließ er gleichgültig. Schriftsteller wie Stéphane Mallarmé und Marcel Proust huldigten Wagner, aber auch die Musiker konnten die vom Bayreuther Meister bewirkten Neuerungen nicht länger übergehen. Viele, ob später berühmt oder nicht, erkannten den Charakter des Neuen und Unumgänglichen in Wagners Musik, analysierten die Werke und pilgerten nach Bayreuth. Am Ende dieses Jahrhunderts vollzog sich eine ungeheure Wandlung: Wie sich Wagners entledigen, wie ihn überwinden? Die ihn fortan heruntersetzten, waren einst seine glühendsten Bewunderer. Nietzsche, selbst höchst musikalisch und in seiner Jugend begeisterter Anhänger Wagners, richtete seinen Blick nach Frankreich und bezeichnete Georges Bizets *Carmen* als »Gegengift« zum Wagnerismus. Claude Debussy, der sich nach Bayreuth begab, beklagt sich über die »Wagner-Manie«, die Europa überflute, und macht sich in seinen Schriften über sie lustig; er schuf eine eigene musikalische Sprache, die der westlichen Musik neue Perspektiven eröffnete, doch seine Bewunderung für *Parsifal* blieb unverändert. Niemand, der ihn zu imitieren suchte – die Epigonen waren zahlreich! – oder sich von ihm abgrenzen wollte, konnte Wagner ignorieren. So standen am Ende des 19. Jahrhunderts Frankreich und Deutschland gleichermaßen unter Wagners Einfluß.

1   Hoffmann 1988, S. 23.
2   Berlioz 1979, S. 56.
3   Ebenda, S. 60.
4   Ebenda, S. 57.
5   Ebenda, S. 96.
6   Ebenda, S. 97.
7   Schumann, 1914, S. 74.
8   Ebenda, S. 83.
9   Ebenda.
10   Berlioz, op. cit., S. 238.
11   Ebenda, S. 239.
12   Heine Bd. 7 (1970), S. 285.
13   Berlioz, op. cit., S. 470.
14   Baudelaire 1992, Bd. 1, S. 199.
15   Ebenda, Bd. 7, S. 9.
16   Ebenda, S. 123.

Florence Fabre promovierte 1992 über das Thema *La musique et son ombre. Etude de la musique et la pensée musicale de Nietzsche.* Seit 1994 ist sie Dozentin an der Universität von Toulouse II – Mirail.

Raum 9

Die Salonkultur des Second Empire

Die Pariser Salons des Second Empire waren für glanzvolle Empfänge und Festlichkeiten berühmt. In den Hôtels particuliers der alten und neureichen Familien trafen sich bei schönen und klugen Gastgeberinnen mit klingenden Namen, wechselhafter Vergangenheit und Herkunft Künstler und Musiker, Habitués und namhafte Zufallsbesucher zu fruchtbarem Austausch von Werken und Wichtigkeiten, brachten neueste Kompositionen zu Gehör und labten sich am Gesellschaftsklatsch. Der »Salon« wurde nicht nur zum richtungsweisenden Begriff der jährlichen Ausstellungen und der Innendekoration für die Gesellschaft der Pariser Hauptstadt, sondern zum Synonym für Begegnungen und Anregungen. Durch sie wurde das Fortkommen der Parvenus und, angeregt von der Lektüre der Romane George Sands oder von dem selbstbewußten Auftreten der Schauspielerin Sarah Bernhardt, die Emanzipationsbestrebungen der Damen beschleunigt. Princesse Mathilde, die künstlerisch begabte Nichte Napoleons I. und Tochter des ehemaligen Königs von Westfalen, Jérôme Bonaparte, bevorzugte in ihrem Salon Literaten, Kritiker, Schriftsteller und Künstler. Neben dem europaweit begehrtesten Salonpianisten und Komponisten Franz Liszt und dem Dichter Charles Baudelaire wurde Hector Berlioz, der Komponist der »phantastischen« Symphonien, zum wichtigsten Förderer von Richard Wagners Opernwerk in Frankreich, insbesondere der umstrittenen und skandalösen Tannhäuser-Aufführung an der Kaiserlichen Oper am 13. März 1861. Liszt, dessen virtuose Klavierpartien ganz und gar dem Elan der Spätromantik und ihren verwickelten Liebes- und Leidensgeschichten entsprachen, hatte bereits den »Tannhäuser« 1850 bei der Aufführung in Weimar dirigiert.

Nichts ist [...] heutzutage in den Pariser Salons beliebter als jene anmutigen und gefühlvollen Romanzen und Lieder, wie sie dem Geschmack des französischen Volkes eigen sind und wie sie sich selbst aus unserer Heimat hier angesiedelt haben!

Richard Wagner:
Eine Pilgerfahrt zu
Beethoven in Paris,
1840

RAUM 9

Josef Danhauser
Liszt am Flügel, 1840
Berlin, Staatliche Museen zu
Berlin, Nationalgalerie
(9/10)

Die Salonkultur des Second Empire

links:
*Henri Lehmann
Marie d'Agoult, 1843
Paris, Musée Carnavalet
(9/9)*

rechts:
*Alexandre Cabanel
Comtesse de Keller, 1873
Sankt Petersburg, Staatliche
Eremitage
(9/14)*

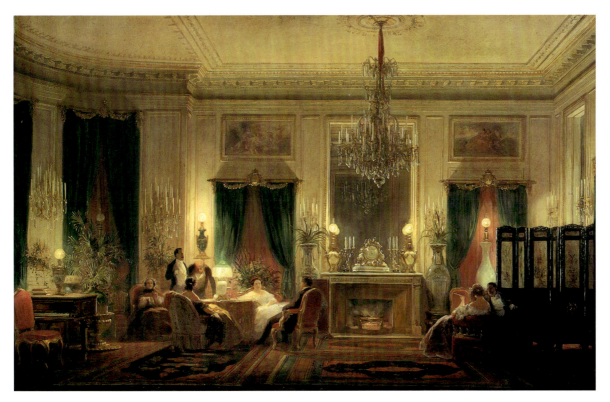

*Sébastien-Charles Giraud
Der Salon der Prinzessin
Mathilde, 1859
Compiègne, musée national
du château
(9/16)*

Was also die dramatische Musik betrifft, so können wir annehmen, daß gegenwärtig der Deutsche und der Franzose nur eine habe; mögen ihre Werke nun auch in dem einen Lande zuerst produziert werden, so ist dies doch mehr örtliche als wesentliche Differenz. Dadurch, daß sich beide Nationen die Hände reichen und sich gegenseitig ihre Kräfte leihen, ist jedenfalls eine der größten Kunstepochen vorbereitet worden. Möge diese schöne Vereinigung nie gelöst werden, denn es ist keine Mischung zweier Nationen denkbar, deren Verbrüderung größere und vollkommenere Resultate für die Kunst hervorbringen könnte als die der Deutschen und Franzosen, weil die Genies jeder dieser beiden Nationen sich gegenseitig vollkommen das zu ersetzen imstande sind, was den einen oder den andern abgeht.

Richard Wagner:
Über deutsches
Musikwesen, 1840

9/1

9/1 **Steckbrief Richard Wagners**
In: Eberhardt's Allgemeiner
Polizei-Anzeiger, Bd. 36, Nr. 47
Dreden, 11. Juni 1853
Dresden, Sächsisches Hauptstaatsarchiv Dresden,
Bibliothek (F122)

Richard Wagner, der Sohn eines Leipziger Polizeiaktuars, hatte seine Lehrjahre als Opernkapellmeister an den Bühnen in Würzburg, Magdeburg, Königsberg und Riga verbracht, bevor er als Korrespondent der »Gazette musicale d'Augsbourg« von 1839 bis 1842 ein klägliches Dasein in Paris fristete mit dem Vorhaben, »Rienzi« an der Pariser Oper unterzubringen. In Paris lernte er durch seinen Freund Samuel Lehrs die Sagen von Tannhäuser und Lohengrin kennen. Für die Uraufführung seiner Oper »Rienzi« durch das Dresdner Hoftheater am 7. April 1842 verließ er die französische Hauptstadt. Zum Hofkapellmeister nach Dresden berufen, verlas er am 14. Juni 1848 im Dresdner Vaterlandsverlag eine Abhandlung: »Wie verhalten sich republikanische Bestrebungen dem Königtum gegenüber?« Die dadurch ausgelöste Verstimmung des Hofadels und des Hoftheaterintendanten Lüttichau führte zur Absetzung der geplanten Uraufführung des »Lohengrin«. Im Mai 1849 nahm Wagner an den Barrikadenkämpfen teil und wurde als »ehemaliger Kapellmeister und politischer Flüchtling aus Dresden, einer der hervorragendsten Anhänger der Umsturzpartei«, steckbrieflich zur Auslieferung an das Königliche Stadtgericht gesucht. Die Verfolgung nötigte ihn zunächst ins Exil nach Zürich. Nach seinem zweiten Aufenthalt in Paris von 1859 bis 1861 kehrte er nach Deutschland zurück. MLP
Lit.: Kat. Köln 1988, S. 150

9/2 **Alfred Lenoir** (1850-1920)
Hector Berlioz
1919 (Entwurf 1903/04)
Bez. a.d. inneren Plinthe des Sockels:
Alfred Lenoir 1919
Gips, farbig gefaßt; 75 x 48 x 30 cm
Paris, Musée d'Orsay (RF 1751)

Hector Berlioz, neben Liszt der wichtigste Förderer von Richard Wagners Opernwerk in Frankreich, ist unter den französischen Komponisten der bedeutendste Romantiker, der die Überlieferungen seiner Lehrmeister wie Beethoven und Antonin Reicha zu eigenständigen freien Stilschöpfungen nutzte. Diese kompositorischen Vermischungen sind ihm von vielen Zeitgenossen vorgeworfen worden. Nach dem Studium am Konservatorium in Paris erweiterte er sein musikalisches Wissen auf Reisen in Deutschland und England. Seine orchestralen Klangfarben entsprechen der harmoniesuchenden Naturwahrnehmung der Romantik mit ihrem Hang zur Metaphysik. Lenoir fertigte die Büste nach seiner Bronzestatue, die auf dem Pariser Square Ventimille errichtet und während der deutschen Besetzung im Zweiten Weltkrieg eingeschmolzen wurde, für die Weltausstellung von 1889. MLP

9/3 **Hector Berlioz** (1803-1869)
La Damnation de Faust. Légende dramatique en quatre parties. Musique de Hector Berlioz. Œuv. 24. Partition de chant et piano. Avec texte français et allemand
(Fausts Verdammnis. Dramatische Legende in vier Teilen. Musik von Hector Berlioz. Op. 24. Partitur für Singstimme und Klavier. Mit deutschem und französischem Text)
Paris: Richault (1860)
Düsseldorf, Goethe-Museum,
Anton-und-Maria-Kippenberg-Stiftung

Bereits im April 1828 hatte Berlioz Goethe die Partitur seiner ersten Bearbeitung von acht Faustszenen nach der Übersetzung von Gérard de Nerval zukommen lassen. Die Uraufführung von Berlioz' Faustadaption im Jahr 1846, die er seinem Freund Franz Liszt widmete, wurde zu einem Mißerfolg und stürzte den Komponi-

9/2

9/3

sten in Schulden. Eine Rußlandtournee im folgenden Jahr und ein Londonaufenthalt verbesserten seine Verhältnisse. Vergebens hoffte er 1854 auf die Uraufführung seines »Te Deum« anläßlich der Thronbesteigung Napoleons III. Richard Wagner lernte er bereits durch Vermittlung von Franz Liszt in London kennen, bevor aufgrund seines Einsatzes 1861 »Tannhäuser« an der Pariser Oper gegeben wurde und bei Publikum und Kritikern zunächst durchfiel. Berlioz' Orchesterwerke sind zum Nachteil der differenzierten Kompositionen schon früh in Klavierauszügen verbreitet worden, seine Faustadaption für Klavier und Gesang jedoch erst im Jahre 1860. MLP

Lit.: Kat. Paris 1949, Nr. 393, S.128

9/4 **Richard Wagner** (1813-1883)
Tristan und Isolde
Gesamtpartitur mit Widmung an Hector Berlioz: Au grand et cher auteur de Roméo et Juliette, l'auteur reconnaissant de Tristan et Isolde
Leipzig: Breitkopf & Härtel o.J. (nach 1865)
Paris, Bibliothèque Nationale de France, Département de la Musique (Rés. Vm^3 5)

Die Gesamtpartitur ist das Widmungsexemplar Wagners für seinen Kollegen und Förderer Hector Berlioz, der sich selbstlos und hilfreich für die Aufführung seiner Werke, insbesondere für »Tannhäuser« 1861 in Paris eingesetzt hatte. Wagner vollendete seine dichterische Fassung von »Tristan und Isolde« nach dem mittelalterlichen Versepos »Tristan und Isolt« von Gottfried von Straßburg im September 1857 unter dem Eindruck seiner Verbindung zu Mathilde von Wesendonck und beendete die Komposition im August 1859. Die Uraufführung fand am 10. Juni 1865 in München statt. MLP

9/5 **Philippe-Marie Chaperon** (1823-1907)
Bühnenbildentwurf zum zweiten Aufzug des »Tannhäuser«
Gouache; 22,7 x 31,3 cm
Paris, Bibliothèque Nationale de France, Musée de l'Opéra [D. 345 (II,38)]
Abb. S. 359

Die Skizze ist die genaue Replik des Bühnenbildes, das für die Pariser Aufführungen von 1861 angefertigt wurde. Man sieht deutlich die nach oben geöffneten Bogengänge, die Treppe und den Turm, getreu den

Je me suis toujours figuré que si accoutumé à la gloire que fut un grand artiste, il n'était pas insensible à un compliment sincère, quand ce compliment était comme un cri de reconnaissance, et enfin que ce cri pourrait avoir une valeur d'un genre singulier quand il venait d'un français, c'est à dire d'un homme peu fait pour l'enthousiasme et né dans un pays où l'on ne s'entend guères plus à la poësie et à la peinture qu'à la musique. Avant tout, je veux vous dire que je vous dois la plus grande jouissance musicale que j'aie jamais éprouvée. Je suis d'un âge où on ne s'amuse plus guères à écrire aux hommes célèbres, et j'aurais hésité longtemps encore à vous témoigner par lettre mon admiration, si tous les jours mes yeux ne tombaient sur des articles indignes, ridicules, où on fait tous les efforts possibles pour diffamer votre génie. Vous n'êtes pas le premier homme, monsieur, à l'occasion duquel j'ai eu à souffrir et à rougir de mon pays. Enfin l'indignation m'a poussé à vous témoigner ma reconnaissance; je me suis dit: je veux être distingué de tous ces imbéciles.

Charles Baudelaire an Richard Wagner, 17. Februar 1860

Regieanweisungen des Komponisten. Wagner bewunderte die Kompetenz der französischen Bühnenbildner und hatte sich schon 1845 für die Uraufführung des »Tannhäuser« in Dresden an die Pariser Werkstätten gewandt. Als 1875 die Rede davon war, den »Tannhäuser« in Wien auf die Bühne zu bringen, bat Wagner den Archivar der Oper, Charles Nuitter, die Skizzen zu schicken, damit man die »französischen Dekorationen als Modell« nehmen könne. Cosima blieb dieser Tradition treu und bat mehrmals um Präzisierungen der Pariser Inszenierung, um »den echten Tannhäuser wiederzufinden, den in Bayreuth aufzuführen, meine Pflicht ist« (Briefe an Nuitter vom 20. Juli 1875 und vom 29. November 1889). NW

9/6 **Theaterzettel für die zweite Aufführung**
des »Tannhäuser« im Théâtre Impérial
de l'Opéra am 18. März 1861
Paris, 1861
Einzelblatt; 60 x 43 cm
Paris, Bibliothèque Nationale de France,
Musée de l'Opéra (Aff. O. 1861)

Der Unterstützung der Frau des österreichischen Botschafters, Pauline Fürstin Metternich, war es zu verdanken, daß Napoleon III. seine Einwilligung zur Aufführung des »Tannhäuser« in der »Salle Le Peletier« gegeben hatte. Die Premiere fand am 13. März 1861 statt. Der anschließend von Mitgliedern des Jockey-Clubs angezettelte Skandal war so lautstark, daß Wagner nach der dritten Aufführung seine Oper vom Spielplan nahm. Die Zahl der Proben hatte die Rekordzahl 163 erreicht. Wagner zeigte sich so anspruchsvoll, daß er mehr als einmal die Behörden gegen sich aufbrachte. Zwei Monate vor der Premiere erhielt der Direktor der Oper präzise Anweisungen vom Staatsminister: »Es ist wichtig, daß der Komponist die Bemühungen der Verwaltung unterstützt und die Arbeiten der Inszenierung und die Vorbereitungen nicht durch die Hinzufügung einer ungewöhnlich hohen Anzahl von Choristen oder externen Musikern zum Opernpersonal beeinträchtigt werden, und im Falle, daß Monsieur Richard Wagner etwas derartiges äußern sollte, bitte ich Sie, ihm zu bedenken zu geben, daß das kaiserliche Opernhteater über Aufführungsmöglichkeiten verfügt, die in keinem Theater in Europa ihresgleichen haben und die Meistern wie Rossini, Meyerbeer, Verdi und allen unseren französischen Komponisten genügt haben« (Brief vom 23. Januar 1861). NW

9/7 **Eugène Delacroix** (1798-1863) zugeschrieben
Tannhäuser im Venusberg
Um 1861
Bez. u.l.: Eug. Delacroix
Gouache; 54 x 72 cm
Zürich, Werner-Coninx-Stiftung (A 9383)
Abb. S. 360

Nachdem Richard Wagner 1861 gezwungenermaßen den »Tannhäuser« nach drei Aufführungen von der Bühne der Pariser Oper zurückgezogen hatte, widmete ihm Charles Baudelaire, einer seiner treuesten Anhänger, eine Studie unter dem Titel »Richard Wagner und Tannhäuser«, in der es heißt: »[...] es wäre in der Tat überraschend, wenn der Klang nicht imstande wäre, die Farbe zu suggerieren, wenn die Farben nicht imstande wären, die Vorstellung einer Melodie zu vermitteln, und wenn Klang und Farbe ungeeignet wären, Gedanken wiederzugeben; da die Dinge sich doch immer in wechselseitigen Analogien mitgeteilt haben, seit Gott die Welt durch sein Wort als ein vielfaches und ungeteiltes Ganzes hervorgebracht hat.« Die Gouache zeigt die Kristallgrottenszene im Hörselberg: Noch sucht Tannhäuser sich gegen die Verführungskünste der Venus zu wehren, doch er verfällt ihrem Zauber. AC
Lit.: Kat. Zürich 1983, S. 77; Baudelaire 1992, Bd. 7, 96f.

9/8 **Charles Baudelaire** (1821-1867)
Brief an Richard Wagner
Paris, 17. Februar 1860
Eigenhändiges Manuskript; 20,5 x 27 cm
Paris, Bibliothèque littéraire Jacques Doucet
(1093 B.VI.3)

Baudelaire schrieb den Brief nach drei Wagnerkonzerten im Théâtre-Italien, die der Komponist selbst organisiert hatte, um sich beim Pariser Publikum bekannt zu machen. Die Kritik fiel sehr mäßig aus. Selbst Berlioz, ein großer Bewunderer Wagners, veröffentlichte am 9. Februar 1860 im »Journal des Débats« einen polemischen Artikel, in dem er Wagner vorwarf, sich mit seiner »Zukunftsmusik« den natürlichen Tonarten, den wohlklingenden Harmonien und der Melodie zu verweigern. Baudelaires Brief bringt zunächst tiefe Entrüstung über diese »würdelosen lächerlichen Artikel« zum Ausdruck, vor allem aber geht Baudelaires Bewunderung daraus hervor: »D'abord il m'a semblé que je connaissais cette musique, et plus tard en y réfléchissant, j'ai compris d'où venait ce mirage; il me semblait que cette musique était la mienne, et je la reconnaissais comme tout homme reconnaît les choses qu'il destiné à aimer« (Zuerst war mir, als kennte ich diese Musik, und als ich später darüber nachsann, begriff ich, woher diese Täuschung kam; mir war, als wäre diese Musik *die meine,* und ich erkannte sie, wie jeder das erkennt, was er zu lieben bestimmt ist). Der Brief ist zusammen mit anderen Autographen in einem Manuskriptband eingeheftet, dessen Einband von Pierre Legrain gestaltet wurde. NW

9/9 **Henri Lehmann** (1814-1882)
Marie d'Agoult
1843
Bez. i. d. Mitte: Henri Lehmann 1843
Öl auf Leinwand; 93 x 73 cm
Paris, Musée Carnavalet (P. 2170)
Abb. S. 365

Lehmann, der auch Liszt mehrfach portraitierte, hat Liszts Muse der bewegten Pariser Jahre, Marie d'Agoult, nach der Trennung von dem Geliebten und Vater ihrer drei Kinder gemalt: Von Selbstzweifeln befallen, haderte sie mit ihrem gesellschaftlichen Status als »Dame von Welt« und löste 1844 ihre Verbindung mit dem Komponisten. Die damals 28jährige Ehefrau des Grafen d'Agoult, Tochter der verwitweten Ehefrau des Bankherrn und Kaiserlichen Rates Johann Philipp Bethmann aus Frankfurt, Marie-Elisabeth Bußmann, und des Grafen Alexandre Victor François de Flavigny, hatte der Einundzwanzigjährige Anfang des Jahres 1833 kennengelernt. Ihre Rolle als Mittlerin zwischen Musikern und Schriftstellern in den Pariser Salons, als Gefährtin von George Sand, Hector Berlioz und Victor Hugo hat das Kulturleben der 30er Jahre in Paris entscheidend beeinflußt. Ihre Publikationen erschienen unter dem Pseudonym Daniel Stern. Henri Lehmann, aus Kiel gebürtig, hat als Schüler Ingres 1835 in der Pariser Salonausstellung debütiert. Nach längeren Aufenthalten in München und Rom ließ er sich 1847 in Paris nieder und nahm die französische Nationalität an. MLP
Lit.: Raabe 1968, S. 31

9/10 **Josef Danhauser** (1805-1845)
Liszt am Flügel 1840
Diapositiv
(Original: Öl auf Holz; 119 x 167 cm, Berlin, Staatliche Museen zu Berlin, Nationalgalerie)
Abb. S. 364

Danhauser hat um Liszt, den Sohn des Generalverwalters des Prinzen Esterházy, seine Pariser Freunde, Schriftsteller und Musiker der Romantik in größtmöglicher Portraittreue versammelt: Gräfin Marie d'Agoult, seit 1834 seine Gefährtin, lauscht hingegossen zu Füßen des Instruments, Alexandre Dumas d. Ä. und George Sand im Sessel sitzend, stehend hinter ihnen v.l.n.r. Hector Berlioz, Giuseppe Paganini, Gioacchino Rossini, auf dem Boden rechts vor dem Flügel eine Czerny-Partitur. Eine Büste Beethovens beherrscht den Flügel, ein Portrait Byrons hängt an der Wand. Der Biograph Danhausers, Arthur Roessler, überlieferte 1911, daß »das Brett, auf welchem es gemalt ist, von Herrn Graf selbst aus seinem besten und härtesten Resonanzbodenholz gezimmert« sei. Das Gruppenportrait hat der Wiener k.k. Hofinstrumentenbauer Conrad Graf bei Danhauser, dem wichtigsten Genremaler des Wiener Vormärz, in Auftrag gegeben. Liszt war der erste Komponist, der vor allem Beethovens und Bachs Werke neben Schubert, Weber, Mendelssohn und Schumann in den Salons und Konzerten als Pianist vortrug und somit im Interesse der Fabrikanten den Verkauf von Klavieren förderte. Seit 1823 lebte er in Paris u.a. als Schüler des Komponisten Antonin Reicha (3/36) und wurde als hochgeschätzter Salonmusiker zum Pariser Modepianisten der Spätromantik. Nach einem Konzert im Herbst 1844 schrieb der »Courrier de la Gironde« in Bordeaux: »Man muß ihn vor allem am Klavier sehen: kaum hat er die Hände auf die Tasten gelegt, so kommt der Geist über ihn und schafft in ihm. Schon gehört er sich selbst nicht mehr an, sein Auge glüht, sein Herz schlägt, sein Haar fliegt und zittert, sein Gesicht nimmt einen seltsamen Ausdruck an. Das ist kein Mensch mehr, das ist ein fantastisches Wesen, das ist ein Geist, der nicht mehr dieser Welt angehört. Da erschließen sich unter seinen Fingern, wie im Frühling die Rosen unter dem Kuß der Sonne, die wunderbarsten, tränenfeuchten Gedichte, die furchtbarsten Tragödien, denn Liszt ist ein großer Dichter...« Neben Chopin und Paganini wurde seine Musik zutiefst von Berlioz' »phantastischen« Kompositionen beeinflußt. Unter dem Einfluß der Ideen des katholischen Theologen und Sozialphilosophen Félicité Robert de Lamennais wandte sich Liszt dem religiösen Mystizismus zu; 1861 wechselte er als Parteigänger Napoleons III. und des Papstes nach Rom. Auf mehreren Virtuosenreisen durch Europa gab er zahlreiche Benefizkonzerte und setzte sich in den 40er Jahren mit der Musik seiner ungarischen Heimat auseinander. 1848 ließ er sich mit seiner neuen Gefährtin Caroline Prinzessin zu Sayn-Wittgenstein in Weimar nieder. MLP
Lit.: Roessler 1911, S. 34-38; Raabe 1968, S. 55-70

9/11 **Joseph Kriehuber** (1800-1876)
Eine Matinée bei Liszt
1846
Bez. u.r.: Kriehuber 846; Legende: Kriehuber, Berlioz, Czerny, Liszt, Ernst
Lithographie; 39,1 x 50,3 cm
Budapest, Franz Liszt Gedenkmuseum und Forschungszentrum (Gr. 2, 86/812)

9/12 **Franz Liszts Taktstock**
mit Inschrift »Dem Träger des Genies, dem Dirigenten der Opern ›Tannhäuser‹ und ›Lohengrin‹ Herrn Dr. F. Liszt, ihrem verehrten Meister die Mitglieder Grossherzogl. Hofkapelle. Weimar, d. 28. Aug. 1850«
Silber mit Bandverzierung; L. 36,6 cm
Weimar, Stiftung Weimarer Klassik, Museen, Liszthaus (BV. Nr. 56/137)

Ich habe mir immer vorgestellt, daß ein großer Künstler, und wäre er den Ruhm noch so sehr gewöhnt, für ein aufrichtiges Kompliment dennoch nicht unempfindlich sein würde, wenn dieses Kompliment wie ein Schrei der Dankbarkeit wäre, und daß endlich dieser Schrei einen sehr besonderen Wert haben könnte, wenn er von einem Franzosen käme, das heißt von einem Menschen, der für die Begeisterung wenig geschaffen und der in einem Land geboren ist, wo man sich auf Poesie und Malerei kaum mehr versteht als auf Musik. Vor allem möchte ich Ihnen sagen, daß ich Ihnen den höchsten musikalischen Genuß verdanke, den ich je empfunden habe. Ich bin in einem Alter, wo man sich kaum noch damit vergnügt, an berühmte Männer zu schreiben, und ich hätte es noch länger hinausgeschoben, Ihnen durch einen Brief meine Bewunderung zu bezeugen, wenn mir nicht täglich unwürdige, lächerliche Artikel vor Augen kämen, in denen man sein möglichstes tut, Ihr Genie zu verleumden. Sie sind nicht der erste Mann, Monsieur, um dessentwillen ich unter meinem Land leide und für es erröte. Kurz, die Empörung hat mich getrieben, Ihnen meine Erkenntlichkeit zu bezeugen; ich habe mir gesagt: ich will nicht, daß man mich mit all diesen Dummköpfen in einen Topf wirft.

Charles Baudelaire an Richard Wagner, 17. Februar 1860

Lißt ist der nächste Wahlverwandte von Berlioz und weiß dessen Musik am besten zu exekutieren. Ich brauche Ihnen von seinem Talente nicht zu reden; sein Ruhm ist europäisch. Er ist unstreitig derjenige Künstler, welcher in Paris die unbedingtesten Enthusiasten findet, aber auch die eifrigsten Widersacher.

Heinrich Heine: Über Frankreich. Berichte über Kunst und Politik, 1831-1837

9/11

9/13 **Franz Liszt** (1811-1886)
Eine Faust-Symphonie in drei Charakterbildern (nach Göthe): I. Faust (Allegro); II. Gretchen (Andante); III. Mephistopheles (Scherzo u. Finale mit Schluß Chor): »Alles Vergängliche ist nur ein Gleichniß«
Vollständige Orchesterpartitur
Leipzig, New York: J. Schuberth (1861)
Paris, Bibliothèque Nationale de France, Département de la Musique (Rés. Vm^7 545)
Abb. S. 357

Liszt komponierte seine »Faust-Symphonie« von 1854 bis 1857 während der fruchtbaren Arbeitsjahre von 1848 bis 1861, die er mit Prinzessin Caroline zu Sayn-Wittgenstein in Weimar verbrachte. Die bis dahin bekannteste Faustadaption durch einen Komponisten war Berlioz' »Fausts Verdammnis« von 1846. Gounod präsentierte 1859 seine »Faust«-Oper in Paris. In der 1861 publizierten »Faust-Symphonie« und in der »Dante«-Komposition brach Liszt mit der traditionellen Form der Symphonie zugunsten bruchstückhafter, assoziativer Passagen. Die drei Sätze zeichnen ein musikalisches Portrait der Hauptfiguren Faust, Margarethe und Mephisto. Liszt hat sich auch später mehrfach in Walzer- und Polkakompositionen für Klavier mit dem Mephisto-Thema beschäftigt. MLP

9/14 **Alexandre Cabanel** (1823-1889)
Comtesse de Keller
1873
Öl auf Leinwand; 99 x 76 cm
Sankt Petersburg, Staatliche Eremitage (7600)
Abb. S. 365

Das Bildnis der Comtesse de Keller (in zweiter Ehe Marquise de Saint-Yves d'Alveydre), stammt von einem der berühmtesten Frauenportraitisten des Second Empire. 1844 hatte Alexandre Cabanel zum ersten Mal im Salon ausgestellt und 1845 den Großen Rompreis für Historienmalerei erhalten. Um 1855 wandte er sich der Portraitmalerei zu und avancierte zum Modeportraitisten der vornehmen Damenwelt. Doch mit seinen Bildnissen konnte er sich im Genre der Portraitmalerei einen Platz von bleibender historischer und kultureller Bedeutung in der Geschichte der französischen Malerei des 19. Jahrhundert erobern. Mit dem Portrait der Comtesse de Keller, Aristokratin russisch-polnischer

Herkunft, schuf er eine beispielhafte Darstellung der für die elegante Welt jener Epoche repräsentativen Dame, in der sich die »große« Pariser Gesellschaft wiedererkennen konnte: Das gefällige äußere Arrangement ist auf eine noble und delikate, für Cabanel typische Interpretation der weiblichen Grazie abgestimmt. Eine Version dieses Bildnisses befindet sich heute im Musée d'Orsay, Paris, diese Version – möglicherweise handelt es sich um eine Kopie – stammt aus der Eremitage St. Petersburg. AC

Lit.: Berezina 1983, Nr. 58, S. 82

9/15 **Jean-Baptiste Carpeaux** (1827-1875)
Princesse Mathilde (Bonaparte)
1863
Bez. a.d.S.: A monsieur de ste Beuve / J. B^{te} Carpeaux 1863
Gips; 52,8 x 23,5 x 27,1 cm
Paris, Musée d'Orsay (Schenkung Germain Babst, RF 1772)

Mathilde Laetitia Wilhelmine Bonaparte, die Tochter des Königs von Westfalen, Jérôme, und Catherinas von Württemberg, heiratete 1840 den russischen Magnaten Prinz Anatol Demidoff, mit dem sie allerdings nur fünf Jahre verbunden blieb; 1845 wurde die Ehe auf Befehl des Zaren geschieden. Vier Jahre später eröffnete die Prinzessin in Paris ihren ersten literarischen Salon, der sich bewußt vom politischem Geschehen absetzte und in erster Linie der Kunst gewidmet war. Die Büste von Carpeaux ist dem Literaturkritiker Charles Augustin de Sainte-Beuve gewidmet, der ein oft gesehener Gast im Salon der Prinzessin war. In den »Causeries de Lundi« schrieb er über sie: »Ihr Äußeres strahlt Adel und Würde aus, etwas Königliches haftet ihr an. Aber sie vergißt keineswegs, daß ihr Adel noch ganz neu ist und ruft selber lachend aus: Ohne die Französische Revolution würde ich jetzt in den Straßen von Ajaccio Orangen verkaufen«. Jean-Baptiste Carpeaux erhielt seine Ausbildung in Paris bei François Rude und danach bei Francisque Duret. 1850 wurde er mit einer Ehrenmedaille der Académie des Beaux-Arts ausgezeichnet, 1854 bekam er den Rompreis, der ihm einen fünfjährigen Aufenthalt in Rom ermöglichte. Die Prinzessin gab ihr Bildnis, eine Marmorbüste, 1862 in Auftrag; ein Jahr später wurde es im Salon ausgestellt und mit Begeisterung aufgenommen. AC

Lit.: Pingeot/Margerie 1986 (Marmorbüste), S. 75; Heyden-Rynsch 1992, S. 184-187

9/15

9/16 **Sébastien-Charles Giraud** (1819-1892)
Der Salon der Prinzessin Mathilde
1859
Bez. u.r.: Ch. Giraud, 1859
Öl auf Leinwand; 63 x 100 cm
Compiègne, musée national du château
(C. 51. 030)
Abb. S. 365

Giraud hielt die Räume der Prinzessin Mathilde in ihrem heute nicht mehr existierenden Stadthaus in der Rue de Courcelles in Paris auf mehreren Bildern fest. Ihr runder Salon, der sich im Erdgeschoß befand, war mit bequemen Möbeln und Gegenständen ausgestattet, die auf all diesen Darstellungen zu sehen sind: das geöffnete Klavier, Vorhänge mit dem Monogramm »M« unter einer Krone, zahlreiche Pflanzen in Vasen und Jardinieren, der runde Tisch und das Sofa, auf dem die Prinzessin zu sitzen pflegte. Hier hielt sie Salon: mittwochs für die Literaten, freitags für die Maler. Auf Girauds Gemälde trägt sie ein weißes Kleid und ist von Personen umgeben, die regelmäßig bei ihr verkehrten: Horace de Vieil-Castel, ein Habitué ihres Salons, Madame Octave Feuillet, die Brüder Goncourt, Madame Dieudé-Defly, ihre Lektorin. Von den dargestellten Personen abgesehen, gehörten zu diesem Kreis Théophile

Le peuple allemand, si comprimé comme peuple, si emancipé comme penseur, chante avec un sombre amour. Chanter, cela ressemble à se délivrer. Ce qu'on ne peut dire et ce qu'on ne peut taire, la musique l'exprime. Aussi toute l'Allemagne est-elle musique en attendant qu' elle soit liberté. Le choral de Luther est un peu une marseillaise.

Victor Hugo:
Shakespeare, 1864

Das deutsche Volk, so gedrückt als Volk, so frei als Denker, singt mit leidenschaftlicher Liebe. Singen ist ein gewisses Sich-Freimachen. Was man nicht aussprechen und doch auch nicht verschweigen kann, drückt die Musik aus. So ist denn ganz Deutschland Musik, bis es Freiheit wird. Luthers Choral ist gewissermaßen eine Marseillaise.

9/17

Gautier (ihr Bibliothekar), Gustave Flaubert, Alexandre Dumas, die Brüder Giraud, Jean-Baptiste Carpeaux, Hippolyte Taine, Jean Auguste Dominique Ingres, Gustave Doré, Paul Gavarni, Nadar (Gaspard Félix Tournachon) und andere. Die Tradition ihres Salons setzte die Prinzessin, die immer bestrebt war, zwischen den unterschiedlichsten politischen Gesinnungen zu vermitteln, nach der Niederlage Frankreichs 1871 fort, diesmal jedoch mit einem viel bescheidener ausgestatteten Salon in der Rue de Berry. *AC*

Lit.: Kat. Paris 1979, Nr. 37, S. 111f.; Heyden-Rynsch 1992, S. 184-187 u. 193

9/17 **Paul François Berthaud** (1870-1935)
Sarah Bernhardt
Gips, farbig gefaßt; 54 x 75 x 30 cm
Clermont-Ferrand, Musée des Beaux-Arts,
Ville de Clermont-Ferrand (984-1-101)

Die für ihre Exzentrik bekannte Sarah Bernhardt war eine der größten Schauspielerinnen des 19. Jahrhunderts. Sie spielte sie in verschiedenen Theatern in Paris (Comédie-Français, Vaudeville-Theater, Theater Porte-Saint-Martin oder Renaissance-Theater) die französischen Klassiker und modernen Dramatiker. Im Théâtre des Nations, das bis heute ihren Namen trägt, spielte sie den »Hamlet« und trat in »Der junge Aiglon« von Edmond Rostand auf. Ihre zahlreichen Tourneen übten großen Einfluß auf die internationale Theaterszene aus. 1909 gastierte sie sehr erfolgreich in Berlin. Sarah Bernhardt war auch als Malerin und Bildhauerin tätig, sie schrieb Lustspiele und Memoiren. Sie wurde von mehreren Künstlern portraitiert, u.a. von der Bildhauerin Louise Abbéma und von Alfons Maria Mucha, der für sie eine ganze Reihe prachtvoller Plakate im Stil des Art Nouveau schuf. Die ausgestellte Büste ist ein Werk des Bildhauers, Malers und Graphikers Paul Berthaud, der vorwiegend Bildnisbüsten in Cire-perdue-Technik und in Ton schuf. *AC*

9/18 **Salonmöbel aus der Zeit des Second Empire**
a) Chaise à crinoline, Frankreich um 1860
Holz, Metall, Stoff; 88 x 46 x 46 cm
b) Confident, Frankreich um 1855
Holz, vergoldet, Flechtwerk, Stoff; 70 x 118 cm
c) Guéridon, Frankreich um 1860
Bronze, vergoldet und patiniert, Marmor, Steineinlagen; H 68 cm, Dm. 60 cm
Paris, Musée des Arts Décoratifs
(a. 25813, b. 35949, c. 39912)

Für die Salonmöbel des Second Empire war neben Bequemlichkeit und Mobilität das Nebeneinander verschiedener Stile wie Gotik, Renaissance, Barock oder Rokoko kennzeichnend. Diese Tendenz zur Koexistenz verschiedener Stile sowie die führende Stellung Frankreichs auf dem Gebiet des Kunstgewerbes verdeutlichen die Weltausstellungen von 1851 (London), 1855 (Paris), 1862 (London) und 1867 (Paris). Vor allem Luxusmöbel gehörten zur Ausstattung der zahlreichen Herrschaftshäuser, der sogenannten »hôtels particuliers«: kostbare Kabinettschränke, elegante Vitrinenschränke, Kommoden, Schreib- und Arbeitstischchen, Guéridons, Boulle-Möbel in allen Formen oder komfortable Polstermöbel in neuen Variationen wie Chaise à crinoline bzw. Confidente. Bei Salons und »jours fixes«, glanzvollen Musikabenden oder »soirées dansantes« war man um das Wohlergehen der Gäste sowie um freie und angenehme Konversationsmöglichkeiten in bequem eingerichteten Räumen bemüht. AC

9/19 **Reisepaß für Friedrich Adolph Hermann Schulz**
für die Reise von Berlin über Köln und Belgien nach Paris
Berlin, 2. August 1861
Urkunde mit handschriftlichen Eintragungen;
45,4 x 33,5 cm
Berlin, Deutsches Historisches Museum
(Do 78/382 I)

Mit »Fritz Schulz« hat der Berliner Künstler Friedrich Adolph Hermann Schulz seinen vom Kgl. Preußischen Ministerium des Inneren ausgestellten Reisepaß unterzeichnet, der ihn zur Fahrt von Berlin über Köln und Belgien nach Paris berechtigte. Den Weg über Köln wählte Schulz wegen der »Kölner allgemeinen deutschen und historischen Kunstausstellung«, wo er ein Gemälde zeigte: »Prinz Heinrich von Preußen präsentirt als erster Werber in Schlesien ein junges Brautpaar, das er im ersten Nachtquartier für sein Regiment angeworben, dem Könige und dem Grafen Schwerin«, eine Episode des ersten Schlesischen Krieges. Gelernt hatte Schulz die Kunst der Militärmalerei in Paris bei Horace Vernet. Nach dem Vorbild von Vernets Gemälde über die Verteidigung der »Barrière« von Clichy malte er Szenen des Krieges von 1814 in Frankreich, so »Die Preußen am Abend des 30. März 1814 auf dem Montmartre in Paris«. Erfahrungen über den Krieg sammelte Schulz als Kriegszeichner 1864, 1866 und 1870/71. HA

Werner Hofmann

Menzel und Frankreich

Adolph Menzel: Drei Ansichten nach Voltaires Portraitbüste von Friedrich Elias Meyer, um 1846/49. Berlin, Staatliche Museen zu Berlin, Kupferstichkabinett (10/8)

Menzels Berührungen mit Frankreich – mit Paris, seinen Künstlern und Ausstellungen – erstreckten sich über mehr als drei Jahrzehnte, getragen von einer Kontinuität, die sogar die Zäsur von 1870/71 und die auf sie folgenden Spannungen überstand. Diese Kontakte hatten ihr Vorspiel, als Menzel sich mit der Geschichte Friedrichs des Großen zu beschäftigen begann und Anregungen von Horace Vernets *Histoire de Napoléon* empfing. Das Buch erschien 1839 in demselben Leipziger Verlag – in deutscher Übersetzung –, für den Menzel Franz Kuglers *Geschichte Friedrichs des Großen* illustrierte.

Ursprünglich sollten Pariser Xylographen Menzels Zeichnungen in das Holz schneiden, doch befriedigten ihn die Ergebnisse nicht, weshalb er deutsche Holzschneider für das schwierige Unterfangen heranbildete (Eduard Kretzschmar, Friedrich Unzelmann und andere).

Der Ausstellungskontakt kam 1855 zustande, im Jahr der ersten Weltausstellung in der französischen Metropole, zu deren Kunstausstellung Menzel seine *König Friedrichs II. Tafelrunde in Sanssouci* einschickte. Danach war er regelmäßig in Paris zu sehen: auf den Weltausstellungen von 1867, 1878, im

Salon von 1868. Er selbst hielt sich dreimal in Paris auf: 1855, 1867 und 1868. Den Höhepunkt dieser Begegnungen bildete 1885 die umfangreiche Retrospektive seines Gesamtwerks in einem Pavillon de la Ville de Paris. Diese Kontakte streiften den Eklat, als die Pläne für die Weltausstellung von 1889 eine Centenarfeier für die Revolution erkennen ließen, zu der Frankreich die Nationen einlud – ein Ansinnen, das man in Berlin mit Argwohn aufnahm und schließlich zu boykottieren versuchte. Bismarck selbst schaltete sich ein, um die Teilnahme deutscher Künstler zu verhindern. Wie Max Liebermann, Fritz von Uhde und Wilhelm Leibl sich davon nicht beirren ließen, setzte sich auch Menzel, kein Mann der großen Worte, über amtlichen Druck und patriotische Appelle hinweg. Das trug ihm, dem Kanzler des Ordens pour le mérite (Friedensklasse!), die Kritik vaterländischer Kreise ein. Was ihn zum bürgerlichen Ungehorsam bewog, war weder Ehrgeiz noch die Lust an der Provokation, sondern die Noblesse eines Künstlers, der nicht bereit war, wegen politischer Querelen seine Verbundenheit mit einer Stadt aufzukündigen, die ihm häufig das Gastrecht gewährt hatte und von deren Kritikern er sich verstanden wußte. Ottomar Beta überliefert aus seinen Gesprächen mit Menzel, der sich bezüglich seines *Friedrich vor der Schlacht bei Leuthen* äußerte: »man hat es damals nicht wollen; es wurde gegen mich gearbeitet und mir die Lust verleidet, das Werk fortzusetzen«. Er fügte hinzu: »Und auch sonst war ich Berlins herzlich müde. Ich dachte schon daran, nach Paris überzusiedeln. Ich fand hier nichts, was ich suchte.« Schwer zu sagen, was er suchte. Aber was er bei seinen Pariser Aufenthalten fand, zählt zu den ertragreichsten Entdeckungen seiner Wißbegier: das großstädtische Leben als ein unruhiger, fluktuierender Ereignisort. Davon zeugen sein *Théâtre Gymnase*, *Der Tuileriengarten*, *Jardin du Luxembourg* und *Pariser Wochentag*.

Dieser Blickwinkel traf sich mit der Kunsttheorie von Edmond Duranty, der Menzel einen großen, zweiteiligen Aufsatz in der *Gazette des Beaux-Arts* (1880) widmete. An der scharfsinnigen Bewunderung des Autors fällt nicht nur die genaue Kenntnis aller Schaffensaspekte auf, sie entspringt einem Blick, der Menzel als ganzes nimmt und nicht den Schöpfer der Fridericiana gegen den Beobachter des zeitgenössischen Lebens ausspielt – oder umgekehrt. Dazu kommt, daß Duranty nicht mit den Pariser Vorurteilen arbeitet, die alles, was aus anderen Ländern kommt, schnell abqualifizieren. Das hindert Duranty nicht, Menzel in einer »Schule« unterzubringen und den fanatischen Beobachter der Wirklichkeit in die Nachfolge von Gottfried Schadow, Christian Daniel Rauch, Daniel Chodowiecki, Andreas Schlüter, Hans Holbein und ... William Hogarth zu stellen. Besessen von der »névrose du vrai« (Neurose des Wahren) konnte Menzel sich als Autodidakt heranbilden. Was seine Geschichtschroniken mit der zeitgenössischen Szene verbindet und die Magie seiner Kunst ausmacht, ist für Duranty einfach: Er weiß die Vergangenheit mit zeitgenössischem Leben zu erfüllen, nicht bloß akademische Posen in beglaubigte Kostüme zu stecken. Vitalität und Zeitlosigkeit stützen sich gegenseitig. Wenn Menzel Jesus unter den Schriftgelehrten zeigt, versetzt er ihn in die Welt heutiger Juden. Seine Vorliebe für vierschrötige, kubische Formen prädestiniert ihn für die Menschen seiner Gegenwart, die er in Biergärten, auf der Reise, bei einem Begräbnis oder im Konzert beobachtet. Überraschend ist, daß Duranty auch Menzels Gelegenheitsarbeiten, seine Einladungen und Glückwunschadressen, bewundert und sie auf das Konto der Vielseitigkeit des Meisters setzt (ein Julius Meier-Graefe besaß diese Toleranz nicht).

Schließlich weiß Duranty auch den Maler zu würdigen, dessen Pinsel »les ondulations et les vibrations lumineuses« (die Wellenbewegungen und Lichtvibrationen) der Wirklichkeit verfolgt. Freilich: Menzel ist nicht von der Malerei besessen, doch hat sein Intellekt sie erobert. In diese Richtung zielt der letzte Satz von Durantys schöner Würdigung: Menzel ist nicht nur ein Künstler, »sondern auch ein Mensch mit Verstand«.

Durantys Bewunderung für den Zeichner und Maler Menzel ist vor dem Pariser Kontext zu sehen, gleichwie der Kritiker den Gegenstand seiner Analyse nicht als deutsches Phänomen untersucht, sondern auf ihn die Maßstäbe des Streitgesprächs anwendet, das damals die Pariser Kunstszene beschäftigte. Als Autor mehrerer Romane, deren einer, *Le peintre Louis Martin*, ein Malerschicksal zwischen Gustave Courbet und Edouard Manet behandelte, zählte Edmond Duranty zu den Vorläufern, wenn nicht Bahnbrechern des Realismus, dessen Anhänger um die Mitte des Jahrhunderts gegen die Herrschaft der »Romantiker« antraten. (Die französische Romantik folgt einer anderen Zeitrechnung als die deutsche: sie beginnt später und wird von ihren Leitgestalten Eugène Delacroix und Victor Hugo bis in die zweite Hälfte des Jahrhunderts getragen.) Durantys kurzlebige Zeitschrift *Réalisme* (1856/57) nutzte die Signalwirkung, die Courbet 1855 ausgelöst hatte, als er, parallel zur großen Kunstrevue der Weltausstellung, seine dort zurückgewiesenen Werke, darunter *Das Atelier* und das *Begräbnis von Ornans*, in einer Retrospektive zeigte, der er den programmatischen Titel *Le Réalisme* gab. Duranty blickte auf die Gesellschaft als einer Vielheit der Berufe, der Schichten und Ambitionen, die er in verschiedenen Milieus aufsucht: in der Kirche, im Salon, im Speisezimmer, auf dem Friedhof ... Courbets *Das Atelier* war der kühne Versuch, die Akteure dieser »comédie humaine« allesamt auf *einer* Leinwand zu versammeln. Indem er dem riesigen Gemälde einen nicht gerade bescheidenen Untertitel gab – *eine reale Allegorie, die eine Phase von sieben Jahren meines künstlerischen und geistigen Lebens abschließt* –, bekannte er sich zu einer mehrere Zeit- und Raumabläufe umspannenden Synthese, innerhalb derer freilich drei Welten dialektisch aufeinander stoßen: »Ich selbst sitze malend in der Mitte. Zur Rechten befinden sich alle Teilhaber (actionnaires), das heißt, die Freunde, die Mitarbeiter, die Liebhaber der Welt der Kunst. Zur Lin-

Adolph Menzel: König Friedrichs II. Tafelrunde in Sanssouci, 1850, Öl auf Leinwand; 204 x 175 cm (ehem. Berlin, Nationalgalerie) Kriegsverlust

ken die Welt des gewöhnlichen Lebens, das Volk, das Elend, die Armut, der Reichtum, die Ausgebeuteten, die Ausbeuter, die Leute, die vom Tod leben.«

Duranty schien sich dieses Konglomerats zu erinnern, als er zwanzig Jahre später im Rückblick seine damalige Version einer neuen Malerei und ihrer Inhalte schilderte – es sind die Statisten des Welttheaters, das Menzel zur selben Zeit durchstreifte: »Ich erahnte eine Malerei, die eine Fülle von Bildern unterschiedlichster Menschen – Priester, Soldaten, Bauern, Arbeiter, Kaufleute – umfaßte, Bilder, auf denen sich die Menschen einerseits auf Grund ihrer jeweiligen Eigenschaften voneinander unterscheiden und sich andrerseits in Gruppenszenen – Hochzeiten, Taufen, Geburten, Erbschaften, Feste, Familienszenen – einander nähern würden, Bilder von Szenen, die häufig wiederkehren und dadurch das Alltagsleben eines Landes anschaulich zum Ausdruck bringen.« Im Rückblick muß Duranty erkennen, daß die Maler diese Forderungen nicht erfüllt haben. Was Courbet als vielschichtiges Gesellschaftspanorama entwarf, zerfiel später in viele Facetten. Einen Ansatz bot Manets *Musik im Tuileriengarten* (1862), worin es allerdings weniger um eine »tranche de vie« (ein Stück prallen Lebens) ging, sondern um eine kunstvoll disparate Zuständlichkeit, die den Einzelnen in ein abstraktes Formengefüge einflicht. Man kann diese Stillebenhaftigkeit auf das Konto der Schwierigkeiten setzen, die Manet beim Komponieren von Menschengruppen hatte. Dennoch scheint ihm später so etwas wie ein Bilderbogen des zeitgenössischen Lebens vorgeschwebt zu haben, als er sich in einem Brief an den Präfekten der Seine erbötig machte, für den Beratungssaal des Stadtrates im neuen Pariser Rathaus Szenen aus dem Pariser Alltag zu malen: »Paris-Halles, Paris Chemin de fer, Paris-Port, Paris-Souterrains, Paris-Course et Jardins«. Von Emile Zola angeregt, sprach er vom »Bauch von Paris«. Die Idee wurde nicht verwirklicht.

Die zitierten Themenvorschläge Durantys stammen aus dessen Broschüre *La Nouvelle Peinture* (1876), zu der die zweite Ausstellung der »Société anonyme des artistes peintres, sculpteurs, graveurs, etc.« den Anstoß gab. Unter dem umständlichen Etikett versammelten sich die Maler (und einige Mitläufer), welche alsbald als Impressionisten in die Kunstgeschichte eingehen sollten. Da Manet, dessen Blick auf den offiziellen Salon gerichtet war, sich nicht zur Teilnahme überreden ließ, konzentrierte sich das Interesse auf Edgar Degas, Auguste Renoir, Claude Monet, Camille Pissarro, Gustave Caillebotte und Frédéric Bazille. Durantys Aufsatz ist nichts weniger als ein Ausstellungsbericht, sondern eine Programmschrift, in der er seine Ästhetik der Wahrheit und Spontaneität darlegt. Mit Recht hat man darin ein Plädoyer für seinen Freund Degas gesehen. In seiner Parteinahme ging Duranty so weit, gerade die Maler nicht zu erwähnen, die heute (wie damals) den Impressionismus verkörpern: Renoir, Monet, Albert Sisley und Pissarro. Offenbar hatte für ihn die Landschaftsmalerei bloß einen sekundären Stellenwert, da sie einem Augenblick zur Zeitlosigkeit verhilft und so die entscheidenden Momente des zeitgenössischen Lebens ausblendet: die nervöse Welt des Vergnügens und den physischen Druck der Arbeit. Zwar hält der Landschafter einen flüchtigen Eindruck fest, aber er bedient sich nicht des scharfblickenden, oft indiskreten Reporterauges. In Durantys »Realismus« wirkt noch die herkömmliche Rangordnung der Sujets fort, er zielt auf die ganze Spannweite des Figurenbildes – von der Historie bis zum Genre – und stellt diese über den Naturausschnitt. So erklärt sich Durantys Bewunderung für Menzels »comédie humaine«. Die intimen Stadtlandschaften des Malers – Vorwegnahmen des impressionistischen Sehens – konnte er nicht kennen, da der Maler sie weder zeigte noch ausstellte.

Die Kunstpräsentation der Weltausstellung von 1855 enthielt etwa 5000 Werke von 2176 Künstlern. Allein 700 französische Maler waren vertreten, Jean Auguste Dominique Ingres und Eugène Delacroix mit großen Werkschauen. Das preußische Aufgebot umfaßte 75 Namen. Menzels *König Friedrichs II.*

Holzstich nach Adolph Menzel: Friedrich und die Seinen bei Hochkirch (13./14. Oktober 1758), 1856. Original: Öl auf Leinwand; 295 x 378 cm (ehem. Berlin, Nationalgalerie) Kriegsverlust

Tafelrunde in Sanssouci ging unter – schade, denn das Bild hatte durchaus seinen Platz in der Konstellation der Ausstellung. Aus heutiger Sicht gerät Menzels Bild sogar in ein signifikantes Bezugssystem, dessen Thema der große Mensch ist. Menzel zeigt einen König und dessen Hofintellektuelle in einer lockeren Gesprächsrunde, in der alles dem Austausch der Blicke und Gebärden dient. Historie, gesehen durch das Schlüsselloch eines fiktiven Augenzeugen. Diese private Vergegenwärtigung vergangener Lebensart widerspricht der strengen Genievergöttlichung, der Ingres mit seiner *Apotheose Homers* (1827) die Ikone gemalt hatte, aber auch der dumpfen Kontaktlosigkeit berühmter Zeitgenossen, in deren Mitte Courbet sich in *Das Atelier* versetzte. Menzel malt weder eine Huldigung noch stumme Entfremdung, sondern eine Arabeske aus locker geknüpften Gesprächsfäden – eher eine französische als eine deutsche Auffassung von Unterhaltung.

Von einer solchen ließ sich der Maler der *Tafelrunde* im Pariser Théâtre Gymnase faszinieren. Gestützt auf einige rasche Bleistiftskizzen malte er im Jahr darauf (1856) das kleine Gemälde »nach Erinnerungen«. Menzels Pinsel verschmilzt Schauspieler und Zuschauer zu warmfarbigen, intimen »vibrations lumineuses«, nicht ohne diskret darauf hinzuweisen, daß das Zusehen und das Gesehenwerden das gesamte gesellschaftliche Ritual bestimmen. Die Logen setzen sich in das Proszenium fort, so daß ihre Gäste an der Aufführung partizipieren.

Auf der Weltausstellung von 1867 zeigte Menzel *Friedrich und die Seinen bei Hochkirch (13./14. Oktober 1758)*, ein Schlachtenbild, das die Bildgattung in Frage stellte und ihr zugleich neue Aspekte erschloß. Alles steht auf des Messers Schneide. Die überfallenen Preußen kämpfen ums nackte Überleben. Ähnlich wie Tolstoi in *Krieg und Frieden* zeigt Menzel, wie sich das Kriegsgeschehen verselbständigt, wie es dem Feldherren die Zügel aus der Hand nimmt und er eine neue Dimension gewinnt: Einsam und unbeachtet, sucht er seinen Weg, indes »die Seinen« an ihm vorbei eilen und ihre Pflicht kennen. Duranty bewunderte das Gemälde, ließ aber seiner Phantasie allzusehr die Zügel schießen, als er auf Ziethen verwies, der dem bedrängten König die Hilfe Gottes ankündigte – eines Gottes, der offenbar den königlichen Skeptiker geistreich und interessant genug fand, um ihn gegen die katholischen Österreicher zu beschützen. Das Bild trug Menzel eine Medaille 2. Klasse ein. Er kam mit Künstlern in Kontakt, befreundete sich mit Ernest Meissonier, den er in seinem Atelier an der Staffelei malte. Es darf als sicher gelten, daß er bei Alfred Stevens mit Degas zusammentraf. Gewiß hat er die großen Retrospektiven von Courbet und Manet gesehen, dessen *Musik im Tuileriengarten* ihn zu seinem »nach Erinnerungen« gemalten *Ein Nachmittag im Tuileriengarten* angeregt haben dürfte. Die beiden Gemälde sind oft verglichen worden. Manet genügte eine Tuschpinselzeichnung, um die Bildidee zu disponieren. Menzel hingegen stützte sich auf zahlreiche Bleistiftstudien. Darunter ist eine Gesamtkomposition, die sich von der endgültigen Fassung in dem Maße unterscheidet, in dem sie sich Manet nähert. Menzel greift darin zu einer flächengliedernden Ordnung. Die Baumstämme sind parallel geführt, ihre Vertikalität setzt sich in den Stühlen fort, die Menschen sind diesem steifen Rhythmus eingefügt. Im Gemälde ist diese Ausgewogenheit aufgebrochen, Männer, Frauen und Kinder bilden Zellen, Bündel und Knoten – oder sie vereinzeln sich wie der junge Mann rechts vorne. Jeder kümmert sich nur um sich und seinen kleinen Kosmos. Auch bei Manet herrscht Vereinzelung, aber seine Gestalten wissen, daß sie gemalt werden. Sie posieren nicht, verhalten sich aber als Vorwegnahmen des Bildresultats, als gemaltes Flächengleichnis, in dem Belebtes und Unbelebtes einander äquivalent sind. Hingegen ging es Menzel um nervöse, bisweilen dissonante Belebung. Er malte das Szenario einer Maupassant-Novelle. Man vergleiche seine spielenden Kinder mit denen Manets, seine flirrenden Blätter mit dessen Laubmassen, seine runzeligen Stämme mit Manets Kulissenbäumen, seine unruhige Lichtführung mit der ruhigen, großflächigen Verteilung der Valeurs, die freilich von einem Kritiker Manets als »Karikatur der Farbe« empfunden wurde. Keiner der beiden Maler überschritt das Vokabular seiner Möglichkeiten, aber man darf vermuten, daß Menzel seinen Pariser Kollegen korrigieren wollte. Beide zeigen den Prozeß der Entfremdung auf. Menzel tut das mit der Wißbegier des Touristen, den Tumult und Promiskuität faszinieren, Manet mit der Gelassenheit des Parisers, dessen künstlerisches Temperament die Entfremdung als steife, blasierte Regungslosigkeit sah.

Zur künstlerischen Ausbeute des zweiten (oder dritten) Parisbesuches gehört auch der *Pariser Wochentag* (1869) in dem

Edouard Manet: Musik im Tuileriengarten, 1862 (1860?), Öl auf Leinwand; 76 x 118 cm. London, National Gallery

sich die Kakophonie des Straßenlebens auf die unruhige Architekturstaffage überträgt, bis hin zu den Brandmauern mit den beschädigten Tapeten, vor denen Jahrzehnte später Rainer Maria Rilkes Malte meditieren wird: »es waren Häuser, die nicht mehr da waren...«

Als Chronist zeitgenössischer Staatsaktionen wußte Menzel sich dem Decorum anzupassen, doch wählte er selbst die entscheidenden Akzente. So in der *Krönung Wilhelms I. zu Königsberg, 1861,* der er beiwohnte. Zunächst wollte er den König mit dem Zepter zeigen: »Nachträglich entschied ich mich jedoch, wesentlich mit wegen der reicheren malerischen Entfaltung, für das hocherhobene Reichsschwerdt.« Er schickte das Gemälde zum Salon von 1868, wohl um sich mit Jacques Louis Davids *Krönung Napoleons* zu messen. Für Duranty enthielt das Bild die Summe von Menzels Fähigkeiten – Analyse plus Synthese. 1884 fand Jules Laforgue lobende Worte für die »absolut außergewöhnliche Ausführung«, pries die »Freimütigkeit seiner oft grausamen Beobachtungen« und nahm die Gelegenheit wahr, um Anton von Werners Proklamation des deutschen Kaiserreichs in Versailles als »chromo

officielle« zu verspotten. Menzel, falls er das las, dürfte dabei Genugtuung empfunden haben.

Menzels *Eisenwalzwerk*, das auf der Weltausstellung von 1878 gezeigt wurde, verhält sich zur Königsberger Krönung wie der Unterbau der Macht zu deren Überbau: Die Eisenschmiede beliefert die Rüstung, deren archaisches Symbol, das Reichsschwert, der gekrönte König zum Himmel empor hält. Duranty ist von dem großen Gemälde begeistert. Ihn fasziniert der schnelle, energische, absolut sichere Pinselauftrag, der mit einem Schlag den Eindruck des Ganzen erweckt. Er stellt Vergleiche mit Honoré Daumier an und faßt zusammen: Menzel hat die Epopöe des Eisengusses gemalt.

Menzels 70. Geburtstag wurde 1885 in Berlin und in Paris begangen. Umrahmt von zahlreichen offiziellen Feiern zeigte die Berliner Kunstakademie alle seine in der Stadt befindlichen Werke, wobei man allerdings von vielen Gemälden absah. Der Katalog verzeichnet 665 Zeichnungen, Aquarelle und Druckgraphiken. Daneben konnte sich die Pariser Retrospektive durchaus sehen lassen. Sie war auf Betreiben von Antonin Proust (einem Freund Manets), Louis Gonse, Philippe Burty

Adolph Menzel:
Ein Nachmittag im Tuileriengarten,
1867, Öl auf Leinwand; 49 x 70 cm
Dresden, Staatliche Kunst-
sammlungen, Gemäldegalerie
Neue Meister

Adolph Menzel:
*Spaziergänger unter den Bäumen
im Tuileriengarten*, 1867
Berlin,
Staatliche Museen zu Berlin,
Kupferstichkabinett
(10/9)

MENZEL UND FRANKREICH

Adolph Menzel:
Pariser Wochentag, 1869,
Öl auf Leinwand;
48,4 x 69,5 cm
Düsseldorf, Kunstmuseum

Adolph Menzel:
Das Eisenwalzwerk, 1872-1875,
Öl auf Leinwand; 158 x 254 cm
Berlin, Staatliche Museen zu Berlin,
Nationalgalerie

Adolph Menzel: Das Ballsouper, 1878, Öl auf Leinwand; 71 x 90 cm. Berlin, Staatliche Museen zu Berlin, Nationalgalerie

und F.-G. Dumas zustande gekommen. Der Katalog führt 386 Werke auf. Darunter waren zwar nur acht Gemälde, aber einige Hauptwerke: *Das Eisenwalzwerk*, *Der Tuileriengarten*, *Das Ballsouper*, *Die Atelierwand* (in der Hamburger Fassung) und *Piazza d'Erbe in Verona* (Kat. 228-234). Degas sah die Ausstellung und malte eine Paraphrase auf das *Ballsouper*, die sich als Korrektur auffassen läßt. Er setzt die Szene in eine summarische Impression um, macht sie einerseits unleserlich, andererseits überschaubarer, als wollte er die »prima idea« der Komposition malen. Schon in seinem großen Aufsatz von 1880 hatte Duranty das *Ballsouper* in seiner imaginären »comédie humaine« untergebracht. Er hatte seine Freude an dem demaskierenden Abstand zwischen der kunstvollen Raumausstattung und den Würdenträgern, die sie bevölkern. Zwar sei Menzel kein Schmeichler der Frauen, aber selbst in ihrer langweiligen Häßlichkeit drückten sie ein intimes Verlangen aus. Er denkt an die Reisenden in der Eisenbahn: Paare, bei denen der Mann sich gähnend räkelt und die Frau aus dem Fenster sieht, eine Erinnerung, einen Traum, eine Hoffnung im Blick. (Wieder denken wir an Guy de Maupassant, aber auch an Gustave Flaubert.) Auch Manet und Degas zeigten auf, wie das Ende einer Beziehung in Distanz und Feindseligkeit umschlägt, doch die beiden Franzosen nehmen kühl und anscheinend unbeteiligt von diesen Entzweiungen Besitz. Ihre Menschen haben auch im Konflikt das, was

Edgar Degas: Paraphrase auf das Ballsouper, 1868-70 (1879?), Öl auf Holz; 46 x 67 cm. Strasbourg, Musée d'Art Moderne

den Deutschen abgeht: contenance – Haltung. Menzel bleibt der fanatische Milieurealist, der kein Detail unterschlägt, der sich lustvoll durch die stoffliche Wirklichkeit hindurchkämpft, um ihrer ganzen kompakten Vulgarität und Trivialität habhaft zu werden: das ist der Preis seiner Gewissenhaftigkeit, seiner »névrose du vrai«.

Ohne dem Maler diese Obsession zu verübeln, nimmt Louis Gonse in seinem Ausstellungsbericht in der *Gazette des Beaux-Arts* ihre Ergebnisse kritischer unter die Lupe als der 1880 verstorbene Duranty. Die *Piazza d'Erbe* ist in seinen Augen mißglückt, da unlesbar, den *Tuileriengarten* hätte man besser nicht gezeigt, denn hier begibt sich Menzel auf ein ihm fremdes Terrain. Wieder wird das *Eisenwalzwerk* zum Meisterwerk erklärt und mit dem *Ballsouper* auf dieselbe Stufe gestellt. In dieser Berliner Komödie der Eitelkeiten entdeckt Gonse die Qualitäten von Hogarth und Daumier. Was dem Pariser Kritiker an Menzels demaskierender Sicht des preußischen Establishments gefällt, ist nicht zuletzt, daß sie das französische Urteil über die Sieger von Sedan bestätigt. Von Gonse erfahren wir, daß nicht nur französische Patrioten die Ausstellung verhindern wollten; am schlimmsten wurde ihr durch das von der preußischen Regierung erlassene Verbot geschadet, Werke zu zeigen, die mit Deutschlands Geschichte und seiner Gegenwart zu tun haben. Nicht einmal die Zeichnungen zur Königsberger Krönung waren davon ausgenommen.

Diese Ärgernisse waren das kunstpolitische Vorspiel zu dem, was vier Jahre später die deutschen Künstler erwartete, die 1889 an der Pariser Weltausstellung teilnehmen wollten. Ohne die Vermittlung von Liebermann und Uhde wäre es zu dem von Berlin gewünschten Affront der Gastgeber gekommen. So aber gelang es, den Deutschen in letzter Minute wenigstens einen Saal zur Verfügung zu stellen.

Menzels Beteiligung wurde mit Respekt verzeichnet, stellte er doch für sich allein eine ganze deutsche Kunstprovinz dar. So Maurice Hamel in der *Gazette des Beaux-Arts*. Auf die deutsche Kunst der Gegenwart übe Menzel keinen Einfluß mehr aus, man finde ihn zu sehr »raisonneur«. Auch Hamel äußert Vorbehalte. Er bedauert, daß Menzel stets das Salz seines Esprit hinzufüge, weshalb er sich die letzte Unbefangenheit (naivité) versagen müsse. Diesen »Doktor der Sozialwissenschaften« interessiert und amüsiert alles, aber seine Seele kommt nicht zum Vorschein, weshalb man sich fragt, ob unter den Ereignissen, die ihn reizen, ein einziges ist, das sein Herz berührt hat. Menzels Zurückhaltung gehörte damals noch zu den Verhaltensmustern der Realisten und Naturalisten. Keine Seelenmalerei, keine Ideenmalerei, rief Emile Zola warnend aus, als er 1896 das »solide génie français« gegen die Einflüsse des englischen Ästhetizismus verteidigte. Wieder einmal wurde mit den Waffen der Kunst um die nationale Eigenständigkeit gekämpft.

Der alte Menzel stand wie eh und je jenseits dieser Gefechtslinien – ein sachlich nüchterner Preuße, in dessen »névrose du vrai« die skeptisch illusionslose Wirklichkeitssicht weiter lebte, die einst einen Voltaire zum Partner Friedrichs II. gemacht hatte.

Lit.: Duranty 1878, S. 105f.; Duranty 1880, (XXI) S. 201f., (XXII) S. 105f.; Laforgue 1884, S. 76f.; Kat. Paris 1885; Gonse 1885, S. 512f.; Hamel 1889, S. 225f.; Proust 1913; Duranty 1946; Zola 1959; Forster-Hahn 1980, S. 27ff.; Jensen 1982; Beta 1992

Prof. Dr. Werner Hofmann leitete bis 1969 das Museum des 20. Jahrhunderts in Wien und war bis 1990 Direktor der Hamburger Kunsthalle; er veröffentlichte zahlreiche Schriften zur Kunst des 19. und 20. Jahrhunderts und konzipierte mehrere Ausstellungen, u.a. »Europa 1789 – Aufklärung, Verklärung, Verfall« in der Hamburger Kunsthalle (1989). Sein letztes Buch »Das entzweite Jahrhundert. Kunst von 1750 bis 1830« erschien 1995 in München. Er ist Mitglied der Akademie der Künste, Berlin, sowie der Deutschen Akademie für Sprache und Dichtung, Darmstadt.

Raum 10

Rendezvous der Kontinente I:
Die Weltausstellung von 1867

Die auf dem Marsfeld präsentierte Pariser Weltausstellung sollte der Selbstdarstellung der Industriestaaten und ihren fortschrittlichsten technischen und sozialen Errungenschaften dienen. Nach Plänen des Architekten und Ingenieurs Frédéric Le Play war sie in großzügigen ringförmigen Hallengalerien aus Eisen und Glas eingerichtet. Auch die Fortschritte der Kriegstechnik, so die von Alfred Krupp in Essen entwickelte 47 Tonnen schwere Kanone, die bei der Belagerung von Preußen durch die deutschen Bundestruppen als »Dicke Berta« berühmt werden sollte, wurden als Objekte der Friedensmission im »Rendezvous der Kontinente« ein Jahr nach der Schlacht von Königgrätz gezeigt. Nur der mokante Pariser Erfolgskomponist aus Köln, Jacques Offenbach, machte sich in seiner Opera buffo »La grande duchesse de Gérolstein« über den gerade beendeten Krieg mit Österreich lustig. Als Aussteller waren Preußen und der Norddeutsche Bund zu einer »Nation« zusammengefügt worden. Zahlreiche gekrönte Häupter, Staatsmänner und Diplomaten trafen sich im kaiserlichen Glanz des Second Empire auf festlichen Ballsoireen und defilierten fortschrittsgläubig und friedfertig durch die aufwendig eingerichteten, dichtbesetzten Ausstellungsgalerien. Zu den deutschen Künstlern, die schon vor der Weltausstellung von 1867 in Paris erfolgreich waren, gehörten der auch in Frankreich populäre Genremaler Ludwig Knaus, der von 1852 bis 1861 während seines Aufenthalts in der französischen Hauptstadt an mehreren Salonausstellungen teilgenommen hatte, und der als Chronist des friderizianischen Preußen bekannte Adolph Menzel. Beide wurden am 29. Juni 1867 mit dem Kreuz der Ehrenlegion ausgezeichnet. Menzel, der sich in Paris mit seinem Künstlerkollegen Ernest Meissonier befreundete und das großstädtische Leben in seinem Skizzenbuch zur späteren Verarbeitung in Gemälden festhielt, beteiligte sich in der preußischen Sektion mit seinem Gemälde »Friedrich und die Seinen bei Hochkirch«. Nur wenige konnten ahnen, daß dem friedlichen und festlichen Beisammensein der Souveräne und ihrer Delegierten kaum drei Jahre später die verlustreichen preußisch-deutschen Waffengänge im Krieg mit Frankreich folgen würden. Zu den bedenklichen Warnern vor dem erstarkten Preußen in Deutschland gehörte der Essayist Edgar Quinet, der eine friedliche Lösung des Dualismus Preußen-Deutschland auf dem Weg zum deutschen Nationalstaat durch die Schwäche des liberalen Bürgertums in Deutschland gefährdet sah. Im Jahr vor dem Kriegsausbruch besuchte Wilhelm Leibl Gustave Courbet, sein großes Vorbild unter den französischen Realisten, in Paris und nutzte seinen Aufenthalt, um sich mit dem Werk Edouard Manets auseinanderzusetzen. Der deutsche Künstler wurde noch im Salon von 1870 mit einer Goldmedaille ausgezeichnet.

D'ailleurs, encore une fois, l'Allemagne grandit en ce moment par une idée commune à tous les Allemands convoitée depuis le commencement de ce siècle; poursuivie sous les formes les plus opposées, enfin obtenue et réalisée, ou près de l'être: la Patrie, l'Unité, la Nationalité.

Edgar Quinet: France et Allemagne, 1867

Damit vergrößerte sich in diesem Moment Deutschland ein weiteres Mal auf Grund einer allen Deutschen gemeinsamen Idee, nach der sie seit Beginn des Jahrhunderts verlangt, die sie unter den gegensätzlichsten Formen verfolgt, schließlich erreicht und – beinahe – verwirklicht haben: Vaterland, Einheit, Nationalität.

RAUM 10

*Ecole française
Panoramatische Ansicht der
Pariser Weltausstellung von
1867
Paris, Musée Carnavalet*
(10/11)

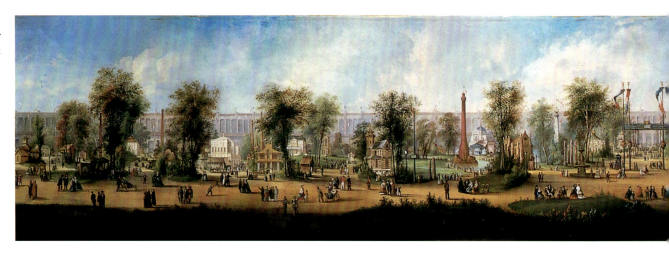

*Gesamtansicht von Paris
und der Weltausstellung von
1867, gesehen aus der Höhe
des Trocadéro, 1867
Paris, Bibliothèque Nationale
de France, Département des
Estampes*
(10/4)

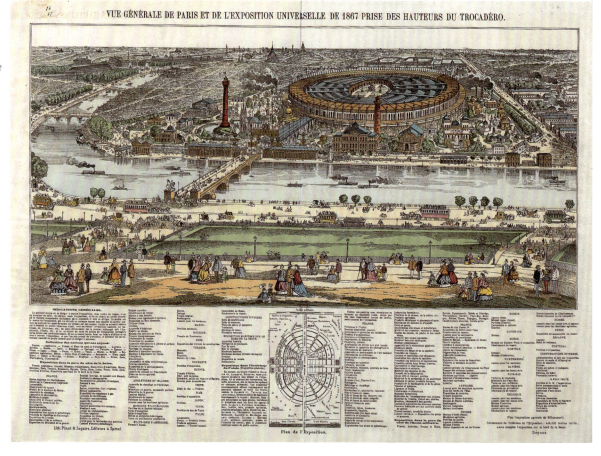

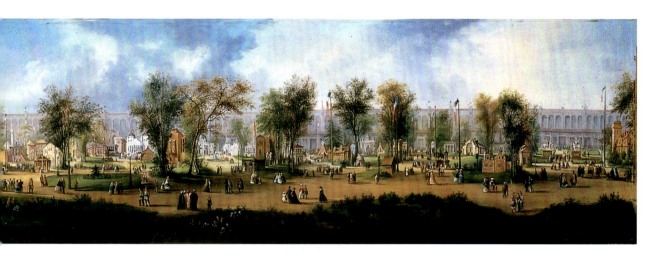

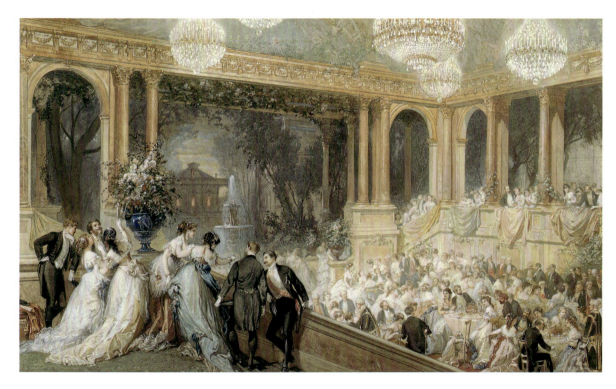

Henri Baron
Staatsbankett im Palais der Tuilerien während der Weltausstellung, 1867
Compiègne, musée national du château
(10/16)

RAUM 10

Ludwig Knaus
Das Mädchen auf dem Feld,
1857
Sankt Petersburg, Staatliche
Eremitage
(10/6)

Wilhelm Leibl
Schlafender Junge (Savoyarde), 1869
Sankt Petersburg, Staatliche
Eremitage
(10/18)

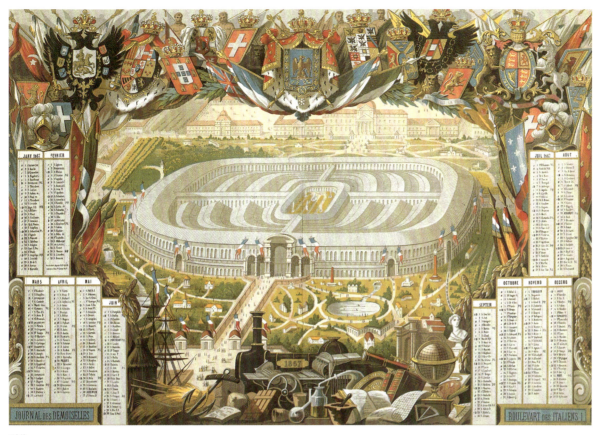

10/2

10/1   **Brief Napoleons III. an König Wilhelm I.**
anläßlich der Weltausstellung von 1867
Paris, 4. März 1867
Eigenhändiges Manuskript, paraphiert von
Wilhelm I.; 21,9 x 17,3 cm
Berlin, Geheimes Staatsarchiv Preußischer
Kulturbesitz (III. HA. Nr. 33)

Nach der verlustreichen Schlacht von Königgrätz am 3. Juli 1866, die die Niederlage Österreichs und Sachsens und damit die deutsche Frage zugunsten der »kleindeutschen Lösung« unter dem Hegemonialanspruch Preußens entschieden hatte, war der Deutsche Bund gesprengt; Preußen vergrößerte sein Gebiet mit den Annektionen von Hannover, Hessen-Kassel, Nassau, Frankfurt und den Herzogtümern Schleswig und Holstein. Den so erstarkten preußischen Gegner und Souverän bemühte sich Napoleon III. nach Paris zur vierten Weltausstellung einzuladen: »Monsieur mon frère, j'ai appris avec une vive satisfaction que Votre Majesté a proposé de venir à Paris pendant l'exposition. Je tiens à lui exprimer tout le plaisir que nous éprouvons à la revoir, et je ne doute pas que cette entrevue ne resserre encore les liens qui unissent nos deux pays. J'espere que Votre Majesté voudra bien descendre aux Tuileries [...]« (Mit großer Genugtuung habe ich vernommen, daß Ihre Majestät vorgeschlagen haben, während der Weltausstellung nach Paris zu kommen. Ich lege Wert darauf, Ihnen meine Freude auszudrücken, die wir empfinden, wenn wir Sie wiedersehen, und ich zweifle nicht, daß diese Zusammenkunft dazu beiträgt, die Bande zwischen unseren Ländern noch enger zu knüpfen. Ich hoffe, daß Ihre Majestät in den Tuilerien Wohnung nehmen werden [...]). Nach dem vorjährigen Kriegsjahr sollte die Weltausstellung im Zeichen des Friedens stehen. Dieses Ziel wurde dadurch gewährleistet, daß die vom Kaiser einberufene »Hohe Commission« die Fortschritte der Kriegstechnik als Gegenstand der Kunst betrachtete, beispielsweise Telegraphenapparate oder Eisenbahnen. Am 1. Juni begann das Defilee der gekrönten Häupter mit dem Zaren Alexander II., vier Tage später trafen Wilhelm I. und sein Ministerpräsident und Kanzler des Norddeutschen Bundes, Otto Graf Bismarck, ein. Die Weltausstellung demonstrierte die neuesten Techniken und die fortschrittlichsten Produktionsmethoden. Victor Hugo verkündete im Führer zur Ausstellung: »Im 20. Jahrhundert wird es eine außerordentliche Nation geben. [...] Diese Nation wird Paris zur Hauptstadt haben und sich keineswegs Frankreich nennen. Sie wird sich Europa nennen.«   MLP
Lit.: Kat. Berlin 1990(a), S.301f.

10/2 **Die Weltausstellung von 1867**
1867
Lithographie, koloriert; 25,5 x 36,7 cm
Paris, Bibliothèque Nationale de France,
Département des Estampes (Va 275a, t.I)

10/3 **Palais der Weltausstellung von 1867**
1867
Bez.: Lith. Van Geleyn
Lithographie, koloriert; 48,2 x 58,6 cm
Paris, Bibliothèque Nationale de France,
Département des Estampes (Va 275 a, t. I)

10/4 **Gesamtansicht von Paris und der Weltausstellung von 1867**
(gesehen aus der Höhe des Trocadéro)
1867
Bez. Lith. Pinot v Sagaire, Editeurs à Epinal
Lithographie, koloriert; 40 x 55 cm
Paris, Bibliothèque Nationale der France,
Département des Estampes (Va 275 a, t.I)
Abb. S. 384

In der Mitte des ehemaligen Exerzierplatzes auf dem Champ de Mars wurde das ovale Hauptgebäude des Ingenieurs Frédéric Le Play mit einer Längsachse von 500 Metern und einer Querachse von 400 Metern, umgeben von kleineren Pavillons, errichtet. Die nach Sachgruppen eingeteilten Exponate gliederten sich in acht konzentrisch angelegten Galerien. Das Hauptgebäude mußte zur Jahrhundertfeier der Französischen Revolution 1889 dem Eiffelturm weichen. Am 1. April wurde die Weltausstellung noch unvollendet eröffnet, da sich die Bau- und Einrichtungsarbeiten verzögert hatten. Das »Classifications-System« umfaßte breiteste Bereiche des Alltagslebens in der Stadt und auf dem Lande und trug der industriellen Entwicklung in allen Abteilungen Rechnung. Es unterschied zwischen 95 Klassen, die gemäß den Ausstellungsgalerien in Untergruppen aufgeteilt waren, beginnend mit Kunstwerken, endend mit »Gegenständen, welche eigens zu dem Zweck ausgestellt werden, die physische und moralische Lage des Volks zu verbessern«. So folgte auf die »Galerie alimentaire« die »Galerie des machines« mit einer Breite von 35 Metern, die »Galerie des Produits fabriqués« auf die »Galerie des Matières premières«. Auch eine »Piste d'essai pour les Chevaux et les Voitures« war vorgesehen. Die im Park errichteten Gebäude nahmen die Industriezweige auf, die mangels Raum im Hauptgebäude keinen Platz fanden. Die Ausstellung sollte vornehmlich dem friedlichen Austausch der Kenntnisse in Industrie und Gewerbeerzeugnissen gelten. Offizielle Empfänge für die Königlichen Hoheiten und versammelten diplomatischen Corps sowie glänzende Ballsoireen in den Palais begleiteten die Ereignisse. MLP
Lit.: Kat. Berlin 1990(a), S. 303f.

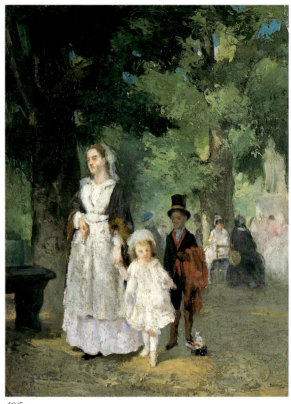

10/5

10/5 **Ludwig Knaus** (1829-1910)
Spaziergang in den Tuilerien
1855
Bez. u.l. (eingeritzt): L.K.
Öl auf Holz; 27,2 x 20,5 cm
München, Bayerische Staatsgemäldesammlungen, Neue Pinakothek (12554)

Diese Skizze für die Komposition des gleichnamigen Bildes im Musée des Arts Décoratifs in Paris ging einer zweiten Fassung voraus, die sich im Museum in Wiesbaden befindet. Ein vornehmes Kind geht in Begleitung seiner Amme und eines elegant gekleideten afrikanischen Knaben in den Gärten der Tuilerien spazieren, im Hintergrund sitzen verschiedene Personen unter schattigen Bäumen. Es ist eine der atmosphärisch reizvollen, unbeschwerten Genreszenen, die den Maler sowohl in Paris als auch in Deutschland bekannt und populär machten. Der an der Düsseldorfer Akademie ausgebildete Künstler ging bereits 1852 nach Paris, wo er sich an den Salonausstellungen beteiligte und große Anerkennung fand. Auf der Pariser Weltausstellung 1855 war er mit drei Gemälden vertreten: »Zigeunerlager«, »Brand« und »Morgen nach einem Dorffest«. 1861 kehrte er nach Deutschland zurück, wo er ab 1867 in Düsseldorf lebte. Von 1874 bis 1900 leitete er ein Meisteratelier an der Berliner Akademie. Zu seinen Themen gehörten Portraits, Landschaften und vorwiegend Genrebilder mit bäuerlich-ländlichen Szenen und Groß-

stadtmotiven anekdotischen Charakters. AC
Lit.: Neue Pinakothek München 1982, S. 171; Lenz 1986, Abb. 65, S. 109

10/6 **Ludwig Knaus** (1829-1910)
Das Mädchen auf dem Feld
1857
Bez. u.l.: L. Knaus 1857
Öl auf Leinwand; 50 x 61 cm
Sankt Petersburg, Staatliche Eremitage (6225)
Abb. S. 386

Das Bild entstand während Knaus' Aufenthalt in Paris in dem beliebten Ausflugsort Bougival. Der Maler zeigt ein kleines Mädchen beim Blumenpflücken – ein für Knaus reizvolles Motiv, auf das er mehrmals zurückgriff und das nicht unerheblich zu seiner weiteren Popularität in Frankreich beitrug, die er mit seinen idyllischen Genreszenen bereits erlangt hatte. Knaus verbrachte mehrere Jahre in der französischen Hauptstadt und unternahm von dort aus viele Reisen, bevor er 1861 nach Deutschland zurückkehrte. Er gehörte zu jenen deutschen Malern, die in Frankreich vor allem zu Beginn des Zweiten Kaiserreichs gefeiert und mehrfach ausgezeichnet wurden. Zu diesen in der französischen Metropole Erfolgreichen zählte auch Adolf Schreyer, dessen Bilder sogar vom Musée du Luxembourg angekauft (1864 und 1865) wurden. Auch die Arbeiten von Oswald Achenbach, Albert Heinrich Brendel, Ferdinand Heilbuth, Alexander Laemlein und Theodor Alexander Weber wurden in den Salonausstellungen des Second Empire begeistert aufgenommen. AC
Lit.: Aswarischtsch 1988, S. 153; Kat. Worpswede 1994, S. 38, Abb. S. 39

10/7 **Dekret zur Verleihung der Ehrenlegion**
an die preußischen Maler Adolph Menzel, Ludwig Knaus und andere Künstler
am 29. Juni 1867 (Abschrift, Paris 1873)
Handschriftliche Urkunde; 31 x 42 cm
Paris, Musée national de la Légion d'honneur et des Ordres de Chevalerie
(Décrets, dossier 1867)

Am 29. Juni 1867 wurde die Auszeichnung der Ehrenlegion u.a. mehreren preußischen Künstlern zuerkannt: den Malern Friedrich Kaulbach (Offizier), Ludwig Knaus (Offizier) und Adolph Menzel (Ritter), dem Bildhauer Johann Friedrich Drake (Ritter) sowie den Stechern Joseph Keller und Edouard Mandel (jeweils Ritter). Unter den im Laufe des 19. Jahrhunderts mit Orden der Ehrenlegion ausgezeichneten Künstlern finden sich außerdem Maler wie German von Bohn (1852), Baron Hugo von Habermann (zweimal: 1889 und 1906), Eduard Hildebrandt (1855), Max Liebermann (1895), Carl Constantin Heinrich Steffeck (1878), Carl Ernst von Stetten (1893), Anton von Werner (1878) sowie ein Bildhauer und Architekt: Lorenz Gedon (1878). Der vor allem durch seine Historiengemälde aus dem Motivkreis des fridericianischen Zeitalters berühmte Adolph Menzel war schon zu Lebzeiten in Frankreich durchaus kein Unbekannter. 1855 besuchte er die Weltausstellung in Paris, auf der sein Bild »Die Tafelrunde Friedrichs II. in Sanssouci« ausgestellt war. 1867 beteiligte er sich ein weiteres Mal an der Weltausstellung mit dem Bild »Friedrich und die Seinen bei Hochkirch« und 1868 stellte er im Pariser Salon drei Werke aus, darunter das 1865 vollendete »Krönungsbild König Wilhelm I. zu Königsberg 1861«. 1885 widmete sich sogar eine große Pariser Ausstellung ausschließlich seinen Werken; vier Jahre später stellte er – entgegen Bismarcks Verbot – wieder auf der Weltausstellung aus. Nicht nur das breite Publikum, auch die französischen Künstler – vor allem Ernest Meissonier, mit dem Menzel befreundet war – schätzten die Arbeiten des preußischen Malers. Auch Edgar Degas hielt viel von ihm, wie Max Liebermann berichtet. In seinen Erinnerungen (1922) schreibt er, »daß Degas über Menzel in großer Bewunderung sprach, daß er ihn für den größten lebenden Meister hielt, dessen Ballsouper er aus der Erinnerung zu kopieren versucht hatte«. Andererseits empfing Menzel in Frankreich wichtige Impulse für seine eigene Kunst. Nicht zuletzt waren die Parisaufenthalte entscheidend für seine Entwicklung zum Maler des Bürgertums und des Großstadtlebens. Ludwig Knaus hielt sich in den Jahren 1852 bis 1861 vorwiegend in Paris auf. Er nahm häufig an den Salonausstellungen teil und erfreute sich großer Popularität. Die Verleihung der Ehrenlegion kam zu dem Zeitpunkt, als der Maler bereits nach Deutschland zurückgekehrt war und in Düsseldorf lebte. AC
Lit.: Liebermann 1922, S. 195

10/8 **Adolph Menzel** (1815-1905)
Drei Ansichten nach Voltaires Portraitbüste von Friedrich Elias Meyer
Um 1846/49
Bleistift; 12,8 x 20,4 cm
Berlin, Staatliche Museen zu Berlin, Kupferstichkabinett (Menzel Kat.1293)
Abb. S. 373

Die Zeichnung gehört sicherlich in den Umkreis der Studien zu den 200 Holzschnitten für »Les Oeuvres de Frédéric le Grand«, an denen Menzel von 1843 bis 1849 arbeitete. Er zeichnete die Studie nach einer 1774 entstandenen Bisquitporzellanbüste von Friedrich Elias Meyer, nicht nach der Büste Jean Antoine Houdons von 1778, dem Todesjahr des Dichters. Meyer war Mitarbeiter des Meißner Bildhauers Johann Joachim Kändler und von Ernst Gotzkowsky für seine 1761 in Berlin gegründete Porzellanmanufaktur gewonnen worden. Friedrich II., der die Manufaktur zwei Jahre später übernahm, schenkte Voltaire ein Exemplar der Meyerschen Büste. Ihr Sockel, den Menzel nicht mit zeichnete, trug die Inschrift »Immortalis«. Auf einem Säulenpostament von 1847/49 war ein Exemplar der Portraitbüste im Schloß Monbijou, seit 1868 Hohenzollernmuseum, ausgestellt. Vermutlich hat Menzel die Büste Ende der 40er Jahre gesehen und gezeichnet, als er noch an den Vignetten für die »Werke Friedrichs des Großen« arbeitete. Er hatte den Auftrag dazu von Friedrich Wilhelm IV. erhalten, der die 30 Bände umfassende Ausgabe veranlaßt hatte, die von 1846 bis 1857 erschien. Menzel hatte den französischen Dichter und Philosophen, der schon für den jungen Friedrich zur geistigen Leitfigur geworden war, bereits in Franz Kuglers »Geschichte Friedrichs des Großen« in vier Holzschnittillustrationen Gestalt verliehen. Die Ausgabe nach dem Vorbild der von Horace Vernet illustrierten »Histoire de Napoléon« von Laurent de l'Ardèche (Paris 1839) war in zwanzig Lieferungen erschienen. Menzels Holzschnitte darin verkörperten einen Neuanfang deutscher Holzschneidekunst, die in den Illustrationen zu den Werken eine weitere Steigerung erfuhr. Voltaire widmete er drei Vignetten zu Friedrichs Briefwechsel mit dem Dichter. Er zeichnete ihn vor Apollon auf dem Boden hingeworfen als Rückenfigur, den Kopf unsichtbar zur Erde geneigt, sodann im Mantel mit Wanderstab, im Zorn den Lorbeerkranz nach der Stadt Potsdam zurückschleudernd, die er verlassen mußte. Hier im zurückgeworfenen Kopf und in der letzten Vignette, die ihn im Profil aufgebahrt im Schmuck des Lorbeers zeigt, verwendete Menzel offensichtlich jene Ansicht der Büste, die unten links auf der Zeichnung dargestellt ist. Charakteristisch für Menzels Art des Studierens ist das Fixieren eines Objektes aus unterschiedlichen Blickwinkeln. So hielt er das kennzeichnende ironische Lächeln Voltaires nicht nur in der Vorderansicht, sondern auch von der Seite und selbst in einer Ansicht von oben fest. Daß Menzel in dieser Studie eine sehr originelle Abart des Sujets der Tripleportraits formuliert, muß hier ebenso unbetrachtet bleiben wie die Gegenüberstellung mit vergleichbaren Arbeiten aus Menzels eigenem Werk. 1850 hat Menzel Voltaire noch einmal im Gemälde der »Tafelrunde Friedrichs des Großen in Sanssouci« dargestellt und ein letztes Mal 1856 in einem Gouachebild. Diese Genreszene, die Voltaire beim Ankleiden zeigt, erinnert an ein Bild des Malers Jean Hübner – der Voltaire in dessen späten Jahren vielfach dargestellt hat – das den sich ankleidenden Dichter beim Diktat zeigt (Paris, Musée Carnavalet). MR-R

Lit.: Kat. Berlin 1955, Nr. 215

10/9   **Adolph Menzel** (1815-1905)
Spaziergänger unter den Bäumen im
Tuileriengarten
1867
In: Skizzenbuch 1866/67
Bleistift; 12,8 x 7,8 cm
Berlin, Staatliche Museen zu Berlin,
Kupferstichkabinett (Menzel Skizzenbuch Nr. 28)
Abb. S. 378

Menzels Anerkennung in Deutschland bereitete sich von Frankreich aus vor. Dort hatte man seine Malerei erstmals beachtet und anerkennend besprochen, nachdem die »Tafelrunde Friedrichs des Großen in Sanssouci« 1855 in Paris in der großen Kunst- und Industrieausstellung während der Weltausstellung zu sehen gewesen war. Französische Publizisten wie Edmond Duranty, A.J. du Pays, später Jules Laforgue und F.-G. Dumas urteilten freier und hellsichtiger. Auch der mit Duranty befreundete Degas schätzte Menzels Malerei. Sie sahen seinen Realismus auf gleicher Höhe mit der zeitgenössischen französischen Kunst, und Menzel fand sich in seinem Bemühen um eine lebensnahe Kunstauffassung bestätigt. Autodidaktisch gebildet, waren seinem dadurch geschärften Spürsinn für das Wesentliche und seiner Gier nach allem Neuartigen weder 1855 auf der ersten Reise zur Weltausstellung nach Paris Gustave Courbets »Gegenausstellung« entgangen mit ihrem ästhetischen Programm »L'art vivant«, noch auf den beiden späteren Reisen, 1867 und 1868, die Werke Edouard Manets. Unmittelbare Impulse durch Pariser Eindrücke offenbaren die darauf reagierenden Gemälde, wie »Das Théâtre du Gymnase«, das 1856 nach authetischen Skizzen entstand, der »Sonntag im Tuileriengarten« 1867 (Dresden, Gemäldegalerie Neue Meister), sowie »Wochentag in Paris« 1868. Während das frühe Gemälde der Pariser Theaterszene, nachdem es in Berlin 1861 zu sehen gewesen war, trotz Ludwig Pietschs freundlicher Besprechung bald ganz vergessen und eigentlich erst mit Menzels frühen sogenannten »vorimpressionistischen« Landschaften und Interieurs nach seinem Tode »entdeckt« wurde, erkannte man später sogleich die Neuartigkeit, die in beiden letztgenannten großen Gemälden gegenwärtigen Lebens einer Großstadt lag. Sieben Jahre nach Manets Gemälde »La Musique aux Tuileries« (London, National Gallery) malte Menzel eine vergleichbare Situation, eine flanierende Menschenmenge unter Bäumen. Doch während Manet seine großstädtischen Freunde als Spaziergänger portraitierte, schildert Menzels Gemälde, das sich dabei weit von dem im Skizzenbuch festgehaltenen Notat entfernt hat, eine bewegte anonyme Volksmenge, die in ihrer sozialen Struktur und zeittypischen Erscheinung charakteristisch erfaßt ist. MR-R

Lit. Pietsch 1861; Meyer 1871, S. 171f.

10/10   **Edgar Quinet** (1803-1877)
France et Allemagne
Paris: Librairie internationale, Brüssel, Leipzig,
Livorno: A. Lacroix, Verboeckhoven et Ce 1867
Paris, Bibliothèque Nationale de France,
Département des Imprimés (8° Lb^{56} 1689)

In dieser Publikation gibt Quinet, der seit seinen Erstveröffentlichungen zu den deutsch-französischen Beziehungen in der »Revue des Deux Mondes« die politischen und gesellschaftlichen Entwicklungen in beiden Ländern scharf beobachtete, seinem Argwohn Ausdruck über das zunehmende Gewicht Preußens in Deutschland. Preußen hatte unter Ministerpräsident Graf Otto von Bismarck im Herbst 1856 die Führung unter den 23 Staaten übernommen, die sich nördlich der Mainlinie zu einem Bundesstaat, dem Norddeutschen Bund, zusammengeschlossen hatten. Die Wahlen zum konstituierenden Reichstag des Norddeutschen Bundes fanden zum ersten Mal am 12. Februar 1867 statt. Bismarck wurde von König Wilhelm I. am 14. Juli zum Kanzler des Norddeutschen Bundes berufen, der als preußischer Gesandter im Bundesrat die Geschäftsführung übernahm. Edgar Quinet, der auf seiten des liberalen Bürgertums stand, bemerkte zu den Vorgängen: »Le seul espoir qui reste à l'Allemagne, c'est que le nouvel état prussien, fabriqué pour le plus grand bien d'une aristocratie féodale, se retourne contre ses auteurs, favorise les classes bourgeoises et permette finalement aux idées libérales de triompher par une voie détournée« (Die einzige Hoffnung, die Deutschland bleibt, ist die, daß der neue preußische Staat, den eine Feudalaristokratie zu ihrem eigenen Wohl begründet hat, sich gegen seine Schöpfer wendet, die bürgerlichen Klassen begünstigt, und schließlich auf Umwegen die liberalen Ideen siegen läßt). Quinet sorgte sich zu Recht um die politische Richtung des deutschen Wegs zum Nationalstaat in Europa und sah im Vollzug der kleindeutschen Lösung die Werte der »Patrie«, »Unité« und »Nationalité«, wie sie Frankreich traditionsgemäß vertrat, in Frage gestellt.   MLP

Lit.: Kat. Berlin 1990(a), S. 289ff.

10/11   **Ecole française**
         Panoramatische Ansicht der Pariser
         Weltausstellung von 1867
         Bez. u.r.: E. Lami 1855
         Öl auf Leinwand; 49 x 290 cm
         Paris, Musée Carnavalet (P 361)
         Abb. S. 384/385

Die Signatur muß fälschlich nachträglich angebracht worden sein, denn das Bild dieses unbekannten Meisters zeigt zweifellos das prachtvolle Panorama der Pariser Weltausstellung von 1867. Inmitten des Champ de Mars hatte man eine 480 Meter lange ovale Ausstellungshalle errichtet, die man im Hintergrund erkennt. Dieser vielbestaunte Prachtbau wurde nach den Plänen des Ingenieurs Le Play aus Eisen und Glas erbaut. Um ihn herum gruppierten sich, folkloristisch geschmückt, pittoreske Pavillons der einzelnen Nationen, die im Vordergrund sichtbar sind. In der Mitte öffnete sich eine Allee zum Haupteingang der Ausstellungshalle, flankiert von Masten mit goldenen napoleonischen Adlern und umflattert von blau-weiß-roten Fahnen. Das Innere der Halle war aufgeteilt nach Nationen und Produktgruppen: ging man vom Zentrum zum Rand, so ließ man die verschiedenen Erzeugnisse eines Landes Revue passieren, flanierte man entlang der Galerie, so sah man gleiche Produktgruppen der verschiedenen Länder. Im Vorfeld der Organisation des gigantischen Unternehmens hatte es besonders mit den deutschen Staaten Schwierigkeiten gegeben, die sich noch 1866 bekriegt hatten. Preußen und der Norddeutsche Bund waren 1867 in Paris zu einer »Nation« zusammengefügt worden. Die Weltausstellung war mit mehr als zehn Millio-

10/12

nen Besuchern von April bis November 1867 und insgesamt 52 200 Ausstellern ein überwältigender Erfolg. Sie sollte eine Manifestation des Friedens und der Moderne sein. Eines der meistbestaunten Objekte war die gewaltige 47 Tonnen schwere Kanone von Krupp. Knapp vier Jahre später sollte damit das belagerte Paris beschossen werden. »Zuerst kam das Geschütz und dann die Geschosse«, spottete später der »Kladderadatsch«.   MK

Lit.: Gaillard 1981, S. 289-293; Maneglier 1990, S. 227-238; Kat. Berlin 1990(a), S. 301-306; Kat. Bonn 1993

10/12   **Pierre Tetar van Elven** (1831-1908)
         Nächtliches Fest in den Tuilerien am
         10. Juni 1867
         Bez. u.r.: P.T. van Elven
         Öl auf Leinwand; 92 x 73 cm
         Paris, Musée Carnavalet (P 1987)

Der durch seine Genre- und Landschaftsbilder bekannte Niederländer Tetar van Elven illustriert mit beinahe naiver Ausführlichkeit den Empfang des Kaiserpaares für die ausländischen Staatsoberhäupter in den Tuilerien anläßlich der Weltausstellung von 1867. Vor dem Palais im Privatgarten des Kaisers hatte man eigens Schmuckbauten und eine Treppenanlage errichtet, die den Garten mit dem großen Festsaal in der Mitte der Tuilerien verband. Im Vordergrund erkennt man Kaiserin Eugénie mit Zar Alexander II., dahinter Kaiser Napoleon III. mit dem preußischen König Wilhelm I.

La Prusse personnifie la nationalité allemande, la réforme religieuse, le progrès commercial, le libéralisme constitutionnel. Elle est la plus grande des monarchies vraiment germaniques, les consciences y sont plus libres, les lumières plus abondantes, les droits politiques plus étendus que dans la plupart des États allemands. C'est elle qui, en fondant le Zollverein, a préparé les voies au libre-échange. Aussi le peuple allemand aime la Prusse.

Edmond About:
La Prusse en 1860, 1860

Preußen verkörpert den deutschen Nationalgeist, die religiöse Reform, den Fortschritt im Handel, den verfassungsmäßigen Liberalismus. Sie ist die größte der wirklich germanischen Monarchien, die Geister sind dort freier, die Lichter üppiger, die politischen Rechte verbreiteter als in den meisten deutschen Staaten. Es war Preußen, das in der Gründung des Zollvereins dem Freihandel die Wege eröffnet hat. Auch wird Preußen vom deutschen Volk geliebt.

10/13

und links im Hintergrund der preußische Ministerpräsident und neue Kanzler des Norddeutschen Bundes Graf Bismarck. Die Pariser Weltausstellung 1867 bot Anlaß zur Präsentation der französischen Produkte und war zugleich die prachtvollste Selbstdarstellung des Zweiten Kaiserreiches auf der Höhe seiner Macht. Im neuen, von Haussmann umgebauten Paris begrüßte man begeistert den Einzug der ausländischen Staatsoberhäupter. Am 1. Juni war der Zar eingetroffen, vier Tage später kommen Wilhelm I. und Bismarck. Alle betonten, es handele sich um ein friedliches »Rendezvous der Kontinente« und betrachteten es als Gebot der »nationalen Ehre« und der »Erweiterung des Marktes«, an der Schau teilzunehmen. Vier Jahre später war Frankreich Republik und Napoleon III. in deutscher Gefangenschaft auf Schloß Wilhelmshöhe bei Kassel. Nach der Ausrufung der Pariser Kommune gingen die Tuilerien am 13. Mai 1871 während des Bürgerkriegs in Flammen auf. Außer den beiden Eckpavillons des Louvre blieb nichts von der prächtigen Residenz erhalten, deren Ruinen in den 80er Jahren abgetragen wurden. MK
Lit.: Devèche 1981; Montgolfier 1986, S. 118; Kat. Berlin 1990(a), S. 301-306; Maneglier 1990(a), S. 227-230

10/13 **M. Léon** und **J. Levy** (tätig 1866-1900)
Ansicht der preußischen Sektion auf der Weltausstellung 1867 in Paris: »La Porcelaine de Prusse«
1867
Bez: Photographié & publié par M. Léon & J. Lévy. Eposition Universelle de 1867
Stereofotografie auf Karton; 8,3 x 17,3 cm
Paris, Archives nationales
(F 12 11983)

1867 fertigten M. Léon und J. Lévy auf der Weltausstellung in Paris 37 Stereofotografien von den Abteilungen für Porzellan, Bronze- und Eisenkunstguß, Bildende Kunst, Geographie, Bergbau und Hüttenwesen, Maschinenbau sowie vom Ausstellungspark an. Es ist für die Weltausstellung kennzeichnend, daß sowohl den Maschinen und der industriellen Produktion als auch den Kunstwerken und dem kunstgewerblichem Teil der Schau gleiche Wertschätzung zuteil wurde. Die Bilder zeigen den Raum mit ausgestellten Porzellanen der Berliner Königlichen Porzellanmanufaktur. AC

10/14 **Jules Chéret** (1836-1932)
Plakat für »La Grande Duchesse de Gérolstein«
Paris, 12. April 1867
Farblithographie; 71 x 54 cm
Paris, Bibliothèque Nationale de France, Musée de l'Opéra [Aff. Th. II (778)]

Jacques Offenbachs Opera buffo »La Grande Duchesse de Gérolstein« wurde am 12. April 1867 im Varieté-Theater in Paris mit beträchtlichem Erfolg uraufgeführt. Diese Premiere fand vor besonderem politischen Hintergrund statt: dem Wiederaufleben des preußischen Militarismus nach dem Sieg der Truppen Moltkes über die Österreicher am 3. Juli 1866 bei Königgrätz, worauf das Libretto von Meilhac und Halévy direkt anzuspielen schien. Die Handlung spielt in dem frei erfundenen Großherzogtum Gérolstein (ein Name, der Eugène Sues »Mystères de Paris« entnommen ist). Wollten Meilhac und Halévy eine Satire auf die Unmenge von Kleinstaaten verfassen, aus denen damals Deutschland bestand? Ob dies ihre ursprüngliche Intention war, ist nicht nachweisbar, sicher ist aber, daß Bismarck das Werk so interpretierte, nachdem er es in Paris im Juli 1867 gesehen hatte. Er war in Begleitung General von Moltkes gekommen, um die berühmte Sängerin Hortense Schneider zu begrüßen, die die Titelrolle verkörperte. Er schien von der Parodie auf die kleinen Herzogtümer »à la Gérolstein« entzückt und erklärte: »Wir werden uns der Gérolsteins entledigen, bald gibt es keine mehr: Ich bin Ihnen, den Pariser Künstlern, dankbar, daß Sie gezeigt haben, wie lächerlich sie sind [...].« Bismarcks Worte verliehen der Interpretation einige Glaubwürdigkeit, derzufolge die Figur des Fritz – ein einfacher, von der Großherzogin zum General beförderter Soldat, der heimlich in sie verliebt ist – in Wahrheit Moltke darstellte, wohingegen Boum-Boum eine Karikatur Benedeks sei, des Oberkommandierenden der österreichischen Truppen, die von den Preußen bei Königgrätz besiegt worden waren. Diese These ist um so zutreffender, als das Originallibretto im zweiten Akt vorsah, daß Fritz den Krieg durch die Heldentat gewann, »den Feind binnen 18 Tagen geschlagen zu haben« – dieselbe Zeit, die Moltke brauchte, um die österreichischen Truppen zu vernichten. So jedenfalls verstanden es auch die französischen Zensurbeamten, die die Änderung dieses Details verlangten: Der preußische König und der Kaiser von Österreich waren beide zur Weltausstellung von 1867 nach Paris eingeladen, und man befürchtete dieser Anspielung wegen einen diplomatischen Zwischenfall. So braucht Fritz in der endgültigen Fassung nurmehr vier Tage, um den Gegner zu besiegen! Tatsächlich wollten weder Offenbach noch seine Librettisten so bewußt der unmittelbaren Aktualität entnommene Ereignisse und Personen in Szene setzen. »La Grande Duchesse de Gérolstein« stellt vor allem eine beißende Satire auf den Militarismus und eine scharfe Karikatur der ruhmsüchtigen Generäle dar, seien sie Franzosen, Deutsche oder Österreicher. Die französischen Militärs haben sich darin nicht getäuscht, und nach der demütigenden Niederlage von 1870/71 erreichten sie 1877, daß die Wiederaufnahme der Operette verboten wurde. PV

10/15 **Mailly**
Plakat für »Les horreurs de la guerre«
Paris, 1868
Farblithographie; 68,5 x 54 cm
Paris, Bibliothèque Nationale de France, Musée de l'Opéra [Aff. Th. II (66)]

10/14

Zwischen den neuen Gebäuden des neuen Viertels der künftigen neuen Oper von Garnier ließ der Bankier Bischoffsheim im Kellergeschoß der Rue Scribe 17 einen runden, später von Cambon verzierten und als Athenäum bezeichneten Saal erbauen, den er dann zwei Theaterunternehmern zur Nutzung für ein Operettenensemble vermietete. Eine der ersten Aufführungen war Jules Costés Opera buffo »Les Horreurs de la geuerre«, eine kleine heitere Oper in zwei Akten und drei Bildern. Der Textdichter war Philippe Gille, bereits Mitlibrettist einer Offenbachoperette und einer Opera buffo von Léo Delibes. In der Folge arbeitete er mit Labiche zusammen und war Mitverfasser der Textbücher von Lakmé und Manon. Der Komponist Jules Costé war ein reicher elsässischer Amateur, der für Salons und bisweilen für das Theater schrieb. Sollte man ein Werk mit einem solch tragischen Titel ernst nehmen oder sich darüber amüsieren, wie über Maillys zerrbildhaftes Plakat? Was war von der Rivalität zwischen Ernest LXXXXIX von Microbourg und Cédéric CXXIII von Nihilbourg zu halten, zweier deutscher Prinzen, die sich zwischen Bierbesäufnissen und Aufschneidereien um die Gunst einer Schönen streiten und die in das Land des anderen einfallen, bevor sie Frieden schließen? Es geht recht oberflächlich zu in dem Werk, abgesehen davon, daß man das ganze Stück hindurch hartnäckig singt: »Nous avons un fusil / Se chargeant par culasse / [...] Certes c'est bien meilleur / Que le fusil à pierre« (Wir haben ein Gewehr / Einen Hinterlader / [...] Das ist gewiß besser / Als ein Steinschloßge-

S'il existe pour l'homme, en dehors du sol natal, une seconde patrie que l'âme et l'intelligence, obéissant à l'irrésistible loi des premières sensations, du premier enthousiasme, aient le droit de se choisir, cette terre fut pour nous le pays de Goethe et de Beethoven, de Hegel, de Novalis, d'Arnim et de Weber.

Henry Blaze de Bury:
La Thuringe, voyage à travers l'Allemagne du passé et du présent, 1866

Wenn der Mensch außerhalb seines heimischen Bodens ein zweites Vaterland hätte, das Seele und Geist, dem unwiderstehlichen Gesetz der ersten Eindrücke, der ersten Begeisterung gehorchend, sich erwählen dürften, so wäre dieses Land für uns das Reich eines Goethe und Beethoven, eines Hegel, Novalis, Arnim und Weber.

10/15

wehr), was an das preußische Zündnadelgewehr erinnerte, das bei Königgrätz für Überraschungen gesorgt hatte. Königgrätz lag schon lange zurück, als das Werk im Athenäum aufgeführt wurde, und derlei Anspielungen irritierten kaum noch die französische Öffentlichkeit. Dennoch konnte man an die Versuche der kaiserlichen Regierung denken, es der preußischen Armee gleichzutun (Marschall Niels gescheiterte Pläne einer Militärreform, 1868) und an die Einführung des französischen Chassepot-Gewehrs, das ebenfalls von hinten geladen wurde, wenn die friedlich vereinten microbourgoisen und nihilbourgoisen Armeen vor französischem Publikum sangen: »Revenez demain / Il y aura du nouveau car / Nous avons un fusil / Se chargeant par la culasse« (Kommt morgen wieder / Es gibt etwas Neues / Denn wir haben ein Gewehr / Einen Hinterlader). Der Kritiker der »Revue et Gazette Musicale de Paris« dürfte die Warnung kaum ernstgenommen haben; ganz im Bann der Euphorie schloß er seinen Artikel mit der Bemerkung, daß »allein die deutschen Uniformen« eine »regelrecht kuriose Attraktion darstellen«.　　PV

10/16　　**Henri Baron** (1816-1885)
Staatsbankett im Palais der Tuilerien während der Weltausstellung
1867
Bez. u.M.: H. BARON 1867
Aquarell, Gouache 55 x 95 cm
Compiègne, musée national du château
(C 38-2599)
Abb. S. 385

Dargestellt ist das während der Weltausstellung 1867 veranstaltete festliche Abendessen im Palais der Tuilerien, von der Galerie aus gesehen. Das Auftragswerk sollte nach dem Wunsch der Kaiserin Eugénie eines der kaiserlichen Feste verewigen, »die eine Form der Regierungsinstitutionen bildeten, weil ihre Aufgabe war, die Pariser und die Lyoner Industrien zu beleben«. Henri Baron, der bereits im Pariser Salon von 1840 debütiert hatte, malte leuchtend farbige, bisweilen etwas manierierte und daher nicht nur beifällig aufgenommene Genreszenen – auch dieses Aquarell, das im Salon von 1868 zu sehen war, war ins Feuer der Kritik geraten. Dennoch hatte er mit seiner temperamentvollen und eleganten Malweise viele Anhänger gewonnen. Besonders in Mode waren seine Aquarelle. Auf der Weltausstellung von 1867 stellte Baron zwei Bilder aus: »Bogenschießen in der Toscana« (1864) und ein früheres Bild, »Fest des Heiligen Lucas in Venedig« (1859), für das er mit einer Medaille ausgezeichnet wurde.　　AC
Lit.: Kat. Paris 1979, Nr. 280, Abb. S. 422; Kat. Versailles 1993, Nr. 355, S. 370

10/17　　**Max Adamo** (1837-1901)
Der Sturz Robespierres im Nationalkonvent am 27. Juli 1794
1870
Bez. u.r.: Max Adamo gem. / München 1870
Öl auf Leinwand; 87 x 119 cm
Berlin, Staatliche Museen zu Berlin, Nationalgalerie (A I 348)

Am 9. Thermidor des Jahres II der Republik (27. Juli 1794) beendete der französische Nationalkonvent die Schreckensherrschaft Maximilien de Robespierres, der mit Hilfe des Wohlfahrtsausschusses die Revolutionäre geführt hatte. Durch Robespierres Verhaftung waren auch die Wochen des »Großen Terrors« beendet. Adamo bezieht sich in seiner historisierenden Darstellung auf das eindringende Militär in den Konvent und stellt Robespierre in den Mittelpunkt. Von den gegnerischen Verschwörern verhaftet, ist er auf einem Stuhl zusammengesunken, neben ihm der ebenfalls verhaftete 27jährige Saint-Just. In den Rängen des Konvents trifft seine Parteigänger dasselbe Schicksal. Adamos 1868 entstandenes Gemälde, zunächst 1870 in München ausgestellt, wurde im gleichen Jahr im Pariser Salon gezeigt, 1873 auf der Wiener Weltausstellung prämiert und 1884 von der Berliner Nationalgalerie angekauft. Sein politischer aktueller Gehalt zielte auf die Vorteile

10/17

nationaler Gesinnung im parlamentarischen Handeln unter Ausschaltung extremistischer Interessen. MLP
Lit.: Kat. Nürnberg 1989, Kat. Nr. 676, S. 714

10/18 **Wilhelm Leibl** (1844-1900)
Schlafender Junge (Savoyarde)
1869
Bez. u.r.: W. Leibl Paris 1869
Öl auf Holz; 44 x 64 cm
Sankt Petersburg, Staatliche Eremitage (5780)
Abb. S. 386

1869 fuhr der 25jährige Leibl nach Paris, angeregt durch die Bekanntschaft mit dem führenden französischen Realisten Gustave Courbet, dessen Malerei auf ihn einen großen Einfluß ausgeübt hatte. Der Einladung ging ein großer Erfolg voraus, den Leibl auf der Ersten Internationalen Kunstausstellung in München 1869 mit seinem »Bildnis der Frau Gedon« errungen hatte. »Der berühmte Maler Courbet«, so Leibl, »rühmte mich, und ich bin der Einzige, der dies in München von sich sagen kann [...], die ganze Schule (Münchner Akademie) fühlt sich durch die mir von den Franzosen bezeugte Achtung geehrt.« Sein Name wurde in diesem Zusammenhang auch von dem französischen Kunstkritiker und Korrespondenten der »Gazette des Beaux-Arts«, Eugène Müntz, anerkennend erwähnt. Von seiner Ankunft bis zum Ausbruch des deutsch-französischen Krieges am 19. Juli 1870 verblieben Leibl noch acht Monate für seinen Aufenthalt in Paris, den er vor allem dafür nutzte, sich mit der Malerei Edouard Manets vertraut zu machen. Kurz nach seiner Ankunft entstand das Bild des schlafenden Savoyardenjungen. Im Salon vom Mai 1870, wenige Monate vor dem Ausbruch des Deutsch-Französischen Krieges, wurde der Künstler mit einer Goldmedaille ausgezeichnet. Den frierenden Jungen soll der Maler auf einer Pariser Straße getroffen und im Atelier mit Essen versorgt und aufgewärmt haben. Wie in Leibls Gesamtwerk, so steht auch hier der einzelne Mensch im Vordergrund. Für seine Portraits erhielt er in München wie in Paris mehrere Auszeichnungen. Leibl war in Frankreich sehr geschätzt. Seine letzte Beteiligung an der Pariser Weltausstellung 1889, die am umfangreichsten seine Kunst in Frankreich präsentierte, obwohl dies wegen der schlechten politischen Beziehungen nur inoffiziell geschehen konnte, brachte ihm den ersten Preis. AC
Lit: Kat. Worpswede 1994, S. 4f.; Kat. Aswarischtsch 1988, Nr. 149, S. 192; Kat. Berlin 1993(a), S. 216

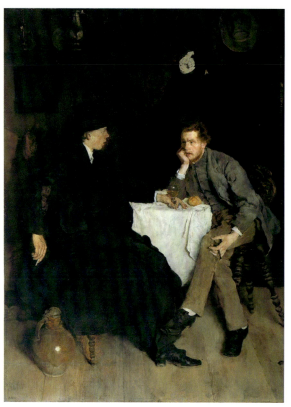

10/19

10/19 **Wilhelm Leibl** (1844-1900)
Im Atelier
Um 1869
Bez. u.l.: W.Leibl 72
Öl auf Holz; 102,5 x 76,5 cm
Liberec, Oblastni Galerie Liberec (O 191)

Das Gemälde entstand in Paris, wo sich Leibl von 1869 bis 1870 aufhielt. In einem Künstleratelier sind bei einem Glas Wein zwei seiner Kollegen im Gespräch dargestellt: der Bildhauer Schmidt und der Maler Lothar Meggendorfer, Genremaler, Illustrator, Schriftsteller und Begründer der »Meggendorfer Blätter«. Das Bild ist laut Meggendorfer jedoch bereits Ende der 60er Jahre entstanden; das Datum »72« wurde demnach später hinzugefügt. Sein anderes Bild mit dem Titel »Der Kritiker« zum gleichen Thema erlaubt wie dieses einen realistischen Einblick in die Künstlerwelt und stellt nicht mehr, wie bisher üblich, das Atelier als pittoresk überhöhten Schauplatz dar. AC

Lit.: Kat. München 1994, Nr. 41, S. 232

Raum 11

Landschaft und Mythos

Jules Dupré und Charles François Daubigny gehörten neben Jean François Millet, Théodore Rousseau und anderen zu der Gruppe von Künstlern von Barbizon, die sich zwischen 1830 und 1870 in den Wäldern von Fontainebleau im Südosten von Paris dem Studium der Natur, des Lichts, der Landschaft und der einfachen Menschen widmeten. Sie hatten von den Erfahrungen der Landschaftsmaler der Französischen Akademie in Rom profitiert und orientierten sich am Vorbild der neuen frischen Natursicht der Engländer des frühen 19. und der holländischen Meister des 17. Jahrhunderts. Dem französischen Beispiel folgte eine Reihe deutscher Landschaftsmaler. Zu den herausragenden Vertretern unter den deutschen Realisten gehörte Max Liebermann, der sich mit zahlreichen, der Landarbeit gewidmeten Studien zu seinem Monumentalbild »Arbeiter im Rübenfeld« (1874/76) unmittelbar an Jean François Millets »Ährenleserinnen« von 1857 schulte, ohne jedoch dessen Pathos zu übernehmen. Trotz der französischen Resentiments gegenüber dem Kriegsfeind Deutschland lebte Liebermann von 1873 bis 1878 in Paris und verbrachte zwei Sommer in der Nähe des verehrten Meisters in Barbizon. War der Weg der Maler in die Freilichtmalerei mithin eine Reaktion auf die Industrialisierung, so war die Wiederbelebung nationaler Mythen in Deutschland und Frankreich – zunächst unabhängig von Kriegsrüstung und zunehmenden politischen Spannungen – Ausdruck der Suche nach Eigenständigkeit und Identität in Sprache und Kultur. Diesem Gebot genügte in Frankreich Emile-François Chartrousse mit einem Denkmalprojekt, dessen Nationalhelden Johanna von Orléans und Vercingetorix sich wehrhaft gegen den feindlichen Eindringer vereinen. Den Mythos des Vercingetorix hatte Napoleon III. als Maßnahme nationaler Integration mit der Ausschreibung für ein Monumentaldenkmal erneuert, das dem Gallierfürsten zu Ehren am Ort der Schlacht gegen Caesars siegreiche Truppen (52 v. Chr.) im burgundischen Alesia errichtet werden sollte. Auf deutscher Seite steht dem Helden Vercingetorix Hermann der Cherusker gegenüber, dem seit 1838 nach einem Entwurf von Ernst von Bandel ein Denkmal »als Befreier Germaniens« im Teutoburger Wald errichtet werden sollte. Der Darmstädter Hermannsverein stiftete 1841 im Jahr der Grundsteinlegung, die auf die Rheinkrise folgte, zwei mit Rheinwein und Rheinwasser gefüllte Flaschen samt der Inschrift: »Über den Rhein hast Du einst Roms Legionen getrieben, und Germanien dankt Dir, daß es heute noch ist. Schwinge auch ferner dein Schwert, wenn Frankreichs plündernde Horden gierig lechzend des Rheins heimische Gaue bedrohen.« Das Arminius-Denkmal auf der Grotenburg wurde 1871 als Symbol der Reichseinigung sinnfällig mit einem aus französischen Kanonen gegossenen Reliefbildnis Wilhelms I. aktualisiert und erst im Herbst 1875 eingeweiht.

La Gaule unie / ne formant qu'une seule nation / animée d'un même esprit / peut défier l'univers. / Napoléon III / à la mémoire de Vercingétorix

Inschrift an der Außenfassade des Sockels der Vercingetorix-Monumentalstatue auf dem Mont Auxois bei Alise-Sainte-Reine

Das vereinigte Gallien / das nur eine Nation bildet / von ein und demselben Geist erfüllt / kann der Welt trotzen. / Napoleon III. / dem Gedenken Vercingetorix

RAUM 11

Jules Dupré
Landschaft im Mondlicht,
1852
Warszawa, Muzeum Narodowe
(11/1)

Charles François Daubigny
Landschaft, 1861
Warszawa, Muzeum Narodowe
(11/2)

Landschaft und Mythos

Carl Seibels
Kühe auf der Weide
Wuppertal, Von der Heydt-
Museum Wuppertal
(11/3)

Max Liebermann
Kartoffelpflücker, 1874
München,
Das Kartoffelmuseum,
Stiftung Otto Eckart
(11/5)

11/4

11/1 **Jules Dupré** (1811-1889) Landschaft im Mondlicht 1852 Bez.: Dupré, 1852 Öl auf Leinwand; 59,5 x 62,5 cm Warszawa, Muzeum Narodowe (191.340) Abb. S. 398	11/2 **Charles François Daubigny** (1817-1878) Landschaft 1861 Bez.: Daubigny, 1861 Öl auf Leinwand; 113 x 132 cm Warszawa, Muzeum Narodowe (212661) Abb. S. 398

Jules Dupré, zunächst in der väterlichen Porzellanmanufaktur als Dekormaler ausgebildet, wurde später Schüler des Landschafts- und Tiermalers J. M. Diébolt. Auf Reisen übte er sich zunächst selbständig in der Malerei vor der Natur, in der er sich dank der Freundschaft mit den Landschaftsmalern Constant Troyon und Théodore Rousseau sowie durch Anregungen, die er auf seiner Englandreise im Jahre 1833, vor allem durch die Kunst John Constables, erfuhr, zur Meisterschaft ausbilden konnte. Mit Théodore Rousseau, der seine Kunst stark beeinflußt hatte, unternahm er in den 40er Jahren ausgedehnte Studienreisen. Jules Dupré wurde 1849, wie zehn Jahre später Charles François Daubigny, mit dem Kreuz der Ehrenlegion ausgezeichnet. Der Maler übersiedelte ein Jahr später nach l'Isle-Adam nördlich von Paris, wo er mit einigen Unterbrechungen bis zu seinem Tode arbeitete und seine besten Spätwerke – insbesondere Seestücke – entstanden. AC

Lit.: Bialostocki 1969, Bd. 1, S. 126

Der Graphiker und Maler beteiligte sich mit Landschaftsbildern seit 1840 regelmäßig an den Salonausstellungen und hielt sich 1843 zum ersten Mal länger in Fontainebleau auf. Daubigny malte Landschaften an der Seine, Oise und Marne. Im Jahre 1861 übersiedelte er nach Auvers-sur-Oise, in der Nähe von Paris, wo er von seinem Atelierboot »Le Botin« aus vor allem die weite, ruhige Flußlandschaften der Oise malte. Für die Malergruppe von Barbizon, die sich nach 1830 in den Wäldern von Fontainebleau südöstlich von Paris zusammenfand, waren Fragen der realistischen Naturdarstellung und der Freilichtmalerei von großer Bedeutung. Die Vorbilder fanden die Künstler nicht nur in der englischen Landschaftsmalerei, sondern auch in der holländischen Kunst des 17. Jahrhunderts. Wie Gustave Courbet und Constant Troyon hat Daubigny Holland bereist und die niederländischen Landschaftsmaler studiert. Er zählt zu den ersten, die die Freilichtmalerei als vorrangig ansahen. Mit seinen vor der Natur gemalten Studien war er seiner Zeit voraus. AC

Lit.: Bialostocki 1969, Bd. 1, S. 105

11/3 **Carl Seibels** (1844-1877)
Kühe auf der Weide
Bez. u.r.: C. Seibels
Öl auf Leinwand; 62 x 86,5 cm
Wuppertal, Von der Heydt-Museum
Wuppertal (G 69)
Abb. S. 399

Nach Abschluß seiner Ausbildung an der Düsseldorfer Akademie hielt sich Carl Seibels im Jahr 1867 zum weiteren Studium in Paris auf. Unter dem Einfluß der Freilichtmaler von Barbizon entwickelte er sich zum Hauptvertreter der »paysage intime« in Düsseldorf, eine der unmittelbaren Naturanschauung verpflichtete Malerei, die in bewußter Ablehnung sowohl der komponierten Idealansicht wie auch der heroisch oder mythologisch besetzten Landschaft entstand und den schlichten, stimmungsvollen Naturausschnitt bevorzugte. Seibels wählte Themen des Landlebens, die nach klassisch-akademischem Schönheitsideal als nicht bildwürdig betrachtet wurden. Im Fall des vermutlich Ende der 60er Jahre entstandenen Bildes ist es das schlichte Motiv weidender Kühe, welches das Bild bestimmt. Rosa Bonheur, die herausragende Künstlerpersönlichkeit der Gruppe von Barbizon, hatte dank ihrer Monumentalgemälde mit Kühen auf der Weide und bei der Arbeit auf dem Felde diesen Bildtypus salonfähig und erfolgreich gemacht. FM
Lit.: Laxner-Gerlach 1974; Kat. Bremen 1977

11/4 **Karl Peter Burnitz** (1824-1886)
Partie aus dem Niddatal
Bez. u.r.: Burnitz
Öl auf Leinwand; 40,5 x 58,5 cm
Wuppertal, Von der Heydt-Museum
Wuppertal (G 194)

Der zunächst in Frankfurt am Main als Rechtsanwalt tätige Burnitz verbrachte die Jahre 1851 bis 1857 zur künstlerischen Ausbildung in Paris, wo er durch die französische Landschaftsmalerei zahlreiche Anregungen empfing. Nach Deutschland zurückgekehrt, schloß er sich der Kronberger Malerkolonie an, einem Kreis Frankfurter Künstler, der sich nach dem Vorbild der Künstlergruppe von Barbizon alljährlich zum Sommerstudium in dem Taunusstädtchen Kronberg einfand. Der Suche des Stadtbewohners nach ländlicher Idylle dienten sowohl gesellige Abende im örtlichen Gasthaus als auch das gemeinsame Malen in der Natur. Wie Burnitz hatten sich fast alle Mitglieder der Kronberger Malerkolonie zeitweilig in Frankreich aufgehalten und ließen sich von den lichtdurchfluteten Farben und dem lockeren, skizzenhaften Pinselduktus der Barbizon-Malerei anregen, wobei sie diese Stilmittel auf die heimischen Motive, beispielsweise die Landschaft am Mainnebenfluß Nidda, übertrugen. FM
Lit.: Laxner-Gerlach 1974; Kat. Bremen 1977

11/5 **Max Liebermann** (1847-1935)
Kartoffelpflücker
1874
Bez.u.r.: M. Liebermann
Öl auf Leinwand; 90 x 116 cm
München, Das Kartoffelmuseum,
Stiftung Otto Eckart
Abb. S. 399

Nach seiner künstlerischen Ausbildung in Berlin und Weimar reiste der junge Max Liebermann erstmals 1872, ein Jahr nach dem Ende des Deutsch-Französischen Krieges, nach Paris, um in der Salonausstellung Bilder der französischen Landschaftsmaler zu studieren. »Munkácsy zog mich mächtig an«, äußerte er zu seinen damaligen Eindrücken, »aber noch mehr taten es Troyon, Daubigny, Corot, vor allem aber Millet«. Von 1873 bis 1878 unterhielt Liebermann ein Atelier in Paris, und die Sommermonate der Jahre 1874 und 1875 verbrachte er in Barbizon. Er wohnte und arbeitete in unmittelbarer Nachbarschaft zu seinen erklärten Vorbildern, aber als ehemaliger »Kriegsfeind« blieb er ohne persönlichen Kontakt zu den französischen Künstlern. Während seines Aufenthaltes in Barbizon enstand vermutlich die Studie des »Kartoffelpflückers«, ein vorbereitendes Bild für mehrfigurige Kompositionen Liebermanns. Die monumentale Figur des tief gebeugten, auf die Arbeit konzentrierten Bauern ist gänzlich in die ihn umgebenden Landschaftselemente eingebettet. Die innige Verbundenheit des arbeitenden Menschen mit der Natur wurde vom Maler romantisch verklärt, indem er die Lebensbedingungen, das Elend der Landbevölkerung ausblendete. Seit 1874 stellte Liebermann regelmäßig im Pariser Salon aus. Er bewirkte das Zustandekommen der nichtoffiziellen deutschen Abteilung auf der Weltausstellung 1889 in Paris, an der Künstler wie Menzel und Leibl teilnahmen. Die in jenem Jahr erfolgte Ernennung zum »Ritter der Ehrenlegion« durch die Französische Republik durfte Liebermann auf Anordnung der preußischen Regierung zunächst nicht annehmen. Erst nach einem neuerlichen Angebot im Jahre 1896 erhielt er diese offizielle Auszeichnung. FM
Lit.: Kat. Berlin 1979(a); Kat. Hannover 1994

11/6 **Emile-François Chatrousse** (1829-1896)
Den Opfern der nationalen
Unabhängigkeit:
Jeanne d'Arc und Vercingetorix
geben sich die Hand und treten Ketten
und Fesseln mit Füßen
1870
Bez.: Chatrousse / Paris 1870 (projet)
Gips, farbig gefaßt; 157 x 88 x 26 cm
Clermont-Ferrand, Musée des Beaux-Arts,
Ville de Clermont-Ferrand (62-6-1)

Die nicht vollständig erhaltene Gipsfassung des Schülers von François Rude (L/6-L/8) ist das Modell zu einem »monument aux martyrs de l'indépendance

11/6

nationale«, das, im Pariser Salon von 1872 ausgestellt, am 14. Januar 1873 vom französischen Staat für 5000 Francs angekauft und am 18. November 1878 im Musée Clermont-Ferrand deponiert wurde. Das Werk vereint zwei Helden der nationalen Verteidigung angesichts der Niederlage von 1870: Aufrecht vor einer Stele mit der Aufschrift »Patrie« halten sich Jeanne d'Arc und Vercingetorix, in Waffen vereint gegen den feindlichen Eindringling, die Hand. Die Marterinstrumente, für Jeanne d'Arc die Fackel und für Vercingetorix die Axt, sowie die Aufführung der entscheidenden Schlachten ihrer Heldentaten am Sockel der Skulptur fehlen: für Vercingetorix sind dies Alesia 52 v. Chr. und Rom 46 v. Chr., für Jeanne d'Arc Orléans 1429 und Rouen 1435 (sic). Das Mädchen von Orléans in Kettenhemd und Rüstung hält in der Linken eine große Standarte, Vercingetorix trägt den antiken Kürass mit einem Tierfell. Chatrousse hat u.a. auch die Statue der Jeanne d'Arc in Bronze in Paris auf dem Boulevard Saint-Marcel ausgeführt. Als das Projekt 1872 im Salon ausgestellt wurde, hatte es nur geringen Erfolg: Ein Kritiker der »Revue des Deux Mondes« befand am 15. Juni 1872 lediglich, daß Held und Heldin sich wie zwei Opernsänger in einem patriotischen Stück auf der Bühne bewegten. 1884 hat er das Thema erneut aufgegriffen und um die Darstellung »Die französische Republik von 1792, eine besiegte Genie zu Füßen des gallischen Helden und eine siegreiche Genie zu Füßen der großen Lothringerin« bereichert. Der Vercingetorix-Mythos war durch Napoleon III. als Maßnahme nationaler Integration wiederbelebt worden, als der Kaiser aus eigenen Mitteln bei dem Bildhauer Aimé Millet eine beschlagene Kupferstatue des gal-

lischen Helden in Auftrag gab. 1867 wurde die Monumentalsäule mit einer Höhe von 6,60 Metern auf einem Granitsockel von 7 Metern auf dem Berg Auxois bei Alise Sainte-Reine zur Erinnerung an die verlorene Schlacht von Alesia gegen Caesar und die römischen Heerscharen errichtet. MLP

Lit.: Kat. St. Germain-en-Laye 1994, Nr. 345, S. 369ff.; Pingeot 1982, S. 258

11/7   **Frédéric Auguste Bartholdi** (1834-1904)
Reiterstandbild des Vercingetorix (Modell)
Bez. am Sockel: Bartholdi 1902; a.d.
Reiterstatue: Bartholdi
Gips; 105 x 71,5 x 57,3 cm
Clermont-Ferrand, Musée des Beaux-Arts, Ville de Clermont-Ferrand (980-6-1.1 bis 3)

Nach der Niederlage von 1870 begünstigte der Beginn der Dritten Republik die Schaffung von Kunstwerken, die den gallischen Anführer, den »Verteidiger des Territoriums« rühmten, obwohl die Geschichtsbücher für die Gymnasien als den Bewahrern der lateinischen Kultur, die Gestalt mit einem Bannfluch belegten. Bartholdis Skulptur – Vercingetorix zu Pferde, einen römischen Soldaten niederstreckend –, 1866 für die Teilnahme an einem von der Stadt Clermont-Ferrand ausgeschriebenen Wettbewerb konzipiert, behauptet ihre Opposition sowohl gegen den »negativen« Vercingetorix Aimé Millets als auch gegen das Regime Napoleons III. (was nicht der Doppeldeutigkeit entbehrt, wenn man weiß, daß der Bildhauer 1868 der Gast des Kaisers in Compiègne war). Das Werk, das mit der Tradition der statischen Reiterfiguren bricht und die Gesetze der Mechanik (die Haltung des Pferdes) verachtet, drückt den Enthusiasmus und den Freiheitstaumel aus, die den Helden der ersten patriotischen »Erhebung« in der französischen Geschichte bewegt haben sollen. Bartholdi wollte ursprünglich auf der Hochebene von Gergovia eine kolossale Reitergruppe auf einem Megalithsockel von insgesamt etwa dreißig Metern Höhe und ungefähr vierzig Metern Länge errichten. Aus Mangel an finanziellen Mitteln wurde das Projekt fallengelassen, und der Bildhauer fand sich damit ab, zum Schmuck eines Platzes derselben Stadt Clermont ein weniger spektakuläres Denkmal zu entwerfen. Noch in ihrer reduzierten Form sollten die Ausmaße der Reitergruppe nicht weniger als 6 Meter in der Höhe und 4,70 Meter in der Länge betragen. Es mußte ihr nur noch ein Sockel gegeben werden. Der Krieg und die Auftraggeber verzögerten die Ausführung. Unzufrieden mit einem ersten, 1891 verwirklichten Entwurf für einen Sockel, ließ sich Bartholdi von dem inspirieren, den Alessandro Leopardi 1595 für die Reiterstatue Andrea del Verocchios von Bartolomeo Colleoni erdacht hatte. Schließlich konzipierte er einen sechssäuligen Sockel (1902). Das Denkmal wurde am 11. Oktober 1903 in Clermont-Ferrand in Anwesenheit des Bildhauers eingeweiht. RH

Lit.: Betz 1954; Kat. Paris 1986(a); Kat. Colmar 1995; Schmitt o.J.

Landschaft und Mythos

11/7

11/8 **Spendenliste für die Errichtung des Hermannsdenkmals**
unterzeichnet von Spendern aus Berlin und Brandenburg
1841/42
Formblatt mit lithographierter Bildleiste und handschriftlichen Eintragungen; 32 x 45 cm
Detmold, Eigentum des Landes Nordrhein Westfalen – Nordrhein-Westfälisches Staatsarchiv Detmold
(L 115 A Tit. 1 Nr. 1 Bd. 2)

11/9 **Ernst von Bandel** (1800-1876)
Friesentwurf für das Hermannsdenkmal
1832
Bez.: EvBandel 1832 M(ünchen)
Tusche; 25 x 217 cm
Detmold, Landesbibliothek Detmold

11/10 **Schule des Ernst von Bandel** (1800-1876)
Modell des Hermannsdenkmals für die »Arminiussäule« auf der Grotenburg bei Detmold
Gips; H. 168 cm, Dm. 75 cm
Detmold, Landesbibliothek Detmold (BaÜ 4)

Dem Cheruskerfürsten Hermann, der unter dem Namen Arminius in römischen Diensten gestanden hatte, gelang es im Jahre 9 n. Ch., die germanischen Stämme zum erfolgreichen Kampf gegen die römische Besatzung zu vereinen. Dieses in Musik, Kunst und Literatur häufig thematisierte Ereignis (3/32, 3/74) wurde an der Wende zum 19. Jahrhunderts als mythische Wurzel der deutschen Nation beschworen. Unter dem Eindruck der französischen Besetzung und der nachfolgenden Befreiungskriege entstanden im Jahre 1819 die ersten Skizzen zum Detmolder Hermannsdenkmal. Der Idee, ein Sinnbild für das Einigungsstreben der Deutschen und die Überwindung der Fremdherrschaft zu schaffen, sollte der Bildhauer Bandel mehr als fünfzig Jahre seines Lebens widmen, da der Fortgang der Arbeit von den wechselhaften politischen Ereignissen abhängig war. In den 30er Jahren begannen die konkreten Planungen mit der Festlegung des Standortes. 1838 erfolgte die Grundsteinlegung auf dem höchsten Punkt der Grotenburg, einem Bergrücken im Teutoburger Wald, dem nach damaliger, heute widerlegter Auffassung historischen Ort des Kampfes gegen den römischen Statthalter Varus. Trotz seiner ironischen Verse über die Denkmalaktivitäten in »Deutschland. Ein Wintermärchen« 1844 (6/33), hat Heinrich Heine den Bau des Monuments, der zum großen Teil von der Bevölkerung finanziert wurde, mit einer Spende unterstützt. Über Denkmalvereine im In- und Ausland – ein Kennzeichen für die überregionale Bedeutung – wurden Spendenlisten verteilt, die mit lithographierten Zeichnungen Bandels versehen waren, um dem potentiellen Förderer einen anschaulichen Eindruck vom Stand der Arbeiten zu vermitteln. Bis 1846 war zunächst nur der mit romanischen und gotischen Stilelementen versehene Unterbau fertiggestellt. Im Schatten der Revolutionsereignisse versiegten die Geldquellen und führten zum Stillstand der Bauarbeiten, aber nicht der Planungen des Künstlers. Ursprünglich war eine mehrteilige Denkmalsanlage, Bandel zufolge »eine Art Ehrenforum der deutschen Geschichte« vorgesehen, welche eine mit Reliefs geschmückte, zum Denkmal hinaufführende Treppe und eine im Halbkreis um das Standbild angeordnete Halle – beide mit Darstellungen aus der deutschen Geschichte versehen   beinhalten sollte. In diesem Zusammenhang ist der insgesamt zehn Meter lange

Germanien dankt Dir, daß es heute noch ist. Schwinge auch ferner Dein Schwert, wenn Frankreichs plündernde Horden gierig lechzend des Rheins heimische Gaue bedrohen.

Inschrift anläßlich der Einweihung des Arminiusdenkmals 1841, eingeschliffen in zwei eingelegte Flaschen mit Rheinwein und Rheinwasser

Das ist der Teutoburger Wald, / Den Tacitus beschrieben, / Das ist der klassische Morast, / Wo Varus stecken geblieben. // Hier schlug ihn der Cheruskerfürst, / Der Hermann, der edle Recke; / Die deutsche Nationalität, / Sie siegten in diesem Drecke. [...] Gottlob! Der Hermann gewann die Schlacht, / Die Römer wurden vertrieben, / Varus mit seinen Legionen erlag, / Und wir sind Deutsche geblieben! [...] O Hermann, dir verdanken wir das! / Drum wird dir, wie sich gebühret, / Zu Dettmoldt ein Monument gesetzt; / Hab selber subskribiret.

Heinrich Heine: Deutschland. Ein Wintermärchen, Caput XI, 1844

11/9

Fries mit Szenen aus der germanischen Geschichte entstanden, den der Künstler, vermutlich in Anlehnung an die Beschreibungen des Tacitus (L/1), zwischen 1830 und 1848 entwarf. Von der Betonung der historischen Wurzeln verlagerte Bandel den Schwerpunkt auf die Figur des Hermann, genauer auf »die uns Deutschen allen verständliche Schwerterhebung, an die sich die Idee deutschen Bewußtseins, deutscher Kraft und Herrlichkeit, deutscher Einigkeit wie in Haupt und Gliedern, so in den verschiedenen deutschen Stämmen, knüpft«. Erst in den 60er Jahren, im Zuge eines verstärkten Nationalismus, wurden die Arbeiten an dem in Vergessenheit geratenen Bauwerk wieder aufgenommen. »Das Zeug«, bemerkte Karl Marx treffend, »wird ebenso langsam fertig wie Deutschland«. Neue Impulse brachten das siegreiche Ende des Deutsch-Französischen Krieges und die Reichsgründung 1871. In Gegenwart Kaiser Wilhelms I., der die abschließende Finanzierung gewährleistet hatte, wurde das monumentale, über 50 Meter hohe Denkmal am 16. August 1875 eingeweiht. Die auf der Kuppel des Unterbaus stehende Figur des Hermann in germanischer Tracht stützt sich mit dem linken Bein auf die Trophäe, den römischen Legionsadler, und hält ein Schwert mit erhobenem rechten Arm drohend in Richtung Westen. Das Schwert trägt die Inschrift: »Deutschlands Einigkeit meine Stärke, meine Stärke Deutschlands Macht«. Das im Vormärz von liberaler Seite unterstützte Mahnmal für Freiheit und Einheit hatte sich zum Siegeszeichen für den deutschen Kaiser gewandelt. Wilhelm I., dessen Reliefbildnis neben der Aufzählung der siegreichen Schlachten gegen die Franzosen am Sockel des Monuments angebracht ist, wurde als neuer Hermann verstanden, dem es gelungen war, die »Nachfahren« der Römer zu bezwingen. Eine Reaktion von französischer Seite gab der »Lippischen Anzeiger« 1875 mit einem Zitat der Pariser »Correspondance universelle« wieder: »Wir finden es ganz natürlich, daß die Cherusker unserer Tage dem Arminius eine Statue errichtet haben [...]. Die Muse hat eben, mag sie singen, malen oder meißeln, in Deutschland keinen anderen Zweck mehr, als die rachsüchtigen Instinkte der germanischen Rasse zu erregen.« FM

Lit.: Boetel 1984; Mittig 1968, S.200-223; Roerkohl 1992; Schmitt 1976

Michael Jeismann

Staatenkrieg und Volksinstinkt
Deutschland in der französischen Wahrnehmung 1870/71

Der Krieg von 1870 war eine napoleonische Idee. Die letzte Idee einer fehlgeschlagenen Ideenpolitik. Napoleon III., der außenpolitisch einst als Förderer der Nationalbewegungen, in Italien und Deutschland, aufgetreten war, beförderte diesmal gegen den eigenen Willen die Nationalstaatsgründung in Deutschland.

Der Krieg von 1870 war aber auch ein Kalkül einer Bismarckschen Realpolitik, die in ihrer Unbeirrtheit wie in ihrer Gefährdung etwas Traumwandlerisches hatte. Am Ende, im Frühjahr 1871, war es weder Napoleons noch Bismarcks Krieg. Stattdessen hatte der Deutsch-Französische Krieg von 1870/71 Europa vorgeführt, welche schwer beherrschbaren Folgen das Zusammentreffen moderner Kriegstechnik und nationaler Emphase zeitigte. Denn dieser Krieg war unter der Hand ein wirklicher Nationalkrieg geworden, der einen mit äußerster Brutalität geführten Bürgerkrieg einschloß. Aufstand und Niederwerfung der Pariser Kommune nicht weniger als der Krieg zwischen Deutschland und Frankreich hinterließen die größten Verwüstungen dort, wo selbst die Zeit die Wunden nicht leicht zu schließen vermag. In der kollektiven Vorstellung der Völker schuf dieser Krieg wüste Phantasmagorien und schwere Träume.[1]

Dieser dritte deutsche Einigungskrieg, wie er nach dem Deutsch-Dänischen Krieg von 1864 und dem Österreichischen Krieg von 1866 auch genannt wird, begann wie eine Demonstration dessen, was man Kabinettskrieg nennt: Mit vielen diplomatischen Finten und, so schien es, mit einem für beide Seiten annehmbaren Ergebnis. Inmitten eines Jahrhunderts der politischen und technischen Veränderungen, im Jahrhundert des Umsturzes und der Beschleunigung wirkte der Austausch diplomatischer Noten zwischen Preußen und Frankreich wegen der spanischen Thronfolge wie ein Relikt aus lang vergangenen Zeiten. Natürlich konnte es Frankreich nicht gleichgültig sein, wenn mit dem Erbprinzen Leopold von Hohenzollern-Sigmaringen ein Hohenzoller den spanischen Thron besteigen sollte. Für die historisch denkenden Zeitgenossen war dieser Thron noch immer der Thron des großen Habsburgers Karls V., und verständlicherweise war der französischen Diplomatie die Vorstellung einer erneuten »Einkreisung«, diesmal durch Preußen und Spanien, nicht schmackhaft zu machen. Auf die eindringlichen französischen Proteste hin verzichteten die Sigmaringer deshalb auf die Thronkandidatur. Dem preußischen König hatte ohnehin nicht viel an dieser Kandidatur gelegen, die nichts als Scherereien zu machen drohte.

Krieg der Illusionen

Das Zeitalter der ungestörten Politik der Dynastien war vorüber, und mit europäischen Großreichphantasien gab sich der preußische König nicht ab. Napoleon allerdings sah im Rückzug der Kandidatur die Gelegenheit, über diesen Erfolg hinaus noch ein wenig mehr an Prestige zurückzugewinnen, indem er eine Art »ewige« Verzichtserklärung von Preußen forderte. Wilhelms bestimmte, im Ton aber gemäßigte Antwort, Bismarcks sprachliche Verschärfung dieser Erwiderung in der Emser Depesche, die französische Kriegserklärung an Preußen vom 19. Juli 1870 und schließlich der militärische Zusammenschluß der süddeutschen Staaten mit dem Norddeutschen Bund unter Führung des Chefs des Generalstabs, Helmuth von Moltke: Diese Ereignisstufen führten in wenigen Wochen zu einem Krieg, dessen Dimensionen mit seinem Anlaß oder Vorwand nichts mehr gemein hatten.

In den herrschenden politischen Kreisen Frankreichs gab man sich Illusionen über die Härte dieses Krieges und die Stärke der deutschen Staaten hin. Und die öffentliche Meinung trug das ihrige zu der folgenschweren Selbsttäuschung bei.

Die Propagandablätter Napoleons III. beschworen die politische Einheit der Nation, die in der Person des Kaisers verkörpert sei. Es gehe nun darum, »die Anstrengungen aller zu bündeln angesichts eines nun begonnenen großen Kampfes für unsere Ehre und unsere Interessen ebenso wie für die Zukunft des Fortschritts in der Welt.«[2] Dies klang ganz nach der tradierten politischen Rhetorik der Revolution. Hinzu trat ein gesellschaftlicher Harmonisierungs- und Integrationsanspruch, der der scharf polarisierenden Sprache der Revolution fremd gewesen war.

Denn nicht nur die Anhänger Napoleons, sondern alle gesellschaftlichen Schichten sollten sich mit der Politik Napoleons identifizieren. Worum es in diesem Krieg ging, außer um Napoleon, war bei alledem nicht recht auszumachen und lag, rhetorisch betrachtet, im Unbestimmten. Welche Mission hätte denn auch Liberale, Royalisten, Revolutionäre und Bonapartisten zusammenführen können? Vor solchen unangenehmen Fragen

Théophile-Alexandre Steinlen: Louise Michel auf den Barrikaden, um 1885, Genf, Musée du Petit Palais (12b/6))

Anton von Werner: Graf Moltke in seinem Arbeitszimmer in Versailles (19. November 1870), 1872. Hamburg, Hamburger Kunsthalle (12a/5)

flüchtete man sich in die Tradition der militärischen Großmacht Frankreich. Am 16. Juli, also noch vor der französischen Kriegserklärung, hatte die weitverbreitete und angesehene bürgerliche Zeitschrift *Illustration* bemerkt: »Im Grunde seines Herzens trägt jeder Franzose, wenn er selbst Gründungsmitglied der Friedensliga wäre, einen latenten Chauvinisten in sich, der bei der ersten Gelegenheit sich offenbart. Während dieser Tage hat Frankreich den Schauder des Patriotismus erlebt; dieses Frankreich, das seit langem nur noch die ausgelassenen Lieder Offenbachs schätzte, dieses Frankreich hat wieder begonnen, den Refrain der Marseillaise vor sich hin zu summen. Es gibt niemanden, der nicht schon den Rhein überquert, ein halb Dutzend Festungen genommen, wenigstens zwei große Schlachten geschlagen und triumphalen Einzug in Berlin gehalten hätte.«[3]

Auch bei Kriegsausbruch brach man aus dem geschlossenen, gleichsam erfahrungsdichten Raum der revolutionären Tradition nicht aus. »Das Vaterland hat gerufen«, hieß es in einer Zeitschrift, und »die Geister der Freiwilligen von 1792 schweben über diesen Kindern, die freudig losziehen und deren kriegerische Fröhlichkeit selbst den größten Skeptikern Vertrauen einflößen müßte.«[4] Auf dieser Linie wurde argumentiert, daß das französische Militär den Machtstaat verkörpere, der sich in den Dienst des Geistesstaates stelle. Ironisch genug ist es genau diese Gedankenfigur, die man wenig später in Form des »preußischen Militarismus« attackieren sollte. Napoleon hatte mit der starken Betonung der kriegerischen Revolution sein Schicksal und die Legitimation seines Regimes mit dem Erfolg der französischen Armeen verknüpft. Es ist schwer zu sagen, wie erfolgreich diese Propaganda bei militärischen Erfolgen hätte sein können, zumal es keinen Grund gibt, sich von der Kriegsbegeisterung breiter Bevölkerungsschichten in Frankreich übertriebene Vorstellungen zu machen. In der französischen Hauptstadt freilich fand diese Politik der Emotionen, der Rekurs auf die nationale Würde und Ehre allerdings doch Widerhall. Jedenfalls notierte Edmond de Goncourt in seinem Tagebuch die Begeisterung, mit der man am 6. August auf dem Börsenplatz Gerüchte von einem großen französischen Sieg aufnahm.[5] Daß die Propaganda Napoleons III. die Franzosen im Ernst glauben machen wollte, es gehe darum, das preußische Volk zu befreien, war allerdings ein solcher Anachronismus, daß die Regierung nicht hoffen durfte, ohne durchschlagende militärische Erfolge lange auf dieser dünnen Legitimationsbasis bestehen zu können.

So diffus die französische Selbststilisierung in ihrem Eklektizismus war, so etatistisch blaß fiel das Feindbild von Preußen-Deutschland aus.

Gustave Doré: Der deutsche Rhein, 1870. Strasbourg, Musée d'Art Moderne et Contemporain (12b/18))

Dem Anachronismus in der napoleonischen Selbststilisierung entsprach also spiegelbildlich ein Anachronismus in der Wahrnehmung Deutschlands. Von den Deutschen und von Deutschland machte man sich in der breiten Öffentlichkeit Frankreichs ein Bild, das im großen und ganzen nach wie vor den Linien folgte, die Germaine de Staël in ihrem Buch *De L'Allemagne* gezeichnet hatte. Dieses Buch war rund siebzig Jahre alt und enthielt eine Sicht der deutschen Verhältnisse, die vor allem darauf angelegt war, ein positives Gegenbild zum französischen Kaiserreich unter Napoleon I. abzugeben. Madame de Staël mochte Preußen und sein Militär nicht besonders, aber was verschlug das angesichts stiller Selbstgenügsamkeit, metaphysischer Spekulation und romantischen Träumereien hingegebenen deutschen Volkes. Nicht als politischer Faktor, sondern als Inkarnation eines unpolitischen Volkes von bescheidenen Ansprüchen und hoher Moral tauchen diese Deutschen auf.

Natürlich wußte man, daß jenseits des Rheins nicht lauter versonnene Schäfer und anderes romantisches Personal wohnten. Schließlich hatte es einen lebhaften politischen und kulturellen Austausch zwischen Deutschland und Frankreich im Vormärz zumal und in der Revolutionszeit gegeben. Das kollektive Gedächtnis aber ist ein Langzeitgedächtnis. Ungenau vielleicht, und mit Gegenwartseindrücken nicht so leicht zu korrigieren. Man weiß heute, daß sich nach diesen Kriegen die Beurteilung Preußens in der politischen Öffentlichkeit Frankreichs empfindlich geändert hatte. Der pickelhaubige Preuße begann den schlafmützigen Michel zu verdrängen. In der politischen Kari-

Wilhelm Camphausen: Napoleon III. bei Sedan, 1877. Berlin, Deutsches Historisches Museum (12a/7)

katur Frankreichs der sechziger Jahre konstatierte man einen erwachenden Machthunger und einen Durchsetzungswillen, der an Brutalität grenzte.

Und dennoch: Österreichs Militärmacht war in den Augen der Franzosen nicht mit der Frankreichs zu vergleichen, und 1870 war nicht 1866. Im übrigen ist die viel zitierte »Rache für Sadowa«, also für Königgrätz ein vielfach überschätztes Schlagwort. In den Wochen nach Ausbruch des Krieges hatte es nahezu keine Bedeutung. In der politischen Rhetorik der herrschenden öffentlichen Meinung gab es allerdings einen Zwiespalt und einen großen Abstand zwischen den Anleihen beim emphatischen Revolutionsvokabular, das Frankreichs Rolle fassen sollte, und der etatistisch-gemäßigten Auffassung vom Feind. Eine Reihe von Zeitungen versicherte ihren Lesern, daß die Deutschen im allgemeinen, die Preußen im besonderen nicht mehr jenen »Barbaren« aus der Besatzungszeit nach 1815 glichen, deren Gebaren in der mündlichen Überlieferung des Volkes noch mit allen Schrecken präsent war. Auch jenseits des Rheins habe die Zivilisation Einzug gehalten. Während man also das nationale Selbstbild in bunten Farben ausmalte, war der Gegner etwas Graues, Unbedeutendes, mit dem man sich eigentlich nicht näher beschäftigen mußte, solange man auf dem Schlachtfeld nach guter napoleonischer Manier das Geschehen diktierte.

Auch in Deutschland herrschte in Selbstverständnis und Feindbild derselbe Anachronismus, als erlebe man soeben die Wiederkehr Napoleons I. und als stünde Preußen mitten in den Befreiungskriegen. Als Feind galt nicht Frankreich und die französische Nation, sondern Napoleon III. Von den Franzosen machte man sich im übrigen Vorstellungen, die sogar noch weiter in der Vergangenheit wurzelten, wie der französische Schriftsteller Edgar Quinet schon festgestellt hatte: »Deutschland hat immer noch das Frankreich des achtzehnten Jahrhunderts vor Augen; ob jung oder alt, ob reich oder arm, ein Franzose ist immer ein Voltairianer, selbstgefällig, zart, geschminkt. Eine französische Frau ist zwangsläufig eine herausgeputzte Puppe, verhätschelt, verwöhnt, herzlos, geist- und seelenlos, im übrigen ein Ausbund an Frivolität und der Mittelpunkt aller Sitten- und Zügellosigkeit.«[6]

Diese Konstellation von Selbst- und Feindbild blieb freilich nur bis zur Schlacht bei Sedan am 2. September bestehen. Nach der schweren französischen Niederlage, die noch durch die Gefangennahme des französischen Kaisers verschärft wurde, war nichts mehr wie zuvor. Mit Napoleon versank auch das Kaiserreich. In Paris hatte man schon die Republik ausgerufen, und niemand, so hieß es, wollte den Krieg Napoleons fortführen. Auch für Preußen-Deutschland hätte der Krieg im September beendet sein können. Schließlich war der erklärte Feind, Napoleon »der Kleine«, wie ihn Victor Hugo stets nannte, besiegt und abgesetzt.

Der Volkskrieg

In den geheimen Verhandlungen zwischen Bismarck und dem Außenminister der Provisorischen Regierung, Jules Favre, wurde indessen rasch deutlich, daß man über die Bedingungen eines Waffenstillstands oder eines Friedens kein Einvernehmen erzielen konnte. Die deutschen Staaten hätten ihren Bevölkerungen die Rückkehr zum Vorkriegszustand nach den vielen Toten, die der Krieg schon gekostet hatte, kaum verständlich machen können, und ein solches Nullsummenspiel konnte nach dem großen Sieg auch kaum in ihrem Intreresse liegen. Die junge französische Republik auf der anderen Seite war zu territorialen Konzessionen im Elsaß und in Lothringen nicht bereit. Schließlich bezog sie ihre Legitimität vor allem aus dem parteienübergreifenden Anspruch, die Feinde aus dem Land zu vertreiben und die territoriale Integrität Frankreichs zu bewahren. Diese Kompromißunfähigkeit und die Unvereinbarkeit der gegenseitigen Ansprüche war hier nicht die Unfähigkeit der politisch Handelnden. Beides hatte vielmehr seinen Grund darin, daß sich mit dem Kriegsverlauf die Auffassung vom Sinn und Zweck des Krieges radikal verändert hatte. Der veränderten Kriegsauffassung entsprach die Veränderung in Selbstver-

A. Lemercier nach Jan Baptist Huysmans: Trotz allem unsere Fahne! Historische Episode aus Straßburg, 1871. Strasbourg, Musées de Strasbourg, Cabinet des Estampes et des Dessins (12b/28)

Ernest Meissonier: Die Belagerung von Paris, 1870. Paris, Musée d'Orsay (12a/19)

ständnis und Feindbild. Wie Deutschland und Frankreich nun zueinander standen, sollte das spätere Verhältnis beider Länder bis weit in die Nachkriegszeit prägen.

Auf deutscher wie auf französischer Seite vollzog sich eine parallele Umdefinition all dessen, worum es in diesem Krieg gehen sollte. Diese Parallelität und wechselseitige Beeinflussung muß man sich vor Augen halten, will man die Entstehung und den Wandel solcher Selbst- und Feindbilder verstehen. Deshalb sei hier auch kurz auf die deutsche Reaktion nach der Schlacht von Sedan und der Ausrufung der Republik eingegangen. In der Hauptsache wurde nun ganz Frankreich, genauer: der französische Staat und dessen Bürger, zum Feind der Deutschen erklärt. Ob dieses Frankreich napoleonisch oder republikanisch war, so formulierte der Historiker und Publizist Heinrich von Treitschke in aller Deutlichkeit, sei gleichgültig; es müsse darum gehen, die ständige Gefahr für den Frieden, die von Frankreich ausgehe, ein für allemal zu bannen. In dieser Perspektive verblaßten allmählich Unterschiede zwischen der Regierung des anderen Volkes und dem Volk selbst, die für das politische Handeln wie für die mentale Disposition gegenüber dem Nachbarn entscheidend waren. So setzte sich hier eine Nationalisierung der Feindschaft fort, die in den Befreiungskriegen eingesetzt hatte. Der Feind wurde zum Feind, schon weil er Franzose war. Und weil der Franzose stets sein würde, wie er immer gewesen war, konnten manche deutsche Publizisten die Auffassung bestätigt sehen, daß Frankreich der deutsche »Erbfeind« sei.

Mit dieser Definition des Feindes begab man sich freilich in die Falle eines historisch-anthropologischen Fundamentalismus, der den politischen Bewegungsspielraum ebenso einengte wie er schwerwiegende Folgen für das deutsche Selbstverständnis haben mußte. Denn man fixierte sich in der Abgrenzung gegen alles Französische in einer Polarität, die moralisch und intellektuell steril und politisch im beginnenden Zeitalter einer nationalen Öffentlichkeit zu Konflikten zwischen einer mit feinen Instrumenten und Sensorien arbeitenden Diplomatie und den Aspirationen der Allgemeinheit führen konnte.

Die Entwicklung auf französischer Seite läßt sich anders umreißen. Man stilisierte sich als Opfer: Zuerst sei Frankreich Opfer Napoleons gewesen, nun werde es das Opfer Preußen-Deutschlands. Damit war klar, daß man sich von allem revolutionären Eroberungsschwung und den imperialen Gesten distanzierte. Mehr noch: Man verabschiedete ebenso schnell wie entschieden alle Gedanken an eine politische Mission, die Frankreich in Europa zu erfüllen habe. Dies war eine Umwälzung der politischen Mentalität, die man sich kaum tiefgreifender vorstellen kann. Die französische Regierung verzichtete auf eine politische Legitimation und ein emotionales Euphoriepotential, die unbeschadet der unterschiedlichen politischen Regime seit der Revolution selbstverständlich zu dem gehörten, womit man Politik machte – im Inneren wie im Äußeren. Gegen die kriegerische Mission tauschte man eine ganz andere Rolle. Man stilisierte sich in weiten Teilen der politischen Öffentlichkeit nun defensiv: als Hort und Ikone der Zivilisation.

Nicht nur im äußeren Anspruch, sondern auch im Inneren trennte man sich von den politischen Dispositionen der Revolutionszeit. Die Republik, so wurde allenthalben verkündet, ist die Republik aller, und sie hat ihre Berechtigung in der Befreiung. Befreiung aber von wem? In dieser Frage griff man auf

Auguste Rodin: La Défense de Paris, 1879. Paris, musée Rodin (12b/7)

kam aus Deutschland, und er trug den Namen, der das äußerste an Ängsten und an Gegenwehr zu mobilisieren vermochte. Es war der »Barbar«, der vor den Toren von Paris stand. Und anders als in den Jahrzehnten zuvor war dieser »Barbar« nicht mehr rein politisch, sondern national definiert. »Barbarisch« war man nicht mehr auf Grund bestimmter Eigenschaften oder Absichten, sondern schon auf Grund einer ethnisch deklarierten Zugehörigkeit.

Es ist eine Ethnisierung der Feindschaft, die sich im Verlauf des Deutsch-Französischen Krieges auf beiden Seiten abzeichnet. Sie bestimmte zwar noch nicht das staatspolitische Handeln beider Seiten, hatte aber Eingang in die kollektiven Vorstellungswelten gefunden. Diese Verbindung von Nationalem und Nationalstaatsbildung mit dem Ethnischen war ein Ergebnis dieses Krieges, das nicht weniger schwerwiegend war als etwa die Annexion Elsaß-Lothringens.

Was sich in solcher komprimierten Darstellung wie ein Verschieben der Skalen eines Rechenschiebers ausnimmt, war doch wirkliches Leben, nicht einfach irgendwelche »Ideen«. Das mögen abschließend einige Stimmungsbilder von 1870/71 verdeutlichen.

Am 4. September 1870 erreichte der Schriftsteller Victor Hugo, der jahrelang im Exil auf der Insel Guernsey gelebt hatte, den Pariser Nordbahnhof und hält eine flammende Rede – für die Republik und die Verteidigung der Freiheit. »Bürger, Paris wird triumphieren«, ruft er, »weil es die Idee der Menschlichkeit und den Instinkt des Volkes verkörpert. Der Instinkt des Volkes ist eins mit dem Ideal der Zivilisation. Schließen wir uns angesichts der Invasion um die Republik zusammen und laßt uns Brüder sein.«[7]

Victor Hugo, der stets ein Verfechter der Völkerfreundschaft gewesen war, ruft wenig später seinen Landsleuten zu: »Seid schrecklich!«[8] und das auflagenstarke Boulevardblatt *Le Petit Journal* malt emphatisch den Straßenkrieg aus: »Wir werden töten, würgen, meucheln. Der Volkskrieg wird mit Haß und Steinen geführt. Die Frauen lassen die Verbände liegen und nehmen sich Pflastersteine. Auch die Klingen der Scheren werden zu Mordinstrumenten, kochendes Öl und Vitriol werden ihnen als Kugeln dienen. Das ist der wirkliche Krieg. Wir segnen ihn, weil durch ihn die Flut der Barbaren niedergeschlagen wird. Und unserem durch die gräßliche Invasion entehrten Frankreich werden wir im Blut der germanischen Fürsten eine neue Jungfräulichkeit schaffen.«[9]

Zuerst die Fürsten, dann das Volk, könnte man sagen. In der Tat waren es immer noch in erster Linie die Könige und Staatslenker, die den Franzosen als »Barbaren« galten. Aber wie das negative Preußenbild in diesem Krieg nach und nach auf das der anderen Deutschen abfärbte, so zeichnete sich ab, daß die deutschen Dynasten in der französischen Auffassung mehr und mehr zu Repräsentanten der Eigenschaften eines ganzen Volkes wurden. »Es ist nicht so«, stellte ein Beobachter

einen Kampfbegriff zurück, der seit der Revolutionszeit Feindschaften im Inneren wie im Äußeren beherrschte. Noch in der Revolution von 1848 war er in den Kämpfen des Bürgerkriegs verwandt worden. Der Feind, der nun bekämpft werden sollte,

fest, »daß die Deutschen von Natur aus grausam und ohne eine gewisse rauhe Gutmütigkeit in ihrem privaten Leben wären; man hat ihnen aber beigebracht, ohne weiteres aufs Wort zu gehorchen. Die außerordentliche Rührseligkeit, die sie oft an den Tag legen, schließt die Ausübung brutaler Gewalt nicht aus. Es ist kein moralisches und zivilisierendes Volk, sondern ein zur Beherrschung und Eroberung geschaffenes Instrument.«[10]

Preußen galt vielen französischen Publizisten als die »Erbsünde Europas«: Es kombinierte den technischen Fortschritt des Jahrhunderts mit der politischen Absicht finsterer Barbarei und brutaler Überwältigung. So forderte der französische Schriftsteller Saint Victor, wie einst Ernst Moritz Arndt Jahrzehnte zuvor, den allgemeinen Volkshaß: »Wenn wir wollen, daß Frankreich sich wieder zu seiner ganzen Größe erhebt, beeilen wir uns, diesen dringlichen, lebendigen und wesentlichen Haß in seine Seele zu senken. Halten wir diesen Haß lebendig wie ein heiliges Feuer, lernen wir zu hassen.«[11] Nur ein flüchtiger Blick auf das zwanzigste Jahrhundert bestätigt, wie leicht es sein sollte, den Haß zu lernen. Nicht zu vergessen, wie rasch sich die Fähigkeit zu hassen erwerben läßt, ist die Lektion, die der Krieg von 1870/71 heute erteilen kann.

1 Zum Deutsch-Französischen Krieg vgl.: Kolb 1989; Audoin-Rouzeau 1989; in eine Reihe von Erfahrungsebenen führt vorzüglich ein: Levallain/Riemenschneider 1990; zum französischen Preußenbild: Wenger 1979; Caroll 1966; zur Enstehung der wechselseitigen Selbst- und Feindbilder in der politischen Karikatur des 19. Jahrhunderts vgl. Siebe 1995; Jeismann 1992.
2 So das napoleonische Propagandablatt »Le Drapeau« am 23. 7. 1870.
3 L'Illustration, 16. 7. 1870.
4 L'Illustration, 30. 7. 1870.
5 Goncourt: Journal, Eintragung vom 6. August 1870.
6 Quinet 1986, S. 303.
7 Hugo 1964, S. 602.
8 Ebenda, S. 685.
9 Le Petit Journal, 30. 8. 1870.
10 Sorel 1871, S. 291.
11 Saint Victor 1871, S. 274.

Michael Jeismann, Historiker und Redakteur im Feuilleton der Frankfurter Allgemeinen Zeitung, veröffentlichte zuletzt »Herbst der Patriarchen. Monumente der vergangenen Gegenwart«, Frankfurt a. M. 1996.

Raum 12a

1870/71: »L'Année terrible«

Die Niederlage der eingeschlossenen französischen Armee in der Schlacht von Sedan am 1. September 1870 steigerte die Verzweiflung und förderte zugleich den Willen der Franzosen zu moralischem Widerstand. Napoleon III., der als geschlagener Feldherr seinen Degen am 2. September an König Wilhelm von Preußen übergeben hatte, wurde als Kriegsgefangener nach Schloß Wilhelmshöhe bei Kassel verbracht. Das Mißgeschick des entmachteten Kaisers verhöhnte im Januar 1872 Jacques Offenbachs »Le Roi carotte« als Allegorie des Second Empire. Die berühmte Schriftstellerin George Sand begrüßte fern vom Kriegsgeschehen in ihrem Tagebuch als glühende Patriotin die Proklamation der Dritten Republik und die Regierung der Nationalen Verteidigung: »Dieu protège la France, elle est devenue digne de son regard!« Massenwirksame Trivialisierungen nationaler Heldentaten der deutschen Einigungskriege von 1864, 1866 und 1870/71 gehörten seit 1871 mit patriotischen Volksfesten vom »Sedanstag« zum Gedenken an die Schlacht vom 2. September und »zuchtvollen« nationalen Siegesfeiern nach dem Programm des evangelischen Feldpredigers Friedrich von Bodelschwingh zum Repertoire der nationalen Selbstdarstellung des Deutschen Kaiserreichs. Victor Hugo, der von Napoleon III. verfemte französische Nationaldichter, der den Begriff des »Année terrible« geprägt hatte, verfaßte unmittelbar nach seiner Rückkehr aus seinem Inselexil in Guernsey am 9. September 1870 als Abgeordneter der Nationalversammlung den ergreifenden Aufruf »An die Deutschen« für Menschenrechte und Frieden unter den Nationen, der von einem Ballon über den Stellungen der deutschen Bundestruppen abgeworfen wurde. Der von Wilhelm Leibl bewunderte Maler Gustave Courbet verlas am 29. Oktober 1870 im Lesesaal des Athénée im belagerten Paris zwei offene Briefe an die deutsche Armee und die deutschen Künstler. Im Appell an ihr Gewissen für Frieden, Freiheit und Brüderlichkeit beschwor er sie, den absurden Belagerungszustand aufzuheben: »Laßt uns Eure Kanonen von Krupp, und wir werden sie mit den unsrigen zusammen einschmelzen.« Auch Ernest Meissonier, der Künstlerfreund Adolph Menzels, nahm an der Verteidigung von Paris teil, das die Deutschen seit dem 18. September belagerten. Gustave Doré rühmte mit der Frauengestalt »La France« den heldenmütigen Verteidigungswillen der französischen Truppen und widmete ein Album mit Zeichnungen sogar den verhaßten »Généraux allemands«. Puvis de Chavannes berühmte Ölskizzen zur Aufrechterhaltung der Verbindungen mit der Exilregierung in Tours mittels Brieftauben und Heißluftballon, »Le ballon« und »Le pigeon«, entstanden während der Belagerung von Paris als Vorstufen zu einem größeren Werk, wurden als Allegorien auf den Behauptungswillen gegen die Deutschen zu Bildnissen des nationalen Widerstands. Während der Wintermonate wurde die Bevölkerung der Hauptstadt unter großen Verlusten von Hunger und Kälte heimgesucht; städtische Küchen beschafften die karge Ernährung für die Ärmsten der Armen. Anton von Werners »Etappenquartier vor Paris 1871« dagegen bezeugt die Siegerperspektive. Sein Bildnis des Generalfeldmarschalls von Moltke im preußischen Hauptquartier in Versailles spielt darüber hinaus auf die Bedeutung der Eisenbahnverbindungen für die Truppenbewegungen zur offensiven Verengung des militärischen Rings an, den die deutschen Bundestruppen seit dem 19. September 1870 um das belagerte Paris bis zum Waffenstillstand im Vorfrieden zu Versailles am 28. Januar 1871 aufrechterhielten.

Ah! Tudesques, vous aurez beau faire, les Gaulois vous distanceront toujours; malgré tous leurs revers, vous ne les empêcherez jamais d'attacher le grelot à la civilisation; nous sommes plus subtils et plus rapides que vous dans nos conclusions et notre méthode de concrétion, quoique trop précipitée parfois, vous devancera toujours.

Gustave Courbet: Vortrag im Lesesaal des Athénée, Paris, 29. Oktober 1870

Ach Ihr Teutschen, es hilft nichts, die Gallier werden Euch immer übertreffen; trotz all ihrer Rückschläge werdet Ihr sie niemals daran hindern, Vorreiter der Zivilisation zu sein; wir sind subtiler und schneller als Ihr in unseren Schlußfolgerungen, und unsere Methode der anschaulichen Darstellung, obgleich manchmal oberflächlich, wird Euch immer überlegen sein.

Gustave Doré
Das Rätsel, 1871
Paris, Musée d'Orsay
(12a/1)

1870/71: »L'Année terrible«

links:
*Pierre Puvis de Chavannes
Die Brieftaube, 1870/71
Paris, Musée Carnavalet
(12a/26)*

rechts:
*Pierre Puvis de Chavannes
Der Ballon, 1870
Paris, Musée Carnavalet
(12a/25)*

Raum 12a

Henri Pille
*Eine städtische Küche
während der Belagerung von
Paris, 1870/71
Paris, Musée Carnavalet*
(12a/22)

Narcisse Chaillou
*Der Rattenverkäufer
während der Belagerung von
Paris 1870
Paris, Musée Carnavalet*
(12a/23)

1870/71: »L'Année terrible«

Anton von Werner
*Im Etappenquartier vor Paris
1870*, 1894
Berlin, Staatliche Museen zu
Berlin, Nationalgalerie
(12a/24)

Saint Victor [...] rappelait que le monde idéal et fictif des Werther et des Charlotte, des Hermann et des Dorothées avait produit les soldats les plus durs, les diplomates les plus perfides, les banquiers les plus retors, il aurait pu ajouter les courtisanes les plus dévoratrices. Il faut vous mettre en garde contre cette race, qui éveille chez nous l'idée de la candeur de nos enfants: leur blondeur à eux, c'est l'hypocrisie et l'implacabilité sournoise des races slaves.

Edmond et Jules de Goncourt: Journal. Mémoire de la vie littéraire, 5. Dezember 1870

Saint-Victor [...] erinnerte daran, daß die ideelle, erdachte Welt der Werther, Charlotte, Hermann und Dorothea die härtesten Soldaten hervorgebracht hätte, die hinterlistigsten Diplomaten, die durchtriebensten Bankiers; er hätte hinzufügen sollen, die gierigsten Kurtisanen. Wir müssen uns hüten vor dieser Rasse, die in uns die Vorstellung von unschuldigen Kindern weckt: hinter ihrer Blondheit steckt die Heuchelei und finstere Unerbittlichkeit der rotblonden Rassen.

12a/2

12a/1   Gustave Doré (1832-1883)
Das Rätsel
1871
Öl auf Leinwand; 130 x 195,5 cm
Paris, Musée d'Orsay (RF 1982-68)
Abb. S. 414

Unter dem Eindruck des Deutsch-Französischen Krieges – »une gigantesque et terrible guerre qui va mettre la France à feu et à sang« (ein gigantischer und schrecklicher Krieg, der Frankreich mit Blut und Feuer überzieht), so der Maler an seinen Freund Harford in einem Brief vom 27. Juli 1870 – schuf Doré mehrere Zeichnungen, Skizzen und Bilder mit patriotischer Aussage: »La Marseillaise«, »Lied des Aufbruchs«, »Der deutsche Rhein«, »Das gepeinigte Elsaß«, eine Reihe erschütternder Blätter, die dem Martyrium des Elsaß gewidmet sind, sowie drei große Kompositionen in Grisaille: »Das Rätsel«, »Der schwarze Adler Preußens« und »Die Verteidigung von Paris«. In einem Verkaufskatalog von 1885 hat Doré die drei letzten Bilder unter dem Titel »Souvenirs des Jahres 1870« zusammengefaßt. Dorés Patriotismus findet hier allegorischen Ausdruck, so auch in der tragisch-geheimnisvollen Komposition »Das Rätsel«: Auf dem Schlachtfeld im Tal liegen die Leichen gefallener Soldaten, im Hintergrund erkennbar die von Rauch fast verdeckte Silhouette einer Stadt, vermutlich Paris. Eine geflügelte Frau – wohl eine Personifikation Frankreichs – befragt eine Sphinx: Das Rätsel, das zu lösen ist, mag den Ausgang oder auch den Grund des Krieges betreffen. Doré leistete seinen Militärdienst bei der Garde Nationale, doch mußte er sich aus Altersgründen nicht unmittelbar am Kampfgeschehen im Feld beteiligen; der Künstler erfüllte indessen seine militärische Pflicht als Zeuge und Dokumentarist: So hielt er die Kriegsereignisse – die Bombardierung ebenso wie die Verteidigung von Paris – in zahlreichen Skizzen und Zeichnungen fest.   AC

Lit.: Kat. Straßburg 1983, Nr. 101, S. 126f.

12a/2   Arnold Böcklin (1827-1901)
Kentaurenkampf
1872
Öl auf Leinwand; 43,3 x 71 cm
Bern, Kunstmuseum Bern (Schenkung Walter und Hedwig Scherz-Kernen, Muri)
(1795)

»Da alle Welt voll Kampf sei, müsse er auch wohl ein paar raufende Knoten malen«, soll Böcklin nach dem Deutsch-Französischen Krieg geäußert haben. Ähnlich wie den fast gleichaltrige Anselm Feuerbach zogen ihn um und nach 1870 Kampfmotive stärker als zuvor an. Wie Feuerbach mit »Amazonenschlacht« und »Titanensturz« den Kriegen von 1866 und 1870/71 nicht historische, sondern mythische Prototypen gegenüberstellte, so Böcklin mit »Kentaurenkampf« und viel später mit der in zwei Varianten (1896, 1897) gemalten Komposition »Der Krieg«. Kämpfen und Töten könnten dabei nur als elementare Gegebenheiten der menschlichen Natur, als Urmächte jenseits des geschichtlichen Augenblicks und der Beschaffenheit der Gesellschaft erscheinen, wirkte dem nicht ein Hang zum Drastisch-Komischen entgegen, den man neuerdings mit Aristophanes in Verbindung gebracht hat: In den »Fröschen« und anderen Komödien werden kampflüsterne Krieger lächerlich gemacht. Böcklins naturalistischer Umgang mit der Antike birgt überhaupt ein hohes kritisches Potential, wogegen weder der große Publikumserfolg des »Kentaurenkampfes« (in seiner endgültigen Fassung) auf der Wiener Weltausstellung 1873 noch Nietzsches Beifall sprechen. Eine zweite prägende Zeiterfahrung, die sich in der Komposition symbolisch niederschlägt, könnte der darwinistisch interpretierte Kampf der Kapitalmagnaten untereinander sein. In Hesiods »Schild des Herakles« wie auch im 12. Buch von Ovids »Metamorphosen« wird der Kampf der Kentauren gegen den thessalischen Stamm der Lapithen beschrieben. Den Anlaß – einen Frauenraub während der Hochzeit des Lapithenkönigs Pirithous – läßt Böcklins Komposition so wenig vermuten wie den schließlichen Sieg der von Herakles und Theseus unterstützten Menschen über die Mischwesen, den der Mythos vorgibt. In der großen Endfassung (1872/73, Basel, Kunstmuseum) kämpfen nur noch Kentauren auf kalter Bergeshöhe, gegen einen Wolkenhimmel gestellt, gegeneinander. Dieser Komposition voraus gingen zwei Farbskizzen (1871 und 1872) und eine ihnen ähnliche große Fassung, die unvollendet aufgegeben wurde (1872, Privatbesitz). Im letzten Ansatz aber wurde die Komposition weitgehend neu entworfen, die monumentalisierende Silhouettenwirkung verstärkt. In der zweiten Farbskizze, der eine Ausführung im großen Format folgt, schlägt die grimassierende Brutalität ins Groteske um. CK

Lit.: Andree 1977, Nr. 264, S. 357; Ranke 1977, S. 78-82; Poetter 1977, S. 109-114

12a/3 **George Sand** (eigentl. Aurore Dupin, 1804-1876)
Journal intime. Année 1870
Eigenhändiges Manuskript; 34 x 12,5 cm
Paris, Bibliothèque Nationale de France, Département des Manuscrits
(Mss. N.A.F. 24832)

Die Romanschriftstellerin George Sand, die als 66jährige den größten Teil der Kriegsmonate mit ihren Kindern Maurice und Solange auf ihrem Landgut Nohant weitab vom Kriegsgeschehen verbrachte, schrieb oder diktierte gewöhnlich ihre täglichen Aufzeichnungen in eine schmale kommerzielle Agenda, beginnend am 25. Januar 1852 und endend am 29. Mai 1876. Die Eintragungen aus den Kriegsmonaten finden sich in einem Heft von 98 Seiten. Den größten Teil nehmen alltägliche Geschehnisse, Familienereignisse, geschäftliche Verhandlungen und zuweilen Personalprobleme ein. Politische Beobachtungen sind ganz selten zu finden, so daß die Erwähnung der Ereignisse der Entscheidungsschlacht von Sedan nach dem 2. September 1870 einen großen Stellenwert hat. Die überzeugte Demokratin erweist sich als glühende Patriotin, sie beklagt die Niederlage des französischen Generals Wimpfen mit 40 000 Mann (Eintrag am 4. September) und stellt die Gefangennahme des Kaisers fest, umso mehr aber begrüßt sie mit Eifer die Proklamation der Republik (5. September): »Dieu protège la France, elle est redevenue digne de son regard!« (Gott schütze Frankreich, das seines Blickes wieder würdig geworden ist!). MLP

12a/4 **Gustave Courbet** (1819-1877)
Lettres à l'armée allemande et aux artistes allemands
(Briefe an die deutsche Armee und an deutsche Künstler)
Paris: Gustave Courbet 1870
Paris, Bibliothèque Nationale de France, Département des Imprimés (Lb 57 636)

Zwei offene Briefe, die Courbet am 29. Oktober 1870 im Lesesaal des »Athénée« verlas und anschließend broschiert veröffentlichte, schildern die Zeit der Belagerung von Paris: »In dieser Zeit wird jeder verrückt: Daran sind die Deutschen schuld; ich zum Beispiel war Maler, jetzt bin ich Schriftsteller geworden. Die Schriftsteller sind Polytechniker, die Musiker Artilleristen, alle Geschäftsleute Generäle, die Generäle sind Gesetzgeber, die Richter sind Soldaten, wie die Ärzte auch; und

AUX ARTISTES ALLEMANDS

J'ai vécu avec vous par la pensée pendant vingt-deux ans, et vous avez forcé mes sympathies et mon respect. Je vous ai trouvés tenaces à l'œuvre, pleins de prudence et de volonté, hostiles à la centralisation et à la compression de l'idée. Quant nous nous rencontrions à Francfort et à Munich, je constatai nos tendances communes. Ainsi que moi, en demandant la liberté pour l'Art, vous réclamiez aussi la liberté des peuples. Au milieu de vous, je me croyais dans mon pays, chez mes frères; nous trinquions alors à la France et à l'avènement de la République européenne; à Munich encore, l'an dernier, vous juriez par les plus terribles serments de ne point inféoder à la Prusse.

Aujourd'hui, vous êtes tous enrégimentés dans les bandes de Bismark; vous portez au front un numéro d'ordre, et vous savez saluer militairement.

Vous, dont on exaltait l'honnêteté et la loyauté, vous, les dédaigneux des intérêts mesquins, les élus de l'intelligence, on vous prendrait aujourd'hui pour des maraudeurs nocturnes, venus sans vergogne à la face du monde entier détrousser Paris.

12a/4

Maurice m'éveille en me disant la république est proclamé à Paris sans coup férier – fait immense, unique dans l'histoire des peuples! Elle est donc l'état normal, l'état voulu des nations civilisées, cette liberté de gouvernement de l'homme par lui-même! Il est né dans la tourmente pour première fois, après un léger combat la seconde fois, Il nait aujour d'hui sans une goutte de sang versé – n'est-il pas viable? et pervers! Repoussons les prussiens? Ne vont-ils pas conclure la paix ou suspendre les hostilités? Dieu protège la france, elle est redevenue digne de son regard.

George Sand,
Journal intime,
5. September 1870

Maurice weckt mich und sagt mir, daß in Paris die Republik ohne Schwertstreich proklamiert ist – ein ungeheures Ereignis, einmalig in der Geschichte der Völker! Sie ist also der Normalzustand, der gewünschte Stand der zivilisierten Nationen, diese Freiheit der Regierung des Menschen durch sich selbst! Er ist zuerst im Sturm geboren, zum zweiten Mal nach einem leichten Kampf, heute ohne einen Tropfen Blut zu vergießen – ist er nicht lebensfähig? und widernatürlich! Schlagen wir die Preußen zurück? Werden sie nicht Frieden schließen oder die Feindseligkeiten aufheben? Gott beschütze Frankreich, es ist wieder seines Blickes würdig geworden.

Ils distribuent à chaque officier ces cartes merveilleuses qui devaient leur ouvrir le chemin de nos villages. Mais dans cette topographie érudite, ils n'ont oublié, méconnu, laissé en blanc, qu'une seule chose: l'esprit de ce peuple qu'ils prétendaient dominer et écraser. Et cet esprit, dont ils n'avaient aucune idée, se réveille; il se retrouve, c'est lui qui les enveloppe. C'est lui qui est debout au seuil de chaque maison.

Edgar Quinet:
Le siège de Paris et la défense nationale,
1870

Sie verteilten an jeden Offizier diese großartigen Karten, die ihnen den Weg in unsere Dörfer weisen sollten. Aber in dieser übergenauen Topographie haben sie einen weißen Fleck vergessen und übersehen: den Geist dieses Volkes, das sie zu beherrschen und auszulöschen suchten. Und dieser Geist, von dem sie keine Ahnung hatten, erhebt sich; er findet zu sich, er wird sie einfangen. Dieser Geist erhebt sich an der Schwelle jedes Hauses.

12a/6

der Adel, der selber krank war, ist seinerseits Arzt geworden.« So der Prolog seiner Briefe an die deutschen Künstler, an deren Gewissen für Frieden, Freiheit und Brüderlichkeit Courbet appelliert, um den absurden Krieg und die Belagerung von Paris aufzuheben. Er schließt mit dem Appell: »Laßt uns Eure Kanonen von Krupp, und wir werden sie mit den unsrigen zusammen einschmelzen; die letzte Kanone, die Mündung in die Luft, die phrygische Mütze obenauf, das Ganze auf ein Postament gesetzt, das seinerseits auf drei Kanonenkugeln aufliegt, und dieses kolossale Monument, das wir gemeinsam auf der Place Vendôme errichten werden, dies sei Eure Säule, Eure und unsere, die Säule der Völker, die Säule Deutschlands und Frankreichs, die dann immer vereint sind.« Am 6. September 1870 hatte die Künstlergenossenschaft Courbet zu ihrem Vorsitzenden gewählt, der die Aufstellung der Vendôme-Säule als störend empfand und sie lieber in einem historischen Museum aufbewahrt wissen wollte. MLP
Lit.: Kat. London 1978, S. 45f.

12a/5 **Anton von Werner** (1843-1915)
Graf Moltke in seinem Arbeitszimmer in Versailles (19. November 1870)
1872
Bez. u.r.: AvW 1872
Öl auf Leinwand; 98,5 x 71,2 cm
Hamburg, Hamburger Kunsthalle (2186)
Abb. S. 406

»Moltke war übrigens nicht so schweigsam, wie von ihm behauptet wurde«, schilderte der Künstler seine Begegnung mit dem General im November 1870. »Während des Dejeuners, zu denen ich einige Male mit einer Einladung beehrt wurde [...], unterhielt er sich lebhaft über Kunst, das Versailler Museum, die französischen Marschälle, deren Porträts dort hingen [...]«. Anton von Werner hielt sich im Auftrag des Schleswig-Holsteinischen Kunstvereins im Hauptquartier der deutschen Armee in Versailles auf, um anläßlich der Belagerung der französischen Metropole ein Gemälde von »Moltke mit seinem Stabe vor Paris« anzufertigen (1873, Kunsthalle Kiel). In einem weiteren Bild gab Werner seinen Eindruck des gebildeten, kultivierten Militärs wieder. Er portraitierte Moltke diesmal nicht als Feldherrn in der Schlacht, sondern als Strategen in Generaluniform mit Pour le Mérite und Eisernem Kreuz in seinem Versailler Quartier in der Rue Neuve Nr. 38 beim Akten- und Kartenstudium. Die auf dem Tisch befindlichen Karten von Paris und Umgebung weisen darauf hin, daß Helmuth Graf von Moltke als Chef des Großen Generalstabs die entscheidende Verantwortung für die logistische Vorbereitung und den militärischen Verlauf des Deutsch-Französischen Krieges trug. FM
Lit.: Werner 1913; Bartmann 1985; Kat. Berlin 1993(b), S. 294ff.

12a/6 **Emile Antoine Bourdelle** (1861-1929)
Kopf des Herkules
1905
Bez.: C BY BOURDELLE VI / VALSUNANI BAGNEUX
Bronze; 33 x 25 x 23 cm
Montauban, musée Ingres (MID. 86.1.2., Dépot musée Bourdelle, Paris)

Bourdelle schuf das mit dem ersten Preis ausgezeichnete Projekt für den Wettbewerb, den die Société des Anciens Combattants de Montauban im April 1895 ausgeschrieben hatte, das »Monument aux Morts, aux Combattants et Serviteurs du Tarn-et-Garonne de 1870-71« in den Jahren 1895 bis 1902. Das Modell wurde zunächst vom 1. bis 12. August 1895 in den Ausstellungsräumen des Musée Ingres in Montauban präsentiert. Der endgültige Bronzeguß wurde nach zahlreichen weiteren Bearbeitungen 1901 in Auftrag gegeben und im Frühjahr 1902 im Salon vor dem Grand Palais ausgestellt. In Montauban wurde es trotz heftiger Kritik von konservativer Seite auf der Place de la Bourse (heute Place Bourdelle) am 14. Dezember 1914 errichtet. Die

Bronze ist ein Probeabguß des Kopfes des großen Kriegers dieses von den Zeitgenossen so umstrittenen Kriegerdenkmals. MLP
Lit.: Kat. Montauban 1992, Nr. 19, S. 35f., S. 72

12a/7 **Wilhelm Camphausen** (1818-1885)
Napoleon III. bei Sedan
1877
Bez. u.r.: W Camphausen 77
Öl auf Leinwand; 126 x 110,5 cm
Berlin, Deutsches Historisches Museum
(1988/1501)
Abb. S. 408

Die entscheidende militärische Wende im Krieg von 1870/71 erfolgte drei Wochen nach der verlustreichen Schlacht von Gravelotte bei Sedan am Ufer der Maas nahe der belgischen Grenze. Die Armeen Marschall Mac Mahons waren durch die von Generalfeldmarschall von Moltke und Kriegsminister von Roon geleiteten Truppenbewegungen eingeschlossen: 250 000 Deutsche umzingelten 130 000 Franzosen. Kaiser Napoleon III., der die Truppen im Kampf ermutigen wollte, konnte nur noch einem verlustreichen Desaster für die Franzosen beiwohnen; so hat ihn der preußische Schlachtenmaler Wilhelm von Camphausen 1877 zu Pferde dargestellt. Am Abend des 1. September überbrachte sein Generaladjutant König Wilhelm I. sein Kapitulationsschreiben: »Da es mir nicht vergönnt war, inmitten meiner Truppen zu sterben, bleibt mir nichts anderes übrig, als meinen Degen in die Hände Eurer Majestät zu legen.« Die ersten Verhandlungen nach der Kapitulation fanden im nahegelegenen Weberhäuschen in Donchéry statt. Die bei Sedan gestellte französische Armee kam in Kriegsgefangenschaft: 39 Generäle, 2300 Offiziere, über 100 000 Mann; der entmachtete Kaiser wurde auf die Festung Wilhelmshöhe bei Kassel verbracht. Die patriotischen Siegesfeiern zum Gedenken an Sedan gehörten in Zukunft zum Repertoire der nationalen Selbstdarstellung des Deutschen Kaiserreichs. MLP
Lit.: Kat. Berlin 1990(a), S. 311-327

12a/8 **Henri Meyer**
Plakat für die Operette »Le Roi Carotte«
Musik von Jacques Offenbach, Libretto von Victorien Sardou
Paris, 1872
Bez. u.l. (im Bild): H. Meyer; u.r.: Lith. Arouy, R. du Delta 26
Farblithographie; 69 x 52,5 cm
Paris, Bibliothèque Nationale de France, Musée de l'Opéra [Aff. Th. II (351)]
Abb. S. 299

»Le Roi Carotte« geht ursprünglich auf eine Bestellung des Direktors vom »Théâtre de la Gaîté«, Boulet, zurück (1869). Das einst im Hallenviertel gelegene Etablissement war eines der bedeutendsten italienischen Operntheater von Paris. Boulet war entschlossen, große Summen in diese Neuproduktion zu stecken und erbat daher von Offenbach ein »Märchen- und Ausstattungsstück«, das den Vorwand für eine glänzende Inszenierung und prächtige Dekorationen liefern sollte. Das Libretto wurde Victorien Sardou anvertraut, der sich von E.T.A. Hoffmanns Erzählung »Kleinzaches, genannt Zinnober« inspirieren ließ. Sardou veränderte das Original so, daß unter dem Deckmantel des Märchenstücks eine Allegorie des politischen Lebens unter dem zu Ende gehenden Zweiten Kaiserreich zum Vorschein kam. Um ein von der Niederlage von 1871 traumatisiertes französisches Publikum nicht vor den Kopf zu stoßen, brachte Sardou im Nachhinein einige zusätzliche Änderungen an seinem Text an: Die Handlung wurde von Deutschland nach Ungarn verlegt und die Szene, in der König Fridolin (alias Napoleon III.) seine Entscheidung verkündet, gegen das benachbarte Herzogtum in den Krieg zu ziehen und versichert, die Armee sei bereit »bis zum letzten Gamaschenknopf«, einfach gestrichen. Der Deutsch-Französische Krieg hatte freilich die Verzögerung der Uraufführung von »Le Roi Carotte« zur Folge, die erst am 15. Januar 1872 stattfand. Boulet, der darum bemüht war, die enormen Kosten für die Bühnendekoration und die Verpflichtung eines umfangreichen Orchesters wieder einzuspielen, schickte der Premiere einen beispiellosen Werbefeldzug voraus, der sogar einen Teil der Presse verstimmte. So schrieb der Chronist des satirischen Wochenblatts »Le Sifflet« am 21. Januar 1872: »Den Reklamen des Karottenverkäufers Sardou gehen wir nicht mehr auf den Leim, wir kennen all seine Tricks, er kann vor der Erstaufführung seiner Stücke noch so viel Radau machen, wir fiebern ihnen nicht mehr entgegen.« Trotz dieser Vorbehalte – im wesentlichen war es Sardous Textbuch, das Proteste hervorrief, und nicht Offenbachs Musik – erntete »Le Roi Carotte« beträchtlichen Erfolg. Publikum und Kritik waren begeistert von dem ungeheuren Luxus der neuen Produktion. So hieß es am 20. Januar 1872 in »Le Monde illustré«, daß »die Dekorationen prunkvoll und die Kostüme schwindelerregend sind; Offenbachs Musik unterstützt mit bewundernswerter Hingabe diese Ausstattungsepopöe«. Der Erfolg bewog Offenbach, in dem Genre des Märchenstücks fortzufahren, das fünf Jahre später in »Contes d'Hoffmann« seinen Höhepunkt fand. RF
Lit: Kracauer 1976, S. 307ff; Faris 1980, S. 166

12a/9 **Julius Franz** (1824-1887)
Treffen König Wilhelms I., Bismarcks und Moltkes am 1. September 1870 bei Sedan
1872
Bez. am Sockel: SY & WAGNER; an der Gruppe: J. Franz inv. 1872
Silber gegossen, ziseliert; 73 x 62 x 51 cm
Potsdam, Stiftung Preußische Schlösser und Gärten Berlin-Brandenburg (1698)

Das Schaustück, das nach dem Modell von Julius Franz von Louis J. Sy und Albert Wagner gefertigt wurde, ver-

Cette guerre-ci est brutale, sans âme, sans discernement, sans entrailles. C'est un échange de projectiles plus ou moins nombreux, ayant plus ou moins de portée, qui paralyse la valeur individuelle, rend nulle la conscience et la volonté du soldat. Plus de héros, tout est mitraille ...

George Sand:
Journal d'un voyageur pendant la guerre,
25. September 1870

Dieser Krieg ist brutal, seelenlos, ohne Unterschied, ohne Innenleben. Er ist ein Austausch von mehr oder weniger Geschossen mit mehr oder weniger Reichweite, der den Wert des Einzelnen lähmt, das Gewissen und den Willen der Soldaten auslöscht. Keine Helden mehr, alles ist Kugelhagel ...

J'étais au séminaire Saint-Sulpice vers 1843, quand je commençai à connaître l'Allemagne par Goethe et Herder. Je crus entrer dans un temple, et, à partir de ce moment, tout ce que j'avais tenu jusque-là pour une pompe digne de la Divinité me fit l'effet de fleurs de papier jaunies et fanées. [...] Le grand malheur du monde est que la France ne comprend pas l'Allemagne et que l'Allemagne ne comprend pas la France: ce malentendu ne fera que s'aggraver. On ne combat le fanatisme que par un fanatisme opposé [...].

Ernest Renan an David Strauß, Paris, 13. September 1870

Ich war im Seminar zu St. Sulpice, ums Jahr 1843, als ich anfing, Deutschland kennenzulernen durch die Schriften von Goethe und Herder. Ich glaubte in einen Tempel zu treten, und von dem Augenblick an machte mir alles, was ich bis dahin für eine der Gottheit würdige Pracht gehalten hatte, nur noch den Eindruck welker und vergilbter Papierblumen.[...] Das große Unglück der Welt ist, daß Frankreich Deutschland nicht versteht und Deutschland Frankreich nicht: dieses Mißverständnis wird sich jetzt nur noch verschlimmern. Man bekämpft den Fanatismus auf der einen Seite durch den gleichen Fanatismus auf der anderen [...].

12a/9

herrlicht den Krieg gegen Frankreich, der bei Sedan am 1. und 2. September 1870 für Preußen entschieden wurde und die staatliche Einigung auf der Grundlage des 1867 geschlossenen Norddeutschen Bundes durch Akzession der süddeutschen Staaten ermöglichte. Das Sockelrelief verweist auf die Krönung König Wilhelms I. zu Kaiser Wilhelm I., die dieser am 18. Januar 1871 im Spiegelsaal zu Versailles im Zuge der Proklamation »Kaiser Wilhelm lebe hoch!« durch den Großherzog von Baden vollzog. Das neugegründete Deutsche Reich von 25 Bundesstaaten bildeten vier Königreiche, sechs Großherzogtümer, fünf Herzogtümer, sieben Fürstentümer und drei Freie Städte. Das Gegenstück zu diesem Silberaufsatz verherrlicht in ähnlicher Form den Krieg von 1866, den Preußen unter politischer Führung Bismarcks und militärischer Führung Helmuth von Moltkes gegen das österreichische Kaiserreich und seinen Bündnispartner, den König von Sachsen, um die Vorherrschaft in Deutschland geführt hatte. Am 3. Juli 1866 siegte Preußen bei Königgrätz und konnte im Vorfrieden von Nikolsburg am 26. Juli 1866 seine politischen Ziele auf dem Weg zum deutschen Nationalstaat durchsetzen. MLP

Lit.: Kat. Berlin 1990(a), S. 345-360

12a/10 **Herr Pastor v Bodelschwing** (sic)
am 27. Sept. 1870 das Vater unser mit den Jägern des 7.ᵗ Batailons betend / im Feuer der Granaten
1870
Bleistiftzeichnung; 19,7 x 31,3 cm
Bielefeld, Hauptarchiv der
v. Bodelschwinghschen Anstalten Bethel
(2/90-41, Nr. 15Z)

Diese Zeichnung aus dem zweiten, von August bis Dezember 1870 geführten Loseblattagebuch des Begründers der Heilanstalten von Bethel zeigt eine Alltagsszene des evangelischen Feldpredigers Friedrich von Bodelschwingh, der bereits von 1858 bis 1864 für die deutschen Straßenkehrer in Paris tätig gewesen war. Die Tagebuchblätter waren ebenso wie seine Aufzeichnungen aus dem Krieg von 1866 zum Abdruck im »Westfälischen Hausfreund« bestimmt. Aufgrund seiner Erfahrungen im Kriegseinsatz von 1870/71 regte er die Feier des Sedantages als weltliches deutsches Volksfest an, das die Bevölkerung vor »Missbrauch und Entartung« bewahren solle. Zuvor hatte Kaiser Wilhelm die Petition eines Gremiums von 49 badischen Gemeinden mit Vertretern aus kirchlich-liberalen Kreisen zur Einrichtung eines »allgemeinen deutschen Volks- und Kirchenfestes« zur Feier der »Wiederaufrichtung des deutschen Reiches« abgelehnt und statt dessen auf die Tradition der Gedenkfeiern zur Völkerschlacht von Leipzig verwiesen: »Auf solche Weise würde die Feier sich naturwüchsig aus eigener Sitte der Nation zu einem wahren Volksfest gestalten, während dahinzielende obrigkeitliche Anordnungen mir nicht angemessen erscheinen.« Nach Bodelschwinghs Willen sollte das Sedanfest ein zuchtvolles Fest unter Beteiligung kirchlicher Amtsträger mit morgendlichem Gottesdienst und Abendgebet werden. Als warnendes Beispiel schwebten ihm die frivolen Pariser Volksfeste unter Napoleon III. vor, deren Exzesse ihn zutiefst erschreckt hatten. Seit 1873 setzten sich die Sedanfeiern zum Jahrestag der Entscheidungsschlacht ohne amtliche Verfügung durch; seit 1874 gerieten die Feiern in den Kulturkampf der liberalen katholischen Kreise und der protestantischen Reaktion und wurden von der Sozialdemokratie wegen ihrer zunehmenden Militarisierung leidenschaftlich bekämpft. MLP

12a/11 **»Babel ist gefallen«**
In: Westfälischer Hausfreund,
5. Februar 1871 (7. Jg., Nr. 6)
Bielefeld, Hauptarchiv der
v. Bodelschwinghschen Anstalten Bethel (P2)

Der Eintrag vom 5. Februar »Babel ist gefallen« bezieht sich auf die Kapitulation von Paris nach zähen Verhandlungen zwischen Bismarck und dem Außenminister der provisorischen Regierung, Jules Favre, um einen Waffenstillstand, der in Versailles am 28. Januar 1871 unterzeichnet wurde. Die Zeitschrift gab Bodelschwingh seit 1865 als Organ seiner sittlichen Anliegen zum Aufbau

1870/71: »L'Année terrible«

12a/12

einer »Inneren Mission« heraus. Auch seine theoretischen Gedanken zum späteren Sedantag hatte er in der Ausgabe vom 30. Juni unter dem Titel »Wahre Volksfeste« begründet. Der konkrete Vorschlag für den Sedantag tauchte zuerst in einem Flugblatt vom 27. Juni 1871 auf, das am 19. Juli in 3000 Exemplaren im Reichsgebiet versandt wurde: »Das deutsche Volksfest. Ein Flugblatt ausgegeben vom Rheinisch-Westfälischen Provinzial-Ausschuß für innere Mission in Langenberg, 1871«. Bodelschwingh handelte jedoch nicht als preußischer Patriot, sondern als Kirchenmann mit moralischem Anliegen, gewissermaßen für die innere Sicherheit der Seelen. Ohne sein weiteres Einwirken fiel der politische Wunsch für eine nationale Einigung nach innen zwischen »Gründern und Reichsfeinden« unter Preußens Führung mit dem Bekenntnis zum preußischen Obrigkeitsstaat zusammen.   MLP
Lit.: Müller 1963; Lehmann 1966, S. 542-573

12a/12   **E. Altmann**
Die Schlacht bei Sedan am 1. September 1870
1870
Bez u.: Verlag v. C.F. Dressler, Ebersbach /
Druck v. H. Oeser, Neusalza
Kreidelithographie, schablonenkoloriert;
35,8 × 44,7 cm
Berlin, Staatliche Museen zu Berlin,
Museum für Volkskunde (33 R 34)

Die Schlacht von Sedan, in der die deutschen Truppen die französische Rheinarmee am 1. September 1870 unter General Mac-Mahon schlugen, galt als entscheidender Sieg der Deutschen im Krieg gegen Frankreich. Noch vor Ende der Kämpfe im Nachbarland wurden in Deutschland Stimmen laut, den 2. September, den Tag der Gefangennahme des französischen Kaisers Napoleons III., als »Sedantag« zum offiziellen deutschen Nationalfeiertag zu erheben. Der große Ruhm der Schlacht machte die Kämpfe bei Sedan zu einem bevorzugten Thema der populären Kriegsdarstellungen, mit denen die Historienmaler die Erinnerung an die »ruhmreichen Taten der deutschen Armee« im Kampf gegen die Franzosen aufrechtzuerhalten suchten.   JV
Lit.: Schellack 1990, S. 69-131; Kat. Berlin 1993(b), Nr. 277, S. 243, Abb. Nr. 132, S. 165; Vogel 1995, S. 210-234

[...] es handelt sich [bei der Feier des Sedantages] nicht um die Feier eines einzelnen Schlachttages – der 2. September ist ja auch kein Schlachttag –, sondern um ein großes All-Deutschland umfassendes Nationalfest zum Andenken an die glorreichen Erfolge des Krieges von 1870/71 und die Wiederaufrichtung des deutschen Reiches. Das Nationalfest soll ein Friedensfest sein, nicht ein Sieges-Triumphfest über die Franzosen mit herausforderndem Charakter – solche Feste sind der deutschen Art stets zuwider gewesen –, sondern ein aus edlem, berechtigtem Nationalbewußtsein herausgeborenes Fest; [...] ein Fest, welches da sei, um mit E. M. Arndt zu reden, »ein starkes und mächtiges Bindungsmittel aller Deutschen in ächter und alter deutscher Brüderlichkeit und Redlichkeit«.

Aus einem Flugblatt des Komitees zur Durchsetzung eines Deutschen Nationalfestes am 2. September 1873

Et pourtant, comme l'Inde aux aspects fabuleux, / Tu brilles; o pays des hommes aux yeux bleus, / Clarté hautaine au fond ténébreux de l'Europe, / Une gloire âpre, informe, immense, t'enveloppe; / Ton phare est allumé sur le mont des Géants; / Comme l'aigle de mer qui change d'océans, / Tu passas tour à tour d'une grandeur à l'autre / Huss le sage a suivi Crescentius l'apôtre; / Barberousse chez toi n'empêche pas Schiller, / L'empereur, ce sommet, craint l'esprit, cet éclair.

Victor Hugo: L'année terrible, 1872

Und dennoch, wie das Indien der Fabelbilder / Glänzt Du, o Land der blauäugigen Männer, / Hohe Klarheit im finsteren Grund Europas, / Ein barscher, formloser, unermeßlicher Ruhm umhüllt Dich, / Dein Strahl ist erleuchtet über dem Berg der Riesen; / Wie der Meeresengel die Ozeane wechselt / Gleitest Du nach und nach von einer in die andere Größe, / Huss (Johannes) der Weise ist Crescentius dem Apostel gefolgt, / Barbarossa behindert Dir nicht Schiller, / Der Kaiser, dieser Gipfel, fürchtet den Geist, diesen Blitz.

12a/13

12a/16

12a/13   **Illustrirtes Gedenkblatt**
an die Enthüllungs-Feier
des Siegesdenkmals in Berlin am
2. September 1873
Berlin: J.L. Ferbach 1873
Zeitungsdruck, koloriert; 43 x 28 cm
Berlin, Deutsches Historisches Museum
(Do 70/670 I)

12a/14   **Nachbildung der Siegessäule**
Geschenk Kaiser Wilhelms I. an Bismarck
Berlin, 1873 (?)
Zink; H. 130 cm
Wernigerode, Institut für Kunst- und
Kulturgut Wernigerode,
Schloß Wernigerode (PIX Schön. 3)

Die am 2. September 1873 vom Kaiser auf dem Berliner Königsplatz feierlich eingeweihte Siegessäule war ursprünglich 1865 nach einem Entwurf von Heinrich Strack als Erinnerungsdenkmal an die Taten der preußischen Armee im Krieg gegen Dänemark von 1864 konzipiert worden. Aufgrund der politischen und militärischen Entwicklung wurde sie nach den Kriegen von 1866 und 1870/71 zu einem allgemeinen »Nationaldenkmal« umgewidmet, das damit die drei Kriege entsprechend der offiziellen preußischen Geschichtsinterpretation zu nationalen »Einigungskriegen« des (klein-)deutschen Reiches stilisierte. Die Enthüllungsfeier der Siegessäule, an der militärische Deputationen aus dem gesamten Reich teilnahmen, wurde entsprechend für den 2. September, den Erinnerungstag der Schlacht von Sedan, festgesetzt. Diese Entscheidung unterstrich die Unterstützung der preußischen Staatsführung für die Durchsetzung des »Sedantages« als »großes Alldeutschland umfassendes Nationalfest zum Andenken an die glorreichen Erfolge des Krieges von 1870/71 und die Wiederaufrichtung des deutschen Reiches«.   JV
Lit.: Alings 1990

12a/15   **Aus dem Leben des Fürsten Bismarck**
Reklame-Sammelbilder von
»Aulhorn's Nährkakao«
a) Bismarck und Napoleon am
2. September 1870
b) Bismarck und Napoleon in Donchéry am
2. September 1870
c) Friedens-Verhandlungen zu Versailles
Februar 1871
Dresden: C.C. Petzold 1898
Chromolithographien, je 7,2 x 10,5 cm
Berlin, Detlef Lorenz

12a/17

Die Kölner Schokolodenfabrik Stollwerck war bekannt für die patriotische Ausrichtung ihrer Werbung. Mit den »Kriegsbildern« aus dem Jahr 1870/71, die sie 1896 ihren Produkten beilegte, wandte sich die Firma bewußt an ihre jungen Konsumenten, denen mit der Geschichte von »Hans und Trudel« eine kindgerechte Version des Deutsch-Französischen Krieges nahegebracht werden sollte. Die Sammelbildserie vermittelte den Kindern nicht nur die politische Geschichte der deutschen Einigung »durch Blut und Eisen«, sondern reproduzierte auch alle gängigen Klischees vom heroischen Kriegsalltag der siegreichen Deutschen. Die Szenen vom Abschied der deutschen Truppen zu den Klängen der »Wacht am Rhein«, von ihren Siegen, vom hinterhältigen Widerstand der Franctireure und seiner »blutigen Sühne« durch die Deutschen unterstützten dabei die geistige Mobilisierung der Jugend und sollten den Glauben an die moralische Überlegenheit der deutschen Armee aufrechterhalten. JV

Lit.: Jaroschka 1992

12a/17   **Louis-Joseph Leboeuf** (1823-1871)
Victor Hugo
1864
Bez. auf dem Sockel: Victor Hugo; r.:
J. Leboeuf Guernsey Mai 1864; l.:
F. Barbedienne Fondeur
Bronze; 73,2 x 42 x 35,5 cm
Paris, Maison de Victor Hugo. Musées de la Ville de Paris (M.V.H. 1492/778)

Das Gipsmodell, nach dem F. Barbedienne die Gußform für die Bronze hergestellt hat, fertigte Leboeuf in Guernsey am 22. April und 14. Mai 1864, wie Hugo in seinem Tagebuch vermerkte. Kurz zuvor war sein neustes Werk »William Shakespeare«, eine Arbeit über das Wesen des Genies, im Druck erschienen. Im Januar 1865 bereits schickte Leboeuf eine Kiste mit acht Büsten nach Guernsey, wo sie Hugo am 25. Februar öffnete und an seine Freunde verteilte. Als Abgeordneter von Paris in der verfassungsgebenden Versammlung (Assemblée Constituante) und später der Assemblée Législative war Hugo zunächst ein Parteigänger des Prinzen Louis Napoléon, der seine Kandidatur als Präsident der Republik favorisierte. Doch nach dem Staatsstreich erwies er sich als dessen erbitterter Gegner und mußte sich am 2. Dezember 1851 ins Exil begeben. Zunächst, von 1852 bis 1855, ging er mit seiner Familie nach Marine-Terrace auf der Insel Jersey und wechselte 1855 nach Guernsey, wo er sein Domizil »Hauteville-House« erwarb. Erst zu Beginn des Krieges von 1870 dachte der Republikaner Hugo an eine Rückkehr nach Frankreich und traf am 5. September, einen Tag nach der Proklamation der Dritten Republik, in Paris ein und schaltete sich wieder ins politische Geschehen ein. MLP

Lit.: Montclos 1993, S. 33

»Patriotische« Themen waren ein beliebtes Motiv der Reklame-Sammelbilder, mit denen die Lebensmittelbranche am Ende des 19. Jahrhunderts den Absatz ihrer Markenartikel zu fördern suchte. Die Schlachtenszenen oder Abbildungen der »großen Männer« der Nation, die den Packungen beilagen, sollten Sammeleifer der Konsumenten anregen. Auch Otto von Bismarck entging dabei nicht der Instrumentalisierung durch die Industrie, da er schon zu Lebzeiten zu einer wichtigen Kultfigur des deutschen Nationalismus aufgestiegen war. Als »Schmied« des (klein-)deutschen Reiches nahm der »eherne Kanzler« eine zentrale Stellung in der Erinnerung an den Deutsch-Französischen Krieg von 1870/71 ein und zierte daher eine große Zahl der populären Kriegsdarstellungen. JV

Lit.: Kat. Berlin 1990(a), Nr. 13/32, S. 470; Machtan 1994

12a/16   **Die Geschichte von Hans und Trudel im Kriege 1870/71**
Vier Sammelbildserien der Kölner Schokoladenfabrik der Gebrüder Stollwerck
1896
24 Chromolithographien; je 4,5 x 9 cm bzw. 9 x 4,4 cm
Berlin, Detlef Lorenz

La jeunesse allemande voyageait à pied, pointait des cartes, s'instruisait sur toute chose; couvrait des cahiers de notes dans nos usines, sur nos chantiers, dans nos campagnes; s'introduisait dans nos familles en qualité de commis, d'apprentis, de garçons de ferme, de contre-maîtres, pendant que la nôtre se dépêchait de subir quelques examens insignifiants pour acquérir le droit de ne plus rien faire. La haine contre la France a fait la fortune de la Prusse; elle a été le ferment de son activité, elle a produit l'initiative de chacun, elle a été le devoir.

Eugène Emmmanuel Viollet-le-Duc: Mémoire sur la défense de Paris, 1871

Die deutsche Jugend reiste zu Fuß, markierte Landkarten, unterrichtete sich über alles; füllte Hefte mit Aufzeichnungen über unsere Fabriken, Bauplätze, unsere Landstriche; führte sich in unsere Familien als Mitarbeiter, als Lehrling, als Knecht, als Vorarbeiter ein, während die Unsrigen sich beeilten, manch unbedeutende Prüfungen zu ertragen für das Recht zur Untätigkeit. Der Haß auf Frankreich hat den Preußen zu Erfolg verholfen; er war der Antrieb ihrer Aktivitäten, verlieh jedem Unternehmungsgeist, er ist zur Pflicht geworden.

Ils jugeaient Paris et la France par des observations banales, par des propos de tables, par des littératures de police. Au delà de cette première enceinte, ils n'ont rien vu, rien pénétré. Ce Paris nouveau, cette France nouvelle, qui viennent de se révéler, ils n'en ont eu aucune connaissance; et les voilà maintenant tout ébahis de ce génie qui renaît, de ces forces qui sortent de terres. Etrange conquérants, qui commencent par être ridicules! Ils déroulent sur leurs tables des cartes géographiques soigneusement gravées à Berlin, pour chaque arrondissement du territoire français.

Edgar Quinet:
Le siège de Paris et la Défense Nationale, 1870

Sie richteten Paris und Frankreich mit banalen Beobachtungen, mit Tischgerede, mit Sensationsmeldungen. Jenseits dieser ersten Schicht haben sie nichts gesehen, nichts erfaßt. Dieses neue Paris, dieses neue Frankreich, das sich gerade erhoben hat, haben sie nicht zur Kenntnis genommen; und jetzt sind sie ganz verblüfft über diesen wiedererstandenen Geist, über jene Kräfte, die vom Boden ausgehen. Merkwürdige Eroberer, die sich zuerst einmal lächerlich machen! Sie entrollen auf ihren Tischen geographische Karten für jeden Bezirk des französischen Gebiets, die sorgfältig in Berlin gedruckt sind.

12a/18

12a/18 Victor Hugo (1802-1885)
An die Deutschen
1870
Bedrucktes Papier auf Seide; 67 x 45 cm
Berlin, Jürgen Dereck

»Deutsche, es ist ein Freund, der zu Euch spricht. / Vor drei Jahren, zur Zeit der Weltausstellung, habe ich Euch, aus der Ferne des Exils, in EURER Stadt willkommen geheißen. / Welche Stadt? / Paris. / Denn Paris gehört uns nicht allein. Paris ist Euer, so wie es unser ist. Berlin, Wien, Dresden, München, Stuttgart sind Eure Hauptstädte. Paris ist Euer Mittelpunkt. In Paris fühlt man das Herz Europa's schlagen. Paris ist die Stadt der Städte. Paris ist die Stadt der Männer. Es hat ein Athen gegeben, es gab ein Rom, und es gibt ein Paris...« Hugo verfaßte diesen ergreifenden Appell an die Menschenrechte und den Frieden unter den Nationen, der von einem Ballon über den Stellungen der deutschen Bundestruppen in Frankreich abgeworfen wurde, am 9. September 1870 als Abgeordneter der Nationalversammlung unmittelbar nach seiner Rückkehr zur Beendigung der Waffengänge. Am 8. Februar wurde er wieder als Deputierter in die Nationalversammlung gewählt, die am 12. Februar außerhalb der preußisch-deutschen Linien in Bordeaux zusammentrat. Der Dichter stimmte gegen die Friedensverhandlungen, die Adolphe Thiers als Vorsitzender der provisorischen französischen Regierung mit den Deutschen führte: Im Vorfrieden von Versailles wurden am 26. Februar die Abtretung des Elsaß und Teilen von Lothringen mit Metz an Deutschland sowie die Zahlung einer Kriegsentschädigung in Höhe von 5 Milliarden Francs festgesetzt. Die ungewöhnliche Form der Kommunikation mittels Ballondepeschen und Brieftaubenkassibern in Mikrofilmformat zwischen der Exilregierung in Bordeaux und den Eingeschlossenen war im September 1870 eingeleitet worden, nachdem die Deutschen unter Führung des Generalfeldmarschalls von Moltke den Belagerungsring um Paris am 18. September geschlossen hatten. Diese Form des Nachrichtentransfers wurde auch für offizielle Regierungspost genutzt. MLP
Lit.: Kat. Berlin 1990(a), S. 339-342

12a/19 Ernest Meissonier (1815-1891)
Die Belagerung von Paris
1870
Bez. u.r.: 70 / EMeissonier
Öl auf Leinwand; 53,5 x 70,5 cm
Paris, Musée d'Orsay (RF 1249)
Abb. S. 409

Meissonier, der zu Lebzeiten mit seinen Gemälden teure Verkaufspreise erzielte, nahm an der Verteidigung von Paris teil, das von deutschen Truppen seit dem 18. September belagert wurde. Die Ölskizze, an der er neben zahlreichen Bleistiftstudien zwei Monate lang im Herbst 1870 arbeitete, bezeichnete er als »seine Rache« an den verhaßten Belagerern, doch führte er das geplante Gemälde nie mehr aus. Ins Zentrum stellte er die Figur der Liberté, Symbol der unbeugsamen Hauptstadt, als löwenfellbekleidete Riesin im Trauerflor, die in der Rechten die beschädigte, aber nicht zerstörte Trikolore hält, den Blick unverwandt auf das Hungergespenst am dunklen Himmel gerichtet, das auf seinem rechten Arm den schwarzen Adler preußischen Unheils hält. Die Hauptfiguren, darunter der Maler Regnault, sind durch den Katalog von 1884 namentlich überliefert. MLP
Lit.: Kat. Berlin 1990(a), Nr. 8b/1, S. 334

12a/20 Gustave Doré (1832-1883)
Frankreich, auf einem Pegasus reitend, treibt seine Kinder zur Rettung der Stadt Paris an
1873
Bez. u.r.: A Mr le Baron Lamy / affectueux souvenir / G Doré 1873
Federzeichnung, grau laviert und weiß gehöht; 64 x 97 cm
Strasbourg, Musée d'Art Moderne et Contemporain (55.992.13.23)
Abb. S. 173

Doré rühmt in seiner Federzeichnung den heldenmütigen Verteidigungswillen der französischen Truppen, die trotz Rückschlägen und Niederlagen ihr Leben im Kampf um die Verteidigung des Vaterlandes eingesetzt

12a/21

Dorés Blatt gehört zu der Serie eines unveröffentlichten Albums »Généraux allemands« und zeigt den wichtigsten preußischen Kriegsstrategen neben dem Kriegsminister Albrecht Graf von Roon: Graf Helmuth von Moltke, Chef des preußischen Generalstabes und Oberbefehlshaber der verbündeten Armeen, dessen Offensivpläne bei allen Truppenbewegungen das französische Eisenbahnnetz einbezogen, so daß die Mobilität nach allen Richtungen gewährleistet war. Paul Valéry charakterisierte Moltke als »Ingenieur der deutschen Sicherheit und Stärke« 1897 in seinem Essay »La conquête allemande. Essai sur l'expansion germanique«: »Marschall von Moltke verkörpert das System. Er war dessen Lenker und Beispiel. Es scheint, daß es seine tiefste Absicht war, nicht als Unentbehrlicher zu sterben. Das unterscheidet ihn von den früheren großen Generälen. Es ist das einzige, was er erfunden hat. Er war vor allem ein Mann, ein Mann des Vertrauens, der Ingenieur der deutschen Sicherheit und Stärke. Der absurde Hang zum Wunderbaren, der die gesamte Kriegsgeschichte verklärt, erfaßt ihn nicht. Er verdient eine besondere Art von Bewunderung. Die Elemente seines Erfolgs sind bei Friedrich, bei Napoleon und in dem an Neuem ergiebigen Sezessionskrieg.« MLP

Lit.: Valéry 1995, S. 17

12a/22 **Henri Pille** (1844-1871)
Eine städtische Küche während der
Belagerung von Paris
Paris, 1870/71
Bez. u.r.: H. Pille
Öl auf Leinwand; 65 x 81 cm
Paris, Musée Carnavalet (P 259)
Abb. S. 416

Pille hielt als Augenzeuge der Belagerung von Paris im Winter 1870/71 diese Alltagsszene fest. Vor einer der städtischen Küchen stehen hungernde Menschen um eine Mahlzeit an. Nach der Niederlage von Sedan und der Ausrufung der Republik hatten die deutschen Truppen am 14. September 1870 den Belagerungsring um Paris geschlossen. Die preußische Führung war sich uneins über die zu verfolgende Strategie. Moltke und der größte Teil des Generalstabs plädierten dafür, Paris durch Belagerung auszuhungern. Bereits Ende September wurde die Fleischverteilung beschränkt, Mitte Dezember mußte auch das Brot rationiert werden. Jeder Einwohner erhielt 100 Gramm Fleisch und 300 Gramm Brot täglich. Für Bedürftige wurde die Ernährung mit dem Allernötigsten (Suppe, Brot, Reis) durch städtische Küchen organisiert, oft großzügig gefördert durch Spenden reicher Mitbürger. Vor diesen Küchen mußte man im außergewöhnlich harten Winter 1870/71 meist viele Stunden in der Kälte anstehen, was zudem seit dem Bombardement durch die Belagerer nicht ungefährlich war. Im Januar 1871 krachte eine preußische Granate in die Schlange der Anstehenden vor der städtischen Küche des Gobelin-Viertels. Während man später die Solidarität der Pariser hervorhob, berichtete Edmond

haben. Doré stellt »Frankreich« als Frauengestalt dar, auf einem Pegasus reitend und die Standarte den Soldaten auf ihrem Zug in die Schlacht entgegenhaltend. In einem 1866 veröffentlichten Essay über den Künstler urteilte Emile Zola: »Gustave Doré, pour le juger d'un mot, est un improvisateur, le plus merveilleux improvisateur du crayon qui ait jamais existé. Il ne dessine ni ne peint: il improvise; sa main trouve des lignes, des ombres et des lumières, comme certains poëtes de salon trouvent des rimes, des strophes entières« (Gustave Doré ist mit einem Wort der wunderbarste Improvisator des Zeichenstiftes, den es je gegeben hat. Er zeichnet nicht und er malt nicht; er improvisiert; seine Hand erfindet Striche, Schatten und Licht, wie manche Salonpoeten Reime und ganze Strophen erfinden). MLP

Lit.: Zola 1928, S. 69; Kat. Straßburg 1993, S. 14, S. 46

12a/21 **Gustave Doré** (1832-1883)
Feldmarschall von Moltke
Bez. u. l.: Von Moltke
Feder, Tinte und Bleistift; 33,3 x 23,7 cm
Strasbourg, Musée d'Art Moderne et
Contemporain (55.992.13.91)

*Mais ce qui me reste sur le cœur, c'est l'invasion des docteurs ès lettres, cassant des glaces à coups de pistolet et volant des pendules: voilà du neuf dans l'histoire!
J'ai gardé contre ces messieurs une rancune si profonde que jamais tu me verras dans la compagnie d'un Allemand quel qu'il soit ...*

Gustave Flaubert an
Ernest Feydeau,
29. Juni 1871

Jedoch liegen mir die Doktoren der Geisteswissenschaften im Magen, die Spiegel mit Pistolenschüssen zertrümmern und Standuhren stehlen; das ist etwas Neues in der Geschichte! Ich habe gegen diese Herren einen solchen tiefen Groll behalten, daß Du mich nie in der Gesellschaft eines Deutschen sehen wirst, wer er auch sei ...

de Goncourt, wie die Bewohner der Armenviertel verhungerten, gleichzeitig aber das reiche Bürgertum Mittel und Wege fand, sich auch weiterhin mit Delikatessen zu versorgen. Mit der Not der Belagerung wuchs die soziale Unzufriedenheit, die Bereitschaft zur Revolte, aber auch der Widerstandswille gegen den äußeren Feind. Die Kommune war Ausdruck dieses Behauptungswillens auch gegen den Verrat der eigenen Regierung. MK

Lit.: Livret explicatif 1872, S. 42; Dorbec 1929, S. 90; Kat. Berlin 1990(a), S. 331-344; Marchand 1993, S. 103-125

12a/23 **Narcisse Chaillou** (geb. 1837)
Der Rattenverkäufer während der Belagerung von Paris 1870
Öl auf Leinwand; 64 x 47 cm
Paris, Musée Carnavalet (P. 1323)
Abb. S. 416

Zwei Monate nach dem Beginn der Belagerung wurde die Hungersnot unerträglich. Nachdem auch das Pferde- und Eselsfleisch zur Neige ging und in den Restaurants Hundefleisch als Lamm angeboten wurde, schlachtete man Elefanten und andere Tiere des Jardin des Plantes. Schließlich ernährte man sich sogar von den zahlreichen Ratten, die von Rattenverkäufern zum relativ hohen Preis von zwei Francs pro Stück auf den Straßen der Hauptstadt angeboten wurden. Narcisse Chaillou, der diese Szene festhielt, war vor allem als Maler von Genrebildern und Portraits bekannt, widmete sich aber auch »vaterländischen« Themen. Bismarck, der eher für ein militärisches Vorgehen als für eine Aushungerung von Paris eintrat, hatte das Elend vorausgesehen und bereits im Oktober 1870 erklärt, die »französischen Machthaber« allein seien »für die Folgen verantwortlich«, solange sie die Kapitulation verweigerten. Er fürchtete vor allem eine Zuspitzung des sozialen Elends, das den Boden für eine revolutionäre Erhebung bereiten würde, die auch auf Deutschland ausstrahlen könnte. Erst im Dezember gab Moltke seinen Widerstand gegen ein Bombardement der Stadt auf. »Ein Jubelschrei wird in der Armee und ganz Deutschland ertönen, wenn die erste Vierundzwanzigpfünder in das sündige Babel hineinkracht« notierte Hildegard von Spitzemberg in ihr Tagebuch. Während die hungernde Bevölkerung sich von Ratten ernährte, wurde Paris, das »Satanshaus« (Moltke), seit dem 31. Dezember 1870 mit schweren Geschützen beschossen. Allein in der Nacht vom 8. zum 9. Januar 1871 schlugen mehr als 2000 Granaten ein. Umsonst protestierte die französische Regierung: »Die grausame Not des Krieges hat niemals die Beschießung von Privatgebäuden entschuldigt.« MK

Lit.: Delalain 1874, S. 204-209; Rials 1985; Kat. Berlin 1990(a), S. 331-344

12a/24 **Anton von Werner** (1843-1915)
Im Etappenquartier vor Paris 1870
1894
Bez. u.l.: A.v.W. 1894
Öl auf Leinwand; 120 x 158 cm
Berlin, Staatliche Museen zu Berlin, Nationalgalerie [A I 521 (NG 670)]
Abb. S. 417

Anläßlich seiner Reise zu den deutschen Truppen im Herbst 1870 (12a/5) hielt Anton von Werner zahlreiche Szenen des Kriegsalltags in einem Skizzenbuch fest, wobei er jedoch das Elend der Schlachtfelder oder der belagerten Städte ausblendete oder verharmlosend darstellte. Auf seinem Weg nach Versailles war der Künstler gemeinsam mit den Soldaten in einem requirierten Schloß in Brunoy untergebracht. In dessen elegantem Musiksalon hatte man sich zu einer geselligen Runde versammelt, bei der ein Sänger Schumanns Lied »Das Meer erglänzte weit hinaus« zur Klavierbegleitung vortrug. Dieser Demonstration deutscher Kultur durften die französische Bonne und ihre Tochter beiwohnen, mußten aber gleichzeitig den rücksichtslosen Umgang mit dem fremden Eigentum mitansehen. Der Umstand, daß das erst mehr als zwanzig Jahre nach Kriegsende ausgeführte Gemälde noch im Entstehungsjahr auf Beschluß der Landeskunstkommission für die Berliner Nationalgalerie angekauft und in zahlreichen Reproduktionen verbreitet wurde, ist ein Hinweis darauf, daß die militärische Überlegenheit von 1870/71 am Ende des Jahrhunderts noch immer Bestandteil patriotischer Erinnerung war. FM

Lit.: Werner 1913; Bartmann 1985; Kat. Berlin 1993(b), Nr. 420, S. 310ff.

12a/25 **Pierre Puvis de Chavannes** (1824-1898)
Der Ballon
1870
Öl auf Karton; 46,3 x 31 cm
Paris, Musée Carnavalet (P. 1711)
Abb. S. 415

12a/26 **Pierre Puvis de Chavannes** (1824-1898)
Die Brieftaube
1870/71
Öl auf Karton; 46,2 x 31,4 cm
Paris, Musée Carnavalet (P. 1710)
Abb. S. 415

Puvis de Chavannes Ölskizzen entstanden während der Belagerung von Paris, vermutlich als Vorstufen zu einem größeren Werk. Der Maler beschränkt sich auf das Wesentliche. Seine Entwürfe sind Allegorien auf die französische Hauptstadt und den Behauptungswillen gegen die Deutschen. Auf dem Bild »Der Ballon« verabschiedet die Frauengestalt als Allegorie der Stadt Paris einen Ballon, der über Militärlager, Befestigungen und über die feindlichen Linien hinweg Nachrichten transportiert. Im Hintergrund erkennt man den Mont Valérien, eine der umkämpften Stellungen, von denen aus die preußischen Truppen im Januar 1871 Paris beschossen. Ballons waren das einzige Mittel, Menschen und Nachrichten in die eingeschlossene Hauptstadt und aus ihr heraus zu transportieren. Am 22. September stieg unter großem Beifall der Bevölkerung der erste Ballon mit Depeschen auf. Zornig soll Bismarck gesagt haben: »Ce n'est pas loyal!« Am 7. Oktober hatte der Chef der provisorischen republikanischen Regierung, General Léon Gambetta, Paris in einem Ballon verlassen, um den militärischen Widerstand zu organisieren. Eine größere Variante des gleichen Motivs hat der Künstler mit dem Titel »Die eingeschlossene Stadt Paris übergibt der Luft ihren Aufruf für Frankreich« versehen. Wenig später entstand das Bild »Die Brieftaube«. Schützend hält die Frauengestalt eine Brieftaube in der Hand, die dem aggressiven preußischen Adler, den sie abweist, entkommen ist. Im Hintergrund erkennt man das historische Zentrum von Paris. Die größere Fassung des gleichen Motivs trägt den Titel: »Dem Fang des Feindes entronnen erfreut die erwartete Nachricht das Herz der stolzen Stadt«. Nur der Einsatz von Brieftauben neben dem von Ballons ermöglichte, Nachrichten zwischen der eingeschlossenen Hauptstadt und der französischen Regierung in Bordeaux zu übermitteln. Die Depeschen wurden in Form von Mikrofilmen in kleine Kassiber eingerollt oder möglichst unauffällig an den Schwanzfedern der Tauben befestigt, um dann am Ankunftsort mit Hilfe von eigens entwickelten Apparaten projiziert und abgeschrieben zu werden. Organisiert wurde diese Nachrichtenübermittlung von der Pariser Postverwaltung, die die siebzehn Taubenstationen der Stadt kontrollierte und die Depeschen in der zentralen Telegraphenstation sammelte. Ein einziges Mal gelang es der preußischen Armee, einen ganzen Korb voller Tauben aus einem Beuteballon sicherzustellen. Man tauschte die Nachrichten gegen gefälschte Depeschen aus, um die Belagerten irrezuführen – was nicht gelang, da der Eingriff aufgrund eines bestimmten Verschlußsystems, das die Preußen aufgebrochen hatten, erkannt worden war. Der Flug der Pariser Brieftauben wurde von der eingeschlossenen Bevölkerung mit großer Anteilnahme beobachtet und in populären Gedichten gepriesen – wie etwa in dem von André Chaten: »Ils ont passé pourtant à travers vos mitrailles / Nos oiseaux voyageurs, / Sous leur aile emportant le bruit de nos batailles / Et le cri de nos coeurs ...« (Sie haben dennoch Eure Geschosse überflogen / Unsere Brieftauben, / Unter ihren Flügeln tragen sie den Lärm unserer Schlachten / Und den Schrei unserer Herzen...). Bereits im November 1870 wurden Lithographien von »Der Ballon« verbreitet. Beide Bilder wurden in zahlreichen Reproduktionen in der belagerten Stadt verkauft: 50 000 Exemplare in wenigen Tagen. Die Allegorien Puvis de Chavannes waren zur nationalen Ikone des Widerstandswillens der Eingeschlossenen geworden. MK

Lit.: Livret explicatif 1872, S. 29; Dorbec 1929, S. 90; Wilhelm 1949, S. 12f.; Kat. Paris 1976(a), S. 107f.; Marchand 1993, S. 102-105; Rials 1985

Raum 12b

Wacht am Rhein: Marianne in der Zitadelle

Neben den Stereotypen patriotischer Kriegserinnerung präsentierte die deutsche populäre Druckgraphik der Nachkriegszeit Moltke, Bismarck und Wilhelm I. als Garanten des Sieges über Frankreich. Lorenz Clasens Germania diente in zahlreichen Motivvarianten zur Verteidigung der deutschen Westgrenze als »Wacht am Rhein«. Die französische Seite hingegen gemahnte mit zahlreichen Plastiken der zitadellenbekrönten Marianne an den Verteidigungskampf der Pariser während Krieg und Belagerung. Der Waffenstillstand, den der neugeküre Reichskanzler Otto von Bismarck mit Jules Favre, dem Außenminister der provisorischen Regierung Frankreichs, am 28. Januar 1871 im Vorfrieden zu Versailles geschlossen hatten, erleichterte zwar das Alltagsleben der eingeschlossenen Pariser, doch besetzten die Deutschen weiterhin die Außenforts der Hauptstadt. Auguste Rodins Plastik »La Défense« präsentierte der Bildhauer als Gipsmodell 1879 im ersten Wettbewerb der Stadt Paris für das »Monument pour la Défense de Paris«. Gustave Doré inspirierten die Kriegserfahrungen zu einer Serie patriotischer Gemälde und Zeichnungen, die Marianne oder die Liberté mit der Trikolorenstandarte der Ehre angesichts der politischen und militärischen Niederlagen in den Mittelpunkt stellen. Die Erinnerungen Theodor Fontanes an den deutsch-französischen Waffengang, in dessen Verlauf er sechs Wochen als unfreiwilliger Kriegsgefangener auf der Atlantikinsel Oléron verbringen mußte, nachdem er in lothringischen Domrémy in »tiefer Jeanne d'Arc-Bewunderung« als preußischer Spion verhaftet worden war, erschienen in französischer Fassung bereits elf Jahre nach Beendigung des Krieges. Die eigentliche Demütigung Frankreichs begründete die im Waffenstillstand von Versailles geforderte Abtretung des Elsaß und großer Teile Lothringens, die der Frankfurter Friedensschluß vom 10. Mai 1871 als »Reichsland Elsaß-Lothringen« dem neugegründeten Kaiserreich einverleibte. Bis zum 14. September 1871 wurden die Provinzen nach dem Besatzungsrecht unter dem Befehl des Statthalters, General von Bismarck-Bohlen, verwaltet. Straßburg war bis zur Kapitulation am 28. September 1870 durch schweren Artilleriebeschuß während eines Monats nahezu zerstört. Vom Reich forderte und erhielt die Stadt später 900 000 Mark Entschädigung. Eine neuerliche Umwallung anstelle der zerstörten planten die Behörden des Deutschen Reiches nunmehr gegen die Vogesen und nicht mehr gegen den Rhein. In Straßburg führten sie bis 1884 gewaltige Modernisierungen und Stadterweiterungsmaßnahmen mit repräsentativen Staatsbauten um den Kaiserplatz durch. Schon bald nach den verlustreichen Waffengängen setzte auf beiden Seiten der Vogesen ein reger Tourismus zu den ehemaligen Schlachtfeldern ein. Historienmaler, die akribisch wie Anton von Werner nach Regimentsberichten den Ablauf der Schlachten zu Panoramabildern rekonstruierten, sorgten neben Veteranenverbänden dafür, daß derartige Erinnerungsreisende zu einem wichtigen regionalen Wirtschaftsfaktor wurden. Nach den Bestimmungen des Vorfriedens von Versailles war es den Elsässern und Lothringern freigestellt, für die französische bzw. für die deutsche Staatsangehörigkeit zu stimmen. Die Option für Frankreich hatte allerdings die Ausweisung aus dem »Reichsland« zur Folge.

Sommes-nous assez loin de cette Allemagne édénique que nous rêvions naïvement, d'après les poëtes et les romanciers! pays nébuleux, paradis de neige, étoilé de vergiss-mein-nicht, qui apparut à madame de Staël en extase, où des philosophes, à peine incarnés, conversaient de morale et de métaphysique, comme les ombres des Champs-Elysées, où des couples mystiques, glissaient enlacés, sous un rayon de lune, sur le rythme des valses du Freyschutz.

Paul de Saint-Victor: Nos Bons Allemands, 1871

Sind wir weit genug entfernt von diesem paradiesischen Deutschland der Dichter und Romantiker unserer naiven Träume! Nebelland, Schneeparadies, besternt von Vergißmeinnicht, wie es ekstatisch der Mme de Staël erschien, wo verklärte Philosophen von Moral und Metaphysik plauderten gleich den Schatten der Champs-Elysées, wo mystische Paare, umschlungen im Mondlicht, zu den Walzerrhythmen des Freischütz dahinglitten.

RAUM 12B

*Erinnerungstuch mit
»Wacht am Rhein« und vier
Portraitmedaillons, 1870/71
o.l.: Karl, König von
Württemberg; o.r.: Friedrich,
Großherzog von Baden;
u.l.: Wilhelm, König von
Preußen; u.r.: Ludwig, König
von Bayern
Nürnberg, Germanisches
Nationalmuseum
(12b/2)*

Die Belagerung von Straßburg im Jahre 1870
Strasbourg, Musées de Strasbourg, Cabinet des Estampes et des Dessins
(12b/26)

Arnold Böcklin
Zerschossenes Haus bei Kehl, 1870
Basel, Öffentliche Kunstsammlung Basel, Kunstmuseum
(12b/20)

12 b/1

12b/1 Gott mit uns. Gedenkblatt für das deutsche Volk an das Jahr 1870
Lahr: E. Kaufmann, nach 1871
Farblithographie; 58,5 x 44 cm
Berlin, Staatsbibliothek zu Berlin –
Preußischer Kulturbesitz
Handschriftenabteilung (Yc 10003 gr. 2)

Wie viele der populären Erinnerungsblätter, so stellt auch das »Gedenkblatt für das deutsche Volk an das Jahr 1870« die »großen Männer« in den Vordergrund, denen die militärischen Erfolge der deutschen Armeen im Krieg gegen Frankreich zugeschrieben wurden. Die Auswahl verdeutlicht die preußische Ausrichtung des Blattes: Neben Wilhelm I. und Kronprinz Friedrich Wilhelm werden der Kommandant der preußischen Garde, Prinz Friedrich-Carl, Generalstabschef von Moltke sowie der preußische Ministerpräsident und spätere Reichskanzler Otto von Bismarck als Garanten des Sieges über Frankreich präsentiert. Im Mittelpunkt des die verschiedenen Stationen des Krieges nachzeichnenden Blattes steht der Aufruf Wilhelms I. an die Bevölkerung Preußens vom 21. Juli 1870, in dem der Monarch die Kriegserklärung mit dem Hinweis auf einen »willkürlichen Angriff« Frankreichs zu rechtfertigen suchte. JV

12b/2 Erinnerungstuch mit »Wacht am Rhein«
und vier Portraitmedaillons
1870/71
Medaillons
o.l.: Karl, König von Württemberg
o.r.: Friedrich, Großherzog von Baden
u.l.: Wilhelm, König von Preußen
u.r.: Ludwig, König von Bayern
Stoff, Kreidelithographie, Federlithographie;
68 x 66,5 cm
Nürnberg, Germanisches Nationalmuseum
(HB 1080, Kapsel 1053 b)
Abb. S. 432

Das 1840 im Zuge der Rheinkrise von Max Schneckenburger verfaßte Gedicht »Die Wacht am Rhein« war ebenso wie Lorenz Clasens »Germania auf der Wacht am Rhein« (L/46) eines der wichtigsten Motive, die in den populären Darstellungen regelmäßig mit der Erinnerung an den Deutsch-Französischen Krieg verknüpft wurden. Das romantische Bekenntnis zur Verteidigung des »deutschen Rheins« ziert entsprechend auch dieses Erinnerungstuch, das die drei süddeutschen Fürsten und den preußischen König Wilhelm I. als die Garanten der deutschen Westgrenze präsentiert. Die in vielen deutschen Haushalten als Wandschmuck, Tischdecke oder Kissenbezug verbreiteten Erinnerungsstücke zeugen auf diese Weise von der prägenden Kraft, die stereotype Darstellungen für die kollektive Kriegserinnerung der Gesellschaft im Kaiserreich besaßen. JV

12b/3 Aufruf an die Deutschen
1870
Flugblatt; 11,1 x 13,9 cm
Paris, Musée de la Poste
(D. 6896)

»Am 4ten September hat sich die Sonne der Freiheit wieder in Frankreich gezeigt...« Das zweiseitig in deutsch und französisch geschriebene Flugblatt nimmt Bezug auf die Ausrufung der Zweiten Republik und fordert die Deutschen dazu auf, den Krieg zu beenden: »600 000 freie Männer sind entschlossen, sich unter den Trümmern ihrer Stadt zu begraben, ehe ein König- oder Kaiserfuß die heilige Wiege der neugeborenen Freiheit beschmutze.« Das Flugblatt sollte vom Ballon über den preußischen Truppen während der Belagerung von Paris abgeworfen werden. Léon Gambetta war als erster in einem Ballon über die feindlichen Linien geflogen, um in der französischen Exilregierung in Tours und später in Bordeaux die Kriegführung zu leiten, während Jules Favre als Außenminister der provisorischen Regierung mit dem größten Teil des Ministerrats im belagerten Paris die Geschicke lenkte. Vom 19. September 1870, als der militärische Ring um Paris von den deutschen Truppen geschlossen war, bis zur Unterzeichnung des Waffenstillstands am 28. Januar 1871 in Versailles mußte die Pariser Bevölkerung Hungersnot, Tod und Kälte auf sich nehmen. Ende Dezember setzte die Bombardierung der Hauptstadt ein, von deren Zerstörungen vor allem die Außenquartiere betroffen waren. Auch der Regierungssitz Napoleons III., das Tuilerienschloß, fiel den Flammen zum Opfer. MLP

12b/4 **Frédéric Auguste Bartholdi** (1834-1904)
Denkmal zur Erinnerung an die Ballone und Tauben der Belagerung von Paris
1871
Bez. auf dem Absatz: A. BARTHOLDI
Bronze, Onyx; 74,5 x 30 x 30 cm
Colmar, Musée Bartholdi (SB 53)

Während des Deutsch-Französischen Krieges war der Bildhauer Auguste Bartholdi als Offizier der Nationalgarde und später als Adjutant des Generals Garibaldi sowie als Verbindungsagent der Regierung tätig. Mit den Kriegserlebnissen stehen einige seiner Werke in Zusammenhang, so die kleine Gruppe zur Erinnerung an die Ballone und Brieftauben, die während der Besatzung von Paris eine wichtige Rolle für die Verbindung der Stadt mit der Außenwelt gespielt haben (12a/25, 12a/26). Das Denkmal ist den Helden der Post, der Telegraphenämter, der Eisenbahnen, den Luftschiffern und den Brieftaubenzüchtern von 1870 gewidmet. 1872 entstand das Grabdenkmal zu Ehren der 1870 gefallenen Nationalgardisten in Colmar und 1880 der »Löwe zu Belfort«, ein Denkmal zu Ehren der nationalen Verteidigung, von dem ein Duplikat den Platz Denfert-Rochereau in Paris ziert. AC
Lit.: Défense 1983, S. 100, Abb. 82; Kat. Paris 1989(d), Nr. 77. S. 96f.

12b/5 **Adolphe Binet** (1854-1897)
Die Belagerung von Paris
1891-1897
a) Der Auszug; 46 x 107 cm
Bez. u.l.: Adolphe Binet; Inschrift u.l.: La Sortie
b) Vor der Statue von Straßburg; 46 x 75 cm
Bez. u.l.: Adolphe Binet
c) Freiwilligenwerbung auf dem Platz des Panthéon; 46 x 107 cm
Öl auf Leinwand
Paris, Ville de Paris - Musée du Petit Palais
(P.P.P. 3873-3875)

Das nach dem Brand unter der Kommune wieder aufgebaute Rathaus wurde am 13. Juli 1882, am Vorabend des Nationalfeiertags, eingeweiht. Lange Diskussionen über die Art der Bestellung der Innendekorationen (direkter Zuschlag oder vorheriger demokratischer Wettbewerb) verzögerten indes den Beginn der Arbeiten bis 1889. Für die Ausschmückung des Arbeitszimmers des Präfekten, worauf sich diese drei Skizzen beziehen, wurde der Weg der Ausschreibung gewählt und die Erinnerung an die Belagerung von Paris den Bewerbern als Thema zur Auflage gemacht. Der Wunsch, mitten im Rathaus der Stadt Paris an eines der

12b/4

wesentlichen Ereignisse des Deutsch-Französischen Krieges von 1870 zu erinnern, hatte politische Bedeutung. Der Heroismus der Bevölkerung, der aus der Hauptstadt die letzte Bastion des nationalen Widerstandes machte, versteht sich in der Innendekoration als Echo der vergangenen Kämpfe gegen die königliche Macht. Die Wände eines Kabinetts derart dem Gedenken der Ereignisse der Belagerung zu weihen, konnte nur das Bild jener Stadt Paris verstärken, das die ewige Avantgarde der Freiheitskämpfe bildete. Nach Eingang der Entwürfe von etwa zwanzig Bewerbern fiel die Wahl auf Adolphe Binets Projekt, das 1890 beim Künstler bestellt wurde. Die vom Maler gewählten Ereignisse entsprechen meist denen, die auch die anderen Mitbewerber behandelt hatten. Die Künstler haben ihre Ikonographie offenbar aus einer gemeinsamen Quelle geschöpft, einer Folge von sechsunddreißig Bildern, die unmittelbar nach dem Ende des Krieges entstanden und die wichtigsten Momente der Belagerung wiedergeben. Sie trug dazu bei, im kollektiven Gedächtnis eine stark idealisierte Erinnerung an die Ereignisse zu entwickeln, wie Binets Skizzen zeigen. »Vor der Statue von Straßburg« zeichnet den Tag des 10. September 1870 nach, an dem sich die Bevölkerung massenhaft auf die Place de la Concorde vor Pradiers Statue begab, um ihre Solidarität mit den Bewohnern der bombardierten elsässischen Hauptstadt zu bezeugen. »Freiwilligenwerbung auf dem Platz des Panthéon« erinnert an die Ereignisse vom 20. Oktober. Alle Generationen von Parisern hatten sich freiwillig für die Verteidigungsoperationen gemeldet und so die ruhmreiche Erinnerung an 1792 fortgeschrieben. Die Skizze, die den Auszug darstellt und den von der Bevölkerung bejubelten Aufbruch der Truppe zeigt, gibt der Erzählung vollends den Ton des Heldenepos, das die Geschichte in eine Legende verwandelt. Vielleicht muß man in dieser Mischung aus Wahrheit und Idealismus den Hauptgrund für den Erfolg des Projekts bei der Wettbewerbsjury sehen. Die Werke sind von unterschiedlicher Qualität. Der Maler blieb seiner Vorliebe für die kleinen Stadtszenen treu, die in den Jahren um 1880 das Wesentliche seiner Produktionen auszumachen schienen (»Fiakerstation, quai de l'Hôtel de Ville« und »Straßenarbeiter, quai d'Austerlitz«, beide im Salon von 1884 ausgestellt). Der Gesamtzyklus umfaßt fünf Bilder, zu dem auch die Ölskizzen »Matrosen auf einem Feldzug« und »Ballon über den Schützengräben« gehört. Die gesamte Innendekoration wurde 1897 kurz vor Binets Tod vollendet. Sie lenkt nicht besonders stark die Aufmerksamkeit auf ein Rathaus, das seines Eklektizismus wegen heftig kritisiert wurde. Vor etwa zwanzig Jahren wurde aus dem Kabinett des Präfekten das Büro des Bürgermeisters von Paris; die Malereien wurden mit Gobelins überdeckt. DI

Lit.: Kat. Paris 1986(b), S. 348-351

12b/6 **Théophile-Alexandre Steinlen** (1859-1923)
Louise Michel auf den Barrikaden
Um 1885
Bez. u.l.: Steinlen
Öl auf Leinwand; 86 x 112 cm
Genf, Musée du Petit Palais (7789)
Abb. S. 406

In Versailles hatte die französische Regierung, dominiert von Konservativen und Monarchisten, den Waffenstillstand geschlossen. Dagegen erhob sich im März 1871 die Pariser Kommune, die mehrheitlich republikanisch und sozialistisch orientierte Regierung der Hauptstadt. Auf Seiten der Kommunarden befanden sich auch viele Frauen, so die Lehrerin und Schriftstellerin Louise Michel. Sie pflegte nicht nur Verwundete, was der gängigen Frauenrolle entsprochen hätte, sie griff selbst zu den Waffen. Die bekannte Anarchistin wurde zu einer Heldenfigur der Kommune. Bis jetzt hätte man, so ein zeitgenössischer Kommentar, »in Sachen Frauen nur die Boulevardkokotten, die verschleckten Gräfinnen und parfümierten Marquisen gekannt«, aber man werde angesichts von Louise Michel und anderen »wohl dahinterkommen, daß das Volk unterdessen eine völlig neue, nicht auf den Knien der Pfaffen großgewordene Generation Frauen hervorgebracht hat [...], was freilich nicht jedermanns Sache sein wird«. Der aus Lausanne stammende Lithograph und Maler Steinlen schuf ihr Bild in deutlicher Anlehnung an Delacroix' »Die Freiheit führt das Volk« von 1830. Im gleichen Gewand mit phrygischer Mütze und entblößten Brüsten wird sie hier zur Marianne der Kommune – mit der roten Fahne statt der Trikolore. Im heroischen Barrikadenkampf schreitet sie jedoch nicht vorwärts wie bei Delacroix, sondern wird bedrängt. Zur revolutionären Zuversicht trat die Erinnerung an die Niederwerfung der Kommune in der »blutigen Woche« vom 21. bis 28. Mai 1871: 17 000 Männer, Frauen und Kinder wurden ohne Gerichtsverfahren getötet und über 10 000 verurteilt, davon 3000, unter ihnen Louise Michel, in die Strafkolonien nach Neukaledonien deportiert. Nach der Amnestie kehrte sie 1880 nach Paris zurück. MK

Lit.: Rials 1985; Kat. Hamburg 1986, Nr. 319 u. 320, S. 386ff.; Tiemann 1989, S. 89-100

12b/7 **Auguste Rodin** (1840-1917)
La Défense de Paris
1879
Bez. u.r.: A. Rodin; Gießerstempel hinten M.: Alexis Rudier / Fondeur. PARIS
Bronze; 112 x 58 x 50 cm
Paris, musée Rodin (S. 984)
Abb. S. 410

Nach seiner endgültigen Rückkehr 1877/78 aus Brüssel nach Paris nahm Rodin die Arbeit an der Plastik auf, die zunächst als »Appel aux armes« bzw. »La Patrie vaincue« bezeichnet war. Es handelt sich um die nach dem Gipsmodell gefertigte Bronze, die Rodin 1879 im ersten Wettbewerb der Stadt Paris um das »Monument pour la Défense de Paris« (Denkmal der Verteidigung von Paris) präsentiert hatte. Die für den Rond-Point de Courbevoie, einem Vorort im Westen von Paris bestimmte Plastik sollte an den heldenhaften Verteidigungskampf der Pariser während Krieg und Belagerung von 1870/71 erinnern. Sie hat dem ganzen Quartier den Namen gegeben, das heute unter »La Défense« bekannt ist. Louis-Ernest Barrias gewann den ersten Preis des Wettbewerbs, der 1879 in der zweiten und vierten Nummer der »Revue de l'Art« ausgeschrieben war, während Rodin für seine Plastik wegen des bewegten Charakters seines Kriegsgenius, zu dem der verwundete, auf sein Schwert gestützte Soldat aufblickt, keinen Auftrag und nicht einmal eine Erwähnung erhielt. Er beaufsichtigte die Vergrößerung seines Projekts in zwei Güssen. Die Körperlichkeit erinnert an Michelangelos Christus der Pietà ebenso wie an den Prototyp der »Marseillaise« bzw. »Génie de la Patrie« von François Rude (L/6-L/8), vielleicht auch an Antonin Merciés »Gloria Victis« auf der Salonausstellung von 1874. Erst am 26. Dezember 1916 wurde die Plastik als öffentliches Denkmal in einer von Rodin autorisierten Doppelvergrößerung durch den Präsidenten des Verdun-Comité, M.J.B. de la Faille, in Erinnerung an die Schlacht von Verdun in Auftrag gegeben und 1920 dort vor der Porte St. Paul aufgestellt. MLP

Lit.: Tancock 1976, Nr. 66, S. 370-375; Kat. Paris 1989(d), Nr. 51, S. 94f.; Goldschneider 1989, Nr. 105, S. 132

12b/8 **Louis-Ernest Barrias** (1841-1905)
La Défense de Paris
1880
Gips; 100 x 45 x 56 cm
Paris, Dépôt des oeuvres d'art (D.B.A.S. 361)

12b/9 **Alexandre-Victor Lequien** (1822-um 1905)
La Défense de Paris
1879
Gips; 110 x 54 x 54 cm
Paris, Dépôt des oeuvres d'art (D.B.A.S. 367)

Ernest Barrias und Alexandre Lequien haben diese beiden Studien für den 1879 ausgeschriebenen Wettbewerb angefertigt, der die Errichtung eines großen Denkmals zum Ziel hatte. Es sollte an die Belagerung von Paris erinnern, aber auch den Kämpfern der Schlacht von Buzenval huldigen, die einige Tage vor dem Fall der Hauptstadt im Jahre 1871 stattgefunden hatte. Der Ort, an dem das Werk aufgestellt werden sollte, besaß Symbolkraft: Die Statue sollte den Platz auf dem Sockel der ehemaligen Statue von Napoleon I. einnehmen, die vor dem Sturz des Zweiten Kaiserreiches am Rond-Point von Courbevoie an der Stelle, wo sich die Nationalgarden am Morgen der Schlacht versammelt hatten, aufgestellt worden war. Unter den Mitbewerbern fanden sich Namen wie Bartholdi und Gustave Doré, dessen Projekt durch die Stichvorlage bekannt wurde, sowie überraschenderweise das Projekt Rodins, der an der Ausschreibung mit einer revanchistischen Skizze teilnahm. Andere wie Bogino, Chatrousse oder Croisy waren durch die Schaffung patriotischer Werke unmittelbar nach der Niederlage bereits bekannt geworden. Die Ausschreibung löste bei den Künstlern wohl ungewöhnliche Begeisterung aus, weil viele von ihnen an der Verteidigung der Hauptstadt beteiligt gewesen waren. Falguière, der im Winter 1871 am Bollwerk Wache gestanden hatte, gestaltete dort sogar aus dem Schnee eine kolossale Statue des Widerstands. Die (oft durch detaillierte Presseberichte) bekannten Skizzen zeigen eine sehr unterschiedliche Betrachtung der Ereignisse der Belagerung durch die Künstler; trotz der Zeit, die vergangen war, dominiert bei einigen noch immer die schmerzliche Erinnerung. Doch die Wettbewerbsjury, in der Departementsräte und Vertreter von Behörden und Bewerbern saßen, schien eine deutliche Vorliebe für die Projekte mit stark idealisiertem patriotischem Charakter an den Tag gelegt zu haben. Solche Gruppen, von denen das Projekt von Alexandre Lequien eine Vorstellung vermittelt, zeigten offenbar das Wesentliche der Vorschläge. In ihren Kompositionen verbanden sie die Figur von Paris und die eines Kämpfers in Aktion, wobei sie das Schema des Denkmals von Marschall Moncey aufnahmen, das am Ende des Zweiten Kaiserreiches für einen Pariser Platz bestellt worden war.

12b/8

Ernest Barrias, der aus der Ausschreibung als Sieger hervorging – seine große Bronze steht noch heute mitten im modernen Défense-Viertel – ließ sich von diesem Kompositionsschema bereits im Skizzenstadium inspirieren, doch verlieh er den Wirkungen eine dramatischere Wendung. Der am Bollwerk auf der Lauer vor einer Lafette stehenden Figur der Stadt gesellt er die eines verwundeten Marinesoldaten bei, der ihr halb zu Füßen liegt; auf der Rückseite der Gruppe symbolisiert ein zerbrechliches kleines Mädchen die Strenge des Winters und das Elend der Bevölkerung. Die Kritiker bemerkten, daß der Künstler die traditionell in ein Peplon gehüllte Allegorie der Stadt mit einem Soldatenmantel bekleidet hatte. Dieser auffällige Realismus verschärfte sich im vollendeten Werk und begründete den Erfolg des Denkmals, das Barrias in seiner Gruppe zum Gedenken der Verteidigung von Saint-Quentin einige Jahre später nachahmte. DI

Lit.: Défense 1983, S. 132-153; Kat. Paris 1989(d), S. 86-103

12b/10 **Jean Baptiste Carpeaux** (1827-1875)
Alexandre Dumas d.J.
1873
Bez. am Sockel: Al sommo Pensieroso /
Alexandre Dumas fils / Suo amico
JBt Carpeaux 1873
Gips; 46,5 x 34,4 x 22,5 cm
Paris, Musée d'Orsay (RF 2917)

Die Sockelinschrift bezeugt die Freundschaft des Schülers von David d'Angers und François Rude, der von 1854 bis 1862 in Italien und während der Pariser Kommune in England lebte, und dem Schriftsteller Dumas d.J. war der uneheliche Sohn seines berühmten Vaters Alexandre Dumas, dessen kritische Gesellschaftsromane ihn zwangen, nach dem Staatsstreich Napoleons III. lange Auslandsreisen zu unternehmen. Des jüngeren Dumas erster bahnbrechender Erfolg wurde 1848 die »Dame aux Camélias«, nach deren Vorlage Verdi seine Oper »La Traviata« schuf. Bei einem konservativen Historiker wie Heinrich von Treitschke genoß der Erzähler der Halbwelt und des Sittenverfalls wenig Ansehen: »Von selbst versteht sich, daß die Dichter einer solchen Epoche ihre Kunst als eine industrielle Speculation betreiben. Regelmäßig ließ der Romanschreiber sein Werk noch einmal als Drama erscheinen, um das doppelte Honorar nicht zu verlieren. Man vergleiche die nüchterne Langeweile der Dramen des jüngeren Dumas, welcher der Unzucht auch den letzten Schimmer einer Illusion zu rauben weiß, mit den Romanen Dumas' des Vaters, die doch noch unterhalten – es ist ein furchtbarer Verfall. Auch in den ungleich lustigeren und lebensvolleren bouffes von Offenbach tritt uns nicht mehr das Kokettiren des Lasters, die Niedlichkeit der Sünde – diese alte französische Unart – entgegen, die Unsittlichkeit erscheint anmaßend mit einer unerhört schamlosen Frechheit.« MLP

Lit.: Treitschke 1886, S. 365

12b/11 **Theodor Fontane** (1819-1898)
Tagebuch der Jahre 1866-1882:
Jahreseintrag von 1870
Eigenhändiges Manuskript
(Faksimile)
Potsdam, Theodor-Fontane-Archiv (G 4,3)

Nach Ausbruch des Deutsch-Französischen Krieges begab sich Fontane zum dritten Mal – im Auftrag des Verlegers Rudolf von Decker – auf einen Kriegsschauplatz. Bereits für die im gleichen Verlag von ihm erschienenen Bücher über die preußischen Feldzüge

12b/10

gegen Dänemark 1864 und Österreich 1866 hatte er neben dem Studium zeitgenössischer Quellen die Schlachtfelder besucht und Gespräche mit Militärs und Zivilisten »vor Ort« geführt. Am 27. September 1870 reiste Fontane in das von deutschen Truppen besetzte Frankreich. Er erreichte am 2. Oktober über Weißenburg, Straßburg und Lunéville Nancy und einen Tag darauf Toul. Er beabsichtigte, sich über Chalons in den Raum von Paris zu begeben, um den vermeintlich bevorstehenden »Pariser Einzug« mitzuerleben. Doch von Toul aus unternahm er am 5. Oktober vorerst einen Ausflug nach Domremy, um »in den poetischen Kreis der Jeanne d'Arc ein[zu]treten« (Brief an seine Frau Emilie vom 4. Oktober 1870 aus Toul). Nach der Besichtigung des Geburtshauses der französischen Nationalheldin wurde er vor einer Statue der Pucelle als vermeintlicher preußischer Spion von Franctireurs verhaftet und der französischen Militärgerichtsbarkeit zugeführt. Die Tagebuchseite dokumentiert nicht nur die wichtigsten Stationen der Gefangenschaft, sondern auch die Lebensgefahr, in der sich Fontane zeitweilig befand. Für seine Rettung und Freilassung setzten sich verschiedene Freunde sowie bekannte Persönlichkeiten in Deutschland, Frankreich und in der Schweiz ein, darunter Moritz Lazarus, Bernhard von Lepel, Rudolf von Decker, General von Werder, ferner die mit Fontane befreundete Familie von Wangenheim, die Verbindung

12b/12

malheur, tristesse, misère ont toujours comme accompagnement quelque chose comique ou ridicule, et la bonne humeur (je suis faché: la seule) de ma situation est: que je m'adresse à vous en français« (Sie wissen: Unglück, Trauer und Elend haben immer etwas Komisches oder Lächerliches zur Begleitung, und das Amüsante [es tut mir leid: das einzige] an meiner Lage ist, daß ich mich auf Französisch an Sie wende). Fontane hatte gehört, daß französisch verfaßte Briefe leichter die Zensur passierten und folglich schneller abgingen als Briefe in einer fremder Sprache; dies sei der Grund seiner »Übung«. Im Brief vom 6. Oktober, geschrieben nach seiner ersten Nacht im Gefängnis von Langres, bittet er seine Frau, sich von Berlin aus für seine Freilassung einzusetzen: » [...] was Deinerseits geschehen kann, ist, durch Hilfe von Gesandschaften [...] die französische Regierung wissen zu lassen, daß ich eben weiter nichts als ein Schriftsteller pur et simple bin, der seines Buches halber den Kriegsschauplatz bereist. Vielleicht kann auch Frau von Wangenheim irgendeinen einflußreichen Kirchenfürsten dieses Landes und *Professor Lazarus den französischen Minister Crémieux für mich interessieren.* [...] Meine Situation beschreibe ich Dir nicht, der Hohn des Volkes ist furchtbar. Gott sei mit uns und kläre diese Nebel.« UM

Lit.: Fontane 1962f., S. 338-361

Meine liebe Frau!
Seit gestern bin ich ein
Gefangener und befinde mich
bereits in der Mitte Frankreichs. Es muß getragen sein.
In Domremy, eben in voller
Jean d'Arc-Bewunderung,
wurde ich verhaftet.

Theodor Fontane an
seine Frau Emilie,
Langres, 6. Oktober 1870

mit dem Erzbischof von Besançon, Césaire Mathieu, aufnahm, ebenso der Schweizer Bundespräsident Jakob Dubs. Doch die entscheidenden Schritte gingen auf diplomatischem Wege von Bismarck aus. MH

12b/12 **Theodor Fontane** (1819-1898)
Brief an Emilie Fontane
Langres, 6. Oktober 1870
Eigenhändiges Manuskript
(Faksimile)
Weimar, Stiftung Weimarer Klassik,
Goethe- und Schiller-Archiv (96/731)

In der Zeit der Bedrängnis war es seine Frau Emilie, der sich Fontane am ausführlichsten über seine Lage mitteilte. Bis zu seiner Freilassung am 24. November schrieb er ihr ein Dutzend Briefe, ohne je eine Antwort von ihr erhalten zu haben – die Kriegswirren verhinderten offenbar die geregelten Postwege, zudem wechselten häufig die Stationen von Fontanes nunmehr unfreiwilliger Reise, die ihn über Langres, Besançon, Lyon, Rochefort bis zur Ile d'Oléron durch halb Frankreich führte. Seinen Humor verlor er trotzdem nicht. So schrieb er am 14. Oktober aus Besançon: »Vous savez:

12b/13 **Adolph Menzel** (1815-1905)
Speisungssaal für die ankommenden
franz. Gefangenen auf dem
Ostbahnhofe zu Berlin 1870-71
In: Skizzenbuch 1869/71
Bez. o.r.
Bleistift; 13,5 x 42 cm (aufgeschl.)
Berlin, Staatliche Museen zu Berlin,
Kupferstichkabinett (Menzel Skizzenbuch
Nr. 34)

Im Skizzenbuch, das von hinten begonnen wurde, charakteristisch für den Linkshänder Menzel, befinden sich zunächst Studien aus der Metallfabrik Heckmann für die Jubiläums-Adresse der Firma von 1869. Sodann ist das Heft ausschließlich mit den authentischen Eindrücken von den ankommenden französischen Kriegsgefangenen gefüllt. Menzel, der allem Zeitgeschehen mit äußerster Anteilnahme und Interesse begegnete, begab sich wie ein Reporter auf die Erkundung neuartiger Motive. Nichts hinderte ihn im Januar 1871, stundenlang vergeblich auf dem Ostbahnhof die Ankunft der Gefangenen zu erwarten, wie er dem Maler Paul Meyerheim schrieb: »Es sollte diesmal nicht sein. Zweimal fuhr ich hin. Das erstemal gegen 7 hieß es die Franzosen kommen um 10. Und um 10 brachte Einer der Offiziere aus dem Telegr. Bureau den Bescheid: sie kommen um 2! Da sprach ich mich von jeder weiteren Pflicht des Ausharrens los, wünschte den anwesenden Damen, die beiläufig das Alles schon die so und sovielte Nacht trieben, so viel Angenehmes als Zeit und Ort zu bieten vermögen und hüllte meine Person in eine Nachtdroschke.« Menzel hat später in der Spandauer

12b/13

Zitadelle nicht nur die Essen austeilenden Frauen gezeichnet, sondern auch die traurigen Gestalten der Franzosen, unter ihnen viele Marokkaner. An den auffälligen Mützen der Zuaven notierte er die Farben Rot und Blau, so wie diese dann auf zwei Aquarellen erschienen. In der dumpfen Farbigkeit und dem Nonfinito der Blätter liegt ein merkwürdig trostloser Reiz. Die farbigen Kompositionen sind Notizen dieses Skizzenbuches entlehnt. Sie zeigen die unglücklichen Franzosen einmal beim Aussteigen aus dem Waggon, sodann auf dem Marsch. Wie unabhängig sich Menzel in seiner Neigung zu Frankreich von aller offiziellen Meinung fühlte, zeigt sich Jahre später, als er auch durch Repressionen staatlicher Stellen nicht zu hindern war, im Jubiläumsjahr der französischen Revolution seine Werke nach Paris zur Weltausstellungvon 1889 zu senden.   M. R.-R.

Lit.: Jordan 1905, S. 14; Wolff 1914, S. 214

Ober-Hofbuchdruckerei Rudolf v. Decker, Berlin, der bis 1907 insgesamt sieben Ausgaben folgten. Fontanes Schilderungen aus der Gefangenschaft gehören zu den menschlich anrührendsten Reiseberichten aus seiner Feder. Einfühlsam, humorvoll und ohne jegliches Haßgefühl beschreibt er seine Begegnungen mit französischen Zivilisten und Militärs: »Es ist eine Pflicht zu sagen, daß diese Eindrücke die allerangenehmsten waren und daß ich mir keine Nation denken kann, die in *so* vielen, ihrer aufs Gerathewohl gewählten Repräsentanten im Stande wäre, ein günstigeres Urtheil hervorzurufen«. Die zweite Auflage von »Kriegsgefangen. Erlebtes 1870« erschien, mit einer Fotografie des Dichters von J.C. Schaarwächter (Berlin 1890) versehen, in der Verlagsbuchhandlung von Friedrich Fontane, dem Sohn des Dichters.   MH

Lit.: Fontane D 6; Fontane 1993, S. 256ff.

12b/14   **Theodor Fontane** (1819-1898)
        Kriegsgefangen. Erlebtes 1870
        Berlin: Friedrich Fontane & Co. 1892 (2)
        Potsdam, Theodor-Fontane-Archiv (60/6399)

Theodor Fontane hatte bereits während der französischen Kriegsgefangenschaft vom 5. Oktober bis 24. November seine von Gefängnis zu Gefängnis erhaltenen »Reise«-Eindrücke notiert und diese während der Haft im Château Ile d'Oléron zu einer autobiographischen Schilderung ausgestaltet: »Ich bin hier sehr fleißig. Sieben Kapitel habe ich schon geschrieben [...], ich bin schon bedeutend in Abschnitt II hinein, der meine Reise über Lyon, Moulins usw. hier her enthält. Es liest sich wie ein Roman, der es ja auch eigentlich ist. Der dritte Abschnitt soll meinen Insel-Aufenthalt behandeln. Dazwischen mache ich Verse« (Brief an seine Frau Emilie vom 13. November 1870). Unmittelbar nach Fontanes Freilassung und Rückkehr nach Berlin (am 5. Dezember 1870) brachte die »Vossische Zeitung« seine Erlebnisse in Fortsetzungen zwischen dem 25. Dezember 1870 und dem 16. Februar 1871 als Vorabdruck heraus. Schon im März 1871 erschien eine erste Buchausgabe im Verlag der Königlichen Geheimen

12b/15   **Theodor Fontane** (1819-1898)
        Souvenirs d'un prisonnier de guerre
        allemand en 1870
        Paris: Librairie académique Didier,
        Perrin et Cie 1892
        Potsdam, Theodor-Fontane-Archiv (58/7132)

1892, im gleichen Jahr, in dem Friedrich Fontane in seinem Verlag die 2. Auflage von »Kriegsgefangen« herausbrachte, erschien beim Verlag Perrin, Paris, eine französische Übersetzung mit einer Einleitung des aus Polen stammenden Essayisten und Literaturkritikers Teodor de Wyzewa. Die leicht gekürzte Übersetzung wurde vermutlich von Jean Thorel hergestellt. Davon waren bereits zwei Kapitel im Vorabdruck in der »Revue bleue: Revue politique et littéraire« erschienen, und zwar unter den Titeln »Souvenir d'un prisonnier de guerre allemand (1870) – La citadelle de Besançon. Traduit de l'allemand de Théodor Fontane« (28. Jg., Bd. 48, Nr. 24, vom 12. Dezember 1891, S. 757-761 im Anhang zu Teodor de Wyzewas »Un romancier naturaliste allemand: M. Théodor Fontane«, ebenda, S. 751-757) und »L'île d'Oléron« (19. Jg., Bd. 49, Nr. 6, vom 6. Februar 1892, S. 170-176). Wyzewa leitete die französi-

sche Buchausgabe von »Kriegsgefangen« mit einem biographischen Essay über Fontane ein, in dem er dem Autor bestätigt, eines der schönsten Bücher über den Deutsch-Französischen Krieg geschrieben zu haben. Im Gegensatz zu anderen Autoren liebe Fontane die Themen, über die er schreibe, und seine Romane strahlten menschliche Wärme aus. Es ist nicht überliefert, ob Fontane Kenntnis von dieser Übersetzung erhielt. Der Straßburger Verlag Bueb & Reumaux brachte 1986 auf der Grundlage dieser Übersetzung eine neue Ausgabe unter dem Titel »Journal de captivité. De Domremy à l'Ile d'Oléron: voyage dans la France de 1870« heraus. MH
Lit.: Albert 1909, S. 175

12b/16 **Passierschein der Französischen Republik**
für Louisa Blin in französischer und
deutscher Sprache, ausgestellt vom Pariser
Generalstabschef und vom Polizeipräfekten
Paris, 1. Februar 1871
Urkunde mit handschriftlichen Eintragungen;
26,3 x 42,5 cm
Berlin, Deutsches Historisches Museum
(Do 92/17)

Als in Versailles nach mehrtägigen Verhandlungen zwischen Bismarck und dem Außenminister der provisorischen Regierung Frankreichs, Jules Favre, am 28. Januar 1871 ein Waffenstillstand geschlossen wurde, dauerte die Belagerung von Paris durch preußische, bayerische, württembergische, sächsische und mecklenburgische Truppen bereits seit dem 19. September 1870. Die Außenforts von Paris mußten an die Deutschen übergeben werden, und es wurde eine entmilitarisierte Zone zwischen der Stadtbefestigung und der Besatzungsgrenze geschaffen. Von den in der Stadt befindlichen französischen Truppen durfte nur die Nationalgarde ihre Waffen behalten, alle anderen Truppen und Garden galten als kriegsgefangen. Der Waffenstillstand begann am 29. Januar mit der Besetzung der Forts. Mit den ersten Lebensmittellieferungen setzte die Normalisierung des Lebens in Paris ein. Nun konnten auch die ersten Bürger wieder die Stadt auf dem Landweg verlassen. So besorgte sich die 57jährige Louisa Blin bereits am 1. Februar 1871 bei der Pariser Polizei einen Passierschein und passierte an der Straße nach Issy-Moulineaux die deutschen Linien. HA

12b/17 **Hans Thoma** (1839-1924)
Der Rhein bei Laufenburg
1870
Bez. u.r.: H. Th. 70
Öl auf Leinwand; 56 x 46 cm
Berlin, Staatliche Museen zu Berlin,
Nationalgalerie (A I 1100)

Die Aufträge für vier Gemälde von Rheinansichten der Städte Waldshut, Laufenburg, Säckingen und Rheinfelden erlaubten dem Karlsruher Maler Thoma im Sommer 1870 den Wechsel von seiner Heimatstadt in die Kunstkapitale nach München. Laufenburg war der östlichste Punkt des durch Annexion neugebildeten Reichslandes Elsaß-Lothringen, das die Südwestecke des Deutschen Reiches bildete und dessen gesamte Ostgrenze gegen das Großherzogtum Baden der Verlauf des Rhein bildete. Der »Rhein bei Laufenburg« zeigt die Flußbiegung vor der spätgotischen Kirche und dem Schloßberg mit ruinösem Turm, deren Ufer durch die gedeckte Hochbrücke verbunden sind. MLP
Lit.: Kat. Paris 1976(b), Nr. 156; Hubatsch 1983, S. 230f.

12b/18 **Gustave Doré** (1832-1883)
Der deutsche Rhein
1870
Bez. u. l.: Gve Doré / 1870
Tusche, weiß gehöht; 73 x 99 cm
Strasbourg, Musée d'Art Moderne et
Contemporain (55.987.12.11)
Abb. S. 407

Doré zog als Sohn eines Straßburger Brückenbauingenieurs nach Kriegsausbruch 1870 als Nationalgardist ins Feld, nachdem er seit 1868 in der Londoner Doré Gallery auf der New Bond Street, die sich ausschließlich seinem Werk widmete und ihn bis 1892 ausstellte, große Verkaufserfolge mit Gemälden und graphischem Werk erzielen konnte. Seine Kriegserfahrungen inspirierten Doré zu einer Serie patriotischer Gemälde und Zeichnungen, so »Die Marseillaise«, »Lied des Aufbruchs«, »Der deutsche Rhein«, »Der Schwarzer Adler Preußens« und

12b/16

Sie wagen nicht zu behaupten, daß sich das Volk von Elsaß-Lothringen nach deutscher Umarmung sehne: gerade das Gegenteil. Um seinen französischen Patriotismus zu züchtigen, wurde Straßburg, eine Festung, beherrscht von einer selbständigen Zitadelle, sechs Tage lang zwecklos und barbarisch mit »deutschen« Explosivgeschossen bombadiert, in Brand gesetzt und eine große Anzahl verteidigungsloser Einwohner getötet. Jawohl! der Boden dieser Provinzen hatte vor langer Zeit dem längst verstorbenen deutschen Reich angehört. Es scheint daher, daß das Erdreich und die Menschen, die darauf erwachsen sind, als unverjährbares deutsches Eigentum konfisziert werden müssen. Soll die alte Karte von Europa einmal umgearbeitet werden nach dem historischen Recht, dann dürfen wir auf keinen Fall vergessen, daß der Kurfürst von Brandenburg seinerzeit für seine preußischen Besitzungen der Vasall der polnischen Republik war.

Karl Marx: Zweite Adresse des Generalrats über den Deutsch-Französischen Krieg, vorgetragen am 9. September 1870

12b/17

»Das Rätsel« (12a/1). Seine Sicht auf den »deutschen Rhein« beherrscht die helmbewehrte und gepanzerte Gestalt der Freiheit, die ähnlich wie in dem späteren Blatt »Frankreich, auf einem Pegasus reitend, treibt seine Kinder zur Rettung der Stadt Paris an« (12a/20) von 1873 angesichts von Niederlage und Untergang, Tod und Verwundung mit pathetischer Gebärde die Standarte der Ehre aufrecht hält. MLP

Lit.: Kat. Straßburg 1993, S. 10f.

12b/19 **Liedflugblatt: Théâtre de la guerre**
Chants Patriotiques: La Marseillaise (Rouget de L'Isle) und Le Rhin Allemand (Alfred de Musset)
Paris, um 1870/71
Einblattdruck; 60 x 43,4 cm
Nürnberg, Germanisches Nationalmuseum (HB 19721, Kapsel 1311)

Auf dem von J. Lemonnyer gezeichneten und Firmin Gillot gestochenen Liedflugblatt, das in der Zeit des Deutsch-Französischen Krieges 1870/1871 verbreitet wurde, erschienen neben der Karte des »Kriegstheaters« zwei patriotische Gedichte: die Marseillaise von Rouget de Lisle (1792), die erst 1879 französische Nationalhymne wurde, zuvor jedoch als Kampflied ausgesprochen populär war (L/4), und Alfred de Mussets ironisches Gedicht »Le Rhin allemand« (Der deutsche Rhein; 1841) (7/4). Die drohende deutsche Gefahr zur Zeit des Krieges, besonders während der Belagerung von Paris, hatte die patriotische Aussage der Texte aktualisiert. Die Marseillaise spielte seit ihrer Entstehung eine wichtige Rolle im politischen Leben Frankreichs: Bei revolutionären Aktionen (1815, 1830, 1832, 1848 u.a.) war sie stets Ausdruck des Protestes und der Opposition. 1870 wurde sie indessen auf Anordnung der Regierung bei öffentlichen Veranstaltungen, in Theatern, Konzerten etc. gesungen. Dabei hatte sie in den Augen der Bevölkerung ihre Bedeutung als Freiheitslied eher verloren. Jules Vallès notierte: »C'est que ce n'était plus la liberté qui devait conduire encore nos bataillons: c'était l'Empire, avec ses dix-huit ans de despotisme, qui poussait la France dans une guerre inepte et désastreuse, après avoir démoralisé les âmes, pillé la fortune publique et désarmé l'armée« (Das war nicht mehr die Freiheit, die noch einmal unsere Bataillione leiten sollte: es war das Empire mit seinen 18 Jahren Despotismus, das Frankreich in einen törichten und fatalen Krieg hineinstieß, nachdem es die Seelen niedergedrückt, das öffentliche Vermögen geplündert und die Armee wehrlos gemacht hat). Das Flugblatt diente mit Sicherheit der Motivierung der unter den Kriegsereignissen leidenden Bevölkerung zum Kampf gegen die deutsche Armee. AC

Lit.: Robert 1989; S. 193; Georgel 1989, S. 50

12b/20 **Arnold Böcklin** (1827-1901)
Zerschossenes Haus bei Kehl
1870
Leinwand auf Karton; 20,5 x 35,5 cm
Basel, Öffentliche Kunstsammlung Basel, Kunstmuseum (876)
Abb. S. 433

Das Bild zeigt die Mauer eines im Krieg zerstörten Hauses in verwüsteter Landschaft; im Hintergrund ist vor dunklem Horizont mit drohenden Wolken der Turm des Straßburger Münsters erkennbar. Böcklin gibt hier keine Allegorie des Krieges, sondern dokumentiert mit dem Bild der Verwüstung reales Geschehen: ein durch Geschosse zerstörtes, verlassenes Haus, dessen Bewohner umgekommen oder auf der Flucht sind, wobei der Eindruck der Trostlosigkeit durch das farbliche Arrangement der Szene – weiße Mauer vor einer dunklen bedrohlichen Landschaft im Hintergrund – gemildert erscheint. Unter dem Eindruck des Deutsch-Französischen Krieges entstanden mehrere Bilder und Skizzen, in denen Böcklin, zumeist ins Allegorische übersetzt, seine Kriegserlebnisse verarbeitete, so »Drachen in einer Felsenschlucht« (1870), »Mörder von Furien verfolgt« (1870), »Stadtmauer mit Galgen« (um 1870), »Bergschloß mit Kriegerzug« (um 1871) bzw. »Ritt des Todes« (1871) . AC

Lit.: Christ/Geelhaar 1990, Nr. 37, S. 100

12b/21b

> *La réunion de l'Alsace à la France [...] est un des faits qui ont le plus contribué à la propagande du germanisme; c'est par l'Alsace que les idées, les méthodes, les livres de l'Allemagne passent d'ordinaire pour arriver jusqu'à nous. Il est incontestable que, si on soumettait la question au peuple alsacien, une immense majorité se prononcerait pour rester unie à la France. Est-il digne de l'Allemagne de s'attacher de force une province rebelle, irritée, devenue irréconciliable, surtout depuis la destruction de Strasbourg?*
>
> Ernest Renan:
> Offener Brief in der Augsburger Zeitung nach dem 12. August 1870
>
> *Die Vereinigung des Elsaß mit Frankreich [...] ist eine der Tatsachen, die am meisten die Propaganda des Germanismus genährt haben; vom Elsaß aus erreichen uns gewöhnlich die Ideen, die Methoden, die Bücher über Deutschland. Es ist nicht zu leugnen, fragte man das elsässische Volk, daß eine große Mehrheit sich für die Zugehörigkeit mit Frankreich entschiede. Ist es Deutschlands würdig, sich mit Gewalt eine rebellische Provinz einzuverleiben, die besonders seit der Zerstörung von Straßburg unversöhnlich geworden ist?*

12b/21 **Georg Maria Eckert** (1828-1903)
Ansichten von Straßburg nach der
Bombardierung von 1870
a) Das National-Thor
b) Die Steinstraße (rue du Faubourg-de-Pierre)
1870
Fotografien; jeweils 21 x 26 cm
Strasbourg, Musées de Strasbourg,
Musée d'Art Moderne et Contemporain,
Photographies
(55.995.0.8. und 55.995.0.7.)

Die Serie der Fotografien, die der Verlag F. Bassermann noch im ersten Kriegsjahr publizierte, zeigen das Ausmaß der Zerstörungen durch die preußischen Truppen, die bis zum 28. September einen Monat lang die Stadt Straßburg beschossen. Unter der schweren Artillerie hatten, trotz Umwallung und den barocken Festungswerken Vaubans, am meisten die im Nordwesten gelegenen Stadtteile zu leiden. Die deutschen Truppen logierten am 28. September vor und in den Stadttoren und nahmen auch, wie die Momentaufnahme am Nationaltor zeigt, genüßliche Sonnenbäder. 220 Menschen starben, 350 Gebäude wurden niedergelegt. 1200 Soldaten der deutschen Garnison mußte die Stadt ernähren, die bei den Einwohnern einquartiert werden mußten, weil die Kasernen zerstört waren. Die Kosten für die Besatzung betrugen 1 290 000 Mark. Vom Reich forderte und erhielt die Stadt später 900 000 Mark Entschädigung. Aufgrund der starken Zerstörung der Befestigungsanlagen wurde eine neuerliche Umwallung gegen die Vogesen und nicht mehr gegen den Rhein erwogen. Am 27. Mai 1871 hatte deshalb Generalfeldmarschall von Moltke die Stadt besucht. Die Kosten dafür sollten allerdings der Stadt Straßburg angelastet werden. MLP

Lit.: Kat. Berlin 1990(a), S. 388f.

Non! Non! j'ai flétri comme je le devais la trahison de Sedan et le crime de Metz, et je vous appelle à venger votre propre honneur, qui est celui de la France! Vos frères d'armes de l'armée du Rhin ont déjà protesté contre le lâche attentat et retiré avec horreur leurs mains de cette capitulation maudite. A vous de relever le drapeau de la France qui, dans l'espace de 14 siècles, n'a jamais subi pareille flétrissure!

Léon Gambetta:
Aufruf an die Bürger der Republik Frankreich, Oktober 1870

Nein! Nein! ich habe pflichtgemäß den Verrat von Sedan und das Verbrechen von Metz geschmäht und ich rufe euch dazu auf, eure eigene Ehre zu verteidigen, die die Ehre Frankreichs ist. Eure Waffenbrüder der Rheinarmee haben schon gegen das feige Attentat protestiert und mit Entsetzen ihre Hände von dieser verfluchten Kapitulation zurückgezogen. Es ist an euch, die Fahne Frankreichs zu erheben, die im Verlauf von vierzehn Jahrhunderten niemals eine ähnliche Schmach ertragen hat!

12b/23

12b/22 **»Officielles Telegramm an die Königin«**
mit der Nachricht von der Kapitulation Straßburgs
Mundolsheim, 28. September 1870
Einblattdruck; 24 x 39 cm
Berlin, Deutsches Historisches Museum
(Do 74/157 I)

In der Form eines Telegramms des Norddeutschen Bundes, das öffentlich angeschlagen wurde, gab König Wilhelm I. Königin Augusta Nachricht von der Kapitulation Straßburgs: »So eben Nachts 2 Uhr Capitulation Straßburgs durch Oberlieutenant Leszynski abgeschlossen. 451 Offiziere, 17,000 Mann inclusive Nationalgarden streckten die Waffen. Um 8 Uhr werden Straßburgs Thore besetzt werden.« MLP

12b/23 **Léon Gambetta** (1838-1882)
Aufruf an die Bürger der Republik Frankreich, die Ehre der Nation zu verteidigen
Oktober 1870
Abschrift (Fragment); 27 x 45 cm
Berlin, Deutsches Historisches Museum
(Do 72/220)

Nach Ausrufung der Republik am 4. September 1870 war Léon Michel Gambetta Mitglied der provisorischen Regierung (Gouvernement de la Défense Nationale) in Paris. Die Republik Frankreich führte nach gescheiterten Waffenstillstandsverhandlungen den Krieg fort. Nachdem Paris am 19. September von deutschen Truppen eingeschlossen worden war, verließ Gambetta die belagerte Stadt mit einem Ballon. Als Kopf einer Delegation der Regierung in Tours setzte er sich vehement für die Verteidigung Frankreichs ein. Sein Vorbild war der Erfolg der »levée en masse« von 1793. Mit flammenden Aufrufen begeisterte Gambetta die Bürger für die allgemeine Volksbewaffnung. Er verstärkte seine Bemühungen noch, als sich die militärische Lage der Republik durch die Kapitulation der bei Metz eingeschlossenen französischen Rheinarmee am 27. Oktober weiter verschlechterte. Mit der Übergabe der Festung an die Deutschen kamen 173 000 französische Soldaten in Kriegsgefangenschaft und der ganze Zorn Frankreichs richtete sich gegen den Oberbefehlshaber, Marschall François Achille Bazaine. Als Fragment hat sich ein von Gambetta nach dem 27. Oktober verfaßter Aufruf erhalten, in dem er für den Verrat von Sedan und das Verbrechen von Metz Rache forderte. Überzeugt vom Sieg der Volksarmee rief er mit leidenschaftlichen Worten zum Kampf für das Vaterland auf, zur Rache für Frankreichs Ehre und legte das Schicksal des Landes in die Hände der Freiwilligen. Er appellierte an die französische Jugend, die Hoffnung des Vaterlandes, und versprach ihnen den Sieg. HA
Lit.: Echard 1985

12b/24 **Frédéric Auguste Bartholdi** (1834-1904)
Die Schweiz lindert die Schmerzen von
Straßburg während der Belagerung von 1870
1895
Bronze; 85 x 78 x 52 cm
Paris, Ville de Paris -
Musée du Petit Palais (P.P.S. 832)

12b/25 **Frédéric Auguste Bartholdi** (1834-1904)
Die Zürcher bringen ihren Straßburger
Freunden eine Hirsesuppe als Zeichen ihrer
Verbundenheit
1895
Bez. u.l.: Bartholdi 1895
Bronze; 19 x 39,5 x 2 cm
Paris, Ville de Paris -
Musée du Petit Palais (P.P.S. 831)

12b/24

Der Krieg von 1870, der für Frankreich den Verlust Elsaß-Lothringens zur Folge hatte, erschütterte Bartholdi zutiefst. Dieser Krieg veranlaßte ihn zur Schaffung einer großen Zahl patriotischer Denkmäler, die, wie »Die Schweiz lindert die Schmerzen von Straßburg während der Belagerung von 1870«, ihr Motiv hauptsächlich aus den katastrophalen Konsequenzen des Konflikts beziehen. 1870 erlebte Straßburg zwei Monate harter Belagerung, während der nur zweitausend Einwohner die Stadt dank des Eingreifens einer Schweizer Delegation verlassen konnten. Zur Erinnerung an dieses Ereignis wurde der Schweiz als Zeichen des Dankes ein großes Denkmal geschenkt, das 1895 in Basel eingeweiht wurde. Auf den neuartigen Heroismus des »Löwen von Belfort«, des Symbols für den Widerstand schlechthin, folgte in Bartholdis historischem Schaffen ein Werk traditionelleren Stils, das wie viele Denkmäler am Ende des 19. Jahrhunderts zwischen dem Rückgriff auf das Sinnbild und der realistischen Darstellung schwankt. Die Schweiz erscheint in der Gruppe in der klassischen Form einer Statue mit Diadem auf dem Haupt, während sich die Stadt Straßburg in zeitgemäßen Zügen in der Figur einer Elsässerin ohne strenge Attribute verkörpert (Krone von Festungsmauern). Zwei andere Plastiken ergänzen die Erzählung ebenso kontrastreich: ein Genius, wahrscheinlich eine Verwandlung des »Genius der Freiheit«, spricht wie die Schweiz die Sprache der Allegorie, wohingegen ein kleines, abgemagertes Kind mit seinem Realismus die ganze Not der gepeinigten Stadt ausdrückt. Was den Bericht der Ereignisse selbst anbelangt, die die Gegenwart oder die Vergangenheit wie im Fall des Reliefs »Die Zürcher bringen ihren Straßburger Freunden eine Hirsesuppe als Zeichen ihrer Verbundenheit«, beschwören, so brachte ihn Bartholdi wie üblich in den Sockelreliefs unter. Das Denkmal hält sich jedoch weniger an akademische Vorbilder: Man beachte die Sorgfalt, mit der der Künstler dank der Vervielfachung der Figuren seiner Komposition eine Drehbewegung gibt – und dies nach einem Schema, das seine Blüte in dem kurz nach 1900 in Paris errichteten »Ballon des Ternes« erfuhr. Auch andere – hier politische – Anliegen prägen das Werk, etwa die Bewegung der Hände, die im Mittelpunkt der Gruppe den Bezug auf die symbolische Geste der Brüderlichkeit nahelegen, um die Solidarität zum Ausdruck zu bringen. Die republikanische Idee nahm in Bartholdis Werk einen vorrangigen Platz ein und diente nahezu allen vom Künstler geschaffenen öffentlichen Standbildern als Leitfaden. Sowohl bei der Gruppe wie bei dem Relief handelt es sich um verkleinerte Fassungen.

DI

12b/26 **Die Belagerung von Straßburg im Jahre 1870**
Lithographie; 29 x 41 cm
Strasbourg, Musées de Strasbourg,
Cabinet des Estampes et
des Dessins (XXIV.61.)
Abb. S. 433

Der düstere undatierte, an Gustave Doré erinnernde Farbdruck zeigt in patriotischer und emphatischer Manier die Allegorie der Freiheit als Lichtgestalt vor der aufgerichteten Standarte mit zerfetzter Fahne inmitten verwundeter und ermatteter Krieger, im Hintergrund die brennende Stadt mit dem Münsterturm, im Vordergrund die gestürzte Mauerkrone der gefallenen Umwallung von Weidenfaschinen und das Wappenschild S vor Kanonenrohren. Auf der rechten äußeren Seite beweint eine kniende Frau mit totem Kleinkind den Verlust des Vaterlandes.

MLP

12b/27

12b/27 »**Habitants de l'Alsace! / Bewohner des Elsasses!**«
Zweisprachige Bekanntmachung der Übernahme der Regierung im Elsaß durch die Deutschen
Hagenau, 30. August 1870
Einblattdruck; 55,8 x 44,6 cm
Berlin, Deutsches Historisches Museum
(Do 72/354)

Der preußische König Wilhelm I. ernannte in seiner Funktion als oberster Kriegsherr des Bundesheeres General Friedrich Graf von Bismarck-Bohlen am 14. August zum Generalgouverneur des besetzten Landes Elsaß. Bismarck-Bohlen war als Sohn eines Vetters nur weitläufig mit dem Bundes- und späteren Reichskanzler Otto von Bismarck verwandt. Zusammen mit dem ihm unterstellten Zivilkommissar, Friedrich von Kühlwetter, verwaltete Bismarck-Bohlen bis zum 14. September 1871 das Elsaß nach dem Besatzungsrecht. Dies geschah zunächst von Hagenau aus, das seit der Schlacht von Wörth am 6. August in deutscher Hand war. Nach der Kapitulation von Straßburg am 28. September verlegte Bismarck-Bohlen seinen Amtssitz dorthin. Zum Verwaltungsgebiet gehörten die französischen Departements Haut-Rhin, Bas-Rhin und Lorraine, die gegen den Protest der elsaß-lothringischen Abgeordneten durch den Frankfurter Friedensvertrag vom 10. Mai 1871 an das Deutsche Reich abgetreten wurden. Gegen den Protest der elsaß-lothringischen Abgeordneten hatte die französische Nationalversammlung in Bordeaux am 1. März 1871 mit 546 gegen 107 Stimmen dem Vertrag zugestimmt. Einen Monat vor der Einnahme von Straßburg hatten bereits deutsche Bundestruppen die Besetzungsmaßnahmen eingeleitet, wie dieser vom Generalgouverneur für das Elsaß unterzeichnete Maueranschlag für die Departements Mosel (Metz, Thionville und Saargemünd), Salzburg und Saarburg verkündet: »Nachdem die kriegerischen Ereignisse die Okkupation eines Theiles von Frankreich durch die hohen verbündeten Mächte herbeigeführt haben, ist die kaiserliche französische Staatsgewalt in diesem Gebiete außer Wirksamkeit gesetzt und die Autorität der deutschen Mächte an deren Stelle getreten.« Das Gesetz des Landes solle in Kraft treten und die regelmäßige Ordnung der Dinge wiederhergestellt werden. Der Generalgouverneur appelliert an das Vertrauen der Bevölkerung und kündigt an, daß die Unterwerfung unter die Maßnahmen seiner Regierung erforderlich seien: »Dem erhabenen Willen der deutschen Mächte entsprechend wird der General-Gouverneur bestrebt sein, die Wiederherstellung geordneter Zustände rasch herbeizuführen...«   MLP/HA
Lit.: Huber 1982, S. 437f.

12b/28 **A. Lemercier** nach **Jan Baptist Huysmans**
(1826, tätig bis ca. 1890)
»Trotz allem unsere Fahne!«
1871
Chromolithographie; 35 x 45,5 cm
Strasbourg, Musées de Strasbourg,
Cabinet des Estampes et des
Dessins (77.995.0.6.)
Abb. S. 409

Im Vollzug der Annexion von Elsaß-Lothringen verbot Preußen seinen Bewohnern jegliches Tragen von Abzeichen in den französischen Landesfarben. Die Lithographie nimmt auf eine historische Episode Bezug, wie sie sich 1871 in Straßburg ereignete: Drei ehrenwerte Damen des Straßburger Bürgertums tragen vor den Augen eines preußischen Postens auf der Straße ein blaues, ein weißes und ein rotes Kleid und bilden nebeneinandergehend somit die verbotene Trikolore, deren Kombination Ludwig XVI. seit dem 17. Juli 1789 als Landesfarben durch Vereinigung der Pariser Stadtfarben Blau und Rot mit dem Weiß der Bourbonen verfügt hatte. Der im Reichstag heftig debattierte Gesetzesentwurf zur Annexion sah vor, daß in Elsaß-Lothringen am 1. Januar 1873 die deutsche Reichsverfassung in Kraft treten sollte. Später wurde aufgrund der notwendigen Regelung von Detailfragen der 1. Januar 1874 festgelegt.   MLP
Lit.: Kat. Berlin 1990(a), Nr. 10/7, S. 390

12b/30

12b/29 L. Storm
Practischer Führer durch Elsass & Lothringen.
(Grieben's Reisebibliothek)
Berlin: Albert Goldschmidt 1871
Berlin, Staatsbibliothek zu Berlin –
Preußischer Kulturbesitz
(Ps 4210-77)

Schon kurz nach dem Deutsch-Französischen Krieg setzte auf beiden Seiten der Vogesen ein reger Tourismus zu den ehemaligen Schlachtfeldern des Krieges ein. Nicht nur die Historienmaler bereisten die Gegend, um die nötigen Landschaftsskizzen für ihre Kriegsdarstellungen herzustellen, auch viele Veteranen zog es mit ihren Angehörigen an die Stätten »ihrer« Kämpfe zurück. An einzelnen Orten, wie etwa in Wörth oder Metz, wurde der Schlachtfeldtourismus zu einem wichtigen Wirtschaftsfaktor, von dem nicht nur die Besitzer von Gaststätten und Droschkenunternehmen profitierten. Bereits 1871 boten Reiseführer detaillierte Beschreibungen der Schlachtfelder und ihrer Denkmäler sowie kurze Schilderungen der Kämpfe, damit sich die Touristen an den verschiedenen Orten ein möglichst anschauliches Bild der militärischen Ereignisse machen konnten.   JV
Lit.: Maas 1995, S. 215-232

12b/30 Option für die französische Staatsbürgerschaft von Charles Auguste Schnéegans
Lyon, 28. August 1872
Urkunde mit handschriftlichen
Eintragungen; 25 x 20 cm
Paris, Archives nationales
(Série BB ^{31}, 424)

1871/72 war es den gebürtigen Elsaß-Lothringern nach den Bestimmungen des Vorfriedens von Versailles vom 26. Februar 1871 – vor Ort, in Frankreich oder im Ausland – freigestellt, auf Fragebögen, die alle Familienmitglieder erfassen sollten, die deutsche oder die französische Nationalität zu wählen. Die Option für Frankreich hatte die Ausweisung aus Elsaß-Lothringen zur Folge. Otto Back, der im Namen des Deutschen Reiches amtierende Polizeidirektor von Straßburg, registrierte lediglich die geringe Prozentzahl von 5,5 Prozent (2032 Erklärungen von 4710 Personen) vornehmlich Gewerbe- und Handeltreibender im Gegensatz zu Metz oder dem Oberelsaß, da die Bürger von Straßburg es vorzogen, die Formulare gleich in Frankreich auszufüllen, die Mehrzahl von ca. 20 000 Personen optierte ohnehin gegen Deutschland. Auch der Straßburger Stadtabgeordnete Charles Auguste Schnéegans, der in Lyon votierte, verließ Straßburg; er wurde jedoch später der Begründer der elsässischen Autonomiepartei und Generalkonsul Deutschlands in Palermo und Genua. 1880 wurden alle Kontrollen aufgehoben, so daß einige Elsaß-Lothringer sogar die französische Nationalität beibehalten konnten, wenn sie diese 1871/72 deklariert hatten.   MLP
Lit.: Wahl 1974-76, S. 129ff.; Hubatsch, 1983, Bd. 22,2, S. 231-241

12b/31 Geburtenregister der Stadt Straßburg
Aufgeschl.: 30. Dezember 1872
Urkunde mit handschriftlichen Eintragungen
(Aktenband); 36 x 58 x 10 cm
Strasbourg, Archives municipales de
Strasbourg (Naissance 1872 III 1613-3224 R)

Die Doppelseite des Registerbuches der Stadt Straßburg dokumentiert auf der linken das letzte bis zum 30. Dezember 1872 in französischer Sprache, auf der rechten Seite das mit dem 1. Januar 1873 beginnende deutsch geführte Geburtenverzeichnis: Sie enthält, unterzeichnet vom Landgerichts-Präsident in Neuenburg, in dreißig Blättern das »gegenwärtige Reglement-Register bestimmt zur Eintragung der Geburtsakte der Stadt Straßburg, [...] welche vom Präsidenten des Kaiserlichen Landgerichts zu Straßburg paraphiert und cotiert sind«. Seit dem 30. September 1870 waren deutsche Truppen in der Stadt stationiert, seit dem 3. Juni 1871 gehörten das im Vorfrieden von Versailles am 26. Februar 1871 abgetretene Elsaß und Teile von Lothringen als »Reichsland Elsaß-Lothringen« zum Deutschen Reich. Am 8. Oktober hatte der Gouverneur des neugegründeten Reichslandes, Graf Bismarck-Bohlen, anschlagen lassen, Straßburg sei und bleibe eine deutsche Stadt. Während der dreizehn Jahre deutscher Verwaltung wurden aufgrund der vom Reichstag 1875 genehmigten Budgetierung bis 1884 gewaltige Modernisierungen und Stadterweiterungsmaßnahmen vorgenommen: Es entstanden um den Kaiserplatz repräsentative Staatsbauten wie der Kaiserpalast und die Universität samt Bibliothek, eine Pferdetramway wurde eingeführt, 82 Prozent der Straßburger Haushalte wurden ans Wassernetz angeschlossen. MLP

Lit.: Igersheim 1982, S.199-217; Nohlen 1982

12b/32 **Eugène Chaperon** (geb. 1857)
Der Grenzpfahl
1914
Bez. u.r: 1914
Öl auf Leinwand; 186 x 236 cm
Vincennes, Service Historique de l'Armée de Terre – Collection du Ministre – France
(SH/H 15)
Abb. S. 174

Das im ersten Weltkriegsjahr entstandene Gemälde erinnert an die Leiden und Prüfungen der elsässischen Bevölkerung während der deutschen Besatzung nach 1870/71: Ein Grenzpfosten in den deutschen Nationalfarben weist in zwei Richtungen, nach Deutschland und Frankreich. Um ihn herum sind, bedrängt von preußischen Feldsoldaten mit Pickelhauben, zwei Frauen in elsässischer Tracht, ein Husar zu Pferde, ein Kriegsveteran in Uniform, der in seiner Haltung mit Tellermütze den Darstellungen Moltkes ähnelt, und ein Ulan zu Fuß gruppiert. Sie alle erwarten mißtrauisch den preußischen Krieger auf der anderen Seite, der ihnen mit gezogener Lanze über einem Schlachtfeld toter und verwundeter Krieger begegnet, zu Füßen seines Pferdes der bezwungene Drache. Das stark propagandistisch aufgefaßte Bild hatte in Frankreich prägenden Einfluß auf das Feindbild von 1914 bis 1918: Deutschland wird in Rückerinnerung an die Zeit des vom neugegründeten Deutschen Reich annektierten Reichslandes Elsaß-Lothringen als Aggressor gezeigt. MLP

Raum 13

Die Feiern der Nation

Patriotische Helden- und Veteranenmotive militärischer Gesinnungstreue gemäß der Devise »Mit Gott für König und Vaterland« und »Durch Blut und Eisen« prägten als Wandschmuck der deutschen Haushalte die Erinnerung an den Deutsch-Französischen Krieg. In dieser Bilderflut nationaler Gefühle verkörperte die siegreiche Germania den »Bund der Einigkeit« ebenso wie vaterländische Publikationen der nach 1871 gegründeten Kriegervereine im jungen Kaiserreich. Die »Kaiserglocke« im nunmehr zum deutschen Nationaldenkmal erklärten Kölner Dom, gegossen aus dem Metall erbeuteter französischer Kanonen, versinnbildlichte das nationale Bekenntnis zur Aussöhnung zwischen dem katholischen Rheinland und den protestantischen Hohenzollern trotz der Spannungen im »Kulturkampf«.

Die kleindeutsche »Reichsgründung im Krieg« unter Ausschaltung Österreichs fügte aus dem Norddeutschen Bund und den süddeutschen Staaten das Deutsche Kaiserreich unter preußischer Führung: Es bestand insgesamt aus vier Königreichen, sechs Großherzogtümern, fünf Herzogtümern, sieben Fürstentümern und drei Freien Städten. Der Spiegelsaal des Schlosses von Versailles, in dem König Wilhelm I. von Preußen am 18. Januar 1871 zum Kaiser des neugegründeten Deutschen Reiches ausgerufen wurde, war vorher und nachher mit preußischen Verwundeten belegt. Der französische Chemiker Louis Pasteur gab am Tag der Kaiserproklamation das Ehrendoktorat zurück, das ihm die Universität Bonn für seine Milzbrandforschungen im Oktober 1868 verliehen hatte. Der Friedensvertrag, den Bismarck mit Jules Favre am 10. Mai 1871 in Frankfurt schloß, forderte von Frankreich die Abtretung des Elsaß und großer Teile Lothringens mit den Festungen Metz, Straßburg und Belfort sowie die Zahlung einer Kriegsentschädigung von fünf Milliarden Francs. Als »Andenken an die einmüthige, siegreiche Erhebung des deutschen Volkes und an die Wiederherstellung des deutschen Reiches 1870-71«, so die Inschrift zu Füßen des monumentalen Standbildes der Germania für den Niederwald bei Rüdesheim, sollte die Walküre zugleich an die Befreiungskriege von 1813/15 erinnern.

In Paris indessen verwirklichten engagierte Katholiken ein Gelübde vom Dezember 1870 zur Beendigung des Unglücks, »das über Frankreich liegt, zur Errichtung eines dem heiligen Herzen Jesu geweihten Heiligtums in Paris beizutragen«. Seit 1873 leitete der französische Staat das Projekt des monumentalen Kirchenbaus der Herz-Jesu-Kirche, des Sacré-Coeur auf dem Montmartre bei Paris, finanziell und organisatorisch in die Wege. Unter 78 Vorschlägen wurde der Plan des Architekten Paul Abadie zur Realisierung des Herzjesu geweihten »nationalen Heiligtums« ausgewählt. Am 5. Juni 1891 konnte der Pariser Erzbischof die Basilika feierlich einweihen; erst 1912 wurde sie vollendet. Die breite Zustimmung für das nationale Gelöbnis zur Errichtung einer Sühne-Kirche entsprach der Überzeugung des katholischen Frankreich, der Krieg von 1870/71 sei die gerechte Strafe Gottes für die Sünden, die Frankreich seit 1789 begangen habe. Das republikanische Frankreich hingegen war bemüht, mit den offiziellen Feiern des 14. Juli, dem Tag der Erstürmung der Bastille, den Nationalfeiertag mit dem Staatsdekor von Trikoloren und Truppenparaden im Bewußtsein der Bevölkerung zu verankern. Im Rahmen einer Truppenparade in Longchamps beging die Dritte Republik den ersten Nationalfeiertag am 14. Juli 1880 zur Demonstration wiedererlangter militärischer Stärke.

Von allen schlimmen Folgen aber, die der letzte mit Frankreich geführte Krieg hinter sich drein zieht, ist vielleicht die schlimmste ein weit verbreiteter, ja allgemeiner Irrthum: der Irrthum der öffentlichen Meinung und aller öffentlich Meinenden, dass auch die deutsche Kultur in jenem Kampfe gesiegt habe und deshalb jetzt mit den Kränzen geschmückt werden müsse, die so ausserordentlichen Begebnissen und Erfolgen gemäss seien.

Friedrich Nietzsche: Unzeitgemäße Betrachtungen, 1873

Anton von Werner
Entwurf zum Siegesdenkmalfries,
1871
Berlin, Stadtmuseum Berlin
(13/6)

Anton von Werner,
Die Aufrichtung des deutschen Kaiserthrons
(Allegorie auf die Entstehung der deutschen Einheit), 1872.
Berlin, Stiftung Archiv der Akademie der Künste,
Kunstsammlung
(13/7)

Die Feiern der Nation

*Alfred Roll
Der Nationalfeiertag
am 14. Juli 1880, 1882
Paris, Ville de Paris –
Musée du Petit Palais
(13/20)*

13/2

13/1 »Lieb Vaterland, magst ruhig sein«
Leipzig: J.G. Bach, nach 1871
Farbdruck; 44 x 34,5 cm
Berlin, Staatsbibliothek zu Berlin –
Preußischer Kulturbesitz,
Handschriftenabteilung (Yc 10000 m 3)

Großformatige Drucke mit patriotischen Themen zum Gedenken an den Deutsch-Französischen Krieg dienten nicht nur in den Schulen und anderen öffentlichen Gebäuden, sondern auch in vielen Haushalten Deutschlands als beliebter Wandschmuck, der die »nationale« Gesinnung der Besitzer zum Ausdruck bringen sollte. Nicht selten verbanden ihre Darstellungen die Kriegserinnerung mit religiösen Motiven – hier mit Bibelzitaten, die den Schlachten zugeordnet sind –, um so die deutschen Siege über die französische Armee und die kaiserliche Herrschaft im geeinten Deutschland als ein Werk der göttlichen Vorsehung zu präsentieren. Die in der Losung der Ultrakonservativen »Mit Gott für Kaiser und Vaterland« symbolisierte Verknüpfung von Thron und Altar erhielt damit auch über die populäre Druckgraphik Einzug in den Alltag der deutschen Gesellschaft. JV
Lit.: Vogel 1995, S. 210-254

13/2 »Denkmal für Deutschlands Krieger«
Leipzig: A. Kürth, nach 1871
Farblithographie; 56,5 x 38,5 cm
Berlin, Staatsbibliothek zu Berlin –
Preußischer Kulturbesitz
Handschriftenabteilung (Yc 10003 gr. 12)

Mit seinem Schmuckblatt bot der Leipziger Verlag Ferdinand Küster den Veteranen des Deutsch-Französischen Krieges die Möglichkeit, sich mit Hilfe einer aufgeklebten Fotografie ein persönliches Denkmal für ihre Teilnahme an der militärischen Reichseinigung »durch Blut und Eisen« zu setzen. Entsprechend rückt das Gedenkblatt das Bild des »Kriegers« in die Mitte seiner Darstellung, welche die militärischen Motive mit der nationalen Symbolik verbindet. Die siegreiche Germania, Kaiser Wilhelm I., die »deutsche Eiche« und der »deutsche Wald« dominieren dabei die Symbole und Allegorien der Bundesstaaten und verkörpern den von der Denkmalinschrift beschworenen »Bund der Einigkeit« im jungen Kaiserreich. Derartige Gedenkblätter für ehemalige Soldaten waren ein einträgliches Geschäft für die Verlage, die sich mit ihnen direkt an die Mitglieder der überall in Deutschland nach 1871 gegründeten »Kriegervereine« wandten. In diesen Vereinen beschworen die Veteranen die männlich-militärische »Kameradschaft« des vergangenen Krieges und demonstrierten durch ihre Auftritte bei Sedanfeiern und anderen lokalen Festen ihre fortwährende Verbundenheit mit Kaiser, Armee und Reich. JV
Lit.: Rohkrämer 1990

13/3 Grunert
Entwurf zur Bemalung einer Porzellanvase für die Königliche Porzellan-Manufaktur zu Berlin für die Weltausstellung in Philadelphia
a) Oberer Kelch: erste Seite, 1875
Bez. o.l.: Oberer Kelch. I. Seite; u.r.:
Berlin, den 25 August 1875 Grunert
Papier auf Karton, Feder, Tusche,
Wasserfarben mit Gold; 63 x 96,5 cm
b) Oberer Kelch: zweite Seite, 1876
Bez. o.l.: Oberer Kelch: Figuren der II Seite;
o.r.: Blatt 2; u.r.: Berlin, den 22. Jan. 1876 Grunert
Papier auf Karton, Feder, Tusche,
Wasserfarben; 59,8 x 87,2 cm
Berlin, Land Berlin, KPM-Archiv
(Mappe 146, No. 213 und 214)

Auf dem Entwurf für die erste Seite des oberen Kelches erscheint im Zentrum der Komposition Germania: wehrhaft in Rüstung, einen Schild und eine Fahnenstange haltend, auf dem Brustpanzer der Reichsadler. Rechts ein ebenfalls gerüsteter Germane, links eine zu Germania aufblickende Frauengestalt; die Bücher in ihrer Hand deuten darauf hin, daß sie die »Weisheit« personifiziert. Die Figuren sind von dichten dekorativen Blumen- und Palmettenornamenten umgeben, dazwischen in der oberen Partie rechts und links befinden sich zwei Kinder mit

13/3a

verschiedenen Attributen. Auf dem Entwurf für die zweite Seite figuriert eine junge Frau mit langem, blondem Haar in der Art einer Madonna – die Machtinsignien Krone und Zepter erlauben, auch diese Figur als Germania zu deuten. Rechts von ihr eine männliche Gestalt mit Krone und Zepter als Allegorie der »Macht«, links eine Frauengestalt mit Lyra als »Herrlichkeit«. Etwas höher rechts und links schweben zwei mit verschiedenen Attributen ausgestattete Figuren: ein Mädchen und ein Knabe. Der Entwurf für die zweite Seite entstand ein halbes Jahr nach dem Entwurf für die erste Seite. Die Vase wurde in der Königlichen Porzellanmanufaktur gefertigt und befindet sich heute in Privatbesitz. Der Beitrag der Berliner Königlichen Porzellanmanufaktur für die Weltausstellung in Philadelphia 1876 fand bei den Zeitgenossen nicht ungeteilten Beifall. So kritisierte Heinrich Frauberger: »Die Berliner Porzellanfabrik hat vieles gebracht, die Objekte schön aufgestellt, hat aber noch viel zu thun, um in der Qualität ihrer Waare der sächsischen Schwester gleichzukommen. Die Exposition bildete übrigens noch den Glanzpunkt der deutschen Abtheilung und wir bemerken nur mit Bedauern dass den oft wunderbar gemalten Darstellungen das Gefäss nicht entsprach, auf dem sie angebracht waren. Die grossen Prachtvasen mit ihrer kalten, eckigen schweren Profilierung und darauf die liebliche Figurenmalerei umrahmt mit leichten, zierlichen, oft süsslichen Ornamenten!« AC

Lit.: Frauberger 1878, S. 29f.

13/4 **Weihnachtsnummer der »Illustrirten Zeitung«**
mit einer Darstellung der Kaiserglocke für den Kölner Dom
Leipzig, 1875
Lithographie; 40 x 27 cm
Köln, Dombauarchiv (2350)

Zur Erinnerung an die Herbeiführung der deutschen Einheit im Krieg von 1870/71 stiftete Wilhelm I. dem Kölner Dom die sogenannte Kaiserglocke, gegossen unter anderem aus dem Metall von kriegserbeuteten französischen Kanonen. Es war dies eine beliebte, auch bei vielen Denkmälern verwandte Methode, mit der einerseits die hohen Herstellungskosten gesenkt und andererseits der Sinnbezug zum Krieg gegen Frankreich weiter unterstrichen werden konnte. Die Kaiserglocke in dem zum deutschen Nationaldenkmal erklärten Kölner Dom wurde zu einem sicht- und hörbaren Zeichen für das nationale Bekenntnis der preußischen Monarchie nach der Reichsgründung von 1871. Zugleich drückte sich in ihr der Wille aus, eine Aussöhnung zwischen dem katholischen Rheinland und den protestantischen Hohenzollern trotz der Auseinandersetzungen mit der katholischen Kirche im sogenannten Kulturkampf herbeizuführen. JV

Lit.: Haupts 1988, S. 191-211

Grâce à l'idée de l'antagonisme des races, mise en jeu et exploitée avec une machiavélique habilité, l'Allemagne entière s'est levée au nom du pangermanisme; elle veut régner sur les races latines, et, voyant dans la France l'expression la plus élevée de ces races, elle s'est ruée sur notre patrie avec l'intention hautement proclamée de nous réduire à une impuissance irrémédiable. Appelée à cette croisade par la Prusse, elle s'est subordonnée à cette puissance, et a relevé pour elle l'empire germanique.

Armand de Quatrefages: La race prussienne, 1871

Dank der Idee des Antagonismus der Rassen, mit geschicktem Machiavellismus aufs Spiel gesetzt und ausgebeutet, hat sich ganz Deutschland im Namen des Pangermanismus erhoben; es will über die lateinischen Rassen herrschen; indem es in Frankreich die höchstmögliche Ausprägung dieser Rassen sieht, hat es sich unseres Vaterlandes bemächtigt mit der lauthals proklamierten Absicht, uns auf eine unwiderbringliche Ohnmacht zu vermindern. Zu diesem Kreuzzug von Preußen aufgerufen, hat es sich jener Macht unterworfen und dafür das Reich deutscher Nation wiederhergestellt.

Personne n'a aimé plus que moi votre grande Allemagne, l'Allemagne d'il y a cinquante et soixante ans, personnifiées dans le génie de Goethe, représentées aux yeux du monde par cette merveilleuse réunion de poètes, de philosophes, d'historiens, de critiques, de penseurs, qui a vraiment ajouté un domaine nouveau aux richesses de l'esprit humain. Tous tant que nous sommes, nous lui devons beaucoup, à cette Allemagne large, intelligente et profonde, qui nous enseignait l'idéalisme par Fichte, la foi dans l'humanité par Herder, la poésie du sens moral par Schiller, le devoir abstrait par Kant.

Ernest Renan:
Lettre à un ami d'Allemagne, 1879

Niemand hat mehr als ich Euer großes Deutschland geliebt, das Deutschland vor fünfzig und sechzig Jahren, verkörpert im Genie von Goethe, repräsentiert vor den Augen der Welt durch jene wunderbare Vereinigung der Dichter, Philosophen, Historiker, Kritiker, Denker, die wahrhaftig dem Reichtum des menschlichen Geistes neue Gebiete erschlossen haben. Wir alle schulden jenem intelligenten und tiefsinnigen Deutschland vieles, das uns den Idealismus eines Fichte, den Glauben in Herders Menschlichkeit, Schillers Poesie der Sittlichkeit, den kategorischen Imperativ Kants gelehrt hat.

13/5

13/5 **Victor Buchereau**
Lazarett im Spiegelsaal von Versailles, 1871
Bez. u. l.: Victor Buchereau
Öl auf Leinwand; 77 x 100 cm
Versailles, Musée National du Château de Versailles (MV 7693)

Der im 19. Jahrhundert tätige Maler Buchereau hat eine markante Szene aus dem Kriegswinter 1870/71 festgehalten: In den zum Militärlazarett umgewandelten Spiegelsaal von Versailles waren preußische Verwundete verlegt worden, Kanonenöfen gaben dem Pflegepersonal und den Kranken notdürftige Wärme. Wenig später wurde in demselben Spiegelsaal am 18. Januar 1871 die Proklamation des deutschen Kaisers Wilhelm I. von Großherzog Max von Baden ausgerufen. Damit war das von Ministerpräsident Otto Graf von Bismarck lang erstrebte Ziel der »Reichsgründung im Krieg« erreicht. Die Selbstdarstellung des Fürstenstaates unter Ausschaltung von Volksvertretern bezeichnete die politische Richtung der kleindeutschen Reichseinigung, bestehend aus dem Norddeutschen Bund und den süddeutschen Staaten, die mit Sonderverträgen an die preußische Führung im Konzert der 25 Bundesstaaten gebunden wurden. Bereits am Tag nach der prunkvollen, aber nach Augenzeugenberichten herzlosen Zeremonie der Kaiserproklamation, am 19. Januar, wurde der Spiegelsaal wieder mit einem Lazarett belegt. Der Krieg dauerte noch länger als einen Monat an. MLP

Lit.: Kat. Berlin 1990(a), S. 345-349; Constans 1995, Bd. 1, Nr. 743, S. 133

13/6 **Anton von Werner** (1843-1915)
Entwurf zum Siegesdenkmalfries
1871
Bez. u.M.: AvW. 1871.
Öl auf Leinwand; 58 x 202 cm
Berlin, Stadtmuseum Berlin (VII 93/15 X)
Abb. S. 450

13/8

13/9

13/7 **Anton von Werner** (1843-1915)
Die Aufrichtung des deutschen Kaiserthrons
(Allegorie auf die Entstehung der
deutschen Einheit)
1872
Bez. u.l.: AvW 1872
Öl auf Leinwand; 138 x 282 cm
Berlin, Stiftung Archiv der Akademie der
Künste, Kunstsammlung
(84/56/209)
Abb. S. 450

Das Thema der seit 1865 vom Architekten Johann Heinrich Strack geplanten Siegessäule wurde von Kaiser Wilhelm I. 1871, nach dem Ende des Deutsch-Französischen Krieges, bestimmt als Darstellung der »Rückwirkung des Kampfes gegen Frankreich auf die Einigung Deutschlands«. Anton von Werner, dem seine Kritiker vorwarfen, seine Werke seien »Reklamebilder für das neue deutsche Reich«, erhielt den Auftrag zur Ausschmückung der Säulenhalle. Er hatte seinen Entwurf zunächst »als ein gemaltes Epos in vier Gesängen« gedacht. Die vom Architekten vorgesehene vierteilige Darstellung zog Werner jedoch in einer Vorstudie zu einem fortlaufenden Bild zusammen, auf welchem er naturalistische und allegorische Bildelemente vereinte. Der Fries beginnt mit der Allegorie der Germania, die angesichts der Bedrohung durch Napoleon III., welcher von der Personifikation Frankreichs begleitet wird, zum Schwert greift. Es folgt die Waffenbrüderschaft zwischen Nord- und Süddeutschland, repräsentiert durch den preußischen Kronprinzen Friedrich Wilhelm und den bayerischen General von Hartmann auf dem Schlachtfeld von Wörth. Den Höhepunkt der Darstellung bildet die Kaiserproklamation, eine idealisierte Darstellung der Krönungszeremonie, mit der die Gründung des Deutschen Reiches besiegelt wurde. Kaiser Barbarossa, dessen Darstellung eine historische Kontinuität des deutschen Kaisertums suggerieren sollte, bildet den Abschluß und knüpft gemeinsam mit den über ihm befindlichen Personifikationen von Baden, Preußen und Württemberg, die im Begriff sind, Germania zu unterstützen, an den Beginn des Frieses an. Nach der Kritik des Kaisers ersetzte der Künstler das Portrait Napoleons III. durch einen allgemeinen Cäsarentypus und Wilhelm I. durch eine weibliche Allegorie, die wegen des ihr zugeordneten Reichswappens als Germania interpretiert werden kann. Sie ergreift auf der 1872 angefertigten Ölskizze dieses Teilstücks die vom bayerischen Gesandten dargebotene Kaiserkrone. Zur Einweihung der Siegessäule am 2. September 1873 (12a/14) wurde zunächst eine Leinwand in Originalgröße um den Hallenkern angebracht, die erst 1875 durch eine wetterbeständige Mosaikausführung, die weitere Änderungswünsche des Kaisers berücksichtigte, ausgetauscht wurde. FM
Lit.: Werner 1913; Bartmann 1985; Kat. Berlin 1993(b) S. 318-321

13/8 **Anton von Werner** (1843-1915)
Skizze zu dem Velarium »Kampf und Sieg«
1871
Bez. u.r.: AvW 1871
Öl auf Leinwand; 80 x 106 cm
Berlin, Stadtmuseum Berlin
(GEM 82/6)

Ce qu'il faut confesser très haut, c'est qu'en 1870, nous avons été battus par l'esprit scientifique [...], nous nous sommes brisés contre la méthode d'un peuple plus lourd et moins brave que nous, nous avons été écrasés par des masses manœuvrées avec logique, nous nous sommes débandés devant une application de la formule scientifique à l'art de la guerre; sans parler d'une artillerie plus puissante que la nôtre, d'un armement mieux approprié, d'une discipline plus grande, d'un emploi plus intelligent des voies ferrées. [...] L'esprit scientifique nous a battus, ayons l'esprit scientifique avec nous si nous voulons battre les autres.

Emile Zola, Le roman expérimental, 1880

Wir müssen uns laut dazu bekennen, daß wir im Jahr 1870 vom Geist der Wissenschaft geschlagen worden sind [...], wir sind an der Methode eines schwerfälligeren und minder tapferen Volkes zerbrochen, von logisch geführten Truppen niedergeschmettert worden und vor der Anwendung einer wissenschaftlichen Formel auf die Kriegskunst auseinandergelaufen; ganz zu schweigen von einer uns überlegenen Artillerie, einer besseren Bewaffnung, einer größeren Disziplin und eines klügeren Gebrauchs des Schienennetzes. [...] Der Geist der Wissenschaft hat uns geschlagen, auch wir benötigen diesen Geist, wenn wir die anderen schlagen wollen.

13/13

13/9   **G. Schucht**
Ansicht des Velariums »Kampf und Sieg« von Anton von Werner für den Einzug Kaiser Wilhelms I. mit den deutschen Truppen in Berlin am 16. Juni 1871
Berlin, 1871
Fotografie (Reproduktion)
Berlin, Bildarchiv Preußischer Kulturbesitz

»Am 16. Juni in heißer Mittagsstunde zogen die tapferen Krieger unter dem unbeschreiblichen Jubel der Bevölkerung durch das festlich geschmückte Brandenburger Tor in die nunmehrige Reichshauptstadt ein [...]«. Anton von Werner hatte, weil er sich den Zusammenschluß Deutschlands erhoffte, den Krieg gegen Frankreich befürwortet und nahm nicht nur als begeisterter Beobachter am Einzug des Kaisers und der siegreichen Truppen in Berlin, sondern auch als Gestalter der Festdekoration teil. Die Straße Unter den Linden war anläßlich dieser Parade durch fünf zwischen Victoria-Säulen gespannte monumentale Stoffsegel in eine »via triumphalis« umgebildet worden. Wie Werner überliefert, hatten sich die beteiligten Künstler »verabredet, diese Vorgänge in bezug auf Kostüm und Art der Behandlung in durchaus freier Weise darzustellen, ohne Rücksicht auf moderne Zeit und Kostüme, um sie damit aus der chronistischen in die epische Sphäre zu erheben«. Bei seinen mehrmaligen Aufenthalten in Frankreich, 1865 und 1867 in Paris sowie 1870 in Versailles, hatte Anton von Werner die dortige Historienmalerei in der Galerie historique mit Bewunderung studiert. Die häufig zu beobachtende Verbindung von naturalistischen und allegorisch-symbolischen Elementen wurde für den deutschen Künstler vorbildhaft für das ihm übertragene Thema »Deutschlands Kampf gegen Frankreich«. In der oberen Bildhälfte attackiert der preußische Adler den gallischen Hahn, während rechts ein Streitwagen mit den Personifikationen Germania bzw. Borussia, Bavaria und Wirtembergia über den im Cäsarengewand am Boden liegenden Kaiser Napoleon III. hinwegfahren. Die untere Bildzone wird dominiert von drastischen Kampfszenen zwischen französischen und deutschen Soldaten, wobei der Kronprinz Friedrich Wilhelm zu Pferde die zentrale Figur bildet. Nach dem Anbringen des Velariums wurde die Darstellung des französischen Imperators zunächst auf Befehl des Kaisers verhängt, weil sie ihm zu drastisch erschien. Werner weigerte sich jedoch, diese Stelle zu übermalen, und nach der Intervention des Kronprinzen wurde die Verhüllung wieder entfernt. Die dem Bild zugrunde gelegten Verse, die auf der Rückseite des Velariums angebracht waren, stammen von Friedrich Rückert und weisen auf eine historische Verbindung zu den antinapoleonischen Feldzügen 1813-1815: »Und also ist es denn geschehen, / Daß wie von einem Wetterschlag, / Eh' man die Hand hat zucken sehen, / Der, den sie traf, am Boden lag; / Und wir bekennen laut und offen: / Es ist der HERR, der ihn getroffen!« Daß der Krieg mit dem Segen Gottes siegreich geführt wurde, suggeriert auch der am unteren Rahmen angebrachte Spruch: »Gott der Herr wird mit unserer gerechten Sache seyn.«
FM
Lit.: Werner 1913; Bartmann 1985; Kat. Berlin 1993(b), S. 315

13/10   **Friedensvertrag zwischen dem Deutschen Reich und Frankreich**
Handschriftliches Anschreiben mit Unterschrift Bismarcks
10. Mai 1871
Zeitgenössisches Manuskript (Faksimile);
24,5 x 21 cm
Potsdam, Bundesarchiv, Abteilungen Potsdam (BArchP, R 101 Reichstag, Nr. 1677, Bl. 10)

Schon im Vorfrieden von Versailles, den Außenminister Jules Favre für die provisorische Regierung unterzeichnet hatte, konnte Bismarck seine Forderungen durchsetzen: Abtretung von Elsaß und großen Teilen Lothringens mit den Festungen Metz, Straßburg und Belfort, Zahlung einer Kriegsentschädigung von fünf Milliarden preußischer Taler. Die Pariser Kommune, die seit dem Einmarsch der deutschen Truppen vom 1. März 1871

bis zur »semaine sanglante«, der Blutwoche vom 21. bis 28. Mai, die die Kriegsfolgen mit Bürgerkriegschaos verschärfte, schien zunächst den Abschluß eines Friedensvertrages auf der Grundlage des Vorfriedens zu beschleunigen, so daß die französische Regierung unter Adolphe Thiers am 10. Mai 1871 in Frankfurt den Vertrag unterzeichnen mußte, um weiteres Blutvergießen der »Umstürzler« mit den Nationalgarden zu verhindern. MLP

Lit. Kat. Berlin 1990(b), Nr. 327

13/11 **Anweisung der französischen Regierung** auf Zahlung eines Teilbetrags der Reparationen in Höhe von 2000 preußischen Talern
Paris, 15. Juni 1872
Urkunde mit handschriftlichen Eintragungen; 11,7 x 27,7 cm
Nürnberg, Germanisches Nationalmuseum (HB 23921, Kapsel 1364)

Frankreich mußte innerhalb von drei Jahren nach der Einnahme von Paris insgesamt fünf Milliarden Francs Kriegsentschädigung entrichten, davon die erste halbe Milliarde in Metallgeld, sicheren Banknoten und Wechseln; erst nach Zahlung der nächsten Milliarde bis Dezember 1871 war das Deutsche Reich zur Räumung der Pariser Befestigungen verpflichtet, die nächste halbe Milliarde war bis Mai 1872, die letzten drei Milliarden waren bis März 1874 zu zahlen. Handelsverträge mit Frankreich galten als aufgelöst. Der an die Berliner Bankiers Bonwitt & Littauer gerichtete Wechsel des Bankhauses R.D. Warburg & Cie. belegt die Zahlung von 2000 preußischen Talern Kriegsentschädigung innerhalb von drei Monaten. MLP

13/12 **Schreiben an den Kultusminister Goßler** betreffend die Auseinandersetzung um die Stiftung und Verleihung der Friedensklasse des Ordens »Pour le mérite« an den französischen Chemiker Prof. Louis Pasteur
Berlin, 5. Juli 1882
Urkunde mit handschriftlichen Eintragungen; 33 x 20,5 cm
Berlin, Geheimes Staatsarchiv Preußischer Kulturbesitz (I. HA Rep 76 Vc Sekt. 1 Tit. II Nr. 7 Vol. II, Bl. 93)

Das preußische Ministerium für Landwirtschaft, Domänen und Forsten hatte anläßlich seines 50jährigen Bestehens durch seinen Minister, Freiherr Lucius von Ballhausen, dem französischen Chemiker für seine Milzbrandforschungen am 18. Oktober 1868 das Ehrendoktorat der Universität Bonn verliehen. Pasteur hatte die Auszeichnung angenommen. Einen Monat nach der Kaiserproklamation in Versailles war in Nummer 42 der Zeitschrift »Die Zukunft« die Übersetzung des Schreibens veröffentlicht worden, das Pasteur an König Wilhelm am Tag der Reichsgründung gerichtet hatte und seine Rückgabe der Doktorwürde mitteilte. Die Behörden allerdings lasen sein Schreiben als Majestätsbeleidigung. Elf Jahre nach diesem Vorgang richtete Ballhausen am 5. Juli 1882 ein Schreiben an den Kultusminister Goßler: »Eurer Excellenz beehre ich mich mit Bezug auf das gefällige Votum vom 24^{n}· v. Mts. beifolgend den Entwurf zu einem Immediatbericht wegen Verleihung der Friedensklasse des Ordens pour le mérite an den professor Pasteur in Paris mit dem ergebenen Bemerken zurückzusenden, daß ich unter den neuerlich mir bekannt gewordenen Umständen von der Erwirkung einer Ordensauszeichnung für den Genannten absehe.« MLP

Je ne voterai point cette paix, parce que, avant tout, il faut sauver l'honneur de son pays [...] une paix infâme est une paix terrible. [...] Suis-je ton ennemie? Non! je suis ta sœur.[...] Je t'ai tout repris, et je te rends tout, à une condition: c'est que nous ne ferons plus qu'un seul peuple, qu'une seule famille, qu'une seule République [...] Plus de frontières! Le Rhin à tous! Soyons la même République, soyons les Etats-Unis d'Europe [...].

Victor Hugo: Pour la guerre dans le présent. Et pour la paix dans l'avenir (Rede vor der Assemblée Nationale, 1.März 1871)

Ich werde diesem Friedensvertrag nicht zustimmen, denn es gilt, vor allem die Ehre unseres Landes zu retten; [...] ein ehrloser Friede ist ein schrecklicher Friede. [...] Sind wir eigentlich Feinde? Nein, wir sind Brüder. Ich (Frankreich) habe Dir alles genommen und gebe Dir alles unter einer Bedingung zurück; wir werden uns zu einem einzigen Volk vereinen, zu einer einzigen Familie, zu einer einzigen Republik. Es wird keine Grenzen mehr geben! Der Rhein gehört uns allen! Schaffen wir eine Republik, schaffen wir die Vereinigten Staaten von Europa [...].

A-t-on assez plaisanté l'Allemagne sur ses idéologues, ses rêveurs, ses poètes nuageux? Vous avez vu, hélas! où l'ont conduit ses nuages! Vos milliards l'ont payée de tout le temps qu'elle n'avait point perdu à bâtir des systèmes. Il me semble que le rêveur Fichte a réorganisé l'armée prussienne après Iéna, et que le poète Koerner a poussé contre nous quelques uhlans vers 1813?

Gustave Flaubert an den Stadtrat von Rouen, 1871

Hat man sich nicht genügend über Deutschland, seine Ideologen, seine Träumer, seine in den Wolken schwebenden Dichter lustig gemacht? Sie haben leider gesehen, wohin die Wolken es geführt haben! Ihre Milliarden haben es für all die Zeit entlohnt, während der es nicht versäumt hatte, Systeme aufzubauen. Ich glaube doch, daß es der Träumer Fichte war, der nach Jena die preußische Armee neu aufgebaut hat, und daß um 1813 der Dichter Körner uns einige Ulanen auf den Hals gehetzt hat!

13/13 **Edmund Gomanski** (geb. 1854) nach
Rudolf Siemering (1835-1905)
Germaniafries
Nach 1872
Bez.: Gomanski-Siemering
Bronze; 19 x 168 x 1 cm
Berlin, Stadtmuseum Berlin (SKU 72/4)

Der Einzug des Kaisers und der siegreichen deutschen Truppen in die neue Reichshauptstadt Berlin am 16. Juni 1871 wurde, wie das Vorbereitungskommitee verlauten ließ, als »nationale Feier« ausgerichtet (13/8, 13/9), »in der künstlerischen Verherrlichung [...] wie sie in den Zeiten bevorzugter Kunstpflege in Frankreich geübt worden ist«. Die Parade endete am Lustgarten, wo ein zwölf Meter hohes Germaniadenkmal vor dem Stadtschloß aufgestellt war. Die bekrönende Figurengruppe, eine sitzende Germania im Kaiserornat, eingerahmt von den Allegorien für Elsaß und Lothringen, stammte von Albert Wolff. Nach dem Entwurf des Architekten Martin Gropius wurde der Säulenaufbau gefertigt, an dessen Sockel acht Personifikationen deutscher Flüsse angebracht waren. Der in der mittleren Zone befindliche, insgesamt neunzehn Meter lange Rundfries wurde von Rudolf Siemering gestaltet und hatte – dem Motto der Festdekoration folgend – »die Feier der kriegerischen Tugenden des Heeres und des durch sie errungenen glorreichen Friedens, sowie der friedlichen im Felde und daheim mitwirkenden Kräfte« zum Thema. Die Soldaten wurden als diejenige Gruppe dargestellt, welcher der Hauptverdienst an der Gründung des deutschen Kaiserreiches zukam. Gemeinsam zogen die Krieger der deutschen Staaten, unterscheidbar an ihren verschiedenen Uniformen, in den Kampf, mit dem Segen der Kirche und unterstützt von ihren Familien. Um das temporäre Werk der Nachwelt zu überliefern, fertigte Edmund Gomanski, ein Schüler Siemerings, eine verkleinerte Kopie des Reliefs an, die später in Bronze gegossen wurde. FM
Lit.: Eggers 1871; Kat. Berlin 1990(c), S. 297f.

13/14 **Johannes Schilling** (1828-1910)
Modell des Niederwald-Denkmals
1875
Bez. r.: Modelliert v. Johannes Schilling 1875 / Gegossen v. H. Gladenbach / Eigenthum von Conrad Felsing, Berlin; Inschrift auf dem Sockel: Zum Andenken an die einmuethige siegreiche Erhebung des deutschen Volkes und an die Wiederaufrichtung des deutschen Reiches 1870-71
Bronze; 88 x 82 x 46 cm
Friedrichsruh, Bismarck-Museum (116)
Abb. S. 33

13/15

13/15 **Aktie der Niederwald-Bahn-Gesellschaft über 500 RM**
1. Juli 1884
Urkunde mit handschriftlichen Eintragungen; 35 x 22 cm
Berlin, Deutsches Historisches Museum (Do 94/152)

Der Niederwald wurde nach den glanzvollen Festlichkeiten zur Einweihung eines monumentalen, von einer riesengroßen Germania bekrönten Nationaldenkmals am 28. September 1883 zu einem Wallfahrtsort des Deutschen Kaiserreichs. Der Höhenrücken sollte mit dem zu dieser Zeit modernsten Verkehrsmittel touristisch erschlossen werden. Dafür baute eine neu gegründete Aktiengesellschaft eine Zahnradbahn von Rüdesheim und Assmannshausen aus auf die Anhöhe. Das Projekt, Germania als Sinnbild für die Einheit der deutschen Nation ein Denkmal zu setzen, kam 1871 nicht überraschend, hatte doch bereits 1860 Lorenz Clasen mit seiner Germania als »Wacht am Rhein« den künstlerischen Weg gewiesen (L/46). Der Dresdner Karl Weißbach entwarf die Architektur des Denkmals; der Bildhauer Johannes Schilling sorgte für die künstlerische Ausgestaltung des 25 Meter hohen, in Terrassen aufstei-

13/16a

genden Sockels und schuf das Standbild der 10,5 Meter großen, in Bronze gegossenen Germania: In der Mitte des unteren Sockels sitzen die Figuren von Vater Rhein und der Mosel. Auf einem zweiten Sockel darüber befindet sich das Relief, die »Wacht am Rhein«, flankiert von den allegorischen Figuren Krieg und Frieden. Auf dem Relief scharen sich über 200 lebensgroße Gestalten um den hoch zu Roß thronenden Kaiser, darunter auch Reichskanzler Otto von Bismarck. Unter dem Fries stehen die Losungen »Es braust ein Ruf wie Donnerhall« und »Lieb Vaterland, magst ruhig sein, stets fest und treu die Wacht am Rhein«. Die rechte und linke Seite des Sockels zieren die Reliefs »Abschied« und »Heimkehr«. Der Sockel des obersten Postaments mit der Germania ist mit den Wappen der deutschen Bundesstaaten geschmückt; Bronzebuchstaben zieren die Inschrift: »Zum Andenken an die einmütige, siegreiche Erhebung des deutschen Volkes und an die Wiederherstellung des Deutschen Reiches 1870-1871«. Schilling gab dem Symbol des deutschen Volkes die Gestalt einer Walküre mit Brünne, Brustpanzer und Schwertgurt. Der an den Borten mit Juwelen verzierte Umhang und der Panzer sind mit dem einköpfigen, nach rechts sehenden Reichsadler geschmückt, während der prachtvolle Rock florale Muster, Schwäne und Rehe zeigt. Das »Schwanengewand« der Germania ist eine Anspielung auf die nordische Mythologie, nach der die Walküren gerne Schwanengestalt annehmen, wie es das Nibelungenlied beschreibt. Mit der Linken hält Germania ein mit Lorbeer umkränztes Schwert mit der Spitze nach unten, als Zeichen für den mit der Waffe errungenen Frieden. Die alte deutsche Kaiserkrone hält sie mit der rechten Hand als Symbol des im Kaiserreich geeinten Deutschland hoch empor. An Frankreich gerichtet, wurde bei den Einweihungsfeierlichkeiten betont, daß keine Siegesfeier abgehalten werde und das Denkmal auch ein Symbol für den Frieden und für das Gedenken sei. Kaiser Wilhelm, der das Denkmal selbst einweihte, erinnerte an die »ruhmvollen Thaten des deutschen Volkes in Waffen von 1870/71« und mit den bekannten Worten »Den Gefallenen zum Gedächtnis, den Lebenden zur Anerkennung, den kommenden Geschlechtern zur Nacheiferung. Das walte Gott!« an die glorreichen Tage der Befreiungskriege 1813/15. Bismarck, der nicht an der Denkmalenthüllung teilnahm, schenkte er zu Weihnachten ein Modell des Niederwalddenkmals. Während der Debatte im Reichstag über die Verlängerung des Sozialistengesetzes im April 1884 wurde am 24. April bekannt, daß die Behörden den Beweis in Händen hätten, drei Anarchisten haben die gesamte Festgemeinde bei der Eröffnung des Nationaldenkmals in die Luft sprengen wollen und nur eine nasse Zündschnur habe das Unglück verhindert. Das Sozialistengesetz wurde am 10. Mai 1884 verlängert, zwei der Attentäter vom Reichsgericht zum Tode verurteilt. HA

13/16   **Charles Marville** (1816-1878 oder 1879)
Zwei Fotografien von Entwürfen der Kirche
Sacré-Coeur des Architekten Paul Abadie
1874
a) Gesamtgrundriß; 46,5 x 29,5 cm
Bez. u.r.: Martin Henriquet Dupont / Membre de l'Institut du Travail / hommage affectueux d'Abadie 1874
b) Modell der Kirche; 31 x 40 cm
Bez. u.r.: Abadie
Paris, Musée Carnavalet
(Top GC XLIII, ph. 27 und 30)

»Angesichts des Unglücks, das Frankreich verwüstet, und des weiteren Unglücks, das Frankreich womöglich noch droht, / Angesichts der gotteslästerlichen Angriffe, die in Rom gegen die Rechte der Kirche und des Heiligen Stuhls und gegen die Person des Statthalters Jesu Christi verübt werden, unterwerfen wir uns demütig Gott und erkennen, die Liebe zu unserer Kirche und zu unserem Vaterland vereinend, daß wir schuldig und zurecht gezüchtigt worden sind. / Und um angemessen für unsere Sünden zu büßen und für unsere Fehler um Verzeihung zu erlangen durch die unendliche Barmherzigkeit des Heiligen Herzens Jesu Christi, und um den außerordentlichen Beistand zu erflehen, der alleine den Papst aus seiner Gefangenschaft zu erlösen, und das Unglück, das über Frankreich liegt, zu beenden vermag, geloben wir, zur Errichtung eines dem Heiligen Herzen Jesu geweihten Heiligtums in Paris beizutragen.« Dieses

Wozu soll die Germania nach Frankreich schauen, seit der Rhein nicht mehr Grenzstrom ist? Nicht dem besiegten Feind, dem deutschen Volk zeigt sie die Krone, die ihr Haupt zu schmücken bestimmt ist. Darum ist ihr Blick dem Rheingau zugewendet. Das Denkmal darf nach meiner vollsten Überzeugung nicht einen Moment mehr in den Bereich der Darstellung ziehen, als die abgeschlossene That. Der Krieg ist beendet [...], Germania die Siegerin.

Johannes Schilling an den Landrat Fonck in Rüdesheim, Oktober 1876

13/16b

Gelübde wurde von Alexandre Legentil und anderen engagierten Katholiken angesichts der Kriegsverluste Anfang Dezember 1870 abgelegt und verbreitet. In den folgenden Jahren gelang es, einflußreiche Kreise und die mehrheitlich konservative Nationalversammlung für das Projekt eines gigantischen Kirchenbaus auf dem Montmartre zu gewinnen. 1873 wurden dazu vom Staat sechs Millionen Francs bewilligt, hinzu kamen zahlreiche Spenden aus dem ganzen Land. Der Montmartre war nicht nur städtebaulich durch seine weithin sichtbare Lage, sondern auch als Ort der Frühgeschichte des katholischen Christentums in Frankreich bedeutend. Hier soll einst der heilige Pariser Bischof Dionysius den Märtyrertod erlitten haben. Am 1. Februar 1874 wurde ein Architektenwettbewerb ausgeschrieben. Der Bau solle eine Eingangshalle haben, eine Krypta, eine Monumentalstatue Christi mit dem Herzen Jesu, hochaufragende Bauteile wie »Kuppeln, Türme oder Glockentürme« und genügend Raum für die erwarteten Pilgerscharen. Eine Stilrichtung war nicht vorgeschrieben. 78 Entwürfe wurden eingereicht, viele im byzantinisch-romanischen oder im neugotischen Stil. Prominente Architekten nahmen teil, aber man entschied sich für die Pläne des relativ unbekannten Paul Abadie. Marville war einer der bedeutendsten Pariser Fotografen des 19. Jahrhunderts, der diese Bilder vom Projekt des Sacré-Coeur als Fotograf der Musées Nationaux anfertigte. Seit langem schon hatte Abadie als Diözesanarchitekt in Südwestfrankreich gearbeitet. Sein dem Herzen Jesu geweihtes »nationales Heiligtum« wurde von den dortigen mittelalterlichen Kuppelbauten beeinflußt. Abadies Sacré-Coeur ist eine Mischform aus Longitudinal- und Zentralbau. Hinter der der Stadt zugewandten Eingangshalle öffnet sich ein Raum, dessen Mitte von einer gigantischen Kuppel und dessen Ecken von vier kleineren Kuppeln überwölbt werden. Dahinter schließt sich der Chor mit einem großen Umgang (für die Pilger) und einem Kapellenkranz an. Der Architekt bestand darauf, nur weißen Stein aus dem Loiret zu verwenden, der kaum nachdunkelt. Schon bald traten ungeahnte Schwierigkeiten auf. Man hatte Zweifel, ob der als Kalksteinbruch völlig unterhöhlte Hügel des Montmartre den 250 000 Tonnen schweren Bau tragen würde und mußte 83 je 40 Meter tiefe Ziegelfundamente in die Erde legen. Die Baukosten stiegen enorm, bereits 1885 schätzte man sie auf 20 Millionen Francs. Abadie sollte die Vollendung des Baus nicht mehr erleben. Als er 1884 starb, baute man gerade erst die Vorhalle. Der freistehende, in Abadies Modell zu erkennende Campanile wurde erst 1912 nach modifizierten Plänen von Lucien Magne vollendet. MK

Lit.: Kat. Paris 1980(a); S. 224f.; Benoist 1995

13/17

13/17 **François-Auguste Trichon** (geb. 1814) nach **Jean Béraud** (1849-1936)
Le cantique (Das Kirchenlied)
1887
Bez. im Druck u.l.: Trichon; u.r.: Jean Béraud
Holzstich; 29 x 40,5 cm
Paris, Musée Carnavalet (Top 172 B)

Béraud, seit 1873 bekannt und für religiös inspirierte Genrebilder des modernen Alltags vielfach ausgezeichnet, hatte 1870 an der Verteidigung von Paris teilgenommen. Trichon, ein Meister des Holzstichs, war einer der bekanntesten Illustratoren des 19. Jahrhunderts und arbeitete für zahlreiche Zeitungen. Diesen Stich fertigte er nach einer Fotografie von Michelez, die Bérauds im Salon von 1887 ausgestelltes Gemälde wiedergibt. Vor der Baustelle des Sacré-Coeur bewegt sich ein Zug frommer Frauen und Männer, die ein Kirchenlied singen und eine Fahne des »Herz Jesu« mit sich führen. 1867 wurden die Visionen der heiligen Marguerite-Marie publiziert, die Ende des 17. Jahrhunderts erklärt hatte, Christus habe sie aufgefordert, in Paris eine Herz-Jesu-Kirche zu bauen. Während der Revolution war das Herz Jesu in der Vendée zum Symbol des konterrevolutionären Aufstandes geworden, zum Emblem der katholischen Provinz gegen die Hauptstadt der Republik. 1870/71 war das katholische Frankreich erschüttert: Der Krieg gegen Preußen-Deutschland war verloren, der blutige Bürgerkrieg mit der antiklerikalen Kommune war ausgebrochen. Der Papst, nun ohne französischen Schutz, war in Rom gefangengesetzt, der Kirchenstaat sollte Teil des geeinten Italiens werden. Aus Rom zurückgekehrte französische Soldaten kämpften unter dem Banner des Herz Jesu mit der Aufschrift »Sacré-Coeur de Jésus, sauvez la France« gegen deutsche Truppen. Der Pariser Erzbischof wurde als Geisel der Kommune erschossen. Vor diesem Hintergrund kam es zu einer Rückbesinnung auf das katholische Frankreich. Viele waren überzeugt, 1870/71 sei die gerechte Strafe Gottes für die Sünden, die das Land seit 1789 begangen habe. Die breite Zustimmung für das nationale Gelöbnis, auf dem Montmartre eine Sühne-Kirche zu errichten, soll auch im Zusammentreffen von Laien, Geistlichen und Arbeitern auf der Baustelle zum Ausdruck kommen. MK
Lit.: Kat. Paris 1988(c), Nr. 181, S. 263; Krumeich 1993, S. 318-331; Benoist 1995

13/18 **L. Tilly**
Einweihung der Basilika Sacré-Coeur auf dem Montmartre durch den Erzbischof von Paris
Aus »L'Illustration« vom 13. Juni 1891
Bez. im Druck u.r.: L. Tilly sc.; u.M.: Trekaenen
Holzstich; 42 x 59,5 cm
Paris, Musée Carnavalet (Top 43 GCG)

Vater und Sohn Tilly illustrierten zahlreiche zeitgenössischen Ereignisse für Pariser Tageszeitungen. Am 5. Juni

On a dit quelquefois que nous avons un culte passionné pour l'armée qui groupe aujourd'hui toutes les forces nationales, qui est recrutée, non plus maintenant parmi ceux dont c'était le métier d'être soldats, mais bien dans le plus pur sang du pays; [...] ce n'est pas un esprit belliqueux qui anime et qui dicte ce culte; c'est la nécessité, quand on a vu la France si bas, de la relever afin qu'elle reprenne sa place dans le monde.

Léon Gambetta, 1870/71

Man hat von uns zuweilen gesagt, daß wir eine Leidenschaft für die Armee hätten, die heute alle nationalen Kräfte vereint, die nicht mehr allein unter denen, deren Beruf der soldatische war, sondern auch unter dem reinsten Blut des Landes einberufen wird [...] es ist nicht kriegerischer Geist, der diesen Kult belebt und leitet, es ist die Notwendigkeit, das erniedrigte Frankreich wieder zu erheben, damit es seinen Platz in der Welt wieder einnähme.

1891 hatte der Pariser Erzbischof Kardinal Richard die Basilika auf den Namen des Herzen Jesu feierlich geweiht. Im Bild links erkennt man die Portalanlage, vor der sich hohe weltliche und geistliche Würdenträger versammelt haben, während eine große Menge hinter dem Bauzaun die Zeremonie verfolgt. Die Gerüste im Hintergrund verweisen darauf, daß der Bau noch lange nicht vollendet war, erst 1899 sollte die große Kuppel fertig werden. Die Baustelle mit durchschnittlich 70 Arbeitern war nach modernen arbeitsteiligen Aspekten vorbildlich organisiert. Von politischer Bedeutung ist das Zusammentreffen weltlicher und geistlicher Würdenträger. Nach der Konsolidierung der Dritten Republik gewannen politische Kräfte die Oberhand, die in republikanisch-laizistischer Tradition eine strenge Trennung von Staat und Kirche durchsetzten: Kreuze mußten aus allen öffentlichen Gebäuden entfernt werden, Konflikte mit dem französischen Katholizismus waren vorprogrammiert. Der spätere Präsident Georges Clemenceau war als zuständiger Bürgermeister einer der schärfsten Gegner des Bauprojekts. Am Fuße des Hügels errichtete man sogar eine Statue des Chevalier de la Barre, des 1766 hingerichteten berühmten Opfers der katholischen Intoleranz, nach dem auch die zum Chor der Basilika hochführende Gasse benannt wurde. Erst allmählich gelang eine Versöhnung im Sinne einer gemeinsamen nationalen Identität. 1924 wurden die Reiterstandbilder der Jeanne d'Arc und Ludwigs des Heiligen – gleichermaßen katholische wie nationale Ikonen – vor die Portalanlage gesetzt. MK

Lit.: Kat. Paris 1988(c), Nr. 181, S. 263; Lagarde/Fierro 1991, S. 4-44; Krumeich 1993, S. 318-331; Benoist 1995

13/19 **Léopold Morice** (1846-1920)
a) Der 4. September 1870: Ausrufung der Republik, 1883
b) Der 14. Juli 1880: Nationalfeiertag, 1881
Gips; jeweils 50 x 80 cm
Paris, Dépôt des oeuvres d'art (D.B.A.S. 355)
Abb (b). S. 29

Diese beiden Skizzen sind mit einem großen Denkmal zum Ruhm der Republik in Paris verbunden: Das Werk sollte den republikanischen Eifer der Stadträte zeigen. Das Projekt der Brüder Morice (von Léopold, dem Bildhauer, und Charles, dem Architekten) wurde bei einem 1879 ausgeschriebenen Wettbewerb ausgewählt. Die Einweihung des trotz seiner beachtlichen Dimensionen schnell erbauten Denkmals fand am 14. Juli 1883 statt. Die Architektur des Denkmals entfaltet sich auf drei Ebenen. An der Spitze steht die nach antiker Manier drapierte Bronzestatue der Republik mit der phrygischen Mütze auf dem Kopf. Im Mittelteil verkörpern drei Steingruppen die Grundwerte der Republik: Die Freiheit schwingt eine Fackel, die Gleichheit, die durch eine allegorische Figur dargestellt wird, hält eine Fahne, und die Brüderlichkeit zeigt die Silhouette einer von ihren kleinen Kindern umringten Mutter. Am Sockel zeichnen zwölf Bronzereliefs die wichtigsten Stationen der republikanischen Geschichte von 1789 bis 1880 nach. Von Fläche zu Fläche wird so an einige große Momente der Revolutionszeit (Ballhausschwur, Sturm auf die Bastille und vor allem an das Bundesfest) und an die wichtigsten Ereignisse von 1830 und 1848 gemahnt (Einführung des allgemeinen Wahlrechts). Mit den historischen Tagen des 4. September 1870 und des 14. Juli 1880 werden die zwei Ereignisse dargestellt, die die Dritte Republik begründeten. Die Republik wurde am 4. September 1870 ausgerufen, drei Tage nach der Kapitulation Napoleon III. bei Sedan. Die Volksmenge aus Nationalgarden und Bürgern versammelte sich vor den Stufen des Justizpalastes, wo Jules Favre und Gambetta unter den Hochrufen der Menge auf die Republik den Sturz des Kaisers verkündeten. Die Einzelheiten dieser Szene finden sich bereits in der Skizze von Morice, doch werden sie auf dynamische Weise geschildert und inszeniert. Der Bildhauer hat sich hierfür auf das große Bild gestützt, das das Ereignis beschreibt und von Didier und Guiraud unmittelbar nach dem Krieg von 1870/71 gemalt wurde (Paris, Musée Carnavalet). Für seine Erinnerung an den Nationalfeiertag des 14. Juli 1880, des Gedenktages an den Sturm auf die Bastille und das Bundesfest, schuf Morice hingegen ein weit originelleres Werk und entschied sich dafür, die Freude der Bevölkerung und die Verbrüderung von Volk und Armee symbolisch zu betonen. Um seinen Darstellungen illusionistischen Charakter zu verleihen, stellt der Bildhauer seine Hauptpersonen im Vordergrund heraus; er spielt mit den Wirkungen von Perspektive und Tiefe, um den Zuschauer in den Darstellungsraum einzubinden. Der vereinfachende Charakter des Berichts nähert sich der Illustration. Überdies hat Morice die Reliefs weniger als Einzelwerke denn als Bilderprogression konzipiert, deren Inhalt das Hauptsymbol verdeutlichen sollte. DI

Lit.: Chaudonneret 1988, S. 339; Kat. Paris 1989(d), S. 32-47; Kat. Bern 1991, S. 599-602

13/20 **Alfred Roll** (1846-1919)
Der Nationalfeiertag am 14. Juli 1880
1882
Öl auf Leinwand; 175 x 370 cm
Paris, Ville de Paris - Musée du Petit Palais (829 bis)
Abb. S. 451

Während Militärparaden und Denkmalseinweihungen den Mittelpunkt der offiziellen Feiern des 14. Juli bildeten, stellten die überall im Land organisierten Bälle, öffentlichen Konzerte und Theateraufführungen den »volkstümlichen« Teil des Nationalfeiertages dar. Die auf staatliche Anweisung nach dem Vorbild der dynastischen Feiern des Second Empire veranstalteten Volksbelustigungen sollten der Feier einen populären Charakter geben und so den republikanischen Nationalkult im Alltagsleben der Bevölkerung verankern. Die Bemühungen der Regierung, die folkloristische Seite des Nationalfeiertages hervorzukehren, kennzeichnen auch das von Alfred Roll im staatlichen Auftrag für den Kunstsalon des Jahres 1882 angefertigte Bild »Nationalfeiertag am 14. Juli 1880«, das alle gängigen Stereotypen des republikanischen Nationalismus vereint: die Statue der Republik, die allgegenwärtigen Nationalfahnen, der begeisterte Empfang der vorbeiziehenden Soldaten, die Tänzergruppen unter der Orchesterbalustrade.　　JV

Lit.: Amalvi 1984, S. 421-472

13/21　**Jan Baptist Huysmans** (geb. 1826)
　　　　14 juillet 1880. L'armée jure à la France fidélité à la jeune république
　　　　(14. Juli 1880. Die Armee schwört Frankreich Treue für die junge Republik)
　　　　Druck; 31 x 34 cm
　　　　Paris, Bibliothèque Nationale de France, Département des Estampes
　　　　(Qb1 1880/D.L. 1880 493)

Im Mittelpunkt der Veranstaltungen, die von der neuen republikanischen Staatsführung aus Anlaß des ersten Nationalfeiertages am 14. Juli 1880 abgehalten wurden, stand die feierliche Verleihung der neugestalteten Truppenfahnen an die Armee. Die im Rahmen einer Truppenparade in Longchamps bei Paris inszenierte Zeremonie symbolisierte die Einbindung der noch stark von den napoleonischen Traditionen geprägten Armee in den jungen republikanischen Staat und diente daher in der Folgezeit auch als zentrales Element der republikanischen Propaganda. Offizielle Darstellungen, wie die des Künstlers Jan Baptist Huysmans, gaben der Zeremonie entsprechend eine überzeitliche Dimension, indem sie sie in die Traditionslinien der Französischen Revolution (Sturm auf die Bastille am 14. Juli 1789), die Geschichte des republikanischen Staates (Proklamation der Republik am 4. September 1870, Wechsel der Regierung von Versailles nach Paris am 27. November 1879) sowie die nationale Symbolik einordneten. Damit demonstrierte die Feier das wiedergefundene militärische Selbstbewußtsein der Franzosen nach der Niederlage von 1870/71 und nach den politischen Umwälzungen in der Folge des Zusammenbruchs des Second Empire.　　JV

Lit.: Sanson 1976; Vogel 1995, S. 133-191

13/22

13/22　**Henri Meyer**
　　　　»Leurs anniversaires: Nous l'avons eu votre Rhin allemand« (Alfred de Musset)
　　　　Illustrierte Beilage aus »Le petit Journal«
　　　　Paris, September 1895
　　　　Farbdruck; 39 x 28 cm
　　　　Paris, Bibliothèque Nationale de France, Département des Estampes
　　　　[Qb1 1895 (septembre)]

Die Multiplikation der Erinnerungsfeiern, die auf deutscher Seite 1895 zum fünfundzwanzigjährigen Jubiläum des Krieges von 1870/71 veranstaltet wurden, führte zu heftigen Reaktionen in der französischen Presse. Das bekannte Massenblatt »Le petit Journal« etwa stellte den Gedenkfeiern der deutschen Armee in seiner illustrierten Beilage die Erinnerung an die Siege der französischen Heere über die Deutschen in den Revolutionskriegen und in der napoleonischen Ära entgegen. Der Hinweis auf das sarkastisch anti-deutsche Gedicht Alfred de Mussets »Le Rhin allemand« von 1841 (7/4) unterstrich zusätzlich die polemische Aussage des Bildes, das damit ganz dem verbreiteten Klischee von der deutsch-französischen »Erbfeindschaft« als einer Folge der vielfältigen militärischen Auseinandersetzungen beider Länder entsprach.　　JV

Lit.: Roth 1990, S. 607-717

Raum 14

Rendezvous der Kontinente II:
Die Weltausstellung von 1889

Die Dritte Republik beging die Jahrhundertfeier der Französischen Revolution im Rahmen einer gigantischen Weltausstellung. Der Bezug auf das Ereignisjahr 1789 begründete, anders als bei der vorherigen Pariser Weltausstellung des Jahres 1878, die Absage vieler europäischer Monarchen, so auch die des deutschen Kaisers. Aggressive nationalistische Reden des Kriegsministers General Boulanger boten deutschen Nationalisten und Bismarck in dem Bestreben, Frankreich in Europa zu isolieren, neuerlich Anlaß zur Entfachung antifranzösischer Stimmungen, obwohl die deutsch-französischen Beziehungen diplomatisch entspannt schienen. Entgegen dem offiziellen Teilnahmeverbot für die Deutschen, das die Regierung in Berlin verfügt hatte, schickten einige prominente Künstler wie Max Liebermann und Adolph Menzel ihre Werke nach Paris. In der Galerie des Beaux Arts waren auch die Maler Gustav Kuehl, Wilhelm Leibl und Paul Meyerheim mit vier bis sechs Gemälden vertreten. 26 Millionen Menschen besuchten die prachtvoll ausgestatteten Glas- und Eisenbauten mit ihren eindrucksvollen Lichthöfen. Weithin sichtbares Zeichen der bedeutenden Schau für Industrie, Gewerbe und Kunst auf dem Marsfeld sollte der 300 Meter hohe gußeiserne Turm des Ingenieurs Gustave Eiffel sein. Gegen den seit dem 26. Januar 1887 eingeleiteten Bau des Eiffelturms wehrten sich so bekannte Persönlichkeiten wie der von Adolph Menzel bewunderte Maler Ernest Meissonier, der Komponist Charles Gounod, der Architekt der Pariser Oper, Charles Garnier und der Schriftsteller Guy de Maupassant. Am 15. Mai 1889 wurde der Turm mit mehr als 300 Metern Höhe eingeweiht und bereits im Verlauf des ersten Jahres von zwei Millionen Besuchern bestiegen. Anläßlich der Feierlichkeiten zum hundertjährigen Jubiläum bekannten sich die staatlichen und städtischen Autoritäten erneut zum Bild der »revolutionären« Marianne mit phrygischer Mütze und Kokarde. Jener ikonographischen Tradition entsprach jedoch nicht die strahlenbekränzte »Liberté éclairant le monde« (Die Freiheit, die die Welt erleuchtet), die Bronze des Bildhauers Auguste Bartholdi, die 1889 an der Pont de Grenelle über der Pariser Seine in reduzierter Fassung aufgestellt wurde: Seit ihrer Einweihung am 28. Oktober 1886 hatte die Monumentalstatue im Hafen von New York Weltberühmtheit erlangt. In der Skulpturenabteilung auf dem Marsfeld zeigte Gustave Doré eine Version seiner »Défense Nationale«, der Plastik, die er 1879 bei dem Wettbewerb für ein Monument zur Verteidigung von Paris vorgestellt hatte. Eigentlicher Höhepunkt der Feiern war das in Versailles zur Erinnerung an die Versammlung der Generalstände von 1789 ausgerichtete Fest der republikanischen Nation, das der Künstler Alfred Roll in einer monumentalen Ölskizze festhielt.

Musikalische Reprisen romantischer Stoffe wie Jacques Offenbachs »Hoffmanns Erzählungen« nach E.T.A. Hoffmanns phantastischen Geschichten, die erst 1881 nach dem Tod des Komponisten uraufgeführt werden konnten, und Edgar Degas' Vorzeichnungen zum Ballett von Giacomo Meyerbeers Oper »Robert le Diable« führten zurück in den deutsch-französischen Dialog der Dichter, Denker, Philosophen und Poeten über Wahlverwandtschaften und Leidenschaften, dessen Aktualität bis heute reicht: Deutschland im Spiegelbild des französischen Blicks als »Vaterland der Seele«, das nach den Erfahrungen des Krieges von 1870/71 endgültig verloren schien.

Nous venons, écrivains, peintres, sculpteurs, architectes, amateurs passionnés de la beauté jusqu'ici intacte de Paris, protester de toutes nos forces, de toute notre indignation, au nom du goût français méconnu, au nom de l'art et de l'histoire français menacés, contre l'érection, en plein cœur de notre capitale, de l'inutile et monstrueuse tour Eiffel, que la malignité publique, souvent empreinte de bon sens et d'esprit de justice, a déjà baptisée du nom de »tour de Babel«.

Künstleraufruf, veröffentlicht am 14. Februar 1887 in »Le Temps«

Wir versammelten Schriftsteller, Maler, Bildhauer, Architekten, leidenschaftliche Liebhaber der bisher unversehrten Schönheiten von Paris, protestieren mit all unserer Kraft, mit all unserer Empörung, im Namen des verkannten französischen Geschmacks, im Namen der bedrohten französischen Kunst und Geschichte, gegen die Errichtung des unnötigen und monströsen Eiffelturms im Herzen unserer Hauptstadt, den die oft mit Vernunft und Gerechtigkeitssinn begabte Stimme des Volkes schon »Turm von Babel« getauft hat.

RAUM 14

*Gustave Doré
La Défense Nationale,
nach 1879
Berlin, Deutsches Historisches
Museum
(14/6)*

Rendezvous der Kontinente II: Die Weltausstellung von 1889

Georges Roux
Nächtliches Fest bei der Weltausstellung von 1889, unterhalb des Eiffelturms
Paris, Musée Carnavalet
(14/2)

Alfred Roll
Hundertjahrfeier der Generalstände am Neptunbrunnen in Versailles am 5. Mai 1889, 1889
Versailles, Musée National du Château de Versailles
(14/7)

14/1

Frédéric Auguste Bartholdi (1834-1904)
Modell der Freiheitsstatue
1876
Bez. auf Sockel: LA LIBERTE ECLAIRANT LE MONDE
Terrakotta; 128 x 43 x 39 cm
Colmar, Musée Bartholdi (SB 7)

Der erste Entwurf zu der »Freiheit, die die Welt erleuchtet«, gemeinhin »Freiheitsstatue« genannt, wurde von Bartholdi 1870 modelliert. Die Suche nach der idealen Form, die die zahlreichen Zwischenmodelle kennzeichnet, fand um 1875 mit der Ausführung des endgültigen Modells, des sogenannten »Komiteemodells« ihren Abschluß, das der Bildhauer vervielfältigen ließ. Zweihundert von seiner Hand retuschierte, signierte (aber undatierte), numerierte und mit dem Stempel des Comité de l'Union Franco-Américaine, der Initiatorin des Projekts, versehene Exemplare wurden zum Verkauf freigegeben, um so einen Teil der für die Konstruktion des zukünftigen Kolosses nötigen Mittel zu sammeln. Die Bauarbeiten begannen in demselben Jahr 1875 in den Werkstätten der »Kunstkupferschmiede« Monduit und Bechet (Nachfolger Gaget, Gauthier u. Co.) in der Rue Chazelles in Paris. Neun Jahre später war die Statue vollendet. Sie besteht aus gehämmerten und genieteten Kupferblättern, die von einer inneren Eisenarmierung gehalten werden. Sie wurde abgebaut, in Kisten verstaut, mit dem Dampfschiff nach New York transportiert, in Bedloe's Island wieder aufgebaut und am 26. Oktober 1886 eingeweiht. Die Statue ist ein Geschenk des französischen Volkes an die amerikanische Nation zum hundertsten Geburtstag der Unabhängigkeit der Vereinigten Staaten (4. Juli 1876). Doch bevor sie noch in New York aufgestellt wurde, hatten die Vereinigten Staaten beschlossen, der Stadt Paris als Zeichen des Dankes eine verkleinerte Bronzereplik der Statue (Höhe 11 Meter) zu schenken. Ihre Ausführung wurde der Gießerei der Gebrüder Thiébaut in Paris anvertraut. Der Liefertermin war auf Anfang Mai 1885 festgesetzt. Weil der Guß noch nicht fertiggestellt war, weihten die amerikanischen und französischen Delegationen am 13. Mai 1885 das Gipsmodell auf der Place des Etats-Unis ein. Zwei Jahre später war der Guß noch immer nicht vollendet, doch wenigstens war über den endgültigen Standort der zukünfigen Statue entschieden worden: den Pont de Grenelle. Alles in allem nützten diese Verzögerungen der Sache und der Berühmtheit der Statue. Das an Feiern reiche Jahr 1889 brach an. Das große Ereignis war natürlich die Weltausstellung, »die zusammenfaßte, was die 1789 eingeweihte Freiheit der Arbeit, ein zugleich ökonomisches und politisches Datum, im Lauf des zu Ende gehenden Jahrhunderts an Fortschritt hervorgebracht hatte«, wie es der von Gustave Eiffel entworfene »Dreihundert-Meter-Turm« hervorragend demonstrierte. Die Errichtung der bronzenen Freiheitsstatue auf einem die Jahreszahlen »1776-1789« tragenden Sockel, die am 4. Juli feierlich begangen wurde, gedachte – bescheidener – sowohl des hundertsten Geburtstages der Französischen Revolution als auch des

Jubiläums der amerikanischen Unabhängigkeit und der Ernennung Washingtons zum Präsidenten der Vereinigten Staaten RH
Lit.: Betz 1954; Kat. Paris 1986(a); Kat. Colmar 1995, Schmitt o.J.

14/2   **Georges Roux** (vor 1860-1929)
Nächtliches Fest bei der Weltausstellung von 1889, unterhalb des Eiffelturms
Öl auf Leinwand; 65 x 95 cm
Paris, Musée Carnavalet (P. 1994)
Abb. S. 467

Gustave Roux' Gemälde zeigt eine erwartungsvolle Menschenmenge, die sich im Abendlicht unter dem Eiffelturm zu einem Fest der Hundertjahrfeier der Französischen Revolution versammelt hat, das in der Nacht vom 13. zum 14. Juli 1889 stattfand. Aus diesem Anlaß erhielten die ganze Stadt, vor allem die Gebäude der Weltausstellung eine spezielle Beleuchtung, über die das Journal »L'Exposition de Paris« berichtete: »Noch nie hat man die Wirklichkeit von einer derartigen Phantasmagorie umhüllt gesehen. Alle Perspektiven haben sich verändert und erstaunlich vergrößert: die Menschen selbst sind wie verwandelt und die Brunnengruppen erinnern an lebende Bilder.« Dargestellt ist das Marsfeld mit beleuchteten Brunnenfiguren und staunendem Publikum, gesehen aus der Perspektive unterhalb des beleuchteten Eiffelturms, mit Blick auf das zentrale Gebäude der Weltausstellung – das Palais des Industries Diverses – im Hintergrund. Der Eiffelturm wurde speziell für die Jahrhundertfeier der Französischen Revolution errichtet und sollte, wie die Pariser Weltausstellung von 1889, am 6. Mai feierlich eingeweiht werden; das Fest wurde jedoch auf den 15. Mai verschoben. Drei Ingenieure kooperierten ursprünglich bei der Konzeption des Turmes: Maurice Koechlin, Emile Nouguier und Alexandre Gustave Eiffel, wobei Koechlin seine Pläne bereits 1886 vorlegte. Der Architekt und Ingenieur Eiffel spezialisierte sich auf die Ausführung von Eisenkonstruktionen. Seine Bauten hatten eine entscheidende Bedeutung für die Entwicklung der modernen Architektur: Sie ermöglichen die Realisierung neuer Raumkonzeptionen und machten auf die neuartige Ästhetik von Eisenkonstruktionen aufmerksam. AC
Lit.: Exposition de Paris 1889, Bd. 1/2, S. 154 (13 Juillet 1889); Kat. Essen 1994, Nr. 17, S. 225

14/3   **Pierre Petit**
Der Eiffelturm im Bau bei 100 Metern Höhe
Paris, 1888
Phototypie; 28,7 x 38 cm
Paris, Bibliothèque Nationale de France, Département des Estampes (Va 275c t. I; Paris VIIe arr.; 28e quartier)

14/5

14/4   **Die Weltausstellung von 1889: Der Eiffelturm**
Paris, 1889
Lithographie; 51 x 32 cm
Paris, Bibliothèque Nationale de France, Département des Estampes (Va 275c t. I; Paris VIIe arr.; 28e quartier)

14/5   **Kind mit Abbildung des Eiffelturms**
Paris, nach 1889
Farblithographie; 40 x 30 cm
Paris, Bibliothèque Nationale de France, Département des Estampes (Va 275c t. I; Paris VIIe arr.; 28e quartier)

Der Eiffelturm, weithin sichtbares Wahrzeichen der Weltausstellung von 1889 in Paris, war bereits zur Bauzeit ein in zahlreichen, meist anonymen Reproduktionen, Fotos und Postkarten verbreitetes Motiv. Die Ausstellung sollte die bedeutendste internationale Schau der Industrie und Kunst und zugleich die Einhundertjahrfeier der Französischen Revolution ausrichten. Sie erstreckte sich vom Trocadéro über den Champ-de-Mars und das Ufer der Seine bis zur Esplanade des Invalides. Besonders bewundert wurden die »Exposition Coloniale« und die riesige »Galerie des Machines«, eine Glanzleistung moderner Eisenarchitektur. Ähnliche Konstruktionsprinzipien waren erst kurz zuvor beim Bau deutscher Bahnhofshallen angewendet worden. Die Hauptattraktion aber war jenes Bauwerk, das den vom Troca-

La Tour Eiffel à 100 mètres

14/3

déro kommenden Besuchern als Eingang diente: Eiffels »300-Meter-Turm«. Die Weltausstellung wurde von 26 Millionen Menschen besucht. 30 122 der 55 486 Aussteller waren allerdings Franzosen. Die deutsche Regierung hatte Druck auf deutsche Künstler ausgeübt, sich an der Ausstellung nicht zu beteiligen, dem sich einige prominente Maler wie Liebermann und Menzel nicht beugten. Die Regierung ließ Menzel wissen, es schicke sich nicht für den Kanzler des preußischen Pour-le-mérite-Ordens, an der Jahrhundertfeier der Französischen Revolution teilzunehmen. Mit Zivilcourage erklärte der Maler: »Ich bin jetzt 73 Jahre alt, ich habe immer gewußt, was sich für mich schickt, und ich werde es weiter wissen.« Außerdem solle man, so Menzel, nicht vergessen, wieviel die deutsche Kunst der französischen zu verdanken habe. Unterdessen hatte man seit dem 26. Januar 1887 mit dem Bau des Turms begonnen, unmittelbar nachdem der Entwurf Eiffels beim vorhergehenden Architekturwettbewerb den ersten Preis gewonnen hatte. Bereits ein halbes Jahr später waren die Fundamente fertiggestellt und man konnte mit der Montage beginnen. Inzwischen regte sich Widerstand. Am 17. Februar 1887 erschien in der Zeitung »Le Temps« eine Petition gegen diesen »Turm von Babel«, gegen die »gigantische und lächerliche Säule«, in deren Schatten die einzigartige Schönheit der Hauptstadt verdunkelt werde – unterzeichnet vom Maler Meissonier, vom Komponisten Gounod, vom Architekten Garnier, vom Schriftsteller Maupassant und zahlreichen weiteren führenden Persönlichkeiten des kulturellen Lebens. Der Protest blieb folgenlos. Bereits im Juni 1888 hatte der Turm eine Höhe von 100 Metern, im Februar 1889 war die dritte Etage auf der Höhe von 309 Metern vollendet. Am 31. März hißte Gustave Eiffel im Rahmen einer Zeremonie die Trikolore auf der Spitze des Turms, am 15. Mai 1889 wurde der Turm feierlich eingeweiht. Bereits seit einiger Zeit hatten Eiffel und andere Ingenieure mit dem Baumaterial Eisen Erfahrungen gesammelt, aber diese Konstruktion stellte alles in den Schatten. Fragen des Stils und der klassischen Architektur traten in den Hintergrund. Selbstbewußt erklärte der Ingenieur Eiffel: »Welche Gesetze hatte ich bei dem Turm zu berücksichtigen? Die Gesetze des Winddrucks.« Die außerordentliche Materialreduzierung führte dazu, daß der Turm, den 1889 über zwei Millionen Besucher bestiegen, in über 300 Meter Höhe selbst bei starkem Wind nicht mehr als 12 cm ausschlägt. Der »Eiffelturm«, wie er bald genannt wurde, war eine technische Pionierleistung, die 100 Jahre nach der Revolution den Aufbruch der selbstbewußten Republik in die

Moderne einleitete. 1880 waren in Köln die über 150 Meter hohen Türme des Doms vollendet worden. Die Einweihung dieses »Nationaldenkmals« in den Bauformen einer längst vergangenen Epoche bot dem neuen deutschen Kaiserreich einen ersten Anlaß zur prachtvollen Selbstdarstellung (5/17). Die Domtürme wurden zum Wahrzeichen der Stadt und des deutschen Rheinlandes. Der Eiffelturm, die doppelt so hohe, äußerst moderne Konstruktion, wurde zum Wahrzeichen der französischen Republik und ihrer Hauptstadt. In diesem Punkt sollten seine Kritiker recht behalten. Der Eiffelturm ist allen Kritiken zum Trotz niemals wieder demontiert worden, wie es nach Auslaufen des Pachtvertrages 20 Jahre später eigentlich vorgesehen war. MK

Lit.: Exposition de Paris 1889; Chastenet 1954-57, Bd. 2; Mitchell 1971, S. 101-105; Gaillard 1981, S. 226-229; Loyrette 1986, S. 3-166; Kat. Berlin1990(a), S. 367-382; Mignot 1994, S. 168-211

14/6 **Gustave Doré** (1832-1883)
La Défense Nationale
(Die nationale Verteidigung)
Nach 1879
Bronze, Granit (Basis), Holz (Sockel);
H. 144,8 cm (H. mit Sockel 226 cm)
Berlin, Deutsches Historisches Museum
(PI 94/7)
Abb. S. 466

Doré nahm 1879 mit dem Gipsmodell eines marschierenden Soldaten an der Seite der Marianne am Wettbewerb für ein Monument zur Erinnerung an die Verteidigung von Paris teil. Die Schutzpatronin von Paris trägt auf dem Haupt keinen Lorbeerkranz und keine phrygische Mütze, sondern die Zitadellenkrone der belagerten Festung, die es zu verteidigen galt. Nachdem sein Werk nicht ausgezeichnet wurde, ließ Doré drei Bronzegüsse in unterschiedlichen Maßen fertigen. Die größte Version wurde 1889 auf der Pariser Weltausstellung gezeigt. MLP
Lit.: Stölzl 1995, S. 297

14/7 **Alfred Roll** (1846-1919)
Hundertjahrfeier der Generalstände am Neptunbrunnen in Versailles am 5. Mai 1889
1889
Öl auf Leinwand; 144 x 230 cm
Versailles, Musée National du Château de Versailles (MV 6238)
Abb. S. 467

Historiengemälde gehörten in der frühen Dritten Republik zu den wichtigsten Medien, mit denen der französische Staat ein offizielles Bild der republikanischen Nation propagierte. Die Auftragswerke sollten die Höhepunkte des neuen republikanischen Nationalkults, wie etwa die am 5. Mai 1889 aus Anlaß der Hundertjahrfeier der Französischen Revolution in Versailles organisierte Festveranstaltung zur Erinnerung an den Zusammentritt der Generalstände im Jahr 1789, festhalten und damit ein Gegengewicht zu den Bilderwelten des Ancien régime und des Ersten und Zweiten Kaiserreichs schaffen. In den jährlichen Kunstsalons und staatlichen Museen, die die Gemälde an prominenter Stelle präsentierten, eroberten die republikanischen Präsidenten und Politiker nun jene Stellung, die dort zuvor die französischen Könige und Kaiser eingenommen hatten. Historienmaler, wie der für seine republikanische Gesinnung bekannte, hier mit einer Ölskizze vertretene Alfred Roll, verfertigten für ihre Werke daher auch zunächst eine Reihe von Entwürfen, um den vielfältigen, oftmals von politischen Erwägungen diktierten Änderungswünschen der staatlichen Auftraggeber gerecht zu werden. JV

Lit.: Ory 1984, S. 523-560; Angenot 1989

14/8 **Charles Gauthier** (1831-1891),
Jacques France (1826-1894) und
Edmond Guillaume (1826-1894)
Gedenksäule zum hundertsten Jahrestag der Republik
1888/89
Bez. a. Sockel: Centenaire 14 juillet 1889.
Liberté Egalité Fraternité; a. d. Sockelbasis
(je ein Wort pro Seite): LEX PAX NEC REX
Kupfer, Eisenguß; 90 x 16 x 16 cm
Paris, Pierre Bonte

Die Bildhauer Charles Gauthier und Paul Lecreux, genannt Jacques France, sowie der Architekt Edmond Guillaume schufen 1888 diese Darstellung der »Republik«. Alle drei waren bereits mit Entwürfen von Skulpturen und Denkmälern hervorgetreten, mit denen die Hauptstadt geschmückt wurde. Die Pariser Weltausstellungen boten der jungen Dritten Republik die Gelegenheit zur Repräsentation, 1878 in einer ersten Phase der Stabilisierung und 1900 nach der Dreyfusaffäre. Anläßlich der Weltausstellung von 1889 präsentierte sich die aus der gerade überstandenen Boulanger-Krise gestärkt hervorgegangene Republik in der Tradition von 1789. Erst kurz zuvor hatten Konservative und Monarchisten die Mehrheit verloren. An das hundertjährige Jubiläum erinnert die Säule, wie die Inschriften bezeugen: »Recht / Friede / Ohne / König«. Die Büste zeigt das Bild der neuen Marianne: Sie trägt die phrygische Mütze mit Kokarde und eine Kette mit den Jahreszahlen 1789 und 1889. Die Säule wurde am 14. Juli 1888 Präsident Carnot im Rahmen eines Festbanketts in Anwesenheit zahlreicher Bürgermeister vorgestellt. Nach dem Willen des anläßlich der 1889 bevorstehenden Feiern tätigen »Zentralkomitees für Gedenksäulen« erhielt sie den Rang eines »offiziellen Monuments«. Zwischen 1880 und 1900 wurde die Skulptur für viele Brunnen und Denkmäler, mit denen die öffentlichen Parks, Plätze und die Bezirksrathäuser verziert wurden, verwendet. Zahlreiche Bilder der »République«, der »Liberté« und der »Marianne« sollten entstehen: »Wir wollen nicht«, erklärte der Stadtrat, »daß unter den Institutionen, die

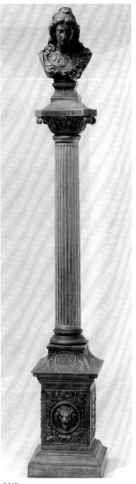

14/8

14/9

14/10

uns regieren, das Bild der Republik in unserer großen Stadt abseits steht«. MK
Lit.: Kat. Paris 1989(b); Gautherin 1994, S. 185-199

14/9 **Paul Gavarni** (1804-1866)
Buchankündigung für »Contes fantastiques« von E.T.A. Hoffmann
Paris, um 1842
Lithographie: 59 x 44 cm
Paris, Bibliothèque Nationale de France, Département des Estampes (Tc mat. 2 boîte 4)

Zahlreiche französische Künstler, so Camille Rigier, Honoré Daumier, Jean Gigoux, Gustave Doré, Victor Hugo, Charles François Daubigny illustrierten Hoffmanns Erzählungen, Evariste Fragonard sogar im »style troubadour«. Die früheste Ausgabe der von Paul Gavarni illustrierten »Contes fantastiques« in der Übersetzung von P. Christian erschien in Paris bei Lavigne 1843. MLP

14/10 **Plakat für »Les Contes d'Hoffmann«**
Paris, 1881
Lithographie; 62 x 51 cm
Paris, Bibliothèque Nationale de France, Musée de l'Opéra (Aff. Th. II, 624)

»Hoffmanns Erzählungen«, die phantastische Oper in vier Akten nach Jules Barbiers und Michel Carrés Schauspiel von 1851 »Les Contes d'Hoffmann«, geht auf drei Erzählungen E.T.A. Hoffmanns zurück: 1. Akt »Der Sandmann«, 2. Akt »Abenteuer der Sylvesternacht«, 3. Akt »Rat Crispel«. Die Uraufführung, instrumentiert von Ernest Guiraud, fand fünf Monate nach dem Tod Jacques Offenbachs in Paris am 10. Februar 1881 statt, die deutsche Erstaufführung folgte in Wien am 7. Dezember 1881. Offenbach, der Sohn eines jüdischen Kantors in Köln, mit dem Rheinland seit 1815 preußisches Territorium, war seit 1849 Leiter der Schauspielmusik an der Comédie française und gründete 1855 mit den »Bouffes Parisiennes« ein zunächst ungemein erfolgreiches eigenes Opernunternehmen mit selbstkomponierten Einaktern nach Libretti von Ludovic Halévy. Der Durchbruch gelang ihm mit den komischen Opern »Orpheus in der Unterwelt« 1858, »Die schöne Helena«

1864, »Blaubart« und »Pariser Leben« 1866, der »Großherzogin von Gerolstein« 1867 und die »Banditen« 1869. Über sein letztes Werk, »Hoffmanns Erzählungen«, schreibt Offenbachs Biograph Siegfried Kracauer, es vergegenwärtige mit der Puppe Olympia »das seelenlose Getue der Kaiserzeit, ihre automatenhafte Fröhlichkeit und die Leere ihrer Champagnergelage. Man hatte jene Zeit durch ein Zauberlorgnon gesehen, – er riß das Lorgnon weg und kennzeichnete die Freuden des Kaiserreichs, für die er doch mitverantwortlich war, als verwehenden Trug«. »Hoffmanns Erzählungen« konnte der Komponist nur im Klavierauszug vollenden. MLP
Lit.: Kracauer 1976, S. 335

14/11   **Edgar Degas** (1834-1917)
         Vorzeichnung zum Motiv der tanzenden
         Nonnen aus dem Ballett »Robert le Diable«
         1871
         Bez. u.r. Vente-Stempel: Degas
         Sepia; 28,3 x 45,4 cm
         London, The Board of Trustees of the Victoria
         & Albert Museum (E.3688-1919)

14/12   **Edgar Degas** (1834-1917)
         Vorzeichnung zum Motiv der tanzenden
         Nonnen aus dem Ballett »Robert le Diable«
         1871
         Bez. u.l. Vente-Stempel: Degas
         Sepia; 28 x 45 cm
         London, The Board of Trustees of the Victoria
         & Albert Museum (E.3687-1919)

Die ersten Studien zum Ballett in Giacomo Meyerbeers Oper »Robert le Diable« (6/11), die am 25. März 1832 in Paris Premiere hatte und im Herbst 1871 erneut dort aufgeführt wurde, überließ Degas im Januar 1872 dem Pariser Kunsthändler Durand-Ruel zum Verkauf. Der Opernsänger Jean-Baptiste Faure erwarb 1874 die Blätter zur Erinnerung an den Komponisten, der sein Mentor und Freund gewesen war, zusammen mit anderen Werken Degas', die er an den Künstler zurückgab. Es handelt sich bei diesen Figurenstudien – insgesamt dürften es vier Pinselzeichnungen sein – um Vorarbeiten für das 1872 entstandene Gemälde »Ballet de Robert le Diable«, von dem Degas 1876 eine zweite Version schuf. MLP
Lit.: Mayne 1966, S. 148-156; Adriani 1984, Nr. 84f., S. 359f.; Kat. Paris 1988(a), Nr. 159, S. 269f. (Gemälde 1876)

14/12

14/11

Raum 15

Epilog einer Revue aus zwei Welten

15/1 **Auguste Rodin** (1840-1917)
L'Age d'airain (Das eherne Zeitalter)
1875-77
Bez. a. d. Standplatte r.: Rodin
Bronze; 181 x 66 x 52 cm
Berlin, Staatliche Museen zu Berlin, Nationalgalerie
(Dauerleihgabe in der Skulpturensammlung der
staatlichen Kunstsammlungen Dresden; B II 65)

Rodins erste große Figur, »Das eherne Zeitalter«, ist sein berühmtestes Werk neben dem »Denker« geworden. Nachdem der anfängliche Verdacht zerstreut war, ihr läge – statt freier Modellierung – Naturabgüsse zugrunde, wurde sie einhellig von Kritik und Publikum angenommen und ist inzwischen in vielen Bronzegüssen in den Museen der Welt präsent. Die formalen und inhaltlichen Dissonanzen, die die Dynamik von Rodins spätererem Schaffen ausmachen, bereiten sich darin erst vor, und noch wird die Gestalt nicht fragmentiert. In dieser Figur gipfelte Rodins Tätigkeit in Brüssel, wohin er gleich nach dem Fall von Paris, im Februar 1871, übergesiedelt war und wo er sechs Jahre blieb. Sie ist das Ergebnis anderthalbjähriger Modellstudien – eine Arbeit, die durch einen folgenreichen Italienaufenthalt unterbrochen und durch das Erlebnis Michelangelos und Donatellos gefördert wurde. Das auffällige Loch an der Schläfe – im Gipsmodell hinterlassen durch das Entfernen eines Stirnbandes und niemals ausgebessert – kommt dem Gedanken an einen Verwundeten entgegen. So wurde die Figur gelegentlich ihrer ersten Ausstellung in Brüssel im Januar 1877 »Le Vaincu« (Der Besiegte) genannt. Erst als sie wenige Monate darauf in Paris gezeigt wurde, fand sich der heute gebräuchliche Titel. »Ich hatte keinen Namen dafür«, bekannte Rodin später. »Dieser Name wurde ihr von irgendwem gegeben. Was ich suche, ist das Leben, immer das Leben.« Ein weiterer Titel lautete »Der Mensch, der zur Natur erwacht«. Auf welche Niederlage die ursprüngliche Benennung anspielte, war, so kurz nach 1870/71, ohne weiteres ersichtlich. Daß Rodins Familie mütterlicherseits aus Lothringen stammte, dürfte ihn für die Bitternis des verlorenen Krieges zusätzlich sensibilisiert haben. Patriotismus, Opfer und Ruhm waren wichtige Themen der französischen Malerei und Bildhauerkunst jener Zeit. Auf dem

15/1

Pariser Salon von 1874 hatte Antonin Merciés Gruppe »Gloria Victis« (Ruhm den Besiegten) Aufsehen erregt. Sie zeigte einen von einer geflügelten Gottheit in die Lüfte entführten Gefallenen. (Auf der Berliner Schloßbrücke stand seit 1857 eine sehr vergleichbare Marmorgruppe von August Wredow.) Einige Jahre nach Mercié sollte Rodin mit seinem gescheiterten Denkmalentwurf »La Défense« von 1879 (12b/7) die Idee umkehren und auf die Apotheose verzichten: Über dem Zusammenbrechenden erhebt sich der weibliche Genius des französischen Widerstandes (mit phrygischer Mütze und gebrochenem Flügel!) und ruft das Volk zu den Waffen. Kein Denkmal kam ohne eine weibliche Personifizierung von Heimat oder Verteidigungsgeist aus. »Der Besiegte« war indessen niemals als öffentliches Denkmal gedacht. Ursprünglich stützte sich der Jüngling auf einen gebrochenen Speer, den Rodin erst im letzten Moment entfernte. Dieser Verzicht auf eine rationale Begründung für die erhobene und geschlossene Hand aktivierte die diffuse Symbolik der Gebärde. So überwiegt der subjektive Ausdruck, das individuelle Bekenntnis entschieden gegenüber einer verbindlichen und begrenzten Bedeutung. Soweit patriotische Konnotationen aufgerufen zu sein scheinen, lösen sie sich ganz im Humanen auf. Um die Jahrhundertwende erwarben mehrere deutsche Kunstsammlungen Güsse des »Ehernen Zeitalters«, darunter auch das Weimarer Museum (1905). Dessen Leiter Harry Graf Keßler, der so vielseitig als Mittler zwischen deutscher und französischer Kultur tätig war, zielte auf einen ganzen Rodin-Saal ab, und der Bildhauer war zur Stiftung entschlossen. Als erstes schenkte er 14 Zeichnungen, die, Anfang 1906 ausgestellt, den Konservativen als Anlaß zu einer antimodernen und zugleich nationalistisch akzentuierten Pressefehde dienten. Der Vorwurf lautete auf »ekelhafte« Unsittlichkeit, Keßler wurde des Amtsmißbrauchs verdächtigt und mußte schließlich zurücktreten.   CK

Lit.: Goldschneider 1989, Bd. 1, Nr. 95; Wahl 1979, S. 58-67; Keisch 1979, S. 68-74

15/2 **Franz Metzner** (1870-1919)
»Weinende Mutter« aus der Figurengruppe »Hinterbliebene« in der Ruhmeshalle des Völkerschlachtdenkmals (Zweitstück)
1913
Granitporphyr; 111 x 66 x 47 cm
Leipzig, Völkerschlachtdenkmal zu Leipzig
(VD/Par 337)

Der plastische Schmuck für die Vollendung der Innengestaltung des Völkerschlachtdenkmals zu Leipzig wurde Franz Metzner nach dem Tod des Breslauer Bildhauers Christian Behrens ab 1906 bis zur Eröffnung des Denkmals zur Jubiläumsfeier der Völkerschlacht von Leipzig (18. Oktober 1813) übertragen. Metzner arbeitete zunächst in Berlin für die Königliche Porzellanmanufaktur. Seine Werke im Stil des »symbolistischen Jugendstils«, die er auf der Pariser Weltausstellung von 1900 vorstellte, und weitere bildhauerische Arbeiten wurden so beachtet, daß er eine Professur an der Kunstgewerbeschule in Wien erhielt. Die Ausstellung der Wiener Sezession von 1903 widmete ihm einen eigenen Raum. Zu den Sezessionisten pflegte er engen Kontakt. Er fertigte mehrere bedeutende bauplastische Entwürfe, so das »Weinhaus Rheingold« und die Grabanlage für den Papierfabrikanten Krause in Berlin, den Nibelungenbrunnen in Prag sowie das Lessingdenkmal in Wien. In Zusammenarbeit mit dem Architekten Bruno Schmitz für die bauliche Gestalt des Völkerschlachtdenkmals entstand das Monument eines »sakral-nationalen« Stils zwischen wilhelminischem Auftragsstil und dem Streben nach moderner Ausdrucksform. Metzners Figurenschmuck der acht Schicksalsmasken an den Pfeilern der Ruhmeshalle, die vier Kolossalfiguren – Opferwilligkeit, Tatkraft, Glaubensstärke, deutsche Volkskraft – für die Krypta sowie die Pilasterfigurengruppen der Leidtragenden in der Ruhmeshalle waren die Voraussetzung dafür, daß er als »nordischer Michelangelo«, als »deutscher Rodin« bezeichnet wurde (Brief der Witwe Else Metzner an Geheimrat Prof. Clemens Thieme, 21.6.1929). Der Leipziger Architekt Thieme, dem als Präsident des Patriotenbundes des 1894 gegründeten bürgerlichen Vereins die Errichtung des Baudenkmals oblag, schrieb an Metzner am 13. Juli 1911, daß die Allegorie der Volkskraft gar »das unter dem Donner der Kanonen wiedergeborene Volkstum um das wiedererwachte Volksbewußtsein nährt und erstarken läßt, auf welchem dann das Deutsche Reich begründet werden konnte«. Ziel des Patriotenbundes war die Vollendung des Monumentaldenkmals bis zur Hundertjahrfeier der Völkerschlacht, um »die Erinnerung an nationale Heldentaten und Errungenschaften, zumal wenn sie zu den größten und unvergeßlichsten der Geschichte gezählt werden, dem bleibenden Gedächtnis weiter Kreise als nachahmenswertes Beispiel zu erhalten«. Bereits ein Jahr nach der Gründung gehörten dem Bund im Sommer 1895 42 000 Mit-

15/2

glieder an, während die deutschen Sozialdemokraten das geplante Denkmal als Deckmantel für Nationalismus und Chauvinismus bezeichneten. Am 18. Oktober 1913 konnte das Denkmal trotz zahlreicher Terminverzögerungen der bildhauerischen Arbeiten in Anwesenheit Kaiser Wilhelm II. und zahlreicher Fürstlichkeiten mit einem nationalen Staatsakt und pathetischen Reden zur Jubelfeier eröffnet werden. Clemens Thieme erwähnte aufgrund fortgesetzter Zerwürfnisse den wesentlichen Beitrag Metzners nicht einmal in seiner »Weiherede am Denkmal«. MLP

Lit.: Staatsarchiv Leipzig, Dt. Patriotenbund; Der Patriot 15.1.1903; Leipziger Abendzeitung 18.10.1913, 27. Jg., Nr. 244; Kat. Berlin 1990(c), S. 188f.

Epilog einer Revue aus zwei Welten

Zwei Skulpturen, Auguste Rodins »Das eherne Zeitalter« gegenüber Franz Metzners »Weinender Mutter«, bilden den Auftakt des Epilogs einer »Revue aus zwei Welten«: Zitate geleiten – analog zum Karikaturenprogramm im Umgang des Lichthofs – über den Zeitraum der Themenräume in die Gegenwart. Über das Verhältnis der Wahlverwandten, der Freunde und Gegner diesseits und jenseits des Rheins reflektieren Schriftsteller und Philosophen sowie Staatsmänner, die der deutsch-französischen Freundschaft nach dem Zweiten Weltkrieg das Gerüst gegeben haben.

Die deutsche Seele ist vor Allem vielfach, verschiedenen Ursprungs, mehr zusammen- und übereinandergesetzt, als wirklich gebaut: das liegt an ihrer Herkunft. Ein Deutscher, der sich erdreisten wollte, zu behaupten »zwei Seelen wohnen, ach! in meiner Brust« würde sich an der Wahrheit arg vergreifen, richtiger, hinter der Wahrheit um viele Seelen zurückbleiben. Als ein Volk der ungeheuerlichsten Mischung und Zusammenrührung von Rassen, vielleicht sogar mit einem Übergewicht des vor-arischen Elementes, als »Volk der Mitte« in jedem Verstande, sind die Deutschen unfaßbarer, umfänglicher, widerspruchsvoller, unbekannter, unberechenbarer, überraschender, selbst erschrecklicher, als es andere Völker sich selber sind: – sie entschlüpfen der Definition *und sind damit schon die Verzweiflung der Franzosen.*

Friedrich Nietzsche: Jenseits von Gut und Böse. Vorspiel einer Philosophie der Zukunft, 1886

La richesse de l'idée philosophique allemande, le génie de Goethe qui engendra notre romantisme, et celui de Wagner qui modifia nos conceptions d'art en les alliant aux métaphysiques symbolisées, la belle organisation du socialisme germain, cela et mille raisons économiques doivent nous faire désirer évidemment des relations intellectuelles et sociales très étroites entre les deux peuples. Nous sommes, malgré tout, les fils spirituels de Goethe et de Hegel ... On peut même dire que l'Allemagne est, à cette fin du XIXe siècle, le pays d'où nous tirons le plus pour l'esprit. Du coït sanglant des races, il résulte toujours une fécondation. Les misères de 1870 se compensent par les dons intellectuels que le vainqueur nous apporta.

Paul Adam in »Mercure de France«, April 1895

Der Reichtum der deutschen Philosophie, das Genie Goethes, das unsere Romantik befruchtete, und Wagners, der unsere Kunstanschauungen veränderte, indem er sie mit der Metaphysik verband, die gelungene Organisation des deutschen Sozialismus, dieses und tausend wirtschaftliche Gründe müssen uns natürlich zwischen unseren Völkern intellektuelle und sehr direkte soziale Beziehungen ersehnen lassen. Wir sind trotz allem die geistigen Söhne von Goethe und Hegel ... Man kann sogar sagen, daß Deutschland in diesem ausgehenden 19. Jahrhundert das Land ist, von dem wir am meisten Geistiges beziehen. Aus dem blutigen Zusammenstoß der Rassen erwächst immer Befruchtung. Die Not von 1870 wird durch die intellektuellen Gaben aufgewertet, die uns der Sieger brachte.

Une discipline naturelle relie l'action individuelle allemande à l'action du pays entier, et ordonne les intérêts particuliers, de sorte qu'ils s'additionnent et se renforcent mutuellement, au lieu de se diminuer et de se contrarier ensemble. Cela va jusqu'à supprimer toute concurrence entre Allemands dès que l'étranger – l'ennemi – est en présence.

Paul Valéry: La conquête allemande. Essai sur l'expansion germanique, 1897

Eine natürliche Disziplin eint das individuelle deutsche Wirken dem des ganzen Landes und ordnet die Sonderinteressen derart, daß sie sich zusammenfügen und gegenseitig verstärken, anstatt sich gegenseitig zu vermindern und zu behindern. Das geht bis zur Abschaffung jeder Konkurrenz unter Deutschen, sobald der Fremde – der Feind – zugegen ist.

L'influence allemande n'a jamais eu d'effet néfaste que sur les esprits susceptibles d'être domestiqués, ou, pour mieux dire, qui prennent le mot influence dans le sens d'»imitation«.
D'ailleurs, il est difficile de préciser l'influence du second Faust de Goethe, de la Messe en si mineur de Bach; ces œuvres resteront des monuments de Beauté aussi uniques qu'inimitables; elles ont l'influence pareille à celle de la mer ou du ciel, ce qui n'est pas essentiellement allemand, mais universel.
Wagner, si l'on peut s'exprimer avec un peu de la grandiloquence qui lui convient, fut un beau coucher de soleil que l'on a pris pour une aurore ...

Claude Debussy in »Mercure de France«, 1903

Der deutsche Einfluß war verderblich nur für vermeintlich gezähmte Geister oder jene, die den Begriff Einfluß im Sinne von »Nachahmung« verstehen.
Es ist übrigens schwierig, den Einfluß von Goethes Faust Zweiter Teil oder der h-Moll-Messe von Bach zu verdeutlichen; diese Werke bleiben Denkmale sowohl einmaliger wie unwiederholbarer Schönheit; sie haben denselben Einfluß wie das Meer oder der Himmel, und dies ist nicht unbedingt deutsch, sondern universell.
Wagner, ein wenig großspurig ausgedrückt, wie es ihm gebührt, war ein schöner Sonnenuntergang, den man für Morgenröte hielt ...

[...] si quelque Français diffame Jeanne, l'Allemand surgit comme chevalier. On dirait que l'Allemagne littéraire et savante, toujours éprise de l'antique Velleda, porte quelque envie aux Français, qui, pour installer une vierge guerrière au chevet de leur nationalité, n'ont pas besoin d'aller guérir la prophétesse d'un paganisme défunt, mais simplement de feuilleter leur histoire nationale et chrétienne.

Georges Goyau: Jeanne d'Arc devant l'opinion allemande, 1907

[...] wenn irgendein Franzose Jeanne diffamiert, taucht der Deutsche als ihr Beschützer auf. Man könnte sagen, daß das literarische und wissenschaftliche Deutschland, immer auf der Suche nach der antiken Veleda, einigermaßen neidisch auf die Franzosen ist, welche es nicht nötig haben, in einem alten, vergangenen Heidentum nachzusuchen, wenn sie eine kriegerische Jungfrau an die Wiege ihrer Nation stellen wollen; sie brauchen nur in ihren nationalen und christlichen Geschichten nachzublättern.

Wenn die Franzosen ihrem Wesen nach Deutsche wären, wie würden sie dann erst von den Deutschen bewundert sein.

Franz Kafka: Tagebücher, 1910

Mes amis allemands [...], vous savez combien j'aime votre vieille Allemagne et tout ce que je lui dois. Je suis fils de Beethoven, de Leibniz et de Goethe, au moins autant que vous. Mais à votre Allemagne d'aujourd'hui, dites-moi, que dois-je, que devons-nous, en Europe? Quel art avez-vous bâti, depuis les monuments de Wagner, qui marquent la fin d'une époque et sont déjà du passé? Quelle pensée neuve et forte, depuis la mort de Nietzsche, dont la géniale folie a par malheur laissé son empreinte sur vous, mais ne nous a pas marqué?

Romain Rolland: Au-dessus de la mêlée, 10. Oktober 1914

Ihr wißt, meine deutschen Freunde [...], wie sehr ich euer altes Deutschland und alles liebe, das ich ihm verdanke. Nicht weniger als ihr bin ich der Sohn Beethovens, Leibniz' und Goethes. Aber sagt mir, was habe ich, was haben wir in Europa eurem heutigen Deutschland zu verdanken? Welche Kunst habt ihr erbaut seit den Monumenten Wagners, die das Ende einer Epoche bezeichnen und schon der Vergangenheit angehören? Welche neuen und starken Gedanken, seit Nietzsches Tod, dessen genialer Irrsinn euch unglücklicherweise seine Prägung hinterlassen, aber uns nicht geprägt hat?

Comme on l'a souvent remarqué, Goethe échappe au cadre des littératures nationales pour s'élever à la littérature universelle. Poète et prosateur, romancier, dramaturge, critique, penseur, savant, tantôt romantique, tantôt classique, il s'est inspiré tour à tour de l'Angleterre, de la France, de l'Italie, de l'antiquité, de l'Orient, il a tout été, sauf, et précisément parce qu'il était universel, un créateur. Ses premiers drames sont shakespeariens; Werther, c'est Saint-Preux de la Nouvelle Héloïse; *Charlotte et Dorothée, c'est encore du Rousseau; Faust, c'est, sur une trame du Moyen Age, un Hamlet transposé et développé. [...] L'Allemand est donc essentiellement un adaptateur; c'est là sa fonction.*

Louis Dumur: Culture française et Culture allemande, 1915

Wie oft bemerkt, entgeht Goethe der Einordnung in nationale Literatur, um zur universalen aufzusteigen. Als Dichter und Erzähler, als Romancier, Dramaturg, Kritiker, Denker, Weiser, hier romantisch, dort klassisch, hat er sich von England, von Frankreich, von Italien, vom Altertum, vom Orient inspirieren lassen, er ist alles gewesen, außer, und gerade weil er universal ist, ein Schöpfer. Seine ersten Dramen sind Shakespeare ähnlich; Werther ist der Saint-Preux der Nouvelle Héloise; *Charlotte und Dorothea sind noch im Geiste Rousseaus; Faust ist als mittelalterlicher Stoff ein übertragener und entwickelter Hamlet. [...] Im wesentlichen nimmt der Deutsche auf; das ist seine Aufgabe.*

Der römische Westen ist literarisch: das trennt ihn von der germanischen – oder genauer – von der deutschen Welt, die, was sie sonst nun sei, unbedingt nicht literarisch ist. Die literarische Humanität, das Erbe Roms, der klassische Geist, die klassische Vernunft, das generöse Wort, zu dem die generöse Geste gehört, die schöne, herzerhebende und menschenwürdige, die Schönheit und Würde des Menschen feiernde Phrase, die akademische Redekunst zu Ehren des Menschengeschlechtes – dies ist es, was im römischen Westen das Leben lebenswert, was den Menschen zum Menschen macht. Es ist der Geist, der in der Revolution seine hohe Zeit hatte, ihr Geist, ihr »klassisches Modell«, jener Geist, der im Jakobiner zur scholastisch-literarischen Formel, zur mörderischen Doktrin, zur tyrannischen Schulmeisterpedanterie erstarrte.

Thomas Mann: Betrachtungen eines Unpolitischen, 1918

In Deutschlands Seele werden die geistigen Gegensätze Europas ausgetragen, – im mütterlichen und im kämpferischen Sinne »ausgetragen«. Dies ist seine eigentliche nationale Bestimmung. Nicht physisch mehr – dies weiß es neuerdings zu verhindern –, aber geistig ist Deutschland immer noch das Schlachtfeld Europas. Und wenn ich »die deutsche Seele« sage, so meine ich nicht nur im großen die Seele der Nation, sondern ich meine ganz im einzelnen die Seele, den Kopf, das Herz des deutschen

Individuums: ich meine sogar auch mich selbst. Seelischer Kampfplatz für europäische Gegensätze zu sein: das ist deutsch; aber nicht, sich die Sache leicht zu machen und die nationale Schwäche, die – wie Nietzsche sagt – »heimliche Unendlichkeit« seines Volkes dadurch zu bekunden, daß man sich etwa einfach französiert.

Thomas Mann: Betrachtungen eines Unpolitischen, 1918

Je n'ose dire, il est vrai, quoi de plus allemand que Gœthe? Car à l'endroit de l'Allemagne, la Prusse est responsable d'un terrible malentendu. La Prusse a si bien asservi l'Allemagne qu'elle nous a forcés de penser: Gœthe était le moins allemand des Allemands.

André Gide: Réflexions sur l'Allemagne, 1919

Ich wage es wahrlich nicht zu sagen: was wäre deutscher als Goethe? Denn an Stelle Deutschlands ist Preußen für ein schreckliches Mißverständnis verantwortlich. Preußen hat so gut Deutschland gedient, daß es uns zu glauben nötigte, Goethe sei von den Deutschen am wenigsten deutsch.

[...] à propos de cette indéfinition de l'Allemagne et du caractère allemand, ne croyez pas que, tout Français que je sois, je ne la puisse comprendre. Vous avouerai-je même que c'est par là que le génie de l'Allemagne me séduit le plus: par tout ce que j'y sens en effet »de richesse intérieure, de force tranquille, et de plénitude organique« – et parce que j'ai toujours cru qu'il nous fallait chercher le plus d'instruction près de ce qui différait le plus de nous. Vous me dites ensuite: »Le caractère allemand n'est pas assimilable à l'esprit des peuples occidentaux« ... Si nous commençons, en Europe, à ne plus vouloir comprendre et admettre que nos semblables, je dis que c'en est fait de la culture.

André Gide an Ernst Robert Curtius, 23. Dezember 1922

[...] Was jene Unbestimmtheit Deutschlands und des deutschen Charakters betrifft, so glauben Sie nicht, so sehr ich Franzose bin, ich verstünde sie nicht. Ich würde Ihnen sogar bekennen, daß mich das deutsche Genie von dieser Seite am meisten verführt: durch all das, was ich tatsächlich an »innerem Reichtum, ruhiger Stärke und organischer Vielfalt« erspüre – und weil ich immer geglaubt habe, daß wir soviel Bildung wie möglich in dem suchen sollten, das uns am meisten trennt. Sie sagen mir darauf: »Der deutsche Charakter kann sich dem Geist der westlichen Völker nicht anpassen« ... Wenn wir anfingen, in Europa nur die uns Gleichartigen verstehen und zulassen zu wollen, dann, so sage ich, wäre es um unsere Kultur schlecht bestellt.

Franzosen sind keine bessern Menschen – denn Engelsvölker und Teufelsvölker gibt es nicht. Sie scheinen mir aber eines herauszuhaben, was uns gänzlich fehlt: sie sind im Umgang mit den Nebenmenschen praktischer; sie verschwenden nicht diese ungeheure Energie, die wir vergeuden, um recht zu haben, recht zu behalten, zu triumphieren.

Kurt Tucholsky: Die »Abtheil-Atmosphäre« in Frankreich, 1926

Ein Hegel, ein Schopenhauer, ein Nietzsche sind in Frankreich undenkbar. Sie würden den Garten der Zivilisation und das Reich des Menschen zerstören. Die Unendlichkeit des Geistes kann sich in der französischen Philosophie nicht ausleben. Aber Philosophie kann nur herrschen, wo sie frei die unbegrenzten und unerforschten Räume durchmessen kann. Darum spielt sie in der französischen Geistigkeit eine sekundäre Rolle.

Ernst-Robert Curtius: Die französische Kultur.
Eine Einführung, 1931

Der Name »La France« gestattet schon sprachlich eine Personalisierung des Vaterlandes, welche das Wort Deutschland nicht erlaubt. Die Figur der Germania ist für uns etwas Unlebendiges. Sie ist eine künstliche Schöpfung. Aber »La France« ist im französischen Bewußtsein als eine heroische oder bezaubernde Frauengestalt lebendig. Sie ist eine Fiktion, die durch die Wendungen der Sprache und durch die künstlerische Darstellung auf Briefmarken, Gemälden, Monumenten, Wirklichkeit gewonnen hat.

Ernst-Robert Curtius: Die französische Kultur.
Eine Einführung, 1931

Il y a aussi bien dix ou vingt Allemagnes que deux. Classer les Allemands suivant leurs opinions vis-à-vis de la Démocratie – et surtout vis-à-vis de la démocratie parlementaire telle que nous la pratiquons en France – c'est le fait d'une optique française, étrangère à la réalité allemande. A côté de »l'Allemagne de Potsdam« et de »l'Allemagne de Weimar«, il y a l'Allemagne industrielle et l'Allemagne agricole, l'Allemagne prolétarienne et l'Allemagne possédante, l'Allemagne catholique et l'Allemagne luthérienne, l'Allemagne des »Pays« et l'Allemagne du »Reich«, l'Allemagne des jeunes et l'Allemagne des vieux ... Il y a enfin, si l'on veut, l'Allemagne démocratique et l'Allemagne non démocratique.

Pierre Viénot: Incertitudes allemandes, la crise de la civilisation bourgeoise en Allemagne, 1931

Es gibt genausogut zehn oder zwanzig wie zwei Deutschländer. Die Deutschen nach ihrer Meinung zur Demokratie – und insbesondere zur parlamentarischen Demokratie nach französischem Muster – zu charakterisieren, entspricht der französischen Optik, die der deutschen Wirklichkeit fremd ist. Neben dem »Deutschland von Potsdam« und dem »Deutschland von Weimar« gibt es das industrielle und das ländliche Deutschland, das proletarische und das besitzende, das katholische und das lutherische Deutschland, das Deutschland der »Länder« und das Deutschland als »Reich«, das Deutschland der Jungen und der Alten ... Und schließlich, wenn man so will, das demokratische und das nicht demokratische.

Entre Gaulois et Germains, les victoires alternatives n'ont rien tranché ni rien assouvi. Parfois, épuisés par la guerre, les deux peuples semblent se rapprocher, comme s'appuient l'un sur l'autre des lutteurs chancelants. Mais, sitôt remis, chacun se prend à guetter l'adversaire. Une pareille instabilité tient à la nature des choses. Pas d'obstacle géographique pour départager les deux races. L'osmose perpétuelle qui en est résultée eut, certes, pour conséquence de multiplier les influences réciproques, mais aussi rend arbitraire toute limite des champs d'action. Où qu'elle passe, la frontière franco-allemande est la lèvre d'une blessure. D'où qu'il souffle, le vent qui la balaie est gonflé d'arrière-pensées.

Charles de Gaulle: Vers l'armée de métier, 1934

Zwischen Galliern und Germanen haben die wechselseitigen Siege weder etwas zerschnitten noch befriedet. Zuweilen, vom Krieg erschöpft, scheinen die beiden Völker sich zu nähern, wie sich zwei taumelnde Krieger einander stützen. Aber sobald sie sich erholt haben, reizt jeder von ihnen den Gegner erneut. Ein ähnliches Ungleichgewicht liegt in der Natur der Sache. Kein geographisches Hindernis zur Trennung der zwei Rassen. Die darin begründete ständige Osmose hatte sicher die Vervielfachung der wechselseitigen Einflüsse zur Folge, aber sie macht zugleich jedes Handlungsfeld zweifelhaft. Wo immer sie verläuft, die deutsch-französische Grenze, ist der Rand eine Wunde, und der Wind, gleich welcher Richtung, ist von Hintergedanken getragen, wenn er sie berührt.

Man kann dem Franzosen zubilligen, daß er dieses puritanischen Erziehungstriebes, wie man ihn an den Engländern, Amerikanern, Schweizern und vielen Deutschen beobachtet, ermangelt; es geht in seinen Kolonien, auf seinen Schiffen, in seinen Gefängnissen natürlicher zu. Er läßt dort viel auf sich beruhen, und das ist immer angenehm. Hierher gehört auch das mangelnde Verhältnis zur Hygiene, das man ihm vorwirft; und trotzdem wohnt, schläft und ißt man bei ihm viel besser als in den hochdesinfizierten Landschaften.

Ernst Jünger: Das Zweite Pariser Tagebuch, 18. Juli 1943

Je voudrais que vous sentiez bien cette différence, l'Europe est pour vous cet espace cerclé de mers et de montagnes, coupé de barrages, fouillé de mines, couvert de moissons, où l'Allemagne joue une partie, dont son seul destin est l'enjeu. Mais elle est pour nous cette terre de l'esprit où depuis vingt siècles se poursuit la plus étonnante aventure de l'esprit humain. Elle est cette arène privilégiée où la lutte de l'homme d'Occident contre le monde, contre les dieux, contre lui-même, atteint aujourd'hui son moment le plus bouleversé.

Albert Camus, Lettres à un ami allemand, April 1944

Ich möchte gerne, daß Ihnen dieser Unterschied ganz deutlich wird: für Euch ist Europa jener von Meeren und Bergen umgürtete, von Stauwehren durchzogene, von Bergwerken unterhöhlte, von Ernten strotzende Raum, in dem Deutschland eine Partie spielt, deren einziger Einsatz sein eigenes Schicksal ist. Für uns jedoch ist Europa jener Boden, auf dem sich seit zwanzig Jahrhunderten das erstaunlichste Abenteuer des menschlichen Geistes abspielt. Es ist jene einzigartige Arena, in der der Kampf der abendländischen Menschen gegen die Welt, gegen die Götter, gegen sich selber, heute den Höhepunkt seines wilden Wogens erreicht.

Die nationale Geschichte Frankreichs ist unter allen Geschichten die anschaulichste. Auch die mustergültigste: wenn nur in Betracht gezogen wird, daß die früheste Einheitsmonarchie und die erste der beiden großen Revolutionen dieses Kontinents soviel Nachahmung herausforderten wie Begeisterung und Haß. Die Menschenarten scheiden sich über jeder französischen Affäre. Frankreich ist oft gehaßt, oft geliebt worden. Gleichgültig ließ es nie.

Heinrich Mann: Ein Zeitalter wird besichtigt, 1944

Mes sentiments, lors du premier anniversaire du traité franco-allemand, rencontrent, une fois de plus, les vôtres. Cet acte, auquel vous avez pris une part capitale, consacre entre nos deux peuples l'avènement d'une ère de concorde et d'étroite coopération. Désormais, l'effort concerté entre les Allemands et des Français permet à l'Europe de s'unir. Par la même, l'avenir du monde peut être la liberté et la paix.

Telegramm von Staatspräsident Charles de Gaulle an Altbundeskanzler Konrad Adenauer, 23. Januar 1964

Einmal mehr entsprechen meine Gefühle anläßlich des ersten Geburtstages des deutsch-französischen Vertrages den Ihrigen. Diese Tat, an der Sie einen kapitalen Anteil haben, befördert zwischen unseren beiden Völkern den Beginn einer Ära der Eintracht und der direkten Zusammenarbeit. Auf diese Weise führt das vermehrte Bemühen zwischen den

Deutschen und Franzosen zur Einigung Europas. Durch diese Einigung ermöglicht die Zukunft der Welt Freiheit und Frieden.

L'Allemagne comme unité date d'un siècle. Les Allemands ont connu jusqu'en 1870 la recherche d'un cadre étatique qui donnerait un ordre juridique et politique à la maison dispersée. Encore, l'Empire wilhelminien, en laissant subsister des formes et des réalités confédérales, n'avait-il pas toutes les caractéristiques que les Français attribuent habituellement à l'État-nation.

Alfred Grosser: L'Allemagne de notre temps: 1945-1970, 1970

Deutschland als Einheit besteht seit einem Jahrhundert. Die Deutschen haben bis 1870 eine Kleinstaatenordnung gekannt, die dem zersprengten Gebäude eine rechtliche und politische Ordnung gab. Indem es die konföderativen Formen und Wirklichkeiten bestehen ließ, entsprach auch das wilhelminische Reich nicht allen Merkmalen, die die Franzosen gewöhnlich einer Staatsnation zukommen lassen.

Nous sommes un pays plus ramassé, plus homogène. Comme si notre sol possédait des puissances telluriques capables, au bout d'une génération, peut-être deux, de fonder un seul peuple avec des gens d'origines très différentes. D'ailleurs, cela se traduit dans le droit: le droit du sol et le droit du sang ne sont pas considérés de la même manière en Allemagne et en France.

François Mittérrand: Deutschland und wir Franzosen, 1994

Wir sind ein Land, das geschlossener und einheitlicher ist. Als ob unser Boden tellurische Kräfte besäße, die über eine Generation oder vielleicht zwei hinweg imstande waren, ein einziges Volk von Menschen sehr verschiedenen Ursprungs zu bilden. Das steht übrigens in unserem Gesetz: das Recht des Bodens und das Recht des Bluts haben nicht die gleiche Wertung in Deutschland wie in Frankreich.

»Was glänzt dort vom Walde im Sonnenschein?«
Musikprogramm im Vestibül

Eine Auswahl von Kompositionen, zu denen in vielen Fällen die Originalautographen in den Themenräumen ausgestellt sind, wird auf CD-Einspielung im Vestibül zu Gehör gebracht. Beethovens Kriegslieder aus der Zeit der Koalitionskriege, romantische Lieder der deutschen Nationalbewegung gegen Napoleon, Opernauszüge und Tanzmusik, Rheinlieder und Loreley-Vertonungen nach Heinrich Heine, Richard Wagners und Jacques Offenbachs Vaudeville-Einlagen bis zur musikalischen Huldigung an König und Kaiser ergänzen im Hörerlebnis die Begegnung mit Urschrift und Partitur im historischen Zusammenhang.

Von der Französischen Revolution zu Napoleon

Claude-Bénigne Balbastre (1727-1799)
Marche des Marseillois et l'Air
»Ah! Ça ira«
1792
Martin Derungs, Hammerflügel
(La rosière républicaine, MGB 6062,
Nr. 13, 3:48)

Balbastres Orgelspiel begeisterte die Zuhörer der Messe in der Kathedrale von Notre-Dame in Paris. Er unterrichtete Königin Marie-Antoinette im Cembalospiel und verlor alle Ämter durch die Revolution.

Ludwig van Beethoven (1770-1827)
Que le temps me dure
(Komposition in Moll und Dur;
WoO 116)
Text von Jean Jacques Rousseau
1793
Hermann Prey, Bariton; Leonard Hokanson, Klavier
(Beethoven: Lieder; Delta Music GmbH/Capriccio
10 343/45: CD I, Nr. 18, 3:54)

Que le temps me dure
passé loin de toi,
toute la nature
n'est plus rien pour moi,
le plus vert boccage
quand tu n'y viens pas
n'est qu'un lieu sauvage
pour moi sans appas.

Hélas! si je passe
un jour sans te voir,
je cherche la trace
dans mon désespoir.
Quand je l'ai perdue,
je reste à pleurer;
mon âme éperdue,
est près d'expirer.

Le coeur me palpite
quand j'entends ta voix.
Tout mon sang s'agite,
dès que je te vois;
ouvres-tu ta bouche?
Les cieux vont s'ouvrir;
si ta main me touche,
je me sens frémir.

Ludwig van Beethoven (1770-1827)
Der freie Mann (WoO 117)
Text von Gottlieb Konrad Pfeffel
1792/95
Hermann Prey, Bariton; Heinrich-Schütz-Kreis, Berlin, Leitung Wolfgang Matkowitz; Leonard Hokanson, Klavier
(Beethoven: Lieder; Delta Music GmbH/Capriccio
10 343/45: CD I, Nr. 19, 1:45)
(3/34)

Wer ist ein freier Mann?
Der, dem nur eigner Wille
Und keines Zwingherrn Grille
Gesetze geben kann;
Der ist ein freier Mann!
[...]

Wer ist ein freier Mann?
Der, in sich selbst verschlossen,
Der feilen Gunst der Großen
Und Kleinen trotzen kann;
Der ist ein freier Mann!

Wer ist ein freier Mann?
Der, muß er Gut und Leben
Gleich für die Freiheit geben,
Doch nichts verlieren kann;
Der ist ein freier Mann!
[...]

Ludwig van Beethoven (1770-1827)
Kriegslied der Österreicher (WoO 122)
Text von J. Friedelberg
1797
Hermann Prey, Bariton; Heinrich-Schütz-Kreis, Berlin,
Leitung Wolfgang Matkowitz; Leonard Hokanson, Klavier
(Beethoven: Lieder; Delta Music GmbH/Capriccio
10 343/45: CD I, Nr. 25, 3:15)

Beethoven komponierte zahlreiche Lieder für Klaviersatz aus Gefälligkeit und auf Bestellung für ein breites Publikum mit eingängigen Melodien, die die zeitgenössische Kritik verriß. Das Kriegslied fordert zum Kampf gegen die Revolutionsheere während der Koalitionskriege, wie sie die erste der vier Strophen nach J. Friedelbergs Text besingt:

Ein großes deutsches Volk sind wir,
Sind mächtig und gerecht.
Ihr Franken, das bezweifelt ihr?
Ihr Franken kennt uns schlecht.
Denn unser Fürst ist gut,
Erhaben unser Mut!
Süß uns'rer Trauben Blut
Und uns're Weiber schön;
Wie kann's uns besser geh'n?
[...]

Ludwig van Beethoven (1770-1827)
Des Kriegers Abschied (WoO 143)
Text von Christian Ludwig Reissig
1814
Hermann Prey, Bariton; Leonard
Hokanson, Klavier
(Beethoven: Lieder; Delta Music
GmbH/Capriccio
10 343/45: CD III, Nr. 14, 2:49)

Ich zieh' in's Feld, von Lieb' entbrannt,
Doch scheid' ich ohne Tränen;
Mein Arm gehört dem Vaterland,
Mein Herz der holden Schönen;
Denn zärtlich muß der wahre Held
Stets für ein Liebchen brennen,
Und doch für's Vaterland im Feld
Entschlossen sterben können.

Ich kämpfte, nie ein Ordensband
Zum Preise zu erlangen,
O Liebe, nur von deiner Hand
Wünscht' ich ihn zu empfangen;
Laß eines deutschen Mädchens Hand
Mein Siegerleben krönen,
Mein Arm gehört dem Vaterland,
Mein Herz der holden Schönen!
[...]

Carl Maria von Weber (1786-1826)
»Lützows wilde Jagd« nach dem
gleichnamigen Gedicht aus Theodor Körners
»Leyer und Schwert«
1814
Männerchor des Rundfunkchores Leipzig,
Leitung Jörg-Peter Weigle
(Es löscht das Meer die Sonne aus,
Delta Music GmbH/Capriccio 10 422,
Nr. 13, 1:20)
(3/45)

Aus Begeisterung für das patriotische Pathos der Dichtung vertonte Weber Körners Verse, die besonders in Studenten- und Burschenschaftskreisen beliebt waren und auf Webers Melodie gesungen wurden:

Was glänzt dort vom Walde im Sonnenschein?
Hör's näher und näher brausen.
Es zieht sich herunter in düstern Reih'n,
Und gellende Hörner schallen darein,
Und erfüllen die Seele mit Grausen.
Und wenn ihr die schwarzen Gesellen fragt,
Das ist Lützow's wilde verwegene Jagd.

Was zieht dort rasch durch den finstern Wald,
Und streift von Bergen zu Bergen?
Es legt sich in nächtlichen Hinterhalt;
Das Hurrah jauchzt, und die Büchse knallt,
Es fallen die fränkischen Schergen.
Und wenn ihr die schwarzen Jäger fragt,
Das ist Lützow's wilde verwegene Jagd.

Wo die Reben dort glühen, dort braus't der Rhein,
Der Wüthrich geborgen sich meinte;
Da naht's schnell mit Gewitterschein,
Und wirft sich mit rüst'gen Armen hinein,
Und springt an's Ufer der Feinde.
Und wenn ihr die schwarzen Schwimmer fragt,
Das ist Lützow's wilde verwegene Jagd.

Was braus't dort im Thale die laute Schlacht,
Was schlagen die Schwerter zusammen?
Wildherzige Reiter schlagen die Schlacht,
Und der Führer der Freiheit ist glühend erwacht,
Und lodert in blutigen Flammen.
Und wenn ihr die schwarzen Reiter fragt,
Das ist Lützow's wilde verwegene Jagd.

Wer scheidet dort röchelnd vom Sonnenlicht,
Unter winselnde Feinde gebettet?
Es zuckt der Tod auf dem Angesicht,
Doch die wackern Herzen erzittern nicht;
Das Vaterland ist ja gerettet!
Und wenn ihr die schwarzen Gefall'nen fragt,
Das war Lützow's wilde verwegene Jagd.

Die wilde Jagd und die deutsche Jagd
Auf Henkersblut und Tyrannen!
Drum, die ihr uns liebt, nicht geweint und geklagt;
Das Land ist ja frei, und der Magen fragt,
Wenn wir's auch nur sterbend gewonnen!
Und von Enkeln zu Enkeln sei's nachgesagt:
Das war Lützow's wilde verwegene Jagd.

Romantik I

Hector Berlioz (1803-1869)
»D'amour l'ardente flamme«,
Romance de Marguerite
aus »La Damnation de Faust«
1846
Régine Crespin, Sopran;
Wiener Volksopernorchester,
Leitung Georges Sebastian
(Grandi Voci: Régine Crespin,
Decca 440 416-2, Nr.2, 7:38)
(9/3)

»Es war Ende November [1846], der Schnee fiel, es war abscheuliches Wetter; ich hatte für die Partie der Margarete keine Modesängerin [...]. Das vornehme Publikum von Paris, das ins Konzert geht und im Rufe steht, sich mit Musik zu beschäftigen, blieb ruhig zu Hause und kümmerte sich ebensowenig um meine Partitur, als ob ich der unbekannteste Schüler des Konservatoriums gewesen wäre; und es waren bei diesen beiden Aufführungen nicht mehr Leute in der Opéra-Comique anwesend als bei einer Aufführung der geringsten Oper ihres Repertoires.« (Hector Berlioz: Memoiren)

D'amour l'ardente flamme
Consume mes beaux jours
Ah! la paix de mon âme
A donc fui pour toujours!
Son départ, son absence,
Sont pour moi le cercueil,
Et loin de sa présence
Tout me parait en deuil.
Alors ma pauvre tête
Se dérange bientôt;
Mon faible coeur s'arrête,
Puis se glace aussi tôt.

Sa marche que j'admire,
Son port si gracieux,
Sa bouche au doux sourire,
Le charme de ses yeux,
Sa voix enchanteresse
Dont il sait m'embrasser,
De sa main la caresse,
Hélas! et son baiser,
D'une amoureuse flamme
Consument mes beaux jours.
Ah! la paix de mon âme
A donc fui pour toujours!

Je suis à ma fenêtre
Ou dehors tout le jour,
c'est pour le voir paraître
Ou hâter son retour
Mon coeur bat et me presse
Dès qu'il le sent venir;
Au gré de ma tendresse
Puis-je le retenir!
Ô caresses de flamme!
Que je voudrais un jour
Voir s'exhaler mon âme
Dans ses baisers d'amour.

Bientôt la ville entière
au repos va se rendre,
Clairons, tambours du soir
Déjà se font entendre
Avec des chants joyeux,
Comme au soir où l'amour
Offrit Faust à mes yeux
Il ne vient pas, il ne vient pas,
Hélas! Hélas!

Franz Liszt (1811-1886)
S'il est un charmant gazon
Text von Victor Hugo
1860 (Zweite Fassung, Searle 284)
Dietrich Fischer-Diskau, Bariton;
Daniel Barenboim, Klavier
(Franz Liszt: Lieder,
Deutsche Grammophon 447 508-2,
CD III, Nr. 11, 1:55)

S'il est un charmant gazon,
Que le ciel arrose,
Où brille en toute saison
Quelque fleur éclose,
Où l'on cueille à pleine main
Lys, chèvrefeuille et jasmin,
J'en veux faire le chemin
Où ton pied se pose!

S'il est un rêve d'amour
Parfumé de rose,
Où l'on trouve chaque jour
Quelque douce chose,
Un rêve que Dieu bénit
Où l'âme s'unit,
Oh! j'en veux faire le nid
Où ton coeur se pose.

Carl Maria von Weber (1786-1826)
»Aufforderung zum Tanz /
L'invitation à la valse«, Rondo brillant op. 65
(Arrangement Hector Berlioz)
1841
Berliner Philharmoniker; Leitung
Herbert von Karajan
(Carl Maria von Weber:
Aufforderung zum Tanz,
Deutsche Grammophon 419 070-2,
Nr. 1, 8:46)

Nach Webers Entschlüsselung: »Introduktion. Erste Annäherung des Tänzers, dem eine ausweichende Erwiderung der Dame wird. Seine dringender gestellte Aufforderung. Sie geht nunmehr auf seinen Wunsch ein. Sie reden nun miteinander. Er beginnt, sie antwortet, er mit erhöhtem Ausdruck, sie wärmer zustimmend. Jetzt handelt es sich um den Tanz! Seine direkte Aufforderung hierzu, ihre Antwort, ihr Zusammentreten, ihr Antreten; Erwartung des Tanzbeginns. – Der Tanz [...] Schluß: Sein Dank. Ihre Erwiderung. Zurücktreten. Stille.«

Romantik II

Richard Wagner (1813-1883)
»An Webers Grabe« für Männerchor a capella
(WWV 72; Text von Richard Wagner)
1844
Chor der Bamberger Symphoniker;
Einstudierung Rolf Beck
Richard Wagner: Kantaten, Ouvertüren,
Orfeo C 312 941 A, Nr. 10, 5:04)

Wagner komponierte das Chorstück mit eigenem Text anläßlich der Überführung der sterblichen Hülle Carl Maria von Webers von London nach Dresden. Die Komposition wurde am Grab auf dem Friedrichstädter Friedhof nach der feierlichen Bestattung vom 14. und 15. Februar gesungen.

Hebt an den Sang, ihr Zeugen dieser Stunde,
die uns so ernst, so feierlich erregt!
Dem Wort, den Tönen jetzt vertraut die Kunde
des Hochgefühls, das uns're Brust bewegt!
Nicht trauert mehr die deutsche Mutter Erde
um den geliebten, weit entrückten Sohn,
nicht blickt sie mehr mit sehnender Gebärde
hin übers Meer, zum fernen Albion:
aufs Neu' nahm sie ihn auf in ihren Schoß,
den einst sie aussandt' edel, rein und groß.
Hier, wo der Trauer stumme Zähren flossen,
wo Liebe noch das Teuerste beweint,
hier ward von uns ein edler Bund geschlossen,
der uns um ihn, den Herrlichen, vereint.
Hier wallet her, des Bundes Treugenossen,
hier grüßet euch als fromme Pilgerschar;
die schönsten Blüten, die dem Bund entsprossen,
bringt opfernd dieser edlen Städte dar:
denn hier ruh' Er, bewundert und geliebt,
der unsrem Bund der Weihe Segen gibt.

Robert Schumann (1810-1856)
Die beiden Grenadiere
Text von Heinrich Heine
1839
Ulrich Schütte, Baßbariton; Gary Holt, Klavier
(Heinrich Heine: Die beiden Grenadiere,
LMM A 1031s, Nr. 1, 3:36)

Nach Frankreich zogen zwei Grenadier
Die waren in Rußland gefangen.
Und als sie kamen ins deutsche Quartier,
Sie ließen die Köpfe hangen.

Da hörten sie beide die traurige Mär:
Daß Frankreich verloren gegangen,
Besiegt und geschlagen das tapfere Heer,–
Und der Kaiser, der Kaiser gefangen.
[...]

Gewähr mir Bruder eine Bitt:
Wenn ich jetzt sterben werde,
So nimm meine Leiche nach Frankreich mit,
Begrab mich in Frankreichs Erde.

Das Ehrenkreuz am roten Band
Sollst du aufs Herz mir legen;
Die Flinte gib mir in die Hand,
Und gürt mir um den Degen.
[...]

Dann reitet mein Kaiser wohl über mein Grab,
Viel Schwerter klirren und blitzen;
Dann steig ich gewaffnet hervor aus dem Grab –
Den Kaiser, den Kaiser zu schützen.

Richard Wagner (1813-1883)
Die beiden Grenadiere
Text von Heinrich Heine
1839/40
Ulrich Schütte, Baßbariton;
Gary Holt, Klavier
(Heinrich Heine: Die beiden Grenadiere,
LMM A 1031s, Nr. 2, 6:22)
(7/2)

Am 29. Dezember 1840 schrieb Wagner an Schumann aus Paris: »Ich höre, daß Sie die Heineschen Grenadiere componirt haben, u. daß zum Schluß die Marseillaise darin vorkommt. Vorigen Winter habe ich sie auch componirt, u. zum Schluß auch die Marseillaise angebracht. Das hat etwas zu bedeuten! Meine Grenadiere habe ich sogleich auf eine französische Uebersetzung komponirt, die ich mir hier machen ließ u. mit der Heine zufrieden war. Sie wurde hie u. da gesungen, u. haben mir den Orden der Ehrenlegion u. 20,000 fr jährliche Pension eingebracht, die ich direkt aus Louis Philippe's Privat-Casse beziehe.«

Giacomo Meyerbeer (1791-1864)
»La Chanson de Maître Floh«
Text von Henri Blaze de Bury
1830er Jahre
Thomas Hampson, Bariton;
Geoffrey Parsons, Klavier
(Rossini & Meyerbeer,
EMI 567-754 436-2, Nr.10, 4'31)

Meyerbeer vertonte Blazes Adaptation von E.T.A. Hoffmanns Portrait eines betrunkenen Flohs:

*Un soir qu'on faisait vendange
la cruche de maître Floh
se gorgea de vin nouveau,
et sur le soir, chose étrange!
fut ivre comme un bedeau.
Alors elle se remue,
et d'un pas lent et peu sûr,
saute et va battant le mur
et s'échauffe et court et sue
d'amples gouttes de vin pur.
Elle rit, et tourne et danse,
fait tant d'éclat et de bruit
que sur la fin de la nuit
voilà, que sa grosse panse
est trouée et qu'elle fuit.*

*Pourtant maître Floh arrive,
se signe et dit un pater
pour sauver son vin d'hier
qu'en son ivresse lascive
la cruche emporte dans l'air.
Ensuite pour que nul n'entre,
il ferme la porte à clef,
et prenant le pot fêlé
il engloutit dans son ventre
le vin rouge encor troublé,
en s'écriant »Sur ma tête, sur ma tête,
amis, voilà le seul pot
qui ne soit pas en défaut,
et la seule cruche faite
pour garder le vin nouveau.«
Ainsi disait maître Floh.*

RHEINLIEDER

Franz Liszt (1811-1886)
Im Rhein, im schönen Strome
Text von Heinrich Heine
1856 (Zweite Fassung, Searle 272))
Dietrich Fischer-Diskau, Bariton;
Daniel Barenboim, Klavier
(Franz Liszt: Lieder, Deutsche
Grammophon 447 508-2, CD I, Nr. 5, 2:38)

*Im Rhein, im schönen Strome,
Da spiegelt sich in den Welln
Mit seinem großen Dome,
Das große, das heil'ge Köln.*

*Im Dom da steht ein Bildnis,
Auf goldnem Leder gemalt;
In meines Lebens Wildnis
Hats freundlich hineingestrahlt.*

*Es schweben Blumen und Englein
Um unsre liebe Frau;
Die Augen, die Lippen, die Wänglein
Die gleichen der Liebsten genau.*

Franz Liszt (1811-1886)
Die Loreley
Text von Heinrich Heine
1856 (Zweite Fassung, Searle 273)
Dietrich Fischer-Diskau, Bariton;
Daniel Barenboim, Klavier
(Franz Liszt: Lieder, Deutsche
Grammophon 447 508-2, CD I, Nr. 3, 5:39)
(7/10)

*Ich weiß nicht, was soll es bedeuten,
Daß ich so traurig bin;
Ein Märchen aus alten Zeiten,
Das kommt mir nicht aus dem Sinn.*

*Die Luft ist kühl und es dunkelt,
Und ruhig fließt der Rhein;
Der Gipfel des Berges funkelt
Im Abendsonnenschein.*

*Die schönste Jungfrau sitzet
Dort oben wunderbar;
Ihr goldnes Geschmeide blitzet,
Sie kämmt ihr goldenes Haar.*

*Sie kämmt es mit goldenem Kamme
Und singt ein Lied dabei,
Das hat eine wundersame,
Gewaltige Melodei.*

*Den Schiffer im kleinen Schiffe
Ergreift es mit wildem Weh;
Er schaut nicht die Felsenriffe,
Er schaut nur hinauf in die Höh!*

*Ich glaube, die Wellen verschlingen
Am Ende Schiffer und Kahn;
Und das hat mit ihrem Singen
Die Lore-Ley getan.*

Friedrich Silcher (1789-1860)
Loreley
Text von Heinrich Heine
nach 1821
Carus-Quintett
(Friedrich Silcher: Deutsche Volkslieder,
Bayer Records 100 053, Nr. 22, 2:24)

Felix Mendelssohn-Bartholdy (1809-1847)
Warnung vor dem Rhein
Text von Karl Simrock
1840
Dietrich Fischer-Dieskau, Bariton;
Wolfgang Sawallisch, Klavier
(Mendelssohn-Bartholdy: Lieder;
EMI 653-764 827-2 , CD II, Nr. 16, 2'44)

*An den Rhein, an den Rhein
Zieh' nicht an den Rhein,
Mein Sohn, ich rathe dir gut!
Da geht dir das Leben
Zu lieblich ein,
Da blüht dir zu freudig der Muth.*

*Siehst die Mädchen so frank
Und die Männer so frei,
Als wär's ein ad'lig Geschlecht,
Gleich bist du mit glühender
Seele dabei:
So dünkt es dich billig und recht.*

*Und zu Schiffe,
Wie grüßen die Burgen so schön
Und die Stadt mit dem ewigen Dom:
In den Bergen, wie klimmst du
Zu den schwindelnden Höh'n
Und blickst hinab in den Strom.*

*Und im Strome
da tauchet die Nix' aus dem Grund,
Und hast du ihr Lächeln geseh'n,
Und grüßt dich die Lurlei
Mit bleichem Mund,
Mein Sohn, so ist es gescheh'n.
[...]*

Robert Schumann (1810-1856)
»Loreley« aus »Romanzen und
Balladen« Op. 53
Text von Wilhelmine Lorenz
1840
Elisabeth Schumann, Sopran;
George Reeves, Klavier
(Schumann: Frauenliebe etc.,
EMI 555-565 498-2, Nr. 8, 1:04)

*Es flüstern und rauschen die Wogen
wohl über ihr stilles Haus.
Es ruft eine Stimme: Gedenke mein!
Bei stiller Nacht im Vollmondschein,
gedenke mein!
Und flüsternd ziehen die Wogen
wohl über ihr stilles Haus. Gedenke mein!*

Vaudeville und Pariser Leben

Richard Wagner (1813-1883)
Einlage in das Vaudeville
»Descendons gaiement la courtille«
von Théophile Marion Dumersan
und Charles-Désiré Dupeuty (WWV 65)
1841
Chor der Bamberger Symphoniker;
Bamberger Symphoniker;
Leitung Karl Anton Rickbacher
(Richard Wagner: Kantaten, Ouvertüren,
Orfeo C312941 A, Nr.8, 4:22)

Am 20. Januar 1841 wurde Wagners Komposition für den Pariser Karnevalszug der Maskierten im Théâtre des Variétés ohne Chor aufgeführt.

Descendons, descendons, gaiement la courtille!
Dondons, cupidons, dondons, cupidons
Faisons nos derniers rigaudons!

Eteignons les brandons, dont le dernier feu brille,
Au croc suspendons et les lardons et les dindons!
Descendons, descendons, gaiement la courtille!
Buvons cupidons, dondons,
Chantons cupidons, dondons
Dansons, buvons, chantons dondons!

Jacques Offenbach (1819-1880)
»Wem sie gefällt, die Damenwelt –
Das Röckchen rauscht fru fru fru«
aus »Pariser Leben«
1866
Elke Schary, Gabriele Fuchs,
Renate Holm, Marco Bakker;
Münchner Rundfunkorchester;
Leitung Willy Mattes
(Jacques Offenbach: Die schönsten Melodien,
EMI CDM 7 69085 2, Nr. 14, 2'06)

Wem sie gefällt, die Damenwelt,
Der muss sich auf die Füsse machen,
Flaniren geh'n, da kann man seh'n
Die zierlichsten und schönsten Sachen.
Im kurzen Schritt mit leichtem Tritt
Sieht man die Damenwelt passiren,
Das Kleid verkürzt, graziös geschürzt,
Den kleinen Fuß zu produciren,
Die Herren strömen ringsum zu,
Bewundernd folgt ein ganzes Schock.
Das Röckchen rauscht fru, fru, fru, fru,
Das Füsschen klappert tok, tok, tok.
[...]

Man schwärmt von ihr bald dort und hier,
O Donnerwetter, die ist sauber,
Sie achtet's nicht, wer immer spricht,
Als ahnt sie nichts von ihrem Zauber,
Nicht einen Blick wirft sie zurück,
Wenn sie umschwärmt der Stutzer Menge,
Sie balancirt und traversirt
Voll Grazie mitten durch's Gedränge,
Stolz sieht ihr der Pariser zu,
Bewundernd folgt ein ganzes Schock.
Das Röckchen rauscht fru, fru, fru, fru,
Das Füsschen klappert tok, tok, tok.
[...]

Jacques Offenbach (1819-1880)
»Diese Stadt – Ich stürz mich in
den Strudel rein«
aus »Pariser Leben«
1866
Marco Bakker, Adolf Dallapazzo;
Münchner Rundfunkorchester;
Leitung Willy Mattes
(Jacques Offenbach: Die schönsten
Melodien, EMI CDM 7 69085 ,
Nr. 15, 2'12)

»Die Operette: Pariser Leben , die zauberhafteste alle Hymnen auf eine Stadt, [...] gestaltete nicht mehr die Gegenwart durch alte Stoffe hindurch, sondern bemächtigt sich zum erstenmal in großem Maße des Stoffes der Gegenwart selber.«(Siegfried Kracauer: Jacques Offenbach und das Paris seiner Zeit, 1937). Die Premiere am 31. Oktober 1866 im Palais Royal zeigte unter dem Jubel der Zuschauer jene Aufsteiger des kosmopolitischen Paris, die ihr Vermögen mit Kurtisanen vergeudeten.

Paris, du Stadt voll süsser Freuden,
Voller Liebesseligkeit.
An diese Stadt mich zu vergeuden,
Hab' leider ich nur wenig Zeit.
Drei Monate schnell verfliegen,
Drum heißt es disponieren schlau,
Denn ist das herrliche Vergnügen
Schlecht arrangiert,
Merkt's meine Frau.
Ich stürz' mich in den Strudel rein,
Metella soll die Losung sein!
[...]

Jacques Offenbach (1819-1880)
»Hoch zu Roß, tönet die Kanone« aus
»Die Großherzogin von Gérolstein«
1867
Chor des Bayerischen Rundfunks;
Münchner Rundfunkorchester;
Leitung Pinchas Steinberg
(Jacques Offenbach: Die schönsten
Melodien, EMI CDM 7 69085 ,
Nr. 15, 2:12)

Hoch zu Ross tönet die Kanone,
Trotz der Gefahr vernicht' ich ganze Bataillone
Mit Haut und Haar.
Die Feinde ohne langes Fackeln
Gleich machen husch,
Sehn sie auf meinem Hute wackeln
Den Federbusch,
Ha-ha piff, paff, puff, und ta-ra-pa-pa-pum,
Ich bin der General Bum Bum.

Lass ich mich nach dem Siege schauen,
Dann im Salon gern trügen über mich
Die Frauen den Sieg davon.
Man streicht den Bart mir Liebe schwörend
So zart husch husch,
Dann ist zuweilen doch nicht störend
Der Federbusch.
Ha-ha ...

Jacques Offenbach (1819-1880)
»Portez armes ... J'aime les militaires« aus
»La Grande-Duchesse de Gérolstein«
1867
Régine Crespin, Sopran;
Wiener Volksopernorchester,
Leitung Georges Sebastian
(Grandi Voci: Régine Crespin,
Decca 440 416-2, Nr.6, 4:28)
(10/14)

Vous aimez le danger, le péril vous attire
Et vous ferez votre devoir, vous partirez demain
Et moi je viens vous dire,
non pas adieu, mais au revoir!
Ah! que j'aime les militaires!
Leur uniforme coquet, leur moustache et leur plumet
Ah! que j'aime les militaires!
Leur air vainqueur, leurs manières,
En eux tout me plait,
Quand je vois là mes soldats,
Prêts à partir pour la guerre,
Fixes, droits, l'oeil à quinze pas
Vrai Dieu j'en suis toute fière,
Seront-ils vainqueurs ou défaits?
Je n'en sais rien, ce que je sais,
Ah! que j'aime les militaires!
[...]

Die »Großherzogin«, während der Pariser Weltausstellung am 12. April 1867 in den »Bouffes parisiennes« mit der »première divette du monde«, Hortense Schneider, uraufgeführt, war Nummer 64 von Offenbachs über hundert Bühnenwerken. Die Arie »Portez armes ... «, eine Satire auf die kriegführenden Mächte gegenüber dem fiktiven deutschen Kleinstaat Gerolstein mit Blick auf die Schlacht von Königgrätz im Juni 1866, erheiterte die europäischen Fürsten, Bismarck und Moltke gleichermaßen.

Jacques Offenbach (1819-1880)
Ouvertüre zu »Le Roi Carotte«
1870/71
Philharmonia Orchestra;
Leitung Antonio de Almeida
(Offenbach: Can Can,
Philips 422 057-2, Nr.17, 4:46)
(12a/8)

Der Nachfahre einer jüdischen Kölner Familie entfaltete seine fulminante Karriere in Paris vor allem mit Operetten, die Lebenslust und Glanz des Second Empire zum Ausdruck brachten und zugleich Napoleon III. karikierten. Dessen radikale Gegner werden in dieser Operette als Gemüse dargestellt, das nach der Niederlage von Sedan als Karotten nachwächst.

Jacques Offenbach (1819-1880)
»Es war einmal am Hofe von
Eisenack« aus »Hoffmanns Erzählungen«
1880
Siegfried Jerusalem, Norbert Orth;
Chor des Bayerischen Rundfunks;
Münchner Rundfunkorchester;
Leitung Heinz Wallber
(Jacques Offenbach: Die schönsten
Melodien, EMI CDM 7 69085 2, Nr. 5, 5:09)
(14/10)

Offenbachs »opéra-bouffe-féerie« bezieht sich auf Elemente aus E.T.A. Hoffmanns Erzählungen »Klein Zaches genannt Zinnober« und »Die Königsbraut«. Die Uraufführung am 10. Februar 1881 erlebte Offenbach nicht mehr.

Es war einmal am Hofe von Eisenack
Ein kleiner Wicht, den nannten sie alle Kleinzack!
Sein Kopf glänzte fast wie Lack,
Mit den Beinen, den Beinen, da ging's klick klack.
Klick, klack, das war Kleinzack!

Den Buckel trug er wie einen riesigen Sack,
Die Füße spielten ihm manchen Schabernack.
Die Nase schwarzbraun vom Tabak,
Und im Kopfe, im Kopfe, da macht's krick krack,
Krick krack, das war Kleinzack!
[...]

Huldigungsmusiken

Gaspare Spontini (1776-1851)
»Borussia«. Tempo di marcia trionfale
1817/18
Radio-Symphonie-Orchester Berlin &
Polizeiorchester Berlin;
Leitung Caspar Richter
(Märsche und Militärmusik, Delta Music
GmbH/Capriccio8748, Nr.7, 4:28)

Die mit »Preuß. Volksgesang ... gewidmet dem preuß. Volke vom Ritter Spontini« bezeichnete Hymne mit dem Refrain »Heil Dir im Siegerkranz« für vierstimmigen Chor wurde am 18. Oktober 1818 im Berliner Opernhaus uraufgeführt und seit der Ernennung Spontinis zum »Ersten Capellmeister und Generalmusik-Director« bzw. »General-Oberintendant der Königlichen Musik« alljährlich zum Geburtstag Friedrich Wilhelm III. gegeben.

Giacomo Meyerbeer (1791-1864)
»Krönungsmarsch« für zwei Orchester.
Komponiert für die Krönung Wilhelms I.
in Königsberg
1861
Radio-Symphonie-Orchester Berlin &
Polizeiorchester Berlin;
Leitung Caspar Richter
(Märsche und Militärmusik, Delta Music
GmbH/Capriccio 8748, Nr.13, 5:47)

Meyerbeer schrieb den Krönungsmarsch für zwei Orchester in der Doppelchorpraxis des venezianischen Barock, endend mit der populären Weise »Ich bin ein Preuße, kennt ihr meine Farben«. Die Komposition gehört zu den Gelegenheitsmusiken für festliche Ereignisse wie die Vermählung von Mitgliedern des Preußischen Königshauses und Denkmalseinweihungen.

Richard Wagner (1813-1883)
»Kaisermarsch« für Orchester
1871
Radio-Symphonie-Orchester
Berlin & Polizeiorchester Berlin;
Leitung Caspar Richter
(Märsche und Militärmusik, Delta Music
GmbH/Capriccio 8748, Nr.11, 8:57)

Wagner zitiert in seinem Marsch auf den in Versailles am 18. Januar 1871 proklamierten Deutschen Kaiser Wilhelm I. den Luther-Choral »Ein feste Burg« als sinfonisch angelegtes Repräsentationsstück.

Abbildungsnachweis

Musées d'Angers: 3/20, 6/36, 6/37 (Foto: Pierre David)
Musée Réattu, Arles: 1/3 (Foto. M. Lacanaud)
Fotodesign Peter Brandenburg, Bad Salzuflen: 6/10
Öffentliche Kunstsammlung Basel: 4a/22, 12b/20 (Foto: Martin Bühler)
Akinbode Akinbiyi, Berlin: S. 16
Archiv für Kunst und Geschichte, Berlin: L/56, S. 375, 376, 377, 378 oben u. unten, 380
Berlinische Galerie, Landesmuseum für Moderne Kunst, Photographie und Architektur – Studiensammlung Waldemar Grzimek: L/54 (Foto: Ilona Ripke)
Bildarchiv Preußischer Kulturbesitz, Berlin: 13/9
Michael S. Cullen, Berlin: L/61 (Fotostudio Bartsch)
Jürgen Dereck, Berlin: 12a/18
Deutsches Historisches Museum, Berlin: 3/1, 3/10, 3/11, 3/13, 3/25, 3/47, 3/53, 3/70, 12a/7, 12a/13, 12b/16, 12b/23, 12b/27, 13/15, 14/6
Fotostudio Bartsch, Berlin: L/50
Geheimes Staatsarchiv Preußischer Kulturbesitz, Berlin: 3/29, 3/62
Ibero-Amerikanisches Institut zu Berlin – Preußischer Kulturbesitz: 3/22
KPM-Archiv, Land Berlin, Berlin: 13/3a (Fotostudio Bartsch)
Landesarchiv Berlin: U/44 (Fotostudio Bartsch)
Detlef Lorenz, Berlin: 12a/16 (Fotostudio Bartsch)
Museumsstiftung Post und Telekommunikation, Museum für Post und Kommunikation Berlin: L/59, L/60 (Foto: Klaus Loewe)
Sammlung Weishaupt, Berlin: 3/16
Staatliche Museen zu Berlin, Kunstbibliothek: U/82 (Foto: Jörg P. Anders); U/25, U/28, U/31, U/32, 1/71, 5/28 (Foto: Dietmar Katz)
Staatliche Museen zu Berlin, Kunstgewerbemuseum: 3/50
Staatliche Museen zu Berlin, Kupferstichkabinett: U/85, 1/5, 1/48, 3/37, 3/57, 3/72, 3/74, 3/75, 3/76, 4a/1, 4a/10, 4b/15a, 4b/15b, 5/7, 10/8, 10/9, 12b/13 (Foto: Jörg P. Anders); 5/22 (Foto: Reinhard Saczewski)
Staatliche Museen zu Berlin, Museum für Volkskunde: 12a/12 (Foto: Franz)
Staatliche Museen zu Berlin, Nationalgalerie: L/36, 1/55, 2/8, 3/44, 4a/2, 4a/4, 4a/6, 4a/21, 12a/24, 12b/17 (Foto: Jörg P. Anders); 1/53, 1/63, 6/2, 6/3, 6/26 (Foto: Klaus Göken); 6/18, 10/17, 15/1 – Foto des Gusses in der Nationalgalerie (Foto: Bernd Kuhnert); 9/10 (Foto: Jürgen Liepe); 1/68 (Foto: Sachsse, Bonn)
Staatsbibliothek zu Berlin – Preußischer Kulturbesitz: U/39
Staatsbibliothek zu Berlin – Preußischer Kulturbesitz, Abteilung Historische Drucke: 1/17, 6/25
Staatsbibliothek zu Berlin – Preußischer Kulturbesitz, Handschriftenabteilung: L/1, L/40, L/52, U/1, U/2, U/11, 1/66, 1/74, 3/31, 8/13, 8/14, 12b/1, 13/2
Staatsbibliothek zu Berlin – Preußischer Kulturbesitz, Musikabteilung mit Mendelssohn-Archiv: 4a/13, 4a/14, 4a/15, 6/14

Stadtmuseum Berlin: 1/49, 3/19, 13/6, 13/8, 13/13 (Fotostudio Bartsch)
Stiftung Archiv der Akademie der Künste, Kunstsammlung, Berlin: 13/7
Zentral- und Landesbibliothek Berlin, Berliner Stadtbibliothek: U/41, U/52, U/55 (Fotostudio Bartsch)
Kunstmuseum Bern: 12a/2
Haus der Geschichte, Bonn: U/96
Stadtmuseum Bonn: 7/7, 7/9 (Foto: Marion Mennicken, Köln)
Musée des Beaux-Arts, Bordeaux: 3/60 (© cliché du M.B.A. Bordeaux)
Franz Liszt Gedenkmuseum und Forschungszentrum, Budapest: 9/11
Musée des Beaux-Arts, Ville de Clermont-Ferrand: 9/17, 11/6 (Foto: Bayle); 11/7 (C.R.D.P. Service Photographique Clermont-Ferrand)
Musée Bartholdi, Colmar: 12b/4, 14/1 (Foto: Christian Kempf)
Collection Château de Coppet: 2/2; 2/3 (Foto: Edouard Baumgartner, Pully)
Stadtarchiv Darmstadt: 6/27
Landesbibliothek Detmold: 11/9
Kasteel Huis Doorn, Doorn, Niederlande: 3/69a
Dordrechts Museum, Dordrecht: 4b/01, 4b/20; 4b/16 (Foto: Marco de Nood)
Bibliotheken der Stadt Dortmund, Institut für Zeitungsforschung: U/14, U/15, U/17, U/20, U/47, U/57, U/62, U/67 (Foto: Jürgen Spiler)
Kupferstichkabinett der Staatlichen Kunstsammlungen Dresden: 3/17, 3/46, 4a/5, 4a/8 (Fotostudio Herbert Boswank)
Sächsische Landesbibliothek, Abt. Deutsche Fotothek, Dresden: 1/35 (Foto: A. Rous); 4a/19 (Foto: Kirchenbauer)
Sächsisches Hauptstaatsarchiv, Bibliothek, Dresden: 9/1
»Museum Stadt Königsberg« der Stadt Duisburg, Duisburg: 1/23 (Foto: Sirius)
Goethe-Museum, Anton-und-Katharina-Kippenberg-Stiftung, Düsseldorf: 1/37, 1/64, 3/34, 9/3 (Foto: Walter Klein)
Heinrich-Heine-Institut, Düsseldorf: 5/12, 7/8, 7/10, (Foto: Walter Klein)
Freies Deutsches Hochstift Frankfurter Goethe-Museum, Frankfurt a. M.: 1/31, 1/34, 1/54, 1/62, 1/65, 4a/7, 4b/13, 4b/19, 5/4, 6/33 (Foto: © Ursula Edelmann, Frankfurt a.M.)
Historisches Museum Frankfurt, Frankfurt a.M.: L/43, L/45 (Foto: Ursula Seitz-Gray); L/39 (Foto: Horst Ziegenfusz)
Stadt- und Universitätsbibliothek, Frankfurt a.M.: 1/73, U/9 (Foto: Peter Falke)
Bismarck-Museum, Friedrichsruh: 13/14 (foto carstensen)
Collection du Musée d'art et d'histoire de la Ville de Genève: 2/19 (Foto: Sacha Weber)
Musée du Petit Palais, Genève: L/7, 12b/6

Photo-Berger, Nyon-Genève: 2/16
Goslarer Museum: L/48
Hamburger Kunsthalle: L/37, 1/22, 1/25, 3/38, 3/40, 6/29, 12a/5 (© Elke Walford, Fotowerkstatt Hamburger Kunsthalle)
Kreismuseum Heinsberg/Geilenkirchen: 7/11
Brüder Grimm-Museum Kassel: 1/72
Staatliche Museen Kassel: 3/52 (Foto: Ute Brunzel)
Rheinisches Bildarchiv Köln: L/2, L/47, 1/1, 5/9, 5/13, 5/17
Theaterwissenschaftliche Sammlung der Universität zu Köln: L/57
Thorvaldsens Museum, Kopenhagen: 1/10 (Foto: Ole Woldbye)
Krefelder Kunstmuseen: L/46 (Foto: V. Döhne)
Museum der bildenden Künste Leipzig: 3/48, 4a/9 (Foto: Hugo Maertens, Brügge)
Stadtgeschichtliches Museum Leipzig, Musik- und theatergeschichtliche Sammlung: 1/47 (Foto: Christoph Sandig)
Völkerschlachtdenkmal zu Leipzig: 15/2 (Foto: Christoph Sandig)
Oblastní Galerie Liberec: 10/19 (Foto: Milan Posselt)
Victoria & Albert Museum, Picture Library, London: 1/30, 14/11, 14/12 (By courtesy of the Board of Trustees of the Victoria and Albert Museum)
Landesamt für Denkmalpflege – Verwaltung der staatlichen Schlösser Rheinland-Pfalz, Mainz: 5/24, 5/26 (Foto: Fitting)
Schiller Nationalmuseum / Deutsches Literaturarchiv, Bildabteilung, Marbach a. N.: 1/18, 1/40, 1/41, 1/45, 4a/11, 5/8, 5/11, 8/15
Musée Ingres, Montauban: L/18, 12a/6 (Roumagnac Photographe)
Bayerische Staatsbibliothek, München: U/50, U/51, U/76
Bayerische Staatsgemäldesammlungen, Neue Pinakothek, München: 7/13 (Foto: Blauel/Gnamm – ARTOTHEK); 10/5 (Foto: Bayer & Mitko – ARTOTHEK)
Das Kartoffelmuseum, Stiftung Otto Eckart, München: 11/5 (Fotoatelier für Werbung und Industrie)
Galerie Pfefferle, München: 3/73
Institut für Kommunikationswissenschaft (Zeitungswissenschaft) der Universität München: U/22, U/70, U/84, U/89 (Foto: Klaus Broszat)
Sammlung Ursula E. Koch, München: U/16, U/45, U/49, U/54, U/91, U/100 (Foto: Klaus Broszat)
Bibliothèque de documentation internationale contemporaine, Nanterre: U/86
Germanisches Nationalmuseum, Nürnberg: L/41 (Foto des Originals aus dem Germanisches Nationalmuseum); L/42, U/5, U/12, 3/71, 7/3, 12b/2
Landesmuseum Oldenburg: L/55 (Foto: H.R. Wacker)
Agence Photographique de la Réunion des Musées Nationaux (© Photo R.M.N.), Paris: L/9, L/16, 1/4, 1/21, 3/8, 3/18, 3/58, 3/68, 4b/04, 5/19, 6/1, 6/8,

6/21, 9/2, 12a/1, 12a/19, 12b/10; 3/54, 10/16 (Cliché: Arnaudet); 2/1, 14/7 (Cliché: Jean-Gilles Berizzi); 9/15, 9/16, 13/5 (Cliché: Jean Blot); 3/12 (Cliché: Lagiewski)
Archives nationales, Service photographique, Paris: 1/19, 1/20, 1/39, 1/70, 2/11, 2/12, 2/13, 8/3, 8/7, 8/8, 10/13, 12b/30
Bibliothèque de la Sorbonne, Paris: 6/20 (Foto: Jean-Loup Charmet)
Bibliothèque historique de la Ville de Paris: U/19, U/21, U/24 (Foto: Gérard Leyris)
Bibliothèque Nationale de France-Paris: L/4, U/3, 1/29, 2/5, 2/14, 2/18, 4b/11, 4b/18, 5/20, 6/5, 6/12, 6/16, 6/17, 6/24, 6/28, 6/32, 6/35, 7/4, 7/14, 9/5, 9/13, 10/2, 10/4, 10/14, 10/15, 12a/4, 12a/8, 13/22, 14/3, 14/5, 14/9, 14/10,
Pierre Bonte, Paris: L/17, L/27, 8/11, 8/12, 14/8 (Foto: Patrick Léger); L/26 , L/28, L/29, L/30 (Foto: Pierre Rousseau)
Rhodia Dufet Bourdelle, Paris: 3/35 (Foto: Pierre Sacuto)
Caisse Nationale des Monuments Historiques et des Sites, Paris: L/8 (© CNMHS, cliché J. Feuillie/ SPADEM
Centre de recherche sur les monuments historiques, Paris: 5/18 (©Arch.Phot.Paris/SPADEM); 5/21 (© CNMHS, cliché Patrick Cadet/SPADEM)
Collection Raymond Bachollet, Paris: U/27, U/36, U/53, U/58, U/59, U/60, U/63, U/64, U/66, U/80, U 81 (Foto: Jean Grob)
Eglise Saint Vincent de Paul, Paris: 5/2 (Foto: Emmanuel Michot, Jean-Claude Loty/©Ville de Paris - S.O.A.E.)
Institut de France, Paris: 2/15
Musée de la Mode et du Costume, Paris: 5/29c, 5/29d (Foto: Christophe Walter)
Musée de la Poste, Paris: L/19, L/20
Musée Rodin, Paris: 12b/7 (Foto: © Bruno Jarret/ ADAGP, Paris 1994)

Photothèque des Musées de la Ville de Paris/by SPADEM 1996: L/21, L/24, 7/15b, 7/15d, 10/11, 12a/25, 13/19b; 6/4, 12a/23, 14/2 (Cliché: Berthier); L/11, L/12, L/13, L/14, 1/2, 13/16a, 13/16b (Cliché: Rémi Briant); 13/17 (Cliché: Degraces); U/4 (Cliché: Habouzit); 4b/5, 8/2, 8/5, 8/6 (Cliché: Joffre); L/10, 4b/7, 4b/17, 10/12 (Cliché: Ladet); 12a/17 (Cliché: Lifermann); L/23, 2/7, 8/9, 8/10, 12a/22, 12b/08, 12b/24, 13/20 (Cliché: Patrick Pierrain); 9/9, 12a/26 (Cliché: Toumazet); 7/15c, 7/17 (Cliché: Trocaz)
Stiftung Preußische Schlösser und Gärten Berlin-Brandenburg/Bildarchiv, Potsdam: 1/61, 4a/3, 4a/17, 5/5, 5/6, 12a/9; L/34, L/38, 4a/18, 5/23, 6/9 (Foto: Jörg P. Anders)
Muzeum Narodowe, Poznan: L/35, L/44 (Foto: Teresa Zoltowska- Huszcza)
Musée des Beaux-Arts, Rouen: 4b/2a
Musée d'Histoire de la Ville, Saint-Malo: 4b/9
Staatliche Eremitage, Sankt Petersburg: 3/26, 4a/20, 4b/10, 5/1a, 5/1b, 5/1c, 5/3, 9/14, 10/6, 10/18 (©1996)
Historisches Museum der Pfalz, Speyer: 7/12
The Royal Collections, Stockholm: 3/2 (Foto: Alexis Daflos)
Musées de Strasbourg, Cabinet des Estampes et des Dessins: 12b/26, 12b/28
Musées de Strasbourg, Musée d'Art Moderne et Contemporain: 12a/20, 12a/21, 12b/18
Musées de Strasbourg, Musée d'Art Moderne et Contemporain, Photographies: 12b/21b, S. 381
Musées de Strasbourg, Musées des Beaux-Arts: 4b/3
Musées de Strasbourg, Musée Historique: L/5
Württembergische Landesbibliothek Stuttgart: 1/26 (Foto: Joachim W. Siener)
Ordine Mauriziano, Turin: 3/4, 3/5
Musée Victor Hugo, Villequier: 4b/12

Service Historique de l'Armée de Terre – Collection du Ministre de la Défense, Vincennes – France (Foto: Patrice Maurin-Berthier): 12b/32
Musée de la Révolution française, Vizille: L/15, 1/8 (Cliché: P. Fillioley)
Muzeum Narodowe, Warszawa: 11/1, 11/2 (Foto: Teresa Zoltowska-Huszcza)
Kunstsammlungen zu Weimar: 1/11 (Foto: Dreßler); 1/12, 8/1 (Foto: Remo)
Stiftung Weimarer Klassik, Goethe- und Schiller-Archiv: 12b/12 (Foto: Sigrid Geske)
Stiftung Weimarer Klassik, Herzogin Anna Amalia Bibliothek: 1/42 (Foto: Sigrid Geske)
Stiftung Weimarer Klassik, Museen, Gemäldesammlung, Dauerleihgabe: 1/51 (Foto: Sigrid Geske)
Archiv der Gesellschaft der Musikfreunde in Wien: 3/33
Haus-, Hof- und Staatsarchiv, Wien: 3/65, 3/66 (Fotostudio Otto, Wien)
Universitätsbibliothek Wien: 2/10 (Fotostudio Fayer)
Hoffmann-von-Fallersleben-Gesellschaft e.V., Wolfsburg: 7/6 (Foto Kahnert)
Hoffmann-von-Fallersleben-Museum der Stadt Wolfsburg: L/49 (Foto Kahnert)
Von der Heydt-Museum Wuppertal: 11/3 (Foto: Peter Frese); 11/4 (Foto: medienzentrum Wuppertal – Zeiss-Loi)
Schweizerisches Landesmuseum, Zürich: 5/16 (Neg. Nr. CO 1562)
Werner-Coninx-Stiftung, Zürich: 9/7 (Foto: Christoph Hobi)
Archiv des Robert-Schumann-Hauses Zwickau: 7/2

Zitatnachweis

Soweit nicht anders vermerkt, sind die Zitate aus dem Französischen von Marie-Louise von Plessen übersetzt.

Lichthof

S. 37
Germaine de Staël: De l'Allemagne. Chronologie et introduction par Simone Balayé, 2 Bde, Paris 1868, Bd. 1, S. 46f.; dt. Anne Germaine de Staël: Über Deutschland. Vollständige und neu durchgesehene Fassung der deutschen Erstausgabe von 1814, hrsg. von Monika Bosse, Frankfurt a.M. 1985, S. 19

S. 42
Schillers Werke. Im Auftrag des Goethe- u. Schiller-Archivs u. des Schiller-Nationalmuseums hrsg. von Julius Petersen u. Gerhard Fricke (Nationalausgabe), Weimar 1943ff., Bd. 1 (1943) S. 321

Staël Bd. 1, S. 51; dt. S. 23

S. 47
Georg Forster: Werke in vier Bänden, hrsg. von Gerhard Steiner, Frankfurt a. M. 1970, Bd. 3, S. 589f.

S. 54
Victor Hugo: Oeuvres Complètes. Edition nationale, Paris 1885ff., Bd. 42 (1895), S. 195; dt. Victor Hugo's sämmtliche Werke, übersetzt von Mehreren, Stuttgart 1842, Bd. 21, S. 187f.

S. 58
Eugène de Lerminier: Erstabdruck in Auszügen in »Revue des Deux Mondes«, 1. April 1835 (Bd. 2, 4) S. 583

S. 59
Heinrich Heine: Werke, Briefwechsel, Lebenszeugnisse, hrsg. von den Nationalen Forschungs- und Gedenkstätten der Klassischen deutschen Literatur in Weimar und dem Centre National de la Recherche Scientifique in Paris (Säkularausgabe in 20 Bänden), Berlin und Paris 1970ff., Bd. 11 (1974), S. 206 und Bd. 7 (1970), S. 72

S. 60
Fürst Hermann von Pückler-Muskau: Briefwechsel und Tagebücher, aus dem Nachlaß hrsg. von Ludmilla Assing-Grimelli, Berlin 1874, Bd. 4, S. 49

Raum 1

S. 125
Kritische Friedrich Schlegel-Ausgabe, hrsg. von Ernst Behler unter Mitwirkung von Jean-Jaques Anstett und Hans Eicher, Paderborn, Darmstadt und Zürich 1958ff., Bd. 2 (1967), S. 247f.

S. 132
Johann Gottfried Herder: Sämtliche Werke, hrsg. von Berhard Suphan, Berlin 1883ff., Bd. 18, S. 317

S. 141
Friedrich Gottlieb Klopstock: Sämtliche Werke, Leipzig 1823, Bd. 2.2, S. 111

S. 144
Friedrich Hölderlin: Sämtliche Werke, hrsg. von Friedrich Beisner, Stuttgart 1943 (Stuttgarter Hölderlin-Ausgabe), Bd. 1, S. 239

S. 145
Graf Schmettau, zit. in: Johann Wolfgang Goethe: Les passions du jeune Werther, Mannheim und Paris 1777, S. X

S. 146
Staël: Bd. 2, S. 43; dt. S. 441

S. 147
Goethes Sämtliche Werke, hrsg. im Auftrag der Großherzogin Sophie von Sachsen-Weimar (Weimarer Ausgabe), Weimar 1888ff., Bd. 50 (1900), S. 232

S. 148
David d'Angers, zit. in: Jörn Göres (Hrsg.): Goethe und seine äußere Erscheinung, Frankfurt a.M. 1980, S. 184

Heinrich Meyer, in: Ueber Kunst und Alterthum von Goethe, aus seinem Nachlaß herausgegeben durch die Weimarischen Kunstfreunde, Stuttgart 1832, Bd. 6, Heft 3, S. 485f.

S. 152
Luise Brachmann, zit. in: Schillers Werke, Bd. 9 (1984), S. 441

S. 153
François René Chateaubriand: Correspondance générale, hrsg. von Pierre Riberette, Paris 1983, Bd. 4, S. 164f.

S. 157
Kritische Friedrich Schlegel-Ausgabe, Bd. 2 (1967), S. 198

S. 160
Ludwig Tieck an Wilhelm Heinrich Wackenroder, in: Wilhelm Heinrich Wackenroder: Werke und Briefe, hrsg. von F.v.d. Leyden, Jena 1910, Bd. 2, S. 64

S. 161
Jean Paul: Sämtliche Werke, hrsg. von Norbert Miller, Frankfurt a. M. 1996, Abt. 1, Bd. 5, S. 956

S. 164
Richard Wagner: Mein Leben. Zweiter Teil: 1842-1850, München 1915, Bd. 2, S. 58f.

S. 165
Jacob Grimm an François Guizot; Quelle: Paris, Archives Nationales (Nachlaß Guizot: 42 AP 220, lettre 28)

Raum 2

S. 175
Schillers Werke Bd. 32 (1984), S. 94

S. 178
Goethes Sämtliche Werke Bd. 36 (1893), S. 216ff.

S. 179
Staël Bd. 1, S. 211; dt. S. 184f.

S. 180
Johann Friedrich Reichardt: Vertraute Briefe aus Paris 1802/03, Berlin 1981, S. 74

S. 181
Quinet, Edgar: Œuvres complètes, Paris 1857, Bd. 6, S. 219

Raum 3

S. 193
Eugène de Lerminier: Au delà du Rhin, Paris 1835, S. 284

S. 201
Schellings Leben. In Briefe, Leipzig 1869, Bd. 1, S. 104

S. 202
Friedrich Förster: Preußen und Deutschland im Zeitalter der französischen Revolution 1789-1806, Berlin o.J.

S. 205
Deutschland in seiner tiefen Erniedrigung, Nürnberg 1806, S. 8

S. 206
Alexander von Humboldt an Johann Friedrich Cotta; Quelle: Marbach a. N., Schiller Nationalmuseum / Deutsches Literaturarchiv, Cotta-Archiv (Stiftung der Stuttgarter Zeitung), (Cotta Br.)

S. 207
Alexander von Humboldt an Georg Cotta; Quelle: Marbach a. N., Schiller Nationalmuseum / Deutsches Literaturarchiv, Cotta-Archiv (Stiftung der Stuttgarter Zeitung), (Cotta Br.)

S. 208
Reichardt, S. 27

S. 209
Ernst Moritz Arndt: Geist der Zeit. Erster Teil, hrsg. von Heinrich Meisner, Leipzig (1908), S. 219

S. 212
Ludwig Tieck über Heinrich von Kleist, in: Heinrich von Kleist: Hinterlassene Schriften, hrsg. von Ludwig Tieck, Berlin 1821, S. LI

S. 214
Johann Gottlieb Fichte: Reden an die deutsche Nation, Leipzig 1824, S. 336

S. 216
Ernst Moritz Arndt: Über Volkshaß und über den Gebrauch einer fremden Sprache, o.O. 1813, S. 50

S. 219
Prinz Wilhelm von Preußen an seinen Bruder; Quelle: Berlin, Deutsches Historisches Museum (Do 93/25)

S. 225
Joseph von Görres: Politische Schriften, hrsg. von Marie Görres, München 1854, Bd. 1, S. 378 und S. 391f.

S. 226
Carl August Fürst von Hardenberg an Baron von Otterstedt; Quelle: Marbach a. N., Schiller Nationalmuseum / Deutsches Literaturarchiv, Cotta-Archiv (Stiftung der Stuttgarter Zeitung), (Cotta Br. Oelsner)

S. 232
Karl Friedrich Schinkel, zit. in: Alfred Freiherr von Wolzogen: Aus Schinkel's Nachlaß. Reisetagebücher, Briefe und Aphorismen, Berlin 1863, Bd. 3, S. 346

Raum 4a

S. 243
Carl Gustav Carus: Neun Briefe über Landschaftsmalerei, in: Lebenserinnerung und Denkwürdigkeiten I, Leipzig 1865, S. 128

S. 253
Richard Wagner, zit. in: K.F. Glasenapp: Wagner-Lexikon, 1883, S. 191f.

S. 254
Hector Berlioz: Mémoires, hrsg. von Pierre Citron, Paris 1991, S. 104 und S. 417

Raum 4b

S. 259
Chateaubriand Bd. 4, S. 28

S. 268
Eduard Gans an Victor Cousin, zit. in: Michel Espagne und Michael Werner (Hrsg.): Lettres d'Allemagne. Victor Cousin et les hégéliens, Charente 1990, S. 76

S. 269
David d'Angers an Victor Pavie, zit. in Henry Jouin (Hrsg.): David d'Angers et ses relations littéraires, Paris 1890, S. 88

Raum 5

S. 275
Ernest Renan an Abbé Cognat, zit. in: Claude Digeon: La crise allemande de la pensée française, Paris 1958, S. 40

S. 284
Goethes Sämtliche Werke Bd. 27 (1889), S. 279

S. 287
Gérard de Nerval: Loreley, Souvenirs d'Allemagne, Wien o.J. (um 1925), S. 249

S. 288
Vertrag zwischen Sulpiz Boisserée und der Cotta'schen Buchhandlung; Quelle: Marbach a. N., Schiller Nationalmuseum / Deutsches Literaturarchiv, Cotta-Archiv (Stiftung der Stuttgarter Zeitung), (Cotta Vert. 6)

Raum 6

S. 305
Georg Büchner: Gesammelte Werke, hrsg. von Kasimir Edschmid, Wien, München und Basel 1963, S. 240

S. 309
Heine Bd. 7 (1970), S. 24

S. 311
Quinet Bd. 6, S. 296f.

S. 312
Daniel Stern (Marie d'Agoult): Giacomo Meyerbeer, in: La Presse, 15. Oktober 1842

S. 316
Georg Wilhelm Friedrich Hegel: Sämtliche Werke, Jubiläumsausgabe in zwanzig Bänden, hrsg. von Hermann Glockner, Stuttgart 1949 (3), Bd. 11, S. 557f.

S. 317
Georg Wilhelm Friedrich Hegel: Briefe von und an Hegel, hrsg. von Johannes Hoffmeister, Hamburg 1954, Bd. 3, S. 109

S. 318
Der Deutsche in Paris, in: Germania. Archiv zur Kenntnis des deutschen Elements in allen Ländern der Erde. Den Herren E. M. Arndt und F. C. Dahlmann in Bonn zugeeignet, Frankfurt a. M., 1847ff., Bd. 4, S. 179f.

S. 319
Alexander Weill, zit. in: Michael Werner (Hrsg.): Begegnungen mit Heine, 1797-1846, Hamburg 1973, Bd. 1, S. 409

Heine Bd. 7 (1970), S. 159f

S. 320
Heine Bd. 11 (1974), S. 231f.

S. 321
Heine Bd. 11 (1974), S. 204; Bd. 8 (1972), S. 218

S. 322
George Sand: Journal intime, hrsg. von Aurore Sand, Paris 1926 (7), S. 98f.

S. 323
Heine Bd. 2 (1979), S. 337; Bd. 7 (1970), S. 75

Ludwig Börne: Menzel der Franzosenfresser, hrsg., mit Anmerkungen und einem Nachwort versehen von Rudolf Wolff, Berlin 1987

S. 324
Börne, S. 43 und S. 42

Heine Bd. 9 (1979), S. 324

Raum 7

S. 327
Hugo Bd. 42/43 (1895), S. 356; dt. Bd. 23, S. 188 f.

S. 332
Georg Herwegh: Gedichte eines Lebendigen, Zürich und Winterthur 1841

S. 333
Alexandre Dumas: Excursions sur les bords du Rhin, Paris 1841, Bd. 2, S. 121ff.

S. 334
Heine Bd. 2 (1979), S. 307

S. 337
Hugo, Bd. 42/43 (1895), S. 399; dt. Bd. 23, S. 217f.

Raum 8

S. 341
Emile Littré, zit. in: Kat. Paris 1992, S. 90

Raum 9

S. 366
Richard Wagner: Ein deutscher Musiker in Paris, Berlin 1988, S. 59f.

S. 368/369
Charles Baudelaire: Oeuvres complètes. Correspondence génerale, hrsg. von Jacques Crepet, Paris 1953, Bd. 3, S. 31f.; dt. Charles Baudelaire: Sämtliche Werke und Briefe. In acht Bänden, hrsg. von Friedhelm Kemp und Claude Pichois in Zusammenarbeit mit Wolfgang Drost, München und Wien 1992, Bd. 7, S. 8f.

S. 370
Heine Bd. 7 (1970), S. 286

S. 372
Hugo Bd. 38 (1894), S. 118

Raum 10

S. 383
Edgar Quinet: France et Allemagne, Paris 1967, S. 18

S. 392
Edouard About: La Prusse en 1860, Paris 1860, S. 13

S. 294
Henry Blaze de Bury: La Thuringe, voyage à travers l'Allemagne du passé et du présent, in: Revue des deux Mondes, Paris 1866, Bd. 63, S. 537

Raum 11

S. 404
Heine Bd. 2 (1979), S. 317f.

Raum 12a

S. 413
Gustave Courbet; Quelle: Paris, Bibliothèque Nationale de France, Département des Imprimés (Lb 57 636), S. 8

S. 418
Edmond et Jules de Goncourt: Journal. Mémoires de la vie littéraire, hrsg. von Robert Ricatte, Monaco 1957, Bd. 9, S. 128; dt. Edmond und Jules de Goncourt: Tagebuch der Belagerung von Paris 1870/71, München 1969, S. 91f.

S. 419
George Sand; Quelle: Paris, Bibliothèque Nationale de France, Département des Manuscrits (Mss. N.A.F. 24832)

S. 420
Edgar Quinet: Le siège de Paris et la Défense Nationale, Paris 1871, S. 114f.

S. 421
George Sand, zit. in: Claude Digeon: La crise Allemande de la pensée française, Paris 1958, S. 63

S. 422
Ernest Renan: Oeuvre complètes, Paris 1947, Bd. 1, S. 437f.; dt. David Strauß: Kriege und Friede, Zwei Briefe von David Strauß an Ernest Renan und dessen Antwort, Leipzig 1915, S. 18f.

S. 423
Flugblatt des Komitees zur Durchsetzung eines Deutschen Nationalfestes; Quelle: Stadtarchiv Berlin, Magistrat, Rep. 00-02/1, Nr. 1630

S. 424
Hugo Bd. 12 (1888), S. 37f.

S. 425
Eugène Emmanuel Viollet-le-Duc: Mémoire sur la défense de Paris, 1871, Paris 1871, Textband und Atlas mit 9 Karten, S. VIIIf.

S. 426
Edgar Quinet: Le siège de Paris et la Défense Nationale, S. 113f.

S. 427
Gustave Flaubert: Œuvres Complètes, Paris 1975, Bd. 15, S. 20

Raum 12b

S. 431
Paul de Saint-Victor: Barbares et Bandits. La Prusse et la Commune, Paris 1871, S. 176

S. 439
Theodor Fontane: Sämtliche Werke, hrsg. von Walter Keitel und Helmuth Nürnberger, München 1962ff., Abt. 4: Briefe, Bd. 2, S. 338

S. 442
Karl Marx und Friedrich Engels: Werke, hrsg. vom Institut für Marxismus-Leninismus beim ZK der SED, Berlin 1962, Bd. 17, S. 272f.

S. 443
Ernest Renan, zit. in: Jörg von Uthmann: Le diable est-il allemand? Paris 1984, S. 112f.

S. 444
Léon Gambetta; Quelle: Deutsches Historisches Museum, Berlin (Do 72/220)

Raum 13

S. 449
Friedrich Nietzsche: Sämtliche Werke. Kritische Studienausgabe in 15 Einzelbänden, hrsg. von Giorgio Colli und Mazzino Montinari, München 1988, Bd. 1, S. 159

S. 453
Armand de Quatrefages: La race prussienne, in: Revue des deux Mondes, Paris 1871, Bd. 91, S. 647

S. 454
Ernest Renan: Lettre à un ami d'Allemagne, Paris 1879, S. 2

S. 456
Emile Zola: Les oeuvres complètes. Texte de l'édition Eugène Fasquelle, Paris 1927ff., Bd. 41, S. 82ff.

S. 457
Hugo Bd. 41 (1895) S. 98f.

S. 458
Gustave Flaubert: Correspondance. Nouvelle édition augmentée, Paris 1930, Bd. 6, S. 472

S. 459
Johannes Schilling, zit. in: Lutz Tittel: Das Niederwalddenkmal 1871-1888, Hildesheim 1979, S. 79

S. 462
Léon Gambetta, zit. in: Octave Aubert: Comment former le citoyen français: anthologie civique et patriotique, Paris 1912, S. 96

Raum 14

S. 465
Künstlerpetition, veröffentlicht am 14. Februar 1887 in »Le Temps«

Raum 15

S. 478
Nietzsche Bd. 5, S. 184

Paul Adam zu »Une enquête franco-allemande«, in: Mercure de France (Série moderne Bd. 14), 1895/2, Nr. 64, April 1895, S. 3ff.

Paul Valéry: Oeuvres I, hrsg. von Jean Hytier, Paris 1957, S. 973; dt. Paul Valéry: Werke. Frankfurter Ausgabe in 7 Bänden, hrsg. von Jürgen Schmidt-Radefeldt, Frankfurt a. M. 1995, Bd 7, S. 9f.

Claude Debussy zu »Enquête sur l'influence allemande«, in: Mercure de France (Série moderne Bd. 45), 1903/1, Nr. 157, Januar 1903, S. 93

S. 479
Georges Goyau: Jeanne d'Arc devant l'opinion allemande, Paris 1907, S. 76f.

Franz Kafka: Tagebücher 1910-1923, Frankfurt a. M. 1954, S. 29

Romain Rolland: L'esprit libre. Au-dessus de la mêlée, Paris 1953, S. 91

Louis Dumur: Culture française et Culture allemande, Lausanne 1915, S. 47

Thomas Mann: Politische Schriften und Reden. Band 1: Betrachtungen eines Unpolitischen, Frankfurt a. M. 1968, S. 38

S. 479/480
Mann, S. 40

S. 480
André Gide: Réflexions sur l'Allemagne, in: Nouvelle Revue Française, Jg. 69, Juni 1919. Neudruck: Nendeln/Liechtenstein 1968, Bd. 13: Juni-Dezember 1919, S. 46

André Gide an Ernst Robert Curtius, in: Deutsch-französische Gespräche: 1920-1950. La correspondence de Ernst Robert Curtius avec André Gide, Charles Du Bos, Valerie Larbaud, hrsg. von Herbert und Jane M. Dieckmann, Frankfurt a. M. 1980, Brief Nr. 44

Kurt Tucholsky: Deutsches Tempo. Texte 1911-1923, Reinbeck 1990, S. 498

Ernst-Robert Curtius: Die französische Kultur. Eine Einführung, Stuttgart und Berlin 1931, Bd. 1, S. 79

Curtius Bd. 1, S. 194

S. 480/481
Pierre Viénot: Incertitudes allemandes, la crise de la civilisation bourgeoise en Allemagne, Paris 1931, S. 34f.

S. 481
Charles de Gaulle: Vers l'armée du métier, Paris 1934, S. 18f.

Ernst Jünger: Strahlungen, Tübingen 1949, S. 365f.

Albert Camus: Lettres à un ami allemand, Lausanne 1946, S. 55f.; dt. Albert Camus: Kleine Prosa, Hamburg 1961, S. 91

Heinrich Mann: Studienausgabe in Einzelbänden, hrsg. von Peter-Paul Schneider, Frankfurt a. M. 1988, S. 459

S. 481/482
Charles de Gaulle: Lettres, Notes et Carnets. Janvier 1964– Juin 1966, Paris 1987, S. 29

Alfred Grosser: L'Allemagne de notre temps: 1945-1970, Paris 1970, S. 12f.

François Mittérrand, in: L'Express International, Nr. 2245, 21. Juli 1994, S. 28

Vestibül

Die Liedtexte sind den Partituren bzw. den CD-Booklets entnommen.

Literaturverzeichnis

Abret 1995
Helga Abret: »Antifranzösische Zeichnungen machen wir nicht...« Der »Simplicissimus« und Frankreich 1896-1914, in: Abret/Grunewald 1995, S. 233-262

Abret/Grunewald 1995
Helga Abret und Michel Grunewald (Hrsg.): Visions allemandes de la France (1871-1914). Frankreich aus deutscher Sicht (1871-1914), Bern, Berlin u.a. 1995

Abshoff (1904)
Fritz Abshoff: Deutschlands Ruhm und Stolz. Unsere hervorragendsten vaterländischen Denkmäler in Wort und Bild, Berlin o.J. (1904)

Achten 1979
Udo Achten (Hrsg.): Süddeutscher Postillon, Berlin und Bonn 1979

Adriani 1984
Goetz Adriani: Edgar Degas. Pastelle, Ölskizzen, Zeichnungen, Köln 1984

Agulhon 1979
Maurice Agulhon: Marianne au combat. L'imagerie et la symbolique républicaines de 1789 à 1880, Paris 1979

Agulhon 1989
Maurice Agulhon: Marianne au pouvoir. L'imagerie et la symbolique républicaine de 1880 à 1914, Paris 1989

Agulhon 1992
Maurice Agulhon: Les images de Marianne, in: L'Histoire, Mai 1992, 155, S. 34-35

Agulhon 1992
Maurice Agulhon: Plaidoyer pour la République »Une et Indivisible«, in: L'Histoire, Mai 1992, 155, S. 16-23

Agulhon/Bonte 1992
Maurice Agulhon und Pierre Bonte: Marianne. Les visages de la République, Paris 1992

Albert 1909
Henri Albert: Fontane et Bismarck, in: Mercure de France (Série moderne), Jg. 20, Bd. 78, 1. März 1909

Alexandre 1981
Philippe Alexandre: La »Frankfurter Latern« (1860-1893). Une revue éditée par Friedrich Stoltze, Metz 1981

Alings 1990
Reinhard Alings: Die Berliner Siegessäule, Berlin 1990

Alings 1996
Reinhard Alings: Monument und Nation. Das Bild vom Nationalstaat im Medium Denkmal – zum Verhältnis von Nation und Staat im deutschen Kaiserreich 1871-1918, Berlin und New York 1996

Allard 1991
Paul Allard: Die Karikatur in der französischen Presse von 1835 bis 1848, in: Rütten/Jung/Schneider 1991, S. 186-199

Amalvi 1984
Christian Amalvi: Le 14 Juillet. Du dies irae à jour de fête, in: Nora 1984, Bd. 1, S. 421-472

Andree 1977
Rolf Andree: Arnold Böcklin. Die Gemälde, Basel und München 1977

Andresen 1887
Andreas Andresen: Die deutschen Maler-Radierer (peintres-graveurs) des neunzehnten Jahrhunderts nach ihren Leben und Werken von Andreas Andresen, Fortsetzung von J. E. Wessely, Bd. 5: Ludwig Emil Grimm, Leipzig 1887, S. 117-196

Angenot 1989
Marc Angenot: Le centenaire de la Révolution 1889, Paris 1989

Arenhövel/Bothe 1991
Willmut Arenhövel und Rolf Bothe: Das Brandenburger Tor 1791-1991. Eine Monographie, Berlin 1991

Aswarischtsch 1988
Boris I. Aswarischtsch: Deutsche und Österreichische Malerei des 19. und 20. Jahrhunderts. Staatliche Eremitage, Sammlung der Westeuropäischen Malerei. Bestandskatalog, Leningrad 1988

Athenäum 1960
Athenäum. Eine Zeitschrift von August Wilhelm und Friedrich Schlegel, 3 Bde., Berlin 1789-1800. Mit einem Nachwort zur Neuausgabe von Ernst Behler, Stuttgart und Darmstadt 1960

Audoin-Rouzeau 1989
Stéphane Audoin-Rouzeau: 1870. La France dans la guerre, Paris 1989

Bader 1980
Ute Bader: Kunstgewerbe und Gewerbe. Kölner Dommotive im Kunstgewerbe des 19. Jahrhunderts, in: Kat. Köln 1980, Bd. 1, S. 172-197

Baeque 1993
Antoine de Baecque: Le Serment du Jeu de Paume: le corps du politique idéal, in: Louvre. Conférences et colloques: David contre David, Bd. 2, Paris 1993, S. 759-781 u. 832f.

Baeque/Langlois 1988
Antoine de Baecque und Claude Langlois: La caricature révolutionnaire, Paris 1988

Baer 1989
Winfried Baer: Berliner Porzellan aus dem Belvedere, Schloß Charlottenburg, Berlin 1989

Baldensperger 1907
Fernand Baldensperger: Bibliographie critique de Goethe en France, Paris 1907

Bandel 1992
Ernst von Bandel: Das Hermannsdenkmal, Münster 1992

Barthélémy-Saint Hilaire 1895
Jules Barthélémy-Saint Hilaire: M. Victor Cousin. Sa vie et sa correspondance, 3 Bde., Paris 1895

Bartmann 1985
Dominik Bartmann: Anton von Werner, Berlin 1985

Baudelaire 1962
Charles Baudelaire: Curiosités esthétiques. L'art romantique, Paris 1962

Baudelaire 1992
Charles Baudelaire: Sämtliche Werke/Briefe. In acht Bänden, hrsg. von Friedhelm Kemp und Claude Pichois in Zusammenarbeit mit Wolfgang Drost, München 1992

Bauer 1973
Roger Bauer: Schillers Ruhm in Frankreich, in: J.V. Günther, H. Koopmann u.a. (Hrsg): Untersuchungen zur Literatur als Geschichte. Festschrift für Benno von Wiese, Berlin 1973

Becker 1971
Wolfgang Becker: Paris und die deutsche Malerei 1750-1840, München 1971

Becker 1987
Heinz und Gudrun Becker: Giacomo Meyerbeer. Ein Leben in Briefen, Leipzig 1987

Bedner 1965
J. Bedner: Le Rhin de Victor Hugo. Commentaires sur un récit de voyage, Groningen 1965

Behler 1966
Ernst Behler: Friedrich Schlegel, Reinbeck 1966

Bellanger u.a. 1972
Claude Bellanger, Jacques Godechot, Pierre Guiral und Fernand Terrou (Hrsg.): Histoire générale de la presse française, Bd. 3, Paris 1972

Benoist 1994
Jérémie Benoist: Philippe-Auguste Hennequin 1762-1833, Paris 1994

Benoist 1995
Jérémie Benoist (Hrsg.): Le Sacré-Coeur de Montmartre. Un Voeu national, Paris 1995

Berckenhagen 1967
Ekhart Berckenhagen: Anton Graff. Leben und Werk, Berlin 1967

Berend 1992
Eduard Berend: Das Jean Paul-Bildnis von Friedrich Meier, in: Heimatbeilage zum Bayreuther Tagblatt, 21. März 1992, Nr. 3, S. 71-75

Berezina 1983
Valentina N. Berezina: Französische Malerei des Anfangs und der Mitte des 19. Jahrhunderts. Staatliche Eremitage, Abteilung der westeuropäischen Malerei. Bestandskatalog, Leningrad 1983

Bergson 1972
Henri Bergson: Das Lachen, Zürich 1972

Berlioz 1979
Hector Berlioz: Memoiren, hrsg. von Wolf Rosenberg, München 1979

Bernier 1975
Georges Bernier: Anne-Louis Girodet 1767-1824, Paris 1975

Beta 1992
Ottomar Beta: Gespräche mit Menzel, in: Exzellenz lassen bitten. Erinnerungen an Adolph Menzel, Leipzig 1992

Betz 1954
Jacques Betz: Bartholdi, Paris 1954

Beyer 1994
Franz-Heinrich Beyer: Eigenart und Wirkung des reformatorisch-polemischen Flugblatts im Zusammenhang der Publizistik der Reformationszeit, Frankfurt a. M., Berlin u.a. 1994

Bialostocki 1969
Jan Bialostocki: Catalogue of Paintings. Foreign Schools, 2 Bde. Warszawa: Muzeum Narodowe, Warszawa 1969

Bickel 1992
Wolfgang Bickel: Die Germania des Niederwalddenkmals, in: Kat. Ludwigshafen a. R. 1992, S. 61-75

Bleeke-Byrne 1989
Gabriele Bleeke-Byrne: French Perceptions of German Art (1800-1850): Studies in Stereotypes and their Ideological Influence, Phil. Diss. Brown University, 1989

Bloemer 1857
Friedrich Bloemer: Zur Literatur des Kölner Domes, Berlin 1857

Boehlke 1979
Hans-Kurt Boehlke (Hrsg.): Wie die Alten den Tod gebildet. Wandlungen der Sepulkralkultur 1750-1850, Mainz 1979

Boetel 1984
Birgit Boetel: Joseph Ernst von Bandel (1800-1876). Das bildhauerische Werk, Göttingen 1984

Boime 1990
Albert Boime: Art in the Age of Bonapartism, Chicago und London 1990

Boisserée 1842
Sulpiz Boisserée: Geschichte und Beschreibung des Doms von Köln, München 1842 (2. umgearb. Auflage)

Boisserée 1978ff.
Sulpiz Boisserée: Tagebücher, hrsg.von H. J. Weitz, Bd. 1-4, Darmstadt 1978-1985

Boisserée 1979
Sulpiz Boisserée: Ansichten, Risse und einzelne Theile des Doms [...], neu hrsg. und kommentiert von Arnold Wolff, Köln 1979

Boldt 1988
H. Boldt u.a. (Hrsg.): Der Rhein. Mythos und Geschichte eines europäischen Stromes, Köln 1988

Bordes 1983
Philippe Bordes: Le Serment du Jeu de Paume de Jacques Louis David, Paris 1983

Börne 1959
Ludwig Börne: Werke in zwei Bänden, Weimar 1959

Börsch-Supan/Jähnig 1973
Helmut Börsch-Supan und Karl Wilhelm Jähnig: Caspar David Friedrich. Gemälde, Druckgraphik und bildmäßige Zeichnungen, München 1973

Bothe 1994
Rolf Bothe u.a.: Kunstsammlungen zu Weimar: Schloßmuseum, Gemäldegalerie, München 1994

Bouyer 1912
Raymond Bouyer: A propos du portrait de Mme Récamier, par Gérard, au Petit Palais, in: La Revue de l'Art Ançien et Moderne, 32, 1912, S. 427-438

Brentano/Runge 1974
Clemens Brentano und Philipp Otto Runge: Briefwechsel, hrsg. und kommentiert von Konrad Felchenfeldt, Frankfurt a. M 1974

Broglie 1979
Gabriel de Broglie: Histoire politique de la »Revue des deux mondes« de 1829 à 1979, (Paris) 1979

Brown 1977
Hilda M. Brown: Kleist in Paris, 1804, in: Seminar. A Journal of Germanic Studies, 13, Mai 1977, S. 88-98

Bruel 1958
André Bruel (Hrsg.): Les Carnets de David d'Angers, Bd. 1: 1828-1837, Bd. 2: 1838-1855, Paris 1958

Brües 1968
E. Brües: Die Rheinlande, Schinkelwerk, München und Berlin 1968

Brunn 1989
Gerhard Brunn: Germania und die Entstehung des deutschen Nationalstaates. Zum Zusammenhang von Symbolen und Wir-Gefühl, in: Rüdiger Voigt (Hrsg.): Symbole der Politik, Politik der Symbole, Opladen 1989

Brunschwig 1975
Henri Brunschwig: Gesellschaft und Romantik in Preußen im 18. Jahrhundert. Die Krise des preußischen Staates am Ende des 18. Jahrhunderts und die Entstehung der romantischen Mentalität, Frankfurt a.M., Berlin und Wien 1975

Büttner 1994
Frank Büttner: Abwehr der Romantik, in. Kat. Frankfurt a. M. 1994, S. 456-467

Büttner 1994
Wolfgang Büttner: Ein ganz besonderes Blatt!, in: Die Zeit, 48. Jg., Nr. 2, 7.1.1994

Camp 1869ff.
Maxime Du Camp: Paris, ses organes, ses fonctions et sa vie jusqu'en 1870, Paris 1869ff. (Nachdruck: Monaco 1993)

Campe 1988
Joachim Heinrich Campe: Das Kreißen des menschlichen Geistes, in: Heiner Boehncke und Harro Zimmermann (Hrsg): Reiseziel Revolution. Berichte deutscher Reisender aus Paris 1789-1805, Reinbeck 1988

Caroll 1966
Eber Malcolm Caroll: Germany and the Great Powers. A study in public opinion and foreign policy, Hamden, Conneticut 1966

Caso 1988
Jacques de Caso: David d'Angers. L'avenir de la mémoire, Paris 1988

Caullier 1991
Joëlle Caullier: La quête d'Isis, ou la musique allemande dans la pensée française (1870-1914), in: Romantisme. Revue du dix-neuvième siècle, 3, 1991, 73, S. 113-122

Cerf o.J.
Léon Cerf: Souvenirs de David d'Angers sur ses contemporains. Extraits de ses carnets de notes. Autographes, Paris o.J.

Chabannes 1972
Jacques Chabannes: Les scandales de la »troisième«, Paris 1972

Chanvillard 1975
Pierre Chanvillard: L'Alsace et la Révolution, Strasbourg 1975

Chastenet 1954ff.
Jacques Chastenet: Histoire de la Troisième République, Bd. 2: La République des républicains 1879-1893, Paris 1954ff.

Chateaubriand 1852
François René Chateaubriand: Oeuvres complètes, Brüssel 1852

Chaudonneret 1987
Marie-Claude Chaudonneret: La Figure de la République. Le concours de 1848, Paris 1987

Chaudonneret 1988
Marie-Claude Chaudonneret: Le mythe de la Révolution, in: Philippe Bordes und Régis Michel (Hrsg.): Aux Armes et aux Arts! Les arts de la Révolution, 1789-1799, Paris 1988, S. 314-340.

Chelin 1981
Henri Chelin: Friedrich Schlegels Europa, Frankfurt a.M. 1981

Chesneau 1934
Georges Chesneau: Les Oeuvres de David d'Angers. Ville d'Angers. Musée des Beaux Arts, Angers 1934

Christ/Geelhaar 1990
Dorothea Christ und Christian Geelhaar: Arnold Böcklin. Die Gemälde im Kunstmuseum Basel, Einsiedeln 1990

Colin 1979
René-Pierre Colin: Schopenhauer en France. Un mythe naturaliste, Lyon 1979

Coll. de Vinck 1955
Collection de Vinck: Inventaire analytique, Bibliothèque nationale, Département des estampes, Paris 1955, Bd. 7

Constans 1995
Claire Constans: Musée national du château de Versailles. Les Peintures, 3 Bde., Paris 1995

Coupe 1993
William Arthur Coupe: German political satires from the Reformation to the Second World War, Teil I (1500-1848), 2 Bde, White Plains, New York 1993

Cullen 1983
Michael S. Cullen: Der Reichstag. Geschichte eines Monumentes, Berlin 1983

Cullen/Kieling
Michael S. Cullen und Uwe Kieling: Der Deutsche Reichstag. Geschichte eines Parlaments. Berlin 1992

Curtius 1921
Ernst Robert Curtius: Deutsch-französische Kulturprobleme, in: Der Neue Merkur, 5. Juni 1921, 3, S. 145-155

Curtius 1922
Ernst Robert Curtius: Français et Allemands peuvent-ils se comprendre? Réponse à Pierre Mille, in: La Revue de Genéve, Dezember 1922, 30, S. 714-725

Curtius 1928
Ernst Robert Curtius: Die französische Kulturidee, in: Deutsch-Französische Rundschau, Bd. 1, Oktober 1828, 10, S. 827-848

Curtius 1928
Ernst Robert Curtius: Wandlungen des französischen Kulturbewußtseins, in: Deutsch-französische Rundschau, Bd. 1, September 1928, 9, S. 723-745

Curtius 1931
Ernst Robert Curtius: Die französische Kultur. Eine Einführung, Stuttgart und Berlin 1931, Bd. 1

Daly 1842
César Daly: Du projet de l'achèvement de la cathédrale de Cologne, Paris 1842

Dammer 1994
Karl-Heinz Dammer: Pressezeichnung und Öffentlichkeit im Frankreich der Fünften Republik (1958-1990). Untersuchungen zur Theorie und gesellschaftlichen Funktion der Karikatur, Münster und Hamburg 1994

Dann 1983
Otto Dann: Die Dombau-Bewegung und die Kölner Gesellschaft in der ersten Hälfte des 19. Jahrhunderts, in: ders. (Hrsg.): Religion – Kunst – Vaterland. Der Kölner Dom im 19. Jahrhundert, Köln 1983, S. 78-95

David 1993
R. David: Alphonse de Lamartine. La politique et l'histoire, Paris 1993

Decamps 1835
Alexandre Decamps: Salon de 1833, in: Revue républicaine, 1835, Bd. 4, S. 168

Défense 1983
La perspective de la Défense dans l'art et l'histoire, hrsg. von Archives Départementales des Hauts-de-Seine, Nanterre 1983

Delacroix 1878
Eugène Delacroix: Lettres, hrsg. von Philippe Burty, Paris 1878

Delalain 1874
Edouard Delalain: Le siège de Paris, journal historique et anecdotique, Paris 1874

Delinière 1989
Jean Delinière: Karl Friedrich Reinhard (1761-1837). Ein deutscher Aufklärer im Dienste Frankreichs, Stuttgart 1989

Delporte (1991)
Christian Delporte: Dessinateurs de presse et dessin politique en France des années 20 à la libération. 4 Bde. Unveröffentlichte, vom Pariser Institut d'Etudes politiques angenommene Dissertation (1991)

Delporte (1995)
Christian Delporte: Images d'une guerre franco-française: la caricature au temps de l'Affaire Dreyfus, in: French Cultural Studies, VI (1995), S. 221-248

Delporte 1993
Christian Delporte: Les crayons de la propagande. Dessinateurs et dessin politique sous l'occupation, Paris 1993

Demm 1988
Eberhard Demm (Hrsg.): Der Erste Weltkrieg in der internationalen Karikatur, Hannover 1988

Der Patriot 1903
Der Patriot – Mitteilungen des deutschen Patriotenbundes, Leipzig, 15.1.1903

Deutsches Museum 1975
Deutsches Museum, hrsg. von Friedrch Schlegel, Wien 1812-1823. Mit einem Nachwort zur Neuausgabe von Ernst Behler, Stuttgart und Darmstadt 1975

Devèche 1981
André Devèche: Das Schloß der Tuilerien und seine Gärten, Paris 1981

Dieckhoff 1980
Reiner Dieckhoff: Die konkrete Utopie, in: Kat. Köln 1980, Bd. 1, S. 259-285; Vom Geist geistloser Zustände. Aspekte eines deutschen Jahrhunderts, Bd. 2, S. 63-105, hier bes. 64-70

Diehl 1903
D. Diehl: Die Auffindung des Baurisses zum Kölner Dom im »Trauben«, in: Darmstädter Täglicher Anzeiger, 9.9.1903

Dietrich 1995
Oliver E. Dietrich: »Für keinen – gegen alles, was morsch ist«. Die politische Karikatur im Gegen-Simplicissimus (Der Simplicus/Der Simpl) im Prager Exil 1934 und 1935, München 1995 (unveröffentlichte Magisterarbeit)

Diximier 1974
Elisabeth und Michel Diximier: L'Assiette au Beurre. Revue satirique illustrée 1901-1912, Paris 1974

Dohme 1850
Robert Dohme: Beschreibung der Burg Stolzenfels. Zur Erinnerung für Rhein-Reisende, Berlin 1850

Dorbec 1928
Prosper Dorbec: Guide du Musée Carnavalet, Paris 1928

Dorbec 1929
Prosper Dorbec: L'histoire de Paris au Musée Carnavalet, Paris 1929

Dorra 1977
Henri Dorra: Die französischen »Nazarener«, in: Kat Frankfurt 1977, S. 337-354

Dumas 1854f.
Alexandre Dumas (Vater): Souvenirs de 1830 à 1842, 4 Bde, Paris 1854f.

Duprat 1995
Annie Duprat: »La meilleure des républiques?«, in: L'An I, et l'apprentissage de la démocratie, Saint-Denis 1995, S. 463-475

Duranty 1878
Edmond Duranty: Les Ecoles étrangères: Allemagne, in: Gazette des Beaux-Arts, 17, 1878

Duranty 1880
Edmond Duranty: Adolphe Menzel, in: Gazette des Beaux-Arts, 21, 1880, S. 201f.; 22, 1880, S. 105f.

Duranty 1946
Edmond Duranty: La nouvelle Peinture (1876), hrsg. von Marcel Guérin, Paris 1946

Düsseldorfer Monatshefte 1979
Düsseldorfer Monatshefte, Nachdruck, Jg. 1/2, 1847/1849. Mit einem Nachwort von Karl Riha und Gerhard Rudolph, Düsseldorf 1979

Eberhardt 1988
Hans Eberhardt: Weimar zur Goethezeit. Gesellschafts- und Wirtschaftsstruktur, Weimar 1988

Echard 1985
William E. Echard (Hrsg.): Historical Dictionary of the French Second Empire, 1852-1870, Westport 1985

Eckermann 1885
Johann Peter Eckermann: Gespräche mit Goethe in den letzten Jahren seines Lebens, 3 Bde., Leipzig 1885

Ege 1990
Konrad Ege: Karikatur und Bildsatire im Deutschen Reich: Der Wahre Jacob Hamburg 1879/80, Stuttgart 1884-1914. Mediengeschichte, Mitarbeiter, Chefredakteure, Grafik, Münster und Hamburg 1990

Eggers 1871
Karl Eggers: Die Siegesstraße in Berlin beim Einzuge des Kaisers Wilhelm mit den Deutschen Truppen am 16. Juni 1871, Berlin 1871

Eggli 1927
Edmond Eggli: Schiller et le romantisme français, Paris 1927, Bd. 2

Eichholz 1980
Renate Eichholz: Sulpiz Boisserée und der Dom zu Köln. Versuch einer Biographie, in: Kat Köln 1980, S. 17-23

Enzensberger 1986
Hans Magnus Enzensberger (Hrsg.): Ludwig Börne und Heinrich Heine. Ein deutsches Zerwürfnis, Nördlingen 1986

Ersch/Gruber 1838
Johann Samuel Ersch und Johann Gottfried Gruber (Hrsg.): Allgemeine Encyklopädie der Wissenschaften und Künste, 3. Sektion, 10. Theil, Leipzig 1838, S. 142

Esner 1991
Rachel Esner: Regards français sur la peinture allemande à l'Exposition Universelle de 1855, in: Romantisme. Revue du dix-neuvième siècle, 3, 1991, 73, S. 103-112

Espagne 1991
Michel Espagne: Kant français, in: Romantisme. Revue du dix-neuvième siècle, 3, 1991, 73, S. 129f.

Espagne/Lagier/Werner 1991
Michel Espagne, Françoise Lagier und Michael Werner: Le maître de langues. Les premieres enseignants d'allemand en France (1830-1850), Paris 1991

Espagne/Werner 1990
Michel Espagne und Michael Werner (Hrsg.): Lettres d'Allemagne. Victor Cousin et les hégéliens, Charente 1990

Estermann 1971
Alfred Estermann (Hrsg.): Deutsche Revue, Deutsche Blätter. Zwei Zeitschriften des Jungen Deutschland, Frankfurt a. M. 1971

Estermann 1972
Alfred Estermann (Hrsg.): Politische Avantgarde 1830-1840. Eine Dokumentation zum »Jungen Deutschland«, Frankfurt a. M. 1972

Estermann 1981
Alfred Estermann (Hrsg.): Frankfurter Latern von Friedrich Stoltze und Ernst Schalck. Gesamtausgabe der Jahrgänge 1860-1871 in vier Bänden, Vaduz 1981

Europa 1963
Europa. Eine Zeitschrift, hrsg. von Friedrich Schlegel, 2 Bde. Frankfurt 1804-1805. Mit einem Nachwort zu Neuausgabe von Ernst Behler, Stuttgart und Darmstadt 1963

Ewals 1980
Leo Ewals: Ary Scheffer, le peintre poète, in: L'Oeil. November 1980, 3, S. 36-43

Exposition de Paris (1889)
Exposition de Paris (1889), 4 Bde., Paris 1889

Faris 1980
Alexander Faris: Jacques Offenbach, London und Boston, 1980

Faye 1989
Jean-Pierre Faye: Die Revolution der Menschenrechte, in: Die Zeit, Nr. 22, 26.5.1989

Febvre 1994
Lucien Febvre: Der Rhein und seine Geschichte, hrsg. von Peter Schöttler, Frankfurt a. M. und New York 1994

Feilchenfeldt 1979
Konrad Feilchenfeldt: Runge – der patriotische Künstler, in: Runge. Fragen und Antworten. Ein Symposion der Hamburger Kunsthalle, München 1979

Felix 1930
Salomon Felix: Die Faustillustrationen von Cornelius und Delacroix. Eine Parallele, Phil. Diss. Würzburg 1930

Femmel 1971
Gerhard Femmel (Bearb.): Corpus des Goethezeichnungen, Leipzig 1971

Fontane 1962ff.
Theodor Fontane: Werke, Schriften und Briefe, hrsg. von Walter Keitel und Helmuth Nürnberger, München 1962f., Abt. 4: Briefe, Bd. 2

Fontane 1993
Theodor Fontane: Kriegsgefangen. Erlebtes 1870, hrsg. von Otto Drude, Frankfurt a. M. 1993

Fontane 1994
Theodor Fontane: Tagebücher 1866-1882. 1884-1898, hrsg. von Gotthard Erler unter Mitarbeit von Therese Erler, Berlin 1994

Fontane D 6
Notizbuch Theodor Fontanes D 6, Deutsche Staatsbibliothek in der Stiftung Preußischer Kulturbesitz, z.Z. als Leihgabe im Theodor-Fontane-Archiv, Potsdam

Forster-Hahn 1985
Françoise Forster-Hahn: »La Confraternité de l'art«: Deutsch-französische Ausstellungspolitik von 1871 bis 1914, in: Zeitschrift für Kunstgeschichte, 1985, Bd. 48, S. 506-537

Fortoul 1841f.
Hippolyte Fortoul: De l'art en Allemagne, 2 Bde., Paris 1841f.

Foucart 1987
Bruno Foucart: Le renouveau de la peinture religieuse en France, Paris 1987

Frauberger 1878
Heinrich Frauberger: Kunst- und Haus-Industrie auf der Weltausstellung in Philadelphia 1876, Leipzig 1878

Frenzel 1968
Karl Frenzel: Die Wandgemälde Wilhelm von Kaulbach's im Treppenhaus des Neuen Museums zu Berlin, Berlin 1869

Friedenthal 1963
Richard Friedenthal: Goethe. Sein Leben und seine Zeit, München 1963

Fuchs (1903)
Eduard Fuchs: Die Karikatur der europäischen Völker vom Jahre 1848 bis zur Gegenwart, Berlin (1903)

Fuchs 1991
Peter Fuchs: Chronik zur Geschichte der Stadt Köln, Köln 1991, Bd. 2

Furet/Ozouf 1988
François Furet und Mona Ozouf: Dictionnaire critique de la Révolution française, Paris 1988

Gaehtgens 1984
Thomas W. Gaehtgens: Versailles als Nationaldenkmal. Die Galerie des Batailles im Musée Historique von Louis-Philippe, Antwerpen 1984

Gaillard 1981
Marc Gaillard: Paris au XIXe siècle, Paris und Marseille 1981

Galerie der Romantik 1987
Galerie der Romantik, Nationalgalerie Staatliche Museen Preußischer Kulturbesitz, Berlin 1987 (2)

Gall 1993 (a)
Lothar Gall: Germania. Eine deutsche Marianne? Une Marianne allemande? Bonn 1993

Gall 1993 (b)
Lothar Gall: Die Germania als Symbol nationaler Identität im 19. und 20. Jahrhundert (Nachrichten der Akademie der Wissenschaften in Göttingen, I. Philologisch-Historische Klasse) Göttingen 1993

Galley (1958)
E. Galley: Heine und der Kölner Dom, in: Deutsche Vierteljahresschrift für Literaturwissenschaft und Geistesgeschichte, 32 (1958), S. 99-110

Gamber 1983
Ortwin Gamber: Romantische Harnische des 18. Jahrhunderts in Wien, in: Jahrbuch der Kunsthistorischen Sammlungen in Wien, Wien 1983

Gardes 1990
Jean-Claude Gardes: L'Image de la France dans la presse satirique allemande (1870-1970), Bd. 3, Paris 1990

Gardes 1994
Jean-Claude Gardes: Quand la France devient un ennemi familier: a propos de l'image de la France dans les caricatures du »Kladderadatsch« durant l'ère wilhelmienne, in: Jean-Claude Gardes und Daniel Poncin (Hrsg.): L'Etranger dans l'image satirique. La licorne, Poitiers 1994, S. 97-114

Gardes 1995
Jean-Claude Gardes: Le peuple français est un allié. L'image de la France dans l'organe satirique socialiste »Der Wahre Jacob« (1884-1914), in: Abret/Grunewald 1995, S. 119-138

Gärtner 1988
Hannelore Gärtner: Goerg Friedrich Kersting, Leipzig 1988

Gaulle 1934
Charles de Gaulle: Vers l'armée de métier, Paris 1934

Gautherin 1994
Véronique Gautherin: Die Skulptur, in: Kat. Essen 1994, S. 185-199

Geck/Schleuning 1989
Martin Geck und Peter Schleuning: »Geschrieben auf Bonaparte«. Beethovens Eroica: Revolution, Reaktion, Rezeption, Hamburg 1989

Georgel 1989
Chantal Georgel: Une icône républicaine. Rouget de Lisle chantant La Marseillaise par Isidore Pils 1849, Paris 1989

Gerard 1989
A. Gerard: Trikolore, phrygische Mütze und Marseillaise, in: Kat. Duisburg 1989, S. 29-36

Germann 1974
Georg Germann: Neugotik. Geschichte ihrer Architekturtheorie, Stuttgart 1974

Goethe 1888ff.
Goethes Sämtliche Werke, hrsg. im Auftrag der Großherzogin Sophie von Sachsen-Weimar (Weimarer Ausgabe), Weimar 1888ff.

Goldschneider 1989
Cécile Goldschneider: Auguste Rodin. Catalogue raisonné de l'oeuvre sculpté. Bd. 1: 1840-1880, Paris 1989

Goncourt (1866ff.)
Goncourt, Edmond und Jules: Journal. Mèmoires de la vie littéraire, hrsg. von Robert Ricatte, Bd. 2, Paris (1866-1886)

Gonse 1885
Louis Gonse: Exposition Adolphe Menzel à Paris, in: Gazette des Beaux-Arts, 27, 1885, 31, S. 512 f.

Gourdon 1994
Suzanne Gourdon: L'image de la France dans la »Jugend« à l'époque wilhelmienne, in: Jean-Claude Gardes und Daniel Poncin (Hrsg.): L'Etranger dans l'image satirique. La licorne, Poitiers 1994, S. 115-133

Grab 1973
Walter Grab: Leben und Werke deutscher Jakobiner, Stuttgart 1973

Graf 1991
Gerhard Graf: Die Völkerschlacht bei Leipzig in zeitgenössischen Berichten. Zu einem Lesebuch zusammengestellt und erläutert von Gerhard Graf, Berlin und Leipzig 1991

Grätsch (1973/74)
Annie Grätsch: Die Auseinandersetzung Sulpiz Boisserées mit der Pariser Geisteswelt um den Kölner Dom, in: Kölner Domblatt 38/39 (1973/74), S. 161-164

Grimm 1885
Grimms Deutsches Wörterbuch, Leipzig 1885, Bd. 6, Sp. 681f.

Grimm 1890
Jacob Grimm: Kleinere Schriften, Gütersloh 1890, Bd. 8: Vorreden, Zeitgeschichtliches und Persönliches

Grimm 1913
Ludwig Emil Grimm: Erinnerungen aus meinem Leben, hrsg. und ergänzt von Adolf Stoll, Leipzig 1913

Grosser 1992
Thomas Grosser: Der romantische Rheinmythos. Die Entdeckung einer Landschaft zwischen Politik und Tourismus, in Kat. Ludwigshafen 1992, S. 11-39

Grote 1967
Bernd Grote: Der deutsche Michel. Ein Beitrag zur publizistischen Bedeutung der Nationalfiguren, Dortmund 1967

Gruber 1805
Johann Gottfried Gruber: Friedrich Schiller, Leipzig 1805

Günther 1993
Gitta Günther (Hrsg.): Weimar. Lexikon zur Stadtgeschichte, Weimar 1993

Haese/Schütte 1989
Klaus Haese und Wolfgang U. Schütte: Frau Republik geht pleite, Leipzig 1989

Hamel 1889
Maurice Hamel: Exposition universelle: Les Ecoles étrangères de peintures: Allemagne, in: Gazette des Beaux-Arts, 31, 1889, S. 225f.

Harms 1993
Ute Harms: »...Und das nennen Sie eine Republik?!!!« Politische Karikatur in Hamburg um 1848, Münster und Hamburg 1993

Hartmann (1980)
W. Hartmann: Historische Wahrheit – künstlerische Weihe. Der historische Festzug zur Einweihung des Kölner Domes und die Wandbilder im Gürzenich, in: Wallraf-Richartz-Jahrbuch 41 (1980)

Hartmann 1980
W. Hartmann: Der historische Festzug zur Einweihung des Kölner Domes, in: Kat. Köln 1980, Bd. 2, S. 140-149

Haupts 1988
Leo Haupts: Die Kölner Dombaufeste 1842-1880 zwischen kirchlicher, bürgerlich-nationaler und dynastisch-höfischer Selbstdarstellung, in: Dieter Düding, Peter Friedemann und Paul Münch (Hrsg.): Öffentliche Festkultur. Politische Feste in Deutschland von der Aufklärung bis zum Ersten Weltkrieg, Reinbeck 1988

Hecker 1904
Max Hecker (Hrsg.): Schillers Persönlichkeit. Urteile der Zeitgenossen und Dokumente, 1. Teil, Weimar 1904

Heesemann-Wilson 1980
Andrea Heesemann-Wilson: Henri Fantin-Latours »Rheingold«, in: Jahrbuch der Hamburger Kunstsammlungen, Bd. 25, 1980, S. 103-116

Heide 1943
Walther Heide (Hrsg.): Handbuch der Zeitungswissenschaft, Lieferung 7, Leipzig 1943

Heine 1970ff.
Heinrich Heine: Werke, Briefwechsel, Lebenszeugnisse, hrsg. von den Nationalen Forschungs- und Gedenkstätten der Klassischen deutschen Literatur in Weimar und dem Centre National de la Recherche Scientifique in Paris (Säkularausgabe in 20 Bänden), Berlin und Paris 1970ff.

Heinrich-Jost 1982
Ingrid Heinrich-Jost (Hrsg.): Kladderadatsch. Die Geschichte eines Berliner Witzblattes von 1848 bis ins Dritte Reich, Köln 1982

Hellfaier 1975
Karl-Alexander Hellfaier: Die Bandel-Sammlung der Lippischen Landesbibliothek Detmold in einer Dokumentation, Detmold 1975

Herding/Reichardt 1989
Klaus Herding und Rolf Reichardt: Die Bildpublizistik der Französischen Revolution, Frankfurt a. M. 1989

Hermand 1988
Jost Hermand: Der alte Traum vom neuen Reich. Völkische Utopien und Nationalsozialismus, Frankfurt a. M. 1988

Hermand 1992
Jost Hermand: Allons enfants de la musique. Pariser Revolution und Wiener Klassik, in: Klaus Siebenhaar u.a. (Hrsg.): Vergangene Zukunft, Bonn 1992

Herwegh 1977
Herweghs Werke in einem Band, hrsg. H. G. Werner, Berlin und Weimar 1977

Heuvel 1988
G. van Heuvel: Der Freiheitsbegriff der Französischen Revolution. Studien zur Revolutionsideologie, Göttingen 1988

Heyck 1898
Eduard Heyck: Die Allgemeine Zeitung 1798-1898, München 1898

Heyden-Rynsch 1992
Verena von der Heyden-Rynsch: Europäische Salons: Höhepunkte einer versunkenen weiblichen Kultur, München 1992

Hickethier 1981
Knuth Hickethier: Karikatur, Allegorie und Bilderfolge. Zur Bildpublizistik im Dienste der Arbeiterbewegung, in: P. von Rüden u.a. (Hrsg): Beiträge zur Kulturgeschichte der deutschen Arbeiterbewegung 1848-1918, Frankfurt a.M., Wien und Zürich 1981, S. 79-165

Hillmer 1975
Heinz Hillmer: Ein Bild ging um die Welt. 75 Jahre Germania-Briefmarken, in: Archiv für deutsche Postgeschichte, 1975, 1, S. 96-101

Himmelheber 1973
Georg Himmelheber: Die Kunst des deutschen Möbels, Bd. 3: Klassizismus, Historismus, Jugendstil, München 1973

Hinck 1983
W. Hinck: Der Kölner Dom in der deutschen Literatur seit der Epoche des Vormärz, in: Otto Dann (Hrsg): Religion – Kunst – Vaterland. Der Kölner Dom im 19. Jahrhundert, Köln 1983, S. 121-133

Hippel 1841
Theodor Gottlieb Hippel: Beiträge zur Charakteristik Friedrich Wilhelms III., Bromberg 1841

Historisches Museum Dreden 1985
Historisches Museum Dresden: Staatliche Kunstsammlungen, Dresden 1985

Höcker 1986
Karla Höcker: Oberons Horn. Das Leben von Carl Maria von Weber, Berlin 1986

Hoefer 1983
Frank Thomas Hoefer: Pressepolitik und Polizeistaat Metternichs. Die Überwachung von Presse und politischer Öffentlichkeit in Deutschland und den Nachbarstaaten durch das Mainzer Informationsbüro (1833-1848), München, New York, London und Paris 1983

Hoffmann 1976
Detlef Hoffmann: Ein Krieg wird ausgestellt. Die Weltkriegssammlung des Historischen Museums (1914-18), Inventarkatalog, Frankfurt a. M. 1976

Hoffmann 1989
Detlef Hoffmann: Germania. Die vieldeutige Personifikation einer deutschen Nation, in: Kat. Nürnberg 1989, S. 137-155.

Hoffmann 1988
E.T.A. Hoffmann: Gesammelte Werke in Einzelausgaben, Bd. 9: Schriften zur Musik. Singspiele, Berlin und Weimar 1988

Hollweck 1973
Ludwig Hollweck: Karikaturen. Von den Fliegenden Blättern zum Simplicissimus 1844 bis 1914, München 1973

Hossfeld (1913)
Oskar Hossfeld: Das Reichstags-Gebäude in Berlin von Paul Wallot, Leipzig o.J. (1913)

Houben 1906
Heinrich Hubert Houben (Hrsg.): Bibliographisches Repertorium, Bd. 3: Zeitschriften des Jungen Deutschland. Erster Teil, Berlin 1906

Hubatsch 1983
Walther Hubatsch (Hrsg): Grundriß zur deutschen Verwaltungsgeschichte 1815-1945 Bd. 22, Zweiter Teil: Das Reichsland Elsaß-Lothringen. Marburg/Lahn 1983

Huber 1957
Ernst Rudolf Huber (Hrsg.): Deutsche Verfassungsgeschichte seit 1789. Bd.1: Reform und Restauration 1789 bis 1830, Stuttgart 1957

Huber 1982
Ernst Rudolf Huber (Hrsg.): Deutsche Verfassungsgeschichte seit 1789, Bd. 4: Struktur und Krisen des Kaiserreichs, Stuttgart, Berlin, Köln und Mainz 1982

Huchard 1989
Viviane Huchard: Galerie David d'Angers, Angers 1989

Hugo 1964
Victor Hugo: Oeuvres politiques complètes, hrsg. von F. Bouquet, Paris 1964

Humboldt 1916
Wilhelm von Humboldt: Gesammelte Schriften, Bd. 14: Tagebücher, Bd. 1, Berlin 1916

Hutter 1995
Peter Hutter: Zur Baugeschichte des Völkerschlachtdenkmals in Leipzig, in: Katrin Keller und Hans-Dieter Schmid (Hrsg.): Vom Kult zur Kulisse. Das Völkerschlachtdenkmal als Gegenstand der Geschichtskultur, Leipzig 1995

Hüttinger 1970
Eduard Hüttinger: Der Schiffbruch. Deutung eines Bildmotivs, in: Beiträge zur Motivkunde des 19. Jahrhunderts, hrsg. v. der Fritz-Thyssen-Stiftung, München 1970

Igersheim 1982
François Igersheim: Strasbourg Capitale du Reichsland. Le gouvernement de la Cité et la politique municipale, in: Georges Livet und Francis Rapp (Hrsg.): Histoire de Strasbourg des origines à nos jours. Collection Histoire des villes d'Alsace, Strasbourg 1982, S. 199-217

Informationsblatt Vizille 1992
Découverte peinture, hrsg. vom Musée de la Révolution Française, Château de Vizille, 1992: Nanine Vallain, La Liberté. Service éducatif

Iwitzki 1994
Angelika Iwitzki: Europäische Freiheitskämpfe. Das merkwürdige Jahr 1848. Eine neue Bilderzeitung von Gustav Kühn in Neuruppin, Berlin 1994

Jaroschka 1992
Gabriele Jaroschka: Lernziel: Untertan. Ideologische Denkmuster in Lesebüchern des Deutschen Kaiserreichs, München 1992

Jeismann 1992
Michael Jeismann: Das Vaterland der Feinde. Studien zum nationalen Feindbegriff und Selbstverständnis in Deutschland und Frankreich 1792-1918, Stuttgart 1992

Jensen 1974
Jens Christian Jensen: Caspar David Friedrich. Leben und Werk, Köln 1974

Jensen 1982
Jens Christian Jensen: Adolph Menzel, Köln 1982

Jones 1956
Philippe Jones: La Presse satirique illustrée entre 1860 et 1890, Paris 1956

Jordan 1905
Max Jordan: Das Werk Adolph Menzels, München 1905

Jouin 1890
Henry Jouin: David d'Angers et ses relations littéraires. Correspondance du maitre avec Victor Hugo, Lamartine, Chateaubriand, de Vigny, Lamennais, Balzac, Charlet, Louis et Victor Pavie, Lady Morgan, Cooper, Humboldt, Rauch, Tieck, Berzelius, Schlegel etc, Paris 1890

Jullien 1988
Pierre Jullien: Le Musée Postal de Paris: une dation de 12 millions de francs, in: Le Monde de philatélistes, Juni 1988, Nr 420ff.

Kackowsky 1929
Hans Kackowsky: National-Galerie. Führer durch die Bildnis-Sammlung, (Berlin) 1929

Kahn 1980
Dorothea Kahn: Cotta und das 19. Jahrhundert. Ständige Ausstellung des Schiller-Nationalmuseums und des Deutschen LIteraturarchivs Marbach a. N., Marbach a. N. 1980

Kaiser 1993
Dorothea Kaiser: Die Beethovenskulpturen Antoine Bourdelles. Magisterarbeit der Phil. Fak. der Rheinischen Friedrich-Wilhelms-Universität zu Bonn, 1993

Kamphausen 1941
Alfred Kamphausen: Asmus Jakob Carstens, Neumünster in Holstein 1941

Kant 1912ff.
Kant's gesammelte Schriften, hrsg. von der Königlichen Preußischen Akademie der Wissenschaften, Bd. 8: Abhandlungen nach 1781, Berlin-Leipzig 1912, Bd. 12.3: Kant's Briefwechsel, Berlin-Leipzig 1922, S. 263f.

Kaufmann 1948
Hans Kaufmann: Die Kölner Domfassade, in: Der Kölner Dom, Festschrift zur Siebenhundertjahrfeier 1248-1948, hrsg. vom Zentral-Dombau-Verein, Köln 1948, S. 78-137 und Taf. 10-15

Keen 1986
Sam Keen: Gesichter des Bösen. Über die Entstehung unserer Feindbilder, München 1986

Keisch 1979
Claude Keisch: Chronologie des Weimarer »Rodin-Skandals«, in: Kat. Berlin 1979 (b), S. 68-74

Killy 1996
Walther Killy: Von Berlin bis Wandsbeck. Zwölf Kapitel deutscher Bürgerkultur um 1800, München 1996

Killy/Perels 1993
Walther Killy und Christoph Perels (Hrsg.): Die deutsche Literatur. 18. Jahrhundert. Texte und Zeugnisse, München 1993

Kleist 1962
Heinrich von Kleist: Sämtliche Werke und Brief, 2 Bde., hrsg. von Helmut Semdner, Darmstadt 1962

Kleßmann 1977
Eckart Kleßmann: Die Welt der Romantik, München 1977

Koch 1978
Ursula E. Koch: Berliner Presse und europäisches Geschehen 1871. Eine Untersuchung über die Rezeption der großen Ereignisse im ersten Halbjahr 1871 in den politischen Tageszeitungen der deutschen Reichshauptstadt, Berlin 1978

Koch 1991
Ursula E. Koch: Vom Völkerfrühling zum deutsch-französischen Krieg (1848 bis 1870/71). Das Bild des Nachbarn im satirischen Vergleich am Beispiel der Pariser Tageszeitung Le Charivari und des Berliner Wochenblattes Kladderadatsch in: Rütten/Jung/Schneider 1991, S. 422-431

Koch 1992
Ursula E. Koch: Zwischen Narrenfreiheit und Zwangsjacke: Das illustrierte französische Satire-Journal 1830-1881, in: Kat. Mainz 1992

Koch 1995
Ursula E. Koch: Eduard Fuchs und das politische Arbeiter-Witzblatt »Süddeutscher Postillon« (1892-1901), in: Ridiculosa, Nr. 2, Brest 1995, S. 77-108

Koch 1995
Ursula E. Koch: La presse et son public à Paris et à Berlin (1848/49). Une étude exploratoire, in: Ilja Mieck, Horst Möller, Jürgen Voss (Hrsg.): Paris und Berlin in der Revolution 1848, Sigmaringen 1995, S. 56 f. u. 74 f.

Koch/Sagave 1984
Ursula E. Koch und Pierre-Paul Sagave: Le Charivari. Die Geschichte einer Pariser Tageszeitung im Kampf um die Republik (1832-1882). Ein Dokument zum deutsch-französischen Verhältnis, Köln 1984

Koetschau 1926
Karl Koetschau: Rheinische Malerei der Biedermeierzeit, Düsseldorf 1926

Kohut 1891
Adolph Kohut: Theodor Körner. Sein Leben und seine Dichtungen, Berlin 1891

Kolb 1989
Eberhard Kolb: Der Weg aus dem Krieg. Bismarcks Politik im Krieg und die Friedensanbahnung 1870/71, München 1989

Kolbe 1863
Georg Kolbe: Geschichte der Königlichen Porcellanmanufactur zu Berlin, Berlin 1863

Konrad 1987
Ulrich Konrad: Robert Schumann und Richard Wagner, Studien und Dokumente, in: Augsburger Jahrbuch für Musikwissenschaft, 4. Jg., 1987, S. 228f.

Kortländer 1985
B. Kortländer: La crise franco-allemande de 1840, in: Kat. Paris 1985, S. 150-156

Koszyk 1966
Kurt Koszyk: Deutsche Presse im 19. Jahrhundert, Berlin 1966

Koszyk 1985
Kurt Koszyk: Deutsche Karikatur im Vormärz und in der Märzrevolution 1848/49, in: Gerhard Langemeyer, Gerd Unverfehrt, Herwig Guratzsch und Christoph Stölzl (Hrsg.): Mittel und Motive der Karikatur in fünf Jahrhunderten. Bild als Waffe, München 1985 (2., korrigierte Aufl.) S. 415-423

Kracauer 1976
Siegfried Kracauer: Schriften, hrsg. von Karsten Witte, Bd. 8: Jacques Offenbach und das Paris seiner Zeit, Frankfurt 1976

Kramp 1995
Mario Kramp: Ein Kölner in Paris. Franz-Christian Gau, Baumeister und Archäologe (1789-1853), in: Werner Greiling und Michel Espagne (Hrsg.): Frankreichfreunde. Träger des französischen-deutschen Kulturtransfers, Leipzig 1995

Krumeich 1993
Gerd Krumeich: Jeanne d'Arc-Kult und politische Religiosität in Frankreich nach 1870, in: Wolfgang Schieder (Hrsg.): Religion und Gesellschaft im 19. Jahrhundert, Stuttgart 1993

Kruse 1983
Joseph A. Kruse: Heinrich Heine. Leben und Werk in Daten und Bildern, Frankfurt a. M. 1983

Kügelgen 1904
Constantin von Kügelgen: Gerhard von Kügelgen als Porträt- und Historienmaler, Stuttgart 1904

Kugler 1847
Franz Kugler: Handbuch der Geschichte der Malerei seit Konstantin dem Großen, Berlin 1847, Bd. 2

Kugler 1854
Franz Kugler: Die Loreley des Hrn. Prof. Begas (Museum 1835, No. 48), in: Kleine Schriften und Studien zur Kunstgeschichte. Dritter Theil, Stuttgart 1854, S. 140-142

Laforgue 1884
Jules Laforgue: Correspondance de Berlin (Über die Ausstellung in der Nationalgalerie), in: Gazette des Beaux-Arts, 26, 1884, 30, S. 76f.

Laforgue 1979
Jules Laforgue: Les Complaintes suivies des premiers poèmes. Edition présentée, établie et annotée par Pascal Pia, Paris 1979

Lagarde/Fierro 1991
P. de Lagarde und A. Fierro: Vie et histoire du XVIIIe arrondissement, Paris 1991

Lagarde/Michard 1985
André Lagarde und Laurent Michard: XIXe siècle, les grands auteurs français du programme, anthologie et histoire littéraire, Paris 1985

Lamartine 1836
Alphonse de Lamartine: Jocelyn, Paris 1836

Lamennais 1972
Félicité Robert de Lamennais: De l'Art et du Beau,

Paris 1972 (Neuauflage der in Esquisse d'une philosophie, 1841, enthaltenen Kapitel)

Lammel 1995
Gisold Lammel: Deutsche Karikaturen. Vom Mittelalter bis heute, Stuttgart und Weimar 1995

Lauvrière 1909
Emile Lauvrière: Alfred de Vigny, sa vie, son oeuvre, Paris 1909

Laveissière 1986
Sylvain Laveissière: Prud'hon: La justice et la vengeance divine poursuivant le crime, Paris 1986

Laxner-Gerlach 1974
Uta Laxner-Gerlach: Von der Heydt-Musum Wuppertal. Katalog der Gemälde des 19. Jahrhunderts, Wuppertal 1974

Leenhardt/Picht 1989
Jacques Leenhardt und Robert Picht (Hrsg.): Esprit – Geist. 100 Schlüsselbegriffe für Deutsche und Franzosen, Zürich 1989

Lefebvre 1987
Joël Lefebvre (Hrsg.): La Révolution française vue par les Allemands, Lyon 1987

Legner 1978
Anton Legner (Hrsg.): Die Parler und der schöne Stil 1350-1400, in: Kat. Köln 1978, S. 146-151

Lehmann 1966
Hartmut Lehmann: Friedrich von Bodelschwingh und das Sedanfest, in: Historische Zeitschrift, 1966, 202, S. 543-573

Leiner 1991
Wolfgang Leiner: Das Deutschlandbild in der französischen Literatur, Darmstadt 1991 (2. erw. Aufl.)

Leith 1989
J.A. Leith: Allégorie et symbole dans la Révolution française, in: Kat. Quebec 1989, S. 95-113

Lenz 1986
Christian Lenz: Max Liebermann. »Münchner Biergarten«, München 1986

Levallain/Riemenschneider 1990
Philippe Levallain und Reiner Riemenschneider: La Guerre de 1870/71 et ses concéquences, Bonn 1990

Liebermann 1922
Max Liebermann: Gesammelte Schriften, Berlin 1922

LIMC 1988
Lexicon Iconographicum Mythologiae Classicae, München und Zürich 1988

Linkenheil 1962
Rolf-Dieter Linkenheil: Die »Revue des Deux Mondes« und Deutschland. Zeitgenössische französische Kommentare zu den politischen Vorgängen in und um Deutschland der Jahre zwischen 1830 und 1871, München 1962

Livret explicatif 1872
Livret explicatif des tableaux historiques représentant les épisodes civils et militaires du siège de Paris 1870-71, Paris 1872

Louvre 1972
Catalogue des peintures du Musée du Louvre I. École française. Paris 1972

Loyrette 1986
Henry Loyrette: Gustave Eiffel, Paris 1986

Lutterotti 1985
Otto R. von Lutterotti: Joseph Anton Koch. Leben und Werk. Mit einem vollständigen Werkverzeichnis, Wien und München 1985

Lützeler 1992
Paul Michael Lützeler: Die Schriftsteller und Europa. Von der Romantik bis zur Gegenwart, München 1992

Maas 1995
Anette Maas: Der Kult der toten Krieger. Frankreich und Deutschland nach 1870/71, in: Etienne François, Hannes Siegrist und Jakob Vogel (Hrsg.): Nation und Emotion. Deutschland und Frankreich im Vergleich. 19. und 20. Jahrhundert, Göttingen 1995

Machtan 1994
Lothar Machtan (Hrsg.): Bismarck und der deutsche National-Mythos, Bremen 1994

Maertens 1892
Hermann Maertens: Die deutschen Bildsäulen – Denkmale des XIX. Jahrhunderts, Stuttgart 1892

Mai/Pohl/Waetzold 1982
Ekkehard Mai, Hans Pohl und Stephan Waetzoldt (Hrsg.): Kunstpolitik und Kunstförderung im Kaiserreich. Kunst im Wandel der Sozial- und Wirtschaftsgeschichte, Berlin 1982

Maneglier 1990
Hervé Maneglier: Paris impérial. La vie quotidienne sous le Second Empire, Evreux 1990

Marchand 1993
Bernard Marchand: Paris. Histoire d'une ville, Paris 1993

Mardersteig 1950/52
F. Mardersteig (sic): Friedrich Wilhelm Martersteig, ein Weimarer Historienmaler 1814-1899, Typoskript Weimar 1950/52

Marix-Spire 1954
Thérèse Marix-Spire: Les Romantiques et le musique, Paris 1954

Markow/Soboul 1989
Walter Markov und Albert Soboul: 1789 – Die Große Revolution der Franzosen, Köln 1989

Marquant (1957)
Robert Marquant: Un essai de création d'un Institut Allemand à Paris, in: Etudes Germaniques, 12 (1957), S. 97-118

Marquant 1959
Robert Marquant: Thiers et le Baron Cotta. Etude sur la collaboration de Thièrs à la gazette d'Augsbourg, Paris 1959

Martens 1993
Stefan Martens: Vom »Erbfeind« zum »Erneuerer«. Aspekte und Motive der französischen Deutschlandpolitik nach dem Zweiten Weltkrieg, Siegmaringen 1993

Mattenklott/Scherpe 1974
Gert Mattenklott und Klaus Scherpe (Hrsg.): Demokratisch-revolutionäre Literatur in Deutschland, Kronberg/Ts. 1974

Mayne 1966
Jonathan Mayne: Degas's ballet scene from »Robert le Diable«, in: Victoria and Albert Museum Bulletin, 4, London 1966

Metken 1987
Günter Metken: Ein Malerleben. Biographie in Zeugnissen und Dokumenten, in: Kat. Zürich 1987

Meyer 1832
Heinrich Meyer: Ueber Goethe's Colossalbildniß in Marmor von David, in: Ueber Kunst und Alterthum von Goethe, aus seinem Nachlaß herausgegeben durch die Weimarischen Kunstfreunde, Stuttgart 1832, Bd. 6, Heft 3, S. 482-491

Meyer 1871
Bruno Meyer: Die Berliner akademische Ausstellung, in: Zeitschrift für bildende Kunst, IV, 1871

Michaelis 1982
Sabine Michaelis (Bearb.): Freies Deutsches Hochstift Frankfurter Goethe-Museum. Katalog der Gemälde, Tübingen 1982

Michel 1988
Régis Michel: David. L'Art et le politique, Paris 1988

Michelet 1913
Jules Michelet: Die Frauen der Revolution, München 1913

Mignot 1994
Claude Mignot: Architektur des 19. Jahrhunderts, Köln 1994

Mildenberger 1989
Hermann Mildenberger: Johann Heinrich Wilhelm Tischbein (1751-1829). Historienmalerei und niedere Bildgattungen vereint im Dienst monarchischer Restauration, in: Idea. Jahrbuch der Hamburger Kunsthalle, Nr. 8, Hamburg 1989, S. 75-94

Mildenberger 1992
Hermann Mildenberger: Asmus Jacob Carstens und die Französische Revolution, in: Kat. Schleswig 1992, S. 47-60

Minder 1992
Robert Minder: Kultur und Literatur in Deutschland und Frankreich, Frankfurt 1962

Mitchell 1971
Allan Mitchell: Bismarck and the French Nation 1848-1890, New York 1971

Mittig 1968
Hans-Ernst Mittig: Zu Joseph Ernst von Bandels Hermannsdenkmal im Teutoburger Wald, in: Lippische Mitteilungen aus Geschichte und Landeskunde, Bd. 37, 1968, S. 200-223

Mittig/Plagemann 1972
Hans-Ernst Mittig, Hans-Ernst und Volker Plagemann (Hrsg.): Denkmäler im 19. Jahrhundert. Deutung und Kritik, München 1972

Moisy 1956
Pierre Moisy: Les séjours en France de Sulpice Boisserée (1820-1825). Contribution à l'étude des relations intellectuelles franco-allemandes, Lyon und Paris 1956

Moller 1818
Georg Moller: Bemerkungen über die aufgefundene Originalzeichnung des Domes zu Köln, Darmstadt 1818

Monchoux 1953
André Monchoux: L'Allemagne devant les lettres françaises de 1814 à 1815, Paris 1953

Montclos 1993
Brigitte de Montclos: Maison de Victor Hugo. Inventaire des sculptures, Paris 1993

Montgolfier 1986
Bernard de Montgolfier: Das Musée Carnavalet und die Geschichte von Paris in Wort und Bild, Paris 1986

Montgolfier 1986
Bernard de Montgolfier: Das Musée Carnavalet. Die Geschichte von Paris in Wort und Bild, Paris 1986

Mosse 1976
George L. Mosse: Die Nationalisierung der Massen. Politische Symbolik und Massenbewegungen in Deutschland von den napoleonischen Kriegen bis zum Dritten Reich, Berlin 1976

Müller 1963
Georg Müller: Friedrich von Bodelschwingh und das Sedanfest, in: Geschichte in Wissenschaft und Unterricht, Jg.14/2, 1963, S. 77-90

Musée d'Orsay 1990
Catalogue sommaire illustré des peintures, 2 Bde, Paris 1990

Mus. d. bild. Künste Leipzig 1967
Museum der bildenden Künste Leipzig. Katalog der Gemälde, Leipzig 1967

Musset 1881
Alfred de Musset: Oeuvres complètes, hrsg. von Charpentier, Paris 1881

Nationalgalerie Berlin 1976
Nationalgalerie Berlin: Verzeichnis der Gemälde und Skulpturen des 19. Jahrhunderts. Staatliche Museen Preußischer Kulturbesitz, Berlin 1976

Nemesis 1814
Nemesis. Zeitschrift für Politik und Geschichte, hrsg von Heinrich Luden, Weimar 1814, Bd. 2

Neue Pinakothek München 1982
Neue Pinakothek München, München 1982

Neugebauer-Wölk 1989
Monika Neugebauer-Wölk: Revolution und Constitution. Die Brüder Cotta. Eine biographische Studie zum Zeitalter der Französischen Revolution und des Vormärz. Mit einem Geleitwort von Otto Büsch, Berlin 1989

Nipperdey 1983
Thomas Nipperdey: Der Kölner Dom als Nationaldenkmal, in: Otto Dann (Hrsg): Religion – Kunst – Vaterland. Der Kölner Dom im 19. Jahrhundert, Köln 1983, S. 109-120

Nohlen 1982
Klaus Nohlen: Baupolitik im Reichsland Elsaß-Lothringen 1871-1918. Die repräsentativen Staatsbauten um den Kaiserplatz in Straßburg, Berlin 1982

Nora 1984
Pierre Nora (Hrsg.): Les lieux de mémoire, Paris 1984, Bd. 1: La République

Norvins 1839
Baron Jacques Marquet de Montbreton Norvins: Histoire de Napoléon, Paris 1839

Oettermann 1993
Stefan Oettermann: Kleinpanoramen, in: Kat. Bonn 1993

Oncken 1935
Alste Oncken: Friedrich Gilly 1772-1800, Berlin 1935

Ory 1984
Pascale Ory: Le centenaire de la Révolution française, in: Nora 1984, Bd. 1, S. 523-560

Pange 1940
Pauline de Pange: August Wilhelm Schlegel und Frau von Staël. Eine schicksalhafte Begegnung. Nach der französischen Originalausgabe, Hamburg 1949

Parent/Biegel/Grosch 1980
Thomas Parent, G. Biegel und G. Grosch: Zentral-Dombauverein, in: Kat. Köln 1980, Bd. 1, S. 228-235

Parinaud 1994
André Parinaud: Les Peintres et leur école. Barbizon. Les origines de l'Impressionisme, Vaduz 1994

Pause 1973
Peter Pause: Gotische Architekturzeichnungen in Deutschland, Bonn 1973

Peschel/Wildenow 1898
Emil Peschel und Emil Wildenow: Theodor Körner und die Seinen, Leipzig 1898

Pessis/Lamy 1996
Jacques Pessis und Jean-Claude Lamy: Juppé, Barre et Tiberi mariannes d'or 1996, in: Le Figaro, 30.4.1996

Pfäfflin 1990
Friedrich Pfäfflin: Schiller. Ständige Ausstellung des Schiller-Nationalmuseums und des Deutschen Literaturarchivs, Marbach a. N., Marbach a. N. 1990

Pietsch 1861
Ludwig Pietsch: Die Ausstellung von Oelgemälden, Aquarellen und Handzeichnungen von Prof. Adolf (sic) Menzel. In: Berlinische Nachrichten von Staats- und gelehrten Sachen (Haude- und Spenersche Zeitung), Berlin 1861, Beilage Nr. 260 vom 6. November

Pille 1993
René-Marc Pille: Adelbert von Chamisso vu de France 1805-1840. Genèse et réception d'une image, Paris 1993

Pille 1995
René-Marc Pille: Chamisso et le groupe de Coppet. Fragments d'une correspondence inédite (1812-1831). Lettres de Sismondi, de Germaine, d'Auguste et d'Albertine de Staël. Sonderdruck aus: Cahiers d'études germaniques, Revue semestrielle, 1995, 28, S. 269-300

Pingeot 1980
Anne Pingeot: Les Gaulois sculptés (1850-1914), in: Actes du Colloque International de Clermond-Ferrand, 23-25 juin 1980. Nouvelle Serie Fasc. 13.1982, S. 255-282

Pingeot/Margerie 1986
Anna Pingeot und Laure de Margerie: Musée d'Orsay. Catalogue sommaire illustré des sculptures, Paris 1986

Poetter 1977
Jochen Poetter: Kentaurenkampf – Basler Bild und frühere Fassungen, in: Kat. Basel 1977

Pohl 1986
Klaus-D. Pohl: Allegorie und Arbeiter. Bildagitatorische Didaktik und Repräsentation der SPD 1890-1914. Studien zum politischen Umgang mit bildender Kunst in den politisch-satirischen Zeitschriften »Der Wahre Jacob« und »Süddeutscher Postillon« sowie in den Maifestzeitungen, (Helmstedt) 1986

Pollig 1986
Andrea Pollig: »Germania ist es, – bleich und kalt...« Allegorische Frauengestalten in der politischen Karikatur des »Eulenspiegel« 1848-1850, in: Carola Lipp (Hrsg.): Schimpfende Weiber und patriotische Jungfrauen. Frauen im Vormärz und in der Revolution 1848/49, Bühl-Moos 1986, S. 385-402

Prause 1968
Marianne Prause: Carl Gustav Carus. Leben und Werk, Berlin 1968

Proust 1913
Antonin Proust: Edouard Manet: Souvenirs, Paris 1913

Quinet 1867
Edgar Quinet: France et Allemagne, Paris 1867

Quinet 1986
Edgar Quinet: Oeuvres complètes, Genf 1986

Raabe 1968
Peter Raabe: Liszts Leben, Tutzing 1968

Ranke 1977
Winfried Ranke: Böcklin-Mythen, in: Rolf Andree: Arnold Böcklin. Die Gemälde, Basel und München 1977, S. 64-91

Rasche 1991
Adelheid Rasche: Die Zeitschrift »La Charge« und Karikaturen von 1870, Berlin 1991

Rathke 1979
Ursula Rathke: Preußische Burgenromantik am Rhein, München 1979

Réau 1928
Louis Réau: Histoire de l'expansion de l'art français. Belgique et Hollande – Suisse – Allemagne et Autriche – Bohème et Hongrie, Paris 1928

Redslob 1944
Edwin Redslob: Goethes Begegnung mit Napoleon, Weimar 1944

Régamey 1921
Frédéric Régamey: La caricature allemande pendant la guerre, Paris 1921

Régnier 1991
Philippe Régnier: La question romantique comme enjeu national: critique française et littérature allemande autour de 1830, in: Romantisme. Revue du dix-neuvième siècle, 21, 1991, 73, S. 29-41

Reichhardt 1804
Johann Friedrich Reichardt: Vetraute Briefe aus Paris, Hamburg 1804

Renouvier 1963
J. Renouvier: Histoire de l'art pendant la Révolution, Paris 1863

Reshef 1984
Ouriel Reshef: Guerre, mythes et caricature, Paris 1984

Reynaud 1915
Louis Reynaud: Histoire de l'influence française en Allemagne, Paris 1915

Rials 1985
Stéphane Rials: De Trochu à Thiers, Paris 1985

Ridé 1977
Jacques Ridé: L'image du Germain dans la pensée et la littérature allemandes, de la redécouverte de Tacite à la fin du XVIème siècle (contribution à l'étude de la genèse d'un mythe), 3 Bde, Lille und Paris 1977

Riegel 1938
Martin Riegel: Der Buchhändler Johann Philipp Palm. Mit einem vollständigen Abdruck der Schrift »Deutschland in seiner tiefen Erniedrigung«, Hamburg 1938

Rieser 1908
Ferdinand Rieser: »Des Knaben Wunderhorn« und seine Quellen, Dortmund 1908

Robert 1989
Fréderic Robert: La Marseillaise, o.O. (Paris) 1989

Rode (1954)
Herbert Rode: Über die Entdeckung des Fassadenplanes, in: Kölner Domblatt 8 (1954), S. 170-172

Rode (1960/61)
Herbert Rode: Ernst Friedrich Zwirners Planentwicklung für den Ausbau des Domes 1833-1844, in: Kölner Domblatt 20 (1960/61), S. 45-98

Roerkohl 1992
Anne Roerkohl: Das Hermannsdenkmal, Münster 1992

Roessler (1911)
Arthur Roessler: Josef Danhauser, Leipzig und Wien (1911)

Rohkrämer 1990
Thomas Rohkrämer: Der Militarismus der »kleinen Leute«. Die Kriegervereine im Deutschen Kaiserreich. 1871-1914, München 1990

Rosenberg 1884ff.
Adolf Rosenberg: Geschichte der modernen Kunst, Leipzig 1884-1889

Roth 1990
François Roth: La Guerre de 1870, Paris 1990

Rothe 1965
Eva Rothe: Die Bildnisse Heinrich von Kleists. Mit neuen Dokumenten zu Kleists Kriegsgefangenschaft, in: Jahrbuch der Deutschen Schillergesellschaft, Bd. 5, 1965, S. 163-186

Ruhmer/Gollek/Heilmann 1996
Eberhard Ruhmer, Rosel Gollek und Christoph Heilmann: Schack-Galerie, Bayerische Staatsgemäldesammlungen. Vollständiger Katalog, München 1969

Ruiz 1983
Alain Ruiz: Die deutschen Emigranten in Frankreich vom Ende des Ancien Régime bis zur Restauration, in: Kat. Paris 1983(b), S. 68 f.

Rütten 1991
Raimund Rütten: Die republikanische Opposition und die Zensur, in: Rütten/Jung/Schneider 1991, S. 84-90; Die Verstümmelung der Republik und das Verstummen des Republikanismus im satirischen Diskurs des »Charivari« der Jahre 1848-1849, in: a.a.O, S. 239-259

Rütten/Jung/Schneider 1991
Raimund Rütten, Ruth Jung und Gerhard Schneider (Hrsg.): Die Karikatur zwischen Republik und Zensur. Bildsatire in Frankreich 1830 bis 1880 – eine Sprache des Widerstands?, Marburg 1991

Safranski 1987
Rüdiger Safranski: Schopenhauer und die wilden Jahre der Philosophie, München 1987

Safranski 1992
Rüdiger Safranski: E.T.A, Hoffmann. Eine Biographie, Reinbeck 1992

Sagave 1971
Pierre-Paul Sagave: 1871. Berlin-Paris. Reichshauptstadt und Hauptstadt der Welt, Berlin 1971

Sagave 1980
Pierre-Paul Sagave: Berlin und Frankreich 1685-1871, Berlin 1980

Sagave 1983
Pierre-Paul Sagave: Theodor Fontane und die französische Revolution, in: Festgabe für Joachim Schobeß zum 75. Geburtstag am 22. April 1983. Fontane-Blätter, Bd. 5, 1983. S. 286-294

Sainte-Beuve 1867
Charles-Augustin Sainte-Beuve: Nouveaux Lundi, Bd. 7, Paris 1867

Salomon 1900
Ludwig Salomon: Geschichte des Deutschen Zeitungswesen von den Anfängen bis zur Wiederaufrichtung des Deutschen Reiches, Bd. 1, Oldenburg und Leipzig 1900

Samoyault 1990
Jean-Pierre Samoyault: Les »assiettes de dessert« du Service particulier de l'Empereur en porcelaine de Sèvres, in: Le Sovenir Napoléonien, Februar 1990, Nr. 369, S. 3-12

Samoyault/Samoyault-Verlet 1986
Jean-Pierre Samoyault und Colombe Samoyault-Verlet: Château de Fontainebleau, Musée Napoléon Ier, Paris 1986

Sans 1975
Edouard Sans: Die französische Geisteswelt und Schopenhauer, in: 56. Schopenhauer-Jahrbuch, Frankfurt a.M. 1975

Sanson 1976
Rosemonde Sanson: Les 14 Juillet. Fête et conscience nationale. 1789-1975, Paris 1976

Sauter 1952
Hermann Sauter: Goethe in Lob und Tadel seiner französischen Zeitgenossen, Speyer 1952

Schäfke/Bosch 1993
Werner Schäfke und Ingrid Bosch (Hrsg): Der Lauf des Rheins, Köln und Bonn 1993

Scheffler 1995
Sabine und Ernst Scheffler, unter Mitarbeit von Gerd Unverfehrt: So zerstieben geträumte Weltreiche. Napoleon I. in der deutschen Karikatur, Hannover und Stuttgart 1995

Scheidig 1991
Walter Scheidig: Die Weimarere Malerschule 1860-1900, Leipzig 1991

Schellack 1990
Fritz Schellack: Nationalfeiertage in Deutschland von 1871 bis 1945, Frankfurt a. M. 1990

Schelling 1869
Schellings Leben. In Briefe, 2 Bde., Leipzig 1869

Schenk zu Schweinsberg 1930
Eberhard Freiherr Schenk zu Schweinsberg: Georg Melchior Kraus, Weimar 1930

Schiller 1970
Schillers Werke. Nationalausgabe, Bd. 17: Historische Schriften. Erster Teil, hrsg. von Karl-Heinz Hahn, Weimar 1970

Schinkel-Pavillion 1990
Der Schinkel-Pavillon im Schloßpark zu Charlottenburg, Berlin: Verwaltung der Staatlichen Schlösser und Gärten, 1990 (5. veränderte Aufl.)

Schlegel 1958ff.
Kritische Friedrich Schlegel-Ausgabe, hrsg. von Ernst Behler unter Mitwirkung von Jean-Jaques Anstett und Hans Eicher, Paderborn, Darmstadt und Zürich 1958-1980

Schlesier 1843
Gustav Schlesier: Erinnerung an Wilhelm von Humboldt. Theil 1.1, Stuttgart 1843

Schloß Stolzenfels 1993
Schloß Stolzenfels, hrsg. vom Landesamt für Denkmalpflege, Verwaltung der staatlichen Burgen, Schlösser und Altertümer Rheinland-Pfalz, Mainz 1993

Schmidt 1968
Walter Schmidt: Neue Rheinische Zeitung. Artikel. Korrespondenzen. Berichte über die französische Revolution 1848/1849, Leipzig 1986

Schmidt 1990
Dorothea Schmidt (Hrsg.): Erinnerungen aus dem Leben des Generalfeldmarschalls Hermann von Boyen, Berlin 1990

Schmitt 1976
Hans Schmitt: Das Hermannsdenkmal im Spiegel der Welt. Baugeschichte, Beiträge, Besucher, Interpretationen, Detmold 1976

Schmitt o.J.
Jean-Marie Schmitt: Bartholdi. Une certaine idée de la Liberté, Strasbourg o.J.

Schmoll 1995
Friedmann Schmoll: Nationale Feindschaft und kulturelle Erinnerung. Zur Rezeption des Völkerschlachtdenkmals in Frankreich, in: Katrin Keller und Hans-Dieter Schmid (Hrsg.): Vom Kult zur Kulisse. Das Völkerschlachtdenkmal als Gegenstand der Geschichtskultur, Leipzig 1995

Schneider 1991
Gerhard Schneider: Die Allegorie der Freiheit in der »Caricature« (1831-1834), in: Rütten/Jung/Schneider 1991, S. 91-112

Schnell 1994
Werner Schnell: Georg Friedrich Kersting. Das zeichnerische und malerische Werk mit Oeuvrekatalog, Berlin 1994

Schreiber 1818
Aloys Schreiber: Handbuch für Reisende am Rhein von Schaffhausen bis Holland, Heidelberg 1818 (2)

Schreiner 1969
Ludwig Schreiner: Westfalen. (Karl Friedrich Schinkel–Lebenswerk. 13), Berlin und München 1969

Schrenk 1976
Klaus Schrenk: Die republikanisch-demokratischen Tendenzen in der französischen Druckgraphik zwischen 1830 und 1852, Marburg 1976

Schulz 1975
Klaus Schulz: »Kladderadatsch«. Ein bürgerliches Witzblatt von der Märzrevolution bis zum Nationalsozialismus 1848-1944, Bochum 1975

Schulze 1916
Friedrich Schulze: Die deutsche Napoleon-Karikatur, Weimar 1916

Schumann 1914
Robert Schumann: Gesammelte Schriften über Musik und Musiker, hrsg. von Martin Kreisig, Bd. 1, Leipzig 1914 (5)

Seemann o.J.
Dora Seemann: Julius Muhr 1819-1865. Ein Lebensbild. Manuskript. Bibliothek der Nationalgalerie, Staatliche Museen PK, Berlin o.J.

Segieth 1994
Celia Segieth: Im Zeichen des »Secessionismus« – Die Anfänge der Münchner »Jugend«. Ein Beitrag zum Kunstverständnis der Jahrhundertwende in München, München 1994

Sérullaz o.J.
Maurice Sérullaz: Musée du Louvre. Cabinet des Dessins. Inventaire Général des Dessins. École Française. Dessins d'Eugène Delacroix 1798-1863. 2 Bde, Paris o.J.

Sichelschmidt 1981
Gustav Sichelschmidt: Ernst Moritz Arndt, Berlin 1981

Siebe 1995
Michaele Siebe: Von der Revolution zum nationalen Feindbild: Frankreich und Deutschland in der politischen Karikatur des 19. Jahrhunderts. Kladderadatsch. Le Charivari, Münster, Hamburg 1995

Simonis 1982
Katrin Simons: Vom Triumph der Republik zur Apotheose Napoleons – Überlegungen zur Ikonographie der Revolution und des Konsulats am Beispiel einiger Gemälde von Jacques Louis David und Jacques Réattu, in: Wallraf-Richartz-Jahrbuch, 1982, Bd. 43, S. 207-230

Soboul 1965
Albert Soboul: La Révolution française, Paris 1965

Sohl 1993
Klaus Sohl (Hrsg.): Das Völkerschlachtdenkmal, Leipzig 1993

Soiné 1990
Knut Soiné: Johann Peter Hasenclever. Ein Maler im Vormärz, Neustadt/Aisch 1990

Sorel 1871
A. Sorel: La discipline et l'instruction obligatoire en Prusse, in: Revue des Deux Mondes, 15. 5. 1871

Staatsarchiv Leipzig
Staatsarchiv Leipzig, Aktenbestand und Findbuch: Deutscher Patriotenbund Leipzig Nr.5, 7 (Sta Al Dt. Patriotenbund)

Staël 1985
Anne Germaine de Staël: Über Deutschland. Vollständige und neu durchgesehene Fassung der deutschen Erstausgabe von 1814, hrsg. von Monika Bosse, Frankfurt a. M. 1985

Sterling/Adhèmar 1960
Charles Sterling und Hélène Adhèmar: Musée Nationale du Louvre, Peintures École Française. XIXe siècle, Bd. 3, Paris 1960

Stern 1990
Carola Stern: »Ich möchte mir Flügel wünschen«. Das Leben der Dorothea Schlegel, Reinbeck 1990

Stölzl 1995
Christoph Stölzl (Hrsg.): Deutsche Geschichte in Bildern, München und Berlin 1995

Straub 1962
Gebhard Straub: Die »Revue des Deux Mondes« und Deutschland. Zeitgenössische französische Kommentare zu den politischen Vorgängen in und um Deutschland der Jahre zwischen 1830 und 1871, Schramberg 1962

Sumowski 1970
Werner Sumowski: Lage und Aufgaben der Friedrich-Forschung, in ders.: Caspar David Friedrich Studien, Wiesbaden 1970

Szarota 1988
Tomasz Szarota: Niemiecki Michel. Dzieje narodowego symbolu i autostereotypou, Warszawa 1988 (mit dt. Zusammenfassung)

Tacitus 1971
Tacitus: Germania. Übersetzung, Erläuterungen und Nachwort von Manfred Fuhrmann, Stuttgart 1971

Tacke 1995
Charlotte Tacke: Denkmal im sozialen Raum. Nationale Symbole in Deutschland und Frankreich im 19. Jahrhundert, Göttingen 1995

Tancock 1976
John L. Tancock: The Sculpture of Auguste Rodin. The Collection of the Rodin Museum Philadelphia, Philadelphia 1976

Thadden 1991
Rudolf von Thadden: Aufbau nationaler Identität. Deutschland und Frankreich im Vergleich, in: Bernhard Giesen (Hrsg.): Nationale und kulturelle Identität, Frankfurt a. M. 1991, S. 493-510

Thomas 1963
B. Thomas: Das Wiener Kaiserliche Zeughaus in der Renngasse, in: Mitteilungen des Instituts für Österreichische Geschichtsforschung, Bd 71, Graz und Köln 1963

Tiemann 1989
D. Tiemann: Michel und Marianne, in: R. Voigt (Hrsg.): Symbole der Politik, Politik der Symbole, Opladen 1989

Torabi 1984
Habibollah Torabi: Das Jahr 1813 im Spiegel bürgerlich-revolutionärer zeitgenössischer Presse. Zur nationalen und sozialen Frage der deutschen Befreiungskriege, Frankfurt a. M., Bern, New York und Nancy 1984

Toussaint 1982
Hélène Toussaint: La Liberté guidant le peuple de Delacroix, Paris 1982

Townsend 1992
Kary Lee Townsend: Forbidden Laughter. Popular Humor and the Limits of Repression in Nineteenth-Century Prussia, Michigan 1992

Träger 1973
Jörg Träger: Gerdt Hardorff, ein früher Lehrer Runges, in: Jahrbuch der Hamburger Kunstsammlungen, Bd. 18, Hamburg 1973

Träger 1975
Jörg Träger: Philipp Otto Runge und sein Werk. Monographie und kritischer Katalog, München 1975

Treitschke 1886
Heinrich von Treitschke: Historische und Politische Aufsätze, Bd. 3: Freiheit und Königtum, Leipzig 1886 (5)

Tulard 1971
Jean Tulard: Le Mythe de Napoléon, Paris 1971

Tulard 1985
Jean Tulard: Les Révolutions de 1789 à 1851, Paris 1985

Uthmann 1984
Jörg von Uthmann: Le diable est-il allemand? 200 ans de préjugés franco-allemands, Paris 1984

Vagt 1984
Cornelia Vagt: Gerdt Hardorff d.Ä. und sein Werk. Monographie und Katalog, Kiel 1984

Vaisse 1991
Pierre Vaisse: Sur les rapports artistiques franco-allemands au XIXe siècle, in: Romantisme. Revue du dix-neuvième siècle, 3, 1991, 73, S. 93-102

Vaisse 1994
Pierre Vaisse: L'Allemagne face à la peinture française autour de 1900, in: Quarante-huit-quatorze, Paris 1994, S. 75-83

Valéry 1995
Paul Valéry: Werke. Frankfurter Ausgabe, hrsg. von Jürgen Schmidt-Radefeldt, Bd. 7: Zur Zeitgeschichte und Politik, Frankfurt a. M. 1995

Vigier 1991
Philippe Vigier: Paris pendant la Monarchie du Juillet (1830-1848), Paris 1991

Vigny 1824
Alfred de Vigny: Eloa, Paris 1824

Vogel 1995
Jakob Vogel: Nationen im Gleichschritt. Der Kult der »Nation in Waffen« in den Militär- und Kriegserinnerungsfeiern Deutschlands und Frankreichs 1871-1914, Berlin 1995

Volke 1980
Werner Volke: Hölderlin. Ständige Ausstellung des Schiller-Nationalmuseums und des Deutschen Literaturarchivs Marbach a. N., Marbach a. N. 1980

Vovelle 1984
Michelle Vovelle: La Marseillaise. La guerre ou la paix, in: Pierre Nora (Hrsg.): Les lieux de mémoire. La République, Paris 1984, S. 85-136.

Vovelle 1989
Michelle Vovelle: La Révolution française – images et récits 1789-1799, Paris 1989

Waagen 1844
Gustav Friedrich Waagen: Karl Friedrich Schinkel als Mensch und als Künstler, in: Berliner Kalender 1844, S. 305-428

Wagner (1992)
R. Wagner: Albert Baur, in: Kölner Museums-Bulletin Sonderheft 1/2 (1992), S. 37-40

Wagner 1988
R. Wagner: 1848 – Einigkeit und Recht und ... Freiheit, in: Kat. Köln 1988, S.

Wagner 1988
Richard Wagner: Ein deutscher Musiker in Paris, Berlin 1988

Wahl 1974-76
Alfred Wahl: Notes sur les optants strasbourgeois (1871-1872), in: Annuaire du Vieux Strasbourg, Strasbourg 1974-76, S.129-131

Wahl 1979
Volker Wahl: Die Jenaer Ehrenpromotion von Auguste Rodin und der »Rodin-Skandal« zu Weimar (1905/06), in: Kat. Berlin 1979 (b)

Wehler 1987
Hans-Ulrich Wehler: Deutsche Gesellschaftsgeschichte. Bd. 1: Vom Feudalismus des Alten Reiches bis zur Defensiven Modernisierung der Reformära 1700-1815, München 1987

Weitz 1991
Ulrich Weitz: Salonkultur und Proletariat. Eduard Fuchs – Sammler, Sittengeschichtler, Sozialist, Stuttgart 1991

Wenger 1979
Klaus R. Wenger: Preußen in der öffentlichen Meinung Frankreichs 1815-1870. Politische Aspekte des französischen Preußenbildes. Ein Beitrag zur historischen Analyse nationaler Urteilsklischees, Göttingen 1979

Werner 1913
Anton von Werner: Erlebnisse und Eindrücke 1870-1890, Berlin 1913

Werner 1973
Michael Werner (Hrsg): Begegnungen mit Heine. Berichte der Zeitgenossen, Bd 1, Hamburg 1973

Werner 1991
Michael Werner: Heine interprète en France de l'Allemagne intellectuelle. Conflits autour d'un cas modèle de transfert culturel, in: Romantisme. Revue du dix-neuvième siècle, 3. 1991, 73, S. 43-56

Werner 1994
Michael Werner: La Germanie de Tacite et l'originalité allemande, in: Le débat 78, Januar/Februar 1994, S.42-61

Wilhelm 1949
Jacques Wilhelm: Deux esquisses inédites de Puvis de Chavannes, in: Bulletin du Musée Carnavalet, avril 1949, Paris 1949

Willms 1988
Johannes Willms: Paris, Hauptstadt Europas 1789-1914, München 1988

Winkler 1981
Gerhard Winkler: Museum der bildenden Künste Leipzig, Leipzig 1981 (2)

Winock 1992
Michel Winock: Les Pères de la IIIe République, in: Histoire, Nr. 155, Mai 1992, 155, S. 24-33

Wirth 1979
Irmgard Wirth: Eduard Gaertner. Der Berliner Architekturmaler, Frankfurt a. M., Berlin und Wien 1979

Wolf 1982
Silvia Wolf: Politische Karikaturen in Deutschland 1848/49, Mittenwald 1982

Wolff (1969)
Arnold Wolff: Mittelalterliche Planzeichnungen für das Langhaus des Kölner Domes, in: Kölner Domblatt 30 (1969), S. 137-178

Wolff 1914
Hans Wolff (Hrsg): Adolph von Menzel. Briefe, Berlin 1914

Wolff 1980
Arnold Wolff: Die Baugeschichte des Kölner Doms im 19. Jahrhundert, in: Kat. Köln 1980, Bd. 2, S. 24-35

Wolff 1983
Arnold Wolff: Die Baugeschichte der Domvollendung, in: Dann 1983, S. 47-77

Wolzogen 1867
Caroline von Wolzogen: Literarischer Nachlaß, Bd.1, Leipzig 1867 (2)

Wünsch 1992
Hans Jürgen Wünsch: Die Wacht am Rhein. Ein Fluß als Politikum, in: Kat. Ludwigshafen a. R. 1992

Ziff 1977
Normann D. Ziff: Paul Delaroche. A Study in Nineteenth-Century French History Painting, London 1977

Zimmer/Paeschke 1991
Dieter Zimmer und Carl-Ludwig Paeschke: Das Tor. Deutschlands berühmtestes Bauwerk in zwei Jahrhunderten, Stuttgart 1991

Zola 1928
Emile Zola: Mes haines, Paris 1928

Zola 1959
Emile Zola: Salons, hrsg. v. F. W. J. Hemmings und Robert J. Niess, Genf und Paris 1959

Ausstellungskataloge

Basel 1977
Arnold Böcklin 1827-1901. Kunstmuseum Basel, Basel 1977

Beauvais 1990
D'Oudry à Le Sidaner. Ils ont aimé l'Oise. Musée départemental de l'Oise, Beauvais 1990

Berlin 1814
Verzeichnis derjenigen Kunstwerke, welche von der Königlichen Akademie der Künste [...] öffentlich ausgestellt sind. In: Börsch-Supan, Helmut: Die Kataloge der Berliner Akademie-Ausstellungen 1786-1850, Bd. 1, Berlin 1971

Berlin 1955
Adolph Menzel. Zeichnungen. Verzeichnis und Erläuterungen. Nationalgalerie, Berlin (Ost) 1955

Berlin 1972
Kunst der Bürgerlichen Revolution von 1830-1848/49. Neue Gesellschaft für Bildende Kunst, Schloß Charlottenburg, Berlin 1972

Berlin 1974
Immanuel Kant. Leben, Umwelt, Werk. Geheimes Staatsarchiv Preußischer Kulturbesitz, Berlin 1974

Berlin 1976
E.T.A. Hoffmann und seine Zeit. Gemälde, Graphik, Dokumente, Bücher, Photographien. Berlin Museum, Berlin 1976

Berlin 1977
Heinrich von Kleist. Zum Gedenken an seinen 200. Geburtstag. Ausstellungskatalog 8 der Staatsbibliothek Preußischer Kulturbesitz, Berlin 1977

Berlin 1979(a)
Max Liebermann in seiner Zeit. Nationalgalerie, Staatliche Museen Preußischer Kulturbesitz, Berlin 1979/80 (u.a.)

Berlin 1979(b)
Auguste Rodin – Plastik, Zeichnungen, Graphik. Staatliche Museen, Berlin (Ost) 1979

Berlin 1979(c)
Pflanzen auf Porzellan. Schloß Charlottenburg Große Orangerie, veranst. von Botanischer Garten und Botanisches Museum Berlin-Dahlem, Verwaltung der Staatlichen Schlösser und Gärten, Berlin 1979

Berlin 1980
Karl Friedrich Schinkel 1781-1841. Altes Museum, Berlin (Ost) 1980/81

Berlin 1981(a)
Fontane. Dichtung und Wirklichkeit. Verein zur Erforschung und Darstellung des Geschichte Kreuzbergs. Kunstamt Kreuzberg, Berlin 1981

Berlin 1981(b)
Preußen. Versuch einer Bilanz. Eine Ausstellung der Berliner Festspiele GmbH im Martin-Gropius-Bau, 5 Bde, Berlin 1981

Berlin 1981(c)
Karl Friedrich Schinkel. Architektur, Malerei, Kunstgewerbe. Staatliche Schlösser und Gärten und Staatliche Museen PK Berlin, Orangerie des Schlosses Charlottenburg, Berlin 1981

Berlin 1983
Auf Allerhöchsten Befehl... Königsgeschenke aus der Königlichen Porzellan-Manufaktur Berlin – KPM, Schloß Charlottenburg, Berlin 1983/84 (u.a.)

Berlin 1985
Berlin durch die Blume oder Kraut und Rüben. Gartenkunst in Berlin – Brandenburg. Orangerie des Schlosses Charlottenburg, Berlin 1985

Berlin 1987(a)
Kunst in Berlin 1648-1987. Staatliche Museen zu Berlin. Altes Museum, Berlin 1987

Berlin 1987(b)
Carl Daniel Freydanck 1811-1887. Ein Veduten-Maler der Königlichen Porzellan-Manufaktur Berlin KPM. Schloß Charlottenburg, Knobelsdorff-Flügel, Berlin 1987

Berlin 1989
Asmus Jakob Carstens, Joseph Anton Koch. Zwei Zeitgenossen der Französischen Revolution, Staatliche Museen zu Berlin, Nationalgalerie, Berlin (Ost) 1989/90

Berlin 1990(a)
Bismarck – Preußen, Deutschland und Europa. Eine Ausstellung des Deutschen Historischen Museums im Martin-Gropius-Bau, Berlin 1990

Berlin 1990(b)
1000 Jahre deutsche Geschichte. Dokumente aus Archiven der DDR. Museum für Deutsche Geschichte, Berlin 1990

Berlin 1990(c)
Ethos und Pathos. Die Berliner Bildhauerschule 1786-1914, 2 Bde. (Ausstellungskatalog und Beiträge). Skulpturengalerie der Staatlichen Museen im Hamburger Bahnhof, Berlin 1990

Berlin 1991(a)
Jüdische Lebenswelten. Eine Ausstellung der Berliner Festspiele GmbH im Martin-Gropius-Bau Berlin, Berlin 1991

Berlin 1991(b)
Kaiserlicher Kunstbesitz aus dem holländischen Exil Haus Doorn. Eine Ausstellung der Staatlichen Schlösser und Gärten Berlin. Schloß Charlottenburg Große Orangerie, Berlin 1991

Berlin 1991(c)
Giacomo Meyerbeer – Weltbürger der Musik. Staatsbibliothek Preußischer Kulturbesitz, Berlin 1991/92

Berlin 1993(a)
Von Caspar David Friedrich bis Ferdinand Hodler. Meisterwerke aus dem Museum Stiftung Oskar Reinhart Wintherthur. Eine Ausstellung der Nationalgalerie, Staatliche Museen zu Berlin. Alte Nationalgalerie, Berlin 1993/95 (u.a.)

Berlin 1993(b)
Anton von Werner. Geschichte in Bildern. Ausstellung des Berlin Museums und des Deutschen Historischen Museums im Zeughaus Berlin, Berlin 1993

Berlin 1994(a)
»Der Titel ist indifferent wan nuhr die Sache von Nutzen ist«. Allgemeines Landrecht für die Preußischen Staaten 1794. Geheimes Staatsarchiv Preußischer Kulturbesitz, Berlin 1994

Berlin 1994(b)
Ahnung und Gegenwart. Zeichnungen und Aquarelle der deutschen Romantik im Berliner Kupferstichkabinett, Staatliche Museen zu Berlin – Preußischer Kulturbesitz, Berlin 1994

Berlin 1996
»Die Kunst hat nie ein Mensch allein besessen«. Dreihundert Jahre Akademie der Künste, Berlin und Hochschule der Künste, Berlin 1696-1996. Akademie der Künste, Berlin 1996

Bern 1991
Zeichen der Freiheit. Das Bild der Republik in der Kunst des 16. bis 20. Jahrhunderts, Historisches Museum, Kunstmuseum, Bern 1991

Bonn 1993
Sehsucht. Das Panorama als Massenunterhaltung des 19. Jahrhunderts. Kunst- und Ausstellungshalle der Bundesrepublik Deutschland, Bonn 1993

Bremen 1977
Zurück zu Natur. Die Künstlerkolonie von Barbizon. Ihre Vorgeschichte und ihre Auswirkung. Kunsthalle Bremen, Bremen 1977/78

Clermont-Ferrand 1979
Viollet le Duc en Auvergne. Musée Bargoin, Clermont-Ferrand 1979/80

Clermont-Ferrand 1980
Nos ancêtres les Gaulois. Musée Bargoin, Clermont-Ferrand 1980

Colmar 1995
Desseins ... Dessins. Esquisses préparatoires d'un statuaire. Musée Bartholdi, Colmar 1995

Darmstadt 1977
Böcklin 1827-1901. Ausstellung zum 150. Geburtstag, veranst. vom Magistrat der Stadt Darmstadt. Mathildenhöhe, Darmstadt 1977

Dordrecht 1958
Ary Scheffer. Dordrechts Museum, Dordrecht 1958

Dresden 1974
Caspar David Friedrich und sein Kreis. Albertinum, Dresden 1974/75

Dresden 1984
Ludwig Richter und sein Kreis. Ausstellung zum 100. Todestag im Albertinum zu Dresden, Dresden 1984

Dresden 1992
Die Elbe – Ein Lebenslauf. Zivot reky. Eine Ausstellung des Deutschen Historischen Museums Berlin in Zusammenarbeit mit dem Deutschen Hygiene-Museum Dresden, dem Altonaer Museum – Norddeutsches Landesmuseum, dem Museum für Hamburgische Geschichte und dem Národní muzeum / Nationalmuseum Prag. Deutsches Hygiene-Museum 1992/93. Berlin 1992

Duisburg 1989
Frei leben oder sterben. Die Französische Revolution und ihre Widerspiegelung am Niederrhein. Museum der Stadt Duisburg, Duisburg 1989

Düsseldorf 1985
Victor Hugo 1802-1885. Ein französischer Dichter am Rhein. Heinrich-Heine-Institut und Institut français Düsseldorf, Düsseldorf 1985

Düsseldorf 1994
Johann Gottfried Schadow und die Kunst seiner Zeit. Kunsthalle Düsseldorf, Düsseldorf 1994/95 (u.a.)

Essen 1994
Paris – Belle Epoque: Faszination einer Weltstadt. Kulturstiftung Ruhr, Villa Hügel, Essen 1994

Frankfurt a. M. 1977
Die Nazarener. Städelsches Kunstinstitut, Frankfurt a. M. 1977

Frankfurt a. M. 1978
Clemens Brentano 1778-1842. Freies Deutsches Hochstift Frankfurter Goethe Museum, Frankfurt a. M. 1978

Frankfurt a. M. 1985
Herzhaft in die Dornen der Zeit greifen ... Bettine von Arnim 1785-1859. Freies Deutsches Hochstift Frankfurter Goethe-Museum, Frankfurt a. M. 1985

Frankfurt a. M. 1986
Ludwig Börne 1786-1837. Stadt- und Universitätsbibliothek, Frankfurt a. M. 1986

Frankfurt a. M. 1987
Eugène Delacroix. Themen und Variationen. Arbeiten auf Papier. Städtische Galerie im Städelschen Kunstinstitut, Frankfurt a. M. 1987/88

Frankfurt a. M. 1989
Sklavin oder Bürgerin? Französische Revolution und neue Weiblichkeit 1760-1830, Frankfurt a. M. 1989

Frankfurt a. M. 1991
Von Lucas Cranach bis Caspar David Friedrich. Deutsche Malerei aus der Eremitage. Schirn Kunsthalle, Frankfurt a. M. 1991

Frankfurt a. M. 1994
Goethe und die Kunst. Schirn Kunsthalle, Frankfurt a. M. 1994 (u.a.)

Greifswald 1969
Ernst Moritz Arndt 1769-1969. Ernst-Moritz-Arndt-Universität Greifswald, Greifswald 1969

Hamburg 1985
Die Rückkehr der Barbaren. Europäer und »Wilde« in der Karikatur Honoré Daumiers, Hamburg 1985

Hamburg 1986
Eva und die Zukunft. Das Bild der Frau seit der Französischen Revolution. Hamburger Kunsthalle, Hamburg 1986

Hamburg 1989
Europa 1789. Aufklärung, Verklärung, Verfall. Hamburger Kunsthalle, Hamburg 1989

Hannover 1994
Max Liebermann. Gemälde 1873-1918. Niedersächsisches Landesmuseum, Hannover 1994

Karlsruhe 1984
Politische Karikaturen des Vormärz (1815-1848), Badischer Kunstverein, Karlsruhe 1984

Kassel 1985
200 Jahre Brüder Grimm. Brüder Grimm-Museum, Kassel 1985

Koblenz 1990
Karikaturen aus dem Ersten Weltkrieg. Eine Ausstellung des Bundesarchivs, Koblenz 1990

Köln 1980
Der Kölner Dom im Jahrhundert seiner Vollendung. Ausstellung der Historischen Museen, 2. Bde. (Katalog und Essays). Josef-Haubrich-Kunsthalle, Köln 1980/81

Köln 1983
Karl Marx und Köln 1842-1852, Briefe – Texte - Bilder – Faksimiles. Ausstellung zum 100. Todestag, Historisches Archiv der Stadt Köln, Köln 1983

Köln 1988
Der Name der Freiheit 1288-1988. Aspekte Kölner Geschichte von Worringen bis heute. Stadtmuseum Köln, Köln 1988

Köln 1994
Der Name der Freiheit. Historisches Archiv der Stadt Köln, Köln 1994

Leinfelden-Echterdingen 1987
Geschichte auf Spielkarten 1789-1871. Von der Französischen Revolution bis zur Reichsgründung. Deutsches Spielkarten-Museum, Leinfelden-Echterdingen 1987/88

London 1978
Gustave Courbet 1819-1877. Arts Council of Great Britain: Royal Academy of the Arts, London 1978

Ludwigshafen a. R. 1992
Mythos Rhein. Ein Fluß – Bild und Bedeutung. Wilhelm-Hack-Museum, Ludwigshafen a. R. 1992

Mailand 1990
Il mondo delle torri da Babilona a Manhattan. Palazzo Reale, Mailand 1990

Mainz 1992
Französische Presse und Pressekarikaturen 1789-1992, Universitätsbibliothek, Mainz 1992

Marburg 1984
Georg Büchner – Leben, Werk, Zeit. Ausstellung zum 150. Jahrestag des »Hessischen Landboten«. Marburg 1984

Memphis 1993
Napoleon, veranst. von Wonders u. The Memphis International Cultural Series. Memphis, Tennessee 1993

Montauban 1992
»Hommage et Respect«. Les Monuments publics de Montauban (1870-1940). Musée Ingres, Montauban 1992

München 1992
Sammlung Graf (Athanansius) Raczynski. Malerei der Spätromantik aus dem Nationalmuseum Poznan. Bayerische Staatsgemäldesammlungen, Neue Pinakothek, München 1992/93 (u.a.)

München 1994
Wilhelm Leibl zum 150. Geburtstag. Neue Pinakothek, München 1984

Münster 1989
Deutschland – Frankreich – Mythen und Bilder im Wandel. Deutsch-Französisches Kulturzentrum Essen 1988, Münster 1989

Neuilly-sur-Seine 1985
Katrin Simons: Jacques Réattu 1760-1833. Peintre de la Révolution Française. Neuilly-sur-Seine 1985

Nürnberg 1989
Freiheit – Gleichheit – Brüderlichkeit: 200 Jahre Französische Revolution. Germanisches Nationalmuseum, Nürnberg 1989

Paris 1927
La jeunesse des romantiques. Maison Victor Hugo, Paris 1927

Paris 1930
Le Romantisme. Bibliothèque Nationale, Paris 1930

Paris 1948
La Révolution de 1848. Bibliothèque Nationale, Paris 1948

Paris 1949
Goethe et la France 1749-1949. Exposition organisée pour la commémoration du bicentenaire de la naissance de Goethe. Archives nationales, Paris 1949

Paris 1964
Alfred de Vigny. Bibliothèque Nationale, Paris 1964

Paris 1969(a)
Napoléon. Grand Palais, Paris 1969

Paris 1969(b)
Lamartine. Hôtel de Ville, Paris 1969

Paris 1976(a)
Puvis de Chavannes. Grand Palais, Paris 1976

Paris 1976(b)
La Peinture allemande à l'époque du Romantisme. Orangerie des Tuileries, Paris 1976/77

Paris 1977
Gustave Courbet: 1819-1877. Grand Palais, Paris 1977/78

Paris 1979
L'Art en France sous le Second Empire. Grand Palais, Paris 1978/79 (u.a.)

Paris 1980(a)
Charles Marville, photographe de Paris de 1851 à 1875. Bibliothèque historique de la Ville de Paris, Paris 1980

Paris 1980(b)
Viollet-le-Duc. Galeries nationales du Grand Palais, Paris 1980

Paris 1980(c)
Le »Gothique« retrouvé avant Viollet-le-Duc. Hôtel de Sully, Paris 1979/80

Paris 1980(d)
Ary Scheffer 1795-1858, dessins, aquarelles, esquisses à l'huile. Institut Néerlandais, Paris 1980

Paris 1980(e)
Juillet 1830. Il y a cent cinquante ans. Musée Carnavalet, Paris 1980

Paris 1981
Heine à Paris 1831-1856. Goethe Institut, Paris 1981

Paris 1983(a)
Wagner et la France. Bibliothèque Nationale, Théatre National de l'Opera de Paris, Paris 1983/84

Paris 1983(b)
Deutsche Emigranten in Frankreich. Französische Emigranten in Deutschland, 1685-1945. Eine Ausstellung des franz. Außenministeriums in Zusammenarbeit mit dem Goethe-Institut Paris, Paris 1984

Paris 1984
Symboles et réalités. La peinture allemande 1848-1905. Musée du Petit Palais, Paris 1984/85

Paris 1985
Le Rhin. Le voyage de Victor Hugo en 1840. Maison de Victor Hugo, Paris 1985

Paris 1986(a)
La Statue de la Liberté. L'exposition du centenaire. Musée des Arts décoratifs, Paris 1986

Paris 1986(b)
Le triomphe des mairies. Musée du Petit Palais, Paris 1986/87

Paris 1988(a)
Degas. Galeries nationales du Grand Palais, Paris 1988/89 (u.a.)

Paris 1988 (b)
Komische Nachbarn. Deutsch-Französische Beziehungen im Spiegel der Karikatur (1945-1987). Drôles de voisins. Les rapports franco-allemands à travers la caricature (1945-1987), Goethe-Institut Paris, Paris 1988; Ergänzungsheft 1990

Paris 1988(c)
Paul Abadie, architecte 1812-1884. Musée national des Monuments français, Paris 1988/89

Paris 1989(a)
Hittorff et Visconti. Projets pour la ville de Paris 1828-1846. Galeries de Bayser et Turquin, Paris 1989

Paris 1989(b)
La Révolution française et l'Europe, 1789-1799, 3 Bde. Galeries nationales du Grand Palais, Paris 1989

Paris 1989(c)
La Tour Eiffel et l'Exposition universelle 1889. Musée d'Orsay, Paris 1989

Paris 1989(d)
Quand Paris dansait avec Marianne (1879-1889). Musée du Petit Palais, Paris 1989

Paris 1991(a)
Géricault. Galeries nationales du Grand Palais, Paris 1991/92

Paris 1991(b)
Âge – Un âge d'or des arts décoratifs 1814-1848. Galeries nationales du Grand Palais, Paris 1991

Paris 1991(c)
L'Atelier d'Ary Scheffer. Musée de la Vie romantique, Paris 1991/92

Paris 1992 (a)
Vive la République. 1792-1992. Archives nationales, Paris 1992

Paris 1992(b)
Les Palais d'argent: Jean-François Pinchon. L'architecture bancaire en France de 1850 à 1930. Musée d'Orsay, Paris 1992/93

Paris 1993(a)
»La valeur de l'erreur«. Musée de la Poste, Paris 1993

Paris 1993(b)
Les chefs-d'oeuvre du musée des Beaux-Arts de Leipzig. Musée du Petit Palais, Paris 1993

Paris 1994(a)
Allégories de la République. Le concours de 1848. Assemblée Nationale Galerie, Paris 1994

Paris 1994(b)
Wagner. Le Ring en images autour de la collection Bruno Lussato. Bibliothèque Nationale de France, Paris 1994

Paris 1994(c)
L'affaire Dreyfus et le tournant du siècle (1894-1910), Paris 1994

Paris 1995
La photographie stéréoscopique sous le second Empire. Bibliothèque Nationale de France, Paris 1995

Potsdam 1995
Friedrich Wilhelm IV. Künstler und König. Zum 200. Geburtstag. Neue Orangerie im Park von Sanssouci, Potsdam 1995

Quebec
1989 Face à face. French and English caricatures of the French Revolution and its aftermath. Musée du Quebec, Quebec 1989 (u.a.)

Roubaix 1993
Gustave Nadaud. Son époque, ses illustrateurs. Hôtel de Ville de Roubaix, Roubaix 1993

Saint-Germain-en-Laye 1994
Vercingétorix et Alésia. Musée des Antiquités nationales de Saint-Germain-en-Laye, Saint-Germain-en-Laye 1994

Saint-Rémy-lès-Chevreuse 1990
Aux Grands Hommes. David d'Angers. Fondation de Coubertin, Saint-Rémy-lès-Chevreuse 1990

Schleswig 1992
Asmus Jacob Carstens. Goethes Erwerbungen für Weimar. Schleswig-Holsteinisches Landesmuseum, Schleswig 1992

Strasbourg 1983
Gustave Doré 1832-1883. Musée d'Art Moderne – Cabinet des Estampes, Strasbourg 1983

Strasbourg 1987
Les bâtisseurs des cathédrales gothiques. Musées de la Ville de Strasbourg, Strasbourg 1987

Strasbourg 1993
Gustave Doré. Une nouvelle collection. Musée d'Art Moderne et Contemporain de Strasbourg, Palais Rohan/Galerie Robert Heitz, veranst. von Musées de la Ville de Strasbourg, Strasbourg 1993/94

Stuttgart 1908
Christiane Luise Duttenhofer. Stuttgarter Landesgewerbemuseum, Stuttgart 1908

Stuttgart 1987
Baden und Württemberg im Zeitalter Napoleons, 4 Bde. Württembergisches Landesmuseum Stuttgart, Stuttgart 1987

Tours 1979
Jeanne d'Arc et sa légende. Musée des Beaux Arts de Tours, Tours 1979

Versailles 1993
Versailles et les tables royales en Europe XVIIe-XIXe siècles. Château de Versailles, Versailles 1993/94

Washington 1988
Viollet-le-Duc. The Trust for Museum Exhibitions, Washington, 1988

Weimar 1992
Genius huius loci: Weimar. Kulturelle Entwürfe aus fünf Jahrhunderten. Kunsthalle am Theaterplatz, Weimar 1992

Weimar 1994
Johann Gottfried Herder. Ahndung künftiger Bestimmung. Kunsthalle am Theaterplatz, Weimar 1994 (u.a.)

Worpswede 1994
Bilder aus der Eremitage St. Petersburg und der Großen Kunstschau Worpswede, Große Kunstschau, Worpswede 1994

Zürich 1983
Der Hang zum Gesamtkunsthandwerk. Europäische Utopien seit 1800. Kunsthaus Zürich, Zürich 1983 (u.a.)

Zürich 1987
Eugène Delacroix. Kunsthaus Zürich, Zürich 1987/88 (u.a.)

Register

Abadie, Paul (1812-1884), frz. Architekt, S. 449, 459f.
Abbéma, Louise (1858-1927), frz. Malerin, Bildhauerin und Literatin, 372
Achenbach, Andreas (1815-1910), dt. Maler, 58, 113
Achenbach, Oswald (1827-1905), dt. Maler, 389
Adam, Paul (1862-1920), frz. Schriftsteller, 478
Adamo, Max (1837-1901), dt. Künstler, 394
Adenauer, Konrad (1876-1967), dt. Bundeskanzler, 103f., 481
Agoult, Marie de Flavigny Comtesse d' (Pseudonym Daniel Stern,1805-1867), frz. Publizistin, 312-14, 365, 369
Alexander I., (1777-1825), russ. Zar, 149, 220f., 228, 231
Alexander II., (1818-1881), russ. Zar, 387, 391
Altdorfer, Albrecht (um 1480-1538), dt. Maler, Baumeister und Kupferstecher, 236
Ampère, Jean-Jacques (1800-1864), frz. Schriftsteller und Historiker, 148, 172
Ancillon, Johann Peter Friedrich (1767-1837), Schriftsteller, Prediger an der frz. Gemeinde in Berlin, 121
Angiviller, Charles Claude de la Billarderie Graf von (1730-1809), frz. Sammler u. Kunstliebhaber, 133
Anna Amalia, Herzogin von Sachsen-Weimar-Eisenach (1739-1807), 144
Apel, Johann August (1771-1816), dt. Jurist und Dichter, 253
Arago, Emmanuel (1812-1896), frz. Politiker, 300
Archenholz, Johann Wilhelm von (1741-1812), dt. Historiker und Publizist, 138
Argout, Apollinaire Maurice Antoine, Baron d'Argout (1782-1858), frz. Politiker, 85
Arminius, (auch Hermann der Cherusker, 18 oder 16 v. Chr.-19 oder 21 n. Chr.) Cheruskerfürst, 32, 64, 70, 79, 84, 202, 233, 397, 403f.
Arndt, Ernst Moritz (1769-1860), dt. Dichter u. Historiker, 70, 79, 194, 209, 216-18, 230, 411
Arnim, Achim von (eigentl. Ludwig Joachim von Arnim, 1781-1831), dt. Dichter und Schriftsteller, 125, 158, 160, 162
Arnim, Bettina von (eigentl. Anna Elisabeth von Arnim, geb. Brentano, 1785-1859), dt. Dichterin, 125, 162, 164
Aslan (eigentl. Alain Gourdon, geb. 1930), frz. Bildhauer, 22, 54
Auber, Daniel François Esprit (1782-1971), frz. Komponist, 267, 313
August Prinz von Preußen (1779-1843), Neffe Friedrichs II., 177, 179
Augusta (1811-1890), preuß. Königin und dt. Kaiserin, 444
Avenarius, Tony (1836-1901), dt. Maler, 289

Bach, Johann Sebastian (1685-1750), dt. Komponist, 369, 478
Bagetti, Giuseppe Pietro (1764-1831), ital. Zeichner, 202
Bailly, Jean Sylvain (1736-1793), frz. Astronom u. Staatsmann, 131f.
Bakunin, Michail Alexandrowitsch (1814-1876), russ. Revolutionär, 317, 332
Balbastre, Claude-Bénigne (1727-1799), frz. Komponist, 483
Baldensperger, Fernand (1871-1958), frz. Literaturhistoriker, 145
Balzac, Honoré de (1799-1850), frz. Romancier, 111, 172, 179, 273, 313
Bandel, Ernst von (1800-1876), dt. Bildhauer, 233, 397, 403
Bara, Joseph (1779-1793), frz. Militär, 29
Barante, Guillaume Prosper Brugière, Baron de (1782-1866), frz. Historiker und Politiker, 119, 181
Barbier, Jules (1825-1901), frz. Dramatiker, 251, 272, 472
Barbizet, A. (J.) (tätig 1856-1888), frz. Zeichner und Lithograph, 315
Barchou de Penhoën, Auguste Théodor Baron (1801-1855), frz. Historiker u. Offizier, 124
Baron, Henri (1816-1885), frz. Maler, 385, 394
Barre, Albert Désiré (1811-1896), frz. Maler, 348
Barre, Jacques-Jean (1793-1855), frz. Graveur u. Medailleur, 28, 50
Barrias, Louis-Ernest (1841-1905), frz. Bildhauer, 436f.
Barthe, Félix (1795-1863), frz. Justizbeamter und Politiker, 85
Bartholdi, Frédéric Auguste (1834-1904), frz. Bildhauer, 18, 348, 402, 435, 437, 445, 465, 468
Basedow, Johannes Bernhard (eigentl. Johan Berend Bassedau, 1724-1790), dt. Popularphilosoph und Pädagoge, 142
Basile, Giambattista (1575-1632), ital. Dichter, 166
Batoni, Pompeo Gerolamo (1708-1787), ital. Maler, 56
Baudelaire, Charles (1821-1867), frz. Dichter, 242, 252, 360f., 363, 368f.
Baudissin, Wolf Heinrich Graf von (1789-1878), dt. Shakespeareübersetzer und Schriftsteller, 161
Baux, Raymond de (Lebensdaten unbekannt), frz. Maler, 154
Bazaine, François Achille (1811-1888), frz. Marschall, 444
Bazille, Frédéric (1841-1870), frz. Maler und Zeichner, 375
Beauharnais, Eugène de (1781-1824), Vizekönig von Italien (Herzog von Leuchtenberg), 200f.
Bebel, August (1840-1913), dt. Politiker, 95
Becker, Nikolaus (1809-1845), dt. Dichter, 327f., 331
Beer, Michael (1800-1833), dt. Dramatiker, 314
Beethoven, Ludwig van (1770-1827), dt. Komponist, 162, 194, 213f., 274, 315, 353, 354, 358, 361, 366, 369, 479, 483f.
Begas d.Ä., Carl Joseph (1794-1854), dt. Maler, 329, 336
Begas, Reinhold (1831-1911), dt. Bildhauer, 94
Behrens, Christian (1852-1905), dt. Bildhauer, 476
Bentham, Jeremy (1748-1832), engl. Sozialphilosoph und Jurist, 141
Béranger, Pierre Jean de (1780-1857), frz. Lyriker, 309, 325, 350
Béraud, Jean (1849-1936), frz. Maler, 460
Bergson, Henri (1859-1941), frz. Philosoph, 75, 168
Berlioz, Hector (1803-1869), frz. Komponist, 120, 214, 268, 272, 353, 354-57, 359, 363, 367-69, 484
Bernadotte, Jean Baptiste (1763-1844) als Karl XIV. Johann schwed. König seit 1818, 213
Bernhardt, Sarah (eigentl. Henriette Rosine Bernard, 1844-1923), frz. Schauspielerin, 363, 372
Berthaud, Paul François (1870-1935), frz. Maler, 372
Bertin, Jean Victor (1775-1824), frz. Maler, 254
Bertrand, Henri Gratien Graf (1773-1844), frz. General, 224
Bertuch, Carl (1777-1815), dt. Buchhändler, 211, 227
Bertuch, Friedrich Justin (1747-1822), dt. Buchhändler und Schriftsteller, 211, 228
Bessel, Friedrich Wilhelm (1784-1846), dt. Astronom und Mathematiker, 282
Bethmann Hollweg, Theobald von (1856-1921), dt. Reichskanzler und Politiker, 98
Bettkober, Christian Friedrich Heinrich (1746-1809), dt. Bildhauer, 160
Biefve, Édouard de (1808-1882), belg. Maler, 242
Bierling, Carl Albert (geb. 1851?), dt. Glocken- und Stückgießer, 63
Binet, Adolphe-Gustave (1854-1897), frz. Maler, 435f.
Binzer, August Daniel von (1793-1868), dt. Burschenschafter und Dichter, 99
Bismarck, Otto von (seit 1865 Graf, 1871 Fürst, 1890 Herzog von Lauenburg, 1815-1898), dt. Staatsmann, 58, 64, 73, 88f., 93, 331, 374, 387, 390-93, 405, 408, 421f., 424f., 429, 431, 434, 439, 446, 449, 454, 456, 458f., 465, 488
Bismarck-Bohlen, Friedrich Graf von (1818-1894), dt. General, 431, 446, 448
Bizet, Georges (eigentl. Alexandre César Léopold Bizet, 1838-1875), frz. Komponist, 361
Blake, William (1757-1827), engl. Dichter, Maler und Kupferstecher, 136
Blanc, Louis (1811-1882), frz. Sozialist, 297, 300, 344
Blanqui, Louis Auguste (1805-1881), frz. Sozialist und Revolutionär, 320
Blaze de Bury, Henri (1763-1833), frz. Schriftsteller, 485
Blaze, François Castil-Blaze (1784-1857), frz. Musikschriftsteller, 353
Blechen, Carl (1798-1840), dt. Maler, 243, 246, 249f.
Bleuler, Johann Ludwig (1792-1850), dt. Maler, 278, 294, 329, 334f.
Blouet, Abell (1793-1853), frz. Architekt, 44
Blücher, Gebhard Leberecht von (1742-1819), preuß. Generalfeldmarschall, 54, 219, 221f., 225f.
Blum, Léon (1872-1950), frz. Politiker, 101
Böcklin, Arnold (1827-1901), schweiz. Maler, 243, 246, 256, 418f., 433, 442
Bodelschwingh, Friedrich von (1831-1910), dt. ev. Theologe, 413, 422f.
Bodin, Jean (1529/1530-1596), frz. Philosoph, 42
Bogino Frédéric-Louis-Désiré (1831-1899), frz. Bildhauer, 437
Bohn, German von (1812-1899), dt. Maler, 389

Boisserée, Melchior (1786-1851), dt. Kunstwissenschaftler und -sammler, 284
Boisserée, Sulpiz (1793-1854), dt. Kunstwissenschaftler und -sammler, 179, 187-89, 202, 226, 275, 283f.-86, 288f.
Boizot, Louis-Simon (1748-1809), frz. Stecher, 18, 47
Bollinger, Friedrich Wilhelm (1777-1825), dt. Kupferstecher, 224
Bonaparte, Mathilde Laetitia Wilhelmine, siehe Mathilde Laetitia Wilhelmine Bonaparte
Bonington, Richard Parkes (1801-1828), engl. Maler, 292
Bonnet, Charles (1720-1793), schweiz. Naturforscher und Philosoph, 142
Bonpland, Aimé (1773-1858), frz. Botaniker, 188, 208
Bonstetten, Karl Victor von (1745-1832), schweiz. politischer Schriftsteller, 181
Börne, Ludwig (1786-1837), dt. Schriftsteller und Publizist, 156, 159, 185, 189, 297, 298, 300f., 305, 323-25, 332
Börnstein, Heinrich (1805-1892), dt. Journalist und Schauspieler, 317
Böttiger, Karl August (1760-1835), dt. Philologe und Altertumsforscher, 151, 161
Boucher-Desnoyers, Auguste-Gaspard-Louis Baron (1779-1857), frz. Stecher, 200
Bouilly, Jean Nicolas (1763-1842), frz. Dichter, 274
Boulanger, Georges (1837-1891), frz. General und Politiker, 465
Bourdelle, Emile Antoine (1861-1929), frz. Bildhauer, 214, 420
Bourson, Amédée (1833-1905), frz. Maler, 317
Bouvier, Pierre-Louis (1766-1836), franz. Maler, 183
Boyen, Hermann von (1771-1848), preuß. Kriegsminister und Heeresreformer, 340
Brandt, A. (Lebensdaten unbekannt), dt. Stecher, 86
Brasillach, Robert (1909-1945), frz. Schriftsteller, 103, 112
Braun, Kaspar (1807-1877), dt. Stecher, 166
Brendel, Albert Heinrich (1827-1895), dt. Maler, 389
Brentano, Bettina (eigentl. Bettina von Arnim, 1785-1859), dt. Dichterin, 164
Brentano, Christian (1784-1851), dt. Schriftsteller, 229
Brentano, Clemens (1778-1842), dt. Dichter, 125, 160, 162f., 166f., 215, 229, 335, 337
Briand de la Tour (1765-1823), frz. Kartograph, 209
Briand, Aristide (1862-1932), frz. Außenminister und Staatsmann, 100
Brisson, Henri (1835-1912), frz. Staatsmann, 93
Brissot, Jacques Pierre (1754-1793), frz. Journalist und Revolutionär, 135, 138
Brongniart, Alexandre-Théodore (1770-1847), frz. Mineraloge, Geologe und Paläontolge, 203f.
Brown, John Lewis (1829-1890), engl. Maler, 225f.
Bruandet, Lazare (1755-1804), frz. Landschaftsmaler, 264
Buchereau, Victor (Lebensdaten unbekannt, tätig im 19. Jh.), frz. Maler, 454
Büchner, Georg (1813-1837), dt. Dramatiker, 302, 305, 318, 320
Bülow, Bernhard Heinrich Martin Fürst von (1849-1929), dt. Staatsmann, 94
Bülow, Heinrich Freiherr von (1792-1846), preuß. Politiker, 221, 340
Bunsen, Robert Wilhelm (1811-1899), dt. Chemiker, 299
Burckhardt, Jacob (1818-1897), schweiz. Kultur- und Kunsthistoriker, 242
Bürger, Gottfried August (1747-1794), dt. Dichter, 259, 269, 273
Burnitz, Karl Peter (1824-1886), dt. Maler, 401
Burty, Philippe (1830-1890), frz. Kunstkritiker, Schriftsteller und Maler, 270, 277

Byron, George Gordon Noel Lord (1788-1824), engl. Dichter, 235, 309, 369

Cabanel, Alexandre (1823-1889), frz. Maler, 365, 370
Cabanis, Georges (1757-1808), frz. Philosoph und Arzt, 119, 121
Caillebotte, Gustave (1848-1894), frz. Maler, 375
Cailloux, Alexandre-Achille-Alphonse de (gen. de Cailleux, 1788-1876), frz. Architekt, 291
Calame, Alexandre (1810-1864), schweiz. Maler und Lithograph, 256
Cambon, Henri-Joseph-Armand (1819-1885), frz. Maler, 20, 27, 49, 393
Campe, August (1773-1836), dt. Verleger, 187
Campe, Friedrich (1777-1846), dt. Buchhändler und Verleger, 231, 320
Campe, Joachim Heinrich (1746-1818), dt. Pädagoge, Sprachforscher und Jugendschriftsteller, 125, 131, 141f.
Campe, Johann Heinrich (1746-1818), dt. Schriftsteller, 118
Campe, Julius (1792-1867), dt. Verleger, 322
Camphausen, Wilhelm (1818-1885), dt. Maler, 113, 408, 421
Camus, Albert (1913-1960), frz. Schriftsteller, 481
Caran d'Ache (eigentl. Emmanuel Poiré 1859-1909), frz. humorist. Zeichner, 112, 113
Carl von Österreich (1771-1847), Erzherzog, Bruder von Kaiser Franz II., 43
Carl August Herzog von Sachsen-Weimar-Eisenach (1757-1828), ab 1815 Großherzog, 144, 146, 149, 153, 222
Carl von Preußen (1801-1883), dritter Sohn Friedrich Wilhelms III., Bruder Wilhelm I., 221
Carnot, Marie François Sadi (1837-1894), frz. Politiker und Ingenieur, 471
Carpeaux, Jean-Baptiste (1827-1875), frz. Maler, Bildhauer und Radierer, 371f., 438
Carré, Michel (1821-1872), frz. Bühnendichter, 251, 272, 472
Carrier-Belleuse, Albert Ernest (eigentl. A. E. Carrier de Belleuse, 1824-1887), frz. Bildhauer, 29
Carstens, Asmus Jacob (1754-1798), dt. Maler, 128, 135-37, 238, 264
Carus, Carl Gustav (1789-1869) dt. Maler, Arzt und Schriftsteller, 143, 239f., 243, 248, 251, 262, 269
Caumont, Arcisse de (1802-1873), frz. Restaurator, Archäologe und Kunsthistoriker, 291
Cavaignac, Louis Eugène (1802-1857), frz. General und Politiker, 45, 344
Céline, Louis-Ferdinand (1894-1961), frz. Schriftsteller, 102
Cellai, Raffaello (geb. 1840), ital. Bildhauer, 63
Chaillou, Narcisse (geb. 1837), frz. Maler, 416, 428
Chalgrin, Jean François Thérèse (1739-1811), frz. Architekt und Architekturtheoretiker, 44
Chamberlain, Houston Stewart (1855-1927), brit. Kulturphilosoph und Schriftsteller, 42
Chamberlain, Sir Joseph Austen (1863-1937), brit. Politiker, 100
Chamisso, Adelbert von (1781-1838), dt. Dichter, 125, 164, 321
Champollion, Jean-François (1790-1832), frz. Ägyptologe und Archäologe, 208
Chaperon, Eugène (geb. 1857), frz. Maler, 174
Chaperon, Philippe-Marie (1823-1907), frz. Maler und Bühnenbildner, 359, 367, 448
Chapuy, Nicolas Marie Joseph (1790-1858), frz. Maler, 292
Chasles, Philarète (1798-1873), frz. Gelehrter, 172
Chateaubriand, François-René Vicomte de (1768-1848), frz. Schriftsteller und Politiker, 119, 145, 153f., 172, 179, 182, 259, 266f., 309

Chatrousse, Emile-François (1829-1896), frz. Bildhauer, 401
Chaudet, Antoine-Denis (1763-1810), frz. Bildhauer, Maler und Zeichner, 201
Chénier, André (1762-1794), frz. Lyriker, 119, 266
Chénier, Marie-Joseph (1764-1811), frz. Schriftsteller, 141
Chézy, Helmina von (1783-1856), dt. Schriftstellerin, 158, 187, 253
Chinard, Joseph (1756-1813), frz. Bildhauer, 23, 49, 179
Chodowiecki, Daniel (1726-1801), dt. Radierer, 79, 136, 145, 202, 374
Chopin, Frédéric (1810-1849), poln. Komponist und Pianist, 313, 353, 369
Cicéri, Pierre Luc Charles (1782-1868), frz. Maler, 292, 313
Clarke, Henri Jacques Guillaume (1765-1818), frz. Kriegsminister und General, 223
Clasen, Lorenz (1812-1899), dt. Maler, 34, 39, 57, 61, 113, 431, 434, 458
Claude Michel (gen. Clodion, 1738-1814), frz. Bildhauer, 230
Claudel, Paul (1868-1955), frz. Schriftsteller, 174
Claudius, Matthias (Pseud. Asmus, 1740-1815), dt. Dichter, 159, 216
Clemenceau, Georges Benjamin (1841-1929), frz. Staatsmann, 92f., 99, 113, 462
Clément, A. (wahrscheinlich Alex., tätig ca. 1775-1808), frz. Kupferstecher, 47
Cochin, Charles Nicolas d.J. (1715-1790), frz. Kupferstecher, 23
Colin, Alexandre (1798-1873), frz. Maler, 27, 347
Colleoni, Bartholomeo (1400-1475), ital. Kondottiere, 402
Cölln, Friedrich von (1766-1820), dt. Publizist, 216
Commynes, Philippe de (um 1447-1511), frz. Diplomat und Historiker, 169
Condillac, Etienne Bonmot (1715-1780), frz. Philosoph, 119
Condorcet, Marie Jean Antoine, Marquis de (1743-1794), frz. Mathematiker, Philosoph und Politiker, 138, 186
Constant de Rebecque, Benjamin Henri (1767-1830), frz. Schriftsteller, 119, 122, 145, 153, 175, 178, 180-83, 185f.
Corday d'Armont, Charlotte de (1768-1793), frz. Republikanerin, 162
Cornelius, Peter (1783-1867), dt. Maler, 56, 236-38, 242, 357
Corot, Camille (1796-1875), frz. Maler, Zeichner und Radierer, 401
Correggio (eigentl. Antonio Allegri, gen. Il Coreggio um 1489-1534), ital. Maler, 160
Costé, Jules (geb. 1828), frz. Komponist, 393
Cotta, Johann Friedrich Freiherr Cotta von Cottendorf (1764-1832), dt. Verleger, 137, 185-87, 189, 193, 206-08, 211, 226-28, 318
Cotta, Johann Georg Freiherr Cotta von Cottendorf (1796-1863), dt. Verleger, 207f., 275, 285, 322
Coudray, Clemens Wenzeslaus (1775-1845), dt. Baumeister, 148
Courbet, Gustave (1819-1877), frz. Maler, 307, 317, 343, 357, 374-76, 383, 390, 395, 400, 413, 419f.
Cousin, Victor (1792-1867), frz. Philosoph, 122, 148, 159, 172, 259, 268, 297, 305, 316f.
Couture, Thomas (1815-1879), frz. Maler, 343
Cramer, Karl Friedrich (1752-1807), dt. Schriftsteller, 119, 188
Crémieux, Isaac Adolphe (1796-1880), frz. Politiker, 439
Creuzer (auch: Creutzer), Georg Friedrich (1771-1858), dt. Philologe und Historiker, 122, 208, 316
Creuzé de Lesser, Auguste François Baron von (1771-1839), frz. Schriftsteller, 152

Croisy, Onésime Aristide (geb. 1840), frz. Maler und Bildhauer, 437
Curtius, Ernst Robert (1886-1956), dt. Romanist, 31, 35, 480
Custine, Adam Philippe Graf von (1740-1793), frz. General, 43, 54
Cuvier, Georges Baron de (1769-1832), frz. Naturforscher, 159

Daguerre, Louis Jacques Mandé (1787-1851), frz. Maler und Erfinder, 292
Dahl, Johann Christian Clausen (1788-1857), norw. Maler, 143, 239, 243, 249
Dähling, Heinrich Anton (1773-1850), dt. Zeichner, 154, 202f., 231
Dahlmann, Friedrich Christoph (1785-1860), dt. Politiker und Historiker, 165
Dalberg, Karl Theodor Reichsfreiherr von (1744-1817), dt. Politiker, 193, 210, 226
Dalou, Jules (1838-1902), frz. Bildhauer, 28
Daly, César Denis (geb. 1811), frz. Architekt, 288
Danhauser, Josef (1805-1845), österr. Maler, 364, 369
Dannecker, Johann Heinrich (1758-1841), dt. Bildhauer, 151
Dantan, Jean Pierre (gen. Dantan jeune, 1800-1869), frz. Bildhauer, 312, 358
Danton, Georges Jacques (1759-1794), frz. Revolutionär, 29, 141
Daubigny, Charles François (1817-1878), frz. Maler, 397, 398, 400f., 472
Daudet, Ernest (1837-1921), frz. Schriftsteller, 173
Daumier, Honoré (1808-1879), frz. Maler und Karikaturist, 71, 79, 85, 89, 91, 107, 111f., 301, 377, 381, 472
Dauzats, Adrien (1804-1868), frz. Maler, 292
David d'Angers, (eigentl. Jean-Pierre David 1788-1856), frz. Bildhauer, 24, 49, 130, 148, 161, 207, 240f., 243, 251, 308, 324, 438
David, Jacques Louis (1748-1825), frz. Maler, 45, 131, 135, 179, 185, 236, 267, 310, 341, 344, 377
Debucourt, Louis Philibert (1755-1832) frz. Maler und Stecher, 176, 181f.
Debussy, Claude (1862-1918), frz. Komponist, 361
Decamps, Alexandre Gabriel (1803-1860), frz. Maler, Lithograph und Radierer, 26, 111
Degas, Edgar (1834-1917), frz. Maler, 375f., 380f., 389f., 473
Degeorges, Charles-Jean-Marie (1837-1888), frz. Bildhauer, 50f.
Delacroix, Eugène (1798-1863), frz. Maler, 24, 71, 77, 79, 97, 120, 235ff., 242, 259, 270, 283, 305f., 309, 357, 368, 374f., 436
Delaroche, Paul (eigentl. Hippolyte Delaroche, 1798-1863), frz. Maler, 199, 220, 267f., 283, 341, 343
Delavigne, Germain (1790-1868), frz. Schriftsteller, 313
Demarne, Jean-Louis (1754-1829), frz. Maler und Radierer, 264
Demidoff, Prinz Anatol (1812-1870), russ. Magnat, 371
Dennery, Adolphe Philippe (1811-1899), frz. Dramatiker, 272
Denon, Dominique-Vivant (1747-1825), frz. Kupferstecher und Kunstexperte, 147f., 193, 206, 222
Desault, Pierre Joseph (1744-1795), frz. Chirurg, 200
Desbordes-Valmore, Marceline (1786-1859), frz. Lyrikerin, 182
Diderot, Denis (1713-1784), frz. Schriftsteller und Philosoph, 117
Didier, Jules (1831-1892), frz. Maler, 462
Dietrich, Philippe Frédéric Baron de (748-1793), frz. Politiker u. Mineraloge, 44
Diezler, Jacob (1789-1855), dt. Maler, 334
Dingelstedt, Franz Freiherr von (1814-1881), dt. Theaterleiter und Schriftsteller, 331

Dionysius von Paris (gest. in der 2. Hälfte 3. Jhd.) angebl. erster Bischoff von Paris, 459
Doeppler, Gottlieb (auch Doebler oder Doepler, aktiv 2. Hälfte 18. Jh.), dt. Maler, 122, 142
Dohm, Ernst (ursprüngl. Elias Levy, 1819-1883), dt. Schriftsteller und Satiriker, 114
Doré, Gustave (1832-1883), frz. Graphiker, Maler und Bildhauer, 44, 112, 173, 319, 331, 372, 413f., 418, 426f., 431, 437, 441, 445, 465f., 471f.
Drake, Johann Friedrich (1805-1882), dt. Bildhauer, 389
Draner (eigentl. Jules Renard), frz. Zeichner, 112
Dreyfus, Alfred (1859-1935), frz. Offizier, 74, 93
Drouet, Juliette (1806-1883), frz. Schauspielerin, 337
Drumont, Edouard (1844-1917), frz. Journalist, 93, 112
Dubois, Valérie-Marie-Elvire (Madame Octave Feuillet, 1832-1906), frz. Schriftstellerin, 371
Dubs, Jakob (1822-1879), schweiz. Politiker, 439
Dumas, Alexandre d.J. (1824-1895), frz. Schriftsteller, 273, 335, 369, 372, 380, 390, 438
Duplessis, Joseph Silfrède (1725-1802), frz. Maler, 137
Dupré, Jules (1811-1889), frz. Maler, 397f., 400
Dupré, Louis (1789-1837), frz. Maler und Lithograph, 176
Durand-Ruel, Paul (1831-1922), frz. Kunsthändler, 473
Duranty, Edmond (1833-1880), frz. Schriftsteller und Kunstkritiker, 374, 376f., 380f., 390
Dürer, Albrecht (1471-1528), dt. Maler, Graphiker, Zeichner und Kunstschriftsteller, 160f., 272
Duret, Francisque (eigentl. François Joseph, 1804-1865), frz. Bildhauer, 371
Duttenhofer, Christiane Luise (1776-1829), dt. Zeichnerin, 284

Ebert, Friedrich (1871-1925), dt. Staatsmann, 333
Eberwein, Franz Carl Adalbert (1786-1868), dt. Komponist, 358
Eckermann, Johann Peter (1792-1854), dt. Schriftsteller, 270
Eckert, Georg Maria (1828-1903), dt. Fotograf, 443
Eduard VII. (1841-1910), König von Großbritannien und Irland, Kaiser von Indien seit 1901, 96, 113
Effel, Jean (1908-1982), frz. Aquarellmaler und Karikaturist, 22
Eichendorff, Joseph Freiherr von (1788-1857), dt. Schriftsteller, 275, 281, 335
Eiffel, Alexandre-Gustave (1832-1923), frz. Ingenieur, 468-70
Elven, Pierre Tetar van (1831-1908), frz. Maler, 391
Engels, Friedrich (1820,1895), dt. Philosoph und Politiker, 303, 319, 346
Ense, siehe Varnhagen von
Enslen, Carl Georg (1792-1866), dt. Maler, 277, 289
Eugénie de Montijo (1826-1920), Kaiserin der Franzosen, 291, 391, 394

Fabri, vermutl. Caspar Schmidt (tätig 1544-1556), dt. Dominikaner und Schriftsteller, 69, 83, 107
Fabvier, Charles Nicolas, Baron (1783-1855), frz. General, 295
Falguière, Alexandre (1831-1900), frz. Maler und Bildhauer, 437
Fantin-Latour, Henri (1836-1904), frz. Maler und Graphiker, 40, 56
Faure, Jean Baptiste (geb. 1830), frz. Komponist und Sänger, 315, 356, 473
Favre, Jules (1809-1880), frz. Politiker, 51, 408, 422, 431, 434, 441, 449, 462
Feininger, Lyonel (1871-1956), dt.-amerikan. Maler und Graphiker, 114f.
Ferdinand I. (1793-1875), Kaiser von Österreich, 86
Fernow, Carl Ludwig (1763-1808), dt. Kunstschriftsteller, 137

Fesch, Joseph (1763-1839), frz. Kardinal, 281
Fétis, François-Joseph (1784-1871), belg. Musikwissenschaftler, 361
Feuerbach, Anselm (1829-1880), dt. Maler, 256, 418
Feuillet, Octave (1821-1890), frz. Schriftsteller, 371; siehe auch seine Frau: Dubois, V.
Fichte, Johann Gottlieb (1762-1814), dt. Philosoph, 37, 42, 84, 121f., 156, 180, 214
Flandrin, Hippolyte (1809-1864), frz. Maler, 236
Flaubert, Gustave (1821-1880), frz. Dichter, 120, 372, 380, 427
Foch, Ferdinand (1851-1929), frz. Marschall, 98
Follen, August Adolf Ludwig (1794-1855), dt. Schriftsteller, 289
Foltz, Philipp (1805-1877), dt. Maler, 336
Fontaine, Pierre François Léonard (1762-1853), frz. Architekt, 281
Fontane, Theodor (1819-1898), dt. Dichter und Theaterkritiker, 90, 332, 438-41
Fontanes, Comte Louis de (1757-1821), frz. Schriftsteller und Politiker, 204
Forain, Jean-Louis (1852-1931), frz. Graphiker, 80, 113
Forbes, Charles (eigentl. Charles Forbes de Tryon, Graf von Montalembert, 1810-1870), frz. Schriftsteller u. Politiker, 242
Forgeot, Claude Edouard (geb.1826), frz. Bildhauer, 52
Forster, Georg (1754-1794), dt. Reiseschriftsteller, 47, 185
Förster, Carl August (1784-1841), dt. Pädagoge und Übersetzer, 161
Fortoul, Hippolyte (1811-1856), frz. Politiker, 237-39, 241f.
Fouché, Joseph (1759-1820), frz. Politiker, 186, 200
Fouqué, Friedrich de la Motte (1777-1843) dt. Schriftsteller, 158, 162, 164, 216, 233, 252
Fragonard, Alexandre-Evariste (1780-1850), frz. Zeichner u. Maler, 472
France, Jacques (1826-1894), frz. Kunstkupferschmid, 471
Francia, Angelo (geb. 1833), frz. Bildhauer, 50
Franck, César (1822-1890), frz. Komponist, 214
Franz I., siehe Franz II.
Franz II. Joseph (1768-1835), letzter Kaiser des Hl. Röm. Reiches, als Franz I. Kaiser von Österreich, 43, 84, 210, 215, 220, 223, 228, 231, 295
Franz, Julius (1824-1887), dt. Maler u. Zeichner, 421
Frauenstädt, Julius (1813-1879), dt. Gelehrter, 168
Freiligrath, Ferdinand (1810-1876), dt. Dichter, 305
Frémiet, Emanuel (1824-1910), frz. Bildhauer, 100
Fréron, Elie (1718-1776), frz. Kritiker, 171
Freydanck, Carl Daniel (1811-1887), dt. Porzellanmaler, 293
Friedrich I. (1657-1713), König von Preußen, 90
Friedrich I. (1826-1907), Großherzog von Baden, 432, 434
Friedrich II, Herzog von Württemberg, 186
Friedrich II. der Große (1712-1786), König von Preußen, 138, 170f., 193, 203f., 210, 238, 373, 382, 389f.
Friedrich Wilhelm III. (1770-1840), König von Preußen, 55, 193, 220f., 224, 228, 230f., 233, 252, 254, 283, 313, 336, 488
Friedrich Wilhelm IV. (1795-1861), König von Preußen, 79, 86f., 165, 234, 275, 282-84, 286, 288f., 293f., 314, 327, 331f., 340, 390
Friedrich Wilhelm, Kronprinz, siehe Wilhelm II.
Friedrich, Caspar David (1774-1840), dt. Maler und Graphiker, 143, 236, 239-45, 248-51, 256, 264
Friedrich-Carl (1828-1885), Prinz von Preußen, preuß. Generalfeldmarschall, 434
Fries, Karl Friedrich (1831-1871), dt. Maler, 336
Froissart, Jean (1337- um1410), frz. Historiker und Gelehrter, 169

Fuchs, Eduard (1870-1937), dt. Sammler u. Schriftsteller, 79, 107, 115
Führich, Josef Ritter von (1800-1876), österr. Maler, 337

Gaertner, Eduard (1801-1877), dt. Maler, 243, 254
Gagern, Heinrich Reichsfreiherr von (1799-1880), dt. Politiker, 87
Gallait, Louis (1810-1878), frz. Maler, 242
Gambetta, Léon Michel (1838-1882), frz. Politiker, 51, 73, 429, 434, 444, 462
Gandon, Adolphe (tätig 1859), frz. Maler, 22
Gans, Eduard (1797-1839), dt. Jurist, 122, 268, 316
Garibaldi, Giuseppe (1807-1882), ital. Freiheitskämpfer und Politiker, 435
Garnier, Charles (1825-1898), frz. Baumeister, 465, 470
Gau, Franz Christian (1789-1853), dt. Architekt, 179, 288
Gaulle, Charles de (1890-1970), frz. General und Staatsmann, 103f., 481
Gautherin, Jean (1840-1890), frz. Bildhauer, 19, 28, 51
Gauthier, Charles (1831-1891), frz. Kunstkupferschmid, 468, 471
Gautier, Théophile (1811-1872), frz. Dichter und Kunstkritiker, 242, 302, 347, 361, 372
Gavarni, Paul (eigentl. Sulpice-Guillaume Chevalier, 1804-1866), frz. Zeichner und Graphiker, 112, 372, 472
Gedon, Lorenz (1843-1883), dt. Bildhauer und Architekt, 389
Gellert, Christian Fürchtegott (1715-1769), dt. Dichter, 117
Genelli, Hans Christian (1763-1823), dt. Maler, 205
Gentz, Friedrich (1764-1832), dt. Publizist und Politiker, 162, 228
Gérard, François-Pascal-Simon (1770-1837), frz. Maler, 45, 171, 177-79, 195, 200f., 223, 229, 265, 311
Gérault-Richard, Alfred Léon (1860-1911), frz. Journalist u. Politiker, 112
Géricault, Théodore (1791-1824), frz. Maler, 263f., 292
Gerstenberg, Heinrich Wilhelm von (1737-1823), dt. Dichter und Kritiker, 118
Geßner, Salomon (1730-1788), schweiz. Dichter, 117, 119, 124
Gide, André (1869-1951), frz. Schriftsteller, 480
Gigoux, Jean (1806-1894), frz. Maler und Graphiker, 472
Gille, Philippe Emile François (1831-1901), frz. Bühnendichter und Publizist, 393
Gillot, Firmin (1820-1872), frz. Lithograph, 442
Gilly, David (1748-1808), dt. Baumeister, 134
Gilly, Friedrich (1772-1800), dt. Baumeister und Bautheoretiker, 133f., 234
Giraud, Sébastien-Charles (1819-1892), frz. Stecher, 365, 371f.
Girodet-Trioson, Anne-Louis (eigentl. Girodet de Roucy, 1767-1824), frz. Maler und Illustrator, 119, 267
Glaßbrenner, Adolf (Pseud. Adolf Brennglas, 1810-1876), dt. Journalist und Schriftsteller, 108, 110
Göbel, Engilbert Wunibald (1821-1882), dt. Stecher, 59
Gobineau, Joseph Arthur Graf von (1816-1882), frz. Diplomat und Schriftsteller, 42, 93
Goechhausen, Luise Ernestine Christiane Juliane von (1752-1802), Hofdame der Herzogin-Witwe Anna-Amalia v. Sachsen-Weimar, 144
Goethe, Johann Wolfgang von (1749-1832), dt. Dichter, 54, 91, 97, 105, 118-21, 124f., 144-52, 155f., 160, 162f.-64, 171, 175, 178, 178, 182, 185, 207f., 214, 218, 234, 241, 250, 252, 259, 267, 269f., 272f., 275, 284, 286, 314, 316, 353f., 356-58, 366, 478-80
Gomanski, Edmund (geb. 1854), dt. Bildhauer, 457f.

Goncourt, Edmond-Louis-Antoine, Huot de (1822-1896), frz Schriftsteller, 371, 406, 418, 427
Goncourt, Jules-Alfred, Huot de (1830-1870), frz. Schriftsteller, 371, 418
Gonse, Louis (geb. 1846), frz. Kunstkritiker, 377, 381
Gontard, Suzette (1769-1802), Freundin Hölderlins, 144
Görres, Jakob Joseph von (1776-1848), dt. Schriftsteller, 159, 164, 216, 225, 232, 283, 285
Gosselin, Charles (1834-1892), frz. Maler, 268
Gosselin, Jean-Edme-Auguste (1787-1858), frz. Verleger und Schriftsteller, 268
Gotzkowsky, I. Ernst (1710-1775), dt. Unternehmer u. Neubegründer der Berliner Porzellanmanufaktur (ab 1763 KPM), 389
Gounod, Charles (1818-1893), frz. Komponist, 272, 356f., 465, 470
Goyau, Georges (1869-1939), frz. Historiker u. Publizist, 479
Goyen, Jan van (1596-1656), niederl. Landschaftsmaler, 264
Graf, Oskar Maria (1894-1967), dt. Schriftsteller, 114
Graff, Anton (1747-1813), schweiz. Maler und Radierer, 129, 139, 156f., 218
Gravelot, Hubert François (1699-1773), frz. Maler und Illustrator, 23
Grégoire, Henri (gen. Abbé Grégoire (1750-1831), frz. Kirchenmann u. Politiker, 48
Gregorius, Albert Jakob Frans (1774-1853), dt. Schriftsteller, 182
Grimm, Friedrich Melchior Freiherr von (1723-1807), dt. Schriftsteller, 117
Grimm, Jacob (1785-1863), dt. Sprach- und Literaturwissenschaftler, 33, 37, 42, 101, 125, 159, 162, 164-66, 222, 341, 348-50
Grimm, Ludwig Emil (1790-1863), dt. Radierer und Maler, 162, 167, 320
Grimm, Wilhelm (1786-1859), dt. Literaturwissenschaftler, 33, 101, 125, 159f., 162, 164f., 348
Gropius, Carl Wilhelm (1793-1870), dt. Maler, 254
Gropius, Martin (1824-1880), dt. Architekt, 458
Gros, Antoine-Jean Baron (1771-1835), frz. Maler, 18, 45, 201, 336
Grosser, Alfred (geb. 1925), dt. Schriftsteller, 482
Gruber, Johann Gottfried (1774-1851), dt. Literaturhistoriker u. Lexikograph, 153
Grün, Carl Theodor Ferdinand (1817-1887), dt. Schriftsteller, 303
Gubitz, Friedrich Wilhelm (1786-1870), dt. Graphiker, Publizist und Schriftsteller, 216
Guigniaut, Joseph Daniel (1794-1876), frz. Archäologe u. Hellenist, 316
Guillaume, Edmond (1826-1894), frz. Architekt, 471
Guiraud, Ernest (1837-1892), frz. Komponist, 472
Guizot, François Pierre Guillaume (1787-1874), frz. Historiker und Politiker, 85, 165, 172, 300, 316
Günderode, Karoline von (Pseud. Tian, 1780-1806), dt. Schriftstellerin, 162
Gutzkow, Karl (1811-1878), dt. Schriftsteller und Publizist, 301f., 305, 318

Habermann, Hugo Freiherr von (1849-1929), dt. Maler, 389
Hagedorn, Friedrich von (1708-1754), dt. Dichter, 117
Halévy, Ludovic (1834-1908), frz. Dramatiker und Erzähler, 315, 393, 472
Hampe, Karl Friedrich (1772-1848), dt. Maler, 283
Hardenberg, Carl August Fürst von (1750-1822), preuß. Staatsmann, 225-28, 286
Hardorff, Gerdt (1769-1864), dt. Maler, 141
Hartknoch, Johann Friedrich (1740-1789), dt. Verleger, 228

Hartwig, Friederike Wilhelmine (1774-1849), dt. Schauspielerin, 153
Hase, Karl Benedikt (1780-1864), dt. Atlphilologe, 299
Hasenclever, Johann Peter (1810-1853), dt. Maler, 307, 319
Haussmann, Georges Eugène Baron (1809-1891), frz. Architekt , 254
Haydn, Joseph (1732-1809), östr. Komponist, 333
Hebel, Johann Peter (1760-1826), dt. Dichter, 55
Hecker, Friedrich Franz Karl (1811-1881), dt. Politiker, 350
Hegel, Georg Wilhelm Friedrich (1770-1831), dt. Philosoph, 122, 143, 147, 167, 259, 297, 305, 315f., 321, 478, 480
Heideloff, Carl Alexander von (1788-1865), dt. Architekt, Maler und Bildhauer, 151
Heideloff, Victor Wilhelm Peter (1757-1816), dt. Zeichner, 151
Heilbuth, Ferdinand (1826-1889), dt. Maler, 389
Heim, Ernst Ludwig (1747-1834), dt. Arzt, 200
Heine, Heinrich (1797-1856), dt. Dichter und Publizist, 59, 105, 121, 123, 159, 166, 180, 185, 189, 268f., 271, 275, 287f., 297f., 300-03, 305, 309, 316-23, 325, 327, 331, 334-36, 350, 403f., 483, 485f.
Heister, Franz (1813-1873), dt. Lithograph, 59
Heller, Stephen (1813-1888), ungar. Pianist und Komponist, 299
Hennequin, Philippe Auguste (1762-1833), frz. Maler, 177, 182
Henschel, Gebrüder: Wilhelm (1781-1865), Moritz und F., dt. Kupferstecher, Pastell- und Miniaturmaler, 231
Henze, Robert Eduard (1827-1906), dt. Bildhauer, 35, 41, 63
Herder, Johann Gottfried (1744-1803), dt. Theologe, Philosoph und Dichter, 37, 42, 122f., 129, 142, 144, 146, 155, 208, 311
Hermann der Cherusker, siehe Arminius
Herwegh, Georg (1817-1875), dt. Lyriker, 298, 303, 317, 331-33, 350
Herz, Henri (1803 (1806?)-188), dt. Pianist und Komponist, 299
Herz, Henriette Julie (1764-1847), dt. Literatin, 129, 156, 175, 178
Hess, Peter von (1792-1871), dt. Maler, 309
Heß, Moses (1812-1875), dt. Sozialrevolutionär, 297
Heuss, Theodor (1884-1963), dt. Politiker, 333
Hildebrand, Adolf von (1847-1921), dt. Bildhauer, 256
Hildebrandt, Eduard (1818-1869), dt. Maler, 389
Hildebrandt, Theodor (1804-1874), dt. Maler, 343
Hiller, Ferdinand von (1811-1885), dt. Dirigent und Komponist, 299
Hindenburg, Paul von (1847-1934), dt. Generalfeldmarschall und Reichspräsident, 99
Hippel, Theodor Gottlieb von (1741-1796), dt. Schriftsteller, 224, 252
Hitler, Adolf (1889-1945), nationalsozialist. Politiker, 31, 77f., 81, 94, 101f., 110
Hittorff, Jaques Ignace (1792-1867), frz. Baumeister und Archäologe dt. Herkunft, 179
Hobbema, Meindert (1638-1709), niederl. Landschaftsmaler, 264
Hoffmann von Fallersleben, August Heinrich (1798-1874), dt. Germanist und Lyriker, 333
Hoffmann, Ernst Theodor Amadeus (eigentl. Ernst Theodor Wilhelm Hoffmann, 1776-1822), dt. Dichter, Komponist und Maler, 79, 160, 243, 251f., 269, 353, 421, 465, 472, 485, 488
Hogarth, William (1697-1764), engl. Maler und Kupferstecher, 374, 381
Holbach, Paul Heinrich Dietrich Baron von (1723-1789), frz. Philosoph dt. Herkunft, 117

Holbein, Hans d. J. (Winter 1497/98-1543), dt. Maler, 272, 374
Hölderlin, Johann Christian Friedrich (1770-1843), dt. Dichter, 143, 162
Holz, Arno (1863-1929), dt. Schriftsteller, 114
Horn, Franz (Pseud. J. G. Marquard, 1781-1837), dt. Literaturhistoriker und Schriftsteller, 187
Hortense de Beauharnais (1783-1837), Königin von Holland (1806-1810), 200
Hößel, Johann Baptist (Lebensdaten unbekannt), dt. Stecher, 150
Hotho, Heinrich Gustav (1802-1873), dt. Philosoph 122, 316
Houdon, Jean Antoine (1741-1828), frz. Bildhauer, 389
Huber, Ludwig Ferdinand (1764-1804), dt. Schriftsteller, 185
Huber, Michael (1727-1804), dt. Sprachlehrer u. Übersetzer, 117
Huber, Therese (1764-1829), dt. Schriftstellerin, 187
Huet, Paul (1803-1869), frz. Maler und Graphiker, 278, 291f.
Hufeland, Christoph Wilhelm von (1762-1836), dt. Arzt, 180
Hugo, Victor (1802-1885), frz. Schriftsteller, 54, 87, 113, 119, 172f., 182, 249, 259, 266, 268, 273, 301, 310, 311, 317, 327, 330, 337-39, 350, 354, 369, 374, 387, 408, 410, 413, 424-26, 457, 472, 485
Humboldt, Alexander Freiherr von (1769-1859), dt. Naturforscher, 42, 121, 124, 156, 179f., 185, 188f., 193, 206-08, 283, 299, 314f., 321
Humboldt, Wilhelm Freiherr von (1767-1835), dt. Sprachforscher und preuß. Staatsmann, 133, 142, 156, 159, 180f., 208, 225f., 321
Huyot, Jean Nicolas (1780-1840), frz. Architekt, 44
Huysmans, Jan Baptist (geb. 1826), Lithograph 409, 446, 463

Ibels, Henri-Gabriel (geb. 1867), frz. Maler u. Zeichner, 112
Ingres, Jean Auguste Dominique (1780-1867), frz. Maler, 236, 292, 369, 372, 375f.
Injalbert, Jean-Antoine (1845-1933), frz. Bildhauer, 22, 52
Isabey, Eugène (1803-1886), frz. Maler, 292
Isabey, Jean-Baptiste (1767-1855), frz. Maler und Graphiker, 178, 198, 225, 283, 292

Jacobi, Friedrich Heinrich (1743-1819), dt. Schriftsteller und Philosoph, 121, 146, 316
Jagemann, Caroline (1777-1848), dt. Schauspielerin und Sängerin, 153
Jamin, Jules (1818-1886), frz. Physiker, 112
Jazet, Jean-Pierre-Marie (1788-1871), frz. Zeichner u. Maler, 131
Jeanne d'Arc (gen. Jungfrau von Orléans, zw. 1410 u. 1412-1431), frz. Nationalheldin, 20, 75, 119, 154f., 276, 280f., 402, 431, 438
Jerichau-Baumann, Elisabeth (1819-1881), dt. Malerin, 164f.
Jérôme (Jérôme Bonaparte, 1784-1860), König von Westfalen und Bruder Napoleons, 210, 349, 363, 371
Johann (1782-1859), österr. Erzherzog u. Reichsverweser bei der Deutschen Nationalversammlung von 1848, 57, 86, 350f.
Johannot, Tony (eigentl. Alfred Charles, 1803-1852), frz. Zeichner und Maler, 120, 268, 273, 342, 344
Jordan, Camille (1838-1922), frz. Mathematiker, 119
Joséphine de Beauharnais (1763-1814), Gemahlin Napoleons I., Kaiserin der Franzosen, 45, 178, 193, 196, 200, 205, 221, 225
Jourdan, Jean Baptiste (1762-1833), frz. General, 43
Jügel, Johann Friedrich (gest. 1833), dt. Stecher, 154, 202f., 224

Jünger, Ernst (geb. 1895), dt. Schriftsteller, 481
Jungfrau von Orléans, siehe Jeanne d'Arc

Kafka, Franz (1883-1924), östr. Schriftsteller, 479
Kalb, Charlotte von (1761-1843), dt. Schriftstellerin, 143
Kalisch, David (1820-1872), dt. Schriftsteller, 114
Kalkbrenner, Friedrich Wilhelm (1785-1849), dt. Pianist und Komponist, 299
Kändler, Johann Joachim (1706-1775), dt. Bildhauer und Porzellanmodelleur, 389
Kant, Immanuel (1724-1804), dt. Philosoph, 117, 120-22, 142, 155, 159, 167, 297
Kapf, Franz Joseph (1759-1791), dt. Maler und Kunstkupferstecher, 151
Karl (1823-1891), König von Württemberg, 432, 434
Karl der Große (747-814), Röm. Kaiser und König der Franken und Langobarden, 67, 165, 288
Karl Friedrich (1728-1811), Großherzog von Baden, 432, 434
Karl V. (1500-1558), span. König (1516-1562), Röm. König (1519-1531) u. Dt. Kaiser (1519-1556), 405
Karl VII. (1403-1461), König von Frankreich, 280f.
Karl VII. Albrecht (1697-1745), Kurfürst v. Bayern (seit 1726), König v. Böhmen (seit 1741), Kaiser (seit 1742), 153f.
Karl Wilhelm Ferdinand (1735-1806), Herzog von Braunschweig, 142
Karl X. (1757-1836), König von Frankreich, 85, 87, 154, 178, 230, 275, 310
Katarina II. (1729-1796), russ. Zarin, 84
Kaufmann, Asmus (1806-1890), dt. Maler, 256
Kaulbach, Friedrich Ritter von (1822-1903), dt. Maler, 389
Kaulbach, Wilhelm von (1805-1874), dt. Maler, 59f.
Keil, Ernst (1816-1878), dt. Buchhändler und Publizist, 114
Keller, Comtesse de, Marquise de Saint-Yves d'Alveydre (1827-1895), poln.-russ.-frz. Aristokratin, 365, 370
Keller, Ferdinand (1842-1922), dt. Maler, 64
Keller, Gottfried (1819-1890), schweiz. Dichter, 332
Keller, Joseph (1811-1873), dt. Stecher, 389
Kerner, Georg Justinus (1786-1862), dt. Schriftsteller, 178
Kersting, Georg Friedrich (1785-1847), dt. Maler, 240, 243f., 248-50
Keßler, Harry Graf (1868-1937), dt. Schriftsteller, 476
Kiesewetter, Johann Gottfried (1713-1819), dt. Philosoph und Kantschüler, 142
Kietz, Ernst Benedikt (1815-1892), dt. Illustrator, 328, 331
Kind, Johann Friedrich (1768-1843), dt. Schriftsteller, 253
Kinson, François (auch Kinsoen, 1771-1839), frz. Maler, 266
Klein, Anton von (1748-1810), dt. Schriftsteller, 201
Kleist, Heinrich von (1777-1811), dt. Dichter, 32, 84, 161, 193, 211f., 233
Klenze, Leo von (1784-1864), dt. Baumeister, 208, 275f., 281
Klinger, Friedrich Maximilian von (1752-1831), dt. Dramatiker, 118, 120
Klinger, Max (Pseud. Curt Theodor Geyer, 1891-1967), dt. Politiker und Publizist, 100
Klopstock, Friedrich Gottlieb (1724-1803), dt. Dichter, 118f., 125, 141, 233, 269
Knackfuß, Hermann (1848-1915), dt. Maler und Kunsthistoriker, 95
Knaus, Ludwig (1829-1910), dt. Maler, 383, 386, 388f.
Koch, Joseph Anton (1768-1839), östr. Maler und Radierer, 128, 135-37, 255, 264
Kolbe, Heinrich Christoph, (1771-1836), dt. Maler, 239f.
Körner, Christian Gottfried (1756-1831), dt. Staatsrat, Vater von Karl Theodor Körner, 160, 219

Körner, Emma Sophie (1788-1815), Schwester von Karl Theodor Körner, 218
Körner, Karl Theodor (1791-1813), dt. Dichter, 159f., 193, 218f.
Kosciuszko, Tadeusz Andrzej Bonaventura (1746-1817), poln. Offizier und Freiheitskämpfer, 141
Kotzebue, August von (1761-1819), dt. Schriftsteller u. Diplomat, 180, 216, 218, 289
Kracauer, Siegfried (1889-1966), dt. Publizist und Soziologe, 473, 487
Kraus, Georg Melchior (1737-1806), dt. Maler, 144
Kretzschmar, Eduard (1807-1858), dt. Holzschneider, 373
Kriehuber, Joseph (1800-1876), östr. Maler und Lithograph, 369
Krüger, Franz (1797-1857), dt. Maler, 177, 179, 281, 283
Krüger, Hermann (1823-1909), dt. Stecher, 89, 109
Krupp, Alfred (1812-1887), dt. Industrieller, 383
Kuehl, Gotthard (1850-1915), dt. Maler, 465
Kügelgen, Gerhard von (1772-1820), dt. Maler, 121, 149, 219
Kügelgen, Wilhelm von (1802-1867), dt. Maler, 248
Kugler, Franz Theodor (Pseud. Franz Theodor Erwin, 1808-1858), dt. Kusthistoriker, Kunstpolitiker und Schriftsteller, 236, 239f., 242, 256, 336, 373, 390
Kühlwetter, Friedrich von (1809-1882), dt. Politiker, 446
Kummer, Paul Gotthelf (1750-1835), dt. Verleger, 228
Kürschner, Joseph (1853-1902), dt. Theaterkritiker, 153
Kuttner, Erich (1887-1942), dt. Journalist u. Politiker, 114

L'Héritier de l'Ain, Louis François (1789-1852), frz. Schriftsteller und Journalist, 165
La Fayette, Marie Joseph Motier, Marquis de (1757-1834), frz. General und Politiker, 207
La Porte, Joseph de (um 1718-1779), frz. Literat, 171
Labiche, Eugène (1815-1888), frz. Dramatiker, 393
Laemlein, Alexander (1813-1871), dt. Maler, 389
Laforgue, Jules (1860-1887), frz. Dichter, 173f., 377, 390
Lamartine, Alphonse de (1790-1869), frz. Dichter der Romantik, 120, 182, 259, 265, 317, 327, 331f., 341f., 344f.
Lamennais, Félicité Robert de (1782-1854), frz. kath. Theologe und Schriftsteller, 236, 325, 369
Lamme, Arnold (1771-1856), Kunsthändler in Rotterdam, 263
Langhans, Carl Gotthard (1732-1808), dt. Baumeister, 206
Las Cases, Emmanuel-Augustin Graf (1766-1842), frz. Schriftsteller, 189
Lasalle, Ferdinand (1825-1864), dt. Sozialphilosoph, 332, 350
Lassus, Jean-Baptiste (1807-1857), frz. Architekt, 289
Laube, Heinrich (1806-1884), dt. Schriftsteller und Publizist, 301, 318
Laval, T., (Lebensdaten unbekannt, tätig 2. H. 19.Jh.) Zeichner, 272, 356
Lavergne, Claudius (um 1815-1887), frz. Maler u. Kunstkritiker, 242
Lavy, Amedeo (1775-1834), ital. Bildhauer, 196, 201
Lazarus, Moritz (1824-1903), dt. Philosoph, 438f.
Le Peletier, Louis-Michel (eigentl. Le Peletier de Saint-Fargeau, 1760-1793), frz. Politiker, 46
Le Play, Frédéric (1806-1882), frz. Ingenieur und Architekt, Commissaire der Weltausstellung von 1889, 383, 388, 391
Lebarbier, Jean Jacques François, d. Ä. (1738-1826) frz. Maler, Zeichner und Kunsttheoretiker, 131
Leboeuf, Louis-Joseph (1823-1871), frz. Bildhauer, 425
Leconte de Lisle, Charles Marie (1818-1894), frz. Dichter, 133

Lecreux, Paul (gen. Jacques France, 1826-1894), frz. Bildhauer, 53
Ledru-Rollin, Alexandre Auguste (1807-1874), frz. Politiker, 26f., 29
Lefèvre, Robert (1755-1830), frz. Maler, 210, 233
Legentil, Alexandre (tätig 1860), frz. Übersetzer, 459
Legrand, Auguste (1765-um 1808), frz. Lithograph, 295
Lehmann, Henri (1814-1882), frz. Maler dt. Herkunft, 365, 369
Leibl, Wilhelm (1844-1900), dt. Maler, 374, 383, 386, 395f., 401, 413, 465
Lenbach, Franz von (1836-1904), dt. Maler, 114, 256
Lenoir, Alexandre (1761-1839), frz. Archäologe, 285
Lenoir, Alfred (1850-1920), frz. Bildhauer, 366
Leopardi, Alessandro (1465-1522 oder 1523), ital. Goldschmid, Bildhauer und Erzgießer, 402
Leopold (1835-1905) Fürst von Hohenzollern-Sigmaringen, 405
Lepel, Bernhard von (1818-1885), dt. Offizier u. Schriftsteller, 438
Lequien, Alexandre-Victor (1822-um 1905), frz. Bildhauer, 437
Lerminier, Jean Louis Eugène de (1803-1957), frz. Philosoph, 58, 193
Leroux, Pierre (1797-1871), frz. Philosoph u. Sozialist, 122, 303
Lessing, Gotthold Ephraim (1729-1781), dt. Schriftsteller, Kritiker und Philosoph, 117, 325
Lessing, Karl Friedrich (1808-1880), dt. Maler, 256
Leuchtenberg, Augusta Amalia Herzogin von (1788-1851), Tochter von König Maximillian I. Josef von Bayern, 200, 295
Levy, Julius (Pseud. für Julius Rodenberg, 1831-1914), dt. Schriftsteller, 392
Lezay-Marnésias, Claude François, Marquis de (1735-1810), frz. Literat u. Politiker, 118
Liebermann, Max (1847-1935), dt. Maler und Graphiker, 374, 389, 397, 399, 401, 465, 470
Liebig, Justus Freiherr von (1803-1873), dt. Chemiker, 299
Linnemann, Alexander (1839-1902), dt. Glasmaler, Architekt und Kunstgewerbler, 41, 67
List, Georg Friedrich (1789-1846), dt. Volkswirtschaftler und Politiker, 43, 300
Liszt, Franz von (1811-1886), dt. Pianist und Komponist, 214, 299, 314f., 327, 332, 353, 357, 359, 361, 364, 366f., 369, 485f.
Littré, Maximilien Paul Emile (1801-1881), frz. Philosoph und Sprachwissenschaftler, 341
Lloyd Georg, David (1863-1945), brit. Staatsmann, 99
Lobkowitz, Wenzel Eusebius Reichsfürst von (1609-1677), östr. Minister, 213
Loeben, Otto Heinrich Graf von (Pseud. Isidorus Orientalis, 1786-1825), dt. Dichter, 335
Louis Charles Philippe Raphael von Orléans (1814-1896), Herzog von Nemours 305
Louis Napoléon, siehe Napoleon III.
Louis Philippe (1773-1850), Herzog von Chartres, König der Franzosen, 24, 49, 71, 85, 87, 91f., 111, 141, 178, 182, 190, 221, 223, 275, 280, 290, 301, 309f., 312, 331, 341, 343-45
Löwenstein, Rudolf (1819-1891), dt. Schriftsteller, 114
Lucanus, Marcus Annaeus (eigentl. Lukan, 39-65), röm. Dichter, 66
Lucas van Leyden (eigentl. Lucas Huyghensz, 1494-1508), niederl. Maler und Kupferstecher, 160
Ludwig I. (1786-1868), König von Bayern, 33, 165, 275, 281, 284, 309, 327, 331
Ludwig II. (1845-1886), König von Bayern, 432, 434
Ludwig XIII. (1601-1643), König von Frankreich, 290
Ludwig XIV. (gen. Sonnenkönig, 1638-1715), König von Frankreich, 185, 293

Ludwig XVI. (1754-1793), König von Frankreich, 23, 37, 47, 54, 84f., 117, 142, 175, 178, 229, 446
Ludwig XVII. (eigentl. Karl Ludwig, 1785-1795), König von Frankreich, 136
Ludwig XVIII. (1755-1824), König von Frankreich, 178, 182, 189, 194, 221, 226, 229f., 264, 266, 311
Luise Auguste Wilhelmine Amalie (1776-1810), Königin von Preußen, 200
Luther, Martin (1483-1546), dt. Reformator, 87, 317

Mac-Mahon, Edme Patrice Maurice Graf von (1808-1898), frz. Politker u. Marschall, 421, 423
Maison, Nicolas Joseph (1770-1840), frz. General, 222f.
Maistre, Joseph Graf von (1753-1821), frz. Politiker, Schriftsteller und Philosoph, 266
Makart, Hans (1840-1884), östr. Maler, 91
Mallarmé, Stéphane (1842-1898), frz. Dichter, 361
Manet, Edouard (1832-1883), frz. Maler, 374-77, 380, 383, 395
Mann, Heinrich (1871-1950), dt. Schriftsteller, 481
Mann, Thomas (1875-1955), dt. Schriftsteller, 114, 167, 479f.
Marat, Jean Paul (1743-1793), frz. Publizist, Arzt und Revolutionär, 46
Marées, Hans von (1837-1887), dt. Maler, 256
Marie Amélie (1782-1866), frz. Königin, 280
Marie Antoinette (1755-1793) von Lothringen, Erzherzogin von Österreich, Königin von Frankreich, 47, 117, 137
Marie Louise (1791-1847) von Habsburg-Lothringen, Erzherzogin von Österreich, Kaiserin von Frankreich, 203, 295
Marlowe, Christopher (1564-1593), engl. Dramatiker, 2 72
Marmont, Auguste Frédéric Louis (1774-1852), frz. Marschall, 223
Martersteig, Friedrich (1814-1899), dt. Historienmaler, 341, 343
Marville, Charles (1816-1878 oder 1879), frz. Photograph, 459
Marx, Karl (1818-1883), dt. Philosoph und Politiker, 297, 300, 303, 305, 317, 319, 344, 346, 350, 404, 442
Massot, Firmin (1766-1849), schweiz. Maler, 176, 178, 182, 185
Mathilde Laetitia Wilhelmine Bonaparte (1820-1904), Tochter von Jérôme Bonaparte, 363, 365, 371
Maupassant, Guy de (1850-1893), frz. Schriftsteller, 173, 376f., 380, 465, 470
Mauvillion, Elezar (1712-1779), frz. Historiker und Grammatiker, 170
Max Prinz von Baden (eigentl. Maximilian Friedrich Wilhelm, 1867-1929), dt. Reichskanzler, 454
Mazzini, Giuseppe (1805-1872), ital. Freiheitskämpfer, 301
Meggendorfer, Lothar (1847-1925), dt. Genremaler, Illustrator und Schriftsteller, 396
Meier, Friedrich (tätig 1. H. 19. Jh.), dt. Maler, 161
Meier-Graefe, Julius (1867-1935), dt. Kunsthistoriker und Schriftsteller, 374
Meilhac, Henri (1831-1897), frz. Dramatiker, 393
Meißner, Alfred von (1822-1885), östr. Schriftsteller, 303
Meissonier, Ernest (1815-1891), frz. Maler, 376, 383, 389, 409, 413, 465
Mendelssohn, Moses (1729-1786), jüd. Philosoph der Aufklärung, 33, 57, 157
Mendelssohn-Bartholdy, Felix (1809-1847), dt. Komponist, 327, 353f., 369, 486
Menzel, Adolph (1815-1905), dt. Maler, Zeichner und Graphiker, 373-82, 389f., 401, 439, 465, 470

Menzel, Wolfgang (1798-1873), dt. Schriftsteller, 147, 302
Mercier, Louis Sébastien (1740-1814), frz. Schriftsteller, 117, 119, 187
Merciés, Antonin (1845-1916), frz. Bildhauer und Maler, 436, 476
Mérimée, Prosper (1803-1870), frz. Schriftsteller, 119
Métivet, Lucien (1863-1932), frz. Illustrator, 76f., 98, 109, 113
Metternich, Klemens Wenzel Graf, Fürst (1773-1859), Herzog von Portella, öster. Staatsmann, 33, 79, 166, 189, 225, 228, 289, 301, 318
Metzner, Franz (1870-1919), dt. Bildhauer, 476-78
Meusnier [de] la Place, Jean-Baptiste-Marie-Charles (1754-1793), frz. Gelehrter, 135
Meyer, Friedrich Elias d. Ä. (1723-1785), dt. Bildhauer und Porzellanmodelleur, 389
Meyer, Henri (tätig 2. H. 19. Jh.), frz. Illustrator, 299, 421, 463
Meyer, Johann Heinrich (1760-1832), dt. Kunstschriftsteller, 148
Meyerbeer, Giacomo (eigentl. Jakob Liebmann Meyer Beer, 1791-1864), dt. Komponist, 272, 299, 305, 312-15, 317, 358f., 465, 473, 485, 488
Meyerheim, Paul (1842-1915), dt. Maler, 439, 465
Meynier, Charles (1759 bzw. 1768-1832), frz. Maler, 203
Michel, Claude (gen. Clodion 1738-1814), frz. Maler, 230
Michel, Georges (1763-1843), frz. Maler, 259, 261, 264f.
Michel, Louise (eigentl. Clémence Louise 1833-1905), frz. Lehrerin, Schriftstellerin u. Revolutionärin, 406, 436
Michelangelo (eigentl. di Lionardo di Buonarroti Simoni, 1475-1564), ital. Bildhauer, Maler, Baumeister und Dichter, 160, 436, 476
Michelet, Jules (1798-1874), frz. Historiker und Schriftsteller, 172, 281
Michelet, Karl Ludwig (1801-1893), dt. Philosoph, 122
Millet, Aimé (1819-1891), frz. Bildhauer u. Maler, 402
Millet, Jean François (1642-1679), niederl. Maler frz. Abstammung, 397, 401
Mirabeau, Honoré Gabriel Riqueti Graf von (1749-1791), frz. Politiker, 29, 131f.
Mitterand, François (1916-1996), frz. Staatsmann, 104, 482
Moltke, Helmuth Graf von (1800-1891), preuß. Generalfeldmarschall, 393, 405f., 421f., 426-28, 431, 434, 448, 488
Moncey, Bon Adrien Jeannot de (1754-1842), frz. Marschall, 204, 437
Monet, Claude (1840-1926), frz. Maler, 375
Montaigne, Michel Eyquem de (1533-1592), frz. Schriftsteller, Philosoph und Moralist, 170
Montalembert, Charles Forbes Graf von (1810-1870), frz. Publizist und Politiker, 242
Monten, Dietrich (1799-1843), dt. Maler, 310
Montesquieu, Charles de Secondat, Baron de La Brède et de (1689-1755), frz. Schriftsteller und Staatstheoretiker, 42
Moreau, Jean Victor (1763-1813), frz. General, 186
Morice, Léopold (1846-1920), frz. Bildhauer, 29, 462
Motte-Fouqué, Friedrich Baron de la Motte (1777-1843), dt. Dichter, 158, 162, 164, 216, 233, 252
Mozart, Wolfgang Amadeus (1756-1791), östr. Komponist, 315
Mozin, Abbé (1771-1840), frz. Sprachgelehrter, 187
Mucha, Alfons Maria (1860-1939), tschech. Graphiker und Kunstgewerbler, 372
Muhr, Julius (1814-1865), dt. Maler, 59f.
Müller, Adam Heinrich, Ritter von Nitterdorf (1779-1829), dt. Staats- und Gesellschaftstheoretiker, 159, 161, 212

Müller, Friedrich (1749-1825), dt. Maler, 159
Müller, Friedrich Theodor Adam Heinrich von (gen. Kanzler Müller, 1779-1849), dt. Jurist und Weimarer Regierungsrat, 149, 151
Müller, Heiner (1929-1995), dt. Dramatiker, 32
Müller, Johann Gotthard (1747-1830), dt. Kupferstecher, 137, 139, 186
Mundt, Theodor (1808-1861), dt. Schriftsteller, 301, 319
Munk, Salomon (1803-1867), dt. Orientalist, 299
Munkácsy, Mihály von (1844-1900), ungar. Maler, 401
Münster, Sebastian (1488-1552), dt. reformator. Theologe und Kosmograph, 42
Müntz, Eugène (1845-1902), frz. Kunsthistoriker und Korrespondent, 395
Murat, Joachim Murat (1767-1815), frz. Marschall, 216
Murr, Christoph Gottlieb (1733-1811), dt. Zeichner u. Schriftsteller, 113
Murray, John (1778-1843), 180
Musset, Alfred de (1810-1857), frz. Dichter, 119, 317, 322, 327, 331f., 442, 463

Nadar (eigentl. Gaspard Félix Tournachon, 1820-1910), frz. Karikaturist und Photograph, 112, 372
Nanteuil, Célestin François (1813-1873), frz. Maler, 292
Napoleon I. (Napoléon Bonaparte, eigentl. Napoleone Buonaparte, 1769-1821), Kaiser der Franzosen, 28, 32f., 44f., 54-56, 70, 72, 79, 85, 87, 89, 91, 119, 124f., 145, 147, 150-52, 159, 165, 175, 178, 180-83, 187-89, 193-95, 199-206, 209-11, 213, 215-20, 222-26, 228-32, 252, 267, 274, 290, 295, 301, 316, 331, 347, 363, 406, 408f., 437
Napoleon III., (eigentl. Charles Louis Napoléon Bonaparte, 1808-1873), Kaiser der Franzosen, 32, 34, 51, 61, 73, 87-90, 92, 178, 226, 275, 290, 299, 304, 341, 367-69, 387, 392, 397, 402, 405f., 408, 413, 422f., 425, 435, 438, 455f., 462, 488
Necker, Anne Louise Germaine, siehe Staël-Holstein, Anne Louise
Necker, Jacques (1732-1804), frz. Bankier und Politiker, 176, 178f.
Nerval, Gérard de (1808-1855) frz. Dichter, 120, 172, 252, 269f., 272, 287, 317, 335, 354, 357, 359, 366
Nicolai, Friedrich (1733-1811), dt. Verleger, 156
Nicolovius, Georg Heinrich Ludwig (1767-1839), preuß. Staatsmann und Schulreformer, 142
Niel, Adolphe (1802-1869), frz. Marschall, 394
Nietzsche, Friedrich (1844-1900), dt. Philosoph, 155, 158, 159, 167f., 361, 419, 449, 478, 479f.
Nikolaus I. (1796-1855), russ. Zar, 87, 310
Nikolaus II. (1868-1918), russ. Zar, 96, 221
Nodier, Jean Charles Emmanuel (1780-1844), frz. Schriftsteller, 145, 172, 242, 268, 291, 311
Novalis (eigentl. Friedrich Leopold Freiherr von Hardenberg, 1772-1801), dt. Dichter, 158, 353

Oehme, Ernst Ferdinand (1797-1855), dt. Maler, 241, 251
Oelsner, Konrad Engelbert (1764-1828), dt. Girondist 185f., 208
Offenbach, Jacques (1819-1880), dt.-frz. Komponist, 251, 299, 383, 392f., 413, 421, 438, 465, 473, 483, 487f.
Olivier, Heinrich (1783-1848), dt. Maler und Zeichner, 161
Ollivier, Emile (1825-1913), frz. Politiker, 315
Opiz, Georg Emmanuel (1775-1841), dt. Zeichner, 230f.
Oppenheim, Moritz Daniel (1799-1882), dt. Maler, 300, 321, 323
Orléans, Louis Charles Philippe Raphaël d', Herzog von Nemours (1814-1896), 2. Sohn von König Louis Philippe, frz. General, 312
Orléans, Marie d' (1813-1839), Tochter von Louis Phillipe, 280

Otto von Bayern (1815-1867), Sohn König Ludwig I., 1833 König von Griechenland, 309
Overbeck, Johann Friedrich (1789-1869), dt. Maler, 236, 337

Paganini, Giuseppe Nicolo (1782-1840), ital. Violinist und Komponist, 369
Palm, Johann Philipp (1766-1806), dt. Buchhändler, 193, 205
Papety, Dominique (1815-1849), frz. Maler, 19, 347
Pasteur, Louis (1822-1895), frz. Chemiker u. Mikrobiologe, 449, 457
Paul, Hermann (1846-1921), dt. Sprachwissenschaftler u. Germanist, 111
Paul, Jean (eigentl. Johann Paul Friedrich Richter, 1763-1825), dt. Dichter, 125, 156, 159, 161f., 216, 248, 325
Payne, Thomas (1737-1809), amerik. Politiker, 141
Pedetti, Maurizio (1719-1799), ital. Stecher, 54
Percier, Charles (1764-1838), frz. Baumeister, 281
Peron, Louis Alexandre (1776-1856), frz. Maler, 306, 310
Peroux, Joseph Nicolaus (1771-1849), frz. Maler, 32f., 56
Perrault, Charles (161628-1703), frz. Schriftsteller, 101
Perret, Claude Camille (1720-1788 bzw. 1799), frz. Jurist, 121
Perrin, Emile (1814-1885), frz. Maler u. Theaterdirektor, 315
Persius, Ludwig (1803-1845), dt. Architekt, 293, 294
Perthes, Friedrich Christoph (1772-1843), dt. Buchhändler u. Verleger, 159, 216
Pestalozzi, Johann Heinrich (1746-1827), schweiz. Pädagoge, 141
Petit Pierre (eigentl. Théophile Alexandre Steinlen; 1859-1923), schweiz. Künstler, 92
Peyron, Jean-François-Pierre (1744-1814), frz. Maler, 202
Pfeffel, Gottlieb Konrad (1736-1809), dt. Dichter, 186, 483
Pfuel, Ernst Heinrich Adolf von (1779-1866), preuß. Politiker, Freund von H. v. Kleist, 211
Philipon, Charles (1802-1862), frz. Journalist u. Zeichner, 112
Philippoteaux, Henri Emmanuel Félix (1815-1884), frz. Maler, 342, 345
Pietsch, Ludwig (geb. 1824), dt. Kunstkritiker, 390
Pille, Henri (1844-1871), frz. Maler, 416, 427
Pils, Isidore Alexandre Augustin (1813-1875), frz. Maler, 25f., 44
Pissarro, Camille (1830-1903), frz. Maler, 110, 375
Planché, James Robinson (1796-1880), brit. Librettist, 295
Pleyel, Camille (1788-1855), frz. Instrumentenbauer, 299
Podbielski, Eugen Anton Theophil von (1814-1879), preuß. General, 66
Poisson, Denis (1781-1840), frz. Mathematiker, 22
Polska, Marielle (geb. 1947), frz. Bildhauerin, 54
Pompidou, Georges (1911-1974), frz. Staatsmann, 103
Ponce-Camus, Marie-Nicolas (1796-1839), frz. Maler, 203
Portalis, Jean Etienne Marie de (1746-1807), frz. Staatsmann u. Jurist, 180
Posselt, Ernst Ludwig (1763-1804), dt. Historiker, 186
Pouget, Emile, (1860-1931), frz. Gewerkschafter und Verleger, 113
Priestley, Joseph (1733-1804), engl. Chemiker u. Philosoph, 141
Proud'hon, Pierre-Paul (1758-1823), frz. Maler, 223, 256
Proudhon, Pierre Joseph (1809-1865), frz. Sozialist, 303, 307, 317

Pückler-Muskau, Fürst Hermann von (1785-1871), dt. Schriftsteller, 60, 332
Puhlmann, Johann Gottlieb (1751-1826), dt. Maler, 56
Puvis de Chavannes, Pierre (1824-1898), frz. Maler, 242, 413, 415, 428f.

Quaglio, Domenico (1787-1837), ital. Maler, 282
Quatrefages de Bréau, Jean Louis Armand de (1810-1892), frz. Anthropologe, 453
Quinet, Edgar (1803-1877), frz. Schriftsteller, 122f., 156, 159, 172, 181, 305, 311, 317, 383, 391, 408, 420, 426

Rabener, Gottlieb Wilhelm (1714-1771), dt. Schrift steller, 117
Racine, Jean (1639-1699), frz. Dramatiker, 267
Raczynski, Graf Athanasius (1788-1874), dt.-poln. Kunstschriftsteller, 55, 59, 60
Radcliffe, Ann (1764-1823), engl. Schriftsteller, 120
Radziwill, Friedrich Wilhelm Paul Fürst (1797-1870), preuß. General, 221
Raffael (eigentl. Raffaelo Sanzio 1483-1520), ital. Maler, 161, 233, 282
Raffet, Denis-Auguste-Marie (1804-1869), frz. Maler, Stecher und Lithograph, 220
Rambuteau, Claude Philibert Bartholet, Graf von (1781-1869), frz. Politiker, 288
Ramler, Karl Wilhelm (1725-1798), dt. Dichter, 156
Raspail, François-Vincent (1794-1878), frz. Naturwissenschaftler, 300
Rauch, Christian Daniel (1777-1857), dt. Bildhauer, 207, 374
Réattu, Jacques (1760-1833), frz. Maler, 126, 132
Réau, Louis (1881-1961), frz. Kunstkritiker, 236
Récamier, Juliette (eigentl. Jeanne Françoise Julie Adélaïde Bernard 1777- 1849), frz. Schriftstellerin, 175, 177-79, 181f., 185
Redouté, Pierre Joseph (1759-1840), frz. Maler, 205
Regnault Jean Baptiste Baron (12754-1829), frz. Maler, 426
Reicha, Anton (1770-1836), tschech. Komponist, 214, 273f., 366, 369
Reichardt, Johann Friedrich (1752-1814), dt. Komponist und Journalist, 147, 158, 180, 208
Reimer, Georg Andreas (1776-1842), dt. Buchhändler, 217
Reinach, Joseph (1856-1921), frz. Politiker, 92
Reinhard, Friedrich Karl Graf (1761-1837), frz. Diplomat und Außenminister, 185-87
Renan, Ernest (1823-1892), frz. Schriftsteller, 172, 317, 422, 443, 454
Renduel, Eugène (11798-1874), frz. Verleger, 268
Renoir, Auguste (1841-1919), frz. Maler, 375
Rethel, Alfred (1816-1859), dt. Künstler, 247, 256
Révoil, Pierre Henri (1776-1842), frz. Maler, 45
Reynaud, Louis (geb. 1806), frz. Politiker, 236
Richelieu, Armand Emmanuel du Plessis Herzog von (1766-1822), frz. Staatsmann, 267
Richter, Ludwig (1803-1884), dt. Maler, 243, 251, 255
Rilke, Rainer-Maria (1875-1926), öster. Schriftsteller, 377
Ringelnatz, Joachim (eigentl. Hans Bötticher 1883-1934), dt. Schriftsteller und Maler, 114
Ritter, Henry (1823-1853), dt. Maler, 113
Robelin, Charles (1787 bzw. 1797-1865) frz. Architekt, 268
Robert, Hubert (1733-1808), frz. Maler und Kupferstecher, 127, 133
Robespierres, Maximilien Marie Isidore de (1758-1794), frz. Politiker, 84, 131, 138f., 185, 213, 394
Rocca d'Avigliano, Albert-Jean Michel (gen. John Rocca 1788-1818), schweiz. Offizier, 2. Gatte v. Madame de Staël, 183

Rodin, Auguste (1840-1917), frz. Bildhauer, 410, 431, 436f., 475f., 478
Roll, Alfred (1846-1919), frz. Maler, 451, 462, 465, 467, 471
Rolland, Romain (1866-1914), frz. Schriftsteller, 479
Roon, Albrecht Graf von (1803-1879), preuß. Feldmarschall u. Kriegsminister, 60, 421, 427
Rossini, Gioacchino (1792-1868), ital. Komponist, 267, 272, 312f., 358, 369
Rössler, Adalbert von (1853-1922), dt. Maler, 63
Roty, Oscar (1846-1911), frz. Stempelschneider, 29
Rouget de Lisle, Claude-Joseph (auch Rouget de l'Isle 1760-1836), frz. Offizier, Dichter u. Komponist, 25, 43f., 442
Rousseau, Jean-Jaques (1712-1778), frz. Schriftsteller u. Philosoph, 29, 48, 118, 142, 162, 325, 479, 483
Rousseau, Théodore (1812-1867), frz. Maler, 397, 400
Roux, Georges (vor 1860-1929), frz. Maler, 467, 469
Rovigo, Anne Jean Marie René Savary, Herzog von (774-833), frz. General u. Staatsmann, 181
Rubé, Auguste Alfred (1815-1899), frz. Maler und Bühnenbildner, 359
Rückert, Friedrich (1788-1866), dt. Dichter, 456
Rude, François (1784-1855), frz. Bildhauer, 26, 44, 49, 280, 371, 401, 436, 438
Ruge, Arnold (1802-1880), dt. Schriftsteller, Philosoph u. Politiker, 297, 317, 350
Ruhl, Ludwig Sigismund (1794-18879), dt. Maler, 129, 167
Runge, Philipp Otto (1777-1810), dt. Maler, 134, 166, 214-16, 236, 240
Ruotte, Louis-Charles (1754-1806?), frz. Stecher, 18, 47
Ruysdael, Jakob (1628-1682) niederl. Landschaftsmaler, 238, 264

Saint-Victor (eigentl. Paul Bins, Graf von 1827-1881), frz. Kritiker
Saint Just, Louis Antoine de (1767-1794), frz. Staatsmann, 84, 185, 394
Saint René-Taillandier (eigentl. René Gaspard Taillandier, 1817-1879), frz. Schriftsteller u. Historiker, 317
Saint-Arnaud, Armand Jacques (eigentl. Achille Leroy de, 1800-1845), frz. Kriegsminister, 87
Saint-Léon (eigentl. Charles Victor Arthur Michel, gen. Arthur 1821-1870), frz. Tänzer u. Choreograph, 315
Saint-Marc Girardin (eigentl. Marc Girardin, 1801-1873), frz. Politiker u. Schriftsteller, 172
Saint-Saëns, Camille (1835-1921), frz. Komponist, 356
Sainte-Beuve, Charles-Augustin (1804-1869), frz. Journalist und Schriftsteller, 268, 291, 297, 301
Sand, George (eigentl. Aurore Dupin, 1804-1876), frz. Schriftstellerin, 120, 273, 303, 322, 363, 369, 413, 419, 421
Sand, Karl Ludwig (1795-1820 hingerichtet), dt. Student u. Burschenschafter, 289
Santorre di Santa-Rosa, Annibale de Rossi di Pomarolo, Graf (1738-1824), ital. Politiker, 316
Sardou, Victorien (1831-1908), frz. Dramatiker, 421
Sartre, Jean-Paul (1905-1980), frz. Philosoph u. Schriftsteller, 112
Savigny, Friedrich Karl von (1779-1861), dt. Jurist, 162, 166, 349
Schadow, Johann Gottfried (1764-1850), dt. Bildhauer, 156, 160, 193, 202, 206, 221, 374
Schadow, Wilhelm von (1788-1862), dt. Maler u. Kunstschriftsteller, 256
Scheffer, Ary (1795-1858), frz. Maler, 259, 260, 263, 271, 273, 280, 283
Schelling, Friedrich Wilhelm Joseph (1775-1854), dt. Philosoph, 122, 143f., 166, 201, 316
Scheuren, Caspar Nepomuk Johann (1810-1887), dt. Maler, 293, 328, 333f.
Schick, Gottlieb (1776-1812), dt. Maler, 185
Schill, Ferdinand von (1776-1809), dt. Offizier, 216
Schiller, Friedrich (1759-1805), dt. Schriftsteller, 34, 42, 60f., 86, 117-19, 125, 139f., 141, 144, 151-54, 171, 175, 180, 185, 206-08, 218f., 275, 325
Schilling, Johannes (1828-1910), dt. Bildhauer, 33, 458f.
Schinkel, Karl-Friedrich (1781-1841), dt. Architekt und Maler, 134, 154, 179, 198, 206, 221, 224, 232f., 243, 250, 252, 275, 283, 286-88, 293f.
Schlegel, August Wilhelm (1767-1845), dt. Schriftsteller, Sprach- und Literaturwissenschaftler, 124f., 156-59, 166, 175, 180-82, 185, 275, 316, 321
Schlegel, Dorothea (1763-1839), dt. Schriftstellerin, 157f.
Schlegel, Friedrich (1772-1829), dt. Schriftsteller und Philosoph, 57, 125, 156-60, 162, 180f., 216, 236, 242, 253, 259, 265, 275, 284f., 316, 321
Schleiermacher, Friedrich (1768-1834), dt. ev. Theologe, 156-58, 162, 321
Schlesinger, Jacob (1792-1855), dt. Verleger, 315
Schlesinger, Moritz (auch Maurice, 1798-1871), dt. Musikverleger, 299
Schletter, Adolf Heinrich (1793-1853), dt. Kaufmann und Kunstsammler, 220
Schlotterbeck, Christian Jakob (1757-1811) dt. Maler und Kupferstecher, 151
Schlüter, Andreas (um 1660-1714), dt. Bildhauer u. Baumeister, 374
Schmitz, Bruno (1858-1916), dt. Architekt, 476
Schneckenburger, Max (1819-1849), dt. Dichter, 34, 62, 94, 331, 434
Schneider, Hortense (1838-1920), frz. Sängerin u. Schauspielerin, 393, 488
Schnorr von Carolsfeld, Hans Veit Friedrich (1764-1841), dt. Maler, 150
Schnorr von Carolsfeld, Julius (1794-1872), dt. Maler und Zeichner, 161, 256
Scholl, Johann Baptist (1818-1881), dt. Verleger, 59
Schopenhauer, Arthur (1788-1860), dt. Philosoph, 129, 167f., 353, 480
Schreyer, Adolf (1828-1899), dt. Maler, 389
Schrödter, Adolph (1805-1875), dt. Maler, 58, 113, 350
Schröter, Johann Friedrich (1770-1836), dt. Stecher, 153
Schubert, Franz (1797-1828), östr. Komponist, 353
Schubert, Gottlieb Heinrich (1780-1860), dt. Naturphilosoph, 252
Schubert, Johann David (176-1822) dt. Maler, Radierer und Zeichner, 146
Schulz, Friedrich Adolph Hermann (um 1823-1875), dt. Maler, 372
Schumann, Karl Franz Jacob Heinrich (1767-1827), dt. Maler, 54
Schumann, Robert (1810-1865), dt. Komponist, 327, 331, 353-57, 359, 369, 428, 485f.
Schweighäuser, Johann Gottfried (1776-1844), dt. Philologe u. Archäologe, 187
Schwind, Moritz von (1804-1871), dt. Maler, 40, 55
Schwindenhammer, Henri Ferdinand (Pseud. Lamartelière, 1761-1830), elsäss. Schriftsteller u. Übersetzer 118, 152
Scribe, (Augustin) Eugène (1791-1861), frz. Dramatiker, 313-15
Scudo, Pierre oder Paul (1806-1864), frz. Musikkritiker, 272
Sébastiani de la Porta, Horace François, Graf (1772-1851), frz. Marschall u. Politiker, 85
Seckendorf, Karl Siegmund Freiherr zu (1744-1785), dt. Offizier u. Übersetzer, 145
Seibels, Carl (1844-1877), dt. Maler, 399, 401
Sénancour, Etienne Pivert de (1770-1846), frz. Schriftsteller, 119

Siemering, Rudolf (1835-1905), dt. Bildhauer, 457f.
Sieyès, Emmanuel Joseph, gen. Abbé de (1748-1836), frz. Staatsmann, 121, 142, 188, 208
Silcher, Friedrich (1789-1860), dt. Komponist, 335, 486
Simier, René (gest. 1826), frz. Buchbinder, 201
Simon, Jean Baptiste Léon (geb. 1836), frz. Zeichner, 73, 86
Simrock, Karl (1802-1876), dt. Germanist u. Schriftsteller, 331, 486
Sisley, Albert (1839-1899), engl. Maler, 375
Sismondi, Jean Charles Léonard Simone de (1773-1842), schweiz. Historiker, 181
Soden, Julius Graf von (1754-1831), dt. Ökonom u. Schriftsteller, 205
Sohn, Carl Ferdinand (1805-1867), dt. Maler, 336, 343
Soitoux, Jean-François (1816-1891), frz. Bildhauer, 27f., 50f., 347f.
Sontag (eigntl. Sonntag), Henriette (1806-1854), dt. Sängerin, 267
Sorrieu, Frédéric (1807-1861), frz. Lithograph, 345f.
Soult, Jean de Dieu, gen. Nicolas, Herzog von Dalmatien (1769-1851), frz. Marschall u. Politiker, 85
Spalla, Giacomo (1775-1834), ital. Bildhauer, 196, 201
Speckler, Otto (1807-1871), dt. Illustrator, 216
Spohr, Louis (eigentlt. Ludwig 1784-1859), dt. Komponist, 357
Spontini, Gaspare (1776-1851), ital. Komponist, 314, 358
Spontini, Giuseppe (Lebensdaten unbekannt, tätig 1. H. 19. Jh.), ital. Kapellmeister, 252, 488
Stackelberg, Otto Magnus Freiherr von (1787-1837) dt. Altertumsgelehrter und Maler, 161
Stadion, Johann Philipp Graf (1763-1824), östr. Politiker, 228
Staël-Holstein, Anne Louise Germaine de (1766-1817), frz. Schriftstellerin, 37, 42, 119, 123-25, 144, 152f., 156-59, 171, 173f., 176, 178-82, 185, 208, 235f., 241f., 266, 305, 311, 321, 327, 407, 431
Staël-Holstein, Eric-Magnus Baron von (1749-1802), schwed. Diplomat, 175, 178
Stapfer, Frédéric-Albert-Alexander (Lebensdaten unbekannt), frz. Übersetzer, 120, 270
Steffeck, Carl Constantin Heinrich (1818-1890), dt. Maler, 389
Stein, Heinrich Friedrich Karl Reichsfreiherr von und zum (1757-1831), dt. Staatsmann u. preuß. Reformer, 166, 218, 286
Steinla, Moritz (1791-1858) dt. Kupferstecher, 161
Steinle, Eduard Ritter von (1810-1886), östr.-dt. Maler, 337
Steinlen, Théophile Alexandre (1859-1923), frz. Karikaturist u. Maler, 79, 85, 111, 113f., 406, 436
Stendhal (eigentl. Henry Beyle 1783-1842), frz. Schriftsteller, 172, 179
Stern, Daniel, siehe Agoult, Marie de Flavigny Comtesse d'
Sterzing, Albert (1822-1889), dt. Landgerichtspräsident, 60
Stetten, Carl Ernst von (1857- nach 1914), dt. Maler, 389
Stettenheim, Julius (1831-1916), dt. Schriftsteller, 113
Steuben, Karl August von (1788-1856), dt.-frz. Maler, 199, 223
Stevens, Alfred (1823-1906), belg. Maler, 376
Stilke, Hermann Anton (1803-1860), dt. Maler, 275, 280
Stolberg, Friedrich Leopold Reichsgraf zu Stolberg (1750-1819), dt. Schriftsteller, 216
Strack, Johann Heinrich (1805-1880), dt. Architekt, 242, 293f., 455
Strantz-Führing, Anna von (1866-1929), dt. Schauspielerin, 65
Strauß, David Friedrich (1808-1874), dt. Historiker u. Philosoph, 422
Streicher, Julius (1885-1946), dt. Nationalsozialist, 115

Stresemann, Gustav (1878-1929), dt. Staatsmann, 100
Strixner, Johann Nepomuk (1782-1855), dt. Lithograph, 166
Ströhling, Peter Eduard (1768-1826?), dt. Maler, 162f.
Struensee, Johann Friedrich (1732-1772), dt. Arzt, 314
Struve, Gustav (1805-1870), dt. Publizist, 350
Stuck, Franz von (1863-1928), dt. Maler, 114
Stüler, Friedrich August (1800-1865), dt. Architekt, 293f.
Stürmer, Heinrich (um 1755-1855), dt. Illustrator, 253, 354
Suard, Jean-Baptiste Antoine (1732-1817), frz. Schriftsteller u. Journalist, 188
Suarez, Karl Gottlieb (1746-1798), dt. Jurist, 139
Sue, Marie Joseph Eugène (1804-1857), frz. Schriftsteller, 273
Swebach-Desfontaines (eigentl. Jacques-François Swebach 1769-1823), frz. Zeichner, 197, 204
Sy, Louis J. (1827-1881), dt. Silberschmied, 421

Tacitus, Cornelius Publius (um 55- um 120), röm. Historiker, 32, 37, 42, 79
Taine, Hippolyte Adolphe (1828-1893), frz. Philosoph u. Historiker, 120, 172, 372
Talleyrand, eigentl. Charles Maurice von Talleyrand-Périgord, Fürst von Bénévent, (1754-1838), frz. Staatsmann, 149, 186, 209, 225f.
Taylor, Isidor Justin Séverin, Baron (1789-1879), frz. Zeichner u. Schriftsteller, 291f.
Theil, Jean François Napoléon (1808-1878), frz. Philologe und Übersetzer, 165
Thiers, Louis Adolphe (1797-1877), frz. Staatsmann u. Historiker, 28, 85, 91f., 108, 189, 263, 426, 456
Thoma, Hans (1839-1924), dt. Maler u. Grafiker, 441
Thoma, Ludwig (Pseudonym Peter Schlemihl 1867-1921), dt. Schriftsteller, 114
Thomas, Gabriel-Jules (1824-1905), frz. Bildhauer, 52
Thomire, Pierre-Philippe (1751-1843), frz. Maler, 230
Thorvaldsen, Bertel (1768-1844), dän. Bildhauer, 136
Tieck, Ludwig Wilhelm (1773-1853), dt. Schriftsteller, 125, 130, 160-62, 212, 321
Tischbein d. Ä., Heinrich (1722-1789), dt. Maler, 144
Tischbein, Johann Friedrich August (1750-1812), dt. Maler, 129, 155
Tischbein, Johann Heinrich Wilhelm (1751-1829), dt. Maler, 142
Tizian (eigentl. Tiziano Vecelli 1490-1576), ital. Maler, 160
Tocqueville, Charles Alexis Clérel de (1805-1859), frz. Historiker u. Politiker, 172
Tolstoi, Alexej Konstantinowitsch Graf (1817-1875), russ. Schriftsteller, 376
Traviès de Villiers, gen. Traviès, Charles Joseph (1804-1859), frz. Maler u. Karikaturist, 111
Treitschke, Heinrich von (1834-1896), dt. Historiker, 409, 438
Trichon, François-Auguste (geb. 1814), frz. Illustrator, 460
Troyon, Constant (1810-1865), frz. Maler, 400f.
Tucholsky, Kurt (1890-1935), dt. Journalist u. Schriftsteller, 480
Tulout (geb. 1750), frz. Maler, 295
Turgot, Anne Robert Jacques Baron de L'Aulne (1727-1781), frz. Finanzminister, 117

Uhde, Fritz von (1848-1911), dt. Maler, 374
Uhland, Ludwig (1787-1862), dt. Dichter, 251
Ungern-Sternberg, Alexander Freiherr von (1806-1868), dt. Schriftsteller, 161
Unzelmann, Friedrich (1797-1854), dt. Holzschneider, 373
Usteri, Paulus (1768-1831), schweiz. Schriftsteller, Politiker u. Arzt, 185

Valéry, Paul (1871-1945), frz. Schriftsteller, 427, 478
Valhubert, Jean-Marie-Melon-Roger (1764-1805), fr. General, 202
Vallain, Nanine (tätig ca. 1785-1810), frz. Malerin, 38, 48
Vallès, Jules (1832-1885), frz. Schriftsteller, 442
Vallotton, Félix (1865-1925), schweiz. Maler u. Grafiker, 111
Varnhagen von Ense, Karl August (1785-1858), dt. Schriftsteller, 156, 189
Varnhagen von Ense, Rahel, geb. Levin (1771-1833), dt. Schriftstellerin, 161f., 175, 178, 321
Vattemare, Alexandre (1796-1865), frz. Schriftsteller, 335
Veit, Philipp (1793-1877), dt. Maler, 31-33, 56, 58f., 156f., 256, 337
Vercingetorix, (um 72 v. Chr.- 46. n. Chr.), gallischer Heerführer, 397, 402
Verdi, Giuseppe (1813-1901), ital. Komponist, 272, 438
Verne, Jules (1828-1905), frz. Schriftsteller, 173
Vernet, Horace (1789-1863), frz. Maler, 243, 249, 283, 292, 372, 390
Véron, Louis Désiré (1789-1867), frz. Journalist u. Politiker, 313
Vian, Boris (1920-1959), frz. Chansonnier u. Schriftsteller, 104
Vieil-Castel, Horace, Graf von (1802-1864), frz. Kunsthistoriker und Politiker, 371
Vieweg, Hans Friedrich (1761-1835), dt. Verleger, 146
Vigny, Alfred de (1797-1863), frz. Schriftsteller, 182, 259, 266f., 273, 317
Villiers, Charles de (1765-1815), frz. Philosoph, 121, 124, 159
Viollet-le-Duc, Eugène Emmanuel (1814-1879), frz. Architekt und Restaurator, 275f., 289, 290-93, 425
Vogelstein, Carl Christian Vogel von (1788-1868), dt. Maler, 130, 161
Vollmar, Georg Heinrich von (1850-1922), dt. Poilitiker, 95
Voltaire (eigentl. François Marie Arouet de 1694-1778), frz. Philosoph u. Schriftsteller, 149, 170, 325, 382, 389f.
Voltz, Johann Michael (1784-1858), dt. Radierer und Karikaturist, 231
Voß, Johann Heinrich (1751-1826), dt. Dichter, 162

Wackenroder, Wilhelm Heinrich (1773-1798), dt. Schriftsteller, 125, 160f., 353
Wagner, Albert (1826-nach 1886), dt. Silberschmied, 421
Wagner, Heinrich Leopold (1747-1779), elsäss. Dramatiker, 118
Wagner, Richard (1813-1883), dt. Komponist, 56, 88, 93, 164, 167f., 253, 299, 313f., 317, 331f., 353, 359, 361, 363, 366-68, 478f., 483, 485, 487f.
Wailly, Charles de (1729-1798), frz. Architekt, 285

Wallot, Paul (1841-1912), dt. Architekt, 67
Washington, George (1732-1799), amerik. Präsident, 141
Weber, Carl Maria von (1786-1826) dt. Komponist, 218, 243, 252f., 267, 295, 305, 312, 353f., 361, 369, 484f.
Weber, Theodor Alexander (1838-1907), dt. Maler, 389
Wedekind, Frank (1864-1918), dt. Schriftsteller, 114
Weidig, Ludwig (1791-1837), dt. Theologe, 320
Weill, Alexander (eigentl. Abraham, 1811-1899) elsäss. Schriftsteller, 303, 319
Weisgerber, Albert (1878-1915), dt. Maler, 114
Weißbach, Karl (1841-1905), dt. Architekt, 458
Weitling, Wilhelm (eigentl. Wilhelm Christian Weidling, 1808-1871), dt. polit. Theoretiker, 303
Wellington, Arthur Wellesley Herzog von (1769-1852), engl. General u. Staatsmann, 225f.
Werder, Karl Wilhelm Friedrich August Leopold, Graf von (1808-1887), preuß. General, 438
Werner, Anton von (1843-1915), dt. Maler, 63, 66, 377, 389, 406, 413, 417, 420, 428, 431, 450, 454f.
Wesendonck, Mathilde von (1828-1902), dt. Schriftstellerin, 367
Wieland, Christoph Martin (1733-1813), dt. Dichter u. Erzähler, 253
Wieland, Heinrich Otto (1877-1957), dt. Chemiker, 125, 135, 144, 149-51, 180
Wienbarg, Ludolf (Pseudonym Ludolf Vineta 1802-1872), dt. Schriftsteller, 301f.
Wilhelm (1806-1884), Herzog zu Braunschweig und Lüneburg, preuß. General, 295
Wilhelm I. (1797-1888), König v. Preußen (1861-1888) u. Dt. Kaiser seit 1871, 33, 90, 221, 387, 389, 391f., 397, 404, 413, 421f., 424, 431f., 434, 444, 446, 449, 452-54, 457, 459, 488
Wilhelm II. (1859-1941), Dt. Kaiser u. König v. Preußen (1888-1918), 35, 64, 66, 95, 98, 101, 108, 113f., 134, 139, 455f., 477
Wilson, Thomas Woodrow (1856-1924), amerik. Präsident, 99
Wimpfen, Emmanuel Félix Baron von (1811-1884), frz. General, 419
Winckelmann, Johann Joachim (1717-1768), dt. Archäologe u. Kunsthistoriker, 115
Wislicenus, Hermann (1825-1899), dt. Maler, 40, 62
Wolf, Ludwig (1776-1832), dt. Zeichner u. Stecher, 224
Wolff, Albert (1814-1892), dt. Bildhauer, 458
Wolfskehl, Karl (1869-1948), dt. Schriftsteller, 144
Wolzogen, Caroline Freifrau von (1763-1847), dt. Schriftstellerin, 153
Wredow, August Julius (1804-1891), dt. Bildhauer, 476
Wyzewa, Teodor de (eigentl. de Wyzewski 1863-1917), frz. Publizist, 440

Zelter, Carl Friedrich (1758-1832), dt. Komponist u. Musikpädagoge, 354
Zick, Alexander (1845-1907), dt. Zeichner, 64
Zille, Heinrich (1858-1929), dt. Zeichner, 114f.
Zix, Benjamin (1772-1811), elsäss. Maler und Zeichner, 147f.
Zola, Emile (1840-1902), frz. Schriftsteller 93, 375, 382, 427, 456
Zwirner, Ernst Friedrich (1802-1861), dt. Architekt, 287f.

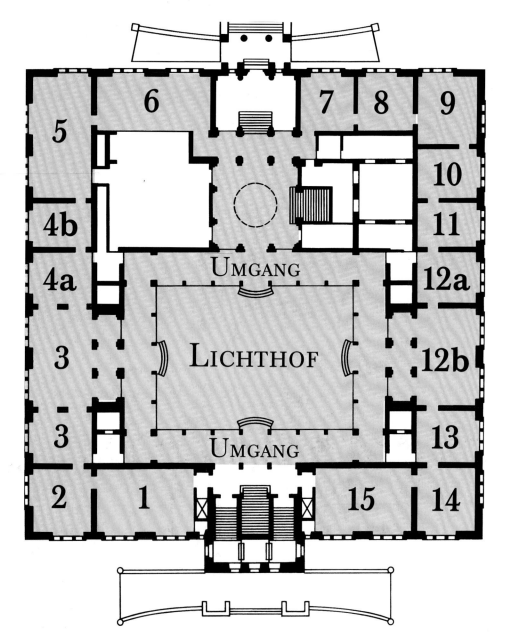

Lichthof:
Wahlverwandtschaften diesseits und jenseits des Rheins

Umgang:
Marianne und Germania in der Karikatur

1 Französische Revolution und deutsche Kulturnation

2 De l'Allemagne I: Das Vaterland der Seele

3 Napoleonverehrung und Freiheitskriege

4a Romantische Natur

4b Vergänglichkeit

5 Vermächtnis des Mittelalters

6 De l'Allemagne II: »Die Freiheit führt das Volk«

7 Rheinlied und Dichterstreit

8 1848: Republikaner in Paris

9 Die Salonkultur des Second Empire

10 Rendezvous der Kontinente I: Die Weltausstellung von 1867

11 Landschaft und Mythos

12a 1870/71: »L'Année terrible«

12b Wacht am Rhein: Marianne in der Zitadelle

13 Die Feiern der Nation

14 Rendezvous der Kontinente II: Die Weltausstellung von 1889

15 Epilog einer Revue aus zwei Welten